嘉峪关年鉴

2016

《嘉峪关年鉴》编纂委员会 编

甘肃人民出版社

图书在版编目（C I P）数据

嘉峪关年鉴. 2016 / 嘉峪关年鉴编纂委员会编. --
兰州 ：甘肃人民出版社，2016.12
ISBN 978-7-226-05092-7

Ⅰ. ①嘉… Ⅱ. ①嘉… Ⅲ. ①嘉峪关市—2016—年鉴
Ⅳ. ①Z524.23

中国版本图书馆 CIP 数据核字(2016)第 326931 号

出 版 人:王永生
责任编辑:王建华
封面设计:童　南

嘉峪关年鉴·2016
《嘉峪关年鉴》编纂委员会　编
甘肃人民出版社出版发行
（730030　兰州市读者大道 568 号）
嘉峪关市方圆印业有限责任公司
开本 880 毫米×1230 毫米　1/16　印张 46.5　插页 34　字数 1411 千
2016 年 12 月第 1 版　2016 年 12 月第 1 次印刷
印数:1~1 000
ISBN 978-7-226-05092-7　　定价:198.00 元

嘉峪关市名片

国家卫生城市

中国优秀旅游城市

国家环境保护模范城市

全国园林绿化先进城市

全国双拥模范城“五连冠”

全国全民健身示范城市

全国无偿献血先进城市

全国文化体制改革工作先进地区

全国社会管理创新典型培育城市

全国未成年人思想道德建设先进城市

数字嘉峪关(2015)

区划面积2935平方千米,城市建成区绿化面积2669.41公顷,绿地率37.92%

人口24.39万人,其中城镇人口22.79万人,农村人口1.6万人

水库12座,库容7321.66万立方米,人均水面面积27平方米

地区性生产总值190亿元,人均GDP78336元

地区性财政收入39.8亿元,公共财政预算收入15.13亿元

城镇居民人均可支配收入30714元,农民人均纯收入15371元

公路运输客运量6950.66万人次,航空旅客吞吐量35.49万人次

铁路客运量214.84万人次,其中高铁客运量44.77万人次

年接待旅游人数571.44万人次,实现旅游收入35.98亿元

全市有中学9所,小学19所,幼儿园59所,九年一贯制学校1所,特教学校1所,中等职业学校3所,高等教育学校2所,全市义务教育巩固率99.67%,高中阶段毛入学率95.12%,高考录取率91.53%

全市有医院7个,卫生院3个,妇幼保健院1个,疾病防控中心1个

社区卫生服务中心8个,社区卫生服务站17个

全市有标准体育场地610个,非标准体育场地16个

全市有文化馆1个,公共图书馆2个,自动图书馆6个,藏书33.4万册

全市移动电话42.67万户,互联网宽带接入8.37万户

数字电视入户10.9万户,电视人口覆盖率99.55%

个人拥有汽车54012辆,个人拥有轿车35937辆

全市有公交车138辆,公交线路14条

全市有社区47个,建成综合性社区服务中心33个

《嘉峪关年鉴·2016》编纂委员会

主　　任　柳　鹏

常务副主任　王　砚

副 主 任　王进平　李亦军　马智辉　冯　彪　韩天玉　郑玉明　王　强

委　　员（以姓氏笔画为序）

丁南江　丁彩霞　于　成　于永梅　马先锋　王　林　王　钧　王　铖

王　晶　王　尊　王玉琴　王永明　王寿华　王丽艳　王国民　王忠文

石晓辉　田富昌　史有峰　边振桓　毕宏伟　刘　鹏　刘吉学　刘兆坤

刘均礼　刘晓斌　刘燕玲　闫　涛　安维国　许万勤　孙俨玲　李生武

李向东　杨　军　杨　新　杨平刚　杨生宝　佘占军　汪　军　宋政平

张　桐　张　翔　张世虎　张孝祖　陈学军　陈新长　季秀梅　孟雅奇

赵大鹏　赵永芳　赵淑敏　赵德金　荔　瑾　皇甫建平　侯　强　侯金森

侯银泉　袁　琳　袁立新　袁保安　贾光军　徐　炜　徐剑锋　高月莲

郭久如　曹　健　龚学爱　常成武　梁建勋　梁晓梅　韩峻峰　景光耀

游世利　雷　丽　薛　亮　薛昀东　魏　锋

《嘉峪关年鉴·2016》编纂部

主　　编　杨生宝

责任编辑　李自仁　王　静　李　娜

编　　务　刘百健　刘爱慧　张　媛　耿天红　宋晓东

校　　审　王永明　鲁廷文　米积屯

排版制作　童　南

资料收集　任贵明　李　瑶　林盼盼　梁占霞

编辑说明

一、《嘉峪关年鉴》是由嘉峪关市人民政府主办，嘉峪关市市志办公室承办，按年度出版的大型综合性地情工具书，所载内容具有政府公报性质。

二、《嘉峪关年鉴》旨在全面反映嘉峪关市和酒钢(集团)公司的发展历程，让外界了解嘉峪关市和酒钢(集团)公司的发展概况，为促进嘉峪关市的经济发展和社会进步服务，发挥资政、育人和存史作用。

三、《嘉峪关年鉴·2016》承载2015年内容，资料由市属各部门、各区、酒钢(集团)公司、在嘉省属各单位提供。市人大、市政协会议在2016年4月召开，报告资料延伸至2016年4月。

四、《嘉峪关年鉴·2016》根据中国地方志指导小组《地方综合年鉴编纂出版规定》和甘肃省史志办公室关于年鉴编纂的要求，在篇目设置上，以类目为单位，下设分目、子目、条目。篇首为城市名片、数字嘉峪关、照片选载、目录、特载和2015年大事记。正文类目设政区·环境、城乡建设、政治、经济、经济社会管理、社会事业、城区·郊区概况、酒钢特载、人物12个，下设49个分目、335个子目、1325个条目。条目是信息资料的基本载体，标题均用黑体加【】。卷尾为附录，收录了文萃、市委、市政府重要文件、报告公告、生活便览。

五、各单位年鉴稿件中涉及的国民经济与社会事业发展的数据，凡与嘉峪关市统计局编发的《嘉峪关市2015年国民经济和社会发展统计公报》不一致的，均以《统计公报》为准。

六、《嘉峪关年鉴·2016》篇首设置“大事记”，彰显嘉峪关市2015年发生的重大事件，便于读者了解2015年市情概况、将“文萃”“市委、市政府文件汇编”、《嘉峪关市中级人民法院工作报告》《嘉峪关市人民检察院工作报告》《嘉峪关市2015年国民经济和社会发展计划报告》《嘉峪关市2015年财政预算报告》《2015年嘉峪关市国民经济和社会发展统计公报》载入附录中，方便广大读者查阅。

七、酒钢(集团)公司2015年工作内容，编入“酒钢特载”类目。将酒钢(集团)公司的军事武装、文化教育、新闻工作内容载入相关类目。

八、《嘉峪关年鉴·2016》的编辑出版得到全市各级党政领导的热情关心和社会各界的大力支持，在此谨表诚挚谢意。

九、《嘉峪关年鉴·2016》在资料收集和稿件征集、编辑、校对等环节上，难免存在不尽如人意之处，恳请广大读者批评指正。

《嘉峪关年鉴》编辑部

2016年8月

照片选载

2015年6月16日，省委书记、省人大常委会主任王三运(右三)，省委副书记、省长刘伟平(右一)一行在市委书记郑亚军等陪同下到嘉峪关市方特欢乐世界游乐园调研

2015年8月24日，省委常委、省委宣传部部长连辑(右四)在市委书记郑亚军，市委副书记、市长柳鹏，市委常委、市委宣传部部长梁洪涛，市委常委、市委秘书长王毅，副市长常守远等陪同下调研嘉峪关市文化产业发展情况

2015年6月17日，省委常委、省委组织部部长吴德刚(左三)在市委书记郑亚军，市委常委、市委组织部部长燕胜三，副市长王进平等陪同下调研嘉峪关市老干部工作

2015年7月15日，副省长郝远(左四)在市委书记郑亚军，市委副书记、市长柳鹏等陪同下调研嘉峪关市精准扶贫工作

2015年1月5日，副省长李荣灿（右四）在市委书记郑亚军，市委副书记、市长柳鹏陪同下调研嘉峪关市文化产业项目建设情况

2015年5月25日，副省长夏红民（前排中）在市委副书记王锋，市委常委、常务副市长杨伟等陪同下调研嘉峪关市教育工作

2015年5月22日，市委书记郑亚军，市委副书记王锋，市委常委、市委秘书长王毅等到镜铁区调研社区社会治理工作

2015年8月26日，市委书记郑亚军，市委常委、市委政法委书记张静昌，副市长王进平等到工业园区调研安全生产工作

2015年10月5日，市委书记郑亚军，市委常委、常务副市长杨伟等到南市区调研全市规划、绿化工作

2015年2月13日，市委副书记、市长柳鹏，市委副书记王锋，市委常委、市委宣传部部长梁洪涛，副市长常守远等到城市博物馆参观画展

2015年7月23日，市委副书记、市长柳鹏，副市长王万平等调研市第一人民医院南市区医院建设情况

2015年7月30日，市委副书记、市长柳鹏，市委常委、市委宣传部部长梁洪涛，副市长王万平等调研酒钢三中新校区建设情况

2015年8月16日，市委副书记、市长柳鹏到酒钢公司调研煤气安全生产工作

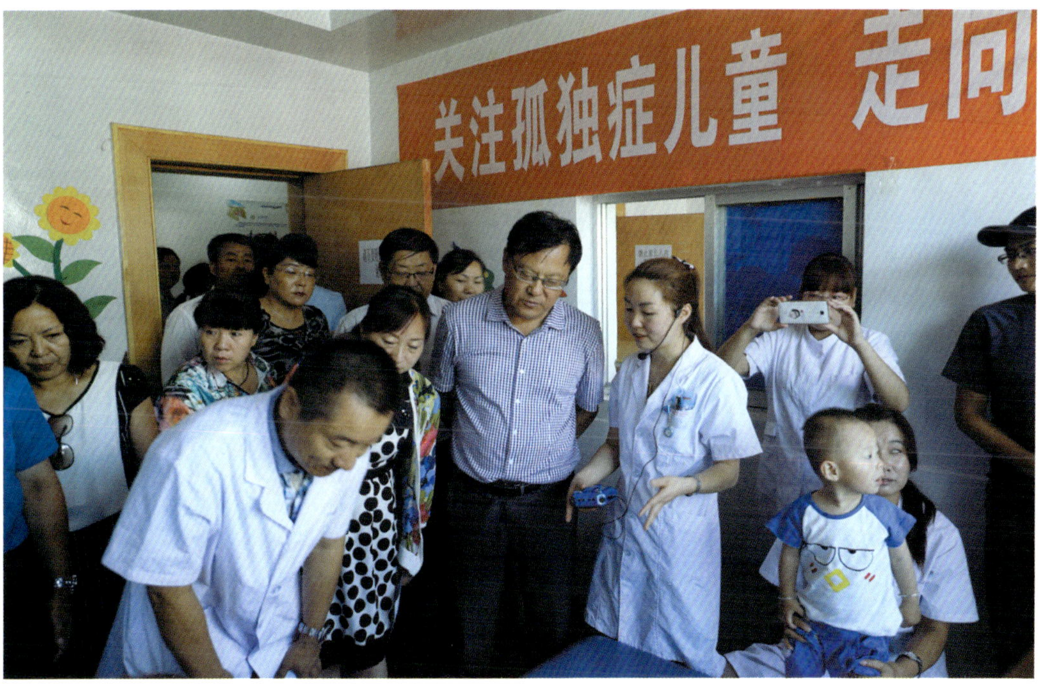

2015年8月6日，市人大常委会主任祁永安率领部分市人大代表到市社会福利院对市政府惠民实事办理情况进行调研

2015年9月22日，市政协主席焦玉兰率领部分市政协委员调研市政协文史资料馆建设情况

2015年3月10日，市委副书记王锋、魏后凯，副市长常守远等到新城镇野麻湾村调研高新农业示范园项目进展情况

2015年7月29日，市委副书记王锋，副市长常守远等调研农村供销社项目建设情况

2015年8月26日，市委常委、常务副市长杨伟带队检查全市安全生产工作

2015年2月8日，市委常委、市委宣传部部长梁洪涛，市人大常委会副主任王克勤，副市长常守远，市政协副主席韩淑华调研全市科技文化卫生“三下乡”活动

2015年6月20日，市委常委、市纪委书记边玉广到长城区调研社区党风廉政建设工作

2015年12月17日，市委常委、市委政法委书记张静昌到镜铁区调研社区派出所建设情况

2015年11月23日，市委常委、市委秘书长王毅到文殊镇文殊村调研双联工作进展情况

2015年6月23日，市委常委、市委组织部部长燕胜三率领全市农村基层党建工作现场观摩会成员到新城镇调研

2015年8月5日，市人大常委会副主任冯彪带领执法检查组对全市贯彻落实《中华人民共和国消防法》情况进行调研

2015年5月14日，市人大常委会副主任张英带领调研组对市金融部门支持全市非公经济和小微企业发展情况进行调研

2015年10月29日，市人大常委会副主任李勇在副市长欧余军陪同下，率领部分市人大代表，调研市第一人民医院南市区医院项目建设情况

2015年5月14日，市人大常委会副主任王克勤在副市长陶东平陪同下，率领部分市人大代表调研全市城建重点项目建设情况

2015年12月17日，副市长王进平陪同省政府考核组调研全市依法行政工作

2015年4月30日，副市长常守远到嘉峪关火车南站调研方特号旅游专列开通运行情况

2015年5月19日，副市长葛建团率队调研天空之城建设项目安全工作

2015年8月26日，副市长王万平率队调研市六中校园建设和校园安全工作

2015年9月16日，副市长陶东平调研全市打击和防范非法集资宣传工作

2015年1月26日，副市长欧余军调研市民族民俗博物馆布展情况

2015年7月31日，市政协副主席、市委统战部部长曾俊礼率领部分市政协委员赴镜铁山矿参观“铁山精神”纪念馆，学习“铁山精神”

2015年12月4日，市政协副主席韩淑华带领市文明城市创建工作督查组检查督导全市文明城市创建工作

2015年10月16日，市政协副主席韩天玉陪同省政协调研组对全市公共体育设施建设情况进行调研

2015年9月，市政协副主席王铁带队就行政执法改革情况进行调研

2015年1月6日，新丝路新梦想，高铁时代与嘉峪关旅游发展高峰对话会在嘉峪关大剧院举行

2015年1月20日，嘉峪关市九届人大常委会第十九次会议召开，市人大常委会主任祁永安为新任命的市政府工作部门领导干部颁发任命书

2015年1月20日，全市基层党建工作会暨区委书记述职评议大会在市级机关会议中心召开

2015年2月7日，嘉峪关市第九届人民代表大会第四次会议在嘉峪关大剧院开幕

2015年2月6日，嘉峪关市政协第八届委员会第四次会议在市级机关会议中心开幕

2015年2月20日，中共嘉峪关市第十届纪律检查委员会第五次全体会议在市级机关会议中心召开

2015年4月26日，市级机关干部职工在嘉峪关火车南站参加植树活动

2015年5月4日，嘉峪关市致青春·致梦想纪念“五四”运动96周年文艺晚会在雄关广场举行

2015年5月19日，全市民族工作暨第五次全市民族团结进步表彰大会在市机关会议中心召开，市委书记郑亚军，市委副书记、市长柳鹏，市委副书记王锋、魏石凯，市委常委、市委秘书长王毅，嘉峪关军分区司令员何良平，副市长欧永军，市政协副主席、市委统战部部长曾俊礼出席会议

2015年5月28日，市委书记郑亚军，市委副书记、市长柳鹏，市委常委、市委秘书长王毅，省史志办公室副主任钱旭，市人大常委会副主任王克勤，副市长陶东平，市政协副主席韩天玉，省史志办公室市县志指导处处长贺红梅等出席《嘉峪关市志》(1978—2010)评审会与参会人员合影

2015年6月13日，中央人民广播电台第四届"夏青杯"暨"甘肃汇源"杯甘肃省第二届朗诵艺术节"雄关大厦"杯嘉酒赛区朗诵大赛在雄关广场拉开帷幕，市委常委、市委宣传部部长梁洪涛出席开幕式

2015年6月15日，第五届敦煌行·丝绸之路国际旅游节大型文艺演出“方特欢乐之夜”文艺晚会在嘉峪关方特欢乐世界举行

2015年6月16日，第五届敦煌行·丝绸之路国际旅游节开幕式在嘉峪关大剧院开幕。省委书记、省人大常委会主任王三运宣布开幕，省委副书记、省长刘伟平，国家旅游局局长李金早致辞，副省长夏红民主持开幕式

2015年7月21日，全市述纪述廉述作风工作大会在市级机关会议中心召开，市委书记郑亚军，市人大常委会主任祁永安，市委副书记、市长柳鹏，市政协主席焦玉兰，市委副书记王锋，市委常委、常务副市长杨伟，市委常委、市委宣传部部长梁洪涛，市委常委、市纪委书记边玉广，市委常委、市委秘书长王毅出席会议

2015年7月23日，省政府重点项目观摩团在副省长夏红民(右二)，省政协副主席黄选平(前排右四)率领下来嘉峪关市，在市委书记郑亚军，市人大常委会主任祁永安，市委副书记、市长柳鹏，市政协主席焦玉兰，酒钢集团公司董事长陈春明，市委副书记王锋，酒钢集团公司党委书记李忠科等陪同下调研嘉峪关市重点项目建设情况

2015年8月24日，全市纪念抗日战争暨世界反法西斯战争胜利70周年文艺晚会在嘉峪关大剧院举行

2015年8月25日，嘉峪关·丝绸之路文化博览园奠基仪式在嘉峪关关城景区东侧举行，省委常委、省委宣传部部长连辑宣布项目开工，市委书记郑亚军，市人大常委会主任祁永安，市委副书记、市长柳鹏，市政协主席焦玉兰出席开工仪式，市委副书记王锋主持仪式，甘肃省广电网络股份有限公司董事长王永生，深圳华强文化科技集团总裁刘道强，酒钢集团公司党委书记李忠利出席仪式

2015年9月25日，全市迎国庆万人健步走活动在南湖举行，市委副书记王锋，市委常委、市委宣传部部长梁洪涛，市政协副主席韩淑华等参加活动

2015年10月12日，全市效能风暴行动效能监督暨民主评议工作部署会在市级机关会议中心召开，市委副书记王锋，市委常委、常务副市长杨伟，市委常委、市委秘书长王毅，市人大常委会副主任李勇，市政协副主席王铁出席会议

2015年10月14日，第四届国际文化产业大会暨第八届甘肃省文博会在敦煌开幕，市委常委、市委宣传部部长梁洪涛参加开幕式并率市代表团参加大会

2015年10月16日，第四届中国·嘉峪关国际短片电影展在嘉峪关大剧院隆重开幕，省委常委、省委宣传部部长连辑致辞，省人大常委会副主任李慧，省政协副主席黄选平等出席开幕式，市委书记郑亚军致欢迎词，市委副书记、市长柳鹏，市政协主席焦玉兰，市委副书记王锋、魏后凯，市委常委、市委宣传部部长梁洪涛，市委常委、市委秘书长王毅，市委常委、市委组织部部长燕胜三，嘉峪关军分区司令员何良平，酒钢集团公司总经理魏志斌出席开幕式

2015年12月9日，全市领导干部警示教育大会在市级机关会议中心召开，市委书记郑亚军，市人大常委会主任祁永安，市政协主席焦玉兰，市委副书记王锋，市委常委、常务副市长杨伟，市委常委、市纪委书记边玉广，市委常委、市委政法委书记张静昌，市委常委、市委秘书长王毅，市委常委、市委组织部部长燕胜三出席会议

2015年12月23日，副省长、省地方史志编纂委员会主任夏红民在省政府会议室主持召开省地方志编纂委会主任会议，《嘉峪关市志》(1978—2010)通过终审，嘉峪关市副市长陶东平、《嘉峪关市志》主编杨生宝出席会议

目 录

特 载

在市委工作会议上的讲话 …… 郑亚军(1)
在市委十届八次全委会议上的讲话 …… 郑亚军(7)
在市委经济工作暨扶贫开发工作会议上的讲话 …… 柳 鹏(12)
政府工作报告
——在市第九届人民代表大会第五次会议上 …… 柳 鹏(17)
嘉峪关市人大常委会工作报告
——在市第九届人民代表大会第五次会议上 …… 祁永安(25)
政协嘉峪关市第八届委员会常务委员会工作报告
——在政协嘉峪关市第八届委员会第六次会议上 …… 焦玉兰(30)

大事记(2015)

1月 …… (35)
2月 …… (36)
3月 …… (37)
4月 …… (38)
5月 …… (39)
6月 …… (40)
7月 …… (41)
8月 …… (43)
9月 …… (44)
10月 …… (46)
11月 …… (47)
12月 …… (49)

政区·环境

政区 ……………………………………………………………………………… (52)
区位区划 ……………………………………………………………………… (52)
历史沿革 ……………………………………………………………………… (52)
自然环境 ……………………………………………………………………… (52)
地质 …………………………………………………………………………… (52)
地貌 …………………………………………………………………………… (53)
水文 …………………………………………………………………………… (53)
土壤 …………………………………………………………………………… (53)
植被 …………………………………………………………………………… (54)
气候 …………………………………………………………………………… (56)
野生动物 ……………………………………………………………………… (59)
自然灾害 ……………………………………………………………………… (60)
环境状况 ……………………………………………………………………… (62)
水环境状况 …………………………………………………………………… (62)
大气环境状况 ………………………………………………………………… (62)
国土资源状况 ………………………………………………………………… (63)
资源状况 ……………………………………………………………………… (63)
人口 …………………………………………………………………………… (63)
人口状况 ……………………………………………………………………… (63)

城乡建设

城乡建设规划 ………………………………………………………………… (64)
规划设计 ……………………………………………………………………… (64)
规划设计管理 ………………………………………………………………… (64)
城乡建设 ……………………………………………………………………… (65)
非生产性建设项目 …………………………………………………………… (65)
城市建设综合开发 …………………………………………………………… (66)
城市建设融资 ………………………………………………………………… (66)
水资源综合开发利用 ………………………………………………………… (67)
水利项目建设 ………………………………………………………………… (69)
城乡建设管理 ………………………………………………………………… (70)
城市环境卫生 ………………………………………………………………… (71)
园林绿化与市容市貌 ………………………………………………………… (73)
园林绿化 ……………………………………………………………………… (73)

市容市貌 …… (74)
基础设施 …… (74)
市政设施 …… (74)
公共设施 …… (75)
交通设施 …… (75)
通信设施 …… (76)
水利设施 …… (77)
电力设施 …… (79)

政　治

中国共产党嘉峪关市委 …… (80)
市委领导机构及负责人的产生与变动 …… (80)
市委常委会议 …… (80)
市委全委会议 …… (98)
全市性工作会议 …… (103)
纪检监察工作 …… (131)
精神文明建设 …… (135)
组织工作 …… (137)
思想宣传工作 …… (140)
统战工作 …… (142)
政法工作 …… (144)
机构编制工作 …… (147)
市直机关党的工作 …… (148)
党校工作 …… (150)
老干部工作 …… (150)
政策研究 …… (151)
党史研究 …… (152)
保密工作 …… (152)
嘉峪关市人民代表大会 …… (154)
人大代表 …… (154)
代表大会 …… (155)
常委会会议 …… (157)
市人大常委会工作 …… (162)
嘉峪关市人民政府 …… (163)
市政府常务会议 …… (163)
市长办公会议 …… (189)
市政府办公室 …… (191)
政协嘉峪关市委员会 …… (191)

政协委员 …… (199)
委员提案 …… (200)
委员活动 …… (200)
政协全委会 …… (200)
政协常委会议 …… (201)
考察调研工作 …… (203)
民主党派·工商联·人民团体 …… (204)
民革嘉峪关市委 …… (204)
民盟嘉峪关市委 …… (204)
民进嘉峪关市委 …… (205)
九三学社嘉峪关市委 …… (206)
农工党嘉峪关支部 …… (206)
民建嘉峪关市总支部 …… (207)
市工商联 …… (208)
嘉峪关市总工会 …… (209)
共青团嘉峪关市委 …… (211)
市妇联 …… (212)
市文学艺术界联合会 …… (214)
市科学技术协会 …… (216)
市残疾人联合会 …… (218)
市消费者协会 …… (220)
市个体劳动者协会与私营企业协会 …… (221)
计划生育协会 …… (221)
嘉峪关市丝路文化研究会 …… (222)
嘉峪关市长城文化研究会 …… (222)
市党外知识分子联谊会 …… (223)
军事 …… (223)
嘉峪关军分区 …… (223)
武警嘉峪关市支队 …… (225)
人民防空 …… (228)
法制·司法 …… (229)
审判 …… (229)
嘉峪关市城区人民法院 …… (238)
检察 …… (240)
公安 …… (242)
司法行政 …… (246)
体制机制改革 …… (249)
宏观调控体制改革 …… (249)
城市经济体制改革 …… (250)

农村经济体制改革 …………………………………………………………… (251)
招商引资 …………………………………………………………………… (252)
经济开发区 ………………………………………………………………… (252)
机构设置与负责人 ………………………………………………………… (254)
市委工作机构设置表 ……………………………………………………… (254)
市委直属事业机构设置表 ………………………………………………… (254)
市人民政府机构设置表 …………………………………………………… (255)
市委、市政府派出机构设置表 …………………………………………… (256)
市政府直属事业机构设置表 ……………………………………………… (256)
中共嘉峪关市委及其工作部门 …………………………………………… (256)
嘉峪关市人大常委会及其工作部门 ……………………………………… (258)
嘉峪关市人民政府及其工作部门 ………………………………………… (259)
政协嘉峪关市委员会及其工作部门 ……………………………………… (265)
民主党派、人民团体 ……………………………………………………… (265)
法院、检察院及其相关部门 ……………………………………………… (266)
军事机关 …………………………………………………………………… (267)
在嘉峪关市中央、省属单位 ……………………………………………… (267)
各学校 ……………………………………………………………………… (271)
医疗卫生单位 ……………………………………………………………… (272)

经 济

宏观经济 …………………………………………………………………… (273)
国民经济发展 ……………………………………………………………… (273)
国民经济发展水平 ………………………………………………………… (274)
居民收入与消费 …………………………………………………………… (274)
经济社会发展管理 ………………………………………………………… (279)
第一产业 …………………………………………………………………… (283)
综述 ………………………………………………………………………… (283)
第一产业生产条件 ………………………………………………………… (283)
第一产业主要经济指标 …………………………………………………… (283)
第一产业产业化 …………………………………………………………… (284)
第一产业结构调整 ………………………………………………………… (284)
第一产业科技创新 ………………………………………………………… (284)
第一产业产业管理 ………………………………………………………… (285)
第一产业重点项目建设 …………………………………………………… (286)
种植业 ……………………………………………………………………… (286)
农业管理 …………………………………………………………………… (287)
养殖业 ……………………………………………………………………… (290)

养殖业管理 …… (291)
种植、养殖农机大户简介 …… (291)
渔业 …… (292)
林业 …… (292)
第二产业 …… (293)
工业经济综合情况 …… (293)
工业分类经营 …… (294)
工业经济管理 …… (297)
建筑业 …… (304)
建筑业管理 …… (304)
第三产业 …… (305)
批发业·零售业 …… (305)
对外经济贸易 …… (305)
其他服务业 …… (305)
商务管理 …… (306)
流通体制改革 …… (307)
第三产业开发 …… (308)
烟草专卖 …… (308)
盐业专卖 …… (309)
粮食流通业 …… (309)
粮食流通管理 …… (310)
供销经营业绩 …… (311)
供销社经营管理 …… (311)
邮政业 …… (312)
信息传输业 …… (314)
国有市场开发经营 …… (316)
道路运输业 …… (317)
城市公共交通 …… (318)
公路交通运输管理 …… (318)
公路管理 …… (324)
铁路运输业 …… (325)
航空运输业·嘉峪关机场公司 …… (327)
房地产开发经营 …… (328)
房地产管理 …… (328)
住房公积金管理 …… (329)
旅游业 …… (330)
旅游业管理 …… (331)
文化旅游产业开发融资 …… (333)
金融保险业 …… (336)

人民银行嘉峪关市中心支行 …… (336)
嘉峪关银监分局 …… (338)
工行嘉峪关分行 …… (339)
农行嘉峪关分行 …… (340)
建行嘉峪关分行 …… (340)
中行嘉峪关分行 …… (342)
农发行嘉峪关市分行 …… (342)
嘉峪关农业商业银行 …… (343)
邮储银行嘉峪关市分行 …… (343)
甘肃银行迎宾东路支行 …… (344)
兰州银行嘉峪关分行 …… (344)
人保财险嘉峪关市分公司 …… (345)
人寿保险嘉峪关分公司 …… (345)
大地财险嘉峪关中心支公司 …… (346)
中华联合财险嘉峪关市中心支公司 …… (346)
平安人寿嘉峪关中心支公司 …… (346)
天安保险嘉峪关中心支公司 …… (347)

经济社会管理

综合经济管理 …… (348)
财政管理 …… (348)
国家税务管理 …… (353)
地方税务管理 …… (355)
物价管理 …… (358)
统计管理 …… (360)
市场监督管理 …… (361)
质量技术监督管理 …… (364)
食品药品监督管理 …… (366)
综合执法工作 …… (368)
国土资源保护与管理 …… (370)
水利管理 …… (383)
审计管理 …… (376)
安全生产监督管理 …… (377)
综合社会管理 …… (380)
人力资源管理 …… (380)
社会保障事务管理 …… (384)
体制改革 …… (387)
环境保护与管理 …… (388)

民政事务管理 …… (390)
民族宗教事务管理 …… (393)
信访工作 …… (397)
社会公共服务 …… (399)
依法行政工作 …… (405)
其他行政管理 …… (408)

社会事业

教育 …… (409)
教育事业 …… (409)
教育管理 …… (411)
科学技术 …… (412)
科学研究与实验 …… (412)
科学事业管理 …… (413)
科技体制改革 …… (414)
科技成果管理 …… (415)
防震减灾 …… (415)
文化·广电 …… (419)
文化事业 …… (419)
大剧院 …… (420)
文学艺术创作 …… (420)
广播电视事业 …… (423)
文化、广电、新闻事业管理 …… (424)
新闻出版 …… (425)
综述 …… (425)
嘉峪关日报社 …… (425)
文物事业 …… (426)
综述 …… (426)
文物开发与利用 …… (426)
博物馆 …… (427)
嘉峪关文化遗产保护工程 …… (427)
文物管理 …… (429)
卫生 …… (430)
卫生事业 …… (430)
卫生事业管理 …… (437)
人口·计划生育 …… (442)
人口·计划生育事业 …… (442)
体育 …… (448)

体育事业 …… (448)
群众体育 …… (448)
体育竞技 …… (448)
体育设施 …… (448)
体育事业管理 …… (450)
档案·地方志 …… (450)
档案管理 …… (450)
地方志事业 …… (453)

城区·郊区概况

长城区 …… (456)
区况 …… (456)
社区概况 …… (460)
新城镇 …… (463)
镜铁区 …… (463)
区况 …… (463)
社区概况 …… (466)
文殊镇 …… (469)
雄关区 …… (469)
区况 …… (469)
社区概况 …… (473)
峪泉镇 …… (474)

酒钢特载

团结奋斗 攻坚克难道说 创新拼搏 坚定不移地完成2016年度各项任务 …… 魏志斌(476)
酒钢集团公司综述 …… (481)
概况 …… (481)
生产经营 …… (482)
安全管理 …… (483)
战略发展 …… (484)
工程建设与管理 …… (485)
计划财务与审计 …… (486)
人力资源 …… (487)
企业管理与信息化 …… (488)
科技管理 …… (490)
酒钢物流 …… (491)

生态环境建设 …… (491)
综合管理 …… (492)
董事会办公室工作 …… (492)
党委办公室工作 …… (493)
总经理办公室工作 …… (494)
党群工作 …… (495)
纪检监察工作 …… (495)
组织工作 …… (496)
宣传思想工作 …… (496)
精神文明建设 …… (497)
统战工作 …… (497)
企业文化建设 …… (497)
新闻工作 …… (497)
群众团体工作 …… (499)
公司工会 …… (499)
公司团委 …… (500)
职工培训、医疗卫生、保卫工作 …… (501)
职工培训中心 …… (501)
酒钢医院 …… (503)
保卫处 …… (504)
专业中心 …… (506)
技术中心 …… (506)
能源中心 …… (507)
物流中心 …… (507)
矿产资源开发中心 …… (507)
公共服务中心 …… (507)
检验检测中心 …… (508)
宏兴钢铁股份有限公司 …… (508)
概述 …… (509)
镜铁山矿 …… (509)
西沟矿 …… (510)
选烧厂 …… (510)
焦化厂 …… (510)
炼铁厂 …… (510)
连轧厂 …… (511)
碳钢薄板厂 …… (511)
不锈钢分公司 …… (512)
运输部 …… (512)
储运部 …… (513)

检修工程部 …………………………………………………………… (513)
榆中钢铁有限责任公司 ………………………………………………… (513)
翼城钢铁有限责任公司 ………………………………………………… (513)
新疆昕昊达矿业有限责任公司 ………………………………………… (513)
肃南宏兴矿业有限责任公司 …………………………………………… (514)
主要分子公司 ……………………………………………………………… (514)
甘肃东兴铝业有限公司 ………………………………………………… (514)
嘉峪关宏电铁合金有限责任公司 ……………………………………… (514)
西部重工股份有限公司 ………………………………………………… (514)
兰州长虹焊接材料有限责任公司 ……………………………………… (515)
冶金建设有限公司 ……………………………………………………… (515)
科力耐火材料股份有限公司 …………………………………………… (515)
宏达建材有限责任公司 ………………………………………………… (515)
甘肃紫轩酒业有限责任公司 …………………………………………… (515)

人　物

新任领导 …………………………………………………………………… (517)
录名人物 …………………………………………………………………… (519)

附　录

文萃 ………………………………………………………………………… (529)
丝路天马叱风雷 ……………………………………………… 周大成(529)
魏晋壁画的文化产业价值 …………………………………… 胡　杨(532)
魏晋时期嘉峪关一带的羊肉美食 …………………………… 胡　杨(534)
明代的民屯制度 ……………………………………………… 杨生宝(535)
左宗棠与甘新驿道 …………………………………………… 陈彦友(541)
彩虹出在风雨中
——忆酒钢职工艺术团 ……………………………………… 米积屯(542)
嘉峪关市的植树造林 ………………………………………… 郭灿东(543)
以特色文化元素，打造地域品牌 …………………………… 周大成(545)
圆梦拉萨
——青藏纪行 ………………………………………………… 薛长年(546)
《嘉峪关市志》编纂始末 …………………………………… 杨生宝(552)
《新城镇志》序言 …………………………………………… 陶东平(554)
《新城镇志》编纂后记 ……………………………………… 杨生宝(555)
[illegible] ………………………………………………………… 李蒲生(557)
蒋介石父子来嘉峪关纪略 …………………………………… 薛长年(558)

万里长城第一墩 …… 薛长年(560)
张骞出使西域 …… 郗乖堂(561)
燕鸣嘉峪关 …… 刘恩友(564)
蚕桑嘉峪关(外二首) …… 刘恩友(569)
纪念抗日战争胜利70周年(外二首) …… 周大成(571)
新田园诗(六首) …… 周大成(571)
黑山印象 …… 郗乖堂(571)
嘉峪关移民文化漫笔(十)——东北大酸菜 …… 孙 钢(575)
嘉峪关移民文化漫笔(十一)——东北"浆被"习俗探源 …… 孙 钢(576)
嘉峪关移民文化漫笔(十二)——东北移民说外语 …… 孙 钢(577)
北漠尘情——四幕大型秦剧 …… 胡 杨(578)
重要文件汇编 …… (584)
报告公报 …… (584)
市委、市政府重要意见 …… (615)
市委重要决定 …… (615)
市政府重要决定 …… (701)

生活便览

嘉峪关机场2015年夏秋季航班时刻表 …… (728)
嘉峪关汽车站始发客车班次时刻表 …… (729)
嘉峪关汽车站过路客车班次时刻表 …… (730)
嘉峪关南站高铁列车时刻表 …… (731)
嘉峪关火车站列车时刻表 …… (732)

嘉峪关市中级人民法院

△2015年2月8日，嘉峪关市中级人民法院院长茹作勋向市九届人大四次会议作法院工作报告

△2015年6月5日，全省集中打击拒不执行法院判决裁定等犯罪行为现场会在嘉峪关市中级人民法院召开，省委政法委副书记楚才元(左)与嘉峪关市委书记郑亚军(右)共同启动全国法院“总对总”执行查控系统

△2015年5月28日，嘉峪关市中级人民法院党组书记、院长茹作勋为全市两级法院干警上《践行“三严三实” 锻造忠诚之魂》为题目的“三严三实”专题党课

▷2015年11月27日，嘉峪关市中级人民法院院长茹作勋等在合议全省首例不服行政批复引发的行政诉讼案——沈渭权诉张掖市甘州区人民政府安全生产行政批复案

▽2015年8月24日，嘉峪关市中级人民法院党组书记、院长茹作勋到“双联”点市镜铁区文殊镇塔湾村召开帮扶攻坚协商会，并实地查看了水渠修建情况

△2015年3月17日，嘉峪关市人大常委会副主任冯彪带领人大代表视察市城区人民法院，并听取院长辛玉林的工作汇报

△2015年2月4日，嘉峪关市中级人民法院院长茹作勋带领政治部主任胡李刚走访慰问老干部

△2015年1月22日，嘉峪关市两级法院干警积极开展“慈善月”募捐活动

△2015年12月10日，当事人向嘉峪关市城区人民法院送锦旗

△2015年8月31日，嘉峪关市两级法院代表队参加全市职工广播体操比赛并荣获一等奖

中共嘉峪关市纪律检查委员会

2015年，市纪委主动适应反腐败新常态，自觉践行“三严三实”，坚持党要管党、从严治党，切实履行党风廉政建设监督责任，严明政治纪律和政治规矩，深化纪检体制改革，完善党风廉政建设相关制度，为推动全市转型跨越发展增强合力。

“严”立规矩、惩防并举

市纪委把纪律建设贯穿党风廉政建设全过程，严格执行《转变工作作风密切联系群众的规定》《公务接待管理办法》《会议审批管理》等制度。2015年，全市性会议同比下降9.1%，发文数量下降1.2%，三公经费下降56.4%。制定了《关于严格执行纪律加强作风建设的规定》《嘉峪关市党政机关主要领导离任经济审计事项交接办法》，认真落实个人重大事项报告、“五个不直接分管”“三重一大”等制度，建立挂牌销号和连带责任倒查追究制度。全市2100名科级以上干部按照规定填报了个人有关事项，并按10%的比例进行了抽查；对7名处级干部进行了离任审计。

聚焦主业、维护民利

市纪委围绕群众密切关注的惠民政策落实、扶贫资金使用、农村“三资”管理、“三公”经费使用等19个领域，集中开展“惠民政策规范落实、涉农资金规范使用、为民便民规范服务”等六大专项治理行动，建立挂牌销号和连带责任倒查追究制度，对群众关注的城乡低保和社会救助中优亲厚友等问题进行了跟踪督办，追回违规发放的惠农资金2.7万元，为4237名农民工追讨工资4900万元。

抓早抓小、防微杜渐

深入开展“九个严查、九个严禁”专项行动，开通“四风”问题监督举报直通车，在全市主流媒体公布有奖举报电话，联合公安、税务、市场监管、财政、审计等部门组成明察暗访组，紧盯全市各酒店、商场、农家乐、旅游景区等消费场所以及单位食堂进行明察暗访。同时，延伸监督链条，充分发挥政协委员、退休干部和基层群众监督员的监督作用。2015年，累计开展16轮次明察暗访，对62件（次）问题线索进行了调查核实，查处发生在群众身边的“四风”和腐败问题11件（次），给予党政纪处分11人，通报典型问题4件次，有效推动了党风政风的持续好转。

立规执纪、强化震慑

市纪委强化组织协调，整合办案力量，进一步修改完善了《嘉峪关市

2015年2月20日，中共嘉峪关市第十届纪律检查委员会第五次全体会议在市级机关会议中心召开

2015年8月24日，召开全市纪检监察干部学习会议

2015年2月12日 ，市委常委、市纪委书记边玉广慰问双联户

2015年10月20日，召开全市党风廉政建设调研工作启动会

2015年9月10日，全市纪检监察系统“聚焦主业、深化三转、学思践悟、忠诚干净担当”主题业务知识学习活动开班

己律审查联席会议制度》，强化与司法部门的联合办案
l制，全年共向司法机关移送问题线索4件。2015年，
市纪检监察机关共收到信访举报178件(次)，初核违
!线索89件，同比增长39.1%；立案16件；结案18件
含上年度遗留4件)；给予党纪政纪处分23人，其中党
纪轻处分17人，占处分人数的73.9%，涉嫌犯罪移送
J法机关处理2人，挽回经济损失近30万元。

挺纪在前、打造铁军

市纪委强化纪检监察干部队伍建设，完成内设机
J调整，纪检监察室增至4个，新增8名行政编制工作
员，把政治过硬、作风优良的干部选配到纪检监察干
队伍，纪律审查工作力量占到编制总数的60%。出台
党风廉政建设巡察工作实施办法》，组成3个巡察组以
一拖三”的模式进驻镜铁区等8家部门(单位)开展第
轮巡察，通过受理信访、个别谈话、调阅资料、明察暗
等方式发现问题线索，向被巡察单位反馈整改问题
37个。加强纪检监察派驻机构统一管理，健全“两为
”工作机制，纪检监察机构履行主业主责能力进一步
强。

以案为鉴、警钟长鸣

及时通报中央、省委、省纪委公布的典型案例，定
组织各单位“一把手”参观市看守所、酒泉监狱。全
召开警示教育大会，市纪委、市检察院分别对本市发
的2起典型案例进行了深刻剖析，引导各级党组织和
检机关以通报的案例和其他反面典型为镜，始终绷
思想之弦。制定《关于对党员干部实行诫勉谈话的
行规定》，对发现的苗头性、倾向性问题及时教育提
，全年共对45名党员干部进行谈话函询，对15名党
干部进行了诫勉谈话。

2015年6月19日，市纪委监察局开展“七一”主体党日活动重温入党誓词

◁2015年6月11日，市纪委监察局召开“六大行动”联席会议

▷2015年7月8日，市纪委监察局召开“严以修身”专题学习研讨会

△2015年9月18日，市纪委监察局干部职工进行知识测试

▽2015年1月21日，召开全市纪检监察系统专题学习会

2015年11月20日，市纪委举办纪检监察系统业务知识讲座

2015年4月14日，市纪委监察局组织全市党员领导干部收看“陇原清风”公益广告展

中共嘉峪关市委办公室

2015年6月26日，市委书记郑亚军看望老党员

2015年10月28日，市委副书记王锋调研千村美丽项目建设情况

2015年6月2日，市委副书记魏后凯为市委办公室全体干部作"提升城市品质"专题讲座

2015年，市委办公室围绕市委中心工作，以全面深化改革为动力，以工作落实年活动为抓手，以锻造忠诚、干净、担当干部队伍为目标，创新体制机制，完善工作体系，发挥职能作用，较好完成了各项工作任务。

全面加强思想政治工作

组织干部职工深入学习党的十八大和十八届三中、四中、五中全会精神、习近平总书记系列重要讲话及中央、省委、市委重大决策部署，制定并下发了市委办公室学习、调研等制度，组织学习新修订的《廉洁自律准则》和《纪律处分条例》，举办了城市品质、安全保密、传统文化、党史等专题讲座，同时组织干部职工深入重点项目现场，实地了解重点项目建设、棚户区改造、社会事业等情况，增强了对全市发展现状的把握，形成了干部职工学用结合、以学促干的氛围。

全力推进三项重点工作

一是认真开展工作落实年活动。围绕中心落实要事，紧扣全局落实大事，深化改革落实难事，突出重点落实急事，立足民生落实实事，成立领导机构、制定实施方案、建立大督查机制，将工作落实年与常规性督查相合，组成8个督查组，对全市各部门、各单位任务落实情况、重大项目建设、省市惠民实事、精准扶贫、"三严三实"专题教育、党风廉政建设"两个责任"等进行了专项督查，对重要节点进行了8轮次的暗访督查，对发现的问题跟踪督办、复核回访、限期整改、逐一销号。完成了77项各类督办事项，有8篇简报被省委采用。二是深入推进各领域改革。制定了市委2015年深化改革工作要点，筹备召开了两次领导小组会议，制定了七大领域208项改革台账，及时上报改革动态，并在省委《改革动态》上刊发。三是狠抓效能风暴行动。将效能风暴行动纳入党建目标考核体系，制定重点任务分工方案，定期总结行动进展情况，编发《工作简报》16期。组织开展民主评议机关

2015年1月23日，市委办公室召开总结表彰会

2015年4月7日，市委办公室邀请市委党校秦伟峰教授为干部职工作党史宣讲

2015年5月5日，市委常委、市委秘书长王毅主持召开"四大班子"秘书长联席会议，传达全省党委秘书长会议精神

2015年6月30日，市委办公室召开全体党员宣誓大会，党员在党旗下宣誓

作风和政风行风工作，成立8个民评工作小组，聘请45名效能监督员和民评代表，对各部门、各单位进行了质询评议，查摆各类问题171条，完成整改项目293项。

着力提升综合协调保障水平

一是以文辅政能力进一步提升。起草重要会议讲话材料、市委理论中心组学习材料、调研报告、汇报材料等各类文稿620余篇，在省级以上刊物发表理论文章40余篇。完成了《嘉峪关市循环经济发展研究》《嘉峪关市深化改革和体制机制创新研究报告》两个课题，编写了《嘉峪关城市品质研究》。累计向省委办公厅报送各类信息452条，同比增长20%。二是办文办会进一步改进。做好市委文件的审核把关工作，全年共审核各类文件292件，制发公文360件，报备党内规范性文件49件，备案市委各部门党内规范性文件16件，对建市以来至1982年以市委名义印发的党内规范性文件进行全面清理，汇编了市委《党内规范性文件选编》，推行"123"工作法开展规范性文件备案的做法，在省委办公厅《工作交流》上进行了刊发。全年筹备召开市委常委会议26次，市委全委会、领导干部大会、市委工作会议等全市性会议22次。三是服务保障进一步优化。改进四大班子秘书长、办公室主任联席会议制度，加强与军分区、酒钢公司、中核四〇四等的沟通协调，做好第五届敦煌行·丝绸之路国际旅游节开幕式、全省重大项目观摩、第四届嘉峪关国际短片电影展等重大活动的筹备协调。推进定密规范、涉密网络、涉密人员三大管理规范化，做好电报传输办理和加密手机管理工作。完成《中国共产党嘉峪关历史》编纂大纲、1965—2000年《大事记》初稿、2007—2012年《嘉峪关市组织史资料》等党史资料。加强差旅费、业务费等支出的审核管理。落实离退休干部探访制度，促进了管理服务规范化、精细化。四是干部队伍建设力度进一步加大。强化干部职工的教育、管理和监督，制定了市委办《干部日常管理和考核评价办法》，完善了理论学习、调查研究、日常管理等制度。加强干部培养、选拔和输送，选派优秀年轻干部到村挂职担任第一书记。认真落实"三会一课"制度，开展了党建知识、党章专题等集中学习24次，有效提升了党员队伍的活力。

2015年7月27日，市委办公室全体干部职工调研全市重点项目建设情况

2015年4月26日，市委办公室干部职工参加集体植树活动

扎实开展"三严三实"专题教育

市委办领导班子带头开展学习教育，累计讲党课13场次。围绕"严以修身、严以律己、严以用权"共组织8次学习研讨。特别是把研讨范围延伸拓展至所有科级干部，累计研讨交流48人次。班子成员带头边查边改，对照正反典型，查摆修身、律己、用权方面不严不实的问题97条，立行整改，整改率超过96%，促进了办公室各项工作协调发展。

深入推进党风廉政建设工作

一是严格落实主体责任。认真履行"一岗双责"，班子成员与分管科室层层签订责任书，组织观看《共和国第一贪腐案》等教育片，落实干部报告个人有关事项、重要事项申报等制度，贯彻落实民主集中制，对"三重一大"事项集体研究决定，班子的凝聚力、向心力进一步增强。二是持续深化作风建设。严格执行中央八项规定、省委"双十条"规定和市委七项规定，持续改进文风、会风、接待等工作，全市性会议，市委、市委办公室发文，公务接待费用，公务用车开支同比大幅下降。

一年来，在市委的坚强领导下，市委办公室认真履行职能，提升服务效能，各项工作取得了较好的成绩，先后获得全省双联行动民心奖，全省保密工作、密码工作先进集体，《甘肃工作》通联先进单位，全市双联工作、老干部工作先进集体、学法用法示范机关等荣誉称号，干部职工荣获市级以上荣誉7人次。

中共嘉峪关市委组织部

2015年1月20日，召开全市基层党建工作会暨区委书记述职评议大会

2015年3月3日，召开全市三区领导班子和领导干部综合分析研判动员会，市委常委、市委组织部部长燕胜三出席并讲话

2015年3月30日，市委常委、市委组织部部长燕胜三带领全市基层党建现场观摩会成员到社区调研

2015年，市委组织部主动适应全面从严治党新常态，坚决贯彻落实中央、省委和市委决策部署和全国、全省组织部长会议精神，以工作落实年为牵引，积极作为、狠抓落实，为实现“两个率先”奋斗目标提供了坚强组织保证。

扎实开展“三严三实”专题教育。在市委的领导下，把“三严三实”专题教育作为推进“四个全面”重大战略布局特别是全面从严治党要求的重大举措，坚持严上严部署、实打实推进，做到学习教育突出“广”、专题党课突出“严”、学习研讨突出“深”、整改落实突出“快”、专题民主生活会突出“实”、组织协调突出“前”，组织全市106家单位、558名县处级以上领导干部全部参加专题教育。

全面推进党的建设制度改革。紧紧围绕破解影响社会发展、改革稳定中的难题，研究制定了市委党的建设制度改革《工作要点》，建立了工作台账，积极稳妥推进党的宏观制度改革、干部人事制度改革、基层党建制度改革、人才体制机制改革等重点改革任务，制定出台了35项制度规定，为全方位加强党的建设提供了制度规范。

着力加强领导班子和干部队伍建设。研究制定了《关于加强和改进市管处级领导班子建设的意见》，组织各级领导班子深入学习贯彻习近平总书记系列重要讲话精神，举行了学习贯彻《推进领导干部能上能下若干规定（试行）》专题培训，以“两谈一提”为主要内容开展了领导班子和领导干部综合分析研判。坚决贯彻落实好干部“五条标准”，坚持“五重用五不用”原则，坚持公道正派选人用人。注重加强后备干部队伍建设，实施了处级后备干部队伍建设“112”工程和三方

2015年1月30日，市委组织部在文殊镇塔湾村开展送政策、送文化、送春联双联活动

△2015年2月12日，举行离退休老干部迎春联谊会。市委常委、市委组织部部长燕胜三出席并讲话

▽2015年3月12日，市委常委、市委组织部部长燕胜三带领干部职工，赴铁人王进喜纪念馆，现场接受革命传统教育，进行党性实践锻炼

面干部“613”储备计划。对全市重点部门、关键岗位的50名科级干部进行了跨部门、跨单位双向交流。

坚持从严监督管理干部。研究制定了《加强党员领导干部教育管理监督的实施意见》和《市管领导干部日常管理办法》等制度规定。加大选人用人监督力度，扎实推进领导干部个人有关事项报告工作。建成了领导干部个人有关事项报告房产信息查核报送系统，升级改造了12380举报受理平台，进一步加强了对干部的监督管理。

不断提升干部档案信息管理水平。高度重视干部档案工作，认真制定方案，严格工作流程，开展了干部档案工作专项审核。争取财政资金120万元，按照档案管理“十防”要求，实施了标准化档案室建设项目，进一步提升了干部档案规范化、科学化、电子化管理水平。

从严抓好基层党建。认真落实党建工作责任，采取“一讲三评”的方式开展基层党建现场观摩交流活动，分批次对基层党组织书记进行集中轮训，向全市17个行政村选派“第一书记”。坚持从严管理教育党员，探索推行了入党审查制、四次公示制和责任追究制等“四项机制”，研究制定了党员发展纪实制度。以“三讲三送”、“三评一理”为主要内容，组织开展了农村党员冬训。与相关部门沟通协调，提请市委常委会研究，全面提高了村组干部的报酬，调动了他们的工作积极性。

扎实推进双联行动。充分发挥组织部门自身优势，制定双联村发展规划，开展了“送政策、送春联、送文化”活动，组织开展调研30余次，组织部分村民赴武威、张掖等地考察学习、参加各级组织的农村实用人才培训。为双联村协调安装了体育健身器材和路灯，并为贫困户送去春耕化肥，协调帮扶资金140万元发展特色养殖业，推动双联工作深入扎实开展。

△2015年4月20日，召开全市基层党组织书记集中轮训班开班仪式

△2015年1月19日，召开全市组织系统“践行‘三严三实’‘联系群众转作风、公道正派树形象’主题活动”动员部署会

中共嘉峪关市委宣传部

2015年6月13日，市委常委、宣传部部长梁洪涛为第四届“夏青杯”朗诵大赛致辞

2015年6月15日，市委常委、宣传部部长梁洪涛参加左和平戏剧人物画展开幕式

2015年8月24日，省委常委、宣传部部长连辑调研嘉峪关文化产业发展

2015年6月30日，市委宣传部党支部开展纪念建党94周年主题活动

2015年7月30日，市委常委、宣传部部长梁洪涛陪同市长柳鹏调研三中新校区建设

2015年6月30日，市委常委、宣传部部长梁洪涛慰问老党员

2015年，全市宣传思想文化战线坚决贯彻落实中央、省委和市委的一系列决策部署，以学习贯彻习近平总书记系列重要讲话和十八届五中全会精神为主线统一思想、凝聚共识、围绕中心、服务大局，整体工作取得新进展新成效。嘉峪关市“家门口有了图书馆”惠民实事被选为全国宣传思想文化工作典型案例。市委宣传部荣获全省重大主题宣传和网评先进集体、全省“联村联户，为民富民”行动理论研讨征文优秀组织奖，群众文化活动“十美雄关”获全省宣传思想文化工作创新奖。

一是理论武装扎实推进。始终把学习贯彻习近平系列重要讲话精神作为重中之重，抓好中国特色社会主义和中国梦宣传教育，进一步了夯实全市人民团结奋斗的共同思想基础。**二是主流舆论巩固壮大。**围绕中心工作，开展重点项目建设巡礼、方特欢乐世界、嘉峪关国际短片展、棚户区改造等15个重大主题宣传。组织开展“走丝绸之路话绿色发展”、“共享希望丝路进行时”等中央和港澳媒体文化交流活动。**三是核心价值观深入人心。**大力实施社会主义核心价值观“24字”人知人晓工程，“重品行、树形象、做榜样”机关文明创建、诚信“红黑榜”“爱心暖夕阳”十大爱心行动、农村“结对子，种文明”活动、“乡贤文化”、“孝道文化”、未成年人“金种子”工程成为群众生活一部分，“家门口有了图书馆”惠民实事被选为全国宣传思想文化工作典型案例。**四是文化产业迸发活力。**建成非物质文化遗产生产性保护示范基地、非物质文化遗产传习所9个。嘉峪关市连续三年获得全省文化产业发展先进单位。**五是文化事业更接地气。**做强“十美雄关”群众文化品牌，开展“雄关大舞台”、“乡村舞台”演出近百场，举办文化志愿慰问、画展、书法展、摄影展40余场次。繁荣发展社会主义文艺，加强文艺人才队伍建设，为全市经济社会转型跨越发展提供了坚强的思想保证、文化条件和舆论支持。

2015年9月2日，市领导为抗战老战士颁发纪念章

2015年9月26日，市委常委、宣传部部长梁洪涛为全民阅读“经典诗文诵读”活动暨嘉峪关市图书馆开馆仪式致辞

2015年9月[illegible]日，市委常委、宣传部部长梁洪涛慰问教师代表

2015年9月25日，市委常委、宣传部部长梁洪涛参加迎国庆万人健步走南湖活动

中共嘉峪关市委统战部

春节前夕市政协副主席、市委统战部部长曾俊礼慰问困难群众

2015年8月7日，市政协副主席、市委统战部部长曾俊礼带领党外代表人士视察全市重点项目建设情况

2015年5月19日，召开全市民族工作暨第五次全市民族团结进步表彰大会

2015年，全市统战工作在市委的正确领导和省委统战部的精心指导下，认真贯彻落实党的十八大和十八届三中、四中、五中全会精神，深化学习坚持正确方向，着眼大局积极凝心聚力，集中力量抓好重点工作，持之以恒强化自身建设，为全市经济社会率先转型跨越发展、社会和谐稳定作出了积极贡献。

认真学习贯彻中央、省委统战工作会议精神。市委第一时间召开常委会、中心组学习会认真学习了习近平总书记的重要讲话、《中国共产党统一战线工作条例(试行)》。市委办下发文件对全市学习贯彻统战工作会议精神和《条例》进行了安排部署。先后三次召开党外代表人士座谈会，传达学习中央、省委统战工作会议精神和《条例》。邀请省委统战部领导来我市宣讲统战工作会议精神。成立了由市委书记任组长的统一战线工作领导小组，对构建大统战工作格局进行安排部署。通过市委常委带头学、中心组成员深入学、统战干部系统学、举办培训专题学、部门领导辅导学、党外人士交流学、开辟专栏宣传学、强化督查指导学的“八学”方式，自觉把思想行动统一到中央、省委的决策部署上来，把力量凝聚到落实会议确定的各项任务上来。全市进一步形成了“党委统一领导、统战部牵头协调，有关方面各负其责”的大统战工作格局。

积极推进多党合作事业健康发展。认真学习贯彻中央关于加强社会主义协商民主建设的意见，积极开展政党协商。市委常委会两次专题研究多党合作事宜。市委在重要决策、重大决定、重要人士安排前广泛听取民主党派意见建议。完善了市级党员领导干部与党外人士交朋友制度。坚持每年年底走访慰问民主党派成员，每季度召开一次座谈会，每半年一次情况通报会，并组织党外代表人士视察全市主要建设项目和惠民实事项目完成情况。支持各民主党派紧紧围绕市委、市政府重大决策部署及民生问题开展调研。指导各民主党派基层支部完成了换届，协调解决了6个民主党派市级组织办公用房和会议室，统一配备了办公设施。

着力加强党外知识分子和党外代表人士队伍建设。针对全市党外知识分子较多的特点，及时了解掌握党外知识分子的思想、工作状况，注重发现培养有影响的代表人士，不断探索做好党外知识分子工作的新措施。同时，以党外知识分子联谊会为平台，努力为党外知识分子发挥作用创造条件。建立了新群体基本情况底册，重点做好代表性人士沟通和引导工作。坚持多种途径选拔使用党外干部。

2015年12月17日，邀请省委统战部领导来嘉峪关市宣讲省委统战工作会议精神

始终保持民族宗教领域和谐稳定。深入开展第十二个民族团结进步宣传月活动。5月份，市委召开了第五次全市民族团结进步表彰大会，对10个模范集体和20个先进个人进行表彰奖励。加强清真市场监管，维护了清真食品市场秩序。依法管理宗教事务，出台了《关于加强伊斯兰教工作的实施意见》。

不断拓展非公有制经济领域统战工作。积极组织开展全市非公有制经济人士理想信念教育实践活动。组织工商联专(兼)职副主席及执委、常委、部分会员参加省工商联“适应新形势，把握新机遇”培训班，在革命圣地井冈山举办了理想信念教育现场教学。建立了非公有制经济代表人士综合评价体系。

积极推进台、侨和其他领域统战工作。认真贯彻落实中央、省委对台工作会议精神，努力拓宽渠道，加强对台交流交往。充分发挥侨联组织作用，加强沟通联谊，开展“送温暖献爱心”活动，提升服务水平。对社区统战工作进行了积极探索和实践。积极做好对口帮扶甘南州玛曲县工作，落实帮扶资金600万元，举办乡、村、组干部培训班二期，培训110人。积极开展双联工作，发挥统战部牵头组织作用，协商14家帮扶单位与帮扶村确定了“维修改造53座温室大棚”项目。

全面加强领导班子自身建设。深入扎实开展“三严三实”专题教育。认真贯彻落实党风廉政建设各项规定，严格落实“3783”主体责任体系。认真执行《党政机关厉行节约反对浪费条例》，严格落实公务接待、公车管理等制度，坚持勤俭办一切事务。加强统战干部教育管理，积极举办各类培训，不断提升统战干部思想境界和能力水平。认真做好民主法制领域深化改革领导小组办公室工作，制定了工作要点和改革方案，督促、协调推进改革任务的落实。

2015年8月6日，召开党外代表人士2015年上半年经济社会发展情况通报会

2015年11月24日，市政协副主席、市委统战部部长曾俊礼组织统战系统人员学习中央、省委统战工作会议精神

中共嘉峪关市委政法委员会

△2015年1月9日，市委副书记、市长柳鹏，市委常委、政法委书记张静昌等领导调研建设社区

△2015年9月1日，市委常委、市委政法委书记张静昌参加国旗一条街启动仪式

2015年，全市政法工作围绕“四个全面”战略布局，坚持问题导向、法治引领、改革创新，以建设“平安中国示范区”为目标，以维护全市人民群众利益为根本，不断深化“平安嘉峪关”建设，创新社会治理，完善防控体系，进一步提高政法工作的水平和成效，使依法治市战略得到更好实施，社会公平正义得到更好体现，群众安全感满意度更加增强，为全市经济社会改革发展创造了良好的环境。

不断深化平安建设，营造和谐稳定社会环境。始终坚持综治(平安建设)与促进经济社会转型发展同研究、同部署、同检查、同落实。印发了《中共嘉峪关市委关于全面推进依法治市的实施意见》《嘉峪关市2015年政法综治工作要点和任务分工》等系列文件和实施方案，围绕“3877”平安建设工程，及时安排部署社会治安综合治理、维护社会稳定、打击防范处理邪教、执法司法监督、社会治理创新、深化平安建设等任务，与各区、酒钢(集团)公司等相关单位签订了《2015年政法综治目标责任书》，制定了《2015年加强“平安和谐细胞”工程创建工作方案》，开展了“零命案区、零发案社区(村)”创建活动，有效预防和减少了“民转刑”、“刑转命”案件，命案同比下降50%。

加强社会治理创新，有效构建共建共享格局。将社区服务中心建设纳入社会治理重点项目和年度政府惠民实事，先后建成了四大中心和33个标准化城乡社区服务中心，新型社区建成率达到80%以上，社会信用信息共享交换平台项目建设基本完成，构建了以创新社会治理为核心，市级政法综治部门、社会治理局、四大中心、各基层社区分层分领域负责，社区企事业单位、社会组织等多元主体共同参与的治理格局，形成了“一核六部、多元共治”良好局面，为推进社会治理精细化提供了保障。以多元参与治理，让社会、群众共享治理成果为目标，基层社区各服务中心设立了综合服务大厅和文化娱乐等20余项便民服务场所，集中实行事务“一门办理”，并开设了道德讲堂、艺术画廊，青少年“第二课堂”、心理咨询室、假期学校等个性化服务。

2015年11月26日，市委常委、市委政法委书记张静昌参加“严以用权”研讨会

2015年10月9日，市委政法委常务副书记、市综治办主任焦多宏调研东安社区

完善治安防控体系，提高维护公共安全能力。为进一步加强防控体系和巡防网络建设，三区、三镇、社区开通了PC终端和500余名综治专干手机终端，已完成网格化管理、人口信息、特殊人群、事项传输处理等数据库和功能模块的建设。同时开展了打黑除恶、治爆缉枪、扫黄禁毒、防暴反恐和打击“两抢一盗”、网信诈骗等专项行动，对城乡结合部、棚户区、出租房屋、人员复杂场所、工业园区、规模企业周边等先后开展了12次清理排查和集中整治。

全力维护社会稳定，服从服务改革发展大局。全力防范和抵御“颜色革命”，密切关注“民运”势力和重点人员活动动向，制定了《嘉峪关市重大事项社会稳定风险评估示范区创建活动方案》，调整了市社会稳定风险评估领导小组，建立了嘉峪关市社会稳定风险评估专家库，重大事项实行专家评估。组建了以公安特警、交巡警等专门力量为主的100人左右的专业应急处突队伍，组织开展了反恐防暴综合演练，加强情报研判和信息管控，严防各种势力在网上勾结串联、煽动滋事，及时妥善应对敏感案（事）件，获取网络预警信息5条，及时回应网上谣言3起，有效管控了网络舆情。

扎实开展监督检查，保障执法司法公平公正。通过重点案件抽查、协调核查、部门复查等方式，对2014年以来程序已终结的案件进行了全面评查，一类案件占评查总数的95.3%，二类案件占4.7%，没有三类案件。制定了《嘉峪关市2015年司法体制改革要点》，加强了十二个基层检察联络室力量，开通了网上信访系统和远程接访视频，设立了接访大厅法律免费咨询窗口，“阳光信访”有效落实。

2015年，嘉峪关市群众公共安全感和满意度测评继续位居全省前列，得到了各级领导的肯定，连续第五年被省委、省政府授予“全省综治（平安建设）工作优秀地区”和“2015年全省执行禁毒责任书‘综合奖’”。

△2015年9月7日，市委政法委召开“严以律己”学习会

△2015年11月5日，市委政法委组织干部职工学习十八届五中全会精神

2015年8月3日，市委政法委副书记刘兆中陪同省委政法委领导调研文殊镇

2015年9月10日，市委政法委组织干部职工开展秋季文体活动

中共嘉峪关市直属机关工委

市委常委、市委秘书长、市直机关工委书记王毅

2015年市直机关工委在市委的正确领导下，深入学习贯彻党的十八大、十八届三中、四中、五中全会精神和习近平总书记系列重要讲话精神，认真贯彻落实省委十二届十三次全委(扩大)会议和市委十届七次全委(扩大)会议精神，紧紧围绕全市中心工作，以全面从严治党为主线，以工作落实年为抓手，以"三严三实"专题教育为载体，全面加强党的思想建设、组织建设、纪律建设、作风建设和反腐倡廉建设，为全市全面建成小康社会、全面深化改革、全面推进法治建设提供有力的思想组织保证。

2015年3月12日，召开市直机关工委2015年度党建工作会议

2015年2月3日，召开市直机关工委2015年度基层党组织书记述职测评大会

2015年4月27日，举办市直机关工委第七期党务干部培训班

基层党组织书记在书记述职会上进行党建工作经验交流

2015年6月24日，召开市直机关工委纪念建党94周年总结表彰大会

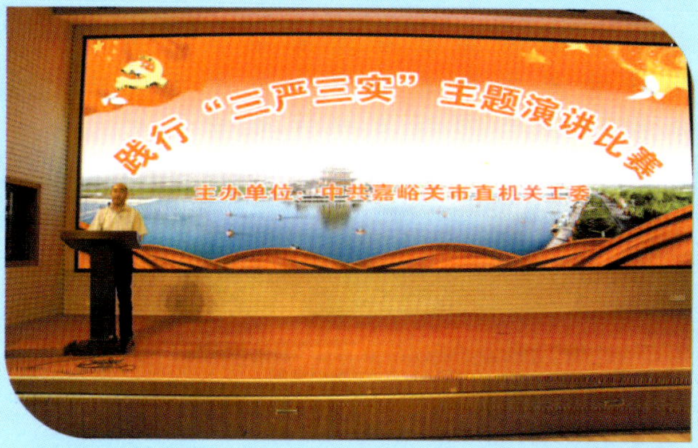

2015年7月29日，举办市直机关工委践行“三严三实”主题演讲比赛，市委常委、市委秘书长、市直机关工委书记王毅同志为开幕式致辞

2015年春节前夕，市直机关工委副书记唐满良走访慰问困难党员和老党员

2015年10月12日，召开全市效能风暴行动效能监督暨民主评议工作部署会

市直机关工委副书记唐满良同志为“三严三实”演讲比赛获奖者颁奖

2015年11月9日至13日，举办市直机关工委第四届羽毛球比赛活动

嘉峪关市人大及其常委会

2015年2月8日上午，召开嘉峪关市九届人大四次会议第二次全体会议，市人大常委会主任祁永安为大会作工作报告

2015年，在市委的坚强领导下，市人大常委会深入贯彻党的十八大及十八届三中、四中、五中全会精神和习近平总书记系列重要讲话精神，紧紧围绕"五位一体"总体布局和"四个全面"战略布局，牢牢把握新时期对人大工作的新要求，依法行使法定职权，着力推进工作创新，充分发挥了市人大及其常委会在促进经济社会平稳健康发展中的重要作用。

2015年3月18日，市人大常委会副主任冯彪带领部分人大代表，对基层"两院"2014年工作情况进行调研

20015年5月7日，市人大常委会副主任李勇带领部分市人大代表，对全市旅游资源和旅游产品开发情况进行调研

2015年5月14日，市人大常委会副主任张英带领调研组，对金融部门支持全市非公经济和小微企业发展情况进行调研

2015年1月19日，市人大常委会举行干部任前法律知识考试，市人大常委会副主任王克勤主持考试并监考

2015年1月20日，嘉峪关市九届人大常委会第十九次会议召开，通过了人事任免等事项，市人大常委会主任祁永安为新任命人员颁发任命书

2015年2月7日，嘉峪关市第九届人民代表大会第四次会议在嘉峪关大剧院开幕

2015年2月16日，市人大常委会秘书长刘德胜带领市人大办公室干部，走访慰问双联户

2015年5月21日，市人大常委会党组“三严三实”专题教育党课开讲，市人大常委会党组书记、主任祁永安讲课

2015年3月19日，市人大、市政府、市政协联合召开市九届人大四次会议代表建议和市政协八届四次会议提案交办会

2015年3月19日，人大机关全体干职工参加文明礼仪培训

△2015年6月29日，陇原环保世纪行嘉峪关组委会召开2015年工作会议，总结了嘉峪关组委会2014年工作，安排部署了2015年工作

△2015年6月30日，市人大常委会办公室与河口村各双联单位党员为庆祝中国共产党成立94周年举办双联共建文艺汇演

△2015年9月23日，市人大常委会办公室党组召开“三严三实”学习暨工作会议

嘉峪关市人民政府办公室

2015年，市政府办公室紧紧围绕市委、市政府中心工作，充分发挥参谋助手作用，坚持“枢纽畅通、服务有效、责任到位、保障有力”的工作方针，圆满完成了年度各项工作任务。

服务大局，参谋助手作用进一步增强

围绕市委、市政府工作重点，高质量完成了各类文件、材料等综合性文稿的起草，形成了打造丝绸之路经济带战略性节点城市课题研究、推进社会治理创新、工业化转型升级和加快信息化建设等一批调研报告，全年共编发《政务参考》《政务信息》等48期，上报政务信息452篇，其中，被国务院办公厅采用18篇，被省政府办公厅采用59篇，国务院领导做出批示6篇。严格规范公文管理，全年收转、复核、印制、清退各类公文5300余件，收转处理及时、跟踪落实到位，以文辅政水平显著提升。围绕“工作落实年”、“效能风暴”和年度目标任务，建立健全跟踪督查、动态监控、滚动督办、定期通报等督查督办机制，组织大型督查活动12次，督办市政府领导批示件126件；组织办理人大代表意见、建议及政协委员提案217件，办复率达到100%。认真受理“市长信箱”和人民网“地方领导留言板”信件163件，解决了一批群众关心关注的热点难点问题。

加强自身建设，服务保障能力进一步提高

围绕经济结构调整、重大项目实施、民生实事、省市工作目标责任落实等一系列事关全局的大事、要事开展协调服务。加强依法行政，审查办理市政府批办、报备规范性文件95件，涉法事务60余件，有力地保障了法制政府建设。强化金融监管，组织风险排查和专项整治7次，妥善处置涉嫌非法吸收公众存款案4起，金融风险防控能力进一步增强。积极推进“三张清单一张网”建设，全年主动公开信息2.4万余条、规范性文件27件。严格接待标准，圆满完成了各级各类接待任务，较好地发挥了接待工作“窗口”和“桥梁”作用。严格规范因公出国及侨务管理，认真履行外事职能，充分发挥驻外机构协调服务职能，较好完成了各项工作任务。进一步修订完善应急预案，规范突发事件处置流程，应急快速反应能力显著提升。落实机关综治各项措施，建立了“工作会商、信息共享、全时防控、快速反应”的安保联动机制，有效提高了市级机关预警和应对紧急突发

2015年5月21日，市政府办公室党组开展“三严三实”专题教育党课

2015年4月27日，市政府办公室举办“学制度，守纪律，讲规矩”知识竞赛

2015年9月21日，市政府办公室组织党员干部观看警示教育纪录片

2015年9月25日，市政府办公室全体人员参加“迎国庆万人健步走”活动

事件的能力。不断加大《市政府办公室效能建设八项规定》执行考核力度，纸质公文印制数量较去年减少了51%。认真落实公共机构节能管理职能，水、电、油等消耗均有明显下降，“三公”经费同比支出减少12%。

加强思想政治建设，干部队伍建设进一步强化

按照市委总体部署，结合办公室工作实际，认真开展“三严三实”专题教育活动，制定了专题教育实施方案，组织集体学习10次，专题宣讲1次，党课3次，实地观摩1次，观看警示教育片2次，召开专题研讨和学习交流5次，进一步增强了班子的凝聚力和向心力。强化干部能力教育培训，注重多岗位锻炼，对长期在一个岗位工作的干部安排岗位交流，推荐优秀干部到村组等一线挂职，全面提高干部素质。积极组织广大党员干部参与在职党员社区服务、先锋引领等活动，营造了团结奋进、高效务实的良好氛围。

2015年，市政府办公室先后获得全市学法用法示范机关、联村联户为民富民先进单位、离退休干部先进集体、“省一级”机关档案工作规范化管理单位等荣誉称号，羽毛球比赛获全市三等奖，法律法规知识竞赛获全市优秀组织奖；同时《嘉峪关志》、《嘉峪关年鉴·2014》等7部史志分别获省地方志编纂委员会和志史学会表彰。

2015年6月10日，市政府办公室“学制度，守纪律，讲规矩”演讲比赛获奖选手

2015年12月11日，助力文明城市创建，办公室组织干部职工上街打扫卫生

嘉峪关市政协

◁2015年2月7日，市政协八届四次全会开幕，焦玉兰主席代表市政协常委会作工作报告

▷2015年10月27日，市政协副主席曾俊礼陪同兰州市政协考察团对我市文化旅游产业发展情况进行调研

△2015年6月12日，市政协副主席韩淑华带领相关政协委员赴酒泉市，就高新农业发展情况进行考察学习

△2015年7月14日，市政协副主席韩天玉带队走访部分政协委员

△2015年9月，市政协副主席王铁带队就行政执法改革情况进行调研

△2015年11月17日，市政协办公室组织开展"联村联户"文艺演出

△2015年4月9日—11日,市政协主席焦玉兰带队赴临夏州考察学习非公经济发展先进经验

△2015年7月3日,市政协办公室组织党员干部赴临泽西路军烈士陵园开展主题党日活动

△2015年12月4日,市政协召开八届三十一次常委会议

△2015年7月30日,市政协召开与各民主党派、工商联秘书长和人民团体负责人联席会议

△2015年12月8日,市政协举办2015年第二期委员培训班

△2015年12月2日,市政协召开“十三五”规划意见建议征求会

△2015年5月20,市政协全体干部职工参加“三严三实”专题教育党课

△2015年12月11日,市政协召开《中国共产党廉洁自律准则》及《中国共产党纪律处分条例》专题学习会

嘉峪关市市志办公室

2015年，市志办公室全面贯彻国务院《地方志工作条例》和《甘肃省地方志工作规定》，扎实推进二轮修志工作，在市委、市政府的正确领导下，在全市各部门的大力支持下，围绕中心、求真务实、夯实基础、创新思维，各项工作取得阶段性成果。

△市志办主任杨生宝在审阅志稿

"一纳入八到位"全面落实。全省地方史志工作会议后，嘉峪关市高度重视，采取有力措施，贯彻落实会议精神，认真学习习近平总书记系列重要讲话精神，李克强总理、刘延东副总理重要批示和第五次全国地方志工作会议精神，嘉峪关市志办按照地方志"一纳入、八到位"的要求，提出全市"十三五"地方志事业发展规划，实现了认识到位、领导到位、机构到位、编制到位、经费到位、设施到位、规划到位、工作到位，并将志书编纂工作纳入了2015年政府工作目标任务，确保了工作有力有序有效推进，形成了良好的工作机制。

修志工作成效显著。按照全年目标任务，围绕中心，突出重点，坚持管理和服务相统一，坚持进度和质量相统一，认真完成各类志书的编纂、评审、修改、审查和出版发行工作。《嘉峪关市志》(1978-2010)《新城镇志》通过终审，《文殊镇志》《历代长城诗选》《嘉峪关年鉴·2015》出版发行，《嘉峪关大辞典》完成审查意见反馈，《峪泉镇志》按计划编纂。

志书质量不断提升。按照《地方志书质量规定》的要求，狠抓志书编纂质量，严格执行志书"一评三审"制度，严把资料关、体例关、史实关、审核关，对收集到的资料、数据反复论证，实事求是、存真求实。所编志书做到了内容详实可靠，体例结构科学合理，时代特色、地方特色和专业特色突出，行文准确、规范、简练、流畅，图文并茂，文风朴实。每部志书出版前，均发放志书讨论稿、召开志书研讨会，对志书篇目设计、体例、内容、图文版式进行深入讨论研究，力求准确无误，地方志书质量标准进一步提升。

信息化建设稳步推进。积极开发利用地方志资源，充实地方志馆馆藏，加快志书、年鉴、地情资料等地方志成果数字化速度。继续做好地情网站建设，借助市政府网站拓展地方志信息，及时反映全市修志动态，为社会公众读志用志提供了服务。积极加强与周边市(州、县、区)和全国各地地方志工作机构的联系沟通，截至2015年底收集地方志书129部、地方年鉴130部，工具资料书100余部，其他资料书200部，为建立方志馆奠定了基础。

△2015年12月23日，甘肃省副省长、省地方史志编纂委员会主任夏红民主持召开省地方史志编纂委员会主任会议，《嘉峪关市志》(1978-2010)通过终审，嘉峪关市副市长陶东平、《嘉峪关市志》主编杨生宝出席会议

2015年3月19日，召开《嘉峪关市志》(1978-2010)评审会二次会议，副市长陶东平主持并讲话

2015年5月28日，市委书记郑亚军，市委副书记、市长柳鹏，市委常委、市委秘书长王毅，省史志办公室副主任钱旭，市人大常委会副主任王克勤，副市长陶东平，市政协副主席韩天玉，省史志办公室市县志指导处处长贺红梅等出席《嘉峪关市志》(1978—2010)评审会与参会人员合影

2015年3月19日，《嘉峪关市志》(1978－2010)专家评审会召开，副市长陶东平，《酒泉市志》主编孙占鳌，《张掖地区志》主编何成才，《武威市志》主编张全生，《金昌市志》主编郑天水，《金塔县志》主编桂发荣，《瓜州县志》主编李春斌，《金川区志》主编柴永亮，《肃州区志》主编刘吉平，市人大副秘书长曹天德，市政府副秘书长王永明、彭益蓉，市政协副秘书长何策，市直机关工委办公室主任桑作石，市文化馆馆长胡杨，市政协原科教文卫体委员会主任袁钊鹏，人民银行嘉峪关市中心支行外汇管理科科长刘秉永与《嘉峪关市志》编辑部人员合影

△编纂出版的书籍

◁整理出版的书籍

“十三五”规划制定出台。坚持依法修志，通过多种形式宣传《地方志工作条例》《甘肃省地方志工作规定》《嘉峪关市地方志工作规定》，形成了全社会参与修志的工作局面。以《“十三五”嘉峪关市地方志工作规划》，加强对部门志、行业志、专题志、乡镇村志编纂的指导和服务，积极推进市属各部门、单位依法修志的工作格局，进一步提高志书编写的科学性和实用性。

队伍建设不断加强。坚持开门修志，不断充实壮大地方志工作队伍，吸收有志于地方志编修工作的专家学者、离退休干部参与志书编纂工作，并与市志办人员通力合作、分工负责组成了一支新老结合、专兼职结合的修志队伍。同时不断完善奖惩机制，激发了队伍干事创业的热情。定期召开修志讨论交流会，参加全省专题培训、开展业务交流，提高了修志队伍的业务素质。

志稿编纂收获成绩。在全省地方志史学会第十届优秀史志成果评选活动中，《嘉峪关志》获志书类一等奖、《文殊镇志》获三等奖，《历代长城诗选》获得文史类二等奖，《嘉峪关年鉴·2014》获得年鉴编纂一奖、《嘉峪关年鉴·2013》《嘉峪关年鉴·2012》获二等奖、《嘉峪关年鉴·2011》获三等奖。

△2015年2月11日，市志办召开全市年鉴撰稿人培训会

△2015年8月27日，《文殊镇志》首发暨捐赠仪式在文殊镇政府举行

嘉峪关市检察院

△2015年8月27日，高检院督察组督导调研市检察院“规范司法行为”专项整治工作

◁2015年12月10日，市检察院召开“检察开放日”活动

△2015年11月20日，赵德金副检察长深入双联村农户中开展工作

▷2015年7月9日，检察干警深入公安派出所开展行政执法专项检查

△2015年11月5日，市检察院驻工商联检察服务室成立揭牌仪式

△2015年8月27日，市检察院依托社区检察联络室，积极开展“庭审进社区”活动

△2015年6月16日，城区检察院检察长李军虎督导检查“两联两促”饮用水水源地水源井迁建项目工作

△2015年9月21日，市检察院举办“三严三实”专题研讨会

△2015年10月19日，市检察院举办以“孝老爱亲”为主题的道德讲堂

△2015年7月15日，检察干警深入“双联”村参加“纳凉晚会”

特　载

在市委工作会议上的讲话

市委书记　郑亚军

（2015 年 2 月 16 日）

同志们：

春节前夕，我们及时召开市委工作会议，是巩固党的群众路线教育实践活动成果、加强和改进作风建设的一项重要举措，目的是在节前对各项工作尽早做出安排部署，确保节后全面推开、实现良好开局。这次会议的主要任务是：贯彻落实中央和省委有关会议精神，回顾总结去年宣传、政法、组织、统战等工作，全面安排部署今年的重点任务，紧紧围绕全面从严治党、全面建成小康社会、全面深化改革、全面依法治国的战略布局，动员全市各级党组织和党员干部，聚精会神抓党建，一心一意抓落实，以改革创新的精神，以务实高效的作风，以扎实有效的举措，全力提升党委工作科学化水平。

过去的一年，全市各级党组织和市委各部门深入贯彻落实党的十八大、十八届三中、四中全会精神，按照中央和省委的决策部署，紧扣市委工作大局，充分发挥职能，抓重点、破难点、求实效，各项重点工作取得了显著成效，有力保障了市委各项工作顺利推进，促进了全市经济社会持续健康发展。宣传工作坚持正确导向，在理论武装、舆论引导、文化建设、对外宣传、精神文明建设等方面做了大量富有成效的工作，主旋律更加响亮，正能量更加强劲；华夏文明传承创新示范区建设全面推进，投资150 亿元的文化产业园初具规模，我市被评为全省文化产业发展先进单位，“24 小时自助图书馆”成为全国宣传思想文化工作典型案例。政法工作紧扣全面推进依法治市，加强和创新社会治理，司法体制改革进展顺利，治安防控体系更加完善，平安嘉峪关建设深入推进，我市连续四年被评为全省综治工作优秀地区，群众安全感和满意度首次位居全省第一。组织工作围绕选干部、用人才、转作风、强基础，认真贯彻《领导干部选拔任用工作条例》，突出抓好领导班子和干部队伍建设；开展基层党建述职评议和观摩交流，提高社区和村级组织经费标准，城乡社区党建工作的经验做法在全省进行了交流；组织开展群众路线教育实践活动，解决了一批"四风"问题，建立了一系列务实管用的制度规定，活动得到中央巡回督导组和省委的肯定。统战工作充分调动各民主党派、无党派、工商联和社会各界人士参与经济社会建设，推动多党合作事业创新发展，完善城市社区统战工作平台，依法管理民族宗教事务，呈现出民主团结、和谐稳定的生动局面。一年来，党委各部门做了大量工作，取得了明显成效。在此，我代表市委，向辛勤工作在党委各条战线的同志们，表示衷心的感谢！

下面，我就做好新形势下党委工作，讲几点意见。

一、主动适应新要求，切实增强做好党委工作的使命感和责任感

党的十八大以来，习近平总书记围绕党要管党、从严治党，发表了一系列重要讲话，把全面从严治党提高到了一个新的水平。习总书记指出，如果我们党弱了、散了、垮了，其他政绩又有什么意义？强调要始终把抓好党建作为最大的政绩，把每条战线、每个领域、每个环节的党建工作抓具体、抓深入，坚决把管党治党的责任承担好、落实好。这些重要论述，深刻阐明了做好党建工作的极端重要性，充分表明了抓好党的建设关系到我们党执政地位的巩固，关系到党和国家的前途命运。尤其是在组织工作方面，提出要坚持德才兼备、以德为先，树立正确用人导向，把信念坚定、为民服务、勤政务实、敢于担当、清正廉洁的好干部选拔出来。在作风建设方面，强调要紧紧依靠人民，牢记群众观点，践行群众路线，夯实作风转变的群众基础，扎紧作风建设的制度笼子。在宣传思想工作方面，强调意识形态工作是党的一项极端重要的工作，要胸怀大局、把握大势，做到因势而谋、顺势而为。在政法工作方面，提出要把维护社会大局稳定作为基本任务，把促进社会公平正义作为核心价值追求，把保障人民安居乐业作为根本目标，始终维护人民群众的切身利益。在统战工作方面，提出要巩固和发展最广泛的爱国统一战线，巩固和发展平等团结、互助和谐的社会主义民族关系，最大限度团结一切可以团结的力量。这一系列新思想、新论断，深刻阐述了党委工作的总体要求和职责定位，鲜明回答了党委工作抓什么、如何抓的理论和实践问题，为我们抓好党的建设指明了努力方向、提供了基本遵循。

前不久，中央和省委相继召开了组织、宣传、政法、统战等会议，对今年的工作做了安排部署，提出组织工作要抓住落实党建工作主体责任这个关键，深化党的建设制度改革，选好干部、用好干部、管好干部；宣传工作要讲好中国故事，传播好中国声音，巩固团结奋斗的共同思想基础；政法工作要担负起维护一方稳定的政治责任，持续推进法治中国、平安中国建设；统战工作要支持民主党派更好履行参政党职能，维护民族宗教领域和谐稳定，着力营造宽松民主的氛围。省委王三运书记就做好全省党委工作，分别做出了重要批示。中央和省委对做好今年党委工作的要求很高，任务很明确，措施很具体。全市各级党组织和党委各部门要认真学习习总书记重要论述，坚决贯彻中央和省委的决策部署，围绕中心、服务大局，把抓党建、管党建、强党建放在更加突出的位置，始终保持坚定的政治定力和正确的政治方向，强化使命担当，发挥职能作用，共同把党的建设各项工作做实做细，确保党要管党、从严治党的要求落到实处。

二、全面落实新任务，全力以赴抓好党委各项工作

2015年是从严管党治党的重要一年，是全面深化改革的攻坚之年，也是全面推进法治建设的开局之年。各级党组织和党委各部门要紧扣发展大局，突出工作重点，坚持改革创新，完善制度机制，不断把党委工作提高到新的水平。

第一，宣传工作要紧扣"两个巩固"的根本任务，主动研判形势，创新宣传方式，用中国特色社会主义凝聚思想共识，推进社会主义核心价值观建设，着力提升文化软实力，为全面推动改革发展凝聚强大正能量。

一要深入学习习近平总书记系列重要讲话精神。始终把学习好、宣传好、贯彻好习总书记系列重要讲话精神作为首要政治任务，坚持读原著、学原文、悟原理，做到学而信、学而用、学而行，在思想上、政治上、行动上坚决与以习近平同志为总书记的党中央保持高度一致。深化中国特色社会主义学习教育，广泛开展"中国梦·我的梦"主题实践活动，始终坚定道路自信、理论自信、制度自信。要创新学习教育形式，完善中心组学习、集体学习等考评制度，引导各级干部在学中干、在干中学，使学习的过程成为统一思想、推动发展的生动实践。

二要积极培育社会主义核心价值观。深入推进核心价值观“人知人晓”和公民道德建设工程，开展“德润雄关”等道德实践活动，组织“道德模范”“雄关好人”评选表彰，促进社会主义核心价值观具体化。要以纪念抗战胜利70周年为契机，开展多种形式的爱国主义教育活动，激发干部群众爱国爱党热情。持续推进文明城市创建，广泛开展文明家庭、文明社区、文明单位评选活动，着力提高市民文明素质和城市文明程度。

三要牢牢把握正确舆论导向。坚持党管宣传、党管意识形态，围绕“四个全面”做好舆论引导和宣传阐释工作，把形势政策讲明白，把成就变化讲透彻，把干部群众的精气神提振起来。要加大外宣力度，加强与新闻媒体的沟通联络，及时宣传我市主动适应经济新常态，推进产业转型、生态建设、文化旅游、改善民生等方面的经验做法。要敢于发声、善于发声，加强舆论阵地管理，做好新兴媒体监管，提升社会舆情、网络舆情的分析处置能力，持续开展“净网”专项整治，着力营造健康向上的舆论氛围。

四要持续释放文化发展活力。以文化体制改革为动力，转变文化行政管理职能，推进文化事业单位转企改制，鼓励社会力量参与公共文化建设。要完善城乡文化服务网络，优化社区、农家书屋网点布局，扩大“双网改造”、自助图书馆的覆盖面，促进基本公共文化服务均等化。坚持“二为”方向和“双百”方针，鼓励创作更多接地气、有真情、动人心的精品力作。要深入开展雄关人舞台、乡村舞台、文化大院等活动，进一步丰富群众文化生活。

五要加快发展文化产业。抢抓“一带一路”、华夏文明传承创新区建设的历史机遇，树立大文化、大旅游、大景区的理念，挖掘整理文化旅游资源，做好非遗项目评审申报，促进文化旅游深度融合。要加快世界文化遗产保护工程、华强方特欢乐世界、观礼古镇等重点项目建设，确保如期建成投运，特别是要提前做好宣传推介，提升旅游接待服务能力，更好地应对方特开园、高铁开通带来的旅游高峰。深入推进大景区建设，谋划引进更多的文化旅游项目，培育开发精品旅游线路，加快建设特色文化强市。

第二，政法工作要深入贯彻党的十八届四中全会精神，坚持以法治为引领，深化司法体制改革，有效防控各类风险，统筹推进法治建设、平安建设和过硬队伍建设，全力维护社会大局和谐稳定。

一要推进依法治市进程。深入贯彻中央和省委关于全面推进法治建设的相关意见，抓紧制定贯彻落实的实施细则，系统开展宪法法律宣传教育活动，在全社会弘扬法治精神。要用法治思维和法治方式开展工作，推进执法司法规范化建设，落实罪刑法定、非法证据排除等制度，自觉接受社会各方监督，杜绝人情案、关系案、金钱案，防止冤假错案，让群众在每一起案件中都能感受到公平正义。要严格落实执法司法公开的各项规定，加快信息化建设，推动执法司法的依据、流程等全过程公开，让权力在阳光下运行。

二要加快司法体制改革。要从影响司法公正、制约司法能力的突出问题入手，实施好司法责任制、司法人员分类管理、司法人员职业保障、法检两院人财物统一管理等改革事项，加快构建规范有序、高效权威的司法运行机制。深化行政执法体制改革，整合执法资源，减少执法层级，抓好公安行政管理、社区矫正等方面制度的改进和完善，加强基层执法力量和执法能力建设。继续推进涉法涉诉信访改革，引导群众通过调解、仲裁、诉讼等渠道维护合法权益，营造遇事找法、解决问题用法、化解矛盾靠法的社会氛围。

三要深化平安嘉峪关建设。政法部门要切实增强工作的前瞻性和主动性，防范和抵御“颜色革命”，严防“三股势力”渗透，坚决维护国家安全和社会政治稳定。要坚持末端处理与前端治理相结合，健全完善发现早、反应快、出手准的应急处置机制，推动矛盾纠纷联动化解，确保将矛盾调处在基层、化解在源头。要加强立体化治安防控体系建设，健全“大执法”“大巡防”管理网络，严厉打击食品药品、安全生产、电信诈骗等领域犯罪，深入开展严打、禁毒等专项行动，最大限度地预防各类案件的发生。充分发挥社区在平安建设中的基础性作用，把维护稳定的触角延伸到社区工作的各个方面，提高群防群治水平，以平安嘉峪关建设的实际成果惠及群众、支持改革、保障发展。

四要着力打造过硬政法队伍。坚持把思想政治建设摆在首位，引导广大干警严守党的政治纪律和政治规矩，严守党纪国法和铁规禁令，始终忠于党、忠于宪法、忠于人民、忠于法律，确保“刀把子”牢牢掌握在党和人民的手中。要当好法治建设的引领者、实践者和推动者，带头在宪法法律范围内活动，正确运用法律武器，自觉维护法律尊严，敢于和歪风邪气做斗争，敢于对违纪违法行为动真碰硬，真正做到有法必依、执法必严。要坚持从严治警、从优待警，坚决整治特权思想，坚决反对公器私用，坚决抵制司法腐败，促进干警清正、队伍清廉、司法清明。

第三，组织工作要以党的建设制度改革为切入点，全面抓好选干部配班子、建队伍聚人才、抓基层打基础各项工作，做到思想教育从严、干部管理从严、组织建设从严、作风要求从严，为转型跨越发展提供坚强组织保障。

一要加强领导班子和干部队伍建设。按照习总书记提出的好干部“五条标准”，严格执行《领导干部选拔任用工作条例》，树立重实绩、重品行、重公论的用人导向，把更多能干事、会干事、干成事的干部发现出来、使用起来。要规范选人用人机制，严把动议提名关、考察考核关、程序步骤关，全面掌握干部的各方面情况和群众口碑。要深化干部人事制度改革，加大干部轮岗交流，完善政绩考评体系，落实德的考核、潜绩考评等制度，发挥好考核的指挥棒作用。要抓好后备干部队伍建设，加大优秀年轻干部的培养选拔力度，进一步优化干部队伍结构。要关心爱护老干部，全心全意做好老干部工作。

二要从严管理监督干部。今年，中央和省委对干部个人有关事项报告提出了严格要求。组织部门要按照“三龄两历一身份”和个人事项报告的规定，督促科级以上干部如实填写相关信息，严格核查填报信息情况，对拟提拔为县处级干部和转任重要岗位的干部，做到不核查不上会，未完成核查的不上会，有隐瞒情况的不上会。要抓好党政主要负责人经济责任和机构编制“双审”工作，对存在问题的干部严肃问责，防止小毛病演变成大问题。要持续抓好巡视反馈问题整改落实，做好超职数配备干部的消化工作，对违反组织人事纪律的行为坚决予以查处。

三要着力建设基层服务型党组织。抓党建是每个党员领导干部的分内之事、应尽之责，抓不好党的建设就是不称职、不合格。各级党组织要始终把抓党建、管党建作为最大的政绩，落实主体责任，强化主业意识，逐级签订责任书，做到内容上无死角、主体上全覆盖、保障上制度化。要深入研究基层党建工作的特点规律，分类开展现场观摩交流，动态整顿软弱涣散党组织，定期进行基层党建述职评议，推动各领域党建工作创新发展。要抓好“服务型党组织、为民型干部、富民型党员”和带头人队伍建设，严把入口、畅通出口，保持党员队伍的先进性和纯洁性。

四要扎实做好人才工作。坚持党管人才原则，认真落实人才特区建设方案，提前做好“十三五”人才发展规划的制定工作。完善人才储备培养机制，围绕丝绸之路经济带建设、“3341”项目工程、“1236”扶贫攻坚行动等战略任务，抓好人才引进培育，加强党政管理、企业经营、专业技术等人才队伍建设，提升人才项目与经济社会发展的融合度。要运用好人才专项经费，解决好各类人才的实际困难，营造爱才用才的良好氛围。

五要持续深入推进作风建设。要扎实开展“三严三实”专题教育，引导党员干部增强党性修养、坚定理想信念，始终保持对党绝对忠诚。要巩固拓展教育实践活动成果，逐条落实“两方案一计划”，推进以“上下联动惠民生”为主题的集中整治行动，持之以恒改进作风，坚决防止“四风”反弹。要严格党内政治生活，定期开展党员评议，用好批评与自我批评这个有力武器，保证党内生活的政治性、原则性和严肃性。要建立一支政治坚定、敢于担当、知人善任、廉洁干净的组织人事干部队伍，为全市党员干部作风建设做好表率。

第四，统战工作要紧扣“凝心聚力、促进发展”主题，突出政治导向，聚焦现实问题，充分发挥资源密集、联系广泛、协调关系的独特优势，最大限度地把各方面力量集中起来，为改革发展稳定多做贡献。

一要主动服务经济社会发展。统战部门要依

托各民主党派、工商联和商会团体，加强与发达地区工商企业界的联系，积极开展招商引资活动，吸引更多资金、项目和优秀人才。要把扶持非公经济发展的政策讲清楚，多深入企业调查研究，多倾听非公经济人士的诉求，多为非公企业排忧解难，鼓励他们参与城市建设、社会事业和公共服务。要广泛凝聚社会各界人士的智慧和力量，深入开展扶贫济困、志愿服务、社会公益等事关民生的“同心”行动，更好地履行责任、回报社会。

*二要着力提高协商监督质量。*认真贯彻中央和省委关于加强协商民主建设的意见精神，进一步建立健全政治协商机制，加大民主监督和参政议政力度，积极引导党外人士为改革发展建言献策，对建设性的意见建议及时督办、及时反馈。要加强党外人士队伍建设，拓宽选人视野和用人渠道，做好党外人士的举荐、培养和考察，调整充实党外干部人才库。要落实联系党外人士制度，搭建知政知情的平台，为他们更好地发挥作用、展示风采创造条件。

*三要稳妥做好民族宗教工作。*深入开展民族团结宣传教育和民族团结进步创建活动，抓好矛盾化解和维权调处，千方百计解决少数民族群众的切身利益问题，巩固发展平等团结、互助和谐的新型民族关系。要依法加强民族宗教事务管理，健全市、镇、村三级工作网络，完善突发事件防控机制，及时掌握各方面思想动态。要加强信教群众的爱国主义教育，推进和谐寺观教堂创建活动，进一步夯实民族工作基础，确保民族和睦、宗教和顺、社会和谐。

三、始终牢记新使命，全面提升做好党委工作的能力水平

各级领导干部要主动适应从严治党新常态、经济发展新常态、法治建设新常态和深化改革新常态，立足本职岗位，突出能力建设，认真履职尽责，进一步提升推动发展、促进和谐、服务群众的水平。

*一要提升辩证思维能力。*各级领导干部要坚持两点论和重点论，善于从发展的全局辩证分析解决问题，既要看到工作中的积极因素，抢抓机遇，加快发展；也要坚持底线思维，认真分析存在的困难，把应对措施谋划得周全一些，化不利为有利、变被动为主动。要处理好当前任务和长远目标的关系，既要注重总体谋划，又要突出抓主抓重，避免眉毛胡子一把抓，努力把各项工作做得更细一些、更好一些。

*二要提升统筹协调能力。*全市各级领导班子要坚持民主集中制原则，加强内部沟通协调，调动班子成员心往一块想，劲往一处使，形成抓工作的整体合力。各级领导干部要牢固树立“一盘棋”的思想，把推进项目、提升产业、优化环境等工作统一协调起来，进一步提高我市的综合发展质量。在具体工作中，各区、各部门、各单位“一把手”要牵头抓总，班子成员要各负其责，使各项工作紧密衔接、有序推进。

*三要提升依法办事能力。*各级领导干部要牢记党纪严于国法，始终牢记自己是一名共产党员，不发表与身份不相符的言论，不做与中央、省委和市委要求不一致的事情。要心中有法、懂得治须有常，树立法治意识，坚持法律至上，维护宪法权威，带头学习法律法规，做尊法懂法、守法用法的表率。要心中高悬法律的明镜，明白什么事能做、什么事不能做，牢记法律红线不可逾越、法律底线不可触碰。要用法治的思维谋划工作，用法治的方式处理问题，用法治的手段化解矛盾，使一切工作在法治的轨道上运行。

*四要提升改革创新能力。*各级领导干部要时刻保持永不僵化、永不停滞的精神状态，把嘉峪关的发展放在新常态的大背景下来谋划和思考，用改革的思路、创新的办法应对各种可能出现的新情况和新问题，着力补齐短板漏项，破解发展难题。要注重从实际出发，把有利于经济转型、有利于民生改善的改革事项往前排，明确时间节点和推进措施，推动重点领域和关键环节改革取得更大突破，力争各项工作再上新的台阶。

春节将至，各级领导干部要带头遵守中央八项规定、省委“双十条”规定和市委七项规定，教育每一个党员干部时刻绷紧廉洁自律这根弦，时刻牢记纪律规定的高压线不能触碰，严禁用公款搞相互走访、送礼宴请等拜年活动，严禁用公款购买赠送年货节礼，严禁用公款外出旅游，严禁违规收受礼品、礼金和各种有价证券，严禁参与赌博活动，坚决抵制不正之风，确保清清白白过节、踏踏实实过节。市纪委要严肃开展明察暗访，畅通监督举报渠道，对各种违规违纪行为，不论涉及谁，发现一起、查处一起，并追究相关领导的责任。要坚决落实中央、省委关于做好节日期间应急值班和信息报送工作的相关要求，严格执行领导在岗带班、24小时专人值班和信息报送制度，尤其是各部门主要负责同志要把亲自带班值班作为一项铁的纪律，保持通讯畅通，坚决杜绝擅离职守、脱岗漏岗顶岗现象，及时妥善处理突发事件和紧急事务。各部门、各单位要每天按时做好信息报送工作，政法、公安、安全部门汇总报送社会稳定和安全生产情况，三区、民政部门汇总报送困难群众生活保障情况，卫生、食品药品监管部门汇总报送卫生安全情况，发改、商务、工商部门汇总报送价格波动、商品供应、市场秩序等情况，准确掌握春节期间的舆情动态。要严格落实安全生产责任制，集中开展事故隐患排查，有效防范各类生产安全事故、重特大火灾事故和突发公共事件，确保人民群众生命财产安全。要加强市场监测监管，保证节日期间物资供应、市场稳定、物价平稳。要关心困难群众的生产生活，广泛开展送温暖活动，让每一个困难群众都能过上一个欢乐祥和的新春佳节。

最后，祝大家新春快乐、阖家幸福、万事如意！

在市委十届八次全委会议上的讲话

市委书记　郑亚军

（2015 年 12 月 16 日）

同志们：

这次会议听取了市委常委会工作报告，审议通过了《中共嘉峪关市委关于制定国民经济和社会发展第十三个五年规划的建议》，圆满完成了各项议程。会议审议通过的《建议》，全面贯彻中央、省委的决策部署，集中了各方面的智慧和力量，是做好“十三五”时期全市各项工作的纲领性文件，各区、各部门、各单位要结合实际抓好落实。

下面，我就贯彻好这次全委会议精神，做好当前和今后一个时期的工作，讲四个方面的问题。

第一，深刻认识全面建成小康社会决胜阶段的新形势

把握好面临的形势和机遇，是谋划“十三五”发展的前提。中央和省委对今后一个时期的发展环境进行了深入分析，明确指出经济发展将延续新常态，出现结构优化、产业升级、速度换挡、动力转换等新特征。我们要根据中央和省委对形势的新判断，结合市情实际，把面临的机遇和挑战分析透，把发展的阶段性特征理清楚，进一步增强机遇意识、忧患意识、责任意识和紧迫意识，力争在新一轮发展中抢占先机、赢得主动。

从外部形势来看，尽管国际国内环境发生了深刻复杂的变化，但我国仍处于可以大有作为的重要战略机遇期。国家加快实施“一带一路”战略，是我们面临的最大机遇。随着丝绸之路经济带建设进入实质性推进阶段，中央对西部地区的倾斜支持力度将进一步加大，“中国制造 2025”“互联网+”和发展信息技术、新能源、新材料等政策红利将加速释放，沿线国家和地区的经贸往来更加活跃，人文交流更加频繁，为我们争取项目、加强合作、扩大开放带来了发展新契机，提供了发展新空间。同时，当前机遇的内涵正在发生变化，原来的速度型增长机遇正向质量型发展机遇转化，规模扩张的机遇正向转型升级的机遇转化，我们必须更加主动地适应新常态，牢牢把握精细化、信息化、智能化的产业发展走向，加快转变经济发展方式，推动产业迈向中高端水平。从基础条件来看，经过 50 多年的开发建设，我市经济社会快速发展，产业结构不断优化，经济总量逐年攀升，已成为全省发展特色和优势比较明显的城市。尤其是“十二五”以来，我们立足产业转型谋篇布局，围绕项目建设内引外联，着力发挥投资的关键支撑作用和连续释放效应，经济综合实力显著增强，生产总值年均增速超过 12%，固定资产投资总量高于“十五”和“十一五”时期的总和，生态环境持续改善，群众生活水平不断提升。特别是引进实施了一批带动力强、成长性好的重大项目，三次产业结构持续优化，第三产业占 GDP 比重 2015 年首次超过三分之一，实现了历史性突破，这些都为未来发展创造了良好条件。从发展的阶段性特征来看，嘉峪关市正处于工业化中期，随着钢铁、电解铝等行业持续化解过剩产能，工业经济将面临更大挑战，转变发展方式、调整产业结构的任务更加繁重。以工业制品为例，我们的产品当中仍然是粗加工的多、精加工高附加值的少，重工业产品多、轻工业产品少，生产品多、消费品少，市场竞争力不强，产业升级、产品换代和产能优化的空间还很大。再比如，嘉峪关市的城镇化水平较高，农民收入在全省位次靠前，但近年来增速相对放缓，增收渠道单一，增收压力较大，必须拿出更有针对性的措施，坚持因地制宜、“一村一策”，确保农民收入长期保持领先。从全面小康的实现程度来看，在这几年省上的考核中，全市的小康实现程度位居全省前列，我们有基础，有条件，也有能力在全省率先建成全面小康社会。但对照小康指标体系,嘉峪关市在第三产业、居民消费支出、公共服务等方面还存在短板,尤其是节能减排、自主创新等指标还有不小差距。我们必须深刻认识全面建成小康社会任务的艰巨性和紧迫性,巩固强项、提升弱项、补齐短板,集中精力抓好相对滞后的指标,努力建成更高水平、更高层次、更高质量的全面小康社会。

基于以上判断,嘉峪关市"十三五"时期虽然面临着经济下行压力和诸多不确定因素,但经济发展的潜力很足、余地很大,经济长期向好的基本面没有变。我们要准确把握战略机遇期内涵的深刻变化,坚决贯彻五中全会确立的"创新、协调、绿色、开放、共享"的五大理念,破解发展难题,增强发展动力,厚植发展优势,着力在适应、引领和推动"五个转变"上下功夫:

一是发展速度由高速向中高速转变的趋势。经济新常态下,经济增长呈现出放缓的趋势,增速换挡、结构调整、发展方式转变是"十三五"时期的基本特征。发展是解决一切问题的关键,一方面我们必须主动适应环境趋势的变化,保持战略定力、坚定发展信心;另一方面,充分利用速度放缓给我们带来的回旋空间,更加注重发展的质量和效益,加快产业结构调整步伐,多做打基础、利长远的事情,努力做大经济总量、做优发展质量,推动实现全面、协调、可持续的发展。

二是发展动力由传统模式向创新驱动转变的趋势。十八届五中全会把创新发展作为五大理念之首,更加突显了重视创新、鼓励创新、推动创新的导向。"十三五"时期,我们突破自身发展的瓶颈制约,必须下好创新这步先手棋,深入实施创新驱动战略,优化劳动力、资本、技术、管理等要素配置,推进关键技术创新、核心产品创新、产业链创新和发展模式创新,加快培育创新型人才,加快实现发展动力的转换,真正以创新驱动产业转型升级、培育形成新的经济增长点。

三是发展格局由重点支撑向多元并举转变的趋势。近年来,我们在巩固主导工业优势地位的同时,大力培育发展战略新兴产业、文化旅游产业和现代服务业,第三产业比重比"十一五"末翻了一番,多元发展的特征日益明显。"十三五"时期,我们必须顺势而为、乘势而上,在做优二产、提升质量上积极作为,在壮大三产、提高比重上使劲发力,在做精一产、提振效益上久久为功,进一步增强发展的韧劲、耐力和抗风险能力。

四是发展空间由地处内陆向开放前沿转变的趋势。丝绸之路经济带建设的加快实施,使甘肃成为了向西开放的前沿和门户。我市作为全省最靠西端的地级市,要发挥好重要战略节点的作用,实行"西进北上、东接南联"的全面开放战略,以更宽广的视野,向西扩大合作领域,向北参与资源开发,向东承接产业转移,向南拓展市场空间,增强在经济带建设中的主动权和参与度,发展更高层次的开放型经济。

五是发展目的由兜底线保基本向共建共享转变的趋势。五中全会把"共享"提升到了国家发展理念的层面,提出要使全体人民在共建共享发展中有更多获得感,最终实现共同富裕。这就要求我们既要重视民生的普惠性和均等性,更要坚持高标准、全覆盖,提高公共服务的共建能力和共享水平,让广大群众享有更好的教育、更高水平的医疗、更稳定的工作、更满意的收入,实现城乡居民共同迈入全面小康社会。

第二,准确把握全面建成小康社会的着力重点

"十三五"时期是全面建成小康社会的决胜阶段。我们要按照中央和省委的各项部署,立足我市的发展基础和优势,以大气魄、大手笔、大踏步的作为,坚决打好全面建成小康社会这场攻坚战,努力走出一条体制活、结构优、产业强、生态美、群众富的发展新路子。

一要以大创新为基点,强化科技引领,着力激发社会创造活力。我们要把创新摆在事关发展全局的核心位置,抓好科技、文化、金融、管理、制度等各方面创新,着力推动创新成果有效运用、创新效应不断放大、创新红利充分释放。要紧扣经济社会发展需求,围绕重点产业和项目配置创新资源,促进科技和经济紧密结合,提高产品科技含量和附加值。要突出酒钢集团、中核四〇四等大型企业在创新中的主体地位,加强技术和知识产权交易平台建设,建立从实验、中试到生产无缝对接的创新链条,加快新技术、新产品、新工艺研发应用,掌握一批具有自主知识产权的核心技术,催生一批能够转化为现实生产力的科技成果。要进一步优化创新环境，完善人才培养、引进、使用和激励机制，加强知识产权保护，依法管理创新活动和科技成果，最大程度地激发创新创业的积极性。要建立健全有利于大众创业、万众创新的政策环境和服务体系，科学统筹各类创新平台和力量，为创新创业提供全方位支持，在全社会营造尊重创新、鼓励创新、勇于创新的浓厚氛围。

二要以大发展为主线，加快转型升级，着力提升城市综合实力。我们要始终抓住发展这个第一要务不放松，坚持扩张总量与调整结构并举，发展速度与质量效益并重，推动三次产业协调发展，加快构建以传统优势产业优化升级、战略新兴产业引领扩张、文化旅游产业深度融合、现代服务业多核支撑的新型产业体系。要巩固工业的主导优势地位，发挥重点企业的基础带动作用，引进更多的战略投资者，带动地方企业发展配套产业，拓展精深加工领域，开发适销对路的新型产品，真正让困难企业走出困境、让优势企业占有市场。要以新能源、装备制造、冶金新材料、节能环保等产业为重点，谋划实施一批体量大、质量优、效益好的项目，形成产业互为上下游、原料互为支撑的循环经济产业链。要促进工业化和信息化融合发展，推动实施“互联网+工业”“互联网+制造”行动，加快互联网技术在生产、销售、管理全过程的综合应用。要始终把第三产业作为我们调整产业结构的重中之重，在改造提升餐饮、商贸、物流等传统服务业的同时，加快发展信息、金融、健康医疗、创意设计等新兴业态，壮大非公有制经济，培育消费热点，挖掘消费潜力，提升第三产业的比重，努力把我市建设成为旅游休闲消费型城市。

三要以大平台为载体，抢抓政策机遇，着力夯实加快发展的基础支撑。我们要用好丝绸之路经济带、新型城镇化建设、产业梯度转移等多重政策叠加机遇，持续发挥各类平台的支撑带动作用，以平台拓空间、强动力、增后劲，形成全要素、多领域、高效益的发展格局。要发挥工业园区的集聚吸纳功能，围绕拓展钢、铁、铝、电等相关产业链条，把耦合度高、配套性强的上下游企业集中起来，促进煤电、电解铝等优势主导产业延伸发展，加快新能源、现代煤化工等战略新兴产业增量发展，带动精品钢材深加工、环保建材等传统产业转型发展，在园区内形成高效化的循环利用系统、共享化的配套设施集成、一体化的管理服务体系。要发挥文化旅游平台的融合带动效应，借助建设华夏文明传承创新区的政策机遇，打造“天下第一雄关”、方特欢乐世界、丝绸之路文化博览园等特色旅游品牌，培育观光休闲、娱乐互动、体验探险等为一体的旅游产品，建设高品质、复合型的旅游线路，着力构建大文化、大旅游、大景区的格局。要发挥城乡一体化平台的协调联动作用，进一步加大以城带乡、以工促农、城乡融合的力度，推动基础设施、产业项目、公共服务等向农村延伸，促进城乡要素平等交换和公共资源均衡配置，引导更多农村人口在城市就业和生活，切实让老百姓的“钱袋子”鼓起来、“菜篮子”满起来、文化生活丰富起来，把城乡融合度高的优势转化为实实在在的发展优势。

四要以大生态为保障，坚持绿色发展，着力建设舒适宜居的美丽雄关。生态建设是我们这座城市永续发展的命脉，要始终坚持生态立市战略不动摇，把生态建设作为提升城市品质、优化发展环境的基础性工程，加快建设资源节约型、环境友好型社会。要充分调动政府、企业、社会等各方面力量，持续做好“水”和“绿”两篇文章，实施好重大生态项目，不断提升园林绿化、水面景观的质量和档次。要统筹城乡生态布局，推动生态建设向农村延伸，规划更多的绿色庭院、绿色通道、绿色景观，加快建设“美丽乡村”，着力构建城乡一体的大生态格局。要把发展清洁产业与营造优美环境结合起来，推进循环经济、生态经济建设，全面节约和高效利用资源，抓好工业废弃物排放、农业面源污染、城市垃圾处理等重点防治工作，促进生产生活绿色低碳。要把良好生态作为最大的民生福利，推进“天蓝、地绿、水秀、人和”的全域生态工程，结合旧城区改造，布局建设更多图案式、立体式景观和大型公共绿地，为群众提供更多的优质生态产品。

五要以大民生为基础，推进共建共享，着力提升人民群众获得感。让群众过上幸福美好的生活是我们义不容辞的责任，要坚持以人为本、民生优先，把更多的人力、物力、财力投向基层最需要的地方，投向最接近老百姓的地方，每年重点解决一批群众热切期盼的事情，办一件成一件，使民生工作更接地气、更有效率。要从群众最关心、最直接、最现实的具体问题入手，千方百计办好惠民实事，持续增加城乡居民收入，认真解决教育、医疗、就业、住房等方面的问题，逐年提升低保、医保、大病救助等标准，全面做好棚户区改造、基础设施提升、城市功能完善等工作。进一步加大城乡困难群体的帮扶力度，调动社会各界参与扶贫帮困的积极性，以更高标准推进扶贫攻坚，绝不让任何一个困难群众掉队。要坚持人人参与、人人尽力、人人享有，全面加强和创新社会治理，推进平安嘉峪关建设，做好矛盾纠纷排查化解，实现社会治理科学化、精细化、网格化，保持社会大局持续和谐稳定，让群众生活得更加安全、更加舒心、更加幸福。

*六要以大开放为动力，强化区域协作，着力发展开放型经济。*我们要树立大开放、大开发的理念，把全方位开放作为发展的重点，拓展对外开放的广度和深度，着力建设丝绸之路经济带黄金段重要战略节点城市。要坚持“引进来”和“走出去”相结合，积极承接东部产业转移，由招商引资向招商选资转变，紧盯国家导向，兜住环保底线，吸引更多的知名企业和重大项目落户嘉峪关市。要加快构建向西开放的战略平台，布局建设工业制品基地和物流集散基地，深化与新疆、内蒙等周边省区和中亚、西亚地区的合作，鼓励企业走出去、产品走出去、品牌走出去，在更大范围内拓展市场、寻求发展。要完善通向资源产出地、旅游热点城市、市场集散区域的交通运输网络，以建成连接甘肃、新疆、青海、内蒙四省区的交通枢纽为目标，提升公路、铁路、航空通达能力，加快推进嘉峪关空港和国际港务区落地实施，打造辐射周边、联通中西亚的立体化交通体系。要把文化融通作为丝绸之路经济带建设的重要内容，做优节会平台，扩大人文交流，拓展合作领域，着力形成资源共享、品牌共建、联动发展的开放型大格局。

第三，着力提升党领导经济社会发展的能力

全面建成小康社会，最根本的是发挥好党的领导核心作用。广大党员领导干部要深刻认识加强和改进党的领导的极端重要性，着眼于适应新常态、把握新常态、引领新常态，努力锻造推动经济社会发展的过硬素质，确保中央、省委和市委关于“十三五”的决策部署一贯到底、落地生根。

*一要增强服务发展的学习力。*各级党员领导干部要把学习作为对发展高度负责的要求来落实，作为履职尽责的需要来看待，深入学习习总书记系列重要讲话精神，领会好其中蕴含的立场、思想和方法，转化运用到具体工作中。要自觉学习经济理论知识，加强对经济形势的分析研判，更好地把握新常态下的经济规律，争做懂经济、懂市场、懂管理的新型领导干部。要坚持知行合一、学以致用，把学习与思考问题、指导实践结合起来，切实把学习成果转化为谋划工作的思路、推动工作的措施、领导工作的本领。

*二要提高科学民主的决策力。*各级党员领导干部要站位全局、通盘考虑，把我们的发展放到全省、全国中定位和思考，放在区域合作竞争中谋划和推动。要坚决贯彻民主集中制，对事关全局发展的问题集体讨论研究，广泛征求意见，做到民主决策、科学决策。要坚持从实际出发，深入基层、深入一线，主动了解群众心声，反映群众疾苦，让决策更有针对性、操作性和实效性。要健全并运用好民意征集反映、重大事项公示听证、重大决策专家咨询等制度，使决策符合上级要求，符合客观实际，符合群众意愿。

*三要提升依法治理的公信力。*各级党员领导干部要发挥好“关键少数”的作用，加强对宪法和法律法规知识的学习，自觉尊法守法、知法用法。要坚持法律至上，树立法治意识，牢记法律红线不可逾越、法律底线不可触碰，带头营造办事依法、遇事找法、解决问题用法的良好环境，切实做法治建设的实践者、维护者、推动者。要提高运用法治思维和法治方式深化改革、推动发展、维护稳定的能力，依法规范经济秩序，依法对待群众诉求，依法化解社会矛盾，确保各项工作始终在法治轨道上运行。

*四要激发干事创业的创造力。*注重从不同侧面思考和审视问题，围绕全面深化改革、加快项目建设、保障改善民生、发展第三产业等重点工作，抓住上级精神与基层实践的“结合点”，选好当前工作与长远发展的“切入点”，不断出新招、出好招、出实招。要打破思维定势，善于从形势的发展变化中捕捉新机遇，从维护群众利益出发谋划新

思路，从提高质量和效益的角度谋求新举措，及时研究解决发展中出现的新情况、新问题。要引导党员干部解放思想、更新观念，在服务群众上用劲发力，在破解难题上释放活力，推动稳增长、调结构、惠民生各项工作创新发展。

五要锻造狠抓落实的执行力。要靠实责任抓落实，对确定的重点工作任务，单位"一把手"要亲自挂帅、率先垂范，班子成员齐心协力、劲往一处使，切实在干成事中锤炼党性，在干好事中体现作为。要主动担当抓落实，树立问题导向，强化主观能动性，把化解矛盾、破解难题作为干事创业的重要抓手，想方设法把矛盾消除在萌芽状态，把问题解决在职责范围之内。要强化考核抓落实，加强对涉及群众生活、城市发展、生态保护、项目建设等重点工作的调度和督促检查，掌握进展情况，完善考评体系，以考核增动力、促实绩，确保各项任务高效落实。

第四，切实把从严管党治党的要求落到实处

各级党组织要把加强党的建设作为最大政绩，深入学习领会习总书记关于新形势下从严管党治党的系列论述，把全面从严治党、依规管党治党的要求落到实处，为我市在新常态下实现新发展提供坚强有力的纪律和作风保障。

一要始终增强纪律意识，严明党的政治规矩。各级党组织和党员干部要把纪律和规矩树起来、立起来、挺起来，以强烈的政治自觉和行动自觉严守党的纪律，严明党内规矩，站稳政治立场，始终与以习近平同志为总书记的党中央保持高度一致。要切实增强政治敏锐性和政治鉴别力，以党章为总遵循，以党规党纪为高压线，把"三严三实"的要求落实到具体行动中，始终做到理想信念不动摇，律己用权不任性，作风建设不松劲，进一步形成守纪律、讲规矩的良好氛围。

二要始终强化主体责任，严格落实"一岗双责"。各级党组织要把履行管党治党的主体责任作为重大政治任务来落实，坚持党建工作与中心工作一起谋划、一起部署、一起考核，做到抓具体、抓深入、抓长效。各级党组织负责人要时刻把第一责任人的职责扛在肩上、抓在手上，面对矛盾问题敢于迎难而上，面对歪风邪气敢于坚决斗争，理直气壮地抓好班子、带好队伍。班子成员要认真落实"一岗双责"的要求，既要以身作则、当好表率，又要抓好分管领域的党建工作，真正使主体责任落到实处。

三要始终做到抓早抓小，严肃干部教育监督。各级党组织要按照抓早抓小、防微杜渐的要求，从各个环节加强干部的日常教育、监督和管理。要改进和创新监督方式，将事前、事中、事后监督结合起来，全面掌握干部适应岗位、履职尽责、工作作风、廉洁自律等方面情况，对履职不力的严肃追究问责。明年，市县乡集中换届将全面展开，我们要坚决贯彻中央关于换届纪律的各项规定，把严格监督贯穿换届选举的各个环节，把换届要求向每一名党员干部讲清楚，引导各级干部增强党性观念、大局观念和法纪观念，以铁的纪律保证换届工作风清气正。

四要始终坚持廉洁从政，严厉查处腐败行为。各级党员领导干部要自觉遵守《廉洁自律准则》和《纪律处分条例》，筑牢拒腐防变的思想道德防线，管好自己、管好身边人，始终干干净净做事、清清白白做人。各级党组织要严格落实"3783"主体责任体系，加强对重点领域、关键环节、重要部位的监管，进一步扎紧制度的笼子，细化落实廉政风险防控的措施，形成用制度管权、管事、管人的长效机制。各级纪检监察机构要坚持有腐必反、有案必查，进一步加大执纪监督问责力度，严肃查处触碰党规党纪、违反法律法规的行为，真正让党纪发力、让制度生威，为推动经济社会持续健康发展营造良好的政治生态。

同志们，抓好"十三五"发展，任务艰巨，责任重大，使命光荣。让我们更加紧密地团结在以习近平同志为总书记的党中央周围，动员和带领全市广大党员干部群众，团结一心，锐意进取，苦干实干，奋力开创在全省率先建成全面小康社会的崭新篇章！

在市委经济工作暨扶贫开发工作会议上的讲话

市 长 柳 鹏

（2015 年 12 月 31 日）

同志们：

这次经济工作暨扶贫开发工作会议，是市委全面贯彻落实中央经济、城市和扶贫开发工作会议精神，以及省委经济工作暨扶贫开发工作会议精神，在圆满收官“十二五”、布局开启“十三五”的关键时期召开的一次重要会议。刚才，郑书记做了重要讲话，对我市如何结合实际，全面贯彻落实中央和省委有关会议精神提出了总体要求，明确了明年的奋斗目标、工作任务和着力重点，从四个方面提出了具体要求，是我们做好明年经济工作、城市工作和扶贫开发工作的重要遵循。下面，我就贯彻落实郑书记重要讲话精神，抓好明年各项工作落实再讲几点具体意见。

一、客观认识经济形势，切实增强做好明年经济工作的责任感和紧迫感

2015 年以来，面对错综复杂的国内外经济运行环境和持续加大的经济下行压力，我们在省委、省政府的坚强领导下，和全市人民一起攻坚克难、砥砺奋进，努力解决发展中出现的新情况、新问题，全市经济运行呈现出总体平稳、稳中有进、稳中有好的态势。

*一是经济保持较高增长速度。*预计，全市生产总值完成 187.6 亿元，增长 9%，高于全省增速 1 个百分点，符合年初确定的预期目标，经济继续运行在合理区间。全社会固定资产投资增长 21%，城镇居民人均可支配收入和农村居民人均纯收入分别增长 9%和 11%。

*二是工业转型升级步伐加快。*酒钢在生产经营极为困难的情况下，完成工业总产值 563 亿元，为全市工业发展提供了有力保障。煤炭分质利用一期、广银铝业二期、中威斯铝业二期项目稳步推进，索通 34 万吨预焙阳极项目建成，有色化工产业规模逐步发展壮大。新能源产业稳步增长，光伏并网发电达到 499 兆瓦。循环经济体系建设成效显著，工业园区被评为国家级循环化改造示范试点园区。

*三是第三产业发展势头良好。*在“方特效应”的带动下，全年预计接待游客 620 万人次，增长 34.2%，旅游收入 39.5 亿元，增长 34%。住宿、餐饮业分别增长 19.3%和 13%，全市社会消费品零售总额预计增长 8.5%。文化、旅游、体育融合发展速度不断加快，文化产业增加值预计增长 28%，第三产业增加值预计增长 18%。

*四是农村经济活力日益增强。*全面实施“1+15”精准扶贫方案，进一步促进农业农村健康发展。正大现代农业合作示范项目、野麻湾高新农业示范园等一批重点项目进展顺利，畜牧业、设施农业加快发展。80%的土地完成承包经营权登记颁证，32%的耕地实现土地流转，农村产权制度改革稳步推进。乡村旅馆快速发展，28 家达到星级标准，农民增收渠道不断拓展。

*五是民生保障水平稳步提高。*全年预计公共财政预算支出 24.9 亿元，增长 11.5%。民生及社会事业支出 18.8 亿元，占公共财政预算支出的 73%，其中，教育、养老、低保、就业、医疗卫生等 5 项支出占财政支出的比重达到 34%。城镇新增就业 8100 人，登记失业率控制在 2.68%以内。城乡低保、社会养老、基本医疗保险补助标准均高于全省平均水平。

*六是市场活力进一步释放。*继续深化行政审批制度改革，市政府各部门取消行政审批项目 40 项。“三张清单一张网”建设有序推进，政府管理科学化、规范化水平不断提高。深入推进市场监管和城市综合执法改革，全面推行商事制度改革，发展环境进一步优化。全市各类市场主体达到 25043 户，注册资本 641.3 亿元，分别增长 15%以上。

七是城市综合品质不断提升。编制完成了园林绿化、棚户区改造、公共设施等专项规划，城乡布局空间进一步优化。完成棚户区改造3203套，市民居住条件不断改善。建成全省首个“全光网城市”，为“互联网+”经济奠定坚实基础。继续加强城市生态建设，全年新增和改造绿地33公顷，成功创建全国园林城市。持续开展大气污染治理，空气质量优良天数突破300天，顺利实现“两年见成效”的阶段性目标。

总结一年来的工作，我们既要看到成绩和亮点，坚定保持中高速增长的信心，但也必须清醒地认识到经济发展仍然存在的突出矛盾和问题。这些问题就是刚才郑书记在讲话中指出的“六降一升”的问题。各区、各部门、各单位对此必须高度重视，进一步增强做好明年经济工作的责任感和紧迫感，确保各项工作任务落到实处。

二、抓好结构性改革和扶贫开发重点任务，推动经济社会持续健康发展

做好明年的经济工作，要全面贯彻党的十八大和十八届三中、四中、五中全会及中央、省委经济工作会议精神，以邓小平理论、“三个代表”重要思想、科学发展观为指导，深入学习贯彻习近平总书记系列重要讲话，加强和改善党对经济工作的领导，按照“五位一体”总体布局和“四个全面”战略布局，认真贯彻落实创新、协调、绿色、开放、共享的发展理念，主动适应和引领经济发展新常态，围绕推进结构性改革，坚持稳中求进工作总基调，坚持稳增长、调结构、惠民生、防风险，突出去产能、去库存、降成本、补短板，着力推动经济较快增长，着力保障和改善民生，着力深化改革扩大开放，推动经济社会持续健康发展，努力实现“十三五”时期良好开局。

市委将明年经济增长的目标确定为8%，既为“十三五”末如期实现“两个翻一番以上”目标奠定了基础，又为推进供给侧结构性改革、应对各种不确定因素预留了空间。这个目标虽然较2015年下调了一个百分点，但仍需要我们通过不懈努力才能确保实现。我们要把思想和行动自觉统一到市委对明年经济工作的总体要求、目标任务和重要举措上来，重点抓好以下几方面工作。

第一，积极推进供给侧结构性改革。推进供给侧结构性改革，是以习近平同志为总书记的党中央立足适应和引领经济发展新常态的重大理论创新。核心就是要从供给、生产端入手，通过解放生产力，提升竞争力，促进经济发展。在当前经济发展进入新常态的形势下，供给与需求不匹配、不协调、不平衡是现阶段经济发展的突出矛盾，而矛盾的主要方面就在供给侧，表现为供给不能适应需求的重大变化而及时进行调整和优化。具体到我市，由于历史原因，钢铁、有色、化工、建材等原材料工业，占国民经济比重近三分之二。虽然经过改造提升，我们的装备水平在全国相对比较先进，但总体上来说，这些行业都存在较为严重的产能过剩问题。在经济下行压力持续加大的严峻形势下，要破解这些难题，仅从需求侧着手已经很难有所突破，必须从供给侧与需求侧双侧入手，在继续扩大“三驾马车”有效需求的同时，加快推进供给侧改革，实现劳动力、土地、资本、创新等全要素的优化配置，进一步推进经济结构的优化升级。具体抓好四个方面的工作：

一是全力支持和服务酒钢的改革发展。当前，酒钢面临前所未有的巨大困难和挑战，我们要继续把支持和服务酒钢改革发展作为全市最大的政治，全力支持酒钢循环经济和结构调整项目建设与多元化发展。特别是支持酒钢实施走出去战略，与中车、中建、中核等央企寻求合作，大力发展轨道交通专用铝合金、建筑铝模板、建筑用钢结构型材、核工业用材料等终极消费领域所需产品，鼓励支持中小企业与酒钢深化协作配套，通过不断调整优化产品结构来释放产能。

二是抓好过剩产能化解。按照“消化一批、转移一批、整合一批、淘汰一批”的思路和要求，抓紧做好过剩产能化解工作。对产能过剩行业中不符合国家能耗、环保、质量、安全等标准和长期亏损的企业实行关停生产或剥离、重组。对持续亏损三年以上且不符合结构调整方向的“僵尸企业”，坚决采取以资产重组、产权转让等为主的方式予以“出清”。

三是进一步盘活生产要素。推进供给侧结构性改革的目的是实现要素的最优配置。在土地配置上，要加大闲置土地清理工作力度，进一步建立健全土地配置机制，形成以投资率、产出率和市场前景定用途、定配置的使用格局，避免土地占而不用、用而不当。在资本配置上，要引导社会和金融资金重点向成长性强、带动性强、衍生性强的产业和企业集中。在环境优化上,要进一步减少审批事项和环节,降低制度性交易成本,清理各种不合理收费,帮助企业渡过难关、增强竞争力。

四是积极化解房地产库存。明年要进一步加大棚户区改造力度,引导接受货币化补偿的居民自主选购存量商品房,并通过政府回购商品房用于保障房,积极化解商品房库存。要结合户籍制度改革,认真研究把落户城市的农民工纳入住房公积金制度保障范围,让新落户我市的居民能享受购租住房的政策。同时,要取消各类限购政策,促进住房刚性需求和改善性需求得到有效释放。

第二,持续调整优化产业结构。工业方面,要以传统产业改造提升为统领,抓住国家加大对创新驱动发展支持的机遇,加快科技服务业发展,推动全市产学研结合和技术成果转化取得更大成效。要立足现有产业基础,着眼于做长做精产业链条,着力引进发展一批具有较高装备水平和较好市场前景的精深加工项目,使我们的产业链条能做多长做多长,能做多宽做多宽。要积极推进园区循环化改造试点工作,着力发展一批新能源及装备制造、冶金新材料、不锈钢深加工、环保建材、精细化工、现代物流等多元产业链群。三产方面,要把发展文化旅游产业作为推进产业结构转型升级的龙头来抓,以文化旅游体育深度融合带动我市第三产业快速发展。重点加快推进丝绸之路文化博览园、嘉峪关世界文化遗产公园等一批重点文化旅游项目建设,持续发挥"方特效应",大力发展文化旅游相关配套产业,真正实现吃、住、行、游、购、娱共同发展提高。要按照"洗好澡、睡好觉、上好网、吃好饭"的基本要求,大力发展乡村旅游和家庭旅馆,并争取全市非标准旅馆全部达标。同时,在旅游资源开发方面要进一步加大力度,充分发挥网络优势,做好旅游资源宣传包装,完善景区旅游基础设施和配套设施,着力提升旅游服务质量,努力做优做大我市特色旅游产业。农业方面,要全力推动农业示范项目建设,大力培育农业产业化龙头企业。全面完成农村土地承包经营权确权登记颁证工作,建立健全土地承包经营权流转市场服务体系,为农业和农村经济真正实现产业化、集约化发展奠定坚实基础。要加快农村第三产业发展,加快涉农电商平台建设,不断激发农村经济活力。

第三,全力抓好重点项目建设。一是加大项目争取力度。用足用活宏观政策,提前做好政策研究和项目储备。对照"中国制造2025""互联网+"行动计划等产业指导目录,加大项目申报争取力度,力争再培育一批市场前景好、辐射带动能力强的好项目、大项目。二是加大基础设施建设力度。围绕城市地下管网、"最后一公里"水电气路、新一代信息基础设施、城际交通、生态保护和环境治理等领域,实施一批基础设施建设项目,着力补齐基础设施硬件短板。三是加大市场化筹融资力度。在努力争取上级政策资金的同时,注重引入市场机制,大力推广PPP模式,引入社会资金参与基础设施建设。同时,鼓励民间投资大力发展文化旅游、健康养生、医疗养老、教育培训等生活性服务业,适应消费结构和消费方式的变化。

第四,不断深化改革扩大开放。深化改革方面,一要继续把深化行政审批制度改革作为重点。在做好取消、调整行政审批事项的同时,切实加强事中事后监管,确保中央和省上下放的行政审批事项接得住管得好。要进一步完善"三张清单一张网",尽快实现政府部门"网上行权",降低行政成本,提高办事效率。二要继续深化商事制度改革,加快建设企业信用信息共享体系,积极营造有利于各类市场主体公平竞争的环境。三要抓住省上深化电力体制改革的机遇,围绕降低重点行业的用电成本,促进电力行业与上下游产业的协调联动,积极与省上有关部门加强对接,力争使新能源电力直供大用户试点工作取得实质性进展。扩大开放方面,一要积极融入国家"一带一路"建设,积极参与丝绸之路(敦煌)国际文化博览会、兰洽会、敦煌行·丝绸之路国际旅游节等重要节会,办好铁三赛、国际短片电影展、房车博览会。二要持续抓好招商引资和对外合作,鼓励引导企业加强与丝路沿线国家的产业对接,并在加强经济合作的同时,广泛开展教育、科技、文化、旅游、环保等领域合作交流。三要全力推进嘉峪关机场航空口岸开放工作,加快国际港务区建设,争取设立海关特殊监管区,进一步提升对外开放水平。

第五,进一步强化民生保障。明年,要继续加大民生方面的投入,集中力量办好各项关乎群众切身利益的社会民生事业,让老百姓享有更多的幸福感、获得感。一是继续实施好棚户区改造。加快建新、永乐、福民街区棚户区改造及配套基础设施建设步伐,再启动实施一批棚户区改造项目。二是继续加大对教育的投入。启动南市区、棚改区公办幼儿园建设,完成市第四中学综合教学楼、明珠学校初中部建设项目,全面完成全市中小学校的操场标准化改造。三是持续改善医疗卫生条件。加快推进市第一人民医院、中医院等重点项目建设,加快公立医院改革,落实分级诊疗制度,加强应急救援体系建设,全面提高医疗服务水平,彻底解决人民群众看病难、看病贵的问题。四是不断完善创业服务体系。加强农民工、贫困群众、下岗失业人员、退役军人就业培训和技能培训,使劳动者更加适应市场环境的变化,提高就业能力。

*第六,进一步加强各类风险防控。*一是高度重视金融风险防控。加强与省金融监管机构的衔接沟通,健全完善跨部门、跨区域的信息共享和风险协同处置机制,开展金融风险专项整治,规范各类融资行为,严查带有高杠杆属性的金融衍生品业务。要规范对担保公司、投资公司、小额贷款公司的监督管理和风险监测,对发现的倾向性、苗头性问题及时采取有效措施,避免发生重大非法集资和信用违约案件,特别要严厉打击非法集资行为。二是维护社会和谐稳定。各有关部门要未雨绸缪,认真落实好企业下岗分流人员安置政策,避免出现社会不稳定因素。公安、环保、安监、市场监管等部门要切实加强对社会治安、环境安全、生产安全、食品安全等重点领域的隐患排查和专项整治,坚决依法问责,杜绝重大公共安全事件的发生。

*第七,着力建设更高水平的小康。*我市城市化率较高,农村人口少,农村居民的各项人均经济指标一直排在全省前列。但我们也要居安思危、富而思进、自加压力,对照先进发达地区,认真找差距、找不足,着力推动全市农业和农村工作在现有基础上实现更高水平的发展。一要深入推进农村各项改革。把精准扶贫工作与区域经济发展、新型城镇化建设、生态环境保护、双联行动等重点工作结合起来,统筹推进农村改革发展各项工作。在农村土地流转、资金整合、产权抵押、金融服务等领域,要在中央和省上政策框架内大胆探索和实践。二要进一步加大富民产业培育力度。在农业基础设施建设、富民产业培育等方面,要充分借鉴先进地区的好经验、好做法,进一步加大扶持力度。要认真借鉴陇南市的经验,加快我市农村电子商务发展,推动"互联网+"经济与特色优势农业深度融合。三要进一步完善保障体系。更加注重对老幼病残等特定人群的精准帮扶,在消除因病、因祸返贫现象方面制定过硬的措施和办法。要协调全市各金融机构研究制定完善农村小额信贷和农业保险的政策,进一步提升农业抗风险能力。四要注重建立长效机制。充分发挥政府和市场两个作用,用足用好内力和外力两个动力,按照"扶贫先扶志、治贫先治心"的要求,充分发挥农民群众在扶贫开发工作中的主体作用,激发农村干部群众通过勤劳致富改变农村落后面貌、创造幸福美好生活的冲天干劲。

三、持续加大城市建设和管理力度,不断提高城市综合竞争力

作为一个城市化率达93.4%的城市,城市工作在我市全局工作中具有举足轻重的地位。我们要全面落实中央城市工作会议精神和省委经济工作会议对城市工作的总体要求,按照今天会议的安排部署,进一步转变城市发展方式,完善城市治理体系,提高城市治理能力,不断提升城市环境质量、群众生活质量和城市竞争力,着力建设和谐宜居、富有个性、充满活力的现代化城市。

*一是充分发挥规划引领作用。*坚持高起点、高层次、超前规划的原则,切实做好规划编制工作,加快"多规合一"进程,从源头上对城市的建设管理做出科学系统的安排。明年要在组织实施总规修订、控规修编的同时,编制好全市棚户区改造街区的修建性详细规划,完善旧城区地面停车场等公共服务设施专项规划,做好峪泉镇建制镇"多规合一"编制工作。要维护城市规划的严肃性、权威性和约束力,坚持"一张蓝图绘到底"和"不留败笔、不留遗憾、不留骂名"的原则,确保城市建设经得起实践和历史的检验。

*二是完善城乡基础设施。*南市区要以完善功能为首要任务,重点推进道路交通、污水处理、供热管网等基础设施建设;旧城区要以改善条件为核心,统筹推进旧居民小区、基础管网和市政设施改造;镇村要以"美丽乡村"建设为引领,推进城市基础设施和公共服务向农村延伸,进一步加大环境卫生、垃圾收集、污水处理等方面的投入,特别

要完善管理运营机制，确保各项基础设施建成以后能够持续运行。同时，要加大区域通行能力建设，重点实施好断山口至树窝井战备公路、汽车南站、综合客运枢纽中心等续建项目，开工建设嘉峪关至新城公路、长城旅游公路、嘉峪关至祁丰公路、绕城公路等重点工程，进一步完善区域路网体系。

三是持续改善生态环境。把创造优良人居环境作为城市建设的中心目标，强化尊重自然、传承历史、绿色低碳等发展理念，统筹生产、生活、生态三大布局，推动城市发展模式由规模扩张向注重质量、提升品质转变。一要进一步提升全市园林绿化水平。要巩固国家园林城市的创建成果，对已建成道路、小区等绿地进行提升改造。同时，要完善现有园林绿化景观体系，进一步强化城市周边防护林建设，推动全市园林绿化工作再上新台阶。二要加强水资源的保护利用。继续推进水源井迁建工程后续水土保持、讨赖河南岸水土保持综合治理等生态治理项目，着力构建生态安全屏障。三要继续推进大气污染防治三年计划，进一步加大环境执法和污染治理力度，为全市经济社会发展提供良好的环境保障。

四是提高城市治理水平。加快推进智慧城市建设步伐，不断完善城市信息化体系，提高城市智能化水平。发挥三维数字嘉峪关集成管理应用系统的作用，在城市治理模式上探索精细化、人性化的管理。要继续深化市场监管和综合执法改革，加大对违法行为、违规企业和有关责任人员的依法处置力度和责任追究力度，促进城市治理水平进一步提升。

“两节”将至，各区、各部门、各单位要全力抓好安全生产、市场监管和社会稳定各项工作，落实好节日期间领导干部带班制度，开展好“送温暖”、“三下乡”等活动，做好走访慰问、访贫问苦等工作，控制好物价，安排好困难群众的生活，确保人民群众过一个欢乐祥和的节日。

同志们，做好明年经济工作、城市工作和扶贫开发工作，意义非同寻常，任务艰巨繁重，让我们在市委的坚强领导下，奋发有为，积极进取，努力完成既定的各项目标和任务，确保“十三五”良好开局！

政府工作报告

——在嘉峪关市第九届人民代表大会第五次会议上

市　长　柳　鹏

（2016 年 4 月 12 日）

各位代表：

现在，我代表市人民政府，向大会报告工作，请予审议，并请政协委员和列席人员提出意见。

“十二五”工作回顾

“十二五”是我市发展进程中很不平凡的五年。面对艰巨繁重的改革发展稳定任务，在省委、省政府和市委的坚强领导下，我们全面推进市第十次党代会确定的“工业强市、旅游带动、城乡统筹、生态立市、文化繁荣、民生优先、区域协作”七大战略，坚持稳中求进工作总基调，持续做好稳增长、调结构、促改革、惠民生各项工作，攻坚克难、开拓进取，经济社会发展取得显著成就，为在全省率先全面建成小康社会奠定了坚实的基础。

五年来，我们坚持发展第一要务，突出产业结构调整和优化，经济综合实力明显增强。2015 年，全市生产总值达到 190 亿元，年均增长 13.6%，是“十一五”末的 1.9 倍。其中，工业增加值 99 亿元，年均增长 14%，是“十一五”末的 1.9 倍；第三产业增加值 77.3 亿元，年均增长 11.8%，是“十一五”末的 1.8 倍；农业增加值 4.2 亿元，年均增长 6.4%，是“十一五”末的 1.4 倍。三次产业结构由“十一五”末的 1.8: 73.8:24.4 调整到 2.2:57.1:40.7，第三产业占比超过四成，较“十一五”末提高 16.3 个百分点，成为助推全市经济增长的重要力量。实施千万元以上重点项目 325 个，全社会固定资产投资累计完成 551 亿元，年均增长 28.2%，是“十一五”的 2.2 倍。公共财政预算收入达到 15.1 亿元、支出达到 25.1 亿元，分别比“十一五”末增长 81.5% 和 105.9%。城镇居民人均可支配收入 30714 元，居全省首位，是“十一五”末的 1.8 倍；农村居民人均可支配收入连续十三年居全省第一，达到 15371 元，比“十一五”末翻了一番。

五年来，我们坚持工业强市战略，大力培育和发展战略性新兴产业，工业转型升级取得重大突破。全力支持酒钢（集团）公司转型跨越发展，特色冶金、火力发电、装备制造、新型化工等重点项目顺利实施，有色冶金产能 135 万吨，电力装机规模 2950 兆瓦，多元化发展取得显著成效，有力的支撑了全市经济发展。地方工业围绕“光伏发电—电解铝—铝制品加工”和“冶金—循环经济—装备制造”两条千亿级产业链，累计实施新能源、装备制造等新兴产业项目 45 个。嘉西光伏产业园并网发电 499 兆瓦，成为全省 7 个百万千瓦级光伏发电基地之一。甘肃广银 100 万吨有色冶金一期、索通公司 59 万吨预焙阳极、中威斯冶金新材料一期等重大项目相继建成。全面推行清洁生产，对 40 家“双超双有”企业进行强制性清洁生产审核。大力发展循环经济，实施工业循环经济项目 56 个，淘汰钢铁、水泥、电石、炭黑等行业落后产能62.4万吨，单位工业增加值用水量累计下降26.3%。工业园区跻身国家首批低碳园区，成为国家级循环化改造示范试点园区，连续3年在全省35个国家级和省级开发区考核中位列第一。

五年来，我们坚持推进文化旅游产业深度融合，积极引进战略投资，第三产业实现快速发展。累计投资49亿元，实施重大文化旅游项目61个，长城本体保护维修工程基本完成，方特欢乐世界、中华孔雀苑开园运营，丝绸之路文化博览园、观礼古镇开工建设。特别是方特欢乐世界2015年4月28日开园以来，接待游客90.6万人次，实现综合收入1.7亿元，拉动全市旅游及第三产业发展步入了快车道，迅速形成了“方特效应”。全市新增3A级以上景区3个，新增星级和快捷商务酒店80家，床位数达到1.5万张，是“十一五”末的近4倍，成功创建全国旅游标准化示范城市。全社会旅游收入达到35.98亿元，年均增长36.4%，是“十一五”末的4.7倍；旅游人数达到571.4万人次，年均增长27.9%，是“十一五”末的3.4倍。成功承办两届敦煌行·丝绸之路国际旅游节开幕式，举办两届中国·嘉峪关国际短片电影展、四届国际铁人三项赛、两届国际航空滑翔节等特色节会赛事，新增文化及相关产业机构175家，文化产业增加值达到4.31亿元，年均增长29.3%，是“十一五”末的3.6倍。商贸流通业快速发展，东方百盛购物中心、恒基美居家居广场、新河西商贸城建成开业，国美、苏宁、华联等一批知名商贸品牌入驻我市。社会消费品零售总额达到54.95亿元，年均增长15.2%，是“十一五”末的2.3倍。

五年来，我们坚持改善人居环境，加强基础设施和生态建设，城市宜居水平全面提升。坚持“一张蓝图绘到底”，修订了《城市总体规划》和《控制性详细规划》，编制了城市空间发展、色彩风貌、公共服务设施等专项规划，科学引领城市发展。坚持新区开发与旧城改造协调推进，新建改造道路58公里，新增供热面积300万平方米，新建改造地下管网192公里，对9个居民小区实施了综合改造，城市生活污水和垃圾无害化处理率分别达到92%和100%。完成了西气东输二线水源地迁建和双泉应急备用水库建设工程，居民用水安全得到有效保障。全面拓展城市出行通道，嘉酒城际快速公路、市区至火车南站道路建成通车，高铁南站建成运行，火车站站舍改造工程竣工，居民出行更加便捷。信息化建设加速推进，光纤覆盖率达到100%，城市光纤入户率为82.3%，在全省率先建成城乡一体、同质同步的“全光网城市”。坚持生态立市战略，累计投资21亿元，实施了讨赖河生态园、明珠文化生态园、南湖文化生态园等生态保护工程，持续开展防护林及园林绿化工程建设，新增和改造绿地面积933公顷，建成区绿地率和绿化覆盖率分别达到37.9%和39%；新增水域面积134.8公顷，人均水域面积达到27平方米，成功创建国家园林城市。全面加强污染减排工作，累计投资9亿元，实施减排项目25个，圆满完成“十二五”目标任务。启动实施了大气污染防治三年(2014–2016)行动，制定了“一年打基础、两年见成效、三年促完善”工作目标，对工业、煤炭、扬尘、机动车等领域的污染进行全面整治，2015年空气优良天数达到302天，环境空气质量综合指数排名全省第三位，顺利实现阶段性目标。

五年来，我们坚持城乡统筹，强化产业支撑和政策保障，新型城镇化水平显著提高。全市农业基础设施累计投资3.3亿元，比“十一五”增长6倍。正大现代农业合作示范项目和新城镇、文殊镇高新农业生态示范园项目进展顺利，林果苗木、花卉制种等特色产业种植面积达到3.6万亩，比“十一五”末增长15%。设施农业、乡村旅游快速发展，累计新建温室大棚2633座，标准化养殖小区59个，28家乡村旅馆、51户农家乐达到星级标准，农民增收渠道不断拓宽。累计投资5483万元，先后在17个行政村实施了居民点改造、饮水安全、环境整治、道路亮化等工程，峪泉镇国家级建制镇示范试点和嘉峪关村、石桥村“美丽乡村”省级试点全面启动。在全省率先实行户籍“一元化”改革，出台了配套政策，确保农村居民在保留原有各项惠农政策的同时，在养老、医疗、廉租房、子女就学、最低生活保障等方面与城市居民享受同等待遇。农村集体林权制度改革顺利完成，集体土地所有权确权登记颁证工作通过省级验收，承包土地流转面积占家庭承包耕地总面积的31.5%。深入开展“双联”行动，累计投入资金1.8亿元，实施帮扶项目670项，办实事、解难事2400余件。

五年来，我们坚持民生优先，加快发展社会事

业,人民群众幸福感持续增进。在民生及社会事业领域累计投入资金75.8亿元,民生支出始终保持在财政总支出的70%以上。办理答复人大代表意见建议、政协委员提案建议999件,实施惠民实事47件,解决了一大批群众关心关注的热点难点问题。举办各类劳动技能培训2.1万人次,新增城镇就业人数4.7万人,城镇登记失业率控制在2.7%以内。努力办好人民满意的教育,累计投资10.9亿元实施了学校改薄、校舍安全、绿茵操场、营养改善、校车安全、校园信息化等工程,新建改建了市酒钢三中新校区、一中、四中、六中等19所中小学和9所公办幼儿园,总面积19.5万平方米,彻底消除了4.3万平方米D级校舍危房,全市基础教育办学条件得到根本改善。高度重视医疗卫生事业发展,累计投资6.5亿元对市第一人民医院、中医院、妇幼保健院、计划生育服务中心、社区卫生服务中心、三镇卫生院等进行改建和扩建。为全市21.4万社区居民建立了健康档案,职工医保、居民医保和新农合参保率分别达到98%、99.1%和98.8%,基本医疗保障覆盖面不断扩大。城乡低保、社会养老、基本医疗保险补助标准分别是"十一五"末的2.4倍、5.9倍和3倍,均高于全省平均水平。新建体育综合训练馆3座、社区体育健身中心35个,成功创建全民健身示范市。投资3亿元建设了市图书馆、少儿图书馆、社区文化活动中心等设施,组织开展了雄关大舞台和乡村舞台等活动,群众文化生活丰富多彩。棚户区改造工程全面启动,已实施改造5219户,占全部任务的42%。新建各类保障性住房3401套,切实解决了低收入家庭"住有所居"的问题。在全省率先实行了75岁以上老人享受高龄补贴、60岁以上老人和残疾人免费乘坐公交车政策。成立了居家养老服务中心,为1.77万名老人提供了生活照料、餐饮服务、医疗护理等上门服务。妇女儿童发展规划阶段性目标顺利完成。双拥模范城全省"八连冠"成功创建,全国"六连冠"通过验收。"国家卫生城市"通过复审。"六五"普法工作获得省级优秀。安全生产形势持续稳定向好,治安防控体系不断完善,社会保持和谐稳定,连续五年被评为全省综治(平安建设)工作优秀地区。

五年来,我们坚持破解体制机制障碍,深入推进改革开放,发展活力得到充分释放。新一轮政府机构改革稳步推进,政府部门职能配置更加优化,行政效能大幅提升。市场监管和综合执法改革试点顺利完成,食品药品安全监管和城市综合执法能力得到加强。持续推进简政放权,取消、调整行政审批事项109项,非行政许可审批项目全部取消。政府部门权责清单、财政专项资金管理清单、扶贫清单全部上网公布。成立了政务服务中心和公共资源交易中心,全市38个部门和驻嘉单位的行政审批事项实行集中办理,工程建设项目招投标、政府采购、土地和矿业权出让全部实现进场交易,权力运行更加公开透明。改革社会组织管理制度,行业协会、商会等四类社会组织实现直接登记,新增社会组织129个。积极创新社会治理模式,撤消街道办事处,组建了47个城乡新型社区,实施扁平化管理,建成标准化社区服务中心33个,减少了行政管理层级,群众办事更加方便。成立了社会治理、矛盾调解、城乡一体化三大服务中心,开通了"12345"民生服务热线,为更好地联系和服务人民群众搭建了平台,我市被确定为全国9个社会管理创新典型培育城市之一。公交改革顺利完成,真正实现了公交公营,新购车辆68台,运营线路达到14条,实现了所有小区、景区、车站全覆盖。全面实施"先照后证"、"三证合一、一照一码"的商事制度改革,市场主体和注册资金比"十一五"末分别增长1.1倍和2.2倍。积极引导社会资本参与城市基础设施及公共服务项目,推出政府与社会资本合作项目44项,其中22个项目纳入全省PPP项目库。金融领域改革有序推进,嘉峪关农村信用社成功改制为农商银行,兰州银行、甘肃银行、太平洋人寿等7家金融机构进驻我市,全市贷款余额达到425.4亿元,比"十一五"末增长144%。开放合作成果丰硕,新引进国内500强企业9家,引进项目181个,到位资金524亿元,是"十一五"的9.2倍。兰新高铁开通,我市向东向西开放通道更加顺畅,铁路年客运总量突破300万人次。航线布局不断优化,12条航线通达全国14个重要节点城市,旅客吞吐量累计152万人次,是"十一五"的4.1倍,航空口岸开放列入全省"十三五"发展规划。

2015年,我们全面贯彻省委、省政府和市委的工作部署,积极适应经济发展新常态,努力克服外部需求紧缩、经济下行压力加大等不利因素,保持经济社会稳定发展，完成了市九届人大四次会议确定的主要目标任务。生产总值增长9%，固定资产投资增长15.1%，社会消费品零售总额增长8.8%，城镇居民人均可支配收入增长10.1%，农村居民人均可支配收入增长11%，城镇登记失业率控制在2.7%以内，居民消费价格总水平比上年下降0.3%，单位生产总值能耗和主要污染物排放完成省上下达的控制指标。确定的8件惠民实事按计划顺利完成。

各位代表！

过去的五年，是嘉峪关经济社会发展最快、城乡面貌变化最大、人民群众得到实惠最多的五年。这些成绩的取得，是省委、省政府关心支持，市委坚强领导的结果，是全市人民团结奋斗的结果，是人大、政协和社会各界监督支持的结果，是酒钢(集团)公司、中核四〇四有限公司等驻嘉单位共同努力的结果。在此，我代表市人民政府，向全市各族人民，向人大代表、政协委员，向各民主党派、各人民团体，向驻嘉解放军、武警部队官兵，向所有关心支持嘉峪关建设的社会各界人士，表示衷心的感谢！

回顾过去五年的改革发展历程，我们深切感受到，要做好政府工作，必须全面贯彻落实省委、省政府和市委决策部署，紧密结合实际，创造性地开展工作；必须坚持以结构调整为主线，做精一产、做强二产、做大三产，推动经济转型升级；必须坚持民生优先，牢固树立群众想的就是我们要干的、群众的难点和热点就是我们工作重点的理念，用我们的辛苦指数换取群众的幸福指数；必须坚持提升行政效能，持续发扬“钉钉子”精神，以抓铁有痕、踏石留印的精神狠抓各项工作落实。

我们也清醒地认识到，在适应经济发展新常态、推动经济社会转型发展上还存在一些矛盾和问题。主要是：经济下行压力加大，工业企业发展困难较多；产业和产品结构不尽合理，科技创新能力不强，转方式调结构任务依然艰巨；教育、医疗等公共服务供给不足和配置不均衡问题仍然存在，民生保障需要不断加强；政府职能还需加快转变，行政效能需要继续提高，政风行风建设需要进一步加强。对于这些问题，我们将高度重视，以更加有力的举措、更加务实的作风加以改进，努力把政府各项工作做得更好，不辜负全市人民的期望。

“十三五”经济社会发展的主要目标任务

“十三五”时期，是我市全面建成小康社会的决胜阶段，是深化改革扩大开放的重要阶段，是推动经济社会转型升级的关键阶段。依据《中共嘉峪关市委关于制定嘉峪关市国民经济和社会发展第十三个五年规划的建议》，在广泛征求意见、充分论证的基础上，编制了《嘉峪关市国民经济和社会发展第十三个五年规划纲要》。

一、“十三五”主要预期目标

(一)经济增长预期目标。《纲要》提出“十三五”期间生产总值年均增长8%的预期，高于全省0.5个百分点，主要考虑了我市要在全省率先全面建成小康社会，必须保持必要的增长速度。同时也充分考虑了我市结构调整任务的艰巨性和企业转型升级面临的诸多困难，在综合平衡后确定的。

(二)财政预算收入增长预期目标。《纲要》提出公共财政预算收入年均增长7%左右。一方面，考虑民生支出的刚性压力依然较大，需要公共预算收入保持一定增速；另一方面，虽然“十二五”期间公共预算收入年均增速达到12.7%，但2015年较上年下降了12.9%。同时，考虑到结构调整和税收改革带来的减收因素，所以确定了这样一个预期指标。

(三)城乡居民收入增长预期目标。2015年我市城乡居民收入远高于全省平均水平，尤其是农村居民人均可支配收入超出全省一倍多，继续保持高增长难度较大。同时，考虑居民收入和经济发展保持同步增长的要求，所以将“十三五”期间城乡居民人均可支配收入预期增长目标确定为7%和8%。

(四)投资增速预期目标。《纲要》提出“十三五”期间投资年均增长12%，高于全省2个百分点，既考虑了省上的要求，也考虑了嘉峪关的实际。我市“十三五”重大项目计划投资1200亿元，按重大项目占全社会投资80%左右的比重测算，保持12%的年均增速具有一定的基础。

二、“十三五”主要工作任务

(一)坚持创新发展理念，着力提高发展质量和效益。深入推进创新驱动发展战略，引导生产要素和资源向创新活动聚集，培育发展新动能。推动大众创业、万众创新，通过培育新技术、新产业、新业态，创造新供给，释放新需求。突出文化传承创新，打造丝绸之路甘肃段旅游目的地城市。加快体制机制创新，全面深化改革，增强发展动力和活力。

（二）坚持协调发展理念，着力加快城乡一体化进程。突出规划引领，推行多规合一，促进产城融合发展。按照区域协同的原则，加大城市基础设施建设力度，强化农村基础设施和公共服务体系建设，加快新型城镇化进程，形成城乡协调发展的良好格局。

（三）坚持绿色发展理念，着力提升城市生态宜居品质。深入落实生态立市战略，实施重大生态建设工程，坚持生态环境建设和生态治理并重，强化生态环境保护、水污染治理、大气污染防治，全面推行绿色发展方式和生活方式，努力建设经济发展、社会进步、环境优美的宜居宜游城市。

（四）坚持开放发展理念，着力构建全方位开放格局。紧紧抓住国家战略机遇，主动融入丝绸之路经济带建设，加强与周边地区的合作交流，拓展产业对接合作领域。统筹利用两个市场、两种资源，进一步提高对外开放水平。

（五）坚持共享发展理念，着力增进民生福祉。按照人人参与、共建共享的要求，坚持普惠性、均等化、可持续发展方向，加强社会事业建设，提升基础教育水平，完善公共医疗服务，加大就业创业力度，提高城乡居民收入，健全社会保障体系，进一步提高人民群众的获得感和幸福感。

2016年重点工作

2016年，是“十三五”的开局之年。我们要全面贯彻党的十八大和十八届三中、四中、五中全会精神，以邓小平理论、“三个代表”重要思想、科学发展观为指导，深入贯彻落实习近平总书记系列重要讲话精神，牢固树立创新、协调、绿色、开放、共享的发展理念，牢牢把握经济发展新常态，积极推进供给侧结构性改革，着力保持经济合理增长，着力加快产业转型升级，着力推进城乡协调发展，着力保障和改善民生，努力实现“十三五”经济社会发展良好开局。

主要预期目标是：**生产总值增长8%左右，工业增加值增长5%左右，全社会固定资产投资增长12%左右，社会消费品零售总额增长9%左右，公共财政预算收入增长5%以上，城乡居民人均可支配收入增长9%，居民消费价格总水平涨幅控制在3%以内。**

为实现上述目标，重点抓好四个方面的工作：

一、推进产业结构调整，加快经济发展方式转变

全力推动工业转型升级。坚定不移把支持酒钢（集团）公司改革发展作为全市工作的重中之重，推动企业提质增效，实现转型升级。大力支持中核四〇四有限公司发展，积极服务甘肃核技术产业园建设。加快新材料、新能源、先进装备制造、新型化工等战略性新兴产业发展。推进煤炭分质利用、广银铝业铝型材深加工、中威斯冶金新材料二期等项目建设，促进索通34万吨预焙阳极项目达产达标。建成嘉西光伏产业园110千伏汇集升压站及配套送出工程，畅通电力送出通道，提高光伏电站并网发电率。完善园区基础设施，持续推进园区循环化改造，加快国家级经济技术开发区申报步伐。认真落实国家和省政府化解产能过剩政策措施，加快淘汰落后技术工艺、生产设备，推进技术改造和“两化”深度融合。积极开展政银企、产研销对接活动，重视企业家队伍建设，积极帮助解决实际困难，支持企业发展。

强力推进第三产业发展。以文化旅游体育产业深度融合，带动第三产业快速发展。全力推进方特二期—丝绸之路文化博览园建设，为我市文化旅游发展注入新的活力。积极参与丝绸之路（敦煌）国际文化博览会、兰洽会、敦煌行·丝绸之路国际旅游节等重要节会，认真办好铁三赛、国际短片电影展、房车博览会等赛事活动。加快嘉峪关世界文化遗产公园、观礼古镇等重点文化旅游项目实施进度。完善旅游景区基础设施，创新营销宣传方式，推进智慧旅游建设。着力培育文化龙头企业和户外品牌赛事，努力实现旅游收入增长25%、文化产业增加值增长28%的目标。加快大型商品交易市场建设，推进雄关大厦、天空之城、银都金融中心等项目实施。积极引进新型业态和知名品牌，不断改善购物环境，提升商业规模和档次。加快电

子商务与贸易流通、工业生产、金融服务等领域联动发展，促进商贸服务业转型升级。

加快转变农业发展方式。不断夯实农村基础设施，重点推进高标准农田建设和小型农田水利高效节水灌溉工程。积极扶持农业龙头企业和农业产业园区发展，着力培育农村新型经营主体。不断提高农业科技水平，强化农产品质量监管，大力发展高效、优质、生态、品牌、安全农业。鼓励发展以休闲度假和观光体验为主的乡村旅游，按照“吃好饭、洗好澡、睡好觉、上好网”的标准，大力扶持发展家庭旅馆和星级农家乐，增加农民收入。积极鼓励和引导农村土地承包经营权规范有序流转，促进土地规模化、集约化经营。全面完成农村土地承包经营权确权登记颁证工作。深入开展“双联”行动，全面落实“1+16”精准扶贫方案，促进农业增效、农民增收、农村发展。

二、加大改革创新力度，增强经济发展内生动力

加快政府职能转变。持续推进简政放权、放管结合、优化服务，提高政府效能，激发市场活力和社会创造力。继续推进“三张清单一张网”建设，进一步明确政府权力、部门职责，落实责任主体、完善监管制度、规范权力运行。全面开展不动产登记试点工作。推进政府和社会资本合作，放大财政资金杠杆效应和引导作用。鼓励民间资本参与基础设施、市政公用设施建设和运营。完善政府购买服务制度和服务平台，扩大购买公共服务范围。推进公共资源电子招评标系统上线运行，加快远程评标系统建设，规范公共资源交易行为。

全面推进各领域改革。着力推进供给侧结构性改革，逐步实现化解产能过剩、降低企业成本、消化库存、防范金融风险和补齐短板等目标。积极推进“营改增”试点，全面落实各项税收优惠政策。规范各类中介服务，进一步清理涉企收费，帮助企业降低生产经营成本。支持国有企业继续深化改革，发展混合所有制经济。做好企业上市培育工作，支持企业发行债券，提高直接融资比重。拓展金融服务、创新金融产品，发挥金融支持实体经济发展的关键作用。积极稳妥地推进文化、科技、医疗等领域改革，加快形成有利于发展的体制机制。

实施创新驱动发展战略。全面贯彻大众创业万众创新的政策措施，营造宽松的创业创新环境。深入落实“互联网+”行动计划和“中国制造2025”甘肃行动纲要，引导创新要素进入新材料、装备制造、节能环保等产业，加快新技术、新产业、新业态的发展。推动重点行业和优势企业智能化改造，加快传统产业向中高端迈进。鼓励企业建立专业化孵化器和平台，构建一批低成本、便利化、全要素、开放式的众创空间，在全社会营造尊重人才、支持创业的浓厚氛围。

扩大对外交流合作。紧紧抓住国家“一带一路”战略机遇，立足区域实际，积极谋划并引进一批符合产业政策、支撑长远发展的项目。借助兰洽会、文博会等重要节会，加大宣传推介力度，扩大城市知名度。大力实施“走出去”战略，支持骨干企业发挥竞争优势，加强与丝路沿线地区经济、文化、旅游等领域的交流合作。加快航空口岸开放工作进度，推进嘉峪关国际港务区、大草滩物流中心、游客集散中心项目建设。积极承接产业转移，加大产业链招商、定点招商力度，力争招商引资到位资金增长12%以上。

三、统筹城乡协调发展，建设文明美丽和谐雄关

完善城市基础设施。统筹空间、规模、产业三大结构，依据总规，继续完善城市各项规划。启动开展“多规合一”，统筹衔接经济社会发展、城乡建设、土地利用和生态环境保护等规划。严格执行规划确定的强制性内容，坚持“一张蓝图绘到底”。用足用好国家棚户区改造、城市地下综合管廊、海绵城市、智慧城市等政策，完善城市道路、公共交通、通信电力、垃圾处理等基础设施。加快推进城市供排水、供热、供气等管网建设和改造。开工建设第二污水处理厂，迁建生活垃圾处理场。实施G312线嘉峪关至清泉公路，市区至新城、祁丰公路，长城旅游公路，实施双拥路口公铁立交改造工程，推进断山口至树窝井战备公路、汽车南站等项目建设，进一步完善区域路网体系。

改善城乡人居环境。巩固国家园林城市创建成果，强化市区周边防护林建设，实施草湖湿地保护、退耕还林、封滩育林等生态治理工程。完善城市园林绿化景观体系，对部分小区、道路实施绿化提升改造。抓好峪泉镇国家级建制镇示范试点工作，积极推进“美丽乡村”建设。进一步加强生态环境执法监管和污染治理力度，实现大气污染防治三年行动目标。

提升城市管理水平。充分发挥三维数字嘉峪关集成管理应用系统的作用，实现数字化管理平台互联互通，推进城市管理精细化。全面实行居住证制度，努力实现基本公共服务对常住人口全覆盖。加大交通治理力度，强化交通疏导，建立文明安全的交通秩序。通过合理规划、加强管理、鼓励社会资本建设停车设施等措施，努力解决停车难题。强化综合执法，落实“门前三包”责任，全面提升城市环境卫生管理水平。积极引导社会组织健康有序发展，充分发挥群众参与社会管理的基础作用。

四、着力保障和改善民生，提高人民生活水平

加强就业和社会保障。统筹推进农民工、贫困群众、下岗失业人员、退役军人等重点群体就业培训和技能培训，新增城镇就业8000人，城镇登记失业率控制在4%以内。完善医疗救助制度，提高居民医保财政补助标准，推进城乡居民基本医疗保险制度整合。发展商业健康保险，鼓励社会力量兴办健康服务业。全面落实一对夫妇生育两个孩子政策。巩固完善机关事业单位养老保险制度改革。推动养老服务与医疗、健康、家政、保险等融合发展，创新居家养老服务模式。

加快社会事业发展。继续推进义务教育中小学标准化建设，实施明珠学校初中部、四中综合教学楼建设项目，完成育才学校等5所学校运动场改造，全市中小学运动场塑胶化率达到100%。加快发展学前教育，鼓励社会力量兴办幼儿园。推进南市区人民医院、中医院和儿童专科病区建设，优化医疗资源配置。加快公立医院改革，落实分级诊疗制度，提高医疗服务水平。继续推进新型社区建设，实现标准化社区服务中心城区全覆盖。继续办好雄关大舞台等群众性文化活动，广泛开展全民健身运动，着力丰富群众精神文化生活。加强社会主义精神文明建设，争创全国文明城市。积极支持工会、共青团、妇联、科协、残联等群团组织开展工作。

强化各类风险防控。深入推进平安嘉峪关建设，完善立体化社会治安防控体系，落实重大事项社会稳定风险评估制度，健全依法逐级走访和网上受理信访机制，提升“12345”民生热线服务能力，有效预防和化解社会矛盾。开展金融风险专项整治，规范各类融资行为。完善安全生产责任体系，及时排查整治隐患，推进信息化和应急救援能力建设，确保安全生产形势持续好转。深化市场监管改革，加强食品、药品、农产品的全过程监管，确保人民群众舌尖上的安全。

认真办好民生实事。2016年市政府将全力办好以下惠民实事：(1)对雍平、建林、建安、东安等街区3434户棚户区进行改造；(2) 开工建设2所幼儿园；(3) 新建5个城市标准化社区服务中心；(4)新建改造8所公共卫生间，并全部免费开放；(5) 为全市所有残疾儿童提供康复治疗服务；(6) 继续实施残疾人家庭无障碍改造工程，完成100户改造任务；(7)提高城乡居民低保标准10%。

各位代表！

嘉峪关的发展已经站在了新的历史起点上。实现经济社会转型发展、率先全面建成小康社会，对政府工作提出了新的更高要求。我们将深入践行“三严三实”，进一步加强自身建设，努力打造为民、务实、清廉政府。

一是坚持依法行政。依法接受人大及其常委会法律监督、自觉接受政协民主监督，广泛接受社会各界监督。积极配合人大建立健全政府立法体制机制。强化决策法定程序的刚性约束，坚持重大行政决策集体讨论决定，健全公众参与、专家论证、风险评估、合法性审查制度。加强财政资金管理，牢固树立过紧日子思想，规范“三公经费”支出。全面推进政务公开，让权力在阳光下运行。

二是切实改进作风。认真开展“两学一做”教育，进一步增强政府工作人员政治意识、大局意识、核心意识、看齐意识，不断提高为企业、为基层、为群众服务的能力和水平。持续发扬“钉钉子”精神，做到定了干、马上办，立说立行、一抓到底，确保各项工作高标准推进和高质量完成。

三是加强廉政建设。严格落实中央八项规定、省委“双十条”和市委七项规定，坚持不懈纠正“四风”。始终把纪律和规矩挺在前面，深入落实党风廉政建设主体责任，健全廉政风险防控机制，强化财政资金、公共资源、国有资产等领域的审计监督和行政监察，树立清正廉洁的良好形象。

各位代表！宏伟蓝图已经绘就，新的征程催人奋进。让我们在省委、省政府和市委的坚强领导下，团结依靠全市各族人民，解放思想、改革创新，主动担当、积极作为，为率先全面建成小康社会而努力奋斗！

注释：

“双超双有”企业："双超"企业是指污染物排放超过国家和地方排放标准，以及污染物排放总量超过地方人民政府核定的排放总量控制指标的污染严重企业;“双有”企业是指使用有毒有害原料进行生产或者在生产中排放有毒有害物质的企业。

全光网城市：即城市和农村光纤到户全覆盖。

先照后证：即从事后置许可经营项目的市场主体，先向工商部门申请办理营业执照，再到许可审批部门办理审批手续。

三证合一、一照一码：通过“一口受理、并联审批、信息共享、结果互认”，将由三个部门(工商、质检、税务)分别核发不同证照，改为由一个部门核发加载法人和其他组织统一社会信用代码的营业执照。

多规合一：是指推动国民经济和社会发展规划、城乡规划、土地利用规划、生态环境保护规划等多个规划的相互融合，融合到一张可以明确边界线的市县域图上，实现一个市县一本规划、一张蓝图，解决现有的这些规划自成体系、内容冲突、缺乏衔接协调等突出问题。

供给侧结构性改革：即从提高供给质量出发，用改革的办法推进结构调整，矫正要素配置扭曲，扩大有效供给，提高供给结构对需求变化的适应性和灵活性，提高全要素生产率，更好满足广大人民群众的需要，促进经济社会持续健康发展。

“两化”融合：是指以信息化带动工业化、以工业化促进信息化，其核心是以信息化为支撑，追求可持续的发展模式。

智慧旅游：就是利用云计算、物联网等新技术，通过互联网/移动互联网，借助便携的终端上网设备，主动感知旅游资源、旅游经济、旅游活动、旅游者等方面的信息，及时发布，让人们能够及时了解这些信息，及时安排和调整工作与旅游计划，从而达到对各类旅游信息的智能感知、方便利用的效果。

“1+16”精准扶贫：市委、市政府围绕“加快推进城乡一体化，率先实现全面小康”这“1”目标，制定了农村生态环境、电力交通、产业培育、教育卫生、文化旅游、金融信贷、人才帮扶等方面16个配套支持政策。

三张清单一张网：是指政府部门权责清单、财政专项资金管理清单、扶贫清单和政务服务网。

“互联网+”行动计划：2015年3月5日，李克强总理在政府工作报告中首次提出“互联网+”行动计划。就是重点促进以云计算、物联网、大数据为代表的新一代信息技术与现代制造业、生产性服务业等的融合创新，发展壮大新兴业态，打造新的产业增长点，为大众创业、万众创新提供环境，为产业智能化提供支撑，增强新的经济发展动力，促进国民经济提质增效升级。

“中国制造2025”甘肃行动纲要：为推动制造业提质增效、转型升级，促进产业向中高端迈进，我省2015年11月公布《中国制造2025甘肃行动纲要》，确定我省将力争到2025年构建起以“五大传统产业集群”和“五大新兴产业集群”为支撑的现代产业发展新体系，基本建成面向丝绸之路经济带沿线国家和周边地区的现代服务型制造业基地。

众创空间：顺应创新2.0时代用户创新、大众创新、开放创新趋势，把握互联网环境下创新创业特点和需求，通过市场化机制、专业化服务和资本化途径构建的低成本、便利化、全要素、开放式的新型创业服务平台的统称。

嘉峪关市人大常委会工作报告

——在嘉峪关市第九届人民代表大会第五次会议上

市人大常委会主任 祁永安

（2016 年 4 月 13 日）

各位代表：

我受市人大常委会委托，向大会报告工作，请予审议。

2015 年工作回顾

2015 年，在市委的坚强领导下，市人大常委会深入贯彻党的十八大及十八届三中、四中、五中全会精神和习近平总书记系列重要讲话精神，紧紧围绕“五位一体”总体布局和“四个全面”战略布局，牢牢把握新时期对人大工作的新要求，依法行使法定职权，着力推进工作创新，充分发挥了市人大及其常委会在促进经济社会平稳健康发展中的重要作用。

一、紧紧围绕发展大局，不断加强和改进人大工作

我们牢牢把握人大工作发展新机遇，认真贯彻中央、省委、市委新要求。2015 年，中央转发了《中共全国人大常委会党组关于加强县乡人大工作和建设的若干意见》，就人大代表直接选举、决定重大事项、预决算监督、人大会议、人大组织建设等提出了新的要求。省委召开人大工作会议，下发了《甘肃省委关于加强和改进人大工作的意见》。市委高度重视，专题召开会议进行传达学习和专题部署。我们根据市委的安排，对市人大工作中的重大问题、薄弱环节进行了调研分析，提出了建议，为市委研究加强和改进我市人大工作提供了参考。市委召开人大工作会议，就新形势下全面加强我市人大工作的重点任务进行安排部署，制定下发了《中共嘉峪关市委关于加强和改进人大工作的意见》，成为今后一个时期指导我市人大工作的纲领性文件。我们认真贯彻落实省委、市委意见，着手改进对预算决算、司法人员、环境保护的监督，积极探索调研视察、执法检查、专题询问等监督手段的综合运用，与市编办协调落实市人大及其常委会内设机构和人员编制。市委常委会研究通过了市人大及其常委会机构编制方案，同意设立市人大法制、财政经济、教科文卫等三个专门委员会和市人大常委会“两室六工委”，增加了“一室一委”，提升了信访室规格，调整优化了人员编制，为推动人大工作的创新发展注入了新的活力。

我们坚持把握大势，率先主动作为，积极做好落实法律新规定、承接法律新授权的各项准备工作。2015 年，全国人大及其常委会先后修订了《立法法》《地方组织法》《代表法》和《选举法》，做出了《关于实行宪法宣誓制度的决定》，对赋予地方立法权、规范人大组织建设、加强代表工作、规范代表选举、向宪法宣誓等方面作了新的规定。特别是赋予设区的市和全国四个不设区的地级市地方立法权，意味着市人大及其常委会的职权由原来的“三权”增加为“四权”，对于发挥市人大在地方立法中的主导作用、推动我市民主法治建设具有重要意义。为承接好地方立法工作,我们围绕立法机构设立、立法能力建设、立法需求分析、立法项目研究等进行了全面调研,参加了省人大常委会组织的立法培训,并赴有关地级市对立法工作进行了考察,与中山、东莞、三沙等不设区的地级市进行了交流研讨,起草并提请市委常委会讨论通过了《关于行使地方立法权的筹备工作方案》,向省人大常委会上报了赋予我市开展立法工作的请示。省十二届人大常委会第二十次会议做出了《关于酒泉等十三个市、自治州人民代表大会及其常务委员会开始制定地方性法规的决定》,同意我市开始制定地方性法规。目前我市已成立了立法工作筹备领导小组,立法筹备工作正式启动,开启了市人大及其常委会行使地方立法权的新篇章。

我们始终坚持自觉接受市委对人大工作的领导,注重发挥常委会党组的领导核心作用,牢牢把握人大工作的正确政治方向。对人大常委会的审议议题、重要工作、重大事项,及时向市委请示报告,按照市委要求抓好组织实施。认真落实市委人事安排,坚持被任命干部法律考试制度,依法做好干部任免工作。市九届人大四次会议以来,市人大常委会依法任免干部27名。我们坚持党的领导、发扬民主和依法办事相统一,对委员、代表的辞职以及代表的罢免,依法进行表决。2015年,接受委员辞职2名、代表辞职2名。根据省纪委、省人大常委会文件要求,按照《选举法》《代表法》规定,依法依程序罢免了2名涉嫌严重违纪代表的代表职务。

二、依法履行各项职权,着力服务经济社会发展

我们密切关注经济运行态势,正确认识和判断当前经济工作中的压力和困难,积极支持国民经济和社会发展计划、财政预算执行工作,依法决定重大事项。加强国民经济和社会发展计划和财政预决算监督,听取审议了市政府2014年财政总决算、同级审工作以及2015年上半年国民经济和社会发展计划、财政预算执行情况的报告,批准了2014年财政总决算。针对市政府先后两次提出的调整市级财政预算的请示,我们组织代表和委员对省政府下达的地方政府债券、我市财政收入以及项目建设、资金安排和债务偿还等情况进行了调研初审,并对调整预算的合理性、合法性、可行性进行了审议,做出了批准调整2015年市级财政预算的决议。按照《预算法》的有关规定,首次要求财政部门将2016年社会保险基金预算和国有资本经营预算纳入财政预算编制范围,促进了财政预算编制体系的进一步完善。

我们既坚持寓支持于监督之中的理念,又坚持人大监督的严肃性和权威性,不回避矛盾,敢于直面问题,有针对性地提出建议。加强专项工作监督,听取审议了市政府关于旅游资源和旅游产品开发、城市基础设施建设和维护、惠民实事落实、代表建议办理的报告,听取审议了市法、检两院关于涉法涉诉信访工作报告和市城区法、检两院2014年工作报告。对《消防法》和《甘肃省消防条例》进行了执法检查,听取审议了执法检查报告。在这些审议中,对旅游工作提出了"做好旅游产品开发,强化基础设施建设,整合优化旅游资源,抓好人才培养"等建议;对城市基础设施建设提出了"创新城市发展理念,完善监管和统筹协调机制,推进向社会购买服务和投融资体制改革,加大旧城区管网改造力度,加快停车场建设"等建议;对涉法涉诉信访工作提出了"提高办案质量,提高全民法律意识,完善信访工作机制,创新信访工作方法"等建议;对惠民实事落实要求市政府抓结果、抓质量、抓监管,确保惠民实事顺利完成。

我们主动回应当前经济发展中的难点问题,深入金融部门、部分企业对金融部门支持我市非公经济和小微企业发展情况进行了专题调研,到酒钢(集团)公司并赴内蒙古煤制油企业就煤炭分质利用项目进行了专题调研,形成了专题调研报告。我们高度关注经济社会发展规划编制工作,组成五个调研组对我市"十二五"规划完成情况及"十三五"规划编制等开展了专题调研。对专题调研中的重要事宜,以代表建议方式提交了省十二届人大四次会议。我们开展了以"节能减排"为主题的2015年陇原环保世纪行活动,"节能减排"正逐渐成为企业和市民的共识和行动。

我们努力探索、不断积累工作新方法,调研前的专题培训、调研方式的灵活选取、调研时间的适宜安排,成为工作新常态。在调研基层法、检两院工作中,我们在听取两院汇报的基础上,专门召开座谈会,听取了律师、司法等法律工作者对基层法、检两院工作的意见。城市基础设施建设维护与群众生活息息相关，我们设计了调查问卷，在集中调研前的1个月分发到各社区征求意见，共发放调查问卷1000份，收回988份，扩展了调研的时间和范围。从调查问卷的分析来看，调查结果基本如实反映了群众对我市道路交通、能源动力、绿化环卫、供排水、污水处理等工作的评价。在对《消防法》的执法检查中，通过《嘉峪关日报》向社会发出执法检查公告，征集到了对我市消防工作方面的意见建议。对征集的“商业步行街存在火灾隐患”和座谈中反映的“绿化林带防火责任不落实”等问题，执法检查组再次进行了专题调研，督促有关部门进行了整改。这些常态化的举措，进一步提高了调研的质量，增强了监督力度，提高了工作实效。

我们加强与省人大常委会的工作联动，积极支持省人大常委会的工作。配合省人大常委会开展了对农村金融创新、精准扶贫、“十三五”规划编制、侨务工作、县乡人大换届选举、赋予市（州）立法权等方面的专题调研，对《甘肃省预算审批监督条例》和长城保护、陆地国界方面的立法调研；对《甘肃省人大及其常委会立法程序规则》《甘肃省老年人权益保障条例》、《甘肃省组织实施宪法宣誓制度办法》《甘肃省人民代表大会代表建议、批评和意见处理办法》等法规草案的征求意见工作。受省人大常委会委托对《水污染防治法》《水土保持法》《老年人权益保障法》《甘肃省清真食品管理条例》进行执法检查。在长城保护立法的调研中，实地察看了关城、第一墩、新城村长城等的维修、保护情况；在“十三五”规划编制的调研中，到酒钢进行了实地调研，组织了市上和酒钢两次座谈会；在《水土保持法》的执法检查中，实地察看了涉及水土保持方面的光伏发电项目和水源地迁建项目，就法律实施情况和有关问题进行了座谈讨论；在《老年人权益保障法》的执法检查中，深入社区老年人日间照料中心、居家养老服务中心和南市区“社会福利院、儿童福利院、农村中心敬老院”三院联建项目进行了调研；在《甘肃省清真食品管理条例》的执法检查中，视察了清真食品生产加工企业，听取了《条例》贯彻情况的汇报，组织了座谈讨论。执法检查结束后，执法检查报告全部报送省人大常委会，并将发现的问题和执法检查组提出的意见建议送市人民政府研究处理。

三、充分发挥代表作用，积极做好联系服务代表工作

我们认真做好联系服务代表工作。全年组织代表开展视察调研、执法检查、督导评估、代表培训、建议办理等活动45次，累计参加404人次，邀请代表列席常委会会议6次，累计参加27人次。开通了市人大短信平台，加强与组成人员和代表的联系，及时通报有关会议和工作情况。市人大常委会领导带头落实“两联系”制度，走访了基层人大代表，全年组成人员联系走访基层人大代表48名。组织部分代表和基层人大干部赴全国人大深圳培训中心，对《宪法》及代表履职知识进行了学习培训。组织代表就市第一人民医院南市区建设项目、惠民实事落实、代表建议办理等进行了集中视察。从代表参与双联“人大代表在行动”活动，参加常委会安排的调研、视察、执法检查等情况来看，代表履职责任心进一步增强，在参与活动中敢于为人民群众代言，积极发表意见建议，充分发挥了代表作用。

我们高度重视代表建议办理工作，加强与“一府两院”的联系，及时与提建议代表沟通，对代表建议办理工作进行经常性督办，选择12件涉及面广、群众普遍关心的建议由常委会领导进行了重点督办。办理过程中，我们与市政府对环卫、公安等部门承办的15件代表建议进行了联合督办，并在常委会审议前组织代表进行了集中视察。目前，市九届人大四次会议的106件代表建议均已办理答复。常委会对办理情况进行了审议，要求承办单位对办理工作进行梳理和回头看，进一步加强与代表的沟通，在解决问题上下功夫，并要求对正在解决和逐步解决的代表建议要确定办理时间表，加强跟踪督办，确保代表建议件件有着落、事事有回音。

我们注重发挥各区人大工委、酒钢人大工作联络办公室、各代表联络机构和“人大代表之家”的平台作用，积极支持“人大代表之家”开展活动、赴外学习交流。组织“人大代表之家”召集人和代表联络机构负责人赴平凉学习考察了“人大代表之家”建设情况，促进了“人大代表之家”的规范化建设。各“人大代表之家”组织开展了代表述职、学习考察、接待选民、视察调研等活动，“人大代表之家”活动正逐步实现经常化、制度化。“人大代表之家”活动中代表提出的意见建议，均交由“一府两院”进行了办理。其中，“关于变更迎宾东路与朝晖小区交叉路口道路标线的建议”，市公安局经过科学论证，重新划定了该路口的标线，方便了居民出行。“关于关城景区门口交通秩序”和“在旅游旺季开通旅游观光公交专线”的两条建议，市旅游局在交通、公安等部门的协作下，立足于现实条件，增加停车场、增设交通提示标志、调整公交线路，将建议落到了实处。

四、扎实开展专题教育，进一步促进干部作风持续转变

我们严格按照市委的安排部署，从严从实抓好“三严三实”专题教育，坚持领导带头、以上率下、全员参与，认真做好党组书记上党课和以“三严”为主题的专题研讨，并把学习教育、查摆“不严不实”问题、持续整治“四风”贯穿始终。共开展6次专题研讨，处级以上干部均作了专题发言，科级干部在集体学习会中分批进行了交流发言。召开专题民主生活会，就“不严不实”问题认真开展批评与自我批评，使大家受到了一次思想洗礼，提高了理论素养，坚定了理想信念，进一步强化了党的意识和守纪律讲规矩意识。

我们持续加强党风廉政建设，严格执行中央八项规定、省委双十条规定和市委七项规定，全面落实常委会党组廉政主体责任，加强党风党纪经常性教育和警示教育，认真学习遵守《廉洁自律准则》和《纪律处分条例》，开展廉政约谈，对落实廉政主体责任、加强廉洁自律提出要求，强化了各级党员干部追求道德高线、不触碰纪律底线的廉洁自律意识。

我们以“工作落实年”活动为主线，深入推进“效能风暴行动”“先锋引领行动”和“双联行动”，突出“严”的精神，发扬“实”的作风，不断提高工作质量和效率，人大干部的能力素质、大局观念、创新意识和综合服务水平都得到了新的提高，人大机关建设迈上新台阶。在“双联”活动中，派驻专人负责“双联”工作，召开双联工作推进会，确定了各联组单位的双联工作重点和帮扶项目，协调组织实施并进行了检查验收。2015年，协调解决了河口村垃圾清运设施、路灯及广播器材安装、农田渠道修缮和高新农业示范区水、电、路方面的问题。在人大信访工作中，加强与有关部门的联系协调，做好来访群众的解释劝服工作。2015年，共接访群众144批251人次，收到信访件101件，协调处理82件，批转“一府两院”办理19件，对部分信访件进行了多次调研督办。

一年来，市人大常委会工作取得的成绩，是市委加强领导，高度重视的结果；是人大常委会组成人员、全市人大代表和人大工作者勤勉敬业，不断推进工作创新的结果；是“一府两院”在自觉接受人大监督中促进工作的结果；也是市政协、嘉峪关军分区、酒钢(集团)公司和社会各界广泛支持，积极参与人大工作的结果。借此机会，谨向各位领导、各位委员、各位代表和同志们表示衷心感谢！

在肯定成绩的同时，我们也认识到，市人大常委会工作还存在一些不足。一是在审议意见形成的规范性、跟踪督办的经常性、研究处理的实效性等方面还需要进一步加强。二是代表联络机构的桥梁作用发挥不够，“人大代表之家”的活动成效还需进一步提高。三是人大自身建设与新任务的要求还有差距，在改进工作方法、提高创新能力上仍需进一步努力。我们将认真落实省委、市委关于加强和改进人大工作的新要求，以时不我待的精神、雷厉风行的作风认真研究解决。

2016年主要工作

2016年是实施“十三五”规划的开局之年，也是贯彻省委市委人大工作会议精神的重要一年。市人大常委会要全面贯彻党的十八大和十八届三中、四中、五中全会精神，深入学习习近平总书记系列重要讲话精神，认真落实省委、市委人大工作会议精神，进一步加强监督调研、地方立法、决定重大事项、代表工作和自身建设，推动人大工作创新，提高依法履职实效，为我市民主法治建设、经济社会发展做出新的贡献。

一、以积极主动的姿态落实新要求，着力推动人大工作发展

深入贯彻落实《中共全国人大常委会党组关于加强县乡人大工作和建设的若干意见》和省委、市委人大工作会议精神，抓紧实施《中共嘉峪关市委关于加强和改进人大工作的意见》的安排部署。坚持向市委报告重大事项制度，发挥好人大常委会党组的领导核心作用。综合运用专题询问、执法检查、工作评议等监督手段，积极探索加强全口径预决算监督、审计监督、国有资产监督、环境保护工作监督和对人大常委会任命的司法人员监督的方法和途径。落实每年听取审议审计整改工作情况报告、环境保护工作情况报告和建立政府年度重大事项清单制度。积极研究人大及其常委会职能增加、机构调整后的工作运行机制，着力提高人大工作整体水平，切实在贯彻市委《关于加强和改进人大工作的意见》中推动人大工作发展创新，不断开创人大工作新局面。

二、以奋发有为的精神开拓履职新境界，切实增强人大工作实效

充分发挥人大专委会、常委会工作部门和专家委员会的作用，协调一致开展工作，使机构职能调整和履职能力提高相符合、相一致。坚持把“创新、协调、绿色、开放、共享”的发展理念融入人大工作，创新工作方法，依法行使各项职权。坚持党的领导，依法做好人事任免工作，认真做好乡镇、市级人大换届工作，确保换届圆满成功。积极推进立法机构建设，加快建立健全立法体制机制，选好立法项目，做好立法规划，健全备案审查机制，加强规范性文件备案审查工作。围绕“十三五”规划的开局，加强国民经济和社会发展计划、财政预算监督，听取审议2015年财政总决算、同级审和2016年上半年国民经济和社会发展计划、财政预算执行情况的报告。加强专项工作监督，听取地震监测预防、环境保护工作、“七五”普法启动工作、人民陪审员工作的专项报告。对《行政监察法》进行执法检查，对建制镇示范试点工作开展专题调研。选好环保活动主题，深入开展“陇原环保世纪行”活动。

三、以坚持不懈的努力探索工作新机制，充分发挥代表主体作用

加强各区人大工委建设，发挥酒钢人大工作联络办公室、各级代表联络机构作用，落实好“两联系”制度，进一步推进“人大代表之家”活动制度化、规范化、经常化，增强活动实效。积极探索建立代表建议筛选机制，提高交办建议质量。拓宽代表建议督办途径，改进代表满意度的形成方式，做实建议办结率，不断提高问题解决率。尊重和保障代表的主体地位，加强代表服务工作，坚持代表列席常委会会议、参加执法检查和调研等工作制度，组织代表视察城乡建设和科技推广项目。注重赴外学习考察质量，提高代表参与率，加强考察成果转化运用，切实发挥考察在提高履职能力、借鉴有益经验、推动工作创新中的作用。紧盯精准扶贫精准脱贫目标，深化双联“人大代表在行动”活动。加强与上下级人大的工作协同，联动开展调研、视察、执法检查等工作，增强对区、镇人大工作联系指导的实效。

四、以从严从实的作风回应群众新期盼，持续加强人大自身建设

树立作风建设永远在路上的思想，深化拓展党的群众路线教育实践活动和“三严三实”专题教育成果，扎实开展“学党章党规、学系列讲话，做合格党员”学习教育，持续整治“四风”，不断改进作风。加强人大常委会思想建设、组织建设、作风建设，增强常委会组成人员的政治意识、大局意识、核心意识、看齐意识，珍惜法律的赋权、人民的授权，形成主动履职、积极履职的新常态。发挥常委会理论研究机构作用，强化人大理论研究，注重理论与实践的相互转化，发挥好理论研究对人大工作的推动作用。加强常委会党组和机关党组织建设，认真落实党风廉政建设主体责任，加大人大各项规章制度的执行力，努力形成以制度规范行为、用制度管人管事的长效机制。深入开展“效能风暴”行动，扩大“双联”行动成效，进一步改进机关作风、提升干部能力、推动工作落实。

各位代表、同志们：“十三五”经济社会发展蓝图已绘就，目标任务已明确，建设幸福美好新嘉峪关，重任在肩，使命神圣。让我们在市委的坚强领导下，坚定信心、开拓创新、依法履职、扎实工作，为实现“十三五”良好开局，为推进民主法制建设，为全面建成小康社会而努力奋斗！

政协嘉峪关市第八届委员会常务委员会工作报告

——在政协嘉峪关市第八届委员会第六次会议上

市政协主席　焦玉兰

(2016 年 4 月 11 日)

各位委员、同志们：

我代表政协嘉峪关市第八届委员会常务委员会，向大会报告工作，请予审议。

一、2015 年工作回顾

2015 年，是我市推进全面深化改革、积极应对发展困难、经济社会稳中有进、各项事业取得稳步发展的一年。一年来，在中共嘉峪关市委的坚强领导下，在市政府的大力支持下，市政协常委会全面贯彻中共十八大和十八届三中、四中、五中全会精神，深入学习贯彻习近平总书记系列重要讲话精神，坚持团结和民主两大主题，聚焦全市中心工作和深化改革议政建言、凝心聚力、推动发展，全面完成了市政协八届四次会议以来确定的各项目标任务，为我市经济发展和社会稳定做出了积极贡献。

(一)始终强化理论学习，夯实共同的思想政治基础

我们始终牢牢把握政协的性质定位，毫不动摇的坚持中国共产党领导，把深入学习习近平总书记系列重要讲话精神作为主线，不断加强思想理论建设，着力提高领导干部和委员的政治意识、大局意识、核心意识、看齐意识。通过中心组理论学习会、委员培训会、机关学习会等多种形式，认真学习了中共十八大和十八届三中、四中、五中全会及习近平总书记系列重要讲话精神，准确把握以习近平同志为总书记的中共中央治国理政新思想新要求，不断强化道路自信、理论自信、制度自信。深入学习人民政协与统一战线理论、社会主义协商民主理论等内容，找准政协围绕中心、服务大局的切入点和着力点，不断提高履职水平。我们按照懂政协、会协商、善议政的要求，举办了政协委员培训班和“政协委员知情明政情况通报会”，进一步提高了委员把握履职重点、建言献策的能力。巩固和扩大党的群众路线教育实践活动成果，深入开展“三严三实”专题教育，学习十八届中央纪委五次全会精神，学习党章党规，加强制度建设，努力构建作风建设的长效机制。

(二)始终坚持发挥专门协商机构作用，增强协商议政实效

认真贯彻中央和省委、省政协关于加强社会主义协商民主建设的新部署和新要求，充分发挥人民政协协商民主形式多样、智力密集、传统深厚的优势，不断创新协商载体，增加协商密度，提高协商实效。着力提升会议协商质量，不断完善全委会集中协商、常委会重点协商、主席会专题协商制度。2015 年以来，我们召开全体会议 2 次，常委会议 10 次，主席会议 12 次，圆满完成了各项会议的协商任务。广泛开展对口协商，各专委会组织界别委员、专家学者，会同市政府相关职能部门，就食品药品安全、文化旅游融合发展、非物质文化遗产保护、非公经济发展等工作与有关部门开展对口协商 8 次，提出意见建议 40 余条，许多意见建议

被相关部门吸收采纳。积极推进季度协商座谈会，学习全国政协双周协商、省政协月协商工作经验，借鉴外地成功做法，结合我市实际，制定了市政协《关于建立季度协商座谈会制度的意见》和《季度协商座谈会工作办法》，开展了季度协商座谈会，特别就我市“丝绸之路文化博览园项目建设”进行了协商，提出了7条加快项目建设的意见建议。

(三)始终坚持聚焦中心工作，提高议政建言质量

我们紧紧围绕市委十届六次全委会提出的“要着重把握好稳中求进、保持定力，多元发展、挖掘潜力，扩大开放、增强动力，市场主导、释放活力，民生优先、凝聚合力”的要求，发挥政协优势，聚焦热点难点，开展调研视察13次，广泛进行协商议政，提出意见建议102条，为保持全市经济社会稳定发展做出了积极贡献。

围绕全市改革发展开展重点调研。我们按照年初确定的常委会工作重点，主席会议成员带领调研组，重点围绕食品药品安全、非物质文化遗产保护、社区医疗卫生、法院“执行难”和推进协商民主、提案办理协商等课题开展重点调研6次。调研组深入基层，广泛收集材料，多方咨询论证，形成5篇调研报告，提出意见建议26条，一些意见建议已落实到有关发展规划、政策措施和具体工作中。

围绕经济转型民生改善开展重点视察。针对新常态下全市经济发展和民生改善中的热点难点问题，我们组织委员就惠民实事项目建设、棚户区改造、安全生产、城市环境综合整治等问题进行了5次重点视察、督查，并对非公经济发展、小区物业管理、文化旅游产业发展等3个2014年的重点调研课题进行了跟踪督促。向有关部门提出意见建议25条，市委、市政府主要领导做了重要批示，分管领导高度重视，相关部门积极回应，反映的问题都得到了很好落实。

围绕简政放权及清理规范行政事业性收费开展专项视察。根据省政协《简政放权及行政事业性收费清理情况视察工作方案》的要求，我们组织政协委员分四组对全市简政放权及行政事业性收费清理情况进行了专项视察，推动了有关文件和规定精神全面落实。我们向省政协提出的“推行联合审批工作机制”“建立统一电子政务平台”“实行收费目录动态公布制度”等建议，被省政协采纳，写入了向省委、省政府提交的调研报告。

认真完成全国政协、省政协交办的重点调研任务。根据省政协《关于制定好我省“十三五”规划调研方案》的要求，我们组成专题调研组，围绕精准扶贫、丝绸之路经济带建设、加快养老服务业发展、生态建设和环境保护等重要问题，深入开展调查研究，提交了4篇调研报告，提出意见建议28条，其中《关于加快养老服务业发展的建议》在省政协十一届十次常委会上作为重点建议进行了交流。配合全国政协调研组开展了“资源枯竭型城市转型”课题的调研，配合省政协调研组开展了“推进协商民主”“非物质文化遗产保护传承开发”“构建和谐劳动关系”“残疾人权益保障”“体育场馆建设与利用”等专题调研5项，积极反映我市工作实际，提出建议诉求17条，努力争取中央和省上的支持。

(四)始终坚持为民富民，深化双联行动

按照省委、市委关于深化双联行动的一系列部署，积极主动地深入开展双联行动。根据省政协“能力提升年”活动要求，政协领导班子成员发挥牵头、协调、表率作用，从解决群众最直接、最现实的利益问题入手，调动各方资源，竭尽全力帮扶。我们帮助双联点新城镇中沟村投资480万元建设的现代高效连栋育苗温室已全面投入使用，为周边农户蔬菜制种每亩节约成本1200元，培育了产业，提高了农户收入。我们注重建立帮扶长效机制，制定了“委员助推双联行动”的意见，结合工作实际和委员自身特点，明确工作任务和要求，使“委员助推双联行动”有序开展。广大政协委员深入联系村开展规划咨询、产业扶持、技能培训等活动，一年来，共帮助联系村争取项目7个，争取落实资金125万元，发展特色产业项目7个，捐款捐物共计51万元，结合双联行动提出提案5件，提出意见建议20余条，为促进农村发展、农民增收做出了积极贡献。市政协机关积极响应“美丽乡村”号召，组织干部深入双联户宣传党的方针政策，帮助整治村容村貌，关爱留守儿童和高龄老人，组织开展了6次“送文化、送温暖、送医疗”活动。

(五)始终坚持改革创新，强化经常性工作

我们认真贯彻落实省委、省政协和市委的工作部署，着眼提高政协工作科学化水平，以改革创新精神做好经常性工作。

通过提案办理促进民生改善。市政协八届四次会议期间及会后，共收到提案建议167件，经审查确定提案82件，作为建议处理43件，其中直接涉及民生的提案58件，占全部提案的70.7%。我们建立了提案者、承办单位、市政府督查室、政协专委会四方联动的协商办理机制，采取主席、副主席亲自督办、提办双方面对面交流沟通等多种方式，强化重点提案办理、狠抓"不满意件"复办、开展提案办理"回头看"，有效促进了提案办理工作。市政协八届四次会议立案的82件提案，已全部办结，答复率和办结率达到100%、委员满意率达到98%，一批涉及食品安全、医疗卫生、教育公平、司法公正、生态建设、物业管理、棚户区改造等事关人民群众切身利益的意见建议得到了落实。

不断增进与社会各界的团结合作。坚持党组成员联系党外代表人士制度，支持各民主党派、工商联、无党派人士在政协全体会议、常委会议、季度协商座谈会上发表意见，邀请他们参加政协重要调研视察和考察活动，为他们参政议政创造条件。一年来，各民主党派、工商联、无党派人士提交的集体提案37件，占提案总数的45%，参加调研视察160多人次，充分发挥了其界别优势和参政协商、议政建言、民主监督作用。我们加强与少数民族和宗教界代表人士的联系，主动参加少数民族和宗教界的重大节庆活动，积极宣传党和政府的民族宗教政策，为合法信教群众、少数民族群众办实事，促进了民族宗教关系的和谐稳定。

认真做好文史资料工作。坚持开门办文史、整合社会资源办文史的做法，聘请12名文史研究员，充实了文史工作队伍。认真开展文史资料的征集和研究工作，组织召开了文史工作座谈会，扩大了文史资料的征稿范围，提高了原创稿件的数量和质量，共征集文史资料近7万字，其中纪念抗战文史资料2.8万字，编辑、出版《嘉峪关政协》六期。完成了文史资料专馆的资料陈列、物品购置等工作，目前馆藏和保存图书13000余册，达到了委员学习、开展论坛、书画笔会交流等活动的设施要求。

（六）始终加强自身建设，提高履职能力

我们着眼于人民政协事业的长远发展，始终把自身建设摆在重要位置，不断加强自身建设，着力提升履职能力。

深入开展"三严三实"专题教育。按照中央和省委、市委的统一部署，认真学习习近平总书记系列重要讲话精神，准确把握开展专题教育的指导思想、总体要求，把践行"三严三实"要求与党的群众路线教育实践活动"回头看"结合起来，与落实"八项规定"、聚焦反对"四风"结合起来，与机关效能建设结合起来，与围绕中心服务大局结合起来，坚持"高标准谋划、高标准要求、高标准部署"，按照"先学一步、学深一步、带头贯彻、走在前面"的要求，紧密联系政协工作实际，围绕"严以修身""严以律己""严以用权"三个专题，深入进行了6次研讨交流，对学习情况进行集中"亮相"，促使大家学习更加用心用脑。我们坚持问题导向，紧盯"不严不实"查摆问题，共梳理出市政协班子成员和机关"不严不实"四大类13项问题，逐一列出问题清单，逐项整改销号。通过"三严三实"专题教育，我们在加强党性修养、提升道德情操、强化政治定力方面取得了显著成效，"三严三实"要求正在内化于心、外化于行，成为政协干部自觉遵循的价值追求和行为规范。

不断加强党风廉政建设。我们认真贯彻落实中央和省委、市委关于加强党风廉政建设的一系列部署要求，认真落实党风廉政建设"3783"主体责任，签订党风廉政建设目标责任书，建立和落实重点任务台账，召开落实党风廉政建设责任制集体约谈会，努力强化"一岗双责"，实现了党风廉政建设主体责任全覆盖。认真贯彻落实中央、省委和市委关于讲政治、讲规矩、守纪律的要求，全面落实中央八项规定、省委双十条规定和市委七项规定等廉洁从政各项规定，促进了机关作风的持续改善。

着力抓好制度建设。我们在总结以往经验的基础上，从自身管理的薄弱环节入手，有针对性地制定、完善了《市政协常委会关于加强自身建设的决定》《委员履职管理办法》《优秀提案和提案承办先进单位评选办法》等15项规章制度，通过制度的约束和考核，提高了工作效率，有力保障了各项工作的落实。

各位委员、同志们，回顾过去一年的工作，我们深切体会到，市政协工作取得的成绩，是中共嘉峪关市委坚强领导的结果，是市人大、市政府、嘉峪关军分区、酒钢(集团)公司、中核四〇四公司大力支持的结果，是广大政协委员认真履职、扎实工作的结果，是政协各参加单位及全市各族各界人士团结协作、共同奋斗的结果。在此，我代表市政协常委会表示衷心的感谢并致以崇高的敬意！

我们也清醒地认识到，政协工作还存在一些不足：一是协商民主工作有待进一步推进；二是民主监督实效还需进一步增强；三是促进履职成果转化的力度还需进一步加大；四是部分委员的履职积极性和能力还需进一步提高；五是机关服务能力有待进一步提升，对这些问题，我们要高度重视，认真研究解决。

二、2016 年工作重点

2016 年，是实施“十三五”规划的开局之年，也是全面建成小康社会决胜阶段的开局之年。今年政协工作的总体要求是：高举中国特色社会主义伟大旗帜，全面贯彻中共十八大、十八届三中、四中、五中全会和中共甘肃省委十二届十四次全委会议精神，深入学习贯彻习近平总书记系列重要讲话精神，认真贯彻全国政协十二届四次会议和省政协十一届四次会议精神，按照“四个全面”战略布局要求，牢固树立和贯彻落实创新、协调、绿色、开放、共享的发展理念，适应、把握和引领经济发展新常态，认真贯彻落实中共嘉峪关市委十届八次全委会议精神，围绕我市“十三五”经济社会发展目标，团结凝聚社会各界力量，振奋精神、认真履职，为我市在全省率先全面建成小康社会做出积极贡献。

(一)继续抓好政治理论学习

按照市委的要求，始终把学习放在首位，组织开展主题鲜明、形式多样、务实有效的学习活动。要深入学习习近平总书记系列重要讲话精神，深刻把握治国理政的新理念、新思想、新战略，始终坚持中国共产党的领导，始终同中共中央保持高度一致，始终坚持正确的政治方向；要深入学习贯彻十八届五中全会、中央经济工作会议、省委十二届十四次全会和市委十届八次全会精神，准确把握“四个全面”战略布局的重大意义，准确把握创新、协调、绿色、开放、共享的“五大发展理念”，准确把握省、市工作重点，努力找准政协围绕中心、服务大局的着力点，切实做到围绕“十三五”改革发展议大事、建诤言；要深入学习贯彻习近平总书记、省委王三运书记在中央和全省庆祝人民政协成立 65 周年大会上的重要讲话精神，学习贯彻中央、省委和市委关于加强社会主义协商民主建设的意见，深刻理解党对人民政协事业发展做出的新要求，准确把握开展人民政协协商民主的内容、形式和要求，不断增强推进人民政协协商民主的责任感和使命感。

(二)紧紧围绕全市中心工作建言献策

要精心选题，以问题为导向，紧扣经济社会发展面临的困难和问题，聚焦群众关心的热点和难点，组织广大政协委员察实情、讲实话、谋实策。要改进调研视察方式，以委员为主体、邀请专家学者和相关部门负责人，着重就惠民实事、文化遗产保护、依法治市、人才队伍建设、重大项目建设、非公经济发展等方面开展调研视察，并将调研视察与协商议政紧密结合起来，努力形成一批高质量的协商成果，供市委、市政府决策参考。要积极配合省政协今年确定的“企业发展面临的困难和问题”、“推进供给侧结构性改革”等课题，深入调查研究，力求全面反映我市发展面临的困难和问题，积极争取省上更多重视和更大支持。

(三)切实提高民主监督实效

要聚焦市委、市政府重大改革举措、重要政策贯彻执行情况，人民群众普遍关注的民生热点问题，准确定位，把握方向和原则，以视察调研活动为主，多种形式配合，增强监督实效。重点对我市棚户区改造、律师进社区工作、幼儿园建设与管理、嘉峪关世界文化遗产公园建设等工作开展好视察监督，并选择其中一些课题召开以监督为特色的协商座谈会。继续做好政协委员担任行风评议员、人民陪审员、特邀监督员工作，组织委员参加民主评议、行风测评、审判旁听、价格听证等活动，对部分党政部门的班子建设、队伍建设、党风廉政建设、执法执纪情况进行民主监督。

(四)努力推进民生改善

要坚持把维护好、发展好、实现好人民群众的根本利益作为政协工作的出发点和落脚点，自觉做到政为民所议，言为民所建，策为民所献，力为民所出。要紧密结合市委、市政府改善民生的工作部署，引导广大政协委员和政协各参加单位，紧扣促进教育公平、就业创业、提高城乡居民收入、稳定物价和完善社会保障体系等事关人民群众切身利益的问题，通过协商活动、委员提案、大会发言、视察调研、反映社情民意信息和委员来信来访等多种形式，提出意见建议，推动有关民生问题的解决。要按照省政协和市委、市政府对"双联"工作的新部署，充分发挥政协人才聚集优势，继续开展好"委员助推双联行动"，组织委员开展农业实用技术培训、农业产业信息通报，提升农民致富增收的内生动力。继续组织开展"三下乡"活动，助推"美丽乡村"建设。

（五）认真做好凝心聚力工作

要坚持团结和民主两大主题，切实履行政治协商、民主监督、参政议政职能，认真做好协调关系、理顺情绪、增进共识、加强团结的工作，最大限度地团结一切可以团结的力量，调动一切积极因素，为全市"十三五"经济社会发展服务。要坚持中国共产党的领导，凝聚共同思想政治共识，积极探索新形势下团结联谊工作的有效方法，进一步加强同各党派、无党派人士、党外知识分子、少数民族人士、宗教界人士、港澳台同胞和海外侨胞等团结联谊，加强与各人民团体和社会各族各界人士的沟通联系，通过各种议政平台和交流渠道，创造有序参与协商、合理表达诉求的条件。加强文史资料工作，不断拓宽史料征集渠道，进一步完善文史资料专馆的功能，充分发挥文史资料"存史、资政、团结、育人"的作用。

（六）扎实推进协商民主建设

要认真贯彻落实中央、省委和市委关于加强社会主义协商民主建设的新要求，紧扣市委、市政府中心工作，制定好年度重点协商计划，努力构建程序合理、制度规范的协商民主体系。要根据市政协《关于建立季度协商座谈会制度的意见》《季度协商座谈会工作办法》，在调研视察的基础上，开好季度协商、对口协商、界别协商座谈会，积极协商建言，努力形成一批协商成果。按照《政协嘉峪关市委员会调研报告等意见建议办理工作办法》，适时组织督办和跟踪视察，及时转化协商成果，促进意见建议的落实。

（七）切实加强自身建设

要进一步加强党的建设，巩固拓展"三严三实"专题教育成果，开展好"两学一做"（学党章党规、学系列讲话，做合格党员）学习教育，切实增强政协党组和政协委员中的中共党员的政治意识、大局意识、核心意识、看齐意识。要认真贯彻中纪委十八届六次全会、省纪委十二届五次全会和市纪委十届六次全会精神，全面落实省委党风廉政建设"3783"主体责任，坚持不懈地抓好中央八项规定、省委双十条规定、市委七项规定的贯彻落实，持之以恒反对"四风"，保持坚强的政治定力，始终保持政协机关风清气正、廉洁自律的良好形象。要进一步强化能力建设，提高委员素质，提升机关服务能力，切实增强群众观念和服务意识；不断加强专委会组织建设和履职能力建设，充分发挥专委会联系委员的桥梁纽带作用，推动专委会工作更加活跃、有序、深入地开展；进一步完善政协制度体系建设，努力打造忠诚、干净、担当的干部和委员队伍，不断提高政协工作科学化水平。

各位委员、同志们，我市"十三五"发展的宏伟蓝图已经绘就。新希望新目标鼓舞人心、催人奋进，让我们高举中国特色社会主义伟大旗帜，紧密团结在以习近平同志为总书记的中共中央周围，在中共嘉峪关市委的坚强领导下，以崇尚实干、狠抓落实、时不我待、奋发有为的精神风貌，以更加高昂的激情、更加科学的方法、更加务实的作风，为率先在全省建成全面小康社会贡献我们的智慧和力量！

大事记(2015)

1月

1日 市政府第82次常务会议审议通过的《嘉峪关市地方志工作规定》于2015年1月1日起实施。

5日 柳鹏主持召开市政府第84次常务会，审定市政府工作规则，研究举办市第一届运动会等事宜。

柳鹏主持召开市政府党组中心组学习会，传达学习中央经济工作会议、省委十二届九次全会暨全省经济工作等会议精神。

嘉峪关市关于合办丝绸之路研究院分院及文化旅游创意学院座谈会在南湖大厦召开。柳鹏出席会议并讲话。

5日—6日 副省长李荣灿来嘉峪关市，就嘉峪关市文化产业项目建设情况和酒钢(集团)公司经营发展规划情况进行调研。

6日 嘉峪关市举办新丝路·新梦想——甘肃高铁时代与嘉峪关旅游发展高峰对话会。副省长李荣灿出席会议并讲话。

是日消息，央视公益广告《名，记我从哪里来》摄制组来嘉峪关市进行拍摄工作。

7日 郑亚军主持召开市委常委会议，研究部署2015年全市经济工作和市第一届运动会、第四届国际短片电影展筹备工作等事宜。

8日 市委十届六次全委(扩大)会议暨全市经济工作会议召开。郑亚军主持会议并讲话，祁永安、柳鹏、焦玉兰等出席会议。

9日 省非公经济发展考核小组第二组组长、省工信委副巡视员孟宪敦带领考核组对嘉峪关市2014年非公经济发展情况进行考核。

12日—13日 省政府法制办党组成员、纪检组长李晔，省农牧厅副厅长阎奋民带领省政府考核组对嘉峪关市2014年依法行政工作进行考核。杨伟陪同。

14日 上午，柳鹏主持召开座谈会，与兰州铁路局副局长高金阳一行就旅游基地建设和双方加强沟通合作等事宜进行了座谈。

15日 嘉峪关市“学好法、用好权，促公正、促清廉”预防职务犯罪“进机关”活动启动仪式暨2014年度“创先”活动表彰会召开。

全市组织系统召开“践行‘三严三实’‘联系群众转作风、公道正派树形象’主题活动”动员部署会。燕胜三出席会议并讲话。

上午，海关总署第三督导组组长何应欢带领深圳海关、兰州海关相关负责人来酒钢公司调研。

16日 全省领导干部“富民兴陇”系列讲座2015年第一讲开讲，中国行政体制改革研究会秘书长、国家行政学院电子政务专家委员会副主任、博士生导师汪玉凯教授主讲《习近平的治国使命与中国未来的转型与发展》。燕胜三在嘉峪关市分会场聆听讲座。

20日 市九届人大常委会第十九次会议召开，会议听取、审议了市政府《关于调整嘉峪关市2014年财政收支预算的报告》和《关于将2014年超收的政府性基金收入安排用于重点项目支出的报告》等内容。

柳鹏主持召开市政府第85次常务会议,传达学习中纪委十八届五次全会精神,讨论审定政府工作报告等事宜。

嘉峪关军分区召开党委(扩大)会议,学习传达兰州军区和甘肃省军区党委(扩大)会议精神,表彰奖励2014年基层武装工作先进单位和个人。郑亚军出席会议。

兰州铁路局局长王峰、党委书记管亚林带队来酒钢公司交流改革和经营管理工作经验。

上午,俄罗斯铝业公司首席运营官阿列克谢·格尔迪莫夫带领的代表团来访酒钢公司。

21日 郑亚军主持召开市委常委会议,学习传达省委常委会精神,研究贯彻十八届中央纪委五次全会和全省组织部长会议精神,听取市人大常委会、市政府、市政协、市中级人民法院、市人民检察院工作汇报,研究审议提交市"两会"的相关工作报告及春节慰问等事宜。

省委第一指导督查组组长、省人大原常委、环境资源保护委员会原主任委员刘洪泽带领督查组,到嘉峪关市人社局、长城区永乐社区、新城镇野麻湾村就党的群众路线教育实践活动整改落实工作、基层党建工作开展情况进行督查。

23日 兰州新区管委会主任李睿率调研组来嘉峪关市,调研对接产业园项目建设事宜。

23日-24日 由新华社、人民网、光明日报、文汇报、甘肃日报、《丝绸之路》杂志社等媒体组成的"兰新高铁节点城市(甘肃段)采风行"采访团来嘉峪关市,对嘉峪关市文化旅游、招商引资、人文地理、经济社会发展情况进行全方位报道。

24日 嘉峪关市举行第五届敦煌行·丝绸之路国际旅游节节会方案策划座谈会。梁洪涛出席,常守远主持会议。

29日 省纪委机关党委以视频形式举办了2015年度第一期干部传统道德讲坛,论述传统道德对党员干部高尚情操的影响和塑造。边玉广在嘉峪关市分会场聆听。

2月

1日 市九届人大常委会第二十次会议召开,会议审议通过了关于召开市第九届人民代表大会第四次会议相关事宜。

3日 省工信委党组书记、副主任陈春明一行到酒钢公司就重点项目运行、建设情况进行调研。

4日 是日消息,2014年国家卫生城市复审结果通报,嘉峪关市顺利通过国家卫生城市复审,成为全国爱卫会2014年重新确认的15个国家卫生城市之一。

5日 是日消息,由市委党史研究室组织编著的《中国共产党嘉峪关大事记(2010—2013)》由甘肃人民出版社出版发行,郑亚军作序。

由市文联、武警嘉峪关支队和市公安局政治部联合主办的"警营春晓——送文化进警营"文艺演出在武警嘉峪关支队举行。

6日 下午,嘉峪关市第九届人大四次会议举行预备会议,会议应到代表170名,实到123名。

7日 上午,政协嘉峪关市八届委员会第四次会议在市级机关会议中心隆重开幕。大会应到政协委员183名,实到157名。

下午,嘉峪关市第九届人民代表大会第四次会议在嘉峪关大剧院隆重开幕。大会应到代表170名,实到136名。市长柳鹏作《政府工作报告》。

郑亚军、柳鹏会见建行甘肃省分行党委书记、行长李向荣一行,双方就近一步加强合作、实现双赢等进行友好会谈。

8日 雄关大舞台年度总决赛暨嘉峪关市2015年迎春文化惠民艺术月启动仪式在南市区图书馆举行。

9日 政协嘉峪关市八届委员会第四次会议完成各项议程,在市级机关会议中心闭幕。焦玉兰主持会议,曾俊礼、韩淑华、韩天玉、吴英华、吴永鸣等出席会议。

下午，嘉峪关市第九届人民代表大会第四次会议完成各项议程后闭幕。郑亚军讲话，祁永安主持会议，柳鹏、焦玉兰、王锋、魏后凯等出席会议。

10日 郑亚军、祁永安、柳鹏、焦玉兰到嘉峪关军分区、驻嘉68207部队，为驻嘉部队官兵送上新春祝福。

11日 柳鹏会见来访的空军实验训练基地副政治委员马晓明一行，军地双方畅谈鱼水情深，共贺辉煌成就。

省委常委、省委组织部部长吴德刚代表省委、省政府来嘉峪关市看望慰问老党员和困难群众。郑亚军陪同。

13日 柳鹏主持召开市政府第86次常务会议，研究保障节日市场供应和价格稳定等工作。

柳鹏、王锋、梁洪涛、边玉广等到城市博物馆参观《城市记忆》展区和正在展出中的"话说雄关书写未来"书画摄影邀请展。

上午，张掖市副市长余锋、政协副主席柳延福来访酒钢公司，与魏志斌、郑玉明等座谈。

28日 省财政厅副厅长李瑞芳带领省财政验收组来嘉峪关市，检查清理规范税收等优惠政策工作开展情况。

3月

2日 省国资委监事会主席谢天德一行就企业改革相关问题来酒钢调研。蒋志翔等陪同。

3日 市总工会八届六次全委(扩大)会议召开，总结2014年嘉峪关市工会工作，安排部署2015年工作任务。王锋出席会议。

4日 柳鹏主持召开市政府第87次常务会议，研究未成年人社会保护和科技创新等工作。

峪泉镇建制镇总体规划编制工作研讨会召开。王锋出席并讲话。

嘉峪关市中心血站志愿者服务基地和嘉峪关市社会福利院志愿者服务基地正式成立。梁洪涛、葛建团揭牌。

4日—5日 燕胜三带领市委组织部一行，赴定西市就干部选拔任用、后备干部队伍建设和基层党建等方面工作学习考察。

5日 嘉峪关市城乡一体化建设暨双联工作会议召开，全面总结2014年城乡一体化建设工作及双联工作情况，对2015年工作重点进行排部署。

上午，国家电网甘肃省电力公司副总经理李晓辉一行来访酒钢公司，万雪明参加座谈。

下午，蒙古国泰拉煤矿母公司澳大利亚吉尔福德集团公司非执行董事克雷格，执行董事、泰拉煤矿总经理朱利安一行来访酒钢公司。

6日 嘉峪关市召开纪念"三八"国际劳动妇女节105周年暨表彰大会。王锋出席并讲话。

嘉峪关市召开第五届"敦煌行·丝绸之路国际旅游节"筹备工作会议，研究部署旅游节实施方案。

10日 市委党校举行2015年春季学期主体班暨嘉峪关市第58期科技干部进修班开班典礼。王锋出席并讲话。

是日消息，嘉峪关魏晋砖壁画展示在市图书馆举行，此次展出的40幅砖壁画是由文化馆美术专业人员反复临摹而绘制的精品。

11日 市政府召开第十四次全体(扩大)会议，学习传达、贯彻落实省政府第八次全体会议精神，对抓好全市各项目标任务和重点工作落实进行安排部署。

由省卫生计生委党组书记、主任刘维忠带领的调研组来嘉峪关市，对嘉峪关市2015年卫生计生工作进行调研。

17日 省农牧厅副厅长妥建福带领省督导组，对嘉峪关市春季农业生产工作进行督查。魏后凯陪同。

嘉峪关市举行社区建设现场观摩互评会，对

近年新建的标准化示范社区进行实地观摩，并开展交流互评。

18日　郑亚军主持召开市委常委会议，传达省委教育实践活动领导小组办公室对嘉峪关市整改落实和集中整治情况的反馈意见。

嘉峪关市领导干部大会召开，传达学习全国“两会”精神，部署全市学习贯彻落实工作。

20日　省委组织部副部长陈卫中带领督查调研组来嘉峪关市，就重点岗位领导干部交流、选人用人、基层党建等工作落实情况进行调研。

22日　省妇联副主席张新兰一行来嘉峪关市，对嘉峪关市妇联工作进行调研。王锋陪同调研。

23日　嘉峪关市预防职务犯罪“进机关”百场警示教育活动启动仪式举行。张静昌主持仪式并讲话。

24日　市委议军会议召开。会议分析研判了嘉峪关市基层武装建设面临的形势和任务，研究部署党管武装工作。

25日　柳鹏主持召开市政府第88次常务会议，研究加快推进文化旅游产业发展等工作。

嘉峪关市循环经济工作推进会召开，贯彻落实甘肃省循环经济示范区建设协调推进领导小组扩大会议精神，总结2014年全市循环经济发展情况，安排部署2015年重点工作。郑亚军出席会议并讲话。

由省安监局党组书记、局长郭鹤立带领的安全生产检查组来嘉峪关市检查指导工作。张静昌、葛建团陪同。

26日　甘肃省国税局局长韩月朝带领省、市国税局相关负责人到酒钢公司对2015年生产经营及税费情况进行专题调研。

31日　郑亚军主持召开市委常委会议，传达全省离退休老干部“三先”表彰大会、干部监督工作座谈会精神，研究部署抓好“工作落实年”活动、落实党风廉政建设主体责任、加强精神文明建设、加快旅游产业发展等事宜。

柳鹏主持召开市政府第89次常务会议，研究表彰奖励见义勇为先进个人和加强安全管理工作等事宜。

嘉峪关市遭遇入春以来首场沙尘暴天气，能见度600米。

4月

3日　柳鹏一行到华强文化科技产业基地、嘉峪关世界文化遗产保护与展示工程现场和新型城镇化试点镇峪泉镇进行调研。

3日—4日　国家人力资源和社会保障部党组副书记、副部长杨志明一行到嘉峪关市，深入部分重点企业调研指导农民工工作。

嘉峪关酒泉地区新能源电力就地消纳工作会议在酒钢宾馆召开。省能源局局长孟开、市领导王万平、酒泉市副市长李丽等参加会议。

12日　省环保厅核安全总工程师张波一行来酒钢调研大气污染防治工作。

15日　市委常委(扩大)会暨中心组学习会议召开。会议传达学习省市党政主要领导干部研讨班和全省“双联”行动成县现场会会议精神，就贯彻省委要求，全面抓好相关任务的落实进行部署。

16日　省民政厅副厅长阿布、省双拥办专职副主任刘来群带领省双拥模范城考核验收组一行，考核验收嘉峪关市双拥模范城创建工作。

上午，省国资委监事会主席、酒钢综合改革试点工作实施小组副组长谢天德一行来酒钢公司，就企业改革进展情况进行专题调研，冯杰、魏志斌等陪同调研。

17日　第五届“敦煌行·丝绸之路国际旅游节”电视电话动员会议在嘉峪关市分会场召开，柳鹏、王锋参加会议。

由省教育厅、省人社厅、省卫计委联合举办的2015年甘肃省中等职业学校技能大赛在兰州落幕。嘉峪关市参赛选手取得了10个一等奖、4个二等奖、18个三等奖。

18日—19日 省综治办副主任孙燕飞与兰州大学有关专家一行到嘉峪关市，对嘉峪关市城乡社区信息化建设、社区服务、社区管理等工作进行调研。

20日 嘉峪关市青年创业协会正式成立。

21日 晚，酒钢公司庆祝“五一”国际劳动节暨“劳动最光荣”专题文艺晚会在嘉峪关大剧院上演。

22日 以省委办公厅副巡视员李发正为组长的省委第一督查组，对嘉峪关市档案管理工作进行调研。

甘肃省电力公司总经理李明一行来酒钢公司，双方就具体合作事宜进行座谈，魏志斌陪同座谈。

23日 嘉峪关市庆“五一”万人健步走活动在东湖生态旅游景区举行，全市各条战线的60余个方队、近万名爱好者沿着景区进行了健步走活动。郑亚军、柳鹏等参加活动。

郑亚军、柳鹏一行到嘉峪关华强文化科技产业基地方特欢乐世界就开业前的准备工作进行调研。

甘肃政法学院副校长肖立民一行来嘉峪关市，对嘉峪关市社会管理创新工作进行考察，并出席甘肃政法学院与市政法委共建实践教学基地签约揭牌仪式。

兰州海关党组成员方永岌一行来酒钢公司，参观酒钢展览馆，到不锈钢分公司、东兴铝业分公司等进行调研。蒋志翔陪同调研。

25日 嘉峪关市政府与甘肃省农科院科技合作协议签约仪式在嘉峪关市举行。

27日 中国社科院文化研究中心常务副主任、研究员、教授张晓明一行来嘉峪关市，就文化旅游产业发展情况进行调研，魏后凯陪同。

省质量技术监督局党组成员、副局长王忠习一行来酒钢调研，程子健陪同调研。

28日 省旅游局局长何伟一行来嘉峪关市，对嘉峪关市第五届“敦煌行·丝绸之路国家旅游局”筹备工作进行调研。

上午，嘉峪关方特欢乐世界正式开园。省旅游局局长何伟，市领导郑亚军、柳鹏等，深圳华强文化科技集团股份公司总裁刘道强出席开园仪式。

柳鹏会见全球EMBA、旅行家等企业局甘肃行商务考察团成员，双方就发展文化旅游产业等事项进行交流。

29日 嘉峪关市举行“阳光女性·幸福雄关”征文颁奖暨赠书仪式，全市各基层单位75名妇女及集体获奖，王锋出席仪式并讲话。

30日 首趟由嘉峪关开往兰州的D2756次“嘉峪关方特号”品牌列车，在嘉峪关南站开通运营。常守远参加仪式。

酒钢宏兴股份公司运输部职工郭斌入选“中国好人榜”。

5月

4日 嘉峪关市召开纪念五四运动96周年暨表彰大会，各条战线上涌现出的先进集体和个人受到表彰。王锋、杨伟出席会议。

5日 全市质量发展和食品安全工作召开，总结2014年工作，安排部署2015年工作，为荣获甘肃省名牌产品、市政府质量奖、省食品安全示范店、示范街、示范学校食堂的单位授牌。

6日 柳鹏主持召开市政府第90次常务会议，研究进一步推进循环经济发展和深化户籍制度改革等工作。

7日 柳鹏带领市大气污染防治指挥部对嘉峪关市环境保护及大气污染防治工作进行调研。

10日 嘉峪关市2015年面向社会公开招聘中小学及幼儿园教师考试在市实验中学开考。杨伟、燕胜三等巡视考点。

11日 全国禁毒工作电视电话会议召开，柳鹏、张静昌、常守远等在嘉峪关市分会场参加会议。

上午,肃南县县委书记、县长高林俊一行来访酒钢公司,车明与来访客人座谈。

12日 国务院召开全国推进简政放权放管结合职能转变工作电视电话会议,柳鹏等在嘉峪关市分会场参加。

13日 郑亚军主持召开市委常委会议,传达省委"三严三实"专题教育工作座谈会及全省党委秘书长会议精神。

14日 第十一届中国深圳(国际)文化产业博览交易会在深圳国际会展中心开幕,嘉峪关市代表团组团参会,并与嘉峪关金港文化发展服务有限公司、首嘉文化旅游产业园签订了开发合作协议。

上午,蒋志翔与西北农林科技大学葡萄酒学院终身名誉院长、教授、博士生导师李华在酒钢宾馆进行座谈,并聘请李华教授为紫轩酒业特聘专家。

15日 中华龙·中国梦——王国文龙文化作品展在讨赖河畔的荣宝轩艺术馆开展,何良平出席开幕式。

18日 柳鹏主持召开市政府第91次常务会议,研究进一步加强大气污染防治和深化行政审批制度改革等工作。

19日 省审计厅党组书记、厅长武毅一行来嘉峪关市,就审计工作进行专题调研,柳鹏陪同调研。

省政协理论研究会副会长张强带领调研组来嘉峪关市,就民主协商工作开展情况进行调研,焦玉兰、曾俊礼陪同。

全国就业创业工作电视电话会议召开,杨伟等在嘉峪关市分会场参加会议。

全市民族工作会议暨第五次全市民族团结进步表彰大会召开。

20日 郑亚军、柳鹏在南湖大厦会见了深圳华强集团有限责任公司执行总裁李明、深圳华强文化科技集团股份有限公司总裁刘道强一行,双方就近一步加强合作、实现双赢等进行会谈。

柳鹏会见新疆广汇实业投资有限公司执行董事长、总裁尚继强一行,双方就进一步加强合作,加快推进酒钢1000万吨煤炭分质利用项目建设的相关事宜进行会谈。

美丽雄关——胡小春大漠风情胡杨魂画展在嘉峪关市文化馆开展,梁洪涛出席。

神华乌海能源公司董事长魏里阳一行来访酒钢公司,陈春明与来访客人座谈。

22日 省政府邀请国务院参事室特约研究员、国家安监总局原党组成员、总工程师黄毅作《安全生产法》专题辅导报告视频会,柳鹏、葛建团、陶东平等在嘉峪关市分会场参加。

21日 深圳华强集团有限责任公司执行总裁李明、深圳华强文化科技集团股份有限公司总裁刘道强一行,对嘉峪关文化遗产保护与展示工程、方特欢乐世界进行考察调研。柳鹏、梁洪涛等陪同。

省非公企业工委书记、省工商局党组副书记、副局长万泽刚一行来嘉峪关市,对嘉峪关市非公企业党建工作进行调研,杨伟陪同。

24日 副省长夏红民带领省组委会各工作组来嘉峪关市,就嘉峪关市第五届"敦煌行·丝绸之路国际旅游节"筹备工作进行调研,郑亚军、柳鹏陪同。

28日 柳鹏主持召开市政府第92次常务会议,研究提高城乡低保及特困人员供养标准等事宜。

29日 嘉峪关市召开《嘉峪关市志(1978—2010)》评审会,听取省史志办专家对《嘉峪关市志》的评审意见。郑亚军出席会议并讲话,柳鹏致辞,陶东平主持。

30日—31日 柳鹏率嘉峪关市考察团赴芜湖考察方特欢乐世界、方特梦幻王国、方特东方神话、方特水上乐园等文化产业项目。

6月

1日 上午,甘肃省文化产业发展集团公司党委书记戴超一来访酒钢公司。陈春明、李忠科等陪同。

3日 省能源局局长孟开一行来酒钢公司,就兰州新区至嘉酒地区建立局域电网等事宜进行调研。陈春明、魏志斌等陪同。

5日 甘肃省深入开展集中打击拒不执行法院判决裁定等犯罪行为专项行动现场会在嘉峪关市召开,省委政法委副书记楚才元讲话,郑亚军致辞。

8日—9日 甘肃省文化产业发展集团有限公司副总经理陈建伟一行来嘉峪关市,就文化旅游产业发展情况进行考察。

10日 嘉峪关市举行党政机关"学好法、用好权、促公正、促清廉"专项行动推进会,张静昌出席会议并讲话。

12日 郑亚军主持召开常委会议,传达学习中央统战工作会议精神,安排部署市委常委会"三严三实"专题教育、党政机关"两好两促"专项行动、加强政法系统干部队伍建设、峪泉镇国家级试点镇总体规划等事宜。

柳鹏主持召开市政府第93次常务会议,研究进一步加强农民技能培训等工作。

嘉峪关市召开第五届"敦煌行·丝绸之路国际旅游节"开幕式嘉峪关组委会,郑亚军讲话,柳鹏主持。

15日 第五届"敦煌行·丝绸之路国际旅游节"欢迎会在嘉峪关市南湖大厦举行,省委书记、省人大常委会主任王三运,省委副书记、省长刘伟平等出席,郑亚军主持。

第五届"敦煌行·丝绸之路国际旅游节"大型主题文艺演出"方特欢乐之夜"文艺晚会在嘉峪关方特欢乐世界举行。

16日 上午,第五届"敦煌行·丝绸之路国际旅游节"在嘉峪关市隆重开幕。省委书记、省人大常委会主任王三运,省委副书记、省长刘伟平,市委书记郑亚军,市长柳鹏等出席。

上午,第五届"敦煌行·丝绸之路国际旅游节"旅游产品展览会在嘉峪关市大剧院会展中心开幕。

17日 郑亚军主持召开市委常委会议,传达省委对嘉峪关市党风廉政建设考核情况反馈会精神和省委王三运书记在嘉峪关市出席第五届"敦煌行·丝绸之路国际旅游节"期间调研重点项目时的指示精神,研究具体贯彻落实等事宜。

省委常委、省委组织部部长吴德刚来嘉峪关市调研老干部和老龄工作,视察居家养老和民情服务平台建设情况。郑亚军陪同。

由中国文化传媒集团党委书记、中传文创投资(北京)有限公司董事长刘杰率领的考察组及中国宏泰产业市镇发展有限公司董事长王建军率领的考察组来嘉峪关市,就嘉峪关市文化旅游产业发展情况进行考察。柳鹏陪同。

18日 全市国防动员委员会全体(扩大)会议召开,传达学习国家国防动员委员会第六次会议精神,表彰全市国防动员先进集体和先进个人,安排部署全市国防动员工作。

18日—19日 省环保厅厅长王建中一行来酒钢公司调研。陈春明、魏志斌陪同。

21日 由省信访局督查专员史虎平带领的督查组来嘉峪关市,对嘉峪关市信访工作进行督查。杨伟陪同并主持汇报会。

24日 市直机关工委庆祝建党94周年总结表彰大会召开,王毅出席会议并讲话。

25日 全省上半年市州经济形势座谈会在嘉峪关市召开,省统计局局长樊怀玉出席会议并讲话。

29日 省国资委副主任车洪一行来酒钢公司督查。魏志斌陪同。

7月

2日 下午,省国土资源厅厅长浦志强带领调研组一行到酒钢公司,调研煤炭分质利用项目和东兴铝业生产情况,陈春明、魏志斌等陪同。

5日 上午,兰州铁路局"七大品牌"货运列车之一"酒钢号"货运专列在嘉峪关车站举行首发仪式。

6日 省委政研室调研组来嘉峪关市,对新常态下强化党员干部作风建设进行调研。

7日 上午,第二十一届兰洽会暨丝绸之路合作发展高端论坛在兰州开幕,嘉峪关市在兰洽会招商引资9项,签约金额76.88亿元。

7日—8日 省工商联副主席肖建胜带领"民企陇上行"活动考察团来嘉峪关市,就投资环境、投资项目进行考察。葛建团陪同。

8日 上午,2015年中国西部反邪教论坛暨甘肃省反邪教理论研究与实践经验交流会在嘉峪关市国际大酒店召开。

13日 柳鹏主持召开市政府第95次常务会议,听取市政府上半年重点工作督查汇报,安排部署下半年重点工作。

14日 郑亚军、柳鹏会见68202部队师长盖立明、政委时镇一行,双方就军地双拥共建工作进行了友好会谈。

嘉峪关市"农行杯"首届青年足球联赛暨"我爱足球"中国足球民间争霸赛(嘉峪关赛区)比赛在市体育场拉开帷幕。

15日 副省长郝远来嘉峪关市,对嘉峪关市开展精准扶贫工作进行调研。郑亚军、柳鹏陪同。

上午,省委保密办副主任、省保密局副局长张云戟一行来酒钢公司检查指导保密工作。

下午,潞安新疆煤化工集团公司董事长崔树江、党委书记程云、总经理卢永春一行来访酒钢公司。

15日—16日 由省政协经济委员会副主任赵一红带领的调研组来嘉峪关市,就循环经济示范区建设情况进行调研。

17日 上午,全省驻村帮扶工作视频会议召开,王锋、梁洪涛等在嘉峪关市分会场参加会议。

省政府召开全省就业创业工作视频会议,杨伟等在嘉峪关市分会场参加会议。

20日 柳鹏主持召开市政府第96次常务会议,审议修订嘉峪关市人民政府重大行政决策程序规定,研究促进市场公平竞争、维持市场正常秩序等工作。

21日 嘉峪关市召开学习传达中央群团工作会议精神座谈会,王锋出席会议并讲话。

22日 副省长夏红民,省政协副主席黄选平率领项目观摩团来嘉峪关市,对嘉峪关市重点项目建设进行现场观摩。郑亚军、祁永安、柳鹏、焦玉兰等陪同。

22日—23日 由清华大学建筑学院教授顾朝林、美国印第安纳大学公共环境事务学院教授满燕云等专家学者组成的推进城镇化研究课题组来嘉峪关市,对嘉峪关市推进城镇化工作进行考察。

23日 下午,全省项目观摩点评会在嘉峪关市政府会议室召开。副省长夏红民,省政协副主席黄选平与观摩团成员对嘉峪关市和酒钢公司项目建设情况进行点评。

23日—24日 全国公安机关创新思想政治工作座谈会在嘉峪关市召开,公安部宣传局副局长孙洁主持会议并讲话,省公安厅党委委员、政治部主任李晓林出席座谈会并致辞。

24日 嘉峪关市开展市区煤气管道泄漏、着火、中毒事故应急预案模拟演练。郑亚军讲话,柳鹏、李忠科观摩。

27日 由中国藏学研究中心党组书记游洛屏、中国藏学研究中心副总干事洛桑灵智多杰率领的藏传佛教爱国主义传统文化调研组来嘉峪关市,对嘉峪关市爱国主义传统文化建设、文化旅游产业发展、生态文明建设等情况进行调研。

上午,酒钢"铁山精神"展览馆揭牌仪式在镜铁山矿举行,李忠科、任建明等出席仪式并讲话。

28日—29日 省文联党组成员、副主席王登渤一行对嘉峪关市文联工作进行调研。

29日 柳鹏主持召开市政府四97次常务会议,传达学习全省项目观摩活动总结会精神,研究进一步加强农村道路交通安全管理等工作。

30日 市级标准化"职工书屋"示范点授牌仪式在市一中举行。王锋、葛建团出席授牌仪式。

31日 郑亚军主持召开市委常委会议,传达贯彻全省项目观摩活动总结会精神,研究加强离退休干部工作、社会治安防控体系建设、推进基层网络化服务管理等事宜。

郑亚军、柳鹏先后到嘉峪关军分区、驻嘉68207部队综合训练场、68202部队驻训地进行慰问。

8月

1日 由省文联和嘉峪关市委、市政府共同主办的"军民共建 鱼水情深——庆'八一'文艺慰问演出"在68202部队驻训地举行。

1日—2日 中央电视台财经频道2015年原创社交互动真人秀节目《黄金线路》,在嘉峪关市长城第一墩、关城景区取景,影视明星刘恺威、杨蓉、马可等参与节目拍摄。

4日 上午,由工信部赛迪顾问股份有限公司副总裁付长文带队的调研组一行7人到酒钢公司进行调研。

省总工会党委书记、常务副主席刘为民带领调研组来嘉峪关市,就加强和改进党的群团工作进行调研。

柳鹏会见了华润新能源西北分公司总经理白云飞一行,双方就新能源开发项目合作等事宜进行了会谈。

5日 嘉峪关市举办领导干部党风廉政建设主体责任培训班,省预防腐败局副局长方亮作关于党风廉政建设主体责任的专题辅导培训。

由甘肃省妇女联合会、中共嘉峪关市委、嘉峪关市人民政府主办,嘉峪关市妇女联合会、嘉峪关荣宝轩文化旅游投资开发有限公司承办,甘肃省各市州妇女联合会协办的"陇原巧手"产品一条街启动仪式在嘉峪关市南市区讨赖河风景区举行。

6日 省委常委、省委宣传部部长连辑到嘉峪关市,对方特欢乐世界开园运行情况进行调研。

7日 由甘肃农业大学党委书记张俊宗带领的考察组来嘉峪关市,就农业领域合作事宜进行考察对接。

祁永安走访雄关区市人大代表,与代表座谈,听取意见建议,了解人大代表之家运行情况。

9日 由敦煌市委书记詹顺舟、市长贾泰斌带领的敦煌市党政考察团来嘉峪关市,就嘉峪关市城市规划建设、文化旅游产业发展、社会治理创新等方面进行考察。

11日 由佳能(中国)有限责任公司主办,兰州晨报社承办,嘉峪关市委宣传部协办的"佳能影像发现丝路之美"摄影采风活动在嘉峪关市启动。梁洪涛出席启动仪式并致辞。

11日—12日 中国保监会副主席周延礼一行来嘉峪关市,对嘉峪关市保险行业发展情况进行调研。

14日 柳鹏一行到甘肃农业大学进行考察,双方就联合办学、技术研发与推广、人才培养等工作举行座谈。

14日—16日 中国井冈山干部学院副院长汪建新一行来嘉峪关市,对2011年嘉峪关市在井冈山干部学院参加培训的学员进行回访。

15日 国务院召开全国安全生产电视电话会议,柳鹏在嘉峪关市分会场参加并就如何贯彻落实习近平总书记、李克强总理的指示、批示精神,做好安全生产提出要求。

17日 柳鹏主持召开市政府第99次常务会议，传达学习省委十二届十三次全委(扩大)会议精神，研究建立政府部门权责清单、财政专项资金清单、扶贫清单等工作。

18日 郑亚军主持召开市委中心组"严以律己"专题学习讨论会，郑亚军、柳鹏、王锋、杨伟、梁洪涛等做了交流发言。

上午，酒钢(集团)公司2015年"爱心助学圆梦行动"资助仪式在诚信广场举行，第一批资助46个家庭。

19日 郑亚军主持召开市委十届七次全委(扩大)会议，传达学习省委十二届十三次全委(扩大)会议精神，全面总结上半年常委会工作，并就做好下半年工作提出要求。祁永安、柳鹏、焦玉兰、王锋、杨伟、梁洪涛、边玉广、张静昌、王毅、燕胜三等出席会议。

20日 市总工会举行2015年"金秋助学"助学金发放仪式，为2015年考入大学的47名困难家庭学生及往年入学受资助的学生共121人发放助学金。

由嘉峪关新世界房地产开发有限公司投资建设的雄关大厦在位于新华中路与兰新东路交汇处东北角举行开工奠基仪式。

21日 全省市州政府权责清单制度建设调度视频会议召开，柳鹏在嘉峪关市分会场参加会议。

由省委督查专员、省人大环资委办主任、省水利厅原常务副厅长杨成有带领的省委第一督查组来嘉峪关市，对嘉峪关市精准扶贫工作进行调研。

21日—22日 文化部"一带一路"规划调研组来嘉峪关市，就嘉峪关市"一带一路"文化发展情况进行调研。

24日 郑亚军主持召开党风廉政建设集体约谈会，对党风廉政建设、反腐败工作进行安排部署。

上午，甘肃省消防总队副总队长巩永义带领检查组来酒钢检查指导重要部位消防安全工作。

省编办副主任马骥带领省编委专项督查组来嘉峪关市，督查嘉峪关市控编减编工作落实情况。王锋主持汇报会。

晚上，嘉峪关市纪念抗日战争暨世界反法西斯战争胜利70周年"民族魂"文艺演出在嘉峪关大剧院举行。郑亚军、祁永安、柳鹏、焦玉兰等观看演出。

中核龙瑞科技有限公司与酒钢(集团)公司就中核甘肃核技术产业园建设项目举行战略合作签约仪式。

24日—25日 省委常委、宣传部部长连辑到嘉峪关市，对嘉峪关市文化产业发展情况进行调研，并对项目建设提出了建议意见。

25日 上午，由嘉峪关市政府与深圳华强集团、甘肃省广电网络股份有限公司共同建设的丝绸之路文化博览园奠基开工仪式隆重举行。省委常委、省委宣传部部长连辑宣布项目开工，郑亚军、祁永安、柳鹏、焦玉兰、王锋、王永生、刘道强等出席仪式。

嘉峪关市举行天成集团·情系学子助学金发放仪式，向20名贫困大学生每人发放5000元助学金。

27日 上午，陈春明在诚信广场会议室会见俄罗斯铝业联合公司首席运营官阿列克谢·戈尔季莫夫一行，双方就铝土矿资源的开发和利用进行洽谈。

28日 柳鹏主持召开市政府第100次常务会议，研究进一步推进重点项目建设等工作。

省住房和城市建设厅副厅长郭明卿带领督查组来嘉峪关市，就城市棚户区改造工作进行督查。

由市委、市政府和酒钢(集团)公司主办的嘉峪关至阿拉木图酒钢钢材中亚国际货运专列"嘉峪关号"在嘉峪关火车站举行首发仪式。

9月

1日 为纪念中国人民抗日战争暨世界反法

西斯战争胜利70周年,推动宪法学习宣传教育常态化、长效化,嘉峪关市与全省14个州市、86个县市区同步举行纪念抗战胜利70周年暨“国旗一条街”创建活动启动仪式。张静昌出席启动仪式并讲话。

7日 市委中心组第二次“严以律已”专题研讨会召开,郑亚军主持会议并讲话,魏后凯、张静昌、王毅、燕胜三作交流发言。

8日 柳鹏主持召开市政府第101次常务会议,研究智慧城市建设工作等事宜。

9日 市规划委员会第二十一次会议召开,对市中级人民法院审判庭设计方案、市第四中学教学楼设计方案、市粮食储备库搬迁及配套设施建设方案、酒钢医院住院部大楼设计方案、观礼大桥规划设计方案进行审议。

2015年度嘉峪关市征兵工作会议召开。

2015“我爱足球”中国足球民间争霸赛——甘肃河西赛区比赛在嘉峪关市体育场开赛。

10日 郑亚军主持召开市委常委会议,传达学习贯彻省委人大工作会议、全省组织部长培训班会议精神,研究部署开展党风廉政建设巡察工作等事宜。

由安徽省委宣传部副部长、安徽省文明办主任贺懋燮为组长的中央文明办专题调研组来嘉峪关市,就诚信建设制度化工作进行调研。

由天水市委副书记、市政协主席宋尚有带领的天水市考察团来嘉峪关市,对文化旅游产业发展情况、文化遗产保护情况及双拥等工作进行考察。

酒钢三中举行新校区落成启用暨新学期开学典礼及三中第29届秋季田径运动会。

由团市委主办的嘉峪关市区域化团建试点社区、嘉峪关市青年综合服务平台授牌仪式在紫轩社区道德讲堂举行。

10日—11日 由定西市委书记张令平,市委副书记、市长唐晓明带领的定西市党政考察团来嘉峪关市,就市文化旅游产业发展等情况进行考察。

13日 由市委宣传部、市文广新局、市旅游局、中国书画联盟会陕西分会共同举办的“追寻华夏根·践行中国梦”新丝路文化之旅走进嘉峪关中国书画联盟陕西分会书画展暨艺术品拍卖交流会在嘉峪关市举行。

15日 柳鹏主持召开市政府第102次常务会议,研究进一步加强食品安全等工作。

江西省政协副主席、九三学社江西省委会主委、江西省科协主席李华栋带领江西省政协考察组来嘉峪关市,就嘉峪关市文化旅游发展、生态文明建设等进行考察。

国家开发银行总行专家委员会局长王力红带领酒钢项目后评价组来酒钢公司调研。

16日 嘉峪关市召开政银企项目融资对接会,通过政府搭建银行和企业沟通平台,进一步强化金融服务实体经济发展能力,持续改进和加强小微企业金融服务。

17日 郑亚军主持召开市委常委会,专题学习《甘肃省省管干部谈话办法》,研究部署具体贯彻措施。

17日—18日 全国双拥办副主任杨国英一行来嘉峪关市,对嘉峪关市全国双拥模范城创建工作进行调研督导,并在嘉峪关市召开全国双拥模范城(县)创建工作甘肃汇报会,对全省及嘉峪关市全国双拥模范城(县)创建工作进行点评。

省检察院检察长路志强带领省“六五”普法检查验收组来嘉峪关市,就嘉峪关市及甘肃矿区“六五”普法工作进行检查验收。

20日 2015年甘肃省基础教育学会教改研讨会暨河西五市普通高中联合会校长论坛在嘉峪关市一中开幕。

21日 省扶贫办副主任王军带领调研组来嘉峪关市,就精准扶贫工作进行调研。

23日 省质量技术监督局党组书记、局长马平一行来嘉峪关市,对嘉峪关市质监体制改革和重点工作进展情况进行调研。

25日 嘉峪关市“迎国庆万人健步走”活动在南湖文化生态园举行，全市各条战线的80余支方队、近万名健步走爱好者沿着南湖文化生态景区进行了健步走活动。王锋、梁洪涛、王毅等出席仪式。

26日 嘉峪关市举行市图书馆开馆仪式暨“同享读书至乐、共建书香雄关——全民阅读‘经典诗文诵读’活动”。

27日 由省委网信办主办、中国甘肃网承办的“一带一路看甘肃”暨“2015全国百家网媒丝路行”采访团来嘉峪关市，就嘉峪关市历史文化及生态文明建设进行采访报道。

10月

10日 中国社会科学院院长、党组书记王伟光一行来嘉峪关市，就长城文化和关城保护工作进行调研。

市委中心组举行学习会，郑亚军主持会议并讲话，传达学习中央、省委关于加强作风纪律建设和推进领导干部能上能下相关精神。祁永安、柳鹏、焦玉兰等出席。

全国棚户区改造工作电视电话会议在京召开，杨伟在嘉峪关市分会场参加会议。

11日 由省民政厅副厅长王福德为组长的省政府第三督查一行来嘉峪关市，就民生领域政策措施落实情况进行督查。杨伟主持汇报会。

13日 柳鹏主持召开市政府第103次常务会议，研究进一步推动非公经济发展等工作。

黑龙江省政协副主席郭晓华带领黑龙江省政协考察组来嘉峪关市，对嘉峪关市城市建设、生态建设、文化产业发展等工作进行考察。焦玉兰陪同。

省人大常委会委员、财经委主任委员郑玉生带领调研组来嘉峪关市，就“十三五”规划纲要编制和省属监管企业国有资产经营管理工作进行专题调研。杨伟汇报，王克勤主持汇报会。

下午，省人大内务司法委员会主任委员刘宝珍带领构建和谐劳动关系专题调研组到酒钢公司调研。

14日 下午，甘肃银监局局长冷云竹来嘉峪关市，在副市长陶东平陪同下到酒钢公司调研。

16日 由国家新闻出版广电总局、甘肃省人民政府主办，甘肃省委宣传部、甘肃省新闻出版广电局、嘉峪关市人民政府、中国电视艺术家协会电视纪录片学术委员会承办的“第四届中国·嘉峪关国际短片电影展”在嘉峪关大剧院开幕。国家新闻出版广电总局副局长童刚，省委常委、省委宣传部部长连辑出席开幕式并致辞，省人大常委会副主任李慧、省政协副主席黄选平、中国视协纪录片学术委员会会长刘效礼出席开幕式，省新闻出版广电局局长管钰年主持开幕式。郑亚军致欢迎词，柳鹏、焦玉兰、王锋、魏后凯、梁洪涛、王毅、燕胜三、何良平、魏志斌等出席开幕式。

柳鹏主持召开市政府第104次常务会议，研究加强政府和社会资本合作等工作。

省供销合作社党委书记、主任李秀娟带领调研组一行来嘉峪关市，就嘉峪关市供销合作社工作进行调研。

省信访工作联席办副主任、省信访局副局长薛生家率领省信访工作督导组来嘉峪关市，就嘉峪关市信访工作进行督查。

上午，省商务厅厅长杨志武一行到酒钢公司调研，在座谈会上听取了相关责任人汇报酒钢2015年进出口情况以及与国外合作项目进展情况。

19日 郑亚军主持召开市委常委会议，传达学习贯彻中组部推进领导干部能上能下培训班精神，研究推进非公经济发展、加强经济责任审计等工作。

20日 嘉峪关丝绸之路文化博览园创意设计评审会在兰州召开。郑亚军、柳鹏、王锋、梁洪涛等出席评审会。

22日 中国国土资源报社在嘉峪关市国土资源局举行“走、转、改”基层联系点挂牌仪式。

23日 上午,定西市委常委、常务副市长位志荣一行来访酒钢公司，参观了酒钢展览馆和宏兴股份不锈钢分公司。

国家保密局监督检查司副司长吴家忠一行来酒钢公司检查指导保密工作。

省人社厅纪检组长朱学文一行来酒钢公司,就职称认定、评审、聘用和专业技术人员管理等工作进行调研。

26日 由省知识产权局副局长陶涛任组长的省政府非公经济第二督查组来嘉峪关市，对嘉峪关市非公经济发展工作进行督导。

30日 由哈密地区行署副专员李秋瑾带领的考察团来嘉峪关市,就旅游、文化、体育、经济社会发展情况进行考察。孟雅奇陪同。

中特、中盛亿元非法吸收公众存款案二审维持原判。2015年7月31日,市城区人民法院以非法吸收公众存款罪分别判处被告中特首诺(北京)冶金有限公司、嘉峪关中盛投资有限责任公司罚金50万元,判处被告王银安、赵春莲等7人十年至二年不等的有期徒刑,并处罚金。一审判决后被告不服,向嘉峪关市中级人民法院提起上诉,市中级人民法院审理认为，市城区人民法院判决认定的事实清楚,证据确凿、充分,定罪准确,量刑适当,审判程序合法,依法驳回被告人上诉,维持原判。

31日 首届“天翼杯”嘉峪关烽燧荒漠徒步越野挑战赛在悬臂长城开赛。

11月

2日 郑亚军到南市区、雄关大道、火车南站调研城市绿化工作,工锋、杨伟、张静昌、王进平等陪同。

郑亚军会见了四川省江油市委副书记、市长马辉一行，双方就发展文化旅游产业等事项进行交流。

驻嘉68207部队举办第四届“感到拂晓雄关旅”十佳人物颁奖仪式。郑亚军、王锋、杨伟、张静昌、王进平等出席。

3日 郑亚军主持召开市委中心组学习会,传达学习十八届五中全会精神及中央有关《通报》和省委《通知》精神。

郑亚军对嘉东工业园区重点项目建设及市经济技术开发区管委会相关工作进行调研。

4日 嘉峪关市“十三五”规划研讨会召开,省经研院有关专家和业务科室负责人就“十三五”发展方向、指标任务、重点工作、建设项目和“十三五”规划编制做了交流发言。

3日—6日 由中国教育技术协会信息技术教育专业委员会主办，湖南省常德市教育科学研究院承办,常德外国语学校协办的“萝卜圈”杯第四届全国初中信息技术优质课展评活动在常德外国语学校举行。嘉峪关市第二中学青年教师杨晓燕在比赛中荣获全国初中信息技术优质课展评一等奖。

5日 由关心下一代工作委员会和市教育局主办的全市小学生国学知识竞赛在市一中落幕。

在全市卫生系统开展的寻找雄关“最美医生、最美护士”评选活动投票工作正式启动。

6日 上午,西部重工公司与甘肃东方铝业公司签订战略合作协议，双方将在硬质合金新能源转化制造、风电塔筒铝合金爬梯等硬质合金产品制造项目进行合作。

9日 中国社科院调研组在社科院政治学研究所行政管理室主任、研究员、博士生导师牟杰率信领下来嘉峪关市就行政审批制度改革、干部人事制度改革、党风廉政建设、政府效能考核等工作进行调研。工真智陪同。

10日 南方航空公司在嘉峪关市举行2015冬春航季产品发布会。

11日—12日 由省安委会办公室主任、省安监局副局长周仲平带领的省安委会办公室2015年安全生产目标责任第二考核组来嘉峪关市,就2015年安全生产目标责任完成情况进行考核。柳鹏主持汇报会，杨伟、张静昌出席。

由省卫计委副主任尚裕良带领的全省综治、维稳、反邪教及执法督导考核组来嘉峪关市，对全市综治、维稳、反邪教及执法监督等工作进行考核。柳鹏主持汇报会，张静昌陪同考核，马智辉、冯彪、韩淑华、茹作勋、丁霞敏、李亦军等出席汇报会。

12日 中央宣讲团党的十八届五中全会精神报告会在兰州召开。会议通过电视电话的形式在全省各市州、县市区设分会场。郑亚军在兰州主会场聆听报告；祁永安、柳鹏、焦玉兰等在嘉峪关市分会场参加会议。

柳鹏主持召开市政第105次常务会议，研究发展众创空间、推进大众创新创业等工作。

下午，中国工商银行甘肃省分行副行长宴贵兵一行来访酒钢公司，双方就进一步加强和拓展金融合作等问题进行交流。

是日消息，在纪念中关工委成立25周年暨全国关心下一代工作表彰会上，市教育局关工委获全国关工委系统先进集体荣誉称号，市关工委副主任魏晓东、王志强获全国关心下一代工作先进个人荣誉称号。

14日 省禁毒办调研员高文学率队来嘉峪关市，就嘉峪关市2015年禁毒工作进行考核验收。

16日 柳鹏到建新街区、永乐街区、惠民街区对棚户口区改造工作进行调研。王锋、杨伟、朱爱炳等陪同。

18日 郑亚军主持召开市委常委会，传达省委精准扶贫、群团会议精神，研究加强人大、政协工作及安全生产工作等事宜。

市委中心组召开“严以用权”专题学习研讨会，郑亚军主持，祁永安、柳鹏、焦玉兰、王锋、魏后凯、杨伟、梁洪涛、张静昌、王毅、燕胜三等参加研讨会。省委组织部组织一处处长杨中海，省委组织部二处副处级组织员魏世东出席研讨会。

19日 全市创建全国文明城市工作推进会召开，郑亚军出席会议并强调举全市之力，集全民之智，打好新一轮文明城市创建工作攻坚战。

祁永安主持召开市九届人大常委会第26次会议，听取涉诉信访工作、代表意见建议办理情况、2015年惠民实事落实情况、2015年财政预算调整方案等报告，并通过了人事任免等事宜。

20日 由省直机关工委副书记周天佑带领的第二督导组一行来嘉峪关市，对嘉峪关市《基层组织工作条例》贯彻落实及效能风暴行动情况进行调研。

22日 由中国对外文化交流协会和泰国国家旅游局、泰中文化促进会共同主办，中国汽车文化促进会等协办的2015“中泰文化旅游友好行”车队途经嘉峪关市，开展文化旅游交流活动。

24日 省环保厅副厅长白志红带领督查组来嘉峪关市，对大气污染防治工作进行督查。葛建团陪同。

26日 17时20分，酒钢(集团)公司和兰州铁路局联合在兰州西站举行了兰州西至嘉峪关南D2743次冠名“紫轩号”动车首发仪式。

27日 柳鹏主持召开市政府第106次常务会议，传达学习省委十二届十四次全委会议精神，研究嘉峪关市国民经济和社会发展“十三五”规划编制等工作。

28日 “神秘丝路，天境嘉峪关”——嘉峪关黑山丹霞主题摄影展在城市博物馆开展。柳鹏、梁洪涛出席开展仪式。

29日 下午，中国建筑股份公司副总裁刘锦章一行来访酒钢公司，先后参观了酒钢展览馆、宏兴股份公司炼轧厂、不锈钢分公司、碳钢薄板厂等。

30日 市工会第九次代表大会在市级机关会议中心召开。大会应到代表262人，实到代表240人，会议回顾总结过去五年工作，提出了今后五年的主要工作和目标。郑亚军出席会议并讲话，柳鹏、王锋、魏后凯等出席。

12 月

1 日 嘉峪关市第九次妇女代表大会在市级机关会议中心召开，应到代表 270 名，实到代表 257 名，会议回顾总结过去五年工作，提出今后五年的目标和任务。郑亚军出席会议并讲话，柳鹏、焦玉兰、王锋等出席。

郑亚军主持召开市委常委会议，传达学习贯彻省委十二届十四次全委会议、统战会议、藏区工作会议精神，研究加强党风廉政建设、党政领导班子、干部队伍建设，农村基层党建工作等事宜。

柳鹏一行到拟建花卉博览园项目现场进行调研。

2 日 柳鹏到市编办、市审计局就党风廉政建设工作进行调研，强调要进一步强化廉政意识、服务意识、创新意识、担当意识和法纪意识，切实加强党风廉政建设，推动各项工作取得新成绩。

2 日—3 日 省卫生计生委党组成员、省中医药管理局局长甘培尚带领督查考核组来嘉峪关市，分别到市中医院、新城镇卫生院、市疾控中心、市卫生监督所、市计划生育服务中心、建设社区卫生服务中心、紫轩社区卫生服务中心、明珠社区卫生服务中心，就卫生计生工作开展情况进行督查。3 日 市城乡规划委员会第 22 次会议召开，会议介绍了全市重大项目及重大专项规划情况，柳鹏主持会议并强调规划要充分结合实际我市实际，把握细节，深化主题，在完善基础设施建设，提升城市品位的同时，要考虑保持原有功能，方便市民生活。

4 日 柳鹏主持召开市政府党组扩大会议，专题学习《中国共产党廉洁自律准则》《中国共产党纪律处分条例》。

焦玉兰主持召开市政协八届 31 次常委会议，学习传达中共十八五中全会、省委十二届十四次全委会议精神，征求政协常委对嘉峪关市“十三五”规划建议，审议通过市政协有关制度。

7 日 市委宣传部在全省学习贯彻中央扶贫开发工作会议精神、推进“双联”与精准扶贫深度融合理论研讨会上受到表彰，荣获征文组织奖。

市第三次少代会召开，会议听取汇报了第二届少工委工作报告，表彰奖励了 2015 年度优秀少年先锋队员。王锋出席会议并讲话。

省档案考核组来嘉峪关市，就档案管理工作进行考核，欧余军主持汇报会。

8 日 市青年联合会第四届委员会在市级会议中心召开，王锋出席会议并讲话。冯彪、陶东平、曾俊礼出席会议。

省政府考核组组长保正志带领考核组来嘉峪关市，就国土资源目标任务完成情况进行考核。常守远主持汇报会。

是日消息，省人社厅考核组来嘉峪关市，就 2015 年农民工工作进行考核。

省环保厅副厅长武德凯带领省政府第二检查组来嘉峪关市，就 2015 年环保目标任务完成情况进行考核。葛建团陪同。

9 日 市委人大工作会议召开，郑亚军出席会议并讲话，祁永安传达了省委人大工作会议精神，焦玉兰、王锋、杨伟、边玉广、张静昌、王毅、燕胜三出席会议。

全市领导干部警示教育大会召开，郑亚军主持会议并讲话，祁永安、焦玉兰、王锋等出席。

9 日 由市委宣传部、长城文化研究会、丝路文化研究会主办，市社科联承办的市长城文化节研究会、丝路文化研究会 2015 年年会暨论文发布会在市地税局召开。常守远出席会议并为获奖者颁奖。

10 日 郑亚军、柳鹏会见来访的 95861 部队政委朱富海、政治部主任魏伟明一行，军地双方畅谈鱼水情深，共商军地发展远景。

全市领导干部学习贯彻《准则》《条例》主题宣讲会举行，省纪委常委牛彦之做专题报告。祁永安、焦玉兰、王锋等参加。

10 日—11 日 由省食品药品监督管理局副局长姚念文带领的省政府考核组来嘉峪关市，对嘉峪关市 2015 年食品药品安全目标责任完成情况进行考核。杨伟陪同。

14日 郑亚军主持召开市委常委会议，讨论市委“十三五”规划建议和市委常委会“三严三实”专题教育对照检查材料，研究加强党的群团工作等事宜。

由省政府残工委副主任、省残联党组书记、理事长华文哲带领的考核组来嘉峪关市，对嘉峪关市贯彻落实残疾人事业“十二五”规划进行终期检查评估，并考核嘉峪关市2015年度残疾人重点工作目标任务完成情况。柳鹏陪同，王进平陪同检查考核并主持汇报会。

省气象局党组成员、副局长张强带领考核组来嘉峪关市，就气象灾害防御工作进行考核。葛建团陪同。

15日 省委宣讲团党的十八届五中全会精神嘉峪关报告会在市级机关会议中心举行。省委宣讲团成员、省住房和建设厅党组书记、厅长杨咏中做宣讲报告。郑亚军主持报告会。

省高级人民法院审判委员会专职委员龚明昌一行专程来嘉峪关市，走访在嘉峪关的全国和省人大代表，并召开座谈会征求各位代表对2015年全省法院工作的意见和建议。郑亚军、祁永安、柳鹏参加座谈。

省住房和建设厅厅长杨咏中就嘉峪关市棚户区改造工作进行调研。柳鹏、王锋、杨伟、朱爱炳等陪同。

是日消息，省环保厅调研组来酒钢对吉瑞再生资源公司不锈钢钢渣重金属污染防治工程实施情况进行专题调研。

16日 市委十届八次全委会议召开，郑亚军做工作报告并在会议结束时讲话。会议审议通过了《中共嘉峪关市委关于制定国民经济和社会发展第十三个五年规划的建议》《中国共产党嘉峪关市第十届委员会第八次全体会议决议》《关于王永明、王荣山候补委员递补为委员的决议》。

是日消息，甘肃省安全监督管理局监管二处处长杨汉杰一行来酒钢公司，对酒钢能源中心发电二分厂进行调研。

16日—17日 省司法厅副厅长钟建龙带领考核组来嘉峪关市，就2015年度司法工作进行考核。孟雅奇陪同。

17日 省委统战部副部长、省侨联党组书记张文学一行来嘉峪关市，就统战工作进行督导检查，就贯彻省委统战工作会议精神做专题宣讲报告，柳鹏、焦玉兰出席会议，王锋主持报告会。

柳鹏会见人保财险甘肃省分公司党委书记、总经理董彦明一行，双方就进一步加强合作、拓展合作领域等进行交谈。

省政府法制办党组成员、副主任曾施霖带领考核组来嘉峪关市，就2015年依法行政工作进行考核。王进平、王真智陪同。

18日 市政府党组召开落实党风廉政建设主体责任汇报会，会议传达了市委十届八次全委会议精神，王进平、葛建团、王万平、陶东平、欧余军、李生武、赵宝毅、孟雅奇、李亦军分别汇报各自分管领域党风廉政建设主体责任落实情况。柳鹏主持会议并进行集体廉政谈话。

省审计厅副巡视员李虹带领考核组一行来嘉峪关市，就嘉峪关市2015年审计工作目标责任完成情况进行考核。

省委统战部市委督查组第三小组来酒钢检查指导工作，并听取相关负责人对近年来统战工作开展情况的汇报。

21日 省总工会副主席张其定带领考核组来嘉峪关市，对2015年目标责任书完成情况进行考核检查。

22日 柳鹏先后对玉龙湾生态园、如意社区便民市场、乡村旅游家庭旅馆进行调研，并听取相关部门的工作汇报。柳鹏强调要坚定不移推进产业转型升级，以文化旅游深度融合带动三产发展。

柳鹏对全市科技、教育、卫生进行调研，强调要坚定不移改善民生事业，让人民群众共享改革和发展成果。

23日 柳鹏会见了北京大岳咨询有限公司总经理金永祥一行，双方就PPP项目发展提供指导和支持、建立长期合作关系进行了会谈。王锋、李亦军等参加会见。

柳鹏先后对市污水管理处污泥干化处理、南市区道路、新建社区选址、雄关大道绿化等工作进行调研,听取了相关部门的工作汇报。柳鹏强调城建工作要以规划为引领,科学管理,不断提升城市建设的品位。

省地方志编纂委员会主任会议在省政府召开。《嘉峪关市志》(1978—2010)顺利通过省志编纂委员会主任会议终审。副市长陶东平及市志办负责人赴兰州参加会议。

甘肃省教育厅副厅长陈保平一行到甘肃钢铁职业技术学院调研,查看了学院图书馆、模拟仿真实训室及校园建设情况,了解学院教师队伍建设、招生就业、专业设置等方面的具体情况。

省工商联副主席肖建胜带领的考核组来嘉峪关市,对工商联工作目标完成情况进行考核。葛建团陪同。

市慈善协会成立五周年暨“歌颂经典 弘扬慈善”2015晚会在嘉峪关大剧院举行。杜志雄、张静昌、冯彪、王进平、曾俊礼、韩天玉、王铁出席晚会并为为慈善做出贡献的企业和个人颁发证书。

24日　嘉峪关市举办政府与社会资本合作(PPP)专题讲座,北京大岳咨询有限公司总经理金永祥应邀做了题为《PPP模式在中国的实践》的专题讲座。柳鹏主持讲座并讲话。

柳鹏就全市工业、环保、信息化建设等工作进行调研。

省军转办主任王合作带领省人社厅考核组来嘉峪关市,就2015年人力资源和社会保障责任目标完成情况进行考核。王万平主持汇报会。

25日　柳鹏会见甘肃省电力公司副总经理王永平一行,双方就进一步加强“十三五”规划领域合作,实现地企共赢等事宜进行了友好会谈。王进平、李亦军等参加会谈。

29日　郑亚军主持召开市委常委会议,传达学习贯彻省委经济工作暨扶贫开发工作会议精神,研究加强市管领导班子和领导干部考核工作、纪检干部队伍建设、开展节日慰问活动、做好值班值守工作等事宜。

30日　全市各区委、市直部门党(工)委书记抓基层党建工作述职评议大会召开。郑亚军作点评讲话,柳鹏、焦玉兰、王锋、杜志雄等出席,王锋主持会议。

柳鹏主持召开市政府第107次常务会议,传达学习省委经济工作暨扶贫开发工作会议精神,安排部署两节期间走访慰问送温暖活动。

由市纪委、市文联共同主办的“清风墨韵 廉洁雄关”廉政书法展在嘉峪关市博物馆开展。郑亚军、焦玉兰、王锋、杜志雄、边玉广、张静昌、王毅、王克勤、韩天玉、王铁等一同参观展览。

31日　市委召开经济工作暨扶贫开发工作会议。郑亚军讲话,祁永安、柳鹏、焦玉兰等出席会议。

嘉峪关市社会信用服务中心揭牌仪式在城乡一体化服务中心举行。王锋、杨伟、张静昌等出席揭牌仪式。　(李　娜)

政区·环境

政　区

区位区划

【位置、面积】 嘉峪关市是甘肃省的省辖市，因建在明万里长城西端嘉峪关下而得名。嘉峪关市位于甘肃省河西走廊中西部，地处北纬39°37′~39°50′、东经97°49′~98°31′之间。辖域分布于酒泉盆地西沿的祁连山北、合黎山南、讨赖河中游。兰新铁路、312国道和连（连云港）霍（霍尔果斯）高速公路、清（清水）嘉（嘉峪关）段横贯境内。民航可直通兰州、西安、敦煌、乌鲁木齐、成都、天津、上海和北京。嘉峪关市东接河西重镇酒泉市，距省会兰州758千米，西连石油城玉门市，南与肃南裕固族自治县为界，北与金塔县接壤。行政区域土地面积2935平方千米。

【行政区划】 嘉峪关市设立三区，即长城区、镜铁区、雄关区。三个区为市委、市政府派出机构。三区下辖三个镇、47个社区。

（于　尔）

历史沿革

【综述】 嘉峪关市辖域，先秦为西羌地，秦为乌孙地，西汉初为匈奴昆邪地。汉武帝元狩二年（前121年），骠骑将军霍去病击破匈奴右地，“始筑（长城）令居以西，初置酒泉郡”，从此嘉峪关一带隶属酒泉辖地。其后的变迁大致是：西汉属酒泉郡天依县境。东汉为延寿县辖地。三国时为曹魏酒泉郡所管。十六国时期为前凉张轨、西凉李暠、北凉沮渠蒙逊各政权先后统辖。北魏为酒泉郡辖地。隋属福禄县管辖。唐属酒泉县辖地。宋为回鹘所据，后属西夏。元属肃州。明洪武二十七年（1394年），设嘉峪关所，属肃州卫。清置肃州直隶州，嘉峪关亦归其管辖。嘉庆至同治年间在嘉峪关曾设巡检。中华民国时为酒泉县辖地。

1949年9月25日，酒泉县解放，嘉峪关同日解放，仍属酒泉辖地。

1958年8月1日，酒泉钢铁公司成立。9月中旬，酒泉县在酒泉钢铁公司建设基地设嘉峪关临时管理委员会。1959年，酒泉县与金塔县合并设酒泉市，撤销嘉峪关临时管理委员会，成立嘉峪关区，为城镇管理机构。1961年，酒泉钢铁公司缓建，1962年，撤销嘉峪关区，成立嘉峪关办事处，属酒泉县城关镇管理。

1965年7月19日，国务院决定设置嘉峪关市，因城市建在嘉峪关下，故名嘉峪关市，属酒泉地区管辖。1971年9月10日，经国务院批准，设省辖市。

（于　尔）

自然环境

地质

【地层构造】 嘉峪关市地层结构是祁连山地层结构的延伸。远古时代，嘉峪关地域为海洋，后随着地壳的抬升，海水退出，形成陆地。经过中、新生代的各次构造运动，祁连山成为高山区，河西走廊成为介于南北两山间的断陷沉降带。在第三纪至第四纪时期（距今6500万年），由于境内文殊山麓倾斜台地和酒泉盆地西南部边缘高台地堆积物厚度不一，以境内中部的嘉峪关断层为界，西边埋藏深，东边埋藏浅，境内的砾石层厚度在300米以上，最厚处达1000~1500米。自地面往下100米间砾石层多砂质,天然地基承压强度R为6千克/平方厘米，从地表起往下至3米之间沙砾较松散,3米以下砾石堆积密致,且多被钙质胶结。境内砾石层的物理力学性能为地面以及地下建筑工程提供了十分优越的条件,尤其卵石、砾砂可就地筛取,规格齐全,不假远求。

地　貌

【概况】 嘉峪关市地势西南高,东北低,自然坡度13.3%。南有文殊山及祁连山北麓,北有黑山和后墩山,中为酒泉盆地西缘,山地面积占40%。酒泉盆地西缘部的地貌主要分两类,一类为戈壁滩,面积占32%;另一类为可耕地,面积占28%。城区建在戈壁滩上,基建不占农田,开发建设用地条件优越,工厂及其他商用房屋、民用建筑等可大大缩短工期,且造价低廉。辖域海拔在1430~4200米之间,其中戈壁滩部分的海拔1500~1800米,绿洲分布于1430~1700米之间。

(于　尔)

水　文

【河流、水资源】 嘉峪关市地处戈壁腹地,干旱少雨,人均占有水资源量1329立方米，仅为全国人均水平的一半。农业灌溉用水主要依靠发源于祁连山并流经市境的讨赖河提供，有新城、文殊、峪泉三个中型灌区,灌溉总面积6万亩。城乡居民生活和生产用水大量靠地下水。根据嘉峪关市2009年水资源普查评估,地下水储量为1.4408亿立方米。城市和各灌区蓄水总库容7233万立方米,城市人均水面面积11平方米。开源、调蓄、供水、输水、节水工程基本配套,为城市建设、酒钢建设、城乡一体化建设、生态环境建设提供了可靠的水利保障。内陆河流讨赖河发源于青海省讨赖掌,流经嘉峪关市、酒泉市、金塔县,全长360千米。流经嘉峪关市境35千米，年平均径流量4.85亿立方米。河源区域有冰川120余条,积水面积133平方千米,储水31亿立方米。酒泉钢铁(集团)公司为稳定钢铁生产用水，农闲时截引讨赖河水至大草滩水库,库容量6400万立方米。

(管　芮)

【讨赖河】 2015年酒泉水文水资源勘测局嘉峪关站监测讨赖河年最大流量163立方米/秒, 年最小流量4.75立方米/秒,年降水总量61.3毫米。按省上2014年工作任务要求完成了讨赖河常规水质监测、国家计量认证复审、水资源保护规划、非常规水资源调查、国家地下水站网工程勘察初设、农村饮用水安全抽查等工作,讨赖河水质为Ⅱ类-Ⅲ类,发布2014年嘉酒地区水质简报1份,及时报送水情信息200余份。

(刘红国)

土　壤

由于地形、气候、植被、成土母质以及长期人为耕作的影响,全市土壤分为灌淤土、草甸土、灰棕漠土、风沙土4个土类,11个亚类,7个土属,21个土种(详见《嘉峪关市土壤分类系统表》)。

【灌淤土】 是全市主要耕作土壤,广泛分布于峪泉、文殊、新城三镇的绿洲地带,面积76794亩,占总土地面积3.9%,耕作性能好,土地生产率高,有机质平均含量1.35%，全氮达0.076%，全磷达0.156%,速效磷达10ppm,pH8.5。这类土壤是经人们长期引河、引洪灌溉、耕作施肥、填土压沙、人工挖填等人工改良措施交替影响下形成的，熟化层在30—100厘米之间，个别达150—200厘米,土质比较肥沃,通气性较强,易耕易种,适种作物广泛。灌淤土类分3个亚类：灌淤土亚类，面积39929亩，主要分布在文殊镇各村、新城镇横沟村，峪泉镇安远沟村；潮化灌淤土亚类，面积31258亩,主要分布在新城镇各村;灌耕土亚类,面积10607亩，主要分布在峪泉镇嘉峪关、黄草营、断山口村。

【草甸土】 分布在新城湖、黑山湖、二草滩,面积100679亩,占总土地面积5.1%。该上类以沙壤质为主,土层中植物耕系密致,土色灰棕,通透性能好,但因受地下水影响,土壤中含盐量较高。因生境植被不同,土壤属性也有差异。该土壤又分为5个亚类:耕种草甸土亚类,面积969亩,主要分布在新城镇泥沟村一带；林灌草甸土亚类，面积3820亩,主要分布在黑山湖、二草滩一带;盐化草甸土亚类,面积62019亩,主要分布在新城草湖一带;沼泽草甸土亚类,面积14749亩,主要分布在

嘉峪关市土壤分类系统表

土类		亚类		土属		土种		图板面积(亩)
名称	代号	名称	代号	名称	代号	名称	代号	
灌淤土	Ⅰ	灌淤土	ⅠA	薄层灌淤土	ⅠAa	薄淤立土	ⅠAa$_1$	3148
						薄淤平土	ⅠAa$_2$	3799
						薄淤漏沙土	ⅠAa$_3$	769
				厚层灌淤土	ⅠAb	厚淤立土	ⅠAb$_1$	9065
						厚淤平土	ⅠAb$_2$	18148
		潮化灌淤土	ⅠB	薄层潮化灌淤土	ⅠBa	薄潮淤立土	ⅠBa$_1$	4651
						薄潮淤平土	ⅠBa$_2$	9302
						薄潮淤腰沙土	ⅠBa$_3$	1238
						薄潮淤漏沙土	ⅠBa$_4$	850
						薄潮淤沙姜立土	ⅠBa$_5$	1205
						薄潮淤沙姜平土	ⅠBa$_6$	1955
				厚层潮化	ⅠBb	厚潮淤立土	ⅠBb$_1$	11852
				灌淤土		薄立土	ⅠBb$_2$	205
		灌耕土	ⅠC	薄层灌耕土	ⅠCa	厚潮淤平土	ⅠCa$_1$	2955
						薄漏沙土	ⅠCa$_2$	1713
						薄僵板土	ⅠCa$_3$	5939
草甸土	Ⅱ	耕种草甸土	ⅡA	二潮耕种草甸土	ⅡAa	中位二潮平土	ⅡAa$_1$	168
						低位二潮平土	ⅡAa$_2$	801
		林灌草甸土	ⅡB	耕种林灌草甸土	ⅡAba	耕种林灌立土	ⅡBa$_1$	491
						耕种林灌平土	ⅡBa$_2$	253
						耕种林灌漏沙土	ⅡBa$_3$	799
		盐化草甸土	ⅡC					62019
		沼泽草甸土	ⅡD					14749
		沙化草甸土	ⅡE					19122
风沙土	Ⅲ	半固定风沙土	ⅢA					3871
		流动风沙土	ⅢB					7646
灰棕漠土	Ⅵ	灰棕漠土	ⅥA					18104
		裸岩山地土						20250

新城湖盆中间地势最低的地方；沙化草甸土亚类，面积19122亩，主要分布在盐化草甸土外围靠近沙源的地带。

【灰棕漠土】是本市地带性土壤，分布广，面积大，占全市总面积90.7%。由于气候干旱，植被稀少，土壤发育程度很低，主要分布于不具灌溉条件的地段，有机质含量仅0.42%—0.60%，全氮0.016%—0.020%，全磷0.024%—0.093%，速效磷3ppm—5ppm，速效钾83ppm—201ppm。

【风沙土】分流动风沙土、半固定风沙土两个亚类，主要分布在新城野麻湾沙窝及观蒲村东侧，泥沟村西侧亦有零星分布。面积6782.1亩，占总土地面积0.3%。表面松散，植被极少。

全市土壤平均有机质含量0.94%—2.90%，全氮0.049%—0.134%，全磷0.057%—0.630%，速效钾65ppm—258ppm，土壤肥力属中下水平。按作物对肥料三要素的要求，缺磷、贫氮，钾较足。

植 被

嘉峪关市辖区的植被类型为典型的戈壁荒漠型植被，植被的水平变化较大，但随海拔高度的升高变化不大。因境内山地属石质荒漠性山地，剥蚀强烈，几乎寸草不生，水平变化随地下水位的变化从西南向东北逐渐由超旱生的灌木、半灌木砾质荒漠类型及夏雨型或短命型的草木和碎屑石戈壁荒漠类型转为喜温性禾草类、旱芦苇、芨芨草等。超旱生灌木、半灌木及草本植物，为了适应干旱荒漠的严酷条件，以它们不同的生理生态机质来适应干旱条件，如叶面积缩小或退化而以绿色嫩枝代行光合作用；广布的根系，在极端干热期落叶或休眠等。天然植被植株矮小，种类简单、稀疏，覆盖度不等（由西南的5%—6%向东北递增到30%—90%）。

【野生植被】旱生、超旱生植被。黑柴、焦蒿、酸刺、红稍秧、花花柴、闭叶蒿、麻黄、蒙叶扁桃、戈壁针茅、酥油草、碱蓬、盐爪爪、红砂、沙拐枣、骆驼蹄板、泡泡刺、沙葱、窄叶锦鸡儿、刺沙蓬、冷蒿、沙芦草、冰草、白刺、骆驼蓬、柽柳、灰蓬、沙蓬、蒲公英、苦豆子、马兰、西伯利亚滨藜、苣荬菜、鸡爪芦、芨芨草、羊胡子、甘草、野枸杞等。另外，戈壁滩上还有毒草如醉马草、狼毒等。

水生植被。野芹菜、水葱、水香蒲、野亚麻、杉叶藻、扁杆蔗草、海韭菜、双茎灯芯草、野薄荷、浮萍、野胡萝卜、三棱草、牛毛毡草等。

农田杂草。野燕麦、芦苇、稗子草、冰草、狗尾草、麻黄、木贼、马兰、芨芨草、三棱草（水旱均有）、苍耳、灰条、野豌豆、菟丝子、钾猪毛菜、地肤、苦油菜、野苜蓿、虎尾草、阔叶独行菜、龙葵、蚱浆草、牛蒡、鸡弯秧、刺儿菜（两种）、车前子、铁钱子、甜苣菜、苦苣、白头蒿子、灯笼棵、土蚕草、山稗、孩儿茶、防风、荆棘、野薄荷、牛舌头、牵牛花、王不留行、马齿苋、打碗花、大艾、小叶艾、黄蒿、黄连、野党参、茯苓、鬼儿针、羌活、扁蓄、鱼腥草、二裂萎菱、锦葵等。

野生药材。麻黄、木贼、茵陈蒿、金银花、连翘、车前子、苍术、大黄、牛蒡子、苍耳、蒺藜、蒲公英、防风、芦根、曼陀罗、锁阳、地骨皮、野党参、枸杞、大青叶、板蓝根、瞿麦、急性子、菟丝子、苁蓉、甘草等。

【栽种植被】林业栽培植被。由于受自然地理条件等因素的限制，辖区内原始树木品种少，资源较贫乏，多年来通过全市人民不懈努力，栽种植物覆盖率已占全市总土地面积的7.98%。现有树木19科、28属、57种。（详见《嘉峪关市辖区树种分布表》）。

嘉峪关市辖区树种分布表

科	属	种	分　布
松　科	云杉属	云　杉	文殊镇冯家沟村、河口村、团结村、市苗圃均有分布
柏　科	侧柏属	侧　柏	文殊镇冯家沟村、河口村、市苗圃和市区零星分布
杨柳科	杨　属	小叶杨、二白杨、箭杆杨、北京杨 河北合作杨 新疆杨 中林杨 加拿大杨 大冠杨	全　市
	柳　属	毛柳 旱柳 垂柳 龙爪柳 杨柳	全市零星分布
柽柳科	柳　属	柽柳	戈壁滩、新城湖滩
	红砂属	红砂	山区、戈壁滩
榆　科	榆　属	榆	全市零星分布
木樨科	白蜡属	白　蜡	城　区
桑　科	桑　属	桑	全市零星分布
胡颓子科	胡颓子属	沙　枣	全　市
	沙棘属	酸刺、黑刺	山区戈壁滩
槭树科	槭树属	五角枫	市农科所
苦木属	臭椿属	臭　椿	文殊镇塔湾村
蒺藜科	白刺属	白　刺	全市零星分布
蝶形花科	岩黄属	花　棒	戈壁滩、新城湖滩
豆　科	骆驼刺属	骆驼刺	戈壁滩、新城湖滩
	锦鸡儿属	柠条、小叶锦鸡儿	山区、戈壁滩
	刺槐属	刺　槐	全市零星分布
蓼　科	沙拐枣属	沙拐枣	文殊山下、戈壁滩
茄　科	枸杞属	枸　杞	文殊、新城
鼠李科	枣　属	红　枣	酒钢园艺场
胡桃科	核桃属	核　桃	全市零星分布
蔷薇科	李属	蒙古扁桃	黑山一带
	苹果属	红元帅 黄元帅 红富士 国光	三镇
	梨属	早酥梨 苹果梨 锦丰梨 长把梨	三镇
	桃属	油桃 蟠桃 粘核毛桃	三镇
	杏属	兰州大接杏 敦煌李广杏	三镇
葡萄科	葡萄属	赤霞珠 威代尔 品丽珠 黑提 红提 无核白	全市零星分布

农业栽培植被。有44种：小麦、大麦、玉米、高粱、谷子、荞麦、蚕豆、豌豆、黄豆、豇豆、菜豆、扁豆、马铃薯、胡麻、油菜、向日葵、孜然、啤酒花、草莓、西瓜、甜瓜、黄瓜、苦瓜、佛手瓜、南瓜、西葫芦、

茄子、胡茄、辣椒、西红柿、甘蓝、白菜、萝卜、生菜、莴笋、胡萝卜、芹菜、菠菜、茼蒿、芫荽、洋葱、大葱、韭菜、大蒜。

(王建才、肖进录、温礼号、刘旸、高颜、何淑琴)

气 候

【2015 年嘉峪关市总的气候特征】2015 年嘉峪关市平均气温偏高，其中隆冬 1 月、11 月份平均气温特高;3—5 月、8 月、12 月平均气温偏高;2 月、6 月、9 月为气温偏低月份;7 月、10 月平均为气温正常月份。年极端最高气温为 36.7℃,出现在 7 月 26 日;年极端最低气温为-17.6℃,出现在 12 月 19 日。

2015 年嘉峪关市降水较历年属正常年份,降水总量 83.5 毫米,其中东湖站降水总量为 83.5 毫米,与多年平均值相比,略少 5.6%。全年各月降水分布不均,1—3 月、8 月为降水特少月份;4 月、11 月为降水正常月份;6 月为降水偏多月份;5 月、9 月、10 月、12 月为降水特多月份;7 月为降水偏少月份。

2015 年全市出现大风日数 16 次,扬沙天气 8 次,浮尘天气 4 次。与多年平均值相比大风、沙尘日数均偏少。

综上所述,2015 年嘉峪关市气候条件对农牧业生产有利有弊,利弊参半,气候条件与近几年相比属正常年景。

【气候要素评述】气温。2015 年全市年平均气温 8.8℃,与历年平均值相比,偏高 1.0℃

冬季(1~2 月)全市气温偏高。其中隆冬 1 月全市月平均气温偏高 2.5℃，属特高,2 月平均气温偏低 0.9 ℃。

春季(3~5 月)全市气温偏高。其中 3 月气温偏高 1.4 ℃;4 月气温偏高 1.2℃;5 月气温偏高 1.4 ℃。

夏季(6~8 月)气温与常年相比正常略高。其中 6 月略低 0.8℃,7 月份气温略高 0.6℃,8 月全市气温偏高 0.8℃。7 月 17~19 日出现高温天气时段,最高气温在 34℃以上,较历年相比,高温时段偏晚偏短。

秋季（ 9~11 月）气温偏高，其中 9 月偏高 0.8℃ ,10 月全市偏高 0.5℃,11 月偏高 2.2℃,属特高。

初冬 12 月气温较常年偏高 1.7℃。

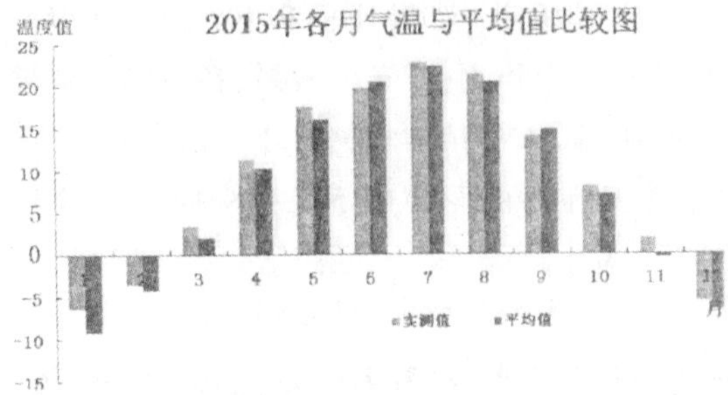

降水。2015 年嘉峪关年降水总量在 62.1-96.9 毫米之间,境内降水分布不均。以下用东湖代表站进行嘉峪关市全年降水与历年比较分析。

年降水总量 83.5 毫米(东湖站),与多年平均值相比略少 5.6%。

冬季(1~2 月)降水量仅 0.3 毫米,与多年平均值相比,偏少 8 成,属异常偏少年份。

春季(3~5 月)全市降水总量 17.9 毫米,与多年平均值相比,属正常年份;其中 3 月特少、4 月正常、5 月降水特多;未出现春旱、春末初夏旱。

夏季(6~8 月)全市降水总量 31.5 毫米,与历史同期相比,偏少 36.9%,属偏少年份,降水各月分布不均，其中 6 月偏多、7 月偏少、8 月特少;7 月 13 日~8 月 11 日出现了伏旱天气。

秋季(9~11 月)全市降水总量 29.1 毫米,和多年同期平均值相比,偏多 77.4%。属偏多年份；其中 9 月份降水特多、10 月份偏多、11 月正常。

初冬 12 月降水总量 4.7 毫米,与历年平均值相比偏多 3 成。

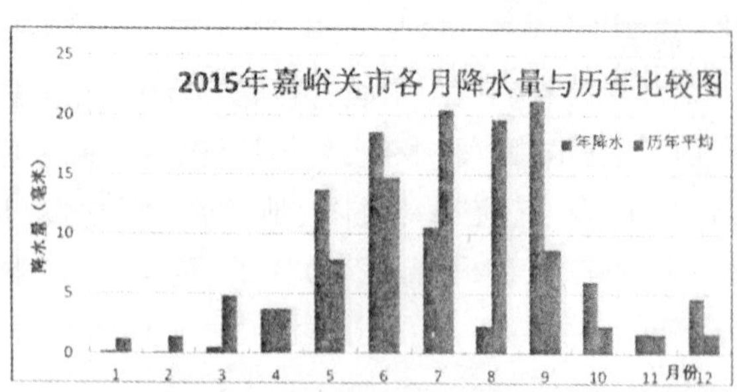

日照。2015 年嘉峪关市全年日照总时数为 3065.8 小时，与常年平均相比偏多 25.2 小时,全年日照百分率为 69%。全年除 2 月、10-12 月日照偏少外,其余各月正常或偏多。全年光照充足,完全满足作物生长需求。

【天气事件及其影响】道路结冰。2015 年在嘉峪

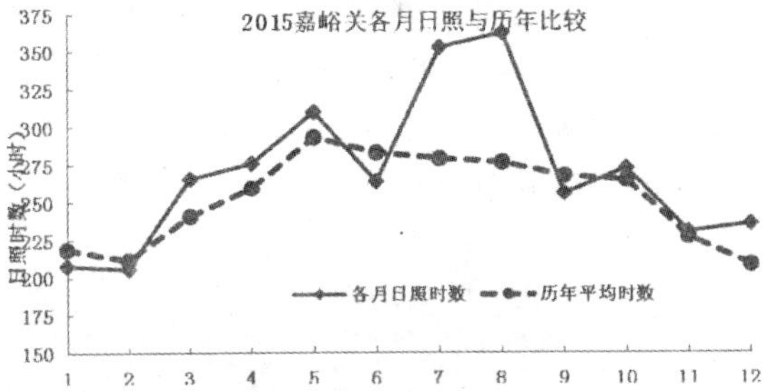

关境内共出现4次因降雪造成道路结冰，10月29日至30日出现明显降温、降雪天气过程，此次降温过程平均气温将下降5—7℃；11月23—24日出现小雪天气过程；12月12—13日出现降水量达4.7毫米中到大雪天气过程，由于降雪量大、气温低，造成积雪和道路结冰，对交通运输、人们出行影响较大。

大风、沙尘暴。2015年全市出现八级以上的大风日数16次，浮尘天气4次，扬沙天气8次，全年未出现沙尘暴天气。与多年平均值相比大风、沙尘日数均偏少。（多年平均大风日数16.6次、沙尘暴10次）

大风出现日期：春季（3—5月）出现6次，分别在4月23—24日、4月30日、5月1日、5月7日、5月10日、5月24日；夏季（6—8月）出现7次，分别出现在6月15—16日、6月30日、7月12日；7月20日，秋季（9—11月）2次；冬季12月出现1次，出现在12月14日。

扬沙及浮尘出现日期：2015年扬沙及浮尘春季（3—5月）出现6次、夏季（6—8月）5次、秋季（9—11月）1次。

2015年最严重大风沙尘天气过程：2015年全市最严重的1次大风沙尘天气出现在5月8日，瞬间最大风速27.7米/秒，最小能见度700米。

强降温及寒潮。2015年出现2次强降温过程，未达到寒潮标准。其中2月20—21日出现强降温天气过程，过程降温5~7℃；12月11日至13日出现一次明显的降雪、降温天气过程。此次降雪持续时间较长，过程降雪量4.7毫米，山区降雪量级较大；日最高气温下降5~7℃；最低气温降至-13~-15℃。

霜冻。2015年全市无霜期日数192天，较历年偏长，晚霜冻结束日期出现在4月21日，与历年相比偏早，早霜冻出现日期在10月13日，与历年相比偏晚。4月21日出现轻霜冻天气，对果树开花、蔬菜生长影响不大。

干旱。2015年1—4月降水特少，初春干旱严重。春季气温持续偏高，深层土壤水分快速下降，全市境内春旱程度偏重，对周边戈壁植被、生态绿化造成一定的影响；盛夏8月降水特少，出现严重的夏季伏旱天气过程。

高温、干热风。7月13日—8月11日嘉峪关市出现气温偏高、降水偏少时段，明显达到伏旱标准，其中7月17~19日出现高温干热风时段，最高温度在34℃以上，干热风与正常年份相比偏弱，对全市作物未造成损失。

大雨、暴雨天气。年内出现2次较大降水过程：6月30日16时—20时，全市出现雷阵雨、局地暴雨天气，降水量在15.2至31.9毫米之间，降水空间分布极不均匀，偏西山区黑山湖一带出现局地暴雨，最大降水出现在嘉峪关水磨沟，4小时累计雨量达31.9毫米，达甘肃河西地区暴雨标准；9月1日20时—3日08时，全市过程降水量在5.0至17.5毫米之间，最大降水量出现在镜铁山，降水量17.5毫米，达到大雨标准。

【气候对各行业的专题影响评价】气候条件对农、林、牧业的影响。2015年嘉峪关市境内温度偏高，日照偏多，光热匹配较好。全年降水正常略少，作物关键时段降水不及时，不利于大田增墒、保墒，由于冬季及初春降水少，旱象明显，对农作物、周边植被的生长影响很大。2015年晚霜偏早，早霜冻结束日期晚于常年，霜冻偏轻，对农、林、牧业影响不大，2015年由于冷空气强度偏弱，出现2次强降温天气过程，未出现寒潮天气过程。总体上来看，全生育期作物需水匹配不太好，年内未出现连阴雨，全市境内大部分旱情未得到缓解，对农作物及林木、牧草生长有一定的影响。周边戈壁牧草主要生长季水条件较差，自然植被生长状况差于去年同期。

气候对水资源的影响。2015年嘉峪关市降水正常，各月降水分布不均匀。年降水量及降水日数近5年内最少，旱情明显，1—4月降水较少，为近10年同期最少，对河流来水、水库、塘坝蓄水较为不利，年内无连阴雨天气过程，祁连山区降水也少于往年，根据嘉峪关水文局提供讨濑河水流量资料显示，河流量较历年平均偏少15%。

气候对能源的影响。2015年嘉峪关市平均气温偏高,其中隆冬1月平均气温特高、2月平均气温偏低;春季(3~5月)全市气温偏高,无春寒、倒春寒;夏季(6~8月)气温正常略偏高,盛夏出现1次高温天气时段;秋季(9~11月)气温偏高,全年由于冬季不冷、夏季不热、春季气温偏高,使居民对采暖所需煤、空调、天然气、电等能源消耗少于常年。全年日照充足,日照百分率高与历年平均,有利于太阳能光伏产业的发展。年内大风日数偏少,风能有效发电风速较历年偏小,对风能的开发和利用造成一定影响。

气候对交通、旅游业的影响。2015年嘉峪关市气温偏高、大风、沙尘暴、扬沙和浮尘日数均偏少,对交通运输和旅游业较有利,年内除"五一"假期有吹风天气外,其余假期和"十一"长假期间,全市各地天气晴好,适宜旅游,据统计长假期间来本市旅游人员较同期有大幅度增加。进入冬季全市出现了4次降雪天气过程,形成积雪,造成道路结冰,给交通运输造成不便。

气候对生态环境及人体健康的影响。2015年全市降水正常略多,各季分配不均,日照偏多,大风、沙尘日数偏少,且年内降水日数偏少,无连阴雨天气,对生态环境有一定的影响。根据2015年6月8日植被指数遥感监测得出,嘉峪关周边植被指数在0.3以下,植被长势均差于往年。2015年嘉峪关市大部分空气质量为优和良,据市环境监测站数据统计,全市轻度天数为45天,中度污染为9天,重度污染以上13天,空气质量较好,分析原因主要是由于冬季、初春降水少,周边植被因缺水枯死,遇吹风天气即可起沙。由于1月到4月降水量少,造成空气干燥,大气中漂浮特较多,人体舒适度较差,导致流感频发,对老幼体弱者影响较大,感冒患者剧增。

【气象设施】自动气象观测。截至2015年12月嘉峪关市境内共建成自动气象观测站16个,其中有多要素观测站1个(东湖风景区),六要素6个(阴洼沟、水磨沟、黑山、西沟矿、冰沟、河口村),五要素测站2个(酒钢葡萄园、嘉峪关城楼),四要素观测站4个(嘉北工业园区、镜铁山矿区、嘉峪关南市区、文殊镇),2要素站2个,(草湖、冰沟)。在冰沟建成雨雪量站1个。这些站功能各不相同,其中为地质灾害服务3个站,为水文及河流来水量服务3个站,为旅游服务的3个站,为生态及种植服务3个站。

嘉峪关市境内自动气象观测站分布图

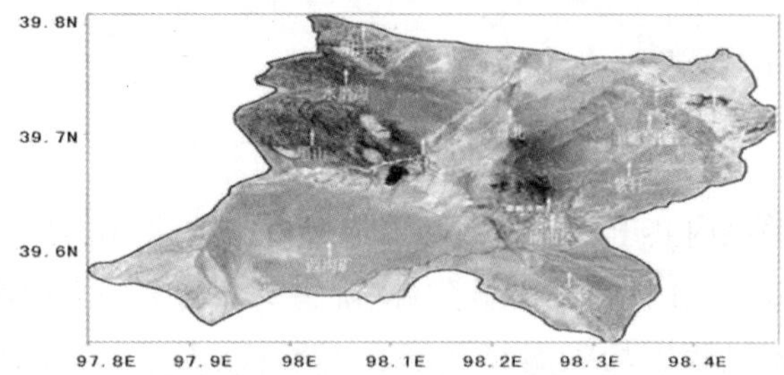

新一代天气雷达观测。嘉峪关新一代天气雷达2006年12月开工建设,2008年12月建成,位置于嘉峪关市东湖景区内。气象塔的外形是"海豚"造型,将雷塔球体融入造型之中,实现气象监测与市民观光及气象科普教育等功能结合在一起,总高度为99米。嘉峪关新一代天气雷达建成后,实现与全国天气雷达联网拼图,全方位无缝隙地对嘉酒两市辖区和天气上游重大灾害性、突发性天气进行跟踪监测,开展气象联防联报、天气警报和减灾防灾。

太阳能光伏观测站。太阳能光伏站2013年12月建成,由市政府和甘肃省气象局共同投资,太阳能光伏观测站现安装有太阳光度计自动观测仪、太阳辐射自动观测仪、六要素气象自动观测仪器,主要用于测量太阳和天空在可见光和近红外的不同波段、不同方向、不同时间的辐射亮度,来推算大气汽溶胶、水汽、臭氧等成分的特性,进而计算大气透明度,能够实现对太阳辐射数据长期观测和分析,为太阳能光伏发电生产及发展提供科学依据。

嘉峪关新观测站。嘉峪关新观测站2015年修建,2016年4月正式运行。新址坐落于嘉峪关市区东郊嘉北工业园区,保护面积为12767平方米,观测场大小为35x25平方米,观测场地段地表为戈壁滩,沙砾荒漠地表,植被稀疏。观测环境基本符合要求;道路畅通,距离市气象局相对较近,便于维护;市电业局供电、有专线光缆接入数据通信;测站四周无高大建筑物影响,未来20年观测环境能够得到基本保护,完全符合建设要求。观测场内布设有多要素自动观测设备、能见度观测仪、稳重式雨量观测等气象设备。

(杜　岩)

野生动物

【鸟类】有麻雀、原鸽、沙鸡、野鸡、山鸡、喜鹊、杜鹃、寒鸭、布谷鸟、黄鸟、苍鹰、猫头鹰、啄木鸟、斑鸠、雪鸡、灰雀、山雀、蝙蝠、鹞子、鸽虎、野鹦鹉、鸥鸟、野鸭、天鹅、白鹤、灰鹤、水雀、呱呱鸡、百灵鸟、大雁和燕子等。

【兽类】有黄羊、青羊、盘羊、野兔、狼、狐狸、黄鼠狼、旱獭、猞猁、石兔、刺猬等,分布于山区和戈壁荒漠中水草较多处。其中黄羊、野兔数量较多,其余动物现已极少。1958 年以前还发现过野驴。

【爬行动物类】有蜥蜴、蛇、壁虎、蛤蚧、青蛙、蟾蜍、鼠(可分为子午砂鼠、五趾跳鼠、田鼠、小家鼠、褐家鼠等),还有蜗牛。

【内陆水域淡水鱼类】有鲤鱼、鲢鱼、鲫鱼、狗鱼等。

【昆虫】据 1981 年、1994 年、2002 年农林生物普查统计,嘉峪关市境内有昆虫 320 种,隶属两门 3 纲、十六目、85 科。其中天敌(有益昆虫)隶属两纲(昆虫纲、蜘蛛纲),8 目、23 科、77 种;害虫隶属两纲(昆虫纲、蜘蛛纲),9 目、61 科、243 种。

有益昆虫:脉翅目。有 4 科:草铃科有丽草铃、中华草铃等 7 种;蚁铃科有褐纹树蚁铃等 3 种;食蚜蝇科有斜斑鼓额食蚜蝇、凹带食蚜蝇等 4 种;寄蝇科有未定名的 1 种。

蜻蜓目。共有 6 科:蜻科有黄衣、赤卒等 3 种;忽科有黄忽 1 种及未定名的 5 种;伪忽科有未定名的 1 种;棕忽科有未定名的 1 种;螳螂科有薄翅螳螂 1 种;扇忽科有豆娘 1 种。

革翅目。有蠼螋科 1 科:日本蠼螋 1 种。

半翅目。有 2 科:姬猎蝽科有花姬猎蝽、小姬猎蝽 2 种;花蝽科有小花蝽 1 种。

鞘翅目。共有 5 科:虎甲科有多型虎甲、散纹虎甲等 5 种;步甲科有髯虎甲、中华广肩步甲等 13 种;瓢甲科有十三星瓢虫、多异瓢虫等 16 种;芫箐科有西北豆芫箐等 3 种;郭公甲科有红斑郭公甲 1 种。

膜翅目。有姬蜂科 1 科:吉马拉雅聚瘤姬蜂、甘蓝夜蛾拟蝗姬蜂 2 种。

双翅目。有 2 科:虻科有小灰牛虻 1 种;食虫虻科有大灰食虫虻、食虫虻 2 种。

蜘蛛目。有 2 科:园蛛科有大腹圆蜘蛛 1 种;蟹蛛科有三突花蜘蛛 1 种。

有害昆虫:鞘翅目。共有 10 科:鳃金龟科有马铃薯鳃金龟、褐棕鳃金龟等 8 种;犀金龟科有阔胸犀金龟、双齿犀金龟 2 种;蜉金龟科有直 蜉金龟 1 种;丽金龟科有苹毛丽金龟、金龟子等 5 种;象甲科有甜菜象甲、豆象等 4 种;叩头甲科有细胸叩头甲、褐纹叩头甲 2 种;吉丁虫科有十斑吉丁、金缘吉丁 2 种;叶甲科有栗茎跳甲、榆叶甲等 9 种;小蠹科有多毛小蠹、桃小蠹 2 种;天牛科有青杨天牛、红颈天牛 4 种。

同翅目。共有 3 科:叶蝉科有铲头叶蝉、斑叶蝉等 5 种;飞虱科有褐飞虱、灰飞虱 2 种;蚜科有麦长管蚜、禾谷缢蚜、大豆蚜、瓜蚜等 26 种。

半翅目。共有 4 科:蝽科有斑须蝽、苍蝽等 7 种;缘蝽科有扁缘蝽等 3 种;盲蝽科有苜蓿盲蝽、梨蝽等 5 种;网蝽科有梨网蝽、小板网蝽 2 种。

蜚蠊目。有姬蠊科 1 科:德国蜚蠊 1 种。

直翅目。共有 8 科:蝼蛄科有华北蝼蛄、非洲蝼蛄 2 种;蟋蟀科有小蟋蟀 1 种;蝗科有意大利蝗、突鼻蝗、笨蝗等 11 种;棱蝗科有日本棱蝗 1 种;螽斯科有螽斯 1 种;木虱科有沙枣木虱、梨木虱 2 种;蜡蚧科有杏球坚蚧、杨球坚蚧 2 种;盾蚧科有杨圆蚧、梨圆蚧等 4 种。

膜翅目。共有 7 科:茎蜂科有梨茎蜂 1 种;叶蜂科有梨食蜂 1 种;广肩小蜂科有刺槐种子小蜂 1 种;锯蜂科有小麦叶蜂 1 种;蛛蜂科有蛛蜂 1 种;土蜂科有小土花蜂 1 种;蜜蜂总科有熊蜂 1 种。

蜱螨目。有 2 科:叶螨科有榆全爪螨、玉米红蜘蛛 5 种;苔螨科有苜蓿红蜘蛛 1 种。

双翅目。共有 3 科:花蝇科有白菜蝇、种蝇等 5 种;潜叶蝇科有葱潜叶蝇、美洲斑潜蝇等 5 种;黄潜蝇科有麦杆蝇 1 种。

鳞翅目。共有 23 科:粉蝶科有普通菜粉蝶、黄粉蝶等 6 种;灰蝶科有兰小灰蝶 1 种;菜蛾科有菜蛾 1 种;夜蛾科有宁妃夜蛾、甘蓝夜蛾、显裳夜蛾等 16 种;细卷蛾科有亚麻漏油虫 1 种;螟蛾科有粉斑螟、玉米螟等 5 种;透翅蛾科有苹果透翅鹅 1 种;巢蛾科有苹果巢蛾 1 种;雕翅蛾科有苹果雕翅鹅 1 种;麦蛾科有桃条麦蛾、黑星麦蛾 2 种;潜蛾科有桃潜蛾等 3 种;木蠹蛾科有榆木蠹蛾 1 种;斑蛾科有梨星毛虫1种；蛀果蛾科有桃小食心虫1种；卷蛾科有苹果小卷叶蛾等3种；小卷蛾科有顶梢卷叶蛾等3种；尺蛾科有沙枣尺蠖1种；枯叶蛾科有天目毛虫1种；天蛾科有蓝目天蛾、白眉天蛾等4种；舟蛾科有杨二尾舟蛾、杨扇舟蛾2种；毒蛾科有杨毒蛾、榆毒蛾、古毒蛾3种；狭蝶科有柳紫闪狭蝶1种；粉虱科有白粉虱1种。

除以上对农林植物有益或有害的昆虫外，境内还有阎甲、坚甲、方头甲、露尾甲、水龟甲、龙虱、拟地甲、蜣螂、拟步甲、襄甲、小蠹甲、隐翅甲、角蝉、奇蝽、伪蜻、斳蝽、土蝽、划蝽、石蝇、寄蝇、麻蝇、丽蝇、粪蝇、突蝇、胃蝇、瘦足蝇、眼蝇、斑蝇、斑腹蝇、牛虻、蜂虻、水虻、网翅虻、大蚊、摇蚊、眼蝶、姬蜂、冠蜂、茧蜂、青蜂、蚁蜂、细蜂、胡蜂、马蜂、鸡虱等45种昆虫。

自然灾害

【生物灾害】20世纪80年代中期至90年代中期，本市的西瓜享誉国内很多大中城市，但随着栽培历史的延长，病虫灾害逐年加重，到90年代初期，每年都有近千亩西瓜因枯萎病绝收，直接经济损失百万元以上，致使90年代末期90%以上的西瓜绝收，直接经济损失近千万元，最后退出了嘉峪关的种植历史。胡麻立枯病造成95%以上的地块绝收，90年代中期，农民已不再种植。2000年地膜洋葱开始在新城镇种植，到2008年已发展到25000亩，成为主导产业，但随之而来的是根腐病的危害，造成年经济损失近千万元。2000年后，苹果蠹蛾危害严重，80%以上的果实失去食用价值，也给果农造成了经济损失。

植物病害。境内有各类农林植物病害282种，其中真菌性病害214种，细菌性病害32种，病毒性病害29种，生理性病害7种。

麦类。小麦条锈病、叶锈病、秆锈病、小麦黑穗、小麦卷曲病、小麦网腥黑粉病、光腥黑粉病、霜霉病、全蚀病、白粉病、根腐病、大麦坚黑穗、大麦条纹病、网斑病、叶枯病、密穗病、黄矮病、线虫病。

玉米。大斑病、小斑病、瘤黑粉、褐斑病、细菌性圆斑病、青枯病病、丝黑穗病、纹枯病、黑霉病、叶枯病、苗枯病、疯顶病、矮花叶病。

豆类。蚕豆锈病、红叶病、赤斑病、轮纹病、褐斑病、根腐病、花叶病毒；豇豆斑枯病、轮纹病、炭疽病；菜豆褐斑病、角斑病、细菌性疫病、花叶病、黄化花叶病；大豆紫斑病、灰斑病、黑斑病、褐纹病、轮纹病、花叶病。

马铃薯。晚疫病、早疫病、丝核病、环腐病、黑胫病、普通花叶病毒病、条点病毒病、卷叶病、黑心病。

亚麻。褐斑病、炭疽病、立枯病、根腐病、枯萎病、花叶病毒。

葱蒜类。洋葱根腐病、细菌性软腐病、黄矮病、霜霉病、灰霉病、紫斑病；大葱霜霉病、灰霉病、紫斑病、叶霉病、白腐病、白色疫病；大蒜叶枯病、紫斑病、叶疫病、褪绿条斑病毒病、嵌纹病毒病、干腐病、蒜薹灰霉病、黄斑病；韭菜灰霉病。

十子花科蔬菜。白菜黑斑病、细菌性黑斑病、软腐病、褐斑病、枯萎病、病毒病、褐腐病、霜霉病；甘蓝黑斑病、软腐病、病毒病；菜花褐斑病、细菌性黑斑病、裂球；萝卜拟黑斑病、花叶病毒病。

胡萝卜。斑点病、黑斑病、花叶病毒。

茄果类蔬菜。茄子黄萎病、褐斑病、轮纹病、褐纹病、白绢病、炭疽病、褐色圆心病、果实疫病、链格孢果腐病、叶霉病、灰霉病、早疫病、白粉病、日灼病、细菌性褐斑病、青枯病；番茄猝倒病、立枯病、灰霉病、斑点病、炭疽病、叶霉病、根霉果腐病、茎基腐病、早疫病、白粉病、晚疫病、褐斑病、灰叶斑病、萎蔫病、青枯病、细菌性髓部坏死病、溃疡病、脐腐病、日灼病、卷叶病、花叶病毒、蕨叶病毒；辣椒猝倒病、疫病、炭疽病、白粉病、褐斑病、黑斑病、白斑病、白绢病、黑霉病、细菌性叶斑病、青枯病、软腐病、条斑病毒、花叶病毒、日灼病、虎皮病。

瓜类。西瓜蔓枯病、枯萎病、炭疽病、绵腐病、白粉病、叶枯病、黑斑病、白绢病、花叶病毒；甜瓜蔓枯病、白粉病、叶枯病、细菌性叶枯病、疫病、细菌性角斑病、果腐病、花叶病毒；黄瓜霜霉病、细菌性角斑病、细菌性缘枯病、细菌性圆斑病、细菌性枯萎病、细菌性叶枯病、猝倒病、枯萎病、灰色疫病、泡泡病、叶斑病、绿斑花叶病毒；西葫芦白粉病、灰霉病、黑星病、细菌性萎蔫病、花叶病毒；南瓜枯萎病、白绢病、白粉病、霜霉病。

叶菜类。芹菜斑枯病、叶斑病、点霉叶斑病、灰霉病、细菌性叶斑病、细菌性叶枯病、花叶病毒；菠菜叶斑病、黑斑病、灰霉病。

孜然。立枯病、根腐病、枯萎病、叶霉病。

草莓。灰霉病、烂果病。

向日葵。菌核病、黑斑病、褐斑病、白绢病。

葡萄。黑豆病、炭疽病、褐斑病、白粉病。

其他植物。甜菜蛇眼病、褐斑病、黄化病、块根腐烂病、花叶病毒;大麻霉斑病、褐斑病。

苹果。腐烂病、霉心病、锈果病、褐斑病、灰斑病、锈病、白粉病、干腐病、花叶病毒。

梨树。褐斑病、黑心病、黑斑病、锈果病、黑胫病、黑星病、腐烂病。

桃树。缩叶病、黄化病、细菌性穿孔病、流胶病、干腐病。

杏树。流胶病,钻心虫病。

沙枣。白粉病、干腐病、褐斑病。

杨树。白粉病、腐烂病、红心病、朽病、黑斑病、烂皮病、灰斑病、锈病、炭疽病、溃疡病、破腹病、褐斑病。

榆槐。干腐病、心腐病。

核桃。干腐病、缩叶病、细菌性穿孔病、黄花病、白粉病、腐烂病。

柳树。腐烂病、叶瘘病、红心病、破腹病、朽病、炭疽病。

害虫。本市有各类农林植物主要害虫146种。其中:

禾谷类。麦蚜、麦秆蝇、麦圆蜘蛛、玉米蚜、玉米红蜘蛛、玉米螟、大青叶蝉、金针虫、小地老虎。

豆类。蚕豆蚜、豆荚螟、山楂红蜘蛛、美洲斑潜蝇、南美斑潜蝇、豌豆潜叶蝇。

油料。亚麻漏油虫、甘蓝夜蛾、亚麻蚜、潜叶蝇、草地螟。

十字花科蔬菜。菜蚜、美洲斑潜蝇、菜青虫、小菜蛾、菜花蝽。

葱蒜类。葱地种蝇、葱蓟马、橙灰蝶、葱黄寡毛跳甲。

茄果类蔬菜。桃蚜、玉米螟、美洲斑潜蝇、南美斑潜蝇、茶黄螨。

瓜类。瓜蚜、黄守瓜、美洲斑潜蝇、黄曲条跳甲、金龟子。

温室各类植物。白粉虱、茶黄螨、桃蚜、美洲斑潜蝇、南美斑潜蝇。

另外还有灰夜蛾、苜蓿夜蛾、苜蓿蚜、菠菜潜叶蝇、蚕豆秆蝇、斑蝥、豆芫菁、大陆浮沉子、象鼻虫、黄地老虎、警纹地老虎、甜菜叶蝇、欧洲菜粉蝶、苜蓿盲蝽;仓储害虫粉斑螟、绿豆象、玉米象等。

苹果。大青叶蝉、梨圆蚧、山楂红蜘蛛、苜蓿红蜘蛛、苹果蠹蛾、苹小吉丁虫、苹果金龟子。

梨。梨圆蚧、杏球坚蚧、大青叶蝉、梨星毛虫、沙枣尺蠖、天幕毛虫、山楂红蜘蛛、苜蓿红蜘蛛、梨茎蜂、苹果蠹蛾、沙枣木梨蚧、梨大食心虫。

桃。桃蚜、山楂红蜘蛛、黑星麦蛾、杏球坚蚧、桃小食心虫、苹小食心虫、多毛小蠹、苹果小蠹、桃粉蚜。

杏及其他果树。杏球坚蚧、桃蚜、桃小食心虫、天目毛虫、多毛小蠹、桃六点天蛾、沙枣吐伦蛎蚧、沙枣绿蝽、沙枣木虱、沙枣尺蠖、椿尺蠖、沙枣臭蝽、叩头虫、沙枣木梨蚧。

杨柳。黄地老虎、警纹地老虎、棕色金龟子、杨圆蚧、十斑吉丁虫、青杨天牛、榆木蠹蛾、大青叶蝉、杨毛蚜、杨白潜蛾、天幕毛虫、沙枣尺蠖、杨蓝叶甲、小地老虎、杨毒蛾、吹绵蚧、黄斑星天牛、光肩星天牛、柳树虫瘿、柳树厚壁叶蜂、杨稍叶蛱、杨跳蝉、杨二尾舟蛾、杨白潜叶蛾、杨银潜叶蛾、小斑网蝽、杨丁毛蚜、杨蓝叶甲、红裳夜蛾。

榆槐。沙枣尺蠖、天幕毛虫、谷榆蚜、刺槐蚜、华北蝼蛄。刺槐圆蚧、佳绒天牛、槐缘虎天牛、刺槐种子小蜂。

松柏。蚜虫、小地老虎、松树粉蚧、八齿小蠹、松突圆蚧。

以上害虫中,1985年以后新发生有:青杨天牛、吹绵蚧、白粉虱;1995年后新发生美洲斑潜蝇、南美斑潜蝇、黄斑星天牛、光肩星天牛、柳树虫瘿等;2000年前后又有苹果蠹蛾发生。

(王建才、肖进录、温礼号、刘旸、高颜、何淑琴)

【地震活动概况】2015年1—12月份嘉峪关市境内及邻近地区内共发生2.0≤ML≤6.0级地震122次,最大地震为4月12日距离我市144千米的玉门、阿克塞交界发生的ML:3.7级地震。小震活动主要集中在肃北一带。与上年同期相比,小震活动频次明显减少,强度降低,无明显丛集现象。

(唐若旎)

环境状况

水环境状况

【地表水】地表水监测点位分别为北大河嘉峪关段冰沟断面、车站断面和黑山湖水库。北大河监测项目为水温、流量、pH、电导率、溶解氧、化学需氧量、生化需氧量、氨氮、石油类、挥发酚、高锰酸盐指数、铅、汞、总氮、总磷、铜、锌、氟化物、硒、砷、阴离子表面活性剂、六价铬、氰化物、硫化物、镉、粪大肠菌群共26项，黑山湖水库增测透明度、叶绿素a。每月监测1次,全年指标浓度均低于《地表水环境质量标准》(GB3838-2002) Ⅱ类标准限值,无超标现象。

【地下水】地下水监测点分别为文殊镇双泉、嘉峪关水源地四号井、新城野麻湾。监测项目为pH、硬度、高锰酸盐指数、氨氮、亚硝酸盐氮、硝酸盐氮、挥发酚、氰化物、硒、砷、汞、六价铬、铁、锰、铅、镉、铜、锌、氟化物、硫酸盐、氯化物、总大肠菌群、阴离子表面活性剂共23个指标，每季度监测1次,全年指标浓度均低于《地下水质量标准》(GB/T14848-93)中的Ⅱ类标准限值,无超标现象。

【生活饮用水】生活饮用水监测点位分别为嘉峪关水源地和北大河水源地。监测项目为pH、总硬度、高锰酸盐指数、氨氮、亚硝酸盐氮、硝酸盐氮、挥发酚、氰化物、硒、砷、汞、六价铬、铁、锰、铅、镉、铜、锌、氟化物、硫酸盐、氯化物、总大肠菌群、阴离子表面活性剂共23个指标，每月监测1次,2015年6月,在23项指标的基础上增加了色度、嗅和味、浑浊度、肉眼可见物、溶解性总固体、钼、钴、碘化物、铍、钡、镍、滴滴涕、六六六、细菌总数、总α放射性、总β放射性共16个指标,进行了一次地下水全项指标分析,全年指标浓度均低于《地下水质量标准》(GB/T14848-93) 中的Ⅱ类标准限值,无超标现象。

【空气质量】2015年,二氧化硫年均浓度为25微克/立方米、二氧化氮年均浓度为27微克/立方米、可吸入颗粒物年均浓度为98微克/立方米、可入肺颗粒物年均浓度为30微克/立方米、一氧化碳第95百分位数1.50mg/m³、臭氧日最大8小时值滑动第90百分位数141μg/m³，全年优良天数302天,环境空气质量优良率为82.7%。

大气环境状况

【城市声环境状况】在城区规划面积260平方千米范围内，环境噪声标准适用区划分为四类功能区,区划涉及总面积172.05平方千米。1类区为机场南路、纵十路、讨赖河河道及和诚路延伸至体育大道范围内,共计面积12.9平方千米;2类区包括南市区规划地和东至五一路，五一路延伸至兰新东路,南至和诚路、和诚路延伸至体育大道,西至站前路、新312国道、金华西路,北至酒钢内部一环铁路、坦克路范围内,共计面积53.3平方千米;3类区包括嘉北规划工业区、酒泉钢铁(集团)有限责任公司规划区域、嘉东规划工业区,共计面积104.4平方千米；4类区包括G30高速公路(机场南路交汇处以西路段为道路两侧50米范围,机场南路交汇处以东路段为道路两侧35米范围)、新华路(明珠路与和诚路之间路段为道路两侧50米范围、路与北一环铁路之间路段为道路两侧35米范围、一环铁路与北环路之间路段为道路两侧25米范围)、迎宾路（全路段道路两侧35米范围);体育大道(全路段道路两侧35米范围)、兰新路(五一路以东路段为道路两侧25米范围,五一路以西路段为道路两侧35米范围)，共计面积1.45平方千米。

市区声污染源由交通噪声、工业噪声、社会生活噪声、建筑施工噪声和其他噪声构成。区域环境噪声昼间等效声级平均值分别为51.2dB(A)、低于国家标准4.8 dB(A);道路交通噪声昼间等效声级平均值为分别为64.1 dB (A)，低于国家标准5.9 dB(A),声环境质量较好。

（杜　山　张璟尧）

国土资源状况

资源状况

【土地资源】2015年底嘉峪关市土地详查面积122416.53公顷，其中：耕地6782.73公顷，占土地详查面积的5.54%；园地2938.76公顷，占土地详查面积的2.40%；林地1086.75公顷，占土地详查面积的0.89%；草地7663.88公顷，占土地详查面积的6.26%；城镇村及工矿用地12638.57公顷，占土地详查面积的10.32%；交通用地1956公顷，占土地详查面积的1.60%(不包括城市街道)；水域及水利设施用地1591.97公顷，占土地详查面积的1.30%；其他土地87757.87公顷，占土地详查面积的71.69%。

【矿产资源】嘉峪关市辖区地域面积小，矿产资源较为贫乏，矿产种类少、储量低。全市探明和开发利用的矿产资源共有6种，主要有铸型黏土、花岗岩、石灰石、建筑用砂石、白云石、零星金矿。这些矿产目前全部得到了不同程度的开发利用，其中尤以建筑用砂石和铸型黏土开发利用优势明显。目前，全市有采矿企业16家，探矿企业2家，所生产的矿产品主要用作建筑材料。

（吕　康）

人　口

人口状况

【总人口】年末全市常住人口为24.39万人，比上年增加0.26万人，增长1.08%。其中：0—14岁人口为3.31万人，占13.56%；15—64岁人口为19.13万人，占78.45%；65岁及以上人口1.95万人，占7.99%。人口出生率为10.15‰，人口死亡率为4.41‰，自然增长率为5.74‰。城镇人口22.79万人，城镇化率为93.42%。

【人口控制】2015年，全市人口出生率为8.79‰，人口自然增长率为5.37‰，符合政策生育率为99.36%，其中农村符合政策生育率为98.03%，人口政策执行情况良好，全面完成了上级下达的人口控制目标，出生人口性别比逐步趋于正常，持续保持了稳定适度低生育水平。

（罗艳红）

城 乡 建 设

城乡建设规划

规划设计

【城市总体规划】 2015年委托中国城市发展研究院有限公司对《嘉峪关市城市总体规划(2012-2030年)》实施评估。

【专项规划】 2015年编制的专项规划有：委托编制了《中心城区公服设施专项规划》《新城草湖国家湿地公园修建性详细规划》《安远沟村新农村社区规划》《嘉峪关市城市环境卫生系统专项规划》,指导建设、园林、交通等部门认真做好城市地下管网、城市绿地系统规划等3个专项规划编制工作。

【控制性详细规划】 2015年委托建学建筑与工程设计所有限公司对《嘉峪关市城市控制性详细规划》进行修编。

【乡镇规划】 2015年组织委托省规划设计研究院及中国城市发展研究院有限公司编制《峪泉镇城乡一体化规划暨发展总体规划(2015-2030)》《峪泉镇镇区总体规划(2015-2030)》《峪泉镇"多规合一"》等三个文本。

规划设计管理

【机构设置与人员编制】 嘉峪关市规划局成立于2009年12月,主要履行国家、省、市有关城乡规划法律、法规和各项方针、政策的贯彻执行,组织编制、调整、修订、报批城市总体规划(含城镇体系规划)、控制性详细规划和城市重要地段的修建性详细规划,审查、审定规划区内各类建设项目规划方案和建筑设计方案,对规划区内的建设项目、市政工程的规划实行统一管理,负责规划区内各类建设项目的工程测量、开工定位放线(验线)和规划竣工验收,纠正违反规划批准建设行为等职责。局机关内设办公室、规划管理科、规划编审科、规划监察科4个职能科室,下设城市博物馆、规划设计院、规划信息中心三个科级事业单位,全局共有干部职工47名。

【规划编制】 完成了嘉峪关市东区控制性详细规划、讨赖河新区控制性详细规划报批工作。开展了城市总体规划中期评估和控制性详细规划修编工作；组织组织委托省规划设计研究院及中国城市发展研究院有限公司编制《峪泉镇城乡一体化规划暨发展总体规(2015-2030)》《峪泉镇镇区总体规划(2015-2030)》以及《峪泉镇多规合一规划》等三个文本。结合住建部等部委开展的城市地下管网普查工作，安排抽调专业技术人员先行开展图上作业,保证前期核查有据实施。指导建设、园林、交通等部门认真做好城市地下管网、城市绿地系统规划等3个专项规划编制工作。委托编制了中心城区公服设施专项规划、新城草湖国家湿地公园修建性详细规划、安远沟村新农村社区规划;全面展开"多规合一"基础数据收集整理,组建局内课题研究组收集整理各类规划文本43套,法定图则8份，图集100余幅，为下一步全市全面展开"三规合一"编制工作打下了坚实的基础。组织召开城乡规划委员会4次，对3个专项规划、16个规划设计方案进行了审查；组织召开建设项目方案评审会议17次,完成了酒钢四中、惠民街区棚户区改造等27个项目的规划设计方案评审,核发建筑工程设计方案核定通知书69份,核发建设工程规划许可证 149 份。

【规划管理】完善规划审批环节，深化了与发改、建设、国土部门之间的联动和审批反馈机制。严把规划选址、规划条件制定、规划方案审查等关口，进一步优化规划管理办事流程，提高规划许可的质量和效率。服务各类投资建设项目规划工作，协助推进丝绸之路博览园、酒钢煤炭分质利用项目、兰州铁路局旅游基地等省市重点项目建设，保证项目有序进行，出具规划条件通知书 46 份，核发建设项目选址意见书 20 份，出具建设项目用地红线位置图 39 份，核发建设用地规划许可证 56 份，乡村建设规划许可证 2 份。

【规划监察】2015 年，加大了规划执法巡查力度，严肃查处各类违规行为。对全市范围内所有审批在建的投资项目进行规划专项检查，对验收不合格的下达责令改正通知书 1 份；下达行政拟处罚告知书 11 份；对华电嘉峪关太阳能发电有限公司等 8 起违法行为立案查处，结案 4 起，罚款 35.87 万元，另 4 起案件拟执行行政处罚罚款 349.43 万元，有效保证了规划的严肃性。组织建设项目进行规划竣工验收，对全市 32 个在建工程，102 栋建筑完成规划验线，核发建设工程规划竣工验收合格书 60 份。利用节假日、农村集市，在三镇、市区人群比较密集的区域，进行城乡规划法律法规宣传，发放城乡规划法规宣传资料 3000 余份。加强与国土、建设、城管、园区等执法单位的衔接与沟通，参与、协助、配合相关业务部门解决违法案件 9 起，形成了信息共享批后监管的动态联动机制。

【规划设计】2015 年完成城乡规划设计 19 项，市政工程设计 24 项，城市基础测绘 65 项。完成了总长度 33 千米的祁连路、朝阳路等 9 项给排水市政基础设施配套工程路由。完成了酒钢热电厂至嘉南新区 26.3 千米的一级供热管网及四〇四、东兴铝业换热站等 10 项供热基础设施配套工程路由。完成了 42.1 千米的城市综合管网定位放线及道路测设，完成了 5.5 万平方米的地形图测绘。

【规划信息平台建设】完善了规划管理业务信息系统，深化了地理信息系统(GIS)平台建设，共享“数字嘉峪关”地形图、影像图和市域遥感影像图数据，拓展了规划“一张图”管理的深度，全年公开公示 32 个在建项目；积极协助相关单位和部门做好规划管理提资和档案查阅工作，办理查询、整理档案 320 份，补录历史档案 22 份。

【城市博物馆社会服务】继续开展流动展览进基层活动，先后在学校、社区、村镇集市等地开展流动展览宣传活动 7 场。精心打造“城市记忆”单元展。热情周到做好了接待服务工作，全年共接待参观团队 140 个、10528 人次，视频会等会议服务 59 场次，有效发挥了博物馆社会教育、服务职能。

（张　静）

城乡建设

非生产性建设项目

【建设规模】按照《嘉峪关市 2015 年国民经济和社会发展计划》和《嘉峪关市 2015 年城市建设项目计划》的要求，全年共组织实施重点建设项目和建成区基础设施新建及改造工程总计 16 项，总投资 1.3 亿元；代建项目工程 5 项，完成投资 1.6 亿元。主要实施了以下工程：

观礼古镇周边道路新建工程。5 月 1 日开工，7 月 30 日完工并投入使用。共新建观礼古镇周边道路 1.9 千米，完成投资 1650 万元。

城市南区部分道路新建工程。7 月 28 日开工，10 月 15 日完工并投入使用。新建大河锦绣城和酒钢三中新校区周边机动车道、非机动车道及人行道共计 5.7 千米，面积 5 万平方米，完成投资 2500 万元。

南市区供热配套工程。7 月 23 日开工，10 月 30 日完工。新建环保局换热站、市医院换热站各一座，配套完善嘉南新区四〇四换热站、东兴铝业换热站和文新路北侧区域换热站换热设备，敷设管网 6.6 千米，新增供热能力 280 万平方米，完成投资 3790 万元。

刺建街区配套管网及周边道路工程。9 月 18

日开工，11月1日完工。新建供水管道341米，排水管道540米，供热管道2千米，人行道5310平方米，完成投资616万元。

购置城市公交车24辆。已全部投入运行。完成投资935万元。

酒钢三中新校区建设项目。完成了艺术中心、室外道路硬化、体育看台及运动场施工，并于7月31日交付使用。全年完成投资5600万元。

市第一人民医院建设项目。6月5日开工，计划2017年9月竣工。门诊楼、住院部及医技楼已全部封顶，年内完成投资6500万元。

市明珠学校初中部综合教学楼工程。4月16日开工，计划2016年7月竣工。风雨教室已竣工，综合教学楼正在进行室内装修。年内完成投资2450万元。

市中医医院一期工程。于8月15日开工，计划2017年7月1日竣工。已完成三层主体施工，年内完成投资800万元。

市公安局业务技术用房项目。已完成室内墙面粉刷及地板砖的铺贴及外墙石材干挂，年内完成投资900万元。

城市建设综合开发

【旧城改造】2015年城区供热管网改造工程。9月3日开工，10月17日完工。对佳苑换热站进行改造，安装换热机组2套，增加供热能力60万平方米。改造老化管网2.43千米，完成投资632万元。

2015年城区污水管网改造工程。9月3日开工，10月17日完工。改造祁连路、报社西巷道和朝阳路老化管网1.87千米，完成投资180万元。

2015年城区供水管网改造工程。9月3日开工，10月17日完工。改造玉泉路、体育大道等区域老化供水管网1.33千米，完成投资192万元。

2015年既有居住建筑供热计量及节能改造工程。对友谊街区20栋住宅楼(共642户)进行供热计量及节能改造，改造面积6.92万平方米，完成投资620万元，全面完成了省厅下达嘉峪关市6.83万平方米的目标任务。

消火栓维修改造工程。6月22日开工，8月20日完工。对市供水管理处所属消火栓存在的73处隐患进行整治改造，已完成全部改造内容，完成投资30万元。

2015年农村危房改造工程。各级财政投资37.5万元，改造农村危房30户，现已全部完工。

（张先南）

城市建设融资

【机构设置与人员编制】嘉峪关市城市基础设施建设投资开发(集团)有限公司(以下简称“城投公司”)成立于2002年12月9日，注册资金1亿元人民币，为政府直属的国有独资公司。主要承担城市基础设施建设的融资及市政府授权范围内国有资产经营管理工作。公司实行董事会领导下的总经理负责制，内设办公室、计划财务部、融资管理部、房地产开发部、法律事务部、城市发展投资中心，2015年有在册职工19人，其中行政领导1人，事业编制4人(编制在建设局)，进村进社1人，企业编制11人，临时工2人。2015年公司荣获“市长金融奖”。

【融资工作】债券资金拨付及信息披露工作进展有序。按照市发改委（嘉发改投资发[2014]159号)文件精神及相关要求，对10亿元债券资金进行审核拨付。截至年末，共计拨付资金6.07亿元。并按照发债工作要求积极配合证券公司、审计机关、评级机构做好债券的年报披露和跟踪审计等工作。

银行融资工作取得成效。公司作为政府融资平台，先后与国家开发银行甘肃省分行、中国农业发展银行嘉峪关分行、建设银行嘉峪关分行、兰州银行嘉峪关分行等银行金融机构建立了互惠、互信的良性银企关系。截至年末，贷款余额12.13亿元。所融资金全部用于南市区集中供热、东湖及周边基础设施建设、祁连山北麓生态环境治理，包括讨赖河生态环境治理、两湖一河园林景观建设、城市重点绿化、南市区排水及道路等建设工程项目，确保了重点项目的及时开工，有效缓解了全市项目资金短缺的问题。

做好债券和贷款资金的还本付息工作。截至年末，公司按期偿还2015年度债券利息7830万元，债务本金1.8亿元，支付利息4410万元。

棚户区改造项目融资工作进展顺利。为保障嘉峪关市2014-2017年棚户区改造项目顺利实施，经我公司与国家开发银行甘肃省分行、省保障房投资公司衔接，2015 年争取到棚户区专项贷款 4.15 亿元，棚改专项债券基金 9358 万元，全部用于我市棚户区改造工程。

配合市发改委，做好专项债券资金的管理工作，2015 年共计到位资金 9500 万元，主要包括酒钢职大实训基地 1000 万元，南市区供热管网改造 600 万元，第二污水处理厂建设资金 1900 万元，嘉峪关市供排水、供热等地下管网建设工程 6000 万元。

【棚户区改造工作】根据市棚改指挥部安排，市城投公司除了承担项目融资贷款外，还承担了安置房建设任务。《嘉峪关市 2015–2017 年棚户区改造项目可行性研究报告(初稿)》已初步形成，国开行省分行正在预审。同时，安排人员对 2016 年即将开工的福民(惠民)街区施工现场进行了全面的摸底调查，经与有关权属部门协调联系，初步了解和掌握了该街区现有的市政民用管网情况。各项前期工作正在有序进行。

【项目建设】嘉峪关火车南站站前广场项目。嘉峪关火车南站站前广场已于 2014 年 12 月 26 日正式投入运营，根据 2015 年 4 月 14 日市政府第 89 次常务会精神，该项工程于 2015 年 3 月底已终止 BT 模式，最大限度地节约了资金。该项目各项验收工作已经准备就绪，进入综合验收阶段。

昌盛街商品住宅楼项目。商品房开发的各项工作已基本完成，正在进行决算审核工作，并安排做好期转现的各项工作。

综合办公楼项目。该项目综合验收工作已完成，正在进行办公楼主体决算审计工作。

【健全和完善管理结构】健全和完善公司各项管理制度。根据公司实际情况，并广泛征求职工意见建议，拟定了相关管理制度，已经董事会研究通过并实施。具体包括：《嘉峪关市城市基础设施建设投资开发(集团)有限公司公司债券募集资金管理办法》《嘉峪关市城投公司贷款项目资金管理办法》《嘉峪关市城投公司员工考勤制度》《嘉峪关市城投公司节假日值班制度》《嘉峪关市城投公司公文管理制度》《嘉峪关市城投公司车辆管理制度》《嘉峪关市城投公司治安管理规定》《嘉峪关市城投公司门卫保安管理制度》《公司印章管理办法》。专题召开公司安全工作会议，部署和落实市安委会的各项要求。完善了公司的监控系统，与出租门店签署了安全补充协议，确保将安全工作放在首位。

调整和完善公司内部组织结构。根据工作需要，按照《公司法》及公司《章程》要求，经公司董事长办公会议及公司董事会研究决定，增设了房地产开发部、融资管理部及法律事务部，撤销原综合经营部，完善了公司的组织架构。

组建群团组织，充分发挥其职能作用。经公司董事长办公会议研究决定，市建设局批准，成立城投公司工会、团支部、妇委会等群团组织，各项筹备工作已基本准备就绪，将适时召开成立会议。随着党员人数的增加，成立党支部的条件已基本具备，已开始着手筹备工作。

(张晓芳)

水资源综合开发利用

【机构设置与人员编制】根据《嘉峪关市人民政府关于成立甘肃嘉峪关水文化(集团)有限公司的批复》(嘉政发〔2013〕35 号)文件批复，成立甘肃嘉峪关水文化(集团)有限公司(简称“水文化集团”)。公司为市政府直属的国有企业，设立董事会、监事会，实行董事会领导下的总经理负责制。公司下设 8 个子公司：嘉峪关水文化传媒有限公司、嘉峪关水文化景区经营管理有限公司、嘉峪关水文化房地产开发有限公司、嘉峪关水文化冰川纯净水开发有限公司、嘉峪关水文化嘉东供水有限公司、嘉峪关水文化双泉供水有限公司、嘉峪关水文化商贸有限公司、嘉峪关水文化景区物业服务有限公司。集团公司合同聘用制员工 35 人，季节临时工 100 人。

【项目建设】2015 年，在市委、市政府的领导下，水文化集团全力以赴狠抓项目建设，实施了一批发展潜力大、社会效益好的项目。

南湖文化生态园项目。项目批复总投资 3.09 亿元，由讨赖河北岸湿地保护、龙湖水库、南市区生态用水综合调蓄、绿化、道路铺装及景观灯采购安装 4 个项目组成。截至 2015 年年底，累计完成投资 1.4 亿元，建成调蓄能力 100 万立方的水库 1

座，完成绿化面积60万平方米，种植各种乔木9.65万株、花灌木21.49万株、景观花卉17.7万棵，铺设园区道路13.95千米。

讨赖河北岸休闲商业街一期工程。工程经嘉发改投资发[2013]180号文件批复同意建设，批复概算投资9400万元，建设内容为：在讨赖河北岸新建仿古建筑风格商业街1千米，配套完成景观铺装、照明、绿化等附属设施。截至2015年年底，已完成主体建设、屋面挂瓦、门窗安装、地暖铺设、室内地坪及部分绿化，累计完成投资5000万元。工程计划2016年5月初交付运营。

嘉峪关南市区35~110千伏输送电线路改线工程。工程经嘉发改农经发[2014]12号文件批复同意建设，项目批复投资2415.4万元，主要建设内容为：将原酒钢环城铁路南侧南市区垃圾站至嘉文大桥东侧，讨赖河北岸排沙渠间高压线通廊内的110千伏祁雄线、110千伏嘉祁线、110千伏雄牵线、110千伏雄东线、35千伏祁文线、35千伏祁新线6条输电线路整体迁移至原酒钢环城铁路与G30连霍高速间的绿地内，同时将雄关二回线红日支线两湖一河分支线迁移至铁路路基南侧。截至2015年年底，已完成塔基浇筑48基，塔体组装40基，放紧线7.5千米，累计完成投资2021万元。

《丝路驿传》文化咨询服务项目。项目经嘉发改农经函[2015]212号文件批复同意开展前期工作，主要内容为：挖掘、弘扬和研究"驿传文化"，完成嘉峪关市"一带一路"建设文化丛书之二——《丝路驿传》书稿的文本写作、摄影及图文合成工作。项目总投资98万元整。现正进行实地考察、资料收集工作，计划2016年1月至8月进入全面写作和专家审读，2016年9月至12月完成编审统稿、图文合成并报送甲方审定。

中华汉字园项目。项目经嘉发改农经函字[2015]107号文件批复同意开展前期工作，项目的主要建设内容为：在南湖文化生态园内，以汉字文化为主题，综合考虑项目区自然、人文资源、周边环境功能以及土地利用等因素，新建占地面积15万平方米的融文化展示、休闲娱乐、生态旅游、保健康体、综合服务、高科技为一体的园区1处。项目于2015年5月已完成设计招投标手续，现正进行总体规划设计。

丝绸之路文化展示中心项目。项目经嘉发改农经发[2015]48号文件批复同意建设，项目批复概算总投资3300.44万元，批复建设内容为：在南湖文化生态园内，新建占地面积100亩，建筑面积3300平方米，集教育、文化、旅游于一体的多功能文化交流平台1处。项目于2015年11月19日开工建设，现正进行场地平整及项目的部分基础开挖工作。

按计划如期完成了讨赖河北岸音乐广场、两湖一河供水工程、讨赖河南岸输水工程、龙王滩遗址保护利用一期工程、讨赖河生态环境治理一至四期工程、夜光楼及广场工程、音乐喷泉等项目的决算编制，资料整理及验收工作。

推进了东湖湖心岛、水文化博览园、文殊小流域休闲街等项目的方案编制、深化设计等工作。

按照"十三五"规划要求，编制储备了一批如嘉峪关市南湖文化生态园、南湖文化生态主题酒店、南湖房车营地、南湖自行车慢生活体验中心、丝绸之路文化展示中心、水文化博览园、讨赖河北岸休闲街二、三期、南市区城市综合体、南湖野生动物园等有发展前景的项目，并上报相关部门争取列入相关规划和建设日程。

【争取项目资金】紧跟各大银行资金投放政策，精心筛选上报优质项目，衔接争取银行贷款资金。截至2015年年底，争取到兴业银行贷款资金1300万元，建行贷款资金800万元。为拓宽项目建设资金来源渠道，探索建立公司和社会资本合作(PPP)项目，精心筛选、上报了一批有收益、可操作、能落地的项目，并面向全国进行招商。同时，选择有文化内涵、有经济实力的合作伙伴开展PPP模式对接合作，积极推动公司建立PPP项目合作机制。

【争创AAA级景区】为将讨赖河生态文化景区打造成为高标准高品位的综合性文化景区，营造一个天蓝、地绿、水清的优美环境，为游客提供一个安全、舒适、休闲、消夏的场所，公司上下认真做好了景区环卫清洁、景观设施维修、绿化养护等工作，为景区提供了基础性服务保障。通过完善景区各项硬性指标，成功创建了国家AAA级旅游景区。

【水资源管理】加强双泉水源地、双泉开发区、双泉水库、东湖、两湖一河及讨赖河景观库区各输水设施的安全管理，合理调配水资源，全力保障人饮、企业生活、生产、农业、城市生态绿化供水，认真做好安全生产和防汛抗旱工作。定期对供水设备、计量设施进行检查，杜绝“跑、冒、滴、漏”。

【对外宣传】2015 年 5 月 15 日，由甘肃龙文化研究院和公司主办，水文化传媒有限公司承办，“中华龙·中国梦——王国文龙文化作品展”在讨赖河畔的荣宝轩艺术馆开展。

2015 年 9 月 25 日，由市委、市政府主办，市体育局和我公司承办的“迎国庆·万人健步走南湖”活动和“环南湖山地自行车挑战赛”在南湖景区圆满收官。

（张雯怡）

水利建设项目

【农田水利建设项目】嘉峪关市高效节水灌溉项目。由省财政厅、省水利厅批准建设，被列为第五批和第六批中央财政小型农田水利重点县建设项目，在新城镇、峪泉镇、文殊镇实施，共发展高效节水面积 10.37 万亩，总投资 1.32 亿元。项目自批复以来，经市政府批准，市水务局组织成立了嘉峪关市高效节水灌溉示范项目部。2015 年，重点实施了第五批 2013、2014、2015 年度高效节水灌溉项目和第六批 2014、2015 年度高效节水灌溉项目，共实施高效节水面积 9.04 万亩，其中新城镇滴灌 6.11 万亩，峪泉镇管灌 0.9 万亩，文殊镇管灌 2.03 万亩。工程总投资 1.14 亿元。高效节水项目完成后，每年可节水约 2000 万立方米，有效解决水资源供需矛盾，提高水资源利用率，促进农村经济长足发展。

春修工程。实施 2015 年春季小型农田水利工程维修项目的主要建设内容为：新城镇旧井更新 9 眼，维修水塔 1 座，三镇各级渠道清淤 56 千米，渠道维修 3850 米，渠系建筑物的维修养护 15 座，新建水闸 7 座，新建标准测水断面水尺 10 处；文殊镇人饮工程维修管线 4700 米，更换阀门 7 套，新建阀门井 8 座。项目概算投资 101.09 万元。项目建设已顺利完成，并通过市发改委、财政局等验收组的验收。

峪泉水利站组织实施了峪泉镇输水管道改造工程，工程投资 25 万元；实施了支农泵站设备设施优化改造工程，投资 25 万元；实施了断山口村灌溉明渠迁建项目，投资 84.4 万元。

【防洪设施建设项目】讨赖河安远沟村至嘉酒分界线段河道治理项目建设。根据《甘肃省江河主要支流和内陆河治理规划实施方案》，2015 年 1 月，省发改委批复初步设计报告，主要建设内容为：讨赖河安远沟村至嘉酒分界线段河道治理 6.3 千米，修筑防洪堤 13 千米。该项目于 2015 年 10 月开工建设。项目概算 2637 万元，截至 2015 年底完成项目资金 2532 万元，占工程总量的 96%。

嘉峪关市高铁南站崔家洪道封堵导流工程。为保证嘉峪关市火车南站、站前广场及下游村庄和农田不受洪水威胁，由市发改委嘉发改农经发[2015]40 号文件批复建设嘉峪关市高铁南站崔家洪道封堵导流工程。工程投资概算 1080.5 万元。主要建设内容为：新建堤防 8368 米，其中崔家洪道新建堤防 2034 米；钟家沙河新建堤防 6334 米（左岸拆除重建堤防 706 米，新建堤防 2461 米；右岸拆除重建堤防 702 米，新建堤防 2465 米）。工程于 2015 年 9 月下旬开工建设，已完工投入运行。

嘉峪关市峪泉镇东兴铝业西侧防洪工程。为提高东兴铝业西侧行洪安全，解决洪水对嘉黄公路、坦克路和甘肃东兴铝业有限公司的危害，保障项目区经济社会的持续发展，由市发改委《关于同意嘉峪关市峪泉镇东兴铝业西侧防洪工程可行性研究报告的批复》（嘉发改农经发〔2015〕33 号）批准实施了嘉峪关市峪泉镇东兴铝业西侧防洪工程。工程概算总投资 230 万元。主要建设内容为：在嘉黄公路北侧新建渐变段 60 米，新建排洪渠 2810 米，修建 8 座小型渡槽和 4 座车桥。工程于 2015 年 10 月上旬开工建设，已完工投入运行。

【生态环境建设项目】嘉峪关市讨赖河南岸水土保持综合治理工程于 2014 年底通过嘉峪关市局局务会议研究确定启动。2015 年 3 月编制了《嘉峪关市讨赖河南岸水土保持综合治理工程可行性研究报告》，经市发改委批复立项。工程估算总投资 1514.58 万元，2015 年 5 月，编制了《嘉峪关市讨赖河南岸水土保持综合治理工程环境影响报告表》并通过市环保局技术审查,同时,办理土地、规划等部门预审手续。截至2015年底,该项目已完成初设等所有前期工作。该项目水土保持措施实施后,工程建设扰动范围内土地整治率将达到100%,水土流失总治理率达到91.7%,拦渣率达到99%,土壤流失控制比达到1,林草覆盖率达到91.66%,林草植被恢复率达到98%。

【人畜饮水建设项目】文殊镇农村人饮安全改造工程。市发改委(嘉发改农经发〔2015〕4号)对嘉峪关市文殊镇农村人饮安全改造工程进行了立项批复,项目总投资427万元。主要建设内容为:新建50立方米水塔一座;安装蓄水池紫外线消毒设备3套;配套修建阀门井、水表井,铺设供水管道13.14公里。截至2015年底,已完成管道铺设任务。同时批复的新城镇泥沟村人饮改造项目计划建设任务为:更新人畜饮水机井一眼,新建水塔一座,安装变压器一台,铺设供水主管线3.7千米。2015年底已全面完成。

水质检测中心建设。2015年嘉峪关市水务局筹建了农村饮水安全工程水质检测中心。项目总投资112万元,其中中央投资84万元,市财政配套资金28万元。检测中心分为化验室、无菌操作室和药品室。购置水质检测专用仪器设备33台(套),购置水质检测专用车一辆。截至2015年底完成了水质检测中心建设、采购等工作,并开始水质检测工作。

(赵玉珍)

城乡建设管理

【机构设置与人员编制】嘉峪关市建设局是市政府主管全市建设工作的职能部门。局机关内设党委办公室、行政办公室、计划财务科、城乡建设管理科、建筑业管理科、公用事业管理科、工程项目管理科,局属1家参照公务员管理的事业单位:市人防办;14家事业单位:城市建设工程管理中心、城市发展投资中心、勘察设计管理办公室、市政府投资项目代建管理办公室、城建档案馆、建筑安全生产监督管理站、建设工程招标投标管理办公室、建筑市场管理办公室、市政公用设施管理处、建筑管理站、建筑工程质量检测中心、供水管理处、污水管理处、路灯管护队;3家局属企业:建筑设计院、供热公司、公交公司。截至2015年末,局机关及局属系统干部职工共610名,其中机关工作人员23名,参公及事业单位职工153名,“进村进社”工作人员15名;企业职工419名;各类专业技术人员106名,其中中级以上职称42名。中共党员213名。

【城市建设管理】以打造“山水特色之城、生态园林之城、人文魅力之城”为目标,狠抓城市建设管理工作。按照科学合理,适度超前的原则,加大城市建设力度,营造整洁优美、文明有序的城市环境。加大城市管理力度,严厉查处各类违法违规行为。探索科学有效的管理模式、管理方法和管理手段,形成了建设主管部门总负责、相关部门分工负责、全社会齐抓共管的城市管理新机制。针对影响市容市貌的突出问题和人民群众关心的热点难点问题,连续六年开展了城市环境综合整治活动,使全市的市容市貌、环境卫生、市政设施、建筑施工场地、交通秩序、市场秩序等有了明显改变。通过“12345”民生服务热线及“12319”城建服务热线,拓宽了群众监督渠道,提高了城市管理质量和服务水平,使全市的城市形象得到了显著提升。

【城市公用事业管理】供热公司利用停供期间,对室内外各类设施进行检修维护和改造,确保2015年冬正常稳定供暖;供水管理处以安全供水为中心,不断强化管理,全年供水量为1654万立方米,供水合格率达100%;污水管理处紧紧围绕“水质达标、管理达标、环境达标”的总体要求,全年共处理城市生活污水670万立方米,出水水质达到国家《污水综合排放标准》(2002)一级B排放标准。

【市容市貌管理】为配合做好第五届“敦煌行·丝绸之路国际旅游节”开幕式,由市建设局牵头实施环境整治组的整治工作,编制完成了《第五届“敦煌行·丝绸之路国际旅游节”环境整治组工作方案》,并印发给各责任单位。主要对新华路、文新路、建设路、体育大道破损和因施工开挖的机动车道进行修复,严把活动期间挖掘城市道路,尤其是大唐美食街、雄关广场、大剧院等周边道路的挖掘审批环节,确保活动期间道路畅通,使用安全。清理掩埋平整长城第一墩道路、城楼周边、南市区建筑垃圾共计2800立方米,督促市电信局对全市的电话亭进行清洗维修,确保电话亭干净整洁、正常使用。修建完成方特欢乐世界门前3.8米高围墙800米、南侧临时停车场1750平方米。

【市政公共设施管理】市建设局政公用设施管理处本着认真检查、及时维护、强化管理的原则,不断加大对市政公用设施的巡查和维护力度,全年共修补各类沥青路面22380万平方米、补铺花砖5260平方米;路灯亮灯率达99%;组织清掏疏通化粪池检查井3100余座/次,保证了各类市政公用设施的正常运转。

【"十二五"期间项目建设情况】"十二五"期间,重点围绕"两湖一河"区域实施了"两湖一河"生态环境、园林景观以及围绕南市区开发建设的供水、排水、供热等基础设施工程。完成投资近9亿元,共新建了讨赖河生态园、明珠文化生态园人工湖5座,总库容186万立方米,飘带河景观带1.1千米;新建了南市区"三横、六纵"等12条道路,道路总长28千米,铺设地下综合弱电管廊35千米;新建跨讨赖河、跨清嘉高速公路桥梁各两座,安装路灯1032盏;新建热源厂1座、换热站8座,新建日供水能力为3.5万/立方米的水厂一座,新建燃气门站1座,新建及改造供热、供水、排水、管网1921千米。南市区一期15平方千米基础设施齐全、功能完善,深圳华强文化科技产业基地、火车南站、图书馆等一批重点建设项目相继建成投入使用;祁连水电、东兴铝业、四〇四等国有大型企业的生活基地基本建成。同时按照市委、市政府的决策部署,坚持新市区建设与老城区改造并重的原则,立足当前,适度超前,完成投资15.61亿元,配套建设和逐步改造旧城区道路、供水、排水、供热、供气等城市基础设施,积极妥善解决事关百姓出行和生活的各类问题。

(张先南)

城市环境卫生

【机构设置与人员编制】嘉峪关市环卫局于2004年8月经市政府批准成立,是由市建设局下属的市环卫处更名升格为正处级全额拨款事业单位,直属市政府管理。内设2个科室4个基层单位,即办公室、环境卫生管理科和市环境卫生监察支队、环卫作业服务中心、市垃圾处理场、环卫局收费中心。2015年4月,市综合执法局成立后,市环境卫生监察支队整建制划转市综合执法局。编制干部职工43名,现在编在岗30名,进村进社5名,三支一扶1名,全局辅助性用工652名。

【环卫设施】市环卫局现有大中型环卫机动车辆61台,辖区内有地面垃圾斗140个、地沉式垃圾斗85个、垃圾桶465个、果皮箱1650个;管理公共卫生间45座,其中生态卫生间8座,星级卫生间7座。全市清扫保洁面积(含花砖)共635万平方米,其中道路清扫保洁面积556万平方米,街区清扫保洁面积79万平方米,机械化清扫面积176万平方米,机械化清扫率32%。日清运垃圾210吨,生活垃圾实现日产日清,无害化处理210吨,垃圾清运率、处理率均达到100%。现有小型Ⅳ类生活垃圾转运站2座(南、北市区各1座),设计日压缩转运城市生活垃圾各100吨,采用水平直压式压缩转运工艺;有生活垃圾处理场一座,往返市区近50千米,设计日处理垃圾250吨,采用卫生填埋处理工艺。

【城市环卫建设】2015年,市环卫局紧紧围绕创建全国文明城市和市委市政府各项重点工作及市政府年初制定的经济社会发展目标,全局进一步明确工作任务,制定工作措施,落实工作责任,有序地开展各项工作。

*八叠夜滩生活垃圾处理场项目建设。*该项目作为市第一批PPP示范项目,在有关部门的大力支持下,经过全局职工的不懈努力,到2015年底完成了地勘、可研、环评、规划、土地、社会稳定风险评估等31项前置审批手续的办理,进入咨询服务单位招标程序,待合作伙伴招标确定后开工建设,预计2016年年底竣工并投入使用。

*南市区生活垃圾转运站项目建设。*该项目土建施工、设备安装调试、院内部分地面硬化及绿化工作已按照立项内容全部完成,具备了交付使用条件。

按照《嘉峪关市2015年城市建设项目计划》,

落实350万元建设项目。2座移动生活垃圾压缩站项目已完工并正式投入使用。环卫设施购置项目已完成招标采购工作,6台微型收集车、1台8吨压缩车和20台电动三轮保洁车已全部采购到位。数字环卫综合系统建设项目信息平台建设和地磅安装已完成,正在调试运行,车辆GPS定位系统和油料监测正在安装。2015年新建2座公厕建设项目,已完成各项前期手续的办理。

【城市环卫管理】 环卫作业市场化运营。按照市政府购买公共服务相关要求,在2014年环卫市场化运作成功试点的基础上,推进明珠路以南城市道路的经营性清扫保洁、市区13条道路两侧商业网点生活垃圾的收集运输、垃圾处理场垃圾卫生填埋、城市道路洒水降尘、公厕保洁服务等5项环卫作业项目的市场化运行工作,确保环卫管理工作上台阶上水平。

全市道路清扫、保洁、垃圾的收集、转运、处理工作。在全市主次干道和街道社区继续推行"四定两保"路段承包责任制,提高清扫保洁质量,全面提升城市环境卫生管理水平。同时采取有力措施,做到城区生活垃圾运输密闭化,不泄漏,对主要路段沿街的单位和商业门点生活垃圾实行定时、定点上门收集,做到了日产日清日处理,无害化处理率达100%。全年无害化处理生活垃圾约7.3万吨,处理建筑垃圾1500立方米。

城市大气污染综合治理。在发挥现有环卫设备的基础上,通过向社会购买服务,以冬天不结冰,夏天不积水,全年保湿不起尘为标准,出动8台洒水车,对全市13条主要道路进行全天候不间断洒水降尘作业,日均洒水量达到900立方米。加大机械化清扫率,减少人工作业过程中产生的道路扬尘和污染。争取到大气污染防治专项资金400万元,购置8吨高压清洗车5台、8吨洗扫车1台、10吨雾炮车1台,已全部采购到位。

公厕维护管理加强。由环卫局直接管理并免费开放的公厕共45座。2015年,制定了严格的考核制度和操作规范,加强对公厕设施的维护与维修,保障设施的完好率;按时配发公厕所需保洁工具和清洁用品,完善了公厕管理各项规章制度,加强巡回检查、考核评比,对工作制度、监督栏公示上墙,随时接受市民监督,公厕卫生保洁水平明显提升。

生活垃圾处理费征收。全年共收取垃圾处理费438万元,超额完成年初财政部门下达的390万元的征收任务。

环境卫生综合整治。2015年,以创建全国文明城市和举办重大节庆活动为契机,开展城市环境卫生综合整治活动,重点对火车站货场、镜铁西路等45处卫生死角进行了集中清理,共清理垃圾360余吨。整改落实市长信箱、群众投诉和12345反馈的环境卫生问题140余起。对全市各路段429个破损的果皮箱进行了维修更换,改善了城区环境卫生面貌,促进了环卫服务水平的提升。

行政审批许可和生活垃圾清运审批工作得到落实。市环卫局共承办从事生活垃圾经营性清扫、收集、运输、处理服务审批6起,新建物业小区和企业申请生活垃圾清运事项9起,并签订了生活垃圾清运合同。均严格按照程序办理了相关手续。

人大代表、政协委员提案建议办理完成。2015年,承办人大代表建议、政协委员提案共10件。在办理过程中,通过采取与代表座谈、实地查看等形式,认真倾听人大代表、政协委员的意见建议,较好地落实了人大代表、政协委员提案建议办理工作,做到了让群众满意,让代表委员满意。

【"十二五"期间环境卫生管理情况】"十二五"期间,市环境卫生工作围绕国家卫生城市复查验收和创建全国文明城市的奋斗目标,大力实施城市环境卫生综合整治工程,城市环境卫生事业有了长足的进步。环卫基础设施建设突飞猛进,在垃圾收集转运、处理上实现了历史性突破。道路清扫保洁面积迅速扩大,机械化清扫率不断提高,实现了市区主要道路水冲和喷雾降尘作业,市容环境面貌得到大幅改善。

市容环境卫生面貌有了明显改观。通过落实清扫、保洁、管理"三位一体"的路段承包责任制和定人、定责、定岗、定区域、保质量、保效果的"四定两保"环卫工作管理责任制度,实行精细化管理,道路清扫保洁质量进一步提高。坚持落实生活垃圾日产日清日处理,5年来,共无害化处理生活垃圾40.1万吨、建筑垃圾5000多吨,无害化处理率达100%。积极开展大气污染综合治理防治工作。市环卫局以冬天不结冰,夏天不积水,全年保湿不起尘为标准，对全市13条主要道路进行全天候不间断洒水降尘作业，日均洒水量达到900立方米。加大机械化清扫率，减少人工作业过程中产生的道路扬尘和污染。

*环卫作业市场化运营力度。*按照市政府购买公共服务相关要求，2014年，环卫局尝试将部分环卫作业项目推向市场，实行市场化运作。2015年，对明珠路以南城市道路的经营性清扫保洁、市区13条道路两侧商业网点生活垃圾的收集运输、垃圾处理场垃圾卫生填埋、城市道路洒水降尘、公厕保洁服务等5项环卫作业项目进行了公开招标，以承包的形式把环卫作业项目的特许经营权承包给有资金实力和资质条件的环卫服务企业进行运行，全面引入竞争机制，市环卫局对照国家相关行业标准实施考核管理，实行管干分离，实现了环卫体制的转型试点，确保环卫管理工作上台阶上水平。

*环卫基础设施有了较大改善。*完善了垃圾转运系统，完成了嘉峪关市南市区生活垃圾转运站建设任务。争取中央专项资金、省级财政资金、地方配套共1500万元，在南、北市区建成小型Ⅳ类日压缩转运城市生活垃圾100吨的生活垃圾转运站各1座，在垃圾密闭收集、压缩转运上实现了历史性突破。加大了公厕建设力度。自2012年以来，市政府连续3年将建设和改造公厕列为惠民实事，共投资2100万元用于公厕建设和改造项目，每年新建、改造、购置公厕10座，并且免费开放，服务市民。十二五期间，共新建、改造、购置公厕30座，极大的完善了城市公厕布局，解决了群众如厕难的问题。加大了环卫工设施设备的购置更新力度，积极争取财政资金1236万元，购置补充压缩车、扫地车、洒水车等各类环卫作业车辆共39辆，三轮车120辆、垃圾桶500个、果皮箱1250个，环卫作业机械化水平和生活垃圾运输密封率得到较大提高。5年来，新建、改造环卫工人休息室6处，并且配备了办公桌椅、更衣柜、饮水机等必要设施，解决了部分环卫工人的喝水和工作间隙休息的问题。实施了数字环卫综合业务管理系统项目，实现了垃圾处理实时远程监控作业、无人值守智能称重和车辆GPS定位，提高了环卫行业管理信息化水平。实施了嘉峪关市八昼夜滩生活垃圾处理场建设项目。该项目经嘉发改投资发【2015】171号文件初设批复，计划总投资6400万元，建设生活垃圾处理场1座，设计规模为日处理生活垃圾360吨，总容积190万立方米，有效库容164万立方米，占地面积约220亩，设计使用年限10年，生活垃圾处理工艺采用卫生填埋。目前该项目作为全市第一批PPP示范项目，已完成咨询服务单位的招标，待合作伙伴确定后开工建设，预计2016年底竣工并投入使用。完成了《嘉峪关市城市环境卫生系统专项规划(2015-2030)》的编制工作。规范和完善了城市环卫基础设施的规划和管理工作，提高了城市环境卫生基础设施的水平。

（赵　霞）

园林绿化与市容市貌

园林绿化

【机构设置和人员编制】 2004年7月经市编委会议和市委常委会议研究决定，市园林绿化管理处更名为市园林绿化管理局，隶属市建设局；2008年7月机构单设，挂市绿化委员会办公室牌子，属市政府主管全市城市园林绿化工作的县级事业单位，主要负责城市园林绿化规划设计、建设和管理等工作，履行市绿委日常工作职责。2014年局机关内设办公室、综合业务科和绿委办办公室3个职能科室，下辖东湖生态旅游景区管理处(副县级)、迎宾湖旅游园区管理处、园林绿化大队、讨赖河园林绿化管理处(科级)。2014年，重新核定各类岗位人员74人。2015年，划出事业编制2名，入嘉峪关市综合执法局(嘉政办发〔2015〕4号)。2015年末，编制各类岗位人员72人。

截至年底，园林局实有干部职工79人(含进村进社人员2人)。其中专业技术干部29人(中级15人，初级14人)；处级干部3人，科级干部13人。全局设1个党组，1个党总支和5个党支部，共有党员40人。

【城市园林绿】 截至2015年末，城市建成区绿化面积达到了2669.41公顷，绿地率达到37.92%，绿化覆盖率达到了39.03%，城市人均公园绿地面积达到了36.31平方米。

【义务植树】“3·12”植树节和“甘肃植树周”活动期间，市绿委办和市园林局组织人员分别在东湖生态旅游景区人流量较大的地点集中进行了义务植树宣传和咨询活动，通过电视、报纸、手机等媒体和平台向全市发出了“全民义务植树活动倡议书”和公益宣传短信。4月10日和11日，组织全市党政机关、企事业单位、群团组织、企业代表和驻嘉部队官兵近2000人分别开展了大规模的义务植树活动；全市108个单位参加了义务拉运绿化土方工作，共计拉运义务绿化土方19.5万立方米，全市义务植树尽责率达到了91%。全市98个单位和沿街商业网点完成了门前摆花任务，共计摆放各类鲜花70万盆。

【城区重点绿化项目建设】围绕“生态立市”的总体目标，在继续扩量增绿的基础上，优化种植结构，加快和提升城市绿化建设水平。重点完成了南市区至高铁南站道路两侧绿化景观（讨赖河南岸）、东兴铝业厂区一号门道路两侧及酒钢三中新校区绿化。完成昌明小区、德惠小区等4个居住小区及市区体育大道、建设路、胜利北路等3条道路，南市区纵一至纵三，横三4条道路的绿化提升改造。完成市区道路绿化以及讨赖河生态园、明珠文化公园、东湖生态旅游景区环湖区域的宿根花卉、乔灌木种植及纵十路苗木密植。全年共新建各类绿地17公顷，改造绿化面积16.34公顷，实际完成投资2654.6万元。

【城市美化】市园林局在全市重点区域及路段摆花50余万盆；完成东湖生态旅游景区设置环湖人行道、车行道分隔线和标识，雄关广场、东湖生态旅游景区、高速公路入口、原服装公司楼下、关城景区路口等处制作安装立体植物雕塑1000平方米。

【景区公共设施】在东湖生态旅游景区新建垃圾集运场30平方米，安装照明灯具10套；在讨赖河生态园、明珠文化生态园新建204.2平方米彩钢板房，维修环湖护坡3000平方米；维修迎宾湖旅游园区铁艺围墙1500平方米，更换园区西侧庭院灯铜芯电缆2000米。

【东湖明珠气象塔】2015年气象塔共接待游客8万人次，门票收入112.1万元。

【创建国家园林城市】2015年8月29—30日国家住建部、省建设厅组成联合检查组对嘉峪关市的创建申报工作进行实地查看，市委副书记、市长、市创建工作领导小组组长柳鹏作了专题汇报。

（张　振）

市容市貌

【城市夜景形象】2015年，在全市快速路、主干路、次干路、支路、街坊路和境内公路全部安装路灯，进一步提高市民夜间出行的安全性。全年在正常的维护中更换各类高压钠灯2660只、整流器490只、触发器200只，更换各类节能灯1300只；补装了各路缺失的灯罩640只，补装检查各类检查孔门盖65块，补装了春节被盗电缆1100米；对新华路中华灯围桶及景区40套路灯杆进行除锈喷漆，更换了高杆灯内老化的电缆300多米。同时对三乡太阳能路灯进行检查维修，更换胶体电池150块、太阳能路灯控制器230只，维修故障路灯640杆，提高了三乡路灯的亮灯率。春节期间在雄关广场安装LED灯带536米，LED灯串400串（每米10串），LED灯网600网，LED挂饰120个，雨滴灯348个，在节假日期间统一全部亮起，形成灯火辉煌的现代化城市夜景。

（张先南）

基础设施

市政设施

【公共交通设施】2015年，市公交公司有公交运营线路14条（含公交专线2条），线路总里程234.6千米，日均客运量约7万人次，年客运量约2555万人次；日均运营里程约2.07万千米，年客运里程达756万千米。实现万人拥有公交数量5.1台次，公交客运分担率达56.47%，准点运行率达98%，乘客满意度测评98.8分，乘客投诉处理率100%，未发生重大交通安全责任事故，安全行车保障率 100%。

（崔 伟）

【城市道路】城市道路网架体系进一步优化。改造提升了新华路、兰新路、阳关路、建设路等 10 余条主次干道。市区建成道路共 72 条，城市道路总长 336.88 千米，道路面积扩大到 405.11 万平方米，人均城市道路面积增加到 18.49 平方米。

【道路改造】明珠山水郡小区北侧人行道、德轩小区北侧人行道新建工程。9 月 24 日开工，10 月 13 日完工。共计铺设人行道 454 米，面积 4500 平方米，完成投资 86 万元。

2015 年城建计划项目完成情况。新建机场路东侧、碧水绿洲东侧、西侧等区域周边人行道和非机动车道等 9 条道路，改造嘉文路至货场非机动车道。新建非机动车道 1.3 千米，人行道 2.5 千米，改造非机动车道 250 米，安装华强周边道路、东湖国际北侧巷道路灯 108 盏，完成投资 1180 万元。9 月 10 日开工建设，10 月 25 日完工。

对双拥路口公铁立交改造工程、城市南区规划二期基础设施建设工程、城市东区基础设施建设工程、金港路上跨清嘉高速公路桥梁工程等 11 项城市基础设施及生态建设、专项规划编制开展了前期工作。

【路灯】2015 年年末，全市道路路灯共 26900 盏，其中 2015 年新增路灯 1376 盏（路灯按一个灯杆有多少盏计算）。

【城市雕塑】截至 2015 年年末，全市已建成城市雕塑 13 尊。

（张先南）

公共设施

【供热设施】2015 年末，城区市政系统供热管道厂长约 732 公里，供热面积 1315 万平方米，供热用户 11 万余户，其中居民供热用户 10 万户，居民供热普及率 100%；2015 年新增供热面积 51 万平方米，新增重点供热区域有水岸华庭、如意庭院。

【供排水设施】2015 年末，全市城区共有 5 座（铁路地区为 4 口水井）自来水水厂，其中市供水管理处属水厂 2 座，酒钢属水厂 2 座，全市共铺设干线水管长度 741 千米。水厂生产能力各为铁路水井 1.2 万吨/日，市第一水厂为 7 万吨/日，市第二水厂为 3 万吨/日，酒钢嘉峪关水源地 3.9 万吨/日，北大河水源地 6.5 万吨/日。全市工业用水量 6500 万吨，生活用水量约为 6440 万吨，民用自来水普及率 100%，年人均生活用水量约为 60 吨。污水处理厂有 2 座，市污水管理处日处理污水 1.8 万吨，酒钢属污水处理厂日处理生活污水 3 万吨，日处理工业用水 8 万吨。

（张先南）

交通设施

【公路设施】2015 年，全市拥有管养国、省干线及专用公路 10 条，共计 487.48 千米。其中高速公路 119.5 千米，二级公路 51.807 千米，三级公路 137.399 千米，四级公路 156.171 千米，等外路 15.88 千米；油路 341.299 千米，砂路 146.181 千米。

（李 玲）

【专用道路】2015 年完成了 68207 部队进出道路改建工程，完成投资 798 万元；9 月下旬，断山口至树窝井战备公路改建工程开工建设，道路总长 20.74 千米，完成投资 500 万元，计划 2016 年 8 月底完工；组织完成了嘉峪关 68207 部队训练场至黑鹰山战备公路建设工程、嘉峪关 68207 部队训练场至后墩山训练场道路建设工程的可研批复和施工图批复等前期工作，上报国家发改委待批。

（崔秀花）

【铁路设施】嘉峪关工务段隶属于兰州铁路局。管辖普速线路正线 1242.321 千米，其中兰新线 824.513 千米、嘉镜线 70.519 千米、玉门南线 31.849 千米、嘉绿联络线 4.659 千米、玉门疏解线 3.186 千米、嘉峪关东客联线 1.952 千米、嘉峪关西客联线 3.107 千米、柳敦联络线 3.501 千米、敦煌线 299.035 千米。站段岔特线管辖 292.588 千米，其中站线 251.885 千米（到发线 152.175 千米、其他站线 99.710 千米），段管线 30.916 千米，岔线 5.774 千米，特别用途线 4.013 千米。道岔共计

1011组，其中兰新线707组，支线304组(客车径路道岔493组)。管辖运营桥梁359座、隧道19座、涵洞880座、河调建筑物2109处，合资桥梁93座、涵渠798座、调节河流建筑物3145处。兰新客专管辖正线轨道812.591千米，站线34.73千米，道岔119组(无砟70组，有砟49组)，桥梁195座，隧道2座，涵渠589座，调节河流建筑物1549处。

(张天合)

【机场设施】嘉峪关机场总占地面积533813平方米，机场飞行区等级4D，机坪设9个机位(3B+4C+1D+1E)，跑道长3000米，宽60米(含两侧各7.5米道肩)，可起降B767及以下机型，兼顾B215航路B747及其以下机型备降，同时承担国际航班迫降保障任务。航站楼面积8300平方米，设两部登机廊桥，机场配备了Ⅰ类仪表着陆系统、Ⅰ类精密进近灯光系统，拥有牵引车、气源车、除冰车等25辆特种车。按目标2020年旅客吞吐量40万人次进行设计。

(张晓娟)

通信设施

【电信设施网络】中国电信嘉峪关分公司拥有国家一、二级干线近百千米，接入网光缆3500千米，各种互联网设备2600多台，杆路370千米，建成了覆盖全市包括市区、三镇、镜铁山和矿区四〇四集团的传输网络体系，能够满足嘉峪关辖区内所有宽带、语音和移动业务，以及全市党政、企业及市民的通信及互联网信息化需求。

嘉峪关电信公司积极响应国家“宽带中国”战略实施，认真贯彻省、市政府加速高速宽带网络建设和网络提速降费工作的工作要求，在市委、市政府的正确领导下，积极推进“光网城市”建设。截至2015年，全市城区90%以上家庭具备100兆比特每秒光纤接入能力，全市宽带用户平均接入速率达到25M以上，企事业单位及商务楼宇宽带平均接入速率将提升至100M以上。嘉峪关市成为甘肃省首个全光网城市。

(张　锐)

【移动网络设施】2015年，嘉峪关移动继续加强4G网络和城区光纤网建设，共建设4G基站215个，4G(制式TD-LTE)网络已实现嘉峪关市区、三乡、酒钢厂区、甘肃矿区及镜铁山矿区及全市各大旅游景点(包括七一冰川)的网络全覆盖，网络覆盖率达到99.51%，手机用户下载速率达到47MB，网络规模及网络质量居于领先地位，光纤网络覆盖住户6.5万户，覆盖率超过60%，深入覆盖整个市区、文物景区、酒钢厂区及集团单位家属区。

2015年，嘉峪关移动继续本着响应政府、惠及民生、服务社会的宗旨，实现了全市集团客户和主要行政村的基础信息化网络全覆盖，信息化项目建设初见成效。完成专家评审公交一卡通向城市一卡通多领域应用的论证成果，广泛应用于水、电、气、商超等多领域的一卡使用；全面承建公安视频承载网，为全市公共安全信息化的发展提供有力保障；完成全市中小学、幼儿园宝宝在线、数字工地的安全监控全覆盖，通过“互联网+安全”可在PC端和APP客户端实现24小时的实时监控和调度。同时全力扶持中小企业信息化，召开中小企业政企云推介会，申请政企云扶持政策，为中小企业信息化发展提供了最佳平台。

(郑丽丽)

【联通网络设施】2015年，嘉峪关联通在3G、4G网络的建设上有了质的改善，3G网络基本实现了全网的无缝隙覆盖，市区及城郊、乡镇的基站速率达到了100M，行政村达到了21M以上。4G网开通了161个基站，已覆盖了城区、郊区、酒钢厂区、重点乡镇，下载速度最高可达到150M，为数字化城市的实现打好了坚实的网络基础。嘉峪关联通核心网现有华为MSC、MGW、RNC、BSC、诺基亚BSC设备，主要承担嘉峪关市区、酒钢厂区、404矿区、镜铁山的移动网通信；嘉峪关联通现有物理站址233个，其中与电信共享14个，与移动共享32个，4G基站161个，GSM基站159，2G载频978个。3G基站224个，载扇796个。4G基站市区、旅游景点等热点区域全部达到100M带宽覆盖。2G覆盖率96.52%，3G覆盖率97%，4G覆盖率75%，分公司将持续完善4G建设，提升4G网络质量，为广大用户做好支撑与服务。

为实现光网城市做准备，继续补充完善本地网光缆建设，现联通公司的光缆已覆盖了市郊、镜铁山矿、西沟矿、404矿区等地域，可很好的实现移动业务与互联网业务的接入。现有国内一级干线46千米，省内二级干线70千米，本地城域网1173千米，主干光缆288芯33千米,4个主干光缆环,覆盖城区主干道路。其他市区内光缆以48、60芯为主,24芯光缆为辅,郊区、农村光缆以24芯为主。管道110千米,其中自建58千米,租用市政管孔52千米。已形成业务保护环6个,基站入环率60%。小区宽带接入网现有远端模块局8个,共提供宽带接入端口26838个,覆盖小区79个。接入方式以FTTH、PON+LAN、PON+EOC为主。已接入用户9220户。端口利用率30.6 %。提供固话接入端口3800个,已接入用户2010个,利用率52.89%。

(孟祥晶)

水利设施

【中、小型水库】嘉峪关市现已建成中小型水库15座和1处水面景观,即大草滩水库、安远沟水库、迎宾湖水库、双泉水库、九眼泉、酒钢种植园水库、酒钢养殖园水库、酒钢公园人工湖、酒钢三号门水库、紫轩葡萄庄园调蓄水库、拱北梁水库、讨赖河生态公园人工湖、明珠文化公园人工湖、龙湖水库、双泉应急备用水库以及讨赖河生态治理景观工程,总库容为7788.3万立方米,营造水面面积698.37万平方米。截至2015年底,全市人均水域面积已达到28.63平方米。

【农田水利设施】灌区内主要工程设施:1.0立方米/秒以上灌溉渠道51条,长168.4千米,已衬砌157.2千米，渠系建筑物660座;0.2~1.0立方米/秒灌溉渠道589条，长357.05千米，已衬砌261.55千米，渠系建筑物4111座;0.2~1.03立方米/秒灌排结合渠道1条,长2.8千米,渠系建筑物8座。2014年至2015年共实施高效节水面积9.04万亩,其中实施新城镇滴灌6.11万亩,实施峪泉镇管灌0.9万亩,实施文殊镇管灌2.03万亩。

【机井】全市现有4个地下水水源地和一处截引工程,即北大河、嘉峪关、黑山湖、新城水源地和双泉截引工程，共有机井263眼,2015年提水总量为9725.05立方米。

北大河水源地是全市主要的饮用水供水水源地,现有机井37眼,设计开采能力为1.2立方米/秒,允许开采量为3784万立方米/年,2015年开采量为3738.98万立方米。

嘉峪关水源地是全市主要的饮用水和工业用水供水水源地，以及供给关城文物景区和鳖盖山周边绿化用水,现有机井27眼,设计开采能力为0.8立方米/秒，允许开采量为2523万立方米/年,2015年开采量为2406.93万立方米。

黑山湖水源地是全市工业用水备用水源地,现有机井44眼，设计开采能力为1.2立方米/秒,允许开采量为3784万立方米/年,2015年开采量为57.1万立方米。

新城水源地以农村人畜饮水和补充农业灌溉为主,兼顾农副产品加工用水,现有机井153眼,设计开采能力为0.4立方米/秒,2015年开采量为2301.02万立方米。

双泉截引工程是全市城市生态、工业园区生产及绿化和农村人饮的重要供水水源（有零星机井2眼)，现泉水溢出流量为0.925立方米/秒,年可供水总量达到2917万立方米,2015年有效利用量为1221.02万立方米。

【饮水工程设施】设计供水规模200立方米/日及以上(2000人及以上)农村供水工程2处,其中:峪泉镇农村饮水安全工程设计供水规模345立方米/日,设计供水人口4530人,年实际供水量480立方米/日,年实际供水人口6100人;文殊镇农村饮水安全工程设计供水规模923立方米/日,设计供水人口7941人，年实际供水量1280立方米/日,年实际供水人口18630人。

200立方米/日(2000人)>设计供水规模≥20立方米/日(200人)集中式农村供水工程7处,均在新城镇,其中:新城村农村饮水安全工程设计供水规模135立方米/日,设计供水人口1230人,实际供水量188立方米/日,实际供水人口2832人;泥沟村农村饮水安全工程设计供水规模34立方米/日,设计供水人口330人,实际供水量47立方米/日,实际供水人口708人;野麻湾村农村饮水安全工程设计供水规模177立方米/日,设计供水人口1528人,实际供水量245立方米/日,实际供水人口2630人;中沟村农村饮水安全工程设计供水规模174立方米/日,设计供水人口1337人,实际供水量240立方米/日,实际供水人口2430人,长城村农村饮水安全工程设计供水规模127立方米/日，设计供水人口1045人，实际供水量175立方米/日，实际供水人口2620人；观蒲村农村饮水安全工程设计供水规模144立方米/日，设计供水人口1270人，实际供水量200立方米/日，实际供水人口2300人；横沟村农村饮水安全工程设计供水规模80立方米/日，设计供水人口699人，实际供水量110立方米/日，实际供水人口1850人。

【防洪设施】嘉峪关市城市防洪采取工程和非工程措施相结合的原则，其中以工程措施为主。城区目前共建有五条主防洪渠，分别是东线防洪渠、东侧双洞桥防洪渠、南线防洪渠、南侧铁路地区南防洪渠及西线防洪渠。还有市区西侧保护嘉峪关城楼、嘉峪关村的沿山防洪渠。

工程措施：

东线防洪渠。东线防洪渠起始于机场路北侧、环城铁路东侧、安远沟村一队与安远沟二队交界处村庄北侧位置，最终将洪水导排至酒钢葡萄酒厂厂前天然河滩地内。此防洪渠主要导排市区沿路面汇集的雨洪水，从而保护安远沟各村的生活生产安全。现状渠道全长约7.8千米。

市区东侧双洞桥防洪渠。双洞桥防洪渠起点在双洞桥下即环城铁路与国道312相交处的桥涵下，市区内的路面积水大多汇集在双洞桥涵下，并由双洞桥防洪渠导入东线防洪渠，最终由东线防洪渠导排出市区，从而保证市区不受雨洪水的威胁。现状渠道全长约0.75千米。

南线防洪渠。南线防洪渠起始于水厂东侧、嘉峪关火车站西侧距变电站约500米位置处，此防洪渠主要用来拦截并导排火车站西侧戈壁滩地的雨洪水，从而保护火车站不受雨洪水的威胁，并最终将雨洪水导排入市区南侧的讨赖河内。现状渠道全长约1.93千米。

铁路地区南防洪渠。铁路地区南防洪渠起始于嘉峪关市机务段西侧山坡体上一天然沟壑，此防洪渠主要用来拦截并导排嘉峪关市机务段西侧部分山洪、312国道以南、嘉峪关火车站以东区域地面径流，并最终将所拦截的雨洪水排入讨赖河，从而保证此区域不受雨洪水威胁。渠道全长约3.8千米。

西线防洪渠。西线防洪渠起始于市玻璃厂东侧，主要用来拦截并导排市区西侧、嘉峪关村东侧的雨洪水，最终穿过市区通向市区北侧的花海农场。现状渠道全长约5.3千米。

沿山防洪渠。沿山防洪渠起始于嘉峪关城楼西侧的山脚下，沿山自南向北敷设。此防洪渠主要拦截嘉峪关城楼、嘉峪关村西侧部分山坡体来水，现状渠道全长约3.9千米。

非工程措施：

嘉峪关市水务局2013-2015年实施了山洪灾害防治非工程措施，在全市新建自动雨量站45个，简易雨量站30个，自动水位站5个，图像监测站5个，卫星备用信道3个；建设42套无线预警广播站，配置45台手摇报警器，20面铜锣；建设市、县级预警平台各1个，市级短信群发平台1个，市级会商室改造一间；编制完成1个市级、3个镇级、17个村级山洪灾害防御预案等。

【其他水利设施】水电站工程。嘉峪关市有水电站1座，为小(2)型水电站，位于嘉峪关市新城镇安远沟村，装机容量2250千瓦，多年平均发电量988万千瓦·时。

水闸工程。嘉峪关市共有过闸流量1立方米/秒及以上水闸40座，其中：规模以上水闸16座(中型水闸1座，过闸流量500.4立方米/秒；小(1)型水闸7座，过闸流量140立方米/秒；小(2)型水闸8座，过闸流量59立方米/秒)，规模以下水闸24个。橡胶坝8座，坝长1191.9米。

泵站工程。嘉峪关市共有泵站5座，装机流量6.84立方米/秒，装机功率710千瓦，水泵数量14台，其中：小(1)型泵站4座，装机流量5.84立方米/秒，装机功率660千瓦；小(2)型泵站1座，装机流量1.0立方米/秒，装机功率50千瓦。

堤防工程。共有堤防工程5处，堤防长度48千米(堤防工程讨赖河堤防6.5×2千米，文殊沙河9千米，断山口河堤防13×2千米，合计48千米，崔家洪道堤防2千米；钟家沙河新建堤防6.3千米)，达标长度56千米，穿堤建筑物10处。其中：讨赖河嘉文公路桥至安远沟村段堤防(左)右岸堤防为2级堤防，讨赖河渠首堤防为3级堤防。

(赵玉珍)

电力设施

【供电设施】 截至2015年底,嘉酒地区电网长度东西长约700千米,南北宽约400千米,覆盖面积达19万平方千米。750千伏变电站3座,容量10500兆伏安,750千伏输电线路12条,长度2700千米。330千伏变电站25座,容量16950兆伏安,330千伏输电线路61条,长度2278千米。公司管辖110千伏变电站28座,容量1618兆伏安,110千伏输电线路84条,长度2947千米。35千伏变电站100座,容量797.99兆伏安,35千伏输电线路145条,长度3051千米。公司现有城市10–20千伏配电线路1062千米。公网配电变压器1185台,容量313.234兆伏安。

嘉峪关市(仅为供电公司部分)110千伏变电站4座,容量246兆伏安,110千伏输电线路19条,长度526千米。35千伏变电站2座,容量15.45兆伏安,35千伏输电线路6条,长度89千米。现有城市10千伏配电线路519千米。公网配电变压器434台,容量136.735兆伏安。

2015年针对嘉峪关城农网改造投资910.9万元。新增10千伏柱上变压器15台,箱式变电站5座,共计新增容量4130千伏安。更换环网柜10台。改造10千伏线路1.85千米。改造0.4千伏低压线路2.3千米。新建10千伏电缆线路2.71千米。新装10千伏真空断路器45台。

(刘子川)

政 治

中国共产党嘉峪关市委

市委领导机构及负责人的产生与变动

【常委及负责人的变动】2014年10月17日，中共甘肃省委文件（甘任字〔2014〕173号）《关于魏后凯通知挂职工作的通知》，经省委常委会议讨论决定：魏后凯同志挂职期间任中共嘉峪关市委委员、常委、副书记，挂职时间2014年10月至2015年9月。挂职期满，挂任职务自行免除。

2014年11月6日，中共嘉峪关市委文件（嘉任字〔2014〕48号）《关于魏后凯同志任职的通知》，接中共甘肃省委甘任字〔2014〕173号文件通知，经省委常委会议讨论决定：魏后凯同志挂职担任中共嘉峪关市委委员、常委、副书记，挂职时间2014年10月至2015年9月。挂职期满，挂任职务自行免除。

2015年12月3日，中共甘肃省委文件（甘任字〔2015〕444号）《关于杜志雄同志挂职工作的通知》，经2015年11月30日省委常委会讨论决定，杜志雄同志挂职期间任中共嘉峪关市委委员、常委、副书记，挂职时间2015年12月至2016年11月。挂职期满，挂任职务自行免除。

2015年12月10日，中共嘉峪关市委文件（嘉任字〔2015〕67号）《关于杜志雄同志挂职工作的通知》，接中共甘肃省委甘任字〔2015〕444号文件通知，经省委常委会议讨论决定：杜志雄同志挂职担任中共嘉峪关市委委员、常委、副书记，挂职时间2015年12月至2016年11月。挂职期满，挂任职务自行免除。

【市委委员的变动】中国共产党嘉峪关市第十届委员会委员共有46人（含挂职干部1人）。2015年10月，冯杰因违法违纪被开除党籍，韩思理同志因工作变动，调离嘉峪关市，委员出缺2人。

2015年12月，魏后凯同志挂职结束。

2015年12月3日，接中共甘肃省委文件（甘任字〔2015〕444号）文件，杜志雄同志挂职担任中共嘉峪关市委委员、常委、副书记。

2015年12月16日，中国共产党嘉峪关市第十届委员会第八次全体会议召开，会议递补王永明、王荣山候补委员为委员。

市委常委会议

【十届市委第七十一次常委会议】1月7日，市委书记郑亚军主持召开市委常委会议，研究部署2015年全市经济工作和市第一届运动会、第四届国际短片电影展筹备工作等事宜。

会议指出，刚刚过去的一年，面对艰巨繁重的改革发展任务，市委常委会团结带领全市各级党组织和广大党员干部群众，全面贯彻党的十八届三中、四中全会和习近平总书记系列重要讲话精神，按照省委十二届六次、八次全委会议的决策部署，在调结构、稳增长中应对风险挑战，在抓改革、促开放中增强内生动力，在惠民生、转作风中凝聚发展合力，统筹推进经济、政治、文化、社会、生态文明和党的建设各项工作，圆满完成了各项目标任务，全市保持了经济运行健康平稳、深化改革有序推进、群众生活持续改善、社会大局和谐稳定的良好发展态势。2015年是全面深化改革的攻坚之年，是全面推进法治建设的开局之年，也是“十二五”规划的收官之年。全市上下要深入贯彻十八届四中全会、中央经济工作会议和省委十二届九次全委（扩大）会议暨全省经济工作会议精神，按照习近平总书记的重要讲话精神和省委王三运书记的讲话要求,坚持稳中求进工作总基调,主动适应经济发展新常态,以提高经济质量和效益为中心,狠抓改革攻坚,突出创新驱动,推进产业转型升级,加快文化旅游融合发展,持续加强生态环境建设,突出抓好民生保障和社会治理,全力保持经济社会平稳健康持续发展。要始终突出问题导向,及时跟进中央和省委关于全面深化改革的各项决策部署,力争各项改革实现新的突破;坚持质量效益并重,加快工业经济转型升级;放大文化旅游效应,带动第三产业比重进一步提升;注重统筹城乡发展,全面推进新型城镇化建设;深入实施生态立市战略,持之以恒改善生态环境;着力保障改善民生,切实保持社会大局和谐稳定。要加强党对经济工作的领导,坚持用新观念看待新机遇,用新能力掌握新常态,用新机制激发新作为,用新状态创造新业绩,用新风气保障新发展,始终做到一心一意谋发展,聚精会神抓落实,确保年度各项工作任务全面完成。

会议指出,举办全市性综合运动会,对于巩固发展创建全国全民健身示范城市成果,满足广大市民群众的健身需求具有重要的意义。为促进群众体育和竞技体育全面发展,市委市政府决定,召开嘉峪关市第一届运动会。各相关部门要精心组织、密切配合,细化工作安排,借鉴成功经验,精心做好运动会的各项筹备工作。要严格执行中央、省委、市委有关规定,注重活动实效,从严控制活动经费,努力把运动会办成一届富有特色、精彩圆满的体育盛会,推动全市竞技体育、群众体育和体育产业再上新台阶。

会议强调,要把举办中国·嘉峪关国际短片电影展,作为打造华夏文明传承区、建设特色文化强市的重要内容和尽快融入全国乃至全球影视发展趋势的具体举措、有效途径,在充分汲取和借鉴前三届短片电影展成功经验的基础上,做好第四届中国?嘉峪关国际短片电影展的各项筹备工作。通过加大宣传力度,深入挖掘历史、自然、人文等纪录片资源,打造短片电影品牌,全方位、多角度展示嘉峪关的独特魅力,推动嘉峪关文化产业繁荣发展。

会议还研究了其他事项。

【十届市委第七十二次常委会议】1月16日,市委召开常委会议,专题传达学习十八届中央纪委五次全会特别是习近平总书记重要讲话精神,以及省委常委会学习贯彻中纪委全会精神情况。

市委书记郑亚军主持召开会议并讲话,市委常委、纪委书记边玉广传达习总书记重要讲话和十八届中纪委五次全会精神,市委常委参加会议,市人大、市政协主要负责同志列席会议。

会议强调,党的十八大以来,以习近平同志为总书记的党中央突出强调从严管党治党,坚持无禁区、全覆盖、零容忍,从作风建设抓起,严查腐败案件,特别是坚决查处了周永康、徐才厚、令计划、苏荣等严重违纪违法案件,体现了中央严惩腐败的鲜明态度和坚定决心。省委在贯彻落实习总书记系列重要讲话精神,贯彻落实中央决策部署上走在了前列。特别是省委领导对党风廉政建设的关键节点抓得紧、抓得实,在全国率先出台了落实主体责任的意见,为我们树立了标杆。市委常委会班子成员要清醒认识作风建设的长期性和持续性、反腐败斗争的复杂性和艰巨性,不断增强忧患意识和责任意识,坚持严字当头,以严的态度、高的标准、实的举措,认真履行党风廉政建设主体责任、纪委监督责任和主要负责人第一责任,不断把党风廉政建设和反腐败斗争引向深入。

市委常委进行了表态发言,一致表示,习近平总书记的讲话旗帜鲜明、立场坚定,激浊扬清、振聋发聩,体现了全面从严治党的坚定信心,彰显了对党和人民事业高度负责的政治品格,为我们主动适应从严管党治党新常态,进一步加强反腐倡廉工作指明了方向。下一步,要坚决贯彻落实习总书记重要讲话精神,认真抓好分管领域和单位党风廉政建设责任制的落实,逐级完善配套措施和办法,加大督导检查力度,形成一级抓一级、一级带一级的工作格局,确保主体责任落实到位。要严格遵守党的政治纪律和政治规矩,强化党性意识和观念,始终听党话跟党走。要以身作则,带头严守党风廉政建设各项规定,自觉遵纪守法,管好自己、管好身边人,保持清正廉洁的政治本色。

【十届市委第七十三次常委会议】1月21日,市委书记郑亚军主持召开市委常委会议,传达学习省委常委会学习贯彻十八届中央纪委五次全会精神情况和全省组织部长会议精神,听取市人大常委会、市政府、市政协、市中级人民法院、市人民检察院工作汇报,研究审议提交市“两会”的相关工作报告及春节慰问等工作。

会议强调,十八届中央纪委五次全会结束后,省委常委会及时召开会议传达学习贯彻中纪委全会特别是习近平总书记重要讲话精神,体现了省委贯彻中央精神的高度政治自觉,体现了省委持续深入推进党风廉政建设和反腐败斗争的坚定决心。省委王三运书记的重要讲话,站位高、落点实、要求严,特别是提出的三个“紧密联系”、八个“进一步”的明确要求,体现了中央精神,符合我省实际,为我们全面推进党风廉政建设和反腐败斗争指明了方向、明确了任务。全市各级党组织和广大党员要深入学习、坚决贯彻习总书记重要讲话精神,全面落实省委王三运书记的要求,切实把党风廉政建设主体责任放在心上、扛在肩上,以最大的决心、最大的力度、最严的要求,抓好各项工作任务的落实,着力开创党风廉政建设和反腐败斗争新局面。常委会班子成员要以身作则、率先垂范,带头增强忧患意识和责任意识,始终坚持严字当头,进一步严肃教育、严明纪律、严格管理、严惩腐败,坚决把中央和省委的各项要求落实到位,持续打好党风廉政建设和反腐败斗争攻坚战。纪检监察部门要按照习总书记对做好今年反腐倡廉工作的重点要求,突出重点、聚焦主业,安排好、部署好、开展好各项工作任务,不断把全市党风廉政建设和反腐败斗争引向深入。

会议强调,全省组织部长会议对全面从严治党、提高选人用人公信度、加强干部日常监督管理、深入推进党的建设制度改革等工作提出新的要求。全市各级党组织要深入贯彻落实省委王三运书记关于组织工作的重要指示精神和全省组织部长会议精神,突出全面从严治党主线,进一步严格思想教育、干部管理、作风要求、组织建设和制度执行,全面加强领导班子和干部队伍、基层党组织和党员队伍、人才队伍建设,为全市经济社会持续健康发展提供坚强组织保障。组织部门要主动适应全面从严治党新常态,带头践行“三严三实”,把自身建设成为讲政治、重公道、业务精、作风好的模范部门。

会议强调,春节将至,各级各部门要按照市委、市政府的部署要求,结合当前工作,精心准备、合理安排好困难群众、困难企业职工、困难党员、低保户、残困户、重点优抚对象、离退休同志、驻嘉部队等群体的慰问活动,把党和政府的温暖送到千家万户。慰问要轻车简从,深入细致,做到雪中送炭、解决实际难题,确保困难群众安全温暖过冬,欢乐祥和过年。

会议还研究了其他事项。

【十届市委第七十四次常委会议】1月23日,受市委书记郑亚军委托,市委副书记、市长柳鹏主持召开十届市委第74次常委会议。

会议传达了《中共甘肃省纪律检查委员会关于给予杨伟同志党内警告处分的决定》和省纪委电话通知精神。市委常委、常务副市长杨伟同志作了表态发言,表示完全接受省纪委做出的处分决定,将深刻反省、检查和纠正自身所犯的错误。

会议要求,常委会班子成员要以身作则、以上率下,认真履行“两个责任”,始终坚持严字当头,带头严格要求,带头遵守《廉政准则》,带头执行各项规定,以严的态度、高的标准、实的举措,不断把党风廉政建设和反腐败斗争引向深入。与会同志表示,坚决拥护省纪委做出的决定,并以此为鉴、引以为戒,全力抓好分管部门的党风廉政建设,全面加强自身建设,严于律己、严于修身、严于用权,严格遵守廉洁从政各项规定,管好自己、亲属和身边工作人员,尽职尽责做好本职工作。

【十届市委第七十五次常委会议】2月11日,市委书记郑亚军主持召开市委常委会议,传达学习全省宣传思想工作会议、省委政法工作会议和全省统战部长会议精神,研究贯彻落实意见。

会议强调,要按照全国宣传部长会议、全省宣传思想文化工作相关会议的部署要求,紧扣“两个巩固”根本任务,充分发挥思想引领、舆论推动、精神激励和文化支撑的作用,不断唱响主旋律、打好主动仗、凝聚正能量。要加强理论武装,始终把学习好、宣传好、贯彻好习总书记系列重要讲话精神作为首要的政治任务,创新学习教育形式,完善考评制度,引导各级干部在学中干、干中学。深入推进核心价值观“人知人晓”和公民道德建设工程,持续推进文明城市创建,不断提高城乡居民文明素质和城市文明程度。牢牢把握正确舆论导向,做好舆论引导和宣传阐释工作,加大外宣力度,加强舆论阵地管理,营造健康向上的舆论氛围。深入推进文化体制改革,完善城乡文化服务网络,持续释放文化发展活力。抓住丝绸之路经济带、华夏文明传承创新区建设的机遇,挖掘整理文化旅游资源,加快重点文化项目建设,做好宣传推介工作,推动文化产业快速发展。

会议强调,要深入贯彻中央、省委政法工作会议精神,按照习近平总书记的重要指示和省委王三运书记的要求,围绕群众对政法工作的更高期待,统筹推进法治建设、平安建设和过硬队伍建设,全力维护社会稳定、促进公平正义、保障安居乐业。要全面推进依法治市,围绕学习贯彻十八届四中全会精神,抓紧制定贯彻落实的实施细则,深入开展宪法法律宣传教育活动,在全社会弘扬法治精神。各级领导干部要带头用法治思维和法治方式开展工作,自觉接受各方监督。推进司法体制改革,加快构建规范有序、高效权威的司法运行机制。深化行政执法体制改革,整合执法资源,加强基层执法力量和执法能力建设。要深化平安嘉峪关建设,健全完善维稳工作机制和应急处置机制,增强工作的前瞻性和主动性。探索开展矛盾纠纷化解新模式,完善社会矛盾联动化解体制机制。加快城乡社区标准化建设,开展好特色服务,提高制度防范、精准研判、规范处置的能力和水平。加强社会治安综合治理,健全“大城管”、“大巡防”管理服务体系,抓好重点区域治安管控。深入开展反恐、禁毒等专项行动,严厉打击各种违法犯罪行为,最大限度地预防各类事故和案件的发生。加强政法队伍建设,坚持从严治警,确保干警清正、队伍清廉、司法清明。

会议强调,要贯彻落实全国、全省统战部长会议精神,紧扣“凝心聚力、促进发展”主题,充分发挥资源密集、联系广泛、协调关系的独特优势,最大限度把各方面力量集中起来,为改革发展稳定多做贡献。要坚持用习近平总书记系列重要讲话精神武装头脑、指导实践,提高统战工作服务大局的能力和水平。依托各民主党派、工商联和商会团体,积极开展招商引资,深入企业调查研究,倾听非公经济人士诉求,多为非公经济排忧解难,主动服务经济社会发展。要加强党外人士工作,落实联系党外人士制度,进一步健全政治协商机制,加大民主监督和参政议政力度,积极引导党外人士为改革发展建言献策。要稳妥做好民族宗教工作,依法加强对民族宗教事务的管理,深入开展民族团结宣传教育和民族团结进步创建活动,抓好矛盾化解和维权调处,巩固发展平等、团结、互助的新型民族关系,确保民族和睦、宗教和顺、社会和谐。

会议还研究了其他事项。

【十届市委第七十六次常委会议】3月18日,市委书记郑亚军主持召开市委常委会议,传达省委教育实践活动领导小组办公室关于对我市整改落实和集中整治情况的反馈意见,研究市委常委会2015年重点工作、党管武装工作、双拥工作、领导干部日常管理、基层党建工作考核等事宜。

会议强调,省委群众路线教育实践活动领导小组办公室对我市整改落实和集中整治情况的反馈意见,对我们继续做好教育实践活动整改落实和集中整治工作具有重要的指导作用。全市各级党组织要认真对待反馈意见,逐项细化责任分工,逐条明确整改要求,切实做好后续整改和集中整治工作。要持续抓好“两方案一计划”的整改,抓好中央21项和省委3项专项任务整治,着力解决损害群众利益的不正之风;要持续抓好制度建设,围绕改进工作作风、规范权力运行、联系服务群众,加快形成针对性、操作性、系统性强的制度体系;要持续抓好监督检查,通过情况通报、定期公示等形式,让群众充分知情,主动接受群众监督,切实推动后续整改和集中整治工作扎实有序开展,以作风建设的实际成效取信于民、促进发展。

会议强调,今年是全面深化改革的关键之年,是全面推进法治建设的开局之年,也是全面完成“十二五”规划的收官之年,任务艰巨、责任重大。市委常委会及班子成员要带头深入学习贯彻习近平总书记系列重要讲话精神,强化制度规定落实,主动适应发展新常态,着力提升抓党建促发展的能力和本领。要加快工业转型升级,狠抓重点项目建设,实施创新驱动战略,大力发展现代农业,提高开放开发水平,推动经济平稳持续健康发展。统筹谋划各领域改革,全面加强法治建设,深化民主政治建设,推进深化改革和依法治市工作。培育践行社会主义核心价值观,始终坚持正确舆论导向,促进文化繁荣发展,加强宣传思想文化工作。持续保障改善民生，大力发展社会事业，全面创新社会治理，抓好以民生改善为重点的社会建设。提升城市规划建设水平，着力改善生态环境，推进新型城镇化，加强生态和基础设施建设。推动从严管理干部常态化，加强基层服务型党组织建设，持续深化作风建设，从严落实“两个责任”，全面提高党的建设科学化水平，把中央要求和省委部署落到实处。

会议指出，近年来，面对复杂多变的形势，各级各部门积极主动有效作为，扎实推进各项工作，有力推动了全市国防后备力量建设和经济社会发展互促共进、协调推进。做好新形势下党管武装工作使命光荣，责任重大。全市各级部门要站在战略全局，深刻认识国际国内形势发生的复杂变化，深刻认识传统安全与非传统安全相互交织的突出挑战，深刻认识全面建成小康社会和全面深化改革的艰巨任务，进一步强化忧患意识、担当意识和责任意识，打牢思想政治基础，建设过硬后备力量，全面落实党管武装制度，强化多领域融合，以强有力举措，推动全市经济社会和国防后备力量建设协调发展，再上新台阶。

会议强调，深化创建全国和全省双拥模范城，是做好双拥工作的重要载体，也是提升城市影响力的重要举措。我市已连续五次荣获“全国双拥模范城”荣誉，连续七次获得“全省双拥模范城”称号。全市各级部门要从政治和全局的高度出发，充分认识再创双拥模范城的重要意义，进一步强化责任意识和使命意识，认真对照创建标准，明确创建任务，细化创建措施，全力做好双拥共建各项工作。要把握着力重点，深入开展国防教育，扎实推进双拥活动，全力支持部队建设，认真落实优抚政策，不断开创双拥共建新局面。要统筹协调，细化责任分工，强化联动协作，深入宣传动员，狠抓工作落实，同心同德、群策群力做好迎接考核验收的各项准备工作，确保成功创建全国双拥模范城“六连冠”、全省双拥模范城“八连冠”。

会议强调，加强领导干部日常管理是全面落实从严治党要求的重要措施。要坚持党管干部、分级负责，正面教育、预防为主，依法办事、关心爱护的原则，进一步加强干部教育培训、谈心谈话、个人有关事项报告、信访举报受理、任期经济责任审计、出入境备案管理、外出报告和请销假、任职规范、作风建设等工作，形成从严管理干部的合力，着力建设一支信念坚定、为民服务、勤政务实、敢于担当、清正廉洁的高素质党政领导干部队伍，为全市经济社会持续健康发展提供有力支持。

会议强调，党的十八大、十八届三中全会和全国、全省组织部长会议对加强基层党建目标管理责任考核，推进基层服务型党组织建设提出了明确要求。全市各级党组织要以服务群众、做好群众工作为主要任务，以法治精神为引领，以改革创新为动力，以“六有”为目标，健全完善基层自评、群众测评和组织考评相统一的考核机制，发挥考核评价的导向作用和监督作用，切实提高基层党建工作科学化、规范化和法治化水平，不断增强创造力、凝聚力和战斗力，充分发挥基层党组织的战斗堡垒作用和党员的先锋模范作用，为全市经济社会发展提供坚强组织保障。

会议强调，要深入贯彻全省机构编制工作会议精神，准确把握经济发展、改革创新、从严治党新常态，管好用活机构编制这一重要执政资源，把牢纪律“红线”、守住总量底线，加快行政审批制度改革，推进重点领域体制改革，稳步推进事业单位改革，优化执政资源配置，全面完成好省上下达的各项任务和我市确定的各项工作，为推动全市各项事业发展奠定坚实基础。

会议强调，要进一步加强公务员管理工作，严格执行《公务员法》和《干部任用条例》，始终坚持从严从实，进一步加强教育培训、深化分类改革、从严监督管理、完善考核机制、加强正向激励、深化基层导向等工作，不断提高公务员队伍整体素质，引导全市公务员守纪律、讲规矩，做到对党忠诚、个人干净、敢于担当。

会议还研究了其他事项。

【十届市委第七十七次常委会议】3月31日，市委书记郑亚军主持召开市委常委会议，传达全省离退休老干部“三先”表彰大会、干部监督工作座谈会精神，研究部署抓好“工作落实年”活动、落实党风廉政建设主体责任重点工作、加强精神文明建设、加快旅游产业发展等事宜。

会议指出，要深入贯彻习近平总书记在全国离退休干部“双先”表彰大会上的重要讲话精神和省委王三运书记会见全省离退休干部“三先”表彰大会代表时的讲话精神，深刻认识老干部在党的工作的特殊重要地位，围绕贯彻落实"四个全面"战略部署和全省离退休干部"三先"表彰大会要求，认真做好新形势下的老干部工作。要传承和发扬老干部的崇高精神风范，引导老干部在增添正能量中发挥独特作用，用心用情做好老干部服务管理工作，不断提升我市老干部工作的整体水平。

会议强调，要充分认识干部监督工作面临的新常态、新转变，按照全省干部监督工作座谈会的要求，深入推进领导干部个人有关事项的报告和抽查核实，不断强化对选人用人问题的监督检查，始终保持整治选人用人问题的高压态势，充分发挥干部监督制度的保障作用，全力做好新形势下的干部监督工作。

会议强调，省委决定2015年为"工作落实年"。这是省委的一项重大决策部署，是对各级执政能力、执政水平的集中检验。全市各级党组织要高度重视，主动做为，全力推动。要以推动中央和省委、省政府重大决策部署落实为重点，坚持市委常委带头抓、市级领导示范抓、四大班子履职抓、各级部门全力抓，形成以上率下、整体联动、层层推进的落实见效机制。要围绕中心落实要事，紧扣全局落实大事，深化改革落实难事，突出重点落实急事，立足民生落实实事，建立总台账，确定阶段重点任务，适时开展督促检查，完善考核机制，严格奖惩制度，确保中央、省委省政府和市委重大决策部署落地生根，为实现全市经济社会持续健康发展添劲加力。

会议指出，习近平总书记在十八届中央纪委五次全会和省委王三运书记在省纪委十二届四次全会上的重要讲话，为我们做好新形势下反腐倡廉工作指明了方向。全市各级党组织要深入贯彻习近平总书记重要讲话精神，按照中央、省委、市委关于落实党风廉政建设党委主体责任的要求，强化思想认识，加强研究谋划，深化实践探索，全面落实"3783"主体责任体系，全力抓好今年各项重点工作。要结合实际，紧盯惠农政策落实、城乡征地拆迁、各类项目建设、为民便民服务、各类学校办学、医疗卫生服务、财经纪律执行等腐败易发多发领域，着力抓好加强纪律建设、选好用好干部、坚决纠正损害群众利益的行为、强化监督制约、深化作风建设、领导和支持执纪执法机关查处违纪违法案件等工作，以落实党风廉政建设党委主体责任的新成效，把党风廉政建设和反腐败斗争不断引向深入。

会议指出，我市自开展创建全国文明城市活动以来，在各级各部门和广大干部群众的共同努力下，全市精神文明建设工作取得了新进展、新成效，市民文明素质和城市文明程度进一步提升，也为新一轮创建全国文明城市总结了经验、夯实了基础。创建全国文明城市是一项覆盖面广、关联度高的系统工程，必须持之以恒、常抓不懈。各级各部门要进一步提高思想认识，振奋精神，增强创城工作的责任感、紧迫感，以真抓实干的作风、坚强有力的领导、科学严格的机制和全方位的督查，确保各项工作任务落到实处、取得实效。要深化社会主义核心价值观教育实践，大力加强思想道德建设，深入开展"做文明有礼的雄关人"主题活动，积极推动群众性精神文明创建活动，着力营造创建全国文明城市的浓厚氛围。要紧紧围绕创建全国文明城市的薄弱环节，总结做法经验，分析问题挑战，强化完善措施，齐心协力、密切配合，把各项任务抓实、抓细、抓具体，力争早日成功创建全国文明城市。

会议强调，要深入贯彻落实党的十八大、十八届三中、四中全会精神和习近平总书记系列重要讲话精神，抢抓丝绸之路经济带和华夏文明传承创新区建设战略机遇，把文化旅游融合发展作为推动经济社会持续健康发展的战略举措，不断深化文化旅游体制改革，积极探索文化旅游融合发展新途径，通过政府大力推动，社会力量积极参与，整合文化旅游资源，着力培育文化旅游产业新的经济增长点，努力形成以文化丰富旅游内涵、提升旅游层次，以旅游带动文化发展消费、促进文化大发展大繁荣的良好格局。要增强文化旅游融合发展动力，拓展发展空间，优化发展环境，落实各项政策，坚持旅游发展与工农业发展、文化体育、城乡一体化建设、智慧城市建设、品牌节会、科技创意、休闲养老服务、文物及生态保护等方面相结合，丰富"吃穿行、游购行娱、商养学、闲情奇"旅游要素内涵，打造多元发展模式，实现文化旅游资源相互渗透，产业相互配套、集群发展。

会议还研究了其他事项。

【十届市委第七十八次常委会议】4月2日，市委书记郑亚军主持召开市委常委会议。会议研究了嘉峪关大友企业公司主要负责人任免事宜。因个人身体原因，大友企业公司总经理王兆禄同志提出辞去总经理职务。根据嘉峪关大友企业公司领导班子实际，为确保企业稳定生产和发展，会议决定，免去王兆禄同志大友企业公司总经理职务，由大友企业公司党委书记谭延林同志兼任总经理。会后，由市委组织部负责，按有关程序办理。

【十届市委第七十九次常委会议】4月15日，受市委书记郑亚军委托，市委副书记、市长柳鹏主持召开市委常委会议。

会议传达了省市党政主要领导干部研讨班精神。会议强调，省委书记王三运在省市党政主要领导干部研讨班上的重要讲话，对贯彻落实"四个全面"战略布局，抓好各项任务落实提出了新的更高的要求。特别是关于我省各项工作都要按照把牢"一条红线"、贯彻"四个全面"、抓好"五个最大"这一大的思路来展开、推进和落实的要求，为我们做好当前和今后一个时期工作指明了方向、提供了重要遵循。会议要求，全市各级各部门和领导干部要认真学习贯彻省委王三运书记的重要讲话精神，切实把思想和行动统一到省委的部署要求上来，始终抓住发展第一要务不动摇，以更大决心推进全面深化改革，坚定不移地加快依法治市进程，坚决落实从严治党的各项要求，以抓铁有痕、踏石留印的劲头，改革创新、奋发有为的精神，全力推动经济社会持续健康发展。

会议传达了全省联村联户为民富民行动成县现场会精神。会议强调，全市各双联单位要贯彻落实成县现场会精神，按照注重在示范带动、以上率下，破解瓶颈、改善民生，整合力量、助推扶贫，培育产业、促农增收，健全制度、服务群众中转作风、促发展的要求，做好精准扶贫的指导员、项目实施的协调员、政策法律的宣传员、农民群众的服务员、资金使用的监督员，精心谋划部署双联工作，进一步创新帮扶的方式和举措，在资金扶持、项目扶持、产业扶持上想更多办法、下更大功夫，不断拓宽农村居民增收渠道，更高层次、更高水平、更高标准地推进双联工作。

【十届市委第八十次常委会议】4月23日，市委书记郑亚军主持召开市委常委会议，研究部署开展"三严三实"专题教育准备工作、2015年重点工作任务和责任分工情况公示工作、加强基层服务型党组织建设和党员教育培训等事宜。

会议强调，中央安排从今年4月底开始，在各级党政机关、人民团体及其内设机构县处级以上领导干部和事业单位、国有企业中层以上领导人员中开展"三严三实"专题教育，这是中央深化"四风"整治，巩固和拓展群众路线教育实践活动成果的重要举措，对于进一步增强党的创造力、凝聚力和战斗力，推进"四个全面"战略布局，具有十分重要的意义。会议要求，全市各级党组织和广大党员领导干部要高度重视，认真谋划安排，精心做好各项准备工作，切实把专题教育作为重大政治任务，融入领导干部经常性学习教育中。要按照中央的要求，突出抓好习近平总书记系列重要讲话精神的学习，深刻领会核心要义和精神实质。坚持以知促行、知行合一，把专题教育和解决问题结合起来，认真查摆和解决"不严不实"的问题。要以教育实践活动形成的好作风、好做法，从严从实开展专题教育，坚决防止和杜绝形式主义。常委会班子成员和市级领导干部要率先垂范、以上率下，立足承上启下、为政一方，同群众联系更直接、更紧密的实际开展专题教育，当好忠诚、干净、担当的标杆。各区、各部门、各单位县处级干部要立足本职岗位开展专题教育，真正从思想上、工作上、作风上严起来、实起来，把"三严三实"要求体现到履职尽责、做人做事的方方面面。通过领导干部的示范带动作用，在全市上下积极营造践行"三严三实"要求的浓厚氛围，以专题教育的成效更好地促进改革发展稳定各项工作。

会议指出，对2015年重点工作及责任分工予以公开公示，主动接受监督，是落实省委要求，抓好"工作落实年"的重要内容。各级各部门要高度重视，以便于知晓、便于查询为基本标准，结合实际，灵活采取多种方式，准确规范、及时有序地做好各项重点工作任务的公示和内容更新工作。要对全年工作认真进行细化分解，明确责任分工，明确工作目标，明确完成时限，主动公开年度重点工作任务，主动接受社会监督，全面促进全年各项工作任务落实，以主动公开、全力抓好落实的实际成效，助推经济社会持续健康发展。

会议强调，建设基层服务型党组织是党的十八大做出的重大部署，对于密切党同人民群众的血肉联系，推动基层党组织更好发挥职能作用，具有十分重要的意义。全市各级党组织要从全局和战略的高度，充分认识加强基层服务型党组织建设的重要性和紧迫性，坚持以服务型党组织建设引领基层党建工作，使服务成为基层党组织建设的鲜明主题，确保党的工作获得最广泛最可靠最牢固的群众基础。具体工作中要深入贯彻习近平总书记系列重要讲话精神，坚持党要管党、从严治党，以“六有”为目标，把服务群众、做好群众工作贯彻基层党组织建设始终，加大改革创新力度，发挥好双联行动和先锋引领行动的平台作用，深化和拓展“民情流水线”服务理念和做法，分类指导、统筹兼顾，不断强化基层党组织服务功能、改进服务作风、提高服务能力、完善服务保障，充分发挥基层党组织的战斗堡垒作用和党员的先锋模范作用，为实现“两个率先”奋斗目标提供坚强保障。

会议强调，要深入贯彻落实中央《2014—2018年全国党员教育培训工作规划》和省委贯彻落实《工作规划》实施意见精神，全面落实党要管党、从严治党方针，牢牢把握加强党的执政能力建设、先进性和纯洁性建设这条主线，着眼于建设学习型、服务型、创新型马克思主义执政党的要求，以增强党性、提高素质为重点，按照围绕中心、服务大局，基层为主、分类施教，联系实际、学以致用，上下联动、全员覆盖，继承创新、注重实效的原则，改进方式方法，创新培训载体，开发整合资源，加强制度建设，加强学风建设，着力抓好基层党组织书记、党代表、基层专职党务工作者、农村党员、城市社区党员、大学生“村官”党员、非公经济组织和社会组织党员、新党员、流动党员的教育培训工作，努力建设一支适应全市经济社会发展新常态的高素质党员队伍。

会议还研究了其他事项。

【十届市委第八十一次常委会议】5月13日，市委书记郑亚军主持召开市委常委会议，传达省委“三严三实”专题教育党课和工作座谈会及全省党委秘书长会议精神，研究我市“三严三实”专题教育实施方案、深入推进“三述”工作、全面推进依法治市、户籍制度改革等事宜。

会议指出，开展“三严三实”专题教育，是全党政治生活中的一件大事。中央和省委相继做出安排部署，强调要将“三严三实”专题教育抓紧抓实、抓出成效。近期，省委王三运书记带头上专题党课，要求准确把握“三严三实”的本真内涵，坚决贯彻“三严三实”的实践要求，努力形成“三严三实”的新风正气。全市各级党组织和党员领导干部要切实领会中央、省委的决策部署，按照市委《实施方案》的具体要求，把开展专题教育作为一项重大政治任务，以最大的决心、最严的措施、最高的标准抓紧抓实。要准确把握基本要求，紧扣主题，把“三严三实”融入经常性学习教育，做好专题党课、专题学习研讨、专题民主生活会和组织生活会、整改落实和立规执纪四项关键任务，解决好“不严不实”的问题。要坚持把思想政治建设摆在首位，深入学习党的十八大、十八届三中、四中全会精神，深入学习习总书记系列重要讲话精神，尤其是关于“四个全面”、三严三实、作风建设、反腐倡廉等重要论述，提高践行“三严三实”的自觉性和坚定性。要着力查找解决突出问题，认真对照中央和省委列举的不严不实问题，紧密联系思想和工作实际，认真查找梳理，把存在的问题找准找透。要严格党内政治生活，借鉴教育实践活动成功经验，提前准备“三严三实”专题民主生活会和组织生活会，进行深入细致的党性分析，积极开展批评与自我批评。要切实强化统筹协调，把开展专题教育活动与推动改革发展结合起来，以工作业绩检验活动成效，实现专题教育与重点工作两不误、两提高。要加强组织领导，落实领导责任，全力把专题教育组织好、开展好。要通过深入开展“三严三实”专题教育，进一步锤炼好作风、提振精气神、展现新作为，为加快推动转型跨越发展提供坚强保证。

会议强调，全省党委秘书长会议对党委办公部门充分发挥职能作用，推动省委“工作落实年”活动进行了再安排再部署。全市各级各部门要认真落实会议精神，按照省委、市委抓好“工作落实年”的要求，坚持提高认识抓落实，突出重点抓落实，完善机制抓落实，积极主动作为，靠实工作责任，细化工作分工，结合教育实践活动后续整改和“三严三实”专题教育，全力推动各项重点工作按进度按节点推进，确保“工作落实年”活动取得实效。

会议指出，全面推进述纪述廉述作风工作是落实党风廉政建设主体责任，巩固和深化教育实践活动成果，强化对各级党员领导干部的监督的重要内容。全市各级党组织要充分认识开展“三述”工作的重大意义，把“三述”工作纳入年度党风廉政建设和反腐败工作总体部署，以落实中央八项规定、贯彻执行党风廉政建设责任制、加强纪律作风建设、遵守廉洁从政(从业)各项具体规定等情况为重点，理清思路，规范程序，把握环节，强化措施，逐级分批开展党员领导干部“三述”工作，以“三述”促进“两个责任”有效落实，促进全市各级党员领导干部规范用权、廉洁履职。 会议强调，全面推进依法治市是市委贯彻落实中央全面推进依法治国、省委推进依法治省战略任务的具体部署，是推动全市各项事业发展的必然要求。全市各级各部门和广大干部要准确把握全面推进依法治市的总体要求、指导思想和基本原则，先试先行，勇于创新，全力推动履行宪法实施责任、推进科学民主立法，深入推进依法行政、加快建设法治政府，推进司法体制改革、提高司法公信力，增强全民法治意识、推进法治社会建设，加强法治工作队伍建设、提升法治工作队伍素质和能力，加强和改进党对法治工作的领导、提高科学执政理政水平等重点工作任务，努力建设法治精神深入人心、权力运行规范公开、法治监督严密有效、社会彰显公平正义、发展步入法治轨道的法治嘉峪关，促进社会治理体系和治理能力现代化，不断开创我市法治建设新局面。

会议强调，全市各级各部门特别是领导干部要从推进“四个全面”战略布局的高度，充分认识《领导干部干预司法活动、插手具体案件处理的记录、通报和责任追究规定》的重大意义，全面落实责任，建立健全制度，加强跟踪督查，抓好《规定》精神的学习贯彻。要牢记在推进依法治市方面肩负的重要职责，牢固树立法律红线不能触碰、法律底线不能逾越的观念，切实增强贯彻落实《规定》精神的思想自觉和行动自觉，坚持运用法治思维和法治方式开展工作，为司法机关独立公正行使职权创造良好环境。

会议强调，要深入贯彻党的十八大、十八届三中、四中全会精神和习近平总书记系列重要讲话精神，按照中央城镇化工作会议和省委、省政府推进新型城镇化的部署要求，在前期城乡一体化工作的基础上，进一步推进我市户籍制度改革。要按照积极稳妥、规范有序，以人为本、尊重群众意愿，因地制宜、区别对待，统筹配套、提供基本保障的原则，进一步调整户口迁移政策，创新户籍管理制度，建立健全相关配套设施，逐步建立起与全面建成小康社会相适应，有效支撑社会管理和公共服务，依法保障公民权利，以人为本、科学高效、规范有序的新型户籍制度。

会议还研究了其他事宜。

【十届市委第八十二次常委会议】6月12日，市委书记郑亚军主持召开市委常委会议，传达学习中央统战工作会议精神，安排部署市委常委会“三严三实”专题教育，听取部分市直部门党风廉政建设主体责任落实督查情况的汇报，研究党政机关“两好两促”专项行动、加强政法系统干部队伍建设、峪泉镇国家级试点镇总体规划等事宜。

会议指出，市委常委会作为全市改革发展的领导核心，既是“三严三实”专题教育的组织者，也是参与者，要坚持以上率下、从严要求，认真落实中央部署，扎实开展好专题教育。常委会班子成员要按照省委和市委专题教育《实施方案》安排，带头讲好专题党课，带头开展专题学习研讨，带头高质量召开专题民主生活会，带头强化整改落实和立规执纪，在对党忠诚、勤于学习、敢于担当、知行合一、服务群众、清正廉洁等方面作表率。要通过专题教育，进一步把市委常委会班子打造成政治坚定、作风优良、勤政廉洁、能力过硬的坚强领导集体，自觉维护党的团结统一，坚决在思想上、政治上、行动上同以习近平同志为总书记的党中央保持高度一致，团结带领全市广大干部群众为实现“两个率先”努力奋斗。

会议强调，从近期开展的重点督查情况来看，今年以来，全市各级党组织认真贯彻省委“3783”主体责任体系和市委决策部署，落实党风廉政建设责任制，紧密结合实际，加大工作力度，初步形成了“两手抓两手硬、双促进双落实”的良好局面。会议要求，要深入贯彻省委、省纪委、市委关于落实“两个责任”的要求，着重在深化思想认识、做到守土尽责，层层传到压力、落实目标任务，落实工作要求、强化执纪问责方面加大力度，有针对性地采取措施,解决好思想认识不到位、制度落实不深入、工作推进不平衡的问题,持续深入推动全市党风廉政建设和反腐败工作。 会议指出,在全市党政机关开展“学好法、用好权,促公正、促清廉”专项行动,是贯彻落实中央、省委要求,牢牢抓住党员领导干部这个“关键少数”,有效预防职务犯罪的重要举措。各级各部门要充分认识开展专项行动的重要性和必要性,紧密结合“三严三实”专题教育、“工作落实年” 和党风廉政建设主体责任的落实,坚持问题导向,坚持预防为主,着眼执法用权过程中存在的突出问题,以推动尊法学法守法用法为重点,大力开展法治宣传教育和警示教育,引导和督促全市党政机关工作人员依法履职、廉洁用权,努力为全面建成小康社会、全面深化改革、全面依法治市、全面从严治党发挥积极作用。

会议强调,要深入贯彻落实全面推进依法治国决定和省委政法工作会议要求,积极探索建立完善政法系统领导干部定期交流任职制度。通过建立完善交流任职制度,进一步规范政法系统领导干部日常管理,打破行业隔离,开拓用人视野,优化队伍结构,提高队伍素质和能力,着力打造知识型、复合型人才队伍,为全面推进依法治市提供有力支持。

会议指出,峪泉镇被确定为全国建制镇示范试点镇,为我市深入推进城乡一体化进程、推动城镇可持续发展提供了良好机遇。峪泉镇示范试点镇建设领导小组及相关部门要按照国家、省上关于做好新型城镇化试点镇工作的要求,围绕打造“规划科学、经济发展、功能完善、特色鲜明、宜居宜业”建制镇的目标,精心做好峪泉镇城乡一体化规划暨发展总体规划、峪泉镇镇区总体规划的编审及修改完善等工作,充分发挥好规划的先导和龙头作用,通过创新城乡发展一体、建制镇投融资、公共服务供给等体制机制,进一步优化产业发展环境,完善政策措施,努力把峪泉镇建设成为以城带乡、乡村联动、一体化发展的示范建制镇典型。

会议强调,第五届敦煌行?丝绸之路国际旅游节开幕在即,执委会、各个工作组、各牵头单位要加大统筹协调和服务保障力度,全力做好演艺彩排、展会筹备、接待服务、节会宣传、市容市貌整治、交通电力通信保障、安全保障等工作,努力把本届旅游节办成一次成功出彩的旅游节会。

会议强调,第二十一届中国兰州投资贸易洽谈会将于7月中旬开幕,各相关部门要精心筹备、认真做好我市参会的各项准备工作。要围绕“一带一路”建设和国家向西开放战略实施,充分利用兰洽会这一平台,大力开展投资贸易洽谈活动,突出产业、突出企业、突出产品、突出洽谈,开放、务实、高效、节俭、安全,力争在招商、宣传、展销等方面取得显著成果。

会议还研究了其他事宜。

【十届市委第八十三次常委会议】6月17日,市委书记郑亚军主持召开市委常委会议,传达省委对我市党风廉政建设考核情况反馈会精神和省委王三运书记在我市出席第五届敦煌行?丝绸之路国际旅游节期间调研重点项目时的重要指示精神,研究具体贯彻落实事宜。

会议强调,6月17日,省委常委、省委组织部部长吴德刚带领省委第六考核组,反馈了2014年党风廉政建设考核情况,在对我市推进党风廉政建设和作风建设的成效给予充分肯定的同时,指出了本市存在的问题,并就落实党风廉政建设主体责任和监督责任提出了更高、更严格的要求。全市各级党组织和广大党员领导干部要高度重视,深刻反思,全力抓好反馈意见的整改落实和吴德刚部长重要讲话的落实,变压力为动力,强化认识,落实责任,抓住省委反馈的每一个问题,以最大的决心、最严厉的措施抓好整改,确保每个问题都得到解决,每项要求都有效落实。一要严格履行主体责任。深入贯彻中央、省委和中纪委、省纪委的部署要求,把廉洁自律的制度规定内化于心、外化于形。市委常委带头整改落实,每个党政班子成员都要紧密联系实际,深入调研,认真查找自身及分管领域和部门存在的问题,明确整改方向。要按照“一岗双责”的要求,履行抓好党风廉政建设的职责,定期听取汇报,经常开展约谈,督促分管部门在思想上严起来、紧起来。二要严格落实监督责任。逐条逐项对照反馈的问题和不足,把责任分解到部门、单位和个人,明确具体的整改时限,一件事一件事地抓、一个环节一个环节地推动。围绕重点领域、重点岗位,实行最严厉的廉政风险防控措施,以零容忍的态度严惩腐败,以强有力的举措整治“四风”。三要严格传导责任压力。认真开展“三述”工作,做到逐级逐层全覆盖。主动履行主体责任,把党风廉政建设与业务工作同研究、同部署、同检查、同考核。主要负责同志要担负起抓党风廉政建设的第一责任,抓好本级班子和下级班子两个层面的责任落实,切实把责任压力传导到最基层。加大日常监督检查力度,严肃追究责任,营造风清气正、干事创业的良好政治生态。

会议指出,6月15日和16日,省委王三运书记在参加第五届敦煌行·丝绸之路国际旅游节开幕式期间,出席了嘉峪关丝绸之路文化博览园项目签约仪式,并实地考察了重点项目建设,对我市工作提出了一系列新要求,对我市主动融入“一带一路”战略和华夏文明传承创新区建设,深入谋划文化旅游项目,加快产业转型升级的做法给予了充分肯定。特别是针对当前我市发展的实际和不足,提出的三个方面的要求,切中要害,符合实际,具有很强的指导性和针对性。全市各级各部门和领导干部要按照省委王三运书记的要求,抓住薄弱环节,把牢主攻方向,紧盯项目建设、文化旅游、产业转型等重点领域集中发力,把事关长远发展的工作抓实抓好、抓出成效。一要为方特欢乐世界等项目搞好配套服务。深入思考和研究如何强化政府的公共服务职能,如何使配套服务跟得上文化旅游“井喷式”发展的势头,持续完善旅游基础设施和配套服务体系,提高综合接待服务能力。二要坚持大小项目一起抓。以项目建设扩投资、稳增长、调结构,无论是工业项目、文化项目还是文化旅游项目,无论是大项目还是小项目,都要一起抓、一起用力,着力在招商引资和项目建设上多想办法,在做好落地项目跟踪服务上强化举措,让项目能够早投产、早见效,把发展的基础打得更扎实、更牢固。三要抓三产和现代服务业。要让三产活起来,打好文化、旅游、购物的组合拳,注重作品、产品、精品的挖掘,以三产聚人气、聚商气、聚财气。在壮大文化旅游产业规模的基础上,加快发展以信息、金融、会展、物流、娱乐为主的现代服务业,实施好重点商贸项目,优化商业布局,挖掘市场潜力,培育新的消费热点,努力把嘉峪关建设成为旅游休闲消费型城市。

【十届市委第八十四次常委会议】7月14日,市委书记郑亚军主持召开市委常委会议,传达学习贯彻全省“三严三实”专题教育河西片会议和省委工作落实年推进会暨领导小组第二次会议精神,听取市委各常委上半年落实党风廉政建设“一岗双责”情况汇报,研究党内规范性文件清理工作等事宜。

会议指出,全市“三严三实”专题教育启动以来,各项工作有序推进、进展顺利。全市各级党组织要按照全省“三严三实”专题教育河西片会议的要求,在前一阶段开展专题教育的基础上,进一步提高思想认识,紧盯关键动作,坚持问题导向,改进指导推动方式,做到两手抓、两促进,持续深入开展好专题教育。要强化领导责任,党委书记要带头示范、以上率下,班子成员要切实负起责任、从严要求。要扎实开展好专题学习研讨,突出重点、注重方法,保证学习研讨的效果。要紧密结合教育实践活动后续整改,围绕校正“不严不实”问题,抓紧建立问题清单,做到边学边查边改。要抓好重点节点,抓住关键少数,强化分类指导,加强督促检查,通过开展“三严三实”专题教育,凝聚起推动改革发展稳定的正能量。

会议强调,近日省委召开工作落实年推进会暨领导小组第二次会议,对抓好工作落实年下一步工作提出了明确要求。全市各级各部门要高度重视、强化措施、不折不扣地将省委要求落到实处。要立足全局,紧盯省委、市委全局性、战略性工作部署,围绕年度工作要点、基础设施建设、深化改革、民生改善、精准扶贫、法治建设、“三严三实”专题教育等方面,动真碰硬,倒排工期,按节点推进,加大督促检查,及时对账销号。同时,要进一步完善考核机制,加大考核奖惩力度,切实发挥好考核的激励约束作用,全力推动各项工作任务落实见效。

会议强调,2014年12月,在完成市委党内规范性文件第一阶段清理工作的基础上,按照省委有关要求,市委部署开展了第二阶段清理工作,目前已全部完成。各级各部门要充分认识加强党内法规制度建设的重要性,按照中央、省委、市委有关要求,加强组织领导,健全工作制度和工作程序,结合实际,积极推进党内规范性文件的立废改,不断夯实党内法规制度基础。要提高党内规范性文件的制定质量,增强文件的针对性、指导性、可操作性和严肃性。建立健全定期清理和即时清理机制，定期开展清理，实现清理工作经常化、制度化、规范化。同时，要按照相关规定，做好有关文件的存档、查档利用等工作，发挥好文件的历史资料价值和资政育人作用。

会议强调，加快推进城乡一体化、率先实现全面小康，是市委、市政府立足市情实际，贯彻落实党中央、国务院、省委省政府关于精准扶贫要求做出的重要部署。全市各相关单位要以提高农民收入为核心，以建设美丽乡村加强基础设施建设为依托，因地制宜、富而思进，进一步明确阶段目标，对接全面小康标准，积极推进农村“新三化”。要加强组织领导，严格责任落实，夯实基层基础，强化人才支撑，转变工作作风，采取有力的措施、有效的行动，全力推动各项目标任务的落实。

会议还研究了其他事宜。

【十届市委第八十五次常委会议】7月24日，市委书记郑亚军主持召开市委常委会议。

会议传达学习了习近平总书记关于安全生产系列重要讲话精神。会议强调，习近平总书记关于加强安全生产系列重要讲话和指示，具有很强的政治性和指导性，为做好安全生产工作提供了根本遵循。会议要求，全市各级各部门和党政主要负责人要深入学习贯彻习近平总书记关于安全生产的重要论述，深刻认识安全生产工作的重大意义，牢固树立安全发展理念，建立健全责任体系，进一步加强综合监管，加大督促检查力度，彻底排除、整治各类隐患，确保人民群众生命财产安全。

会议传达学习了省委王三运书记在省委常委会上关于学习贯彻王岐山书记在陕西调研时重要讲话精神和省委常委、省纪委书记张晓兰在省纪委常委扩大会议上的讲话精神。会议强调，省委王三运书记的重要讲话从深刻领会精神实质、深入抓好纪律建设、深度落实主体责任三个方面，对学习贯彻王岐山书记在陕西调研时的重要讲话，谋划和推进我省党风廉政建设和反腐败工作提出了明确要求。省委常委、省纪委书记张晓兰的讲话，对全省纪检监察机关贯彻落实王岐山书记和省委王三运书记重要讲话精神进行了全面安排部署。会议要求，全市各级党组织和广大党员干部要认真学习讨论，自觉把思想和行动统一到讲话精神上来，全面抓好贯彻落实。要深刻领会精神实质，进一步严明政治纪律，严守政治规矩，强化制度建设，全面落实主体责任和监督责任，深入扎实做好相关工作，推动全面从严治党取得新成效。

【十届市委第八十六次常委会议】7月31日，市委书记郑亚军主持召开市委常委会议，传达贯彻全省项目观摩活动总结会议精神，研究加强离退休干部工作、社会治安防控体系建设、推进基层网格化服务管理等事宜。

会议指出，省委王三运书记、刘伟平省长在全省项目观摩活动总结会议上的重要讲话，回顾总结了活动开展四年来全省项目建设取得的成绩、特色和亮点，指出了存在的问题和困难，并对做好当前和今后一个时期项目建设工作提出了明确要求。特别是省委王三运书记关于把握好项目建设的八个方面的要求，具有很强的针对性和指导性，全市各级各部门要认真学习、深刻领会，全面抓好贯彻落实。要以全省项目观摩活动为契机，深入贯彻落实省委王三运书记、刘伟平省长的重要讲话精神，把项目建设摆在更加重要的位置，以项目促发展、稳增长、调结构，坚定不移地实施和推进“3341”项目建设工程，围绕项目的态势、取向、内涵、谋定、重点、捕捉、牵引和落地，进一步完善工作机制，加大工作力度，在积极谋划好“十三五”规划项目的同时，加大项目引进争取力度，完善服务保障机制，狠抓项目推进落实，确保各类项目顺利实施，推动全市经济社会转型跨越发展。

会议强调，离退休干部工作是党的组织工作和干部工作的重要组成部分。全市各级党组织要深入贯彻落实全国、全省离退休干部“三先”表彰大会精神和省委常委、组织部部长吴德刚在我市调研离退休干部工作时的指示要求，进一步改进离退休干部工作，加强离退休干部党组织和思想政治建设，加强离退休干部活动阵地建设，完善共享机制和困难帮扶机制，整合力量，提升离退休干部个性化服务水平，发挥好离退休干部的作用，不断开创我市离退休干部工作新局面。

会议强调，党的十八大和十八届三中全会、四中全会对深化平安建设，完善立体化社会治安防控体系做出了明确部署。全市各级各部门要按照中央、省委的部署要求，紧紧围绕完善和发展中国特色社会主义制度，推进国家治理体系和治理能力现代化的总目标，牢牢把握全面推进依法治国的总要求，突出社会治安防控体系的基础性地位，加强基础建设，创新体制机制，着力构建点线面结合、人防物防技防结合、打防管控结合的立体化社会治安防控体系，提升社会治安防控工作法治化、社会化、信息化水平，提升动态化、信息化条件下驾驭社会治安局势的能力，提升人民群众的安全感和满意度，确保人民安居乐业、社会安定有序。

会议强调，推进网格化服务管理是省委、市委深化社会体制改革的重要内容。要按照以人为本、服务为先，整合资源、共同治理，科技保障、信息支撑，党建引领、提升效能的要求，结合基层社区开展网格化服务管理的实际，加大资源整合力度，完善运行机制，规范工作管理，加强体系建设、经费保障和联动协调，着力解决影响社会和谐稳定的突出问题，全力推动社会管理措施和公共服务在基层有效落实。通过深入推进基层网格化服务管理，进一步提升基层矛盾化解能力、社会事务管理能力、居民自治能力、社会防范能力和基本公共服务水平，提高人民群众的安全感和满意度。

会议还研究了其他事宜。

【十届市委第八十七次常委会议】 8月7日，市委书记郑亚军主持召开市委常委会议，讨论市委常委会“三严三实”专题教育“严以修身”专题整改清单，研究加强基层党建工作、老龄工作等事宜。

会议指出，全市“三严三实”专题教育启动以来，市委常委会根据省委、市委安排，严格按照“严以修身，加强党性修养，坚定理想信念，把牢思想和行动总开关”的要求，精心准备，突出主题，带头开展专题学习研讨，带头查找存在的问题，带头抓好即知即改，促进了专题教育的深入开展。这次查找梳理出的市委常委会存在的五个方面的修身不严问题，对照了中央三个方面的问题、省委王三运书记提出的六个方面问题和市委专题教育党课列举的六个方面的问题，体现了始终坚持问题导向、更严更实的工作要求。市委常委会班子成员要针对查找出的问题，结合各自分工和党的群众路线教育实践活动后续整改，明确时间节点，细化整改措施，一项一项加以整改，确保问题全面整改到位，不断提升履职担当的能力素质，以实际行动为各级干部做出表率、立好标杆，引领全市专题教育取得实实在在的效果。

会议强调，全市各级党组织要充分认识新常态下抓好基层党建工作的重要性，围绕职责，突出特点，创新方式方法，完善制度措施，全面抓好基层党建各项工作。要严格落实市委《关于加强基层服务型党组织建设实施意见》，加强“三会一课”检查指导，严肃政治纪律、政治规矩，确保政治功能寓于服务功能中，在服务功能中体现政治功能。要进一步落实主体责任，完善基层党建考核追究办法，引导各级党组织按照“五好”标准，紧盯主责、聚焦主业，将党建重点任务落实抓细、抓紧抓实。要进一步创新工作方式，开展观摩交流和党建述职评议，强化基层党组织书记培训考核，深入开展党建带工建、带团建、带妇建活动，不断开创我市基层党建工作新局面。

会议强调，老龄工作事关社会和谐稳定，事关千家万户幸福生活。各级各部门要充分认识做好新形势下老龄工作的重要意义，健全工作机构，完善工作机制，加强队伍建设，强化督促检查，努力形成齐抓共管、社会各界广泛参与的工作格局。要大力开展敬老宣传和志愿互助服务，完善社会保障体系、养老服务体系、老年人关爱体系和老龄工作推进机制，科学编制养老发展规划，推进养老服务产业化，维护老年人合法权益，提高老年人优待水平，满足老年人多元化养老服务需求，实现老龄事业与经济社会协调发展。

会议指出，建设兰州新区“飞地经济”嘉峪关产业园是市委、市政府贯彻落实省委、省政府“举全省之力，吸引整合全省资源加快兰州新区开发建设”战略部署的重要举措。各相关部门要高度重视，按照省上高标准建设、新模式开发、大项目支撑、早日建成全省经济重要增长极的要求，依托兰州新区国家级战略平台，充分发挥我市资源优势，做好协调对接、机构派驻、规划建设、资金筹措等工作，加快推进兰州新区“飞地经济”嘉峪关产业园建设，逐步将产业园打造成为我市对外开放和招商引资窗口。

会议还研究了其他事宜。

【十届市委第八十八次常委会议】 8月17日，市委书记郑亚军主持召开市委常委会议，传达学习省委十二届十三次全委(扩大)会议精神和市州纪委书记工作座谈会精神,研究具体贯彻措施。

会议指出,省委十二届十三次全委(扩大)会议是在甘肃省"十二五"即将收官、前瞻谋划"十三五"发展的关键节点上,召开的一次非常重要的会议。会议审议通过的《甘肃省推进领导干部能上能下实施细则(试行)》,体现中央精神,符合我省实际,对于进一步落实从严治党要求、加强干部队伍建设具有重要意义。省委王三运书记代表省委常委会所做的报告和在会议结束时的讲话,深入贯彻党的十八大、十八届三中、四中全会精神和习近平总书记系列重要讲话精神,全面总结今年上半年省委常委会的工作,安排部署了下半年全省工作。特别是针对下一阶段的发展,提出要牢牢扭住"一条红线、四个全面、五个最大"总体思路,按照"两手抓两手硬、双促进双落实"的要求,切实做到"三个并重、三个拓展、三个确保",并明确了"六个着力"的重点任务,为我们做好各项工作指明了努力方向。会议决定,近期召开市委全委(扩大)会议,深刻分析总结前一阶段的工作,对今后几个月的工作再部署、再安排、再落实。会议要求,全市各级党组织和广大党员干部要认真学习,深刻领会,切实把思想和认识统一到会议精神上来,统一到省委的部署要求上来,牢固树立忧患意识、担当意识、前列意识,结合教育实践活动后续整改和"三严三实"专题教育,进一步强化工作举措,加大工作力度,全力推动全年目标任务如期完成,确保"十二五"圆满收官、"十三五"顺利开局。要始终坚持稳中求进总基调,以提质增效升级为中心,千方百计扩大项目储备,坚定不移推进产业转型,深入实施创新驱动战略,着力提升对外开放水平,促进经济持续健康发展。要加速推进全面深化改革,从掌控节奏、保证实效、强化担当三方面入手,严格按照年度目标责任的要求,把握时间进度,狠抓落地见效,确保全年各项改革任务优质高效完成。要加强以民生为重点的社会建设,多想群众所急、多解百姓之忧、多谋民生之利,全力做好民生保障、社会事业、社会稳定等重点工作,努力让群众更多享有改革发展的成果。要全面落实从严管党治党要求,以严的标准开展专题教育,以严的纪律管理约束干部,以严的措施落实主体责任,切实保障和引领经济社会持续健康发展。要科学分析形势、合理确定目标、明确着力重点,积极做好"十三五"规划编制工作。

会议强调,省委常委、省纪委书记张晓兰在8月14日出席市州纪委书记工作座谈会时,对贯彻省委十二届十三次全委(扩大)会议精神,推进下半年党风廉政建设和反腐败工作提出了要求。全市各级党组织要准确把握中央、中纪委和省委、省纪委的部署要求,清醒认识当前党风廉政建设和反腐败斗争形势,按照会议的要求,把纪律挺在前面,严格遵守政治纪律、组织纪律、廉洁纪律,坚持抓早抓小、抓实抓细,真正让纪律立起来。同时,要按照省委关于开展党风廉政建设巡察工作、加强市州纪委派驻机构建设、市县纪委内设机构调整的要求,认真研究,统筹谋划,合理安排好各项工作,推动党风廉政建设各项任务按期完成。

会议还研究了其他事项。

【十届市委第八十九次常委会议】8月19日,市委书记郑亚军主持召开市委常委会议。经会议研究,决定免去武军斌市文物局党组副书记、局长职务,由市委组织部按有关程序办理。

【十届市委第九十次常委会议】9月10日,市委书记郑亚军主持召开市委常委会议,传达学习贯彻省委人大工作会议、全省组织部长培训班会议精神,研究部署开展党风廉政建设巡察工作等事宜。

会议指出,在深入推进"四个全面"战略布局的关键时期,省委召开人大工作会议,具有十分重要的意义。省委书记、省人大常委会主任王三运提出的"四个强化"的要求,具有很强的针对性和指导性,为推动全省人大工作创新发展,更好发挥地方权力机关作用,提升人大工作能力和水平,指明了方向。全市各级党组织、人大机关和广大干部要认真学习,深刻领会,全面抓好贯彻落实。要充分认识新形势下加强人大工作、推进社会主义民主法治建设的重要意义,切实把思想和认识统一到省委、市委的部署要求上来,牢固树立责任意识、大局意识、法治意识、创新意识,突出抓好立法工作的前瞻性、监督工作的实效性、重大事项决定的规范性、代表工作的人民性,切实加强和改进党对人大工作的领导,结合教育实践活动后续整改和

“三严三实”专题教育,着力解决好人大工作中存在的实际问题,进一步开创人大工作新局面。

会议强调,全省组织部长培训班对“三严三实”专题教育、选人用人、干部监督等工作提出了新要求。全市各级党组织要深入贯彻落实好此次培训班精神,按照省委常委、组织部部长吴德刚讲话要求,深刻学习领会中央、省委关于开展“三严三实”专题教育的各项指示要求,紧密联系正反典型,认真查找不严不实问题,坚持两手抓、两促进,深入扎实推进专题教育各项工作。要加大优秀年轻干部和“三方面”干部培养选拔力度,推进领导干部能上能下,严格做好领导干部个人事项报告、选人用人监督、干部人事档案管理等工作,进一步提升组织工作能力和水平,为全市改革发展提供坚强组织保证。

会议强调,开展党风廉政建设巡察工作是市委贯彻省委十二届十三次全委(扩大)会议精神,落实全面从严治党要求,进一步加强党内监督的重要举措。要坚持市委领导、依法依规、突出重点,通过对党风廉政建设和反腐败工作的综合巡察,发现问题,督促整改,建立健全各项制度,进一步规范各级领导干部的行为。全市各级党组织和党员领导干部要高度重视,全力支持,积极配合巡察工作,共同促进实现干部清正、政府清廉、政治清明目标,为全市经济社会发展营造良好的政治生态环境。

会议还研究了其他事项。

【十届市委第九十一次常委会议】9月17日,市委书记郑亚军主持召开市委常委会议,专题学习《甘肃省省管干部谈话办法》,研究部署具体贯彻措施。

会议指出,省委制定出台《甘肃省省管干部谈话办法》,对领导干部谈话做出明确规定,这是省委深入贯彻全面从严治党要求,进一步加强领导班子建设,从严管理干部的重大举措,对于全面落实党风廉政建设主体责任,进一步加强干部教育、管理和监督,促进各级干部守纪律、守规矩,自觉践行“三严三实”,具有十分重要的意义。

会议强调,要深入学习领会《谈话办法》的基本内容和精神实质,全面梳理、准确把握主要目的、基本原则、谈话类别、启动程序、谈话分工及有关要求,结合我市领导班子和干部队伍建设实际,研究制定我市的实施细则,切实将《谈话办法》落到实处。要坚持从严治党、抓早抓小、实事求是、改进作风、务求实效,对照责任传导、教育提醒、告诫整改、鼓励鞭策等谈话类别中的情形,认真检查分析各级领导班子和领导干部中存在的苗头性、倾向性问题,做到早发现、早提醒、早纠正。

会议要求,要充分运用和发挥已有工作机制和工作平台的作用,通过多种渠道和途径,及时收集汇总相关情况,加强沟通会商,认真进行分析研判,根据工作职责和问题归口,制定谈话方案,及时开展谈话工作,提出明确具体的要求,使干部心灵受到触动、思想受到警醒、行为受到校正,推动省委、市委决策部署落实见效。

会议还研究了其他事项。

【十届市委第九十二次常委会议】10月19日,市委书记郑亚军主持召开市委常委会议,传达学习贯彻中组部推进领导干部能上能下培训班精神,研究推进非公经济发展、加强经济责任审计等工作。

会议指出,中组部推进领导干部能上能下培训班,对各地各部门贯彻落实中央《推进领导干部能上能下规定(试行)》提出了具体要求。全市各级党组织要深入贯彻中组部培训班精神和省委有关要求,深刻认识《规定》颁布实施的重要意义,准确把握《规定》的基本精神和主要内容,切实抓好《规定》的落实。要把《规定》的学习作为一项重要任务,纳入中心组学习内容,加大培训力度,多种形式开展宣传,使《规定》领导干部熟悉、组工干部精通、干部群众了解。要贯彻从严要求,严格操作程序,主动、坚决、到位地贯彻执行好《规定》。党委(党组)要落实好主体责任,党委(党组)书记要履行好第一责任人的责任,组织人事部门要落实好工作责任,通过建立健全工作责任制,严格责任追究,确保《规定》落地见效。要结合我市实际制定具体实施细则和工作方案,充分发挥制度的规范、引导、激励、约束作用,推动形成能者上、劣者汰的用人导向和从政环境。

会议强调,加快推进非公经济发展,对于增强我市经济发展活力,调整产业结构,推动发展升级,实现转型跨越发展具有十分重要的意义。全市各级各部门要按照省委、省政府关于进一步促进非公经济发展的部署要求，正确处理好政府和市场的关系，进一步激活市场主体，不断优化发展环境，积极破解要素制约，抓好各项政策落实，全力推动非公经济加快发展。要加强非公经济产业投资引导，创新和改进金融服务，清理和废除阻碍非公经济发展的规定，加强非公经济人才队伍建设，加大科技创新和知识产权保护，提升管理和服务水平，进一步健全工作机制、落实工作责任、强化督促检查，努力把非公经济打造成全市经济发展的重要增长极。

会议强调，对市管党政主要领导干部和市属国有企业领导人员进行经济责任审计，进一步规范党政主要领导干部离任经济责任事项交接工作，是市委、市政府规范经济责任审计工作，加强干部监督管理的重要举措。审计及相关部门要细化经济责任审计的基本原则、组织管理、审计内容、审计程序、审计评价与结果利用，明确党政领导干部离任经济责任交接事项的范围、对象、内容、程序及交接完成后的责任追究，认真组织、深入实施好经济责任审计相关工作，通过经济责任审计，进一步强化对领导干部的监督管理，加强对权力运行的监督和制约，促进领导干部守法守纪守规尽责。各部门、各单位要高度重视，积极配合，自觉接受审计监督，全力做好相关工作，确保经济责任审计各项要求落实到位。

会议还研究了其他事项。

【十届市委第九十三次常委会议】11月18日，市委书记郑亚军主持召开市委常委会议，传达学习贯彻全省精准扶贫现场推进会议、省委党的群团工作会议、全省党内法规工作暨培训会议精神，研究加强人大工作、政协工作及安全生产工作等事宜。

会议指出，省委党的群团工作会议是在全省上下深入学习贯彻党的十八届五中全会精神、全面建成小康社会进入决胜阶段的重要节点召开的一次重要会议。省委王三运书记在会上作的重要讲话，指导性、针对性很强，特别是对群团工作提出的五个方面的要求，对做好当前和今后一个时期党的群团工作，具有重要的指导作用。全市各级党组织特别是群团组织，要深入学习贯彻习近平总书记在中央党的群团工作会议上的重要讲话和省委王三运书记的讲话精神，切实把思想和行动统一到中央和省委的决策部署上来，始终保持和增强群团工作的政治性、先进性、群众性，牢牢把握新形势下群团工作的方向目标、重点任务、创新举措和制度保障，进一步明确工作的聚焦点和着力点，服务大局、服务群众，坚持问题导向，改进工作作风，加强组织领导，靠实工作责任，不断提高群团工作科学化水平，推动市委各项部署更好地落实见效。

会议强调，全省党内法规工作暨培训会议对贯彻中央、省委决策部署，做好当前和今后一个时期党内法规工作做出了安排部署。全市各级党组织要深刻认识加强党内法规建设的重要意义，按照省委王三运书记对党内法规工作“五个坚持、五个从严”的批示要求，以中央、省委党内法规和规范性文件为基础，加强组织领导，健全工作机构，充实业务力量，把好政治政策关、法律法规关、形式格式关、语言文字关，抓好党内规范性文件的规划、制定、备案、清理等重点工作，加快构建内容协调、程序严密、科学完备、有效管用的党内法规制度体系，使全市党的建设不同领域、不同层级、不同功能的党内法规制度相互配套衔接，着力推动党内法规制度建设上台阶、上水平。

会议强调，党的十八大和十八届三中、四中全会以及习近平总书记系列重要讲话，对坚持和完善人民代表大会制度，加强和改进人大工作，提出了新的要求。全市各级党组织、国家机关和人民团体要切实提高对人民代表大会制度和人大工作的认识，充分发挥人民代表大会制度的根本政治制度作用，把人民代表大会制度坚持好、完善好、发展好。要结合我市实际，进一步加强和改进党委对人大工作的领导，支持和保证人大及其常委会依法履行职责，积极筹备启动地方立法相关工作，充分发挥人大代表的主体作用，着力强化组织建设、制度建设、程序建设、能力建设，推动我市人大工作与时俱进，推动全市民主法制建设不断向前发展。

会议强调，建立季度协商座谈会制度、调研报告等意见建议办理办法，是我市完善协商民主制度和工作机制，加强政协工作的重要举措。要充分发挥人民政协作为协商民主重要渠道和专门协商机构的作用，利用季度协商座谈会这一平台，围绕全市改革发展稳定重大问题和涉及群众切身利益的实际问题，引导各党派团体和各族各界人士发扬民主、参与国是、建言献策、团结合作，促进市委和市政府决策科学化、民主化。要高度重视政协调研报告等意见建议的办理工作，坚持实事求是、注重实效、分级负责、归口办理，加大落实力度，强化督促检查，及时反馈报告落实办理情况，确保意见建议件件有着落，事事有交代。

会议强调，安全生产事关人民群众生命财产安全，事关改革发展稳定大局。全市各级各部门和各级领导干部要高度重视安全生产工作，按照省委、省政府的部署要求，进一步强化安全生产责任，严格落实安全生产"党政同责、一岗双责"，履行好第一责任和分管责任，在抓好业务工作的同时，切实抓好分管范围内的安全生产工作。要完善制度规定，加大检查力度，排除安全隐患，开展应急演练，强化工作考核，严格奖惩措施，不断提升全市安全生产工作水平，确保人民群众生命和财产安全。

会议还研究了其他事项。

【十届市委第九十四次常委会议】 12月1日，市委书记郑亚军主持召开市委常委会议，传达学习贯彻省委十二届十四次全委会议、省委统战工作会议、省委藏区工作会议精神，研究加强党风廉政建设、党政领导班子和干部队伍建设、农村基层党建工作等事宜。

会议指出，省委统战工作会议和藏区工作会议对当前和今后一个时期全省统一战线工作和藏区工作做出了安排部署。省委王三运书记的重要讲话，紧密结合甘肃省实际，重点突出，责任明确，要求具体，为推动统一战线事业发展和做好支援藏区工作提供了重要遵循。全市各级党组织要提高认识，切实把思想和行动统一到中央、省委的决策部署上来，以强烈的政治意识和使命担当，推动会议精神的贯彻落实。要更加重视和加强统战工作。各级各部门"一把手"要带头研究部署统战工作，带头贯彻落实相关政策法规，带头参加统一战线重要活动。统战部门要健全各项制度，全面掌握各方面情况，为更好开展统战工作创造良好条件。要进一步推进协商民主制度化建设。认真贯彻落实《中国共产党统一战线工作条例》，建立健全知情反馈机制，推动协商内容具体化、运行规范化、成果实效化。要做好党外代表人士的联系培养。加强党外代表人士的思想政治引导，通过联谊交友等多种形式增进感情、增进团结，凝聚广大党外人士的智慧和力量。要全面抓好对口援建藏区工作。结合嘉峪关市对口帮扶的甘南州玛曲县工作实际，制定好明年的帮扶计划，在项目建设、人才培养、支医支教、从业培训等方面细化帮扶措施，拓宽帮扶渠道，做到按需帮扶、帮到实处。

会议强调，新修订的《中国共产党廉洁自律准则》和《中国共产党纪律处分条例》，是对党章规定的具体化，体现了党中央全面从严治党的实践成果，对于加强党内监督，深入推进党风廉政建设和反腐败斗争，具有十分重要的意义。市委各常委和市级领导干部要充分发挥"关键少数"的表率作用，带头执行《准则》和《条例》，在抓工作、带队伍上敢于担当，在廉政建设、规矩意识面前敢于亮剑，带动形成敬畏纪律、严守纪律的良好氛围。各级党组织要紧跟中央、省委和市委部署，把《准则》和《条例》贯穿到党员干部教育、监督、管理的全过程。各级领导干部要认真履行"一岗双责"，层层示范带动，逐级传导压力，推动形成以上率下、上下联动贯彻落实《准则》和《条例》的合力。广大党员要对照要求，时刻绷紧纪律和规矩这根弦，把守纪律、讲规矩的刚性约束内化为自觉行动，始终筑牢拒腐防变的思想道德防线。各级纪检监察部门要把纪律立起来、挺起来、严起来，紧盯关键岗位、关键领域、关键问题，定期开展检查，坚持监督从严、执纪从严、问责从严，坚决维护党章党规党纪的严肃性和权威性。同时，要严格执行改进作风的相关规定，认真汲取中央纪委、省纪委通报的相关典型案例的教训，对落实八项规定的重要性、顶风违纪搞"四风"的危害性、违纪违规行为的严重性反复强调、经常提醒，把从严要求体现在日常监督管理之中。

会议指出，党的十八大以来，以习近平同志为总书记的党中央着眼全面从严管党治党，做出了一系列重大决策部署，特别是对加强各级领导班子建设、从严管理干部提出了新的更高要求。全市各级党组织要深入贯彻中央全面从严治党要求，进一步加强领导班子和干部队伍建设，为全市经济社会发展提供坚强组织保障。要严格落实管党治党责任,进一步坚定理想信念、增强党性观念,切实抓好严肃党内政治生活、从严管理监督干部、持续深入改进作风的重点工作,全面加强各级领导班子思想、组织、作风、反腐倡廉和制度建设,切实提高领导班子推动改革发展稳定的能力。要严格党的政治纪律和政治规矩,进一步完善从严管理干部队伍制度体系,形成能上能下选人用人机制,努力打造一支信念坚定、为民服务、勤政务实、敢于担当、清正廉洁的高素质干部队伍。

会议强调,坚持农村基层党组织领导核心地位,是坚持党在农村领导地位的内在要求,也是激发农村发展内生动力、实现农村经济社会健康发展的根本保证。全市各级党组织要充分认识加强农村基层党建的重要性和紧迫性,认真落实党建责任制,围绕精准扶贫脱贫这个最大任务,紧盯率先实现城乡一体化、率先致富奔小康这个总目标,着力强化农村基层党组织的政治引领功能,发挥农村党员的先锋模范作用,大力推进服务型党组织、为民型干部、富民型党员建设,切实增强农村基层党组织的战斗力、创造力和凝聚力,为加快推进城乡一体化进程提供组织保障。

会议还研究了其他事项。

【十届市委第九十五次常委会议】12 月 14 日,市委书记郑亚军主持召开市委常委会议,讨论市委"十三五"规划建议和市委常委会"三严三实"专题教育对照检查材料,研究加强党的群团工作事宜。

会议指出,对照检查材料是开展"三严三实"专题教育听取意见、查摆问题、剖析根源等工作取得的思想成果的重要体现,是充分开展批评与自我批评的重要途径,是召开高质量专题民主生活会的基础。市委各常委要进一步增强政治自觉、思想自觉和行动自觉,结合深入基层听取意见和每个专题的学习研讨,对常委会班子修身、律己、用权方面存在的问题反复梳理,不断修改对照检查材料,切实把不严不实问题找准找实找全。要从思想根源、理想信念、宗旨意识、精神状态上深刻剖析产生问题的根源,逐条建立责任清单,明确具体整改措施,全力抓好各项问题整改,以对党和人民事业高度负责的态度,深入贯彻中央和省委的决策部署,全力推动经济社会平稳健康发展,为全市各级领导班子和领导干部做出表率。

会议强调,加强和改进党的群团工作,对于进一步密切党同人民群众的血肉联系,巩固党执政的阶级基础和群众基础具有十分重要的意义。全市各级党组织和群团组织要深入贯彻习近平总书记系列重要讲话精神,全面落实中央、省委关于党的群团工作的决策部署,结合我市实际,面向基层、贴近群众,完善领导体制,健全工作机制,积极适应经济社会发展新常态,投身经济转型主战场,加快推动生态文明建设,主动参与依法治理,建立健全服务群众体系,培育践行社会主义核心价值观,构建大群团工作格局,加强班子建设和阵地建设,充分发挥好组织动员和团结群众的桥梁纽带作用,凝聚起协调推进"四个全面"战略布局、加快建设现代化区域中心城市的强大正能量。

【十届市委第九十六次常委会议】12 月 29 日,市委书记郑亚军主持召开市委常委会议,传达学习贯彻省委经济工作暨扶贫开发工作会议精神,研究加强市管领导班子和领导干部考核工作、纪检干部队伍建设、开展节日慰问活动、做好值班值守工作等事宜。

会议指出,省委经济工作暨扶贫开发工作会议,是在"十三五"即将开局的关键节点上召开的一次重要会议。省委王三运书记关于明年经济工作"四个统筹"的判断、提出抓好的"四件大事",关于城市工作提出的突出抓好 "六个聚焦""六个发展",关于扶贫攻坚工作的三方面具体要求,具有很强的针对性、指导性和操作性。全市各级各部门和各级领导干部要学习好、领会好、贯彻好会议精神,牢固树立和贯彻落实创新、协调、绿色、开放、共享的发展理念,适应、把握和引领经济发展新常态,坚持稳中求进工作总基调,结合我市实际,科学确定发展目标,聚焦推进供给侧改革,加快文化旅游产业融合发展,积极培育新的经济增长点,全力做好 2016 年经济发展各项工作。要抓好城市规划的科学化、城市品质的个性化、城市建设的景观化、城市管理的精细化、城市发展的共享化,继续保持产业的成长性、建筑的统一性、环境的良好性、生活的宜居性,着力提升城市环境质量、人民生活质量和综合竞争能力。要在促进农民增收上多想办法,加快农业产业化进程,发展城郊型特色农业；依托良好工业基础和正大、宏丰等龙头企业，发展农副产品加工和农村服务业，推进乡村旅馆标准化建设；坚持“一村一策”，每个村要制定有针对性的发展措施，确保农村居民收入在全省持续保持前列。

会议强调，建立派驻（出）纪检组长、副组长，各镇（社区）纪委书记、副书记，市管领导班子的国有企业纪委书记提名考察制度，是市委贯彻中央、省委决策部署，深入推进党的纪律检查体制改革的重要举措，对于加强对反腐败工作的领导、增强纪委监督权的相对独立性和权威性具有重要的意义。要坚持党管干部原则，拓宽选人视野和渠道，紧紧抓住领导干部这个“关键少数”，高标准、严要求，突出敢于监督、善于监督，着力打造忠诚、干净、担当纪检干部队伍，通过选好配强纪委书记、副书记，纪检组长、副组长，立起纪检干部队伍的“顶梁柱”，为党风廉政建设和反腐败斗争提供坚强的组织保障。

会议强调，2016年元旦、春节将至，各级各部门和各级领导干部要按照省委、省政府有关通知精神和市委、市政府部署要求，结合实际，精心准备，深入基层，认真做好关心困难群众特别是城乡低保对象、特困供养人员、残疾人家庭和零就业家庭、空巢老人、重点优抚对象、困难企业职工、困难党员、离退休同志、驻嘉部队等群体的走访慰问活动，把党和政府的温暖送到千家万户。同时，要严格落实值班值守制度、领导带班制度，严肃值班纪律，加强督促检查，认真做好节假日的值班工作，确保节日期间各项工作正常运作、社会和谐稳定。

会议还研究了其他事项。

市委全委会议

【十届六次全委（扩大）会议暨全市经济工作会议】1月8日，市委十届六次全委（扩大）会议暨全市经济工作会议召开。会议深入贯彻党的十八届三中、四中全会及中央经济工作会议精神，全面落实省委十二届九次全委（扩大）会议暨全省经济工作会议精神，回顾总结2014年工作，分析研判当前形势，安排部署今年经济社会发展任务。

市委书记郑亚军受市委常委会委托向全委会报告了2014年的工作，对做好今年经济工作提出要求。

市人大常委会主任祁永安出席会议。市委副书记、市长柳鹏对今年经济工作做出具体安排部署。市政协主席焦玉兰，市委副书记王锋、魏后凯出席会议。

郑亚军在报告中指出，2014年，是我市发展不易的一年。一年来，我市围绕贯彻落实中央和省委的重大决策部署，重点抓了八个方面的工作，即坚持聚精会神抓党建，全面提升党的建设科学化水平；聚焦整治“四风”问题，扎实开展了党的群众路线教育实践活动；着眼激发动力活力，全面深化各领域改革；紧盯产业优化升级，全力推进重点项目建设；主动适应新常态，促进经济持续健康发展；凝聚发展正能量，不断强化宣传思想文化工作；加强党对政法工作的领导，在创新治理中促进社会和谐稳定；从严落实两个责任，着力加强党风廉政建设。我们要以习近平总书记系列重要讲话精神为统领，深刻认识新常态下经济发展的阶段特征，准确把握中央、全省经济工作会议的各项要求，全力保持经济持续健康发展的良好势头，为全面建成小康社会打下更加坚实的基础。

郑亚军指出，综合分析，在新常态下，我市经济发展主要呈现出经济增长由高速增长向中高速增长转变，全市经济保持在合理的增长区间，发展势头仍然是平稳的、积极的、健康的，发展的条件相对充足，增速过低的风险相对较小，未来一段时期保持中高速增长是完全可能的。产业结构由二产主导向三次产业协调发展转变，光伏发电、铝制品深加工、新型煤化工等新兴产业快速发展，文化旅游深度融合，农业基础地位不断巩固，稳定一产、优化二产、提升三产正在被更好地统一起来，多极发展的趋势更加明显。增长动力由投资拉动向多元支撑转变，基础设施、生态建设、民生改善、新能源将成为下一阶段投资重点，电子商务、休闲娱乐、物流快递等消费热点不断涌现，消费将逐步形成新一轮经济增长动力，投资为主、消费配合、多元支撑的经济增长动力格局正在形成。生产要素配置由相对分散向聚合富集转变，园区已成为资本人才密集、技术水平先进、产品种类丰富的生产要素聚集区域，非公企业配置生产要素的作用更加明显，金融要素支撑实体经济发展的后劲更加充足。发展环境由局部改善向全面优化转变，严格执行平等的市场准入制度，畅通项目引进渠道，持续加强城市和生态建设，各级干部切实转变工作作风，行政效能和服务水平大幅提升，投资软环境得到有效改善。

郑亚军指出，这些趋势性特征，反映出我市经济整体向好的基本面没有改变，并将深刻影响今后一个时期的发展。在这个基本面之下，我市仍处在大有可为的重要战略机遇期，建设丝绸之路经济带、华夏文明传承创新区、国家生态安全屏障综合试验区、千亿级煤电冶加装循环经济产业链等利好政策，与全市发展契合度高，形成了相互配合、共同发力的支撑体系。借助各种利好政策，我们实施了电解铝、新能源、煤炭分质利用等一批重大项目，随着这些项目的相继建成，产能效应将“井喷式”释放。特别是今年，丝绸之路经济带建设由宏观构想层面转向务实推进阶段，我市作为重要节点城市，将迎来更多对接项目、引进资金、开放开发的新机遇。我们要紧紧把握机遇叠加的大好形势，集思广益用好政策，众志成城应对挑战，立行立改破解难题，真正在新常态下掌握主动权、打好主动仗，推动嘉峪关发展不断迈上新的台阶。

郑亚军要求，要全力抓好各项重点任务，既要统筹兼顾、协调推进，也要科学把握、抓主抓重，在促改革、稳增长、转方式、惠民生上不断取得实实在在的成效。尤其要始终突出问题导向，纵深推进全面深化改革；坚持质量效益并重，加快工业经济转型升级；放大文化旅游效应，提升第三产业发展比重；注重统筹城乡发展，全面推进新型城镇化建设；坚持生态立市战略，持之以恒改善生态环境；着力保障改善民生，保持社会大局和谐稳定。

郑亚军指出，要加强党对经济工作的领导。今年经济工作的目标任务已经明确，关键是要抓好落实。各级党组织和党员干部要认清形势、抢抓机遇、迎难而上，一心一意谋发展，聚精会神抓落实，确保年度各项工作任务全面完成。要用新观念看待新机遇，用新能力掌控新常态，用新机制激发新作为，用新状态创造新业绩，用新风气保障新发展。今年是“十二五”收官之年，各部门、各单位要对照规划，认真梳理，查缺补漏，把各项工作做扎实，确保规划目标任务的完成。相关部门要在把握发展阶段性特征的基础上，提前做好“十三五”规划及各专项规划的编制工作，合理确定发展定位、总体目标和重点工作，为“十三五”发展谋好篇、布好局。

会上，柳鹏通报了2014年我市经济社会发展的总体情况。2014年，全市上下狠抓市第十次党代会和市委十届四次全委会各项工作部署的落实，统筹推进改革开放、经济发展、新型城镇化建设和民生保障各项工作，经济社会呈现平稳较快发展的良好局面。预计，全市生产总值增长12.5%；社会消费品零售总额增长14%；公共预算财政收入增长3.2%；全社会固定资产投资增长30%；城镇居民人均可支配收入和农村居民人均纯收入分别增长10%和11%；居民消费价格总水平涨幅控制在了3%以内。

柳鹏强调，要全力以赴做好今年的经济工作。各区、各部门、各单位要深刻认识经济发展新常态下阶段性特征，紧紧把握政策机遇，按照市委的总体要求和八个方面重点任务，加大力度推进改革开放、结构调整、城镇化建设和民生保障等各项工作，确保转变经济发展方式和创新驱动发展取得新成效。重点抓好五个方面：在用足用活政策上取得新成效，在深化改革上实现新突破，在转方式调结构上迈上新台阶，在城乡建设上取得新进展，在增进民生福祉上实现新提高。各区、各部门、各单位要认真学习领会这次会议精神，制订具体方案，做到部署快、行动快、落实快。谋划做好今年各项工作，全面总结“十二五”规划实施的成效和经验，准确把握国家发展战略思路，紧紧抓住“三大省级平台”和“丝绸之路经济带黄金段”建设的机遇，做好“十三五”规划编制工作。要继续解放思想、开拓创新，努力实现全年各项工作的“开门红”。

柳鹏指出，春节将至，各区、各部门、各单位要全力抓好安全生产、市场监管和社会稳定各项工作，落实好节日期间领导干部带班制度，控制好物价，安排好困难群众的生活，确保人民群众过一个欢乐祥和的节日。

会上，市委副书记王锋通报了2014年度科学发展观业绩综合考核情况；市委常委、常务副市长杨伟通报了2014年度经济社会发展目标管理责任书考核情况；市政府领导分别与部分市直部门签订了2014年经济社会发展目标责任书。

酒钢集团公司总经理魏志斌，市委常委、宣传部部长梁洪涛，市委常委、纪委书记边玉广，市委常委、政法委书记张静昌，市委常委、市委秘书长王毅,市委常委、组织部部长燕胜三,市委常委、嘉峪关军分区司令员何良平出席会议;市委委员、候补委员,不是市委委员、候补委员的副地级以上干部,三区及市属各部门、各单位主要负责人,市属重点骨干企业负责人,驻嘉各单位主要负责人参加会议。

【十届七次全委(扩大)会议】8月19日,市委十届七次全委(扩大)会议召开,学习贯彻省委十二届十三次全委(扩大)会议精神,全面总结今年上半年市委常委会工作,安排部署当前和今后一个时期的重点工作,动员全市各级党组织和广大党员干部统一思想认识,明确形势任务,以更加务实有效的举措抓好工作落实,确保圆满完成全年目标任务。

市委书记郑亚军代表市委常委会向全委会报告上半年的工作,并就做好下一步工作提出明确要求。

市人大常委会主任祁永安,市委副书记、市长柳鹏,市政协主席焦玉兰,市委副书记王锋,市委常委、常务副市长杨伟,市委常委、宣传部部长梁洪涛,市委常委、纪委书记边玉广,市委常委、政法委书记张静昌,市委常委、市委秘书长王毅,市委常委、组织部部长燕胜三出席会议。会议由柳鹏主持。

郑亚军在报告中指出,今年以来,在经济下行压力加大、主要工业产品价格持续下跌的严峻形势下,嘉峪关发展遇到了前所未有的困难。面对复杂的外部环境和繁重的改革发展任务,市委常委会团结带领全市各级党组织和广大干部群众,以邓小平理论、"三个代表"重要思想、科学发展观为指导,全面贯彻党的十八大和十八届三中、四中全会精神,深入学习习近平总书记系列重要讲话精神,按照省委十二届九次全委会决策部署和2015年市委常委会工作要点,全面推进"五位一体"和党的建设各项事业,全市经济逆势走强,改革纵深推进,社会和谐稳定,民生持续改善,党的建设不断加强,为完成全年目标任务打下了坚实基础。着重抓了六个方面的工作:一是立足新常态加强对经济工作领导,坚持"稳中求进"工作总基调,统筹推进保增长、调结构、促改革、惠民生各项工作,经济发展先抑后扬、逐步回暖,总体形势好于预期。二是聚焦重点难点扎实推进各领域改革,坚持以改革求突破、以改革促发展,突出科学谋划,紧盯重点领域,抓住关键环节,稳步推进各项改革任务落实。三是着眼群众利益不断强化民生工作,坚持民生优先,在市级财政非常紧张的情况下,上半年财政支出的73%投向了民生领域,实施了一批涉及群众切身利益的民生项目,群众获得感进一步提升。四是抓住关键环节提升依法治理水平,坚持以法治精神为引领,统筹推进法治建设和平安建设,发展社会主义民主政治,积极创新社会治理,社会大局保持了和谐稳定。五是抓好最大政绩落实从严治党任务,始终把抓好党建作为最大的政绩,以高的标准、严的要求、实的举措落实管党治党任务,着力提高党的建设科学化水平,为经济社会持续健康发展提供了坚强保障。

郑亚军强调,要保持经济持续健康发展势头,以保增长、保投资、保稳定、保民生为重点,主动应对挑战,化解下行压力,努力保持经济持续健康发展的良好态势。坚定不移推进产业转型,按照"做强二产、做大三产、做精一产"的思路,加快产业结构调整步伐,增强产业之间的协调性和互补性,进一步提升我市经济的抗风险能力。千方百计增加财政收入,支持酒钢集团公司等重点税源企业和中小企业发展,帮助企业搭建融资、销售、用工等平台,解决好部分企业产能萎缩、开工不足的问题,充分释放纳税潜力。在"开源"的基础上抓好"节流",树立过紧日子的思想,优化支出结构,从严控制一般性支出,把有限的资金用在"刀刃上"、用到关键处。持续抓好项目建设,深入研究国家丝绸之路经济带建设、扶持中西部发展等政策,以及"七大工程包""六大消费包"和新推出的四个工程包,在招商引资和项目建设上多想办法,切实解决项目储备不足的问题。要做好跟踪服务,推进丝绸之路文化博览园等签约项目落地实施。深入实施创新驱动战略,紧跟"互联网+""中国制造2025"等国家战略,顺应发展大势,用足用活政策,推动经济发展由投资驱动、要素驱动向创新驱动转变,切实把新的企业催生出来,把新的业态发展起来。着力提升开放型经济水平,抓住丝绸之路经济带黄金段建设的重大机遇,加强区域合作,充分利用青海、内蒙古、新疆和中亚、西亚的资源市场,支持酒钢等重点企业"走出去",在园区布局工业制品加工出口和贸易输转基地,促进钢铁、有色、装备制造等行业扩大出口。加快嘉峪关空港建设,相关部门抓紧与省上进行沟通衔接,力争嘉峪关机场改扩建工程和国际港务区项目进入省上规划。抓好第四届嘉峪关国际短片电影展筹办工作,把节会办成展示城市形象、扩大对外交流的重要窗口。

郑亚军强调,要加速推进全面深化改革,把握时间进度,狠抓落地见效。掌控节奏抓改革,紧盯任务落实,把全市改革的实施意见、工作要点,和本部门本单位的推进方案、工作台账,放在一起进行分析比较,对进度慢、难度大的改革事项集中攻坚,确保改革有力有序推进。保证实效抓改革,始终坚持问题导向,把解决制约发展和影响群众利益的问题,作为实施和推进改革的出发点和落脚点,及时做好工作计划的跟进调整、推进措施的优化完善,不断提高改革的实效性和针对性。强化担当抓改革,细化靠实工作责任,力争全年各项改革任务得到有效落实。

郑亚军强调,要着力提升人民群众幸福指数,把群众的冷暖安危放在心上,多想群众所急、多谋民生之利,努力让群众更多享有改革发展的成果。

郑亚军强调,要全面落实从严管党治党要求,把加强党的建设作为首要任务和最大政绩来抓,把全面从严治党的要求贯穿到思想、组织、作风和反腐倡廉建设的全过程,切实保障和引领经济社会持续健康发展。

郑亚军强调,要认真抓好"十三五"规划编制工作。"十三五"时期是全面建成小康社会的最后五年,也是实现产业结构整体升级、做大经济总量、做优发展质量的关键时期。要科学分析形势,把所处的内外部环境分析透,把现在的阶段性特征理清楚,把面临的挑战和机遇搞明白,把面临的挑战和机遇搞明白,通过横向、纵向对比,既谋划好"十三五"的顺利开局,又考虑好今后更长时期的方向性问题;要合理确定目标,对接国家和我省的"十三五"规划,有效衔接市第十次党代会的决策部署,明确生产总值、固定资产投资、城乡居民收入等主要指标达到的最低增速,做到积极稳妥、切实可行;要明确着力重点,研究中央省委"十三五"时期的发力重点,精准聚焦、科学确定,把构建现代产业体系、提升科技创新能力、扩大向西开放水平、保障改善民生、城乡一体协调发展等作为主攻方向,浓墨重彩地进行部署,在规划中切实贯穿好、体现好。

就学习贯彻全委会会议精神,柳鹏指出,各区、各部门、各单位要学习贯彻会议精神,明确形势任务和工作重点,查找不足,强化举措,推动各项任务落实;要抓好工业经济运行,加强宏观经济分析研判,准确掌握钢铁、铝制品等主要工业产品的价格走势,引导企业更好地应对市场变化,促进工业经济平稳增长;要全面加快项目建设,在项目建设上再加力,已开工项目要加快进度、保证质量,力争尽快建成发挥效益;要强化财政增收工作;要做好"十三五"规划编制;要高度重视安全生产,时刻绷紧安全生产这根弦,全面落实安全生产责任,深入排查安全隐患,坚决遏制安全生产事故的发生。

市委委员、候补委员;不是市委委员、候补委员的地级领导;各区及市属各部门、各单位主要负责人;市属重要骨干企业负责人;驻嘉各单位主要负责人参加会议。

【十届八次全委会议】12月16日,市委十届八次全委会议召开。会议深入贯彻落实党的十八大和十八届三中、四中、五中全会精神,认真学习贯彻习近平总书记系列重要讲话精神,全面总结今年以来市委常委会的工作,审议通过《中共嘉峪关市委关于制定国民经济和社会发展第十三个五年规划的建议》《中国共产党嘉峪关市第十届委员会第八次全体会议决议》和《关于王永明、王荣山候补委员递补为委员的决定》。

市委书记郑亚军受市委常委会委托,向全委会报告今年以来的工作,就《建议(讨论稿)》向全委会作说明,并在会议结束时讲话。

市人大常委会主任祁永安,市委副书记、市长柳鹏,市政协主席焦玉兰,市委副书记王锋、杜志雄,市委常委、常务副市长杨伟,市委常委、纪委书记边玉广,市委常委、政法委书记张静昌,市委常委、市委秘书长王毅,市委常委、组织部部长燕胜三,市委常委、嘉峪关军分区司令员何良平等出席会议。

与会代表和同志参加了分组讨论。

郑亚军在报告中指出,今年是我市发展极为困难的一年,面对复杂多变的发展环境和经济下行压力加大的严峻形势，市委常委会团结带领全市各级党组织和广大干部群众，以邓小平理论、“三个代表”重要思想、科学发展观为指导，全面贯彻落实党的十八大和十八届三中、四中、五中全会精神，深入学习贯彻习近平总书记系列重要讲话精神，坚决按照省委的决策部署，始终把握稳中求进的总基调，统筹抓好经济、政治、文化、社会生态和党的建设，全市呈现出发展活力不断增强、经济保持平稳健康发展、人居环境明显改善、群众生活水平稳步提高、民主法治进程不断加快、政治生态良好的局面。

郑亚军在会议结束时的讲话中指出，这次全会审议通过的《建议》，全面贯彻中央、省委的决策部署，集中了各方面的智慧和力量，是做好“十三五”时期全市各项工作的纲领性文件，当前和今后一个时期，各区、各部门、各单位要结合实际抓好落实。

郑亚军强调，要深刻认识全面建成小康社会决胜阶段的新形势。全市“十三五”时期虽然面临着经济下行压力和诸多不确定因素，但经济发展的潜力很足、余地很大，经济长期向好的基本面没有变。要准确把握战略机遇期内涵的深刻变化，坚决贯彻五中全会确立的“创新、协调、绿色、开放、共享”的五大理念，破解发展难题，增强发展动力，厚植发展优势，着力在适应、引领和推动“五个转变”上下功夫：发展速度由高速向中高速转变的趋势，既要主动适应外部环境的变化，保持战略定力、坚定发展信心；又要充分利用速度放缓带来的回旋空间，更加注重发展的质量和效益，多做打基础、利长远的事情，努力做大经济总量、做优发展质量，推动实现全面、协调、可持续的发展。发展动力由传统模式向创新驱动转变的趋势，下好创新这步先手棋，深入实施创新驱动战略，推进关键技术创新、核心产品创新、产业链创新和发展模式创新，真正以创新驱动产业转型升级、培育形成新的经济增长点。发展格局由重点支撑向多元并举转变的趋势，在做优二产、提升质量上积极作为，在壮大三产、提高比重上使劲发力，在做精一产、提振效益上久久为功，增强发展的韧劲、耐力和抗风险能力。发展空间由地处内陆向开放前沿转变的趋势，实行“西进北上、东接南联”的全面开放战略，以更宽广的视野，向西扩大合作领域，向北参与资源开发，向东承接产业转移，向南拓展市场空间，增强在经济带建设中的主动权和参与度。发展目的由兜底线保基本向共建共享转变的趋势，既重视民生的普惠性和均等性，更要坚持高标准、全覆盖，提高公共服务的共建能力和共享水平，让广大群众享有更好的教育、更高水平的医疗、更稳定的工作、更满意的收入，实现城乡居民共同迈入全面小康社会。

郑亚军强调，要准确把握全面建成小康社会的着力重点。按照中央和省委的各项部署，立足全市的发展基础和优势，以大气魄、大手笔、大踏步的作为，坚决打好全面建成小康社会这场攻坚战，努力走出一条体制活、结构优、产业强、生态美、群众富的发展新路子。以大创新为基点，强化科技引领，着力激发社会创造活力。把创新摆在事关发展全局的核心位置，着力推动创新成果有效运用、创新效应不断放大、创新红利充分释放。突出酒钢集团、中核四〇四等大型企业在创新中的主体地位，掌握一批具有自主知识产权的核心技术，催生一批能够转化为现实生产力的科技成果。进一步优化创新环境，完善人才培养、引进、使用和激励机制，依法管理创新活动和科技成果，最大限度地激发创新创业的积极性。建立健全有利于大众创业、万众创新的政策环境和服务体系，在全社会营造尊重创新、鼓励创新、勇于创新的浓厚氛围。以大发展为主线，加快转型升级，着力提升城市综合实力。始终抓住发展这个第一要务不放松，坚持扩张总量与调整结构并举，发展速度与质量效益并重，加快构建以传统优势产业优化升级、战略新兴产业引领扩张、文化旅游产业深度融合、现代服务业多核支撑的新型产业体系。巩固工业的主导优势地位，发挥重点企业的基础作用，带动地方企业发展配套产业，让困难企业走出困境、让优势企业占有市场。促进工业化和信息化融合发展，推动实施“互联网+工业”“互联网+制造”行动。始终把第三产业作为调整产业结构的重中之重，壮大非公有制经济，培育消费热点，挖掘消费潜力，提升第三产业的比重。以大平台为载体，抢抓政策机遇，着力夯实加快发展的基础支撑。发挥工业园区的集聚吸纳功能，把耦合度高、配套性强的上下游企业集中起来，在园区内形成高效化的循环利用系统、共享化的配套设施集成、一体化的管理服务体系。

发挥文化旅游平台的融合带动效应，打造"天下第一雄关"、方特欢乐世界、丝绸之路文化博览园等特色旅游品牌，培育观光休闲、娱乐互动、体验探险等为一体的旅游产品，构建大文化、大旅游、大景区的格局。发挥城乡一体化平台的协调联动作用，推动基础设施、产业项目、公共服务等向农村延伸，促进城乡要素平等交换和公共资源均衡配置，让老百姓的"钱袋子"鼓起来、"菜篮子"满起来、文化生活丰富起来。以大生态为保障，坚持绿色发展，着力建设舒适宜居的美丽雄关。充分调动政府、企业、社会等各方面力量，不断提升园林绿化、水面景观的质量和档次。统筹城乡生态布局，推动生态建设向农村延伸，规划更多的绿色庭院、绿色通道、绿色景观。把发展清洁产业与营造优美环境结合起来，推进循环经济、生态经济建设，全面节约和高效利用资源，促进生产生活绿色低碳。把良好生态作为最大的民生福利，推进"天蓝、地绿、水秀、人和"的全域生态工程，为群众提供更多的优质生态产品。以大民生为基础，推进共建共享，着力提升人民群众获得感。坚持以人为本、民生优先，把更多的人力、物力、财力投向基层最需要的地方，投向最接近老百姓的地方，千方百计办好惠民实事，持续增加城乡居民收入，认真解决教育、医疗、就业、住房等方面的问题，逐年提升低保、医保、大病救助等标准，全面做好棚户区改造、基础设施提升、城市功能完善等工作。加大城乡困难群体的帮扶力度，以更高标准推进扶贫攻坚，绝不让任何一个困难群众掉队。全面加强和创新社会治理，推进科学化、精细化、网格化，让群众生活得更加安全、更加舒心、更加幸福。以大开放为动力，强化区域协作，着力发展开放型经济。树立大开放、大开发的理念，坚持"引进来"和"走出去"相结合，积极承接东部产业转移，加快构建向西开放的战略平台，布局建设工业制品基地和物流集散基地，打造辐射周边、联通中西亚的立体化交通体系。把文化融通作为丝绸之路经济带建设的重要内容，做优节会平台，扩大人文交流，拓展合作领域，着力形成资源共享、品牌共建、联动发展的开放型大格局。

市委委员、市委候补委员，不是市委委员、市委候补委员的副地级以上领导，市委、市人大、市政府、市政协秘书长、副秘书长，市委各部委主要负责人，市直各部门党政主要负责人，市属企业、驻嘉单位主要负责人参加会议。

全市性工作会议

【基层党建工作会暨区委书记述职评议大会】1月20日，嘉峪关市基层党建工作会暨区委书记述职评议大会召开，评议了三区区委书记基层党建述职情况，部署了当前和今后一个时期全市基层党建工作，命名了雄关区祁连社区党委、市财政局党支部等全市第一批18个基层党建示范点。此次会议也是在前段时间我市组织召开农村、社区等6个领域基层党建观摩交流推进会的基础上，促进全市各级党组织努力提高抓基层党建工作整体水平的一次会议。

省委第一指导督查组组长、省人大原常委、环境资源保护委员会原主任委员刘洪泽出席会议，并代表省委就我市区委书记述职评议情况作了点评讲话。市委书记郑亚军出席会议并讲话。

据介绍，按照中央和省委的统一部署，2014年年底到2015年年初在全省普遍开展一次市、县、乡党委书记抓基层党建述职评议考核。根据中央和省委的要求，省委组织部专门成立了7个指导督查组，分赴全省14个市州指导督查述职评议考核工作，省委第一指导督查组负责嘉峪关和金昌的指导督查工作。

会上，三区区委书记就抓好基层党建工作述了职。刘洪泽作点评讲话时说，总体感觉嘉峪关市委对区、乡镇党委书记抓基层党建工作非常重视，准备工作充分，组织周密有序。三区区委书记的述职，抓住了基层党建工作的重点，成绩讲得实、问题找得准、原因挖得深、思路措施明，呈现以下特点：重视基层大抓基层的氛围初步形成，基层党组织队伍建设得到了明显加强，基层党组织服务群众的措施办法更加有效，基层党组织工作经费办公场所得到有效保障。同时，他从思想认识还不够到位、履职尽责还不够全面、服务群众还不够高效等方面指出了问题和不足。

刘洪泽要求，要严格落实党建工作责任制，切实履行党委书记抓基层党建工作第一责任人职责。真正领会"书记抓"的内涵。要意识到"书记抓"是一种责任，党的书记不抓基层党建，就是一种失职。意识到"书记抓"是一种意识，书记抓党建，体现了一种大局意识。作为党组织的书记,要站在党的大局、执政大局上考虑问题,面对“四大危险”“四大考验”,怎么做、怎么应对,必须有非常深刻的认识。意识到“书记抓”是一种感情,作为党员干部,最起码的要求是对党忠诚,对人民群众有感情。对党忠诚、对群众有感情,就是要体现在对党的组织建设花很大的精力、倾注全力。这是我们这一代党员干部的历史自觉。深刻认识到“书记抓”是一种能力,书记能不能抓党建,会不会抓党建,本身就是一种很重要的能力。我们看书记的能力,不能只看抓 GDP、抓经济发展,还要看抓党建工作。意识到“书记抓”是一种转变,努力形成一心一意谋发展、聚精会神抓党建的新局面。书记要意识到通过抓党建来推动发展,通过抓党建来实现领导方式的转变。

刘洪泽强调,要坚持问题导向,不断提高基层党建工作科学化水平。要强化基层党组织的政治功能,下大力气抓好基层党建的薄弱环节,确保基层党建各项任务落地生根。基层党建工作任务有千条万条、政策措施有千条万条,但归结起来,最根本、最关键、最牢靠的是抓好落实,花大力气推动各项基层党建任务的落实。要做好对任务落实情况的督促检查,一级抓一级、层层抓落实。要不断健全和完善落实制度的问责机制,制度规范延伸到哪里、监督问责就要跟踪到哪里,对制度不落实、不按制度办事和破坏制度的人和事,绝不纵容姑息,坚决予以纠正问责,切实保证基层党建各项任务落到实处。

郑亚军对三区区委书记述职情况进行了点评,既肯定了成绩和亮点,也严肃指出了存在的问题和不足,同时对下一步工作提出了更加明确的要求。强调各区委要紧密结合实际,针对存在的问题,认真梳理研究,进一步明确工作思路,加大工作力度,推动基层党建工作再上新台阶,不断提升服务群众的能力和水平。

郑亚军强调,要不断健全完善抓党建的制度机制,真正把基层党建各项任务落到实处。要靠实工作责任,组织部门要结合实际,分行业、分领域制定党建目标责任书,把任务明确到每一个部门,把工作落实到每一个支部,形成横向到边、纵向到底的党建责任体系。各级党委、党组要认真分析下级单位的工作状况,把党建任务转化为具体项目,建立党建责任清单,把党组织建设的各项任务落实落细、抓出成效。要健全考评机制,发挥考核的指挥棒作用,把年终考评与平时考评结合起来,把组织考评与群众评价结合起来,提高党建工作考评的科学性,力求考准确、考实在、考全面。加大党建考核权重,让软任务成为硬指标,激励各级班子真抓真管、常抓常管、严抓严管。要完善保障措施,各区、各部门、各单位要进一步加大人财物投入力度,财政、人事等部门要为党建工作提供更多支持,积极为基层党组织解决实际困难,做到人往基层走、钱往基层投、政策往基层倾斜。对基层干部政治上多关心、生活上多帮助,让他们扎根基层有奔头,集中精力做好联系服务群众“最后一公里”的工作。

市委副书记、市长柳鹏,市委副书记王锋、魏后凯,市委常委、宣传部部长梁洪涛,市委常委、纪委书记边玉广,市委常委、政法委书记张静昌,市委常委、市委秘书长王毅,市委常委、组织部部长燕胜三出席会议。

王锋主持会议;魏后凯宣读了《关于命名全市第一批“基层党建示范点”的决定》;与会领导为获得“基层党建示范点”的单位授了牌;燕胜三对近年来全市基层党建工作进行全面总结,并对今后工作进行了安排部署;镜铁区文殊镇塔湾村、长城区永乐社区等7个基层党建示范点党组织负责人进行了交流发言;与会人员对三区区委书记抓基层党建工作进行了测评。

酒钢集团公司党委组织部负责人,各区、市委各部委、市属各单位主要负责人,在嘉各单位党组织负责人,各镇、社区党委书记和三区熟悉了解基层党建工作情况的“两代表一委员”、基层党员干部群众代表300余人参加会议。

【市第十届纪律检查委员会第五次全体会议】2月10日,中国共产党嘉峪关市第十届纪律检查委员会第五次全体会议召开。市委书记郑亚军出席会议并讲话,强调要深入贯彻中纪委十八届五次全会及习近平总书记系列重要讲话精神,认真落实省纪委十二届四次全会精神,准确把握党风廉政建设和反腐败斗争的新要求,全力抓好“两个责任”落实,以最鲜明的态度、最坚定的决心、最有力的举措,全面推进反腐倡廉建设,为全市经济社会持续健康发展营造良好环境。

省纪委副书记王栋玉全程指导会议，并传达了十八届中央纪委五次全会精神；市人大常委会主任祁永安出席会议；市委副书记、市长柳鹏传达了十二届省纪委四次全会精神；市政协主席焦玉兰，市委副书记王锋、魏后凯出席会议。

市委常委、纪委书记边玉广主持会议，并代表市第十届纪律检查委员会常务委员会向第五次全体会议做工作报告。

郑亚军指出，2014年，市委认真贯彻中央、省委关于党风廉政建设的决策部署，严格落实中纪委、省纪委全会精神，坚持“两手抓两手硬、双促进双落实”，紧紧围绕“3783”主体责任体系，旗帜鲜明、行动坚决、措施有力，认真组织“三述”，逐级开展约谈，层层传导压力，深入推进党风廉政建设各项工作，得到了中央巡回督导组和省委巡视组的肯定，得到了党员干部群众的支持和拥护。全市各级纪检监察机关认真落实监督责任，积极开展廉政文化宣教活动，健全完善风险防控体系，从源头上预防腐败行为；严格执行中央、省委和市委关于作风建设的制度规定，聚焦“四风”问题，从严正风肃纪，作风建设取得了明显成效；持续推进转职能、转方式、转作风，深化纪检监察体制改革，清理了大部分纪委牵头或参与的议事协调机构；保持惩治腐败的高压态势，加大违纪违法案件查处力度，发挥了惩治腐败的震慑作用，党风廉政建设和反腐败工作取得新成效。

郑亚军要求，要着力建设一支忠诚、干净、有担当的纪检监察队伍。2015年是全面深化改革的关键之年，各级纪检监察机关要坚持问题导向，以深化纪律检查体制改革为突破口，完善机构设置，加强队伍建设，强化监督制约，确保党风廉政建设各项任务落到实处。要着力推动纪检体制改革，认真落实纪检体制改革的实施方案，巩固深化“三转”成果，配齐配强工作力量，加强对下级纪检监察机构的监督指导，推进“两个为主”具体化、程序化、制度化。各级纪检监察干部要忠诚于党的纪检监察事业，认真践行“三严三实”，清清白白做人，干干净净做事，树立纪检监察工作的底气和权威。要敢于担当、敢于监督、敢于负责，当好捍卫党纪政纪的忠诚卫士。要严把选人用人关，打造一支忠诚、干净、有担当的纪检监察队伍，提高监督执纪的整体水平。

全会通过了市纪委常委会工作报告和《中共嘉峪关市第十届纪律检查委员会第五次全体会议决议》。

市委常委、常务副市长杨伟，市委常委、宣传部部长梁洪涛，市委常委、市委秘书长王毅，市委常委、组织部部长燕胜三以及市委、市人大、市政府、市政协副地级干部、酒钢(集团)公司党委领导等出席会议。

【市委工作会议】2月16日上午，市委工作会议召开，会议对全市组织工作、宣传思想文化工作、政法工作和统战工作等重点工作进行了总结和安排部署。市委书记郑亚军出席会议并讲话，市委副书记、市长柳鹏出席会议，市委副书记王锋主持会议。

会上，郑亚军指出，过去的一年，全市各级党组织和市委各部门深入贯彻落实党的十八大和十八届三中、四中全会精神，按照中央和省委的决策部署，紧扣市委工作大局，充分发挥职能，抓重点、破难点、求实效，宣传、政法、组织、统战等各项工作取得了显著成效，有力保障了市委整体工作顺利推进，促进了全市经济社会持续健康发展。

就做好新形势下党委工作，郑亚军强调，要主动适应新要求，切实增强做好党委工作的使命感和责任感。党的十八大以来，习近平总书记围绕党要管党、从严治党，发表了一系列重要讲话，把全面从严治党提高到了一个新的水平。习总书记强调要始终把抓好党建作为最大的政绩，把每条战线、每个领域、每个环节的党建工作抓具体、抓深入，坚决把管党治党的责任承担好、落实好。关于组织工作 、作风建设、宣传思想、政法、统战工作等方面的一系列新思想、新论断，深刻阐述了党委工作的总体要求和职责定位，鲜明回答了党委工作抓什么、如何抓的理论和实践问题，为我们抓好党的建设指明了努力方向、提供了基本遵循。中央和省委相继召开了组织、宣传、政法、统战等会议，对今年的工作做了安排部署，提出组织工作要抓住落实党建工作主体责任这个关键，深化党的建设制度改革，选好干部、用好干部、管好干部；宣传工作要讲好中国故事，传播好中国声音，巩固团结奋斗的共同思想基础；政法工作要担负起维护一方稳定的政治责任，持续推进法治中国、平安中国建设；统战工作要支持民主党派更好履行参政党职能，维护民族宗教领域和谐稳定，着力营造宽松民主的氛围。省委王三运书记就做好全省党委工作，分别做出了重要批示。全市各级党组织和党委各部门要认真学习习总书记重要论述，坚决贯彻中央和省委的决策部署，围绕中心、服务大局，把抓党建、管党建、强党建放在更加突出的位置，保持坚定的政治定力和正确的政治方向，强化使命担当，发挥职能作用，共同把党的建设各项工作做实做细，确保党要管党、从严治党的要求落到实处。

政法工作要深入贯彻党的十八届四中全会精神，坚持以法治为引领，深化司法体制改革，有效防控各类风险，统筹推进法治建设、平安建设和过硬队伍建设，全力维护社会大局和谐稳定。推进依法治市进程，贯彻中央和省委全面推进法治建设的相关意见，抓紧制定贯彻落实的实施细则，开展宪法法律宣传教育活动，用法治思维和法治方式开展工作，推进执法司法规范化建设，让每一个群众在每一起案件中都能感受到公平正义。加快司法体制改革，实施好司法责任制、司法人员分类管理、司法人员职业保障、法检两院人财物统一管理等改革事项，深化行政执法体制改革，抓好公安行政管理、社区矫正等方面制度的改进和完善，加强基层执法力量和执法能力建设。深化平安嘉峪关建设，维护国家安全和社会政治稳定，推动矛盾纠纷联动化解，健全“大执法”、“大巡防”管理网络，开展严打、禁毒等专项行动，把维护稳定的触角延伸到社区工作各方面。打造过硬政法队伍，引导干警严守党纪国法和铁规禁令，始终忠于党、忠于宪法、忠于人民、忠于法律，敢于和歪风邪气做斗争，做到有法必依、执法必严。

组织工作要以党的建设制度改革为切入点，全面抓好选干部配班子、建队伍聚人才、抓基层打基础各项工作，做到思想教育从严、干部管理从严、组织建设从严、作风要求从严。加强领导班子和干部队伍建设，按照好干部“五条标准”，严格执行《领导干部选拔任用工作条例》，树立重实绩、重品行、重公论用人导向，把更多能干事、会干事、干成事的干部发现出来、使用起来；深化干部人事制度改革，加大干部轮岗交流，落实德的考核、潜绩考评等制度；抓好后备干部队伍建设，加大优秀年轻干部培养选拔，全心全意做好老干部工作。从严管理监督干部，按照中央和省委要求严格核查干部有关事项填报信息，抓好党政主要负责人经济责任和机构编制“双审”工作，持续推进巡视反馈问题整改落实。着力建设基层服务型党组织，把抓党建、管党建作为最大政绩，落实主体责任，逐级签订责任书，分类开展现场观摩交流，动态整顿软弱涣散党组织，定期进行基层党建述职评议，抓好“服务型党组织、为民型干部、富民型党员”和带头人队伍建设。落实人才特区建设方案，做好“十三五”人才发展规划制定，围绕丝绸之路经济带建设、“3341”项目工程、“1236”扶贫攻坚行动等战略任务引进培育人才，加强党政管理、企业经营、专业技术等人才队伍建设。深入推进作风建设，开展“三严三实”专题教育，巩固拓展教育实践活动成果，定期开展党员评议，保证党内生活的政治性、原则性和严肃性。

统战工作要紧扣“凝心聚力、促进发展”主题，突出政治导向，聚焦现实问题，充分发挥资源密集、联系广泛、协调关系的独特优势，最大限度地把各方面力量集中起来，为改革发展稳定多做贡献。主动服务经济社会发展，依托各民主党派、工商联和商会团体，加强与工商界、企业界的联系，开展招商引资活动，吸引更多资金、项目和优秀人才；凝聚社会各界人士的智慧和力量，更好地履行责任、回报社会。着力提高协商监督质量，贯彻中央和省委关于加强协商民主建设的意见精神，建立健全政治协商机制，加大民主监督和参政议政，引导党外人士为改革发展建言献策；拓宽选人视野和用人渠道，做好党外人士的举荐、培养和考察，调整充实党外干部人才库；落实好联系党外人士制度，搭建好知政知情的平台。稳妥做好民族宗教工作，开展民族团结宣传教育和民族团结进步创建活动，抓好矛盾化解和维权调处，千方百计解决少数民族群众的切身利益问题，巩固发展平等团结、互助和谐的新型民族关系；加强信教群众的爱国主义教育，推进和谐寺观教堂创建活动，确保民族和睦、宗教和顺、社会和谐。

郑亚军强调，春节将至，各级领导干部要带头遵守中央八项规定、省委“双十条”规定和市委七项规定，坚决抵制不正之风，确保清清白白过节、踏踏实实过节。市纪委要严肃开展明察暗访，畅通监督举报渠道，对各种违规违纪行为，发现一起、查处一起。各区、各部门、各单位要坚决落实中央、省委关于做好节日期间应急值班和信息报送工作的相关要求，及时妥善处理突发事件和紧急事务。严格落实安全生产责任制，集中开展事故隐患排查，确保人民群众生命财产安全。加强市场监测监管，保证节日期间物资供应、市场稳定、物价平稳。广泛开展送温暖活动，让每一个困难群众都能过上一个欢乐祥和的新春佳节。

会上，市委常委、宣传部部长梁洪涛对全市宣传思想文化工作做了安排部署，并与镜铁区、市教育局负责人签订宣传思想文化工作目标责任书；市委常委、政法委书记张静昌对全市政法工作做了安排部署，并与长城区、市公安局负责人签订政法综治目标责任书；市委常委、组织部部长燕胜三对全市组织工作做了安排部署，并与雄关区、市卫计委负责人签订了基层党组织建设工作目标责任书；市政协副主席、市委统战部部长曾俊礼对全市统战工作作了安排部署。会议还书面传达了全省组织、宣传、政法、统战会议精神；对2014年度全市综治(平安建设)优秀单位、先进集体和先进个人进行了表彰奖励。

市委常委、常务副市长杨伟，市委常委、纪委书记边玉广，市委常委、市委秘书长王毅及市委、市人大、市政府、市政协地级领导，市中级人民法院院长、市人民检察院检察长出席会议。

各区区委书记、区长，市委各部门、市级国家机关及各部门、各人民团体主要负责人，市属重点企业负责人，驻嘉各单位主要负责人，市城区法院院长、市城区检察院检察长，市公安局各分局局长，各镇党委书记、镇长，各社区党委书记，受表彰优秀单位、先进集体和先进个人参加会议。

【全市城乡一体化建设暨双联工作会议】3月5日，全市城乡一体化建设暨双联工作会议召开，会议全面总结了去年城乡一体化建设工作及双联工作情况，并对今年该项工作重点任务做了安排部署。市委副书记、市长柳鹏出席会议并讲话。

受市委书记郑亚军委托，柳鹏就做好当前和今后一个时期的城乡一体化建设工作要求，要奋力开创城乡一体化建设新局面。要准确把握现阶段我市农业农村发展的新特征，适应新常态，抢抓新机遇，迎接新挑战，始终把“三农”工作摆在重中之重的位置。要因地制宜、突出重点，大力发展现代农业，大力培育新型职业农民，解决好“谁来种地”问题；要夯实农业发展基础，解决好“发展载体”问题；要强化新型农业社会化服务体系建设，解决好“谁来服务”问题；要积极推进土地流转，解决好“规模经营”问题。要创新思路、大胆探索，多渠道促进农民增收，农业结构调整要由“生产导向”向“消费导向”转变；要把大力发展乡村旅游作为富民强市、推进城乡一体化的重要抓手，大力推动农民转移就业和自主就业。要科学规划、统筹发展，切实提高农民生活质量；要注重科学规划引领，稳步推进美丽乡村建设，全面推进公共服务均等化。

柳鹏强调，要强化组织领导，市委城乡一体化建设领导小组及其成员单位要强化责任落实，形成上下联动、齐抓共管的合力推进机制，加大调研力度，积极探索农村集中居住试点、农民旧宅换新房安置，引导村民逐步向集中居住区集聚，超前谋划和有效解决农村基础设施和宅基地闲置等问题；要加强农村基层组织建设，全面落实从严治党的要求，继续巩固和拓展党的群众路线教育实践活动成果，有针对性地开展整顿软弱涣散基层党组织工作，高度重视对大学生村干部的培养教育，加强基层民主建设，全面推进“四议两公开”工作法，加大农村基层干部的教育管理力度；要着力激发农村发展活力，研究建立健全城乡一体化发展体制机制，引导、鼓励、扶持和规范城市工商资本以投资、参股等形式，到农村参与农业产业化发展、改造提升基础设施、建设村民集中居住区、流转土地和宅基地，为全面加快城乡一体化发展注入新活力，创造和制定鼓励各类人才投身农村工作的政策；要深入推进“双联”工作，进一步靠实联村单位和联户干部的责任，开展结对帮扶工作，开创党群干群关系和谐稳定的新局面；要不断强化政策支撑，完善农业投入稳定增长机制，加强资金统筹整合、提高使用效率，确保财力集中用于城乡一体化建设的关键环节。创新涉农资金运行机制，吸引民间资本参与城乡一体化建设。

会上，市委副书记王锋总结了2014年城乡一体化工作及双联工作，安排部署了2015年城乡一体化工作及双联工作重点任务。

会议书面传达了全省农村工作会议精神，并对全市双联行动先进单位及个人进行了表彰奖励。

会议由副市长常守远主持。市人大常委会副主任王克勤，市政协副主席魏万林出席会议。

【全市领导干部大会】3月18日，全市领导干部大会召开，传达学习全国“两会”精神，部署全市学习贯彻落实工作。全国人大代表、市委书记郑亚军主持会议并讲话。

全国人大代表、酒钢集团公司董事长冯杰传达了十二届全国人大三次会议精神。

市人大常委会主任祁永安，市委副书记、市长柳鹏，市政协主席焦玉兰，市委副书记王锋、魏后凯，酒钢集团公司总经理魏志斌，市委常委、常务副市长杨伟，市委常委、宣传部部长梁洪涛，市委常委、政法委书记张静昌，市委常委、市委秘书长王毅，市委常委、组织部部长燕胜三以及市委、市人大、市政府、市政协在嘉副地级以上领导出席会议。

郑亚军指出，刚刚闭幕的十二届全国人大三次会议，是我国发展进入新常态以来召开的一次非常重要的会议，对于动员全国各族人民团结向上、奋发有为，全面建成小康社会、全面深化改革、全面推进依法治国、全面从严治党，实现中华民族伟大复兴具有十分重要的意义。李克强总理所做的政府工作报告，客观全面总结过去一年工作，深刻分析当前国际国内形势，科学部署今年经济社会发展的各项任务，明确了积极应对和引领发展新常态的工作举措。报告中提出了许多新表述、新观点、新理念，如经济发展进入新常态，精神面貌要有新状态；大道至简，有权不可任性；用政府权力“减法”换市场活力“乘法”；打造大众创业、万众创新和增加公共产品、公共服务“双引擎”；中小微企业大有可为，要扶上马、送一程，使“草根”创新蔚然成风、遍地开花；让市场分享金融“活水”的“雨露甘霖”，等等。这些表述形象生动、朴实鲜活，引起了全社会的广泛热议和强烈共鸣。大会突出提高立法质量这个核心，审议通过了立法法修正案，迎来了立法法实施十五年来的首次修改，扩大了地方立法权，规范了立法程序，为落实四中全会精神，促进“四个全面”战略布局实施，提供了有力法律保障。特别是赋予设区的市地方立法权，将嘉峪关等四个未设区的地级市列入其中，使全市具有和设区的市同样的立法权，对加快法治进程具有深远意义。会议期间，张德江委员长参加了甘肃代表团的审议，对甘肃经济社会发展取得的成绩给予了充分肯定，针对甘肃未来发展提出五个方面的新要求。郑亚军强调，全市各级党组织和广大领导干部要把学习好、贯彻好、落实好全国“两会”精神，作为当前和今后一个时期的重要政治任务，把学习领会大会精神与贯彻党的十八届三中、四中全会精神结合起来，与学习贯彻习总书记系列重要讲话精神结合起来，紧紧围绕“四个全面”战略布局，坚持聚精会神抓党建、一心一意谋发展，进一步凝聚全市人民的智慧和力量，为全面建成小康社会打下坚实基础。

就学习贯彻全国“两会”精神，做好当前各项重点工作，郑亚军要求，深刻领会“四个全面”的战略布局。这次人代会审议通过的政府工作报告，通篇体现了“四个全面”的战略布局，传递出治国理政的决心、自信和智慧。党的十八大以来，以习近平同志为总书记的党中央站在党和国家全局的高度，提出了“四个全面”的战略布局，确立了新形势下党和国家各项工作的战略目标、重点领域和主攻方向，是我们全部工作的总遵循、总抓手、总方略。全面建成小康社会是实现社会主义现代化和中华民族伟大复兴中国梦的当下任务，全面深化改革是强大动力，全面依法治国是重要保障，全面从严治党是根本保证。我们要准确把握“四个全面”的深刻内涵，把“四个全面”体现在嘉峪关改革发展稳定的各个方面，落实在实现“两个率先”的具体实践中。

郑亚军强调，这次全国“两会”确定的任务非常明确，关键是抓好落实。我们要带头学习“两会”精神，带头宣传“两会”精神，带头落实“两会”精神，在全市迅速掀起学习贯彻“两会”精神的热潮。主动适应新常态、明确新要求、抓好新任务，奋发进取、主动作为、真抓实干，确保“十二五”圆满收官。结合省委“工作落实年”的要求，持续改进干部作风，对确定的工作盯紧盯牢、一抓到底，以实际行动推动各项工作取得新成效。

各区、各部门、各单位领导班子成员，驻嘉单位主要负责人，酒钢集团公司部分中层干部参加会议。

【市委议军会议】3月24日，市委议军会议召开。会议分析研判了全市基层武装建设面临的形势和任务，研究部署了党管武装工作。市委书记、嘉峪关军分区党委第一书记郑亚军出席会议并讲话，市委副书记、市长柳鹏主持会议，市委副书记王锋，市委常委、常务副市长杨伟，市委常委、政法委书记张静昌，市委常委、嘉峪关军分区司令员何良平，嘉峪关军分区政委马智辉、参谋长王军、政治部主任郑发雄等出席会议。

会议传达学习了省委议军会议精神；何良平报告了2014年度国防后备力量建设情况，安排部署了2015年工作情况；三区区委书记进行了履职党管武装工作情况的述职；王锋宣读了《关于表彰党管武装好干部的决定》，并进行了颁奖。

就做好新形势下党管武装工作，郑亚军要求，要以政治建军为根本，不断筑牢国防后备力量建设的思想根基。注重从思想上政治上建军，是我们党历来的光荣传统和宝贵经验，也是我军的独特优势和鲜明特色。各级军事机关要始终把思想政治建设放在首位，进一步加强理论武装和思想教育工作，为推进国防后备力量建设提供坚强的政治保证。铸牢听党指挥这个强军之魂。要深入学习贯彻习近平总书记系列重要讲话精神，深化中国特色社会主义理论体系学习教育，进一步坚定道路自信、理论自信和制度自信。扎实开展“坚定信念、铸牢军魂”主题教育活动，大力培育和践行当代革命军人核心价值观，引导广大官兵始终站稳政治立场、严守政治纪律，确保在任何时候任何情况下都同党中央、中央军委保持高度一致，一切行动听从党中央、中央军委和习主席的指挥。聚焦能打胜仗这个核心目标。要强化我军根本职能教育，深化战斗精神培育，从严摔打磨炼部队，增强官兵扎根戈壁、刻苦训练、奉献雄关的意识，始终保持招之即来、来之能战、战之必胜的战备状态。要严格按照战斗力标准选人用人，加强领导班子和干部队伍建设，大力培养复合型军事人才。固强作风优良这个重要保证。要主动适应从严管党治党的新常态，抓紧抓实作风建设和反腐倡廉工作，深化巩固群众路线教育实践活动成果，进一步端正训风、演风、考风。开展“学习贯彻党章、弘扬优良作风”“三严三实”等专题教育活动，持续强化纪律约束，以铁的纪律确保民兵预备役部队高度稳定和集中统一。

郑亚军强调，要以军民融合发展为载体，确保党管武装各项制度的落实。目前，全市正处在争创全国双拥模范城“六连冠”、全省“八连冠”的关键时刻，军地各级要进一步统一思想，落实党管武装制度，创新双拥共建活动，加大综合保障力度，努力实现强军兴武与富民强市的有机统一。切实增强党管武装的责任担当。军地各级要落实好双重领导、双向兼职、议军会议、现场办公、述职评议等基本制度，不断完善党管武装工作机制。党政军主要负责同志要严格落实党管武装工作责任制，及时听取基层武装部门的情况汇报，分析武装工作面临的形势，研究解决存在的问题，努力形成齐抓共管、共建共赢的良好局面。扎实推进基层武装建设。军地各级要认真落实关于加强专武干部队伍建设、基层武装工作的两个《意见》，突出机构设置和人员编配两个重点，严格按照标准，加大经费、物资、人才、装备等方面的保障力度，全面提高基层武装工作规范化水平。要配齐配强各级专武干部，重点抓好教育管理和业务培训工作，培养打造一支具有良好思想政治素质、军事业务素质、科学文化素质和较强指挥能力的专武干部队伍。深入推动军民融合发展。军地各级要统筹推进国防后备力量和城市建设，在新上的交通、能源、通信、物资储备以及城建等项目中贯彻国防需求，把军事斗争准备需求融入全市基础设施建设体系，做到力量共用、项目共建、成果共享。同时，希望军分区和广大民兵预备役人员自觉服务地方改革发展稳定大局，参加和支援城市建设，在项目建设、双联行动、园林绿化、平安建设等实践中主动作为、献计出力，为推进全市经济社会持续健康发展做出新的更大贡献。

市直相关部门负责人及三区(镇)书记、武装部长、酒钢集团公司、大友企业公司主管武装工作的负责人和武装干事、嘉峪关军分区机关全体干部参加会议。

【全市精神文明建设工作表彰暨争创第五届全国文明城市动员大会】4月1日，全市精神文明建设工作表彰暨争创第五届全国文明城市动员大会召开，会议回顾总结了过去三年的创建工作，安排部署了新一轮创建工作，表彰了我市精神文明建设工作涌现出的先进单位和个人，动员全市党政军企各方面要强化工作措施，细化具体任务，全力把精神文明建设和创建工作引向深入。市委书记郑亚军出席会议并作重要讲话。

市人大常委会主任祁永安，市委副书记、市长柳鹏，市委副书记魏后凯，市委常委、常务副市长杨伟，市委常委、宣传部部长梁洪涛，市委常委、纪委书记边玉广，市委常委、政法委书记张静昌，市委常委、市委秘书长王毅，市委常委、组织部部长燕胜三，市委常委、嘉峪关军分区司令员何良平，副市长葛建团、王万平、欧余军，市政协副主席、统战部部长曾俊礼，酒钢集团公司副总经理朱爱炳等出席会议。

郑亚军指出，近年来，全市以创建全国文明城市为抓手，持续改善人居环境，全面发展社会事业，统筹推进城乡一体化，创新社会治理，加强未成年人思想道德建设，开展群众性创建活动，城市文明程度和市民文明素质明显提升。在取得成绩的同时，我市在软环境建设上还存在一些不容忽视的问题，精神文明建设和创建工作在抓出习惯、抓出常态上还要下更大的工夫、花更大的气力。

郑亚军强调，各区、各部门、各单位要强化领导、统筹推进，掀起创建全国文明城市新高潮。要周密安排部署，精心组织实施，强化责任落实，举全市之力打赢创建攻坚战。一要靠实工作责任。各区、各部门、各单位要把精神文明建设和创建工作摆在突出位置，单位主要负责同志亲自抓，分管同志具体抓，让人人都有责任、人人都有压力、人人都有担子。宣传部、文明办等部门要主动做好汇报衔接，积极借鉴其他城市的成功经验，使创建工作更具实效性。要加强协调指导，定期研究解决存在的问题，层层定进度、定责任、定人员，做到责任全覆盖、管理无漏洞、创建无死角。二要凝聚创建合力。党政军企、群团组织等各方面要牢固树立“一盘棋”的思想，严格落实目标责任书，对职责范围内的工作不等不靠、不推不拖，不讲任何条件地抓好落实；对涉及多个部门的工作，牵头单位要主动负责，各部门要密切配合，做到衔接顺畅、推进有序。企业要积极参与创建工作，把该承担的责任承担起来，把任务分解到车间和班组，落实到每一个员工，形成创建工作合力。三要营造浓厚氛围。强化舆论宣传，加大精神文明和创建工作的宣传力度，提高文明城市创建知晓率、参与度和影响力。要严格落实督查考核机制，对各阶段、各环节工作任务跟踪监督，做到不达目的不罢休、不达标准不交账。要把创建成效作为评价单位和干部的重要依据，宣传成绩突出的单位和个人，推广好的经验和做法，对管不好、不想管的通报批评，对推诿扯皮、工作不力的严厉问责。

柳鹏主持会议。梁洪涛总结了2012-2014年度全国文明城市创建工作，安排部署2015年创建工作任务，并与雄关区等单位签订了创城目标任务责任书。葛建团宣读了表彰决定。

会议书面传达了习近平总书记和刘云山同志在全国精神文明建设工作表彰暨学雷锋志愿服务大会上的重要讲话精神；对在创城工作中涌现出的先进单位和个人，第三届道德模范、第二届雄关好人及志愿者工作先进集体和先进个人进行了表彰。

三区、市属各单位、驻嘉单位主要领导；各镇党委书记、镇长，各社区党委书记，各单位党办主任(办公室主任)，以及受到表彰的单位代表和先进个人参加会议。

【全市庆祝“五一”国际劳动节暨表彰大会】4月24日，全市庆祝“五一”国际劳动节暨表彰大会隆重召开。会议表彰了荣获全市“五一”劳动双奖、工人先锋号、职工职业道德建设“双十佳”“五一巾帼奖”的先进集体和个人。市委书记郑亚军出席会议并强调，要大力弘扬劳模精神，进一步动员和激励全市各方面积极投身科学发展、深化改革、全面小康的生动实践，共同创造更加幸福美好的生活。

市人大常委会主任祁永安，市委副书记、市长柳鹏出席会议；市委副书记王锋主持会议。与会领导为获奖的先进集体和个人颁奖。

郑亚军代表中共嘉峪关市委、嘉峪关市人大常委会、嘉峪关市人民政府、政协嘉峪关市委员会，向受到表彰的先进集体和个人表示热烈的祝贺，向全市各级工会组织表示诚挚的慰问，向辛勤工作在各条战线上的广大工人、农民、知识分子和劳动者致以节日的问候。

郑亚军指出，工人阶级是中国共产党的坚实基础，发挥着先锋队和主力军的作用。回顾50年来嘉峪关的开发建设史，历届市委、市政府团结带领全市广大干部群众，牢牢抓住发展第一要务不放松，在调整产业结构中做大经济总量，在加强生态建设中提升城市品质，在创新社会治理中保障改善民生，近年来全市经济逆势走强、深化改革稳步推进、社会事业全面进步。这些成绩的取得，是省委、省政府坚强领导的结果，是广大干部群众和产业工人共同努力的结果。

郑亚军要求，要大力弘扬劳模精神、发挥劳模作用，营造爱岗敬业、劳动光荣的良好氛围，激发加快发展的精神动力。各级党组织和工会组织要广泛开展向先进模范人物学习活动，用先进事迹感召人民群众，用劳模的敬业精神激发干事热情，用劳模的优秀品质引领社会风尚，着力形成崇尚先进、学习先进、争当先进的良好氛围。全市职工群众要以先进模范人物为榜样，学习他们胸怀大局、爱岗敬业、甘于奉献的高尚品格，学习他们奋力拼搏、勇于创新、争创一流的精神风貌，学习他们与时俱进、求真务实、扎实工作的科学态度，真正向奉献者致敬、向优秀者看齐、向拼搏者学习，争做改革的先锋、发展的主力、稳定的基石。

会上，劳动模范代表李宏伟、罗扬作了先进事迹宣讲。劳动模范代表张菡池宣读了倡议书，倡议全市劳模和先进工作者，要与全市各行各业的劳动者共同肩负起实现“两个率先”、建设现代化区域中心城市的光荣使命。

市政协副主席、市委统战部部长曾俊礼，酒钢集团公司工会主席郑玉明出席会议。

市委各部门主要负责人，各区及市属各部门、各单位党组(党委)书记，在嘉各单位主要负责人，受表彰的先进集体和个人以及职工代表300余人参加会议。

【纪念五四运动96周年暨表彰大会】5月4日，嘉峪关市召开纪念五四运动96周年暨表彰大会，表彰各条战线上涌现出的先进青年集体和个人。市委副书记王锋出席会议并讲话，市委常委、常务副市长杨伟出席会议。

会议表彰了获得2014年度市级“青年文明号”的嘉峪关广播电视台团总支等10个青年集体；授予徐嘉莉等10名同志为2014年度嘉峪关市“岗位能手”，授予刘玉斌等10名少先队辅导员为2014年度嘉峪关市“优秀少先队辅导员”。

王锋代表市委、市人大、市政府、市政协，向受到表彰的先进典型表示热烈祝贺，向辛勤工作全市各行各业、各条战线的各级团干部、青少年工作者和广大青年朋友们致以节日的问候和良好的祝愿。

王锋希望广大青年要传承五四精神，立志勤学，矢志做“两个率先”奋斗目标的建设者，勇于实践，深入群众；要砥砺奋进，矢志做“四个全面”战略布局的推动者，锐意进取，锤炼作风；要修德明辨，矢志做践行社会主义核心价值观的先行者，注重道德实践，努力把社会主义核心价值观的要求变成日常的行为准则和内在的信念、理念。

王锋要求，在新形势下，全市各级团组织要牢牢把握共青团的根本任务，认真研究青年工作的新情况、新问题、新特点、新规律，进一步提高组织青年、引导青年、服务青年、宣传青年的能力。要紧紧围绕落实市委、市政府确定的目标任务，找准共青团服务经济社会发展大局的着力点和切入点，组织广大青年在推动全市各项事业发展中再立新功。要融入青年群体，了解青年需求，改进工作方法，有针对性地帮助解决青年最关心、最直接、最现实的利益问题。要进一步密切同广大青年的血肉联系，不断巩固治国理政的青年群众基础。全市各级党组织要充分认识做好新形势下共青团工作的重要意义，切实加强和改进对共青团工作和青年工作的领导，及时解决共青团的实际问题，为青年人才脱颖而出创造有利条件，为青少年健康成长营造更好的环境。

杨伟宣读了关于命名表彰2014年度嘉峪关市“青年文明号”“青年岗位能手”和“优秀少年队辅导员”的决定。

市人大常委会副主任王克勤主持会议。市政协副主席韩天玉出席。

已转岗老团干代表作了主题为“光荣传承青春足迹”的寄语；团员青年代表宣读了《以青春的名义宣誓》倡议书。

市属各单位共青团工作分管领导、团委书记；三镇、小区团委书记等共300余人参加会议。

【全市"三严三实"专题教育】5月15日上午，市委举办"三严三实"专题教育党课，正式启动全市"三严三实"专题教育。市委书记郑亚军以讲党课的形式为有关领导干部作辅导报告。

市委副书记王锋主持专题教育党课。

市委副书记魏后凯，市委常委、常务副市长杨伟，市委常委、纪委书记边玉广，市委常委、政法委书记张静昌，市委常委、市委秘书长王毅，市委常委、组织部部长燕胜三等出席。

郑亚军在党课报告中指出，"三严三实" 充分体现了党的优良传统，高度凝练了共产党人的优秀品格，是对马克思主义建党学说的创新与发展，也是对我们党执政经验和历史使命的提炼与升华。习近平总书记关于"三严三实"的论述，切中了"四风"之弊的要害，把准了作风建设的命脉，扭住了党的建设的关键，为新形势下全面从严治党进一步指明了方向。继党的群众路线教育实践活动之后，中央接力开展"三严三实"专题教育，体现了驰而不息转作风的坚定决心，对于落实全面从严治党、推进"四个全面"战略布局，具有重大而深远的现实意义和历史意义。我们要自觉落实"三严三实"的要求，自觉加强党性修养，自觉改造主观世界，以"三严"转风气，以"三实"聚正气，不断开辟从严治党的新境界。

郑亚军强调，全市各级党员领导干部要着力在践行"三严三实"上做表率，始终做到以身作则、以上率下。坚定理想信念、站稳政治立场、提升道德情操，做严以修身的表率。深入学习党的十八大和十八届三中、四中全会精神，特别是习总书记系列重要讲话精神，在思想上、政治上、行动上坚决与以习近平同志为总书记的党中央保持高度一致，解决好世界观、人生观、价值观这个"总开关"问题，永葆共产党人的政治本色。严明政治纪律和政治规矩，牢记党规党纪严于国家法律，自觉划清是非界限、远离低级趣味、抵制歪风邪气，做政治上的"明白人"。摆正位置、恪守边界、接受监督，做严以用权的表率。牢记"权力属于人民、权力来自人民"，划清公与私的界线，用好手中的权力。带头尊法学法、守法用法，任何时候都不专权、不越权、不搞特权。在思想上、工作上、生活上做到敬畏、敬业、敬独，做严以律己的表率。对党纪国法、人民群众、道德规范心存敬畏，言有所戒、行有所止，从严管理自己、约束自己。敢于直面改革发展难题，善于应对复杂严峻局面，勇于承担急难险重任务，扎扎实实做好每一项工作。要以"君子检身，常若有过"的态度，经常反省自己，规范日常行为，做到人前人后一个样、八小时内外一个样、有没有监督一个样，时刻坚守做人的底线。摸透实情、敢于担当、抓主抓重，做实实在在谋事的表率。着眼于解决实际问题，多到基层开展调查研究，主动到矛盾集中的地方去，到问题复杂的地方去，推动决策落地生根。勤奋干事、勇于创新、一抓到底，做踏踏实实创业的表率。进一步提振精气神，把更多的心思和精力用在抓工作上。树立变革创新、永不满足的意识，破除思想观念束缚，做勇于创新、善于创新的领导干部。对认准的事情、确定的目标，拿出踏石留印、锲而不舍的韧劲，一步一个脚印地加以推进。对党诚实、为人平实、作风朴实，做老老实实做人的表率。在实践中把做人与做官统一起来，无论身处什么岗位、从事什么工作，都要在党言党、在党忧党、在党为党，不做与中央、省委和市委要求不一致的事。把群众当亲人，把老百姓的事当作自己的事，设身处地考虑群众的愿望和诉求，真心实意办好事、解难事。树立过"紧日子"的思想，带头遵守中央八项规定、省委"双十条"规定和市委七项规定，坚决抵制享乐主义和奢靡之风，始终保持艰苦朴素的优良作风。

郑亚军要求，要全力抓好"三严三实"专题教育，切实做到高质量、严要求。要把握基本要求。全市党员领导干部要按照"三严三实"的要求，立足本单位实际，有的放矢讲好专题党课；围绕"严以修身、严以律己、严以用权"三个专题，深入开展学习研讨；聚焦"三严三实"的教育主题，严格党内政治生活；坚持边查边改、立说立行，全力抓好整改落实和立规执纪，切实把规定动作做到位，把每项任务完成好。要强化组织领导。各级党委、党组要把专题教育作为一项重要政治任务，思想上高度重视、部署上深入谋划、行动上严格到位，确保不虚不空、不走过场。要从严整改落实。各级党员领导干部要认真对照"三严三实"要求，深入查找自身存在的不严不实问题，列出详细清单、制定整改措施、明确完成时限，采取挂账销号的办法逐项整改，确保件件有着落。结合教育实践活动后续整改和开展"工作落实年"活动，建立健全务实管用的制度规定，推进践行“三严三实”制度化、常态化和长效化。要强化督查问效、正风肃纪，对存在问题视而不见的严肃批评教育，对群众意见大、整改不积极的严厉追究问责，对顶风违纪搞“四风”的严肃查处。要做到统筹兼顾。把开展专题教育与推进改革发展稳定结合起来，与完成各项重点任务结合起来，做到专题教育与日常工作两手抓、两手硬、两不误。要通过开展专题教育，把干部的精气神焕发出来，把全市的正能量凝聚起来，统筹做好保增长、保民生、保稳定各项工作。

王锋在主持讲话时要求，各级党组织要迅速传达学习，确保认识到位；要加强谋划领导，确保组织到位；要坚持统筹兼顾，确保落实到位，使学习“三严三实”的过程成为提振精神、打造过硬队伍的过程，成为发现问题、解决问题的过程，让广大群众切身感受到作风建设的新成效，凝聚起推动全市经济社会持续健康发展的强大正能量。

市委、市人大、市政府、市政协在嘉副地级以上领导干部，市中级人民法院院长，市人民检察院检察长，各区委、市委各部门、市属各单位领导班子成员共300余人参加专题教育党课。

【全市民族工作会议暨第五次全市民族团结进步表彰大会】5月19日，全市民族工作会议暨第五次全市民族团结进步表彰大会召开。会议对全市在促进民族团结进步事业和发展民族经济等方面做出突出贡献的模范集体和个人进行表彰奖励。

市委书记郑亚军出席并讲话，市委副书记、市长柳鹏主持会议。

市委副书记王锋宣读表彰决定，市委副书记魏后凯，市委常委、市委秘书长王毅，市委常委、嘉峪关军分区司令员何良平，副市长欧余军，市政协副主席、统战部部长曾俊礼出席会议。

会议书面传达了中央民族工作会议和全省民族工作会议精神；对市委统战部、市教育局、市民宗委等民族团结进步模范集体和刘拉琴、列金花、马惠玲、闫桂珍等模范个人进行了表彰奖励；全市民族团结进步模范集体和模范个人做了交流发言。

郑亚军代表市委、市人大、市政府、市政协向受到表彰的模范集体和个人表示热烈的祝贺；向统战和民族工作一线的同志们及一直以来关心支持我市民族团结进步事业发展的社会各界人士，表示诚挚的问候和衷心的感谢。

就加强民族工作，进一步促进全市民族团结进步事业发展，郑亚军强调，要充分认识做好新形势下民族工作的重要性。民族工作始终是党和国家的核心工作之一，关系到改革稳定发展的全局。近年来，市委、市政府始终将民族工作放在全市经济社会发展的大局中来谋划和推进，全市民族工作取得了新成效。各区、各部门、各单位要充分认识民族工作的重要性，全力承担好保障“一带一路”通道安全、维护西部边疆地区稳定的重要使命，发挥好民族工作在促进区域发展稳定方面的重要作用，进一步凝聚起全市各族群众推动转型跨越发展的强大合力，不断巩固各民族共同团结进步、共同繁荣发展的良好局面，为实现两个“率先”打下坚实基础。

郑亚军要求，要加强组织领导，进一步提高做好民族工作的水平，要进一步健全完善工作机制，各级各部门要进一步健全完善民族工作机制，强化各级党组织在做好民族工作中的领导职责，形成党委领导、政府负责、有关部门协同配合、全社会通力合作的工作格局；要进一步靠实工作责任，各区、各部门、各单位要把民族工作列入重要议事日程，与重点工作同安排、同部署，结合部门职能，认真研究解决民族工作中存在的困难和问题，不断提高民族工作水平；要进一步营造民族团结进步的良好氛围，相关部门要广泛宣传党的民族理论方针政策，大力开展民族团结教育，将培育中华民族共同体意识与践行社会主义核心价值观结合起来，将民族团结进步示范创建与争创全国文明城市结合起来，形成人人重视和参与民族团结进步事业的浓厚氛围。要注意培树民族团结进步工作典型，用群众身边的榜样感召人心、凝聚力量，引导全市各族群众心往一处想、劲往一处使，不断巩固同呼吸、共命运、心连心、一家亲的民族团结进步共同体，不断开创我市民族团结进步事业的新局面。

就贯彻落实好此次会议精神，柳鹏要求，要提高认识，在把握民族工作重点上下功夫，要充分认识做好民族工作的重大意义，进一步巩固民族团结进步事业发展的物质基础，进一步夯实民族团结进步事业发展的群众基础，进一步完善民族团结进步事业发展的领导机制，不断推进民族团结工作深入开展。要结合实际，在创新民族工作思路上下功夫，全市各部门、各单位要广泛动员干部群众，在总结工作经验的基础上，创新推进民族进步事业发展的思路，要紧密围绕转型跨越发展和长治久安推进民族进步事业，紧密围绕民生改善推进民族进步事业，紧密围绕社会事业发展推进民族进步事业，进一步推进民族工作扎实开展。要强化措施，在提升民族工作水平上下功夫，要按照市委、市政府确定的工作思路和目标，强化工作措施，增强民族工作的针对性和主动性，继续深化民族团结进步创建活动，高起点、高水平抓好各项措施的落实，为我市民族团结进步事业做出新的贡献。要加强领导，在形成民族工作合力上下功夫，进一步加强民族工作的组织领导，完善督查考评机制，组织协调和动员社会各方力量，以富有成效的工作，不断开创我市民族工作新局面。

各区、各部门、在嘉各单位主要负责人，各社区书记、主任、各镇党委书记、镇长及其各村党支部书记、主任，市委统战部、民宗委科级以上干部，酒钢集团公司党委统战部全体员工以及受表彰的模范集体和个人代表参加会议。

【市离退休干部先进集体先进个人先进工作者表彰大会】6月18日，嘉峪关市离退休干部先进集体先进个人先进工作者表彰大会召开。会议对近年来嘉峪关市在离退休干部工作中涌现出的先进集体、先进个人和先进工作者予以表彰。

市委书记郑亚军出席并讲话；市委副书记、市长柳鹏主持会议；市人大常委会主任祁永安，市政协主席焦玉兰，市委副书记王锋、魏后凯出席。

郑亚军首先代表嘉峪关市委、市人大、市政府、市政协，向受到表彰的先进集体、先进个人和先进工作者表示热烈的祝贺，向全市广大离退休干部致以崇高的敬意，向全市老干部工作者致以诚挚的问候。他指出，近年来，全市老干部工作紧紧围绕市委中心工作，主动服务大局，探索老干部工作的新举措，解决了一批老干部学习、生活等方面的实际问题，各项工作取得了新进展。一是老干部工作政策措施全面落实，老干部待遇保障、成果共享、困难帮扶“三大机制”不断健全，部分待遇落实走在全省前列。二是离退休干部党组织建设不断加强，老干部政治学习常抓不懈，思想政治建设成效明显，老干部队伍建设始终保持了正确的政治方向。三是老干部作用得到充分发挥，组建了一批老干部志愿服务队，在文明城市创建、平安嘉峪关建设、新型社区建设等方面起到了积极作用，得到了社会各界的广泛认可。四是围绕庆祝建党90周年、党的十八大、建国六十五周年等重大节庆活动，开展了老干部书画摄影展、重点项目视察、文化旅游产业调研等活动，老干部精神文化生活更加丰富。五是老干部工作机制不断健全，经费保障更加充足，老干部体检、关怀慰问实现经常化。

郑亚军强调，要创新工作思路，扎实做好各项老干部工作。要加强老干部思想政治建设。全市各级党组织要认真组织老干部学习十八大、十八届三中、四中全会精神和习总书记系列重要讲话精神，学习省委和市委的各项决策部署，让老干部始终思想常新；要坚持阅文制度和情况通报制度，把老干部的政治待遇落实好，让老干部及时了解全市改革发展情况和时事政治，帮助老干部跟上时代发展步伐；要加强“五好”离退休干部党组织建设，创新组织设置，丰富活动方式，完善各项制度，做到哪里有离退休干部党员，哪里就有党的组织和健全的组织生活，确保老干部离岗不离党，退休不褪色。要不断改进老干部管理服务工作。相关部门要健全完善离休费、医药费和财政支持三个机制，落实好老干部生活待遇；按照“单位尽责、社会统筹、财政支持”的要求，把各方面资源整合起来、利用起来，为老干部提供全方位的亲情化服务和个性化服务；要利用好社区场所和设备，为老干部就近学习、医疗、开展活动提供方便；要认真细致地做好困难离休干部及遗属的帮扶工作，对高龄多病、空巢独居、生活不能自理的老同志给予特别照顾，努力让全市所有老干部都能老有所依、安享晚年。要搭建老干部服务发展的平台，充分调动老干部发挥余热的积极性，精心组织老干部开展专题调研、政策咨询、技术服务和专业指导，多听老干部对我市改革发展的意见建议，多听他们积累下来的工作方法和工作经验；要鼓励老干部在和谐社区建设中发挥作用，引导他们宣传党的方针政策，反映社情民意，化解邻里纠纷，促进社会和谐；要发挥老干部在未成年人思想道德建设中的作用，通过老干部的言传身教，引导青少年养成好的品格、好的习惯,促进青少年健康成长。要丰富老干部精神文化生活,各相关部门要加强老干部活动阵地建设,增加经费投入,为他们提供功能齐全、实用性强、覆盖面广的活动场所,组织老干部参与群众文化活动和社区文化创建,让老干部走出来、动起来、乐起来。要增强老干部工作队伍的素质。市委老干部工作局要进一步加强领导班子、队伍素质和业务能力建设,培养一支政治素质好、工作能力强、老干部信得过的工作队伍。广大老干部工作者要牢固树立服务意识、奉献意识,热情周到细致地为老干部搞好服务,当好老同志的贴心人,让老干部生活得更加舒适、心情更加舒畅,不断提升老干部的幸福感。

表彰会上,王锋宣读了《中共嘉峪关市委嘉峪关市人民政府关于表彰全市离退休干部先进集体先进个人先进工作者的决定》;对市委办公室等15个“全市离退休干部先进集体”,刘万才等20名“全市离退休干部先进个人”,吴斌红等16名“全市离退休干部先进工作者”予以表彰;市政协离退休党支部、长城区、市人大常委会原副主任刘玉关作交流发言。

嘉峪关市委常委、常务副市长杨伟,市委常委、宣传部部长梁洪涛,市委常委、纪委书记边玉广,市委常委、政法委书记张静昌,市委常委、市委秘书长王毅,市委常委、组织部部长燕胜三,市委常委、嘉峪关军分区司令员何良平出席会议。

三区、市属各单位主要负责同志和承担老干部工作的科室负责人,各社区书记、副书记及受表彰的离退休干部先进集体代表、离退休干部先进个人、老干部先进工作者220余人参加会议。

【述纪述廉述作风工作会议】7月21日,我市召开述纪述廉述作风工作会议,强化“一把手”的示范带动作用,抓好党内监督制度的落实,逐级传导责任压力,推动全市党风廉政建设工作不断取得新成效。市委书记郑亚军主持会议并讲话强调,要严格执行“三述”制度,抓好主体责任的落实。

市人大常委会主任祁永安,市委副书记、市长柳鹏,市政协主席焦玉兰,市委副书记王锋,市委常委、常务副市长杨伟,市委常委、宣传部部长梁洪涛,市委常委、纪委书记边玉广,市委常委、市委秘书长王毅等出席会议。

会上,雄关区、建设局、农林局、园林局等9个部门的党政主要负责人进行了“三述”,分析了存在的问题及原因,提出了整改措施。王锋、杨伟、梁洪涛、边玉广分别作了点评。

郑亚军说,从9位同志的“三述”报告来看,能够紧扣遵守纪律、廉洁从政、作风建设等方面,认真对照“三严三实”“3783”主体责任体系、中央“八项规定”、省委“双十条”规定和市委七项规定等要求,从工作到生活,从成效到不足,从现象到本质,进行了实事求是的对照检查,剖析了思想根源,明确了努力方向,提出了整改措施,达到了预期效果。针对报告存在的讲认识体会多、谈实际案例少,讲成绩多、谈不足少,讲面上工作多、谈自身问题少,方向性举措多、量化的办法少等“四多四少”问题,要再做进一步修改完善,把问题找得更准一些,挖得更深更透一些,措施定得更实一些,确保整改取得实效。

郑亚军指出,下一步还将陆续安排一些部门和单位的主要负责同志进行“三述”,以这项工作为抓手,延伸和释放传导效应,进一步推动各级领导班子和成员把党风廉政建设责任制落得更细更实,把廉洁自律的弦绷得更紧更牢,以实际行动全力抓好党风廉政建设和反腐败斗争。

就进一步做好“三述”工作,促进主体责任有效落实,郑亚军强调,提高思想认识。各级党政负责同志要准确把握开展“三述”的重要性,思想上高度重视,行动上高度自觉,参加“三述”活动,不能有敷衍应付、“闯关过关”的思想。对存在的问题要不回避、不遮掩,实事求是总结,深入剖析根源,结合实际反思,使“三述”过程真正成为自我警示教育、不断改进提高的过程。各级党组织要有计划安排本级班子、下属单位和内设机构的领导干部进行“三述”,把责任传递下去、把压力传导到位,让全体干部认识到在党风廉政建设方面,各级班子、班子主要负责人、班子成员都有责任,每个党员干部也有责任,促进党风廉政建设全覆盖、同压力、共担当。

市委、市人大、市政府、市政协在嘉副地级以上领导以及各区、各部门、各单位领导班子成员参加了会议,并对参加“三述”的9个部门的党政主要负责人进行了民主测评。

【全市领导干部党风廉政建设主体责任培训班】8月5日，嘉峪关市召开全市领导干部党风廉政建设主体责任培训班，邀请省预防腐败局副局长方亮同志作专题辅导。市委书记郑亚军主持培训班并讲话。

培训班上，方亮围绕党风廉政建设主体责任，从认清形势、明确任务、落实责任三个方面，结合多年开展纪检监察工作的实践经验和研究成果，全面系统阐述了十八大以来党风廉政建设的重大成就、形势任务和着力重点，主题鲜明、立意深刻，案例鲜活、内容生动、数据翔实，具有很强的理论性、指导性和针对性。

郑亚军强调，要进一步强化责任意识。“一把手”要切实履行第一责任人职责，管好班子、带好队伍、从严要求；各级班子成员要认真落实“一岗双责”，细化分解责任，定期分析研判，强化监督检查。要进一步从严落实制度规定。严格执行重大事项集体决策、向上级党委和纪委汇报情况、“三述”工作、廉政谈话和约谈、个人有关事项报告等制度规定。细化完善廉政风险防控、任职回避、责任追究等制度；细化党风廉政建设责任制考核，把任务落到细处。坚持对腐败案件实行“一案双查”，做到有责必问、有责必查、有责必纠。要进一步强化干部教育管理。要强化“三严三实”用人导向，严格落实好干部“五条标准”，把更多能干事、干成事、不出事的干部选拔出来、使用起来。逐级开展“三述”和廉政约谈，强化班子分析研判和干部监督管理，在关键节点多提醒、多教育，对存在问题早发现、早纠正。加强职务犯罪预防和警示教育，引导党员干部受警醒、明底线、知敬畏，筑牢拒腐防变的思想道德防线。

郑亚军要求，要进一步深化纪检体制改革。深入推进“三转”，承接落实好纪检领域的改革事项，聚焦主责主业，推进监督责任具体化、程序化、制度化。各级纪检监察机构要创新工作抓手，对职责范围内的党风廉政建设，敢于监督、敢于执纪、敢于问责。要严把选人用人关，打造一支对党忠诚、个人干净、敢于担当的纪检监察队伍。各级纪检监察干部要认真践行“三严三实”，严守政治纪律和政治规矩，真正把责任扛起来，当好捍卫党纪政纪的忠诚卫士。要进一步加大案件查办力度。市委全力支持纪检监察部门执纪监督，对腐败问题不遮掩、敢亮剑。各级纪检监察机构要建立案件跟进剖析和系统治理机制，强化廉政风险防控，对苗头性、倾向性问题果断出手、抓早抓小。要紧盯重点领域和关键环节，综合运用信访、审计、检察等多种手段，从严初核案件线索，加大纪律审查力度，坚决惩治损害群众利益的不正之风，为推动经济社会持续健康发展营造良好政治生态。

【全市安全工作会议】为贯彻落实全国安全生产电视电话会议精神，部署安全维稳各项工作，8月27日，全市安全工作会议召开。市委书记郑亚军出席会议并讲话，市委副书记、市长柳鹏主持会议。

郑亚军指出，要从政治和全局的高度认识安全工作的极端重要性。人民生命高于一切，安全责任重于泰山。党中央历来高度重视安全工作，习近平总书记多次强调，要把人民群众的生命财产安全放在首位，决不能以牺牲人的生命为代价换取一时的发展，这是一条不可逾越的红线和底线。“8·12”天津港特别重大火灾爆炸事故发生后，总书记连续两次做出重要指示，强调要牢固树立安全发展理念，坚持人民利益至上，始终把安全生产放在首要位置，切实维护人民群众生命财产安全。尤其是中央政治局常委会专门开会研究安全工作，要求各级党委和政府要牢记血的教训，举一反三，坚决落实安全生产责任制，加大安全监管执法力度，有效化解各类安全生产风险，坚决遏制重特大事故发生，促进安全生产形势实现根本好转。近期，省委王三运书记也对全省安全工作做出重要批示，要求党政同责要认真落实，在安全发展问题上要真正上手，不当甩手掌柜，对工作落实不力的地区和单位主要领导进行严肃问责。这些都充分体现了中央、省委对人民群众生命财产安全的高度负责，对我市做好安全工作提出了新的更高要求。

郑亚军要求，要切实把党政同责落到实处。要从严落实安全责任。各区、各部门、各单位要认真落实党政同责、一岗双责、齐抓共管的安全工作责任体系，切实做到管行业必须管安全、管业务必须管安全、管生产经营必须管安全。安全监管部门的党政一把手要负总责，班子成员要承担好分管责任，有针对性地拿出一些实招、硬招，使安全工作有人管、管得住、管得好。要加大安全生产在各类考核中的权重，严格执行警示约谈、挂牌督办、“一票否决”等制度，真正做到以制度保障安全。要健全联动工作机制。各相关单位要进一步完善齐抓共管的工作格局，做好信息互通共享，加强协调联动，做到安全监管零缝隙、全覆盖、同落实。市安委会要发挥牵头抓总作用，整合全市应急救援力量，建立健全预警预报、接警处警应急联动机制；公安、交通、建设、环保、消防、教育、卫生等部门要加强联防联控，加大行业监督管理力度，抓好监管领域的安全工作，让安评、环评、“安全距离”等相关规定落到实处。要强化全社会安全意识。坚持把安全警示教育作为一项经常性工作来抓，在各行业、各领域深入开展宣传教育，普及各类安全知识，切实提高全社会的安全防范能力。要以典型事故和案例警示企业、教育全社会，把事故发生的原因、产生的后果和值得吸取的教训讲清楚，增强安全宣传教育的针对性和实效性。新闻媒体要进一步拓展宣传的广度和深度，强化全民安全素质和安全意识，依靠群众的智慧和力量共同做好安全工作。

郑亚军强调，在纪念抗战胜利70周年、中秋、国庆等节庆日期间，四大班子和各区、各部门、各单位要坚决落实24小时值班制度，特别是9月初放假期间，不请假、不外出，严格执行领导在岗带班、专人值班、信息报送等要求。党政主要负责同志要把亲自带班值班作为一项铁的纪律，坚决杜绝擅离职守、脱岗、漏岗、顶岗等现象，保持通讯畅通，掌握舆情动态，及时妥善处理突发事件和紧急事务，确保节庆期间的安全稳定。

会上，市委常委、常务副市长杨伟传达了全国安全生产电视电话会议精神；市委常委、市委政法委书记张静昌通报了上半年全市安全维稳信访工作情况。

市委常委、市委宣传部部长梁洪涛，市委常委、市纪委书记边玉广，市委常委、市委秘书长王毅，市委常委、市委组织部部长燕胜三，市委常委、嘉峪关军分区司令员何良平及市人大常委会副主任冯彪，副市长王进平、葛建团、王万平，市政协副主席韩天玉，市中级人民法院院长茹作勋，市经济体制和生态文明体制改革专项小组专职副组长赵宝毅，市社会体制改革专项小组专职副组长王真智出席会议。

市综治委、市安委会成员主要单位负责人，三区、市属及驻嘉各部门党政主要负责人，市公安局各支队、各分局负责人、派出所所长，市场监管局综合执法稽查局、各分局负责人，各镇、社区、重点企业负责人以及相关部门科级以上干部参加会议。

【市“三严三实”专题教育工作座谈会】9月22日，全市“三严三实”专题教育工作座谈会召开。市委书记郑亚军出席会议并讲话；市人大常委会主任祁永安，市政协主席焦玉兰出席会议；市委副书记王锋主持座谈会。

郑亚军指出，“三严三实”专题教育开展以来，全市各级党委、党组认真按照中央、省委和市委的决策部署，以严上严的标准、实打实的举措，认真谋划部署、精心组织实施，专题教育进展顺利、态势良好，呈现出以下五个方面的特点：学习教育抓得紧，通过全面学、深入学、正反学，党员干部的思想认识有了明显提升，进一步筑牢了转作风、改作风的思想根基。专题党课标准高，严把备课关、审课关和授课关，通过“六查六看”找准理清不严不实的问题，联系实际做到“三个讲清楚”，提高了专题党课的质量。专题研讨有深度，市委各常委和市级党员领导干部带头研讨，谈认识、找差距、明方向，为全市党员领导干部做了表率。即知即改态度真，结合教育实践活动后续整改工作，开展即知即改和集中整治活动，做到了边学边查边改。组织协调注重早，各级党委、党组和组织部门把专题教育作为履行党建主体责任的重要内容，在安排部署、协调衔接、督促指导上超前谋划、主动作为，确保了专题教育有序开展。同时，专题教育在推进中还存在着一些问题和不足，各级党组织和党员干部务必要引起高度重视，通过专题教育，采取切实有效的措施加以解决。

就继续抓好专题教育、促进作风持续转变，郑亚军要求，要准确把握深化专题教育的新精神、新要求。中央政治局以“三严三实”为题进行第26次集体学习，再次强调了新形势下从严治党的重要意义，全面回顾了专题教育启动以来的工作进展情况，充分肯定了取得的成效，明确了下一步重点任务，这是对全党深入开展专题教育的再动员、再部署。特别是习总书记提出的四条新要求，是对“三严三实”重要论述的进一步深化，为推进专题教育注入了新的内涵、新的动力，为确保作风建设抓常、抓细、抓长提供了重要遵循，体现了中央坚持以上率下的示范之举。省委理论中心组召开会议传达学习，省委书记王三运对学习贯彻习总书记重要讲话提出明确要求。近期省委专门印发《通知》，对学习贯彻中央精神和习总书记“四个新要求”提出六个方面的具体措施，进一步明确了深入扎实推进专题教育的具体要求。全市各级党委、党组要准确把握中央和省委的最新精神，认识上再提高，措施上再强化，推进上再发力，以更细、更实、更严的举措深化专题教育。要深刻领会习总书记重要讲话精神，按照立根固本、落细落小、修枝剪叶、从谏如流的要求，继续抓好“关键动作”，积极培树特色亮点，着力增强实际效果，自觉对“三严三实”时时铭记、事事坚持、处处上心，真正使开展专题教育的过程成为强化党性观念的过程，成为解决“不严不实”问题的过程，成为联系服务群众的过程，成为推动改革发展的过程。

郑亚军强调，全市各级党组织和党员领导干部要推进专题教育和重点工作两促进、两提高。纵深推进工作落实年活动，对照年初目标任务，梳理工作进度，查缺补漏，对进度相对缓慢的工作确定专人负责，加大推进力度，确保全年目标任务的圆满完成；蹄疾步稳地推进改革，在重点领域和关键环节上取得新的突破；统筹做好工业转型升级、保障改善民生、惠民实事办理等工作，尤其是近期开始的棚户区改造，要按进度做好摸底调查、拆迁补偿等工作，确保群众满意。全力以赴抓好项目建设，落实好市级领导包抓、部门联动主抓、逐项跟踪落实等措施，帮助企业解决好融资、施工等方面困难，推进重点项目加快实施；提前做好明年项目的谋划，紧盯国家、省上产业政策导向和投资重点，在招商引资和项目储备上多想办法，吸引更多社会资本参与项目建设，力争有更多项目进入省里的盘子。在提高财政增收方面多下功夫，财税部门要认真分析形势，实施综合治税，抓好收入任务的督促、检查、落实；进一步挖掘增收潜力，支持酒钢集团公司等重点税源企业发展，落实好技术改造、科技研发等相关政策；抓住文化旅游快速发展的有利时机，带动商贸、餐饮、住宿等第三产业比重进一步提升；强化预算约束，2015年原则上不再追加部门预算，从严控制一般性支出，能不花的钱坚决不花，保障与人民群众生活紧密相关的正常支出。抓好“十三五”规划编制工作，科学研判嘉峪关市的阶段性特征，结合市情实际确定积极稳妥、切实可行的发展目标，确保“十二五”圆满收官、“十三五”顺利开局。全力做好“两节”期间各项工作，各级干部要认真遵守中央八项规定、省委“双十条”规定和市委七项规定，特别是各级领导干部要带头管好单位、管好自己、管好家人；通过中心组学习等方式，把作风纪律规定讲到明处，把纪律规定向每个干部讲清楚、讲透彻，严格遵照执行，杜绝侥幸心理；相关部门要提前部署，加大检查力度，从一盒月饼、一顿饭等严起，从公款购物、大操大办等行为查起，对发现的问题严肃处理，不搞下不为例；做好节日期间食品、药品、卫生、安全生产、综治维稳等工作，发挥好社区等基层力量，关心困难群体生活，确保节日期间市场供应充足、生产安全顺行、社会和谐稳定。

会上，王锋传达了中央政治局第26次集体学习精神；镜铁区、市场监督管理局、人社局、教育局交流了本单位推进“三严三实”专题教育的主要做法。

市委常委、常务副市长杨伟，市委常委、宣传部部长梁洪涛，市委常委、政法委书记张静昌，市委常委、市委秘书长王毅，市委常委、嘉峪关军分区司令员何良平等在嘉地级干部出席座谈会。

在嘉地级领导干部；各区委，市委各部门，市级国家机关及各部门党组、党委，各人民团体党组主要负责人；“三严三实”专题教育工作协调小组全体成员参加座谈会。

【创建全国文明城市工作推进会】 11月19日，召开创建全国文明城市工作推进会，通报今年创建全国文明城市工作开展情况，对迎接全国文明城市“两级”测评、深入推进创城工作进行再动员、再部署，并表彰了获得全国、全省精神文明建设工作先进单位和个人。市委书记郑亚军出席会议并强调，要举全市之力、集全民之智，全力做好创城各项工作，为成功创建全国文明城市打下坚实的基础。

市委副书记王锋主持会议并宣读了获得全

国、全省精神文明建设工作先进单位、先进个人称号的集体和个人名单；市委常委、宣传部部长梁洪涛通报了今年创建全国文明城市工作情况，安排部署近期创建宣传工作；副市长王进平部署了城乡环境综合整治工作。

市政协副主席韩淑华，嘉峪关军分区参谋长王军出席会议。与会领导为获得全国、全省精神文明建设工作的先进单位和个人颁发奖牌和荣誉证书。

郑亚军要求，要突出创建重点，确保高标准通过文明城市创建测评验收。各区、各部门、各单位要从现在开始，着力在抓落实、抓进度、抓效果上狠下功夫，确保高标准、高质量做好各项创建工作。树立惠民利民鲜明导向。开展创建工作，不只是为了拿块牌子，更重要的是通过创建工作集民智、聚民力、顺民心，让创建过程成为提高城市品质的过程，成为造福广大市民群众的过程。创城工作与每一个市民都有关系，每个干部群众身上都有责任，要坚持群众参与、群众共享，采用网格化、精细化的管理体制，动员每一个人都参与进来，把每项工作都做实做细，真正把功夫下在平时，把落脚点放在惠民利民上，让广大群众从创建中得到更多实惠。坚决整治薄弱环节。认真按照《城乡环境集中综合整治工作实施方案》要求，全力抓好环境整治，做到不留盲点、不留死角。坚决整治交通秩序，引导机动、非机动车辆按道行驶、依章停放，督促出租车驾驶员规范驾驶行为、优化服务质量；强化对集贸市场、居民小区、背街小巷、城乡接合部的卫生环境治理，根治马路市场、占道经营、私搭乱建等影响市容市貌的问题；对城市公用设施逐一排查维修，保证各类设施完好无损、安全使用，营造干净整洁、便民利民、和谐有序的城市环境。全力提高市民文明素质。把培育践行社会主义核心价值观作为重要抓手，推进“人知人晓、人信人守”工程，促进社会主义核心价值观系统化、具体化。进一步强化干部职工和群众遵德守礼、诚信友善等日常教育，把各项工作做在平时、做到实处。把文明养成教育摆在更加重要的位置，深入推进公民道德建设工程，广泛开展道德讲堂、德润雄关、文明礼仪、志愿服务等主题活动，引导市民文明出行、文明观演、文明旅游、文明就餐，形成讲文明、遵礼仪、守秩序的浓郁风气。健全常态化创建机制。把创建工作作为一项经常性工作，放在心上、抓在手上，真正把该负的责任负起来，把该抓的工作抓到位。全方位细化各项目标任务，对创建涉及的每项工作，定责任、定标准、定时限，少说多干、马上就办，确保每项工作都有人抓、有人管，以更高标准推动创建工作深入开展。

郑亚军强调，要强化组织领导，扎实打好新一轮文明城市创建攻坚战。各区、各部门、各单位要高度重视创建工作，以最大的决心、最严厉的举措、最高效的节奏，全力推进各项创建任务落到实处。形成创建合力。党政军企等各方面要牢固树立“一盘棋”的思想，加强统筹协调，落实责任分工，齐心协力抓好创建工作。对专项方案确定的工作任务，主动作为、不等不靠、对标达标，把承担的每一项任务都抓紧抓实、抓出成效。深入动员组织。坚持开门创建、为民创建，从群众最不满意的事情改起，切实解决一批群众反映强烈的突出问题。广泛动员辖区干部群众参与创建，最大限度提高创城参与率和知晓率。采取多种形式组织群众，把“人人是主体、人人是形象”的理念落实到具体行动上。利用多种形式，加大创城宣传力度，营造“人人支持创建、人人参与创建”的浓厚氛围。严格督查问责。结合“工作落实年”活动，发扬持续作战的精神，加大督促检查的频次和力度，突出重点环节、重点部位进行专项检查，找差距、晒进度、亮实绩，全力以赴抓好薄弱环节的整治，对没有按要求完成任务的严厉追责。

会上，市场监督管理局、综合执法局、教育局、环卫局负责人分别作了表态发言。

各区、市属各单位、驻嘉各单位主要负责人，各镇、各社区党委书记，各区文明办主任，各部门、各单位党办主任，各学校负责人及获得全国、全省精神文明建设工作先进单位和先进个人参加会议。

【市工会第九次代表大会】11月30日，市工会第九次代表大会在市级机关会议中心隆重开幕。会议回顾总结了过去五年工会的主要工作，提出了今后五年的主要工作和目标。市委书记郑亚军、省总工会副主席包俊宗出席会议并讲话。

市委副书记、市长柳鹏，市委副书记王锋、魏后凯，市委常委、常务副市长杨伟，市委常委、宣传部部长梁洪涛,市委常委、纪委书记边玉广,市委常委、政法委书记张静昌,市委常委、市委秘书长王毅,市委常委、组织部部长燕胜三,市委常委、嘉峪关军分区司令员何良平,市人大常委会副主任冯彪,市政协副主席、统战部部长曾俊礼,酒钢集团公司党委常委、工会主席郑玉明,省总工会组织部副部长郭伟民出席会议。

大会应到代表262名,实到代表242名,符合法定人数。

上午9时整,会议在庄严的国歌声中隆重开幕。

会上,市总工会第八届委员会主席梁晓梅代表市总工会第八届委员会向大会做了工作报告;市总工会第八届经费审查委员会主任杨志雄代表市总工会第八届经费审查委员会向大会做了工作报告;市妇联主席丁彩霞代表群团组织致贺词。

郑亚军代表市委、市人大、市政府、市政协向大会的召开表示热烈的祝贺,向辛勤工作在全市各条战线上的广大职工、工会工作者致以崇高的敬意和亲切的问候。他指出,嘉峪关的发展史,就是一部艰苦创业的奋斗史,无论在城市开发建设中,还是经济社会全面发展中,工人阶级始终发挥着主力军的作用。特别是市工会第八次代表大会以来,全市各级工会组织始终坚持党的领导,引导广大职工群众积极投身改革发展,服务意识更加鲜明有效,维权工作更加到位主动,劳模精神更加彰显突出,帮扶措施更加健全完善,基层基础更加扎实牢靠,各方面工作取得了新成绩。市委对工会工作是满意的,也是充分肯定的。

郑亚军要求,要全面做好新形势下工会工作的各项任务。全市各级工会组织和广大职工群众要准确把握新时期工会工作的职责使命,在推动改革发展的生动实践中,展现新风采、做出新贡献。紧扣全面小康的鲜明主题,着力形成推动发展的蓬勃力量。自觉服从服务于发展大局,发挥工会组织的平台、资源和优势,为全面建成小康社会献计出力,在补齐小康短板中积极作为,在向更高目标冲刺中有所作为。紧扣深化改革的时代强音,着力打造勇于创新的过硬队伍。鼓励职工群众投身改革的第一线,走在改革的最前沿,把确定的改革事项领会好、实施好。紧扣转型升级的核心任务,着力营造创新创业的生动局面。在开放型经济建设、文化旅游融合、核心技术研发等方面,鼓起闯劲和干劲,拿出拼劲和韧劲,使各项工作有新局面。紧扣社会主义核心价值观的重要支撑,着力培育崇德尚实的新风正气。深刻理解社会主义核心价值观的科学内涵,将明礼诚信、崇德向善、敬业奉献的道德追求更好地融入日常工作和生活中,让劳动最光荣、劳动最伟大的价值理念深入人心。紧扣维护社会和谐稳定的职责所系,着力构建共建共享的良好环境。发挥贴近基层一线、靠近职工群众的最大优势,深入基层听取最真实的声音、解决最迫切的困难,做职工群众的贴心人。

郑亚军要求,要始终加强党对工会工作的组织领导。全市各级党组织要科学把握工会事业发展的特点和规律,加大支持力度,强化机制保障,提升工会工作的科学化水平。靠实领导责任,把工会工作列入重要议事日程,支持工会组织依法依章独立开展工作,从阵地建设、经费支持、人员配备等方面强化保障,在评优评先、职称晋升、教育培训等方面多向一线职工和优秀专业技术人才倾斜。强化权益保障,解决好企业职工薪酬、劳动安全、农民工工资、女职工权益保障、退休职工待遇等方面问题,倾力做好棚户区改造、旧城区环境改善等民生实事。夯实基层基础,完善党工共建机制,扩大工会组织覆盖面,加强干部教育培训。各级工会组织要强化自身建设,让职工群众感受到工会就是“职工之家”。

包俊宗对大会的召开表示热烈的祝贺,并充分肯定了市总工会第八次代表大会以来各项工作开展所取得的成绩。就做好今后工作,包俊宗强调,要把握正确政治方向,在坚持中国特色社会主义群团发展道路中体现新作为。各级工会要自觉把学习贯彻中央、省委群团会议精神作为当前和今后一个时期的首要政治任务,深刻领会精神实质、准确把握各项要求,真正做到用会议精神武装头脑、指导实践、推动工作。要自觉服从服务中心,创造性地开展工作,及时把党的方针政策、决策部署传达到职工群众中去,变为职工群众的自觉行动。要动员职工建功立业,在建设幸福美好新甘肃伟大征程中再创新业绩。要按照省委“五个增强”的要求,团结动员广大职工围绕把牢“一条红线”、扭住“四个全面”、抓好“五个最大”的工作思路,在推动全省经济社会发展中再立新功。要不断深化劳动竞赛和技能大赛,组织动员广大职工积极投身大众创业、万众创新。要发挥工会“大学校”作用,扎实推进职工素质建设工程,引导职工群众自觉践行社会主义核心价值观。要主动融入 “互联网+”时代,打造网上网下相互促进、有机融合的工会工作新平台。要践行服务职工宗旨,在提升服务存在感和职工认同感上取得新成效。要对照省委“身子下沉,让群众找得到;一心为民,让群众信得过;手臂伸长,让群众用得上;脚步站稳,让群众靠得住”的要求,把竭诚服务职工群众作为一切工作的出发点和落脚点,努力解决职工群众最困难最操心最忧虑的实际问题。要充分发挥政工联席会议制度和协调劳动关系三方机制作用,积极主动科学维护职工合法权益,调动职工积极性,积极构建和谐劳动关系三方机制作用。要高度关注一线职工、困难职工、农民工等群体,有针对性地开展帮扶救助,要围绕打赢扶贫攻坚战。要切实改进工作作风,在增强工会组织吸引力凝聚力上迈出新步伐。要全面落实省委“适应形势延伸触角,顺势而为拓展抓手,壮大声势加强宣传”的要求,进一步扩大工作覆盖面,增强自身凝聚力。要聚焦“四化”现象,增强自我革新勇气,着力解决突出问题。要坚持重心下移,将服务资源、力量配备更多地向基层倾斜。要加强学习型、服务型、创新型工会组织建设,切实改进服务和活动方式,使职工群众真正感受到工会组织是最可信任的“职工之家”。

各群团组织负责人、劳动模范代表应邀参加会议。

【**共青团嘉峪关市第九次代表大会**】12月1日上午,共青团嘉峪关市第九次代表大会在市级机关会议中心隆重开幕。市委书记郑亚军出席会议并讲话。

市委副书记、市长柳鹏,市政协主席焦玉兰,市委副书记王锋,市委常委、常务副市长杨伟,市委常委、宣传部部长梁洪涛,市委常委、纪委书记边玉广,市委常委、政法委书记张静昌,市委常委、市委秘书长王毅,市委常委、组织部部长燕胜三,市委常委、嘉峪关军分区司令员何良平,团省委常委、组织部部长范治勇,市人大常委会副主任冯彪,市政协副主席、统战部部长曾俊礼出席会议。

大会应到代表219名,实到代表207名,符合法定人数。

上午9时整,会议在庄严的国歌声中隆重开幕。

郑亚军首先代表市委、市人大、市政府、市政协,向大会的召开表示热烈的祝贺,向全体与会代表、全市广大团员青年和青少年工作者,致以亲切的问候和良好的祝愿。他指出,几十年来,一代代雄关青年勇立时代潮头,用火热的激情和生动的实践,为我们这座城市的开发建设和发展做出了突出贡献,写下了无愧于时代的青春篇章。特别是市第八次团代会以来,全市各级团组织充分发挥自身优势,在巩固党执政的青年群众基础、服务经济社会发展、促进青年成长成才、加强团的自身建设等方面,做了大量特色鲜明、卓有成效的工作。全市广大团员青年在本职岗位上激扬青春、追逐梦想,在各条战线上勇挑重担、勤于奉献,在推动经济社会发展的实践中创造了美好的青春业绩。

郑亚军要求,全市各级党组织要从保证党的事业后继有人的高度出发,充分认识做好共青团和青年工作的重要性,在管好共青团上坚定信念,在做好青年工作上提升信心,在用好各级团组织上增进信任,切实发挥好各级团组织动员青年、组织青年、团结青年的桥梁纽带作用。

会上,少先队员代表向大会献词;市总工会主席梁晓梅代表市群众团体组织向大会致贺词;张桐代表共青团嘉峪关市第八届委员会向大会作工作报告。

在嘉的历届团市委书记、各群众团体的负责同志参加会议。

【**市第九次妇女代表大会**】12月3日上午9时整,伴随着庄严的国歌,嘉峪关市第九次妇女代表大会在市级机关会议中心隆重开幕。市委书记郑亚军出席会议并讲话。

市委副书记、市长柳鹏,市政协主席焦玉兰,市委副书记王锋,市委常委、常务副市长杨伟,市委常委、纪委书记边玉广,市委常委、政法委书记张静昌,市委常委、市委秘书长王毅,市委常委、嘉峪关军分区司令员何良平,市人大常委会副主任冯彪,副市长陶东平,市政协副主席、统战部部长曾俊礼出席会议。

省妇联副主席张新兰莅临大会并对做好新形势下的妇联工作进行指导。

大会应到代表270名,实到代表257名,符合法定人数。

郑亚军代表市委、市人大、市政府、市政协，向大会的召开表示热烈的祝贺；向全市各族各界妇女同胞和广大妇女工作者，致以亲切的问候和崇高的敬意；向省妇联高度重视此次大会表示衷心的感谢。

郑亚军要求，强化责任担当，主动融入全面小康建设的新实践。如期建成全面小康社会，是“十三五”时期我市发展的重点。各级妇联组织和广大妇女要紧紧围绕这个大局，自觉把个人理想、家庭幸福与全市发展紧密结合起来，把实现自我价值与创造社会价值紧密结合起来，积极投身全面小康社会建设。广大妇女要围绕创新创业这个主题，学习掌握就业技能，在全面深化改革、产业转型升级、文化旅游融合、生态文明建设、社会事业发展的前沿一线主动作为、再建新功。发挥自身优势，大力弘扬崇德向善的社会新风尚。要积极参与社会主义核心价值体系建设，模范遵守社会公德，自觉践行职业道德，踊跃参加群众性精神文明创建活动、巾帼志愿行动和社会公益事业，大力倡导勤俭节约、互爱互助的良好社会风尚。要充分发挥女性在家庭生活中的重要作用，积极弘扬传统美德，培育良好家风，以实际行动促进社会文明、弘扬新风正气。提升能力素质，切实树立自强自立的妇女新形象。全市各级妇联组织要引导广大妇女始终把学习作为提升能力素质的重要途径，养成热爱知识、热爱学习的良好习惯。要认真学习习近平总书记系列重要讲话精神，用科学理论武装头脑，要在时代发展的潮流中自立自强，努力提高自身能力素质和文化素养，要始终树立自尊意识，培养自立能力，锻造自强品格，通过自身的努力提高社会地位，实现人生价值。加强组织建设，着力搭建妇女事业发展的新平台。全市各级妇联组织要按照中央、省委群团工作会议的要求，始终把握好妇女工作的政治性、先进性和群众性，增强妇联组织的吸引力、凝聚力和战斗力。要进一步明确职能定位，健全基层妇女组织网络，不断拓展妇女活动阵地，切实担当起代表妇女儿童利益、维护妇女儿童权益、带领妇女创新创业的责任，把联系服务广大妇女儿童作为工作的生命线，认真研究新形势下妇女儿童工作的特点和规律，不断提高组织妇女、宣传妇女、教育妇女、服务妇女的本领。凝聚各方力量，努力营造妇女事业发展的新环境。全市各级党组织要充分认识新形势下做好妇女工作的重大意义，支持各级妇联组织依法依规创造性地开展工作。要全面落实加快妇女儿童事业发展的政策措施，健全完善权益保障体系，落实好劳动保护、生育保障、医疗健康、产休假等制度，真心关爱困难女职工、农村留守妇女儿童、单亲家庭儿童、外来务工人员子女，千方百计解决他们的实际困难。全社会都要更加自觉地尊重妇女儿童地位、关心妇女儿童事业、支持妇女儿童工作，切实为广大妇女儿童全面发展营造良好社会环境。

张新兰在指导讲话中指出，嘉峪关市委、市政府历来高度重视妇女工作，认真贯彻男女平等基本国策，高度重视和切实加强对妇女工作的领导，大力实施妇女儿童发展规划，妇女的生存与发展环境不断优化，妇女事业呈现出勃勃生机与活力。张新兰希望，嘉峪关市各级妇联组织和广大妇女工作者要认真贯彻群团会议精神，坚定不移地走中国特色社会主义群团发展道路；要主动融入改革发展大局，共同谱写巾帼发展新华章；要着力提升服务妇女能力，大力彰显妇联组织新作为，为促进嘉峪关市经济社会发展作出新的、更大的贡献。

会上，市总工会主席梁晓梅代表市群众团体组织向大会致贺词；市妇联第八届执行委员会主席丁彩霞代表市妇联第八届执行委员会向大会做工作报告。

在嘉的历届妇联领导，各群众团体负责人，全国、全省三八红旗手、巾帼建功先进代表参加会议。

【市委人大工作会议】12月9日上午，市委人大工作会议召开。市委书记郑亚军出席会议并讲话。

市人大常委会主任祁永安传达了省委人大工作会议精神。

市政协主席焦玉兰，市委副书记王锋，市委常委、常务副市长杨伟，市委常委、纪委书记边玉广，市委常委、政法委书记张静昌，市委常委、市委秘书长王毅，市委常委、组织部部长燕胜三出席会议，王锋主持会议。

郑亚军指出，近年来，全市各级党组织认真贯彻中央、省委和市委关于做好人大工作的决策部署，积极支持市镇人大机构依法行使职权，保证了人大职能作用的充分发挥。全市各级人大机构和人大代表,围绕发展大局,认真履行职责,为促进经济转型发展、民主法治建设、社会和谐稳定做出了重要贡献,呈现出重视程度明显提高、依法履职富有实效、工作机制更加完善、自身建设全面加强的特点。人大党组、人大代表充分发挥职能作用,积极建言献策,为嘉峪关的发展和市委决策提供了很多宝贵意见。这几年,面对发展中前所未有的困难挑战,广大党员干部群众攻坚克难、真抓实干,全市主要经济指标增幅保持在全省前列,经济结构不断优化,生态环境明显改善,文化旅游快速融合,城乡统筹加速推进,群众生活稳步提升,经济社会保持了平稳健康发展的良好势头,这其中凝结了全市各级人大干部、人大代表的心血和汗水,市委对人大工作是满意的、充分肯定的。

郑亚军要求,全市各级党组织和广大党员干部,特别是各级人大机关和全体人大代表,要认真贯彻落实中央和省委的决策部署,充分认识新形势下做好人大工作的重大意义,主动履行法律赋予的职权,全面抓好立法、监督、决定等工作,全力开创人大工作的新局面。要坚持正确方向,毫不动摇地坚持党的领导,把学习贯彻习总书记系列重要讲话精神贯彻始终,在思想上、政治上、行动上与党中央保持高度一致,坚决维护中央、省委和市委的权威,重大事项及时请示汇报,重要决策坚决贯彻实施,确保党的路线、方针、政策落地生根,彰显人大工作的政治性。坚持群众路线,树立以群众为中心的工作导向,发挥人大代表联系广泛的优势,多到基层一线察民情、听民声、集民智、解民忧,把根深深扎在群众当中,做到对党负责和对人民负责相统一,突显人大工作的人民性。坚持紧扣大局,围绕"四个全面"的总方略,强化辩证思维、系统思维、法治思维,始终心系发展、主动作为、敢于担当,找准人大服务中心工作的切入点,加快推进民主法治建设,为改革发展稳定提供坚强法治保障,体现人大工作的时代性。坚持改革引领,深化对人大工作规律性的认识,把握好方向、力度和节奏,加快人大领域改革,推动议事决策、地方立法、监督工作、代表联系等机制建设,强化人大工作的创新性。要发挥嘉峪关的独特优势,集中智慧、集中力量做好人大工作,人大代表要对城市发展提供更多的意见建议,更好地发挥职能作用,提高人大工作的科学化水平。

郑亚军要求,要强化责任担当,发挥人大推动发展的重要作用。各级人大机构和人大代表要增强责任感和使命感,突出工作重点,积极履行职能,确保人大工作各项任务落地生根。强化立法能力建设,加快依法治市进程。新《立法法》赋予了我市立法权,市人大在地方立法方面提前做了调研和筹划,拿出了高质量的调研成果,下一步要做好承接立法职能的工作,建立地方立法的工作机制,学习借鉴省人大和其他地方人大立法的经验做法,为开展立法工作打好基础。广泛听取基层群众和社会各界的意见建议,围绕社会治理创新、服务企业发展、生态文明建设等领域开展立法工作,提高立法的针对性和实效性。强化监督能力建设,增强监督工作实效。用好法律授予的权力,理直气壮地行使职能、开展监督,推动重点难点问题的有效解决。认真贯彻《监督法》,把审议报告、工作评议、专题质询、特定问题调查等法定手段运用起来,加强对"一府两院"工作的专项监督,强化对公共资源配置、重大项目建设、计划预算执行、专项资金使用、国有资产监管等方面的监督,促进工作落到实处、权力规范运行。强化议事能力建设,提高决议决定水平。加强对人大代表和组成人员的培训,提升履职能力和水平,探索发挥评估机构等智库作用的途径,确保做出的每项决议决定都具有科学性。认真行使人事任免权,处理好党管干部原则与人大依法选举任免的关系,把党的领导、发扬民主和依法办事统一起来。加强对选举任命干部的监督,掌握干部履行职责、工作实绩、作风建设等方面情况。强化服务能力建设,发挥权力主体作用。树立质量和实效意识,利用人大代表之家、双联人大代表在行动、代表向选民述职等载体,广泛联系基层干部群众,经常深入项目现场、企业车间和田间地头,听取各方面的意见建议,及时提出自己的真知灼见。提高专委会参谋服务能力,完善"一府两院"工作、人大监督审议情况的通报制度,保障人大常委会组成人员和人大代表的知情权,使权力主体愿意履职、便于履职、能履好职。

郑亚军强调,要加强党的领导,开创新时期人大工作新局面。全市各级党委、党组要从根本政治制度的高度认识人大工作,思想上更加重视,组织上加强领导,措施上全力配合,形成支持人大履职、保障权力行使的良好氛围。高度重视人大工作。健全市委定期听取人大党组工作汇报制度，及时研究人大工作中的重大事项，进一步增强市、区、镇人大机构的作用。各区、各部门、各单位要积极支持人大机构开展工作，对人大的工作部署、调研视察、监督检查和提案建议办理，主动衔接、全程对接，确保涉及人大的各项工作，件件有人管、有人办、有回音。加强基层人大建设。市人大要坚持问题导向，探索人大运行机制改革，鼓励基层大胆创新，提炼推广有益做法，挖掘培树工作亮点，推动人大理论研究和实践探索取得新成果。支持基层人大机构依法履职，进一步加强业务指导，充分发挥基层人大联系代表、服务群众的平台作用，做到建议在一线收集、问题在一线解决、作用在一线发挥。加强人大自身建设。市人大常委会党组要加强人大机关建设，引导党员干部忠实践行“三严三实”，始终做到对党忠诚、个人干净、敢于担当。从严落实“3783”主体责任体系，引导各级人大干部和人大代表严守廉洁规定，严守中央八项规定、省委“双十条”规定和市委七项规定，严守教育实践活动以来出台的各项纪律要求，认真谋事、踏实做事、干净干事。优化人大常委会、专委会组成人员，适当增加优秀中青年干部的比例，选拔政治素质强、个人素质好、工作经验丰富的干部到人大工作，推动人大机关与市直部门之间双向交流干部，不断增强人大干部队伍的活力。

祁永安在传达省委人大工作会议精神时指出，前不久，省委人大工作会议在兰州召开，省委书记王三运在会上做了重要讲话，对全省人大工作进行安排部署。王三运从五个方面充分肯定了全省人大工作取得的成绩：支持力度越来越大；作用发挥越来越好；平台抓手越来越多；自身建设越来越强；基层工作越来越实。就做好全省人大工作王三运强调，要深刻认识面临形势，从行动上强化使命担当；始终坚持正确方向，从思想上强化制度自信；着力推动创新发展，从措施上强化履职实效；聚焦形成强大合力，从保障上强化党的领导。

祁永安还传达了《中共甘肃省委关于加强和改进人大工作的意见》的主要内容和省委副书记欧阳坚的讲话精神，省委的《意见》是在对全省人大工作进行了广泛深入调研的基础上，历时一年多完成的。既贯彻了党的十八大、十八届三中四中全会精神和习近平总书记系列重要讲话精神，也总结和采纳了我省人大工作的成功经验、好的做法，并出台了许多具有创新性的规定，集中反映了全省人大工作的现实情况、发展要求和努力方向，具有很强的指导性、针对性和可操作性。

市委、市人大、市政府、市政协副地级以上领导干部和市中级人民法院院长，市人民检察院检察长，市直各部门负责人，各区、驻嘉有关单位负责人，各代表联络机构负责人和“人大代表之家”召集人参加会议。

【全市领导干部警示教育大会】 12月9日，全市领导干部警示教育大会召开。会议深刻剖析发生在我市的典型案件，进一步警示警醒全市各级党员干部认真落实党风廉政建设各项要求，严格遵守廉洁自律各项规定，推动形成遵规守纪的廉政新风，为促进经济社会平稳健康发展营造良好政治生态。市委书记郑亚军主持会议并讲话。

市人大常委会主任祁永安，市政协主席焦玉兰，市委副书记王锋，市委常委、常务副市长杨伟，市委常委、纪委书记边玉广，市委常委、政法委书记张静昌，市委常委、市委秘书长王毅，市委常委、组织部部长燕胜三出席会议。

郑亚军指出，2015年以来，我市坚持全覆盖、零容忍、无禁区的态度，狠抓党风廉政建设和反腐败斗争，持续加大纪律审查工作力度，反腐倡廉建设取得新的成效，但任务依然很艰巨。这次大会剖析的发生在本市个别干部身上贪污腐败、挪用公款的典型案件，根本上都是理想信念缺失、宗旨意识淡化，心存麻痹侥幸、无视党纪国法，修身律已用权不严、私欲膨胀、滥用手中权力导致的。全市各级干部一定要从中汲取教训，举一反三、深刻反思、引以为戒，时刻保持头脑清醒，严格遵守廉洁自律各项规定，切实把牢拒腐防变的思想道德防线，始终坚守共产党员的精神高地，用实际行动践行党员干部的政治承诺。全市各级党组织要认真履行抓党风廉政建设的主体责任，全面落实好“3783”主体责任体系，严抓严管党风廉政建设，为全市改革发展稳定营造风清气正的良好环境。

就进一步加强党风廉政建设和反腐败斗争，郑亚军要求，要主动适应全面从严治党新常态。全市各级党组织和党员干部，要充分认识反腐倡廉建设的艰巨性、长期性和复杂性,主动适应党风廉政建设“越往后执纪越严厉”的新常态,以高度的政治责任感和坚定的态度决心,不断把党风廉政建设和反腐败斗争引向深入。强化干部监督管理。各级党组织要把从严监督、从严教育、从严管理作为干部队伍建设的重中之重,抓细抓实理想信念教育,经常研判干部队伍状况,探索干部监督的有效措施,让从严监管干部成为常态。各级党员干部要增强主动接受监督的自觉性,把监督看作是一种约束、一种爱护、一种警诫,始终把自己置于党组织和广大干部群众的监督之下。严格按照《党章》和《党内监督条例》要求,摆正个人与组织、权力与监督、自律与他律的关系,坚决克服侥幸心理,不碰底线、不越红线,以实际行动让组织放心、让群众满意。强化制度管党治党。不断加强反腐败体制机制创新,健全完善内控机制,通过严格的党内法规制度建设,进一步扎牢制度的篱笆,形成不敢腐的惩戒机制、不能腐的防范机制、不易腐的保障机制。切实强化对“五个不直接分管”等制度的执行,坚持用制度管权管事管人,引导党员干部明确制度要求,恪守权力边界,把权力关进制度的笼子,从源头上防治“四风”和腐败问题的发生。强化党内政治生活。从关心爱护干部的角度出发,严格要求干部,严肃党内生活,通过积极健康的思想斗争,经常咬咬耳朵、扯扯袖子,经常红红脸、出出汗,让干部时刻在思想上分清是非、辨别善恶,拧紧理想信念这个“总开关”。各级党员干部要牢记党员身份,加强党性修养,自觉抵制各种诱惑、清除思想灰尘、保持清正廉洁。把廉洁从政的各项要求落实到具体行动中,严格按党纪党规办事、按法律准则办事、按作风要求办事,始终行得正、走得端、不出事。

郑亚军要求,要强力推动党风廉政建设两个责任落地生根。全市各级党组织要强化制度执行和责任担当,确保把党风廉政建设各项任务落实落细、落到实处。严格靠实领导责任。切实负起抓党风廉政建设的主体责任,紧扣选好用好干部、维护群众利益、强化源头防治、支持案件查处、加强自我约束等重点方面,细化责任分工,划定责任边界,明确措施办法,一项一项抓好落实。严格按照好干部“五条标准”选用干部,把了解干部的功夫下在平时,确保把正派、清廉、务实的干部选出来、用起来。把预防腐败的具体要求体现到每项工作中,以通报的典型案件为警戒,从具体事、具体人抓起,从每一个细节上堵塞漏洞、消除盲点。经常听取纪检工作汇报,研究措施办法,把党风廉政建设抓具体、抓深入,对腐败问题敢亮丑、敢亮剑。各级班子的“一把手”要切实负起责任,以身作则、从严自律、管好班子、带好队伍,教育党员干部守底线、讲党性、重品行,始终做到清廉自持、清正廉洁。严格落实监督责任。各级纪检监察机关要切实抓好执纪监督、纪律审查两大主业,执好纪、问好责、把好关,把监督责任牢牢扛在肩上、抓在手上,维护好党规党纪的严肃性、权威性。紧盯重要时间节点,紧盯重点领域和关键环节,常态化开展明察暗访,从小事小节入手,从一张卡、一顿饭严起,及时查处违反作风纪律规定的行为。坚持零容忍、全覆盖、无禁区,突出惠民政策落实、项目建设、土地出让、财经纪律等领域,严肃查办贪污腐败、失职渎职等案件,做到不姑息、不手软、不留情面。强化对制度落实的监督检查,进一步细化廉政风险防控措施,对苗头性倾向性问题早提醒、早发现、早纠正。严格履行一岗双责。各级领导干部要始终把党风廉政建设摆在突出位置,一手抓分管工作,一手抓廉政建设,做到两手抓两手硬、双促进双落实。把抓好分管领域的党风廉政建设作为本职,与业务工作一起部署、一起检查,在部门内部形成抓党风、转作风、促廉洁的工作合力。按照“3783”主体责任体系,健全统一领导、分工负责、相互协调、齐抓共管的工作机制,做到党组织负责不松手、一把手尽责不甩手、班子成员担责不缩手,真正做到守土有责、守土尽责、守土负责。

会上,市纪委对原市文物景区管委会副主任马国邦贪污腐败典型案例进行剖析;市检察院对原市人社局副主任科员王建功挪用公款典型案例进行剖析。

市委、市人大、市政府、市政协副地级以上领导干部和市中级人民法院院长,市人民检察院检察长,市属及驻嘉各单位领导班子成员参加会议。

【全市领导干部学习主题宣讲报告会】 12月10日,全市领导干部学习贯彻《中国共产党廉洁自律准则》和《中国共产党纪律处分条例》主题宣讲报告会召开。省纪委常委牛彦之做专题辅导报告。

市人大常委会主任祁永安，市政协主席焦玉兰，市委副书记王锋，市委常委、常务副市长杨伟，市委常委、纪委书记边玉广，市委常委、政法委书记张静昌，市委常委、市委秘书长王毅，市委常委、组织部部长燕胜三等参加报告会。边玉广主持报告会。

会上，牛彦之从《准则》《条例》的修订背景过程、基本原则、主要特点、主要内容和作用、学习贯彻的具体要求等方面做了全面系统深入的解读，深刻阐释了从严治党、严格执纪的重大意义，对贯彻落实两项党内法规提出了指导意见。他指出，两项法规既明确崇德向善的高标准，又划出不可触碰的底线；既延续"思想建党"的传统，又确立"制度治党"的规矩，他律与自律互补、守底线与高标准兼顾、依规治党与以德治党结合，体现了新形势下全面从严治党的新认识，更对广大党员领导干部提出了新标准、新要求。他要求，要把学习贯彻《准则》和《条例》作为当前一项重大的政治任务，把《准则》《条例》学深学透，做到烂熟于心、内化于心、外化于行，融入到血液中；各级党委(党组)要履行学习贯彻两项法规的主体责任，把握运用中央纪委提出的执纪监督四种形态；纪检监察机关作为两项法规的直接运用者和执行者，要准确把握四种形态的衔接，强化执纪监督问责，抓早抓小，以贯彻执行落实两项法规为契机，积极探索不敢腐、不能腐、不想腐的机制。整个报告主题突出，逻辑严密，分析透彻，具有很强的理论性和政策性，为大家上了一堂生动深刻的廉政教育党课。

边玉广在总结讲话中强调，全市各级党组织和广大党员干部要认真学习领会报告会精神，把思想认识和行动统一到中央、省委、省纪委和市委的安排部署上来，统一到《准则》和《条例》的要求上来。认真学习好《准则》和《条例》原文，贯彻落实好《准则》和《条例》的各项要求。各部门各单位各级党组织要切实负起组织学习、贯彻落实的责任，每个党员特别是党员领导干部要熟读弄清《准则》和《条例》的内容要求，模范践行《准则》做好表率，自觉遵守《条例》不触碰底线，为防微杜渐打好制度基础。

市委、市人大、市政府、市政协副地级以上领导干部，市中级人民法院院长，市人民检察院检察长，市属各部门各单位领导班子成员，共计400余人参加报告会。

【全市2015年度第二批述纪述廉述作风会议】 12月15日，全市2015年度第二批述纪述廉述作风会议召开。市委书记郑亚军主持会议并讲话。

市人大常委会主任祁永安，市委副书记、市长柳鹏，市政协主席焦玉兰，市委副书记王锋，市委常委、常务副市长杨伟，市委常委、纪委书记边玉广，市委常委、政法委书记张静昌，市委常委、市委秘书长王毅，市委常委、组织部部长燕胜三，市委常委、嘉峪关军分区司令员何良平出席会议。

会上，市规划局、总工会、发改委、房管局等10个部门和单位的党政主要负责人进行了"三述"；王锋、杨伟、边玉广、张静昌、燕胜三分别作了点评。

郑亚军在讲话中指出，10位"三述"的同志，能够紧扣遵守纪律、廉洁从政、作风建设等主题，认真对照"三严三实"《准则》《条例》廉洁从政等要求，从思想、职责、工作等方面，认真对照检查，深入剖析根源，理清努力方向，明确整改措施，达到了预期目的。总体看，这两年多来，各级党员领导干部对履行第一责任和分管责任的思想认识有了明显提高，对开展"三述"工作的目标、方法和机制有了全面把握，对抓好分内的党风廉政建设有了主动意识，为进一步深化从严治党打下了扎实基础。

郑亚军要求，全市各级党组织要进一步增强责任意识和担当意识，细化完善"三述"工作，延伸释放"三述"效应，结合学习执行《准则》和《条例》，以更严更实的制度措施，抓好本部门、本单位的党风廉政建设和反腐败斗争，以实际行动构建从严管党治党的新常态。强化主体责任。紧紧围绕"3783"主体责任体系，坚持书记抓、抓书记，对党风廉政建设工作常研究、常部署、常检查，以严抓严管、长抓长管的态度举措，落实好党风廉政建设的主责主业。分管领导要每月听取下级部门党风廉政建设的情况汇报，及时指出存在的问题，明确具体要求，限期督促整改。各部门党政"一把手"要履行好领导责任，把党风廉政建设放在与中心工作同等重要的位置，抓具体、抓深入、抓效果。坚决克服怕得罪人的思想，敢于动真碰硬、揭短亮丑，做到讲正气、讲原则。各级班子成员要真正沉下去，对分管工作和廉政建设一起抓、一起管，对苗头性、倾向性问题及早发现、抓早抓小，确保干部认真谋事、踏实做事、干净干事。

市委委员、市委候补委员，不是市委委员、候补委员的地级领导，市纪委委员，市委各部门及群团组织负责人，各区区委书记、区长及市级国家机关各部门党政主要负责人，驻嘉单位主要负责人，市直部门纪委书记、纪检组长参加会议，并对参加"三述"的10个部门的党政主要负责人进行了民主测评。

【市委党的群团工作会议】12月29日，召开市委党的群团工作会议，全面落实中央和省委党的群团工作会议精神，研究部署加强全市群团工作的重点任务。市委书记郑亚军出席会议并讲话。

市人大常委会主任祁永安，市委副书记、市长柳鹏，市政协主席焦玉兰，市委副书记王锋、杜志雄，市委常委、常务副市长杨伟，市委常委、宣传部部长梁洪涛，市委常委、纪委书记边玉广，市委常委、政法委书记张静昌，市委常委、市委秘书长王毅，市委常委、组织部部长燕胜三，市委常委、嘉峪关军分区司令员何良平出席会议。

郑亚军说，近年来，市委认真贯彻中央和省委决策部署，始终把群团工作放在全市发展大局中来推进，认真做好工会、共青团、妇联、残联等换届工作，精心指导科协、工商联、文联、侨联等发挥职能，形成了党委领导、政府支持、群团履职、各方参与的群团工作格局。全市各级群团组织和群团干部认真履职，充分发挥桥梁纽带作用，积极服务改革发展，热心参与社会治理创新，主动帮扶困难弱势群体，开展了大量卓有成效的工作，为经济社会持续健康发展做出了重要贡献。

就贯彻落实好中央和省委党的群团工作会议精神，做好新形势下全市党的群团工作，郑亚军要求，要把握形势任务，增强做好群团工作的使命担当。全市各级党组织、群团组织和广大党员干部，要准确把握中央和省委群团工作会议精神，紧扣保持和增强政治性，围绕永远跟党走的总方向，服从和服务于党委中心工作，聚精会神履行好组织引导群众的核心职能，把中央、省委和市委的决策部署传导好、实施好。紧扣保持和增强先进性，在推进全市经济、政治、文化、社会和生态文明建设中，主动作为、务实作为，将优良传统和正确价值观传播好、传承好。紧扣保持和增强群众性，多谋民生福祉的利益，多做雪中送炭的事情，始终与群众同呼吸、共命运、心连心，最大限度发挥群团组织的优势和作用，不断把全市群团工作推向新的境界。

郑亚军要求，要坚持党的领导，提高党的群团工作科学化水平。全市各级党组织要认真抓好市委关于加强群团工作实施意见的落实，加强对群团工作的领导，为群团组织健康发展提供坚强保证。一要强化组织领导。把群团工作纳入重要议事日程，在谋划工作时多听取群团组织的意见，在配置资源时多考虑群团事业的发展，确保群团组织有钱办事、有人干事。指导做好群团组织的换届工作，选优配强领导班子，确保群团组织机构健全、班子有力、运转有效、富有生机。二要健全制度机制。完善任务落实、责任考评、激励奖惩等机制，畅通信息沟通和情况通报渠道，促进群团组织互帮互助、共同提高。加大对群团工作经费的投入，支持群团组织阵地建设，真情关心群团干部，推进群团干部多岗位交流，吸引更多优秀人才到群团组织工作。三要营造良好氛围。认真总结推广群团工作的经验做法，积极宣传群团工作发展动态，引导全社会关心支持群团事业发展。注重选树基层群团工作的先进典型，广泛宣传农村、社区、企业等各方面创新创业、助人为乐的感人事迹，在全社会树立群团事业大有可为的鲜明导向。

会议由市委副书记王锋主持。市委常委、组织部部长燕胜三就市委《关于加强和改进党的群团工作的实施意见》起草情况进行了说明。

会议还书面传达了省委党的群团工作会议精神，市总工会、团市委、市妇联负责人作了表态发言。

市委、市人大、市政府、市政协主要领导以及酒钢集团公司有关负责人，市直和驻嘉单位负责人、各群团组织班子成员，各镇、社区党委书记、各单位群团工作负责人参加会议。

【全市各区委及市直部门党(工)委书记抓基层党建工作述职评议大会】12月30日，全市各区委及市直部门党(工)委书记抓基层党建工作述职评议大会召开。市委书记郑亚军出席会议并讲话。

省党员教育中心主任马振亚到会指导；市委副书记、市长柳鹏，市政协主席焦玉兰，市委副书记王锋、杜志雄出席会议。会议由王锋主持。

会上，雄关区、长城区、机关工委、教育局等4个单位党（工）委书记，就抓基层党建工作情况进行了述职；镜铁区、非公企业工委、公安局等6个单位党工委作了书面述职。

郑亚军认真听取、逐一点评，并分别指出存在的突出问题和努力方向。郑亚军说，总体上看，这10个单位党工委在加强阵地建设、开展党员教育、服务基层群众等方面，都有一些比较好的经验做法，对各基层党组织抓好党建工作，具有一定的借鉴意义。

就进一步加强基层党建工作，郑亚军指出，要把握形势任务，增强抓基层党建的责任担当。党的十八大以来，以习近平同志为总书记的党中央对党的建设抓得紧、抓得实，构建了从严管党治党的新常态。习总书记反复强调，要坚持从巩固党的执政地位的大局看问题，把抓好党建作为最大的政绩；党的工作最坚实的力量支撑在基层，经济社会发展最突出的问题也在基层，必须把抓基层打基础作为长远之计和固本之举，使每个基层党组织都成为坚强战斗堡垒。这些重要论述，彰显了我们党思想建党、制度治党的政治自觉，为我们全面加强基层党的建设提供了科学指南。去年6月，中央召开全国农村基层党建工作座谈会，指出要强化问题导向，抓好责任落实，加大保障力度，全面提升农村基层党建水平；要强化政治引领功能，多为群众办好事办实事，不断提升服务能力，这为我们抓好基层党组织建设提供了遵循。省委对基层党建高度重视，近两年，围绕加快同步建成全面小康社会进程，要求瞄准精准扶贫精准脱贫的目标，把基层党的组织建设得更加有力。去年11月，省委在陇西、麦积、两当召开精准扶贫现场推进会，对农村基层党建工作提出了全面从严、全面进步、全面过硬的更高要求，强调要重视和加强社区、机关、企业、社会组织等各领域党建工作。尤其是省委王三运书记每次到市州调研，都强调要加强基层党组织建设，要求定期对基层党建工作进行摸底督促，引导各级切实增强管党治党意识，承担管党治党责任，进一步明确了抓好基层党组织建设的具体任务。全市各级党组织和广大党员干部要深入学习贯彻习总书记关于从严抓好基层党建工作的新思想、新论断，认真落实中央和省委关于加强基层党组织建设的决策部署，切实把从严治党的责任抓在手上、扛在肩上，着力构筑强有力的基层战斗堡垒。要坚持围绕中心、服务大局，增强责任担当意识，发挥政治引领作用，创新发展基层党建，从严管理党员干部，持续改进工作作风，深化反腐倡廉建设，聚精会神抓党建，一心一意谋发展，为率先建成全面小康社会提供强有力的政治保障。

郑亚军强调，要突出重点任务，全力推动基层党建创新发展。全市各级党组织要坚持把抓党建作为最大政绩，以严的要求、实的举措，强化改革创新，推进任务落实，不断提升党建工作科学化水平。一要抓主体责任落实，筑牢责任链条。始终把党建工作摆在首要位置，认真履行抓党建、管党建的主体责任，把党建工作与中心工作一起谋划、一起部署，把每项任务抓紧、抓实、抓细。各级党组织负责人要坚持书记抓、抓书记，认真履行第一责任人职责，将更多精力用在谋划思路、细化措施、督促协调上，力争党建工作每年都有新亮点、新提高。

马振亚充分肯定了我市抓基层党建的主要成效，实事求是指出了存在的具体问题。马振亚说，嘉峪关市各级党委高度重视加强基层党建工作的会议精神，坚持从严从实，突出问题导向，强化主责主业意识，认真履行职责，切实加强和改进了基层党建工作。

市委常委、常务副市长杨伟，市委常委、纪委书记边玉广，市委常委、政法委书记张静昌，市委常委、市委秘书长王毅，市委常委、组织部部长燕胜三出席会议。

市委委员和候补委员；不是市委委员的副地级以上领导干部、市属各部门各单位党组、党（工）委负责人；各镇、社区、村党组负责人；部分“两代表一委员”、基层党员干部群众代表参加会议，并对各区委及市直部门党（工）委书记抓基层党建工作进行了测评。

【市委经济工作暨扶贫开发工作会议】2015年12月31日，市委经济工作暨扶贫开发工作会议召开。市委书记郑亚军在会上发表讲话，回顾总结

2015年经济工作，深入分析当前形势，安排部署2016年和今后一个时期的经济工作、城市工作和扶贫工作，强调全市各级党组织和广大党员干部要坚决贯彻省委经济工作暨扶贫开发工作会议精神，把思想和行动统一到中央对形势的判断上来，统一到省委的重大决策部署上来，审时度势、保持定力，提振信心、鼓足干劲，全力打好"十三五"的开局战，为率先建成全面小康社会奠定坚实基础。

市委副书记、市长柳鹏对2016年经济工作和今后一个时期的城市工作与扶贫开发工作进行具体部署，并作总结讲话，对岁末年初的工作做了安排部署。

市人大常委会主任祁永安，市政协主席焦玉兰，市委副书记王锋、杜志雄，市委常委、常务副市长杨伟，市委常委、纪委书记边玉广，市委常委、政法委书记张静昌，市委常委、市委秘书长王毅，市委常委、组织部部长燕胜三，市委常委、嘉峪关军分区司令员何良平出席会议。

郑亚军指出，2015年，面对经济下行压力加大、多重困难叠加的严峻形势，我们牢牢把握稳中求进的工作总基调，团结带领全市干部群众顽强拼搏、真抓实干，保持了经济中高速增长，预计生产总值增速高于全国和全省平均水平。"十二五"期间，我们的经济实力和发展后劲明显增强，结构调整取得历史性突破，传统产业转型升级的步伐加快，战略新兴产业不断壮大，尤为重要的是在攻坚克难中磨砺了拼搏进取的意志，在应对复杂局面中锤炼了抓实见效的能力，在党政军企和谐共进中凝聚了团结奋斗的合力。这些都为我们做好2016年的经济工作、谋划推进好"十三五"的发展积累了经验、夯实了基础。

郑亚军指出，2016年是我们决胜率先建成全面小康社会的开局之年，也是全面推进结构性改革的攻坚之年，做好2016年经济工作的总体要求是：全面贯彻党的十八大和十八届三中、四中、五中全会及中央、省委经济工作会议精神，以邓小平理论、"三个代表"重要思想、科学发展观为指导，深入学习贯彻习近平总书记系列重要讲话精神，加强和改善党对经济工作的领导，按照"五位一体"总体布局和"四个全面"战略布局，认真贯彻落实创新、协调、绿色、开放、共享的发展理念，围绕推进结构性改革，坚持稳中求进工作总基调，坚持稳增长、调结构、惠民生、防风险，突出去产能、去库存、去杠杆、降成本、补短板，着力保持经济合理增长，着力深化改革扩大开放，着力保障改善民生，努力实现"十三五"时期经济社会发展的良好开局。市委经过统筹考虑，把明年经济增长的预期目标确定为8%，这是综合分析发展潜力、政策机遇、外部环境等方面因素决定的，是积极可行的，也是需要不懈努力才能实现的。

郑亚军要求，我们要始终保持发展的信心和定力，加强经济形势分析研判，优化发展思路，创新发展举措，全面助推经济中高速增长。重点抓四项工作：着力推进结构性改革，增强经济发展的内生动力。围绕供给侧结构性改革，在"加减乘除"上下功夫。做好加法，突出新能源、装备制造、新型煤化工等重点产业，通过实施精准招商，引进一批关联性强的补链项目，进一步扩大有效投资、延伸产业链条、增加产品种类，形成上下游配套的产业集群。最大力度支持中核四〇四民用核产业园建设，全力支持中核嘉华等重点企业上市，积极构建一批合作平台。做好减法，对技术落后、工艺陈旧、低质低效的产能，坚决关停并转，及早化解过剩产能。全力支持和服务酒钢集团打通供需通道、消化库存产品，走出去开拓市场、寻找商机、摆脱困境。做好乘法，用高新技术改造提升传统优势产业，鼓励企业与高校和科研院所共建研发中心，加快高端产品研发；支持发展众创、众包、众扶、众筹空间，培育一批"双创"品牌，放大创新创业的乘数效应。树立大旅游、大景区的理念，发挥关城、方特等旅游主体的带动作用，放大文化旅游的集聚效应。做好除法，稳步推进国企、财税、金融、社保、生态等重点领域改革，最大限度破除发展的体制机制障碍。着力培育新增长点，推动经济多元发展。把培育新增长点作为引领新常态的重要抓手，依托工业产业聚集、文化旅游融合、城乡一体发展等基础平台，完善发展硬设施和服务软环境，把新的企业、新的业态催生出来。坚持以文化旅游为龙头，实施好丝绸之路文化博览园等项目，改善旅游基础设施，加强区域合作联动，开拓国内外市场，推介特色旅游产品，推动旅游目的地城市建设。坚持生产性和生活性服务业并重，做强科技、金融、物流等服务，做优健康、教育、养老等产业，促进第三产业水平提升、比重提高。着力拓展合作空间，扩大对外开放的广度深度。抓住"一带一路"建设的重大机遇,利用产业基础和战略通道优势,放大节会平台效应,构建全方位、宽领域、多层次的对外开放新格局。主动参与我省与国家发改委签订的国际产能和装备制造合作规划,支持重点企业加快走出去步伐,加强与沿线国家和地区的合作。着力保障改善民生,提升人民群众的获得感。进一步加大财政向民生倾斜的力度,办好省市惠民实事,提升教育、医疗、文化等社会事业发展水平。认真落实就业再就业政策,进一步健全社会救助体系,把党和政府的温暖送到群众的心坎上。严格落实党政同责、一岗双责,强化工业生产、道路交通、食品药品等领域安全监管,有效防范各类安全事故发生。

郑亚军指出,城市承载着人民群众对美好生活的向往,也检验着一个地方经济社会发展的质量和水平。作为资源工矿型城市,近年来我市城市建设和发展取得了巨大成就,但还存在城市功能分区不明确、旧城区改造任务重、文化底蕴没有充分体现等问题。当前和今后一个时期,我市要学习好、贯彻好中央和省委对城市工作的决策部署,尊重城市发展规律,科学统筹城市空间、规模和产业,正确处理城市规划、建设和管理的关系,系统布局城市生产、生活和生态,综合发挥改革、科技和文化的推动作用,进一步明确城市发展定位,转变城市发展方式,坚持走科学化、集约化、景观化、精细化的城市发展道路,加快由资源工矿型城市向休闲消费型城市转变。完善城市治理体系,提高城市治理能力,不断提升城市环境质量和群众生活质量,着力建设综合竞争力强、辐射影响力大、生态环境美、人口素质高、对外形象好、宜居宜业宜游的幸福美丽城市。

郑亚军要求,做好城市工作,要突出做好五方面工作。突出规划引领,优化城市空间布局。着眼城市可持续发展,广泛听取专家学者和各方面的意见建议,编制完善城市建设总体规划,制定好城乡发展、产业布局、区域发展等专项规划,加快推进"多规合一",优化城市功能布局。通过科学规划推进新旧城区协调发展,力求城市开发建设能够体现时代性、创新性、人文性的和谐统一。注重集约高效,增强城市承载能力。着眼发展壮大城市经济,优先发展技术含量高、经济效益好、资源消耗低、环境污染少的产业,合理布局城市综合体、专业市场和商贸区,促进产城一体、集约高效,建设集约型城市。加大公共基础设施建设力度,实施一批城市建设重点项目,完善城市基础配套设施,推进城市地下综合管廊建设,提升博物馆、主题公园、文化广场等功能,为群众生产生活创造便利条件。加强生态建设,促进城市可持续发展。坚持生态立市战略不动摇,不断增加生态建设投入,实施好大型生态项目和精品绿化工程,着力建设国家生态园林城市。要开发利用好水资源,建设更多水面岸线景观,持续扩大水域面积,增强城市"肺功能",营造人水相依、水绿相容的优美环境。强化依法治理,提高城市管理水平。依法治城,在城市管理中用好地方立法权,推进城市管理决策、执法和服务规范高效。推广政府与社会资本合作模式,将更多公共服务交由社会办理,进一步提升城市治理效率。加快数字城市、智慧城市建设,提高城市管理信息化、智能化水平。紧扣共建共享,提升城市发展活力。牢固树立以人为本理念,弘扬开放包容、创业创新的精神,推进农业转移人口市民化,维护农民工合法权益,将公共服务扩大到务工人员和外来游客,增强城市的亲和力。加大民生工作投入力度,统筹推进各项民生事业发展,持续提升群众的满意度和幸福感。以创建全国文明城市为契机,加强软硬件建设,在抓小、抓细、抓实上下功夫,全面提升市民文明素质和城市文明程度。

郑亚军要求,要立足实际,自我加压,以提高城乡居民收入为核心,以加快城乡一体化为目标,全力推进更高标准、更高水平的扶贫开发。加快农业产业培育。推动农业结构调整,大力发展高效设施农业,培育以观光农业、乡村旅游、民俗文化为主的富民增收产业。完善农村基础设施。进一步加大以城带乡、城乡融合的力度,推进交通、供热、供排水等基础设施向农村延伸,改善农村整体面貌。加快中低产田、水利设施改造,深入推进环境综合整治,进一步改善农村生产生活条件。提升公共服务水平。构建城乡均等的公共服务体系,改善农村医疗卫生条件和健康服务,开展多种形式的技能培训,提升农村居民就业创业、增收致富的能力。加大金融支持力度。认真对接省上的脱贫攻坚专项规划,积极争取更多的扶贫开发资金和项目。引导信贷资金更多投向青年创业、妇女创业等领域,培育农村经济社会发展新动力。五要落实扶贫攻坚责任。深入推进"人大代表在行动""政协委员助推双联"等活动，调动各方面力量参与精准扶贫。充分发挥驻村第一书记、挂职干部和帮扶工作队的作用，认真实施帮扶项目，增强帮扶实效。

柳鹏要求，各区、各部门、各单位要在深刻领会好会议精神、认清形势、明确目标任务的基础上，切实把思想和行动统一到市委、市政府确定的2016年经济社会发展、城市工作、脱贫攻坚工作的总体要求和各项目标任务上来，牢牢把握全市经济社会发展的阶段性特征，客观认识经济形势，切实增强做好2016年经济工作的责任感和紧迫感，确保各项工作任务落到实处。要抓好结构性改革和扶贫开发重点任务，推动经济社会持续健康发展。要积极推进供给侧结构性改革、全力支持和服务酒钢的改革发展；持续调整优化产业结构，全力抓好重点项目建设；不断深化改革扩大开放，进一步强化民生保障，进一步加强各类风险防控，着力建设更高水平的小康。要持续加大城市建设和管理力度，不断提高城市综合竞争力 。全面落实中央城市工作会议精神和省委经济工作会议对城市工作的总体要求，进一步转变城市发展方式，完善城市治理体系，提高城市治理能力，充分发挥规划引领作用，完善城乡基础设施，持续改善生态环境，提高城市治理水平，不断提升城市环境质量、群众生活质量和城市竞争力，着力建设和谐宜居、富有个性、充满活力的现代化城市。"两节"期间，各区、各部门、各单位要全力抓好安全生产、市场监管和社会稳定各项工作，落实好节日期间领导干部带班制度，开展好"送温暖""三下乡"等活动，做好走访慰问、访贫问苦等工作，控制好物价，安排好困难群众的生活，确保人民群众过一个欢乐祥和的节日。

市委、市人大、市政府、市政协副地级以上领导干部，市中级人民法院院长、市人民检察院检察长；市委、市人大、市政府、市政协秘书长、副秘书长；各区区委书记、区长；市委各部门、市级国家机关及有关部门，各人民团体，部分企事业单位，驻嘉单位主要负责人；酒钢集团公司有关部门负责人；全市综合经济部门，城建、规划、园林等部门副处级以上干部参加会议。

（高延勇）

纪检监察工作

【机构设置和人员编制】市纪委、监察局是主管全市党风廉政建设和反腐败工作的领导机关，主要负责全市党的纪律检查和行政监察工作，承担着纪检监察的双重职能。2015年，内设机构共10个，分别是办公室（宣传部）、组织部、党风政风监督室（市政府纠正行业不正之风办公室）、信访室、案件监督管理室、第一纪检监察室、第二纪检监察室、第三纪检监察室、第四纪检监察室、案件审理室，共有工作人员37人（含进村进社3人）。

【中共嘉峪关市第十届纪律检查委员会第五次全体会议】2月10日，中国共产党嘉峪关市第十届纪律检查委员会第五次全体会议召开，会议由市委常委、市纪委书记边玉广主持。省纪委副书记王栋玉全程指导会议。市委书记郑亚军，市人大常委会主任祁永安，市委副书记王锋、魏后凯，市委常委、常务副市长杨伟，市委常委、宣传部部长梁洪涛，市委常委、市委秘书长王毅，市委常委、组织部部长燕胜三，市委、市人大、市政府、市政协在嘉的副地级领导，酒钢（集团）党委领导等出席会议。

边玉广代表市第十届纪律检查委员会常务委员会向第五次全体会议作题为《依法依纪 从严治党 深入推进党风廉政建设和发腐败斗争》的工作报告，总结了2014年党风廉政建设和反腐败工作，对2015年党风廉政建设和反腐败工作进行了安排；从严治党、依规治党，进一步加强党的纪律建设；深化纪律检查体制改革，进一步推动组织和制度创新；落实"3783"主体责任，进一步强化责任追究；持而不息纠正"四风"，进一步加强作风建设；保持惩治腐败高压态势，进一步加大案件查处力度；强化自身建设，进一步打造忠诚、干净、担当的纪检监察干部。

市委书记郑亚军就做好2015年党风廉政建设和反腐败工作讲了六点意见：严守党的政治纪律和政治规矩，不断增强政治定力。全面落实"两个责任"，逐级传导压力。强化监督管理，严格责任追究。从严落实中央八项规定，持之以恒纠正"四风"。坚持无禁区、全覆盖、零容忍，继续保持惩治腐败的高压态势。着力建设一支忠诚、干净、担当的纪检监察队伍

全会通过了市纪委常委会工作报告和《中共嘉峪关市第十届纪律检查委员会第五次全体会议

决议》。

【廉政工作会议】2月12日，市政府召开第十三次全体(扩大)会暨第四次廉政工作会议。会议分解落实了2015年全市经济社会发展主要目标和市政府重点工作任务，认真贯彻落实国务院、省政府廉政工作会议精神和市纪委十届五次全会精神，总结2014年政府系统反腐倡廉工作，安排部署2015年政府系统党风廉政建设工作。市委常委、常务副市长杨伟主持会议。

市委副书记、市长柳鹏，市委常委、纪委书记边玉广，副市长葛建团、王万平、陶东平，市社会体制改革专项小组专职副组长王真智，市文化体制改革专项小组专职副组长孟雅奇，市政府秘书长李亦军出席会议。

会上，就“三张清单一张网”工作进行了安排，市政府领导与分管单位签订了2015年政府系统党风廉政建设责任书，市监察局、发改委、建设局负责人结合工作实际就党风廉政建设工作做了发言。

柳鹏强调，深入推进政府系统廉政建设和反腐败工作，要重点抓好三个方面的工作：深化行政审批制度改革。继续简政放权，加强公共资源交易监督管理，切实规范中介机构；深入推进依法行政。坚持市政府常务会议学法制度，自觉运用法治理念，不断提高组织和管理经济社会发展的能力和依法行政的水平，要健全依法决策机制，深化行政执法体制改革，深化政务公开；推进行政权力规范运行。从规范行政权力运行着手，从源头上预防和减少腐败问题的发生，要强化政府权力制约，加强公共资金管理，进一步建立健全政府系统惩防体系。

【嘉峪关市领导干部述纪述廉述作风工作会议】7月21日，嘉峪关市召开领导干部述纪述廉述作风工作会议，会议由市委书记郑亚军主持。市人大常委会主任祁永安，市委副书记、市长柳鹏，市政协主席焦玉兰，市委副书记王锋，市委常委、常务副市长杨伟，市委常委、宣传部部长梁洪涛，市委常委、市纪委书记边玉广，市委常委、市委秘书长王毅等出席会议。会上，雄关区、建设局、教育局、农林局、园林局、交通局等9个部门的党政主要负责人进行了“三述”，王锋、杨伟、梁洪涛、边玉广结合分管联系工作实际分别逐一作了点评，参会的市委委员、市委候补委员、市纪委委员及市直部门党政主要负责人对“三述”对象进行了民主测评。市委书记郑亚军从进一步提高思想认识，进一步严格“三述”制度，进一步强化整改落实，进一步抓好主体责任，进一步履行监督责任五个方面对“三述”工作提出具体要求。

【2015年度第二批“三述”大会】12月15日，嘉峪关市2015年度第二批述纪述廉述作风会议召开，市委书记郑亚军主持会议。市人大常委会主任祁永安，市委副书记、市长柳鹏，市政协主席焦玉兰，市委副书记王锋，市委常委、常务副市长杨伟，市委常委、市纪委书记边玉广，市委常委，政法委书记张静昌，市委常委、市委秘书长王毅，市委常委，组织部部长燕胜三，市委常委、嘉峪关军分区司令员何良平出席会议。会上，市规划局、发改委、总工会、房管局等10个部门和单位的党政主要负责人开展“三述”，王锋、杨伟、边玉广、张静昌、燕胜三结合分管联系工作实际分别逐一作了点评，参会人员对“三述”对象进行民主测评。

郑亚军就深化“三述”工作提出五点要求：一要强化主体责任；二要强化整改落实；三要强化责任传导；四要强化作风转变；五要强化纪律审查。

郑亚军强调，元旦、春节将至，要紧盯重要节点，加大对消费娱乐场所的明察暗访，对发现的违反作风纪律规定的问题，严肃查处、坚决曝光、绝不姑息。坚持零容忍的态度，认真核查案件线索，对存在的腐败问题，发现一起、查处一起，形成有腐必反、有贪必肃的强大震慑。

【党风廉政建设主体责任培训班】8月5日，嘉峪关市召开全市领导干部党风廉政建设主体责任培训班，邀请省预防腐败局副局长方亮同志作专题辅导。市委书记郑亚军主持培训班并讲话。市人大常委会主任祁永安，市政协主席焦玉兰，市委常委、宣传部部长梁洪涛，市委常委、纪委书记边玉广，市委常委、政法委书记张静昌，市委常委、市委秘书长王毅，市委常委、嘉峪关军分区司令员何良平出席培训班。

培训班上，方亮围绕党风廉政建设主体责任，从认清形势、明确任务、落实责任三个方面,全面系统阐述了十八大以来党风廉政建设的重大成就、形势任务和着力重点。

郑亚军从六个方面就落实“主体责任”提出要求:进一步强化责任意识,进一步从严落实制度规定,进一步强化干部教育管理,进一步深化纪检体制改革,进一步加大案件查办力度。

【领导干部警示教育大会】 12月9日,嘉峪关市领导干部警示教育大会召开,市委书记郑亚军主持会议并讲话。市人大常委会主任祁永安,市政协主席焦玉兰,市委副书记王锋,市委常委、常务副市长杨伟,市委常委、纪委书记边玉广,市委常委、政法委书记张静昌,市委常委、市委秘书长王毅,市委常委、组织部部长燕胜三出席会议。会议安排市纪委及市检察院相关负责人分别作就发生在本市的两起典型案件进行了深刻剖析,进一步警示警醒全市各级党员干部认真落实党风廉政建设各项要求,严格遵守廉洁自律各项规定,推动形成遵规守纪的廉政新风。

会上,郑亚军对2015年以来我市的党风廉政建设和反腐败工作给予了充分的肯定,就进一步加强党风廉政建设和反腐败工作,提出具体要求:要主动适应全面从严治党新常态。强化干部监督管理;要强化制度管党治党;强化党内政治生活。要切实筑牢拒腐防变的思想防线。严守纪律规矩;深化作风建设;廉洁规范用权。要强力推动党风廉政建设两个责任落地生根。严格落实领导责任;严格落实监督责任。严格履行一岗双责。

【全市领导干部学习贯彻《准则》《条例》主题宣讲报告会】 12月10日,全市召开领导干部学习贯彻《中国共产党廉洁自律准则》和《中国共产党纪律处分条例》主题宣讲报告会,会议由市委常委、纪委书记边玉广主持。省纪委常委牛彦之做专题辅导报告。市人大常委会主任祁永安,市政协主席焦玉兰,市委副书记王锋,市委常委、常务副市长杨伟,市委常委、政法委书记张静昌,市委常委、市委秘书长王毅,市委常委、组织部部长燕胜三等出席报告会。市委、市人大、市政府、市政协副地级以上领导干部,市中级人民法院院长,市人民检察院检察长,市属各部门各单位领导班子成员,共计400余人参加报告会。

报告会上,牛彦之从《准则》《条例》的修订背景过程、基本原则、主要特点、主要内容和作用、学习贯彻的具体要求等方面做了全面系统深入的解读,深刻阐释了从严治党、严格执纪的重大意义,对贯彻落实两项党内法规提出了指导意见。

边玉广强调,全市各级党组织和广大党员干部要认真学习领会精神,把思想认识和行动统一到中央、省委、省纪委和市委的安排部署上来,统一到《准则》和《条例》的要求上来。要认真学习好《准则》和《条例》原文,贯彻落实好《准则》和《条例》的各项要求。各部门各单位各级党组织要切实负起组织学习、贯彻落实的责任,每个党员特别是党员领导干部要熟读弄清《准则》和《条例》的内容要求,模范践行《准则》做好表率,自觉遵守《条例》不触碰底线,为防微杜渐打好制度基础。

【2015年度党风廉政建设责任书签订工作】 3月初,按照“厘清责任,分级负责”的原则,嘉峪关市委书记郑亚军与市委常委、各市委常委及政府领导班子成员分别与所分管或联系的67个市直部门(单位)签订了2015年度党风廉政建设责任书。

责任书内容紧扣主体责任和监督责任清单,逐项明确了党委集体领导责任、党委主要负责人第一责任、班子其他成员领导责任、纪委(纪检组)监督责任及“选好用好干部、加强作风建设、坚决惩治腐败、规范权力运行、着力深化改革、做到表率引领、牵头协办单位责任落实”等7项重点任务的具体评价指标,对班子成员履行“一岗双责”区分“主动研判、承接任务、细化措施、监督管理、督促检查、及时汇报”等6项具体要求进行了细化量化。为“两个责任”的落实规范了考评细则、明晰了追责源头,进一步充实了全方位、多层面、立体式的党风廉政建设责任监管体系。

【“3783”主体责任落实工作】 推进落实“3783”主体责任体系,坚持以上率下。始终抓住党风廉政建设主体责任这个“牛鼻子”,市委常委会定期听取班子成员落实“3783”主体责任情况汇报,先后19次召开专题会议,研究部署党风廉政建设工作。制定出台了《关于落实2015年度党风廉政建设党委(党组)主体责任重点工作的意见》,建立年度工作台账,层层分解任务。对照省委2014年党风廉政建设责任考核反馈意见,研究制定了整改方案,对省委反馈指出的五个方面15项问题全部按时整改到位。市委主要领导始终将第一责任人责任牢牢扛在肩上,集中约谈市委常委会班子成员4次,督办重要信访件12件(次)。市委班子成员平均开展党风廉政建设专题调研4次以上,人均约谈分管部门领导干部40余人次。强化压力传导。定期召开全市党风廉政建设工作会议,全面落实签字背书制度,层层签订责任书900余份。及时传达学习四川南充拉票贿选案、河南新乡落实“两个责任”不力问题等《通报》,提醒警示各级强化责任担当。认真实施《关于全面推进“三述”工作的实施方案》,市委2次召开全市“三述”大会,19个市直部门党政主要负责人向市委全会和市纪委全会作“三述”报告。全市55个市直部门和单位的党组织制定了“三述”实施细则,组织214名领导干部开展了“三述”活动,推动“三述”制度向基层延伸。加大责任追究。综合运用党风廉政建设考核结果,对2个发生问题的部门(单位)领导班子和领导干部进行责任追究。市纪委围绕“两个责任”落实情况开展专项督察,向8个存在问题的部门(单位)发出整改告知书,对9名部门(单位)主要负责人进行了集体约谈,限时整改,以强化问责倒逼责任落实。通过调研督导、征求意见等方式梳理出典型问题22个,督促各部门各单位党政主要负责人针对问题进行反思对照检查。

【党风廉政建设宣传教育】充分发挥网络宣教馆、警示教育基地、廉政文化基地宣教阵地作用,不断加强雄关纪检监察网建设。召开全市领导干部警示教育大会,深刻剖析十八大以来发生在身边的典型案例,提醒告诫、警钟长鸣。开展《准则》《条例》学习宣传工作,市纪委班子成员为全市纪检监察系统和25家部门(单位)做主题宣讲。举办“清风墨韵、廉洁雄关”主题书法展,展出书法作品225件;开展廉政微电影电视公益广告展播月活动,精选“陇原清风”廉政微电影2部,公益广告5部,在嘉峪关电视台、酒钢电视台每晚的黄金时段循环播放,同时在嘉峪关政府网、雄关纪检监察网、嘉峪关宣传网等公共场所的户外视屏等同步展播。开展节前“廉政短信”提醒活动,发送廉政短信1万余条,在全市上下营造了崇廉尚廉的浓厚氛围。在中国纪检监察网、人民网、《甘肃日报》等省级以上媒体刊发文章34篇,配合省纪委拍摄并播出两部《陇原清风》廉政专题片,全面展示我市党风廉政建设和反腐败工作成效。坚持任前廉考全覆盖,全年共组织8次,364人参加任前廉考,并对219名新任市管领导干部进行廉政谈话。

【纪检监察体制改革】巩固“三转”成果。全面完成内设机构调整,按照最新“三定”方案,配齐配强市纪委领导班子、各部室负责同志和工作人员。将效能风暴、民主评议政风行风、公共资源交易管理等工作移交至相关部门,聚焦主责主业的机制更加凸显。制定出台了本市《纪检监察派驻机构统一管理实施方案》和《市纪委派驻纪检组长(副组长)、乡镇(社区)纪委书记(副书记)、市属国有企业纪委书记提名考察办法》。全面发挥巡察利剑作用。按照省委关于在市、县探索开展党风廉政建设巡察工作的部署要求,全面启动全(两个“全”感觉别扭,要不就“嘉峪关市”或“本市”)市党风廉政建设巡察工作。成立了市委巡察工作领导小组,组成3个巡察组以“一托三”的模式进驻镜铁区等8家部门(单位)开展第一轮巡察。巡察工作紧扣“六大纪律”,坚持问题导向,通过受理信访、个别谈话、调阅资料、明察暗访等方式发现问题线索,向被巡察单位反馈整改问题137个,向纪检监察组织移交信访件8件、问题线索33个;向组织部门移交信访件1件、问题线索1个;向相关执法部门移交问题线索1个,发挥了有效的震慑作用。

【作风建设工作】锲而不舍落实中央八项规定精神,制定出台了《关于严格执行纪律加强作风建设的规定》。2015年,全市性会议同比下降9.1%;发文数量下降1.2%;市级部门“三公”经费下降56.4%。紧盯重要时间节点,从严查处公款送礼、公款吃喝、公车私用、违规发放津补贴、借婚丧喜庆敛财等问题。畅通监督举报渠道,创新监督举报方式,扎实开展了“九个严禁、九个严查”专项行动等16轮次明察暗访,对62件(次)问题线索进行了调查核实,共查处通报违反中央八项规定精神问题2件,给予党政纪处分4人,坚决防止“四风”反弹回潮。严查群众身边的“四风”和腐败问题,紧盯腐败易发多发领域，开展了惠民政策规范落实、公共资源规范交易、重点项目规范建设、涉农资金规范使用、执法司法规范运作、为民便民规范服务六大专项治理行动，建立挂牌销号和连带责任倒查追究制度，对群众关注的城乡低保和社会救助中优亲厚友等热点问题进行了跟踪督办，追回违规发放的惠农资金2.7万元，为4237名农民工追讨工资4900余万元。全年查处发生在群众身边的“四风”和腐败问题11件，通报王建功挪用农民工工资保证金等典型问题3件，给予党政纪处分11人，有效地推动了党风政风的持续好转。

【纪律审查工作】坚持无禁区、全覆盖、零容忍，2015年全市纪检监察机关共受理信访举报178件(次)，同比增长49.6%；初核问题线索89件，同比增长39.1%；立案16件，结案18件(含上年度遗留4件)；给予党纪政纪处分23人，其中党纪轻处分17人，占处分人数的73.9%，涉嫌犯罪移送司法机关处理2人，挽回经济损失近30万元。坚持纪在法前，不断完善谈话函询机制。严格按照五类标准对问题线索进行分类管理、规范处置，制定《关于对党员干部实行诫勉谈话的暂行规定》，加大谈话函询方式处置问题线索比例，全年共对45名党员干部进行谈话函询，对15名党员干部进行诫勉谈话，谈话函询的比例由上年的10%上升到27%。强化与司法机关的联合办案机制，全年共向司法机关移送党员干部涉嫌犯罪问题线索4件。严格按照省纪委纪律审查“十不准”要求，确保纪律审查工作依规依纪、安全文明，实现了纪律审查工作零事故、零违纪的目标。

【监察队伍建设】强化政治思想武装，开展《习近平总书记关于党风廉政建设论述摘编》、中央纪委“学思践悟”系列文章、省纪委干部讲坛的学习，开展“三严三实”专题教育，主动查摆突出问题，落实整改措施，锤炼纪检监察干部队伍的工作作风和担当精神。加强纪检监察干部队伍能力建设，选派27名专职纪检干部参加中纪委、省纪委组织的各类专项业务培训。举办6期纪检监察干部培训班，采取以案代训的方式抽调部分基层纪检干部参与市纪委主导的纪律审查工作，全面提升我市纪检监察干部队伍依纪依规执纪的业务水平。严格执行《甘肃省纪检监察干部行为规范》，加强对纪检监察机关内部重要岗位和关键环节的监督，进一步规范市直各部门、各单位纪委书记(纪检组长)职责分工，对存在分工不规范的8个部门和单位及时进行了纠正。全年受理初核涉及纪检监察干部信访举报3件，对1名违纪干部进行了诫勉谈话，坚决防止“灯下黑”。(刘庆龄)

精神文明建设

【机构设置与人员编制】市精神文明建设委员会办公室为市精神文明建设委员会办事机构，正县级建制。内设4个职能科室，分别为综合科、创建科、未成年人思想道德建设管理科、协调督导科，下设1个事业单位志愿者中心。截至2015年底，核定人员编制9名，实有人员16名，其中行政编制6名，机关后勤事业编制1名，全额拨款事业编制2名，基层服务和民生实事项目高校毕业生7名。同时，市精神文明建设委员会办公室加挂“嘉峪关市创建全国文明城市工作办公室”牌子。

【文明城市创建活动】为确保新一轮文明城市创建上水平，年初总结上届创城工作经验，查找梳理上届创城工作中存在的问题和失分点，研究谋划新一轮创城工作，对中央文明委安排的重点工作进行了部署，制定《2015年创建全国文明城市工作实施方案》，将中央文明委新修订的新一轮文明城市测评体系目标任务进行任务分解，与110家单位签订目标责任书，明确创建责任及工作要求；完善《创建全国文明城市督查工作实施方案》，为加强工作指导，将77家创城重点责任单位包干至全体干部职工，确保创建各项指标落实落细；全年度共召开2次市级创城工作会，召开2次创城工作培训会，多次召开创城工作推进会，推动创城目标任务的有效落实，省上和国家暗访组分别于12月2–3日和12月16–18日对嘉峪关市进行了文明程度指数测评和全国文明城市测评。文明单位创建活动。文明单位充分发挥示范作用，群众性精神文明创建活动丰富多彩。嘉峪关市共有市级以上各级各类文明单位312个，文明单位数量逐年上升。文明村镇创建活动。广泛开展创建“优美庭院，助推美丽乡村”“培育乡贤文化，发挥乡贤作用，建设美丽乡村”等系列活动，同时，组织全市

114家文明单位与117个村民小组结成帮建对子，开展“结对子，种文明”活动，正式启动农村精神文明建设“以城带乡，联动共建”试点工作，农村精神文明建设工作不断深化。

【公民思想道德建设】加强社会主义核心价值观宣传阐释和教育。深入实施24字“人知人晓”“人信人守”工程，利用各类媒体及社会媒介广泛宣传核心价值观，推动“24字”核心价值观全媒体宣传、全覆盖普及、全方位融入；运用公益广告叫响做实核心价值观，利用各类宣传阵地及媒体，多层次、全方位刊播展示“讲文明、树新风”公益广告，在广场、主次干道、社区设置固定公益广告宣传牌，切实把公益广告做到群众身边；运用网络新媒体进一步扩大核心价值观宣传覆盖面，在政府网、市属新闻网站、文明网及文明办微信公众平台、官方微博开展“德润雄关·道德模范大看台”《好人365》、纪念抗日战争胜利70周年等系列宣传活动，在市文明网开设“不文明行为”曝光台专栏。嘉峪关文明网作为宣传精神文明建设工作主阵地，全年共制作专题网页22个，更新文字、图片万余篇，发表原创评论120余篇。利用“文明雄关”微信公众平台发布微信消息1600余条，发表微博600余篇，微博粉丝达到2万多人，文明网已成为传播价值观、引领文明新风尚的重要渠道；持续开展“我推荐、我评议身边好人”活动，表彰道德模范16名、雄关好人20名，有23位荣登“甘肃好人榜”，4位荣登“中国好人榜”，本市闫桂珍老师被评为全国助人为乐道德模范；以“学习模范，德润雄关”为主题，广泛开展道德模范、雄关好人巡讲巡演、道德模范故事会、“学模范，做好人，践行核心价值观”歌舞晚会、道德模范与身边好人现场交流等系列活动，累计开展巡演巡讲25场次，依托道德讲堂召开道德模范故事会672场次，依托体育大道景观带建成百米“好人街”，设计制作道德模范公益广告及事迹展板在全市各大广场、公园、社区、企事业单位及窗口单位巡回展览，并在嘉峪关日报开辟《德耀中华、魅力雄关》专栏，刊登道德模范事迹，利用文明网开设“道德模范在身边”网上大看台专栏，进一步扩大了道德模范影响力，扩大道德讲堂覆盖面。全市各社区、文明单位、党政机关、学校共建成道德讲堂121个，在文殊镇团结村率先建成乡村道德讲堂，推动道德讲堂向农村延伸，并组织金融、妇联、团委、工会、个体工商户及企业代表以“诚信做人、从我做起”等为主题开展道德讲堂总堂系列活动10余场次，督促全市121家道德讲堂围绕“24字”核心价值观常态化开展活动600余次，建立起核心价值观宣传阐释新阵地；组织文广新局、教育局、体育局等12家单位在行业内开展“重品行、树形象、做榜样”活动，发挥榜样力量推动行业践行核心价值观。深化普及中华文明礼仪。深化文明餐桌行动，评选表彰“文明餐桌示范店”4家、“文明餐桌示范食堂”6家、“文明餐桌服务之星”50名，在全市树立起勤俭节约的示范典型；征集家风家训100余条，以“传家风、承家训、兴家邦”为主题，组织开展家风家训“进机关、进企业、进社区”，家风家训主题报告会、家风家训书法作品展览及邀请书法家进社区现场书写赠送家风家训作品等系列活动，活动参与人数达千余人，在全市营造出“传家风、承家训、兴家邦”的浓厚氛围。

【诚信建设及志愿服务】诚信建设制度化、常态化。广泛开展诚信建设主题教育实践活动，在相关企业开展“诚信做产品”活动，研究制定了《嘉峪关市诚信红黑榜发布制度》，以“共筑诚信，德润雄关”为主题，会同市旅游局、市市场监督管理局等9家单位联合举办3次“诚信红黑榜”新闻发布会，2015年累计发布企业、自然人黑榜名单166个，红榜名单9个，并推荐紫轩酒业等36家企业进入甘肃省“诚信红黑榜”红榜。志愿服务制度化、常态化。研究制定了《嘉峪关市金牌志愿服务项目管理办法》，培育表彰10个金牌志愿服务项目，并指导全市志愿服务组织广泛开展、敬老、爱幼、助残、文体、生态环保、法律、文明引导、医疗卫生、科普、党员志愿服务等“十大爱心志愿服务行动”，大力培育我市志愿服务品牌；为新注册志愿者配发《志愿者注册登记证》及《志愿服务工作记录簿》，不断规范志愿者登记注册程序、标准及日常管理，统一全市志愿服务工作记录模式，推动志愿服务工作规范化开展；进一步完善“11121”志愿服务工作网络平台（即一个志愿者网、一个志愿者QQ群、一个博客、两个微博、一个志愿者工作管理系统），充分发挥其作用，全市目前共注册志愿团队

227支，注册志愿者2.6万余名，发起志愿服务项目525次，发放志愿服务时长卡11696张；在市中心血站和市社会福利院挂牌成立了志愿者服务基地，志愿服务阵地不断拓展；广泛开展“中国志愿服务标识”宣传活动，不断增强志愿者身份认同感；对社区千名志愿者开展应急救护知识培训，大力提升志愿者专业服务水平；丰富志愿服务活动形式，组织开展了学雷锋月、文明交通劝导、万名党员进基层暨科技、法律、文体、卫生进社区等集中志愿服务活动。其中，在万名党员进基层暨科技、法律、文体、卫生进社区志愿服务活动中，1.3万名在职党员带头认领并累计参加志愿服务344次，志愿服务活动累计服务时长达28790小时。在文明交通劝导志愿服务中，全市59家党政机关、企事业单位的志愿者在7个“文明交通示范路口”开展了为期4个月的劝导服务，参与人数达2400余人次。同时，充分发挥先进典型示范引领作用，评选表彰志愿服务工作先进集体10个，志愿服务先进工作者、优秀志愿者、网络文明传播志愿者、最美志愿者共计54名，王雪杉被民政部评为“全国首批五星级优秀志愿者”，为全市各志愿服务组织及志愿者们树立起学习榜样。

【未成年人思想道德建设】深化“中国梦“主题教育实践活动，在未成年人中组织开展清明“网上祭英烈”、六一“学习和争做美德少年”、七一“童心向党”、十一“向国旗敬礼”等系列活动，杜兆泽川与杜悦两名同学被评为甘肃省首届“陇原美德少年”，本市推荐的6首歌咏曲目被中国未成年人网采纳并展播；会同市教育局、市文联广泛开展优秀童谣征集评选活动，共征集童谣作品232首，评定优秀作品20首；加大乡村学校少年宫建设力度，迎宾路小学、逸夫小学被纳入2015年度中央专项彩票公益金支持乡村学校少年宫项目，并已正式投入使用。全市共建成城乡学校少年宫13所，学校少年宫已经成为孩子们学技学艺的重要阵地。2015年，市文明办被中央文明委评为“全国未成年人思想道德建设工作先进单位”。（庞 燕）

组织工作

【党员队伍】2015年年末，全市共有党员27605名。其中：女党员7039名，占25.49%；少数民族党员602名，占2.18%。35岁及以下党员6232名，占22.57%；36岁至45岁党员6931名，占25.10%；46岁至55岁党员6547名，占23.71%；56岁至60岁党员1665名，占6.03%；61岁及以上党员6230名，占22.56%。文化程度在大专及以上的党员14776名（大学专科6292名、大学本科7910名、研究生574名），占53.52%；文化程度为中专、高中、中技的党员6936名（中专2318名、高中和中技4618名），占25.12%；文化程度初中及以下的党员5893名，占21.34%。在岗职工党员16779名（党政机关工作人员1865名，事业单位专业技术人员、管理人员2732名，企业及民办非企业单位专业技术人员、管理人员4989名，工人党员7193名），占60.78%；农牧渔民党员1134名，占4.10%；学生党员14名，占0.051%；离退休党员7706名，占27.91%；其他职业党员1972名，占7.14%。

2015年，全市发展党员388名。其中：发展女党员130名，占33.50%；少数民族党员5名，占1.28%。35岁及以下党员285名，占73.45%；36岁至59岁党员103名，占26.54%。文化程度在大专及以上的党员290名（大学专科118名，大学本科170名，研究生2名），占74.74%；文化程度为中专、高中、中技的党员77名（中专27名、高中、中技50名），占19.84%；文化程度初中及以下的党员21名，占5.41%。在岗职工党员322名（党政机关工作人员23名，事业单位专业技术人员、管理人员99名，企业及民办非企业单位专业技术人员、管理人员72名，工人党员128名），占82.98%；农牧渔民党员17名，占4.38%；学生党员16名，占4.12%；其他职业党员33名，占8.50%。

2015年年末，全市共有发展对象323名（女性111名，少数民族10名，35岁及以下的206名，大专及以上学历的196名，生产、工作一线的323名）。其中，在岗职工264名，占81.73%；农牧渔民18名，占5.57%；其他41名，占12.69%。入党积极分子1399名（女性448名，少数民族38名，35岁及以下的942名，大专及以上学历的872名，生产、工作一线的1375名）。其中，在岗职工1191名，占85.13%；农牧渔民90名，占6.43%；学生23名，占1.64%；离退休人员1名，占0.07%；其他94名，占6.71%。

【基层党组织】2015年底，全市共有党的基层组织1183个。其中：党委105个(市委直属党委26个、二级党委79个)、党总支70个、党支部1008个。机关单位党的基层组织199个(党委18个、党总支17个、党支部164个)，事业单位党的基层组织164个(党委6个、党总支16个、党支部142个)，企业单位党的基层组织596个(党委47个、党总支27个、党支部522个)，城市社区党的基层组织171个(党委31个、党支部140个)，乡镇建制村党的基层组织63个(党委3个、党总支10个、党支部50个)。

【组织机构及人员编制】2015年，市委组织部内设办公室、调研室、组织科、干部一科、干部二科、干部监督科、公务员管理科、党员教育管理科、信息管理科、党代表联络办公室、党员电教中心11个科室。挂市委组织员办公室、市委人才工作领导小组办公室、市委党员干部现代远程教育办公室、市委考核办公室(内设考核科)牌子，其中市委考核办公室于2015年6月成立。核定行政事业编制30名，后勤服务事业编制1名，实有25人。

【组织工作综述】2015年，市委组织部积极主动适应全面从严治党新常态，坚决贯彻落实中央、省委和市委决策部署，认真贯彻落实全国、全省组织部长会议精神，坚持党要管党、从严治党，围绕中心、服务大局，践行“三严三实”要求，以工作落实年为牵引，按照围绕一条主线、致力三个深化、突出三个重点、建好一支队伍的总体思路，通过开展综合分析研判、着力建强班子选好干部，坚持从严监督管理干部、全面推进党的建设制度改革，推行党建观摩交流、切实筑牢堡垒夯实基础，推进人才强市战略、不断集聚合力助推发展，加强自身建设、打造忠诚干净担当的组工干部队伍等方面，积极作为、狠抓落实，以钉钉子的精神抓好各项工作落实，为实现“两个率先”奋斗目标提供了坚强组织保证。

【基层组织工作】认真落实党建工作责任，牢固树立大抓基层的鲜明导向，坚持聚精会神抓党建。围绕推进服务型党组织、为民型干部、富民型党员建设，组织召开了全市党建述职会议，命名了18个基层党建示范点。采取“一讲三评”的方式，每季度召开一次基层党建观摩交流推进会，分领域推进服务型基层党组织建设，以钉钉子的精神抓好基层党建。分批次对全市452名基层党组织书记进行了集中轮训；向全市17个行政村选派“第一书记”，做到“第一书记”驻村全覆盖，并对到村任职第一书记和常务副书记进行了考核。创新建立社区党建责任机制、管理机制、服务机制等“四大机制”，推行了社区“365满意行动”“六零工作法”和“五心工程”服务做法。坚持从严管理教育党员，探索推行了入党审查制、四次公示制和责任追究制等“四项机制”，研究制定了党员发展纪实制度。组织在职党员积极开展社区志愿服务活动，充分发挥先锋引领作用。以“三讲三送”“三评一理”为主要内容，组织开展了农村党员冬训。强化服务保障作用，对老党员和困难党员进行了慰问，与相关部门沟通协调，提请市委常委会研究，保障每个城市社区20万元工作经费、10万元党建经费和每个村4万元运行经费，将事业单位党建经费列入财政预算，每年列支10万元非公党建经费，并全面提高村组干部的报酬，调动了他们的工作积极性。

【非公企业党建工作】为主动适应全面从严治党的新常态，以深化先锋引领行动和打造非公党建“升级版”为目标，紧密结合非公企业党组织实际，拓展工作思路、创新组织形式、扩大工作覆盖、丰富活动载体，通过“党员设岗定责”“三岗联创”等活动的开展，提升了非公有制企业党组织的示范引领和先锋模范作用，夯实了非公企业党组织基础，为实现全市非公有制企业持续健康发展提供了有力保证。

【干部任免工作】认真贯彻落实中央、省委和市委关于加强领导班子建设和干部队伍建设的指示要求，研究制定了《关于加强和改进市管处级领导班子建设的意见》，注重选优配强领导班子，以“两谈一提”(谈思想工作、谈班子运行，提意见建议)为主要内容，对11个单位的领导班子和领导干部进行了综合分析研判，强化结果运用，使研判的过程成为了解班子运行和干部思想状况、理顺干部情绪、形成合力推动发展的过程，班子的整体功能进一步增强。坚决贯彻落实好干部“五条标准”，坚持市委“五重用五不用”原则，坚持公道正派选人用人，全年共提交市委常委会研究处级干部13次，提拔任用92人、调整交流75人；召开部务会研究科级干部7次，提任正科级干部110名、提任副科级干部96名，交流调整科级干部173名。圆满完成工青妇换届工作。注重加强后备干部队伍建设，研究出台了2015—2020年后备干部队伍建设《规划》，实施了处级后备干部队伍建设“112”工程和三方面干部“613”储备计划。全面推进干部交流工作，对全市重点部门、关键岗位的50名科级干部进行了跨部门、跨单位双向交流，形成“三个绝不让”的鲜明导向，绝不让踏踏实实、真抓实干、一心为民的老实人吃亏，绝不让为官不为、为官不正、为官乱为的妄为者得势，绝不让敢于担当、干事创业、清正廉洁的好干部失望。

【干部监督工作】坚持把从严管理干部作为落实从严治党要求的重点和主体，研究制定了《加强党员领导干部教育管理监督的实施意见》和《市管领导干部日常管理办法》等制度规定。加大选人用人监督力度，及时与纪检、检察、审计、信访等部门沟通干部违纪违法情况，避免因信息脱节造成选人失误、用人失察。扎实推进领导干部个人有关事项报告工作，举办了处级、科级干部个人有关事项填报工作培训会。将个人有关事项报告范围延伸至副科级，组织全市2100多名副科以上干部填报个人有关事项，开展了全市领导干部因私出国(境)证照的清查整治工作。坚决做到对个人事项报告“凡提必核”，对未如实报告个人事项的8名拟提拔处级干部和11名拟提拔科级干部暂停了任用程序，对8名重点核查对象和4名随机核查对象进行了诫勉谈话。落实领导干部经济责任审计制度，委托审计部门对市直各部门17名“一把手”和重点岗位领导干部进行了经济责任审计。加大超职数配备干部整治力度，共消化超配干部73人，其中处级31人、科级42人。建成了领导干部个人有关事项报告房产信息查核报送系统，升级改造了12380举报受理平台，加强了对干部的监督管理。

【干部培训工作】认真落实中央、省委和市委有关要求，做好各项主体班次培训工作，组织各级领导班子深入学习贯彻习近平总书记系列重要讲话精神，举行了学习贯彻《推进领导干部能上能下若干规定(试行)》专题培训，举办中青年干部培训班1期、科级干部进修班4期、工青妇专题培训班各两期，培训干部574人，并选派51名干部参加各级组织的培训。

【人才工作】牢固树立“人才是第一资源”的理念，紧紧围绕“3341”项目工程、“丝绸之路经济带黄金段”建设等重点任务，出台了社会专业人才队伍建设规划、引进高层次人才住房公积金优惠政策等政策性文件，做到坚持标准选人才，开展培训育人才，强化服务聚人才。着手制定2016—2020年人才发展规划，对全市第一批领军人才进行了分类考核，评选了第二批64名领军人才。实施了全市“两癌”妇女培训项目、市中医院“西学中”培训项目、文殊现代农业示范园人才支撑等项目，组织90名镇村干部、致富带头人、农村技术骨干参加了省委组织部新农村人才保障工程培训班，并举办职业技能培训班23期、培训3134人次。向省委组织部申报人才项目2个，申请项目资金113万元，用于人才项目建设。深入开展调查研究，推动解决了教师职称评聘和班主任津贴发放问题，初步解决了多年来制约教育系统人才发展、影响教师工作积极性的瓶颈问题。初步建成了人才公寓，组织领军人才进行了体检，采取多种方式为国务院津贴专家、省级优秀专家和市级领军人才发放特殊津贴和慰问金43.5万元，进一步调动了工作积极性。

【自身建设】把学习贯彻习近平总书记系列重要讲话精神作为坚定信念、理清思路、强化担当的核心根本，制定了部机关学习制度。扎实推进“三严三实”专题教育和组织人事系统“三严三实”主题活动，组织部机关全体干部职工赴玉门“铁人”王进喜纪念馆，现场接受革命传统教育、进行党性实践锻炼，并深入查找自身存在的不严不实问题，着力抓好整改落实。围绕提高组织工作专业化能力，开展了“组织工作调研月”活动。着力强化传帮带，培育“安专迷”精神，引导干部职工牢固树立“五个一点没有”的思想，即干不好工作，一点理由也没有；不熟悉业务，一点本钱也没有；不联系群众，一点基础也没有;不公道正派,一点形象也没有;不清正廉洁,一点威望也没有。扎实推进双联行动,制定双联村发展规划,开展了“送政策、送春联、送文化”活动,组织开展调研30余次,组织部分村民赴山东德州,以及甘肃省的武威、张掖等地考察学习,选送双联村组17名村民参加各级组织的农村实用人才培训,协调安装了体育健身器材和路灯,并为贫困户送去春耕化肥,协调帮扶资金140万元支持肉驴和土元等特色养殖业,推动双联工作深入扎实开展。认真落实“3783”主体责任,深入学习《准则》和《条例》,认真执行《廉政准则》和党员干部廉洁自律规定,从严遵守“组工干部行为规范”“十严禁”“五条禁令”。制定了部机关贯彻落实市委党风廉政建设主体责任《意见》的实施办法,部主要领导开展了党风廉政建设调研、约谈、督导,多次主持召开了分管联系的市委老干局等5个单位党风廉政建设集体约谈会,并结合干部任前谈话、领导班子和领导干部综合分析研判谈话、开展个别谈话,开展了大范围的谈心谈话。建成了信访、电话、网络、手机短信“四位一体”的举报受理平台,切实加强监督检查,以铁的纪律保证组织部门风清气正。注重抓好舆论宣传工作,参与文明城市创建活动,利用组工信息、省市报刊、雄关组工网等载体,抓好社会主义核心价值观和组织工作的学习宣传。推进部机关“工作落实年”活动,开展效能风暴行动,抓好“两好两促”专项行动,抓好预防职务犯罪活动,完成了“六五”普法的检查考核,部机关被评为全市“学法用法”先进单位,为全面加强自身建设、推动组织工作扎实开展提供了坚强有力的保证。

【“三严三实”专题教育】在市委的领导下,把“三严三实”专题教育作为推进“四个全面”重大战略布局特别是全面从严治党要求的重大举措,坚持严上严部署、实打实推进,做到学习教育突出“广”、专题党课突出“严”、学习研讨突出“深”、整改落实突出“快”、专题民主生活会突出“实”、组织协调突出“前”,组织全市106家单位、558名县处级以上领导干部全部参加专题教育,并坚持问题导向,针对全市查找出的3926条不严不实问题,指导通过细化问题清单抓整改、实化任务措施抓整改、深化专项整治抓整改、强化建章立制抓整改,着力解决“为官不为”问题,推动专题教育深入扎实开展。

【党的建设制度改革】贯彻中央、省委和市委关于党的建设制度改革的决策部署,多次召开党的建设制度改革专项小组会和各推进小组会,学习中央、省委出台的一系列制度和改革措施,深化思想认识,理清工思路。围绕破解影响社会发展、改革稳定中的难题,组织开展了广泛深入的调研,研究制定了市委党的建设制度改革《工作要点》,建立了工作台账,积极稳妥推进党的宏观制度改革、干部人事制度改革、基层党建制度改革、人才体制机制改革等重点改革任务,制定出台了干部选拔任用、日常管理、监督信息沟通,以及关于加强基层服务型党组织建设等方面的35项制度规定,为全方位加强党的建设提供了制度规范。

(张永勃)

思想宣传工作

【机构设置与人员编制】市委宣传部是市委主管意识形态方面工作的综合职能部门,内设办公室、宣传文艺科、新闻出版科、理论教育科、对外宣传科、甘肃电视台驻嘉记者站、文化发展改革办公室、网络宣传监督管理中心,挂嘉峪关市国防教育委员会办公室、市委对外宣传办公室、市文化体制改革领导小组办公室牌子,代市委管理市委讲师团、市文联、市社科联。直接管理市精神文明建设办公室。

市委宣传部机关行政编制11名,其中:部长1名,副部长2名,科级干部职数5名;市国防教育办公室专职主任1名(正县级);对外宣传办公室,为副县级建制,有处级干部职数1名;嘉峪关市社会科学联合会,为全额拨款的副县级事业单位,核定事业编制3名,其中主席1名(副处级),秘书长1名(科级);市委讲师团与市委宣传部合署办公,核定事业编制3名,其中处级干部职数2名,科级干部职数1名。

【理论教育工作】推进思想理论建设,夯实全市人民团结奋斗的共同思想基础。强化各级党员领导干部理论学习。制定了《2015年全市各级党委(党组)中心组及党员干部理论学习安排意见》,做好市委中心组学习服务工作，中心组集中学习11次，全市各级党组织开展专题教育集中学习700余次。保质保量完成党报党刊征订任务，为广大干部群众及时了解党的政策畅通渠道。学习有主题、有辅导、有讨论、有心得、有实践，做到理论武装与理想信念相结合，提高修养与学以致用相结合。加强政策理论宣讲和成果转化。开展宣传思想文化调研工作，提出了省级综合课题和专题调研课题项目5项。开展省委宣讲团党的十八届五中全会精神等宣讲活动，市委讲师团撰写主题讲稿31篇，开展“四个全面”“三严三实”、十八届五中全会精神等宣讲140余场，受众1.5万余人次。全省双联行动理论征文活动有43篇我市作品获奖。开展社科研究。成立魏晋文化研究会，举办嘉峪关魏晋墓与丝绸之路历史文化学术研讨会、丝路文化研究会和长城文化研究会年会暨论文发布会，评选优秀论文36篇，《历代长城诗选》被两个研究会评选为年度重大研究成果奖。《嘉峪关与丝绸之路历史文化》、一带一路文化建设丛书《牧歌流韵——中国古代游牧民族文化遗珍》（十卷）、《嘉峪关金石校释》正式出版，成为全市华夏文明传承创新区建设的重要理论成果。

【对外宣传工作】讲述嘉峪关好故事，传播嘉峪关好声音，全面展示城市新形象。做好主流媒体新闻宣传。向新华社、人民日报、中央电视台、香港大公报、中国新闻社、凤凰网等80余家境内外媒体提供资料600余份，累计刊发转载新闻、报道1862篇（次）。邀请媒体记者400多人次来嘉采访，组织开展了“走丝绸之路话绿色发展”全媒体行动、“河西走廊名博行”“共享希望丝路进行时”等集成报道。彰显城市魅力开展社会宣传。大型纪录片《河西走廊》登陆中央电视台科教频道，获第21届中国电视纪录片盛典系列纪录片“十佳”奖，本市制作的《黑山》获得第21届中国电视纪录片好作品奖。协助央视拍摄春晚公益广告《名字篇》。由刘恺威、马可等演员加盟，国内首档依托社交平台打造的互动明星旅行真人秀节目《黄金路线》，首站选在嘉峪关市拍摄，于10月4日央视财经频道首播。《对话甘肃》高端访谈、《读者欣赏》等媒体也全方位、大版面、多角度对嘉峪关市进行了宣传。实现新媒体融合互动宣传。初步形成以嘉峪关发布、嘉峪关新闻网、嘉峪关广播影视在线、嘉峪关政府网等官方互联网媒体为主，以嘉峪关在线、雄关热线、嘉峪关圈子等微博、微信、手机客户端媒体为辅的“两微一端”全媒体宣传格局，网络对外宣传力量进一步增强。

【社会宣传工作】繁荣发展社会主义文艺，生动展现嘉峪关时代新生活。开展“深入生活、扎根人民”主题实践活动。广大文艺工作者践行习近平总书记文艺工作座谈会讲话精神，举办“到人民中去”文联志愿服务团慰问演出、“丝路墨韵·彩绘雄关”画展、首届五体临创书法展、“神秘丝绸路·天境嘉峪关”摄影展等30余场活动，举办“雄关大舞台”“十美雄关”“乡村舞台”等群众文化演出近百场，数十支民间艺术团队得到锻炼和展示。本市秦腔剧《北漠尘清》获甘肃省优秀剧目奖，将于本月在甘肃大剧院进行巡演。雷通霞、李晓峰等全国梅花奖得主在雄关大舞台和各村镇的人民中献艺，“雄关大舞台”被群众亲切地称为“咱家门口的星光大道”。聚焦中国梦创作精品力作。全面贯彻“二为”方向和“双百”方针，坚持以人民为中心的创作导向，组织艺术家挖掘本土文化，大力推动书法、美术、摄影、文学、戏剧、影视、音乐、舞蹈等文艺创作。《嘉峪关宣传》《嘉峪关文艺》成为刊载本土优秀作品的重要期刊。胡杨、许实、胡美英三位作家的作品获得黄河文学奖。米金锁国画作品《节日》入选中国美术家协会主办的“丝绸之路·绚丽甘肃”第九届中国西部大地情作品展。韩旭油画作品《敦煌》获得第二届“朝圣敦煌”全国美术作品展优秀奖。盛爱萍奇石作品获两岸奇石交流展金奖。舞蹈家协会8个作品分别获得第五届“璀璨中国”艺术交流甘肃展演一、二等奖，甘肃省第十四届国标舞锦标赛第二名。三是建设德艺双馨的文艺队伍。加强思想道德建设，举办纪念毛泽东同志《在延安文艺座谈会上的讲话》发表73周年座谈会，引导广大文艺工作者牢记文化担当和社会责任。开展文化五进（进军营、进社区、进企业、进部队、进乡村）系列活动，面向基层、服务群众，举办“汉字书写公益讲堂”、禁毒宣传月等文化惠民活动。深入实施文化名家暨“四个一批”人才工程，吸收市级会员156名，评选省级会员40人。

【文明城市创建工作】争创全国文明城市，大力培育和弘扬社会主义核心价值观。大力实施“24字”人知人晓工程。把社会主义核心价值观培育践行工作落小、落细、落实，在各类媒体刊播公益广告、制作条幅字幕，实现“24字”社会全覆盖，100余家道德讲堂开展600余次价值观常态化宣教，组织卫计委、教育局等12家单位开展“重品行、树形象、做榜样”活动，组织“最美医生最美护士”“最美乡村”评选，全面开展纪念抗战胜利70周年等国防教育系列活动，为3名老战士颁发抗战胜利纪念章，进一步拓展核心价值观阵地。我市“家门口有了图书馆”惠民实事被选为全国宣传思想文化工作典型案例。开展公民道德建设。召开嘉峪关市诚信“红黑榜”新闻发布会，公布企业等诚信名单和“黑榜”惩戒措施。开展普遍志愿服务，组织“爱心暖夕阳、助成长、献社区”等十大爱心行动，开展“道德模范在身边”“诚信做人”等模范事迹巡演、巡讲活动20多场次，全市2万余名志愿者开展各类活动525次，义务献血好市民王雪杉被民政部评为“全国首批五星级优秀志愿者”。开展精神文明创建。组建10个市级创建全国文明城市工作督查组，召开创城督查工作联席会议，抓好督导检查、加强创建宣传、巩固创建成果。全市国家级文明单位10个，省级文明单位79个，市级文明单位达到213个，创建数量逐年上升。深化文明村镇创建，组织全市114家文明单位与117个村民小组“结对子，种文明”，开展“发展乡贤文化，发挥乡贤作用，建设美丽乡村”活动。实施全市未成年人“金种子”工程，迎宾路小学、逸夫小学少年宫投入使用。

【党员教育工作】践行“三严三实”，不断加强党的建设工作。围绕专题教育抓好党建。严格落实党建工作责任制，创新党建工作载体，健全党建工作机制，把党建工作贯穿于思想建设、队伍建设、对外宣传、文化产业发展等各项工作的全过程。市委常委、宣传部部长梁洪涛带头讲“三严三实”党课，班子成员分别作党课辅导报告，深入开展专题研讨，认真查摆不严不实问题7条，扎实抓好“为官不为”“慵懒散软”等问题的整改，以“三严三实”专题教育巩固拓展群众路线教育实践活动成果。成立5个党小组，发展预备党员1名，培养入党积极分子1名。在2013-2015年党建工作考核中，市委宣传部党支部被市直机关工委评为先进基层党组织。加强党风廉政建设抓好党建。严格按照主体责任要求，加强机关作风和反腐倡廉建设。多次召开党风廉政建设会议，修订完善机关管理制度。学习《中国共产党廉洁自律准则》《中国共产党纪律处分条例》，组织观看“作风建设在路上”“警钟长鸣”等教育片，形成风清气正的机关工作环境。开展专项清理党政机关领导干部兼任文艺家协会领导职务工作。严格按照《市委宣传部述职述廉述作风实施方案》开展“三述”活动，配合纪检部门开展了党风廉政建设各项宣传。开展文化惠民活动抓好党建。牵头组织11个联系单位做好文殊镇团结村的“双联”对口帮扶工作，选派1名机关优秀年轻干部任团结村驻村工作队队长，了解群众在产业发展、基础设施、文化事业等方面的“所需所盼”。建成文殊镇文殊村、河口村、峪泉镇黄草营村、新城镇野麻湾村文化大院，实现了全市17个行政村“一站一室一书屋”全覆盖。为团结村9个村民小组建设了文化室，配备了电脑、电视、音响等设备，配套了文化广场体育健身器材，组建“手拉手”农民文化社团开展霸王鞭、民间小调等表演。落实“1341”工作抓好党建。结合“工作落实年”和“效能风暴”活动，确立并努力实现了“1341”党建工作目标，即围绕学习贯彻好习近平总书记系列讲话精神这一主题，在“四个全面”宣传教育、传统媒体与新兴媒体融合发展、围绕文化祖业、文化事业、文化产业推动文化体制改革取得了三个新突破，在践行社会主义核心价值观、打造宣传思想文化品牌、增强对外宣传合力、推进华夏文明传承创新区建设等方面有了四个着力点，实现了建设一支“政治强、作风正、业务精、能力高、自身廉”的高素质队伍的目标。

（张会强）

统战工作

【机构设置与人员编制】按照《中共嘉峪关市委嘉峪关市人民政府关于印发〈嘉峪关市人民政府职能转变和机构改革实施意见〉的通知》（嘉发[2014]79号），市委统战部与市民族宗教事务委员会合署办公，一个机构，两块牌子。2015年末，市委统战部内设统战科、民主党派科、非公经济科、办公室4个科室。实有人员15人,其中地级干部1人,正处级干部1人,副处级干部3人,科级干部5人,科员1人,工勤人员2人,进村进社1人,三支一扶1人。

【学习贯彻中央、省委统战工作会议精神】中央、省委统战工作会议后,及时采取各种措施,在全市迅速掀起了学习贯彻热潮。及时向市委汇报会议精神,市委第一时间召开常委会、中心组学习会认真学习了习近平总书记的重要讲话、《中国共产党统一战线工作条例(试行)》。市委办下发文件对全市学习贯彻统战工作会议精神和《条例》进行了安排部署。协调嘉峪关日报开辟专栏宣传报道中央统战工作会议精神。市委分管领导、市委统战部领导带头在嘉峪关日报撰文谈学习体会。协调市委党校、行政学院、社会主义学院把中央统战工作会议精神和《条例》作为中青班、科干班等主体班次授课的重要内容。先后三次召开党外代表人士座谈会,传达学习中央、省委统战工作会议精神和《条例》。邀请省委统战部领导来本市宣讲统战工作会议精神。成立了由市委书记任组长的统一战线工作领导小组。对市级党员领导干部与党外人士联系交友进行了调整补充,对构建大统战工作格局进行安排部署。通过市委常委带头学、中心组成员深入学、统战干部系统学、举办培训专题学、部门领导辅导学、党外人士交流学、开辟专栏宣传学、强化督查指导学的"八学"方式,自觉把思想行动统一到中央、省委的决策部署上来,把力量凝聚到落实会议确定的各项任务上来。全市进一步形成了"党委统一领导、统战部牵头协调,有关方面各负其责"的大统战工作格局,为全市统战工作全面开展创造了条件。

【民主政治建设】学习贯彻中央关于加强社会主义协商民主建设的意见,积极开展政党协商。市委常委会两次专题研究多党合作事宜。市委在重要决策、重大决定、重要人士安排前广泛听取民主党派意见建议。完善了市级党员领导干部与党外人士交朋友制度。坚持每年年底走访慰问民主党派成员,坚持每季度召开一次座谈会,每半年一次情况通报会,并组织党外代表人士视察全市主要建设项目和惠民实事,积极为他们了解情况、建言献策创造条件。支持民主党派开展调研,划拨专门调研经费,全方位支持各民主党派紧紧围绕市委、市政府一带一路建设、精准扶贫以及群众关心的就医、就学和就业等开展调研。在市政协确定的重点督办提案中,各民主党派的提案立案超过了70%。支持民主党派开展坚持和发展中国特色社会主义学习实践活动,为各成员单位购买学习书籍120套,为各民主党派、无党派代表人士700余人编印了专题学习笔记本。协调在嘉峪关日报开辟专栏,刊发学习心得体会。先后召开交流座谈会4次。依托省、市社会主义学院,分层分批对全市各民主党派领导班子成员、骨干成员和新发展成员进行了不少于1周的培训。指导各民主党派基层支部完成了换届,协调解决了6个民主党派市级组织办公用房和会议室,统一配备了办公设施。

【党外知识分子和党外代表人士队伍工作】针对全市党外知识分子较多,主要分布在文化、教育、卫生等行业的特点,及时和这些行业主管部门联系,了解掌握党外知识分子的思想、工作状况,注重发现培养有影响的代表人士,不断探索做好党外知识分子工作的新措施。同时,以党外知识分子联谊会为平台,积极吸纳各方面的优秀知识分子,建立城市社区、农村学校等实践锻炼基地,努力为党外知识分子发挥作用创造条件。积极做好新群体的团结引导工作,组织力量对全市新群体人员数量、知识结构、行业分布以及作用发挥等情况进行了全面的摸底了解,分别建立了基本情况底册,重点做好代表性人士沟通协调和引导工作。坚持多种途径,选拔使用党外干部,全市党外县处级干部占全市县处级干部总数的5.5%,政府工作部门配备党外县处级干部的占到46%。

【民族宗教工作】学习贯彻中央、省上关于做好新形势下民族工作的意见和民族工作会议精神,全面落实城市民族工作,牢牢把握民族宗教工作的正确方向。健全了市、区、镇(社区)三级民族宗教工作网络,形成了党委统一领导、有关部门各司其职、密切配合、通力协作的民族宗教工作大格局。开展第十二个民族团结进步宣传月活动,举办了"五月的鲜花"——嘉峪关市第二届少数民族歌舞晚会。5月份,市委召开了第五次全市民族团结进步表彰大会，对10个模范集体和20个先进个人进行表彰奖励。加大民族宗教干部和教职人员培训，先后依托兰州伊斯兰教经学院、省社院、中南民族大学，举办了三期市、区、社区民族宗教分管领导、专兼职干部、宗教团体负责人、宗教教职人员等87人参加的民族宗教政策法规培训。指导加强清真市场监管，维护了清真食品市场秩序。依法管理宗教事务，出台了《关于加强伊斯兰教工作的实施意见》。调处民族领域矛盾纠纷事件11起，调处率100%。坚持民族宗教工作协调会议制度，研究解决民族宗教领域问题，做到了保护合法、制止非法、遏制极端、抵御渗透、打击犯罪，维护了宗教领域和谐稳定。先后协调解决了宗教场所绿化苗木、水费减免、地坪硬化以及门前乱停乱放、环境卫生治理等问题，赢得了宗教界人士和信教群众的好评。

【非公有制经济领域统战工作】组织开展全市非公有制经济人士理想信念教育实践活动，把开展理想信念教育同引导非公有制经济适应发展新常态、推进非公有制企业法治文化和诚信文化建设相结合，教育广大非公有制经济人士牢固树立守法诚信意识，提高诚信立业、依法治企、守法经营、创新发展的能力和水平。组织工商联专(兼)职副主席及执、常委、部分会员参加省工商联“适应新形势，把握新机遇”培训班，在革命圣地井冈山举办了理想信念教育现场教学。11月组织非公有制经济人士参加了省非公企业负责人管理创新能力提升千人培训班和省委统战部在厦门大学举办的非公经济人士高级研修班。通过辅导报告、座谈、学习交流、实践观摩等形式，推动教育实践活动取得实效。建立了非公有制经济代表人士综合评价体系，通过对非公有制经济代表人士在参政议政、市场信用、纳税信用、环境保护、安全生产、遵纪守法等方面的综合评价，为他们在融资贷款、考核鉴定以及政治安排上提供必要依据。

【台、侨和社区统战工作】贯彻落实中央、省委对台工作会议精神，努力拓宽渠道，加强对台交流交往。及时掌握我市每月因公、因私赴台人数，对全市今年近600名赴台人员中的24名应邀赴台人员进行了审查，并做了行前教育和归后总结。热情接待了“台湾辜金良文化基金会”“台湾少数民族基层人士甘肃行”等重要参访团体。充分发挥侨联组织作用，加强沟通联谊，开展“送温暖献爱心”活动，提升服务水平。结合社会管理创新，对社区统战工作进行了积极探索和实践。社区建立了统战数据库，搭建了社区学习教育、建言献策、服务社会、化解矛盾、信息管理“五大工作平台”，形成了社区党委统一领导、统战干部组织协调、社区群众积极参与的纵向到底、横向到边、纵横交错的工作网络。

【援藏工作】落实省委、省政府援藏工作任务分解表，积极做好对口帮扶甘南州玛曲县工作。2015年共帮扶资金600万元，举办乡、村、组干部培训班二期，培训110人。截至2015年，第一个五年帮扶任务已圆满完成。

【自身建设】坚持把理论学习摆在班子建设的首要位置，严格落实支部学习制度，全年集中学习12次，研讨6次。始终坚持把党风廉政建设工作纳入领导班子的议事日程，严格落实“3783”主体责任体系。坚持贯彻落实民主集中制，结合“三严三实”专题教育，组织开好领导班子专题民主生活会和组织生活会。执行《党政机关厉行节约反对浪费条例》，严格落实公务接待、公车管理等制度，坚持勤俭办一切事务。加强作风建设，以“效能风暴”行动为契机，围绕“效能风暴”行动工作重点，不断改进工作作风。坚持抓好“工作落实年”活动，及时完成市委部署的年度重点工作任务。认真做好民主法制领域深化改革领导小组办公室工作，制定了工作要点和改革方案，督促、协调推进改革任务的落实。加强统战干部教育管理，积极组织统战干部参加省市组织的各类培训，强化统战干部思想教育和政策理论学习，不断提升统战干部思想境界和能力水平。抓好党员的教育管理，建立健全党员学习和管理制度。组织开展了“党在我心中，永远跟党走”迎“七一”党支部系列活动，激励党员干部的工作热情和创新能力。

（贺兴峰）

政法工作

【机构设置与人员编制】中共嘉峪关市委政法委员会是市委领导政法工作的职能部门，与市社会管理综合治理委员会办公室和市社会治理局合署办公,挂市委610办和市维稳办两块牌子。负责领导和推动政法部门贯彻落实中央、省、市方针政策,统一政法各部门思想和行动。负责维护社会政治大局和谐稳定,深化平安建设,落实社会治理等各项工作。办理市委、市政府交办的其他有关事项。2015年机关内设办公室、综合治理协调指导科、执法督导科、610办、维稳办(其中市社会治理局下设办公室、业务科、规划科)等共计8个科室。共有编制23名,其中行政编制19名,后勤事业编制4名。

【政法工作综述】2015年,全市政法综治以建设"平安中国示范区"为目标,以维护全市人民群众利益为根本,不断深化"平安嘉峪关"建设,创新社会治理,完善防控体系,进一步提高政法工作的水平和成效,使依法治市战略得到更好实施,社会大局更加和谐稳定,社会公平正义得到更好体现,群众安全感满意度更加增强,为全市经济社会改革发展创造了良好的环境。2015年,全市群众公共安全感和满意度测评继续位居全省前列,得到了各级领导的肯定,连续第五年被省委、省政府授予"全省综治(平安建设)工作优秀地区",并被授予"2015年度甘肃省防范处理邪教工作先进地区""2015年全省执行禁毒责任书'综合奖'"。

【平安建设】始终坚持把平安嘉峪关建设放在"四个全面"战略布局中谋划推进落实,坚持把综治(平安建设)与促进经济社会转型发展同研究、同部署、同检查、同落实。相继召开全市政法、综治(平安建设)等工作会议,认真研究、统筹谋划政法综治工作,印发了《中共嘉峪关市委关于全面推进依法治市的实施意见》《嘉峪关市2015年政法综治工作要点和任务分工》等一系列文件和实施方案,围绕"3877"平安建设工程,及时安排部署社会治安综合治理、维护社会稳定、打击防范处理邪教、执法司法监督、社会治理创新、深化平安建设等任务,为顺利推进政法综治工作奠定了基础。与各区、酒钢(集团)公司等相关单位签订了《2015年政法综治目标责任书》,将综治(平安建设)各项任务层层分解到具体部门和单位,进一步健全完善各级综治组织机构和工作机制,明确责任分工和任务目标。进一步完善体制机制,提高创建标准,创新活动内容,强化工作指导,制定了《2015年加强"平安和谐细胞"工程创建工作方案》,在全市开展"零命案区、零发案社区(村)"创建活动,分级排出发案高的重点区域场所,紧盯易激化矛盾纠纷的排查化解,有效预防减少"民转刑""刑转命"案件,命案同比下降了50%,促进了平安建设法治化科学化,提高了平安建设质量和水平。

【社会治理创新】市委、市政府连续四年坚持将80%以上财政收入用于民生和平安建设项目,将社区服务中心建设纳入社会治理重点项目和年度政府惠民实事,按照"4+30+13"的思路和目标("4"即社会治理服务、城乡一体服务、社会矛盾调解、居家养老服务四大中心;"30"即30个新型城市社区;"13"即13个新型农村社区),通过社会治理项目建设打造平安建设和社会治理服务平台,进一步筑牢社会治理基层基础,提升社会治理能力。四年来累计投资近3亿元,建成了四大中心和33个标准化城乡社区服务中心,新型社区建成率达到80%以上,计划于2016年完成全部社区建设任务。同时,加快社会信用体系建设,建设嘉峪关社会信用网,目前,社会信用信息共享交换平台项目建设基本完成,计划年底挂牌成立市社会信用服务中心。坚持从改革体制机制着手创新治理方式,在建成四大中心、设立专门机构、配齐人员力量的基础上,成立了社会治理局,构建了以创新社会治理为核心,市级政法综治部门、社会治理局、四大中心、各基层社区分层分领域负责,社区企事业单位、社会组织等多元主体共同参与的治理格局,形成"一核六部、多元共治"良好局面,为推进社会治理精细化提供了保障。以多元参与治理,让社会、群众共享治理成果为目标,切实加强公共服务。基层社区各服务中心设立综合服务大厅和文化娱乐等20余项便民服务场所,集中实行事务"一门办理",开设道德讲堂、艺术画廊,青少年"第二课堂"、心理咨询室、假期学校等个性化服务,辖区居民不出15分钟便可方便获取各种便民服务,提高了群众生产生活的便捷性。推进营运车辆内部视频监控和出租车GPS定位与安全报警系统建设,通过广播电台实时播报路况信息和综合信息,切实把社区服务中心和四大中心打造为社会治理的服务平台，让人民群众享受社会治理成果。

【治安防控体系】把立体化治安防控体系建设作为维护稳定、保障安全的重要抓手，制定出台《嘉峪关市关于加强社会防控体系建设的实施意见》和《嘉峪关市深化巡防工作实施方案》，加强防控体系和巡防网络建设。将开展重点打击作为强化治安防控的有效手段，因地制宜开展打黑除恶、治爆缉枪、扫黄禁毒、防暴反恐和打击“两抢一盗”、网信诈骗等专项行动。针对4个省级、3个市级、3个县（区）级督办治安重点突出问题，下发了社会治安重点地区排查整治工作办法及警示挂牌督办制度，对城乡接合部、棚户区、出租房屋、人员复杂场所、工业园区、规模企业周边等先后开展了12次清理排查和集中整治。把细化网格、完善管理、强化防范作为防控体系建设的重要内容，制定印发了《在全市基层社区深入推进网格化管理的指导意见》，在市级层面建立了由市综治办牵头负责、各部门协调联动的网格化管理指导机构，各区、城乡社区综治办依托社区标准化服务中心建立网格化服务管理中心。认真开展各类矛盾纠纷排查调处，消除安全稳定隐患，坚持每月召开工作协调会，完善市、区、社区三级调解网络，坚持一般性纠纷经常排查，难点热点矛盾集中排查，重大矛盾纠纷重点排查的“三排查”机制。积极推进基本公共服务均等化，落实流动人口市民化待遇，设立市流动人口服务管理中心，在流动人口集中区域建立了流动人口大院，增强外来人员归属感。将维护公共安全作为立体化治安防控的主要目标，强化防控措施，化解各类风险，严密防范公共安全事故发生。综治信息平台于上年年底顺利建成并投入使用，三区、三镇和全市城乡社区利用政务专网开通了PC终端，与电信公司合作开通了500余名综治专干手机终端，目前完成网格化管理、人口信息、特殊人群、事项传输处理等数据库和功能模块的建设，系统运营良好，其他扩张应用模块正在建设中。

【维护社会稳定】始终将维护国家安全和社会大局稳定作为政法综治工作首要职责任务。全力防范和抵御“颜色革命”，密切关注“民运”势力和重点人员活动动向，加强对“同城饭醉”活动等非法政治组织的侦查调查和防范打击，防止境内外敌对势力煽动发起快闪、街头举牌等“街头政治”活动和非法聚集活动，在重要会议和节假日等敏感节点期，坚持提早部署，落实责任，盯死看牢。始终把社会稳定风险评估作为重大事项出台、立项审批前的刚性前置程序，坚持在决策前进行经济社会效益和社会稳定风险“双评估”。制定《嘉峪关市重大事项社会稳定风险评估示范区创建活动方案》，调整了市社会稳定风险评估领导小组，建立了嘉峪关市社会稳定风险评估专家库，重大事项实行专家评估。根据维稳形势任务需要，按照适应实战、服务实战的要求，组建了以公安特警、交巡警等专门力量为主的100人左右的专业应急处突队伍，健全完善指挥机制和工作预案，组织开展了反恐防暴综合演练。加强情报研判和信息管控，严防各种势力在网上勾结串联、煽动滋事，及时妥善应对敏感案（事）件，获取网络预警信息5起，及时回应网上谣言3起，有效管控了网络舆情。

【监督检查】通过重点案件抽查、协调核查、部门复查等方式，对2014年以来程序已终结的案件进行了全面评查，一类案件占评查总数的95.3%，二类案件占4.7%，没有三类案件。制定了《嘉峪关市2015年司法体制改革要点》，明确了改革任务和目标。积极引导信访群众理性维权，严格执行信访接待工作制度，加强了十二个基层检察联络室力量，开通了网上信访系统和远程接访视频，设立了接访大厅法律免费咨询窗口，进一步创新了方式方法，“阳光信访”得以有效落实。

【队伍建设】继续加强政法干警社会主义法治理念教育，不断深化社会主义核心价值观，引导干警进一步坚定理想信念，打牢政法队伍听党指挥、忠诚为民、廉洁公正的思想基础，确保政法队伍立场坚定、勇于担当、秉公执法。牢牢坚持党对政法工作的绝对领导，依法建立《嘉峪关市委政法委重大决策议事办法》和《嘉峪关市委政法委民情民意收集反馈制度》，使决策过程更加细致规范。按程序经常向市委汇报政法工作情况，特别是对一些重大问题做到第一时间汇报，并提出合理意见，对省委政法委和市委交办的工作任务不折不扣坚决按要求完成。持续加强对政法各部门领导和干警的党性教育，在思想上始终与党中央保持高度一致，通过在机关和政法各部门开展经常性的政治教育和业务培训，有效领导协调政法系统各部门发挥职能作用，维护了政法队伍的整体形象和司法权威。

（成　昊）

机构编制工作

【机构设置与人员编制】嘉峪关市机构编制委员会办公室（挂市事业单位登记管理局）是嘉峪关市机构编制委员会的常设办事机构，既是市委的工作机构，又是市政府的工作机构，是市委、市政府主管行政管理体制、机构改革和机构编制管理的职能部门。2015 年办公室设综合科、编制管理科、监督检查科、信息统计科、行政审批制度改革科、事业单位登记管理科 6 个内设机构，核定行政编制 11 名（含军转干部编制 5 名），机关后勤事业编制 1 名。其中主任 1 名、副主任 2 名（1 名兼事业单位登记管理局局长），科级干部职数 6 名。实有人员10 人。

【行政审批制度改革】做好行政审批事项"接、管、服"工作，进一步加大简政放权力度。按照省政府公布决定取消调整和下放行政审批项目等事项的决定，对政府工作部门及在嘉单位的行政审批项目等事项进行了全面清理和承接落实。截至年底，市政府部门共取消行政审批项目 62 项，保留行政审批项目 256 项，减幅达到 10%；市政府部门保留备案制项目 86 项。根据省审改办关于清理非行政许可审批事项要求，全部取消了我市 37 项非行政许可审批项目。出台了《关于规范市政府部门行政审批行为改进行政审批有关工作的通知》、《2015 年推进简政放权放管结合转变政府职能工作方案》、《关于成立市政府推进职能转变协调小组的通知》和《清理规范行政审批中介服务工作实施方案》等文件，不断规范行政审批行为，切实加强后续监管。扎实推进建立权责清单工作，厘定全市 45 个部门共 3925 项行政权力事项，分别提交市政府常务会议和市委常委会议审议通过后，在甘肃政务服务网向社会予以公布。完成了对 32 个政府工作部门共 249 项行政许可权力事项流程图（细项）的梳理和审核工作，并提交甘肃政务服务网项目组加载发布。

【政府职能转变和机构改革】全面落实《政府职能转变和机构改革方案》，巩固和深化统一市场监管和综合执法"两项试点"改革成果，由市编办牵头，在组织相关部门做好涉改部门编制和实有人员划转等后续工作的同时，对新一轮政府机构改革进行全面总结和"回头看"，研究和协调解决"三定"规定实施中遇到的有关问题。深化行政执法体制改革，按照中央编办和省编办要求，对全市执法机构进行了全面清理摸底。深化综合执法试点改革，在整合城市管理执法资源组建市综合执法局的基础上，对专业性较强、暂时不能纳入综合执法领域的执法机构，按照"一个部门组建一支执法队伍、统一对外履行执法职责"的原则推进组建部门专业执法队伍，努力减少层级、整合队伍、提高效率。巩固和加强社会治理创新成果，在将社会治理局列入政府工作部门的同时，赋予城乡一体化服务中心社会信用和流动人口服务管理职责。根据新常态下纪检监察体制改革的需要，积极开展纪检监察派驻制体制管理探索，对市纪检监察机关内设机构进行了优化调整。组建市不动产登记管理局和不动产登记事务中心，单设了市房地产交易所，完成了不动产统一登记职责整合和机构组建工作。切实加强宣传思想文化工作建设，对嘉峪关广播电视台内设机构进行了优化调整。按照"撤一建一"和"多撤少建"的原则，对全市安全生产监管机构进行了调整和加强，进一步健全了市、区、镇三级监管链条。积极支持教育事业发展，集中对教育系统档案管理、校园安全、内部机构设置等全面进行了优化调整。

【分类推进事业单位改革】结合推动政府向社会组织转移职能的要求，积极推进事业单位分类改革。根据省上的统一安排部署，坚持政事分开、事企分开、实事求是、分类指导的原则，结合嘉峪关市事业单位实际，完成了对全市 358 家事业单位的分类任务，其中市动物卫生监督所、市地方海事处等 5 家单位确定为承担行政职能的事业单位，并上报省编办备案；从事公益服务类事业单位划分 323 家，具体划分为公益一类 293 家，公益二类

30家;暂未划分类别的事业单位24家;未纳入分类的协会学会6家。积极探索开展事业单位法人治理结构试点前期准备工作，按省上要求初步筛选出市图书馆和市实验小学两家条件较好的事业单位作为法人治理结构试点单位。

【机构编制管理】严格落实“两个只减不增”要求，制定并严格落实全市《控编减编工作方案》,严控机构编制增长。加大动态调剂力度,优化全市机构编制资源配置。为加强公安派出所建设、解决基层警力不足的问题，为市公安局补充基层公安干警121名。在全市编制十分紧缺的条件下,妥善安置“三支一扶和西部计划”项目人员21名。不断完善机构编制实名制管理,2015年新入编70人、出编160人,调整人员编制246人次。继续完善事业单位登记管理制度，改革事业单位开办资金登记制度,取消开办资金验资程序,实行上级主管部门开具《开办资金确认证明》确认登记制和事业单位法人年度报告公示制度，不断提高登记管理工作实效。2015年共新设立登记法人事业单位5家,变更登记67家,注销登记3家,换发新证170家;年度报告公示法人事业单位167家。继续推行由市财政一次性拨付专项资金缴纳全市中文域名注册费的方式，全面做好中文域名注册和网上名称管理工作，完成了2015至2017年对全市现有352个域名的续费及54个新增域名的申请缴费工作，被国家政务和公益机构域名注册管理中心授予“工作成效奖”。进一步加大监督检查力度,对新组建的涉改部门落实“三定”规定执行情况、十余家行政审批制度改革任务较重的部门，围绕“简政放权、放管结合、优化服务”的重点内容,开展了专项督查，对个别单位存在的突出问题进行了整改落实。

【自身建设】强化理论武装,组织党员干部系统学习十八届三中、四中、五中全会和习近平总书记系列重要讲话精神,认真研读新观点,全面把握新要求,深刻领会新论述,做到读懂、学深、悟透。开展“三严三实”专题教育,通过“突出一条主线”深化学习、“用好两面镜子”加强教育、“紧扣三个针对”查摆解决问题,组织开展三个专题研讨,聚焦教育主题、突出问题导向、体现从严要求、务求取得实效，把专题教育整改与工作落实年和教育实践活动后续整改结合起来，在持续推进作风建设上下功夫,确保把专题教育各项工作抓实在、抓到位。切实加强对全办干部在德、能、勤、绩、廉等方面的日常考核与管理,2015年交流科级干部1名、接收基层服务项目人员1名，有1名副科级干部按组织程序提拔转正,1名干部按期转为中共正式党员,全办队伍建设进一步加强。推进联村联户、效能风暴和先锋引领行动,切实加强作风建设。全面贯彻落实党风廉政建设“3783”主体责任体系，认真贯彻落实中央、省、市关于党风廉政建设的决策部署,加大教育防范、制度约束、规范管理、监督制约力度。严格执行中央“八项规定”、省委“双十条”和市委“七项规定”,修订完善了内部规章制度，规范机关管理。加强理论研究和宣传报道工作,结合全年重点工作,加强调查研究工作的前瞻性、针对性、指导性,解决全市机构编制工作中存在的突出问题和薄弱环节。充分利用门户网站、新闻媒体及时宣传机构编制工作动态，努力营造良好的舆论宣传氛围。2015年撰写调研报告和理论文章15篇,其中1篇获中央编办“接地气、一招鲜、见实效”创新做法征集活动优秀奖,3篇在《甘肃机构与编制》刊载;在中国机构编制网、嘉峪关机构编制网、嘉峪关日报等媒体刊登机构编制工作信息30余篇。

(韩军斌)

市直机关党的工作

【机构设置与人员编制】市直机关工委是市委的派出机构,主要职能是负责规划、指导市直机关党的建设工作。2015年共有人员5人,设组宣科、办公室两个职能科室。

【基础组织和党员队伍】2015年年末，市直机关工委有57个直属基层党组织，其中机关党委2个,党总支21个,直属机关党支部34个;共有党员2337名(女834名),其中在职党员1883人,占党员总数的80.57%;离退休党员411人,占党员总数的17.59%。

【思想政治建设】组织党员干部深入学习贯彻党的十八大、十八届三中、四中、五中全会精神,学习习近平总书记系列重要讲话精神，引导党员干部读原著、学原文、悟原理，用中国特色社会主义理论体系的最新成果武装党员干部，补足精神之钙，固化思想之元，坚持正确政治方向，坚定信仰信念。充分利用《雄关信息》《组工信息》《机关党建》等渠道，宣传先进典型，宣传机关党建工作的好经验、好做法和新动态、新成果。2015年编发《机关党建》简报和“三严三实”专题教育简报17期，向相关部门报送党建信息30余条，形成调研论文3篇。

【基层党组织建设】结合“三严三实”专题教育，指导基层党组织负责人积极开展领导干部上党课活动，指导基层党支部认真召开专题组织生活会和民主评议党员大会，加强对党员的教育管理。严格落实《细则》要求，规范发展党员程序，建立入党积极分子和发展对象信息库。2015年共发展党员57人，预备党员转正52人，转入党员113名，转出党员264名，内部转移党员57名，处理不合格党员1名。把按期换届作为机关基层党组织建设的重点工作，狠抓基层党组织班子建设，2015年督促指导20个基层党组织完成了换届选举及书记改选工作，撤销党组织4个，新成立党总支1个。根据党建工作新要求把加强党组织建设、落实机关党组织九项职责和机关纪委五项职责及执行机关党的组织生活制度等情况纳入机关党建考核体系，完善考核机制，明确党建基础性工作考核指标10余项，重点工作考核指标10余项，把党建工作的“软任务”变成了“硬指标”。制定《机关党建工作规程》(试行)、《年度党建工作考核细则》等制度，指导各基层党组织依据本单位基本职能，围绕从严治党新要求，完善机关各项党建工作制度，从制度上保证机关党组织建设的规范化。指导基层党组织建立便捷服务、便利活动、便于议事的党建活动中心，开辟廉政文化长廊、党务公开栏，保障活动经费，使党组织活动经常化、制度化。2015年共有市司法局党总支等10个基层党组织新建或更新党建活动室及活动配套设施，不断加强了阵地建设，夯实了党建基础。

【先锋引领行动】通过创建学习型、服务型、创新型党组织活动培育先进党组织，通过目标责任制考核和晋位升级活动选树先进党组织；通过党建基础工作和党员承诺践诺活动发掘优秀党务工作者和优秀共产党员；通过党建观摩交流、表彰会、报告会、座谈会等形式，积极宣传推广先进典型，注重用身边人、身边事激励、鞭策广大党员干部。2015年共表彰先进基层党组织15个，优秀党务工作者15名，优秀共产党员42名，评选机关党建示范点5个，共产党员示范岗10个，5个基层党组织被选树为全市基层党建观摩点。深化廉政文化进机关活动，2015年共命名了2个廉政文化建设优秀单位，5个勤政廉政模范科室，5个廉洁自律示范岗，强化了廉洁从政意识，有效发挥了示范引领作用。

【效能风暴行动】印发了《嘉峪关市2015年度效能风暴行动民主评议机关作风和政风行风实施方案》。筛选聘任了45名评议代表，根据全市93个部门、单位的工作职能和行业特点，对评议内容进行细化，在全市扎实开展了民主评议机关作风和政风行风工作，各参评单位2015年度效能风暴行动民主评议机关作风和政风行风工作取得了实实在在的成效。

【党风廉政建设】牢固树立作风建设永远在路上的思想，扎实开展“三严三实”专题教育，全面整治“四风”问题，整改落实率达到100%，主体责任和监督责任落实到位。牵头开展全市“慵懒散软”专项整治活动和“两好两促”专项行动，坚决整治党员干部能力不强、作为不足、效率低下、作风漂浮等问题，着力提高党员干部学法知法懂法用法的水平。

【开展庆祝建党94周年系列活动】通过在“七一”期间召开表彰会、走访慰问老党员、党组织互动、党员结对、重温入党誓词等形式多样、内容丰富的活动，进一步增强党组织的凝聚力，强化了广大党员干部的宗旨观念和服务意识；通过开展工委系统“三严三实”主题演讲比赛、举办第四届羽毛球比赛等活动，充分激发了广大党员干部的工作热情和活力；通过开展“三八”妇女节、“五一”劳动节、“五四”青年节、学雷锋纪念日等主题日纪念活动，营造了积极向上的机关工作氛围。

(柳芳琴)

党校工作

【机构设置与人员编制】市委党校实行校委会领导体制，下设办公室、教务科、理论培训科、理论研究室、党史党建教研室、经济管理教研室、政治法律教研室、科技文史教研室等8个科室。市编委核定党校编制28名。现有工作人员36名，实行分类管理，其中参照《公务员法》管理人员12名，专业技术人员21名，进村进社人员3名。在参照《公务员法》管理人员中，正县(处)级1名，副县(处)级3名，科级7名，工勤1名；在专业技术人员中，教授1名，副教授11名，讲师6名，馆员2名，助教1名。

【干部培训工作】2015年，市委党校（市行政学院、市社会主义学院）共举办各类培训、轮训班34期，培训、轮训各类人员3385人(次)。举办的班次主要有：中青年干部培训班1期30人；科级干部进修班4期170人；共青团干部培训班2期109人；工会干部培训班2期166人；妇女干部培训班2期100人；入党积极分子培训班2期171人；基层党组织书记培训班7期482人；甘南玛曲县基层干部培训班2期110人；机关选派优秀干部到村任第一书记、大学生村干部岗前培训班1期27人；党务干部培训班1期185人；机关事业单位工勤岗位技能培训班1期131人；专业技术人员继续教育培训班9期1704人。下半年，党校(院)创新了培训形式，拓展了教学途径。中青班和科干班增加了异地培训，共有3期班次111人赴中国井冈山干部学院参加异地培训，进行党性教育；首次在主体班开展军训，组织第14期中青班和第61期科干班的70名学员进行了为期3天的军事训练。除此以外，党校(院)将场地外借给其他单位举办消防知识讲座、三严三实专题教育党课等各类培训及组织笔试面试等约20次，接待人员达2000余人次；承担全省领导干部“富民兴陇”系列讲座12期，接待收听讲座的全市副处级及以上领导干部约3000人次。

【科研工作】年初组建了嘉峪关市委党校学术委员会，强化对党校科研工作的指导；在借鉴和参考兄弟院校科研管理经验的基础上，完善了《市委党校科研奖励办法》，加大对科研的奖励力度；紧密围绕全市改革发展中的重大现实问题、战略问题和前沿性问题，提出了涉及文明城市建设、社区建设、基层党组织建设、在丝路经济带中的作用和文化产业的发展6个课题，为市委市政府决策提供咨询参考；及时收集信息，鼓励教研人员参与承接省委宣传部、省委党校、省法学会、省社会主义学院、市委宣传部、市纪委、市科协等单位的调研课题，丰富研究领域，为以后的教学积累素材，其中1项课题入选省委党校2015年重点课题。

党校(院)将参加全省党校和行政学院系统教学比赛作为教师学习和交流的重要平台，既能学习系统内兄弟院校教师的教学方法和授课艺术，又能展现本校教师风采和教学水平，为深化教学改革积累有益经验。在5月底举行的全省党校系统第三届优秀教学比赛中，选派的3名参赛教师分获一、二、三等奖各1项，我校(院)获得省委党校颁发的“优秀组织奖”。组织教师参加了全省行政学院系统第四届优秀科研成果评选，获得二等奖2项。

党校(院)成功举办了2015年度新专题开发暨教学竞赛，并在教学竞赛结束后及时召开了总结会。共有18位教师参加了教学竞赛，以教学竞赛的形式将本年度开发的新专题进行了公开交流，新开发的18个新专题将补充完善教学专题库，通过教学竞赛达到了以竞促学、以赛促教的目的。（郭宪波）

老干部工作

【机构设置及人员编制】市委老干部局和市关心下一代工作委员会办公室合署办公，内设局办公室、业务科、宣教科、关工办综合科4个科室。下设市老年大学和市老干部活动中心两个事业单位。2015年底共有正式人员14人，其中行政编制6人，参公编制3人，事业编制3人，工勤2人。另有进村进社3人。

【老干部政治待遇落实工作】截至2015年年末，市委老干部局服务管理的离休和退休处级及以上老干部共333人，其中离休31人；退休302人。无固定收入的离休干部遗属25人。举办了2015年老干部迎春联谊会，配合完成了市领导走访老干部工作。全年2次走访了离休干部和无固定收入离休干部遗属。加强工作指导，与组织部联合下发了《2015年全市老干部工作要点》。注重政治学习，全年组织老干部政治学习15次。落实参观考察制度，先后组织老干部参观了方特欢乐世界、新城苗圃农业项目和张掖民乐扁都口等地。承办了全市离退休干部"三先"表彰大会，发放了老干部局编印的反映全市发展变化的《雄关印迹》画册。承办了全市纪念抗日战争暨世界反法西斯战争胜利70周年"民族魂"文艺演出。落实情况通报制度，全年共通报2次。落实阅文制度，完善老干部图书阅览室和绿色网吧，共编印《嘉峪关老干部工作》12期。

【离退休干部思想政治工作】及时足额落实离退休费、医疗费和报刊费。完成了年度老干部体检。帮扶了14名困难离休干部及遗属。走访慰问了异地居住的12名老干部。探望了住院老干部44人，与原单位共同帮助办理8名老干部后事。将全市离休干部全部纳入居家养老A3类服务范围，为每位无固定收入离休干部遗属发放300元/人/月的门诊医疗费补贴。坚持每周五及节假日为老干部发送健康保健、节日慰问等信息。

【全市关心下一代工作】选树10个示范性基层关工委，做好标准化基层关工委建设工作。在全市11所中学开展青少年法制宣传图片展览活动，观看学生达到2.5万余人次。举办了全市小学生国学知识竞赛。持续开展了"五老"网吧监督工作。组织全市各级关工委建立贫困家庭学生、特殊家庭学生基础台账，针对贫困学生的不同情况开展帮扶。

【老年大学和老干部活动中心建设】老年大学规模和影响力不断扩大，新增了电子琴和二胡专业。举办了市老年大学第七届"艺术周"活动，开展了"与文明同行——做文明有礼老年大学学员"主题活动。参加了团市委庆"五·四"广场文艺演出和省委老干部局"纪念中国人民抗日战争暨世界反法西斯战争胜利70周年——全省老干部诗歌朗诵会"。配合文明办开展了6场次"全市道德模范事迹进乡镇、进社区、进学校巡演"，参加了重阳节到市福利院的慰问演出。活动中心建设不断加强，坚持周周有活动、月月有比赛，先后举办了麻将、乒乓球、象棋、双扣等比赛，重阳节前组织了老干部联谊会。

(张加林)

政策研究

【机构设置与人员编制】1991年8月，成立市委、市政府政策研究室。1994年，设县级干部职数1名，无科级职数。1996年和2001年机构改革中，为市委保留机构。2002年8月，设行政编制5名，其中处级干部职数2名，科级干部职数2名。2007年4月，设综合办公室，增加科级职数2名。2008年6月，市编委批准将政研室综合办公室更名为政研一科，同时增设政研二科，增加行政编制2名，其中科级干部职数1名。2012年10月，将政研一科更名为经济发展科，政研二科更名为社会发展科，增设党建研究科，增加行政编制2名，其中科级干部职数1名。2013年1月，取消经济发展科，将社会发展科更名为综合科，内设综合科和党建科2个科室，干部职数9人。2014年4月，设中共嘉峪关市委全面深化改革领导小组办公室（简称"市委改革办"），内设综合协调科和发展改革科2个科室，增加行政编制4名，其中设专职副主任1名，科级干部职数2名。市委政策研究室与市委改革办合署办公，两块牌子、一个机构。

【调查研究】市委政研室把调查研究作为做好决策服务的基础，利用《决策参考》平台，开展了调整优化产业结构、经济发展新常态、文化旅游融合发展、强化民生保障、加强基层党建、党风廉政建设等专题调研，2015年共编写决策参考63篇，为市委决策提供了前瞻性、针对性和服务性的意见建议。

【政策研究】结合全市加快经济社会率先转型发展的实际，按照市委、市政府要求，起草了《关于制定国民经济和社会发展第十三个五年规划的建议》《关于加强和改进党的群团工作的实施意见》《效能风暴行动民主评议机关作风和政风行风实施方案》等政策意见。根据中央和省委的部署要求，制定出台了《市委述职评议考核整改方案》《市委常委会"三严三实"专题学习研讨实施方案》《市委常委会完善学习制度》等制度规定。

【文稿服务】按照"严、细、实"的要求做好文稿服务,全年共完成各类文稿656余篇,以文辅政能力进一步提升。其中,完成市委主要领导在全委会、经济工作会、项目观摩、中心组学习、领导干部大会、全国和全省两会等相关会议上的讲话材料125篇;完成关于贯彻中纪委全会、双联大会、党风廉政自查等专项报告84篇;完成市委工作总结、工作要点、述职述廉报告、基层党组织述职评议报告等综合文稿319篇,紧扣"三严三实"学习教育,起草了《"三严三实"专题教育的实施方案》《嘉峪关市"三严三实"专题教育工作汇报》等文稿,保障了学习教育活动的顺利开展。

【外宣工作】加大外宣工作力度,组织撰写的《适应新常态 促进新发展》《全面深化改革纪实》《狠抓工作落实 推动转型跨越》等63余篇理论文章,在甘肃日报、甘肃工作交流等刊发,完成了《嘉峪关市循环经济发展研究》和《嘉峪关市深化改革和体制机制创新研究报告》等科技课题19万余字,有效提升了嘉峪关市对外知名度和影响力。

【深化改革工作】市委改革办负责处理市委全面深化改革领导小组日常事务,负责落实中央改革办、省委改革办和市委全面深化改革领导小组提出的有关工作要求,开展全市全面深化改革重大问题的政策研究。2015年市委改革办按照中央、省委和市委的部署,加强与省委改革办的沟通衔接,确定了全市七大领域28项重点改革任务,先后召开两次领导小组全体会议,全面安排部署各项改革工作。建立了信息联络员制度,健全了事项报告、举措共研、信息共享、情况交流和联席会议等制度,确保了各项改革协调有序推进。全年编印《改革动态》25篇,宣传全市推进旅游发展、教育改革、综合执法、市场监管、社会治理等方面的做法,7篇在省委《改革动态》上刊发交流,其中,发展党员全程纪实工作案例被中央改革办采纳刊发。 (顾艳梅)

党史研究

【机构设置与人员编制】市委党史研究室为参公管理的事业单位,隶属市委办公室,下设综合科,编制3人。

【党史研究工作】2015年,完成了《中国共产党嘉峪关历史》编纂大纲,共四编十七章,并通过省委党史研究室审核。完成了《中国共产党嘉峪关大事记(1965—2000)》初稿的编纂工作,共计50万字,3000多事条。坚持及时收集资料,认真编写月大事记。2015年共编写《中国共产党嘉峪关月大事记》12期,6万余字,涉及事条390余条。完成了《中国共产党嘉峪关大事记(2001—2013)》的发放工作,共向全市103家单位发放1600多册。按照市委办公室安排,完成了《嘉峪关市组织史(不确定对不对)资料(2007年5月—2012年5月)》的编写、嘉峪关市2014年党建工作概况及《嘉峪关市志(1978—2010)》中涉及市委及市委办公室内容的审读工作。按照省委党史研究室要求,认真审读了《中国共产党甘肃历史》第二卷,针对嘉峪关部分提出了修改意见。启动了《改革开放实录》第二批专题的提纲起草、资料征集和初稿编写工作。

(王轶婷)

保密工作

【机构设置与人员编制】市委保密委员会办公室(市国家保密局)下设保密科,编制2人。

【落实保密责任】市委、市政府高度重视保密工作,把保密工作列入重要议事日程,同经济社会发展各项工作同部署同安排。2015年3月12日,市委保密委员会召开全市保密工作会议,传达学习了省委常委、省委秘书长、省委保密委员会主任李建华和省委副秘书长、省委保密委副主任、省国家保密局局长李富的重要讲话,传达了全省保密工作会议精神。会议安排部署了全市2015年的保密工作,讨论通过了《中共嘉峪关市委保密委员会2015年工作要点》。参会的保密委成员单位及三区负责同志签订了2015年保密责任承诺书。

【保密管理工作】开展定密管理工作,提升定密管理水平。组织学习并严格落实《国家秘密定密管理暂行规定》,规范定密授权、定密责任人确定等重点工作。加强对各单位保密事项范围的学习和指导工作,确保每项国家秘密的确定都有据可查。对随意定密、该定密而不定密的情况进行了集中清理，针对部分没有法律依据和派生关系而随意定密的文件，要求办文单位依据有关法律法规重新准确定密。要求市委办、政府办等市直机关部门在发文中准确标注国家秘密标志，科学确定保密期限和知悉范围，推动定密管理更加规范。开展2014年度保密工作统计数据报送工作，对报送单位2014年产生的国家秘密事项进行分析指导，规范定密程序和定密内容，使国家秘密事项统计更加准确，各部门各单位的定密管理水平有所提高。

拓宽网络保密管理覆盖，严防网络失泄密情况发生。严格落实中办、国办关于《党政机关和涉密单位网络保密管理规定》，对市人民检察院、市纪委、市委组织部开展了在用涉密网络安全保密测评，对环境设施、人员配置、日常管理等方面存在的问题进行梳理并指导整改。对全市机关、单位互联网门户网站、社会网站和网络自媒体开展了专项保密检查，全年没有失泄密事件发生。

强化涉密人员管理，完善涉密人员管理模式。下发了《关于进一步加强涉密人员保密管理工作的意见》，明确涉密人员范围和管理方式，对涉密人员审查、培训、监管等多个方面提出具体要求。建立涉密人员管理台帐，掌握全市涉密人员数据，实现对涉密人员的动态管理。

为全国普通高考、国家司法考试等国家级考试提供保密保障，协调相关部门，考试前提出保密工作相关意见，考试中对考场进行远程视频巡视，确保试卷存放场所安全，考试安全保密顺利进行。

【保密宣传培训】抓好两识教育培训工作。充分利用党校和行政学院教育平台，在中青年干部培训班、科级干部进修班等主体班次开设保密教育课；在全市党政办公系统、公安系统、金融系统等单位进行了保密知识讲座；对新上岗民警、新入职干部进行入职保密教育，全年共培训各层次人员800余人次。组织全市82家单位共3654人参加了全省保密法律法规知识竞赛活动，各参赛单位积极准备、精心组织，知识竞赛活动在我市取得了较好的学习效果，在全市牢固树立了国家安全和保密法制观念，推动了《中华人民共和国保守国家秘密法》《中华人民共和国保守国家秘密法实施条例》及其相关法律法规的学习贯彻。

做好《保密工作》杂志征订工作，切实提高杂志的使用效率，将保密工作杂志征订与日常保密工作检查成绩挂钩，保证重点涉密单位领导和重点涉密岗位工作人员都能看到杂志并通过《保密工作》杂志了解国家保密工作相关法律法规、新知识、新应用，使宣传更具实效性和专业性。

【保密检查工作】5月5日—12日，对全市在用网络进行了分类核查汇总，梳理在用网络使用环境、工作性质和保密等级；配合省委保密办涉密网络分类核查检查组对市人民检察院、市委纪检委、市委组织部涉密网络建设情况进行指导检查。

根据省委保密办要求，于6月16日至7月14日在全市范围内对14家国有企业进行了保密管理专项检查工作。对保密工作领导责任制落实、保密制度建设、保密宣传教育培训、涉密人员管理、定密管理、国家秘密载体管理、计算机网络和办公自动化设备管理、保密要害部门部位管理、涉外工作保密管理等9个方面进行检查，向存在问题的企业提出整改意见，进一步提升市国家保密局的指导、监督和服务作用，不断推动国有企业保密管理系统化。

为确保抗战胜利70周年纪念活动顺利开展，防止纪念活动有关方案和工作安排泄露，根据省委保密办要求，于8月21日至8月27日针对全市各机关、单位互联网门户网站、社会网站和网络自媒体开展了专项保密检查。以对网站信息发布板块的在线检查、近期信息关键字检索和反复巡查网络论坛的方式，全面检查机关单位互联网门户网站47家，社会网站及自媒体9家，没有发现刊载有关涉密文件资料和严重违规、泄密的情况。组织社会网站及自媒体负责人进行现场约谈，口头传达紧急通知精神，加强信息发布的审核力度，把好审核关，针对部分论坛板块的敏感信息，尽快进行处置；根据《保密法》中规定的互联网运营商应尽义务，对社会网站和自媒体管理者进行保密教育，教授鉴别和处理涉密及敏感信息的方式方法；建立长效机制，把社会网站和自媒体纳入保密行政管理部门的指导和服务下，加强沟通联系，督促社会网站和自媒体严控涉密及敏感信息，防止泄密事件发生。

【保密法制建设】2015 年 3 月，参加全省涉密网络测评审批工作培训班，全面学习涉密网络测评审批流程和涉密网络建设系列标准。7 月，参加在嘉峪关市举办的中国保密协会年会，与多地领导和专家进行沟通交流，学习保密工作先进理念和经验。10—12 月，选派技术骨干参加国家保密局保密技术监督业务轮训，切实提升保密技术监管工作技能和实战能力。11 月，参加全省保密干部业务培训班，系统学习了保密管理、定密及涉密人员管理、保密法实施条例、网络信息安全与技术演示等业务知识，增强保密管理服务能力。12 月，参加全省涉密人员保密管理工作培训班，重点学习了《涉密人员保密管理指南》，细化涉密人员管理措施。

【信息化保密管理】利用现有保密管理安全平台，发挥平台管理能力，提高管理效率，增强移动存储介质管理系统的实用性，做到涉密计算机及移动存储介质管理有序。

运用 OSCOR-GREEN、DPA-7000、XM-3 等保密检查设备对市委各部门、市级国家机关重点区域、重要涉密场所进行了环境安全检测服务，切实做好安全防控，保障国家秘密安全。

涉密载体销毁中心服务作用充分发挥。2015 年初下发了《关于进一步加强涉密载体销毁管理的意见》，规定了涉密载体集中回收销毁的范围、程序和具体要求。一年来，共接收处理各类纸质文件资料 12.2 吨，销毁光盘、硬盘、U 盘、硒鼓等其他介质 3000 余件，为全市 40 余家党政机关、企事业单位、国有企业、金融机构提供 50 余次销毁服务，解决了机关、单位销毁难的问题。为区域内国防、军工等重点保密单位做好协调、保障服务，着力做好脱密设备尾处理、脱密废旧办公自动化设备回收、脱密硬盘及硒鼓拆解销毁等工作。

（林　楠）

嘉峪关市人民代表大会

人大代表

【市九届人大代表】嘉峪关市第九届人民代表大会代表名额经省人大常委会批准为 175 名。市九届人大四次会议召开前，实有代表 170 名。市九届人大四次会议以来，第四十二选区的代表胡晓丹因调离本行政区域，根据《中华人民共和国全国人民代表大会和地方各级人民代表大会代表法》四十九条之规定，代表资格自行终止。

第七十一选区的代表万雪明因身体原因，申请辞去人大代表职务。依照《中华人民共和国全国人民代表大会和地方各级人民代表大会代表法》有关规定，经 2015 年 9 月 29 日市九届人大常委会第二十五次会议通过，其代表资格终止。

第六十三选区的代表冯杰因严重违纪并涉嫌违法，根据《中华人民共和国全国人民代表大会和地方各级人民代表大会代表法》有关规定，2015 年 7 月 22 日，原选举单位市第六十三选区〔酒钢(集团)公司宏兴钢铁股份有限公司炼轧厂〕召开选民大会，依法罢免冯杰嘉峪关市九届人大代表职务。

第七十七选区的代表王铁成因严重违纪并涉嫌犯罪。2016 年 1 月 21 日，原选举单位市第七十七选区〔酒钢(集团)公司宏兴钢铁股份有限公司炼铁厂〕召开选民大会，依法罢免王铁成嘉峪关市九届人大代表职务。

2016 年 2 月 2 日至 3 日，第六十三选区、第七十七选区分别召开选民大会，补选陈春明、李忠科为市九届人大代表。市九届人大五次会议前，又有 4 名人大代表调离本行政区域，其代表资格终止。

至此，嘉峪关市第九届人民代表大会实有代表 164 名。

另选代表名单：

陈春明，男，1962 年 2 月出生，汉族，浙江宁波人，研究生学历，中共党员，1982 年 7 月参加工作。现任酒钢集团公司董事长、党委副书记，第六十三选区代表，代表证号：119。

李忠科，男，1962 年 10 月出生，汉族，甘肃白银人，大学本科学历，中共党员，1981 年 5 月参加工作。现任酒钢集团公司党委书记、副董事长，第七十七选区代表，代表证号：149。

【代表意见建议办理】市九届人大四次会议期间，共收到代表意见建议 106 件，闭会期间收到建议 3 件，先后共 109 件意见建议，全部交市政府办理。截至 10 月底，交办的会议期间的 106 件人大代表意见建议已全部答复代表。其中已经解决或基本解决的意见建议有 69 件，占意见建议总数的 65%；正在解决的意见建议有 30 件，占意见建议总数的 28%；因目前受政策和客观条件、管理权限等限制，待以后解决的意见建议有 7 件，占意见建议总数的 7%。闭会期间交办建议 3 件，自 8 月份交市政府办公室办理以来，已办结并答复代表。

7-10 月份，代表人事工委走访、电话征求代表意见 101 人(次)，对提建议的每名代表进行了回访，收到代表建议办理征询意见表 479 份，其中对意见建议办理结果表示满意的 469 份，占 98%；基本满意 10 份，占 2%。

代表大会

【九届人大五次会议】嘉峪关市第九届人民代表大会第五次会议于 2016 年 4 月 12 日至 14 日举行，会期两天半。会议共有九项议程：听取和审议嘉峪关市人民政府工作报告；审查和批准嘉峪关市国民经济和社会发展第十三个五年规划纲要草案；审查和批准嘉峪关市 2015 年国民经济和社会发展计划执行情况及 2016 年国民经济和社会发展计划草案的报告，批准 2016 年国民经济和社会发展计划；审查和批准嘉峪关市 2015 年财政预算执行情况及 2016 年市级财政预算草案的报告，批准 2016 年市级财政预算；听取和审议嘉峪关市人大常委会工作报告；听取和审议嘉峪关市中级人民法院工作报告；听取和审议嘉峪关市人民检察院工作报告；补选嘉峪关市第九届人民代表大会常务委员会主任、委员 2 名；决定嘉峪关市第九届人民代表大会各专门委员会设立及其组成人员的人选。

【九届人大五次会议预备会议】2016 年 4 月 11 日下午 17:00，市九届人大五次会议在市级机关会议中心 1 号会议室举行预备会议，出席预备会议的市人大代表 110 名，缺席 54 名，市人大常委会主任祁永安主持会议。会议听取了市人大常委会副主任、代表资格审查委员会主任委员李勇作的《关于代表变动情况和代表资格审查的报告》；通过了市九届人大五次会议议程、主席团和秘书长名单、议案审查委员会名单和关于议案提出和审议的若干规定；市人大常委会秘书长刘德胜宣读了市九届人大五次会议注意事项并作分团情况说明。

【九届人大五次会议第一次全体会议】2016 年 4 月 12 日下午 9:00，市九届人大五次会议在嘉峪关大剧院隆重开幕，会议应到代表 164 名，出席 117 名，缺席 47 名。主席团常务主席祁永安主持会议并宣布大会开幕。市长柳鹏作《政府工作报告》。报告回顾了过去五年的政府工作，明确了全市“十三五”经济社会发展的主要目标任务和 2016 年的重点工作。

过去的五年，市政府在省委、省政府和市委的坚强领导下，全面推进市第十次党代会确定的“工业强市、旅游带动、城乡统筹、生态立市、文化繁荣、民生优先、区域协作”七大战略，坚持稳中求进工作总基调，持续做好稳增长、调结构、促改革、惠民生各项工作，攻坚克难、开拓进取，经济社会发展取得显著成就，为在全省率先全面建成小康社会奠定了坚实的基础。

“十三五”全市经济社会发展的主要预期目标是：生产总值年均增长 8%，高于全省 0.5 个百分点；公共财政预算收入年均增长 7%左右，城乡居民人均可支配收入收入增长 7%和 8%；投资年均增长 12%，高于全省 2 个百分点。

2016 年全市经济社会发展主要预期目标是：生产总值增长 8%左右，工业增加值增长 5%左右，全社会固定资产投资增长 12%左右，社会消费零售总额增长 9%左右，公共财政预算收入增长 5%以上，城乡居民人均可支配收入增长 9%，居民消费价格总水平涨幅控制在 3%以内。围绕上述目标，重点做好四个方面的工作：一是推进产业结构调整，加快经济发展方式转变；二是加大改革创新力度，增强经济发展内生动力；三是统筹城乡协调发展，建设文明没威力和谐雄关；四是着力保障和改善民生，提高人民生活水平。

《嘉峪关市国民经济和社会发展第十三个五年规划纲要（草案）》《嘉峪关市2015年国民经济和社会发展计划执行情况及2016年国民经济和社会发展计划（草案）》的报告、《嘉峪关市2015年财政预算执行情况和2016年市级财政预算（草案）》的报告，以书面形式提请大会审议。

【九届人大五次会议第二次全体会议】2016年4月13日上午9:00，市九届人大五次会议在市级机关会议中心1号会议室举行第二次全体会议，会议应到代表164名，出席代表112名，缺席52名。会议由主席团常务主席冯彪主持。会议听取了市人大常委会主任祁永安作的《市人大常委会工作报告》、市中级人民法院院长茹作勋作的《市中级人民法院工作报告》和市人民检察院检察长丁霞敏作的《市人民检察院工作报告》。会议通过了本次大会选举办法。

市人大常委会工作报告回顾了2015年的工作。2015年，市人大常委会深入贯彻党的十八大及十八届三中、四中、五中全会精神和习近平总书记系列重要讲话精神，紧紧围绕“五位一体”总体布局和“四个全面”战略布局，牢牢把握新时期对人大工作的新要求，依法行使法定职权，着力推进工作创新，充分发挥了市人大及其常委会在促进经济社会平稳健康发展中的重要作用。紧紧围绕发展大局，不断加强和改进人大工作；依法履行各项职权，着力服务经济社会发展；充分发挥代表作用，做好联系服务代表工作；开展专题教育，进一步促进干部作风持续转变。报告提出了市人大常委会2016年的主要工作。

市中级人民法院工作报告回顾了过去一年的工作。2015年，市中级人民法院认真学习贯彻党的十八大和十八届四中、五中全会精神，坚持“司法为民公正司法”工作主线，以“三严三实”专题教育为契机，以“工作落实年”为抓手，狠抓队伍建设、深化审判管理、创新体制机制、认真履职尽责，较好地完成了全年的各项工作任务。坚持以执法办案为中心，全力服务经济社会发展；坚持以司法为民为宗旨，切实维护群众合法权益；坚持以改革创新为驱动，稳妥推进司法改革工作；坚持以信息技术为支撑，为审判执行提供物质保障；以提升素质为目标，全面加强队伍建设。报告还提出了市法院2016年的工作任务。

市人民检察院工作报告回顾了过去一年的工作。2015年，我市检察工作在市委和省检察院的领导下，在市人大及其常委会的监督下，在市政府、市政协及社会各界的支持下，以“工作落实年”和规范司法行为专项整治活动为抓手，围绕大局、忠实履职、各项工作取得了新的进展。履行法律监督职责，全力维护公平正义；运用监察职能，服务全市工作大局；加强自身监督，确保依法正确行使检察权；开展检察改革，努力促进司法公正；加强队伍建设，着力提升履职能力。报告还提出了市检察院2016年的工作任务。

【市九届人大五次会议第三次全体会议】2016年4月14日上午10:10，市九届人大五次会议在市级机关会议中心1号会议室举行第三次全体会议。本次全体会议由主席团常务主席张英主持。本次大会应到代表164名，实到123名，缺席41名，符合法定人数。

会议依法补选杨伟为嘉峪关市第九届人民代表大会常务委员会主任，张拴保、谢希政为嘉峪关市第九届人民代表大会常务委员会委员。会议宣读了《嘉峪关市第九届人民代表大会第五次会议公告》。

会议表决通过了《关于设立市九届人民代表大会法制委员会、财政经济委员会、教育科学文化卫生委员会的决定（草案）》《关于市九届人民代表大会各专门委员会组成人员人选表决办法（草案）》《市九届人民代表大会各专门委员会组成人员人选名单（草案）》《关于市人大常委会工作报告的决议》《关于市政府工作报告的决议》《关于“十三五”规划纲要的决议》《关于国民经济和社会发展计划报告的决议》《关于财政预算报告的决议》《关于市中级人民法院工作报告的决议》及《关于市人民检察院工作报告的决议》。议案审查委员会主任委员张英作了关于议案审查和处理意见的报告。会议期间，代表团和代表10人以上联名提出的议案4件、意见建议103件。议案审查委员会审查认为4件议案不符合议案条件，作为意见建议处理。确定本次人代会共有代表意见建议107件。

嘉峪关市第九届人民代表大会第五次会议在

圆满完成各项议程后胜利闭幕。会议号召，全市人民要在市委的坚强领导下，坚定信心，攻坚克难，开拓创新，真抓实干，为建设幸福美好嘉峪关、率先全面建成小康社会而努力奋斗！

常委会会议

【九届人大第二十一次常委会议】市九届人大常委会第二十一次会议于2015年3月24日在市级机关会议中心6号会议室举行。会议由市人大常委会主任祁永安主持。市人大常委会副主任冯彪、李勇、王克勤，秘书长刘德胜，委员曹天德、唐晓东、吴政华、左青云、孙俨玲、于建新、冯海荣、张昌红、王林、裴金、郑超出席会议。

副市长王万平，市政协副主席魏万林，市中级人民法院院长茹作勋，市人民检察院检察长丁霞敏，市人大常委会各部门负责人、市政府有关部门负责人。部分市人大代表应邀列席会议。团市委、市科协派员旁听会议。

会议审议通过了市人大常委会2015年工作要点。听取和审议了市中级人民法院院长茹作勋作的《市城区人民法院工作报告》、市人民检察院检察长丁霞敏作的《市城区人民检察院工作报告》。

会议进行了人事任免。市中级人民法院院长茹作勋作了《关于提请任命赵海燕同志职务的报告》。会议审议通过了以上报告，以无记名投票表决方式通过了任免事项。

通过任命：

赵海燕为市中级人民法院审判委员会委员。

【九届人大第二十二次常委会议】市九届人大常委会第二十二次会议于2016年5月22日在市级机关会议中心6号会议室举行。会议由市人大常委会主任祁永安主持。市人大常委会副主任冯彪、张英、王克勤，秘书长刘德胜，委员蒋志翔、曹天德、唐晓东、吴政华、左青云、于建新、李阳、郑超、王朝晖、蒲晓斌、冯海荣、王林、裴金出席会议。

市委常委、常务副市长杨伟，市政协副主席韩淑华，市中级人民法院院长茹作勋，市人民检察院检察长丁霞敏，市人大常委会各部门负责人、市政府有关部门负责人列席会议。部分市人大代表应邀列席会议。市总工会、工商联派员旁听了会议。

会议听取和审议了市旅游局局长陈学军受市政府委托作的《关于嘉峪关市旅游资源和旅游产品开发情况的报告》、市建设局局长侯金森受市政府委托作的《关于城市基础设施建设和维护工作情况的报告》，通过了《关于胡晓丹辞去嘉峪关市人大代表及委员职务的申请报告》，表决通过了《关于接受胡晓丹辞职的决定》。

关于全市旅游资源和旅游产品开发情况，会议建议：进步科学规划，准确定位全市旅游发展的基础，制定科学的整体建设规划，力求突出大思路、全局性、超前性、阶段性。加强规划实施管理力度，充分发挥旅游规划对旅游产品开发的指导作用。强化基础设施建设，做到新开发的景区景点道路通达、灯光明亮、标识明确、通讯畅通、环境整洁。深度挖掘关城的文化内涵，持续提升其美誉度；把方特欢乐世界打造成丝绸之路上的知名品牌。充分融合旅游资源，着力构建旅游精品线路，改变目前景点分散、产品单一的局面；加快智慧旅游公共服务平台建设，加快全市创建智慧旅游城市步伐。整合优化旅游资源，成立能够协调政府相关部门和旅游相关企业的专门机构，规范旅游行业管理；正确处理好政府和企业的关系，充分发挥政府主导、市场决定、经营者主体作用；加强与周边城市的合作，将本市的旅游资源优势与周边地区的资金、技术、市场、人才等优势形成互补联合。进一步抓好人才培养，积极落实引进高层次人才的优惠政策，依托方特欢乐园，做好本地人才的培养，通过学习他们先进的管理、营销、包装、文化理念，培养接地气的本土人才。继续加强导游队伍职业道德建设，优化导游队伍结构，转变服务理念，培养导游创新人才。

关于城市基础设施建设和维护工作情况，会议建议：坚持规划引领、民生优先、安全为重、机制创新、绿色优质的原则，顺应生态文明和规划、建设、管理“三统一”的趋势，提高我市智能化水平。全面推进建立城市基础设施综合管理协调机制，形成分工明确、高效有力的工作机制。实施城市基础设施维护服务市场化的运作机制，采用公开招标方式为主的政府采购制度，对维护水平进行科学量化考核。多渠道加大对城市基础设施建设和管理的投入力度，通过特许经营、委托经营或转让-经营-转让(TOT)、公私合营(PPP)、建设-移交

(BT)等模式,减轻政府财政负担,减小社会主体的投资风险。抓住国家支持老城区和棚户区改造的机遇,统一规划、统一改造,积极稳妥地实施逐年分区域老旧管网改造工作。将主、支干道路两旁、商业街区、宾馆、公园、旅游景区、居民区等停车场、停车位建设纳入城市基础设施建设统一规划。多渠道积极主动地开展广泛的宣传教育活动,努力提升市民素质,树立开放、文明、环保的嘉峪关人良好形象。

【九届人大第二十三次常委会议】市九届人大常委会第二十三次会议于2015年7月24日在市级机关会议中心6号会议室举行。会议由市人大常委会主任祁永安主持。市人大常委会副主任冯彪、张英、李勇、王克勤,秘书长刘德胜,委员唐晓东、曹天德、吴政华、左青云、李阳、王建钧郑超、冯海荣、王林、蒲晓斌、孙俨玲、于建新、裴金、张昌红出席会议。

市委常委、常务副市长杨伟,市政协副主席韩淑华,市中级人民法院院长茹作勋,市人民检察院检察长丁霞敏,市人大常委会各部门负责人、市政府有关部门负责人列席会议。部分市人大代表应邀列席会议。市妇联、市侨联派员旁听会议。

会议听取审议了市财政局局长赵大鹏受市政府委托作的《关于2014年市级财政总决算及2015年上半年财政预算执行情况的报告》,市审计局局长石晓辉受市政府委托作的《关于2014年市级财政预算执行和其他财政收支情况的审计工作报告》。审议通过了《关于批准嘉峪关市2014年财政总决算的决议》。

关于2014年市级财政总决算及2015年上半年财政预算执行情况,会议建议:强化预算执行和约束,严格履行预算审批程序和支出标准,提高预算约束力;加强预算支出的均衡性,提高资金使用效益,防止在年末出现集中拨付、突击花钱的现象;大力提高国库集中支付资金比例,提高预算资金的有效性和安全性。要注重审计结果应用,要进一步突出审计监督在财政预算执行和其他财政收支中的重要作用,对同级审工作报告中提出的建议,市政府及其财政部门要认真研究加以落实,采取有效措施防范财政资金运行的风险和隐患。要加大新预算法的学习宣传力度,切实提高贯彻落实新预算法的自觉性和主动性。将新预算法列为财会人员必学的重要内容。要确保完成今年的预算收入任务,认真分析不确定性因素对财政收入带来的影响,落实全口径预算管理,促进非税收入及时、足额入库,尽量补充财力;积极争取中央、省上资金支持,为全市经济社会建设提供强有力的财力支持。要逐步完善全口径预算体系。市政府及其财政部门要高度重视,逐步完善全市社会保险基金预算和国有资本经营预算编制体系。要坚持厉行节约、硬化预算约束。在财政支出安排上,贯彻勤俭节约的原则,严格控制楼堂馆所等基本建设支出,硬化预算约束。

关于同级审工作,会议建议:要把规范预算管理行为、健全政府预算体系作为审计的重点,有效提高政府预算管理水平。要不断深化对财政管理情况的审计,控制"三公经费"支出,降低行政成本。要不断深化对政府投资的民生等重点项目的跟踪审计和竣工决算审计和财政扶贫资金的审计工作,促进各项资金和政策落实取得实实在在的效果。要把查问题、提建议、抓整改与完善制度、促进管理、推动改革有机结合起来,不断提高审计监督的工作成效。

会议进行了人事任免。市中级人民法院院长茹作勋作了《关于提请任免魏生有、王兴运同志职务的报告》,会议审议通过了以上报告,以无记名投票表决方式通过了任免事项。会议听取了市人大常委会主任会议《关于提请罢免冯杰甘肃省第十二届人民代表大会代表职务的议案》,以无记名投票的方式依法罢免冯杰甘肃省第十二届人民代表大会代表职务,通过了《嘉峪关市人大常委会关于罢免冯杰甘肃省第十二届人民代表大会代表职务的决议》。

通过任命:

魏生有为市中级人民法院审判员。

免去:

魏生有市城区人民法院审判员职务;

王兴运市中级人民法院审判员职务。

【九届人大第二十四次常委会议】市九届人大常委会第二十四次会议于2015年9月17日在市级机关会议中心6号会议室举行。会议由市人大常委会主任祁永安主持。市人大常委会副主任冯彪、张英、李勇、王克勤，秘书长刘德胜，委员曹天德、蒋志翔、吴政华、左青云、王建钧、李阳、郑超、冯海荣、蒲晓斌、孙俨玲、于建新、王朝晖、张昌红、裴金出席会议。

常务副市长杨伟，市政协副主席韩天玉，市中级人民法院院长茹作勋，市人民检察院负责人，市人大常委会各部门负责人以及市政府有关部门负责人列席会议。部分市人大代表应邀列席本次会议。市文联派员旁听会议。

会议传达了省委人大工作会议精神，听取审议了市人大常委会执法检查组组长冯彪副主任受执法检查组委托作的《关于检查<中华人民共和国消防法>实施情况的报告》；听取审议了市发改委主任何正义受市政府委托作的《关于2015年上半年国民经济和社会发展计划执行情况的报告》，市财政局局长赵大鹏受市政府委托作的《关于提请审议调整2015年财政收支预算的报告》，市政府副秘书长龚学爱受市政府委托作《关于暂缓实施文化路改造提升工程有关事项的请示》，审议通过了《关于调整嘉峪关市2015年市级财政预算的决议》。

关于检查《中华人民共和国消防法》实施情况，会议建议：落实消防安全责任制。进一步强化明晰各部门、各单位的消防安全责任制，坚持专项治理，重点整治，严查严管，防止回弹。提升消防安全管理水平。加强对易燃易爆危险品的管理，切实解决影响大局的区域性突出性火灾隐患，着力落实挂牌督办、警示约谈、宣传曝光、技术服务等机制，狠抓重大火灾隐患整改销案。从源头管控火灾隐患。对发现的隐患问题，由主管行业制定行业系统消防安全整治具体措施，成员单位协同配合，全力整改；加强建筑工程消防管理，严把审查程序和审查内容，消防设施要科学设计，合理配置。强化"网格化"工作机制。逐级层层落实消防安全责任制，对人大代表反映的"绿化林带防火责任不落实"的问题，建立健全消防安全管理制度，定期组织抽查检查。严格实施规划强化公共消防设施建设。加强消防队站和消防装备建设，强化城乡公共消防基础设施建设；保证消防业务经费、装备购置经费及维护经费的足额到位。

关于2015年上半年国民经济和社会发展计划执行情况，会议建议：积极应对复杂严峻的经济局面，努力完成全年计划目标任务。进一步加强宏观经济运行调控，采取切实有效的措施，加快产业结构调整，确保完成全年计划目标任务。狠抓工业稳定增长，防止出现大幅回落。加大对工业经济运行的监测和政策扶持力度，高度关注工业产品的市场走势，加快适销对路产品的生产和销售；加快工业产业结构的转型升级和现有产品的延伸开发。加大项目跟踪落实力度，确保投资对经济增长的强力拉动作用。密切关注项目投资进度。对新上项目，相关部门要做好上门跟踪服务，加快项目落地进度。对进展缓慢的续建项目，相关部门要加强点对点服务，督促投资持续跟进，完善和落实促进民间投资的优惠政策和措施，有效扩大民间资金投资开发。促进消费、切实增强内需对经济增长的拉动力。

会议进行了人事任免。市政府常务副市长杨伟代表市长柳鹏作了《关于提请武军斌同志免职的报告》，市中级人民法院院长茹作勋作了《关于提请任命吴杰同志职务的报告》。会议审议通过了以上报告，以无记名投票表决方式通过了任免事项。

通过任命：

吴杰为市中级人民法院民事审判第三庭副庭长。

免去：

武军斌市文物局局长职务。

【九届人大第二十五次常委会议】市九届人大常委会第二十五次会议于2015年9月29日在市级机关会议中心6号会议室举行。会议由市人大常委会主任祁永安主持。市人大常委会副主任冯彪、李勇、王克勤，秘书长刘德胜，委员蒋志翔、王建钧、曹天德、左青云、李阳、冯海荣、蒲晓斌、孙俨玲、于建新、王朝晖、张昌红、裴金出席会议。

会议审议了《关于万雪明辞去市人大代表职务的议案》，并以举手表决的方式通过了《关于接受万雪明辞职的决定》。

【九届人大第二十六次常委会议】市九届人大常委会第二十六次会议于2015年11月19日在市级机关会议中心6号会议室举行。会议由市人大常委会主任祁永安主持。市人大常委会副主任冯彪、张英、李勇、王克勤，秘书长刘德胜，委员曹天德、吴政华、左青云、孙俨玲、王林、王建钧、李阳、郑超、冯海荣、蒲晓斌、王朝晖、张昌红、裴金出席会议。

常务副市长杨伟，市政协副主席王铁，市中级人民法院、市人民检察院负责人，市人大常委会各部门负责人以及市政府有关部门负责人列席会议。部分市人大代表应邀列席本次会议。

会议听取审议了市中级人民法院副院长刘均礼代表院长茹作勋作的《市中级人民法院涉诉信访工作情况的报告》和市人民检察院副检察长蒋康志代表检察长丁霞敏作的《市人民检察院涉诉信访工作情况的报告》、市政府秘书长李亦军受市政府委托作的《关于市九届人大四次会议代表意见建议办理情况的报告》和《关于2015年惠民实事落实情况的报告》，市财政局局长赵大鹏受市政府委托作的《关于提请调整嘉峪关市2015年财政收支预算的报告》，表决通过了关于调整嘉峪关市2015年市级财政预算的决议。

关于涉诉信访工作情况，会议认为：近年来，市委高度重视涉诉信访工作，全市涉诉信访工作取得了新成效。市人大常委会、市两级法院、市两级检察院和市公安局信访室认真履行职责，紧紧围绕“事要解决”和“稳控教育”这一根本目的，从化解信访案件和预防产生信访新案两个方面着手，畅通信访渠道，有效地维护了上访人的合法权益，维护了社会的稳定。三年来，共接待和处理人民群众来访、来信1839件，涉及涉诉案件781件，其中：市人大常委会信访室309件，两级法院227件，两级检察院136件，市公安局109件。存在问题：信访处理机制不够完善。执法队伍素质还有待提高。对涉诉信访宣传重视不够。信访案件综合分析做得不够。每年对群众来信来访反映集中的问题和典型案件剖析不够。会议建议：提高办案质量，从源头上解决问题。加强法律学习，提高队伍素质。加大宣传力度，提高全民的法律意识。加强组织领导，解决信访工作中遇到的困难。

关于代表意见建议办理情况，会议认为：市政府不断建立完善代表意见建议办理工作制度，在办理过程中，突出重点、热点和难点问题，针对代表意见建议提出初步答复意见，并与代表进行全方位沟通，采纳代表对答复意见提出的建议，及时跟踪督办，要求承办单位每月上报一次办理进度情况，随时掌握办理进度和情况，帮助解决办理过程中存在的问题，同时进行跟踪复查，督促落实，对照办理工作开展了自查，办理质量进一步提高。会议建议：加强与代表的联系和沟通，认真听取代表的意见，协商解决问题的办法，随时通报办理进展和结果。提高代表建议办理质量。对正在解决或列入计划逐步解决的30件意见建议要区别不同情况，加强督办工作，办理不了的，必须写出专题报告，向市人大常委会说明原因。因目前受政策和客观条件、管理权限等限制，待以后解决的，也应拿出具体的督办方案，列入2016年度逐步解决。开展好建议办理工作回头看，对能够解决的问题要及时解决，对经过努力能够解决的，应积极创造条件，抓紧解决，使代表建议的办理工作真正落到实处。规范代表建议督办工作。制定督办计划，完善督办制度，进一步规范建议督办工作，使每年代表所提建议件件有着落，办理有回音。

关于惠民实事落实情况，会议认为：市政府对2015年确定的8件13项实事落实工作十分重视，实事涉及公共安全、残疾人资助、医疗卫生、环境整治、棚户区改造、文化体育、社区建设、便民服务等多个领域的民生工程。落实前，市政府召开会议专题研究，安排部署，明确主抓领导，落实责任单位。落实中，市政府多次召开常务会安排部署，协调落实。同时，市政府领导经常深入一线，调研督导，解决问题，确保了政府惠民实事落实工作的开展。存在问题：目前惠民实事还没有完全完成。2015年共计8件13项实事，到目前落实完成8项，完成率为61.5%，还有5项实事正在办理中，工作力度还需进一步加大；个别项目尚在审批之中，办理进展较慢，部分项目虽然开工建设，但要在年内建成使用明显难以实现；已经办结和正在办理的惠民实事的后续监管服务和保障措施还不够完善。会议建议：抓结果，确保实事顺利完成。对正在办理的5项实事，要进一步加强组织领导，明确责任，加快实事的办理速度。抓质量，确保实事质量过硬。对正在办理的实事，要坚持标准、质量先行、好中求快，真正把惠民实事办成放心工程和民心工程。抓监管，确保实事长效运行。对办理落实的实事，要进一步加强后续投入和监管，建立健全规章制度，完善管理服务措施，加强后期跟进，不断提高管理服务水平,确保长久发挥社会效益。

会议进行了人事任免。市人大常委会副主任王克勤受主任会议委托作《关于提请张拴保等同志职务任免的报告》,市政府常务副市长杨伟代表市长柳鹏作《关于提请李生武等同志职务任免的报告》和《关于提请常成武等同志职务任免的报告》,市中级人民法院副院长刘均礼代表院长茹作勋作《关于提请任免康隶等同志职务的报告》。市委组织部介绍了被任命干部情况,市人大常委会代表人事工作委员会介绍了被任命干部法律知识考试情况。会议审议通过了以上报告,以无记名投票表决方式通过了任免事项。

任命:

张拴保为市人大常委会法制工作委员会主任;

康隶为市中级人民法院刑事审判第一庭庭长;

许文贤为市中级人民法院民事审判第一庭庭长;

马爱萍为市中级人民法院民事审判第二庭庭长。

决定任命:

李生武为市公安局局长;

常成武为市监察局局长;

韩峻峰为市人力资源和社会保障局局长;

曹健为市文物局局长。

免去:

吴政华市人大常委会法制工作委员会主任职务;

许文贤市中级人民法院民事审判第三庭庭长职务;

马爱萍市中级人民法院审判监督庭庭长职务。

决定免去:

常守远市公安局局长职务;

常军发市监察局局长职务;

韩思理市人力资源和社会保障局局长职务。

【九届人大第二十七次常委会议】市九届人大常委会第二十七次会议于2016年2月2日在市级机关会议中心6号会议室举行。会议由市人大常委会主任祁永安主持。市人大常委会副主任冯彪、张英、李勇、王克勤,秘书长刘德胜,委员蒋志翔、曹天德、唐晓东、李阳、王建钧、左青云、于建新、郑超、孙俨玲、蒲晓斌、冯海荣、王林、王朝晖、张昌红、裴金出席会议。市中级人民法院负责人,市人大常委会各部门负责人列席会议。

会议审议通过了《关于召开嘉峪关市第九届人民代表大会第五次会议的决定(草案)》,《嘉峪关市第九届人民代表大会第五次会议议程(草案)》。会议听取了市人大常委会副秘书长、办公室主任曹天德作的《关于市人大常委会工作报告起草情况的说明》,讨论修改了《市人大常委会工作报告》。听取并通过了代表资格审查委员会《关于罢免王铁成市九届人大代表资格审查的报告》。

会议进行了人事任免。市中级人民法院副院长刘均礼代表院长茹作勋作《关于提请任免闫辉国等同志职务的报告》和《关于提请免去张秀萍同志职务的报告》。市委组织部介绍了被任命干部情况,市人大常委会代表人事工作委员会介绍了被任命干部法律知识考试情况。会议审议通过了以上报告,以无记名投票表决方式通过了任免事项。

任命:

闫辉国为市中级人民法院立案庭庭长;

刘宏伟为市中级人民法院民事审判第三庭庭长;

郭素兰为市中级人民法院行政审判庭庭长;

李　群为市中级人民法院审判监督庭庭长。

免去:

刘宏伟市中级人民法院民事审判第三庭副庭长职务;

李　群市中级人民法院立案庭副庭长职务;

张秀萍市中级人民法院审判员职务。

【九届人大第二十八次常委会议】市九届人大常委会第二十八次会议于2016年3月24日在市级机关会议中心6号会议室举行。会议由市人大常委会主任祁永安主持。市人大常委会副主任冯彪、张英、李勇、王克勤,秘书长刘德胜,委员曹天德、唐晓东、蒋志翔、左青云、孙俨玲、王林、冯海荣、蒲晓斌、王朝晖、张昌红、裴金、郑超出席会议。市中级人民法院负责人,市人大常委会各部门负责人列席会议。

市委常委、政法委书记张静昌,常务副市长杨伟,市政府秘书长李亦军,市人大常委会各部门负责人以及市政府有关部门负责人列席会议。

会议审议通过了嘉峪关市人民政府《关于提请审议将嘉峪关文旅集团举借债务还本付息资金列入财政预算的请示的批复》《关于提请审议将棚户区改造项目举借债务还本付息资金列入财政预

算的请示的批复》;审议通过了《关于调整嘉峪关市第九届人民代表大会第五次会议召开时间的决定(草案)》;听取了市人大常委会秘书长刘德胜作的《关于市九届人大五次会议筹备工作情况的报告》,审议通过了《嘉峪关市第九届人民代表大会第五次会议列席范围的决定(草案)》;审议通过了市九届人大五次会议会议日程(草案)、主席团会议议程(草案)、主席团和秘书长名单(草案);审议通过了《嘉峪关市第九届人民代表大会常务委员会代表资格审查委员会关于代表变动情况和代表资格审查的报告》。

会议进行了人事任免。表决通过了《关于接受王进平辞去市人民政府副市长职务请求的决定(草案)》。市人民政府副市长杨伟代表市长柳鹏作《关于提请张静昌等同志任职的报告》。市委组织部介绍了被任命干部情况，市人大常委会代表人事工作委员会介绍了被任命干部法律知识考试情况。会议审议通过了以上报告,以无记名投票表决方式通过了任免事项。

决定任命:

张静昌为市人民政府副市长;

李亦军为市人民政府副市长。

市人大常委会工作

2015年,市人大常委会牢牢把握新时期对人大工作的新要求,依法行使法定职权,着力推进工作创新，充分发挥了市人大及其常委会在促进经济社会平稳健康发展中的重要作用。

【人大工作】2015年,市委召开人大工作会议,制定下发了《中共嘉峪关市委关于加强和改进人大工作的意见》。贯彻落实,与市编办协调落实市人大及其常委会内设机构和人员编制。市委常委会研究通过了市人大及其常委会机构编制方案,同意设立市人大法制、财政经济、教科文卫等三个专门委员会和市人大常委会“两室六工委”。起草并提请市委常委会讨论通过了《关于行使地方立法权的筹备工作方案》,向省人大常委会上报了赋予全市开展立法工作的请示。目前我市已成立了立法工作筹备领导小组,立法筹备工作正式启动。认真落实市委人事安排，坚持被任命干部法律考试制度。市九届人大四次会议以来,市人大常委会依法任免干部27名。对委员、代表的辞职以及代表的罢免,依法进行表决。接受委员辞职2名、代表辞职2名,依法依程序罢免了2名涉嫌严重违纪代表的代表职务。

【依法履行职权】支持国民经济和社会发展计划、财政预算执行工作,依法决定重大事项。加强国民经济和社会发展计划和财政预决算监督，听取审议了市政府2014年财政总决算、同级审工作以及2015年上半年国民经济和社会发展计划、财政预算执行情况的报告，批准了2014年财政总决算。按照《预算法》的有关规定,首次要求财政部门将2016年社会保险基金预算和国有资本经营预算纳入财政预算编制范围，促进了财政预算编制体系的进一步完善。加强专项工作监督,听取审议了市政府关于旅游资源和旅游产品开发、城市基础设施建设和维护、惠民实事落实、代表建议办理的报告,听取审议了市法、检两院关于涉法涉诉信访工作报告和市城区法、检两院2014年工作报告。对《消防法》和《甘肃省消防条例》进行了执法检查。高度关注经济社会发展规划编制工作,组成五个调研组对我市“十二五”规划完成情况及“十三五”规划编制等开展了专题调研。配合省人大常委会开展了对农村金融创新、精准扶贫、“十三五”规划编制、侨务工作、县乡人大换届选举、赋予市(州)立法权等方面的专题调研,对《甘肃省预算审批监督条例》和长城保护、陆地国界方面的立法调研;对《甘肃省人大及其常委会立法程序规则》《甘肃省老年人权益保障条例》《甘肃省组织实施宪法宣誓制度办法》《甘肃省人民代表大会代表建议、批评和意见处理办法》等法规草案的征求意见工作。受省人大常委会委托对《水污染防治法》《水土保持法》《老年人权益保障法》《甘肃省清真食品管理条例》进行执法检查。

【代表服务工作】全年组织代表开展视察调研、执法检查、督导评估、代表培训、建议办理等活动45次,累计参加404人次,邀请代表列席常委会会议6次,累计参加27人次。开通了市人大短信平台,加强与组成人员和代表的联系，及时通报有关会议和工作情况。市人大常委会领导带头落实“两联系”制度,走访了基层人大代表,全年组成人员联系走访基层人大代表48名。组织部分代表和基层人大干部赴全国人大深圳培训中心，对《宪法》及代表履职知识进行了学习培训。组织代表就市第一人民医院南市区建设项目、惠民实事落实、代表建议办理等进行了集中视察，充分发挥了代表作用。对代表建议办理工作进行经常性督办，选择12件建议由常委会领导进行了重点督办。办理过程中，我们与市政府对环卫、公安等部门承办的15件代表建议进行了联合督办，常委会对办理情况进行了审议，并要求对正在解决和逐步解决的代表建议要确定办理时间表，加强跟踪督办，确保代表建议件件有着落、事事有回音。积极支持“人大代表之家”开展活动、赴外学习交流。组织“人大代表之家”召集人和代表联络机构负责人赴平凉学习考察了“人大代表之家”建设情况，促进了“人大代表之家”的规范化建设。各“人大代表之家”组织开展了代表述职、学习考察、接待选民、视察调研等活动，“人大代表之家”活动正逐步实现经常化、制度化。

【专题教育】从严从实抓好“三严三实”专题教育，认真做好党组书记上党课和以“三严”为主题的专题研讨。开展6次专题研讨，处级以上干部作了专题发言，科级干部在集体学习会中分批进行了交流发言。召开专题民主生活会，就“不严不实”问题认真开展批评与自我批评，进一步强化了党的意识和守纪律讲规矩意识。严格执行中央八项规定、省委双十条规定和市委七项规定，全面落实常委会党组廉政主体责任，加强党风党纪经常性教育和警示教育，认真学习遵守《廉洁自律准则》和《纪律处分条例》，开展廉政约谈，对落实廉政主体责任、加强廉洁自律提出要求。以“工作落实年”活动为主线，深入推进“效能风暴行动”“先锋引领行动”和“双联行动”。在“双联”活动中，派驻专人负责“双联”工作，召开双联工作推进会，确定了各联组单位的双联工作重点和帮扶项目，协调组织实施并进行了检查验收。2015年，协调解决了河口村垃圾清运设施、路灯及广播器材安装、农田渠道修缮和高新农业示范区水、电、路方面的问题。在人大信访工作中，加强与有关部门的联系协调，做好来访群众的解释劝服工作。2015年，共接访群众144批251人次，收到信访件101件，协调处理82件，批转“一府两院”办理19件，对部分信访件进行了多次调研督办。

(赵 翔)

嘉峪关市人民政府

市政府常务会议

【市政府第84次常务会议】2015年1月5日上午，市委副书记、市长柳鹏主持召开了市政府第84次常务会议。

会议听取了市政府办关于建立修订嘉峪关市人民政府工作规则等规定的汇报。会议决定：原则同意《嘉峪关市人民政府工作规则(修订稿)》(以下简称《规则》)、《嘉峪关市人民政府进一步加强全市性会议管理的规定》(以下简称《规定》)、《嘉峪关市人民政府全市性会议审批制度》(以下简称《制度》)、《嘉峪关市办事公开办法 (试行)》(以下简称《办法》)，责成市政府办根据会议提出的意见，进一步修改完善，经市委常委、常务副市长杨伟审核后，以市政府名义印发实施。

会议要求，全市各部门要认真贯彻落实《规则》《规定》《制度》和《办法》，切实精简会议，提高会议质量，改进机关工作作风，提高行政效率，加快政府工作运转速度，努力巩固党的群众路线教育实践活动成果；要在今后的工作中解放思想，改革开放，凝聚力量，攻坚克难，全面正确履行政府职能，建设职能科学、结构优化、廉洁高效、人民满意的服务型政府，推动经济社会率先实现转型跨越发展，加快现代化区域中心城市建设进程。

会议听取了市发改委、市安监局、市信访局关于经济目标责任、安全生产、信访工作考核情况的通报。会议决定：原则同意对签订《工作目标责任书》相关部门的考核结果，责成市发改委、市安监局、市信访局根据会议提出的意见，进一步修改完善，经市委常委、常务副市长杨伟、副市长王进平审核后，提请市委常委会审定。

会议要求，一是近年来全市的信访工作在全市各级、各部门，特别是信访部门的努力工作下，取得了明显的成效。信访部门要总结工作中的好做法和好经验，上报有关部门，从侧面推动我市信访工作；全市各部门要继续保持清醒头脑，认清形势，面对信访工作的新任务、新特点、新要求，以全局高度来认识，切实抓在手上抓出成效，开创信访工作新局面。二是今年我市安全生产工作取得了优异的成绩，得到了省上领导的认可和肯定。市安监局要在近期尽快组织召开全市安全生产工作大会，总结今年的成绩，提出下一步要求，在已取得成效的基础上，继续创新我市安全生产工作举措，将已成熟的经验和制度进一步规范完善，争取在全省树立典型。

会议听取了市财政局关于调整市直机关公务员津贴补贴有关问题的汇报。会议决定：原则同意根据省财政厅通知要求，按照“合理确定水平、合理调整职级差距、严格监督管理”的原则，对市直机关公务员津贴补贴进行调整；调整范围：市属各级党政机关、参照公务员管理的单位、市属事业单位在职及离退休人员；调整津贴补贴所需资金按现行财政体制解决；市财政局根据会议提出的意见，进一步修改完善，经市委常委、常务副市长杨伟审核后，提请市委常委会审定。

会议听取了文旅集团公司关于解决文旅集团改革有关问题的汇报。会议决定：华强项目银行贷款本息偿还由财政全额补贴；按照生态保护管理权与旅游开发经营权分离的原则，市农林局草湖湿地保护管理中心为草湖湿地生态保护管理主体，按照湿地保护规划及政府工作要求，履行日常维护管理职责，完成湿地保护相关工作；文旅集团承担草湖旅游开发及招商引资等相关工作。

会议听取了市文广新局关于举办第四届嘉峪关国际短片电影展有关问题的汇报。会议决定：原则同意在我市举办第四届嘉峪关国际短片电影展；展会总预算519.7万元，由市财政给予适当补贴，其余费用由合作企业自筹，最大限度节约财政资金；市文广新局根据会议提出的意见，进一步修改完善后，提请市委常委会审定。

会议要求，要坚持“政府主导，市场运作”的办展方式，探索举办模式、积累办会经验、扩大展会影响。

会议听取了市体育局关于举办嘉峪关市第一届运动会有关问题的汇报。会议决定：原则同意举办嘉峪关市第一届运动会；主办单位：嘉峪关市人民政府，酒钢(集团)公司，中核四〇四公司；运动会所需经费由主办单位共同承担；市体育局根据会议提出的意见，进一步修改完善，经副市长陶东平审核后，提请市委常委会审定。

【市政府第85次常务会议】2015年1月20日上午，市委副书记、市长柳鹏主持召开了市政府第85次常务会议。

会议传达学习了十八届中央纪委第五次全体会议精神。会议指出，习总书记站在党和国家全局高度，深刻分析党风廉政建设和反腐败斗争形势，明确提出当前和今后一个时期工作的总体要求和主要任务，讲话旗帜鲜明，振聋发聩，是新形势下全面从严治党、深入推进党风廉政建设和反腐败斗争的行动指南和重要遵循。贯彻落实好习总书记重要讲话和中央纪委全会精神，是当前全市各部门重要而紧迫的政治任务。

会议要求，全市各部门要进一步提高思想认识，正确判断当前形势，深刻认识腐败行为的极大危害性，切实加强党风廉政建设；市政府班子成员要加强对分管部门党风廉政建设各项工作的指导，各部门主要领导要切实负起党风廉政建设主体责任，坚持班子内定期集体谈话，主要领导与分管领导不定期约谈，把党风廉政建设抓在手上，抓到实处；市监察局、财政局，要针对省委巡视组反馈的意见，在近期开展“小金库”专项清理整治行动，坚决取缔违法违规行为，抓好“三公”经费、会议费等预算管理，切实严肃财经纪律，真正从源头上斩断奢侈浪费等不良作风的“资金链”。

会议听取了市政府办关于起草政府工作报告有关问题的汇报。会议决定：原则同意《政府工作报告(讨论稿)》(以下简称《报告》)，责成市政府办根据会议提出的意见，进一步修改完善，经市委常委、常务副市长杨伟审核后，提请市委常委会审定。

会议要求，《报告》要按照“全、实、细、精”的原则，既体现重点，还要精简篇幅，无须面面俱到，杜绝空话虚话；《报告》要以贯彻落实中央全面深化改革、推进依法治国、丝绸之路经济带黄金段建设等重大战略为统领，进一步明确大力发展乡村旅游、推进平安嘉峪关建设和争创国家园林城市等内容；要将2015年惠民实事纳入《报告》正文。

会议听取了市发改委《关于嘉峪关市2014年

国民经济和社会发展计划执行情况及2015年国民经济和社会发展计划(草案)的报告(书面)》(以下简称《报告》)的汇报。会议决定:原则同意《报告》对2014年经济社会发展执行情况的通报,初步预计全年地区生产总值完成260亿元,增长12.5%;实现规模以上工业增加值148亿元,增长14.5%;公共财政预算收入15.8亿元,增长3.2%,城镇居民人均可支配收入26724元,同比增长10%;农民人均纯收入13710元,同比增长11%;市发改委根据会议提出的意见,进一步修改完善,经市委常委、常务副市长杨伟审核后,提请市委常委会审定。

会议要求,《报告》中的各项数据要严谨、准确,须与《政府工作报告》形成高度统一;《报告》要将部分事项及数据进一步分解、细化,从侧面对《政府工作报告》作以补充。

会议听取了市财政局《关于嘉峪关市2014年财政预算执行情况和2015年市级预算草案的报告(书面)》(以下简称《报告》)的汇报。会议决定:原则同意《报告》对2014年财政收支预算执行情况的通报,公共财政预算收入为15.8亿元,同比增长3.2%;公共财政预算支出为13.5亿元,同比增加3.3%;市财政局根据会议提出的意见,进一步修改完善,经市委常委、常务副市长杨伟审核后,提请市委常委会审定。

会议听取了市法制办关于《嘉峪关市开展综合执法工作实施方案》(以下简称《方案》)的汇报,原则同意《方案》,责成市法制办根据会议提出的意见,进一步修改完善,经市委常委、常务副市长杨伟审核后,报省政府审定。

会议要求,各相关部门要按照省委、省政府关于依法行政和综合执法试点工作有关要求,认真组织实施,进一步深化行政执法体制改革,提高依法管理的质量和水平。

会议听取了市政府办关于春节慰问有关问题的汇报。会议决定:原则同意春节前集中对困难群众、优抚对象、道德模范、离退休老干部、困难少数民族群众、部队等组织开展慰问活动。慰问活动共需经费390.58万元,其中省总工会拨付专项资金90万元,市总工会自筹资金45万元,组织部党费列支1.1万元,财政列支254.48万元;市政府办公室根据会议提出的意见,进一步修改完善,经市委常委、常务副市长杨伟审核后,提请市委常委会审定。

【市政府第86次常务会议】2015年2月13日上午,市委副书记、市长柳鹏主持召开了市政府第86次常务会议。

会议听取了市监察局关于省委巡视组反馈意见整改落实情况的通报。会议要求,政府投资项目原则上一律不得超出投资预算,且均由市政府代建办负责项目代建工作;因工程施工要求确需变更设计的,各有关部门要严密把关,在进行全面、科学的论证后,批复实施,超投资部分要严格控制在国家规定的范围内;市监察局按照程序要求,尽快将两位同志公开道歉的情况上报省委巡视组。

会议传达学习了2015年全省统计工作会议、全省文化产业大会、全省科学技术奖励大会、全省科技工作会议及全省民族工作暨第七次全省民族团结进步表彰大会精神。会议要求,各相关部门要分别在本系统组织开展多种形式的学习活动,确保每一位干部职工都能切实领会会议精神;各相关部门要根据会议精神,结合我市实际,认真研究讨论,提出2015年重点工作计划;各相关部门要按照省上要求的重点努力方向,统筹安排,细化任务,抓好落实,争取嘉峪关市各相关领域的工作取得新成绩、再上新台阶。

会议听取了市发改委关于保障春节期间市场供应和价格稳定工作的汇报。会议决定:1.原则同意按低于市场价5%的价格向市场投放储备粮油,具体补贴资金按照实际销量进行核算;2.在直销店设置1元菜销售区,具体补贴资金按照实际销量进行核算;3.向低收入人群发放蔬菜临时价格补贴,其中城乡低保对象4253人,五保供养对象51人,不享受低保的残疾人4248人,每人每月200元,共计171.04万元;4.市发改委根据会议提出的意见,进一步修改完善,经市委常委、常务副市长杨伟审核后,以市政府名义批转执行。

会议听取了市房管局关于《嘉峪关市物业服务管理细则》(以下简称《细则》)的汇报,原则同意《细则》,责成市房管局根据会议提出的意见,进一步修改完善,经市委常委、常务副市长杨伟审核后,以市政府名义批转实施。

会议要求,《细则》要明确所引用的法律法规及国家、省上的文件精神;《细则》的文字表述要进一步严谨、规范;市法制办要严把文体、格式关,确保《细则》的严肃性。

会议听取了市民政局关于《嘉峪关市居民家庭经济情况核对办法(试行)》(以下简称《办法》)的汇报,原则同意《办法》,责成市民政局根据会议提出的意见,进一步修改完善,经副市长王进平审核后,以市政府名义下发实施。

会议要求,《办法》名称要和省上一致,表述要准确。各部门要进一步提高对社会救助申请家庭经济状况核对工作的认识,在各自职责范围内配合做好有关工作,民政部门要及时沟通、协调、解决工作中存在的各种重大问题。

会议听取了市工信委关于《嘉峪关市落实“宽带中国”战略加快推进全“光网城市”建设的实施方案》(以下简称《方案》),原则同意《方案》,责成市工信委根据会议提出的意见,进一步修改完善,经副市长王进平审核后,以市政府名义下发实施。

会议要求,通信管道、配线管网等基础设施工程的建设要重注统筹规划,切实加强设计、审批等各环节的监督检查,避免资源浪费;要坚持“谁投资、谁管理、谁受益”的原则,全面开放市场,防止恶性竞争和垄断经营等情况的出现。

会议听取了市工信委关于《嘉峪关市新型墙体材料专项基金征收和使用管理办法》(以下简称《办法》)的汇报,原则同意继续执行《办法》,责成市工信委根据会议提出的意见,进一步修改完善,经副市长王进平审核后,以市政府名义批转执行。

会议听取了市环保局关于《嘉峪关市生态环境保护规划(2014—2030)》(以下简称《规划》)的汇报,原则同意《规划》,责成市环保局根据会议提出的意见,进一步修改完善,经副市长葛建团审核后,以市政府名义下发实施。

会议听取了市教育局关于《嘉峪关市改善义务教育薄弱学校基础办学条件项目规划(2014—2018年)》(以下简称《规划》)的汇报,原则同意《规划》,责成市教育局根据会议提出的意见,进一步修改完善,经副市长王万平审核后,以市政府名义下发实施。

会议要求,各有关部门要认真组织实施《规划》,积极争取国家和省上教育奖补资金,为全面改善我市义务教育学校基本办学条件,提高我市义务教育整体水平和质量,推进义务教育持续、健康、均衡发展增添新的动力。

【市政府第87次常务会议】 2015年3月4日上午,市委副书记、市长柳鹏主持召开了市政府第87次常务会议。

会议学习了《不动产登记暂行条例》(以下简称《条例》)。

会议传达学习了全省金融工作会议、全省机构编制工作会议精神。会议要求,各相关部门要根据会议精神,提出具体的贯彻落实意见,及时上报省上;各相关部门要结合我市实际,认真研究讨论,提出2015年重点工作计划,统筹安排,细化任务,抓好落实;市编办要完成好2015年事业单位分类改革工作、“三张清单,一张网”有关工作任务和日常的减编控员工作。

会议听取了市政府办关于对2014年人大建议和政协提案办理工作先进单位和先进个人进行表彰奖励有关问题的汇报。会议决定:原则同意按照《嘉峪关市人民政府办理人大代表建议和政协提案工作考核暂行办法》和《嘉峪关市会议费管理暨表彰奖励办法》,对评选出的2014年人大建议和政协提案办理工作10个先进单位和12名先进个人,予以表彰奖励;对先进单位分别给予3000元奖励,对先进个人分别给予1000元奖励,共计4.2万元,经市财政审核后拨付。

会议听取了市发改委关于嘉峪关市第一人民医院建设项目有关问题的汇报。会议决定:原则同意通过政府投资项目代建制自行组织实施该项目;由市第一人民医院作为项目业主,做好开工建设前的各项准备工作,由市代建办组织建设施工,建成并竣工验收合格后移交市第一人民医院;按照省发改委批复的市第一人民医院一期工程总建筑面积51060.03平方米进行总体招标,全面开工建设;项目概算总投资18636万元,除中央补助2900万元外,其余资金由项目业主单位分年度多渠道筹措解决;市发改委根据会议提出的意见,进一步修改完善,经市委常委、常务副市长杨伟审核后,提请市委常委会审定。

会议要求,市第一人民医院建设项目原则上不得超出省发改委批复的总规模和投资概算;医院建设项目原则上不得变更设计批复,确需变更设计的，建设单位要及时将变更内容上报市发改委，在进行全面、科学的论证后，批复实施；审计、监察部门要从项目的招投标阶段开始介入，全程跟踪监督，确保项目在建设过程中不出现违规违纪行为。

会议听取了市财政局关于《嘉峪关市财政专项扶贫资金使用管理办法(试行)》(以下简称《办法》)的汇报，原则同意《办法》，责成市财政局根据会议提出的意见，进一步修改完善，经市委常委、常务副市长杨伟审核后，以市政府名义下发实施。

会议强调，按照全省贫困人口收入水平，我市贫困人口少，扶贫范围小，不能较好地发挥扶贫资金效益。财政部门要进一步加强我市财政专项扶贫资金管理，规范资金支付程序，保证扶贫资金安全，提高扶贫资金使用效益，带动脱贫致富，推动农村经济发展。

会议听取了市房管局关于召开全市物业管理工作会议有关问题的汇报。会议决定：原则同意召开全市物业管理工作会议；市房管局根据会议提出的意见，进一步修改完善，经市委常委、常务副市长杨伟审核后，组织开展会务相关工作。

会议强调，2014 年通过“物业管理服务年”和“物业服务质量提升行动”活动的实施，市物业管理服务水平取得较大提升，社会关注度、业主认知感和满意度明显提高。房管部门要进一步巩固和深化全市“物业服务管理年”和“物业服务质量提升行动”活动成果，切实规范全市物业管理工作，要大力引导、培育优秀物业管理企业，提升物业服务水平，为广大市民营造宜居环境。

会议听取了市民政局关于《嘉峪关市未成年人社会保护试点工作实施方案》(以下简称《方案》)的汇报，原则同意《方案》，责成市民政局根据会议提出的意见，进一步修改完善，经副市长王进平审核后，以市政府办公室名义下发实施。

会议强调，各部门要做好我市未成年人社会保护试点工作，探索“政府主导、民政牵头、部门协作、社会参与”的未成年人保护体系，建立和完善困境未成年人社会保护制度，切实保障未成年人合法权益，促进社会和谐稳定。

会议听取了市旅游局关于《第五届“敦煌行·丝绸之路国际旅游节”嘉峪关开幕式及各项活动实施方案》(以下简称《方案》)的汇报，原则同意《方案》，责成市旅游局根据会议提出的意见，进一步修改完善，经副市长常守远审核后，提请市委常委会审定。

会议要求，《方案》要进一步细化充实，明确各分项活动的牵头领导和责任单位，并尽快与省旅游局沟通确定活动的主题；做好商务活动，尤其是方特欢乐世界的推介工作，要依托节会的举办，面向国际、国内，大力宣传我市特色旅游产品；做好常态化商业演艺的合作方确定和排演工作，在节目中要融入出国际、丝路、甘肃、嘉峪关等重要元素，尤其要体现出嘉峪关的本地文化特色；要坚持市场化运作，并严格按照国家有关规定，本着节俭的原则，详细计划节会的各项开支，明确预算；各相关部门要精心组织，积极筹备，密切配合，确保第五届“敦煌行·丝绸之路国际旅游节”嘉峪关开幕式等系列活动取得圆满成功。

会议听取了市旅游局关于组建嘉峪关大景区管理委员会筹委会有关问题的汇报。会议决定：原则同意成立嘉峪关大景区管理委员会筹委会，由副市长常守远任筹委会主任；提请市委常委会研究审定。通过后尽快向省政府报批；省上批复未下之前，由大景区管理委员会筹委会暂时代行大景区管理委员会职责。

会议强调，大景区管理委员会的成立是我市大力实施旅游带动战略，整合旅游资源，延伸旅游产业链条，创新景区管理体制，深化旅游业改革，推动文化旅游融合发展的重要举措。筹委会要进一步加大工作力度，确保按时完成筹备工作的各项事宜。

会议听取了市农林局关于市级农民专业合作社示范社表彰奖励有关问题的汇报。会议决定：原则同意对嘉峪关恒大养殖农民专业合作社、嘉峪关玉春苗木花卉种植农民专业合作社等 6 家农民专业合作社进行通报表彰，并授予市级农民专业合作社示范社奖牌。

会议听取了市卫计委关于落实独生子女父母退休(职)一次性奖励政策有关问题的汇报。会议决定：原则同意对 2002 年 9 月 27 日前退休(职)的独生子女父母给予 1000 元一次性奖励；对双方均为农村居民和城镇无业居民的独生子女父母在其达到退休年龄时给予 1000 元一次性奖励，由市财政审核后拨付。

会议听取了市科技局关于修订《嘉峪关市科学技术奖励办法》有关问题的汇报。会议决定：原则同意该《办法》；增加两项奖励“市科技功臣奖”“市技术发明奖”“市科技功臣奖”奖金为20万元，“市技术发明奖”设一、二、三等奖，每项奖金分别为8万元、4万元、2万元；市科技进步奖奖金额度由原来的一、二、三等奖每项奖金6万元、4万元、2万元分别提高至8万元、4万元、2万元。

会议听取了市建设局关于对2014年度嘉峪关市建设工程“雄关奖”获奖工程给予表彰奖励有关问题的汇报。会议决定：原则同意对嘉峪关第六中学综合教学楼工程、嘉峪关市南市区至新火车站道路工程(一期)第二标段、国道G312线岔路至西沟矿二级公路工程进行通报表彰，并授予“雄关奖”奖牌。

会议强调，建设部门要进一步提高我市建设工程质量管理水平，引领和激发广大建筑企业实施品牌战略，创建精品工程，促进全市房屋建筑和市政基础设施工程质量稳步提高。

会议听取了市规划局关于批准实施嘉峪关市东区和讨赖河新区控制性详细规划有关问题的汇报。会议决定：原则同意《嘉峪关市东区控制性详细规划》《嘉峪关市讨赖河新区控制性详细规划》；市规划局根据会议提出的意见，进一步修改完善，经市经济体制改革和生态文明体制改革专项小组专职副组长赵宝毅审核后，以市政府名义下发实施；及时上报省住建厅备案，确保今年全市控制性详细规划覆盖率考核目标顺利完成。

【市政府第88次常务会议】2015年3月25日上午，市委副书记、市长柳鹏主持召开了市政府第88次常务会议。

会议听取了市公安局关于《关于加强和改进禁毒工作的实施意见》(以下简称《意见》)的汇报，原则同意《意见》，责成市公安局根据会议提出的意见，进一步修改完善，经副市长常守远审核后，提请市委常委会审定。

会议强调，近年来，我市认真贯彻落实禁毒法，开展禁毒人民战争，全面落实综合治理举措，有效遏制了毒品问题加速发展蔓延的势头。但是，因我市地处河西走廊中部，经济、文化、生产、生活等各方面都与内地交往密切，受国内外毒品问题加速扩散蔓延的影响甚多，毒情形势依然严峻。各有关部门要严格贯彻落实中央、国务院，省委、省政府关于禁毒工作的精神和要求，实施《意见》，全面加强全市禁毒工作，努力遏制毒品问题滋生蔓延，切实保障人民群众安居乐业和健康幸福。

会议听取了市公安局关于《关于加强和改进禁毒工作的任务分工方案》(以下简称《方案》)的汇报，原则同意《方案》，责成市公安局根据会议提出的意见，进一步修改完善，经副市长常守远审核后，提请市委常委会审定。

会议要求，各有关部门要切实按照市委、市政府的部署，高度重视，精心组织，认真落实《方案》中明确的相关任务。分工任务中，属于制度建设的，要抓紧研究，提出方案；属于项目建设的，要尽快制定具体落实方案和进度安排；属于原则性要求的，要认真调查研究，提出加强和推进有关工作的意见和措施。

会议听取了市公安局关于《2015-2017年嘉峪关市禁毒工作规划》(以下简称《规划》)的汇报，原则同意《规划》，责成市公安局根据会议提出的意见，进一步修改完善，经副市长常守远审核后，提请市委常委会审定。

会议强调，2000年以来，市委、市政府连续组织实施了五个禁毒工作三年规划，有效遏制了毒品问题发展蔓延的势头，整体上掌握了禁毒工作的主动权。但在当前国内外毒品问题加速扩散，毒品犯罪多发高发、毒品治理集中攻坚的大背景下，全市毒情形势依然严峻。各有关部门要认真组织实施《规划》，加强组织领导，落实工作责任，突出工作重点，创新工作机制，研究制定针对性强、更加科学务实的工作措施，进一步巩固现有禁毒成果，坚决打赢禁毒人民战争，为全市经济社会转型跨越发展和人民生活和谐稳定创造良好的外部环境。

会议听取了市公安局关于《禁毒工作领导责任追究办法》(以下简称《办法》)的汇报，原则同意《办法》，责成市公安局根据会议提出的意见，进一步修改完善，经副市长常守远审核后，提请市委常委会审定。

会议要求，各有关部门要进一步明确禁毒工作的领导责任，落实工作职责，靠实工作任务，实实在在地抓好禁毒工作，切实解决禁毒工作中的一些困难和问题，不断提高禁毒工作水平。

会议听取了市旅游局关于召开全市旅游产业发展大会有关问题的汇报。会议决定：原则同意召开全市旅游产业发展大会；市旅游局根据会议提出的意见，将《关于加快推进文化旅游产业融合发展的实施意见》(以下简称《意见》)和《嘉峪关市关于鼓励和扶持乡村旅游家庭旅馆建设的实施方案》(以下简称《方案》)进一步修改完善，经副市长常守远审核后，提请市委常委会审定。

会议强调，各有关部门要组织实施《意见》和《方案》，全面贯彻落实全省旅游发展大会精神，大力实施旅游带动战略，加快旅游业改革发展，推动文化旅游深度融合，促进文化旅游产业转型跨越发展，整合文化旅游资源，大力培育文化旅游产业新的增长点，努力形成以文化丰富旅游内涵、提升旅游层次，以旅游带动文化消费、促进文化大发展的良好格局。

【市政府第 89 次常务会议】2015 年 3 月 31 日上午，市委副书记、市长柳鹏主持召开了市政府第 89 次常务会议。

会议学习了《中华人民共和国行政诉讼法》。会议强调，在全面推进依法治国的背景下，《行政诉讼法》从扩大受案范围、畅通诉讼渠道、增加对行政机关负责人的责任等方面进行修订，体现了立法机关进一步限制公权力、保护私权利的坚定决心，对于推动政府依法行政、加快建设法治政府具有现实而深远的意义。各部门要进一步提高认识，应对新《行政诉讼法》实施后的新形势，真正运用法治思维、法治方式来深化改革、推动发展、化解矛盾、维护稳定，不断加快法治政府建设。

会议听取了市房管局关于棚户区改造国家开发银行贷款承诺有关问题的汇报。会议决定：原则同意按照《甘肃省利用国家开发银行贷款开展棚户区改造项目实施办法》及《甘肃省棚户区改造国家开发银行贷款资金管理办法》，市政府作为全市棚户区改造项目的实施主体和责任主体，向省住建厅、财政厅报送贷款计划，向省住建厅出具还款承诺函；市房管局根据会议提出的意见，进一步修改完善，经市委常委、常务副市长杨伟审核后，提请市委常委会审定。

会议要求，《承诺函》中要明确，将所申报的棚户区改造贷款项目纳入全市 2014-2017 年度住房保障工作目标责任书、保障性安居工程建设计划及旧城区基础设施建设计划之中。

会议听取了市城投公司关于兰新铁路第二双线快客站站前广场工程款支付等有关问题的汇报。会议决定：原则同意市城投公司在市政府安排的 1.5 亿元建设资金中扣除项目前期费 1000 万元，余款 1.4 亿元于 2015 年 3 月底前一次性支付给省建投建设有限公司；利息与投资回报均按原 BT 合同约定计算到 2015 年 3 月底；工程尾款终止 BT 模式，不再计付利息及投资回报；工程剩余款项于 2015 年年底前支付 50%，其余 50% 款项于 2016 年年底前一次性支付；2015 年 8 月底前全面完成工程竣工决算审计工作。市城投公司根据会议提出的意见，进一步修改完善，经市委常委、常务副市长杨伟审核后，提请市委常委会审定。

会议听取了市综治办关于对张永忠、张金福见义勇为事迹进行表彰有关问题的汇报。会议决定：原则同意对勇抓盗窃犯罪嫌疑人的嘉峪关机务段指导司机张永忠、中核四〇四有限公司第一分公司职工张金福 2 名同志见义勇为事迹进行表彰，授予其“嘉峪关市见义勇为先进个人”荣誉称号，并按照《嘉峪关市人民政府办公室转发市综治办关于进一步加强见义勇为人员权益保护实施意见的通知》，对 2 名同志每人奖励 10000 元，提请市委常委会议审定。

会议强调，要通过对见义勇为先进个人的激励嘉奖和正面宣传引导，激发全体市民维护社会公平正义的使命感，为推动全市精神文明建设和法治社会建设进一步发展，创造更加积极向上、充满正能量的社会舆论环境。

会议听取了市水务局关于《嘉峪关市贯彻落实最严格水资源管理制度实施意见》(以下简称《意见》)的汇报，原则同意《意见》，责成市水务局根据会议提出的意见，进一步修改完善，经副市长常守远审核后，以市政府名义下发实施。

会议要求，各有关部门要认真组织实施《意见》，严格落实省政府 110 号令，做到水资源取水计量，应收尽收，对于违反 110 号令的，按有关法律法规严肃处理。实现以水资源配置、节约和保护为重点，强化用水需求和用水过程管理，通过健全制度、落实责任、提高能力、强化监管，严格控制用水总量，全面提高用水效率，促进水资源可持续利用和经济社会发展方式转变，为全市经济社会转型跨越发展提供水资源支撑和保障。水务部门要以严格执行省政府110号令为动力和抓手，切实推进水资源费管理、水资源开采利用等重点问题，确保全面完成最严格水资源目标管理任务。

会议听取了市政府金融办关于召开全市金融工作会议有关问题的汇报。会议决定：原则同意召开全市金融工作会议；对评选出的10家金融工作先进单位进行表彰，授予"市长金融奖"荣誉称号；市政府金融办根据会议提出的意见，进一步修改完善，经副市长陶东平审核后，提请市委常委会审定。

会议听取了市政府金融办关于《嘉峪关市人民政府关于加快发展现代保险服务业的意见》（以下简称《意见》）的汇报，原则同意《意见》，责成市政府金融办根据会议提出的意见，进一步修改完善，经副市长陶东平审核后，以市政府名义下发实施。

会议强调，各部门要高度重视发展现代保险服务业工作，立足全市实际，把发展现代保险服务业放在经济社会工作整体布局中统筹考虑，认真落实《意见》，充分发挥现代保险服务业在创新社会管理和公共服务、完善社会保障体系、优化金融资源配置效率、促进经济发展转型、转变政府职能中的重要作用，努力构建保障全面、功能完善、安全稳定、诚信规范，与我市经济社会发展需求相适应的现代保险服务业。

会议听取了市卫计委关于《嘉峪关市中医药产业发展先行先试实施方案》（以下简称《方案》）的汇报，原则同意《方案》，责成市卫计委根据会议提出的意见，进一步修改完善，经副市长王万平审核后，以市政府办公室名义下发实施。

会议要求，各有关部门要立足我市现有资源优势和产业基础条件，推进中药材、药食两用蔬菜的标准化种植，高水平加工、品牌化经营，大胆开展先行先试。通过机制体制创新，积极探索有利于推动我市中医药产业发展的新途径，把中医药产业真正培育成农民增收致富的富民支柱产业。

会议听取了市教育局关于建立学校安全管理联席会议制度有关问题的汇报。会议决定：原则同意建立学校安全管理联席会议制度，由副市长王万平任总召集人；市教育局根据会议提出的意见，进一步修改完善，经副市长王万平审核后，以市政府办公室名义下发实施。

会议要求，各有关单位要进一步加强学校安全管理工作，构建"齐抓共管、各负其责、密切配合、群防群治"的学校安全工作保障体系，切实维护正常的教育教学秩序，积极营造良好的教育发展氛围；学校安全管理联席会议制度建立后，要定期召开联席会议，认真研判近期校园安全形势，并对下一个时期的校园安全工作提出新要求，确保和谐稳定的校园环境。

【市政府第90次常务会议】2015年5月6日，市委副书记、市长柳鹏主持召开了市政府第90次常务会议。

会议传达学习了省委、省政府主要领导就贯彻中央领导同志重要批示精神做出的批示、《国家统计局关于认真学习贯彻中央领导同志重要批示精神坚决惩处统计上弄虚作假的通知》以及郝远副省长在学习贯彻中央领导同志重要批示精神坚决惩处统计上弄虚作假视频会议上的讲话精神。

会议强调，全市各部门要认真传达学习中央领导同志和省委、省政府领导重要批示精神，关键是在工作实践中抓好贯彻落实。必须坚持依法统计，以法为纲，坚决杜绝统计上弄虚作假。三是适应新常态，要凝心聚力、鼓足干劲，把精力放在推进全市经济社会有质量的发展上。

会议听取了市统计局关于一季度全市国民经济指标完成情况的汇报。会议强调，要正确把握、积极面对我市当前经济运行的阶段性特征。一季度我市一、三产业增幅较上年同期出现显著提高，发展的潜力非常巨大，特别是随着方特欢乐世界的正式运营，2015年"五一"假日期间，我市旅游人数显著增多，5月1日至3日，全市共接待游客12.16万人次，较上年同期的6.44万人次同比增长88.8%；实现旅游收入7021.66万元，较上年同期的4123.74万元同比增长70.3%；方特欢乐世界单日接待量达到2万人次，"五一"假期三天累计接待游客51871人次。本市旅游业从过路游变为过夜游、从观光游变为体验游、从休闲游变为休闲消费游迈出了坚实的一步，未来我市文化旅游产业将会方兴未艾,强力拉动全市第三产业发展,进一步优化产业结构,使一、三产业占到全市经济总量的半壁江山。各级各部门要进一步增强发展的信心和决心。

会议听取了市政府办公室关于一季度重点工作任务督查情况的汇报。会议决定:原则同意市政府办公室提交的一季度市政府重点工作推进情况的督查报告,督查结果由政府办公室向各责任单位予以通报。督查报告中反映的问题,各责任单位要采取切实举措加以解决,特别是大气污染防治工作中存在的死角,各相关单位要紧密配合,进一步加大工作力度。驻嘉62旅生活废水排放管网建设要在年底完成,实现与城市污水管网联通。

会议听取了市环保局关于大气污染防治有关工作的汇报。会议决定:工作中存在的问题要找出症结重点突破,结合煤炭经营集中区选址和检查一季度工作成效,本周内由市委副书记、市长、指挥部总指挥柳鹏带队,各工作组组长和相关单位主要负责人参加进行实地调研,调研不打招呼、不发通知,直奔现场和企业。为解决嘉北工业园区未铺装路面(砂石路面)洒水作业有效抑尘时间短,一天中同一道路洒水间隔时间长抑尘效果差的问题,要合理统筹安排市环卫局现有洒水车,根据需要由工业园区管委会向市环卫局借用洒水车,力争做到同一道路一小时洒水一次,不再另行购买喷雾降尘车。

会议强调,大气污染防治指挥部各工作组要进一步增强责任意识,加大工作力度,把环保事业当作民生实事抓实抓好,为全市人民群众创造良好宜居环境。

会议听取了市审改办关于“三张清单一张网”工作进展情况的汇报。会议决定:政府各部门行政权力清单和责任清单建立工作要加快进度,做好前期准备,不能等待省级政府部门权责清单公布后再开展工作,确保在年底前如期公布。市审改办要加强和省审改办的沟通衔接,及时解决权责清单建立工作中存在的具体问题。市法制办配合市审改办对各部门上报的权责清单进行合法性审查。

会议听取了市旅游局《关于第五届敦煌行·丝绸之路国际旅游节开幕式筹备工作及经费预算情况的报告》(以下简称《报告》)。会议决定,原则通过该《报告》,提请市委常委会议审定。按照节俭办会原则,由市财政局按照旅游专项资金拨付所需经费。市旅游局争取的省旅游局节会补助资金300万元,市商务局争取的省商务厅节会补助资金50万—100万元,以及方特欢乐世界旅游发展有限公司自筹资金100万元,要确保落到实处。市旅游局要抓紧时间提交节会所需各类物品的采购清单,严格按照政府采购程序进行采购。

会议听取了市财政局《关于财政部驻甘肃省监察专员办事处“两项资金”专项检查发现问题的整改报告》(以下简称《报告》)的汇报。会议决定,原则同意《报告》内容,以市政府文件上报财政部驻甘肃省财政监察专员办,并抄报省财政厅。

会议听取了市发改委关于《嘉峪关2015年推进循环经济发展工作方案》(以下简称《方案》)的汇报。会议决定:原则通过该《方案》,责成市发改委根据会议讨论意见,进一步修改完善,经市委常委、常务副市长杨伟审核后,以市政府办公室名义批转执行,并及时上报省政府。在《方案》中要明确各项工作的具体时间表,确保年底完成省政府下达我市的各项目标任务。

会议听取了市统计局关于《嘉峪关市第三次全国经济普查主要数据公报》(以下简称《公报》)的汇报。会议决定:原则同意《公报》内容,提请市委常委会议审定后,根据《全国经济普查条例》,由市统计局和嘉峪关市第三次全国经济普查领导小组办公室对普查主要数据向社会进行公布。

会议听取了市质量发展领导小组办公室关于《嘉峪关市贯彻落实〈甘肃省标准化发展战略纲要〉(2014-2020年)实施意见》(以下简称《实施意见》)的汇报。会议决定:原则通过市质量发展领导小组办公室提请审议的《实施意见》,经市委常委、常务副市长杨伟审核后以市政府名义印发执行。

会议听取了市民政局关于《嘉峪关市特困人员供养实施办法》和《嘉峪关市自然灾害受灾人员救助办法》(以下简称《办法》)的汇报。会议决定:原则通过提请会议审议的上述两个《办法》,市民政局根据会议意见进一步修改完善后,以市政府办公室名义批转执行。

会议听取了市水务局关于《嘉峪关市实行最严格水资源管理制度考核办法》(以下简称《办法》)的汇报。会议决定:原则通过该《办法》,市水务局根据会议意见进一步修改完善后，以市政办公室名义批转执行。

会议听取了市文物局关于树立“最早与最晚的玉门关遗址碑”有关问题的汇报。会议决定:基于甘肃省文史馆、西北师范大学、敦煌研究院等单位多位专家学者多年来关于历史上最早和最晚的玉门关遗址在嘉峪关境内石关峡的历史考证确凿,为更好保护文物资源,扩大全市文化影响力,同意在石关峡河沟南岸中央位置树立“最早与最晚的玉门关遗址碑”。

会议听取了市公安局《关于进一步推进户籍制度改革的实施意见》(以下简称《意见》)的汇报。

会议听取了市公安局关于解除甘世俊行政警告处分的汇报。会议决定:根据《中华人民共和国公务员法》第五十八条、五十九条之规定和甘世俊同志受处分期间的现实表现，按期解除雄关分局局长甘世俊(副处级)同志行政警告处分。

会议听取了市公安消防支队关于召开2015年全市消防工作会议有关问题的汇报。会议决定,原则同意召开会议，会议有关事项提请市委常委会议审定。确保圆满完成省政府与本市签订的消防工作目标管理责任书，所需经费由市财政分年度予以解决。

【市政府第91次常务会议】2015年5月18日，市委副书记、市长柳鹏主持召开市政府第91次常务会议。

会议听取了市环保局《关于进一步强化大气污染防治工作的意见》(以下简称《意见》)有关问题的汇报 。

会议决定：原则通过市环保局提请会议研究的《意见》,根据会议讨论意见,进一步修改完善后以市政府名义印发执行;《意见》中五个工作组必须进一步明确责任领导和牵头部门，责任领导由市政府分管副市长担任，并与已经成立的市大气污染防治工作领导小组指挥部相衔接,形成合力、强力推进，确保按照时间节点如期完成各项工作任务；加快淘汰落后产能工作必须在依法开展的基础上做到准确,淘汰对象选择上要不出错、不遗漏,淘汰对象确定后必须坚决予以淘汰;煤炭综合交易市场建设、全市煤场搬迁至集中区、煤炭集中区以外煤场清理三项工作完成时限以市工信委意见为准;对城区所有交通干道每天6:00-23:00进行不间断洒水作业，做到夏天无积水、冬天不结冰、常年保湿不起尘,所需洒水车由副市长葛建团统筹全市现有洒水车辆合理安排；工业园区道路扬尘防治所需洒水车由工业园区管理委员会采取向社会购买服务的方式解决,租用洒水车,费用由市财政审核拨付；建立市大气污染防治工作领导小组指挥部工作检查机制，市环保局定期为指挥部总指挥、副总指挥制定检查计划,明确检查时间和具体任务,采取不打招呼、不发通知、哪里有污染就直奔哪里的原则深入开展检查工作；立即召开全市大气污染防治工作领导小组指挥部会议，指挥部会议之后由分管副市长葛建团择日尽快召开全市性会议启动铁腕治污行动，会议范围要扩大到相关企业，对全市大气污染防治工作进行再动员再部署。

会议强调,全市各部门要以工作落实年和“三严三实”专题教育活动为契机,借鉴兰州市大气污染防治工作经验,按照刘伟平省长提出的“切实提高思想认识、充分发挥部门联动作用、持续加大综合整治力度、全面加强环境执法监管和环境监测、开展工作督查、严格考核和责任追究”六点要求为指导,以更大的决心和力度,强力抓好我市大气污染防治工作,确保圆满完成2015年大气污染防治工作目标任务。

会议听取了市发改委、市财政局关于对嘉峪关市明珠学校初中部教学楼建设项目免征城市基础设施配套费有关问题的汇报。会议决定:因市明珠学校初中部教学楼建设项目符合《甘肃省城市基础设施配套费收费管理暂行办法》(甘价服务〔2002〕216号)以及《关于进一步加强城市基础设施配套费管理工作有关问题的通知》(甘发改服务〔2011〕1620号)规定的城市基础设施配套费免征条件，因此对该项目城市基础设施配套费全部免征,免征金额101.5万元。

会议听取了市行政审批制度改革工作领导小组办公室关于嘉峪关市承接落实省级政府部门第十五批中央在甘单位第九批取消调整和下放行政审批项目等事项的汇报。会议决定:原则通过市审改办提请会议审议的《嘉峪关市承接省级政府部门第十五批中央在甘单位第九批取消调整和下放行政审批项目等事项目录》,以市政府名义向社会公布并组织实施。

会议听取了市商务局关于《第二十一届中国兰州投资贸易洽谈会嘉峪关市总体方案》(以下简称《方案》)有关问题的汇报。会议决定:原则通过市商务局提请会议研究的《方案》,根据会议意见进一步修改完善后,提请市委常务会议审议;为了充分利用好兰洽会这一平台,主题鲜明、重点突出的宣传本市文化旅游品牌,突破往届展厅设计陈式,本届兰洽会上嘉峪关市展厅设计要精心谋划、力求创新,展厅名称可考虑确定为"嘉峪关方特馆",所有展示内容都围绕嘉峪关方特欢乐世界展开,责成市商务局与华强集团积极沟通协调,请华强集团提供布展素材和技术支持;为了节俭办会、杜绝浪费,除必须参会的市委、市政府领导和必不可少的工作人员外,其他无关人员原则上不再参会;4. 活动所需经费总体控制在50万元以内,由市财政局按照相关规定核拨。

会议听取了市卫计委关于申请召开全市卫生计生暨党风廉政建设工作会议有关问题的汇报。会议决定:原则同意召开会议,会议有关事项提请市委常委会议审定;按照2014年签订的人口与计划生育工作目标管理责任书,兑现相应奖励;3.会议所需经费由市财政局按照相关规定核拨。

【市政府第92次常务会议】2015年5月28日,市委副书记、市长柳鹏主持召开了市政府第92次常务会议。

会议听取了市人社局对发放2014年度科学发展业绩奖的汇报。会议决定:发放2014年度科学发展业绩奖符合甘肃省《领导班子和领导干部科学发展业绩考核评价办法》的要求,原则同意发放2014年科学发展业绩奖,提请市委常委会审定;发放范围为2014年1月1日至12月31日期间机关事业单位在职职工。根据《中共嘉峪关市委关于市管处级领导班子和领导干部2014年度科学发展业绩综合考核情况的通报》(嘉发〔2015〕1号),对考核结果为"优秀班子"的单位每人发放15000元,对"良好班子"的单位每人发放14000元;未完成全年目标任务或在人口、社会治安综合治理等工作方面被"一票否决"的单位,不发放科学发展业绩奖;行政机关和全额拨款事业单位由市财政拨付,差额和自收自支事业单位可参照执行。

会议听取了市发改委关于调整债券资金项目的汇报。会议决定:原则同意调整城投债券资金项目,提请市委常委会议审定;本次调整城投债券集资2.15亿元,其中:嘉峪关市城市南区道路工程,核定募集资金2亿元,本次拟调出资金1500万元,嘉峪关市2014–2016年棚户区改造配套管网及道路工程项目,核定募集资金4.9亿元,本次拟调出资金2亿元;本次债券调整债券发行人及还债主体均不发生变化,信用评级仍沿用原信用等级。

会议强调,各有关部门要开拓思路、抢抓机遇、主动融入丝绸之路经济带国家战略,积极推动丝绸之路黄金段重要节点城市建设,着力在"一带一路"下的文化传承和旅游资源开发中谋求突破,开展"旅游服务提升年"行动,有力推动全市项目建设尽快"落地生根、开花结果"。

会议听取了市发改委关于双拥路口公铁立交改造项目的汇报。会议决定:原则同意市发改委提交的项目建设意见,按照兰州铁道设计院的建设方案实施项目建设,新建6m+15.5m+6m三孔箱型拱桥一座,改造嘉兴西路、双拥路560米,在双拥路南侧铺设路248米连接绿化站进站道路,沿引线两侧建设人行道等辅助工程;市城投公司与兰州铁路局为项目实施业主单位,负责项目建设。

会议听取了市民政局关于提高我市城乡低保特困户的汇报。会议决定:提高全市城乡低保及特困人员补助标准符合《关于做好2015年度提高城乡低保标准和补助水平及农村五保供养省级补助标准工作的通知》(甘民电〔2015〕11号)的有关规定,同意提高标准;低保补助标准由目前的425元/月提高至510元/月,增长20%;农村五保供养、城市三无人员补助标准由目前7200元/年调高至8204元/年;新补助标准从2015年1月1日起执行。

会议听取了市民政局关于报批拟建小区名称的汇报。会议决定:同意酒钢集团中天置业有限公司开发建设的嘉峪关惠民街棚户区改造住宅小区命名为"惠民家园";嘉峪关市新天房地产开发有限公司在南市区(方特大道北侧、方特欢乐世界西侧)开发建设的小区命名为"锦尚世家"。

会议听取了市规划局关于《峪泉镇城乡一

体化规划及发展总体规划（2015–2030)》(以下简称《规划1》）和《峪泉镇镇区总体规划（2015–2030)》(以下简称《规划2》)的汇报。会议认为,雄关区峪泉镇是全国建制镇示范试点镇，各有关部门要高度重视、密切合作,以“规划科学、经济发展、特色鲜明、宜居宜业”为思路,按照国家、省上有关部门对做好新型城镇化试点工作的要求,全力开展好各项工作。

会议决定:《规划1》《规划2》符合做好新型城镇化试点镇的工作要求和全市经济社会发展实际,原则通过《规划1》《规划2》,待规委会审议后,提交市委常委会审定。

【市政府第93次常务会议】2015年6月12日上午，市委副书记、市长柳鹏主持召开了市政府第93次常务会议。

会议听取了市文旅集团关于丝绸之路文化博览园项目有关问题的汇报。会议决定:原则同意嘉峪关市人民政府作为甲方与乙方（深圳华强集团股份有限公司)、丙方(甘肃广播电视网络股份有限公司）签订丝绸之路文化博览园项目合作框架协议;成立由市委副书记、市长柳鹏任组长的嘉峪关丝绸之路文化博览园项目协调推进领导小组,领导小组下设指挥部,由5个专项工作组组成,分别是指挥部办公室、筹资组、项目建设组、审计监督组、宣传报道组;市文旅集团根据会议提出的意见,进一步修改完善,经副市长常守远审核后,提请市委常委会审定。

会议强调,近期在省委、省政府的高度重视和大力支持下，嘉峪关市与深圳华强集团股份有限公司、甘肃广播电视网络股份有限公司达成了共建丝绸之路文化博览园项目的合作意向。博览园的落成会让比肩毗邻的嘉峪关关城景区既有足够的历史深度,又积累一定的文化厚度,嘉峪关关城景区、丝绸之路文化博览园、方特欢乐世界将在我市形成三足鼎立,相得益彰的文化旅游产业集群,对我市经济结构的优化调整具有重要意义。发改、财政部门要积极将丝绸之路文化博览园项目纳入“PPP”项目建设模式,尽量争取更多国家和省上的资金支持,减轻我市本级财政压力。规划部门要严格控制博览园周边新建项目的规划审批，确保景区整体观景效果不受影响。

会议听取了市教育局关于购置专用校车有关问题的汇报。会议决定:原则同意由市公共资源交易中心统一采购5辆专用校车；采购资金根据实际需求由市政府统一安排。

会议要求，市公共资源交易中心要按照“公平、公正、公开”的原则开展专用校车的采购工作,确保采购过程合法合规；市教育局根据新购置的5辆校车在3个月以内的实际运行情况，酌情考虑仍需购置车辆数目,上报市政府审定。

会议听取了市农林局关于《嘉峪关市农民技能培训制度》(以下简称《制度》)的汇报,原则同意《制度》,责成市农林局根据会议提出的意见,进一步修改完善,经副市长常守远审核后,以市政府名义下发实施。

会议要求，各有关部门要认真组织实施《制度》,进一步促进和规范农民教育培训工作,提升农民综合素质,增强农民创业创新意识和能力,推进农村经济发展。市农林局要进一步改进培训方式,拓展培训功能,提升培训能力,将培训重点向专业农民倾斜，根据农民实际种植养殖需求安排技术培训科目,确保按需施教,注重实效。

【市政府第94次常务会议】2015年6月14日上午，市委副书记、市长柳鹏主持召开了市政府第94次常务会议。

会议传达学习了李克强总理关于应对经济下行压力，做好当前经济工作的讲话精神。会议强调,各部门要保持清醒认识,学习、深刻领会李克强总理重要讲话精神,正确把握当前经济形势,紧密结合省委、市委“工作落实年”的要求,积极主动作为,狠抓政策落实,创新举措,精准发力,抓好下半年经济工作各项任务的落实。

会议要求，统计部门要发挥好统计调查工作在检验发展、督促工作、助力决策中的重要作用,进一步要做好我市的经济统计工作,准确、完整、及时地上报相关数据。近期要认真筹备上半年全市经济形势分析会,检验半年来的工作成绩,认真查找问题,研究对策措施,确保下半年全市经济稳定增长,全面完成各项预期目标任务。

会议传达学习了李克强总理在全国推进简政放权放管结合职能转变工作电视电话会议上的讲话精神。

会议要求，各部门要认真贯彻落实李克强总理重要讲话精神，继续优化政府服务，更好地满足经济社会发展和人民群众的需要，为大众创业、万众创新提供全方位的服务；同时要抓好组织领导，加强思想教育，确保改革顺利推进，为稳增长、促改革、调结构、惠民生提供有力支撑。

会议传达学习了全省精准扶贫精准脱贫工作会议精神。会议强调，虽然我市全面小康完成程度较高，绝大多数指标在全省排名靠前，但我们一定要居安思危、富而思进，认真对照省委、省政府《关于扎实推进精准扶贫工作的意见》和17个精准扶贫专项方案，找差距、找不足，进一步增强工作责任感和紧迫感，把精准扶贫工作与区域发展、新型城镇化建设、生态环境保护、双联行动等重点工作结合起来，围绕水利、基础设施、富民产业、电子商务等领域谋划一批精准项目，统筹推进农村改革发展各项工作，着力建设更高水平、更高层次的小康。

会议听取了市卫计委关于《嘉峪关市开展城乡居民大病保险工作实施方案》(以下简称《方案》)的汇报，原则同意《方案》，责成市卫计委根据会议提出的意见，进一步修改完善，经副市长王万平审核后，以市政府办公室名义下发实施。

会议强调，各有关部门要认真组织实施《方案》，密切配合，通力协作，强化监管，稳妥推进，确保各项措施落实到位，真正使老百姓受益。

会议听取了市商务局关于《嘉峪关市促进内贸流通健康发展的实施意见》(以下简称《意见》)的汇报，原则同意《意见》，责成市商务局根据会议提出的意见，进一步修改完善，经副市长王万平审核后，以市政府办公室名义下发实施。

会议要求，各有关部门要认真组织实施《意见》，明确目标任务，严格落实责任，强化工作措施，提升服务水平，将省、市支持内贸流通、拉动消费增长的各项措施落到实处。要加强促进内贸流通政策与其他稳增长措施的有机对接，加大政策叠加效应，为全市经济稳定增长提供有力支撑。

会议听取了市环保局关于《嘉峪关市严格控制污染物排放监管办法》(以下简称《办法》)的汇报，原则同意《办法》，责成市环保局根据会议提出的意见，进一步修改完善，经副市长葛建团审核后，以市政府名义下发实施。

会议要求，各有关部门要严格执行《办法》，加强对我市污染物排放的监督管理，进一步保护和改善环境，提高生态文明水平，推动我市经济社会与环境保护协调发展。

【市政府第95次常务会议】2015年7月13日下午，市委副书记、市长柳鹏主持召开了市政府第95次常务会议。

会议传达学习了省委王三运书记三严三实党课辅导报告。会议强调，辅导报告既对“三严三实”要求的准确把握和深度思考，又对全省开展“三严三实”专题教育提出了明确要求和殷切期望，思想性、理论性和指导性很强。

会议要求，全市各单位要认真学习贯彻王三运书记“四个结合”“四个转化”“四个并重”等三个方面的重要指示精神，深入落实省委、市委决策部署，以饱满的热情、务实的态度、有力的举措抓好“三严三实”专题教育，引导广大党员干部特别是领导干部准确把握“三严三实”的本真内涵，坚决贯彻“三严三实”的实践要求，努力形成“三严三实”的新风正气，进一步为我市率先建成全面小康社会提供强有力的政治、组织和作风保证。

会议听取了市政府办公室关于2015年上半年市政府重点工作督查情况的汇报。会议要求，各综合部门要根据相关会议要求，进一步提高认识，迎头赶上，强化措施，抓紧落实，争取使全市各项指标均衡发展；国土部门近期要对嘉北工业园区内的煤场土地使用情况进行摸底，理清复杂现情，采取有效措施，彻底解决部分企业占地不开发的问题，达到园区闲置土地有效整合及生态环境保护治理一举两得的目的；规划部门要大力推进全市“多规合一”工作，进一步提高规划管控能力，促进城乡空间结构优化调整，盘活存量土地资源；要抓紧完善南市区公共服务及产业配套设施建设，尤其是围绕“方特欢乐世界”谋划建设一个能够满足广大市民及游客“吃、住、行、游、购、娱”六大要素的综合商业中心，规划部门近期要对项目的体量大小、业态方向、占地位置，进行意向性研究，并向市政府报告项目初步建设计划；要以“智慧嘉峪关”为最终目标，加快我市的信息化建设，争取使我市“智慧旅游、智慧交通”建设走在全省前列。

会议听取了市政府办公室关于关于《2015年

嘉峪关市承担省政府为民办实事实施方案》(以下简称《方案》)的汇报,原则同意《方案》,责成市政府办公室根据会议提出的意见,进一步修改完善,经市委常委、常务副市长杨伟审核后,以市政府办公室名义下发实施。

会议听取了市发改委关于《2015年市政府为民办实事实施方案》(以下简称《方案》)的汇报,原则同意《方案》,责成市发改委根据会议提出的意见,进一步修改完善,经市委常委、常务副市长杨伟审核后,以市政府办公室名义下发实施。

会议听取了市农林局关于《加快推进城乡一体化率先实现全面小康的实施意见》(以下简称《意见》)的汇报,原则同意《意见》,责成市农林局根据会议提出的意见,进一步修改完善,经副市长常守远审核后,提请市委常委会审定。

会议要求,根据全市实情,将低保户列为帮扶对象,灵活评定,滚动发展,争取使城乡收入较低的群众都能受益;从推进城乡一体化建设的高度,坚持规划先行,统筹安排全市农村建设、低保户帮扶等工作;在《意见》中明确大力发展乡村旅游,以产业发展带动农村经济,从侧面帮扶广大农村群众实现小康;市农林局要针对我市农村现状,提出“一村一策”帮扶方案,积极整合国家、省上的各项扶持政策及各类帮扶资金,集中精力,完善农村基础设施建设,帮扶少部分农村收入较低群众脱贫致富。

会议听取了市发改委、市财政局关于省财政厅下达本市2.62亿元地方政府一般债券(其中:置换存量债务1.62亿元、新增债务1亿元)资金的安排意见。会议决定:原则同意市发改委关于调整2015年社会发展和国民经济计划的意见,将地方政府债券全部纳入《嘉峪关市2015年国民经济和社会发展计划》统筹管理。原则同意市财政局关于调整2015年财政收支预算的意见,按照下达的地方政府一般债券2.62亿元的额度,增加一般公共预算债券转贷收入,增加一般公共支出预算。地方政府一般债券置换存量债务资金1.62亿元列入经济发展资金专项,用于偿还酒钢三中新校区建设等项目的债务本金。从列入2105国民经济计划和市级财政预算安排各类还本付息资金4.8亿元中置换出的1.62亿元市级预算资金,安排用于丝绸之路文化博览园基础设施建设项目1亿元、文化旅游发展扶持专项资金0.62亿元。地方政府一般债券新增债务资金1亿元列入建设项目补助资金专项,安排用于丝绸之路文化博览园基础设施建设项目。提请市委常委会审定后,报市人大常委会审议批准。

会议听取了市文旅集团关于丝绸之路文化博览园项目有关问题的汇报。会议决定:1.原则同意嘉峪关市人民政府作为甲方与乙方(深圳华强集团股份有限公司)、丙方(甘肃广播电视网络股份有限公司)签订丝绸之路文化博览园项目商务合同;2.由市政府法制办对商务合同进行合法性审查;3.聘请市政府法律顾问对商务合同再次进行合法性审查,并出具《律师意见书》;4.提请市委常委会审定。

会议听取了市文旅集团关于新城草湖湿地文化旅游项目有关问题的汇报。会议决定:原则同意成立嘉峪关市新城草湖湿地文化旅游项目协调推进领导小组;市文旅集团根据会议提出的意见,进一步修改完善,经副市长常守远审核后,提请市委常委会审定。

会议强调,新城草湖湿地文化旅游项目是我市高度重视生态文明建设和文化旅游建设的重大举措,是全市文化旅游产业发展的又一有力增长极。

会议要求,市文旅集团要聘请专业的专家团队对项目的可行性进行研究论证,确保其符合我市湿地保护规划和文化旅游规划,将论证结果报市政府;市文旅集团要积极与乙方沟通,明确投资强度、项目面积、建设期限、湿地保护、运营方式等重要事项,尽快达成一致的项目合作意向,在推进项目开发建设的同时,做好湿地的生态保护,使之成为我市重要的生态资源和生态保障。

【市政府第96次常务会议】2015年7月20日下午,市委副书记、市长柳鹏主持召开了市政府第96次常务会议。

会议传达学习了国务院《关于机关事业单位工作人员养老保险制度改革的决定》(以下简称《决定》)。会议要求,全市各单位要认真贯彻落实党中央、国务院的决策部署,统一思想,提高认识,加强领导,精心组织,打好机关事业单位养老保险制度改革这场“硬仗”。

会议听取了市政府法制办关于对《在嘉峪关合作投资建设丝绸之路文化博览园项目的合作协议》(以下简称《合作协议》)进行合法性审查的汇报。

会议听取了市政府法制办关于修订《嘉峪关市人民政府重大决策程序规则》(以下简称《规则》)的汇报,原则同意修订《规则》,责成市政府法制办根据会议提出的意见,进一步修改完善,经副市长王进平审核后,以市政府名义下发实施。

会议强调,按照《中共中央关于全面推进依法治国若干重大问题的决定》和《甘肃省人民政府重大行政决策程序暂行规则》对《规则》进行修订,将进一步确保市政府决策制度科学、程序正当、过程公开、责任明确,是我市深入贯彻落实全面依法治国战略,健全依法决策机制的重要举措。

会议听取了市政府法制办关于《嘉峪关市人民政府关于促进市场公平竞争维护市场正常秩序的实施意见》(以下简称《意见》)的汇报,原则同意《意见》,责成市政府法制办根据会议提出的意见,进一步修改完善,经副市长王进平审核后,以市政府名义下发实施。

会议要求,各有关单位要认真组织实施《意见》,建设统一开放、竞争有序、诚信守法、监管有力的现代市场体系,加快形成权责明确、公平公正、透明高效、法治保障的市场监管格局,到2020年建设体制比较成熟、制度更加定型的市场监管体系。

会议听取了市政府办公室关于“三张清单一张网”工作推进情况的汇报。会议要求,“三张清单一张网”工作继续由市政府办公室牵头推进,市编办要协助理顺体制机制;由市电子政务办公室提出市行政审批系统升级改造方案,向社会进行公开招标,经组织专家评审后经过正常的采购程序,由有资质的中标企业有偿对市行政审批系统软件进行升级改造,达到与省级平台对接的技术规范标准和要求;市政府分管领导要组织人员赴成功经验的地区考察学习,借鉴他们先进的管理理念,科学的管理方式,成功的管理经验,将我市行政审批系统建设与“智慧城市”建设相结合,确保全市“三张清单一张网”工作全面科学、有序推进。

会议听取了市审改办关于《清理规范行政审批中介服务工作实施方案》(以下简称《方案》)的汇报,原则同意《方案》,责成市审改办根据会议提出的意见,进一步修改完善,经市委副书记、市长柳鹏审核后,以市政府名义下发实施。

会议要求,各单位要认真组织实施《方案》,进一步推进行政审批制度改革,规范行政审批中介服务,积极营造服务高效、管理规范、公平竞争、监督有力的中介服务市场,促进中介服务市场健康发展。

会议听取了市综治办关于《嘉峪关市加强社会治安防控体系建设的实施意见》(以下简称《实施意见》)和《关于在全市基层深入推进网格化服务管理的指导意见》(以下简称《指导意见》)的汇报,原则同意《实施意见》《指导意见》,责成市综治办根据会议提出的意见,进一步修改完善,经副市长常守远审核后,提请市委常委会审定。

会议听取了市民政局关于南市区新建道路命名的汇报。会议决定:原则同意将南市区即环城铁路南侧新建10条东西走向道路以丝路文化为背景进行命名,由北向南依次为:方特大道、花雨路、花城路、花明路、花海路、花河路、观礼北路、观山路、夜光路、观礼路(分东、西);将南市区“观礼古镇”以东新建13条南北走向道路以长城文化为背景进行命名,由西向东依次为:颐养路、观礼大道、文昌路、观澜路、燕鸣路、金河路、驼铃路、柔远路、宁远路、雄关大道、石关路、峪关路、兴文路。

会议听取了市民政局关于申报嘉峪关烈士陵园为市级烈士纪念设施保护单位的汇报。会议决定:原则同意按照《革命烈士纪念建筑物管理保护办法》和全国零散烈士纪念设施抢救保护电视会议要求,将嘉峪关烈士陵园为市级烈士纪念设施保护单位。

会议强调,嘉峪关烈士陵园建成后,将成为全市干部群众、部队官兵和社会各界祭奠缅怀英烈的重要场所,成为弘扬先烈精神、践行社会主义核心价值观、进行爱国主义教育的重要载体。民政部门要依法加强管理保护,积极引导社会各界缅怀烈士,开展国防教育和双拥宣传,更好地服务烈属,服务军政军民团结,服务社会和谐进步。

会议听取了市环保局关于《嘉峪关市饮用水水源地保护区突发环境事件应急预案》(以下简称《预案》)的汇报,原则同意《预案》,责成市审改办根据会议提出的意见，进一步修改完善，经副市长葛建团审核后，以市政府名义下发实施。

会议听取了市建设局关于《嘉峪关市城市地下管线普查工作实施方案》(以下简称《方案》)和《嘉峪关市城市地下管线普查工作实施细则》(以下简称《细则》)的汇报，原则同意《方案》《细则》，责成市建设局根据会议提出的意见，进一步修改完善，经市政府党组成员赵宝毅审核后，以市政府办公室名义下发实施。

会议要求，各有关单位要认真组织实施《方案》《细则》，切实加强地下管线管理工作，进一步摸清全市城市地下管线现状，促进城市地下空间统一规划、合理开发和科学管理，进一步完善城市承载功能，提高城市管理水平，保障城市可持续发展和人民生命财产安全。

会议听取了市规划局关于南市区城市设计暨控制性详细规划及实施嘉峪关城市总体规划评估等问题的汇报。会议决定：1.原则同意《嘉峪关市南市区城市设计暨控制性详细规划》，责成市规划局根据会议提出的意见，进一步修改完善，经市政府党组成员赵宝毅审核后，以市政府名义下发实施；2.按照《城市总体规划实施评估办法(试行)》(建规〔2009〕59号)有关要求，开展嘉峪关市总体规划(2012-2030年)实施评估工作。

会议听取了市规划局关于《嘉峪关市峪泉镇“多规合一”试点工作方案》(以下简称《方案》)的汇报，原则同意《方案》，责成市规划局根据会议提出的意见，进一步修改完善，经市政府党组成员赵宝毅审核后，以市政府名义下发实施。

会议要求，各有关单位要认真组织实施《方案》，以新型城镇化建设为指引，以“建立统一的空间规划体系，持之以恒加以落实”为目标，推进规划体制改革，由扩张性规划逐步转向限定城市边界、优化空间结构的规划。在融合城乡规划、土地利用总体规划、国民经济和社会发展规划和生态环境保护规划的基础上，构建镇区建设用地控制线、产业项目控制线、乡村居民点控制线、基本农田控制线、环境保护控制线、文化遗产控制线等管控体系。健全规划衔接协调机制，完善部门信息沟通平台，实现城乡空间集约、高效、可持续利用。

【市政府第97次常务会议】2015年7月29日下午，市委副书记、市长柳鹏主持召开了市政府第97次常务会议。

会议传达学习了省委王三运书记在省委常委会和省纪委张晓兰书记在省纪委常委扩大会上的重要讲话精神。会议要求，全市各单位要深刻领会精神实质，重视抓制度建设，抓大多数、抓早抓小，真正把“党纪严于国法”的要求落到实处；要深入抓好纪律建设，围绕“把纪律挺在前面”这一重大课题，加强研究、探索和实践，把思想上的弦绷起来，把行为上的线立起来，把工作上的网建起来，把风纪上的扣紧起来，把律己上的德树起来，让纪律真正成为第一道防线；要深度落实主体责任，深入实施“3783”主体责任体系，冲着纪律去、伸到基层去、对准问题去、盯住治本去，着力抓好定规立制、教育引导、执纪问责等工作，不断巩固、拓展和深化全市党风廉政建设。

会议传达学习了全省项目观摩活动总结会议精神。会议强调，全市各单位要认真贯彻落实会议精神，以正在开展的“三严三实”专题教育为契机，切实以严的作风、实的举措，进一步强化责任和担当，加大项目建设力度，促进全市固定资产投资稳定增长，努力实现全市经济社会发展各项目标任务。

会议要求，市国土局近期要开展全市项目用地清理工作，尤其是对嘉北工业园区内的煤场土地使用情况进行摸底，理清复杂现情，采取有效措施，奖罚并用，彻底解决部分企业土地闲置的问题；市发改委要明确未来5年我市项目建设方向，改造提升传统产业，努力发展生态文化旅游产业，储备一批具有中长期引领作用的重点项目；各相关部门近期要对大唐路美食街进行交通、卫生、安全、环保综合整治，并针对大唐路美食街公厕问题进行专题调研，提出科学合理的解决方案，尽快实施改造，方便广大市民、游客。

会议听取了市市志办关于《嘉峪关市地方志工作“十三五”规划》(以下简称《规划》)的汇报，原则同意《规划》，责成市市志办根据会议提出的意见，进一步修改完善，经副市长陶东平审核后，以市政府名义下发实施。

会议强调，各有关单位要组织实施《规划》，整体提升全市地方志工作水平，切实发挥地方志书和年鉴“资政、存史、教化”的社会功能，全面系统地反映全市经济社会各项事业发展的历史与现状，为市委、市政府、社会各界提供有效的地情信息服务。

会议听取了市体育局关于《嘉峪关市关于加快发展体育产业促进体育消费的实施办法》(以下简称《办法》)的汇报，原则同意《意见》，责成市体育局根据会议提出的意见，进一步修改完善，经副市长陶东平审核后，以市政府名义下发实施。

会议要求，各有关单位要认真组织实施《办法》，创新体育产业管理体制和运行机制，充分发挥市场作用，拓展体育产业发展领域，扩大体育产品服务供给，鼓励全市各体育团体、协会积极组织各类体育活动，促进体育消费，推动我市经济社会持续发展。

会议听取了市财政局关于汇拨支援甘南州玛曲县帮扶资金有关问题的汇报。会议决定：原则同意按照甘肃省藏区工作领导小组办公室《关于印发〈2015年度省内对口支援藏区县市出资任务方案〉的通知》要求，汇拨支援资金600万元用于精准扶贫项目玛曲县藏獒保种选育项目。

会议听取了市政府法制办关于市综合执法局、市市场监督管理局执法服装及标志标识有关问题的汇报。会议决定：1. 原则同意市综合执法局、市市场监督管理局提出的服装及标志标识方案；2.市政府法制办将两局统一服装、标志标识后的文本向省政府法制办报备。

会议听取了市国土局关于增加雄关区土地利用总体规划重点建设项目规划列表有关问题的汇报。会议决定：原则同意按照《甘肃省土地利用总体规划实施办法》和《国土资源部关于严格土地利用总体规划实施管理的通知》(国土资发〔2012〕2号)精神，将嘉峪关市八昼夜滩生活垃圾处理场工程项目、甘肃民丰化工有限责任公司铬渣湿法解毒及填埋场环保工程项目列入雄关区土地利用总体规划重点项目用地规划列表。

会议听取了市旅游局关于申请召开第五届敦煌行·丝绸之路国际旅游节嘉峪关市总结表彰会的汇报。会议决定：1. 原则同意召开第五届敦煌行·丝绸之路国际旅游节嘉峪关市总结表彰会；2.市旅游局根据会议提出的意见，将会议方案进一步修改完善，经副市长常守远审核后，提请市委常委会审定。

会议要求，总结表彰会要认真总结承办节会活动的成功经验，重点表彰奖励为承办工作做出突出贡献的先进集体、先进企业和一线工作人员，鼓舞士气，凝聚人心，促进发展，进一步深入实施旅游带动战略，全力推动经济社会转型跨越发展。

会议听取了市粮食局关于市粮食储备库迁建有关问题的汇报。会议决定：原则同意按照“分步实施、重点推进”的原则，将现有粮食储备库在规定时间内进行搬迁；在新址新建4座单仓仓容5000吨的高大平房仓及周围地坪，于2017年底前完成建设；关于已建成粮食物流浅圆仓470万元资金缺口，从2015年价格调节基金安排200万元，其余待项目竣工决算审计后一次性予以解决；新库区土地以政府注资形式一次性变更为出让性质；市级储备粮管理费用由现有0.10元/公斤增加至0.20元/公斤，全年增加180万元，从2016年1月1日起执行；市粮食局根据会议提出的意见，将迁建方案进一步修改完善，经副市长葛建团审核后，提请市委常委会审定。

会议要求，各相关单位要尽快开展临时储粮设施的筹建、采购等工作，确保临时过渡粮食的安全；新库区要超前谋划，适度扩大容量，为全市未来粮食储量提供保障。

会议听取了市教育局关于市酒钢三中整体搬迁有关问题的汇报。会议决定：原则同意市酒钢三中老校区和市五中教学点(南校区)在校高一、高二年级师生整体搬迁至南市区新校区，2015级高一新生全部在新校区入学。

会议要求，教育部门要进一步加强管理，确保市酒钢三中师资队伍稳定，教学秩序良好，质量不出现下滑；财政部门要加大资金支持力度，及时拨付合理、必需的搬迁和运行经费；公安部门要进一步加强新校区周边交通管理，合理规划、设置新校区周边的交通设施和标识，创造文明有序的交通环境；人社、教育、财政等部门要对新校区生活指导老师、水电暖维修等特殊岗位工作人员问题进行专题调研，科学论证、认真研究，按照“养事不养人”的原则，根据学校管理实际需要，由市酒钢三中负责聘请。

会议听取了市公安局关于《关于进一步完善我市农村道路交通安全管理工作机制的实施意见》(以下简称《意见》)，原则同意《意见》，责成市公安局根据会议提出的意见,进一步修改完善,经副市长常守远审核后,以市政府名义下发实施。

会议要求,各有关单位要认真组织实施《意见》,把农村道路交通安全管理作为解决“三农”问题的一项基础工作来抓,切实改善农村道路交通安全通行条件,建立完善“主体在区、管理在镇、延伸到村”的管理体制和工作机制,实现工作有人做、事情有人管、责任有人担,全面提升农村道路交通安全管理工作能力,保障新农村建设和城乡经济社会一体化发展。

【市政府第98次常务会议】2015年8月7日下午,市委副书记、市长柳鹏主持召开了市政府第98次常务会议。

会议听取了市发改委关于兰州新区飞地经济产业园建设推进会情况汇报。会议要求,全市各部门要统一思想,提高认识,相互配合,积极主动开展工作,依托兰州新区国家级战略平台,充分发挥我市资源优势,积极促进项目向兰州新区集中,全力推动“飞地经济”嘉峪关产业园建设,逐步将兰州新区“飞地经济”嘉峪关产业园打造成为我市对外开放和招商引资窗口。

会议听取了市发改委关于《兰州新区“飞地经济”嘉峪关产业园建设推进工作方案》的汇报(以下简称《方案》),原则同意《方案》,责成市发改委根据会议提出的意见,进一步修改完善,经市委常委、常务副市长杨伟审核后,提请市委常委会审定。

会议要求,各有关单位要加强沟通协作,密切配合,努力形成协调联动、落实有效的工作机制;要按照总体工作进度要求,细化工作措施,指定专人负责,保证各个环节、各项任务落到实处,按照时间节点完成各项工作任务。对接协调,市发改委总牵头,协调领导小组各成员单位落实“飞地经济”嘉峪关产业园对接洽谈、规划选址、土地供应、政策研究、资金筹措、基础设施建设入驻等事宜。派驻机构,甘肃嘉峪关经济技术开发区管委会负责派遣人员进驻“飞地经济”嘉峪关产业园区,协助入园企业办理土地申报、工商及税务登记、基础设施建设、项目审批、环境评价和监测等项目前期手续,并与兰州新区管委会建立协调沟通机制,及时解决产业园建设过程中出现的各种矛盾和问题。规划建设,市建设局负责“飞地经济”嘉峪关产业园区专项规划编制和基础设施建设。项目入园,市工信委、市招商局和市商务局负责做好入园项目招商洽谈,跟踪项目落地。资金筹措,市发改委会同市财政局负责筹措园区内基础设施建设资金,统筹调度“飞地经济”产业园相关政策扶持资金。其他工作,市统计局负责做好嘉峪关产业园地区生产总值、固定资产投资、招商引资到位资金、工业增加值、进出口总额等主要经济指标统计;市国税局、市地税局负责对接兰州新区做好嘉峪关产业园区项目计税及税收分成工作;其他成员单位按照部门职责分工负责园区建设相关工作。

【市政府第99次常务会议】2015年8月17日下午,市委副书记、市长柳鹏主持召开了市政府第99次常务会议。

会议传达学习了省委十二届十三次全委(扩大)会议精神。会议要求,全市各单位要认真学习、深刻领会会议精神,切实把思想认识统一到省委的决策部署上来,正确把握态势,坚定发展信心。要坚持以经济建设为中心,推动改革发展稳定与加强党的建设并重,按照“一条红线、四个全面、五个最大”总体思路,紧密结合“三严三实”专题教育活动,持续推进作风转变,抓好各项工作任务贯彻落实,确保全面完成全年各项发展目标任务。

会议听取了市审改办、市财政局、市扶贫办关于三张清单工作有关问题的汇报。会议决定:1.原则同意《嘉峪关市政府部门权责清单》《嘉峪关市市级部门预算专项资金管理清单》《嘉峪关市2015年扶贫项目清单》;2.提请市委常委会审定。

会议听取了市委老干局关于变更老年大学建设方案的汇报。会议决定:原则同意对原老年大学建设方案进行变更;项目地址位于迎宾湖公园东南角(市法院以西现有篮球场为主的地块);将现有市委老干局土地及附着物按市场化运作,用以解决新建老年大学的主要资金,不足部分由市财政予以补贴;市代建办负责老年大学项目的代建工作;提请市委常委会审定。

会议听取了市房管局关于《嘉峪关市党政机关干部职工住房清理实施办法》(以下简称《办法》)的汇报,原则同意《办法》,责成市房管局根据会议提出的意见,进一步修改完善,经市委常委、常务副市长杨伟审核后，报市委常委会研究审定。

会议要求，全市各单位要组织实施《办法》，切实加强领导，严格对照清退范围、控制标准、超标面积处理原则和时间安排开展工作，确保做到应报尽报、应清尽清、应退尽退。

【市政府第100次常务会议】2015年8月28日下午，市委副书记、市长柳鹏主持召开了市政府第100次常务会议。

会议传达学习了李克强总理关于上半年经济形势和做好下半年经济工作的讲话精神。会议要求，全市各单位要认真学习领会讲话精神，把经济发展摆在更加重要的位置，进一步细化工作措施，提高行政效能，优化经济发展环境，持之以恒，持续发力，切实推动重点工作落实，确保今年各项重点目标任务顺利完成。

会议传达学习了中共中央办公厅、国务院办公厅印发的《党政领导干部生态环境损害责任追究办法(试行)》。会议要求，全市各级领导干部要牢固树立尊重自然、顺应自然、保护自然的生态文明理念，增强保护生态环境、发展生态环境的责任意识和担当意识，推动生态环境领域的依法治理，不断推进我市生态文明建设。

会议听取了市政府法制办关于《嘉峪关市关于全面建立政府法律顾问制度的意见》(以下简称《意见》)的汇报，原则同意修订《意见》，责成市政府法制办根据会议提出的意见，进一步修改完善，经副市长王进平审核后，以市政府办公室名义下发实施。

会议要求，全市各单位要认真组织实施《意见》，将政府法律顾问制度建设工作列入重要议事日程，全面推进行政工作规范化、程序化、法治化，强化依法行政、建设法治政府，切实推动行政权力在法治轨道上运行，为全市经济社会转型跨越发展提供有力的法治保障。

会议听取了市信访局关于将嘉峪关市处理信访突出问题及涉访群体性事件联席会议更名为嘉峪关市信访工作联席会议有关问题的汇报。会议决定：原则同意根据省委办公厅、省政府办公厅《关于甘肃省处理信访突出问题及涉访群体性事件联席会议更名为甘肃省信访工作联席会议的通知》的要求，将嘉峪关市处理信访突出问题及涉访群体性事件联席会议更名为嘉峪关市信访工作联席会议，责成市信访局根据会议提出的意见，进一步修改完善，经市委常委、常务副市长杨伟审核后，提请市委常委会审定。

会议听取了市发改委关于实行领导包抓制加快推进重点项目建设有关问题的汇报。会议决定：原则同意实行领导包抓制加快推进重点项目建设，责成市发改委将《嘉峪关市2015年重点建设项目包抓责任分解表》根据会议提出的意见，进一步修改完善，经市委常委、常务副市长杨伟审核后，以市政府办公室名义下发实施。

会议要求，各包抓领导要负总责，指导、督促重点项目建设，协调解决项目建设中存在的困难和问题；项目责任单位及协办单位具体负责项目实施、跟办、盯办、落实，严格监督项目建设质量、安全、环保、文明施工等环节，妥善解决好项目建设中出现的各类问题，采取切实有效措施，优化我市重点项目建设环境和投资环境，保障重点建设项目按进度完成。

会议听取了市房管局关于2015年市场筹集公租房有关问题的汇报。会议决定：原则同意收购“惠民家园”商品房48套，其中，64.05平方米房屋2套，73.98平方米房屋5套，88.28平方米房屋41套；收购住宅资金共1334万元，分两年支付，每年支付资金667万元，支付资金由市财政审核后拨付。

会议听取了市国土局关于《嘉峪关市城市周边永久基本农田划定工作实施方案》(以下简称《方案》)的汇报，原则同意《方案》，责成市国土局根据会议提出的意见，进一步修改完善，经副市长常守远审核后，以市政府名义下发实施。

会议要求，各有关单位要认真组织实施《方案》，细化责任分工，加强统筹协调，积极主动配合，形成工作合力，紧密结合我市土地利用总体规划和旅游规划，确定城市开发边界，落实耕地保护制度，保护城市周边优质耕地，使永久性基本农田划定和保护工作落到实处。

会议听取了市粮食局关于《嘉峪关市人民政府关于贯彻〈甘肃省人民政府关于贯彻国务院建立健全粮食安全省长责任制若干意见的实施意见〉的实施方案》(以下简称《方案》)的汇报，原则同意《方案》，责成市粮食局根据会议提出的意见，进一步修改完善,经副市长葛建团审核后,以市政府名义下发实施。

会议要求,各有关单位要组织实施《方案》,充分认识确保粮食安全的极端重要性和复杂性,进一步增强大局意识、责任意识,把保障粮食安全放在经济社会发展的突出位置,作为保障民生工作的基本任务,常抓不懈,毫不动摇。

会议听取了市卫计委关于《嘉峪关市乡村医生队伍建设实施方案》(以下简称《方案》)的汇报,原则同意《方案》,责成市卫计委根据会议提出的意见,进一步修改完善,经副市长王万平审核后,以市政府办公室名义下发实施。

会议要求,各有关单位要认真组织实施《方案》,从“保基本、强基层、建机制”和全市基本医疗卫生制度长远建设出发,改革乡村医生服务模式和激励机制,落实和完善乡村医生补偿、养老和培养培训政策,加强医疗卫生服务监管,稳定和优化乡村医生队伍,全面提升村级医疗卫生服务水平。

【市政府第101次常务会议】 2015年9月8日上午,市委副书记、市长柳鹏主持召开了市政府第101次常务会议。

会议传达学习了《省监察厅参加重大事故事件调查处理职责分工及工作流程》。会议要求,监察部门要深入贯彻“三转”要求,准确把握“监督的再监督、检查的再检查”的职能定位,转变工作方式,从配合参与转为执纪问责,监督有关职能部门履职尽责,切实提高事故调查处理工作的质量和水平。

会议听取了市发改委关于市粮食储备库迁建资金有关问题的汇报。会议决定:原则同意市粮食储备库迁建资金通过企业债券、价调基金及多渠道筹措等方式解决,其中企业债券2500万元,价调基金500万元,其余资金在建设过程中多渠道筹措;提请市委常委会审定。

会议听取了市房管局关于调整嘉峪关市棚户区改造工作领导小组有关问题的汇报。会议决定:原则同意对嘉峪关市棚户区改造工作领导小组进行调整,并成立项目指挥部;市房管局根据会议提出的意见,进一步修改完善,经市委常委、常务副市长杨伟审核后,提请市委常委会审定。

会议听取了市房管局关于《酒钢棚户区改造任务交由市政府实施有关情况的报告》的汇报(以下简称《报告》),原则同意《报告》,责成市房管局根据会议提出的意见,进一步修改完善,经市委常委、常务副市长杨伟审核后,提请市委常委会审定。

会议要求,各有关单位要统一思想,充分认识我市棚户区改造工作的重要性和紧迫性,细化责任分工,加强统筹协调,积极主动配合,形成工作合力,全力推动棚改任务按计划进行;尽快制定科学的征收补偿方案,按程序公示并与被征收人取得一致意见后,及时开展《征收补偿协议》签订工作;发改、财政、国土、建设、房管等部门要认真研究相关政策,积极与省级对口部门沟通协调,为全市争取更多的国拨省补资金;各有关单位要充分利用国家和省上关于棚改工作的各项政策条件,将全市旧城区基础设施提升与南市区配套设施建设统一规划、统一实施。

会议听取了市工信委关于《嘉峪关市智慧城市发展规划(2015-2020年)》的汇报(以下简称《规划》),原则同意《规划》,责成市工信委根据会议提出的意见,进一步修改完善,经副市长王进平审核后,以市政府名义下发实施。

会议要求,各有关单位要组织实施《规划》,紧紧抓住国家实施互联网+行动计划机遇,以深化智慧应用为主线,强化网络安全为保障,营造智慧生活,发展智慧经济,深化智慧城管,建设智慧政务,加快推进全市信息化与城镇化、工业化、农业现代化同步发展和深度融合。

【市政府第102次常务会议】 2015年9月15日上午,市委副书记、市长柳鹏主持召开了市政府第102次常务会议。

会议学习了《中华人民共和国政府采购法实施条例》。会议要求,全市各单位要认真学习贯彻《条例》,准确掌握其核心精神、原则和各项具体规定,增强政府采购法治意识,规范政府采购行为,提高政府采购工作的质量和水平。

会议传达学习了省政府应急管理办公室《关于进一步加强突发事件信息报告工作的通知》。会议要求,全市各单位要进一步提高思想认识,强化政治敏锐性和大局意识,加强组织领导,把突发事件信息报告工作牢牢抓在手上。市政府应急办要认真履行值守应急、信息报告和综合协调职责，严格落实突发事件信息报告工作相关制度和规定。

会议听取了市发改委关于嘉峪关市新城镇横沟村餐饮娱乐休闲度假园项目、嘉峪关市中医医院一期工程建设项目免征城市基础设施配套费有关问题的汇报。会议决定：原则同意按照《关于印发甘肃省城市基础设施配套费收费管理暂行办法的通知》(甘价服务〔2002〕216号)、《关于城市基础设施配套费免征有关问题的意见》(甘发改服务〔2013〕2096号)有关规定，对嘉峪关市新城镇横沟村餐饮娱乐休闲度假园项目免征城市基础设施配套费383.59万元，对嘉峪关市中医医院一起工程建设项目免征城市基础设施配套费140万元。

会议听取了市房管局关于《嘉峪关市建新街棚户区改造实施方案》《嘉峪关市福民(惠民)街棚户区改造实施方案》《嘉峪关市永乐街棚户区改造实施方案》(以下统称《方案》)的汇报，原则同意《方案》，责成市房管局根据会议提出的意见，进一步修改完善，经市委常委、常务副市长杨伟审核后，以市政府名义下发实施。

会议要求，科学测算补偿标准，向被征收人充分解释说明相关依据，做到依法和谐征收、科学合理补偿，确保公开公平公正；坚持"自愿原则"，鼓励被征收人购买我市存量商品住房，异地安置；市国土局要与酒钢(集团)公司协调办理棚户区土地所有权划转事宜，为棚改区域土地科学利用和城市基础设施规划建设提供有利条件；各有关单位要积极与省级对口部门接洽，尽快落实棚户区改造项目资金，确保征收补偿工作顺利开展。

会议听取了市市场监督管理局关于《嘉峪关市食品安全示范城市创建工作实施方案》(以下简称《方案》)的汇报，原则同意《方案》，责成市市场监督管理局根据会议提出的意见，进一步修改完善，经市委常委、常务副市长杨伟审核后，以市政府办公室名义下发实施。

会议要求，各有关单位要认真组织实施《方案》，分步实施，注重实效，树立典范，示范带动，进一步增强食品生产经营者的食品安全责任意识和诚信自律意识，推动食品产业不断改造升级和健康发展，提升全市食品安全保障水平。

会议听取了市农林局关于恢复宏丰公司定点屠宰业务有关问题的汇报。会议决定：原则同意恢复酒钢(集团)公司宏丰实业分公司家畜定点屠宰业务。

会议听取了市农林局关于调整草食畜牧业和设施蔬菜产业贷款贴息政策有关问题的汇报。会议决定：原则同意我市草食畜牧业和设施蔬菜产业发展贷款贴息政策中市级财政承担贷款利息比例为2个百分点。

会议听取了市农林局关于《关于培育发展家庭农场(林场)的指导意见》(以下简称《意见》)的汇报，原则同意《意见》，责成市农林局根据会议提出的意见，进一步修改完善，经副市长常守远审核后，以市政府办公室名义下发实施。

会议要求，各有关单位要组织实施《意见》，把培育发展家庭农场作为完善农村基本经营制度、创新农业经营体制、促进农村土地流转、发展适度规模经营和激发农村发展活力的重要途径，按照鼓励发展、逐步规范的要求，加强政策扶持，强化服务管理，典型示范引导，促进家庭农场健康有序发展。

会议听取了市三产中心关于嘉峪关广播转播台地块租户拆迁工作有关问题的汇报。会议决定：原则同意对嘉峪关广播转播台地块租户进行拆迁。

会议要求，由于广播转播台地块租户问题是因"以租养台"的历史原因所形成，拆迁过程中应当本着尊重历史、尊重现实的原则，对租户给予适当经济补助；调研摸底，制定科学统一的补助标准，避免因补助不平衡产生次生社会矛盾，确保拆迁工作顺利开展；新建广播转播台要紧密结合全市城市建设总体规划，在保障其使用功能不受影响的基础上，科学选址，节约土地资源；新建广播转播台落成后，其地块及地面附着物不得对外出租。

【市政府第103次常务会议】2015年10月13日下午，市委副书记、市长柳鹏主持召开了市政府第103次常务会议。

会议听取了市政府办公室关于嘉峪关市数据交换共享平台及行政审批系统建设有关问题的汇报。会议决定：原则同意《嘉峪关市数据交换共享平台及行政审批系统建设方案》(以下简称《方案》)；统一网上行政审批平台及电子监察平台、数据交换共享平台采取单一来源方式采购；系统建设经费由市财政局审核后拨付。

会议强调，各有关单位要认真组织实施《方案》，进一步推进行政审批制度改革和加大简政放权力度，提高依法行政水平，提升行政效率和服务质量，增强行政审批透明度，促进政府管理体制创新和机关效能建设。

会议听取了市审计局关于《嘉峪关市管党政主要领导干部和市属国有企业领导人员经济责任审计实施办法》(以下简称《实施办法》)、《嘉峪关市党政机关主要领导干部离任经济责任事项交接办法(试行)》(以下简称《交接办法》)、《嘉峪关市经济责任审计工作联席会议制度》(以下简称《联席会议制度》)的汇报，原则同意《实施办法》《交接办法》《联席会议制度》，责成市审计局根据会议提出的意见，进一步修改完善，经市委常委、常务副市长杨伟审核后，提请市委常委会审定。

会议要求，全市各单位要认真贯彻执行《实施办法》《交接办法》《联席会议制度》，进一步规范经济责任审计工作，提高经济责任审计质量和水平，切实加强对党政机关主要领导干部经济行为和经济活动的管理监督，努力实现对主要领导干部经济责任离任审计和交接全覆盖。

会议听取了市发改委关于对嘉峪关市妇幼保健院医疗保障辅助用房建设项目、嘉峪关市居家养老服务中心建设项目、酒钢医院危旧病房改造项目、68207 部队家属生活区建设项目免征城市基础设施配套费有关问题的汇报。会议决定：原则同意按照相关文件要求，对嘉峪关市妇幼保健院医疗保障辅助用房建设项目免征城市基础设施配套费 7.13 万元，对嘉峪关市居家养老服务中心建设项目免征城市基础设施配套费 14.4 万元，对酒钢医院危旧病房改造项目免征城市基础设施配套费 74.9 万元，对 68207 部队家属生活区建设项目免征城市基础设施配套费 145.31 万元。

会议听取了市发改委关于在全市正式推行供热计量收费有关问题的汇报。会议决定：原则同意在全市正式推行供热计量收费。

会议要求，加大宣传力度，使广大市民充分认识到通过热计量收费的方式，能够提高能源利用率，降低建筑物供热能源消耗，为用户节省热费；采取试点推广的方式推行计量热价改革，先选择1-2 个热量稳定、收费变化不大的小区作为试点，为下一步全面推行积累经验，奠定基础。

会议听取了市人社局关于《关于加强嘉峪关市教育系统教师职称评聘工作的实施意见》的汇报(以下简称《意见》)，原则同意《意见》，责成市人社局根据会议提出的意见，进一步修改完善，经市委常委、常务副市长杨伟审核后，以市政府名义下发实施。

六、会议听取了市房管局关于嘉峪关市 2015-2017 年城镇棚户区改造及配套基础设施建设“三个计划、两个方案”有关问题的汇报。会议决定：原则同意 2015-2017 年城镇棚户区改造及公租房建设计划、2015-2017 年城镇棚户区改造、公租房配套基础设施项目建设计划、2014 年底前开工棚改安置房、公租房小区配套基础设施不完备项目建设计划、《嘉峪关市 2015-2017 年城镇棚户区改造实施方案》《嘉峪关市 2015-2017 年棚户区改造货币化安置目标及实施方案》；市房管局根据会议提出的意见，进一步修改完善，经市委常委、常务副市长杨伟审核后，上报省建设厅。

会议要求，市房管局要对全市需改造的区域再次进行排查摸底，做到应报尽报，搭上棚户区改造的末班车，助力城市整体规划建设。市建设局、市房管局要将全市 C 级、D 级危房情况重新梳理，并按规定列入改造计划。要将嘉峪关关城、嘉峪关火车南站周边农村及新城镇安远沟村列入改造计划，争取使其享受危旧农村改造及城中村改造等叠加政策，尽快实施改造工作，着力改善关城景区及高铁站周边环境，提升城市门户形象。

会议听取了市市场监督管理局关于实施食品药品检验检测中心、产品质量计量和特种设备检验检测中心、农产品检验检测中心实验室联建项目有关问题的汇报。会议决定：原则同意实施食品药品检验检测中心、产品质量计量和特种设备检验检测中心、农产品检验检测中心实验室联建项目。

会议听取了市市场监督管理局关于《嘉峪关市推进非公有制经济发展实施意见》的汇报(以下简称《意见》)，原则同意《意见》，责成市市场监督管理局根据会议提出的意见，进一步修改完善，经市委常委、常务副市长杨伟审核后，提请市委常委会审定。

会议强调，各有关单位要认真组织实施《意见》，破解要素制约，提高资源配置效率和公平性，大力倡导大众创业、万众创新，不断优化发展环境，进一步激发非公有制经济活力和创造力，全力推动非公有制经济加快发展，努力实现非公有制经济成为全市国民经济重要增长极。

会议听取了市国土局关于贯彻落实全省不动产统一登记工作会议精神有关问题的汇报。会议决定：原则同意根据嘉机编发〔2015〕39号文件精神，将市不动产统一登记事务中心增加的人员划转到位；将本市三镇国土所机构进行职责整合，加挂不动产统一登记所牌子，负责全市农村集体土地所有权、集体建设用地使用权、宅基地使用权、农村土地承包经营权五年过渡期后的登记发证工作，以及即将实施的宅基地使用权、集体建设用地使用权抵押登记、全市土地承包经营权流转登记工作；市机关事务管理局负责调配专门的登记办事场所。

【市政府第104次常务会议】2015年10月16日下午，市委副书记、市长柳鹏主持召开了市政府第104次常务会议。

会议听取了市政府法制办关于废止部分规范性文件有关问题的汇报。会议决定：原则同意按照《甘肃省规范性文件管理办法》有关要求，对清理出的《嘉峪关市基本建设项目建设程序暂行办法》(嘉政发〔2008〕61号)、《嘉峪关市工作目标责任制考核奖惩暂行办法》(嘉政发〔2011〕123号)等15个文件予以废止。

会议听取了市发改委关于《嘉峪关市关于贯彻〈关于开展政府和社会资本合作的实施意见〉的工作方案》(以下简称《方案》)的汇报，原则同意《方案》，责成市发改委根据会议提出的意见，进一步修改完善，经市委常委、常务副市长杨伟审核后，以市政府办公室名义下发执行。

会议要求，全市各单位要认真组织实施《方案》，健全工作机制，提供政策支持，营造公平环境，深化舆论宣传，鼓励和引导各类社会投资参与本市基础设施提升，推进政府职能转变，促进经济社会协调发展。

会议听取了市发改委关于嘉峪关市第一批鼓励社会资本参与投资建设运营推荐项目有关问题的汇报。会议决定：原则同意按照PPP项目模式及适用范围，确定44个项目作为本市第一批鼓励社会资本参与投资建设推荐项目，总投资245亿元，其中，交通设施项目2个，农林水利项目2个，市政设施项目5个，社会事业项目3个，文体旅游项目8个，生态保护项目6个，其他项目18个。

会议听取了市发改委关于成立工业园区循环化改造项目协调推进领导小组有关问题的汇报。会议决定：原则同意成立由市委常委、常务副市长杨伟同志任组长的工业园区循环化改造项目协调推进领导小组。

会议听取了市人社局关于发放2015年度机关事业单位年终一次性奖金、应休未休年休假补贴、取暖补贴有关问题的汇报。会议决定：原则同意按照《关于2009年机关单位年终一次性奖金及事业单位绩效工资有关问题的通知》(甘人发〔2009〕63号)文件精神，发放市属机关事业单位工作人员2015年度年终一次性奖金和离退休人员2015年慰问金；按照《甘肃省人事厅关于印发〈甘肃省机关事业单位工作人员带薪年休假实施办法〉的通知》(甘人发〔2008〕20号)、《关于发放机关事业单位工作人员应休未休年休假补贴的通知》(甘人社厅发〔2012〕19号)文件精神，发放本市2015年机关事业单位工作人员应休未休年休假补贴；根据省政府指示提高机关事业单位个人冬季取暖费补贴有关精神，发放全市机关事业单位个人取暖补贴；行政机关和全额拨款事业单位所需经费由市财政拨付，差额和自收自支事业单位经费自理；提请市委常委会审定。

会议听取了市财政局关于《嘉峪关市市级中期财政规划编制工作实施方案》的汇报(以下简称《方案》)，原则同意《方案》，责成市财政局根据会议提出的意见，进一步修改完善，经市委常委、常务副市长杨伟审核后，以市政府办公室名义下发实施。

会议要求，各有关单位要认真组织实施《方案》，加快建立现代财政制度，改进预算管理和控制方式，增强政府统筹能力，集中财力办大事，提高预算的前瞻性，将预算安排的周期从一年扩展到三年，试行滚动编制，强化中期财政规划对年度预算的约束，发挥财政稳定器和“逆周期”调节器作用，实现财政经济可持续发展。

会议听取了市财政局关于《嘉峪关市政府购买公共服务绩效考核评价实施办法(试行)》的汇报(以下简称《办法》),原则同意《办法》,责成市财政局根据会议提出的意见,进一步修改完善,经市委常委、常务副市长杨伟审核后,以市政府办公室名义下发实施。

会议要求,各有关单位要认真组织实施《办法》,有效评价政府购买公共服务的财政资金使用绩效和承接项目社会组织的服务绩效,建立科学、合理的绩效评价机制,保障政府购买公共服务工作顺利开展。

会议听取了市综合执法局关于《嘉峪关市综合执法工作联席会议制度》的汇报(以下简称《制度》),原则同意《制度》,责成市综合执法局根据会议提出的意见,进一步修改完善,经副市长常守远审核后,以市政府办公室名义下发执行。

会议要求,各有关单位要认真贯彻执行《制度》,进一步深化行政执法体制改革,提高依法管理质量和水平,切实加强综合执法,保证综合执法日常工作的制度化、规范化,形成联合执法、分工协作、齐抓共管的执法合力,实现统一、高效、协调的综合执法体制,切实维护人民群众合法权益。

【市政府第105次常务会议】2015年11月12日下午,市委副书记、市长柳鹏主持召开了市政府第105次常务会议。

会议听取了市政府法制办关于《嘉峪关市行政规范性文件管理办法》(以下简称《管理办法》)、《嘉峪关市行政执法案卷评查办法》(以下简称《评查办法》)的汇报,原则同意《管理办法》《评查办法》,责成市政府法制办根据会议提出的意见,进一步修改完善,经副市长王进平审核后,以市政府办公室名义下发执行。

会议要求,全市各单位要认真贯彻执行《管理办法》《评查办法》,保障和监督行政机关有效实施行政管理,进一步推进我市依法行政工作,加快法治政府建设,从源头上预防和减少执法违法行为的发生,有效保护公民、法人和其他组织的合法权益。

会议听取了市发改委关于对嘉峪关农商银行新城、文殊支行改建项目免征城市基础设施配套费有关问题的汇报。会议决定:原则同意按照《甘肃省城市基础设施配套费收费管理暂行办法》(甘价服务〔2002〕216号)相关要求,对嘉峪关农商银行新城、文殊支行改建项目免征城市基础设施配套费12.71万元。

会议听取了市发改委关于《嘉峪关市政府投资项目管理办法》《嘉峪关市核准投资项目管理办法》的汇报,原则同意《嘉峪关市政府投资项目管理办法》《嘉峪关市核准投资项目管理办法》,责成市发改委根据会议提出的意见,进一步修改完善,经市委常委、常务副市长杨伟审核后,以市政府办公室名义下发执行。

会议要求,全市各单位要严格贯彻执行两个《办法》,进一步深化投资体制改革,规范政府投资及核准行为,加强项目管理,加快转变政府职能,实现便利、高效服务和有效管理。

会议听取了市发改委关于《嘉峪关市发展众创空间和推进大众创新创业的实施意见》(以下简称《意见》)的汇报,原则同意《意见》,责成市发改委根据会议提出的意见,进一步修改完善,经市委常委、常务副市长杨伟审核后,以市政府办公室名义下发执行。

会议强调,全市各单位要认真组织实施《意见》,加快我市发展众创空间等新型创业服务平台建设,努力营造良好的创新创业环境,激发大众创新创业活力,打造经济发展新引擎。

会议听取了市发改委关于成立嘉峪关市公务用车制度改革领导小组有关问题的汇报。会议决定:原则同意成立嘉峪关市公务用车制度改革领导小组;根据会议讨论意见修改完善后,提请市委常委会审定。

会议听取了市机关事务管理局关于市政府驻外办事机构规范清理有关问题的汇报。会议决定:原则同意市政府驻兰州办事处、市政府驻北京联络处、市政府驻上海联络处继续保留,并上报省政府审核批准;市政府驻三亚办事处交由市文旅集团管理经营,将资产划归移交市文旅集团,编制内工作人员由市政府办公室统一安排;提请市委常委会审定。

会议听取了市财政局关于调整嘉峪关市2015年财政收支预算有关问题的汇报。会议决定:原则同意调减公共财政收入预算3.53亿元,收入预算由20.92亿元调整为17.39亿元,增加公共财政预算债券转贷收入2亿元，最终公共财政收入预算调整为19.39亿元；公共财政预算债券转贷收入2亿元和一般性转移支付收入1.53亿元，共计3.53亿元，用于弥补公共财政预算收入短收形成的财政支出缺口；3.提请市委常委会审定后，提请市人大常委会审议。

会议听取了市财政局关于棚户区改造项目贷款有关问题的汇报。会议决定：原则同意市城投公司作为市级用款人，与嘉峪关市人民政府、甘肃省扶贫开发和棚户区改造投资有限责任公司签订融资合作三方协议；市城投公司与甘肃省扶贫开发和棚户区改造投资有限责任公司、国家开发银行签订项目贷款合同；贷款资金按照市房管局的资金使用计划执行，并按市房管局、市发改委、市财政局、市城投公司商定的贷款资金支付流程支付；市城投公司与建设开发中标单位签订借款合同，借款周期3-5年，本着“谁用款、谁偿还”的原则，用于开发建设的由开发建设单位负责偿还，并提供相应的抵押物；按照国家开发银行甘肃省分行的要求，推荐将兰州银行嘉峪关分行、中国银行嘉峪关分行、甘肃银行迎宾东路支行作为本次代理监管银行，核算棚户区改造项目的拆迁补偿费、建设开发等各项费用。

会议听取了市财政局关于市中级人民法院、市人民检察院资产清查结果复核有关问题的汇报。会议决定：原则同意市财政局关于对市中级人民法院、市人民检察院的资产清查结果，并按照有关规定上报省财政厅审核。

会议听取了市人社局关于《嘉峪关市生育保险管理办法(暂行)》(以下简称《办法》)的汇报，原则同意《办法》，责成市人社局根据会议提出的意见，进一步修改完善，经法制办审核后，以市政府办公室名义下发执行。

会议听取了市市场监督管理局关于基层分局业务用房项目建设有关问题的汇报。会议决定：原则同意市市场监督管理局基层分局业务用房项目与正在规划建设的嘉峪关市食药中心食品检验检测实验室、产品质量检测中心检验检测实验室和农产品综合质量检测中心项目联建。

会议听取了市民政局关于《嘉峪关市关于促进慈善事业健康发展的实施意见》(以下简称《意见》)的汇报，原则同意《意见》，责成市民政局根据会议提出的意见，进一步修改完善，经副市长王进平审核后，以市政府办公室名义下发执行。

会议要求，全市各单位要认真组织实施《意见》，充分调动全社会参与慈善事业的积极性，构建政府支持推动、部门协调配合、社会广泛参与、慈善组织自主运作的慈善工作格局，推动慈善事业持续健康发展，成为与全市一道全面建设小康社会、建设幸福美好嘉峪关的重要力量。

会议听取了市民政局关于拟建小区名称有关问题的汇报。会议决定：原则同意按照《甘肃省地名管理办法》(甘肃省人民政府令2003年第10号)和《嘉峪关市地名管理办法》(嘉政办发〔2008〕117号)相关规定要求，将嘉峪关万隆房地产有限公司在南市区(酒钢三中新校区东侧、南湖南侧)开发建设的住宅小区命名为“南湖学府”，将嘉峪关润业房地差开发有限责任公司在南市区（方特大道南侧、市政府政府服务中心西南侧)开发建设的住宅小区命名为“润泽公馆”，将嘉峪关中和盛房地产开发有限责任公司在嘉文路北侧（北邻嘉峪关火车站货场、东邻白马公寓住宅小区)开发建设的住宅小区命名为“锦绣家园”。

会议听取了市环保局关于《嘉峪关市大气污染防治工作督查考核办法》(以下简称《办法》)的汇报，原则同意《办法》，责成市环保局根据会议提出的意见，进一步修改完善，经副市长葛建团审核后，以市政府办公室名义下发执行。

会议强调，各有关单位要严格贯彻执行《办法》，加强配合，形成合力，对大气污染防治督查考核工作进行详细的安排部署、检查落实，紧紧围绕全市大气污染防治重点工作任务内容，进行全面、全程督查考核。

会议听取了市环保局关于《嘉峪关市推行环境保护工作网格化监管实施方案》(以下简称《方案》)的汇报，原则同意《方案》，责成市环保局根据会议提出的意见，进一步修改完善，经副市长葛建团审核后，以市政府办公室名义下发执行。

会议要求，各有关单位要认真组织实施《方案》，形成“政府主导、环保部门统一协调、相关部门各负其责、社会各界广泛参与”的工作格局，实现环境监管工作的规范化、精细化、长效化，从源头减少环境隐患，促进区域环境安全，提升生态环境质量，为经济社会又好又快发展提供有力保障。

会议听取了市安监局关于《嘉峪关市安全生产"党政同责、一岗双责"制度实施细则》(以下简称《细则》)的汇报,原则同意《细则》,责成市安监局根据会议提出的意见,进一步修改完善,经副市长葛建团审核后,提请市委常委会审定。

会议要求,全市各单位要认真贯彻执行《细则》,切实落实安全生产"党政同责、一岗双责"责任制,全面贯彻省委、省政府关于安全生产工作的各项决策部署,进一步明确安全生产工作职责任务,努力推动我市安全生产工作健康发展。

会议听取了市环卫局关于《嘉峪关市城市环境卫生系统专项规划(2015-2030)》(以下简称《规划》)的汇报,原则同意《规划》,责成市环卫局根据会议提出的意见,进一步修改完善,经副市长葛建团审核后,以市政府名义下发实施。

会议强调,各有关单位要认真组织实施《规划》,进一步完善我市环境卫生设施规划工作,使城市垃圾收运处理设施完整地纳入城市总体规划和建设计划,与城市建设相协调,与城市发展相适应,为城市环境卫生规划与管理提供科学依据。

会议听取了市教育局关于发放班主任补助有关问题的汇报。会议决定:原则同意从2016年1月1日起,按照建制班级,幼儿园、小学、初中、高中、中专分别按照400元、500元、500元、500元、400元的标准向班主任发放补助;全年所需经费365万元,其中义务教育学校263万元,非义务教育学校102万元;3. 所需经费由市财政列入预算安排。

会议听取了市三产中心关于《嘉峪关市人民政府关于加快服务业发展的实施意见》(以下简称《意见》)的汇报,原则同意《意见》,责成市三产中心根据会议提出的意见,进一步修改完善,经副市长王万平审核后,以市政府名义下发实施。

会议要求,各有关单位要认真组织实施《意见》,着力深化改革,强化创新驱动,加大政策扶持力度,进一步加快我市服务业发展步伐,提升服务员发展水平,增强服务业对经济社会发展的推动作用,促进服务业拓宽领域、增强功能、优化结构、提高水平、加速发展,推动服务业与新型工业化、信息化、城镇化、农业现代化和生态化融合发展,市服务业成为我市经济增长的重要新引擎。

会议听取了市政府金融办关于《嘉峪关市市长金融奖考核表彰办法》(以下简称《办法》)的汇报,原则同意《办法》,责成市政府金融办根据会议提出的意见,进一步修改完善,经副市长陶东平审核后,以市政府办公室名义下发实施。

会议强调,各有关单位要认真贯彻执行《办法》,鼓励我市金融机构积极扩大信贷总量,优化信贷结构,改善金融环境,提高金融服务质量,充分发挥金融促进经济发展的作用,促进全市经济快速发展,实现金融业做大做强与支持经济发展的双赢目的。

【市政府第106次常务会议】2015年11月27日上午,市委副书记、市长柳鹏主持召开了市政府第106次常务会议。

会议传达学习了《省委办公厅关于认真学习贯彻〈中国共产党廉洁自律准则〉和〈中国共产党纪律处分条例〉的通知》。会议要求,全市各单位要切实增强学习贯彻的自觉性和坚定性,深入透彻、原原本本地学习领会《准则》和《条例》出台的重大意义,树立组织观念,遵守组织章程,执行组织纪律,真正使《准则》和《条例》精神内化于心、外化于行;市政府各党组成员,要按照省委党风廉政建设"3783"责任体系建设有关工作要求,在近期深入分管各部门,就党风廉政建设情况进行专题调研,指导和督促全市各部门进一步贯彻落实好省委和市委关于党风廉政建设的安排部署和具体要求。

会议传达学习了党的十八届五中全会精神。会议强调,党的十八届五中全会是我国全面建成小康社会进入决胜阶段召开的一次重要会议。全市各单位要深刻领会党的十八届五中全会精神,准确把握"十三五"时期的新部署和新要求,对照结合中央"十三五"期间的新政策、新举措,认真研究、制定我市"十三五"规划,将全会精神准确体现在我市"十三五"规划中,以实际行动确保我市如期实现"两个率先"发展目标。

会议传达学习了省委十二届十四次全委会议精神。会议要求,全市各单位要认真学习、深刻领会全会精神,不断强化只争朝夕的奋斗意识、主动作为的担当精神、从严从实的干事品格、廉洁干净的政治本色,顺应全面建成小康社会的现实要求,回应人民群众过上幸福美好生活的热切期盼,以务实有效的作风,把"十三五"的宏伟蓝图变成生动现实。

会议传达学习了全省藏区工作会议精神。会议强调，各有关单位要认真贯彻落实省委关于全省藏区工作的决策部署，紧密结合全市对口帮扶藏区实际，进一步完善帮扶工作方案，细化帮扶措施，切实加大帮扶项目推进落实力度，及时足额落实对口帮扶资金，为本省藏区建设工作贡献力量。

会议学习了《中华人民共和国食品安全法》。会议要求，各有关单位要认真组织学习，加强业务培训，增强业务素质，提升执法水平；各职能部门之间要加强协调配合，明确各自职责，形成工作合力，加强执法监管。

会议听取了市发改委关于《中共嘉峪关市委关于制定国民经济和社会发展第十三个五年规划的建议》的汇报（以下简称《建议》），原则同意《建议》，责成市发改委根据会议提出的意见，进一步修改完善，经市委常委、常务副市长杨伟审核后，提请市委常委会审定。

会议要求，《建议》要总体把握好全市经济社会未来五年的发展方向，既要贯彻好中央、省委的有关精神，也要紧密结合本市工业、生态、文化、旅游发展实际，以及城乡一体化现状，统筹实施多规合一，准确把握我市长期发展战略定位；全市各单位要提振信心，共同努力，进一步科学测算，并在《建议》中明确提出符合我市经济社会发展实际且值得为之奋斗的五年发展目标；市政府各党组成员要在近期，深入全市各行业领域广泛征求意见，市委政研室、市政府研究室、市发改委要对征求的意见和建议进行认真归纳和提炼，有针对性地进行吸收、完善，使《建议》更加科学、规范，更加符合我市发展的实际；《建议》要将生态文明建设提升至重要位置，努力使全市在经济社会不断发展的同时，成为一座天蓝、水美、环境优良的宜居城市。

会议听取了市编办关于嘉峪关市承接落实省级政府部门第十六批第十七批中央在甘单位第十批第十一批取消调整和下放行政审批项目有关问题的汇报。会议决定：原则同意按照有关文件要求，取消调整和承接行政审批项目共85项，其中，市政府部门取消调整和承接行政审批项目35项，在嘉单位取消和承接行政审批项目21项，市政府部门取消、调整和承接其他事项29项。

会议听取了市公积金中心关于全市行政事业单位人员津贴补贴及基本工资调整等补缴住房公积金有关问题的汇报。会议决定：原则同意按照《住房公积金管理条例》和《关于工资总额组成的规定》，对2014年1月1日至2015年12月31日全市行政事业单位缴存住房公积金在职职工及2009-2014年招录的"进村（社区）"和民生实事就业项目人员补缴住房公积金；补缴住房公积金需财政补贴资金共计2492万元；自2016年1月1日起，年终一次性奖金计入住房公积金缴存基数；4.提请市委常委会审定。

会议听取了市旅游局关于《嘉峪关市乡村旅游精准扶贫工作实施方案》的汇报（以下简称《方案》），原则同意《方案》，责成市旅游局根据会议提出的意见，进一步修改完善，经副市长常守远审核后，提请市委常委会审定。

会议要求，各有关单位要认真组织实施《方案》，紧紧围绕转方式、调结构、稳增长、惠民生，推动我市旅游工作与扶贫开发有机融合，积极推进乡村旅游建设，进一步拓宽农民增收渠道，增加农民收入。

会议听取了市消防支队关于《嘉峪关市消防安全责任问责办法》的汇报（以下简称《办法》），原则同意《办法》，责成市消防支队根据会议提出的意见，进一步修改完善，经副市长常守远审核后，以市政府办公室名义下发执行。

市长办公会议

【3月6日办公会议】2015年3月6日，市委副书记、市长柳鹏带领市政府办公室、市发改、财政、国土、规划部门主要负责同志，对嘉峪关经济技术开发区（工业园区）进行专题调研，实地查看嘉峪关经济技术开发区（工业园区）2015年重点建设项目，并在嘉峪关经济技术开发区（工业园区）工作汇报会上对加快推进工业园区基础设施建设做出了重要指示。副市长、甘肃嘉峪关工业园区管委会主任王进平主持汇报会。

会议决定，以"国家低碳工业园区试点"和"国家新型工业化产业示范基地"为契机，围绕低碳、环保发展主题，结合项目建设，做实做透国家低碳工业园区试点方案，务必使方案具有可操作性，积极争取各类资金支持，抢抓历史机遇加快嘉峪关经济技术开发区(工业园区)发展。确定今年为嘉峪关经济技术开发区（工业园区）基础设施提升年,重点实施“631”基础设施建设项目(“6”是修建六条道路:嘉东工业园新城大道道路、嘉东工业园中小企业创业园道路、嘉东工业园新鹏路道路、嘉东拓展区简易道路及供水工程、嘉北不锈钢产业园拆迁安置区道路、嘉北工业园西苑路道路;“3”是实施三大项目:开发区企业总部基地建设项目、嘉北工业园综合服务区项目、开发区标准化厂房建设项目;“1”是推进嘉东工业园污水管网项目)。开发区企业总部基地项目和嘉北工业园综合服务区项目由市国土局按照园区发展工业的要求提供最优惠土地政策及服务，市规划局做好土地用地规划,并由市发改委全力协助争取1个加油(汽)站指标，只要有一个就优先布局建设在嘉北工业园综合服务区。嘉东工业园区污水管网建设项目及污水处理厂项目,由发改、建设、园区三部门紧密协调、加快推进;嘉东工业园区污水管网及污水处理厂项目是否与现有市污水厂合并建设由副市长王进平先行召集有关部门和专家论证可行性。原则同意工业园区管委会充实人员、增设内部机构及内设机构更名，关于增设纪检组长等事宜提交市纪委统筹研究考虑。嘉峪关经济技术开发区(工业园区)绿化要适地适树,选择成本低、成活率高的树种,选择适宜环境的绿化用土,同时适时进行肥料施放;园区内灯箱广告暂不建设,安装路灯一定要遵循科学性原则,合理设置间距和数量。市发改、国土、规划、财政、园林、编办等部门要继续加大对园区工作的支持力度，为园区健康发展创造良好条件。

会议要求,要充分用好城投发债资金,把资金利用好,把项目实施好,“好钢用在刀刃上”,少干“锦上添花”的项目,多干急需项目、“雪中送炭”项目。严格遵照国家建设项目程序和相关规定,实施项目绝不能超预算投资,确保阳光招投标,严格投资预算,保证工程质量。市政府安排市审计局对工业园区今年基础设施项目进行全程跟踪审计。严格执行嘉峪关经济技术开发区(工业园区)项目专家论证制度,要以低碳园区、绿色环保为主题,突出项目的质量、效益和可持续性。进一步解放思想、创新观念,充分采取市场化手段,加大园区项目融资和合作力度。在发挥财政资金四两拨千斤作用的同时,积极鼓励社会融资。各相关单位要千方百计协助落实嘉峪关经济技术开发区（工业园区）与成都蜀鑫公司合作的开发区企业总部基地项目,及开发区嘉北综合服务区项目。加强自身建设,转变工作作风,为企业提供优质服务。

【5月20日办公会议】2015年5月20日,市委副书记、市长柳鹏主持召开嘉峪关市政府与新疆广汇集团公司座谈会,双方就进一步加强合作,加快推进甘肃宏汇能源公司1000万吨煤炭分质利用项目建设等相关工作进行了商讨。

会议听取了新疆广汇集团公司执行董事、总裁尚继强关于1000万吨煤炭分质利用项目进展情况和公司发展规划情况的介绍,同时,市属有关部门针对项目推进过程中存在问题进行了解答和说明。双方在充分沟通,协商一致的基础上认为,该项目作为省列重大项目，一直以来，得到了省委、省政府和省直有关部门的倾力支持。项目建设过程中,在嘉峪关市政府的积极协调支持下,新疆广汇集团公司和酒钢集团公司充分发挥资源禀赋和比较优势,积极作为、共同发力,项目建设取得了阶段性成果,土地、环评、安评等各项前期手续办结规范、施工进度按计划稳步推进,为11月底前150万吨/年煤炭分质利用项目顺利投产运行奠定了较为坚实的基础。同时,双方还就该项目职工南市区生活基地建设工作进行了沟通和交流。

会议商定：嘉峪关市政府将继续加大力度支持新疆广汇集团公司和酒钢（集团）公司合资公司--甘肃宏汇能源公司在嘉峪关的建设和发展,积极创造良好的内外部环境,提供优质的服务,确保为项目建设提供支撑保障,实现地企共赢;市政府支持甘肃宏汇能源公司的各项优惠政策比照支持酒钢(集团)公司相关政策执行,保证应享尽享,支持到位;关于正在建设的1000万吨项目,远期规划3000万吨项目用地问题,按国家土地政策规定进行招拍挂后出让获得，市政府承诺全力支持项目外围管网、绿化、公辅设施等建设;甘肃宏汇能源公司职工南市区1000亩生活基地建设按照一次预留、逐期规划、分批实施的原则,以土地招拍挂方式供地。市政府按建设进度配套道路、绿化、管网等基础设施。最大限度支持甘肃宏汇能源公司职工南市区生活基地建设。市政府和新疆广汇集团公司指定专人负责落实该项工作。

（罗小玲　陈延斌）

市政府办公室

【机构设置与人员编制】嘉峪关市人民政府办公室内设综合科、秘书科、信息技术科、文档科、财务科、行政科、政工科、督查科、外事侨务科共9个科室，行政编制31名（包含军转干部编制2名），机关后勤编制5人。其中地级干部单列行政编制5名（市政府市长1名，副市长4名）；处级干部职数10名（秘书长1名；副秘书长4名，其中1名兼办公室主任；办公室副主任2名，其中1名兼督查室主任；外事侨务办副主任1名；研究室主任1名、副主任1名），科级干部职数11名。另外，市纪委派驻人员行政编制1名，其中处级干部职数1名（纪检组长）。

市政府办公室直管单位：驻兰州联络处核定全额拨款事业编制12名（其中主任1名，科级职数1名）；驻上海联络处核定全额拨款事业编制4名（其中主任1名，科级职数1名）；驻北京联络处核定全额拨款事业编制4名（其中主任1名，科级职数1名）；驻三亚联络处核定全额拨款事业编制3名（其中主任1名，科级职数1名）；嘉峪关市电子政务办公室与嘉峪关市人民政府应急管理办公室合署办公，核定参照公务员法管理事业编制11名（其中主任1名，科级职数5名）；嘉峪关市政府研究室核定行政编制5名（其中主任1名，副主任1名，科级职数2名）；嘉峪关市地方志办公室核定参照公务员法管理事业编制3人（其中副处级干部职数1名，科级职数2名）；嘉峪关市机关事务管理局核定全额拨款事业编制16名（局长由市政府秘书长兼任，科级干部职数5名）；嘉峪关市人民政府金融工作办公室核定全额拨款事业编制3名（主任由市政府秘书长兼任，科级干部职数2名）；市委、市政府接待处核定参照公务员法管理事业编制6名（其中主任1名，副主任1名，科级干部职数4名）；市级机关保卫处核定全额拨款事业编制3名（其中处长1名，科级干部职数2名）。

办文办会。围绕市委、市政府工作重点，群众关心的热点、难点，高质量完成了各类文件、材料等综合性文稿的起草，形成了打造丝绸之路经济带战略性节点城市课题研究、推进社会治理创新、工业化转型升级和加快信息化建设等一批调研报告。全年共编发《政务参考》、《政务信息》等48期，上报政务信息452篇，其中，被国务院办公厅采用18篇，被省政府办公厅采用59篇，国务院领导做出批示6篇。全年收转、复核、印制、清退各类公文5300余件，全部做到了收转处理及时、跟踪落实到位。档案管理工作不断加强，在全市考核验收中获得第一名。二轮修志、年鉴和大辞典编纂等工作取得阶段性成果，《嘉峪关志》、《嘉峪关年鉴·2014》等7部史志分别被省地方志编纂委员会和志史学会表彰。严格规范会议组织程序、议题和规模，落实重大决策会前协调沟通程序，建立会议决策落实记录制度，保障了市政府各类会议质量和决策执行效率进一步提高。

协调服务。围绕经济结构调整、重大项目实施、民生实事、省市工作目标责任落实等一系列事关全局的大事、要事开展协调服务，保障了全省项目观摩、第五届敦煌行丝绸之路国际旅游节等一批重大活动的圆满完成。严格接待标准，圆满完成了各级各类接待任务，较好地发挥了接待工作“窗口”和“桥梁”作用。强化金融监管，组织风险排查和专项整治7次，妥善处置涉嫌非法吸收公众存款案4起。严格规范因公出国及侨务管理，紧扣“一带一路”战略思想认真履行外事职能，全市影响力和知名度提升。各驻外联络机构充分发挥协调服务和经济联络职能，外引内联、协调沟通，较好完成了各项工作任务。

督察督导。围绕“工作落实年”“效能风暴”和年度目标任务，建立健全了跟踪督查、动态监控、滚动督办、定期通报等督查督办机制。主动邀请市人大代表、政协委员对全市经济社会发展重点项目，省、市惠民实事，人大代表意见建议和政协委员提案办理情况进行督查视察，提高了督查工作实效。拓宽督查工作领域，启用督办评估系统，将会议落实、应急值守、物业管理、安全生产、综合执法改革、市长信箱办理等纳入了督查范围，并对省政府目标责任落实、大气污染防治、民生实事办理等重点工作开展了专项督查，确保了市政府各项决策部署的落实。2015年以来先后组织大型督查活动12次，督办市政府领导批示件126件；组织办理人大代表意见、建议及政协委员提案217件，办复率达到100%。认真受理“市长信箱”和人民网“地方领导留言板”信件163件，并逐一协调办理、跟踪落实、及时答复，解决了一批群众关心关注的热点难点问题。

依法行政。围绕建设法治政府、阳光政府，加强依法行政和政府信息公开工作。在市政府常务会组织学习行政诉讼法、不动产登记条例等7部法律法规，举办了4期全市领导干部依法行政专题讲座，提升政府部门依法行政水平。审查办理市政府批办、报备规范性文件95件，涉法事务60余件，受理、办结涉及工伤认定、行政处罚等复议案件12件，市政府出庭行政诉讼案件9件，有力地保障了法治政府建设。积极推进“三张清单一张网”建设，政府各部门权力清单、责任清单、财政专项资金管理清单和扶贫清单全部在政务服务网上线发布。认真做好政府信息公开工作，通过政务微博、微信和政府网站，全年主动公开信息2.4万余条、规范性文件27件。强化网络安全风险防范，对全市46个政府部门网站进行了全方位的读网、安全检查和整改，进一步规范了各部门网站的安全运行。

服务保障。立足市级机关高效、安全、有序运转，做好后勤及安全保障工作。先后完成了机关办公楼供水系统维修改造、会议中心楼顶防水、配电室改造等工程项目，努力消除各类隐患，确保各项工作有序运转。对机关大院交通标线、警示标志、停车位进行了重新规划完善，对车辆停放、通行开展了专项整治，维护了院内良好的交通秩序。做好政府院内绿化管护、楼内外卫生保洁、会务保障和机关食堂管理，创造了良好的工作环境和秩序。

【党风廉政建设】落实党风廉政建设主体责任。落实党风廉政建设主体责任，自觉履行党风廉政建设第一责任人职责，建立了由办公室主要领导负总责，班子成员分工负责的领导责任。与分管部门签订了党风廉政建设责任书，制定了办公室贯彻落实党风廉政建设主体责任的《实施细则》和《工作制度》，对办公室年度党风廉政建设提出了明确要求。坚持将党风廉政建设和反腐败工作列入重要工作内容，充分利用党组会、每周工作例会安排部署工作任务，每月听取一次工作汇报，督促党风廉政建设各项任务落实，形成了层层有任务、个个有责任的领导体制和责任体系，确保了党风廉政建设工作的顺利开展。

强化党员干部廉政教育。在办公室系统组织开展了“学制度、守纪律、讲规矩”党风廉政建设专题教育活动，通过动员部署、学习培训、交流讨论、评比竞赛、总结提高五个阶段，巩固了群众路线教育实践活动成果，促进了各项制度落实，提高办公室系统廉政和作风建设工作科学化、制度化和规范化水平。在学习培训阶段，班子成员到各支部、科室讲廉政党课，相关部门、科室人员就办公室制定的制度进行讲解，并印发了学习资料，确保了学习效果。在交流讨论、评比竞赛阶段，组织了心得交流、知识竞赛和演讲比赛、反腐倡廉知识答卷，强化了干部职工对各项规章制度的学习，增强了遵章守纪观念。《中国共产党廉洁自律准则》和《中国共产党纪律处分条例》两项法规出台后，及时组织学习解读和心得交流，为贯彻落实奠定了基础。

完善廉政建设长效机制。认真开展廉政风险防控“回头看”工作，紧盯项目建设、物资采购、大额经费开支等重要环节，对已经确定的廉政风险点进行了重新梳理，完善了相关防控措施。组织对去年群众路线教育活动中形成的26项管理制度进行学习，全面组织实施。对经市财政局同意的限额投资维修工程，全部实行公开询价、专家评标、多方遴选的公开招标工作流程，并积极推进工程建设项目廉政合同制度，确保了各项工程项目管理规范廉洁运行。确定了部分班子成员、部门负责人和后备干部，组织开展了办公室第一批“述纪述廉述作风”工作，并开展了民主评议，督促落实主体责任，强化自律。班子主要负责人与班子成员，班子成员与分管部门、科室负责人认真开展廉政谈话，围绕落实“两个责任”、履行“一岗双责”，强化廉洁自律谈认识、提要求，层层传导压力。年初，全部副科级以上干部全部做出“廉政承诺”，对改进作风、强化自律进行承诺。为每位副科级以上干部制作了桌面廉政警示牌，公开自身应承担的廉政责任和“廉政承诺”，在时时提醒自己落实责任的同时，接受公众监督。

改进工作作风。加大了对《市政府办公室效能建设八项规定》的执行考核力度，着重在遵守党纪法规、改进调查研究、治理“文山会海”等方面继续狠抓落实。精简文件简报，拓展完善政府系统电子公文传输平台，纸质公文印制数量在去年下降60%的基础上，较上年又减少了51%。落实公共机构节能管理职能，开展节能降耗示范单位创建、节能评比检查等工作，水、电、油等消耗均有明显下降。着力规范财务管理、简化公务接待、规范公车管理，“三公”经费同比支出减少12%。在春节、中秋、“十一”等节日期间，就廉洁自律进行安排和督查，没有发生用公款送节礼、变相发放津贴、实物，公车私驾、公车私用等各种不正之风。

【班子建设】开展“三严三实”专题教育。按照市委总体部署，结合办公室工作实际，制定了专题教育实施方案，召开了动员大会，并抽调专人负责专题教育的协调联络。为全体党员干部编印和购买了学习资料，组织集体学习10次，专题宣讲1次，党课3次，实地观摩1次，观看警示教育片2次，系统学习了规定篇目，提高了思想认识。在此基础上，召开专题研讨和学习交流5次，全体副处级以上领导干部围绕修身、用权、律己三个主题谈认识、谈体会，深化了学习效果。坚持问题导向，广泛征求意见建议，在开展谈心谈话、撰写对照检查检查材料的基础上，召开了班子民主生活会，班子成员相互开展批评和自我批评，认清了自身存在的“不严不实”问题，查找了产生问题的思想根源，明确了今后努力方向和整改措施，锤炼了党性修养，升华了精神境界，进一步增强了班子的凝聚力和向心力。

班子和干部队伍建设。始终把班子和干部队伍建设作为工作的重中之重，组织理论学习，提升班子和干部队伍思想政治水平。强化科学民主决策，落实主要负责人“五个不直接分管”及末位表态机制，重大决策全部由党组会议集体研究做出决定，提高了决策的透明度和科学性。认真落实谈心谈话、述职测评、工作约谈、效能问责等制度，干部管理水平进一步增强。强化干部能力教育培训，注重多岗位锻炼，对长期在一个岗位工作的干部安排岗位交流，推荐优秀干部到村组等一线挂职，全面提高干部素质。围绕转变作风，积极组织广大党员干部参与在职党员社区服务、先锋引领等活动，营造了团结奋进、高效务实的良好氛围。

文明城市创建和督查。认真落实创建全国文明城市工作安排，组建了“青年志愿者”“学雷锋志愿者”等队伍，深入街道、社区、医院、银行和通信营业网点、各窗口单位，广泛开展宣传引导、交通劝导、卫生督导等活动。成立了11支“创城”督查小组，除对责任单位、路段创建任务完成情况进行督查外，对市民反映责任区内问题整改的跟踪落实。全年共开展督查18次，下发整改通知单位48份，整改问题160处，并对整改问题适时进行“回头看”，确保督查整改取得实效。

【社会治理和信访工作】信访工作。采取教育疏导、综合协调、矛盾化解、司法协助、政策宣传等措施，开展领导干部接访约访下访、信访积案化解、网上信访信息系统应用和重点上访人员稳控等工作，累计疏导上访群众258批3593人次，协调市政府分管领导召开信访协调会议15次，主动约访上访人或召集责任单位召开协调会94次，深入基层单位和有关单位，协调解决问题及下访35次，成功处理了中鹏房地产公司拖欠农民工工资、星火小额贷款非法集资案、惠民街区房屋拆迁等一大批信访积案和涉法涉诉、经济纠纷等热点难点问题，信访秩序得到切实好转。

应急值守。修订完善了应急预案，规范突发事件处置流程，指导督促相关部门开展了食品卫生、山洪灾害、燃气管道、石油化工、防震减灾等一系列应急演练活动，应急能力和水平大幅提升。认真落实24小时值班制度，严格执行节假日各部门值班“零报告”制度，及时对全市值班情况进行督促检查，对各类突发公共事件信息及时上报，确保应急信息渠道畅通。全力做好风险隐患排查、预警监测和处置力度，对全市重点行业、重点目标开展多次风险隐患排查，及时妥善处理了镜铁山矿动物间鼠疫、20吨甲烷罐车泄漏、建林街平房火灾等多起突发事件，应急快速反应能力显著提升。

机关综治工作。以建设“平安和谐机关”为目标，落实机关综治各项措施，与公安、维稳部门密切配合，建立了“工作会商、信息共享、全时防控、快速反应”的安保联动机制，健全完善了来访人员身份登记、电话预约制度，全面做好轮值轮守、巡逻看护、会议安保、消防安全工作，有效提高了市级机关预警和应对紧急突发事件的能力。一年来，共处置群体性上访95批2568人次、治安、消防隐患34起，确保了“无矛盾激化、无秩序失控、无事态升级、无案件发生、无安全事故、无财产损失”的目标，有力维护了市级机关正常的办公秩序。

（马 倩）

【电子政务工作】2015年，市电子政务办公室（应急管理办公室）在市政府的正确领导下，围绕中心工作，开拓创新，抓管理促建设，履行职责，各项工作迈上了新的台阶。“三张清单”及便民服务事项发布任务顺利完成。按照省政府促进政府职能转变，推行政务服务网上审批的要求，开展“三张清单”梳理工作。完成了全市45家单位行政职权的梳理工作，形成权责清单3431条。梳理专项资金清单25项，涉及资金6762.8万元。确定2015年扶贫项目4个，投资总额206万元。在吸收借鉴省级便民服务事项信息梳理工作经验的基础上，共梳理我市便民服务事项548项807条。对梳理的“三张清单”及便民服务事项审核后及时在网上予以发布；推行信息公开，努力打造阳光政府。增强信息公开力度，保障群众充分享有知情权、参与权、表达权、监督权，努力打造阳光政府，政府网站、官方微博、微信等政府信息公开的途径不断丰富，主动公开的信息量逐年上升，不仅满足了不同人群信息公开的需要，也增进了政府与民众的良性互动。2015年，我市主动公开信息总数33980条，公开规范性文件7条，刊发政府公报108条，通过网站主动公开发布政策法规、通知公告、领导讲话、政务新闻、政府采购、任前公示、公务员考录、预警等信息12557条，通过政务微博公开信息数2740条，通过政务微信公开信息数2189条，通过广播、电视、报刊等其他方式公开信息数16379条；网络舆情和网民留言办理工作水平明显提升。加强网络舆情和网民留言办理工作，规范办理流程，全年共编报《舆情信息》14期，其中市政府主要领导对10期做了重要批示，办理网民留言203件，办结率达到100%；应急工作水平提高。履行应急值守、信息报送、综合协调职能，切实发挥运转枢纽作用，及时协调、有效处置镜铁山矿动物间鼠疫、20吨罐车甲烷泄漏等突发公共事件，编报《嘉峪关市值班信息》261期，向省政府应急办上报《嘉峪关市值班信息》77期，省政府领导做出批示1次，市政府领导做出批示3次，应急办因突发公共事件信息报送及时被省政府应急办通报表扬2次，全年未发生突发公共事件迟报、漏报等情况。

（章法刚）

【金融监管工作】嘉峪关市人民政府金融工作办公室成立于2013年1月9日，是市政府办公室挂牌机构，设有金融政策法规科和金融证券科两个科室，为全额拨款的事业单位，核定全额拨款事业编制3名，其中主任由市政府副秘书长兼任。

2015年，市政府金融办围绕省政府下达的经济社会发展主要指标和市政府重点工作任务，认真履行服务、协调职能，引导全市各金融机构执行稳健的货币政策，扩大信贷投放，优化信贷结构，提高服务质量，确保了全市经济金融的协调、有序、持续发展。

金融信贷投放。引导、支持各银行业金融机构主动争取总行在信贷规模等方面的倾斜和支持，不断扩大信贷投放，主动调整贷款投向，持续开展金融创新；鼓励、督促各银行业金融机构支持全市重点项目建设和经济结构转型升级，支持支柱产业和战略性新兴产业发展，支持民生保障和妇女、下岗失业人员创业特别是小微企业和“三农”发展。截至2015年12月末，全市本外币各项贷款余额425.45亿元，同比增长9.5%，其中：小微企业贷款余额43.38亿元，增长42.4%。

资本市场融资。加强与相关部门和中介机构的沟通，引导金融机构全力支持重点企业、重点项目建设，通过资本市场进行融资，切实降低企业财务费用，有效补充企业运营资金。积极组织开展上市后备企业培育，将经营状况良好、运作较为规范、发展前景明朗的5家企业纳入全省重点后备企业培育资源库，并进行重点全程跟踪服务。邀请省股权交易中心、华龙证券、国泰君安专家为部分企业进行现场指导，拓宽了企业融资渠道，为企业建立长期、有效的资本与项目对接提供了平台，引导企业挂牌实现再融资。积极支持企业通过上市公司再融资、债券等方式直接融资，直接融资替代作用明显。2015年，全市直接融资余额140亿元。

政银企合作融资。充分发挥桥梁纽带作用，引导全市各银行业金融机构与企业进行对接。召开政银企项目融资对接会3次，促成各银行业金融机构与289户企业、374个项目达成总金额476.57亿元的融资意向，截至2015年12月末，共落实融资协议资金520.4亿元，落实率109.2%，有力地促进了银企交流与互利共赢。采取多种方式，不定期协调组织各银行业金融机构与相关部门开展形式多样的形势分析会和工作会，对融资过程中存在的困难和问题进行分析、讨论，寻求积极的解决办法，帮助解决企业融资难问题。

小贷公司监管。履行小贷公司监管职能，巩固政府、职能部门、社会公众"三位一体"的监督体系。强化对小贷公司的日常监管，主动落实账户资金及信息化管理系统等各项监管措施，认真办理小贷公司资料审核、营业场所和股东变更等手续。联合人行、银监、市场监管局等部门开展现场检查，对检查中发现的问题，梳理归纳，并及时通报，约谈公司高管2次，下发整改通知书11份、风险提示书1份，提示风险10次，对3家小贷公司申请变更工作进行初审并上报；积极组织2家小贷公司接入人行征信系统（前期手续已办结）；建立完善部门联合风险防范处置机制，及时召开小贷公司管理会议和监管会议，督促各小贷公司不断健全完善内控机制，引导其依法合规经营。

地方金融体系。加强与各金融机构的沟通衔接，鼓励各银行业金融机构在全市设立分支机构，增加营业网点，扩大网点覆盖面，拓宽服务领域。加大协调沟通，理顺甘肃矿区银行的监管体制，寻求全市信贷新的增长点。

金融风险预警。大力推进金融风险防范预警和化解处置工作机制建设，按照全省统一安排部署，牵头开展了防范和打击非法集资宣传月活动和风险排查、专项整治行动，增强社会公众的风险防范能力，强化金融机构依法合规经营意识。加强影子银行监管，对传统银行体系之外的信用中介机构和业务开展专项整治，将影子银行的负面影响和风险降到最低。积极做好涉嫌非法吸收公众存款案件的处置工作，全市金融市场稳定有序发展。

金融生态环境。结合我市实际，相继制定出台了加快发展现代保险服务业的实施意见、着力缓解企业融资成本高问题的实施意见、嘉峪关市普惠金融发展实施意见等政策文件，积极推动跟进各相关部门及金融机构贯彻落实各项政策措施情况，切实从政策措施保障落实方面加大金融对全市经济社会发展的支持力度。积极修改完善《嘉峪关市金融奖励基金考核管理暂行办法》，并对2014年度为全市经济社会发展做出突出贡献的9家金融机构、1家融资企业授予市长金融奖，对6家金融机构、1家融资企业授予金融贡献奖，激发了全市各金融机构和融资企业支持地方经济发展的信心。

（李鸿雁）

【机关事务管理工作】嘉峪关市机关事务管理局是根据《机关事务管理条例》的有关精神，在整合原市政府机关后勤服务中心、市政府机关车队职责，新增公共机构节能职责的基础上，于2013年5月正式组建成立。内设3个科室，分别为公共机构节能科、后勤服务科、公务用车管理科。同时，按照市委、市政府建立"大后勤"工作格局的要求，将市级机关保卫处、行政科等职能处室进行了有效整合。目前，主要承担四大班子综合办公楼的设施维护、卫生保洁，安全保卫、美化绿化、会议服务、市政府机关车队、机关食堂的管理和全市公共机构节能的监管工作。

后勤服务保障。后勤服务科切实加强对市机关大楼及会场和会议中心各种设备的维护保养，加强对工作人员的管理和业务培训，积极创造良好的会务环境。在设施设备维修维护管理上，坚持做到定期检查、定期维护，确保设施设备的正常运转。2015年9月28日因设备老化漏水导致供水和电气设备损坏，楼内供水及消防系统瘫痪，严重影响市级机关各单位正常办公。机关事务管理局会同市建筑设计院、市供水管理处等单位和业内专业人员共同会商，对市级机关办公楼供水设备及电气电路进行维修改造。十月份完成了大楼供水系统水泵房老化泵体、阀门、控制装置等组织更换改造，保障了设备设施的正常运转和水电气的正常供应；在会议保障服务上，切实加强对市机关会场和会议中心各种设备的维护保养，并完成会议中心灯光吊杆和舞台幕布更换升级，达到国家防火阻燃标准及会议中心楼顶全面防水；在会议管理上，为保证每个会议的顺利进行，积极创造良好的会务环境。我们认真执行会议预约登记，统筹合理安排好会议室，会议期间全力做好会议的服务，协助各有关单位做好会议保障和服务工作，不断改进提高服务质量。根据改进工作作风的有关规定，精简会议、简化流程，营造良好的会风。全年共进行718次会议，实现了场场无差错的目标，并得到各单位参会人员的好评，；完善后勤服务质量标准、健全后勤服务监管流程、加强后勤服务质量考核，努力创新机关后勤服务方式，全面提升机关后勤服务保障水平；做好政府大院办公、生活环境的美化亮化工作，积极开展大院环境卫生集中整治，加强了日常保洁工作，确保了机关大院的良好卫生环境；认真做好苗木、花卉的日常养护和修剪工作，绿化灌溉全部改为滴灌，院内绿化覆盖率达到了70%以上，机关达到了景观优美，环境宜人的良好效果。

公共机构节能管理，认真做好节能降耗工作。圆满完成节能目标。2015年，全市202家公共机构人均综合能耗510.18千克标准煤，比2014年（2014年全市人均综合能耗534.67千克标准煤）下降4.58%；单位建筑面积能耗39.91千克标准煤，比上年（2014年本市单位建筑面积能耗41.15千克标准煤）下降3.01%；人均用水量26立方米，比上年（2014年人均用水量27.1立方米）下降4.06%，圆满完成了省上下达的人均综合能耗、单位建筑面积能耗和人均水耗分别比2014年下降2.8%、2%、3.2%的目标任务；创建节约型示范单位成效突出。根据省委、省政府办公厅《关于开展节约型公共机构示范单位创建活动的通知》要求，我市积极组织相关单位上报，经审核将嘉峪关市图书馆确定为创建省级节约型公共机构示范单位，9月初通过局验收并受到好评；节能宣传组织到位。认真举办2015年的“公共机构节能宣传周”活动，充分提高广大群众的节能意识。宣传周期间，市机关事务管理局通过发放宣传册、制作节能展板，在雄关广场进行了展出，同时向过往群众发放了节能宣传手册和资料，并组织开展了能源紧缺体验等活动，通过电信、移动、联通等传播媒体向市民发送以节能为主题的公益短信，使节能宣传深入人心。团市委、市总工会、教育局、卫计委、建设局、商务局、水务局、科技局等部门都结合单位实际和行业特点，开展形式多样的节能宣传教育活动。各单位也都结合工作实际，通过悬挂条幅、电子屏幕显示节能宣传标语、张贴宣传海报、制作宣传栏、发送手机短信等形式开展宣传教育。开展绿色照明工程。积极推广高效照明产品，绝大多数单位在楼梯、走廊、卫生间等公共区域设置了隔盏开灯或安装了声光控开关，防止“长明灯”现象，在办公室、会议室等区域安装了节能灯具。在我市城市道路照明中，高光效、长寿命灯具的应用率达到95%以上。加大高效照明产品的推广力度，自2011年以来，累计推广各类节能灯等高效照明产品15万只。目前我市机关办公区高效光源使用率达到90%，LED等固体光源使用率达到15%；加强能源资源统计，强化基础管理。为切实做好我市公共机构能源资源消耗统计工作，提高统计质量，根据《嘉峪关市公共机构能源资源消耗统计实施方案》，要求各单位进一步提高认识，严格执行统计制度，努力提高统计数据的准确性、全面性和时效性，切实提高各机关单位的节能效果。

公务用车保障。严格按照中央、省、市有关深化公务用车改革的要求，推进一般公务用车的改革，探索建立与政策相衔接、落实责任，加强组织领导。全年车辆未发生任何安全责任事故，为办公室工作顺利完成提供了有力保障；根据相关文件细化了规章制度，明确驾驶员的职责，公务用车在法定节假日、双休日、夜间实行入库管理、统一停放的规定，没有发现公车私用现象；坚持每月对车辆安全内部自检，切实做到车辆勤检修、勤保养、勤清洗，发现车辆安全隐患及时送修理厂进行检修，有故障及时排除，使车辆始终处于良好状态，确保车辆无隐患、无故障，安全出行；节假日长途车辆出行审批制度，车辆先审批后维修的原则。全年调研、检查、接待用中巴车360余台次，车辆安全行驶里程225510千里，耗油约32075升。参加和支持全市的公车改革工作，保证公车改革工作顺利推进。对留用的公车要加强公车服务平台的建设的管理，确保市级机关的公务用车。

机关餐饮服务。自机关餐厅投入运行以来，充分保证市级机关办公楼500多人餐饮服务质量的同时，我们将食堂标准化建设作为首要任务，实行全程质量监督管理和满意温馨服务。从源头抓起，严把采购关，建立了主、副食绿色食品定点采购保障渠道，筛选确定供货基地，签订购货协议，即保证了饭菜质量，又保证了就餐者的身体健康；严格执行卫生环境的监督管理。在食品的采购、运输、保管、制作、销售全过程中严格遵守《食品卫生法》,严格执行食品24小时留样制度,各项工作都把食品卫生安全放在第一位;实施规范服务、微笑服务和温馨服务,努力营造温馨愉快的就餐环境。同时,加强了对膳食服务人员的业务技能培训,注重花色品种的增加和调整,突出本地特色,较好地适应了干部职工的多样化用餐需求;在机关干部职工中广泛倡导崇尚节俭、科学饮食、健康消费的生活理念和饮食文化,切实增强干部职工的节约意识。

职工队伍建设。加强后勤管理服务人员职业道德教育,注重自觉养成,努力增强全体工作人员的责任意识和职业荣誉感、归属感;提高机关后勤保障服务的时效,要求全体后勤服务人员在各项服务工作中要做到周密、细致、快速、到位,实现"无缝隙"覆盖服务;开展职工岗位技能培训。加大对技术培训的投入,并定期选派人员外出考察学习,努力造就一支重程序、守纪律、懂技术、善学习、能战斗的服务队伍。

(宋红丽)

【接待工作】2015年,在市政府办公室的正确领导下,接待处坚持以"三个代表"重要思想为指导,以科学发展观为统领,贯彻落实党的十八大精神,围绕市委、市政府中心工作大局,完善职能,强化管理,优化服务,提高效能,坚持有利公务、务实节俭、严格标准、简化礼仪、高效透明、尊重少数民族风俗习惯的原则,积极贯彻中央、省委、市委对接待工作的要求,圆满完成了各项接待任务。

理论学习。加强政治思想理论学习。在坚持参加政府办组织的集中学习的基础上,还先后组织全处干部职工重点学习了党的十八大、十八届三中、四中、五中全会、习近平总书记一系列讲话精神以及中央、省市重要会议精神。通过学习,使大家的思想进一步得到了统一,政治信念更加坚定。加强业务知识学习。在加强政治理论学习的同时,我处还积极组织干部职工进行相关业务知识的学习和培训。通过采取集中、自学等多种形式组织大家认真学习了中央"八项规定"、省委"双十条规定"、市委《七项规定》以及《厉行勤俭节约、反对铺张浪费实施细则》《党政机关国内公务接待管理规定》《甘肃省省级党政机关公务接待管理办法》《甘肃省<党政机关厉行节约反对浪费条例>实施细则》等制度规定,提高了接待人员的业务素质,增强了全处干部职工的责任感、事业心和服务意识。参与市政府办公室组织开展的"学制度、守纪律、讲规矩""三严三实"教育实践活动。严格按照办公室的要求,全面安排部署全处学习工作,组织全处干部职工精心研读了学习篇目。

完成各项工作任务。围绕中心工作,完成各项接待任务。圆满完成了重大接待任务。每次面临重大接待任务,参与接待的同志都能提前组织,并亲自到场参与实施,对住宿、餐饮、房间配备、现场环境等每个环节都做到精心安排,责任到人,落实到位,确保了省委巡视组、全省项目观摩活动等各项重要接待任务圆满完成。做好了来嘉招商引资企业的接待工作。我们始终秉承"接待促发展"的理念,在圆满完成各级领导接待任务的同时,还在接待时精心做好招商引资考察团的后勤保障服务,较好地发挥了接待工作"窗口""桥梁"作用。2015年以来,我们先后圆满完成了上海航天、华强集团等知名企业的接待工作。圆满完成了"第五届敦煌行丝绸之路国际旅游节""国际短片节" 等大型节会活动后勤保障工作。在"第五届敦煌行丝绸之路国际旅游节旅游节"开幕式嘉峪关活动中,我处全体同志严格按照省市执委会要求,认真完成了节会接待联络组承担的车辆、住宿、会见、餐叙等工作,未出现大的纰漏,为节会的圆满成功,提供了重要的后勤保障。四是认真做好了其他日常接待。本着"接待无小事"的理念,对待每一次接待,对迎接、用餐、起居、行程等各个环节认真筹划,妥善安排,不放过任何一个细节,不留下任何一个疏漏,力争每次接待都做到"零失误"。截至10月底,共接待各级各类宾客290余批3200余人次。其中,省部级领导30批66人次;地厅级领导183批306人次。共接待各类检查、考核、督导、调研工作团(组)144批1100余人次。

制度建设。规范了公务接待具办流程,制定了《公务接待通知单》,完善了《接待处领导班子职责分工》《接待工作岗位职责》《公务接待内部流程》等制度措施,不断推进了公务接待工作规范化、有序化。严格审批制度。始终坚持严把审批程序,严控报账关口,实行对口接待对口参陪,严格落实接待公函和接待通知单制度,没有公函和通知单一律不予接待,从源头上形成了双向约束。实行公务接待费用月报制度,无原始票据、单位公函和接待通知单的一律不予审核报账。

落实党风廉政责任制。贯彻落实党风廉政建设有关规定,着力加强民主集中制建设,在重大事项决策上,坚持处领导班子集体研究决定,保持了班子团结向上、风清气正的良好精神风貌和外在形象。加强党风廉政制度建设,认真执行党风廉政建设责任制,严格执行四大纪律八项要求和领导干部廉洁自律各项规定,截至目前,未发生一起违反党风廉政事件。加强干部职工廉政教育,教育干部职工牢固树立正确的世界观、人生观、价值观,切实增强党性观念和党性修养。严格执行中央、省市关于接待工作的各项规定,坚持"厉行勤俭节约、反对铺张浪费"的原则,完成各项接待任务,不超标准安排食宿。

(李学刚)

【驻外机构】驻兰州联络处。以服务市委、市政府中心工作,促进嘉峪关市经济社会发展为目标,联系实际,发挥协调服务和内引外联的作用,提升工作质量和效率,完成了各项工作任务。

按照市委、市政府要求,加强了与省直机关、兰州市各级党政机关的联络。受市委、市政府的委托,代表嘉峪关市前往省上职能部门办理公务、协调相关事宜。加强与相关部门的友好往来,及时更换省委、省政府通行证,为市上领导赴兰州开展公务活动做好前期准备工作。加强与省信访局的联系,积极配合市信访局掌握上访动态。做好市委、市政府在兰州的公务接待服务工作。全面配合市上有关部门,做好"两会"、"兰洽会"等重要会议的服务工作。经过全体干部职工的共同努力,接待来兰出差办事、中转过境人员2841人(次),代订机票60张,前往兰州中川机场接送领导、客人2746人(次),代订火车票212张,前往兰州火车站接送来兰人员2112人(次)。

完善了财务制度。新建了职工食堂账目体系,使其更科学和规范,嘉峪宾馆经营状况保持平稳。嘉峪宾馆房间总量少,房费定价较低,而管理费用日益加大,办事处探索和创新经营模式,实现营业总收入1178550元。

(赵 栋)

驻北京联络处。贯彻落实市委、市政府工作部署,学习和开展"三严三实""创先争优"专题活动,以提高团队综合素养,改善工作作风、强化大局观念、提升服务意识和水平为重心,坚持学习培训和工作实践相结合,较好地完成了年度各项工作任务。

联络处在市委市政府领导和相关部门人员在京招商引资、争取资金、项目考察衔接,以及嘉峪关市各级领导干部在京参加会议,学习培训、看病住院过程中提供了良好的后勤保障服务,全年共接待各级领导干部及其他工作人员共计180余人次。联络处积极与省驻京办事处、甘肃省信访局驻京工作处、嘉峪关市信访局联系,协调北京公安等部门,及时将嘉峪关市非访人员接送至指定地点并派员协助劝解。联络处还积极协助我市接访人员,尽力为他们在接送非访人员过程中提供便利。

联络处保持与北京市人民政府驻外联络服务办公室、甘肃省驻京办事处、北京甘肃企业商会、中国企业家联合会、北京资源银行、部分省市驻京办事机构、在京企业等单位组织的联系。先后参加了省驻京办事处、北京甘肃企业商会、省信访局驻北京工作站、北京市人民政府驻外联络服务办公室等单位组织的重要会议和活动。借助此平台,积极宣传嘉峪关市经济社会发展、城市建设、社会管理创新等情况。联络处还通过参加此类活动,尽量多的了解和掌握有利于嘉峪关市经济和社会发展的各类信息,并及时传达到嘉峪关市相关部门,为全市经济社会跨越式发展提供信息支持。

(陈正勇)

驻上海联络处。2015年,在政府办公室的领导下,围绕市委、市政府的中心工作,服务两市,较好地完成了各项工作任务。

全年共接待到上海及周边地区,参观、学习、考察、慰问、会议、办事、看病、上学等共计86人,其中地级领导12人,处级领导26人,其他人员48人,较好地完成了全年的各项接待服务任务。注重和加强两市的交流工作,联络处协调联系相关部门和人员进行相互学习考察。市卫计委到上海学习考察社区服务中心工作,也邀请上海的医生专家到嘉峪关市考察访问,进行互动交流,搭建联系管道。

(王忠凯)

【**惠民实事办理**】2015年，结合“三严三实”教育实践活动，全市各部门按照市委、市政府总体工作部署，强化工作措施，狠抓落实，各项惠民实事顺利实施。市政府共确定“8件、13项”惠民实事，截至2015年底已完成9项，正在办理4项。

已完成9项：完成惠民街棚户区改造工作。截至2015年底正在室内外装修，预计2016年6月底交付使用，受益居民386户1600余人。

为全市所有公办学校、幼儿园配置净化加热饮水设备。全市30所公办学校、9所公办幼儿园净化加热饮水设备已配置到位。

开工建设市中医院综合楼，完成南市区医院门诊急诊楼主体工程。2015年底已建设到地上三层，计划2017年7月完工；南市区医院门诊急诊楼，主体结构封顶。

强化公共卫生应急物资储备，配备水质监测设备。投资100万元对公共卫生应急物资储备进行了更新和完善，主要购置个人防护装置、现场采样设备、检测试剂和设备、消毒器械和药品、后勤保障装备等十大类应急物资；投资240万元购置电感耦合等离子体质谱仪、实时荧光定量PCR仪等水质监测设备，全部安装到位。

实施200户重度残疾人家庭无障碍设施改造工程。实际改造重度残疾人家庭255户，根据残疾人具体情况进行家庭坡道、卫生间防滑地板铺装等安装改造，全部完成。

为重度残疾儿童提供康复治疗服务。截至2015年年底已为42名重度残疾儿童提供康复治疗服务约40039次。

为重度残疾人发放护理补贴。为全市符合补助条件的1827名重度残疾人，按照每人每月100元的标准发放护理补贴219.24万元，其中，长城区727人，镜铁区492人，雄关区608人，全部发放到位。

对迎宾二、四小区进行环境综合整治。小区亮化、绿化、美化、门禁、道路硬化和移除主路电线杆、封闭129个单元垃圾道设置垃圾桶改造工程全面完成。

新增3台智能图书借阅机。在昌盛社区、酒钢体育馆、图书馆门前设置图书借阅机，实事任务全部完成。

正在办理4项：完善农产品质量安全检验检测体系。市迎宾农副产品综合批发市场、迎宾路西部超市、绿景苑宏丰超市、雍和华润万家超市、祁牧乳业公司及阳光、绿化、镜铁路、佳禾市场和三镇共12个农产品质量安全测速站已建设完毕，农产品检验检测中心实验室将与食品药品检验检测中心、产品质量计量和特种设备检测中心联建，于2016年实施。

新建改造6个城市标准化社区服务中心。长城区：五一社区完成基础施工，地基建设全面完成；利民社区完成基础开挖，截至2015年年底正在进行外网改造。雄关区：绿化社区主体框架已经封顶；嘉北社区完成旧房拆除及基础垫层砌筑工作。镜铁区：迎宾社区完成旧房拆除和地基建设工作；峪苑社区完成基础开挖和地基夯筑工作。

建设6个农超对接平价店。在绿化、五一、迎宾、嘉北、利民、峪苑社区进行建设，截至2015年底正在与城乡标准化社区建设同步实施。

建设10个城乡社区体育健身中心。截至2015年年底，胜利、团结、文殊3个社区体育健身中心正在安装健身器械；利民、五一、大众、绿化、迎宾社区体育健身中心与城乡标准化社区建设同步实施；铁北、德惠社区体育健身场地正在改造。

人代会审议通过《政府工作报告》后，市政府立即制定了《2015年市政府为民办实事实施方案》，将“8件、13项”实事办理工作任务分解到有关部门，各承办单位主要领导和分管领导高度重视，分解细化了工作责任，形成了主要领导亲自抓、分管领导配合抓、责任科室全力抓的工作落实责任机制，灵活运用各种办法抓实事办理工作，确保了实事办理工作的进度和质量。

（韩丰蔚）

政协嘉峪关市委员会

政协委员

【**委员变动**】2016年2月24日，市政协八届三十三次常委会议决定，撤销魏万林、赵金政协嘉峪关市第八届委员会委员资格，免去赵金政协嘉峪关市第八届委员会常务委员职务，报政协嘉峪关市第八届委员会第六次会议备案。2016年3月

24日，市政协八届三十五次常委会议协商决定，增补郑杰同志为政协嘉峪关市第八届委员会委员。李发忠同志因意外身故，自动失去委员资格。至此，市政协八届委员会委员共计181人。

委员提案

【八届六次会议委员提案】政协嘉峪关市第八届委员会第六次会议期间，广大政协委员、政协各参加单位和专门委员会，认真贯彻大会指导思想和创新、协调、绿色、开放、共享的发展理念，积极运用提案建言献策。截至2016年4月12日12时大会提案截止时间，大会提案组共收到提案建议114件，其中以集体名义提出24件，委员联名提出56件，委员个人提出34件。根据《政协嘉峪关市委员会提案工作规定》，大会提案组对收到的提案建议进行登记、分类、整理，逐件认真审阅，对内容相同的12件进行了合并，对不符合规定的4件作为委员来信交有关部门参阅。经提案委员会审查确定本次会议提案、建议为104件，确定为提案的69件，作为建议处理的35件，分别占总数的66%和34%。

委员活动

【委员培训班】2015年7月2日，市政协举办2015年第一期委员培训班，市政协主席焦玉兰出席并参加培训。市委副书记魏后凯应邀作专题辅导，市委党校教授、市委讲师团成员张静以“坚定不移地走中国特色社会主义法治道路”为主题进行专题辅导。市政协副主席韩淑华、韩天玉，市政协秘书长朱兴有，嘉峪关军分区政治部主任郑发雄以及市政协委员、政协机关工作人员130多人参加学习培训。

2015年12月10日，市政协举办2015年第二期委员培训班，市政协主席焦玉兰出席并参加培训。省委党校公共管理教研部主任王成勇应邀以《丝绸之路经济带与“向西开放”战略》进行专题辅导。市政协副主席曾俊礼、韩天玉以及市政协委员、市级各民主党派、工商联、知联会负责人及市政协机关干部共130多人参加培训。

【活动日及界别活动】2015年6月12日，市政协组织相关界别委员赴酒泉市就“高新农业发展情况”开展考察学习活动。委员们先后参观了酒泉市生态文化博览园、肃州区国家级农业示范区、肃州区节水农业示范园，巨龙物流港等高新农业企业，通过听取讲解，现场咨询等方式，委员们对高新农业发展规划、发展思路、发展方式有了深入的了解。市政协副主席韩淑华参加了委员活动。

2015年7月31日，市政协组织部分经济科技界委员赴酒钢镜铁山矿开展界别活动，学习“铁山精神”，为进一步提升委员履职能力和机关干部服务水平增添精神动力。市政协副主席曾俊礼参加委员活动。

2015年9月24日，市政协副主席韩天玉带领部分委员视察全市非物质文化遗产保护工作。

2015年12月2日，市委召开座谈会，就《“十三五”规划建议(初稿)》征求市政协意见。市委常委、常务副市长杨伟主持会议。市政协主席焦玉兰和市政协副主席韩淑华、韩天玉、王铁及部分政协委员参加会议。

政协全委会

【市第八届委员会第五次会议】2015年9月23日，政协嘉峪关市第八届委员会第五次会议在市级机关会议中心召开。大会应到委员183名，实到134名，符合政协章程规定。市政协主席焦玉兰出席会议，市政协副主席曾俊礼主持大会。市政协副主席韩淑华、魏万林、韩天玉，市政协副地级干部武永鸣，市政协秘书长朱兴有参加会议。会议以无记名投票的方式补选王铁为政协嘉峪关市第八届委员会副主席。

【八届六次会议开幕会】2016年4月11日上午，政协嘉峪关市第八届委员会第六次会议在市级机关会议中心隆重开幕。大会应到委员181名，实到142名，符合规定人数。市政协副主席曾俊礼主持会议。会议听取并审议了八届市政协主席焦玉兰代表常务委员会所做的《常委会工作报告》；听取并审议了王铁副主席代表常委会作的《提案工作情况报告》。

《常委会工作报告》从六个方面回顾总结了政协嘉峪关市第八届委员会常务委员会2015年的工作：一是始终强化理论学习，夯实共同的思想政治基础；二是始终坚持发挥专门协商机构作用，增强协商议政实效；三是始终坚持聚焦中心工作，提高议政建言质量；四是始终坚持为民富民，深化双联行动；五是始终坚持改革创新，强化经常性工作；六是始终加强自身建设，提高履职能力。

《报告》指出，2016年，政协工作的总体要求是高举中国特色社会主义伟大旗帜，全面贯彻中共十八大、十八届三中、四中、五中全会和中共甘肃省委十二届十四次全委会议精神，深入学习贯彻习近平总书记系列重要讲话精神，认真贯彻全国政协十二届四次会议和省政协十一届四次会议精神，按照“四个全面”战略布局要求，牢固树立和贯彻落实创新、协调、绿色、开放、共享的发展理念，适应、把握和引领经济发展新常态，认真贯彻落实中共嘉峪关市委十届八次全委会议精神，围绕全市“十三五”经济社会发展目标，团结凝聚社会各界力量，振奋精神、认真履职，为我市在全省率先全面建成小康社会做出积极贡献。主要做好以下几方面工作：继续抓好政治理论学习；紧紧围绕全市中心工作建言献策；切实提高民主监督实效；努力推进民生改善；认真做好凝心聚力工作；推进协商民主建设；切实加强自身建设。

政协嘉峪关市八届委员会常务委员会关于八届四次会议以来提案工作情况的报告指出，市政协八届四次会议以来，共收到提案建议167件，经审查共立案125件，截至2015年11月底，所有提案、建议已全部办理答复完毕，办结率和答复率达到100%、满意率达到98%。2016年，市政协提案工作要以中共十八大和十八届三中、四中、五中全会及习近平总书记在庆祝人民政协成立65周年大会上的重要讲话精神为指导，紧紧围绕市委、市政府中心工作，以提高提案质量为重点，以提高办理实效为目标，以提升服务能力为保障，充分发挥政协提案在发展协商民主、助推经济发展、保障民生改善、促进社会和谐中的独特作用。

【八届六次会议选举会】2016年4月13日下午，市政协副主席韩天玉主持召开政协嘉峪关市第八届委员会第六次会议选举会。会议以无记名投票的方式选举朱兴有为政协嘉峪关市第八届委员会副主席，增补田多斌、侯忠山为政协嘉峪关市第八届委员会常务委员。

【八届六次会议闭幕会】2016年4月13日，政协嘉峪关市第八届委员会第六次会议圆满完成各项议程，在市级机关会议中心胜利闭幕。大会应到委员181名，实到140名，符合政协章程规定。市政协主席焦玉兰主持会议。会议审议并通过了《政协嘉峪关市第八届委员会第六次会议政治决议》《政协嘉峪关市第八届委员会第六次会议关于第八届委员会常务委员会工作报告的决议》《政协嘉峪关市第八届委员会提案委员会关于八届六次会议提案审查情况的报告》。

市政协焦玉兰主席在闭幕会上做了重要讲话，就做好2016年政协工作，焦玉兰要求，工作劲头不能减，要一如既往，保持旺盛的工作势头，做到精神不懈怠、劲头不减弱；履职内力不能降，要把政协的事当成分内的事，任劳任怨，出色完成各项工作；创新步伐不能停，要在更深层次、更广领域研究问题，在履职形式、活动内容上研究问题，在工作方法、成果亮点上研究问题，通过努力，实现在创新中追求政协事业的发展，在发展中探索政协事业的创新，使政协工作在创新的道路上永远前行。

政协常委会议

【八届二十三次常委会】2015年1月20日，市政协召开八届二十三次常委会，市政协主席焦玉兰主持会议并讲话，市政协副主席曾俊礼、韩淑华、魏万林、韩天玉、武永鸣及其他常委会组成员参加会议。会议听取了市政协八届三次会议以来提案办理情况的汇报，讨论通过了市政协第八届委员会常务委员会工作的报告和八届三次会议以来提案工作情况的报告；表决通过了有关人事事项。焦玉兰指出，大家着眼政协和各自工作实际，就如何进一步修改完善两个工作报告，从不同角度、不同层次，提出了许多中肯的修改意见和建议，有高度、有深度、有很强的针对性。要认真梳理大家的建议，意见、并积极采纳吸收，使之更科学、更完善。同时报告要做到客观中性，避免假大空的语言表述，使之更加贴近工作实际，更加全面透彻。

【八届二十四次常委会】2015年2月2日，市政协召开八届二十四次常委会，市政协副主席曾俊礼主持会议，市政协副主席韩淑华、魏万林、韩天玉、武永鸣及其他常委会组成员参加会议。会议协商通过了《关于召开市政协八届四次会议的决定》《政协嘉峪关市第八届委员会第四次会议日程、议程(草案)》《执行主席分工名单》《大会秘书长、副秘书长分工名单》《增补政协嘉峪关市第八届委员会委员名单》《关于同意王鹏翔等同志不再担任政协嘉峪关市第八届委员会常务委员的决定》《增补政协嘉峪关市第八届委员会常务委员候选人建议名单》,会议还研究了其他事项。

【八届二十五次常委会】 2015 年 2 月 7 日，市政协召开八届二十五次常委会，市政协主席焦玉兰主持会议,市政协副主席、曾俊礼、韩淑华、魏万林、韩天玉、武永鸣及其他常委会组成员参加会议。会议审议通过了《政协嘉峪关市第八届委员会第四次会议选举办法(草案)》《政协嘉峪关市第八届委员会政治决议(草案)》《政协嘉峪关市第八届委员会常务委员会工作报告决议(草案)》;协商通过了人事事项。

【八届二十六次常委会】 2015 年 2 月 8 日，市政协召开八届二十六次常委会，市政协主席焦玉兰主持会议,市政协副主席、曾俊礼、韩淑华、魏万林、韩天玉、武永鸣及其他常委会组成员参加会议。会议听取了各小组组长关于市委书记郑亚军讲话讨论情况的汇报；听取了各小组组长关于市政协常委会工作报告、提案工作报告及各项决议讨论情况的汇报；听取了各小组组长关于政府工作报告,计划、财政和法检两院报告讨论情况的汇报；听取了各小组组长关于选举政协嘉峪关市第八届委员会秘书长、补选常务委员候选人名单、选举办法讨论情况和推荐监票人情况汇报；审议通过了提案审查情况的报告(草案);协商通过总监票人、监票人建议名单,确定总计票人、计票人名单;协商八届四次会议选举事项。

【八届二十七次常委会】 2015 年 2 月 9 日，市政协召开八届二十七次常委会，市政协主席焦玉兰主持会议,市政协副主席、曾俊礼、韩淑华、魏万林、韩天玉、武永鸣及其他常委会组成员参加会议。会议听取了市政协八届四次会议总计票人关于选举计票情况的汇报。

【八届二十八次常委会】 2015 年 3 月 20 日,市政协召开八届二十八次常委会，市政协主席焦玉兰出席会议并讲话,市政协副主席曾俊礼主持会议,市政协副主席韩淑华、魏万林、韩天玉及其他常委会组成员参加会议。会议传达学习了全国“两会”精神,讨论并通过了《政协嘉峪关市第八届委员会常务委员会 2015 年工作要点》。

【八届二十九次常委会】 2015 年 7 月 1 日，市政协召开八届二十九次常委会。市政协主席焦玉兰出席会议,市政协副主席曾俊礼主持会议,市政协副主席韩淑华、韩天玉及其他常委会组成员参加会议。会议协商通过了《政协嘉峪关市委员会常务委员会关于加强自身建设的决定》《政协嘉峪关市委员会委员履职管理办法》《政协嘉峪关市委员会优秀提案和提案承办先进单位评选暂行办法》《关于成立政协嘉峪关市委员会优秀提案评审委员会的决定》;通报了市政协 2015 年上半年工作情况。就做好下半年各项工作,会议要求,要进一步强化工作责任,将责任落实到人,做到一级抓一级,层层抓落实,确保各项工作按时间节点要求推进;要进一步提高工作效率;要进一步提升工作质量,切实为全市建设和发展多献一些睿智之言，多办一些惠及群众的实事好事;在工作中,既要做到严与实,又要与时俱进、善于创新,要认真按照“三严三实”的要求,实实在在地谋好事、干成事;要善于探索创新,敢于探索,敢于直面矛盾,敢于解决问题;要认清职责,真情履职,努力开创政协工作新局面。

【八届三十次常委会】 2015 年 9 月 18 日,市政协召开八届三十次常委会，市政协主席焦玉兰主持会议并讲话,市政协副主席曾俊礼、韩淑华、魏万林、韩天玉,市政协副地级干部武永鸣其他常委会组成员参加会议。会议协商通过了《关于召开市政协八届五次会议的决定》《政协嘉峪关市第八届委员会第五次会议议程(草案)、日程》《政协嘉峪关市第八届委员会第五次会议补选副主席候选人建议名单》《政协嘉峪关市第八届委员会第五次会议选举办法(草案)》《政协嘉峪关市第八届委员会第五次会议主持人建议名单、大会秘书长名单、副秘书长名单,总监票人和监票人名单》。

【八届三十一次常委会】2015 年 12 月 4 日,市政协召开八届三十一次常委会，市政协主席焦玉兰主持会议并讲话。市政协副主席曾俊礼、韩淑华、韩天玉、王铁及其他常委会组成员参加会议。会议传达学习了中共十八届五中全会和省委十二届十四次全委会议精神;征求了市政协常委对《中共嘉峪关市委关于制定国民经济和社会发展第十三个五年规划的建议》的意见建议;审议通过了《政协嘉峪关市委员会关于政治协商、民主监督、参政议政的规定》《政协嘉峪关市委员会常务委员会工作规则》等相关制度;协商通过了有关人事事项。焦玉兰在讲话中强调，要把学习十八届五中全会和省委十二届十四次全委会议精神与做好政协年终各项工作结合起来,认真对今年工作进行梳理,总结经验,寻找不足,并认真谋划好 2016 年的工作思路和履职重点;要坚持“市委想什么、政协议什么,政府做什么、政协帮什么”的原则,围绕市委的重大决策部署,创新思路,就“2016 年我市政协工作该如何开展”进行认真的思考,并及时将自己的意见和建议提交,为谋划 2016 年政协重点工作提供参考。

【八届三十二次常委会】2015 年 12 月 31 日,市政协召开八届三十二次常委会，市政协主席焦玉兰主持会议并讲话。市政协副主席韩淑华、韩天玉、王铁及其他常委会组成员参加会议。焦玉兰主席强调,即将过去的 2015 年,市政协认真贯彻落实中央、省委和市委各项部署要求,紧紧围绕全市全面深化改革,转型跨越发展和增进民生福祉,立足自身实际,以务实创新的精神推进协商民主,积极主动履行好政协职责，为助力全市经济社会平稳健康发展做出应有贡献。2016 年是全市改革发展任务的关键期,任务艰巨。希望常委会组成人员紧密围绕今年怎么看?明年怎么干?集思广益,群策群力,以改革的精神,创新的思路谋划好政协工作，使政协事业更好地融入市委、市政府中心工作,努力在全市加快发展中发出政协声,发挥政协作用,展现政协形象。

考察调研工作

【上级政协领导来嘉考察】2015 年 4 月 23 日，甘肃省政协副主席黄选平一行调研嘉峪关市非物质文化遗产传承与保护工作情况，市政协韩天玉副主席陪同调研。

2015 年 6 月 24 日—25 日，海南省政协副主席王应际带领调研组，围绕丝绸之路经济带结点城市规划与发展来嘉峪关市开展专题调研，市政协副主席曾俊礼陪同调研。

2015 年 7 月 23 日—24 日，福建省政协副主席杨根生一行来嘉峪关市调研一带一路规划建设情况,市政协主席焦玉兰、市政协副主席魏万林陪同调研。

2015 年 7 月 24 日,广东省政协副主席温思美一行来嘉峪关市，就文化旅游发展情况开展专题调研。市政协主席焦玉兰、市委副书记王锋、市政协副主席曾俊礼陪同调研。

2015 年 8 月 27 日,甘肃省政协调研组一行来嘉峪关市,调研构建和谐劳动关系工作。市政协副主席韩淑华主持汇报座谈会。副市长欧余军、酒钢公司代表分别做了工作汇报,相关单位负责人、部分国有企业、民营企业代表及工人代表、农民工代表参加了座谈会。

2015 年 10 月 13 日,黑龙江省政协副主席郭晓华带领黑龙江省政协考察组来嘉峪关市，对城市建设、生态建设、文化产业发展等方面工作进行考察。市政协主席焦玉兰,市政协副主席王铁陪同考察。

2015 年 10 月 16 日,甘肃省政协科教文卫体委员会副主任潘锋一行来嘉峪关市，就体育场馆建设及利用情况进行实地调研和视察。副市长陶东平、市政协副主席韩天玉陪同调研。

【委员调研视察】2015 年 4 月 9 日—11 日，市政协主席焦玉兰带领考察组赴临夏州考察学习非公经济发展工作。市政协副主席曾俊礼及部分经济界非公企业政协委员参加考察。

2015 年 5 月 4 日—11 日，市政协副主席曾俊礼带领考察组,赴安徽省、贵州省有关市州学习考察政协协商民主建设先进经验。

2015 年 6 月 23 日—27 日，市政协主席焦玉兰一行,赴湖北省,就政协协商民主开展情况进行专题考察。

2015年7月6日—7日，市政协副主席韩淑华带领部分政协委员及相关部门负责人，深入市第一人民医院、喜利来食品有限公司、第二幼儿园食堂、明珠药业公司、西部天地超市、大唐美食街等处，就全市食品药品安全监管工作进行专题调研。

2015年7月22日，市政协副主席魏万林、副地级干部武永鸣带领部分政协委员，就全市两级人民法院执行工作情况进行专题调研。

2015年8月25日，市政协组织委员视察全市重点项目工程建设项目，委员们先后视察了酒钢1000万吨煤炭分质利用、2015年城市棚户区改造、南湖文化生态体系建设、残疾人康复托养服务中心、南市区医院等重点建设项目，市政协副主席曾俊礼、韩天玉，市社会体制改革专项小组专职副组长王真智参加视察。

2015年9月22日，市政协主席焦玉兰就市政协文史资料专馆建设情况进行专题调研。市政协副主席韩淑华、魏万林、韩天玉陪同调研。

2015年10月21日—29日，市政协副主席韩天玉带领考察组赴海南、福建就“非物质文化遗产保护与开发工作”开展学习考察。

（杨清俊）

民主党派·工商联·人民团体

民革嘉峪关市委

【组织结构】中国国民党革命委员会嘉峪关市委会现有支部3个，党员59人。民革成员主要以教育、医疗卫生、国企和私企、律师等行业的人员构成。其中有行政事业单位处级干部三名，科级干部九名，国企科级干部六名，中级职称以上党员二十七名，民营企业负责人七人，退休人员六人，党员中有七人任市政协委员。

【参政议政】在嘉峪关市八届四次会议期间，民革嘉峪关市委会及其会内政协委员撰写提案建议12件，其中《关于完善嘉峪关市城市居民大病医疗政策的提案》选为重点督办提案。

市委会完成《关于嘉峪关市社区基层民主建设调研报告》一篇，参加市政协组织的重大项目建设调研及社会管理创新调研等活动，拓展了参政议政的平台。

2015年10月起，市委会针对将要召开的嘉峪关政协八届六次会议，开展前期调研和提案意见征集活动，努力提高提案立案办理的可操作性和提案整体质量。

【社会服务】一月份，开展情暖万家活动，慰问100户困难家庭，送价值10000余元生活用品。二月份，看望空巢老人十户，送去2000元生活用品。七月十六日慰问嘉峪关夕阳红敬老院，送去10袋米、10袋面、10桶油、1000元纸巾、1000元纸尿裤，总计5000元。市委会利用优势，组织人员不定时到社区进行法律知识宣讲、法律援助。

为了更好地做好社会服务工作，民革嘉峪关市委会协助慈善志愿者注册报备了嘉峪关慈善志愿者协会，民革党员李荣光荣任会长。

【自身建设】在2015年1月25日，市委会召开党员大会，对2014年工作作了总结，对2015年工作进行了安排。2015年12月25日，市委会在昌盛社区会议室，组织党员学习十八大五中全会精神，党员同志们积极发言，畅谈学习体会，表示坚定不移地走中国特色社会主义政治发展道路，不断增强身为一名民主党派成员的光荣感、责任感和使命感，为助推嘉峪关市经济社会发展贡献自己的力量。

【其他工作】2015年5月，协助民革甘肃省委会拍摄《民革党员风采》短片，短片呈报民革中央。2015年10月，班子成员参加统战部组织的民主党派领导班子成员培训班。

（张淑清）

民盟嘉峪关市委

【组织机构】2015年，中国民主同盟嘉峪关市委员会(以下简称“民盟嘉峪关市委”)下设8个支部，有盟员205人。其中当选民盟甘肃省委委员1人；任市九届人大常委1人；任市九届人大代表1人；任市八届政协常委3人；任市八届政协委员

6人。民盟市委由11人组成,其中主任委员1人,副主任委员3人,秘书长1人,委员6人。

【理论学习】盟市委始终将思想建设作为全面推进民盟自身建设的核心,作为凝聚全市民盟力量,充分履行职能的基本保证。认真抓好政治理论学习,重点组织盟员学习贯彻中共十八大和十八届三中、四中、五中全会精神;习近平为总书记的新一届中共中央领导集体关于治国理政的一系列重要论述;《中国共产党统一战线工作条例(试行)》、中国特色社会主义理论、统战理论、政策,民盟历史、章程等。通过学习,使民盟各级领导班子成员和代表人士思想上形成共识,不断提高政策把握能力、合作共事能力、参政议政能力、组织协调能力和解决自身问题能力。通过动员部署、全面开展、总结经验等学习提升活动,把学习实践活动贯穿于加强自身建设和履行职能的全过程。坚持利用党校资源和自我培训相结合,安排了16名盟员参加了由省民盟、省社会主义学院、市委统战部举办的各类培训班。

【组织建设】扎实开展“基层组织建设年”活动,加强班子建设,提升整体功能。将市委会班子建设作为组织建设的重点,不断强化班子的政治责任感。加强对班子成员的教育管理,注重理论修养和实践锻炼,努力提高履行领导职责能力。认真落实民主集中制原则,重大事项集体协商决定,班子的整体功能和执行力得到增强。春节前,开展了慰问老盟员和代表人士活动,传递民盟情感关怀,掌握盟员内心诉求。

【参政议政】坚持民盟“立盟为公,参政为民”的政治信念,着力在全市重点工作协商中有所作为。积极参加市委、市政府和有关部门举行的会议、恳谈会、协商座谈会和情况通报会,先后就全市发展重点确定、政府工作报告、发展规划制定提出建议,就经济社会发展有关方面、群众关心的主要问题发表意见。经常参加政协提案督办和各类视察活动,有效发挥界别作用。盟内人大代表、政协委员、特邀人员真诚尽责、积极作为,为营造发展环境、推进依法行政发挥了良好作用。

提案工作富有成效。做到“三个坚持”,坚持通过调研、视察观摩、盟员收集社情民意为主渠道产生提案;坚持两会前召开征集提案会,从基层产生提案线索;坚持盟市委专题研究,形成综合性的民盟提案,提案的科学性、针对性和操作性不断增强。两会期间,民盟嘉峪关市委向市政协八届四次会议上提交6件提案,其中4件立为提案,3件立为建议。参会的代表和委员们认真学习和讨论了政府工作报告等会议文件,提出了许多有价值的建议和意见。

(王晓晨)

民进嘉峪关市委

【组织机构】2015年,民进市委会整合为七个大支部,共有133名会员。会员主要以教育文化出版界为主。会员中有政协委员6名,常委1名,处级干部3名,科级干部3名,高级职称17人。从事高等教育、普通教育及文化艺术工作的会员共103人,占会员总数77.4%。

【参政议政】在2015年2月市政协八届四次会议上共立案提案81件,民进市委会集体提案、个人提案、个人参与提交提案共计12件,占立案总数15%,其中有重点督办提案两件。另外,提交建议5件。7月,民进市委会组织骨干会员参加了市委统战部组织的党外代表人士重大建设项目情况通报会,并前往项目建设现场进行了参观考察。协助民进省委会完成了《嘉峪关市开展借力丝绸之路经济带建设,加快文化和旅游产业发展的调研报告》。年内市委会开展的关于嘉峪关市民办教育发展现状及管理情况的调研及关于嘉峪关市“繁荣夜文化,促进夜经济”的调研已结题。

【自身建设】对市委会领导及委员进行了责任分工,成立了思想宣传工作室、文化艺术工作室、参政议政工作室、社会服务工作室,在2015年7月组建了民进家庭教育志愿者服务团,分别由主委、副主委分管。构建了支部和虚拟工作室相结合的工作网络,进一步提高了机关工作效能。

结合《民进甘肃省委员会开展坚持和发展中国特色社会主义学习实践活动实施方案》,分期组织学习会,积极在嘉峪关民进网站及民进市委会办公群上传坚持和发展中国特色社会主义学习实践活动相关图文及视频资料，动员会员积极参与学习领会。结合市委会年度工作安排，积极探索各类实践帮扶活动。

市委会积极协调支持省委会庆祝民进成立70周年系列活动。在会员中开展“学会史，继传统”活动，给新会员配发了《民进会史选辑》，给各支部配发了基层优秀支部资料光盘。2015年5月在迎宾湖市民健身中心组织踏春趣味运动会，7月组织会员参观考察了现代高新农业种植园及草湖湿地公园建设项目。2015年国庆前，组织会员在市区及周边开展艺术采风活动，用书画摄影等形式宣传嘉峪关风土人情、旅游资源、城市建设、城市形象。在2015年12月民进七届四次全委会上，市委会综合支部被民进中央评为“先进集体”，高中支部被民进省委会评为“先进集体”。

【社会服务】民进市委会一直坚持“发挥优势，突出重点；量力而行，务求实效”的原则。结合民进中央创先争优活动精神以及市委统战部“同心行动”方案，确定文殊中学为民进市委会“同心行动”联系点，在文殊中学开展了助学助教、安全常识讲座、关爱留守学童等活动。动员会员参加“书香彩虹”活动，3月为贵州金沙县农村儿童捐赠图书400册。根据年度计划，利用学校家长会期间，组织“家庭教育志愿者服务团”开展家教咨询服务。5月组织有关专业会员参加市委统战部统一组织的统战系统“三下乡”活动。12月，会员吴振兴被民进省委会评为社会服务“先进个人”。民进市委会积极支持委员白黎峰创办嘉峪关信息网，联合嘉峪关信息网联合组织义务献血、关爱空巢老人等公益活动，通过新媒体助推各项社会公益活动。

（岳　慧）

九三学社嘉峪关市委

【组织机构】2015年发展新社员13人，共有社员116人。分设综合、教育、厂矿、文教卫、退休五个支社。社市委班子成员9人，其中主委1人，副主委3人，委员6人。社市委社员中，有社省委常务委员1人，市人大副主任1人，市政协常务委员1人，市政协委员10人。

【参政议政】在政协嘉峪关市八届四次会议上，以社市委名义向会议提交《关于加强嘉峪关市旅游产品开发的提案》，被列为市政协重点督办提案。社市委在市政协的委员提交提案6件，建议7件。这些提案和建议涉及工业商贸、城建环保、法制交通、科教文体、社会公益等方方面面，得到了市政府和有关部门的高度重视和认真办理答复。

【民主监督】2015年社市委充分发挥民主监督职责，积极参加市政协组织的各种调研和培训并建言献策。其中2015年3月9日参加市政协组织的提案交办会，3月12日参加了全市文化路改造提升工程项目情况介绍会议，4月29日参加市政协学习文史工作座谈会，6月4日参加市政协重点提案办理协商座谈会，6月11日视察了全市社区医疗机构，12月8日10名政协委员参加了在市社会主义学院举办的政协委员培训班。社员李小姣被聘为2015-2016年嘉峪关市效能风暴行风监督员。

【社会服务】社员张岩捐款5000元资助血友病患儿贾俊杰。社员张慧儒、李小姣在得知市中心血站库存血紧张的情况下，积极献血，体现了一个医务人员的高尚医德。社员赵芳、李小姣在春节来临之际赴新城镇卫生院送医送药下乡，为新城镇老百姓义诊。

（李小姣）

农工党嘉峪关支部

【组织机构】农工民主党嘉峪关支部是农工党在嘉峪关市的地方组织，是政协嘉峪关市委员会的组成单位。2015年末有党员23名。支部委员会由主委1人，委员4人，副秘书长1人组成。

【参政议政】2015年农工民主党嘉峪关市支部围绕全市经济发展及群众关心的热点难点问题，向市政协提出了《关于完善我市社区医院卫生服务的提案》《关于解决我市中小企业融资难问题的提案》《关于加强全市民营企业自主创新能力的提案》《关于加快发展我市养老事业的提案》4篇提案。市支部被农工民主党甘肃省委会评为2015年度先进基层组织。

【服务社会】始终将社会服务工作作为参政议政的延伸和重要的社会实践活动，为大力推进嘉峪关市生态文明建设,加强自然生态和环境保护,增强全市人民的环保意识。2015年6月份,组织党员在东湖旅游景区开展了一次环境保护宣传活动，此次活动的开展提高了党派在群众中的良好影响,也提高了支部全体党员的社会责任感。

(张 婷)

民建嘉峪关市总支部

【组织机构】2015年,中国民主建国会嘉峪关市总支委员会(以下简称“民建嘉峪关市总支”)下设企业、酒钢、综合三个支部,现有会员53人,其中男性会员32人,占会员总数的60%,女性会员21人,占会员总数的40%,具有大专及以上学历50人,占会员总数的94%;中高级职称11名,占会员总数的21%;地级干部1名,处级干部2名,科级干部4名;市政协委员6名,常委1名。市总支设主任委员1名,副主任委员2名,设专职秘书长1名。

【思想建设】开展坚持和发展中国特色社会主义学习实践活动，组织会员学习习近平总书记同党外人士共迎新春时重要讲话精神、中央统战工作会议精神、《中国共产党统一战线工作条例（试行)》、中共十八大和十八大以来历次中央全会精神、学习以习近平为总书记的新一届中共中央领导集体关于治国理政的一系列重要论述，重点学习习近平总书记一系列重要讲话精神，深化中国特色社会主义学习教育，增强广大会员对中国特色社会主义的理论认知和政治共识。

2015年是中国民主建国会成立70周年,民建嘉峪关市总支积极响应民建中央、省委会的号召和安排部署，组织会员重新学习宣讲民建会章、会史,学习老一辈民建人的优良传统,深入了解本会70周年的光荣历程，引导广大会员传承老一辈民建人的政治信念、优良品质及高尚风范,引导广大会员坚持走中国特色社会主义道路的信心。

推荐总支领导班子成员、会内政协委员、骨干会员、后备优秀会员积极参加由省委会、市政协、市委统战部组织的各种学习培训班，全年共计有9名会员参加了培训，培训人数占到会员总数的17%。还组织会员参观了爱国主义教育基地“铁人”王进喜纪念馆,鼓励会员学习继承以“爱国、创业、求实、奉献”为核心的“铁人精神”。组织会员前往新城草湖国家湿地公园捡垃圾,倡导“环保旅行从我做起”实践活动。

【参政议政、民主监督】民建嘉峪关市总支在市政协八届四次会上提交了《关于定期向社会公布饮用水质量监测结果的提案》《关于对快递公司加强监管的提案》《关于加快建设全市社会信用体系的提案》《关于加快我市电子商务发展的提案》《关于加强中小学生心理健康教育的提案》《关于进一步壮大我市旅游产业的提案》《关于完善我市畜禽定点屠宰的提案》和《关于建设迎宾东路商业楼、区排水和暖气管网的提案》共计8篇集体提案,其中《关于建设迎宾东路商业楼、区排水和暖气管网的提案》被列为建议,《关于完善我市畜禽定点屠宰的提案》被评为了重点督办提案。提案办理过程中,市总支组织会内政协委员、骨干会员对提案的办理进行了跟踪监督，与提案承办单位协商座谈共计15次，参加市政协组织的提案督办会2次，调研走访13次,通过多种形式监督,力争将提案全部落到实处。

专题调研方面，调研组通过走访非公经济企业、个体工商户以及合作社,充分了解全市非公经济主体在发展中所面临的困难和瓶颈，撰写报送了《关于加快市非公有制经济发展的调研报告》,提出了具有针对性和可操作性的意见建议，为市委、市政府决策做参考。

社情民意信息是参政议政的主要渠道，也是民主党派参政议政的直通车。全年收集、撰写、报送信息8篇,及时向上反映人民群众关注、关心的热点、难点问题以及全面深化改革过程中的突出问题,履行参政议政的职能。市总支还撰写上报理论课题《浅谈如何加大组织发展工作中的培养与考察力度》和《如何增强中国共产党与民主党派、无党派人士政治协商的实效性》,积极进行相关课题的理论研究工作。副秘书长陈军林同志向省委会撰写报送的专题调研《关于进一步促进嘉峪关市特殊教育发展的调研报告》和三篇社情民意信息受到省委会的表彰奖励，陈军林同志被省委会评为2008年以来参政议政先进个人。

(陈军林)

市工商联

【组织机构】按照市编办核定编制，嘉峪关市工商联人员编制5人，其中行政编制4人，实有人数4人，后勤事业编制1人，实有工勤人员1人。工商联现有处级领导2人，设综合办公室，处理日常事务。

【参政议政】围绕促进全市经济和社会事业转型跨越发展的主题，组织会员积极参政议政。利用工青妇(不需要标点符号分开吗？)换届之际，推荐4名非公企业优秀年轻代表为青联候补人选，推荐4名优秀女企业家和商会兼职副会长为第九次妇代会代表。组织工商联机关人员走访企业、商会，通过座谈、发放征求意见表等形式广泛征求各非公企业和商会对政协、人大工作意见、建议，共征求到人大代表意见建议11条、政协提案16条，形成调研报告3篇。9月份，又就全市“十三五”规划在各非公企业和商会进行了意见、建议征询。组织召开政税银企等12个部门参加的联席会议，对融资难问题进行了座谈和意见反馈，进一步推动行政政策落地，为全市小微企业的发展创造良好的金融环境。

【民企陇上行活动】借助兰洽会和“百家商会百强民企进甘肃”活动契机，寻求突破，做好2015年民企陇上行工作。按照嘉峪关市民企陇上行招商方案，积极参与省民企陇上行专项行动领导小组办公室组织的赴上海、山东、浙江等地的项目推介会和“点对点”精准招商活动，召开了3场次10家以上企业参加的项目推介会，与上海甘肃商会、上海房地产商会等进行了面对面的深度对接和合作意向座谈。通过省工商联经济联络部和总商会官方微信平台，邀请和发动广东省、深圳市的知名企业家参加十一届文博会期间举办的嘉峪关招商项目推介会，促成两项合作开发协议的签订，取得了较好的成效。邀请和接待北京、天津、上海、辽宁、安徽等地的百余位企业家来嘉实地考察项目和感受投资环境，并举办了专场项目推介会。联合市招商局上报数据旬报表3期，落实三个项目进行了现场签约。兰洽会暨民企陇上行会议期间，全市共签约招商引资项目9项，签约总额76.88亿元。

【商会建设】围绕省委、省政府“关于加强经济领域商会协会建设的指导意见”，立足商会发展实际，大力加强商会管理和建设工作。调查研究，精心指导。以“成熟一个发展一个”为原则，以“每年增加1-2家商会组织，三年后全市70%的非公企业分行业、地域要逐步建立起自己的商会”为目标，把自发组织和工商联搭建平台结合起来，形成“由民政部门、工商联统一监督管理，工商联业务指导的”商会建设良好工作局面。天水商会、金华商会、山东商会、川渝商会于2015年先后建立；陕西商会、民营企业联合会正在筹备建立中。加大对商会筹备前期会员摸底登记、班子组建、章程制度建立等各项准备工作的悉心、全面指导，确保商会建设起步良好。安排专人对已建立的商会从会员管理、财务制度等方面给予规范建设和管理指导。主要领导不定期深入各商会，针对个别商会在建设中出现的人心涣散、组织无序等问题，加大督促、协调解决。把“百企帮百村”新农村建设活动注入商会工作之中，每个商会与联村联户村结成帮扶对子，有侧重的开展各类帮扶活动。浙江商会以帮扶家庭困难农户为重点，河南商会以帮扶贫困家庭学生为重点，江苏商会以项目建设为重点。同时，积极引导商会在协调社会多元利益、推进抱团发展、促进行业自律、扶危济困方面发挥积极作用。川渝商会出资3万元支持市工商联在双联村实施沙地西瓜种植项目。

【非公经济发展政策】把握工商联“三性”(统战性、经济性、民间性)基本特征，努力当好思想的“导航仪”、发展的“服务器”、沟通的“连心桥”，以实际行动为会员企业成长护航，为经济社会发展助力。搭建服务非公经济人士信息平台。引导工商联会员企业、商会组织积极加入“甘肃总商会”微信平台，创建嘉峪关市工商联工作QQ群，加大企业间的信息反馈，提供企业急需信息，帮助企业发布生产经营中的资金、技术、项目、人才、管理、市场等方面的供求信息。目前工商联会员80%以上的企业加入QQ群。并为各兼职副主席征订了《中华工商时报》。完善会员数据库建设。将加强会员数据库建设作为强化会员企业、商会组织管理、服务的手段之一，对工商联会员、执委、常委、副主席、副会长信息进行全面梳理，把不符合会员条件的会员剔除，对新加入的会员进行及时调整补充，优化会员结构，使其更好的发挥非公经济发展排头兵的作用。2015年新入会企业会员30家、个人会员41人、团体会员2个，会员人数较2014年增长了10%，会员管理朝着科学规范化的方向发展。配合设立检察服务室，助推非公经济健康发展。与市检察院配合，在我单位设立嘉峪关市检察院驻工商联检察服务室，以此为工作平台，进一步加强在非公经济中的法制宣传、警示教育、法律援助等服务，引导非公经济人士和企业遵纪守法，有序竞争，健康发展。

【双联工作】落实全省双联行动会议精神和市委工作精神，立足联系帮扶的长城区新城村实际，采取有效措施，加大帮扶力度，持续推动双联行动开展。派出一名工作人员赴双联组任帮扶队长。工商联领导班子成员和机关工作人员经常深入"双联"联系村组，及时了解他们的生产生活情况。广泛动员商会和会员企业中积极参与双联活动，截至年底，中远房地产公司为"双联"工程捐赠价值约50万元的电脑，在3个镇建立信息平台和帮扶培训中心；远东房地产公司出资3.7万元帮助贫困户修缮房屋；亨通公司为双联活动捐助帮扶资金2万元，川渝商会捐赠3万元项目帮扶资金；兴盛啤酒花种植有限责任公司、牧源滩畜牧有限公司、喜利来食品公司等与帮扶村达成合作意向协议，为"公司+农户"精准帮扶探索一些有益经验。

（李　莉）

嘉峪关市总工会

【组织机构】市总工会机关设一室两部：办公室、生产保护部、女职工工作部，有机关干部10人，其中主席1人、党组书记1人、调研员1人、副主席1人、纪检组长1人、科级干部3人，工作人员2人。另有进村进社人员3人。辖事业单位三个：帮扶救助中心、经审办公室和市工人文化宫，其中帮扶救助中心有人员3人，其中副主任1人；经审办公室编制2人，现有副主任1人；市工人文化宫现有人员7人，其中副主任2人。

【基层组织工作】截至2015年10月，全市基层工会组织808家，涵盖法人单位858家，工会会员90240人，经审组织和女职工组织组建率均达98%以上。

【理论武装大提升行动】2015年，全市各级工会组织坚持把学习习近平总书记系列重要讲话精神特别是关于工人阶级和工会工作的重要论述，同学习贯彻党的十八大和十八届三中、四中、五中全会精神紧密结合起来，同贯彻中央、省委和市委党的群团工作会议精神结合起来，同落实市委、省总工会"工作落实年"的决策部署结合起来，以报告会、知识竞赛、演讲比赛、集中宣讲和学习培训等形式，深化工会干部理论武装活动。召开了市总工会八届六次全委(扩大)会议，确定了组织实施"理论武装大提升""建功立业大竞赛""和谐劳动关系大创建""帮扶救助大格局""组织建设大推进"等"五大"行动和做实基础，做强实力，做优服务，做大影响，做亮品牌的"五做"工作思路。市委召开了党的群团工作会议，下发了《中共嘉峪关市委关于加强和改进党的群团工作的实施意见》。市政府召开了与市总工会的第六次联席会议，划拨了专项帮扶救助资金和职工培训费用。开展了"学总书记讲话、学工会十六大报告、学最新理论成果"知识竞赛和征文大赛，全市近2万名职工参加了竞赛，征集优秀文章30篇。举办了"庆'三八'阳光女性?幸福雄关"主题征文活动，共征集文章372篇，评选优秀文章75篇。自建"职工书屋"19家。与市委党校联合，举办各类培训班8期，近千名工会干部参加了培训，提升了工会干部的整体素质。

【建功立业大竞赛行动】为大力弘扬劳模精神和工人阶级伟大品格，市委、市政府召开了嘉峪关市庆祝"五一"国际劳动节暨表彰大会，59个集体和个人受到了表彰奖励。认真做好全国、省部级劳动模范的推荐评选工作，酒钢集团公司职工王云平被评为全国劳动模范，谢生瑞等5名同志被评为甘肃省劳动模范，周国庆等3名同志被评为甘肃省先进工作者。组织部分全国、省部级和市级劳模，开展了劳模精神进校园、社区、企业宣讲"中国梦·劳动美"活动,共举办报告会16场次,受教育职工群众达5000人次。与市建设局联合,举办了以"五比一创"为主要内容的重大工程建设劳动竞赛;与工业园区管委会联合,举办了以"五项比赛"为主要内容的园区企业劳动竞赛;与市安监局联合,开展了"安康杯"竞赛活动,213家企业,63932名职工,3427个班组参加了竞赛活动。举办了市级职工服装设计、维修电工、机动车驾驶、输血等技能大赛,4200余名职工参加了决赛,482人晋升了高一级技术等级,15人获得甘肃省技术能手称号,60人获得甘肃省技术标兵称号,28人获得甘肃省优秀选手称号。组织开展了技术革新、合理化建议、发明创造等群众性经济技术活动,征集职工优秀技术创新成果216项,评选市级职工优秀技术创新成果21项。向省总推荐上报创新成果6项,获得甘肃省第八届职工优秀技术创新成果一等奖1项、三等奖1项、优秀奖1项。

【和谐劳动关系大创建行动】 为推进依法治会进程,举办了全市第二届工会劳动法律知识竞赛,35家单位参加了决赛。与市人社局联合召开了嘉峪关市工资集体协商"春季要约行动"联席会议,制定下发了《嘉峪关市工资集体协议"春季要约行动"实施意见》,确定市邮政管理局、市公路管理局、市建筑设计院、宏业劳务有限公司、东方百盛有限公司5家单位为全市工资集体协商示范点。召开了劳动关系三方协商领导小组会议,下发了会议纪要。调整了厂务公开领导机构,开展了"公开解难题、民主促发展"主题实践活动和"双亮双比双创"以及落实会员"四权"活动。截至2015年10月,已建工会的734家企事业单位建立了职工代表大会制度,并推行了厂务公开制度,建制率和推行面均达98%以上,646家企业签订了集体合同并推行了工资集体协议,签订率达98%以上,在保障职工民主权利中开创了新局面。

【帮扶救助大格局行动】 进一步完善市总服务(帮扶)中心、各区职工服务(帮扶)中心和社区(镇)工会工作服务站构成的三级服务体系,为职工提供"救助—帮扶—维权"三级服务。"两节"期间,走访慰问困难企业2家,发放慰问金10万元,慰问困难职工1120人,发放慰问金近150万元。建立困难职工档案6000余份,覆盖率达98.5%。慰问各级劳动模范80人,发放劳模"三金"30万元。筹集"夏送清凉"资金30余万元,慰问一线和艰苦岗位职工2000余人。"金秋助学"筹集助学金50万元,救助困难学子120人。开展了"春风行动""民营企业招聘周"活动,91家企业参与招聘活动,提供就业岗位1832个,为5000余人提供了就业服务。"六一"儿童节期间,走访慰问单亲儿童15名、留守儿童10名,发放慰问金15500元。国有大中型企业全部建立了职工健康档案。职工互助保障覆盖面不断扩大,累计参保金额达403154元,参保人数4129人,参保单位34家,为307名职工赔付保险金158249元。对1000余名失业人员和困难职工进行了职业技能培训,对300余名农民工进行了起重、天车、家政服务等专业技术培训,颁发了培训证书。

【组织建设大推进行动】 开展了"广普查深组建全覆盖"和"农民工入会集中行动",制定了《农民工入会集中行动实施方案》,成立了领导机构,制定了推进措施,截至10月底,农民工会员达17516人,新增3400人。督促市委农办、市文明办等9家行政事业单位成立了工会组织,发展会员450人,指导东方百货商贸公司、嘉峪关方特欢乐世界发展公司、甘肃恒基美居文化产业公司、嘉峪关索通公司以及9家快递公司成立了工会组织,发展会员4000余人。以创建"职工之家""六好"示范社区(镇)工会、"双亮双比双创""双爱双评"会员评家等为载体,积极推进基层工会群众化民主化法制化。机关事业单位、国有企业"会员评家"覆盖面达90%以上,非公企业覆盖率达60%以上。截至10月底,全市27个社区、3个镇,全部成立了工会组织,发展会员2100余人。全市基层工会组织达808家,涵盖法人单位858家,会员90240人,经审组织和女职工组织组建率均达98%以上。

【自身建设】 2015年,顺利召开了嘉峪关市工会第九次代表大会,选举产生了新一届工会委员会和经审委员会,圆满完成了换届任务。积极参加全市党建观摩经验交流会,推动党建带共建,工建服务党建工作深入开展,发挥了桥梁纽带作用。工会经审工作制度化规范化科学化逐步完善,先后对

33家基层工会进行了财务收支和专项资金审查审计。对25家经费收缴上解大户进行了财务大检查,邀请市审计局、省总经审会对市总2012年7月至2014年12月的工会经费和专项资金进行了审查审计,审计结果表明:工会经费使用能严格按照《工会会计制度》执行,未发现违纪违法问题。开展了“心系一线.情暖职工”送文化下基层巡回演出,与市体育局联合,举办了庆“三八”女职工系列活动以及职工羽毛球、足球、广播体操等比赛。微电影《铁山脊梁》获得全省工会“中国梦.劳动美.工会情”微电影展评二等奖。女职工组织规范化建设取得新进展,组织开展了女职工建功立业竞赛、素质提升和特殊权益保护活动,女职工组织覆盖率达99.63%,专兼职女工干部1540人。全年在各级各类新闻媒体刊发新闻稿件280余篇。

(王兴明 何 晶)

共青团嘉峪关市委

【组织机构与青少年队伍】2015年,共青团嘉峪关市委员会(以下简称“团市委”)机关下设办公室、青工宣传部、青农学少部,共有工作人员13人。团市委于2015年11月30日在共青团嘉峪关市第九次代表大会选举产生新一届委员会成员,张桐同志当选团市委书记。全市28岁以下青年有31439名,团员17232名;青少年48671名,少先队员16545名,各级少先队组织1509个,少先队工作者1623名;各类青少年教育基地8个。全市共有团委80个,团工委5家,团总支52个,团支部528个,专兼职团干部1390名。

【青少年思想引导】突出思想政治引领这一灵魂,分类分层抓青少年思想引导。开展“勿忘历史·圆梦中华”“我的中国梦”“奋斗的青春最美丽” 主题活动;举办青春歌会、小话剧大赛,拍摄《致青春·致梦想》微视频,选树“向上向善好青年”9名,强化典型引路。突出服务和维护青少年合法权益这一生命线,助力少年成长。开展不良行为青少年、闲散青少年、留守儿童、困难服刑人员未成年子女帮教主题活动16场次;成立青年律师志愿团、“花季护航”志愿团队;全面推开青少年综合服务平台建设,命名示范点1个。突出青年社会组织这一载体,团结吸纳体制外青年群体。凝聚青年社会自组织8家,帮助成立1家,培训青年骨干67人次;组织青联委员助力玛曲藏区青少年事业,捐助款物价值23万元;注重政治吸纳,3名社会组织骨干加入青联,40余名社会青年进入“最美青年”评选。突出新兴领域青年群体这一关键,延伸青年统一战线覆盖面。加大青年社团建设力度,组织模特大赛、街头篮球对抗赛、足球联赛。突出互联网思维这一新理念,筑牢青年网络新阵地。推出“青年之声”平台,建设团属微博44个,粉丝3900人,发送信息5100条,微信公众平台10个,关注1800人,发送信息1300条;开展“清朗网络空间”活动,招募青年网络文明志愿者2600人,发布“为雷锋精神点赞”“清朗网络·我来护苗”“阳光跟帖”等活动7场次。

【青年创新创业创优】助力青年创业创优。巩固“青年号手”传统品牌,年内评定青年文明号10家,青年岗位能手12人;成立青年创业协会,打造省级青年创业示范园区1家,培训创业青年400余人,举办创业报告会2场;持续推进“一村一电”工作,建立电商协会团支部1个,电商联盟1个,创建电商培训、见习基地,支持青年开办网店600余家;建成“学子返乡”创业基地,争取店铺、创业基金、无息借款支持。推进“双联”行动。持续开展“节前走村入户访青年”活动,加大对农村项目、文化、扶贫、基础设施建设等支持力度,修建“共青团双联民心渠”。加强青少年生态环保教育。围绕生态立市战略,深入实施植树护绿行动,4月中旬全市在嘉地级领导与300余名青少年共同建设“雄关青年林”1片,植树2万余棵,覆盖面积120亩,美化身边道路2条。开展青年志愿服务。依托青年志愿者联合会,发展、聚拢全市青年志愿者团队90余支,志愿云平台注册3500余人,组建大学生志愿者联盟;主动承担第五届“敦煌行丝绸之路”国际旅游节志愿服务工作,招募大学生志愿者370余人。

【青年成长成才】完善团干部结对联系青年制度。团市委班子成员分别联系三区团委,建立驻点调研、基层联系点、与青年谈心交心、征集青年意见等四项制度,年度到联系点开展工作均在30天以上。畅通青年诉求表达渠道。开展“我为雄关发展建言献策”和“共青团与人大代表、政协委员面对面”活动，密切关注青年思想，打捞青年声音，反映青年诉求。帮扶困难青少年群体。开展“阳光伙伴”计划，大学生志愿者联盟与留守儿童结成“阳光伙伴”开展夏令营活动，捐赠6000册图书；实施阳光关爱行动，与基层团组织签订项目责任书，招募专员12人，开展活动30余次，捐赠物资2万余元；开展阳光助残行动，通过网络平台晒心愿、晒结对、晒服务，整合助残志愿服务力量，组织青年志愿者与特教学生一对一在超市体验购物、参观关城景区，举办爱心助残答谢会，为特教学校捐赠物资价值6万元；开展阳光助学行动，募集助学金10万，帮助20名新生圆梦大学。

【基层组织建设】 加强基层组织设置。新建直属基层团组织10家，乡镇直属团组织5家，农村专业合作团组织3个，覆盖青年700余人；深化区域团建，下发《持续深化城市区域化团建工作意见》，在三区建立区域青年共建委员会，落实“双报到”制度，以“一社一品”为切入点，开展形式多样的青年服务活动；推进非公、社会组织、行业等多元化建团，全年新建非公团组织15家。做强基层基础。强化党建带团建、团建促党建，积极参与市委群团工作意见起草工作，将团建纳入市委组织部党建目标责任制考核，由团市委全程参与，推动基层团建进入基层党建观摩体系；完善基层团干部选拔、任用等制度，全市10所初中、高中和中职学校全部落实团委书记科级编制；强化团干部教育培训工作，2015年开办2期团干培训班，培训学员110人次。夯实自身建设。将“三严三实”专题教育与“团干部如何健康成长”大讨论相结合，持续开展“走进青年、转变作风、改进工作”活动，组织专题党课辅导2次，交流研讨9次，建立学习阵地1个，征求了意见建议10条，组织团干120余人分3批赴铁人纪念馆、镜铁山矿、高台烈士陵园参观学习。

（朱丽君）

市妇联

【机构设置与基层妇女组织】 2015年，嘉峪关市妇女联合会内设办公室、妇女发展部和权益部，市政府妇女儿童工作委员会办公室设在市妇联。有在编干部7名，“进村进社”大学生4名。截至2015年末，共建立基层妇女组织141个，其中区妇联3个、镇妇联3个、城乡社区妇联47个、机关企事业单位妇委会88个，全市有专兼职妇女干部200余人。

【基层组织建设】 转变作风，树好形象。紧紧围绕市委市政府中心工作，开展“三严三实”专题教育，全面贯彻落实中央、省、市关于转变作风的各项规定，以严实作风打造坚强有力的妇联干部队伍。凝聚力量，提升素质。2015年12月召开了嘉峪关市第九届妇女代表大会，选举产生了市妇联新一届领导班子。在市委党校举办2期全市妇女干部培训班，全年各级妇联组织开展妇女干部培训780期4000余人次，提升了妇联干部服务大局、服务妇女、服务基层的能力和水平。夯实基础，搭建阵地。加强服务型基层组织建设，坚持“党建带妇建，妇建服务党建”，建立基层妇女组织140余个。充分发挥“妇女之家”的作用，把妇女活动阵地与基层党组织阵地建设同部署、同推进、同落实，积极参与党建带妇建观摩点评活动，搭建党委、妇联与妇女群众之间的“爱心桥”。营造氛围，抓牢宣传。开通“甘肃省嘉峪关市妇联”头条号，开通市妇联微信公众号，编发妇联工作信息88篇，为拓展妇联宣传工作搭建新的平台。

【统筹推进城乡妇女发展】 提升妇女创业发展能力。将妇小贷市级财政贴息预算列入当年国民经济和社会发展计划，及时落实农村妇女二次贷款市级财政贴息50%的扶持政策。印发妇小贷政策汇编及宣传册6000余份，进一步提高政策知晓率。5年来累计为4805名农村妇女发放贷款2.8亿元，到期还款率98.4%，为扶持农村妇女创业增收发挥了重要作用。倾力打造“陇原巧手”工作品牌，对全市2000余名城乡妇女开展以剪纸、毛线编织、串珠、刺绣、雕刻等技艺为主要内容的手工编织技能培训。创建“陇原巧手”产品一条街，推介展示交流“陇原巧手”产品。组织全市旅游产品、妇女手工作品参加第21届“兰洽会”“陇原巧手”手工作品展、张掖湿地之夏“陇原巧手”妇女手工编织产品展销会。联合市人社局举办3场“春风行动”招聘会，为3500多名妇女提供就业服务。深化妇女岗位建功活动。进一步加大巾帼文明岗创建力度,不断丰富活动内容,创新活动内涵。培树表彰巾帼文明岗15个、巾帼建功先进集体5个、巾帼建功标兵15名、科技致富女能手5名。通过新闻媒介,对受到表彰的城乡妇女岗位建功活动先进集体和个人进行宣传报道,以先进典型的榜样力量动员引导全市妇女立足本职,争先创优,在服务经济社会发展中建功立业、彰显作为。拓展妇女群众性文化活动。开展"阳光女性·幸福雄关"读书征文活动;开展"智慧人生·书香女子"主题演讲比赛,引导女职工立足岗位,积极践行社会主义核心价值观,不断提升自身修养和创新能力;举办全市女领导干部、女企业家迎新春联谊会。

【维护妇女儿童合法权益】 创新举措,探索法制宣传新形式。推进男女平等基本国策宣传。与市委组织部、市委党校沟通协调,将男女平等基本国策内容纳入党校全年各主体班次培训内容,推进男女平等基本国策的宣传教育。联合市综治办、市中级人民法院、市司法局,举办了"法治雄关巾帼行"妇女儿童维权模拟法庭活动,300余人参与。通过婚姻家庭子女抚养、财产分割、家庭暴力等典型案例的模拟审理,进一步提高妇女维权意识。"三八"期间,向全市广大妇女发出《在推进法治雄关建设进程中彰显巾帼力量》的倡议,号召全市广大妇女积极行动起来,培养法治意识,强化法治理念,践行法律思维,在努力建设法治中国、法治雄关的宏伟进程中发挥半边天作用,彰显巾帼力量。强化服务,切实做好信访接待工作。按照"五个一"标准建立健全妇联系统三级维权信访网络,规范来信来访登记和受理程序,建立信访接待录音制度和电子档案登记制度,实现信访工作规范化管理,全年各级妇联组织共接待妇女群众来信来访130件、152人次,办结率达100%。成立嘉峪关市婚姻家庭纠纷人民调解委员会,协同推进婚姻家庭纠纷的有效解决。健全、完善反家暴庇护所工作管理、12338妇女维权公益服务热线等各项制度,全年共提供婚姻家庭、劳动保护、子女抚养、财产分割、法律援助等方面的咨询和心理疏导等服务452人次。建立嘉峪关市妇女儿童维权合议庭,实行人民陪审员制度,共审判涉及妇女儿童合法权益案件35件次,对因家庭暴力引起的侵犯妇女儿童人身财产等合法权益的诉讼案件及时有效地进行审理。派驻工作人员到社会矛盾大调解中心,为来访妇女群众提供政策咨询、家庭矛盾调解等服务,让需要帮助的妇女得到及时有效的救助。

【加强社会管理创新】 推进"两规划"工作落实。召开市政府妇女儿童工作委员会全体(扩大)会议、"两规划"中期评估工作会,举办两规划统计监测培训班。针对"两规划"推进中的重点难点指标,开展督促检查,逐项落实。目前,《嘉峪关市妇女发展规划》七大领域56项主要指标,提前达标率为87.5%。《嘉峪关市儿童发展规划》五大领域中的52项主要指标,提前达标率为96.1%。开展第二轮全市妇女病普查工作,新增了乳腺癌和宫颈癌的初筛检查。发放妇女病普查宣传手册、调查问卷等3万余份,普查适龄妇女15000余人。救助城乡贫困妇女。在成功举办"两癌"贫困妇女创业技能和康复能力培训班的基础上,持续开展"两癌"患病妇女的关爱行动。为40名"两癌"患病及贫困妇女争取政府及社会慰问救助金4.85万元,为3名"两癌"患病妇女争取中国妇女发展基金会专项基金3万元。组织社会爱心人士、女企业家与"两癌"患病妇女开展"关爱女性·真情送暖"联谊和慈善拍卖活动。举办"感念母恩·爱的盛典"公益文艺会演,为10位信访特困、"两癌"患病妇女每人争取到1000元的幸福礼券。邀请"两癌"患病妇女参加妇联举办的纪念三八等相关活动,推荐1名患病妇女参加全省"两癌"患病妇女表彰总结大会并作为代表进行大会发言。关爱农村留守儿童。发动各级妇联干部、巾帼志愿者等与留守儿童结成帮扶对子,开展"大手拉小手""1+1"等结对帮扶活动,常态化开展"四个一"及"爱心妈妈"结对帮扶活动。对全市农村留守儿童进行全面摸底,联合市妇幼保健院为全市56名留守儿童及农村住校儿童进行免费体检,开展心理健康辅导,建立成长档案。对留守儿童、特困家庭儿童、单亲家庭儿童、残疾儿童进行走访慰问,鼓励她们努力学习、健康成长。在留守流动儿童较集中的社区及学校发放"守护童年·春蕾计划——护蕾行动"手册、儿童安全手册,开展儿童人身安全、法律知识等普及活动,提高儿童的自我保护意识和自我保护能力。

【弘扬社会主义核心价值观】持续开展寻找“最美家庭”活动。开展了全市寻找“最美家庭”工作，积极发动2万多户家庭参与，涌现出了各类“最美家庭”1232户，其中1户家庭荣获“全国最美家庭提名奖”，5户家庭获得甘肃省“最美家庭”。联合市文明办开展了“传家风、承家训、兴家邦”活动，收集整理好家风好家训250条，征集到“最美家庭”征文10余篇，编印《有爱，就有家——嘉峪关市“最美家庭”故事汇编》3000余册。举办了“家风力量·幸福守望”最美家庭颁奖晚会，表彰了最美爱岗敬业、最美崇德守法、最美夫妻和美等10类家庭30户。组织“最美家庭”故事宣讲团进社区、进机关、进学校，开展宣讲活动10余场次，充分发挥了妇女和家庭在弘扬中华民族传统美德、树立良好家风中的独特作用。精心打造巾帼志愿活动品牌。健全完善妇联系统巾帼志愿“站—队—分队”三级服务网络，近2000名巾帼志愿者组成的184支巾帼志愿服务队伍和巾帼志愿心理咨询辅导队依托“妇女之家”“留守妇女阳光家园”“留守流动儿童之家”和妇女儿童维权站(点)等平台，为有心理援助需求的妇女干部和妇女群众提供心理疏导、咨询服务、法律援助、婚姻家庭关系调试等服务100余次；对留守流动儿童、孤寡老人、空巢老人等开展生活照料、心理抚慰、健康保健等志愿活动200余次。全力助推文明城市创建。建好、用好三·八绿色工程示范基地，把开展义务植树活动与发展庭院经济相结合，动员城乡妇女积极参与“巾帼绿色家园行动”、创建“优美庭院”活动，印发宣传资料3000余份，引导广大农村妇女争当农村面貌改造提升、“优美庭院”争创行动的主力军。联合市纪委举办了以“当好贤内助，把好廉洁关”为主题的家庭助廉专题讲座，编发《家庭助廉卡》3000份，推动廉政文化进家庭。举办“践行家庭美德·弘扬文明新风”妇联专场道德讲堂，在全社会积极传递正能量，号召妇女争做道德的传播者、践行者和受益者。协调市禁毒办将禁毒知识纳入全市妇女干部培训课程，编发《禁毒宣传手册》3000余份。开展“家庭教育大讲堂进社区”公益讲座3场，受益妇女群众300余人，并将此项活动逐步拓展到进学校、进机关、进企业。举办“川渝商会杯”关爱留守儿童家庭教育情景剧大赛，采取多种表现形式传递家庭教育理念。

【嘉峪关市第九次妇女代表大会】12月3日上午9时整，嘉峪关市第九次妇女代表大会在市级机关会议中心隆重开幕。大会应到代表270名，实到代表257名，符合法定人数。省妇联副主席张新兰莅临大会并对做好新形势下的妇联工作进行指导。市委书记郑亚军出席会议并讲话。市委副书记、市长柳鹏，市政协主席焦玉兰，市委副书记王锋，市委常委、常务副市长杨伟，市委常委、纪委书记边玉广，市委常委、政法委书记张静昌，市委常委、市委秘书长王毅，市委常委、嘉峪关军分区司令员何良平，市人大常委会副主任冯彪，副市长陶东平，市政协副主席、统战部部长曾俊礼出席会议。在嘉的历届妇联领导，各群众团体负责人，全国、全省三八红旗手、巾帼建功标兵参加会议。市妇联第八届执行委员会主席丁彩霞代表市妇联第八届执行委员会向大会做了题为《凝聚妇女力量 共筑美好梦想 为全面建设平安和谐幸福嘉峪关而努力奋斗》的工作报告。市总工会主席梁晓梅代表市群众团体组织向大会致贺词。

市妇联第九届执行委员会召开第一次全体会议以无记名投票方式选举产生了市妇联第九届执行委员会常委，选举丁彩霞任妇联主席、江玉花任妇联副主席。大会通过了《嘉峪关市第九次妇女代表大会工作报告的决议》。12月4日，嘉峪关市第九次妇女代表大会在圆满完成各项议程后胜利闭幕。

（李　瑾）

市文学艺术界联合会

【组织机构】嘉峪关市文学艺术界联合会(简称嘉峪关市文联)是市委领导的，由全市各文学艺术家协会联合组成的专业性人民团体，是党和政府联系广大文艺工作者的桥梁和纽带，是甘肃省文联的团体会员。市文联所属作家协会、书法家协会、美术家协会、摄影家协会、音乐家协会、舞蹈家协会、电影电视艺术家协会、民间文艺家协会、市书画艺术研究会、女书画家协会、市画院等10个协会。截至2015年底，协会会员总数为1000余人，其中省级会员143人，国家级会员12人。

【主要工作】完成第五届“敦煌行·丝绸之路国际旅游节”热场和开幕式迎宾工作。在第五届“敦煌行·丝绸之路国际旅游节”开幕式在嘉峪关举办之际，市文联承担了方特欢乐之夜的热场演出和嘉峪关大剧院开幕式热场迎宾舞的工作。市文联认真筹备、精心筹划，积极组织市舞蹈家协会、市音乐家协会近400名演员不分昼夜地认真排练，最终圆满完成热场表演和迎宾工作，获得了嘉宾和中外媒体记者的一致好评，市文联因此被授予第五届敦煌行·丝绸之路国际旅游节先进单位荣誉称号。

开展“文化五进”工作，推进志愿服务制度化。文化进乡村。2月6日，市文联所属市舞蹈家协会赴新城慰问演出。2月7日，市书法家协会组织十余名书法家前往文殊镇，开展“万名书法家送‘万’福进万家”活动，并现场为农民朋友书写了百余副对联。2月8日，市文联副主席徐树喜带领文联机关干部到双联户家中走访慰问，为他们送上慰问品、《嘉峪关》文艺杂志、春联和书法作品，送去节日的祝福。2月10日，市文联参加“三下乡”活动，组织书法家现场为新城、文殊的农民朋友书写并赠送春联。文化进军营。2月5日，由市文联、武警嘉峪关市支队、市公安局政治部联合举办的“警营春晓--嘉峪关市文联送文化进警营”文艺演出在武警嘉峪关市支队机关楼五楼礼堂举行。市委常委、政法委书记张静昌，副市长常守远出席了活动。当天，来自市音乐家、舞蹈家协会的会员和武警嘉峪关市支队战士同台表演，为在场的观众呈现了一场精彩的文艺演出。活动最后，市文联为武警嘉峪关市支队官兵赠送《雄关初照》摄影作品和《嘉峪关》文艺杂志，武警嘉峪关市支队为市文联赠送“文艺进警营 真情暖兵心”的锦旗；12月27日，由市文联主办的“歌舞飞扬·鱼水情深”——嘉峪关市文联送文化进军营文艺演出在拂晓雄关旅军人俱乐部举行。市委常委、嘉峪关军分区司令何良平和拂晓雄关旅领导出席活动，市文联主席赵淑敏，市文联调研员徐树喜以及市文联所属各文艺家协会主席、名誉主席出席了活动，参加活动的还有部队官兵1000余人。活动当天，市书法家协会组织20名书法家走进部队，开展送书法进部队活动，书法家现场为部队官兵书写了100余幅书法作品。文化进学校。5月30日，市书法家协会组织十余名书法家走进嘉峪关第一中学，举办“书香校园”嘉峪关市书法名家进校园活动，现场为市一中创作100余幅书法作品。6月，市书协带领书法家们走进嘉峪关市第六中学，为学生们现场讲解传授书法技艺。7月15日“书法名家进校园”市书法家协会走进五一路小学，书法名家现场进行书法教学。文化进社区。6月19日，嘉峪关市2015禁毒宣传月大型宣传活动正式启动，在市书协主席陈新长的带领下，嘉峪关书法家协会志愿者走进禁毒宣传，现场创作出一幅幅深表禁毒决心而又带着墨香的禁毒书法作品。8月25日至27日，市文联文艺志愿服务团走进昌盛社区、迎宾社区、铁北社区开展“陇原巧手”剪纸、丝网花制作培训讲座。9月21日，市文联所属市书画艺术研究会走进社区开展书画交流活动，为社区书写并赠送了书法作品。9月24日，市文联参加了由镜铁区、市精神文明办组织的“万名党员进基层暨科级、法律、文体、卫生进社区集中志愿服务”活动。市文联文艺志愿服务团组织带领市音协、市舞协志愿服务者走进昌盛社区，开展文化志愿服务活动，为社区的合唱队和舞蹈队进行了专业的培训。文化进机关。一年来，“汉字书写公益讲堂”多次走进文化局、党校、老干局等单位开展书法公益讲座，普及书法文化。5月15日，市文联举办“文化进机关”活动，组织文艺家走进国税局开展采风创作，出版了《蓝色方队的情怀》嘉峪关市国家税务局新常态新税风税收文学作品集、《雄关税韵》嘉峪关市国家税务局新常态新税风税收书画摄影作品集。12月5日，市文联文艺志愿者走进福利院开展慰问演出活动，市文联主席赵淑敏和市精神文明办、市民政局领导以及市福利院的老人、孩子一同观看了演出。12月23日，在嘉峪关慈善协会成立五周年暨“歌颂经典、弘扬慈善”2015年晚会上，市文联主席赵淑敏带领市书协、市美协、市民协的志愿者们为此次活动捐赠书画作品20余幅。

甘肃省文联文艺志愿服务团走进嘉峪关。7月28日，由甘肃省文学艺术界联合会、中共嘉峪关市委宣传部主办，甘肃省文学艺术界联合会组联处、甘肃省文联各文艺家协会，嘉峪关市文学艺术界联合会，嘉峪关市文化广播影视新闻出版局承办的“到人民中去——甘肃省文联文艺志愿服务团走进嘉峪关慰问演出”活动在雄关广场举行。市级领导及省文联各协会相关领导、市上相关单位领导、市文联所属各文艺家协会会员代表近

500人及现场数千名市民观看了此次演出。市委宣传部副部长陈新长在演出前致欢迎词，省文联副主席王登渤发表讲话。文艺演出内容丰富，演出形式多样，涉及魔术、评书、戏曲、杂技、歌舞等多种节目。

7月29日上午，甘肃省文联文艺志愿服务团书画艺术讲座在市政府2号会议室举办，省书协专职副主席兼秘书长林涛、省美协专职副主席樊威、市书协主席陈新长、市文联专职副主席徐树喜及市文联所属书协会员代表、美协会员代表、矿区书画协会等近140人参加了此次讲座。活动中，林涛、樊威就书画技法及理念与大家进行了深入的探讨。

8月1日上午，由中共嘉峪关市委，嘉峪关市人民政府主办，甘肃省文学艺术界联合会承办的“深入生活 扎根人民——军民共建 鱼水情深 庆八一”文艺慰问演出在嘉峪关市某驻训部队举办，省文联党组书记、副主席周丽宁，市委副书记、市长柳鹏，市委副书记王峰，市委常委、宣传部长梁洪涛，嘉峪关军分区政委马智辉，副市长王进平、常守远等领导出席了此次活动。

主题文艺活动。1月27日，市文联举行“文苑迎新春”——2014年度总结表彰暨迎新春文艺展演活动。2月13日，“画说雄关·书写未来”书画摄影邀请展。3月27日，市作协召开“深入生活·扎根人民”春季论坛。4月6日，由市摄影家协会52名会员组成的“友谊采风团”赴肃南县祁丰乡悬堂寺丹霞开展摄影采风活动。4月28日，由市文联举办的“美丽雄关”——嘉峪关市首届五体临创书法作品展”。5月20日，“美丽雄关--胡小春大漠风情胡杨魂画展”。5月23日，市文联召开纪念毛泽东“在延安文艺座谈会上的讲话”发表73周年座谈会。6月20日，由团市委、市商务局、市文联、省模特行业协会主办，嘉峪关市摄影家协会、嘉峪关新闻网等7家单位承办的“梦想雄关”模特大赛暨亚洲国际超模大赛嘉峪关分赛。8月22日，由市委宣传部、市文广新局、市文联、市旅游局主办的“南湖夜光楼广场文玩艺术品市场暨2015荣宝轩夏季书画艺术品拍卖会”。9月1日，由市文联、是国家税务局联合举办的“雄关税韵——嘉峪关市书法美术摄影展”。9月19日，市文联组织所属各协会50余名文艺家前往嘉峪关黑山丹霞创作采风。10月27日，市文联主办，嘉峪关市美术家协会承办的“丝路墨韵·彩绘雄关——嘉峪关市国画、油画作品展”活动后，编辑制作了《丝路墨韵·彩绘雄关——嘉峪关市国画油画作品集》。11月28日，由市文联、市旅游局联合主办的“神秘丝绸路·天境嘉峪关”。活动后，编辑制作了《嘉峪关黑山丹霞主题摄影专刊》。12月12日，由市文联、市文广新局、市二中主办的“锥沙漏痕——肖政华国画、油画作品展”。12月31日，由市纪委、市文联共同主办的“清风墨韵·廉洁雄关”廉政书法作品展。

（王　丹）

市科学技术协会

【组织机构】 嘉峪关市科学技术协会(以下简称“市科协”)，现有在编人员6名。其中，参照公务员管理正处级干部1名，副处级干部1名，正科级干部3名，市反邪教协会事业编制2名，其中副科级干部1名。下辖镇、社区科协组织33个，企业科协组织4个，各类专业学(协)会21个；工业园区管委会、大友企业公司及镇、社区反邪教协会35个；医学会、农学会及镇、社区科普大学分校和科普志愿队各35个，形成了覆盖城乡的科普组织。

【全民科学素质行动】 *科普大篷车“六进”活动*。利用科技活动周、全国科普日、“科技三下乡”等时机，深入乡镇、社区、学校等开展形式多样、内容丰富的科普主题活动。全年共举办主题宣传活动40余场，科普讲座10余场次，展出科普展板5000余块次、声光电车载展品200余件次，发放科普资料1万余份。应玉门市科协的邀请，赴玉门市各学校开展了“科普大篷车联合进校园”，共展出科普展品100余件次，提升了区域间科普协作能力。一年来，科普大篷车累计行程达1000多公里，受益群众达3万余人次。

科技活动周系列活动。联合科技局等单位，通过在社区、企业、乡镇、学校举办科技创新产品集中展示和举办科普报告会、科技创新教育培训班等方式，组织开展科技活动周系列主题活动，累计展出健康保健、环境保护、电磁污染预防等主题展板和三维立体百科展板1000余块次，各类最新的科技创新成果100多件，声光电科普展品400余件次，受益群众达3万余人次。

科普进万家活动。在防灾减灾日、食品安全宣传周、世界环境日等节点，深入社区和镇村开展了科普进万家活动，向社区居民和农民群众展出相关主题展板1000余块次，车载展品200余件次，发放各类科普宣传资料1万余份，受益群众达1万余人。

大学生暑期科普实践活动。联合河西学院大学生暑期社会实践服务团在市社区开展以“科技扶贫我行动”为主题的大学生暑期科普实践活动。组织20多名大学生分别赴昌盛等5个社区，围绕食品安全、生态环保、应急避险、低碳环保等与居民生活密切相关的热点问题进行巡讲，受益群众达1万多人次；组织参加社会实践的大学生利用社区“四点半课堂”，开展15期校外辅导班，免费帮助贫困家庭的300多名孩子辅导功课，解决了居民群众的后顾之忧，丰富了在校大学生暑期社会实践活动的内容和形式。

知识产权宣讲助力企业创新。邀请国家知识产权局专家和东北大学教授，分别为全市机关、企事业单位领导干部、公务员和甘肃钢铁职业技术学院学生共计600多人作“知识产权与创新方法”专题科普讲座，提高了领导干部对知识产权的重视程度和企业的知识产权保护意识和科技创新能力。

健康知识巡讲活动。发挥医学会优势，邀请经验丰富、医术精湛的医疗保健专家组成巡讲团，围绕常见慢性病和小儿常见病的预防和治疗、厨房卫生与管理等医疗保健热点问题，深入社区和农村开展现场讲解和互动答疑，累计开展巡讲16场次，受益群众达1000多人次。

反邪教警示教育。开展反邪教集中宣传月主题活动，邀请省反邪教讲师团成员为领导干部和公务员、企事业单位干部职工、反邪教协会会员共计500多人作“弘扬社会主义核心价值观、崇尚科学反对邪教”警示教育报告会，提升了广大干部职工防范和抵御邪教侵害的能力。

【农民科学素质行动】开展“科普惠农送技术”活动。利用冬春农闲季节，依托农学会、镇科协等组织积极开展农村实用技术培训，共举办各类种养殖培训班60余期，培训农民约2000多人。结合农村实际，购买了50多套、价值近3万元的科普惠农图书，订阅了全年《甘肃科技报》，免费赠送给三镇及17个行政村的文化活动室和农家书屋。加大农村科普设施投入力度。全年共投资12万元为冯家沟村、团结村、文殊村和野麻湾农业发展示范园建成总长为200多米的科普画廊4个。农村科普阵地和设施的不断完善。

【未成年人科技创新教育】突出打造青少年科技创新教育品牌赛事。2015年4月中旬，经过认真评审推荐优秀作品，积极组队参加“第30届甘肃省青少年科技创新大赛”，全市共有61项作品获奖，市科协、实验中学、大唐路小学获得优秀组织奖。8月中旬，在香港举办第30届全国青少年科技创新大赛中，全市推荐的5项作品获奖，市科协被中国科协评为“全国基层赛事优秀组织单位”，大唐路小学荣获“全国科技教育创新优秀学校”。2015年9月—12月，通过整合青少年科技创新大赛、科普剧创作大赛、机器人大赛等赛事，着力打造全市首届青少年科技节，累计征集创新作品389项，同比去年增长63%，参赛师生达1500多名。通过专家评审和终评答辩等环节共评出优秀作品147项，优秀组织单位6个，优秀科技项目辅导员教师27人，“十佳明日科技之星”11人。

广泛搭建科技创新学习交流平台。强化培训工作，提升科技辅导水平。5月中旬，邀请省科协科技创新教育专家、乐高公司专家及本市科技辅导员，举办了全市青少年科技辅导员培训班。9月份，围绕大赛流程、要求和科技创意作品、科普剧创造等内容组织召开青少年科技节培训会，先后有400多名教师参加培训，同时积极推荐70多名科技辅导员参加省科协组织的科技辅导员培训班。7月初，联合市教育局等单位举办了“2015年甘肃省青少年科技体育分区赛暨嘉峪关市航空航天模型教育竞赛”，来自全市及周边地区的23所学校的770多名学生参加此次比赛。组织开展了“2015年青少年高校科学营”活动，共有21名学生分别赴北京科技大学、兰州大学等高校参加科技活动。9月下旬，组织开展了2015年“航天科技连着你和我--院士专家甘肃河西校园行”嘉峪关站活动，邀请院士专家报告团为6所学校的4000余名师生作关于航空航天领域的科普报告。

【开展学术交流】广泛征集论文，参加全省2015年学术年会，推荐的21篇论文中有5篇论文入选全省年会论文集论文精选。加强反邪教区域合作交流，成功举办了“2015年中国西部反邪教论坛暨甘肃省反邪教理论研究和实践经验交流会”，来自全国各地的120多名代表参会。在此次学术交流中，全市共推荐51篇论文参加评选，其中1篇论文获得全国二等奖，7篇论文分别全省一、二、三等奖及优秀奖，市反邪教协会也被评为“全省优秀论文组织单位”。10月中旬，成功举办了全市第四届反邪教理论研讨会，表彰了12名反邪教优秀论文作者。

【基层科普行动计划】狠抓省级以上科普项目培育，推荐的镜铁区明珠社区、长城区建设社区分别被中国科协、财政部和省科协、财政厅评为“全国科普示范社区”和“全省科普示范社区”，共获得奖补资金25万元。该项目实施以来，全市共有4个社区、3个农技协、3个农村科普示范基地、3个农村科普带头人受中国科协和财政部的表彰奖励；2个社区、1个农技协、1个农村科普示范基地获省科协、财政厅的表彰奖励，共获得奖补资金235万元。

【开展“讲、比”活动】为科技工作者搭建平台，鼓励酒钢(集团)公司、大友企业公司等4个企业科协开展“讲、比”活动，让科技工作者在科技创新、降本增效等问题中建言献策，在参与政府社会管理与服务民生中发挥智能优势。发挥桥梁纽带作用，积极做好人才举荐工作，推荐2名同志参加第十四届中国青年科技奖候选人评选。

【基层组织网络体系】在三镇、社区及部分企业成立了37个基层科协组织的基础上，年初在工业园区、大友企业公司、三镇及各社区成立了35个基层反邪教协会、35个社区科普大学分校和科普志愿服务队。依托科协的四级组织，积极组织开展形式多样、内容丰富的科普主题活动，努力提高市民科学素养。

【科普阵地场馆建设】通过不断培育和层层申报，经中国科协、省科协的专家现场评审认定，明珠气象塔被命名为“全国科普教育基地”，实验中学、鸿翔蓝孔雀科普示范园、野麻湾农业发展示范园被命名为“全省科普教育基地”。截至年末，共建成国家级科普教育基地1个，省级科普教育基地6个。按照“会校共建”的原则，投资5万多元在市六中新建青少年机器人工作室，已在全市中小学共建成中学科技馆1个、科学工作室5个、机器人工作室3个。2015年先后在镜铁区曙光社区、雄关区福民社区新建总长100多米的科普画廊2个，目前已在10个城市社区建成总长约为500米的科普画廊，覆盖率达30%。已建成社区科普室1个，正在建设的5个。这些阵地和场馆的建设，进一步推动了学(协)会和基层科协工作的发展。

【信息化建设】严格执行工作信息激励制度，规范信息报送，有效提升了工作信息的质量。全年共刊发工作信息700余篇条，其中在省委办公厅《甘肃信息经验交流》刊发1篇，并得到夏红民副省长批示，在《甘肃科技报》、省科协网站等省级媒体网站刊发信息20余篇，在《嘉峪关日报》和新闻网等市级媒体网站刊发信息20余篇，在市委办《决策参考》刊发1篇，嘉峪关信息工作通报累计积分达50多分，利用雄关科普网和微信公众平台发布信息600多条，及时有效向社会宣传了科普工作动态，提高了科协的社会知晓率。

(盛国辉)

市残疾人联合会

【组织机构及残疾人概况】嘉峪关市残疾人联合会（以下简称“市残联”）是代表残疾人共同利益、维护残疾人合法权益，团结、教育残疾人，为残疾人服务并承担政府委托任务，动员社会力量发展残疾人事业的社会团体。2015年，全市共有残疾人1.04万人，其中：视力残疾人1745人，听力残疾人2046人，言语残疾人317人，肢体残疾人3247人，智力残疾人844人，精神残疾人695人，多重残疾人1506人。

【“两个体系”建设】制度性普惠特惠政策稳步实施，惠及面继续扩大，贫困残疾人基本生活得到了切实有效保障。为60岁以上重度残疾人提供居家养老服务486人次，提供养老补贴经费437万元；

为登记在册的3843名残疾人发放了75.88万元的蔬菜临时价格补贴；将符合条件的1219名残疾人全部纳入了最低生活保障范围，实现了应保尽保；为820名重度残疾人低保金在已补差的基础上按保障标准上浮了20%；重度残疾、缺失劳动能力的家庭，全部纳入了一类保障范围；残疾人参加城乡居民基本医疗保险、基本养老保险的参保率达到了98%，新农合参合率达到了100%。城乡贫困残疾人救助覆盖率达到了100%，城镇一、二级重度残疾人由市财政为每人每年代缴200元养老保险费。免除了残疾人新农合住院起付线，住院报销比例达到了95%，重度残疾人医保住院报销比例较其他人员相比提高了15%。

【残疾人扶贫工作】开展扶贫解困活动，残疾人扶贫工作有效稳步推进。开展了贫困残疾人基本状况普查，为家庭人均年收入低于2300元的406名农村贫困残疾人建立了档案；继续开展"帮、包、带、扶"活动，累计为945人次提供了多形式解困服务，其中，市级领导帮扶80人次，残工委成员单位帮扶60人次、残联干部帮扶17人次，双联单位帮扶788人次；开展了第25次"全国助残日"活动，为70户贫困残疾人发放慰问金2.1万元，为1002名残疾人发放价值20余万元的物品；通过三级审核、张榜公示方式，为500名特困残疾人发放生活补贴60万元，为任务数的100%；继续实施蔬菜价格补贴政策，为在册残疾人每人发放了200的临时价格补贴。

【残疾人康复服务工作】开展康复服务，促进残疾人人人享有康复服务目标实现。康复经费投入继续保持增长态势，全年累计投入专项康复经费127万元，其中市级财政安排康复经费92万元，较上年增长27%；新建了南市区社区康复站和朝阳社区康复站，并达到规范要求；健全了社区康复服务档案，10个社区共为6000人次的残疾人提供了就近就地康复训练与服务，覆盖面达到了100%；建立了残疾儿童筛查报告制度。加大了与卫计部门的工作联系与信息通报力度，全面普查了0—6岁残疾儿童基本状况；加大对残疾儿童疾病预防、康复政策的宣传力度，使儿童残疾预防与早期康复知识的知晓率达到了100%；完成白内障复明手术216例，其中免费手术100例；开展盲人定向行走训练400名，配用低视力助视器120副；完成听力残疾儿童康复5人，培训残疾儿童家长5人，智力残疾儿童康复11人，肢体残疾人社区康复训练31人，孤独症儿童康复训练5人，重度肢体残疾人康复12人，重度听力残疾人康复12人；落实贫困残疾儿童抢救性康复项目，及时为符合抢救性康复项目条件的聋儿植入人工耳蜗1个；完成康复人才在职培训13人次，社区康复协调员培训39人次；完成精神病患者免费住院及服药45人；装配假肢9例，安装矫形器8例；发放辅助器具409件，捐赠轮椅120辆，为0—6岁的贫困残疾人儿童验配坐姿椅、站立架和助行器辅助器具42件。

【残疾人教育就业工作】就业教育工作协调发展，多层次多形式开展技能培训，残疾人就业技能和就业率稳步提高。贫困残疾学生教育权利得到了切实保障，对受教育年龄段的残疾学生进行了全面普查，全面掌握了非义务教育阶段和义务教育阶段残疾人学生基本情况；多形式开展残疾学生救助工作，共为177名残疾学生发放助学款12.465万元，残疾学生义务教育入学率达到了90.43%；就业任务全面完成，全年共安排了310名残疾人就业，其中新增按比例安置就业86人，公益性岗位安置就业20人，就业创业扶持安置就业152人，帮助农村残疾人从业10人；就业服务机构规范化建设继续得到加强，开展残疾人职业技能培训473人；开展就业培训实名制录入统计管理工作，录入率达到了97.44%；全面落实了残疾人就业保障金地税代征、财政代扣政策，共征收残疾人就业保障金550万元。

【残疾人信访工作】高度重视信访工作，切实维护残疾人合法权益。按照政策落实年活动要求，组织开展了残疾人事业"十二五"发展规划、加快残疾人事业发展实施意见和残疾人扶助优惠政策贯彻落实情况的自查排查活动，自查结果表明，省、市政府各项普惠特惠政策得到了较好贯彻落实，并在此基础上实现了重度残疾人护理补贴发放政策全覆盖、残疾人免费乘坐市内公共交通工具政策全覆盖、重度残疾儿童康复治疗服务项目全覆盖等方面政策的新突破；为341名残疾人发放机动车燃油补贴8.866万元，并完成了信息录入任务；处理残疾人来信来访35人次，信访接待率、信访案件办结率、法律救助结案率和办结率达均达到了100%；认真完成信访规范化建设任务，并建立了政策法规知识库。

【残疾人专项调查】精心组织专项调查，准确掌握残疾人基本状况。成立了专项调查领导机构和组织机构，组建了调查队伍，落实了13万元的调查经费，以逐户逐人逐项调查为基本要求，全方位对全市残疾人的基本需求状况进行了调查；全面落实了入户调查要求，以持证残疾人为基准，完成调查登记5075人，其中入户调查登记4930人，电话调查145人，入户登记率达到了97.14%，超过省标准2.14%，抽样人数为546人，抽样比例10.76%，符合规定要求；通过对入户登记信息的全面审核，复录差错率为0.00%，较省标准高出3%，圆满完成了全市专项调查工作任务。

【残疾人组织建设】组织建设稳步推进，服务能力进一步提高。全面完成了“强基育人”工程任务，基层组织机构规范化达标率、专职委员配备率和专门协会的组建率均达到了100%，专职委员服务群众能力和专门协会自主开展活动能力得到进一步提高；执行理事会配备残疾人干部1名，残疾人领导干部占班子成员的33.33%；配备残疾人工作人员3人，占工作人员的21.4%；将城市社区专职委员和各镇社区专职委员全部纳入公益性岗位，工作津贴每人每月达到了1670元，并为其每人每月代缴社会保险703元；全面落实17个村社区专职委员误工补贴政策，每人每年达到了1200元；建立了专职委员实名制档案，实名制录入率达到了100%；通过定期例会形式，对专职委员进行全方位培训，提升了专职委员服务基层群众的能力；积极创新培训方式，33名城市社区专职委员和6名村专职委员参加了在线培训；将社区残疾人协会和专门协会工作经费纳入年度经费预算，其中，社区残疾人协会年人均工作经费达到1.68万元，每个专门协会年工作经费达到1万元；在残疾人综合服务中心设置了专门协会工作办公室，保障了专门协会日常工作的正常开展。

【文化体育信息化建设】宣传文化体育工作和信息化工作取得新进展。多形式开展事业宣传工作，并在市级以上各类新闻媒体网站刊发新闻宣传稿件148篇；开播手语新闻21期；在新建的残疾人康复托养服务中心建立了残疾人文化创意示范点，购买了电脑、图书等设施设备；建立了盲文有声读物阅览室，并在市级图书馆和残疾人综合服务中心设置了残疾人阅读区、盲人阅览室和图书室，配备了盲文图书、有声读物和盲人专用点显阅读设备；开展了健身活动，建立了胜利社区和明珠社区自强健身示范点，组织辖区残疾人开展了第五届健身周活动和第九个“特奥日”活动；选送了6名残疾人专干参加了全市社会体育3级社会指导员培训班；完成了1000人参加全民健身计划的目标任务；重新建设并开通了市残联户网站，优化了内容布局，增强了可读性。

【省、市政府助残工作】重度护理补贴项目实现了全覆盖。共为1827名重度残疾人发放了219.24万元的护理补贴，较省计划数多出了1205人和159.528万元；“百千万”康复工程进展顺利。按照省残联安排完成了13人的康复培训任务，成立了2个社区康复站，采购了20万元的康复设备；残疾人康复托养服务中心完成建设任务，该中心被列入了全市重点建设项目，规划建筑面积4052.6平方米，现已累计完成投资1800万元，并核定了15名事业编制；全面实施了重度残疾人家庭无障碍改造项目。累计投资达到了92.6万元，改造户数达到了255户，投资数和改造户数分别为省计划数的401%、364%；重度残疾儿童康复治疗项目有序开展。通过政府购买服务方式，实施了重度残疾儿童康复治疗服务项目，为42名脑瘫、自闭症等重残儿童提供了80万元的专业康复治疗服务。

（张　敏）

市消费者协会

【概况】嘉峪关市消费者协会共有理事72人，志愿者20人。设有消协分会6个，其中设在市场监管局分局机构数4个，设在其他地方机构数2个，设有“一会两站”等维权机构89个，其中设在村民委员会的机构数17个，在城市整合成立机构数30个，设在景区的机构7个，设在其他地方机构3个。2015年，围绕中消协提出的“携手共治畅享消费”年主题，开展了“3·15”国际消费者权益日宣传纪念活动，共印制分发各类宣传资料3万余份，制作张贴横幅、标语40余条，消费维权文艺演出1场，发布消费警示22条、各类消费常识信息10条、消费典型案例15个，在市中心城区设置的诚信长廊中宣传展示“诚信单位”35个，在报纸、电视、广播制作专题节目14期(次)，播放时长4.5小时，报刊设置专栏4个，发表宣传文章20余篇。

市个人劳动者协会与私营企业协会

【概况】2015年市个私协会下设13个分会，其中4个基层分会，9个行业分会。登记私营企业会员4057户，从业人员16228人；个体工商户会员20110户，从业人员32315人。2015年协会积极组织开展问卷调查工作，下发会员调查表700份，调查解决会员生产和经营中主要需要解决的问题；组织11个会员单位参加了6个行业的学雷锋志愿者免费义务志愿服务活动，免费服务60余人次，义务接受咨询百余人次，散发宣传资料2000余份；继续开展商标代理服务工作，累计接待咨询服务约3000人次，接待商标查询服务200余人次，代理商标服务24件；为会员开展职业技能培训服务，提供信息服务；开展“德耀雄关”道德模范基层巡讲进企业报告会活动和创建全国文明城市活动，协会制定下发了“重品行、树形象、做榜样”活动方案，召开了由市协会理事和各分会理事、市私营企业代表、协会党支部党员参加的活动动员大会，组织市级道德模范进企业开展宣讲活动；配合市市场监督管理局、市消费者协会共同召开嘉峪关市社会监督网络体系建设工作推进会，聘请了100名市场监督义务联络员，积极配合市场监督管理检查、消费维权、个私协会开展职业道德教育等工作。

2015年协会维权机构共为会员提供法律服务发放学习材料2万余份，举办法律法规知识竞赛1次，参加人数达1000余人次，提供法律对策52件，法律建议60条，开展法律咨询服务2000余人次，提供预约专题法律咨询服务12人次，帮助企业完善企业内部管理制度40条，帮助企业起草法律文书102份，进行合同审查450份，代理各类案件220件和法律事务7件。参加全市第三届道德模范评选活动，王广里、王玉萍当选市第三届十佳道德模范、武莉珍当选十佳雄关好人。做好流动人口计划生育工作，登记流动人口5960人，其中男性4440人，女性1520人；育龄妇女1319人，其中未婚125人，已婚1194人。

(郑晓东)

计划生育协　　会

【组织机构】嘉峪关市计划生育协会(以下简称“市计生协”)是中国计划生育协会的地方组织，是在党委领导下协助政府统筹解决人口问题，促进人口长期均衡发展的全市性、非营利性群众团体。市计生协机关为全额拨款的副县级事业单位，内设办公室、基层工作部、项目管理部3个职能科室，核定全额拨款事业编制6名，参照公务员法管理。

【主要工作】全面加强各级计生协组织网络建设。经市编委会研究，市计生协机关“三定”方案出台，明确了职责，工作力量得到显著增强，市级协会全面完成了参公、入序、“三定”工作。镇、社区配齐了专职副会长和专职秘书长，建立健全了“会长抓全局，专职副会长抓协调，专职秘书长抓落实、小组长抓联系户”的计划生育协会服务管理机制。立足实际，加强流动人口计划生育协会建设，努力推广“流动党支部+协会”“能人+协会”的建会模式，把流动人口协会工作与服务型党组织创建结合起来，全市已建立流动人口协会组织26个，基本实现了流动人口计生协会全覆盖。夯实计划生育协会基层基础，在村级设立计划生育工作室，配备1名计划生育兼职主任(计生协秘书长)，在组级设立计生宣传员(计生协小组长)，落实职责任务和报酬待遇，计生工作网络和协会工作网络融为一体，实现工作同抓、同管、同落实。开展“生育关怀行动”。建立计划生育特殊困难家庭社会关怀长效机制，延伸服务触角，吸引社会资源，创新服务形式，使“生育关怀行动”真正惠及广大育龄群众和计生家庭。全面实施青春健康教育工作，加强师资和志愿者培训工作力度，建立“亲青室”，开展“五进”活动，实现学校、家庭和社会的良性互动，营造有利于青少年健康成长的氛围。开展“五关怀”“四关爱”关怀救助服务活动，使计划生育家庭在经济扶持、精神慰藉、舆论支持等方面得到关怀和帮助，增强自我发展的能力。做好“两节”期间走访慰问工作。“两节”期间，各级计生协会共走访慰问困难计生家庭 722 户，发放特殊困难家庭救助金 10.6 万元、慰问金 59.882 万元和爱心轮椅 20 把，体现了党和政府及社会各界的关怀。开展计划生育家庭意外伤害保险工作。2015 全市共参保 5345 户，投保金额 36.228 万元，有效提高了计划生育家庭抵抗风险的能力。*开展各项宣传教育活动*。利用春节、“三八”妇女节、母亲节、“5·29”会员活动日、“7·11”世界人口日等各类节庆纪念时间，开展幸福母亲故事会、“妈妈帮”“关爱军嫂、情暖民心”、手工艺作品展、趣味运动会等特色主题特色宣传活动。在夏季开展露天电影展播活动，吸引群众广泛参与。组织开展国家计生协、省计生协艺术作品征集工作和参与幸福家庭评选活动，共报送书画、剪纸作品 17 幅，摄影作品 15 幅，同时推荐省级书画摄影社会员 7 名。经过评选市雄关区选送的于文华摄影作品《金色沙影》荣获中国计生协第二届艺术作品展二等奖。参加省卫计委和省计生协组织开展的甘肃省陇家福幸福家庭评选活动，经过激烈角逐，长城区张晓梅家庭被评为陇家福十佳幸福家庭。稳步推进人口计生基层群众自治。坚持人口计生基层群众自治与诚信计生、利益导向、幸福家庭创建等活动相结合，参与社会管理与服务工作。落实会员联系户制度，推动落实居民自治章程和居民自治公约，政府诚信、群众守信、居民互信的局面正在形成。

（罗艳红）

嘉峪关市丝路文化研究会

【组织机构】嘉峪关市丝路文化研究会是全市长期从事丝路文化研究和丝路文化爱好者自愿组成的具有学术研究能力的非营利性社会团体，其业务主管单位为嘉峪关市社会科学联合会。2015 年末，共有会员 91 人，其中会长 1 人，副会长 5 人，理事 32 人。

【主要工作】2015 年，开展明代中期（嘉靖年间）绘制的丝路古地图——《蒙古山水图》的研究，努力将《山水图》还原为以嘉峪关为起点的《明代丝路古道图》。研究会成立攻关小组，以《山水图》为蓝本，借助现代化的卫星航拍地球视频地图（谷歌图），绘制出《明代丝路古道图》。与甘肃教育出版社联合出版研究专著《嘉峪关与丝绸之路》，汇集全省专家及会员研究成果 41 篇，为本市丝路文化研究奠定理论基础。部分会员参与省文物局、市人民政府、河西学院、省历史学会在本市主办的“嘉峪关魏晋墓与丝绸之路历史文化学术研讨会”，实地考察相关的文化遗迹并提交主题论文。与市长城博物馆共同主办“丝路遗珍、雄关瑰宝，馆藏文物精品展板进社区”活动，普及文物知识，弘扬丝路文化。参与大型纪录片《河西走廊》《远方的家》研讨工作。召开 2015 年年会，发布并表彰 2014–2015 年度优秀研究成果，其中著作《历代长城诗选》由薛长年、周大成、杨生宝、王世雄、米积屯等同志共同编辑，历时十余年完成，为丝路文化研究会 2015 年重大研究成果。

嘉峪关市长城文化研究会

【组织机构】嘉峪关市长城文化研究会是嘉峪关市长期从事长城文化研究的相关人员自愿组成的具有学术研究能力的非营利性社会团体，其业务主管单位为嘉峪关市社会科学联合会。2015 年末，共有会员 92 人，其中会长 1 人，副会长 6 人，理事 35 人。

【主要工作】2015 年，邀请中国长城学会副会长董耀会实地考察本市的长城资源，并与会员开展学术交流。部分会员参与省文物局、市人民政府、河西学院、省历史学会在本市主办的“嘉峪关魏晋墓与丝绸之路历史文化学术研讨会”，向大会提交了主题论文，并与部分专家进行了学习交流，实地考察了相关的文化遗迹。部分会员应邀参与讨论大型纪录片《河西走廊》《远方的家》等工作，为来嘉记者、栏目组介绍本地历史文化，扩大对外宣传。由薛长年、周大成、杨生宝、王世雄、米积屯等同志共同编辑的《历代长城诗选》历时十余年正式出版发行，是本市长城文化研究一项重大成果。召开 2015 年年会，发布并表彰 2014–2015 年度优秀研究成果。

（殷吉瑞）

市党外知识分子联谊会

【组织机构】嘉峪关市党外知识分子联谊会是全市党外知识分子自愿组成的具有统战性、联谊性、民间性，并依法注册登记的非营利性社团组织。其主管单位为中共嘉峪关市委统战部。下设教育调研组、医疗宣传组、社会事务组、经济发展组4个会员小组。现有会员64人,其中省党外知识分子联谊会理事2人,市九届人大代表2人,市八届政协常委6人、委员16人,市青年联合会第四届常委及委员4人,担任律师协会、体育总会、电视艺术家协会等各种社会职务的有15人,另有4人被聘为政风行风监督员。

【政治引导】开展坚持和发展中国特色社会主义学习实践活动,坚持把思想政治建设放在首位,开展同心社区服务活动和同心爱心传递活动，强化会员素质提升,引导会员与党同心同德。推荐4名会员参加省委统战部组织的无党派人士和工作培训班，选派4名领导班子成员参加市委统战部组织的民主党派和无党派人士培训班。参与各种学习活动。先后组织会员学习《知联会会章》、中央统战工作会议精神、《中国共产党统一战线工作条例》《中国共产党廉洁自律准则》《中国共产党纪律处分条例》以及党外知识分子关注的重大问题问卷调查等。

【参政议政】引导知联会中的政协委员、人大代表积极参政议政,向市委、市政府、市政协建良言、献良策。会员累计参加各类政治协商会议22人次、学习会26人次、辅导报告会15人次,畅通了参政议政和知情出力的渠道。会员在政协八届四次会议上提交被确立为督办提案的28件，占总数的34.57%;被列为建议进行督办的有17件,占总数的37.21%,较好地发挥了参政议政效力。

【服务社会】组织会员前往“同心·知联志愿服务”基地昌盛社区,为社区居民举办2场知识讲座,内容分别为宫颈癌前病变及宫颈癌的筛查、道路交通事故的处理和赔偿；组织会员前往昌盛社区观摩社会党建和统战工作;多次组织教育、法律会员为“四点半课堂”服务。为“同心·知联校园服务基地”新城小学图书室订阅学生学习读本11类122册，为全校3年级师生讲了一堂生动有趣的英语公开互动课,共同参与了“六一文艺展演”,开展“面对面 手拉手 心贴心”传递爱心活动,为全校师生赠送学习用品和体育器械。

【调研走访】组织全体会员分批分次调研全市在建重点项目和惠民实事工程，以及文殊镇农村旅馆和星级农家乐发展情况。详细了解了今年文化旅游、经济发展、扶贫攻坚方面取得的新成果,也对社会发展、乡村旅游发展中遇到的问题和困难,给予了相关的意见及建议，以更好地促进全市相关产业的发展。积极发挥知联会的集体智力优势,组织会员围绕“基层开展社会组织协商的情况及存在的问题”“知联会建设及留学人员情况”“新媒体人士统战工作”开展调研活动7次,并向省委、市委统战部上报调研报告7篇。

【自身建设】加强知联会组织建设和领导班子建设,修订完善各项工作、会议、学习制度,优化会员联谊分组。坚持高标准严要求发展品行端正、素质较高、有一定影响力的社会各行各界会员。2015年,新发展会员4人,其中公务员1人、新的社会阶层人士3人。组织会员开展培训学习、参政议政、调研走访、社会服务等活动,并适当组织开展体育健身活动和比赛,提高全体会员的综合素质。

(林靖霞)

军　事

嘉峪关军分区

【概况】2015年,在省军区党委和市委、市政府的正确领导下,分区党委认真学习贯彻党的十八大、十八届三中、四中、五中全会精神和全军政治工作会议精神,以“三严三实”专题教育为抓手,突出抓好党员干部作风建设,紧密结合干部队伍和财务管理“两项”大清查,使分区风气建设得到进一步纯洁,确保了年度各项任务的圆满完成。

【思想政治建设】分区党委认真坚持党委中心组学习制度，开展了“三严三实”专题教育整顿，召开了党委民主生活会，认真落实了“学习践行强军目标，做新一代革命军人”主题教育。参加了上级组织的军师职和团职干部理论轮训班，开展了全军政治工作会议和习主席系列重要讲话精神学习。有针对性地开展廉洁自律教育，提高了大家自我约束、遵章守纪的自觉性。结合年度民兵整组工作，组织基层民兵开展了每季一课政治教育和时事政策教育。“9·3”阅兵式后，组织开展了军队深化改革教育，稳定了官兵思想。下半年，根据上级指示要求，集中对涉及郭伯雄、徐才厚信息资料进行了全面清查清理，通过召开党委会，学习上级精神，明确是非界限，彻底肃清影响，保持了政治上的清醒与坚定。党的十八届五中全会召开后，分区党委组织班子成员和全体官兵、职工，认真学习领会全会精神。同时，对新修订的《中国共产党纪律处分条例》和《中国共产党廉洁自律准则》进行了全文学习，进一步打牢了全体官兵拥护党中央、中央军委的正确领导，支持和服从改革，甘于奉献、廉洁奉公的思想基础。

【战备训练】分区党委研究制定了详细的训练计划，以迎接军区对军分区系统军事训练考核为抓手，分区主要领导亲自备课授课，组织全体官兵开展了军事理论、军事常识学习和手工、计算机标图等军事技能训练，每天坚持利用1小时开展3000米长跑、俯卧撑、仰卧起坐等体能训练，使官兵军事训练水平有了较大程度提高。认真贯彻落实省军区基层战备基础设施建设观摩会议（“甘南会议”）精神，以全面规范分区战备秩序为目的，采取清查核对、开列清单、统一部署、细化责任、分步落实、挂账清零等方法，统一思想认识，明确建设标准，完善制度措施，分区战备工作水平有了较大提升。重点抓好市民兵应急一连的正规化建设，接受了年终省军区的检查考核，取得了良好成绩。认真完成了钢铁职业技术学院、冶金职业技术学校、嘉峪关市一中、酒钢三中等大中专院校2200多名学生的军训任务。高标准完成了XXX人民兵应急分队年度军事训练任务。圆满完成年度新兵的征集任务，其中大学生士兵占征集总数的36%。

【安全稳定】贯彻省军区指示要求，狠抓条令法规学习，全力落实规章制度和条令条例，分区安全管理工作保持了良好势头。严格落实安全管理工作责任制，明确责任与目标，形成一级抓一级、一级为一级负责的良好局面。坚持定期分析安全形势，查找安全隐患，制定防范措施，确保官兵时刻绷紧安全弦。始终把加强人员思想教育、强化安防意识作为统思想、促管理、保稳定的有效抓手，结合开展“学条令、训队列、整秩序”配合活动和每月“学法规、用法规、守法规”养成教育活动，认真学习条令条例和法规制度，定期抽考应知应会内容，确保人人学法规、时时用法规、守法规，真正达到学用守相统一。正规秩序抓安全。从严落实“五抓”“五严”要求，正规内部秩序，制定《部队正规化管理检查考评实施细则》，从严抓整改。针对人员流动、车辆装备动用、涉密载体使用、主客观因素影响等动态管理工作特点，结合安全隐患排查整治，坚持常查常治，长治常纠，将一切安全隐患、事故苗头消灭在萌芽状态，确保预防在先，纠治在先，做到未雨绸缪。

【后勤保障】按照省军区后勤部提出的“正风肃纪、强化管理，聚焦中心、积极保障，能力牵引、推动建设，紧贴基层、热情服务，大力提升后勤工作的实战化、法制化和信息化水平”要求，紧密联系分区实际，以财务大清查、空余房地产整治和基础设施建设改造为抓手抓好了各项工作落实。空余房地产整改工作中，认真落实总部及两级军区关于加强空余房地产租赁管理的一系列指示要求，截至8月底，对外出租的38间门面房已终止租赁，收回全部房屋。全年共计投入经费246万余元，对机关营区暖气、自来水管道进行了改造，移栽了树木花卉，补种更换了草坪，对民兵武器库安防设施、锅炉房及平房进行了改造改建，新建了机关应急电源及配电室、民兵武器库温室大棚，分区机关和武器库工作及生活环境有了较大改善。

【基层武装】贯彻落实习主席关于能打仗打胜仗的指示要求和省委议军会、全省民兵预备役工作会议精神，进一步提升嘉峪关市国防后备力量建设质量水平，结合当前基层建设现状，紧紧围绕强军目标，按照“天水会议”要求，持续抓好了基层武装部正规化建设。利用开展年度民兵整组和征兵工作前期准备等时机,加强完善了基层组织建设、制度建设、阵地建设和基础设施建设,确保了基层武装工作的顺利开展。组织酒钢(集团)公司9名专武干部到酒泉市肃州区果园乡民兵营(连)部参观见学,学习借鉴民兵营(连)部规范化建设经验。8月28日,联合市委组织部任命了9名社区武装部长,召开了宣布命令大会。以省军区下发的考评细则为依据,对基层武装部、民兵营连部战备基础设施建设情况进行彻底清查,切实摸清底数,列出详细整改清单,研究制定了整改总体方案。全面统筹基层武装部、民兵营连部战备基础设施建设,以酒钢公司民兵应急营部、市民兵应急一连连部、雄关区峪泉镇武装部民兵抗震救援分队、长城区兰新社区民兵道路交通保障分队和镜铁区佳苑社区民兵应急二连二排为重点,协调军地力量组织实施,对照整改清单,逐项抓好落实,逐条达标清零。

【党管武装】市委书记、军分区党委第一书记郑亚军同志严格落实党管武装工作制度,加强对党管武装工作的组织领导,确保了分区建设的正确方向,郑亚军被原兰州军区政治部表彰为“党管武装好书记”。市长、市国动委主任柳鹏同志被甘肃省委、省政府、省军区党委表彰全省“国动委好主任”。3月24日、6月18日,市委议军会议和市国防动员委员会议分别召开。

【双拥共建】围绕兰州军区提出的“十个100”工程,持续抓好了扶贫帮困、助学兴教、生态治理等工作落实。组织官兵慰问了嘉峪关市社会福利院和敬老院。围绕驻地争创全国双拥模范城“六连冠”和全省双拥模范城“八连冠”,对分区5年来的双拥工作台账进行了全面整理,完善了软件资料,工作成绩受到了甘肃省组织的双拥工作检查组的充分肯定。嘉峪关市荣获了全省双拥模范城“八连冠”。9月17日,“全国双拥模范城”考核组对嘉峪关市进行了检查验收,分区全力配合驻地做好了迎考工作。积极响应省委和市委号召,主动参与“双联”行动,分区领导和机关干部与驻地2个村、36户居民建立了联系帮扶关系,先后2次进村入户宣传政策、化解矛盾、破解难题。协调市委、市政府进一步完善了《嘉峪关市拥军优属规定》和士兵退伍安置及培训等政策,拥军优属的具体规定在许多方面走在了全省前列。

(魏琦虎 陈志航)

武警嘉峪关市支队

【机构设置与人员编制】中国人民武装警察部队甘肃省总队嘉峪关市支队(简称武警嘉峪关市支队),正团级建制,组建于1983年1月,下辖嘉峪关市中队、直属中队2个建制中队。2005年5月编制体制调整后,增编司令部、政治处、后勤处3个部门和教导队、警通勤务汽车中队2个司令部直属队。2014年3月编制体制调整后,支队由154人增编为202人,警通勤务汽车中队更名为勤务中队。支队机关驻嘉峪关市体育大道东2666号。

【思想政治建设】树立政治工作生命线地位作用,提升服务保证效能。抓好理论武装。把学习贯彻习主席系列重要讲话精神作为主线贯穿始终,20次组织党委中心组带机关干部理论学习、5名常委轮流参加总队理论轮训、3次开展专题党课辅导、18名机关干部登台辨思想、谈体会、话收获,持续掀起学习热潮。落实每月两个半天理论学习日,基层官兵围绕用好基本教材、学好基本理论、掌握基本要求,广泛利用网络、板报、橱窗、“口袋书”“三个半小时”等载体,学习习主席重要讲话精神,强化认知认同,坚定信念信心,打牢官兵“三个绝对”思想根基。开展主题教育。按照“四项教育”规范内容体系,年初制定《计划》统住全年,每月安排内容稳步推进,每周“推门听课”督导落实,有效解决了教育多杂乱、假大空的问题。坚持灵活抓教,突出抓好“学习践行强军目标,做新一代革命军人”主题教育,3次召开座谈会,4次组织问卷调查,与90多名官兵个别谈心,问计于基层,求策于官兵,摸准官兵思想疑惑和兴趣点;建强由3名政工领导、5名“四会”优秀政治教员和14名基层理论骨干组成的教员队伍,明确教学任务和责任;汇编《习主席论“四有”重要讲话集锦》《“四有”军人强军故事集》等资料,组织“四会”优秀政治教员评比竞赛,开展入党(团)宣誓,邀请“德耀雄关”4名道德模范来支队巡讲,官兵“四有”信念进一步坚定。推进强军文化建设。开展“传承红色基因,当好红色传人”活动，建立嘉峪关关城红色教育基地，传承雄关历史遗风，搜集150首励志边塞诗词，开展“新一代革命军人样子”大讨论，激励官兵血性胆气，做法被《人民武警报》刊发。突出军味兵味战味，用强军文化塑造官兵，让强军目标上房上墙、进灯箱、入橱窗，让“八个到现场”“八个基本方法”渗透到任务中，唱响强军战歌，讲好强军故事，办好士兵小报，建好文化队伍，开展体育比赛，与市文联、市一中共同举办联谊晚会，官兵的灵魂、本事、血性、品德在潜移默化中得到升华。

【强化任务能力】按照“正规化执勤、实战化训练、实案化战备”要求抓战备、搞训练、保中心。坚持中心居中抓执勤。精心组织经常性执勤，开展岗前培训、专勤专训、勤训轮换、情况处置、应急小组研练和“学执勤法规、练执勤方案、强执勤能力”活动，深化“当和平兵、站和平哨”勤务专项整治，组勤管勤能力不断提升。贯彻总部“湖北会议”和总队执勤工作安全会议精神，党委专题议“中心”，协调目标单位率先建成AB门，已顺利通过验收并上勤。推进隐患排查治理，投入经费30.8万元，升级改造支队作战勤务值班室和市中队执勤信息化系统，安装物理隔离网、周界报警、高清云台，执勤信息化系统集成配套，功能齐全，实现由单一监控哨兵向勤务管控智能化转变，有效提高了执勤目标的安全系数，支队连续23年执勤无事故。从难从严练精兵。坚持党委统揽，突出“计划、议训、考核”三个环节，兑现奖惩两种激励手段，用好“治虚、打假、惩惰、防蛮”四把利斧，从难从严从实锻炼摔打部队。抓实“龙头、排头、教头、拳头”训练，制定贯彻“八落实”标准的措施，严密组织“卫士-15”演习，严格落实首长机关训练教学和早操体能训练；巩固转化总队战训法集训成果，集中组织20名军事干部和班长骨干集训；开展特勤排“射击月”活动，分两批轮训特勤排30名骨干，累计消耗弹药27000余发，部队遂行任务能力明显提升。完善训练保障，投入3.4万元，新建市中队400米障碍场；投入2.8万元，购置配齐特勤排反恐训练装备；投入38万元，新建攀登楼和反恐专修室，部队训练场地配套完善。居安思危抓战备。立足阻击疆独暴恐势力向内地渗透破坏的战略审视，修订16类28个战备方案，标绘兵力部署图，规范战备库室，完善战备物资，落实“三分四定”、AB队备勤、以车代库制度，战备“三化”水平不断提高。将嘉峪关市平安城市监控系统接入支队作战勤务值班室，完善信息化指挥手段；以火车站、高铁站、飞机场等重要场所为假设目标，敏感期和重大节日先后12次组织首长机关带实兵拉动和情况处置演练，常态开展城市武装巡逻，圆满完成“敦煌行·丝绸之路国际旅游节”等重大活动安保任务，有力维护了驻地社会稳定。

【依法从严治警】始终把依法治警、从严治警贯穿部队工作的各领域、各方面。强化法治理念。坚持把法治教育纳入部队教育训练体系，开展“学法规、守法规、用法规”“条令法规学习周”活动，每季组织法规制度辅导授课、每月开展案例警示教育、每周落实周末学法，与司法局合作建立军人军属法律援助工作站，营造法治管理氛围，引导官兵自觉接受、认同和参与依法建队、依法治队实践，官兵学法守法用法意识不断增强。抓牢预防工作。严格落实总队抓安全保稳定“614325”工程，每季下发预防工作指导意见，每月提示预防工作重点，每周汇总官兵思想动态，全员纳入视线，有效管控。深入开展“三互”“双四一”“三帮一带”活动，盯着思想问题解惑、盯着心理问题解压、盯着不良行为纠偏，解决实际困难到位，持续帮教转化个别人和重点关注对象，细致做好一人一事工作，官兵思想稳定。区分干部士官两个层面，开展“进家入户”走访，见父母、见妻儿、见邻里，帮困解难，稳定思想，管控行为。深刻吸取兄弟单位发生士兵打架教训，分3个波次开展密切内部关系教育整顿，党委常委集体下队了解思想、掌握实情，对症下药、辅导授课，排查隐患、密切关系，做到“别人亡羊我补牢”，部队内部关系和谐纯洁。开展“百日安全竞赛”活动，8次排查安全隐患，先后对3个基层单位、215名官兵思想、19台车辆、193支枪械、13套私家车手续进行筛查登记，排查出的15处隐患全部得到有效治理。注重精细规范管理。推进安全工作“八个规范”落实，严格执行“六个严禁”禁酒令和“八严”纪律规定，全要素正规部队“四个秩序”。机关从日常办公、呈文办事、参会参训、警容风纪、服务基层、礼节礼貌等细节抓起，基层从操装训练、内务设置、精神士气、队列作风、呼号口令、官兵称呼、场所卫生等方面规范，坚持高标准、精细化、规范化。采取不打招呼检查、播放录像讲评、指名道姓批评等方式，强化管理、提升标准、规范秩序、从严问责，部队里子、面子更像样子，正规化管理水平不断提高，连续23年安全无事故。

【基层建设】贯彻习主席“四个坚持扭住”要求，把主要精力放在抓软件补短板、蓄底气固根本上，持续用力抓基层打基础。科学规范抓建秩序。注重把基层建设纳入《纲要》轨道，研究制定《党委机关按纲服务指导基层计划》《基层中队日周月季工作规范》，修订完善3个中队《按纲建队计划》；新《纲要》颁发后，编写应知应会手册，开展“学《纲要》、背《纲要》、用《纲要》”活动和《纲要》知识竞赛。利用《纲要》培训，把新《纲要》标准要求系统梳理，采取新旧对照解读、重点内容释义、规定要求辨析的方法，原原本本把内容学习到位，把培训成果辐射到全员，达到了一点带一线、一线促全面的目的，推动《纲要》精神在基层落地见效。全面增强抓建能力。坚持集中培训、以会代训、挂钩帮训和岗位练兵，着力提高干部骨干实际本领。突出建强基层主官队伍，拓宽“三学两争”活动范围，每周集中2次组织学法规、学军事、学指挥、学科技；开展“三学三比”活动(学优良传统、学工作标准、学吃苦精神，比能力素质、比敬业精神、比工作环境)，组织32名干部和14名班长到驻嘉62旅参观见学，起到“立足驻地找标杆，走出营区看差距”的作用，各级干部骨干能力动力活力进一步增强。努力提升抓建质量。注重抓帮带促提高，持续开展“季度过中队”检查考核，每月安排常委蹲点帮建，每季度安排机关干部下连当兵，查找问题、分析原因，制定措施、建账整改，巩固先进、推动后进。充分尊重官兵主体地位，开展“正确行使民主权利”专题党课和“部队是我家、建设靠大家”专题教育，组织基层风气专项整治和满意度评估，召开军人代表大会，官兵参与管理、实施监督、爱队建队的主人翁意识显著增强。严格干部教育管理。以江门支队“4·27”酗酒滋事事件和总部后勤部“5·21”酒驾交通事故为镜鉴，制定《干部履职守纪十条措施》，开展干部队伍作风纪律教育整顿，从禁酒、值班、点名、请销假、私家车管理等刚性规定严起，采取发动群众监督、重点时段督查和不打招呼明察暗访等方法，发挥双争评比、季度考评、组织生活等载体功能，坚决纠治干部队伍中思想松懈、工作敷衍、自律不严、形象不好等苗头，着力加强干部队伍管理教育，干部安心尽心，无违纪违规问题发生。

【后勤建设】以保障中心、服务基层为出发点，抓后勤促建设。结合岗位需求抓培训。紧贴任务需要和官兵需求，组织司务长、炊事员、军械员培训和驾驶员复训；按照“一组五队”模式，建立完善支队、中队两级应急保障力量，组织开展野炊、驾驶、维修、救治等重点课目训练，后勤队伍业务素质明显提高。围绕解决难题抓服务。开展“伙食管理规范年”活动，改装4组8个节能灶；组织12名炊事员交流，取长补短，提高技能；严格落实早餐“两个一”、午餐和晚餐“六菜一汤两主食”要求，丰富饭菜花样，官兵对伙食比较满意。投入26万元翻修2个中队温棚和猪舍，梯次养殖生猪60余头，产肉4000多千克；种植蔬菜8种，产菜3000多千克，基层中队肉菜基本能够自给。与嘉峪关市卫计委建立对口支援关系，选派3名医生到地方医院轮流培训，提高了医疗水平。与嘉峪关市医院建立合作医疗机制，解决了官兵看病就医难的问题。立足服务官兵抓建设。从解决官兵最关心最直接最现实的问题入手，投入43万元，种植树木370棵、灌木43000株，绿化美化营区环境；投入21万，新建直属中队晾晒棚和休闲区；投入22万元，对支队机关东西两侧围墙进行加高加固，将北侧铁艺围墙改建为实体墙；争取市政府经费支持60万元，翻修教导队营房，安装保温层、喷涂真石漆、粉刷内墙，维修供暖、供电、供水设施，部队基础设施配套完善，正规化建设全面达标。“一班人”立足实际为基层办实事解难题，真情服务赢得官兵“点赞”，做法被《解放军报》刊发。

【班子建设】面对整风整改和作风建设的新导向、新标准、新规范，注重在强能力、严制度、固团结、改作风、树形象上用实劲。用根本制度建班子作决策。充分发挥党委统一的集体领导下的首长分工负责制这个“定海神针”作用，注重在科学决策、有效执行上下功夫。修订《党委常委会议事规则》，确保各项决议的形成都建立在民主、法治和科学的基础上。共研究议题35项,均严格按照法定程序议事决策,会后明确责任、分工负责、合力攻关,形成高效顺畅抓落实的新常态。用党性原则抓团结促和谐。扭住班子团结这条生命线,以事业心为牵引,用讲党性促团结。“一班人”把提升部队建设标准和质量作为共同的事业追求,十分珍惜共事机缘。注重强化党内生活的原则性战斗性,既不当“老好人”,更不搞“一团和气”,做到了“关起门来各抒己见,打开窗户一个声音”,无论是思想上,感情上,还是工作上,融合的比较好,配合默契,大家普遍感到工作愉快、心情舒畅。用良好形象树威信带部队。带头践行“三严三实”要求,用公心约束私念,用正气刹住歪风,不断传递正能量,增强感召力向心力。贯彻《严格军队党员领导干部纪律约束的若干规定》,严格执行中央八项规定、军委十条规定和武警党委32条措施,立起纪律戒尺管好自己。党委常委公开做出承诺,做到不插手基层敏感事务,公平公正处理热点问题,以实际行动为部队树好榜样。提升使用12名干部、选送18名技术学兵、推荐6名士兵考学、接受14名预备党员、招标8项工程建设,选取27名士官,均能做到按规定办、按程序办、按要求办,阳光透明、上下认可、官兵满意。

(董天鹏)

人民防空

【机构设置与人员编制】嘉峪关市是国务院、中央军委确定的国家三类人防重点设防城市。市人民防空办公室负责管理全市人民防空工作,于1969年成立。为参公管理事业单位,正处级,核定事业编制8名,内设人秘科、指通科、工程科,隶属市建设局。

【工程建设】2015年,市人防地面应急指挥中心及全省人防培训中心工程建成并投入使用,较好地发挥了战备效益、经济效益和社会效益;依法抓好民用建筑修建防空地下室工作;开展平战结合自建项目储备和市级人防人口疏散基地建设的前期准备工作;加强对早期人防工事的维护管理;对以建成的人防工程实施了挂牌管理;对全市公共工程和单位工事进行巡视检查,确保人防工事的平时使用安全和战时防空效能。

【指挥通信】2015年,建成人防地面应急指挥中心“一网四系统”信息化指挥平台,在昌盛社区建成18平方米多媒体防空防灾预警报知P10全彩户外大屏幕一个;完成人防指挥信息系统2.0版软件的安装调试以及人员上机培训工作,并与省人防办指挥专网连通;新增电声警报器一台,建立了市级防空警报控制系统数字中转站,确保全市所有警报点100%受控;完成了全年警报通信设施的日常检查维护管理;完成了“9.18”全省防空警报统一试鸣任务,全市防空警报音响覆盖率达到98%;完成了与省人防办的无线联络和音、视频传输任务。

【宣传教育】人防宣传“五进”工作突出新亮点。“进学校”防空防灾知识教育基本实现了规范化、制度化及全覆盖。2015年对市二中120名学生、60余名社区人防志愿者及人防专兼职干部进行人防知识讲座、现场识别人防警报信号种类、穿戴人防训练防护服及防毒面具、紧急情况自救互救包扎方法的培训;“进社区”完成了5个社区人防工作站的挂牌,为社区配备人防应急器材和便携式手摇警报器,向社区居民发放《嘉峪关市防空防灾知识》宣传手册3000余册;“进党校”每年在市委党校科干班举办《嘉峪关市人民防空知识讲座》,通过参观人防工事、现场宣讲教学,效果显著;“进机关”定期向各级、各部门领导赠送《中国人民防空》《甘肃人防》《人防应急与避险自救知识》宣传手册600余本,利用“9·18”全省警报试鸣活动日、“12·4”宪法宣传日等集中开展宣传活动,设立咨询点3个,摆放人防展板90块(次),发放人防宣传手提袋、围裙、宣传资料10000余份,人防宣传短信10万余条;“进网络”向省人防办网站、市级新闻网站、嘉峪关人防网站、人防法律法规知识、新闻图片200余篇(张)。完成了嘉峪关人防十二五跨越发展成就宣传片一部,党支部基层党组织建设宣传片一部。积极向各类新闻媒体投稿,在《中国人民防空》《人防科技》《人防工程质量监督》《甘肃人防》及市级新闻媒体刊出各类稿件30余篇。征集省人民防空办公室迎国庆、庆祝新中国人民防空成立65周年“人防杯”书画摄影展各类作品55副,其中获奖作品十二副,嘉峪关市人防办荣获优秀组织奖。2015年分别荣获省国防动员建设先进单位、省“十二五”人民防空建设先进单位、省人民防空建设2015年度目标管理考核一等奖、嘉峪关市公共资源交易中心(政务服务中心)优质服务窗口先进单位、嘉峪关市建设局2015年度先进集体、嘉峪关市建设局“设计杯”第七届职工排球赛精神文明奖。

(邓甘江)

法制·司法

审 判

【机构设置与人员编制】嘉峪关市中级人民法院于1965年7月建立。下设嘉峪关市城区人民法院,行使基层人民法院职权,其上一级法院是甘肃省嘉峪关市中级人民法院。

嘉峪关市中级人民法院现设18个内设机构,分别为政治部、纪检组、监察室、研究室、审判管理办公室、办公室、司法行政装备处、立案庭、刑事审判第一庭、刑事审判第二庭、民事审判第一庭、民事审判第二庭、民事审判第三庭、行政审判庭(赔偿委员会办公室)、审判监督庭、执行局、司法技术管理处、法警支队。嘉峪关市机构编制委员会核定(嘉机编发[2013]4号)嘉峪关市中级人民法院行政编制80人(含军转干部编制2人),机关后勤事业编制10人,共计90人。2015年在编68人,其中干警63人、工勤5人。干警中本科学历58人、法律专业硕士研究生学历5人。党组成员7人,其中院长1人(副厅级),副院长3人,市城区法院院长1人,纪检组与政治部负责人各1人,审判委员会专职委员2人,县级领导干部共22人。有中共党员53人,占干警总人数的84.1%。有审判资格的38人,占干警总人数的60.3%,其中审判员29人(含院长、副院长、审判委员会专职委员、副县级庭长等),助理审判员9人,法官均具有本科以上学历。有23人通过国家统一司法考试,占干警总人数的36.5%。

【立案工作】2015年,嘉峪关市中级人民法院学习贯彻党的十八大和十八届四中、五中全会精神,坚持“司法为民公正司法”工作主线,以“三严三实”专题教育为契机,以“工作落实年”为抓手,紧扣市委重大决策部署,狠抓队伍建设、深化审判管理、创新体制机制、认真履职尽责,较好地完成了全年的各项工作任务。全年两级法院共受理各类案件5472件,审结5350件,收结案同比上升26.3%和28.8%,审限内结案率为100%。其中受理一审案件3715件,审结3695件,结案率为99.5%,受理二审案件407件,审结407件,结案率为100%;受理执行案件1289件,执结1183件,执结率91.7%,执行到位金额达3.9亿元。在市委“八位一体”考核中各项指标均优,连续四年被市委评为优秀班子。

【刑事审判】依法打击各类刑事犯罪,维护社会和谐稳定。全年共受理各类刑事案件438件,结案435件,结案率99.3%。判决发生法律效力651人,其中判处五年以上有期徒刑直至死刑71人。严厉打击危害公共安全、社会治安和人民群众生命财产安全的杀人、抢劫等犯罪,毒品、赌博犯罪,扰乱金融秩序犯罪以及贪污、贿赂等职务犯罪,推进社会治安综合治理和反腐败工作。审理了全市有史以来涉案金额最大、受害人数最多、社会影响最广的金融犯罪案件,被告单位中盛公司、中特公司及王王某某等7名被告人以非法吸收公众存款罪分别受到了刑事处罚,有力地打击了犯罪,维护了正常的金融秩序。贯彻宽严相济刑事政策,对符合法定条件的被告人适用拘役或缓刑,促其早日改过自新,融入社会。落实全国人大关于特赦部分服刑罪犯的决定,办理刑事特赦案件10件。推进轻微刑事案件快速办理试点工作,对危险驾驶、盗窃等178件被告人认罪轻微刑事案件,类案专审,简案快审,取得了良好的法律效果和社会效果。

【民商事审判】妥善化解民商法律纠纷,保障经济社会发展。全市共受理民商事案件3626件,审结3602件,结案率为97.7%,涉案标的额5.02亿元。围绕民生保障,妥善化解涉及群众切身利益的常发性纠纷;鼓励诚信交易,惩戒违约行为,维护竞争有序的市场经济环境;倡导尊老爱幼的传统美德,维护和谐稳定的家庭关系。认真贯彻“调解优先、调判结合”的原则,注重运用调解手段化解纠纷,民商事案件调解(含撤诉)1806件,案件的调撤率为50.2%。

【行政审判】着力加强行政审判工作，有效化解行政争议。全年审结行政案件68件，结案率为100%。其中一审行政案件53件，二审行政案件15件。按照省高级法院行政案件跨区域管辖的规定，市中院受理被告为张掖市处级以上行政部门的行政案件。审理了全省首例不服行政机关批复引起的行政诉讼案件，甘州区区长出庭应诉，省法院直播了开庭全过程，此案入选2015年度全省十大行政案件。

【执行工作】改进执行工作机制，努力破解执行难题。全年两级法院共受理执行案件1289件，执结1183件，执结率91.7%，执行到位金额达3.9亿元。加强执行工作整体部署，建立执行指挥中心，实现执行工作统一领导、统一管理、统一协调、统一指挥。完善执行工作联动反应机制，积极对接金融、民航、工商、公安、国土、房管等24个部门，借助信息化手段打击、惩戒失信被执行人，实现了多领域联动合作。充分运用执行信息曝光平台，通过电视、报纸、微信等多种方式公布失信被执行人名单，联合发布“德润雄关·诚信红黑榜”，公开曝光“老赖”80人。开展集中打击拒不执行人民法院判决裁定专项行动，对不执行生效裁判的被执行人依法实施拘留74人(次)，移送公安机关追究刑事责任18案22人，经侦查起诉后依法判决10案13人，其中1件打击拒执案件入选最高法院典型案例，为西部五省区唯一入选案例，1件案件被省高级法院评为全省2015年度十大案件。因工作成效显著，2015年6月5日，省委政法委、省高级人民法院在嘉峪关市召开了全省集中打击拒不执行人民法院判决裁定专项行动现场会，在全省推广嘉峪关市两级法院执行工作经验。

【审判监督】加强审判监督工作，让确有错误的裁判依法及时得到纠正。2015年共审结申诉、申请再审案件36件，其中再审审查23件(刑事案件7件、民事案件16件)，指令再审2件，发回重审1件。办结34件，结案率为94.4%。

【涉诉信访工作】畅通信访工作渠道，推进涉诉信访依法解决。坚持日常信访与院领导接待日相结合，现场接访和视频接访相结合，做到日常信访、视频接访有专人负责，每月10日院党组成员轮流值班接待。为提高信访质量和效率，党组研究制定了《院领导预约接访办法》《视频接访暂行规定》《院领导交办信访案件的办理规定》等制度，对信访案件限时答复，做到事事有登记、件件有回音。探索推行“诉访分离”工作机制，完善工作流程，联动化解涉法涉诉信访，引导当事人的合理表达诉求，推进涉诉信访依法解决。全年接待涉诉信访当事人95人次，同比下降8%。

【队伍建设】嘉峪关市中级人民法院党组班子带领两级法院基层党组织，认真贯彻“抓党建带队建促审判”的总体思路，以“为民、务实、清廉”为目标，扎实开展“三严三实”专题教育，切实加强思想政治建设、业务能力建设和党风廉政建设，全面提高队伍的整体素质。加强思想政治建设。开展“三严三实”专题教育，强化党组织建设和党员教育管理，坚定理想信念，坚守法治信仰，确保法院工作正确政治方向。查摆“不严不实”问题，制定整改具体措施，深化司法作风建设，加强职业道德修养。两级法院干警的大局意识、责任意识、服务意识得到进一步增强。加强基层组织和队伍建设。围绕“抓党建带队建促审判”的工作思路，不断加强党组织的规范化建设和能力建设。在市委关心下，调整充实了中院班子和城区法院正副院长。严格落实《党政干部选拔任用条例》，为10名干警解决了处级、科级待遇。加强党的基层组织建设，15名党支部书记参加了市委组织部、市直机关工委的党务干部培训，提高了抓党建工作的水平。加强司法能力建设。加大教育培训力度，组织法官参加国家法官学院和上级法院以及市委举办的各类培训40人(次)。开展案件庭审观摩、裁判文书评比、典型案例评析等活动，提高了法官驾驭庭审、辨法析理、化解矛盾的能力和水平。积极开展创先争优活动，有11个集体、14名个人受到省市级表彰。加强党风廉政建设。开展司法廉洁教育，增强廉洁自律意识，筑牢拒腐防变防线。建立司法廉政风险库，切实做到关口前移，抓早抓小抓预防。把纪律和规矩挺在前面，落实“3783”主体责任，支持纪检监察部门查办案件。通过司法巡查、审务督察、舆情监测等方式严密查找违纪违法线索，拓宽违纪违法线索发现渠道,主动查处违纪违规案件,进一步纯洁了法院队伍。加强法院文化建设。大力推进文明单位创建工作,设置法院文化长廊、廉政文化园地、党建荣誉室等文化场所,营造具有司法特色的职业氛围。组织干警参加演讲比赛、广播体操比赛和文体健身活动,丰富干警文化生活,倡导健康文明精神追求。

【司法改革】按照上级法院和嘉峪关市委深化社会体制改革领导小组的安排部署，结合法院工作实际,积极稳妥推进司法改革工作。实施立案登记制改革。按照最高法院的部署,从 2015 年 5 月 1 日开始改立案审查制为立案登记制，截至 12 月 30 日，共登记立案 3820 件，当场立案率 95%以上,强化了诉权保护力度。完善内外部监督机制。制定《内部人员过问案件记录制度》《内部人员过问案件责任追究制度》,任命了重点部门、重点岗位廉政监察员,进一步强化内控监督、促进司法公正。开通了执行案件“总对总”查控系统。我市在全省率先开通了执行案件“总对总”查控系统,完善了执行工作机制，为提高执行效率搭建了良好的平台。稳妥推进量刑规范化试点工作。总结危险驾驶罪审理经验,固定了审理案件的量刑基准、量刑情节等相关要素，为稳步开展此项工作奠定了基础。推进轻刑快审机制建设。加强与检察、公安、司法行政机关协调配合,联合会签《关于依法快速办理轻微刑事案件的规定》，推进刑事案件繁简分流,开启轻微刑事案件快速办理通道。2015 年轻刑快审程序审理案件 168 件，平均办理期限 9.8 天,节省了大量人力物力,取得明显改革效应。

【信息化建设】2015 年，嘉峪关市中级人民法院继续在提高信息化水平上下功夫，为审判执行工作提供信息支撑和物质保障。开通了法院三级专网,实现了与最高人民法院、省高级人民法院的信息共享。加强“三大平台”建设,两级法院应当公开的裁判文书全部上传至中国裁判文书网和甘肃法院网，执行信息公开平台已实现中院和城区法院之间、两级法院立案、审判与执行部门之间的执行信息共享。建成了 4 个数字法庭,实现庭审活动全程同步录音录像。建成了集审判管理、执行指挥、安保监控为一体的信息集控中心，实现了对审判执行工作现场的远程指挥。开通了违纪违法举报网站，并与最高法院和省高级法院举报网站联网运行，面向社会受理对法院工作人员违纪违法行为的举报。开通了信访接待远程视频系统,方便当事人信访维权。

【司法公开】嘉峪关市两级法院健全司法公开机制,推进审判流程公开、裁判文书公开、执行信息公开，认真落实生效裁判文书上网制度,2015 年上网公开裁判文书 5102 篇。开展法律 “七进”和“法院公众开放日”活动,邀请各界代表“零距离”接触法院,增强群众法律意识,形成遵法、学法、守法、用法的良好氛围。推进审务公开,利用法院官方微博及公众微信平台发布审判信息，直播庭审活动,让审判权在阳光下运行,以司法公开倒逼司法公正。

【司法为民】创新司法便民利民机制,加大诉讼服务、司法救助、司法公开力度,努力满足人民群众日益增长的司法需求。打造“一站式”诉讼服务窗口。依托诉讼服务中心,优化窗口服务功能,进一步便利群众诉讼。完善诉讼引导、立案受理、法律咨询、案件办理查询等 10 多项服务功能。印发《便民服务手册》,确保群众办事有人引,咨询问题有人答,联系法官有着落,为来院群众和当事人提供全方位服务。开通 12368 服务热线，拓宽服务渠道,减少群众诉累。诉讼服务中心建设得到上级法院、各级人大代表、政协委员和群众好评;完善司法便民利民举措。制定《嘉峪关市中级人民法院立案登记实施细则 (试行)》，认真落实立案登记制度,有效解决“立案难”问题。加强诉前调解和小额诉讼程序的适用,及时化解矛盾纠纷。一年来,诉前调处 388 件民商事纠纷，办理 289 件小额诉讼案件和 54 件确认司法调解效力案件，效果良好。加大司法救助力度,做好法律援助工作,为经济困难当事人依法缓、减、免交诉讼费 11.5 万元,发放刑事被害人救助、执行救助、信访救助资金 37 万元,帮助当事人解决实际困难。

【司法宣传】嘉峪关市中级人民法院始终坚持坚定正确的舆论导向和“传递好声音,累积正能量,新立新形象"原则,做到传统媒体与新兴媒体深度融合发展，积极拓宽宣传渠道，不断提高宣传效果,连续三年在全省法院取得好成绩。2015 年在中央、省、地市级以上媒体发表稿件 1341 篇次,同比增加 593 篇次;3 月份开通微信公众号,推送信息 60 条、官方微博推送信息 60 条;编写工作简报 92 期；召开新闻发布会 4 场次、官微直播庭审 1 次、开展法治宣传活动 4 场次,散发法制宣传材料 15000 份,有力地宣传了法官、宣传了法院、宣传了法律,提高了人民群众的学法、尊法、守法、用法意识。

【双联工作】2015 年，嘉峪关市中级人民法院积极贯彻市委和市委组织部有关会议与文件精神，不断创新行动理念，拓宽行动内涵，深化行动成果,增强帮扶实效,推动双联行动与精准扶贫深度融合,双联行动取得了新成绩。8 月 24 日,党组书记、院长茹作勋在双联村主持召开扶贫攻坚会商会,并当场为五组解决了修水渠的短缺资金;选派干部驻村担任扶贫队队长；重阳节前夕组织双联村 70 岁以上老人全面体检。让老百姓真切感受到双联行动带来的好处和实惠。

【大要案选辑】沈某某诉张掖市甘州区人民政府安全生产行政批复案。2013 年 7 月 25 日 19 时左右,沈某某到甘州区三圆汽车维护修理厂(以下简称三圆汽修厂)为其客车(甘 D-33100 号)更换右后轮胎。在修理工拆除轮胎后,沈某某发现右后刹车片磨损严重需要更换,便上车松了手刹,导致千斤顶滑落,客车向右后侧倾斜落地。修理部刘兵爬入车底,在寻找适当支点支起车辆时,该车发生倾斜,将刘某压伤。2013 年 8 月 3 日,甘州区人民政府(以下简称甘州区政府)批复,由甘州区安监局牵头,组成事故调查组进行调查。2013 年 12 月 2 日,调查组出具《车辆事故技术分析报告》。2014 年 3 月 24 日，甘州区安监局向甘州区政府呈送《甘州区三圆汽车维护修理厂"7·25"机械伤害事故调查报告》(以下简称《事故调查报告》)。认定：当刘某在车下查看时，沈某某在不知道千斤顶承重的情况下,擅自用千斤顶在轴头起升作业,使千斤顶受压变形,导致事故发生,是事故发生的直接原因,应负主要责任。2014 年 3 月 26 日,张掖市甘州区人民政府(以下简称区政府)收到甘州区安监局做出的《事故调查报告》后，做出甘区政发[2014]39 号《张掖市甘州区人民政府关于甘州区三圆汽车维护维修厂"7·25"机械伤害事故的批复》(以下简称《批复》),同意《事故调查报告》的内容。在刘某诉沈某某人身损害赔偿纠纷一案中,该《批复》及《事故调查报告》被张掖市甘州区人民法院作为证据采纳，并以此为据判令沈某某承担相应的民事责任。沈某某认为此《批复》及《事故调查报告》事实不清、程序违法,遂提起行政诉讼,请求撤销该《批复》,并判令甘州区政府对事故重新进行调查。

2015 年 11 月 27 日,嘉峪关市中级人民法院经审理后当庭宣判:甘州区政府做出的《批复》属内部公文,在没有外化之前属内部行政行为,不具有可诉性。但该《批复》已作为民事案件的判案依据,对原告的权利义务产生了实际影响,符合《行政诉讼法》关于原告主体资格的规定。作为《批复》及《事故调查报告》依据的《车辆事故技术分析报告》,存在鉴定人无鉴定资质,鉴定结论缺乏应当具备的内容,鉴定程序违法等问题,判决撤销《批复》及《事故调查报告》,责令被告重新对涉案事故进行调查。本案当庭宣判后,双方当事人在法定期限内没有上诉。本案入选 2015 年度甘肃行政审判十大典型案例。

中特首诺(北京)冶金科技有限公司、嘉峪关中盛投资有限责任公司及王某某等 7 人非法吸收公众存款案。中特首诺(北京)冶金科技有限公司(下称中特公司)、嘉峪关中盛投资有限责任公司(下称中盛公司)法定代表人均系王某某为执行董事。王某某,男,1977 年 8 月 30 日出生于河南省范县;赵某某,女,1959 年 4 月 17 日出生于河北省张家口市,捕前系中盛公司财务总监;刘某某,女,1970 年 1 月 5 日出生于河南省唐河县，捕前系中盛公司总店经理;孙某某,男,1956 年 5 月 11 日出生于甘肃省金塔县，捕前系中盛公司兰泽园店负责人;李某某,男,1956 年 11 月 20 日出生于甘肃省庆阳市,捕前系中盛公司会计;陈某,男,1962 年 7 月 11 日出生于甘肃省兰州市，捕前系中特公司嘉峪关分公司副经理;韩某某,男,1987 年 5 月 9 日出生于河南省范县，捕前系中盛公司出纳。2012 年 10 月至 2014 年 4 月,被告单位中特公司、中盛公司未经金融主管机关批准,以民间借贷或联合理财为名,允诺给予高额利息,变相向不特定的社会公众635人吸收资金1.37亿元,数额巨大,其行为均已构成非法吸收公众存款罪,依法应予惩处。被告人王某某作为被告单位负责人,总揽全局,在单位实施的犯罪中起决定、批准、指挥等作用,系单位犯罪直接负责的主管人员,被告人赵某某、刘某某、孙某某、李某某、陈某、韩某某在单位犯罪中具体实施犯罪,系单位犯罪中的直接责任人员,其行为均构成非法吸收公众存款罪。

2015年7月31日,嘉峪关市城区人民法院一审以非法吸收公众存款罪分别判处被告单位中特公司、中盛公司罚金各50万元。判处被告人王某某有期徒刑十年,并处罚金50万元;赵某某有期徒刑七年,并处罚金30万元;刘某某有期徒刑六年,并处罚金20万元;孙某某有期徒刑四年,并处罚金20万元;李某某有期徒刑三年,并处罚金10万元;陈某有期徒刑二年,并处罚金10万元;韩某某有期徒刑二年,缓刑二年,并处罚金5万元。对犯罪所得的一切财物依法予以追缴并返还被害人。宣判后,被告人赵某某、刘某某、孙某某、李某某、陈某不服,提出上诉。嘉峪关市中级人民法院终审后裁定驳回上诉,维持原判。本案是嘉峪关市近年来发生的涉案金额最大、受骗人数最多、社会影响最广的金融犯罪案件。

夏某某等10人诈骗案。夏某某,男,1988年1月5日出生于重庆市,捕前系甘肃金信大宗商品电子交易有限责任公司(下称金信公司)和重庆拓傲商贸有限公司(下称拓傲公司)法定代表人;张某某(又名张某某),男,1984年11月13日出生于四川省安岳县,捕前系金信公司股东;代某某,男,1989年10月23日出生于重庆市,捕前系金信公司操盘部经理;刘某某,男,1991年7月23日出生于重庆市,捕前系金信公司业务经理;张某某,女,1989年3月24日出生于重庆市,捕前系金信公司操盘部操盘手;雷某,女,1992年3月19日出生于重庆市,捕前系金信公司操盘部操盘手;吕某某,男,1990年6月3日出生于四川省宣汉县,捕前系拓傲公司副总经理;江某某,女,1994年1月25日出生于重庆市,捕前系拓傲公司经理助理;李某某,女,1990年3月21日出生于四川省华蓥市,捕前系金信公司操盘部操盘手;陈某某(又名陈某某),男,1986年7月9日出生于贵州省湄潭县,捕前系拓傲公司分析师。被告人夏某某、张某某在金信公司未取得从事大宗商品电子交易资质的情况下,搭建甘肃金信虚假电子现货交易平台,并联系第三方资金支付平台。安排被告人代某某、刘某某、吕某某、江某某等人在金信公司或其关联公司拓傲公司任职或充当代理商,雇用被告人张某某、雷某、李某某、陈某某等人为操盘手及分析师。金信公司操盘部根据代理商发展的客户在金信交易平台内的投资情况,先让客户小量盈利以取得信任,再诱骗客户投入大额资金,后通过从后台注入虚拟资金控制价格涨跌的手段,致被害人发生亏损。事后以被害人损失款为获利,分得赃款。各被告人累计参与作案64起,诈骗金额2032039元,案发后追回赃款335332.1元。

2015年6月2日,嘉峪关市城区人民法院一审以诈骗罪分别判处被告人夏某某有期徒刑十三年,并处罚金5万元;张某某有期徒刑十二年,并处罚金5万元;代某某有期徒刑八年,并处罚金3万元;刘某某有期徒刑六年,并处罚金3万元;张某某有期徒刑六年,并处罚金2万元;雷某有期徒刑六年,并处罚金2万元;吕某某有期徒刑三年,缓刑五年,并处罚金1万元;江某某有期徒刑三年,缓刑五年,并处罚金1万元;李某某有期徒刑三年,缓刑四年,并处罚金5000元;陈某某有期徒刑二年,缓刑二年,并处罚金5000元。作案工具电脑等物品依法予以没收。扣押在案的涉案赃款依法予以发还,对未追回赃款继续依法予以追缴。宣判后,在法定期限内没有上诉、抗诉。本案是甘肃省河西五市首例利用现代电子商务平台,实施传统诈骗犯罪行为的案件。

王某某挪用公款案。2010年8月25日,王某某在嘉峪关市人力资源和社会保障局劳动监察科工作期间,利用经办嘉峪关市建设领域农民工工资保证金缴费事宜的职务之便,伪造现金交款单,将甘肃同济建筑工程有限责任公司缴纳的21.6万元农民工工资保证金挪作他用,部分用于非法活动。案发后王某某的亲属退还了全部赃款。

嘉峪关市城区人民法院经审理认为,王某某身为国家工作人员,利用职务上的便利,挪用公款归个人使用,并进行非法活动,情节严重,其行为已构成挪用公款罪。2015年月日,嘉峪关市城区人民法院一审以挪用公款罪判处王某某有期徒刑三年。

甘肃紫轩酒业有限公司诉甘肃莫高实业发展股份有限公司不正当竞争案。紫轩公司生产的紫轩系列干红葡萄酒于2007年上市,2008年注册"紫轩"商标。此后不断推出并扩展"紫轩"商标范围内葡萄酒品种。2007年至2011年间"紫轩梅尔诺"系列干红葡萄酒先后被授予波尔多国际葡萄酒烈酒评酒会银奖、甘肃省著名商标、上海世博会国际信息发展网馆千年金奖、"紫轩中国驰名商标"等荣誉。2011年9月,紫轩销售公司发现被告仿冒原告生产的黑桶、白桶、橡木桶木盒三款"紫轩梅尔诺干红葡萄酒"的包装、装潢,生产销售"莫高梅尔诺"黑桶、白桶、橡木桶木盒干红葡萄酒,遂向甘肃省兰州市城关区人民法院提起诉讼。诉讼中双方达成调解协议:甘肃莫高实业发展股份有限公司于调解书送达之日起立即停止生产、销售涉案侵犯"紫轩梅尔诺干红葡萄酒"包装、装潢的三款"莫高梅尔诺干红葡萄酒"黑桶、白桶、橡木桶木盒三款全部产品;并于2013年6月30日前召回流入市场的涉案侵权产品,销毁相关产品的包装、装潢,并以书面形式向紫轩销售公司赔礼道歉。调解书生效后,莫高公司出具了书面致歉函,进行了赔礼道歉,但在2013年6月30日前未收回在市场上流通涉案侵权的三款产品。经兰州市城关区人民法院2次催促,并罚款处罚后,莫高公司向城关区法院出具市场召回说明书,称市场上的涉案产品已基本清零,并继续做好清理工作。2013年10月至11月期间,紫轩公司在维权中发现,莫高公司涉案侵权的三款产品仍在嘉峪关、酒泉及兰州等地市场上流通销售,莫高公司的侵权行为仍在持续进行,因而诉至嘉峪关市中级人民法院,请求判令莫高公司立即停止其不正当竞争行为,并赔偿经济损失。

嘉峪关市中级人民法院审理法院认为,在兰州市城关区人民法院的调解协议中明确了双方的权利、义务,但由于莫高公司没有积极履行其义务,致使涉案的三款产品仍在市场上流通、销售,紫轩公司有权继续主张莫高公司赔偿损失。莫高公司现行生产销售的三款"莫高梅尔诺干红葡萄酒"黑桶、白桶、橡木桶木盒的外包装与紫轩公司"紫轩梅尔诺干红葡萄酒"同类三款产品的主要部分和整体设计基本一致,外包装形体、底色、色泽、工艺烫金、正面葡萄纹理图案、中英文字体的大小、排序、橡木桶陈酿标示图案近似,足以使消费者产生误解及混淆,对紫轩公司的三款产品构成不正当竞争侵权。2014年12月5日,嘉峪关市中级人民法院一审判决甘肃莫高实业发展股份有限公司赔偿甘肃紫轩酒业有限公司经济损失50万元,维权费用40048.66,共计540048.66元。宣判后,莫高公司不服,提起上诉。甘肃省高级人民法院终审判决驳回上诉,维持原判。此后莫高公司向最高人民法院申请再审,最高人民法院审查后裁定驳回其再审申请。

张某某诉甘肃中鹏房地产开发有限公司房屋买卖合同纠纷案。2013年9月28日,张某某与甘肃中鹏房地产开发有限公司签订商品房买卖合同,购买中鹏公司开发的位于嘉峪关市祁连街区42幢3单元201号的房屋。合同约定中鹏公司应当在2014年5月30日前交付房屋,逾期交房超过58日,买受人要求继续履行合同的,自合同规定的最后交付期限的第二天起至实际交付之日止,按日向买受人支付已付房价款万分之三的违约金。张某某依约交清全部购房款314543元。2014年10月30日中鹏公司交付房屋,逾期154天。2014年12月24日,双方签署验房(铺)书,其中载有"业主验收视为对中鹏地产交房的确认,不再追究延期交房的责任"的内容。张某某诉至法院要求中鹏公司支付逾期交房违约金,中鹏公司以验房(铺)书中记载的上述内容主张免责。

嘉峪关市城区人民法院审理认为,中鹏公司逾期交房构成违约。验房(铺)书中有关免除中鹏公司逾期交房违约责任的条款,属于合同法规定的格式条款。中鹏公司事先拟定该条款时未与对方协商,签署验房(铺)书时没有采用足以引起对方注意的方式提请对方注意,也没有对该条款进行说明,该条款无效。依法判决:甘肃中鹏房地产开发有限公司赔付张某某违约金12703元。中鹏公司不服一审判决提起上诉,嘉峪关市中级人民法院二审驳回上诉,维持原判。

陈某某诉梁某某、甘肃梁氏越达机械设备有限公司、酒钢集团冶金建设有限公司健康权案。2011年7月酒钢集团冶金建设有限公司将酒钢嘉华职工公寓建设工程综合外线及小区工程分包

给甘肃梁氏越达机械设备有限公司，梁氏越达公司将土方回填、场地平整、垃圾外运等工程分包给梁某某，梁某某又将上述工程转包给陈某某。2011年5月30日(先施工后签合同)，陈某某等人进行土方回填作业，其雇佣司机操作挖掘机时将埋在地下的水管挖出弹起砸伤陈某某头部，将其致残。

嘉峪关市中级人民法院审理认为，陈某某自梁某某处承包工程，并自行组织施工，双方系承揽合同关系。陈某某对于完成承揽合同过程中所发生的风险责任，原则上应自行承担。但酒钢冶建公司、梁氏越达公司、梁某某对工程层层转包违反《合同法》《建筑法》《建筑工程安全生产管理条例》等相关法律法规规定，致使涉案工程交由无施工资质的陈某某承揽，在承揽人选任的过程均存在过错，依法应承担相应的赔偿责任。依法判决梁某某、梁氏越达公司、酒钢冶建公司分别赔偿陈某某经济损失61677.7元，合计185033.1元。

薄某某等4人诉张张某等11人生命权纠纷案。2014年7月25日，经刘某某提议，张张某分别打电话给王某某及其他5人，约定当天下午6点在宏大宾馆聚会。用餐期间王某某与其他人交流并饮酒。当晚20时35分左右聚会结束，20时43分许王某某乘坐电梯到达家门口时摔倒，头部致伤，经抢救无效死亡。事发后经检测王某某血液中乙醇含量300.15mg/100ml(醉酒)。王某某的4名近亲属诉至市城区法院要求共同参与聚会用餐的其余11人赔偿经济损失及精神损失。

嘉峪关市城区人民法院审理认为，王某某作为完全民事行为能力人，其对过度饮酒可能造成的不良后果应当有清醒的认识却未加控制，其自身对酒后意外死亡应当承担主要过错责任。作为聚会组织者和倡议者的张张某、刘某某，在王某某过量饮酒后未尽到护送义务，导致王某某摔倒后致伤身亡，应承担次要过错责任。依法判决张张某、刘某某共同赔偿薄某某等4人94195元，其余9人各补偿薄某某等4人3000元。

郝某某拒不执行判决裁定案。郝某某，男，1972年4月25日出于甘肃省白银市，农民。2004年12月，郝某某雇佣的司机郝某某驾驶郝某某所有的甘D13248号重型货车，在甘肃省嘉峪关市迎宾路附近发生交通事故，致行人张某某左下肢截肢、右下肢大腿高位截瘫，经鉴定为二级伤残，驾驶员郝某某负事故全部责任。其后，张某某向法院起诉，要求车主郝某某和驾驶员郝某某赔偿有关损失。2006年1月，甘肃省高级人民法院终审判决郝某某、郝某某连带赔偿张某某各项损失共计490977.43元。判决生效后，张某某向原嘉峪关市人民法院申请强制执行。执行过程中，郝某某于2006年4月支付6.7万元后即长期下落不明。执行法院后来经调查了解到，事故发生后，郝某某曾于2005年6月22日从中国人保白银分公司转账领取保险赔偿款218686元，其中含第三者损失16万元；同年6月28日，郝某某将肇事货车以13万元的价格转卖给他人，并办理了过户手续。执行法院研究认为，郝某某的行为涉嫌构成拒不执行判决、裁定罪，遂于2014年11月将有关线索向当地公安机关移送。公安机关决定立案侦查后，将郝某某列为上网追逃对象，并迅速将其抓获。慑于法律威严，郝某某在被公安机关抓获后、检察机关对其提起公诉前，将剩余未履行的528012元赔偿款全部支付。

2015年2月9日，嘉峪关市城区人民法院一审判决，认定被告人郝某某有能力执行法院判决而拒不执行，情节严重，其行为已构成拒不执行判决、裁定罪，考虑到其归案后认罪态度较好，并已将赔偿款履行完毕，依法可从轻处罚，判处有期徒刑二年，缓刑二年。宣判后，在法定期限内没有上诉、抗诉。

中国农业发展银行嘉峪关市分行、中国建设银行股份公司甘肃矿区支行申请执行嘉峪关市维尔特食品有限责任公司及柴春银等人案。2014年7月、8月，中国农业发展银行嘉峪关市分行依据生效判决分别就2笔贷款对嘉峪关市维尔特食品有限责任公司及柴某某等人申请强制执行。2015年1月，中国建设银行股份有限公司甘肃矿区支行依据生效判决就1笔贷款对嘉峪关市维尔特食品有限责任公司申请强制执行。3案贷款本金、利息、罚息、律师代理费等，共计2000余万元。

嘉峪关市中级人民法院受理上述案件后，对3案进行合并执行。在先期对维尔特公司部分资产进行评估作价仍不足以偿债的情况下，及时调整执行方案，决定对维尔特公司的整体资产进行评估拍卖。被执行资产流拍后，申请人不同意接受资产，各方意见分歧较大。在拍卖陷入僵局的情况下，法院再次调整执行策略，决定引入第三方对维尔特公司资产进行整体收购。2015年10月维尔特公司与第三方及两家银行达成四方和解协议，以3200万元整体转让维尔特公司股权。为确保该四方协议的顺利实施，法院督促相关各方及时办理股权变更、款项支付以及财产交接等手续，协调解除维尔特公司在小额贷款公司抵押担保，圆满执结了上述3案。本案是近年来嘉峪关市中级人民法院执结的标的额巨大的执行案件，为此类案件的执行积累了经验。

崔某某申请执行朱某某欠款案。2013年5月，原嘉峪关市人民法院判决被告朱某某支付崔某某35946元。在本案的执行中，因朱某某故意规避执行，隐匿财产，法院决定对被执行人朱某某司法拘留15日，并将拘留决定书及相关信息函送公安机关协助执行。2015年3月9日，公安机关通知法院：被拘留人朱某某将于3月10日中午在兰州中川机场乘机去三亚。法院当即派出执行人员连夜赶赴兰州。3月10日中午，兰州中川机场飞海南三亚的航班即将起飞，乘客陆续经过安检准备登机，但安检处还有两位特殊的客人——嘉峪关市城区人民法院执行法官和法警。在机场警方的密切配合下，他们正在等待朱某某到来，法院执行人员亮明身份后，朱某某惊得目瞪口呆，连声说："怎么知道我坐这趟航班……"在法律的强大威慑和执行法官的教育之下，朱某某承认了自己的错误，履行了法律义务，在亲朋帮助下偿还了全部赔偿款，该案顺利结案。本案入选2015年度甘肃法院执行工作十大典型案例。

酒泉飞龙工业有限责任公司诉嘉峪关市知识产权局不履行行政职责案。经"填充保温体砌块"201020551501.6号实用新型专利的专利权人辛钟杰的授权，酒泉飞龙工业有限责任公司(以下简称飞龙公司)有权使用该项专利。期间，飞龙公司发现第三人嘉峪关市万顺翔建材有限责任公司（以下简称万顺翔公司）大规模制造并销售原告的专利产品，遂向嘉峪关市知识产权局申请处理。2012年8月30日，嘉峪关市知识产权局受理立案之后，以万顺翔公司发现新的证据材料，正在提出无效宣告请求以及知识产权局内部人员正在调整等为由，分别于2013年2月28日、5月30日两次决定延长期限三个月。2013年8月2日，国家知识产权局专利复审委员会受理了万顺翔公司提出宣告专利权无效的请求。2013年8月21日，嘉峪关市知识产权局以万顺翔公司针对该项专利已向国家知识产权局专利复审委员会提出宣告专利权无效的请求，并被受理为由，做出专利侵权纠纷案件中止处理通知书。决定自2013年8月21日起，中止对本案的处理。飞龙公司起诉要求嘉峪关市知识产权局履行法定职责，并赔偿其经济损失10万元。

嘉峪关市城区人民法院一审认为，被告嘉峪关市知识产权局依据《〈专利行政执法操作指南(试行)〉的通知》规定处理专利纠纷案件的审查期限合法，原告主张被告不作为并赔偿其损失的请求没有事实根据，判决驳回原告的诉讼请求。宣判后，原告不服，提起上诉。嘉峪关市中级人民法院二审依法裁定撤销一审判决，发回重审。嘉峪关市城区人民法院重审认为，被告未按《专利行政执法办法》规定的期限逾期做出延期决定，属程序违法。被告做出中止处理决定，虽有正当事由，但未在规定的期限内做出，亦属程序违法。国家知识产权局专利复审委员会做出《无效宣告请求审查决定书》(第22031号)，宣告201020551501.6号实用新型专利权全部无效。依据《中华人民共和国专利法》的规定，专利复审委员会做出的无效审查决定不是终局裁决，原告可以在法定期限内向北京市第一中级人民法院起诉，行使权利救济，现撤销被告中止处理决定，判决被告履行行政职责，已无实际意义。原告亦没有提交因被告的行为给其造成经济损失的相关证据，遂判决确认被告不履行法定职责违法，并判决驳回飞龙公司的赔偿请求。一审宣判后，当事人均未提起上诉。

吕某某、苏某某等22人盗窃及刘起英等3人掩饰、隐瞒犯罪所得案。吕某某，男，1976年1月20日出生于甘肃省酒泉市，捕前系酒钢宏兴公司保卫处矿山保卫科主办；苏某某，男，1982年11月2日出生于甘肃省临洮县；蔺某(又名蔺某某)，男，1978年6月28日出生于甘肃省高台县；苏某某，男，1992年10月25日出生于甘肃省渭源县；唐某某，男，1987年5月12日出生于甘肃省永靖县，捕前系酒钢宏兴公司保卫处矿山保卫科内卫中队中队长；闫某某，男，1984年10月4日出生于甘肃省和政县；牛某某，男，1973年6月28日

出生于甘肃省山丹县;苏某某,男,1989年9月14日出生于甘肃省宕昌县;段某,男,1990年7月18日出生于甘肃省镇原县，捕前系酒钢宏兴公司保卫处矿山保卫科保安员;蒋某,男,1982年3月4日出生于四川省遂宁市;杨某,男,1981年10月3日出生于甘肃省和政县；兰某某，男,1989年10月5日出生于四川省广元市;谢某某,男,1987年12月15日出生于甘肃省嘉峪关市，捕前系酒钢宏兴公司保卫处矿山保卫科保安员;任某某,男,1988年9月13日出生于甘肃省永登县，捕前系酒钢宏兴公司保卫处矿山保卫科保安员;谢某某,男,1978年1月19日出生于四川省广元市;陈某某,男,1991年10月20日出生于甘肃省临洮县,捕前系酒钢宏兴公司保卫处矿山保卫科保安员;方某，男,1986年10月22日出生于甘肃省张掖市，捕前系酒钢宏兴公司保卫处矿山保卫科保安员;槐某某,男,1987年4月20日出生于甘肃省嘉峪关市，捕前系酒钢宏兴公司保卫处矿山保卫科内卫中队中队长；王某某，男,1987年4月16日出生于甘肃省嘉峪关市，捕前系酒钢宏兴公司保卫处矿山保卫科保安员;苏某某,男,1964年5月16日出生于甘肃省渭源县；李某某，男,1986年10月21日出生于甘肃省金塔县，捕前系酒钢宏兴公司保卫处矿山保卫科保安员；张某，男,1986年6月6日出生于甘肃省平凉市,捕前系酒钢宏兴公司保卫处矿山保卫科保安员。刘某某,男,1973年5月12日出生于河南省洛阳市;吴某某，男,1968年8月20日出生于河南省洛阳市;宋某某，男,1966年12月22日出生于河南省洛阳市,三人均系个体经营者。2013年4月至11月期间,吕某某等上述22名被告人采取由酒钢公司镜铁山矿务工人员事先挑选堆放铜矿石，其他人组织装运,矿山检查站保安员暗中放行,将被盗铜矿石运至被告人刘某某、吴某某、宋某某等处销赃的方式盗窃作案15起,盗得铜矿石1048吨,价值人民币1402992元,使企业遭受巨大损失。破案后追回铜矿石44吨,价值人民币58916元,追回铜精粉61.17吨,价值人民币483243元。

2013年11月22日,被告人吕某某、苏某某预谋盗窃镜铁山矿的铜矿石。次日凌晨3时许,二人与被告人兰某某驾驶翻斗车来到镜铁山矿铜选厂料场,由被告人苏某某驾驶装载机装车,盗窃重44吨的铜矿石一车。后被告人吕某某指使当天在碎矿检查站值班的保安员段某将该车铜矿石放行，并指使被告人兰某某将盗窃的铜矿石运至嘉峪关市,销赃至被告人刘某某处。刘某某又驾驶翻斗车将铜矿石运至被告人吴某某、宋某某经营的铜选厂销赃。准备卸车时,被公安机关当场抓获。经鉴定,被盗铜矿石每吨价格为1339元,盗窃价值共计58916元。至此,该特大团伙盗运销铜矿石案发,公安机关先后抓获犯罪嫌疑人25名(含掩饰、隐瞒犯罪所得犯罪嫌疑人3名),其中镜铁山矿保卫科保安涉案11人。

2015年8月27日，嘉峪关市城区人民法院一审以盗窃罪分别判处被告人吕某某有期徒刑十二年,并处罚金1万元;苏某某有期徒刑十一年,并处罚金1万元;蔺某有期徒刑十年六个月,并处罚金1万元;苏某某有期徒刑十年,并处罚金1万元;唐某某有期徒刑八年,并处罚金1万元;闫某某有期徒刑六年,并处罚金1万元;牛某某有期徒刑五年,并处罚金8000元;苏某某有期徒刑五年,并处罚金7000元；段某有期徒刑四年六个月,并处罚金7000元;蒋某有期徒刑四年六个月,并处罚金7000元;杨某有期徒刑四年,并处罚金6000元;兰某某有期徒刑三年,并处罚金5000元;谢某某有期徒刑三年,并处罚金5000元;任某某有期徒刑三年,并处罚金5000元;谢某某有期徒刑三年,并处罚金5000元;陈某某有期徒刑三年,并处罚金5000元;方某有期徒刑三年,缓刑四年,并处罚金5000元;槐某某有期徒刑三年,缓刑三年,并处罚金3000元;王某某有期徒刑三年,缓刑三年,并处罚金3000元;苏某某有期徒刑二年,缓刑三年,并处罚金2000元;李某某有期徒刑一年,缓刑二年,并处罚金2000元;张某有期徒刑一年,缓刑二年,并处罚金2000元。以掩饰、隐瞒犯罪所得罪分别判处被告人刘某某有期徒刑六年,并处罚金1万元;吴某某有期徒刑四年,并处罚金5000元;宋某某有期徒刑三年,并处罚金3000元。作案工具甘B06969号自卸货车等依法予以没收。宣判后,吕某某、苏某某等16人不服,提出上诉。嘉峪关市中级人民法院终审裁定驳回上诉，维持原判。

嘉峪关市城区人民法院

【机构设置与人员编制】2013年3月27日,嘉峪关市城区人民法院正式成立,2013年9月16日正式对外受理案件。嘉峪关市城区人民法院设8个内设机构:立案庭、刑事审判庭、民事审判第一庭、民事审判第二庭、民事审判第三庭、行政审判庭、审判监督庭、执行局。嘉峪关市机构编制委员会核定(嘉机编发[2013]5号)嘉峪关市城区人民法院行政编制30人,全额拨款事业编制15人,机关后勤事业编制10人,共计55人。2015年在编54人,其中干警53人、工勤1人。干警中本科学历51人、法律专业硕士研究生学历2人。有中共党员42人,占干警总人数的79.2%。有审判资格的40人,占干警总人数的75.5%,其中审判员19人(含院长、副院长),助理审判员21人。有31人通过国家统一司法考试,占干警总人数的58.5%。

【立案工作】2015年,在嘉峪关市中级人民法院的监督指导下,市城区人民法院认真学习贯彻党的十八大、十八届三中、四中、五中全会精神和习近平总书记系列重要讲话精神,深入践行"司法为民公正司法"工作主线,扎实开展"三严三实"专题教育,以"工作落实年"为抓手,忠实履行职责,审判执行各项工作均取得了新进展,为全市经济社会发展提供了有力有效的司法保障和服务。全年共受理各类案件5049件,同比增加1164件,上升30%;审结4653件,同比增加1068件,上升29.8%,结案率为92.2%,同比持平,法定审限内结案率100%。

【刑事审判】依法惩处各类刑事犯罪,切实维护社会和谐稳定。全年共审理各类刑事案件357案496人,同比增加64件99人,受理案件数和涉案人数分别上升21.8%、24.9%。成功审理了嘉峪关市有史以来涉案金额最大、涉案人数最多、社会影响最广的被告单位中特首诺(北京)冶金科技有限公司、嘉峪关中盛投资有限责任公司及被告人王某某等7人非法吸收公众存款案,审结了酒钢镜铁山矿特大盗窃案、被告人夏某某等网络诈骗等一大批重大、疑难、复杂案件,依法惩处了犯罪,维护了正常的社会秩序;贯彻证据裁判原则,严把事实关、证据关、法律适用关,坚持无罪推定和疑罪从无原则,全年有40件案件因证据问题退回公诉机关补充侦查;将附带民事赔偿情况与量刑相结合,注重"审执结合、审执兼顾",民事部分尽量调解结案,并实现即时履行,为被害人挽回经济损失600余万元;积极推进轻刑快审机制建设,对危险驾驶、盗窃等被告人认罪的168件轻微刑事案件,类案专审,简案快审,缩短了办案周期,提高了办案效率,取得了良好的法律效果和社会效果。

【民商事审判(个人认为简写不好理解吧)】精心审理民商事案件,保障经济社会健康有序发展。2015年5月1日立案登记制的实行和级别管辖标准的提高,使嘉峪关市城区人民法院受理的民商事案件大幅上升,全年共受理各类民商事案件3085多件,同比上升119.7%;审结2852件,结案率在92.5%,结案标的总金额为21295万元。由于受理案件数的大幅上升,案多人少的矛盾更显突出,人均结案数持续攀升,办案压力明显增大。按照"能调则调、当判则判、判调结合、案结事了"的原则,重视审判技巧,注重调解艺术,把握当事人情绪变化,从细微处着手,积极运用调解手段化解矛盾纠纷,将当事人之间的对抗化解到最小,真正达到案结事了,结案中当事人撤诉686件、调解1002件,调撤率为59.2%;对于当事人不愿调解或调解不成的,及时判决结案。平等保护各类市场主体的合法权益,依法惩罚违约失信行为,支持诚信守约行为,维护健康有序的市场经济秩序。对在诉讼中撕毁法律文书、欠条、阻拦、辱骂法官等妨碍诉讼活动的当事人,及时固定证据,依法罚款、拘留,保证正常的诉讼秩序,维护法院和法律权威。稳妥审理婚姻家庭、继承纠纷案件,及时保护妇女儿童、老人的合法权益,全年审结此类案件595件。

【行政审判】妥善化解行政争议,维护和谐的"官民"关系,紧紧围绕全市中心工作展开展行政审判,妥善化解行政争议,有效维护当事人的合法权益。全年共受理并审结行政案件8件,非诉执行案件8件。案件类型主要涉及公安行政处罚、公安消防行政许可案件。在开庭时要求被告行政机关负责人出庭应诉,促使行政机关提升执法水平。

【执行工作】多措并举力克执行难题,重拳出击打击拒执行为。全年新收各类执行案件1280件、旧存227件，计1507件，执行员人均办案215件。同比案件数增加268件，上升21.6%。全年执结各类案件1168件，执结标的总金额19587万元，结案率77.5%。执行员人均结案数167件。全年接待来访当事人700余人次。依托企业信用网络平台公布在嘉失信企业11家，并通过市文明办举办的"共筑诚信·德润雄关"红黑榜上予以发布。依法采取强制措施，加大惩治力度，全年罚款70多人次，依法采取拘留强制措施200人次，将构成犯罪的13案16人移送公安机关立案侦查，已判决11案件13人，其中郝某某拒不执行法院判决裁定案被最高人民法院评为全国打击拒不执行法院判决、裁定10个典型案例之一发布，是西北五省区唯一入选的案例。积极配合市政府惠民工程建设，依法强制拆除影响工程进度的两栋平房，彰显了法律的公正和权威。

【审判监督】加强审判监督工作，让确有错误的裁判及时得到纠正，切实保障当事人的合法权益。全年不服一审裁判提起上诉的案件400件，其中发回重审26件，改判21件，上诉案件数增加，发改案件数下降。检察机关建议再审1件、当事人申请再审案件5件(民事案件3件、刑事案件2件)，经审查再审理由不成立，依法予以驳回申请。

【队伍建设】按照嘉峪关市中级人民法院党组的安排部署，开展"三严三实"专题教育和廉洁司法教育活动，狠抓基层党建工作，把党建工作贯穿于思想建设、队伍建设、审判管理、司法服务等各项工作的全过程，确保了法院工作坚定正确的政治方向，为实现"司法为民公正司法"提供了坚强的组织保障。加强思想政治工作，提队伍整体素质。强化理想信念教育，使"铸魂补钙"活动常态化、规范化，锻造政法干警忠诚之魂，坚守共产党人忠诚家园。认真落实党风廉政建设主体责任和监督责任，坚决贯彻执行中央八项规定精神和省委市委的措施规定，从严治警，着力提升干警的司法能力，提高队伍廉洁水平。坚持不懈改进司法作风，树立"忠诚、干净、担当"的人民法官新形象。深入整治"四风"和群众反映强烈的问题，着力解决极少数干警不作为、乱作为等问题，并依据工作实际制定整改措施。参与全市社会治安综合治理，为平安嘉峪关建设提供有力有效的司法保障和服务。坚持坚持按"好干部"标准选人用人，着力优化队伍结构，加强对干警的培训工作。全年选配5人到省法官学院、1人到市委党校培训，有4名干警受到省级表彰奖励。加强学习先进模范，引导广大干警深入践行社会主义核心价值观，自觉做公正为民的好法官、敢于担当的好干部，树立了"忠诚、干净、担当"的人民法官新形象。

【司法为民】加强立案窗口建设，方便人民群众诉讼。在立案大庭配备触摸式案件查询机，案桌摆放"1册3书6须知24指引"，诉讼须知、风险告知尽在其中，免费供当事人拿阅；实行预约立案、信函立案等便民立案方式，为外地或行动不便的当事人提供方便；坚持"院长接到日制度"，畅通群众表达诉求渠道；实行法官外出留言制度，让当事人少跑路；开通12368诉讼服务热线，方便当事人查询案件进展、承办法官、接受法律咨询等，上网发布各类裁判文书2099份，充分满足人民群众的知情权，总结推广在司法为民、利民、便民方面的工作经验，为群众提供快捷、优质、高效的司法服务，不断提升群众满意度。

【涉诉信访及司法救助】主动做好涉诉涉法工作，从源头预防和化解信访案件，坚持常态化接访，处理群众来信，院领导集中接访来访，及时做好复查答复。向省高级人民法院、市人大常委会、市委政法委、市信访局及时报送批转案件答复情况及相关材料，做到事事有落实、件件有答复。加大司法救助力度，让经济确有困难的当事人打得起官司，全年为20名当事人减免缓交诉讼费4.2万元，让人民群众切实感受到司法的人文关怀。

【司法改革】创造性开展工作，想方设法破解案多人少难题，鼓励法官多办案、快办案、办好案。实行立案调解制度，全年成功调处各类案件396余件，有效减轻了一线办案法官的压力。试行财产保全担保保险制度，全年办理财产保全担保保险案件41件，标的2550万元。实行小额速裁制度，全年共小额速裁案件301件，平均办案周期13天，远低于特别程序案件30天的法定审限。推进司法确认工作,共办结司法确认案件49件。推进以审判为中心的诉讼制度改革,完善主审法官、合议庭办案责任制,让审理者裁判,由裁判者负责。推进轻刑快审机制。全年适用此机制审结轻微刑事案件168件。构建多元化解矛盾纠纷机制,不断满足人民群众多元司法需求。通过以上举措和内部挖潜及合理调配审判力量,有效缓解了案多人少矛盾,法官人均办案数位居全省首位。

(王继禄)

检察

【机构设置与人员编制】2015年嘉峪关市检察院共有15个处级内设机构:办公室、监察处、政治部、侦查监督处、公诉处、反贪污贿赂局、反渎职侵权局、刑事执行检察局、民事行政检察处、控告申诉检察处、职务犯罪预防处、检察技术处、法律政策研究室、法警支队、案件管理办公室。其中,政治部内设干部教育培训科,反贪局内设综合科、侦查科,举报中心、刑事赔偿办公室与控告申诉检察处合署办公,检察委员会办事机构、人民监督员办公室与法律政策研究室合署办公。

两级院编制人员为81名,其中政法专项编制69名,事业编制6名,机关工勤编制6名。市院现实有干警68人,其中党组成员8人。按法律职务分类:有检察长1名,副检察长2名,检委会委员7名(含2名检委会专职委员),检察员12名,助理检察员9名,书记员28名,司法警察6名。城区院目前运行4个科级内设机构(侦查监督科、公诉科、民事行政检察科、未成年人刑事检察科),设检察长1名,副检察长1名,检委会委员5名,检察员4名,助理检察员4名。

【概况】2015年全市检察工作在市委和省检察院的领导下,在市人大及其常委会的监督下,在市政府、市政协及社会各界的支持下,以"工作落实年"和规范司法行为专项整治活动为抓手,围绕大局、忠实履职、各项工作取得了新的进展。开展"两好两促"专项行动。全力服务依法治市建设,在全市党政机关开展了"学好法、用好权,促公正、促清廉"专项行动,组织全市机关干部按照"八个一"要求,开展了学法用法活动。成立了检察法治宣讲团,开展法制讲座、警示教育140场次。组织全市科级以上机关干部开展了预防职务犯罪知识测试和赴监狱、看守所开展警示教育。全市120家党政机关参加了"预防职务犯罪先进单位"创建活动,专项行动的社会影响力不断扩大,党政干部依法行政意识明显增强,党政机关法治氛围更加浓厚。推进"两联系,两促进"专项行动。为使检察工作更好地服务经济建设,选择在市饮用水水源地水源井迁建项目等7个重点建设项目持续开展了"联系企业、联系项目,促进廉洁、促进发展"专项行动。同时,加大对项目立项、招投标、施工管理等15个易发职务犯罪的风险节点实施同步预防,健全内部防控措施。在市工商联挂牌成立了检察服务室,支持非公经济发展。开展"保民生、促三农"专项行动。延伸法律监督职能,加大基层法律监督力度,服务"三农"发展。在新农办、三镇和17个行政村挂牌建立21个检察室,选聘20余名检察联络员,开展专项调研和检查5次,建立健全涉农资金管理使用相关工作制度12项。举办区、镇、村"三委"干部"三农"专项行动专题培训班10场次、警示教育22场次,对近年来惠农资金开展了专项检查,指导监督各级涉农部门公开各项惠农政策及惠民资金发放,有效预防涉农领域的职务犯罪。着力推进社区检察联络室建设。在原有12个社区检察联络室的基础上,又增设了6个检察联络室,延伸了法律监督职能。积极探索与社区、司法所协力打造"联合调解室",搭建矛盾化解联合"平台"。结合社区工作开展"廉政讲坛""法律讲座""以案说法""庭审进社区"等系列法治宣讲服务活动,打造检察宣传第一"阵地",维护了群众的合法权益,深化了"平安建设"。深化"双联"行动。坚持走精准扶贫和文化惠农的路子,启动"民主法治示范村"建设,指导解决"千村美丽"示范村建设、一事一议财政奖补等项目建设中存在的问题,市院驻村干部近距离帮助解读惠农扶持政策和法律维权途径,使农民朋友不出远门就能享受到贴心的法律服务。落实各项司法改革试点工作,推进检察改革创新,为确保检察权公正行使奠定良好基础。推进提起公益诉讼试点改革,研究制定了一系列规范性文件,明确了工作措施、任务、方法和途径,初步建立了统一协调管理、案件线索发现、诉前程序审查等六项机制,发现涉嫌污染环境案件线索4件,督促相关行政机关正确履行职责。开展人民监督员制度改革,积极改进人民监督员选任方式,增加人民监督员人数,扩大监督范围,完善监督程序,增强监督刚性。组织人民监督员对1起职务犯罪案件进行庭审观摩监督,对1起拟作不起诉职务犯罪案件进行监督评议。开展规范司法行为专项整治工作。通过全面深入查摆问题、推进案件质量评查、落实案件监督管理等措施,共查摆出16个方面的140个问题,形成问题清单和责任清单,进行全面整改。做好接待律师工作,接待律师咨询、查阅案件146人次,接收律师申请材料250份,扩大律师对具体案件的监督渠道。律师执业权利保障工作得到了高检院督察组、省检察院、人大代表、政协委员的肯定,10余名省内外律师为此点赞,工作经验在全省做了交流推广。

【刑事检察】全年两级院共办理审查批准逮捕案件208件298人,审查起诉案件396件544人,监督立案2件,纠正漏捕8人,追加漏犯8人,建议行政执法机关移送涉嫌犯罪案件9件。全面实现量刑建议入公诉案件审查报告,量刑建议法院采纳率为94.2%;批捕邪教、强奸、抢劫、毒品等严重危害社会稳定的犯罪嫌疑人82人,起诉140人。批捕中盛公司等非法吸收公众存款、合同诈骗、电信诈骗等涉众型经济犯罪嫌疑人21人,起诉21人。成立了轻刑快办办案组,不断细化和精准办案环节,办理轻微刑事案件90余件,审查逮捕和起诉期限分别由法定的7天和30天缩短为3天和8天。贯彻宽严相济刑事政策,强化慎捕慎诉机制落实,对犯罪嫌疑人主管恶意不明显、罪行轻微、社会危害不大、被害人愿意达成和解的轻伤害、交通肇事等轻微刑事案件依法不批捕38人,不起诉89人。对未成年社区矫正人员开展核查及再犯罪预防工作,出台并实行未成年人刑事案件同步录音录像制度,完善社会调查、附条件不起诉等制度;筹建未成年人观护教育基地,依托社会力量,对不批捕、不起诉的10名涉罪未成年人进行观护教育。

【反贪污贿赂】坚持程序公正与实体公正并重的原则,实施全程同步录音录像,注重保障犯罪嫌疑人的基本权利。与市房管局、地税局、工商局共计30余家单位签订了信息共享协议,扩大案件线索来源,全年初查职务犯罪案件线索12件14人,初查后决定立案侦查3件4人,贪污案2件3人,挪用公款案1件1人,所立案件均为大案,大案比例为100%。初查后,对存在违法违纪行为移送酒钢纪委1件2人,移送嘉峪关市纪委1件1人。

【反渎职侵权】通过开展涉农领域渎职侵权犯罪和淘汰落后产能领域渎职犯罪专项行动,重点查办侵害民生民利,破坏依法行政,危害司法公正,破坏生态环境等方面的渎职侵权案件。探索反渎职侵权工作巡检机制,收集滥用职权、玩忽职守等案件线索,进而深入查办相关渎职侵权犯罪案件,并帮助发案单位查漏补缺、建章立制。全年共立案渎职侵权案件1件1人。

【控告申诉】严格落实首办责任制,强化涉检信访评估预警机制,在处理可能引发上访的案件时,提前做好心理疏导、教育稳控等工作预案。建立信访外部协作配合机制和涉法涉诉案件终结退出机制,构建“三个穷尽”(穷尽法律程序、穷尽检察职责、穷尽检察人员诚心)工作机制。着力改进工作方式,拓宽信访接待渠道,建成运行远程视频接访系统,便利群众表达诉求。依托“举报宣传周”“12.4国家宪法日”、社区检察联络室,发放举报宣传资料4000余份。全年共受理群众来访152件227人次,来信9件,已办转办结。强化线索管理中的流转监督和审查工作,坚持举报线索统一受理、专人管理、检察长亲自批阅等制度,办理完成省院交办的控告申诉案件6件。连续多年无涉检赴省进京的非正常上访。

【诉讼监督】适应以审判为中心的诉讼制度改革,坚持依法、规范、理性监督,做到不枉不纵、不错不漏,维护司法公正。加强对刑事立案、侦查活动的监督,监督公安机关立案2件、撤案8件,纠正漏捕8人、漏诉11人,书面纠正侦查活动中违法情形4件。依法监督法院的民事行政诉讼活动,办理民事执行监督案件6件,向法院发出检察建议4件。针对监管和刑罚执行活动存在的问题,向相关单位发出书面纠正意见22份,办理羁押必要性审查案件10件11人、财产刑执行监督案件4件、暂予监外执行监督案件2件、强制医疗执行活动监督案件1件。办理民事行政检察监督案件21件，抓好行政执法监督新增长点，对36个行政执法部门开展执法监督，建议行政执法机关移送涉嫌犯罪案件23件，发出书面检察建议6份。

【刑事执行检察】2015年7月29日经市编委会议研究，将监所检察处正式更名为刑事执行检察局，强化了刑事执行监督职能、提升了监督效果。树立保障人权的司法理念，与市人民法院建立了情况通报机制，向在押人员发放诉讼过程明白卡及驻所检察“检务公开”的相关内容，开通在押人员控告、申诉、举报“绿色通道”，切实维护在押人员合法权益，开展了减刑、假释、暂予监外执行专项检察活动，加强羁押期限的审核，实现了本市看守所多年来无超期羁押的良好局面。严格落实驻所检察官约见在押人员、日常巡视检察、安全防范检察等制度，开展各类执法检察活动21次，发出纠正违法通知书2份，发出检察建议书20份，受理在押人员控告、申诉、举报案件8件。对全市10个司法所监管的143名社区矫正人员进行了全面核查监督，经过核查，全市无脱管、漏管、虚管情况。

【预防职务犯罪】强化预防职务犯罪工作，落实《甘肃省预防职务犯罪工作条例》，对全市2013年以来城乡低保资金发放、讨赖河一期工程绿化项目、市公安局下辖派出所2014年以来的行政处罚案件开展了预防调查。受理行贿犯罪档案查询3081次，其中组织人事查询53次；开展职务犯罪案件分析5件，提出有针对性的预防对策21条。组织预防职务犯罪宣讲团全年共开展各类法制讲座、警示教育156场次，举行法制宣传16场次，发放法制宣传资料20000余份，通过检察官方微博发布预防工作动态180余条，发送预防职务犯罪廉政手机报14期。在市电视台、酒钢电视台、政府各部门网站、公交车持续播放由本院创作完成的预防职务犯罪微电影《陷阱》，预防工作的社会影响力持续扩大。

（张虹霞）

公　安

【机构设置与公安队伍概况】2015年，嘉峪关市公安局共有机构123个。其中，综合管理机构10个，其中副县级4个：政治部、纪委（挂监察信访室）、办公室、禁毒委员会办公室；科级6个：人事科、宣教科、审计科、信息通信机要科（挂信息中心）、禁毒办综合科、禁吸戒毒科。

执法勤务机构41个，其中正县级3个：警卫处、刑事警察支队、交通警察支队；副县级8个：警务督察支队、指挥中心、国内安全保卫支队（挂反邪教侦察支队和反恐怖支队）、经济犯罪侦查支队、治安警察支队、技术侦察支队、巡逻支队（挂反扒窃支队）、特警支队（挂防暴处突应急支队）；正科级26个：警卫处办公室、勤务科、刑事警察支队办公室、情报大队、刑事科学技术研究所（挂公安司法鉴定中心）、交通警察支队办公室、交通管理科、车辆管理所、事故处理科、经济犯罪侦查支队技术情报室、6个巡逻大队、3个特警大队、禁毒大队、网络安全保卫支队、法制支队（挂直属分局）、出入境管理支队、户政科、110接处警大队、环保犯罪侦查分局；副科级4个：环保犯罪侦查分局综合办公室、食药犯罪侦查大队、环保犯罪侦查大队、国土犯罪侦查大队。

监管机构3个。看守所（副县），拘留所（科级），强制隔离戒毒所（科级）。

派出机构3个。长城分局，雄关分局，镜铁分局。

长城分局（科级），内设及派出机构共21个，均为科级建制：政工监督室、警务保障室、法制大队、国保大队、治安大队、刑侦大队、交警大队、建设路派出所、新华路派出所、新城镇派出所、厂区派出所、矿区派出所、新华社区警务室、大众社区警务室、利民社区警务室、五一社区警务室、兰新社区警务室、东安社区警务室、建设社区警务室、建林社区警务室、永乐社区警务室。

雄关分局（科级），内设及派出机构共21个，均为科级建制：政工监督室、警务保障室、法制大队、国保大队、治安大队、刑侦大队、交警大队、五一路派出所、胜利路派出所、峪泉镇派出所、嘉北工业园区派出所、关城派出所、祁连社区警务室、友谊社区警务室、雍和社区警务室、福民社区警务室、胜利社区警务室、绿化社区警务室、人民社区警务室、雄关社区警务室、嘉北社区警务室。

镜铁分局（科级），内设及派出机构共24个，均为科级建制：政工监督室、警务保障室、法制大队、国保大队、治安大队、刑侦大队、交警大队、朝阳派出所、前进路派出所、明珠路派出所、峪苑派出所、文殊镇派出所、昌盛社区警务室、曙光社区警务室、峪苑社区警务室、和诚社区警务室、迎宾社区警务室、铁北社区警务室、铁南社区警务室、德惠社区警务室、朝晖社区警务室、佳苑社区警务室、明珠社区警务室、紫轩社区警务室。

人员职数情况:2015 年共有民警职工 600 人,其中民警 459 人:正处级干部 9 人,调研员 4 人,副处级干部 16 人,副调研员 17 人,正科级干部 78 人,主任科员 9 人,副科级干部 78 人,副主任科员 38 人,科员 210 人,机关工勤人员 19 人;见习民警 122 人。

人员年龄情况:56 岁以上人员 22 人,占总人数的 3.7%;51-55 岁人员 61 人,占总人数的 10.17%;41-50 岁人员 149 人,占总人数的 28.3%;31-40 岁人员 210 人,占总人数的 35%;30 岁以下人员:115 人,占总人数的 27.3%。

人员学历情况:研究生学历 14 人,占总人数的 2.3%;大学本科学历 427 人,占总人数的 71.16%;大专学历 145 人,占总人数的 24.16%;中专及以下学历 14 人,占总人数的 2.3%。

【综述】市公安局在多个重点工作中取得了显著成绩。侦办涉及全国 28 个省市的"1.05"部督专案,得到了公安部、省厅的充分肯定;侦办涉及 8 个省市的部督"4.04"骗取银行贷款、票据承兑案,案件侦办取得阶段性战果;侦办的省督"10.21"特大电信诈骗案中,刑侦、网侦联合作战,辗转湖南省 5 个地市,在实战中探索创新了打击电信诈骗的合成作战新机制,案件侦办取得重大突破;免费为农用三轮车摩托车办牌办证工作中,完成省厅任务数 172.24%,全省排名第一;建成了省内第一个驾驶员毒品预防教育基地,组织各学校的 28 名教师在兰州集中培训,将禁毒工作触角全面覆盖到农村社区、城市楼宇、各类院校,这一极具本地特色的做法得到了国家、省禁毒办的充分肯定;建成了代表全省先进水平的看守所 AB 门,在全省率先落实武警 AB 门上勤工作。全年工作中涌现出了一大批先进个人,岗位能手,获得部、省、市级认同,有 6 个集体荣立集体三等功、3 名民警荣立个人二等功,14 名民警荣立个人三等功、嘉奖 21 人,出入境管理支队被评为"全国巾帼文明岗",有 6 个集体、8 名民警受到地市级以上表彰。重视宣传引导工作,新媒体建设和使用取得了新发展,我局公安微博、微信宣传工作荣获"甘肃省公安系统政务新媒体 TOP10、甘肃省基层政务新媒体 TOP20"荣誉称号。

【刑事侦查】2015 年,全市刑侦部门以推行打击犯罪新机制为重点,立足长远,把握重点,主动服务平安建设新常态,切实增强核心战斗力和发展后劲,启动了刑侦、行动、网侦、视侦及情报中心"五侦"一体化的刑侦专业情报研判工作机制,在合成作战中推行了成员单位合署座席办公和派驻配侦制度,实现了信息资源向打击成果有效转化。同时强调打击犯罪由大案侦破为重点向全案侦破为重点转变,坚持破大案与破小案并重、破案与追赃并重,攻坚克难破大案,全力以赴破小案,先后组织开展了"打盗窃、反诈骗、整秩序、保平安""打击伪基站"等专项行动,整体推进打防管控工作,严厉打击了各类违法犯罪活动。全年共立刑事案件 3044 起,同比上升 13.3%;破案 1159 起,破案率为 38%;八类案件共立 98 起,占全部刑事案件的 3.2%,破案 64 起,破案率为 65.3%;刑事拘留 312 人,同比上升 20.5%;逮捕直诉 240 案 326 人,同比上升 37.1%和 23%,挽回群众经济损失达 1200 余万元。

【经济侦查】围绕全市经济社会发展大局,按照"打牢基础、做强专业、形成特色、服务实战"的工作思路,严厉打击危害民生安全的涉众型经济犯罪,继 2014 年成功侦办部督中盛公司非法吸收公众存款案后,2015 年,经侦部门历时 8 个月,又成功侦破了由公安部督办、涉及 8 省市 20 余地、涉案金额近 12 亿的"404"专案,抓获犯罪嫌疑人 13 人,案件侦办取得重大进展。同时,积极与市场监督管理、国税、地税、工信、人行、各商业银行等监(主)管单位及行业密切工作联系,推动建立了部门联动、资源共享机制。全年办理各类经济案件 49 起,涉及被害人 495 人,查处各类违法犯罪成员 30 人,挽回经济损失累计 2100 余万元。

【治安管理】按照"抓基础、强业务、建机制、改作风、促发展”的总体思路和“精细管理、精准打击、精确防范、精心落实”的工作目标，围绕重要节点、重要事件、重要任务，全力以赴开展了全市治安管理工作。着力强化日常治安管控。加强“三口一屋”管理，确保了全市202524名常住人口、63205名暂住人口、28781户出租房屋主项信息齐全，信息准确率达100%，211家旅店业、45家网吧治安管理信息系统安装率达100%，实名登记、上传率稳步提高；围绕重点人员、重点物品、重点行业和重点部位，全面落实管控措施，切实消除了治安管理盲区；加大社会治安问题整治力度。大力整治“黑拐枪”“黄赌毒”等社会治安顽症，全年受理治安案件5844起，查处2749起，查处涉黄涉赌案件28起，打击处理85人，破获2起非法持有枪支案件，全年共收缴各类枪支31支、弩1把、各类制式子弹117发、射钉弹3415颗、气枪铅弹368颗、火雷管13个、导火索3根3.4米，催泪瓦斯弹3个，黑火药800克、烟火剂500克，切实消除了枪爆祸患。严密节会活动警卫安保工作。周密安排部署，层层落实责任，认真落实各项安保措施，确保了两节两会、“3.14”敏感日、“6.4”敏感日期间社会稳定，圆满完成了第一届嘉峪关家居文化节、“敦煌行·丝绸之路”国际旅游节开幕式、方特欢乐世界开园、第三届中国丝路长城国际音乐文化节、第四届中国嘉峪关国际短片电影展等大型活动的安保任务，警卫安保工作做到了万无一失，得到了省厅和市委领导的充分肯定。

【禁毒工作】以预防毒品危害，惩治毒品违法犯罪，遏制严峻毒情形势，维护社会稳定为目的，狠抓缉毒破案、禁吸戒毒、预防宣传教育、易制毒化学品和精麻药品管理、吸毒人员动态管控、重点社区整治、无毒社区和示范院校创建等工作，先后组织开展了“百城禁毒会战”“打击整治互联网涉毒违法犯罪”“百日禁毒会战”等专项行动，“两基地”“三覆盖”“五提高”（即嘉峪关市禁毒教育基地建设、嘉峪关市驾驶员禁毒教育基地建设；镇村禁毒宣传教育图版全覆盖、城市社区楼宇禁毒公益宣传栏全覆盖、院校毒品预防教育小流媒体全覆盖）禁毒工作亮点打造工程，建成省内第一个驾驶员毒品预防教育基地，组织各学校的28名教师在兰州集中培训，将禁毒工作触角全面覆盖到了17各农村社区、9090个城市楼宇和28所各类院校，有效提升了禁毒工作覆盖面。全年共破获毒品案件68起，抓获毒品犯罪嫌疑人79名，缴获毒品1240.96克，查获吸毒人员283人次，强制隔离戒毒132人，社区戒毒处置147人，全面超额完成省上下达的任务指标。

【技侦工作】以贯彻落实全国公安技侦“七次会议精神”和“信息技侦建设达标”工作为契机，大力开展技侦信息化建设，以维护国家安全和社会稳定为首要任务，全力协助各业务部门开展稳控工作，全年共侦破案件60起（含跨年度案件9起），抓获犯罪嫌疑92人，打掉犯罪团伙2个，挽回经济损失8088万余元，技侦发挥的作用率为96.7%、发挥重大作用率达到80%以上，为维护国家安全、打击刑事犯罪、全力维护社会稳定做出了积极贡献。

【出入境管理】结合服务民生“五大行动”和提高服务质量工作，以规范执法为核心，以提高服务质量为标准，主动适应新常态，提出了“在服务中实现管理、在管理中体现服务”的理念，积极应对新挑战，在长城分局增设立了出入境证件受理点，依托省厅在互联网开通“甘肃省公安厅警务公开与便民服务平台”，开通网上证件查询服务，同时严格实行首问责任制、一次告知制、限时办结制、责任追究制等制度，使前来办事群众高兴而来，满意而走。全年共受理审核签发公民因私出境证件12322人次，与去年同期相比上升55.03%。其中：护照5230次，往来港澳通行证及签注6440人次，往来台湾通行证及签注652人次；利用节假日延时加班办理各类证件326人次；办理外国人签证及居留许可32人。出入境管理部门被公安部评为“全国公安系统青年文明号”和“全国巾帼文明岗”。

【交通管理】以“降事故、保平安、促畅通”为总目标，以“三严三实”专题教育为契机，以“城市防拥堵、农村不失管、队伍防违纪”为重点，围绕中心、服务大局，全力维护道路交通安全和社会稳定，努力提升服务群众的能力和水平，部署开展了全市道路交通秩序百日集中整治及出租车交通违法行为专项整治行动、农村道路交通安全集中整治行动等12次专项整治行动，严查各类交通违法行为，共查处各类交通违法行为69686起，与前三年的平均数相比较，增长55.10%。积极开展车辆及驾驶员业务管理工作，共办理各项机动车业务55853笔，办理驾驶员业务33582笔；预约考试104630人次。进一步明确和细化了各区和全市各职能部门的农村道路交通安全管理职责任务，在三镇全部成立了道路交通安全管理站，17个农村社区全部设立了道路交通安全管理室，在4个农村主要路口设立了检查劝导站。最大限度地确保了我市道路交通的安全、畅通、有序，事故四项指数全面下降。

【消防管理】开展了消防专项整治行动，检查单位4828家，督促整改火灾隐患9036处，临时查封54家，责令“三停”61家，最大限度减少了消防安全隐患，全市未发生造成人员伤亡或重大经济损失的火灾事故。

【警务实战化】以“发现得早、化解得了、控制得住、处置得好”为目标，以各类恐怖袭击事件、群体性事件、安全生产事故、重大舆情事件为脚本，在认真总结吸取国内外处置重大突发事件经验教训的基础上，从力量调配、指挥、应急、处置、后勤保障等方面逐一完善工作预案，健全完善应急管理机制，组织应对反恐防暴、群体性事件应急演练12次，应急处置能力得到有效提高。同时，在逐步完善“六张网”(即社区防控网、街面巡控网、单位行业场所阵地管控网、视频监控网、区域警务协作防控网、虚拟社会防控网)防控体系的基础上，新建监控点位400个，全市监控总数将达2269个，应急指挥体制增强。此外，进一步编密、织细网格，实行“网格化”巡防责任制，筹措资金购置警用摩托车50辆，并以治安岗亭为中心，机动车巡、摩托车巡、徒步巡逻辐射主要街道和背街小巷，社区警务室要做实社区巡防工作，形成点、线、面相结合的巡逻格局，实现一分钟、三分钟、五分钟处置，提升应急处置的速度和效率。

【执法规范化】贯彻落实公安部“四项建设”工作部署，以建设法治公安为目标，紧扣法治建设，推进执法改革，在全市公安机关推动五项执法制度改革(案件入口管理机制改革、案件办理监督机制改革、警务公开机制改革、涉案财物管理机制改革、案件出口审核把关机制改革)；立足公安主业，推进执法规范化建设。全面推行网上办案，“四个一律”要求贯彻落实到位，全年累计下发网上办案情况通报12期。全年共接受行政复议申请3起，刑事复核2起，目前已全部办结并予以维持，未发生因执法问题而引发的信访案件；瞄准队伍根本，大力强化教育培训。以新警执法能力培养为重点，通过出“移动执法教学”、案例点评、法律知识竞赛等多种形式深化执法培训，筑牢规范行使权力的意识和执法水平；狠抓日常监督，做好立案突出问题专项治理。组织开展立案突出问题专项整治行动通过网上检查、每月通报等形式进行监督，全年未发生不如实立案的情况。

【队伍正规化】把握全面推进公安改革、加强“四项建设”的中心任务，以“三严三实”专题教育、“秉公执法人民公安为人民”主题教育活动为契机，着力在加强思想政治工作方面抓推进、抓落实，为推动平安雄关、法治雄关、过硬队伍建设提供思想组织保证和精神文化动力。牢固树立政治建警方针，积极引导广大民警在政治上、思想上、行动上与党中央保持高度一致，永葆忠诚本色。先后组织民警收看甘肃公安大讲堂7次，邀请专家进行专题辅导1次，培训民警600余人次。深入开展了“三严三实”专题教育和“秉公执法人民公安为人民”主题教育活动，不断提升公安机关执法公信力和群众满意度。共组织党课教育22次，集体学习12次，专题辅导2次，观看专题影片4次，受教育民警党员达到100%。；持续加强公安机关党的建设，组织26名政工干部、基层党组织负责人赴酒泉市公安消防支队观摩学习党建工作的成功经验和创新做法；组织40余名党委、总支、支部书记参加基层党组织书记培训班，提高了党组织的凝聚力、战斗力和号召力，增强广大党员民警的荣誉感和责任感。突出新警教育训练工作，圆满完成了121名新警的入警培训工作，全面落实公安部新修订《训练条例》，先后组织举办各类培训班16期，参训民警600余人次。不断强化对公安中心工作的宣传，全年在新闻媒体上刊发宣传稿件1381

篇,同期相比增加了5.4%。不断加强队伍能力建设,以“轮值轮训·战训合一”模式,深入开展一线民警训练,突出武器警械和基本警务技能训练,加强教官队伍建设,队伍的整体实战能力得到提升,张晖、庄佳2名警务实战教官代表省厅参加全国公安机关第二届警务实战教官技能比武大赛,荣获二等奖,张晖同志获得个人特别奖,为全省公安机关赢得了荣誉。

【基础信息化】坚持以“基础工作信息化、信息工作基础化”为工作主线,以“社区民警专职化,信息采录精准化,社区警务规范化”行动为重点,紧盯信息基础设施建设、信息精准采录及深度融合应用等关键环节,落实政府投资110万,大力推进公安部确定的“新一代警用标准地址服务系统”示范单位建设;积极探索打破警种壁垒,优化资源配置,以警务信息大数据为基础,有效整合各业务警种信息资源,统一归口到市局情报中心开展综合研判,形成了以“派出所、专业警种、指挥中心”为基础的三级警情研判机制;强化信息深度应用,将信息深度应用贯穿于人口管理、社区警务、查破案件、巡逻盘查、调解纠纷、救助群众等警务活动中,坚持对社会治安形势进行分析研判,对异常警情随时掌控,及时调整巡防力量,提升了服务实战的能力和水平。

(陈天麒)

司法行政

【机构设置与人员编制】嘉峪关市司法局内设办公室、法制宣传教育科、依法治理工作科、基层工作管理科、公证律师管理科、安置帮教管理科、社区矫正管理科、特殊人群管理科、法律援助管理科、公证处等10个职能科室(处),下设10个司法所和1个阳光教育康复中心,承担着管理、指导全市普法依法治理、法制宣传教育、矛盾纠纷化解、安置帮教、社区矫正、特殊人群管理、律师、公证、法律援助、基层法律服务、司法鉴定等十多项业务工作,在维护社会大局稳定、促进社会公平正义、保障人民安居乐业、服务经济社会发展中发挥着重要的作用。全局核定政法专项编制54个,工勤编制2个;现有司法行政干警49人,工勤1人,进村进社人员5人,司法助理协勤15人。全局干警总数中,中共党员35人,研究生学历2人,大学本科学历46人,大专学历3人。

【依法治理】组织实施“六五”普法规划,组织召开了全市依法治市领导小组会议,和全市54家责任单位签订了目标责任书,以“法律七进”为载体,推进了领导干部、公务员和青少年等重点对象学法用法,组织了法律知识考试,开展了12·4“市民普法嘉年华”等法制宣传系列活动,多形式宣传了以宪法为核心的国家基本法律和相关法律法规,广大群众学法尊法守法用法水平有了显著提升。开展了法治文化创建活动,建成了青少年法治教育基地1个,百米法治文化墙2个,法治文化广场1个,法治文化园1个,在市电视台开办了《法治雄关》电视栏目。开展了“学法用法示范机关”等创建活动,命名了30家“学法用法示范机关”、10家“依法办事示范单位”、10家“诚信守法企业”、8个“民主法治示范村”和12个“民主法治社区”。对全市各单位、各部门“六五”普法规划目标任务落实情况进行了考核验收,全面收集、整理资料台账117卷,制作了工作专题片,多角度、全方位展现了全市“六五”普法工作取得的成效,在2015年全省“六五”普法工作检查验收中,我市“六五”普法工作年度考核全省第一,被省委全面推进依法治省工作领导小组综合评定为优秀等次。2015年,共开展集中法治宣传活动335场次,发放宣传资料65.8万余份,解答法律咨询2840人次,举办各类法治讲座225场次,法治城市建设水平有效增强。

【矛盾纠纷化解】联合城区人民法院制定了《关于规范人民调解协议司法确认工作的实施意见》,落实“三调联动”工作机制、人民调解“四联单”制度和人民调解协议司法确认制度。拓展领域、延伸调解范围,在高速公路雄关大队、市消费者协会分别设立了高速公路道路交通事故和消费者协会行业调解委员会,在征地拆迁、棚户区改造现场和农村土地确权等全市重大项目建设中,探索设立了临时调解委员会和专门调解工作室,及时有效调解诉求争议、矛盾纠纷,确保了全市重点工程项目的顺利实施。推进市城区法院人民调解工作室和第三方医疗纠纷调解委员会的设立。以《人民调解法》颁布五周年为契机，通过人民调解员技能培训、业务考试、人民调解典型案例评选和调解案卷评查等务实措施，有效提升了人民调解工作整体水平，2015年共组织人民调解员培训42场2252人次。在纪念抗日战争胜利70周年等重大节会和政治敏感时期，集中开展了矛盾纠纷和社会不安定因素集中排查调处专项活动，对突出矛盾纠纷，明确了包案领导、具体责任人和化解时限，切实解决了一批“疑难杂症”。2015年，共排查调处各类矛盾纠纷2642件，调解成功率99.9%，与上年同比增长6.1%，涉及当事人6062人，涉及金额3142.36万元，有效维护了社会和谐稳定。

【社区矫正管理】完善了各级社区矫正工作领导小组，组织召开了全市社区矫正联席会议，明确了成员职责和任务。研究制定了《嘉峪关市社区服刑人员考核奖惩办法》《嘉峪关市司法局轻微刑事案件快速办理实施办法》和《嘉峪关市拟适用社区矫正社会调查评估实施办法》等工作制度，形成了长效常态的工作机制。以社区矫正规范化建设提升年活动和社区矫正执法检查暨执法案卷评查专项活动为契机，联合市人民检察院，先后两次对全市社区服刑人员脱管、漏管、虚管情况进行了专项督查，切实规范了社区矫正工作程序。依托阳光教育康复中心原有基础建设，在全省先率成立运行了社区矫正监管中心，启用了心理检测咨询档案管理平台系统，切实打造了集接收报到、训诫谈话、视频监控、教育培训、心理矫治、应急处理为一体的综合管理平台。在全市10个司法所建立了社区矫正宣告室，通过专业筛选、条件复核等，成立了由19名专业人才组成的社区矫正启航讲师团，讲师团开展集中教育培训12期，培训人员600余人次。坚持依法规范刑罚执行，通过严格摸底排查，认真做好了全市符合特赦条件的社区服刑人员特赦报请工作。与公安、检察院等部门协调联动，对全市社区服刑人员逋前身份进行专项调查，通过严把关、严核查以及分级分类管理，智能跟踪定位和“三个集中”教育矫正等方式，有效防范和降低了潜在社会风险，未发生社区服刑人员重新违法犯罪情况。

【安置帮教管理】制定完善了安置帮教信息管理系统运行机制、出狱所人员接送补助经费机制以及过渡性安置帮教经费机制，落实无缝衔接工作，组织11家成员单位，组成狱内延伸帮教团，赴酒泉监狱开展了狱内延伸帮教活动，有效激发了嘉峪关籍服刑人员的改造积极性。综合评判刑释人员的社会危害性和重新违法犯罪可能性，建立“一人一档”工作台账，通过分级分类帮教、“一帮一”“多帮一”和多位一体联动帮教方式方法，切实加强了重点帮教人员管理工作。通过服刑人员未成年子女救济，落实责任田、宅基地，推荐就业、解决创业难题，申请最低生活保障或临时救助的工作措施，切实解决了无家可归、无亲可投、无业可就等帮教对象的基本生活和就业问题，无脱管漏管和重新违法犯罪现象发生。

【特殊人群管理】召开了全市特殊人群服务管理工作部署会议，研究制定了《2015年嘉峪关市特殊人群工作重点推进实施方案》，明确了工作目标、重点任务、推进措施和具体要求。充分发挥特群办职能作用，督促各成员单位认真核查特群人员基本底数、特殊信息等情况，切实做到了人员底数清、家庭状况清、心理特征清、动态情况清、管控措施清。通过无缝对接、教育培训、药物救治、矫治管控和亲情帮扶等方式，有效实现了对吸毒人员和易肇事精神病人等特殊人群的救治。制定了《嘉峪关市阳光教育康复中心临时安置管理办法（试行）》，不断延伸阳光教育康复中心职能，完善中心房屋和功能室配置，充分发挥了中心在全市特殊人群服务管理工作中的作用。2015年，中心共举办法制教育、反邪教、就业指导、禁毒宣传等集中教育培训34期1249人次。

【律师事务】健全完善了以决策程序、人员管理、风险控制、质量控制、收益分配等为重点的律师事务所内部管理制度，指导成立了甘肃梓钊律师事务所和甘肃衡轩律师事务所2家律师事务所，通过全面依法治国教育、道德诚信教育，行业警示教育、国家政策教育培训以及新申请执业律师资格审查、岗前培训等方式，严把执业律师政治关和准入关，切实提升了律师执业规范化水平。积极落实律师法律顾问制度，全市律师共担任政府及政府部门、企业法律顾问301家，法律顾问律师深入拓展法律顾问服务内容和服务方式，为政府重大决策、重大项目建设提供了法律建议、合同审查、规范性文件审查修改等全方位、多层次的法律服务。深入开展了“律师进社区”活动，广大驻村律师深入基层，点对点、面对面为基层组织、群众提供优质便捷法律服务，在社区法治建设、平安建设方面发挥了积极作用。2015年，社区律师共接待群众2996人次，解答法律咨询1204件，开展法制讲座66场次，参与调解矛盾纠纷196起，调解成功率98%。全市律师共办理案件1276件，同比增长13.4%。

【公证事务】通过办证过程督查，假错正追究、疑难案件集体讨论等方式，提升了公证办案质量。通过创新服务方式，拓宽公证服务领域，为全市棚户区改造、文化旅游和第三产业建设、城乡一体化和农业不动产确权、土地流转、公共服务体系和惠民实事建设提供了优质、高效的公证法律服务。通过绿色通道受理、上门服务等便民服务措施，保障了老年人、残疾人、妇女儿童、青少年等群体的合法权益，公证公信力不断增强，群众满意度有了很大提升。2015年，共办结各类公证事项1848件，同比增长10%，未发生违法事件和假错证。上门办证75件，免费为当事人代写、修改法律文书700余件，减免公证费4.7万余元。

【法律援助】成立了法律援助为民办实事项目案件领导小组，建立健全了案件督办、旁听、跟踪回访等行风监督和疑难案件讨论制度，从接待、受理、审批、指派，办理、归档、发放补贴等工作环节进行监督，规范了法律援助案件办理程序，确保了办案质量。结合全市实际，在5家驻嘉团以上部队建立了军人军属法律援助工作站，有效提升了法律援助拥军工作水平。通过法律援助联络员培训、“双百”法律援助专场报告会、知识讲座、出门宣讲等方式，广泛宣传了法律援助在保障民生方面的独特作用，大力提升了法律援助社会知晓率。建立完善了经济状况动态审查机制，通过降低援助门槛、畅通援助渠道、印发便民服务手册等方式方法，最大限度维护了群众权益。2015年，共办理法律援助案件177件，完成全年为民办实事项目案件120件的147.5%，接待来电来访法律咨询596人次，开展法律援助宣传、咨询活动8场次，举办法律援助培训班7期，参与矛盾纠纷调解13件，参与信访案件8批次。

【国家司法考试】针对2015年国家司法考试嘉峪关考区报考人员增加，考试环境复杂，“裸考”标准高，考务工作要求高、责任重、工作面宽的实际，及早检查验收了考场设施设备、考点监控设施，制定了严密细致、操作性强的考务工作实施细则，完善了防范作弊的各项措施和试卷保密保管规则，加强了考务人员和监考老师的上岗培训，量化工作标准，严格工作流程。考试期间组织严密、秩序井然、服务到位，确保了嘉峪关市、酒泉市、四〇四矿区等地法院、检察院、公安、司法行政、教育、军队等部门的公职人员以及其他社会人员721名考生安全顺利报名参加了国家司法考试。

【基层法律服务】通过定期督查、不定期抽查、案件跟踪评查和年检注册审核等方式，从立案、审理、结案、走访四个环节严把基层法律服务案件质量关，有力促进了基层法律服务规范执业。全市各基层法律服务所充分发挥“接地气”优势，积极为基层群众依法提供法制宣传、矛盾化解、法律援助、法律咨询等便捷法律服务，基层法律服务水平不断提高。2015年，全市基层法律服务所共办理法律服务案件596件，同比增长7.4%，开展“双联便民利民”法律服务1128件，办理法律援助案件28件，主持调解纠纷444件，法律咨询800人次，全年无投诉和行政处罚等不良情况。

【司法鉴定业务】加强司法鉴定机构内部管理，优化司法鉴定专业布局，建立鉴定质量检查常态制度，规范运行机制，全市司法鉴定技术能力、执业能力显著提升。针对专业鉴定人才不足的问题，层层选拔、审核，在全市范围内遴选了12名执业医师融入司法鉴定人才队伍，通过岗前培训、人体损伤鉴定技能培训和司法鉴定人违规执业警示教育等方式，提升了鉴定人素质培养教育，全市司法鉴定技术能力、执业能力显著提升。2015年，共办理司法鉴定案件436件，同比增长550.7%，鉴定意见采纳率达到100%，全年未发生投诉和违法违纪案件。

【人民监督员选任】联合市人民检察院，研究制定了《嘉峪关市深化人民监督员选任管理方式改革工作实施方案》，成立了全市深化人民监督员选人管理方式改革工作领导小组及办事机构，下发了《嘉峪关市司法局关于选任市级人民监督员的公告》，通过组织推荐、个人自荐、资格审查、组织考察的方式，公开选任了市人民检察院人民监督员15名，切实加强了对人民检察院侦查案件的监督，提高了司法透明度和司法公信力，促进了社会公平正义。

【"双联"法律服务直通车】制定下发了《关于深入推进"联村联户为民富民法律服务直通车"活动的实施方案》，构建了组、村、镇法律服务直通车活动三级网络，组织3个律师事务所、17名律师与全市17个行政村进行对接，每周一名律师驻镇一日提供定点定时服务，每村确定一名律师实行定点服务，通过法治讲座、法律咨询、法律援助、法律顾问、预约服务、定点服务等灵活多样的方式，确保了活动取得实效。针对全市三镇和外来务工人员较多的特点，制定下发了《关于开展双联法律服务直通车为进城务工人员提供法律服务专项活动的通知》，组织编印了10000册《双联法律服务直通车进城务工人员法律知识手册》，开展了进城务工人员法律服务直通车活动。结合活动实际，将直通车开进农家院落、送到田间地头，增强了基层干部群众法律意识。把法律援助、公证、律师等法律服务工作有效融入直通车帮扶领域，在双联村建立法律顾问、开设法治大讲堂等方式，积极开辟"绿色通道"，一站式开展服务，切实为群众提供了优质、高效、快捷、满意的法律服务。2015年，双联法律服务直通车共组织律师开展法制宣传33次，接受宣传人数3620余人次。开展现场法律咨询147次，接受咨询人数759人次。化解矛盾纠纷50次，提供法律援助35件，为镇(村)提供法律建议等专门的法律服务34件。

【干部队伍建设】坚持党建工作超前抓，研究制定了2015年党建工作要点，组织召开了全市司法行政系统党建工作会议，部署了任务，明确了责任。丰富党建工作内容，开展了"机关党建示范点""党员之家"和"共产党员示范岗"等创建活动，申请增设了雄关、镜铁、长城三个党支部，有力提升了党建工作科学化水平。通过先锋引领、主题党日、党员承诺践诺和在职党员社区服务等活动的开展，加强了全局党员思想、组织和作风建设，为充分发挥党员的先锋模范作用提供了保障。

坚持专题教育核心抓，研究制定了《关于在处级以上领导干部中开展"三严三实"专题教育的实施方案》、专项整治工作实施方案以及三个专题学习研讨方案。班子成员坚持示范带动抓学习、讲党课，学习了市委规定内容和局党组自选内容。在抓实学习的同时，坚持对照实际、对照自身、对照正反典型，开展集中研讨，查摆找准了自身存在的"不严不实"问题和症结，明确了整改目标、细化了整改措施，真正做到了有所悟、有所获。专题教育开展以来，领导班子共查摆不严不实问题5条，制定整改措施10条；班子成员查摆问题20条，制定整改措施25条，并全部做到了边查边改、即知即改，全系统切实营造了严实履责担当的浓厚氛围。

坚持廉政建设长效抓，制定下发了《2015年党风廉政建设和反腐败工作要点》，组织召开了全市司法行政系统党风廉政建设和反腐败工作会议，层层签订了《目标责任书》。研究制定了《关于落实党风廉政建设主体责任实施办法》《警示告诫制度》《廉政谈话制度》等制度规定，从五个不直接分管、经费管理、公车管理、借名收礼等方面，推进了各项纪律规定有效执行。突出主责主业，认真落实"两个责任"，严格履行"一岗双责"，定期组织干部开展廉政警示教育和廉政谈话，先后4次进行纪律作风跟踪督查，通过开展"两好两促"、效能风暴行动、廉政风险防控、勤廉度评价、个人事项报告和"三述"等工作，干部守纪律、促清廉的思想意识有了明显增强。

（于兴华）

体制机制改革

宏观调控体制改革

【金融体制改革】鼓励开展普惠金融。按照中央和省上关于发展普惠金融的工作思路，积极引导鼓励金融机构在全市构建普惠金融发展体系，扩大金融服务普及面,满足不同对象、不同层次的信贷需求。制定出台了《嘉峪关市人民政府关于加快发展现代保险服务业的实施意见》《嘉峪关市关于加快发展资本市场的意见》《嘉峪关市关于进一步加强农村金融服务的实施意见》《嘉峪关市关于着力缓解企业融资成本高问题的实施意见》《嘉峪关市普惠金融发展实施意见》等政策文件,努力建设金融政策支撑体系,切实从政策措施保障方面加大金融对全市经济社会发展的支持力度。鼓励支持农商银行开展普惠金融进社区试点,2015 年农商行选择了 6 个社区开展普惠金融进社区活动,为全市居民提供了更便捷的金融服务。

金融产品创新和服务。支持和鼓励金融机构布局农村、城市社区,开设分支机构和营业网点,不断延伸、扩展金融服务。工商银行成立了小微金融业务中心,为中小微企业提供优质服务。2015 年新增寿险机构 3 家、银行业金融机构网点 1 个、典当行 2 家。加大产品创新,引导鼓励金融机构根据企业实际,为其“量身定做”创新型金融产品,努力实现金融服务有效供给。推行了“税易贷”“税银通”“五贷一透” 等一批惠农支农支小金融产品政策,加大了对实体经济发展的支持力度。开展“文银通”业务,建立以政府为主导、金融机构共担的风险补偿机制,制定了《嘉峪关市中小微企业转贷基金管理暂行办法》,2015 年“文银通”产品已为 10 家文化企业发放贷款 2715 万元,有效缓解了中小微企业融资难、融资贵的问题。

农村金融服务。鼓励支持各银行业金融机构积极落实关于加强农村金融服务的政策措施,提升“三农”金融服务和保障水平。大力支持农行在三镇开展“四融”平台建设,在农村 17 个行政村设立了“四融”平台 18 处,实现了农村金融服务网点在行政村的全覆盖。大力支持“双业”贷款业务,2015 年全市共发放草食畜牧业和设施蔬菜产业贴息贷款 3503.5 万元,较好地解决了全市农业增效、农村建设、农民增收等方面的融资难题。全面推开政策性农业保险。2015 年办理农房保险 4000 户,办理日光温室保险 100 座。

资本市场融资。积极培育上市后备企业,支持企业通过上市公司再融资、债券等方式直接融资。截至 2015 年底,全市有 67 家企业在省股交中心挂牌并实现融资 3 亿元,有 6 户企业与券商接洽新三板事宜,有 2 户进入新三板前期辅导阶段。

【价格体制改革】按照省上部署逐步放开竞争性环节价格,放开了房地产经纪服务、非保障性住房物业服务、住宅小区停车场服务等 9 项商品和服务价格,取消了政府制定的药品价格,由企业自主定价。推进资源产品价格改革,全面推行了居民生活用水、用气阶梯价格制度。

【计划投资体制改革】修订出台了《嘉峪关市政府投资项目管理办法》《嘉峪关市政府核准投资项目管理办法》,规范政府投资行为和政府对企业投资项目的核准行为,实现便利、高效服务和有效管理。创新投融资方式,积极推广 PPP 模式,制定了《嘉峪关市关于贯彻<关于开展政府和社会资本合作的实施意见>的工作方案》,向社会公布了 44 个鼓励社会资本参与投资建设运营项目,鼓励社会资本进入市政设施、交通设施、公共服务、水利、资源环境和生态保护等领域。

城市经济体制改革

【国有企业体制改革】酒钢公司综合改革试点工作有序推进。酒钢公司被列为甘肃省国有企业改革试点单位之一。按照要求,酒钢对自身管理体系进行了改革,重点是权力下放。按照简政放权、权责对等和市场化的原则,重新界定集团总部与分子公司两级职能分工,相继出台了各种改革方案。集团总部按照资产资本型管理总部建设要求,聚焦战略规划、产权管理、资产管理、预算管理、重要人事任免和风险防控六大关键管理职能,其余均放权给分子公司,各分子公司真正成为了权责统一的经营主体,此举为实现大幅减亏起到了关键作用。

为贯彻落实省委、省政府有关国资国企改革的决策部署和要求,通过深化改革切实解决制约酒钢集团公司当前经营发展面临的管理体制机制瓶颈,推动公司经营走出困境,2015 年,酒钢公司出台了《集团公司经营管理体制改革试点方案》。《集团公司经营管理体制改革试点方案》的总体目标是通过管理体制机制的持续完善,实现酒钢集团公司经营管理水平明显提升,经营活力明显增强,经营效益显著改善,为转型发展和打造市场竞争新优势奠定坚实基础。

完成市医药公司改制，由国有企业改制为民营企业。

【鼓励支持、引导非公经济发展】出台新政策。制定出台了《嘉峪关市推进非公有制经济发展实施意见》，对全市涉及非公经济和中小微企业的各项奖励扶持政策进行了清理，建成了中小企业公共服务平台网络体系。按照转方式、调结构的要求，健全完善第三产业管理服务体制机制，建立了第三产业联席会议制度，制定出台了《关于加快服务业发展的实施意见》。推进规模以上服务业统计方法改革创新，建立规模以上服务业企业月度统计制度。深化流通领域改革，创造公平竞争的市场环境，出台了《嘉峪关市促进内贸流通健康发展的实施意见》。商事制度改革深入推进。严格落实“先照后证”，先后将31项、82项、21项共134项工商登记前置审批事项改为后置审批，并进一步明晰各部门市场监管职责，强化“宽进”之后加强“严管”，建立规范统一的市场规则和竞争有序的市场环境。2015年6月，“三证合一”登记制度正式推行，采取“一表申请、一窗受理、并联审批、核发一照”的模式，将组织机构代码证、税务登记证与工商营业执照合为一体，向市场主体颁发加载组织机构代码证、税务登记证号码的工商营业执照。9月底，市场监督管理局登记注册服务窗口向申请人颁发了首张加载统一社会信用代码的营业执照，标志着本市“三证合一、一照一码”登记制度改革工作正式启动。

【简化审批流程】实行网上办理、并联审批，降低了企业办事成本，提高了工作效率，有力地激发了民间资本投资热情和市场主体活力。截至2015年年末，全市非公经济增加值59.5亿元，同比增长19%，非公有制市场主体达到24391户，注册资本185.99亿元，从业人员达到48760人，同比分别增长19.32%、47.95%、22.04%。非公经济不论从发展数量上还是质量上，都在深化改革的大环境下实现了较快增长。

（陈申瑛）

农村经济体制改革

【农村经营体制改革】土地流转与规模经营。截至2015年年末，通过出租、转让、转包、互换等土地流转方式，组织1483户农户流转耕地总面积15084.56亩，占总耕地面积的24.89%。其中：转包1075.61亩，转让398亩，互换962亩，出租12648.95亩。在农户之间相互流转的6625.52亩，流转给合作社的5327.98亩，流转给企业的2470.02亩，流转给其他主体的661.04亩。签订规范流转合同的1022份、面积7946.75亩。从经营模式和规模上看，除上年2家规模经营合作社(横沟村嘉峪关市瑞森果蔬农民专业合作社”流转2392.54亩耕地转给制种企业、“嘉峪关富民种植专业合作社”流转623亩土地)和1家企业(嘉峪关兴盛啤酒花有限责任公司”流转文殊镇240户农民耕地827亩，同时租赁部分农户耕地1423亩)外，年内新增1家规模经营合作社，为野麻湾村“嘉峪关双丰果蔬种植农民专业合作社”，流转224户农民耕地2651.33亩，也不是合作社经营，是以合作社名义流转给制种企业。

农村土地承包经营权确权登记颁证。贯彻落实《嘉峪关市农村土地承包经营权登记颁证试点工作实施方案》(嘉政办发〔2014〕2号)，先后完成了宣传培训、调查摸底、面积勘测、地块指认、公示等环节的任务，推进了全市农村土地承包经营权确权登记颁证工作。

【农村服务体系和经济组织建设】农业社会化服务体系建设。近年来，在各项支农惠农强农政策的牵动下，我市积极实施农业社会化服务，已初步建成“五大服务体系”。

农业产业化经营体系。初步建立起以市场为导向、以龙头企业、合作组织、农产品基地“三位一体”相互关联配套的农业产业化经营体系。2015年底，全市规模以上龙头企业累计达到13家(其中国家级重点龙头企业1家，省级重点龙头企业6家，市级重点龙头企业3家)。

农业科技服务体系。全市农业科技服务体系比较健全，市镇二级共有推广机构12个(市级4个、乡镇级9个)，现有人员100人(市级19人，乡级81人)。各级农技推广机构以实施农业科技项目为重点，加快农作物主导品种、主推技术推广应用步伐，已逐步形成“技术人员直接到户、科技成果直接到田、技术要领直接到人”的农技推广新体制。同时，以实施“阳光工程”和“新型农民培训工程”为载体，积极开展农业科技和劳动力转移培训。2015年，全市重点引进推广新技术新品种20多个(项)，培训各类农民0.6万人次。

农产品质量安全及动物防疫体系。全市现有农产品质量安全检验监测机构4个(其中市级1个，乡级3个)，有工作人员21名(其中市级15名，乡级6名)，市级化验室建设已基本完成，乡镇已建立固定的监测化验场所。全市制定农牧业技术标准19项，建立无公害农产品和绿色食品标准化生产示范区(点)6个。全市通过实施兽医管理体制改革，围绕动物卫生执法、动物疫病防控等工作重点，已初步形成市乡两级动物防疫体系，市级2个机构13人，乡镇兽医站3个12人，村级防疫员17人。

农业信息服务体系。市上成立农业信息中心，有30个村级信息服务点，有兼职人员30名。科技信息服务主要靠农技推广和农民培训机构承担。

农业执法保障体系。全市农牧部门现有综合执法机构1个，执法人员4人，持证人员4人。农业行政执法工作在加强农资市场监管、落实支农惠农政策，维护农民合法权益，促进农民增收减负方面发挥着重要作用。

农民专业合作经济组织建设。2014年5月，市农林局等部门出台《嘉峪关市农民专业合作社示范社评定及监测暂行办法》，为扶持、规范我市合作社起到了积极推动作用。2015年新注册农民专业合作社30个，累计230个，工商部门登记率达100%。积极开展国家、省、市级示范社申报工作，累计命名国家级合作社5个，省级示范社8家，市级示范社19家。

(王建才 肖进录 温礼号 刘旸 高颜 何淑琴)

招商引资

【机构设置与人员编制】嘉峪关市招商局与嘉峪关市招商引资客户服务中心合署办公，为全额拨款的县级事业单位，归口市发展和改革委员会管理。内设4个科室：招商科、经协科、咨询服务科、协调督察科。2015年参公事业编制8名，其中正处级干部2名，副处级干部1名，科级干部职数4名。

【招商形式】坚持“走出去、请进来”，利用会展平台，大力招商引资。组织“浙商陇上行”“民企陇上行”系列主题活动，邀请接待江西海联实业公司、大润发投资考察团共8批次，80人次，其他投资考察活动6批次，120余人次，在旅游文化、酒店投资、光伏发电等项目上达成投资意向。加强对外的合作交流，促进招商引资工作。参加了省经合局组织的广州博览会、中国—东北亚博览会等贸易投资洽谈会，期间与20多名企业家进行了项目洽谈，发放招商引资推介宣传材料2000余册。为更好地鼓励和引导社会投资参与项目建设，推进PPP项目的招商工作，推出《嘉峪关市第一批鼓励社会资本参与投资建设运营项目》。

【招商服务】树立“服务就是项目、服务就是落实”的理念，既重招商、更重暖商，严格要求招商局全体工作人员，在重大招商项目实施过程中，全力做好项目跟踪服务落实工作，对项目进展过程中遇到的问题和困难及时主动协调处理。与客商交往过程中，十分注重听取客商的意见和建议，突出搞好服务工作，切实为客商办实事、办好事。

【招商管理】落实项目责任制。落实市委、市政府对招商引资工作的指示和要求，对全市招商引资项目明确责任单位，由责任单位对项目进行跟踪落实，做到了有项目，有责任单位，有跟踪落实，增强了招商引资项目的落实力度。

【招商成果】2015年，全市建成、在建招商引资项目71项，累计到位资金164.05亿元，同比增长20.8%，高于目标任务0.6个百分点。2015年7月6日在兰州召开第二十一届兰州投资贸易洽谈会，嘉峪关市签约项目9项，签约总金额76.88亿元。

(薛 明)

经济开发区

【机构设置与人员编制】甘肃嘉峪关工业园区管委会原名为“甘肃省嘉峪关工业园区建设管理委员会办公室”，2002年经嘉峪关市人民政府批准成立(嘉政办[2002]54号)，2012年更名为“甘肃嘉峪关工业园区管理委员会”(嘉机编发[2012]20号)，同年成立“甘肃嘉峪关经济技术开发区管理委员会”(嘉机编发[2012]21 号),两块牌子,一套人马,是参照公务员管理的正县级事业单位。管委会主要职责是落实国家、省、市有关方针政策和法律、法规;负责工业园区规划、建设、发展运行等管理工作;负责工业园区经济发展招商引资、对外经济技术合作和协调服务等,以及文件规定的其他各项工作。管委会现有核定编制 15 名,在编人员 17 名,核定处级干部职数 3 名,科级干部职数 7 名,内设 7 个部室,分别为党政事务部、经济发展部、建设管理部、规划项目部、公用事业管理服务部、投融资促进部和招商部。

【甘肃嘉峪关工业园区】甘肃嘉峪关工业园区是 2002 年批准设立的省级工业园区,是嘉峪关市招商引资和工业聚集发展重要平台,呈“一区四园”产业分布格局,近期规划面积 65.07 平方千米,远期规划面积 268 平方千米。其中:嘉东工业园规划面积 31.09 平方千米,定位为装备制造及高新技术产业园;嘉北工业园规划面积 45.63 平方千米,定位为黑色冶炼及循环经济产业园;嘉北酒钢新区铝产业园规划面积 24.52 平方千米,定位为有色冶金及深加工产业园;嘉西工业园规划面积 140 平方千米,定位为光伏发电产业园。2010 年嘉峪关工业园区被国家工信部批准为“国家新型工业化产业示范基地”;2011 年被省工信委批准为“省级循环经济示范园区”;2014 年 8 月跻身首批国家低碳工业园区,成为全国首批 55 个国家低碳工业园区之一。2015 年 6 月成为国家级循环化改造示范试点园区。2012—2014 年在全省 35 个国家级及省级开发区工作考核中,连续 3 年被评为“全省先进开发区”第一名。

按照“一次规划、分步实施,多元投资,共建共享,园林式园区,花园式工厂”的要求,园区累计完成基础设施投资 11.4 亿元,其中财政投资近 3.2 亿元,带动交通、电力、通讯、企业共建基础设施投资近 8.2 亿元。累计配套道路网 78.9 千米,供水管网 75.8 千米,道路及景观绿化面积 65.6 万平方米,60 平方千米达到了“七通一平一绿化”。围绕打造“黑色冶金—装备制造”和“光伏发电—有色冶金”两条千亿元级产业链,全面建设嘉东装备制造、嘉北循环经济、嘉西光伏产业、酒钢新区铝产业 4 个百亿元园区,大力实施优势主导产业延伸、战略新兴产业增量,促进了工业经济的转型跨越发展。

截至 2015 年年末,工业园区“一区四园”区域内企业 257 家(建成 167 家,续建 80 家,新建 10 家),累计完成投资 465.4 亿元,其中固定资产 308.9 亿元。1-12 月份,园区新增固定资产投资 70.3 亿元,同比增长 26.93%;实现工业总产值 285.2 亿元,同比增长 1.7%,完成全年目标的 95%;工业增加值 85.5 亿元,同比增长 1.73%,完成全年目标的 95%;销售收入 284 亿元,同比增长 1.76%;产销率 99.5%,与上年同期持平;税金 6.24 亿元,同比增长 22.02%,完成全年目标的 113%;就业岗位 19600 个,同比增长 19.2%。科学构建和培育了 5 条产业链,即光电、煤电——电解铝——碳素——铝制品精加工有色冶金产业链,兰炭——冶金新材料——精品钢材冶炼——精品钢材深加工——炭黑——装备制造黑色冶金产业链,有机葡萄种植——酿造——酒瓶——彩印包装朝阳产业链,经济动物养殖和绿色无公害经济植物种植——深加工——有机肥——饲料——包装都市型农业产业链,冶金矿渣、粉煤灰——空心砖、加气切块环保建材产业链,循环经济产业链初步形成,连续两年跨入百亿园区,成为省上培育的百亿元园区之一。

经过十余年发展,甘肃嘉峪关工业园区综合经济实力已达到西部地区国家级经济技术开发区中上水平,成为嘉峪关市发展循环经济、加快产业结构调整、培育特色产业的重要平台,河西地区区域经济发展的重要增长极,甘肃省工业强省的重要支撑极之一。

【重大基础设施建设】2015 年开发区基础设施完成投资 26208.3 万元,同比增长 12.9%,其中开发区管委会投入资金 10363.6 万元,其中投资 9183.3 万元完成 12 项基础设施,建成 21 千米道路,铺油罩面 30 万平方米,简易道路 3.5 千米,安装 21.4 千米道路路灯 641 盏,架设供电线路 4 千米,铺设供水管线 3.1 千米,天然气管网 13 千米,设置标示牌和路牌 64 块;投资 388.5 万元完成了 7 项专项规划(2 个《控规》、3 个《规划环评》、1 项《循环化改造方案》、1 项《土地集约评价》);设施管护服务外包完成支出 430 万元;投资 361.8 万元购置 4 台洒水车、2 台高压清扫车、1 台垃圾清运车。部门与企业共建园区基础设施 4 项，完成投资 15845 万元，建成 3 座 110 千伏汇集站、1 座 330 千伏变电站和 11 千米同塔六回供电线路，安装道路信号灯 3 处、6 千米道路路灯 297 盏，2.6 万平方米绿化工程等。这是开发区成立以来，投资最多和建成设施最多的一年。

通过多年努力和多渠道筹措资金，开发区核心区 80 平方千米区域建成道路网 85 千米，供水管网 76 千米，供电线路 117 千米，110-330 千伏变电站 7 座，天然气及工业煤气管网 25 千米，加油加气站 5 座，40 千米道路亮化，道路及景观绿化面积 66 万平方米，通讯实现无缝隙覆盖，公交和道路信号灯实现全覆盖，达到了“四通一平一绿化”，其中 60 平方千米达到“七通一平一绿化一亮化”（供水、供电、道路、通讯、工业煤气、天然气、公交车、场地平整、景观绿化、道路亮化）及配套道路信号灯及道路标示牌，营造了良好投资发展环境，产业承载功能进一步得到改善。 （常新增）

机构设置与负责人

市委工作机构设置表

市委工作机构

- 市纪律检查委员会
- 市委办公室
- 市委组织部
  - 市委老干部工作局
- 市委宣传部
  - 市精神文明建设委员会办公室
- 市委统战部
- 市委政法委员会
- 市委政策研究室（市委全面深化改革领导小组办公室）
- 市机构编制委员会办公室
- 市直机关工作委员会

说明：市委工作机构 9 个，其中：市委老干部工作局、市精神文明建设委员会办公室为部门管理机构，不计入机构个数；市委政法委员会与市综治办合署办公、市社会管理局合署办公。

市委直属事业机构设置表

市委直属事业机构

- 市委党校
- 市委讲师团
- 市档案局
- 嘉峪关日报社

说明：市委直属事业机构 4 个，均为县级事业机构，其中市委党校挂“市行政学院、市社会主义学院”牌子。

市人民政府机构设置表

市政府工作部门

- 办公室
- 发展和改革委员会
- 教育局
- 科学技术局
- 工业和信息化委员会
- 公安局
- 监察局
- 民政局
- 司法局
- 财政局
- 人力资源和社会保障局
- 国土资源局
- 环境保护局
- 建设局
- 规划局
- 交通运输局
- 水务局
- 农林局
- 商务局
- 文化广播影视新闻出版局
- 卫生和计划生育委员会
- 审计局
- 文物局
- 体育局
- 安全生产监督管理局
- 市场监督管理局
- 统计局
- 旅游局
- 粮食局
- 法制办公室
- 信访局
- 综合执法局
- 社会治理局

说明：

1.嘉峪关市人民政府设置工作部门32个(监察局与市纪律检查委员会机关合署办公，列入市政府工作部门序列，不计入市政府机构个数；民族宗教事务委员会与市委统战部合署办公，一个机构，两块牌子)。

2.根据《中共甘肃省委办公厅甘肃省人民政府办公厅关于印发〈嘉峪关市人民政府职能转变和机构改革方案〉的通知》(甘办字〔2014〕40号)和《中共嘉峪关市委嘉峪关市人民政府关于印发〈嘉峪关市人民政府职能转变和机构改革实施意见〉的通知》(嘉发〔2014〕79号)精神，在2014年嘉峪关市政府职能转变和机构改革中，将原市工商行政管理局、市质量技术监督局、市食品药品监督管理局等机构和职责整合，新组建市市场监督管理局；将全市城市市容、市政管理、环境保护、环境卫生等执法机构和职责整合，新组建市综合执法局；将原市卫生局、市人口和计划生育委员会的机构和职责整合，新组建市卫生和计划生育委员会；将原与市社会治安综合治理委员会办公室合署的市社会管理局单设，更名为市社会治理局，列入政府工作部门。

3.政府办公室挂外事侨务办公室、政府督查室、政府研究室、政府金融工作办公室牌子；发展和改革委员会挂物价局牌子；科学技术局挂知识产权局牌子；工业和信息化委员会挂中小企业局牌子；民政局挂双拥工作办公室、民间组织管理局、老龄工作委员会办公室、社会组织党工委牌子；财政局挂政府国有资产监督管理委员会、会计管理局牌子；人力资源和社会保障局挂外国专家局牌子；建设局挂人民防空办公室牌子；交通运输局挂交通战备办公室牌子；水务局挂抗旱防汛指挥部办公室牌子；农林局挂农业机械管理局牌子；安全生产监督管理局挂安全生产委员会办公室牌子；市场监督管理局挂食品安全委员会办公室、市委非公有制企业工作委员会牌子。

市委、市政府派出机构设置表

市委、市政府派出机构

- 中共嘉峪关市雄关区委员会（嘉峪关市雄关区）
- 中共嘉峪关市长城区委员会（嘉峪关市长城区）
- 中共嘉峪关市镜铁区委员会（嘉峪关市镜铁区）

说明：三区区委、区行政为市委、市政府的派出机构，为县级建制。

市政府直属事业机构设置表

市政府直属事业机构

- 市房地产管理局
- 市园林绿化管理局
- 市地震局
- 市住房公积金管理中心
- 市供销合作社
- 甘肃省嘉峪关工业园区管理委员会
- 市环境卫生管理局
- 市公共资源交易中心

说明：市政府直属事业机构8个，均为县级事业机构。

中共嘉峪关市委及其工作部门

中共嘉峪关市委

十届市委

书　　记　郑亚军

副 书 记　柳　鹏　王　锋　魏后凯(9月止，挂职)　杜志雄(12月任，挂职)

常　　委　郑亚军　柳　鹏　王　锋　魏后凯(9月止)　杜志雄(12月任)　杨　伟　梁洪涛(女)　边玉广　张静昌　王　毅　燕胜三　何良平

秘 书 长　王　毅

副秘书长　侯金森(1月止)　汪　军　张孝祖　刘晓斌　杨　军

委　　员　(共49人，按姓氏笔画为序)

丁霞敏(女)　马国昌　王　钧　王　锋　王　毅　王万平　王进平　王克勤　王丽艳(女)　王荣山(12月任)　王真智　王增龙　王永明(12月任)　石晓辉　冯　杰(10月止)　边玉广　朱兴有　刘　鹏　祁永安　许万勤　杜志雄(12月任)　李亦军　杨　伟　杨录祥　吴国贤　何正义　何良平　张静昌　郑亚军　孟雅奇　赵大鹏　赵宝毅　茹作勋　柳　鹏　保元庆　侯　强　侯金森　贾兴智　郭久如　常守远　常军发　梁洪涛(女)　韩思理(10月止)　韩峻峰　焦玉兰(女)　曾俊礼　燕胜三　魏志斌　魏后凯(9月止)

候补委员　(共8人，按得票多少为序)

王　平　闫桂珍(女)　李　忠　李建萍(女)　张　渤　周福智　殷建明　吴吉荣

纪检监察机构

市纪委

书　　记　边玉广

常务副书记　常军发(1月任)

副 书 记　常军发(1月止)　常成武　邓拜仓(6月任)

常　　委　边玉广　常军发　常成武　任建民　王忠文　赵振林　邓拜仓(6月任)

委　　员　(共24人，按姓氏笔画为序)

马宝玲(女)　王寿华(女)　王忠文　王建新　冯彦忠　邓拜仓　边玉广　朱　明　任建民　刘均礼　刘逸冰　孙寿军　宋长远　张世虎　张建华　赵汉云　赵振林　赵德金　唐晓东　常军发　常成武　崔志军　彭益蓉(女)　程　仁

市监察局

局　　长　常军发(11月止)　常成武(11月任)

市预防腐败局

局　　长　常成武(1月止)

市纪委工作部门

办公室(宣传部)主任　赵振林(2月任,12月止)
组织部部长　赵陆峰(12月任)
党风政风监督室(市政府纠正行业不正之风办公室)主任　马宝玲(女,2月任,12月止)
信访室主任　张艳勤(女,2月任)
案件审理室主任　祁　斌(2月任)
案件监督管理室主任　李　忠(2月任,12月止)
第一纪检监察室主任　伊万春(2月任)
第二纪检监察室主任　武文昌(2月任,12月止)
第三纪检监察室主任　张安霖(2月任)
第四纪检监察室主任　董春燕(女,2月任)
正县级纪检监察员　张安霖
赵振林(12月任)
李　忠(12月任)
马宝玲(女,12月任)
副县级纪检监察员　潘才胜(12月任)

市委工作机构

市委办公室

主　　任　侯金森(1月止)
汪　军(1月任)
副 主 任　杨平刚
调 研 员　肖　葆(女,8月任)
副调研员　张晓勇(1月任,10月止)

组织部

部　　长　燕胜三
常务副部长　唐晓东
副 部 长　安维国　韩思理(兼,10月止)
韩峻峰(10月任)
部务委员、市委组织员办公室主任
邓拜仓(6月止)
市委组织员办公室副主任　张学锋
市委组织部副县级组织员
许广和　周海强
张　桐(1月止)
市委人才工作领导小组办公室主任　高发江

宣传部(含讲师团)

部　　长　梁洪涛(女)
常务副部长　朱建军(3月止)
副 部 长　朱　明(1月任,12月止)
胡丽芳(女)
陈新长
国防教育办公室主任　陈新长
讲师团团长　宋晓善
副团长　赵朝晖
社会科学联合会主席　殷吉瑞
外宣办主任　吕文娟(女,12月任)

统战部(与民族宗教事务委员会合署办公)

部　　长　曾俊礼
副 部 长　郑建国　丁　斌
台湾工作办公室主任　龚玉德
归国华侨侨眷联合会　刘　暄(女)

民族宗教事务委员会

主　　任　刘拉琴
副 主 任　马小俊(女,1月止,退休)
殷　锋(12月任)
副调研员　袁文库

政法委员会(与综合治理委员会办公室合署办公)

书　　记　张静昌
副 书 记　焦多宏(12月止)　刘兆坤
副调研员　徐康宁(10月止,退休)

综治委办公室

主　　任　焦多宏(12月止)

政策研究室

主　　任　汪　军(1月止)
副 主 任　胡亚良
改革办专职副主任　王　玮(12月任)

机构编制委员会办公室

主　　任　唐晓东

副主任 郭新华 邓红玲(女)

机关工委

书记 王毅
副书记 唐满良
纪工委书记 许英(女)
副调研员 张学广

保密委办公室、国家保密局

主任、局长 刘晓斌

机要局、国家密码管理局

局长 杨军
专职密码督察员 徐德炎
副调研员 张晓勇(10月任)

党史研究室

主任 肖葆(女,8月止)

老干部局(挂“关心下一代工作委员会”牌子)

局长 安维国
副局长、调研员 叶冰心(女)
关心下一代工作委员会办公室副主任 王志强
副调研员 王泽兵(1月任)

精神文明建设委员会办公室

主任 刘燕玲(女)
副主任 邹威

市委派出机构

雄关区区委

书记 薛亮
副书记 刘卫 白勇
纪委书记 赵汉云(12月止)
马生云(12月任)
武装部长 张建新
委员 王志坚 冯彦斌 崔志忠(10月止)
调研员 雷博 赵汉云(12月任)
副调研员 陈伟

长城区区委

书记 孙俨玲(女)
副书记 宋星雨(12月止)
纪委书记 赵建毅
武装部长 程登泰
委员 张建林 郭健(12月任)
调研员 宋星雨(12月任)
李耀山(1月止)
副调研员 姜百龙 张智荣(8月止)

镜铁区区委

书记 韩峻峰(10月止)
焦多宏(12月任)
副书记 徐剑锋(12月止) 魏致勤
纪委书记 张秋霞(女)
武装部长 钟振新
委员 李锦龙 张兰芝(女,12月任)
调研员 赵昌元
副调研员 李建萍(女)

市委直属事业单位

市委党校(行政学院、社会主义学院)

校长 王锋
常务副校长 王钧
副校长 吴寿先
校务委员 何满良 胡治

嘉峪关日报社

社长 郭久如
副社长、总编辑 刘恩友
副总编辑 魏建春 张文生
党支部书记 崔滋兴

市档案局(馆)

局(馆)长 高月莲(女)
副局(馆)长 邢晓燕(女)
副调研员 薛宏英(女)

嘉峪关市人大常委会及其工作部门

主任 祁永安
副主任 冯彪 张英(女)
李勇 王克勤

秘 书 长　刘德胜

委　员（按姓氏笔画排序）

于建新　王　林（女）　王建钧

王朝晖　左青云　冯海荣（女）

孙俨玲（女）李　阳（1月任，12月止）

张昌红（女）张拴保　郑　超

赵　树　唐晓东　曹天德

谢希政　蒋志翔　蒲晓斌

裴　金

办公室、各工作委员会

主任、副秘书长　曹天德

副秘书长　徐万军

副 主 任　余卫宏

代表人事工作委员会副主任　李建基

法制工作委员会主任　吴政华（11月止，退休）

张拴保（11月任）

财政经济工作委员会主任　左青云

教科文卫工作委员会主任　谢希政

农业城建环保工作委员会副主任　张靖毅

副调研员　巴升嵘　徐晓颖　张进元（1月任）

唐桂清（女，12月任）

嘉峪关市人民政府及其工作部门

市人民政府

市　长　柳　鹏

副 市 长　杨　伟　王进平　常守远

葛建团　王万平　陶东平（挂职）

欧余军（挂职，1月任，12月止）

专职副组长　赵宝毅　王真智　孟雅奇

秘 书 长　李亦军

副秘书长　王永明　王　尊　龚学爱

彭益蓉　张世虎（1月止）

李向东　王玉忠　丁南江（1月止）

市政府工作机构

市政府办公室

主　任　王永明

纪检组长　刘光胜

副 主 任　赵光辉

副主任兼督查室主任　许　勃

调 研 员　杨生宝

李少华（12月任，12月止）

副调研员　侯　雁（1月任）

发展和改革委员会（与招商局合署办公，挂“物价局”牌子）

主　任　何正义

党组书记　徐红岩

副 主 任　赵金山　王炎宏　李建华（女）

林亦府（12月任，挂职）

招商局局长　陈学军（1月止）

余占军（1月任）

副 局 长　韩志远（12月止）

物价检查所所长　杨薛平

国民经济动员办公室主任　赵管社

副调研员　郑兰宾　张国耿（8月任）

招商引资客户服务中心主任　罗卫荣

招商局调研员　韩志远（12月任）

教育局

局　长　杨录祥

党委书记　王丽艳（女）

纪委书记　王光耀

副 局 长　王　琮　王　林（女，12月任）

孙维平（12月止）

范　玲（女）

教育督导室主任　王金德

调 研 员　孙国顺（12月任）

张　勇（12月任）

副调研员　李景宏（女）　华来迎

茹崇文（10月任）

魏志彤（12月任）

科学技术局（挂“知识产权局”牌子）

党组书记、局长　崔志军

纪检组长　董凤琴（女）

副 局 长　张　翠（女）　王耀山

副调研员　姚金兰（女）

工业和信息化委员会(挂“中小企业局”牌子)

主　任　侯　强
党委书记　王　平
纪委书记　薛冬花(女)
副主任　王　平　张曙东　郭永生
陈建民　刘宏明(8月止)

公安局(挂“禁毒办”牌子)

党委书记、局长　常守远(兼,10月止)
李生武(10月任)
常务副局长　朱纯阳(10月任)
副书记、副局长　张拴保(10月止)
副书记、纪委书记　杨茂海
副局长　张先锋　张国华
党委委员　高　宏(12月任)
政治部主任　张建华(女)
办公室主任　何明玉(8月任,12月止)
赵海军(8月止,兼)
刑警支队支队长　张永利
政　委　李富强
副支队长　张　瑜(8月止)
张锋军(8月止)
黄耀峰(12月任)
交警支队支队长　高　宏(12月止)
李东杰(12月任)
政　委　李东杰(12月止)
副支队长　尤　军
指挥中心主任　袁核成(8月止)
何有山(8月任)
警卫处副处长　陈复康　王丽华(女)
技术侦察支队支队长　毕庶锋
市禁毒办公室主任　何明玉(8月止)
张　瑜(8月任)
看守所所长　何有山(8月止)
陈锡泉(8月任)
治安警察支队支队长　姚　智
经济犯罪侦查支队支队长　张锋军(8月任)
政　委　关茂库(11月止,退休)
巡逻支队支队长　张阜生
政　委　任良玉
国保支队支队长　曹华林
特警支队支队长　李　林
政　委　陈锡泉(8月止)
张学银(8月任)
网络安全保卫支队支队长　魏　政(8月止)
警务督察支队支队长　谢明善(8月止)
周永龙(8月任)
雄关分局局长　甘世俊(8月止,8月任,兼)
政　委　张学银(8月止)
袁核成(8月任,兼)
长城分局局长　周　哲(9月止)
政　委　赵海军(8月任)
副局长　贾永军(1月止)
陈滨山(1月止)
镜铁分局局长　梁国民(8月止,8月任,兼)
政　委　周永龙(8月止)
魏　政(8月任,兼)
调研员　关　厅　毕庶峰
何明玉(8月任)
副调研员　王玉利(2月止,退休)
谭和文　韩佳奇　周玉书
杨树武　曹庆文(7月止,退休)
李远畅　赵家生　陈海兵
张远纯　王天庆　郭同刚
仲吉明　谢明善(8月任)
魏　政(8月任)
梁国民(8月任)
赵海军(8月任)
袁核成(8月任)
甘世俊(8月任)
正县级干部　周　哲(9月任)

民政局(挂“双拥办”“民间组织管理局”“老龄委”“社会组织党工委”牌子)

党组副书记、局长　史有峰
党组书记、副局长　王　铁(10月止)
副局长、双拥办主任　谭春燕(女)
纪检组长　郝孟秉
副局长　郭军旗　滕泽平
市老龄办副主任　龚占英
居家养老服务中心主任　张智荣(8月任)
慈善协会专职副会长　宋海霞(女)

司法局

党组书记、局长 王荣山
纪检组长 王秉宇
副局长 郭 晓(1月止)
边海鹏 董国华
依法治市办公室副主任 李 虹(女,12月任)
调研员 郭 晓
副调研员 楚西林(12月止,退休)

财政局(挂"会计管理局""政府采购办""国有资产监管会"牌子)

局长 赵大鹏(1月任)
纪检组长 柳军仓(10月止)
武文昌(10月任)
副局长 宋长远(8月止)
柳军仓(10月任)
郭 强(12月任)
非税收入征收管理局局长 田海斌
农业综合开发办公室主任 郭 强(12月止)
市会计管理局局长 徐惠云
市政府采购管理办公室主任 崔立忠(10月任)

人力资源和社会保障局(挂"外国专家局"牌子)

局长 韩思理(11月止)
韩峻峰(11月任)
党组书记 杨世文
纪检组长 田 瑞(12月止)
王理德(12月任)
副局长 张晓伟(8月止)
就业中心主任 陈万军
医疗保险中心主任 吕文吉
人才中心主任 王华章
调研员 张晓伟(8月任)
田 瑞(12月任)
副调研员 白 祥

国土资源局

党组副书记、局长 马先锋
党组书记、副局长 程 仁
党组副书记、副局长 赵建军
纪检组长 如春芳(女)
副局长 徐建刚
执法监察支队队长 安正明
调研员 马 旻

环境保护局

党组书记 张 渤
党组副书记、局长 刘 鹏
副局长、调研员 鱼新科(1月止)
纪检组长 宋相周(8月止)
魏朝阳(8月任)
副局长 刘小丽(女,9月止,挂职)
王晓英(女,8月任)
调研员 宋相周(8月任)
副调研员 张文辉

建设局(挂"人防办公室"牌子)

局长 赵宝毅(1月止)
侯金森(1月任)
党委书记 王建新
党委副书记、纪委书记 王 晶
副局长 王宏林(1月止)
郑玉春 崔国英 齐新明
总工程师 宋文君(女)
调研员 张韶武
副调研员 谷荣照
贾启明(4月止,退休) 沈华明
人民防空办公室主任 赵录德
城建管理监察支队支队长 胡 晶(1月止)
市城市基础设施投资开发公司董事长
宋长远(8月任)
刘 海(2月任,8月止)
市城市基础设施投资开发公司总经理
刘 海(1月止)

规划局

党组书记、局长 保元庆
党组副书记 鱼新科(1月任,12月止)
纪检组长 刘英德
副局长 李晓峰 李军林
调研员 鱼新科(1月任)

交通运输局(运管局、挂"交通战备办公室"牌子)

局长 袁保安

党委书记 梁建勋
纪委书记 胡智和(8月止)
陈天博(12月任)
副局长 李先学 袁立新(兼)
调研员 张固生 胡智和(8月任)
副调研员 宋克俊
交通战备办公室主任 谷安利(1月任)
运管局局长 冯彦忠
运管局副局长 魏忠阳

水务局(与抗旱防汛指挥部办公室、节约用水办公室合署办公)

局长 赵永芳
党组书记 汪玉泰
纪检组长 宝卫华
副局长 李杰 赵幸福(8月任)
防汛抗旱指挥部办公室主任 赵幸福
副调研员 李建忠(8月止)

农林局(挂"农机局"牌子)

党组副书记、局长 贾兴智
党组书记、副局长 李永怀
纪检组长 赵建荣
副局长 李军 郑义
畜牧兽医管理局副局长 吴景强
副调研员 窦成禄 蒋汉礼

商务局(挂"酒类商品管理局""贸促会""国际商会"牌子)

局长 周福智
党委书记 姜百文(12月止)
纪委书记 彭益军
副局长 杨建明 于兴斋(12月任)
贸促会专职副会长 李鹏
酒类商品管理局局长 于兴斋(12月任)
副调研员 于兴斋(12月止)
冯万斌

文广新局(挂"新闻出版局"牌子)

党委副书记、局长 贯光军
党委书记 宋政平(1月止)
魏永军(12月任)
副局长 谢斌 程茂林
副调研员 杨龙 窦雁红 裴卫平
电视台台长 武威(1月止)
刘嘉毅(1月任)
广播电视台党总支书记 王贵春(3月止,退休)

市卫生和计划生育委员会(挂"爱卫会办公室"牌子)

党委书记 王汉庆(1月任)
主任 张延奎(1月任)
纪委书记 马保平(12月任)
副主任 杨贵林(1月任)
牟辉(12月任)
于建新(12月止)
调研员 于建新(12月任)
时光(女,1月任)
邱金玉(10月任)
计生协副会长 闫玉林(1月任)
保健局局长 刘家声(12月任)

审计局

党组书记、局长 赵大鹏(1月止)
石晓辉(1月任)
纪检组长 鱼辉
副局长 芦勇(12月止) 王继红
调研员 芦勇(12月任)
总审计师 赵明
基建投资审核专员 相炎军
副调研员 茹作臻
高廷秀(女,8月任)

文物局

党组副书记、局长 武军斌(8月止)
党组书记、局长 曹健(10月任)
纪检组长 马甫忠(10月任)
副局长 李兆华 王团 李进贤
文物景区管委会主任 俞振华
党支部书记 邓勇兴
世界文化遗产监测中心副主任 李兆华 马庆珍
刘长发(1月止)
正县级干部 武军斌(8月任)

体育局

党组书记、局长　李　忠(1月止)
　宋政平(1月任)
纪检组长　钱寄英(女)
副 局 长　张志刚(1月止)
调 研 员　谷安利(1月止)
　张志刚(1月任)
副调研员　王霞己　郭　强(12月任)
体育运动学校校长　米国军
体育运动学校党支部书记　郭　强(12月止)

安全生产监督管理局(挂"安全生产委员会办公室"牌子)

局　长　侯银泉
党组书记　洪恩荣
纪检组长　王　磊
副 局 长　黄继昌
执法监察支队支队长　李建新

市场监督管理局(挂"食品安全委员会办公室""市委非公有制企业工作委员会"牌子)

党委书记、局长　许万勤(1月任)
纪委书记　刘卫东(8月任)
副 局 长　马　武(1月任)
　唐　建(1月任)
　李长忠(1月任)
　张晓燕(女,1月任)
调 研 员　段应宏(1月任)
市委非公有制企业工委书记　申才会(1月任)
市委非公有制企业工委副书记　巨　峰(1月任)
食品药品和医疗器械检验检测中心主任
　郑旭东(8月任)
产品质量计量和特种设备检验检测中心主任
　张耀泉(8月任)
副调研员　赵昌殿(1月任)
　何　勇(10月任)
　李　伟(1月任,12月止,退休)
雄关分局局长　晏咏风(8月任)
　政委　贾　勇(8月任)
镜铁分局局长　王海军
　政委　李　晨

市场开发建设服务中心主任　姜　华
党委书记　彭洋明
纪委书记　陈天博(8月任,12月止)
副 主 任　何　勇(10月止)
　窦　泉

统计局

党组书记、局长　于永梅(女)
纪检组长　夏建忠
副 局 长　杨红玲(女)
副调研员　袁　宁(12月任)

旅游局

党委副书记、局长　朱　明(1月止)
党委书记、局长　陈学军(1月任)
纪委书记　吴　娟(女)
副 局 长　张东生
调 研 员　修国珍(女)
副调研员　张　勋

粮食局

党委副书记、局长　高　静(1月止)
局　长　张建华(1月任)
党委书记、副局长　赵世健
副 局 长　吴吉荣(1月任)
　李海滨(1月止)
调 研 员　李海滨

法制办公室

主　任　王寿华(女)
副 主 任　崔忠祖

信访局

局　长　龚学爱
副 局 长　侯金芳(女)　马　原

综合执法局

党组书记、局长　张世虎(1月任)
副 局 长　胡　晶(1月任)
　李建忠(8月任)
　胡思余(8月任)
纪检组长　李建新(12月任)

雄关综合执法支队支队长 梅 岩(8月任)
长城综合执法支队支队长 王连喜(8月任)
镜铁综合执法支队支队长 张 成(8月任)

社会治理局

党组书记、局长 雷 丽(女,1月任)
纪检组长 吴晓棠(12月任)
副局长 张雄尧(1月任)
张志伟(1月任)
社会治理服务中心主任 刘永军
副主任 于超英 朱明友 朱自虎
城乡一体化服务中心副主任 李淑红(女)
卢红梅(女)
社会矛盾大调解中心副主任 曹鹏鹏
张立鹏

市政府派出机构

雄关区

区长 刘 卫
副区长 王志坚 马生云(12月止)
崔立忠(10月止)
冯彦斌 赵 历(女)
副调研员 严秀英(女)

长城区

区长 景光耀
副区长 潘发军(9月止) 张建林
刘应兰(女)

镜铁区

区长 徐剑锋(12月止)
副区长 荔 瑾(女,8月止) 李锦龙
张雪斌
调研员 荔 瑾(女,8月任)
副调研员 李亚民 张敏捷

市政府直属事业单位

甘肃嘉峪关工业园区管理委员会（挂甘肃嘉峪关经济技术开发区管委会）

主任 王进平
党组书记、常务副主任 何正义(1月止)
丁南江(1月任)
副主任 代光明 王国华
副调研员 殷 锋(12月止)

地震局

党组书记、局长 董松青
副局长 刘鸿博
调研员 张旭光
副调研员 汪天禄

房地产管理局

党组副书记、局长 刘 刚(1月止)
党组书记、副局长 邹发英
纪检组长 李万录
党组书记 徐剑锋(12月任)
副局长 李春梅(女)
刘勇岩(12月止)
调研员 赵书文(12月止,退休)

住房公积金管理中心

主任 陈宗录
支部书记 侯怀玉
总稽核师 李 江

园林绿化管理局

党组书记、局长 闫 涛
副局长 王雄国
调研员 刘 斌

环境卫生管理局

党组书记、局长 张 翔
副局长 苏子成 李生刚(1月止)
安克明(12月止)
调研员 李生刚 安克明(12月任)

供销合作社

主任、党委副书记 边振桓
党委书记 冯志民
副主任 陈雪梅(女,12月任)

公共资源交易中心(政务服务中心)

主任 王忠文
副主任 张忠礼(8月任)

第三产业规划与发展中心

党组书记、主任 佘占军(1月止)
李耀山(1月任)
副主任 张元民

市政府驻外办事机构

驻兰州办事处

主任 魏生举

驻北京联络处

主任 李少华(12月止)
副主任 陈正勇(10月任)

驻上海联络处

主任 王忠凯

驻三亚联络处

副主任 吕学锋

市政府办公室挂牌管理机构

外事办公室

主任 王玉忠
副主任 姚萍(女,7月止)

督查室

主任 许勃

研究室

主任 王尊
副主任 信连成

金融工作办公室

主任 彭益蓉(女)

市委、市政府接待(处)服务中心

处长 李向东
副处长 杨昉(女)

电子政务办公室(应急管理办公室)

主任 赵光泽(12月任)

机关事务管理局

局长 丁南江(1月止)

机关保卫处

副处长 张国俊

市志办公室

主任 杨生宝(1月止)

政协嘉峪关市委员会及其工作部门

主席 焦玉兰(女)
副主席 曾俊礼 韩淑华(女)
吴英华(8月止,退休)
武永鸣(12月止,退休)
魏万林(12月止,退休)
韩天玉 王铁(9月任)
秘书长 朱兴有
副秘书长 王肃元 魏永军(12月止)
办公室主任 王肃元
副主任 何策
学习文史工作委员会主任 李忠(1月任)
经济科技工作委员会主任 刘刚(1月任)
提案法制组统联谊工作委员会主任 闵海生
副主任 董素梅(女)
科教文卫体工作委员会主任 高静(1月任)
副主任 段文青(女,2月止,退休)
调研员 麻世忠(5月止,退休)
副调研员 闫卫华(女,12月任)

民主党派、人民团体

中国国民党革命委员会嘉峪关市委员会

主任委员 景光耀
副主任委员 荔瑾(女) 雷喜峰
王娟(女)
秘书长 张淑清(女)

中国民主同盟嘉峪关市委

主任委员 于建新

副主任委员　王　谦　吴　娟(女)
　吴谊兴

中国民主建国会嘉峪关市支部

主任委员　于文杰(女)
副主任委员　卢治红　邓　妤(女)

中国民主促进会嘉峪关市委员会

主任委员　王　琮
副主任委员　窦雁红

中国农工民主党嘉峪关市支部

主任委员　李阜林
副 主 任　陈　奇

九三学社嘉峪关市委

主任委员　冯　彪
副主任委员　李小姣(女) 贾　晔　闫小文

市工商业联合会

党组副书记、副主席　张建红(女)
副 主 席　杨　琴(女)

市总工会

主　　席　梁晓梅(女)
党组书记　曹善忠(5月止,退休)
　朱　明(12月任)
纪检组长　贾　林(10月止)
　王志强(12月任)
副 主 席　胡　岭(1月止,退休)
　贾　林(10月任)
经审会主任　杨志雄(12月止)
调 研 员　杨志雄(12月任)

团市委

书　　记　刘嘉毅(1月止)
　张　桐(1月任)
副 书 记　王　玮(1月任,12月止)
　王　炜(12月任)
青联专职副主席 郭　健(12月止)

市妇联

党组书记、主席　丁彩霞(女,1月任)
副 主 席　江玉花(女)
妇女儿童工作委员会办公室主任　胡　欣(女)

嘉峪关市文学艺术界联合会

主　　席　赵淑敏(女)
副 主 席　徐树喜(12月止)
调 研 员　徐树喜(12月任)
正县级干部　王　金(3月止,退休)

嘉峪关市科学技术协会

党组书记、常务副主席　石晓辉(1月止)
副 主 席　蒲吉俊(1月止)
　李岩华(女)
调 研 员　蒲吉俊(1月任)

嘉峪关市残疾人联合会

党组书记、理事长　于　成
副理事长　王向红(1月止,退休)
　黄建仁
副调研员　何志虎
　刘勇岩(11月任)

党外知识分子联谊会

会　　长　刘应兰(女)
副 会 长　谭永良　郑　义　张雪斌
　王耀山　杨兴元
秘 书 长　林靖霞(女)

法院、检察院及其相关部门

嘉峪关市中级人民法院

党组书记、院长　茹作勋
党组副书记、副院长　刘均礼
副 院 长　何　琴(女)　辛玉林(1月止)
　管学明(1月任)
纪检组长　闫廷福(1月止,退休)
　赵海燕(女,1月任)
政治部主任　胡李刚(12月止)

办公室主任　康　隶(10月止)
杨立国(12月任)
审判委员会专职委员　郭　平
高　云(1月任)
监察室主任　陈立新
司法行政装备处主任　赵海燕(女,1月止)
李应玉(12月任)
审判管理办公室主任　黄　怡
民事审判第三庭庭长　许文贤
审判监督庭庭长　马爱萍(女,11月止)
刑事审判第一庭庭长　康　隶(11月任)
刑事审判第二庭庭长　范　义
执行局(庭)局长　曹夫才
民事审判第一庭庭长　许文贤(11月任)
民事审判第二庭庭长　陈永庆(1月止)
马爱萍(女,11月任)
民事审判第三庭庭长　许文贤(11月止)
法警支队政　委　赵　龙
法警支队支队长　贾建忠
调　研　员　胡李刚(12月任)

城区人民法院

院　长　管学明(1月止)　辛玉林(1月任)
副院长　高　云(1月止)　陈永庆(1月任)

嘉峪关市人民检察院

党组书记、检察长　丁霞敏(女)
党组副书记、副检察长　赵德金
副检察长　蒋康志
纪检组长　张让会(1月任)
政治部主任　王黄亮
办公室主任　张建明(1月止)
检委会专职委员　张建明(1月任)
冯宜君(1月任)
监察处处长　张　敏(女,8月任)
公诉处处长　马胜良(8月任)
刑事执行检察局局长　索朝阳(10月任)
侦查监督处处长　苏瑜韬(8月任)
案管办主任　王秀芸(女,8月任)
副县级检察员　刘　云
调　研　员　张会让(1月止)

城区人民检察院

检察长　李军虎

军事机关

中国人民解放军嘉峪关军分区

司　令　员　何良平
政治委员　马智辉
参　谋　长　王　军
政治部主任　郑发雄
后勤部长　黄有利　金　平(2月任)

武警嘉峪关市支队

支队长、政治委员　李　阳　侯忠山
第一政治委员　常守远(兼)
副支队长　王生强
参　谋　长　王国平(1月任)
汪辉民(1月任)
政治处主任　汪民全
后勤处处长　王　鹏(1月止)
罗东涛(1月任)

嘉峪关市公安消防支队

支　队　长　张拴保(11月止)
刘胜华(11月任)
副支队长　徐　平(11月止)
刘天辉(11月任)
政治委员　韩　冰(11月止)
朱殿平(11月任)
参　谋　长　祁天虎(11月止)
高岁才(11月任)
政治处主任　谢玉印(11月止)
袁应龙(11月任)
后勤处处长　刘付兵
防火处处长　刘天辉(11月止)
周翔(11月任)

在嘉峪关市中央、省属单位

酒钢集团公司

董事会

董　事　长　陈春明(5月任)

冯　杰(5月止)
副董事长　李忠科(5月任)
董　事　魏志斌　王铁成　任建民
夏　添(女)

中共酒钢集团公司党委

党委书记　李忠科(5月任)
党委副书记　陈春明(5月任)
任建民　冯　杰(5月止)
吴国贤(1月止,退休)
党委常委　李忠科(5月任)
陈春明(5月任)　魏志斌
任建民　郑玉明　蒋志翔
江　飚　王建元
冯　杰(5月止)
吴国贤(1月止,退休)

中共酒钢集团公司纪委

纪委书记　任建民

酒钢集团公司工会

主　席　郑玉明

酒钢集团公司经营管理层

总经理　魏志斌
副总经理　王铁成　蒋志翔　程子建
车　明　刘万祥　朱爱炳
万雪明　江　飚
总经理助理　杨效平　孟　钢　梁瑞鑫
冯染宝　李志磊
赵　金(12月止)　阎　超
孙晓光(10月4日止,去世)
邓智毅
总经济师　魏志斌
副总经济师　吴英华
张新生(8月30日止,去世)
王建钧(3月止,退休)
杨贵中(7月22日止,调离)
保文庆　贺学兵　刘黎戮
副总工程师　李小平　王世谦　李保顺
田　勇　王春怀　蒲晓斌
财务总监　赵　金(12月止)

其他中央、省属单位

嘉峪关市国税局

党组书记、局长　陈大庆(6月任)
党组副书记、副局长　陈大庆(6月止)
纪检组长　戴　晖
副局长　吕　诚　郭　玲(女)
王　欣
总经济师　王　斌
调 研 员　王仲谦(6月任)
副调研员　李金毅　李颖莲(女)

嘉峪关市地税局

党组书记、局长　司永斌(1月止)
杨　新(1月任)
党组副书记、副局长　刘崇鑫(1月止)
纪检组长　王　军(1月止)
刘崇鑫(1月任)
副 局 长　孙寿军　阮　刚
王　军(1月任)

国家统计局嘉峪关调查队

党组书记、队长　许雪花
副 队 长　孔剑飞　闫英国
副调研员　吴国华

嘉峪关市无线电管理处

处　长

嘉峪关市气象局

党组书记、局长　曾万寿(12月止)
吕长虹(12月任)
副 书 记　魏　锋
纪检组长　张铁军(6月止)
李春亮(6月任)

嘉峪关市邮政管理局

党组书记、局长　袁立新

人民银行嘉峪关市中心支行

党委书记、行长　毕宏伟
纪委书记　王玉生

副 行 长　程明英　邵永平
工会主任　倪兴东
助理调研员　李建文

银监会嘉峪关监管分局

党委书记、局长　胡　睿(6月止)
　王玉琴(女,6月任)
纪检组长　张玉年
副 局 长　时玉生(7月任)
调 研 员　刘亚萍(女)

工商银行嘉峪关分行

党委书记、行长　杨振乾
纪委书记、副行长　岳宏伟
高级经理　邓　何

建设银行嘉峪关分行

党委书记、行长　张继刚
纪委书记　牛国义
副 行 长　宗曙惠　王晓荣　蔺润泽

农业银行嘉峪关分行

党委书记　牛鸿泉
副 行 长　赵葛夫
纪委书记　李付升

中国银行嘉峪关分行

党委书记、行长　孟　杰
纪委书记、副行长　傅　翀
副 行 长　韩　卫　杨　婷(女)

农业发展银行嘉峪关分行

党委书记、行长　张俊明(4月止)
　张志宏(6月任)
党委副书记　鲁红永(6月任)
纪委书记、副行长　鲁红永
副 行 长　黄　新(1月止)
　金成梓(1月任)

嘉峪关农村商业银行股份有限公司

党委书记、董事长　陈　虎
党委副书记、行长　田学军
纪委书记、监事长　王林善
副 行 长　姜　华　杨振辉　张玉生
风险总监　王华全

邮政储蓄银行嘉峪关分行

党委书记、行长　黄永山(7月止)
　方　磊(7月任)
纪委书记、副行长　罗建华
副行长　钱红梅(女)
　赵鹏飞(7月任)
总审计师　钱红梅(女,7月止)

甘肃银行迎宾东路支行

党委书记、行 长　田多斌
纪委书记、副行长　邵晓辉
副行长　李生明
执行会计师　李志君

兰州银行嘉峪关分行

党委书记　郑　杰(兼)
行　长　郑　杰
副 行 长　黄时雨

人保财险嘉峪关分公司

党委书记、总经理　刘志秀(女)　魏　欣
党委副书记　魏　欣
副总经理　武国栋　赵本魁　吴国梁
　吴国栋
总经理助理　俞振荣　刘　伟

人寿保险嘉峪关分公司

总 经 理
副总经理　陈晓辉
总经理助理　李建春　姚德勇

大地保险嘉峪关中心支公司

总 经 理　杨国俊
总经理助理　温　红

中华联合财险嘉峪关市支公司

总 经 理　曹延山(7月止)

副总经理　杨晓炜(7月任,主持工作)
　　韩菊娣(7月任)
总理理助理　任利民(7月任)

平安寿险嘉峪关中心支公司

总经理　李谊道

平安财险嘉峪关中心支公司

总经理　温吉波

天安保险嘉峪关分公司

总经理　赵嘉玉(9月任)
副总经理　吴志江(9月止)　魏谭民

嘉峪关公路管理局

局长　高晓飞
纪委书记　王海成
工会主席　戴德荣

嘉峪关供电公司

党委副书记、总经理　漆柏林
党委书记、副总经理　李国海
副总经理　赵剑(9月止)
　　王维德　张志刚
　　李安　常云
副总经理、工会主席　马晓军
副总经理、国网敦煌市供电公司经理
　　李学庆
总会计师　张守军

嘉峪关市邮政公司

党委书记、总经理　张惠芸(女)
副总经理　韩文杰　雷兴海

电信嘉峪关分公司

总经理、党委书记　薛昀东
副总经理、工会主席　孙东堂
副总经理　张亮

移动嘉峪关分公司

党委书记、总经理　王淑燕(女,1月止)
　　徐炜(1月任)
副总经理、纪委书记、工会主席　赵建民
副总经理　李朝辉(挂职)

联通嘉峪关分公司

总经理　袁琳
党委书记、副总经理　苗永丽
副总经理　靳蕾

嘉峪关机场公司

总经理　刘吉学
副总经理　索占军

嘉峪关车务段

段长　任守礼
党委书记　王铖
党委副书记　欧阳红炳
副段长　李天生　王玉平　温国锋
工会主席　张安臣

嘉峪关机务段

段长　赵隽
党委书记　杨林
党委副书记　苏清怀
　　汪东(9月任)
纪委书记　苏清怀
副段长　郭永新　陈彪　朱元高
　　陈文岩　赵万刚

嘉峪关工务段

副段长　李志清(主持工作)
党委书记　潘竞明
党委副书记、纪委书记　易多锋
工会主席　王腾龙
副段长　付刚　李建雄
　　李泽伟
段长助理　马治国　阙卫东
总会计师　魏尚万

嘉峪关市烟草专卖局(公司)

党组书记、局长(经理)　和平(10月止)

田富昌(10 月任)

纪检组长　雒　韬

副 经 理　王永军

甘肃省嘉峪关市盐务管理局

局　长　李红梅(女)

副局长　李生元

批发部经理兼书记　李红梅(女)

批发部副经理　李生元

中国石油嘉峪关销售分公司

经　理　陈文俊

党委书记、总会计师、工会主席　季秀梅(女)

纪委书记、副经理　马胜云

嘉峪关市天然气公司

总 经 理　潘　斌

嘉峪关市煤气公司

经　理　王朝晖

副 经 理　虎志强

酒泉水文资源勘测局

党委书记　孙志荣

局　长　张天昌

农业发展(集团)有限公司

董事长、总经理

副总经理　吴吉荣(1 月止)

文旅集团

董 事 长　刘　海

总 经 理　冯　庆(1 月止)

刘长发(1 月任)

副总经理　修国珍(女,1 月任,挂职)

柳　江(4 月任,挂职)

水文化集团

水文化生态景区管委会办公室副主任

郑兰宾(1 月止)

甘肃嘉峪关水文化(集团)有限公司副总经理

郑兰宾(1 月任,挂职)

市公交公司

董事长　王宏林

总经理　杨明田

各学校

市一中

校　长　周　哲

党总支书记　高　希

副 校 长　尚玉虎　王卫东

范　玲(女,12 月任,挂职)

市二中

校　长　关福海

党总支书记　唐培堪

市酒钢三中

校　长　王　林(女,12 月止)

卢同朱(12 月任)

党总支书记　孙维平(12 月任)

副 校 长　朱延鹏　孙惠丽(女)

副县级干部　吴国强

市四中

校　长　王惠国

党总支书记　马甫中(10 月止)

市五中

校　长　张　勇(12 月止)

魏有明(12 月任)

党总支书记　于立东

副 校 长　马　良

市六中

校　长　王福军

党总支书记　徐庆华

市实验中学

校　长　王耀中

党总支书记　张耀福(12月止,退休)

明珠学校

校　长　魏志彤(12月止)

市师范附校

校　长　茹崇文(10月止)
胡理如(12月任)
党总支书记　邱跃华

市育才学校

校　长　张　俊
党总支书记　谢万设

市职教中心(电大)

主任(校长)　张　毅
党总支书记　殷华明

医疗卫生单位

市第一人民医院

院　长　张　诚
党委书记　魏学明
纪委书记　张国栋
副院长　曾　光　张红国
董新峰　刘庆多(12月止)
工会主席　吴晓棠(12月止)
刘多庆(12月任)

市中医医院

院　长　杨　椿
党委书记　邱金玉(10月止)
刘逸冰(12月任)
纪委书记　贾培成
副院长　张　勇
安维新(12月任)

中心血站

站　长　张成明(12月任)

市卫生监督所

所　长　华　文

市妇幼保健院

院　长　王丽华(女)
党总支书记　刘　军(12月任)

市疾病预防控制中心

主　任　王玉明

(王　静、李娜根据资料整理,解春光审核)

经 济

宏观经济

国民经济发展

【国民经济发展水平】全市2015年实现地区生产总值190亿元，增长9%，其中：第一产业实现增加值4.2亿元，增长5%，第二产业实现增加值108.5亿元，增长5.4%，第三产业实现增加值77.3亿元，增长19.1%；公共财政预算收入15.1亿元，下降12.9%；全社会固定资产投资完成144.2亿元，增长15.1%，其中地方固定资产投资完成80.5亿元，同比增长10.05%；城镇居民人均可支配收入30714元，增长10.1%，农村居民人均可支配收入15371元，增长11%；居民消费价格指数为99.7%；社会消费品零售总额54.9亿元，增长8.8%；全市城镇新增就业8105人，城镇登记失业率为2.7%。

【国民经济构成】三次产业结构调整。2015年，全市第一产业完成4.2亿元，同比增长5%；第二产业完成108.5亿元，同比增长5.4%；第三产业完成77.3亿元，同比增长19.1%。三次产业结构比为2.2:57.1:40.7，第三产业产业比重提高12.13个百分点，产业结构调整明显。

第一产业。加大统筹城乡发展力度，实施峪泉镇建制镇示范试点项目、成立农民专业合作社240家；重点发展特色优势产业，恒翔现代农业示范中心、野麻湾农业发展示范园等项目进展顺利；大力发展设施农业，完成高效节水灌溉面积9.04万亩，新建和改造日光温室2888座、移动式钢架大棚1443座，新建、扩建规模化养殖小区65个；完善基础设施建设，农村居民点太阳能路灯覆盖率、自来水普及率、村组道路硬化率、镇村文化室、农家书屋及文体活动广场配套率、村卫生室达标率、卫星电视覆盖率、生活生产垃圾处理率率均达100%。

第二产业。坚持工业强市战略，全力支持酒钢(集团)公司转型跨越发展，大力培育和发展战略性新兴产业，加快推进特色冶金、活力发电、装备制造、新型化工等重大项目建设。酒嘉风电基地高载能特色铝合金节能技术改造项目2×45万吨电解铝工程、广银铝业30万吨工业铝模板项目二期、索通二期34万吨预焙阳极项目、澄宇10万吨铝加工扩能等项目已建成，1000万吨煤炭分质利用项目顺利实施，中威斯高精冶金新材料二期等项目正在加快前期工作进度。嘉西光伏产业园建成总装机容量已达到589兆瓦，实现并网发电449兆瓦。嘉峪关经济技术开发区引进企业257家，实现工业总产值285.2亿元，工业增加值84亿元。

第三产业。开展“旅游服务提升年”行动，全国旅游标准化示范城市创建成果进一步巩固。推进百亿元文化产业园区建设，方特欢乐世界建成运营，嘉峪关文化遗产保护和展示工程、南湖文化生态园等项目加快推进，丝绸之路文化博览园开工建设。成功举办了“第五届敦煌行·丝绸之路国际旅游节”“第四届中国嘉峪关国际短片电影展”等节会活动。全市文化产业增加值4.31亿元，增长33.9%；全市共接待游客571.4万人次，旅游收入完成36亿元，分别增长27.6%和29.8%。商贸物流发展步伐加快，西北汽配城建成投用，雄关供销大厦改扩建、西部春光农产品市场等项目进展顺利，大草滩铁路物流中心、国际港务区等项目前期工作加快推进。

（吴 敏）

国民经济发展水平

【总收入】2015年地区性财政收入39.8亿元，占年预算的87.4%，同比下降9.7%。全市公共财政预算收入累计完成15.13亿元，占年预算的82.8%，同比下降12.9%。

【总支出】2015年，全市公共财政预算支出累计完成25.1亿元，占变动预算的100%，同比增长13.8%。政府性基金预算支出累计完成3.27亿元，占变动预算的100%，同比下降67.1%。

【总投资】2015年，全市完成固定资产投资144.16亿元，比上年增长15.11%。其中，第一产业投资1.15亿元，比上年下降45.19%；第二产业投资73.7亿元，增长1.77%，其中工业投资73.29亿元，增长8.33%；第三产业投资69.31亿元，增长36.67%。

固定资产投资中，房地产开发投资25.98亿元，比上年同期增长14.71%，其中住宅投资17.77亿元，同比增长0.79%。房屋施工面积331.57万平方米，同比增长42.26%；房屋竣工面积30.2万平方米，同比下降22.88%；商品房销售面积55万平方米，同比下降1.99%。

【总储蓄】2015年末，全市金融机构本外币各项存款余额321.95亿元，比年初下降3.84%；住户存款146.63亿元，比年初增长12.69%；其中，活期存款46.83亿元，比年初增长8.65%，定期及其他存款99.80亿元，比年初增长14.70%。金融机构本外币各项贷款余额425.45亿元，比年初增长9.50%；住户贷款49.74亿元，比年初增长15.37%，其中短期贷款15.45亿元，比年初增长25.13%，中长期贷款34.29亿元，比年初增长11.45%。

【总就业】2015年末，城镇私营企业和个体工商户从业人员4.87万人，其中：私营企业从业人数18942人，比上年增长15.8%；个体工商户人数29727人，比上年增长15.2%。年末就业人数10.28万人，城镇登记失业率为2.7%，与上年持平。全年城镇新增就业人数8105人。

【总物价水平】2015年，全市市场价格总水平呈低位运行态势。全市居民消费价格总水平比上年下降0.3%，低于全国1.7个百分点，低于全省1.9个百分点。商品零售价格总水平比上年下降1.3%。八大类居消费品价格同去年相比普遍下降，其中，食品类价格下降0.5%，衣着类价格下降0.4%，交通和通讯类价格下降1.6%，娱乐教育文化用品及服务价格下降0.7%，家庭设备用品价格下降0.5%。烟酒、居住、医疗保健和个人用品价格是影响全市价格总水平小幅上涨的主要因素，分别上涨2.9%、0.7%、0.5%。

（李娜整理）

居民收入与消费

【城镇居民收入】2015年，嘉峪关市城镇居民人均可支配收入达到30714元，绝对额位居全省第一，同比增长10.1%，增速位居全省第五，四大项收入均保持增长态势，共同促进城镇居民可支配收入的稳定增长。

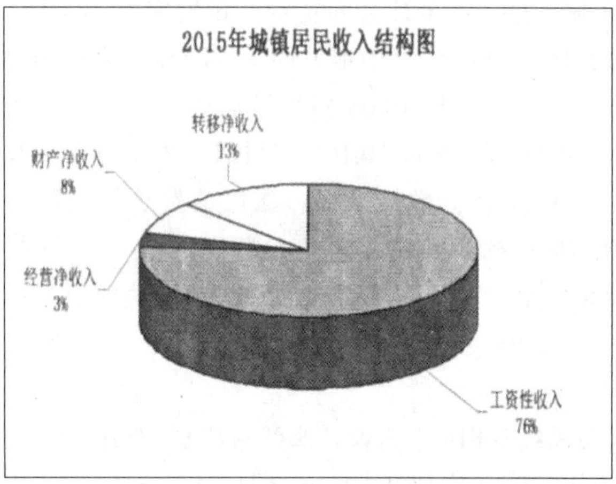

工资性收入占城镇居民收入的主导地位。2015年，城镇居民人均工资性收入为23276.45元，同比增长9.23%，占人均可支配收入的比重为76%。促进工资性收入增长的主要因素有：机关事业单位人员工资标准的调整、补发及奖金的到位；企业职工工资水平的增长及奖金的发放；最低工资标准的调整；新增就业带动收入增长。

经营净收入增长较快。2015年，城镇居民人均经营净收入为1015.62元，同比增长20.72%，占人均可支配收入的比重为3%。经营净收入的增长主要受益于三因素：嘉峪关市文化旅游产业的快速发展，带动餐饮、住宿、交通运输等行业经营收入增加;政府税收、金融等政策扶持力度加大,百姓从事经营性活动的积极性提高;经营者的经营思路、营销策略转变提升,电商、微商风生水起。

财产净收入稳步提高。2015 年,城镇居民人均财产净收入为 2504.51 元,同比增长 10.07%。,占人均可支配收入的比重为 8%,促进财产净收入增长的主要因素有:宏丰退股及宏晟股票分红;居民理财意识提高,互联网金融快速发展,理财产品种类增多,越来越多的家庭选择将活期存款转投余额宝等互联网理财产品,获得更高的收益;房屋租金的不断增长。

转移净收入持续增长。2015 年,城镇居民人均转移净收入为 3917.41 元,同比增长 12.86%,占人均可支配收入的比重为 13%。促进转移净收入增长的主要因素有:企业离退休(职)人员养老金和冬季采暖费补助标准的提高;城乡居民基础养老保险金全面提标;企业因工伤残人员伤残津贴、生活护理费及工亡职工供养亲属抚恤金水平调整;失业保险金领取标准从每人每月 983 元调高到每人每月 1081 元,增长 9.97%;低保标准由 425 元/月提高至 510 元/月,增长 20%,高龄补贴扩面提标;全面实行城镇居民大病医疗保险。

【农村居民收入】2015 年,嘉峪关市农村居民人均可支配收入为 15371 元,增幅为 11%。

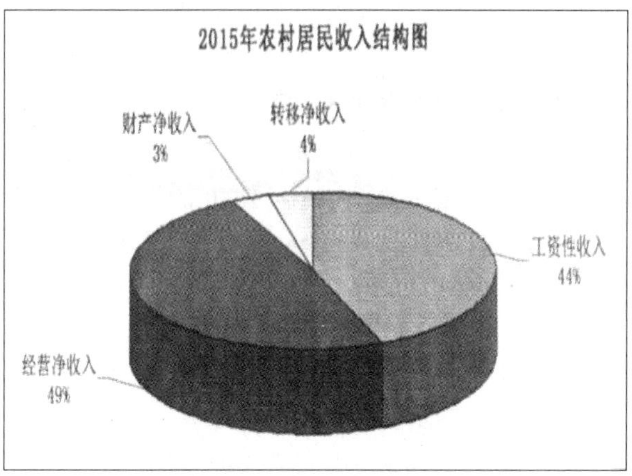

工资性收入是农民收入增长的重要渠道。2015 年农村居民人均工资性收入为 6742.61 元,占人均可支配收入的比重为 44%,同比增长 14.13%。近年来,农民专业合作社牵头引导农村土地流转,解放了农村劳动力,外出打工人数增加;政府出台禁止拖欠农民工工资的政策,保障了农民收入的取得,增加了农村居民外出打工的积极性;政府积极开展职业技能培训,提高了农村劳动者就业技能,促进农民就业及收入的增加。

经营净收入是农民收入增长的第一大来源。2015 年农村居民人均经营净收入为 7527.06 元,占人均可支配收入的比重为 4 9%,同比增长 9.57%。增长因素主要有:2015 年风调雨顺,没有大的自然灾害,农业生产平稳发展,农产品价格稳中有升,如洋葱价格比去年同期上涨 50%左右;农业产业结构进一步优化,"两高一优"农业快速发展,带动农村收入增加;政府从税收、金融等方面加大了对小微企业和个体工商户的政策扶持力度,提高了城乡居民从事经营性活动的积极性。

财产净收入增长较快。2015 年农村居民人均财产净收入为 503.93 元,占人均可支配收入的比重为 3%,同比增长 17.09%。农村居民的财产性收入主要来源于转让土地经营权租金收入,2015 年土地流转规模较上年增加了 20%,土地流转租金由每亩 300-500 元,增加到 1000 元;另外理财收入、闲置房屋出租收入等都拉动了财产性收入的增长。

转移净收入下降。2015 年农村居民人均转移净收入为 597.39 元,占人均可支配收入的比重为 4%,同比下降 6.61%。虽然农村居民基本养老金标准由 65 元/月调至 85 元/月,低保收入由 425 元/月调整到 510 元/月,农村五保供养补助标准由 7200 元/年调高至 8204 元/年,但是基数低,拉动转移性收入的增长幅度有限。另外,据调查,惠农补贴发放的总量比去年有所下降。同时农村社保覆盖面不断提高,参保人数增加,转移性支出增加,因此转移净收入有所下降。

【城镇居民消费】随着收入水平的稳定增长,嘉峪关市居民的生活水平也不断提高,老百姓追求现代化的生活方式,消费倾向不断向高质、方便、舒适、享受方向发展。2015 年,城镇居民人均消费支出为 21443.07 元,同比增长 10.61%,八大类消费支出全面增长。

食品烟酒支出是城镇居民生活消费最主要的项目。2015 年,城镇居民人均食品烟酒支出为

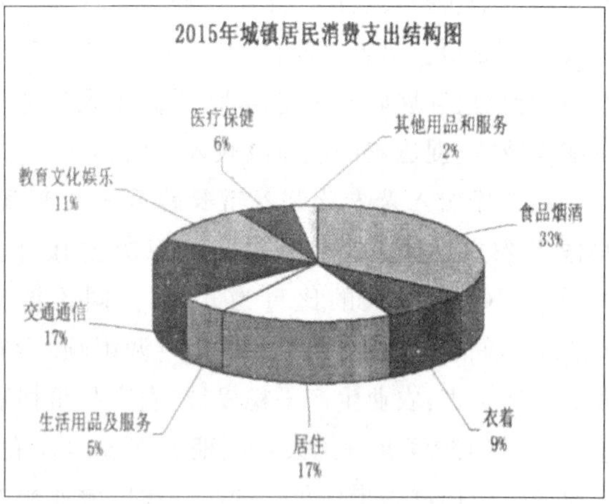

7170.73元,占人均生活消费支出的比重为33%,同比增长11.3%。随着生活水平的提高,居民更加注重食品的营养科学、均衡多样。购买蔬菜、肉类、烟酒、饮料、糖果等支出增加,同时家庭聚会、朋友聚餐次数增多,促使食品烟酒支出上涨。

衣着消费档次提升。2015年,城镇居民人均衣着支出为2002.84元,占人均生活消费支出的比重为9%,同比增长10.59%。随着城镇居民生活方式的转变,人们在衣着消费方面尤为明显,购置衣服鞋帽等更注重品质、款式、搭配,个性、时尚已成为城镇居民衣着消费的新趋势。

居住条件不断改善。2015年,城镇居民人均居住支出为3609.07元,占人均生活消费支出的比重为17%,同比增长7.65%。随着居民财富积累的增加,对居住条件的要求越来越高,各种装修、维修等行为增多,同时物业管理费和建筑材料价格、人工费的上涨,推动了居住类消费支出的增长。

生活用品及服务支出持续增长。2015年,城镇居民人均生活用品及服务支出为1071.47元,占人均生活消费支出的比重为5%,同比增长6.35%。拉动生活用品及服务支出增长的一个亮点因素是个人用品支出的增加,嘉峪关居民在追求高质量生活的同时,更加注重了对美的追求和享受,高档护肤品、化妆品逐渐被普通居民所接受。

交通通信支出延续增长趋势。2015年,城镇居民人均交通通信支出为3622.34元,占人均生活消费支出的比重为17%,同比增长13.64%。拉动交通和通信支出增长的主要原因:随着收入的增加,生活水平的提高,居民购买汽车等交通工具的数量增加;城镇居民家庭交通工具拥有量的增加,带动车辆用燃料及零配件消费、维修费用的增加;随着通讯科技的迅速发展和不断升级换代,通信工具的消费带动通讯服务消费支出的持续增长。

居民日益关注教育文化娱乐。2015年,城镇居民人均教育文化娱乐支出为2256.86元,占人均生活消费支出的比重为11%,同比增长6.49%。居民日益注重生活品质的提升和对教育的投入,更愿意将钱花在提升家庭成员素质和个人能力方面,精神文化生活的需求向健康型和知识型发展,旅游、健身、娱乐已成为居民家庭业余生活的主流。

医疗保健支出快速上涨。2015年,城镇居民人均医疗保健支出为1184.07元,占人均生活消费支出的比重为6%,同比增长14.95%。随着社会保障体系的完善,居民医疗保健消费理念逐步转变,注重身体健康的意识提高,“小病拖,大病扛”的现象正在逐步减少,医疗保健支出由“治病型”向“保健型”转变。

其他商品和服务支出涨幅最高。2015年,城镇居民人均其他商品和服务支出为525.7元,占人均生活消费支出的比重为2%,同比增长20.57%。节日期间,黄金首饰店均开展促销活动,吸引大批顾客购买贵重首饰;同时美容、美发、美甲渐成风尚,促使其他商品和服务支出的大幅增长。

【农村居民消费】近年来,农村居民收入水平的提高有力带动了家庭消费支出的持续增长。2015年,嘉峪关市农村居民人均生活消费支出为11879.01元,同比增长9.26%。

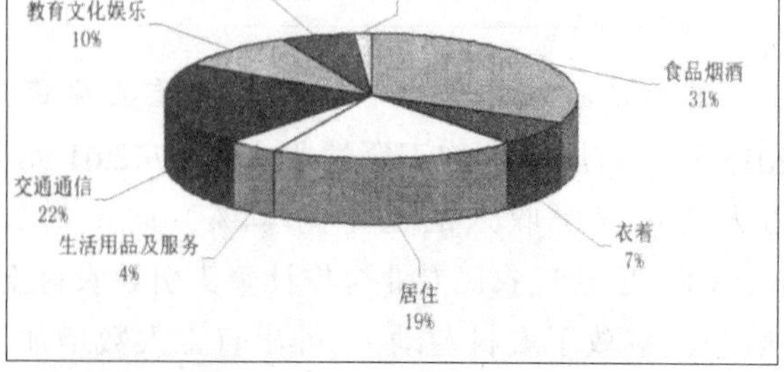

食品烟酒支出增加。2015 年农村居民人均食品烟酒支出为 3772.64 元，占人均消费支出的比重为 31%，同比增长 4.08%。随着农村经济的繁荣，农村居民生活水平的提高，其饮食习惯及消费观念也在不断发生变化，肉禽蛋奶消费持续增长，烟、酒、饮料支出不断增加，在外饮食支出大幅上涨。食品烟酒支出在生活消费八大类中所占比重最大，是拉动整个消费增长的主要原因。

衣着消费观念转变。2015 年农村居民人均衣着支出为 803.62 元，占人均消费支出的比重为 7%，同比增长 20.63%。农村居民收入水平的提高使农民对衣着消费观念出现深刻变化，人们对衣着的款式、质量要求有所提高，从“能穿就行”提升到追求时尚、穿出档次来，衣着消费更加注重时尚化、品牌化。

生活用品及服务支出稳步增长。2015 年农村居民人均生活用品及服务支出为 453.23 元，占人均消费支出的比重为 4%，同比增长 14.49%。随着收入的提高，农村居民更加注重生活舒适度和家庭温馨感，同时各大商家的促销活动也是紧锣密鼓的开展，吸引农村居民消费，给家庭生活用品更新换代。

交通和通信支出增幅较大。2015 年农村居民人均交通通信支出为 2568.32 元，占人均消费支出的比重为 22%，同比增长 17.89%。农村居民交通通信支出快速增长的因素有：随着农村居民收入水平的提高，对汽车、摩托车等交通工具的购买力增强，带动交通工具支出增加；农村居民交通工具数量的增加促使交通工具的燃料支出和交通工具维修支出也相应地提高；农村居民生活质量提高，外出旅游、走亲访友人次增加，乘坐汽车、火车等的交通费用逐步增长；电子通信设备更新换代加快，电信、移动、联通相继推出各种优惠资费套餐活动，移动手机在农村居民家庭广泛应用，农村居民在通信方面的消费支出呈上升态势。

文化教育娱乐支出快速增长。2015 年农村居民人均文化教育娱乐支出为 1135.05 元，占人均消费支出的比重为 10%，同比增长 25.5%。农村居民对孩子的教育越来越重视，许多家长选择让孩子在市区学校接受教育，参加辅导班、课外兴趣班等；另外，随着生活水平的提高，农村的年轻一代更加重视精神文化的追求，电影、KTV、旅游等支出不断增加，使得教育文化娱乐支出快速增长。

医疗保健支出增幅较大。2015 年农村居民人均医疗保健消费支出为 707.88 元，占人均消费支出的比重为 6%，同比增长 17.91%。随着新型医疗合作制度的推广和农村药品市场的逐步规范，农民看病难、就医难问题逐渐改观，农民观念从有病硬抗向及早就医转变。

其他用品和服务支出增幅大。2015 年农村居民人均其他商品和服务支出为 151.56 元，占人均消费支出的比重为 1%，同比增长 28.64%。2015 年，黄金价格受国际黄金市场大环境的影响一直处于低迷状态，各大商家也是促销活动不断，增加了农村居民对黄金首饰的购买欲望，首饰及手表的支出增加；随着农村居民旅游人数的不断增加，在外住宿支出同步增加；另外美容美发洗浴等支出也呈上升趋势。

【“十二五”期间嘉峪关市农村居民收支情况】“十二五”以来，嘉峪关市委、市政府紧紧围绕全面建成小康社会的宏伟目标，贯彻落实中央、省政府一系列方针政策，坚持城乡统筹、民生优先的发展战略，着力加大农业投入，积极落实惠农政策，有力推进了全市农业持续增产增效和农民持续增收，农村居民生活水平显著提高，为全面建成小康社会奠定了坚实的基础。

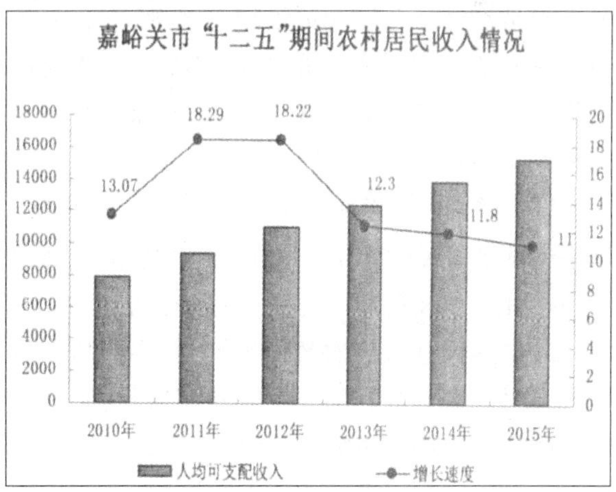

“十二五”期间农村居民收入迈上新台阶。2015 年，嘉峪关市农村居民人均可支配收入达到 15371 元，是 2010 年的 1.95 倍，“十二五”期间年均增长 14.3%，比“十一五”期间高 3.7 个百分点。

四大因素共促嘉峪关市农村居民人均可支配收入稳步增长：“十二五”期间，随着经济的发展、新农村建设和城镇化建设步伐的加快，本地用工需求有所增加,多数企业提高了工资水平,政府积极组织开展劳动技能培训,农民务工积极性高涨,使农民收入增幅明显。五年来，政府加大资金投入,组织实施多项重点“三农”项目,完成高效节水农田灌溉改造面积 6 万亩，建成日光温室 590 余座,大力发展设施农业和规模农业,粮食产量实现连年丰收，特色产业逐步壮大，拉动农民收入增长;同时,“十二五”期间,农产品价格的上涨也带动了农户收益的增加。近年土地流转规模不断扩大,管理进一步规范,为农民财产净收入增添了新的来源,带动农民财产净收入快速增加;另外,红利收入、闲置房屋出租收入、出租机械等收入都为财产净收入增长起到了助推作用。随着城乡一体化进程的推进，政府加大了对农村居民的财政转移支付力度，养老、低保等社会保障标准不断提高,粮食直补、农资综合补贴、良种补贴、农机具购置补贴等及时发放到位为农村居民转移净收入的持续增长提供了有力支撑。

“十二五”期间农村居民增收亮点。“十二五”期间,嘉峪关市农村居民收入驶入快速增长期,连续五年呈两位数增长,2012 年首次突破万元大关。2011—2015 年,农村居民收入增长速度分别为 18.29%、18.22%、12.3%、11.8%、11%。2011 年、2012 年、2015 年增速分别高出全省 4.1、2.9、0.5 个百分点,2013 年、2014 年增速分别低于全省 1.0、0.5 个百分点。“十二五”期间,嘉峪关市农村居民收入绝对额稳居全省第一，年均增速比全省平均水平高 1.2 个百分点。

城乡居民收入差距逐步缩小。“十二五”期间,嘉峪关城乡居民收入比由 2010 年的 2.202:1 降至 2015 年的 1.998:1,2015 年首次缩小至 2 倍以下。“十二五”期间强农惠农政策力度大,农产品产量增、价格好,带动农村居民收入快速增长;同时城乡一体化发展步伐加快,至 2015 年嘉峪关市城镇化率达到 93.41%,进城务工人数增加,土地流转规模扩大,农村居民收入结构呈现多元化;另外农村居民收入增长速度连续五年高于城镇居民收入增长速度，城镇居民人均可支配收入年均增长 12.1%，农村居民人均可支配收入年均增长 14.3%,农村快于城镇 2.2 个百分点。

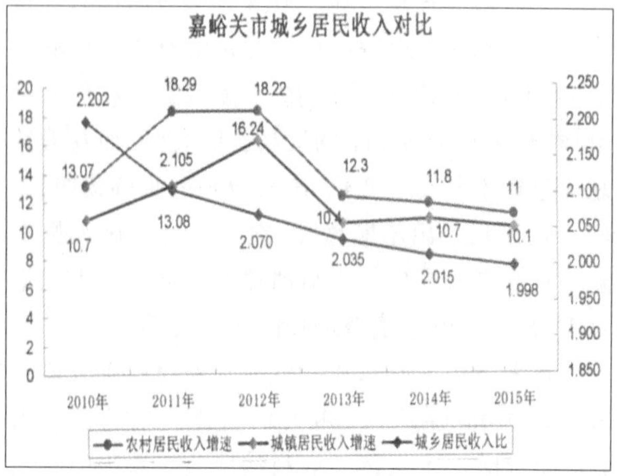

“十二五”期间农村居民生活质量显著提高。“十二五”以来,嘉峪关市农村居民家庭生活水平不断提升,各类消费支出大幅增长,消费质量显著提高。2015 年农村居民人均消费支出为 11879.01 元,比 2010 增长 2.235 倍,年均增速 17.45%。生活宽裕了，农民消费观念总体上从重视生活水平的提高向重视生活质量的提高转变，从追求物质消费向追求精神消费和服务消费转变，从满足基本生存需求向追求质量的全面发展转变，农民生活水平普遍提高。

消费结构优化,恩格尔系数下降。“十二五”期间，嘉峪关市农村居民收入水平的快速增长带动消费水平的同步提高和消费结构的不断优化,汽车、冰箱、电视、手机等耐用消费品拥有量不断增加,教育文化娱乐支出持续上涨,消费观念逐步转变,从满足温饱开始追求吃的健康、穿的讲究、住的舒适，农村居民生活水平迈上了新台阶。2015 年,农村居民恩格尔系数为 31.76%,比 2010 年降低 11.67 个百分点。

消费观念发生转变,居住条件改善。随着新农村建设步伐的加快和农村居民收入水平的提高,农民居住环境有了可喜的变化，大部分农民在城市购置房产，农村居民居住空间和居住品质得到改善。2015 年,农村居民人均居住面积为 49.1 平方米,比 2010 年人均居住面积增加 14.24 个平方米,增长 40.8%。

交通通信消费不断升级,汽车已成消费热点。“十二五”期间,随着交通和通信基础设施不断完善,农村广电网络“户户通”和“村村通公路”已全覆盖,3G、4G 网络技术逐步普及，农村交通通信消费需求偏旺。2015 年,农村居民每百户家用汽车拥有量46.6辆,比2010年增加37.3辆,每百户摩托车拥有量106.7辆,比2010年减少1.72辆,汽车消费成为农村居民消费的新时尚;每百户移动电话拥有量296.7部,比2010年增加156.7部,移动电话成为农村居民沟通的重要通信工具。交通工具、通信产品更新换代周期缩短,使得交通通信消费不断升级。

耐用消费品拥有量不断增加,品质日益提升。随着农村生活品质的提升,农村居民购买家庭耐用消费品的热情持续升温,耐用品消费向"节能、环保、智能"方向发展,"十二五"期间,智能手机、数码相机、高清电视、滚筒洗衣机、节能冰箱、变频空调、太阳能热水器等逐渐进入普通农村居民家庭中,2015年农村居民平均每百户家庭拥有洗衣机、电冰箱(柜)和彩色电视机分别为110.0、106.7、136.7台,比2010年增加9.6、19.9、11.2台;平均每百户家庭拥有热水器、计算机、照相机为56.7、50.0、10.0台,分别比2010年增加33.2、50.0、8.1台。

注:国家统计局在2012年进行了城乡住户一体化改革,公布了城乡居民的可支配收入,本文中涉及的收支调查数据均为新口径数据。

(闫英国)

经济社会发展管理

【机构设置与人员编制】2015年市发展和改革委员会(挂市物价局)设13个科室:办公室、国民经济综合科(挂西部开发办公室)、发展规划科、固定资产投资科、农村经济科、社会发展科、经济贸易科、经济体制改革综合科、产业协调和交通运输科(挂国民经济动员办公室)、资源节约和环境保护科、能源科、重点项目建设管理科(挂市政府重大项目建设管理办公室)、物价科。归口管理市招商局、市经济研究院、市工程咨询中心、市物价检查所、价格认证中心、市价格调节基金办公室、水文化办公室。有干部职工82人,其中处级干部13人,科级干部28人,一般干部职工28人,进村进社大学生13人。

【综述】2015年,全市经济社会发展的总体要求。全面贯彻落实党的十八届三中、四中全会以及中央和省、市经济工作会议、市委全委会议精神,始终坚持稳中求进工作总基调,主动适应经济发展新常态,以提高经济发展质量和效益为中心,紧紧围绕市委、市政府中心工作,狠抓改革攻坚,突出创新驱动,推进产业转型升级,加快文化旅游融合发展,持续加强生态环境建设,突出抓好民生保障和社会治理,保持经济社会平稳健康持续发展。

2015年,全市经济社会发展的主要任务。坚持以扩大投资和消费为重点,稳定经济增长;坚持以产业转型为主线,提升发展质量;坚持以城乡一体为方向,完善基础设施;坚持以幸福和谐为目标,推进社会事业;坚持以低碳经济为抓手,强化可持续发展;坚持以深化改革为关键,激发区域活力;坚持以科学规划为引领,推进全局发展。

【财金贸易发展计划管控】2015年,完成第三产业增加值77.3亿元,社会消费品零售总额354.9亿元。用活用好政策,助推第三产业发展,营造投资环境、引导投资趋向;以城市商业网点为依托,打造优势、特色商业聚集区,在市内基本形成城市商圈、特色商业街区、社区商业服务体系,西北汽配城、嘉峪关市粮食现代物流中心等商业项目建成;促进物流业与优势产业联动发展,加强物流资源整合和布局调整,嘉北工业物流园、嘉东综合物流园等物流园区建设顺利推进;深化税源监控,加强税收征管,提高税收征管的质量和效率;优化环境,加大招商引资项目的落地力度,致力增加新的经济增长点、提高经济总量;努力创造利用外资新优势,加强外商投资产业政策的研究,夯实项目库编制,编制适合外商需求、技术含量高、产业关联度高、集聚效应明显、带动作用强的项目,努力创造利用外资的新局面。

【公交邮电发展计划管控】2015年全市完成工业增加值99亿元,其中规模以上工业实现增加值97.6亿元。做强主导产业,发展首位产业,突出引进核心大项目,促进产业结构不断优化。传统优势产业升级改造加快,酒嘉风电基地高载能特色铝合金节能技术改造及供电系统改造工程、索通34万吨预焙阳极等项目已建成投运,1000万吨煤炭分质利用项目正在按计划进度推进。新能源、新材料等战略性新兴产业不断壮大,甘肃中威斯铝业有限公司年产60万吨高精冶金新材料加工项目已建成4条生产线。装备制造业加快发展，广银铝业一期铝棒生产加工项目建成7条生产线，澄宇一期10万吨铝合金项目建成投产。园区承接产业转移、聚集集约发能力逐步增强，实施完成嘉东、嘉北工业园部分区域道路、绿化、供水等工程，初步形成服务功能完备、特色产业聚集的地方工业发展平台。抓好重大工业项目前期工作，积极推进甘肃中威斯铝业高精冶金新材料加工二期项目、萍缘堂铝业年产30万吨铝型材深加工等项目前期工作进展。邮政业平稳健康发展，2015年邮政行业完成业务总量3895.35万元，同比增长6.57%；完成业务收入5313.41万元，同比增长18.25%。

【社会事业发展计划管控】加强科技计划项目组织实施，加快提升科技创新发展能力，安排科技经费900万元，围绕全市重点产业和新兴产业开展技术创新型项目；教育事业均衡协调发展，全市义务教育巩固率、高中阶段毛入学率、三年学前教育入园率分别达到99.6%、95.1%、97.5%，新建校舍建筑面积20777平方米，完成2所农村学校教师周转宿舍、3所中小学运动场改造，酒钢三中新校区建成投入使用，为全市所有公办学校及幼儿园安装了净化加热饮水设备；文化体育事业健康发展，新增三台智能图书借阅机，建成4个农村文化大院和10个城乡社区体育健身中心；卫生计生工作稳步推进，深化医疗卫生体制改革，全市新型农村合作医疗参合率达到98.8%，南市区医院、中医院、儿童病区等医疗卫生项目加快推进；全面落实国家计划生育政策，自然增长率为5.74‰，年末常住人口为24.39万人。

【农村经济发展计划管控】科学编制发展规划，着力推进城乡统筹发展、协调发展。峪泉镇建制镇示范试点建设项目稳步推进，“千村美丽”示范村顺利建成；加快发展农村经济，优化种植业结构，培育发展精细蔬菜、优良畜禽、优质林果、花卉与蔬菜制种、非农经济五大支柱产业和优质地膜洋葱、温室蔬菜、大葱、啤酒花和西甜瓜五大优势农产品品牌，壮大日光温室、标准化养殖小区(场)、观赏树种育苗等特色优势产业，大力发展城郊型特色高效农业；加大“菜篮子”建设扶持力度，支持建设和改造三代日光温室133座，扶持标准化、规模化养殖小区建设，全市建成标准化养殖小区5个，改扩建3个；以龙头企业建设为主体，全面提升农业产业化进程，支持正大新农村现代农业合作示范、文殊镇恒翔现代农业示范中心、野麻湾高新农业示范园等农业产业化龙头企业加快发展，扶持有条件的农民专业合作社创建省级示范社，带动农民持续增收；加强基本公共服务，维护发展农民权益，农村合作医疗参合率达到98.75%，实施峪泉镇沿山支线下段供水管线改造工程；加大农村环境整治力度，完成三镇太阳能热水器安装442台；实施农村居民区、残疾人危旧房屋改造30户，继续改善农村面貌；加快设施农业和农业现代化示范园区发展，建成2015年春季小型水利工程及第五批、第六批高效节水灌溉项目，共实施高效节水面积9.04万亩；引进、推广新品种、新技术，加快高新技术和优良品种的普及、推广，全面提高农业科技含量；加大对农民培训和劳务输转的扶持力度，全年实施农民技能培训200人，整合培训资金，提高培训质量，促进农民转移就业，增加工资性收入。

【重点项目建设计划管控】2015年，全市安排市属重点项目100个，总投资492.7亿元，年度计划投资110.9亿元，其中：续建项目55个，年度计划投资87.6亿元；计划新开工项目45个，年度计划投资23.3亿元；预备项目10个，总投资625亿元。其中，50亿元以上项目2个，10亿元以上项目13个，亿元以上项目36个，千万元以上项目49个。按行业类别看，基础设施及生态保护项目17项，饮用水水源地—水源井迁建、南湖生态体系建设、南市区道路建设、2015年城市重点绿化等工程顺利开展；工业能源项目33项，1000万吨煤炭分质利用一期、2×45万吨电解铝、索通34万吨预焙阳极、330千伏黄草营变电站110千伏送出等建设项目进展顺利；新型城镇化及公共服务设施16项，三中新校区、南市区医院、市中医院综合楼、标准化社区服务中心等项目按进度实施；文化旅游及商贸流通17项，世界文化遗产保护与展示工程、雄关供销大厦改扩建等项目有序进行；房地产开发项目17项，2015年度城市棚户区改造、公租房建设等保障性住房建设全面完成。

【民生事业发展计划管控】2015年，社会保障水平全面提高，城乡居民养老保险参保率达到97.3%，城乡低保、社会养老、基本医疗保险补助标准均高于全省平均水平；就业形势保持基本稳定，城镇新增就业8100人，全年城镇登记失业率控制在2.7%以内；保障性安居工程建设力度不断加大，新建各类保障性住房636套，完成惠民街棚户区改造386套；社会保障和健康养老服务设施建设加快推进，"三院一中心" 项目建成并投入使用，开工建设了市居家养老服务中心；对残疾人社会救助力度不断加大，共为42名重度残疾儿童提供康复治疗服务，完成200户重度残疾人家庭无障碍设施改造工程；落实安全生产监管责任和主体责任，健全事故灾难、公共卫生、食品安全、社会安全等事件的预防预警和应急处置体系，强化公共卫生应急物资储备，配备水质监测设备，实施食品安全放心工程，共建设6个食用农产品快速检测室、30台食品安全信息溯源机，有力地维护了市场秩和社会和谐稳定。

【节能降耗计划管控】完善节能降耗工作机制，组织实施重点节能工程，加强能力建设，积极培育新兴产业，完成了年度节能降耗目标任务。研究制定《嘉峪关市控制能源消费总量和煤炭消费总量工作实施方案》，成立全市控制能源消费总量协调推进领导小组，对能源消费增量控制和煤炭消费总量控制实行目标责任管理，对年能耗1000吨标准煤以上重点用能企业实行年能源消费总量、电力消费总量"双控"目标责任制；建成和在建发电装机规模达到1407兆瓦，累计实现绿色清洁电力6.7亿千瓦时，节煤52万吨，减少二氧化碳排放、二氧化硫及烟尘排放1.5万吨；园区循环化改造取得突破，嘉峪关工业园区列为全国25个循环化改造示范试点园区之一，争取到位中央预算内资金1.2亿元。同时，对重点用能行业企业开展能效对标达标活动和水平衡测试工作，实施提升计划和电机淘汰专项检查，共淘汰落后机电设备128台；对全市339个固定资产投资项目进行节能审查，固定资产投资项目节能评估审查制度执行率达到98%。

（吴 敏）

【"十二五"期间经济运行概况】"十二五"时期，面对错综复杂的外部环境和艰巨繁重的改革发展稳定任务，全市上下深入贯彻党的十八大和十八届三中、四中、五中全会精神，全面落实省委省政府各项重大决策部署，大力推进"工业强市、旅游带动、城乡统筹、生态立市、文化繁荣、民生优先、区域协作"发展战略，真抓实干，奋力拼搏，经济社会发展总体呈现稳定增长、质量向好、协调推进的良好局面，基础设施不断完善，生态环境持续优化，社会事业全面进步，群众生活水平大幅提高，城乡面貌发生了巨大变化，为"十三五"时期经济社会发展及全面建成小康社会奠定了良好基础。

经济保持较快增长，综合实力增强。在国际经济环境严峻复杂、国内经济下行压力加大、钢铁市场形势持续恶化的情况下，全市经济持续健康发展，运行质量逐年提高，综合实力明显增强。全市地区生产总值年均增长13.6%；全社会固定资产投资累计完成551亿元，高于"十五"和"十一五"时期的总和，年均增长28.2%。"十二五"末，公共财政预算收入15.1亿元，年均增长12.7%；社会消费品零售总额达到54.95亿元，年均增长15.2%；城镇居民人均可支配收入和农村居民人均可支配收入分别达到30714元、15371元，年均增速分别达到12.1%、14.3%。

经济结构优化，三次产业协调发展。以提高经济发展质量和效益为中心，改造提升传统优势产业，构建多元化产业体系，支持酒钢实施煤电铝一体化和煤炭分质利用项目，打造千亿级煤电冶加装循环经济产业链。光伏产业和铝产业实现了从无到有的发展，建成酒嘉风电基地特色铝合金节能技改一期工程和一批铝制品深加工项目，嘉西光伏产业园建成和在建装机容量1407兆瓦。商贸物流、餐饮住宿、金融保险等服务业加快发展，第三产业占GDP比重超过三分之一。三次产业结构由"十一五"末的1.8∶73.8∶24.4调整为2015年的2.2∶57.1∶40.7。

文化旅游深度融合，商贸流通活力增强。抢抓丝绸之路经济带建设和华夏文明传承创新区建设等战略机遇，全面实施"1251"文化旅游融合发展工程，成功创建全国旅游标准化示范城市。文化旅游超常规、跨越式发展步伐加快，实施了嘉峪关文化遗产保护和展示工程、方特欢乐世界、紫轩葡萄酒庄园等一批辐射带动作用大的文化旅游项目，百亿元文化产业园区初具规模。成功举办了国际文化产业大会暨第五届甘肃文博会、敦煌行·丝绸之路国际旅游节、嘉峪关国际短片展、长城丝路中国嘉峪关摄影展、国际铁人三项赛和航空滑翔节等极具发展影响力的品牌节会赛事，文化、旅游、体育和会展经济的融合发展度提升。"十二五"末，全市文化产业增加值4.31亿元，年均增长29.3%，是"十一五"末的3.6倍；全社会旅游人数571.4万人次、旅游收入35.98亿元，分别是"十一五"末的3.4倍和4.7倍。商贸服务业日趋活跃，建成东方百盛、恒基美居等一批大型高档购物中心和专业市场，引进北京华联、苏宁电器等大型零售企业，新增大型商业网点12个，新增营业面积40万平方米。

*基础设施完善，城市面貌明显改观。*推进生态立市战略，累计投入21亿元推进生态建设，实施了讨赖河生态治理、"两湖一河"园林景观、南湖文化生态园等项目，新增和改造绿地933公顷，城区绿化覆盖率达到39%，人均公园绿地面积36.3平方米，人均水域面积27平方米，成功创建国家园林城市。加大旧城区改造和新市区开发力度，新建、改造城市道路72条、58千米，建设城市供排水管网192千米，新增供热面积300万平方米，城镇建成区面积增加到115平方千米。实施了嘉酒城际一级公路、嘉峪关高铁南站及站前广场、南市区集中供热、西气东输水源地水源井迁建等一批重点项目，城市基础设施完善，功能提升。

*统筹推进城乡发展，城乡一体化取得突破。*坚持以工促农、以城带乡，加快农业工业化、农村城市化、农民市民化进程，城镇化率达到93.4%。农村基础设施建设力度不断加大，新建和改造农村公路326千米，完成高效节水农田灌溉面积3万亩，为全部行政村安装太阳能路灯，建成三镇邮电所和惠农服务大厅，五年累计改造农村危房412户。农业发展水平和农民收入持续提高，开展了56项重点"三农"项目服务，实施了正大新农村现代农业合作示范、现代农业生态示范园、野麻湾高新农业示范园、恒翔现代农业示范中心等产业化项目，新建日光温室、钢架大棚2633座，标准化养殖小区59个，农业规模化、集约化发展水平不断提升；依托重点涉农企业拓宽农民增收渠道，非农产业收入比重超过51%，农民人均纯收入连续13年位居全省首位。推动公共服务向农村延伸，在全省率先实现城乡户籍一元化，统一城乡居民社会养老保险和最低生活保障，新型农村合作医疗保险实现全覆盖。深入实施"双联"行动与"1236"扶贫攻坚行动，农村自我发展能力不断增强。

*社会事业全面进步，民生保障得到加强。*全面落实各项惠民政策，全力办好民生实事，五年累计实施省、市政府惠民实事158项，财政支出用于民生的比例达到70%以上。累计投入10.9亿元实施教育惠民工程，教育基础设施和能力建设空前提高，学前、义务、高中阶段教育均衡发展，在全省率先全面实现"两基"攻坚目标。公共医疗卫生服务水平明显提高，实施了城乡卫生服务机构标准化建设工程，社区卫生服务网络覆盖率达到100%，实现了基本药物零差率销售基层全覆盖。文化体育事业迅速发展，建成市图书馆、文化馆、农村文化大院和覆盖城乡社区的体育健身中心等一系列文化体育惠民工程。就业形势基本稳定，累计新增城镇就业人数4.7万人，城镇登记失业率稳定在2.7%以内。社会保障水平大幅提高，三项基本医疗保险覆盖率均达到98%以上，城乡低保、社会养老、社会救助补助标准分别是"十一五"末的2.4倍、5.9倍和3倍，均高于全省平均水平。整合社会和社区资源，创新养老服务模式，全市每千名老人养老床位达到34张。提高各类住房有效供给，新建保障性住房15829套，全市人均居住面积达到35.73平方米。居民出行更加便利，增购新型公交车量68台，运营线路达到14条。撤销街道办事处，整合成立城乡新型社区47个，建成社会治理服务、城乡一体化、矛盾大调解"三大中心"，成为全国9个社会治理创新样板市之一，连续五年被评为全省综治（平安建设）工作优秀地区。

*循环经济深入推进，"两型"社会建设取得成效。*全面推进农业、工业、服务业和社会层面"四位一体"的循环经济发展体系，完成省上下达的循环经济建设各项指标任务。嘉峪关工业园区被列入全国25个循环化改造示范试点园和国家首批低碳试点园区，园区循环经济主要技术指标优于全省开发区平均水平。全市循环经济企业由2010年的36户增加到67户，酒钢公司被列为全国资源综合利用"双百工程"骨干企业和国家级循环经济

试点企业。全市“十二五”万元生产总值综合能耗累计下降14.25%，万元工业增加值用水量下降26.3%，工业固体废弃物综合利用率提高到73%，城市污水再生利用率达到67%，生活垃圾无害化处理率达到100%。启动实施大气污染治理三年（2014–2016）行动计划，2015年空气优良天数达到302天，大气污染治理达到“两年见成效”阶段性目标。

改革开放稳步推进，发展环境不断优化。重点领域改革深入推进，行政审批制度改革继续深化，取消、调整行政审批事项109项，将行政审批项目全部纳入市政务服务中心办理，审批时限平均缩短52%。整合成立市场监管局和综合执法局，建立了统一的市场监管体系，进一步提高了综合执法能力和服务水平。推进“营改增”和工商登记注册便利化改革，“三证合一、一照一码”登记制度全面推行。投融资体制改革取得重大突破，组建了文旅投、水文化等投融资公司，改制成立了农商银行，引进了甘肃银行、兰州银行、太平洋人寿等金融服务机构。深化农村土地制度改革，农村集体土地和农民土地承包经营权确权登记颁证基本完成。加快对外开放步伐，推进国际港务区建设，开通了北京、上海、广州、西安、乌鲁木齐等14个城市12条航线；积极招商引资和承接产业转移，依托兰洽会、文博会、广交会等平台推介项目，引进了一批文化旅游、商贸物流、现代金融等项目，到位资金总额524亿元。

（吕文婷）

第一产业

综　述

2015年，全市有耕地6.06万亩，可利用草地面积17.61万亩。全年粮食播种面积达到2.37万亩，粮食总产量达到1.54万吨，比上年增加23.2%，其中：小麦产量0.43万吨，玉米产量1.11万吨，马铃薯产量0.08万吨（折合干物质）。实现农业增加值4.28亿元，增长5.03%。

第一产业生产条件

【乡村人口及从业人员】全市有农村人口2.01万人，占全市常住人口的10%，从业1.3万人。

【耕地概况】2015年，三镇农户种植农作物耕地面积6.06万亩。文殊镇河口村因高铁和站前广场征占，2013–2015年实施了填土造地项目，新造耕地610亩，通过土地流转给嘉峪关丰源农业科技有限公司410亩；新城镇在野麻湾村一组、新城村实施土地整理项目，新造耕地1000亩，水、路、渠配套，部分种植了小麦、玉米等作物，地力相对较差。

【农村基础设施】2015年新建、改造三代日光温室70座，折合标准座90座（长63.6米，跨度8米），新建、改扩建养殖小区5个。

【农业机械化】2015年农机总动力达到12.55万千瓦，完成计划的100%，与上年相比增加0.24万千瓦、增长率为2%；拖拉机4179台，与去年相比增加60台（其中100马力以上四轮驱动拖拉机新增6台）；农机化经营总收入达到8978万元，农机维修总收入712万元；完成机耕地6.06万亩，机械播种3.78万亩，机械收获2.91万亩（其中：机收小麦0.96万亩，玉米机收1.45万亩）；全市主要农作物的综合机械化水平达到88.1%。

【农村主要能源及物资消耗】2015年，嘉峪关市农村非商品能源中，消耗农作物秸秆0.78万吨、薪柴0.17万吨、太阳能4.2万平方米，折合标准煤6万吨。农用化肥施用量0.17万吨，农用塑料薄膜使用量245吨，其中地膜使用190吨，地膜覆盖面积4.2万亩。农药使用量8.5吨。

第一产业主要经济指标

【第一产业主要产品产量】2015年，落实春播总面积6.06万亩，与上年持平。其中：粮食作物种植面积2.37万亩（含制种玉米），经济作物36932万亩。粮食产量达到1.54万吨，较上年增长15.8%；瓜菜产量达到10.68万吨，较上年增长2.1%；肉蛋奶总产量2.59万吨，较上年增长0.6%；果品产量达到0.45万吨，较上年增长32%，各类农作物喜获丰收。

第一产业产业化

【农林牧渔业增加值】 2015年，实现农林牧渔业增加值4.28亿元，增速5.03%。

【肉鸡产业】 2015年，全市肉鸡存栏3.5万只，同比增长34%；出栏3.5万只，同比持平。

【奶牛产业】 2015年，全市奶牛存栏5337头，同比增长3.3%；出栏2119头，同比增长18%。

【奶羊产业】 2015年，全市奶山羊存栏数量仅为70只。

【养猪产业】 2015年，全市生猪存栏3.4万头，同比增长17.2%；出栏6.6万头，同比增加32%。

【养鱼产业】 2015年，全市淡水养殖面积165公顷，水产品80.34吨，同比增长3%。

【其他产业】 2015年，全市特禽养殖规模加大，位于峪泉镇嘉峪关村的鸿翔蓝孔雀养殖场存栏孔雀3万只，出栏410只；特禽养殖场存栏鹌鹑4.8万只，出栏4.5万只。

第一产业结构调整

【农村产业结构调整】 2015年，农民人均纯收入达到15371元，净增1562元，增长11.3%，第一产业与二、三产业收入比重为49:51。农村二、三产业稳步发展，全年全市转移农村劳动力约4200人，与上年基本持平，工价上涨幅度在8%左右。

【农村牧渔业结构调整】 2015年，畜产品价格上涨，一产业农、林、牧收入比重为70:9:21。大力发展标准化养殖场（小区）建设，促进畜牧业产业结构调整。新建标准化规模养殖场（小区）5个，累计68个。全市畜禽饲养总量达到53.4万头只，同比增长5.6%，肉蛋奶总产量达到2.6万吨，同比增长4.8%。

【种植业结构调整】 2015年，紧紧围绕农民增收目标，加大农业结构调整和优势产业培育力度，不断夯实促农增收基础。完成播种总面积6.06万亩，其中粮食作物面积2.37万亩（含玉米制种），占总播种面积的39.1%；经济作物面积3.69万亩，占总播种面积的60.9%。发展精细蔬菜2万亩，高效制种1.6万亩，优质啤酒花基地2000亩，设施蔬菜2163.4亩。

【品种结构调整】 2015年，加强农林牧新品种引进和改良力度，优质洋葱、优质蔬菜、优质花卉、优质苗木等种植比例提高，良种率达到95%以上。

第一产业科技创新

【优种工程的实施】 全年完成高效农田节水技术推广面积6.3075万亩，其中：膜下滴灌3.2891万亩，垄膜沟灌3.0184万亩。累计增产粮食、蔬菜等307.8万千克，节本增收792.4万元，总节水1059.8万立方米。建立了新城镇中沟村垄膜沟灌核心示范区（示范面积0.171万亩），市现代农业示范园日光温室膜下滴灌水肥一体化节水技术示范点（示范面积50亩）。配合水利局完成了长城区新城镇横沟村葵花膜下滴灌示范点，示范面积2000亩。利用2013年、2014年高效农田节水技术示范推广项目结转资金，示范推广辣椒、胡萝卜、茄子垄膜沟灌节水技术2912亩，完成了市农林局现代农业示范园温室基地（一期）灌溉机井改造工程和（二期）膜下滴灌工程。举办高效农田节水相关技术培训19场（次），培训农民1520余人次，举办节水技术现场培训13场次，参训人数360多人次，印发了3万余字的《嘉峪关市高效农田节水技术》。在市现代农业生态示范园、文殊镇塔湾村、团结村、冯家沟村和新城镇中沟村、野麻湾村、新城村示范推广瓜菜新技术2285亩。在现代农业生态示范园和野麻湾村高新农业示范区示范推广航椒5号、航椒7号、861甜椒及源添利F1子弹头辣椒、杭茄2号、基质穴盘育苗技术150万株，带动农户子弹头辣椒常规育苗和直播美国红椒735亩。在市现代农业示范园和文殊镇恒翔农业示范园、新城镇中沟村、新城村示范推广嫁接西瓜、越瓜和韭菜等新品种6个。

【塑料大棚及其他先进技术的推广】 2015年，全市累计建成钢架大棚1065座。市农业技术推广站在市现代农业生态示范园日光温室中开展了瓜菜立体无土栽培技术示范,集成了番茄树基质栽培、特大南瓜基质栽培、立体管道叶菜水培等10种栽培模式,配套安装了立体水培和基质栽培营养液自动循环供给系统,并根据瓜菜需肥规律配置了水培营养液和有机生态栽培基质,示范日光温室瓜菜立体无土栽培2棚。同时,引进示范绿宝石、帅童樱桃番茄、航椒5号辣椒、辐帅越瓜、银铃甜瓜、抗裂京欣、美丽西瓜、菊花菜、紫叶甜菜、法兰地草莓等观赏叶菜瓜菜新品质16个,从品种选择、茬口安排、栽培管理及病虫害防治等方面进行全程技术指导示范。文殊镇农业综合服务中心引进和推广葡萄、油桃、番茄、辣椒、茄子、人参果、草莓、黑木耳等果蔬新品种20个,示范推广基质栽培技术、滴管节水技术、反季节果品栽培、大田玉米套种黑木耳和温室黑木耳袋料栽培技术等新技术5项。新城镇农业综合服务中心引进瓜、菜、粮、果、药、肥等新品种20个,试验示范栽培李广杏、蟠桃、水蜜桃、早熟葡萄反季节栽培及台湾青枣、柠檬、火龙果等果蔬新品种栽培70棚,李广杏、蟠桃、青枣、柠檬、火龙果等均成功种植。峪泉镇引进食葵、黑枸杞、甜霸王七号、华星863、华光f1、超甜抗裂京欣、蜜王天尊、新京欣一号、金冠1号、黄皮京欣一号、京秀、金元宝等新品种10余个,开展试验示范,其中示范种植食葵80亩,黑枸杞70亩。

【农业技术培训】2015年,市农林局继续侧重于农民科技素质和劳动技能的提高,围绕无公害洋葱生产和病虫害防治技术、网室甜椒杂交制种技术、测土配方施肥技术等重点项目与特色产业,科技人员深入农村生产一线,开展日光温室高效栽培技术、测土配方施肥技术、畜禽品种改良技术等指导服务,举办各类科技培训班17期,培训农民3652人次,发放各类技术资料18260余份。实施了阳光工程、科技扶贫、新型职业农民等培训,培训农民234人。

【农业科技体系建设】2015年完成了市农产品质量安全检验检测(县级)站建设项目,完成了镇农产品质量安全监管机构标准化(乡镇级)建设项目,已正式运行。完善基层农产品监管体系,建成市、镇、超市农产品质量安全速测站12个。启动农产品质量安全追溯体系建设,确定追溯体系试点单位15家,初步建成从省、市、镇、生产基地四级农产品质量安全全程追溯平台架构。实现了农产品监测信息在政府网、局域网和追溯平台实时公示。

第一产业 产业管理

【农产品例行监测】2015年,严格执行检测制度,坚持每月二次自检和每季度一次例行检测制度,全年完成农产品监测样品31019个,其中:蔬果农药残留监测样品28735个,食用菌荧光增白剂监测样品1655个,畜产品“瘦肉精”和三聚氰胺监测样品587个,水产品孔雀石绿和氯霉素监测样品42个。样品中完成省级例行监测259个,市级抽检1930个、市级日常检测26621个,三镇2209个;监测出不合格样品62个,其中省级1个,市级抽检8个,迎宾市场44个,三镇基地9个,年度农产品监测合格率99.8%。在合格样品中,可疑超标样品574个,为蔬菜和水果样品。

【农产品投入品、农产品安全专项检查】2015年,市农林局联合市场监管、公安等部门开展“春季农资打假专项行动”“夏季百日行动”“放心农资下乡进村宣传周”“农产品质量安全专项整治行动”,出动执法车辆46台(次),执法人员286人(次),检查农资门市部、兽药经营店、规模养殖场等26家,清查各类化肥20余种,各种农、兽药100余种,各类种子60个品种,各种农膜15种。未发现销售和使用甲胺磷等禁用农药、“瘦肉精”、孔雀石绿和三聚氰胺等非法添加投入品行为。查处“经营标签残缺不清”农药案件1起、查处“经营运输依法应当检疫而未经检疫动物案”3起、查处“超出动物诊疗许可证的诊疗活动范围从事动物诊疗活动案”2起,共计罚没款5142.4元,罚没款全部由当事人上缴国库,处罚案件信息已全部在市农林局网站公开。坚持每月1次的农产品质量安全监督检查制度,定期对生产基地、养殖场投入品使用、安全生产情况开展例行检查。开展了“三品一标”标志使用专项检查工作,未发现农产品在市场上违规使用“三品一标”标志的行为。

【无公害农产品、有机食品、绿色食品产地认定、产品认证】2015年,市农产品质量安全监督检测中心参与制定《农作物种子生产技术规程杂交向日葵》《农产品批发市场检测室技术规范》《日光温室越瓜生产技术规程》,修订《河西灌区洋葱生产技术规程》《农作物种子生产技术规程杂交甜椒》《农作物种子生产技术规程杂交番茄》《农作物种子生产技术规程杂交西瓜》标准。监督指导嘉峪关市兴盛啤酒花种植有限公司开展绿色食品“90型一级颗粒啤酒花”的续展,完成样品抽取和相关资料的审核上报。省绿办检查组到嘉峪关市兴盛啤酒花种植有限公司基地进行了现场检查。

【动物检验检疫】2015年,全市立案查处出售病死牛案1件、运输无证猪案1件,共检疫各类畜禽8.3万头(只),动物检疫率、出证率、病害动物及产品无害化处理率均达到100%,确保了动物及动物产品安全。

【农业对外开放管理】2015年,继续与兰州正大食品有限公司合作,实施嘉峪关正大新农村现代农业合作示范项目。嘉峪关正大现代农牧产业化农民专业合作社和兰州正大食品有限公司签订租赁合同,项目正式租赁运营。2015年底12个场全部投产运营,存栏种猪3124头、肥猪19765头,出栏种猪893头、肥猪4190头、仔猪3429头。

第一产业重点项目建设

【嘉峪关正大新农村现代农业合作示范项目】项目计划投资10亿元建设世界一流的原种猪育种扩繁基地和现代化生猪、蛋鸡生产示范场,以及与之配套的饲料生产销售、屠宰、食品加工等项目。项目总体工程分两期实施,一期工程计划从美国引进原种猪3000头及美国先进的育种技术,采用正大集团先进管理模式和生产模式,建设2400头原种猪场1座,现代化种猪育成试验场1座,现代化种猪育成场5座,24万只现代化青年蛋鸡育成场1座,12万只现代化蛋鸡生产示范场1座,项目运营管理展示中心、销售中心2座、车辆洗消中心各3座。一期工程总投资概算人民币4.65亿元,其中固定资产投资人民币3.7亿元,流动资金投资人民币0.95亿元。项目于2012年12月30日签约,2013年3月开工。截至2015年底,已建成12个场,全部投产运营,现存栏种猪3124头、肥猪19765头,出栏种猪893头、肥猪4190头、仔猪3429头,实现销售收入1160万元。

【嘉峪关现代农业生态示范园】新建日光温室32座,完成了温室间道路和绿化工程,建成2万立方米蓄水池1座,完成人工造林638亩,配套园区灌溉管线3270米、管道井19个、U型渠700米、供电线路6千米,初步具备了农业科技展示、试验示范、标准化生产、示范带动、科技培训、休闲观光等功能,2015年被命名为省级现代农业示范园。

【设施农业智能化监控系统项目】概算总投资600万元,已完成投资109.87万元,安装大棚管家及相应的配套设施189套,实现高效温室的智能化管理。

种植业

【综述】2015年,落实粮食作物种植面积2.37万亩,经济作物3.69万亩。粮食产量达到1.54万吨,较上年增长15.8%;瓜菜产量达到10.68万吨,较上年增长2.1%;肉蛋奶总产量2.59万吨,增长0.6%;果品产量达到0.45万吨,较上年增长32%,各类农作物喜获丰收,农业生产供给能力显著提升。

【谷物及其他作物种植】谷物种植。2015年,粮食作物主要是小麦、玉米(包括制种玉米),种植面积2.37万亩,占总播种面积的39%,粮食作物长势良好,夏粮产量达到0.5万吨,秋粮产量达到1万吨。

油料作物种植。2015年,油料作物种植品种有胡麻、葵花籽等,种植面积1937亩,比上年增加105.7%。胡麻每亩产量在170公斤左右。

【蔬菜园艺作物种植】蔬菜种植。2015年,全市共落实蔬菜种植面积2万亩,产量12万吨;其中温室蔬菜面积2163.4亩,产量1.09万吨,移动式钢架大棚蔬菜生产面积200多亩,洋葱面积0.9万亩,除洋葱外的其他大宗蔬菜面积3941.8亩。

西、甜瓜种植。2015年,全市种植西瓜1809

亩,比上年减少190亩,主要品种为京欣、西农八号。由于春季大风灾害,移动钢架大棚西瓜上市较往年推迟,产量下降。

其他园艺作物种植。2015年,全市绿化树种花卉育苗面积达到2099亩,比上年增加293亩,主要集中在文殊镇冯家沟村、河口村和新城镇安远沟村。在河口村、野麻湾村日光温室开展花卉育苗67棚,主要品种有一串红、万寿菊、矮牵牛等。

洋葱种植。2015年,全市种植洋葱9077万亩,亩产量6.3吨左右,总产量达到6万吨。

【水果种植】全市水果种植主要种类有杏、梨、苹果、酿酒葡萄、酸果子等,种植面积在5.05万亩(包括宏丰公司葡萄园),挂果面积1.29万亩,产量达到4629吨(其中宏丰公司葡萄园葡萄产量1285吨)。

在文殊镇冯家沟村、河口村和新城镇新城村,种植日光温室反季节油桃98棚,秋延后葡萄52棚,实现了反季节果品的生产。

农业管理

【机构设置与人员编制】嘉峪关市农林局(以下简称"市农林局")是市政府行政职能部门,负责全市农、林、牧、渔、农村能源、农业区划、扶贫、农机等方面工作的行政管理和业务技术服务。同时加挂市畜牧兽医管理局、市农业机械管理局、市扶贫办(与市农业建设指挥部办公室合署)牌子。局机关内设办公室、农林科、农机科、计财科、畜牧兽医科、农产品质量安全监管科6个科室;下属21个事业单位:市农业技术推广站、市植保植检站、市种子管理站、市农业经营管理站、市农业广播电视学校、市农业区划能源办公室、市农业行政综合执法支队、市农业信用担保中心、市农产品质量安全监督检测中心、市林业管理站、市林政稽查队、市苗圃、湿地公园保护管理中心、市动物卫生监督所、市畜牧兽医推广站、市动物疫病防控中心、市文殊镇畜牧兽医站、市新城镇畜牧兽医站、市峪泉镇畜牧兽医站、市农机监理所、市农业机械推广站。全系统在编工作人员110人,另有民生实事、进村进社等服务人员22名。

【农业生产技术管理】2015年,市农技站和三镇农业技术综合服务中心加大了新技术、新项目、新产品的引进、试验示范、推广、开发以及对中低产田的改造和对农民的技术培训、技术咨询、技术指导等工作的力度。先后推广在市现代农业生态示范园、文殊镇塔湾村、团结村、冯家沟村和新城镇中沟村、野麻湾村、新城村示范推广瓜菜新技术2285亩。其中在市现代农业生态示范园和野麻湾村高新农业示范区示范推广航椒5号、航椒7号、861甜椒及源添利F1子弹头辣椒、杭茄2号、基质穴盘育苗技术150万株,带动农户子弹头辣椒常规育苗和直播美国红椒735亩;在市现代农业示范园和文殊镇恒翔农业示范园、新城镇中沟村、新城村示范推广嫁接西瓜、越瓜和韭菜等新品种6个;在市现代农业示范园日光温室瓜菜立体无土栽培技术示范集成了番茄树基质栽培、特大南瓜基质栽培、立体管道叶菜水培等10种栽培模式,配套建设安装了立体水培和基质栽培营养液自动循环供给系统,并根据瓜菜需肥规律配置了水培营养液和有机生态栽培基质,引进示范绿宝石、帅童樱桃番茄、航椒5号辣椒、辐帅越瓜、银铃甜瓜、抗裂京欣、美丽西瓜、菊花菜、紫叶甜菜、法兰地草莓等观赏叶菜瓜菜新品质16个,达到了集观光、培训、生产、试验、示范于一体的综合性现代农业科技示范效果,为全市现代农业发展起到示范引领作用。

【农业土肥管理】农业土肥业务工作由市土肥站承担。2015年,全市共完成测土配方施肥面积9.1万亩,经测算,测土配方施肥平均亩产3102.1千克,平均亩产增产32.3千克,亩均节本增收64元,实现节本增收582.4万元。利用测土配方施肥项目"3414"田间试验及校正试验结果,综合2014年取土化验数据,为农户制定了洋葱、马铃薯、玉米、大葱、番茄、网室甜椒制种等不同作物的施肥方案,分村组制定施肥建议方案234个,为农户发放测土配方施肥建议卡12000份;采购触摸屏3台、配肥机3台,将全市作物种类、地块信息、土壤养分统计分析、施肥模型、复混肥种类等数据全部录入触摸屏系统,农户可根据触摸屏上的地块信息、地力等级、村级施肥等方式查询施肥建议,方便农户科学按方施肥;开展田间试验示范,落实洋葱肥料利用率试验3个,洋葱配方校正试验3个,玉米微量元素试验3个，马铃薯2+X试验1个，试验小区总数87个;按照农企对接推广配方肥的要求,制定《嘉峪关市化肥零增长行动方案》,为整建制推进区域、“百千万亩”核心示范区种粮大户、科技示范户、专业合作社推广洋葱、马铃薯、蔬菜配方肥40吨、有机肥65吨,推广配方肥进田面积2万亩;完成了所采土样的PH值、有机质、全氮、全磷、全钾、水解氮、速效磷、速效钾、缓效钾、有效锌、锰、铜、铁等13000个土壤指标分析化验工作;抓技术培训宣传，举办测土配方施肥专题培训班3期,19场次,培训技术骨干16人次,培训农民和科技示范户6200余人次，接受农民技术咨询510余人次,发放测土配方施肥技术资料1.2万份,通过报纸、广播电视、简报、手机报等形式开展宣传11次,编印了4万余字的《嘉峪关市测土配方施肥技术》;开展标准化验室认证工作,完成了化验室仪器、玻璃器皿的检定、校准及前期资料准备等工作;填报完成了测土配方施肥、金农工程、农企业对接等系统的月报表、季度报表和年报表。

【农业植保管理】农业植保业务工作由市植保植检站承担，业务上受市农林局和省有关业务部门直接管理和指导。经监测,2015年全市农作物主要病虫草鼠害总体上呈中度发生年，全年发生面积24.45万亩次,完成防治面积49.55万亩次。其中：虫害发生面积9.67万亩次，完成防治面积18.83万亩次;病害发生面积7.09万亩次,完成防治面积12.46万亩次;草害发生面积7.37万亩次,完成防治面积18.74万亩次；鼠害发生面积0.32万亩次,完成防治面积0.12万亩次。挽回粮食损失1669吨,蔬菜损失2030吨,其他经济作物损失1542吨。市农业技术推广站先后在三镇各村举办苹果蠹蛾疫情防控、洋葱、保护地蔬菜、制种基地、果树等病虫害防治专题培训班17场次,培训三镇农民2000余人次,发放宣传资料3000余份。在作物生育期内,市农业技术推广站确定3名业务骨干,开展病虫定点调查及大田普查,密切监视病虫发生发展动态,综合病虫基数、作物品种布局、气象预报、历史资料等多种因素进行专家会商,做出科学判断,准确预测了玉米螟、小地老虎、玉米红蜘蛛、洋葱根腐病偏重发生的趋势,做到了超前预警,并及时准确发布病虫情报和防治警报4期。开展苹果蠹蛾疫情防控。全年共落实农业防治面积6558亩。物理防控方面:架设杀虫灯72盏,防控覆盖面积达2040亩;生物防控方面,全年共悬挂迷向发散器3000个，以干扰其正常交尾繁殖;化学防控方面,全年共投入农药3吨,投入防治人员741人次,出动机动式喷雾器254台次,组织开展了2次“拉网式”大规模的统防统治行动,共落实防控面积4488亩,防治率达95%以上。通过扎实有效的防控，疫情面积由2014年167亩下降为96亩，平均蛀果率为0.23%，平均虫株率为0.35%，分别比上年下降了0.01和0.02个百分点,实现了“对内不危害、对外不传播”的防控目标,为果农挽回直接经济损失120余万元。科学指导大田防治，针对设施蔬菜病虫害、玉米小地老虎、棉铃虫、玉米螟、红蜘蛛、大、小斑病、马铃薯晚疫病、洋葱根腐病、软腐病、瓜类枯萎病、白粉病等病虫害中度偏重发生的特点,印制玉米、洋葱、马铃薯、辣(甜)椒、瓜类等农作物主要病虫害防治技术资料各2000份,及时发放到户。在全市设立2个洋葱病虫害综合防治示范区和一个西瓜病虫害综合防治示范区,通过现场培训、示范引导,科学指导广大农户开展大田病虫害防治。向社会公开5名中级以上技术人员电话,开展24小时全天候服务，及时解决农民群众有关病虫防治的疑难问题。同时，市农业技术推广站还抽调4名技术骨干,深入各镇村田间地头巡回指导,发现病情现场诊断、开方、配药,及时指导农户科学防治。规范植物检疫工作,阻截外来有害生物传播蔓延,全年开展产地检疫8551亩,办理合格签证173份,办理调运检疫91批次2454.5吨，累计开展市场检疫106次。强化市场管理,确保农药市场规范经营。结合全国“2015年农资打假专项治理行动”的有利时机，加大监督检查力度。全年共出动执法车12台次、执法人员108人次,开展拉网式联合大检查6次,检查农资经营门店120家(次),查处无证经营门店1户。开展重点外来入侵物种调查摸底工作,2015年8月，市植保站组织技术干部利用1个月的时间在三镇、17个行政村113村民小组开展了毒麦、加拿大一枝黄花、苹果蠹蛾、美洲斑潜蝇、扶桑绵粉蚧、马铃薯甲虫、番茄细菌性溃疡病菌等7种国家重点管理的外来入侵物种调查,对已入侵且发生严重的物种,根据调查结果制定了防控方案，提出了防治对策与建议，集中进行了防除。

【农业种子管理】农业种子管理工作由市种子管理站承担，业务上受市农林局和省有关业务部门直接管理和指导。2015年，市种子管理站加强“农资打假”和种子法律法规宣传工作。3月至10月份，对三镇农资市场开展执法检查和法规宣传、咨询等活动9次。规范行政审批项目，加强种子生产经营许可管理。全市种子企业共25家，全为非主要农作物种子企业，其中2015年新办证企业3家。开展种植结构和种子企业生产情况调查。2015年，全市各类农作物制种面积16140亩，作物种类涉及玉米、向日葵、各类蔬菜、瓜类、豆类等，其中玉米5551亩，主要分布于冯家沟村、石桥村、团结村和塔湾村、黄草营村等；向日葵7381亩，主要分布于横沟村、野麻湾村、黄草营村和黑山湖农场等；西葫芦643亩，南瓜838亩，加工番茄140亩，其他蔬菜制种1586.5亩。农作物制种面积较去年增加740亩，增长4.8%。实施杂交洋葱新品种优选试验及示范推广项目，对9个杂交洋葱新品种开展二次种植优选试验，最终优选出了四个黄葱品种(湖林、牧童、北极星、金威)和一个红葱品种(红雁)，推广面积1307亩(其中牧童推广面积达到836亩)。开展制种农作物花期检验，完成农作物制种基地田检面积12075亩，占应检面积的82%。规范种子市场监督，对6家向日葵制种企业生产的31个种子批次进行扦取样品，在完成室内芽率测定的基础上，选择文殊镇石桥村进行田间种植鉴定，共完成单批次31小区种植，面积2000平方米。完成首个农作物种子生产基地认证工作，对新城镇横沟村一至五组2690亩耕地进行认定，颁发横沟村农作物种子生产基地认定证书并发布基地认定图。做好种子企业的扶持发展，甘肃九洋农业发展有限公司和甘肃华太丰田农业科技有限公司因没有合适的场地，市种子管理站经与长城村协调联系，双方达成协议，通过租赁形式取得了200亩集体土地30年的使用权，为公司的发展奠定了基础。积极引导企业申报科研项目，争取资金，提高企业研发能力，先后有嘉峪关正和农业有限公司、嘉峪关诚杰农业科技公司向科技局申报了《现代温室智能育苗技术创新》(嘉峪关诚杰农业科技公司)和《杂交洋葱品种红喜利培育试验及推广》(嘉峪关市还玉农作物种植专业合作社)四项科技创新项目，项目资金总计30万元。

【农业机械管理】嘉峪关市农业机械管理局负责管理全市农机供应、修理、培训、监理、推广等各项工作业务，内设农机科，下设市农机监理所、市农业机械化技术推广站，三个镇均建有农机管理服务站，全部职工纳入国家正式干部编制。2015年，继续落实“农机六项免费”管理政策，市财政拨付8万元的经费予以支持，全面开展管理服务工作。全年共检验拖拉机3511台，占应检台数3632台的96.7%；检验联合收割机43台，占应检台数43台的100%；审验、换发驾驶证64人，占到期应换证64本的100%；新增农业机械报户挂牌69台(其中拖拉机67台，联合收割机2台)，合格率达81%。全年共出动农机安全检查执法人员687人次，检查各类农业机械3111台次、查处各种违章203人(台)次，对查出的各类违章行为及事故隐患，及时采取措施，依法责令限时整改。举办拖拉机驾驶员培训班2期累计216人次，农机手培训班6期累计523人次，修理工培训班1期累计48人。

【农机购置补贴】2015年，省农牧厅、省财政厅下达全市农机购置补贴资金151万元，其中中央补贴资金140万元、省级补贴资金11万元。按照《甘肃省2015—2017年农业机械购置补贴实施方案》和《嘉峪关市2015—2017年农业机械购置补贴实施方案》，完成补贴机具125台(套)，受益农户89户，拉动农机固定资产投资750万元。

【农机科技项目建设】2015年，继续实施“农田保护性耕作技术集成示范项目”，完成激光平地1万亩，经平整后可以取得显著的节水、增产、保持水肥不流失等综合效益。实施了胡萝卜生产全程机械化项目，引进了种植、收获机械3台，种植示范面积22亩，推进了胡萝卜净菜加工项目的建成。完成机械化深耕深松3.2万亩，促进了农机、农艺融合，在农机经营方式上有了大的突破。

【维修网点管理】2015年，为规范农机维修网点市场环境，联合农业执法支队对全市的农机市场和维修网点进行摸底调查、监督检查。共发放农机法律法规、农机识假辨假宣传彩页6100余份，清查各种农机配件2000余件。年底全市共有14家维修网点，现有农机修理技术工人18人，全年共维修、保养拖拉机及各类农机具达1.1万台。

【农机化培训】2015年共举办现场演示会3次，举办培训班15期，培训人员1021人次。其中：管理人员2期培训20人次；技术人员2期培训96人次；拖拉机驾驶员培训2期累计216人次；农机手培训6期累计523人次；修理工培训1期累计48人次；其他培训2期累计118人次。

【农业市场管理】2015年，加强农产品质量安全监管，全年完成农产品综合监测样品3.1万个，监测出不合格样品62个，整体监测合格率99.8%。完成了《农产品批发市场检测室技术规范》等7项甘肃省地方标准制修订。先后开展农资打假专项治理行动、农业生产投入品专项检查、兽药饲料经营清理规范行动，检查农资、兽药饲料、动物诊所36家，立案查处案件6起，规范了农资、兽药饲料市场秩序。

【农业信息管理】2015年，利用“12316三农”服务热线，及时掌握第一手信息，坚决制止和纠正侵犯农民合法权益的行为。“嘉峪关惠农信息手机报”，通过全国12316短彩信服务平台发布农业灾害应急、惠农政策、农业生产等信息，覆盖三镇干部、农户及农林局全体职工。为农民与政府、农民与市场之间架起了桥梁，实现了为农民群众提供实用的科技信息、市场信息和农业生产技术指导服务。开通农业惠农手机平台和实施设施农业智能监控项目，全年收集整理各类政策信息、农业和农村经济动态信息、供求信息、农产品市场价格和农业生产技术信息300余条，及时向外发布，为农民群众了解全市农业农村经济工作动态、政策法规以及先进的种养、加工和病虫害防治等农业生产实用技术，咨询解决农业生产中的难题提供了方便。

【农业环保管理】2015年，市农业技术推广站贯彻全省农业环保工作会议精神，开展了农业生态环境保护宣传和培训、外来重大有害生物的监控与防治、废旧农膜的回收利用等工作，从整体上大大提高了田园清洁程度，农业生态环境得到了有效改善。开展废旧农膜回收利用工作。在镇、村、组开展宣传培训6场（次），利用集市和科技下乡散发《加强废旧地膜回收利用，切实保护农业生态环境》宣传彩页2000份，印发《甘肃省废旧农膜回收利用条例》和《致广大农民群众的一封信》各5000份。组织企业回收废旧地膜220吨，农膜81吨，回收率82%以上。加强农资市场的监管，结合春耕备耕、秋种管工作会议精神开展农资打假活动农资打假活动，对全市25家农资经销店进行了集中检查5次，未发现超薄地膜的销售，市场上销售的地膜主要以宏达0.01毫米为主。对已享受省级财政补贴回收加工企业进行定期监管，指导企业建立了相关经营管理制度及回收网点，并签订回收协议，提高了废旧农膜的回收利用率。开展废旧农膜集中整治活动，组织回收加工企业对自己包片回收区域进行了专项整治，重点对交通沿线、沟渠、地埂、田间地头等地点的废旧农膜进行了集中清理和回收。开展尾菜处理利用工作，对种植蔬菜面积大的村组开展尾菜处理利用培训班2次；对蔬菜集中种植区域建议进行集中挖堆沤池，进行无害化处理；在洋葱收购网点遗留的干皮残葱扫堆就地处理，先焚烧后掩埋；对重点地域进行巡回检查，对造成环境污染的行为提出批评，有效遏制了部分地域洋葱尾菜严重污染的现象。

养殖业

【综述】全市畜牧业以生猪、羊、禽类、奶牛养殖为主。2015年生猪饲养量10.1万头，年末存栏3.4万头；羊饲养量18.8万只，年末存栏12.7万只；牛饲养量1.1万头，年末存栏0.81万头；禽类饲养量23.4万只，上市家禽8.3万只。2015年生产肉类4710吨，其中猪肉3630吨，羊肉810吨，牛肉270吨；禽蛋612吨，鲜奶21600吨。

大牲畜饲养。2015年，全市大家畜（牛、马、驴、骡、骆驼）饲养量1.2万头，存栏0.9万头，同比下降4.1%；出栏0.3万头，同比下降1.6%。

骆驼饲养。2015年，全市骆驼饲养量211峰。

猪、羊等饲养。全市生猪存栏3.4万头，同比增长17%；出栏6.6万头，同比增加32%。羊存栏12.7万只，同比下降7.2%；出栏6.1万只，同比下降18.6%。

禽类卵化和饲养。近年来，禽类孵化工作在嘉峪关市已经不再开展，农户的鸡都是从周边地区购进15日龄左右的雏鸡，直接进行育肥出栏。由于三镇蛋鸡生产散养户数量少，禽产品主要来自于3个蛋鸡规模养殖。2015年，全市蛋鸡饲养3.1万只，年产鸡蛋612吨，禽产品均达不到市场供给的需求，不足部分主要通过个体户从周边地区购进销售。

蓝孔雀饲养。全市的蓝孔雀养殖由鸿翔蓝孔雀高科技农业开发有限责任公司集中饲养。2015年，蓝孔雀存栏3万只，出栏410只，并开发了孔雀工艺品、鲜蓝孔雀蛋、蓝孔雀蛋粉系列以及蓝孔雀肉制品。先后引进大型自动化电脑控制孵化机5台套，达到了年孵化10万只孔雀苗的繁育能力。

梅花鹿养殖。团结村天润梅花鹿养殖场位于文殊镇团结村四组荒滩地，于2012年10月开始修建，总投资130万元，占地面积9000平方米，建成鹿舍575平方米，运动场3200平方米，配套饲料加工间、干草棚、库房、管护房450平方米。配备小型饲料加工机械1套，饲料晾晒场1个，堆粪场1处，并完成场区道路、绿化等基础设施建设。截至2015年末，存栏梅花鹿220头。

肉牛养殖。嘉峪关市牧源滩畜牧有限公司是重点肉牛养殖企业，2015年末存栏肉牛1654头，其中基础母牛750头，育肥牛904头。

养殖业管理

【管理机构及人员编制】2007年4月2日市编委会和市委常委会讨论，同意成立嘉峪关市畜牧兽医管理局，为全额拨款的县级事业单位，归口市农林局管理。核定全额拨款事业编制4名(参照公务员管理)，其中局长由市农林局局长兼任，设专职副局长1名。内设畜牧兽医科，科级干部职数1名。市畜牧兽医管理局主要职责是：负责管理全市畜牧、草原、动物防疫和检疫监督；负责畜牧、兽医医政、兽药药政、饲料行政及官方兽医和执业兽医管理；负责兽药、饲料、动物产品质量安全监督管理；依法对辖区内畜牧、兽医行政管理机构和兽医服务体系建设进行监督指导。市畜牧兽医管理局下设：市动物卫生监督所(参公管理科级单位)、市畜牧技术推广站(全额拨款科级事业单位)、市动物疫病预防控制中心(全额拨款科级事业单位)及峪泉镇、文殊镇、新城镇三镇畜牧兽医站(全额拨款副科级事业单位)。

【畜牧业生产管理】2015年，全面推进良种化进程，扩大设施养殖工程建设，推进生产方式转变，抓好综合养殖技术示范，依托项目的建设与实施加大畜牧科技推广力度，强化科技培训宣传，确保畜牧业生产健康平稳发展。

【兽医技术管理】2015年，以防控重大动物疫病和保障公共卫生安全为重点，强化措施，狠抓基础免疫、疫病监测、消毒灭源和技术培训工作，使重大动物疫情应急处理能力得到明显提升，动物疫情防控工作取得了显著成效。

【兽医卫生监督检验管理】贯彻《动物防疫法》等法律法规，以动物卫生监督工作为中心，紧紧围绕全市畜牧兽医工作大局，提升人员素质，完善执法手段，规范监督执法行为，从养殖环节监管、动物屠宰检疫监督、动物诊疗场所监管、运输环节监管、违法案件查处等方面，强化监管工作，严打违法行为，促进了全市动物卫生监督工作的有效开展。

种植、养殖、农机大户简介

【种植大户简介】文殊镇冯家沟村三组村民张志龙，近年种植日光温室油桃、延后葡萄5棚，建有育苗日光温室2座，日光温室累计种植面积达到了4000平方米以上。

文殊镇冯家沟村四组村民党学明，从90年代初开始试验种植食用菌，2014年食用菌种植温室已发展到12座，种植面积6200余平方米，主要种植香菇，香菇市场占有率在60%以上。

文殊镇塔湾村一组村民龚学云，种植双孢菇、平姑、香姑等品种8棚，有金针菇周年化生产线一条,常年收购双孢菇、发往新疆哈密等地。

文殊镇塔湾村四组村民崔护忠，建设现代大跨度日光温室6个,种植双孢菇、草莓等,年收入超过30万元。

文殊镇文殊村八组村民鲁建明，充分利用戈壁荒滩建设日光温室16座,2015年全面投产,主要种植茄果类蔬菜。

文殊镇河口村四组村民崔立忠，在恒翔农业示范中心建设戈壁温室4座，种植草莓和精细蔬菜,经济效益可观。

新城镇新城村一组村民李红光，种植网室甜椒杂交制种3棚、1.8亩,种植洋葱15亩,年各类收入10万元以上,带动新城一组网室甜椒杂交制种40余棚。

【养殖大户简介】文殊镇塔湾村四组村民王德有，从2009年开始规模化养殖，先后投资50余万元修建生猪养殖圈舍2栋，由镇畜牧兽医站技术人员提供诊疗、防疫、消毒和发酵床养殖技术等服务,2015年能繁母猪存栏45头，年出栏育肥猪400头以上。

文殊镇团结村四组村民郭建明，修建梅花鹿养殖场9000平方米,2015年存栏220头,经济效益可观。

文殊镇河口村四组村民朱华,从2000年开始养羊,2011年在市农林局和镇畜牧兽医站技术人员的指导下从事绒山羊养殖。2015年饲养绒山羊1000多只,出栏500多只,年收入近20万元。

文殊镇塔湾村民王兴明,2011年成立嘉峪关恒大养殖农民专业合作社，投资修建猪舍13栋。其中有800平方米的优质母猪圈舍,460平方米的仔猪圈舍,3000平方米的育肥圈舍。2015年存栏母猪380头,出栏育肥猪3000多头。

新城镇安远沟村五组王兴福、王兴虎、王文、王军，分别从事氨化养殖和沼气池建设，一举两得。5户均被评定为科技示范养殖大户。

峪泉镇畜牧养殖农民农业合作社养殖园区位于黄草营7组,规划占地面积200亩,建筑面积9000平方米,2015年入驻7个畜牧养殖农民专业合作社,已投建2栋牛舍、2栋鸡舍、6栋羊舍。

【农机组织及大户简介】2015年底，全市累计有农机专业合作社9家，农机化作业服务组织及农机户3898个，其中农机固定资产20万元以上的农机大户54个，农机固定资产20万元以上的农机化作业服务组织83个。

嘉峪关市正民农业机械农民专业合作社，2015年底拥有90马力以上拖拉机18台,配套农机具38台套,2015年新购约翰迪尔1654拖拉机,享受补贴21万元,年收入达150万元。

新城镇长城村1组35号祁小红,2015年新购激光平地机、130马力拖拉机、旋耕机,农机固定资产29.75万元，享受农机补贴9.15万元,机耕、机种等年收入在8万元以上。

新城镇新城村5组43号高红荣,2015年新购100马力拖拉机、深松机,压捆机,农机固定资产26万元,享受农机补贴7.34万元,年收入在7万元以上。

新城镇新城村4组16号殷明荣,2015年新购激光平地机、130马力拖拉机、旋耕机机,农机固定资产30.68万元,享受农机补贴9.15万元,机耕、机种等年收入在8万元以上。

渔业

【渔业养殖】嘉峪关市现有水域面积487公顷,适合渔业养殖的面积为165公顷。2015年生产水产品80.34吨,养殖种类主要是草鱼、鲤鱼、鲫鱼、鲶鱼、河蟹等。

【渔业管理】在渔业生产管理方面,重点是为渔业产业提供技术服务。积极与省渔业部门、周边地区联系,指导引进名、特、优养殖品种,淘汰低产劣质品种,推广良法养殖,提高良种覆盖率和科技成果转化率。

林业

【综述】2015年，全市林业工作围绕生态林业民生林业,加强林业生态建设，开展森林资源管理、护林防火、植树造林、林业有害生物防治和巩固退耕还林成果后续产业等工作。全年新增林地面积1441.5亩,其中森林植被恢复工程人工造林638亩,防沙治沙草方格固沙造林工程600亩,农村道路绿化和农村林网人工造林203.5亩,完成义务植树 68 万株；积极支持“6873 交通突破行动”征占用林地核实工作，全面推进集体林权制度综合配套改革工作，全年林业经济产值 5181 万元。

【林木培育和种植】育种和育苗。2015 年，全市新增育苗面积 324 亩，新增苗木品种 11 个。留床苗木长势良好，苗木成活率均在 95%以上。年末，累计育苗规模已达 2099 亩，品种 30 多个，苗木产业发展稳步推进。

植树造林。2015 年，市农林局在新城草湖国家湿地公园实施草方格工程治沙 600 亩，栽植罗布麻、梭梭等灌木 52.8 万株；市苗圃继续实施森林植被恢复人工造林工程，共栽植沙枣、刺槐、国槐、红枸杞、黑果枸杞、柽柳 6 个苗木品种 12.22869 万株；组织三镇完成镇村道路、农田防护林网和农村居民点绿化 203.5 亩，无偿提供杨树、哈密大枣、山楂、苹果、海棠、太阳李等苗木 3 万多株。

退耕还林。2015 年，市农林局组织三镇完成巩固退耕还林成果补植补造 1440 亩，保存面积 2 万亩；实施 2014 年度巩固退耕还林成果后续产业建设项目，组织安装太阳能热水器 414 台，完成暖棚建设 90 户 5400 平方米，培训退耕农户 103 人。

【林业资源管理】在科技“三下乡”活动中，加强了林业科技和林业政策法规的宣传力度，发放林业科技、政策法律法规宣传资料 1800 余份，在三镇主要交通要道及各村村委会门口，张贴严厉打击违法运输木材、严禁乱砍滥伐木材及举报电话的通知 200 份；严格执行林木限额采伐及凭证采伐、运输制度，办理林木采伐证 23 份，采伐林木 768.5 方；运输证 2 份，运输木材 37.11 方；调解和处理各类林木纠纷 4 起。配合有关部门先后完成浙江正泰占用林地 1006 亩、中广核占用林地 1547.68 亩、水务局水源井迁建占用林地 220.7 亩、山东力诺拟占用林地 1017 亩、发改委嘉西光伏产业园区 110 千瓦光伏输电线路拟征占用林地 6.9705 亩、水务局文殊镇高效节水灌溉工程拟征占用林地 20.26 亩的审批工作和咨询征占用林地手续相关事宜；全面推进集体林权制度综合配套改革，组织流转林权林地 82.75 亩，发展林下养鸡 3.1 万只，45 家农户从事林下餐饮服务；加大林草地火灾隐患排查整治和巡查力度，全年没有发生林草地火灾事故，确保了全市森林资源安全。

【林业管理】市林业管理站加强林业有害生物防控工作。加强苗木产地检疫和调运检疫复检工作。2015 年产地检疫各类苗木 118.09 万株，其中杨、柳、榆 84.56 万株、花灌木 15.62 万株、其他 17.91 万株。办理检疫要求书 46 份，依法按照检疫要求调入苗木 149.2 万株；办理调运检疫证书 34 份，检疫各类苗木 21.6 万株。开展杨树蛀干天牛统防统治工作，完成防控作业区面积达 33114 亩次，喷施农药 2.017 吨。由中国林科院安排魏可博士技术指导，实施花绒寄甲和白蜡吉丁肿腿蜂生物防治光肩星天牛试验，在新城镇安远沟村、东湖等 200 亩天牛重灾区释放花绒寄甲成虫 2.5 万头，白蜡吉丁肿腿蜂 1500 头。引进抗天牛树种银白杨、银中杨、稍白杨、河北杨等 5 个品种 128 株，与 6 户村民签订 3 年管护试验合同，开展抗天牛树种引种筛选实验工作，为全市今后造林多树种选择提供科学依据。

【野生动植物保护】近年来随着全市造林绿化面积加大，生态环境改善，众多野生动物选择嘉峪关为繁衍栖息地。市农林局指定专人对飞禽类野生动物迁飞地点进行经常性的观测，加强野生动物疫源疫病防控和迁徙野生动物的救助，全年救治国家二级保护动物 5 只，国家“三有”保护动物 12 只，并安排工作人员对受伤的野生动物进行仔细检查和鉴别，为其注射破伤风、消炎等针剂处理伤口，按时投食，待身体康复后放归自然。

(王建才、肖进录、温礼号、刘旸、高颜、何淑琴)

第二产业

工业经济综合情况

【工业经济运行综述】嘉峪关市是甘肃省钢铁工业生产基地，已初步形成了以钢铁产业为主体，冶金、建材、装备制造、新能源、电解铝及铝制品加工、食品加工为骨干的工业体系。2015 年规模以上工业企业完成工业总产值 732.2 亿元，同比下降 24.3%；实现工业增加值 97.7 亿元，同比增长

5.1%，占GDP比重51.4%。其中，地方规模以上工业企业完成工业总产值172.2亿元，同比下降10.4%；实现工业增加值33.4亿元，同比下降4.3%。

2015年，全市规模以上工业企业44户，职工5.1万余人。其中，地方规模以上工业企业41户，职工1.29万人。销售收入达到亿元以上的企业19户，其中100亿元以上的企业1户，30亿元以上的企业2户，20亿元以上的企业3户，10亿元以上的企业5户。酒钢(集团)公司是嘉峪关市最大的省属工业企业，2015年中国企业500强和中国制造企业500强名单中酒钢以957.5亿元的营业收入位居第54位和第15位，较上年的第114位和第41位分别提升了60个名次和26个名次。

工业分类经营

【冶金及金属压延加工业】 *黑色金属冶炼及压延加工业。* 2015年，全市有9户黑色金属冶炼及压延加工企业，分别是酒钢公司、嘉峪关宏电铁合金有限责任公司、嘉峪关汇丰工业制品有限责任公司、甘肃大陆桥钢管制造有限公司、甘肃晨光管业有限公司、嘉峪关大友企业公司铁合金厂、嘉峪关市俱进矿业有限公司、嘉峪关市聚鑫达实业有限公司、嘉峪关巨大冶炼有限公司，共有职工39195人，完成工业总产值574.2亿元，同比下降27.9%；完成工业销售产值567.5亿元，同比下降27.8%；实现产品销售收入1000.5亿元，同比下降27.2%；亏损90.6亿元，同比增亏89亿元；生产生铁539.8万吨、粗钢638.2万吨、钢材595.5万吨、铁合金22.7万吨。

有色金属冶炼及压延加工业。 2015年，全市有4户有色金属冶炼及压延加工企业，分别是甘肃东兴铝业有限公司、甘肃广银铝业有限公司、嘉峪关澄宇金属材料有限责任公司、甘肃中威斯铝业有限公司，共有职工4384人，完成工业总产值172.8亿元，同比增长4.7%；完成工业销售产值178.2亿元，同比增长8.7%；实现产品销售收入282.5亿元，同比增长12.4%；亏损13.1亿元，同比增亏14.4亿元；完成税收1.6亿元，同比增长45.5%；生产原铝131.3吨，铝材34.8万吨。

【非金属矿物制品业】 2015年，全市有11户非金属矿物制品生产企业，分别是嘉峪关大友企业公司、嘉峪关索通预焙阳极有限公司、酒钢(集团)宏达建材有限责任公司、酒钢集团吉瑞再生资源开发有限责任公司、嘉峪关雄关天石水泥有限责任公司、嘉峪关市亨顺经贸有限责任公司、嘉峪关市明泰商品混凝土有限责任公司、甘肃酒泉祁峰建化有限公司、嘉峪关园通保新型保温材料有限责任公司、嘉峪关鸿建商品混凝土有限公司、嘉峪关安和商砼有限责任公司，共有职工3833人，完成工业总产值25.6亿元，同比下降10.5%；完成工业销售产值25.9亿元，同比下降8.8%；实现产品销售收入33.3亿元，同比下降18.9%；实现利润1.6亿元，同比下降37.5%；生产预焙阳极30万吨、水泥253.6万吨、混凝土29.7万立方米、加气砼8.3万立方米、空心砌块4.4万立方米、蒸压砖3812万块、炭黑3万吨、劳保服装10.2万件。

(晁卓梅)

【装备制造业】 2015年，全市重点装备制造业企业18户，其中规模以上装备制造企业9户，占全市规模以上企业的20%。甘肃酒钢集团西部重工股份有限公司、酒钢宏联自控有限责任公司、嘉峪关汇丰工业制品有限责任公司、甘肃申能新能源装备制造有限公司、甘肃大陆桥钢管制造有限公司为装备制造业骨干企业。产业从业人员达4512人。截至2015年底，全市装备制造企业累计完成工业产值21.99亿元，同比增长-12.8%;实现销售收入28.75亿元，同比增长-20.66%;上缴税金总额1.37亿元，同比增长-19.17%；实现利润755.5万元，同比增长-63.38%。主要产品中，冶金专用设备产量12.18万吨、配电开关控制设备产量2276台、钢管产量1.38万吨、钢结构为6817.03吨。

(贠珍珍)

【建材行业】 2015年，全市建材行业企业达到30余户，其中规模以上企业7户，从业人员1433人，年生产各类建材产品7573.2万吨，实现工业总产值9.61亿元，同比下降7%；实现产品销售收入11.39亿元，同比下降14.89%；上缴税金6052.8万元，同比下降18.81%。产品涉及蒸压加气混凝土砌块、轻集料混凝土小型空心砌块、水泥发泡保温板、酚醛保温板、水泥等品种。已形成蒸压加气混凝土砌块、轻集料混凝土小型空心砌块、水泥发泡保温板、XPS 保温板等年产 9.26 亿块标砖的墙材生产规模;年产 212 万吨的水泥生产规模。重点企业包括酒钢(集团)宏达建材有限责任公司、酒钢吉瑞再生资源开发有限责任公司等。其中酒钢(集团)宏达建材有限责任公司是一家利用酒钢集团各类冶金废渣生产通用水泥、特种水泥的建材企业。公司现有 1000t/d、2000t/d 和 4000t/d 熟料新型干法水泥生产线各一条,60 万吨/年及 80 万吨/年矿渣粉生产线各一条,年产 12 万立混凝土建筑砌块生产线一条,具备年产新型干法水泥熟料 200 万吨、水泥 300 万吨、矿渣超细粉 140 万吨、混凝土建筑砌块 12 万立方米的生产能力,是全省最大的水泥企业之一。宏达公司技术中心现为“甘肃省省级企业技术中心”和“甘肃省冶金废渣高效利用建材工程研发中心”,拥有实用新型专利技术 12 项,发明专利 6 项。宏达公司针对高速铁路、风电、高速公路等重点项目开发了中、高抗硫酸盐水泥、低碱水泥、道路水泥,研发成功了 G 级油井水泥、矿渣 B 型水泥和 S95 级矿粉,拓宽了产品结构,增强了企业综合竞争力。酒钢吉瑞再生资源开发有限责任公司以循环经济理念为指导,合理、高效开发利用酒钢集团公司产生的各类固体废弃物生产新型墙体材料,固废利用率达到 94.55%。公司现具备年产蒸压加气混凝土砌块 25 万立方米、粉煤灰蒸压砖 2.5 亿块、轻集料混凝土小型空心砌块 15 万立方米、脱硫石膏处理能力 5 万吨的生产能力,是嘉酒地区生产能力、技术力量、发展潜力较强的新型墙材企业,主导产品有粉煤灰砖、蒸压加气混凝土砌块、轻集料混凝土小型空心砌块、水泥缓凝剂、建筑石膏、抹灰石膏等新型墙体材料。

(任 嘉)

【**化工行业**】2015 年,全市有 4 户化工企业,分别是中核华原钛白股份有限公司、甘肃民丰化工有限责任公司、嘉峪关市瑞峰精细化工有限公司和嘉峪关大友嘉能化工有限公司。共有职工 1366 人,完成工业总产值 5.8 亿元,同比增长-28.6%;实现产品销售收入 4.93 亿元,同比增长-29.4%;亏损 8933.4 万元。生产钛白粉 4.08 万吨、氧化铬绿 94 吨、红矾钾 2 吨、重铬酸钠 8000 吨、炭黑 2.98 万吨等产品。

【**其他制造业**】2015 年,全市橡胶和塑料制品、食品制造、酒类饮料和精制茶制造、纺织服装及服饰、工业气体制造、金属制餐具和器皿制造等制造业发展较快。截至 2015 年底,全市其他制造企业累计完成工业产值 4.13 亿元,同比增长 22.7%;实现销售收入 2.36 亿元,同比增长-33.02%;上缴税金总额 3460.4 万元,同比增长 11.19%;实现利润-3589.5 万元,同比增长-73.14%。主要产品中,白酒 305.85 吨、葡萄酒 1484.97 千升、原酒 145.08 千升、液体乳品 2.34 万吨、劳保服装 10.21 万件、劳保皮鞋 5.4 万件、小劳保 119.07 万件、洗涤品 9.06 万件、编织袋 239.42 万条、各类气体充装 15.19 万瓶。

(贠珍珍)

【**信息传输业**】2015 年,全市共有信息传输业 13 户,其中通信企业 6 户(移动、电信、联通、铁通、广电和铁塔公司),软件和信息服务业 7 户,拥有从业人员 478 人。2015 年,通信企业累计完成电信业务总量 7.5 亿元,同比增长 36.36%;完成通信业务收入 3.4 亿元,同比增长 0.06%,其中:固定通信业务收入 6994.37 万元,同比下降 0.13%,移动通信业务收入 2.3 亿元,同比增长 2.23%;完成固定资产投资 1.4 亿元,同比增长 1.09%;实现利润 3383.99 万元,同比下降 9.54%;上缴税金 2210.36 万元,同比增长 72.9%;电话用户达到 531941 户,其中:固定电话用户达到 105191 户,同比下降 3.64%;移动电话用户达到 426750 户,同比下降 6.0%;互联网用户累计达到 77166 户,同比增长 1.03%。软件和信息服务业实现主营业务收入 1577.153 万元,注册用户 64.58 万户,其中嘉峪关在线 16.5 万户,嘉酒视窗 48.08 万户,拥有从业人员 108 人。

(任天芝)

【**成品油供应**】中国石油天然气股份有限公司甘肃嘉峪关销售分公司(以下简称嘉峪关销售分公司)隶属于中国石油天然气股份有限公司甘肃销售公司。主要担负着嘉峪关市工农业生产、交通运输、居民生活所需成品油的供应任务，主要从事汽油、柴油、润滑油的批发、零售及天然气零售业务。

公司下设综合办公室、财务部、营销部、加油站管理部、质量安全环保部、人力资源部6个部门。拥有14座加油(气)站，其中油气混合站2座，分布于市区及周边乡镇。

2015年，累计实现成品油销量94,664吨。天然气销售量2836吨。嘉峪关销售分公司不断强化加油(气)站现场规范管理，加强对加油(气)站现场的检查监督，完善考核机制，提高加油站多元化、亲情化服务水平。推进"油卡非润"一体化营销，持续提高加气站管理运营水平，提升便利店专业化水平。

(杨宗谕)

【天然气供应】嘉峪关市汇能天然气有限责任公司是新疆广汇液化天然气发展有限责任公司的全资子公司。2006年8月9日经嘉峪关市发改委批准立项，投资建设嘉峪关市天然气工程。该项目是嘉峪关市委、市政府重点招商引资项目以及2007年市政府为民办的"十四件实事"之一。通过几年来的建设，公司目前在嘉峪关市投资建设的项目有三个：嘉峪关市汇能天然气有限责任公司气化站项目，2007年运行生产，位于阳关路2367号。是集城市民用燃气与汽车加气为一体的二合一式供气站，日供气能力可达10万立方米，利用自身的LNG气源，至少可安全保证为10万户居民及2000辆出租车及公交车提供优质高效的天然气。嘉峪关市汇能天然气有限责任公司液化天然气加气站项目。2012年运行生产，位于市西收费站西侧，是专为卡车建设的加气项目，日加气(注)量可达25万方。利用自身的LNG气源，至少可安全保证为1000辆重载卡车提供优质高效的天然气。嘉峪关市汇能天然气有限责任公司重载卡车加气站项目。2015年运行生产，位于嘉北工业园西环路北侧，是专为卡车建设的加气项目，日加气(注)量可达40万方。利用自身的LNG气源，至少可安全保证为1200辆重载卡车提供优质高效的天然气。

2015年，公司有员工120人，其中经营管理人员10人，专业技术人员18人，财务管理人员6人。随着嘉峪关市城市规模的发展扩大，公司从2006年开始陆续对红日房产、404生活指挥部、铁发置业、仁宏房产、四建、市经济适用房发展中心、成信物业、德汇房产、天诚房产等房产公司开发的居民住宅楼实施了天然气配套设施工程建设，经过九年多的努力，共敷设燃气管网70余千米，东至明珠东路，西至火车站，南至北干渠，北至老312国道。截至2015年，公司在嘉峪关市的投资规模已达1.2亿余万元，拥有民用天然气用户近45000户，公服用户300多户，汽车加气用户4000多户。

(王进响)

【电力供应】国网嘉峪关供电公司是国网甘肃省电力公司的全资分公司。国网嘉峪关供电公司(原嘉峪关电业局)成立于1982年，2006年更名为嘉峪关供电公司。自1998年10月起对嘉峪关农村供电所及肃州区、金塔县、玉门市、玉门农垦、瓜州县、敦煌市、肃北县、阿克塞县等9个县级供电企业实行代管。2007年8月，在原嘉峪关供电公司酒泉客户服务中心基础上，成立了酒泉供电公司，除原嘉峪关农村供电所外，其余8个县级供电企业由酒泉供电公司代管。2010年10月完成对原嘉峪关农村供电所整体上划。2011年3月嘉峪关、酒泉两个供电公司实现一体化运营，2013年11月对敦煌市供电公司、肃州区供电公司实现直管。2014年12月对金塔县供电公司、玉门市供电公司、酒泉农垦供电公司、瓜州县供电公司、肃北县供电公司、阿克塞县供电公司实现直管。公司本部设置13个职能部室，17个二级(专业)部门和业务支撑机构，1家集体企业，8家县供电企业。

截至年末，全公司在册职工2125人，其中本部858人，酒泉市肃州区供电公司199人，敦煌市供电公司331人，瓜州县供电公司215人，金塔县供电公司145人，玉门市供电公司108人，酒泉农垦供电公司110人，肃北县供电公司76人，阿克塞县供电公司83人。

公司坚持降本增效，全面预算管理实现全覆盖，预算向生产、营销投向同比增加10.32%。以水定电，降低购电成本，小水电自购电量增长13.86%。充分利用审计、运营监测、营销稽查、采集系统监控等手段，治理"量价费损"问题，营业普查合计增收576万元，提前超额完成220万元的年度目标。坚持开源增收，提升办电效率，报装新增客户数、容量及新增售电量排省公司第一。实现电能替代电量 3.28 亿千瓦时，完成年计划的 172.63%。

2015 年供电公司及嘉峪关市(不含酒钢供电部分)总供电量、三产业各用电量及城乡居民生活用电量情况

单位:亿千瓦时

	总电量	第一产业用电量	第二产业用电量	第三产业用电量	城乡居民生活用电量
供电公司供应电　量	104.0736	3.0788	80.7536	15.3581	4.8832
嘉峪关市(不含酒钢部分)	78.3218	0.1006	66.9230	10.5340	0.7642

(刘子川)

工业经济管理

【机构设置和人员编制】嘉峪关市工业和信息化委员会(挂嘉峪关市中小企业局牌子),为市政府工作部门。2015 年内设 9 个行政科室,分别为党委办公室、行政办公室、规划投资科、经济运行科、生产服务科、技术装备科、循环经济科(挂节能减排办公室)、中小企业科、信息产业科(挂国防信息动员办公室)。机关行政编制为 18 名(含军转干部编制 1 名),机关后勤事业编制 3 名。其中主任 1 名、书记 1 名,副主任 4 名(1 名兼中小企业局局长)、纪委书记 1 名,科级干部职数 9 名。原市经济委员会所属事业单位节能监察支队、中小企业信用担保中心整体划转，由市工业和信息化委员会管理，其机构规格、人员编制和领导职数不变。原市乡镇企业局所属事业单位乡镇企业发展指导中心、乡镇企业教培中心整体划转,由市工业和信息化委员会管理,其机构规格、人员编制和领导职数不变。

(包国栋)

【工业经济运行管理】2015 年，面对错综复杂的国内外经济形势和宏观经济下行压力，市工信委围绕市委、市政府“稳增长、调结构、促发展”等一系列决策部署，着力抓生产稳增长，抓服务提信心,抓调整助转型,抓创新促提升,确保工业经济平稳运行。

工业经济平稳增长。2015 年,全市规模以上工业企业完成工业总产值 732.2 亿元，同比下降 24.3%；实现工业增加值 97.7 亿元，同比增长 5.1%。其中,地方规模以上工业企业完成工业总产值 172.2 亿元,同比下降 10.4%;实现工业增加值 33.4 亿元,同比下降 4.3%。

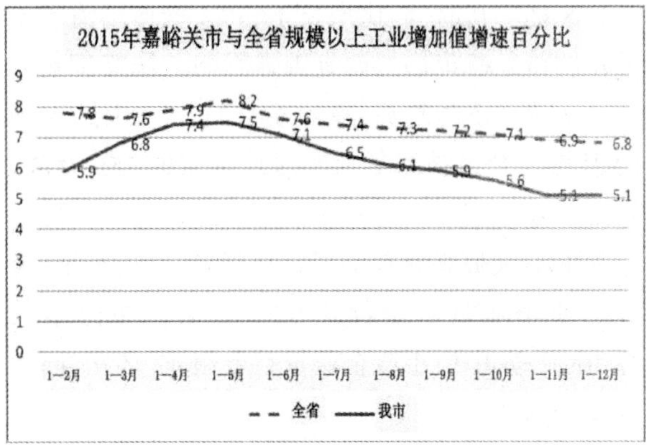

按行业分类，全市的五大支柱行业及其他行业 2015 年产值(亿元)同比均有所下滑,尤其是黑色冶炼压延工业产值同比下降 35.5%,如图所示:

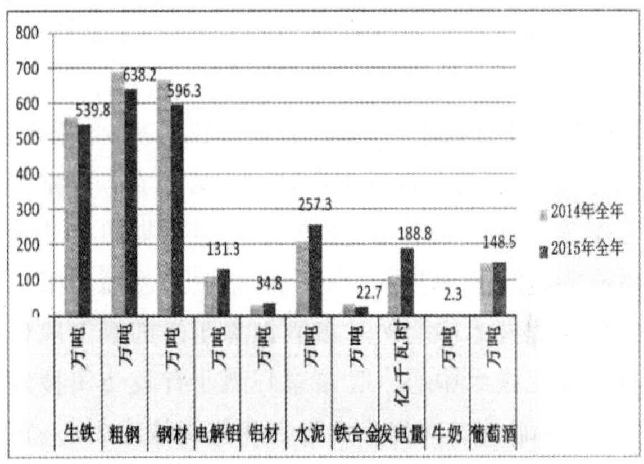

主要产品产量五增五降。2015 年,铝材、电解铝、发电量、水泥、葡萄酒产量同比分别增长 8.4%、20 %、70.7%、22%、2.2%;生铁、粗钢、钢材、铁合金、牛奶产量分别同比下降 4%、7.1%、10.5%、28.4%、4.1%。

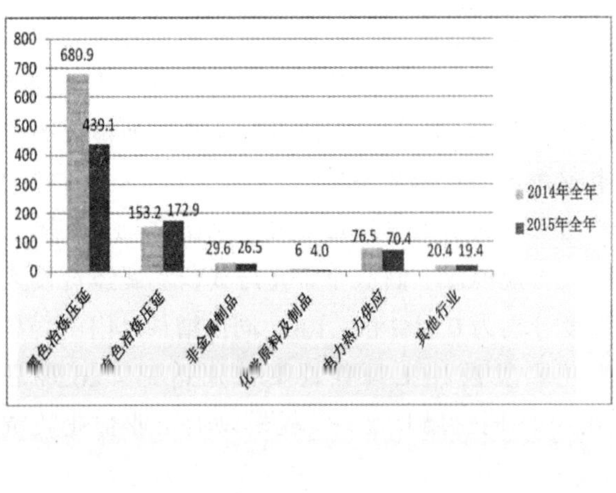

工业固定资产投资稳定增长。2015年,全市完成工业固定资产投资73.3亿元,同比增长8.33%,延续了11月的增长态势。

生产要素供给充裕。2015年,全市发电量达到192.4亿千瓦时,同比增长70.7%;用电量达到254.78亿千瓦时,同比增长17.5%。受市场需求不足和铁路运费价格上调等因素影响,铁路货物发送量连续呈下降趋势,降幅逐渐扩大。2015年1-12月份,全市铁路货物发送总量完成755万吨,同比下降14%。

中小微企业贷款余额快速增长。2015年,全市工业企业贷款余额275.27亿元,同比增长17.46%。其中中小微企业贷款余额42亿元,同比增长17.35%。

工业生产者价格低位运行。中国12月工业品出厂价格指数(PPI)94.1,同比下降5.9%;制造业采购经理人指数(PMI)49.7,同比下降0.8%。两项主要工业经济指标依然低位运行。

(晁卓梅)

【工业科技管理】省、市级企业技术中心情况。2015年全市共有省级企业技术中心6户。分别为嘉峪关大友企业公司技术中心、酒钢集团宏达建材有限责任公司技术中心、嘉峪关索通预焙阳极有限公司技术中心、甘肃酒钢集团西部重工股份有限公司技术中心、甘肃紫轩酒业有限公司技术中心、嘉峪关宏丰实业有限责任公司技术中心;市级企业技术中心5户,分别为嘉峪关宏电铁合金有限责任公司技术中心、嘉峪关大友嘉镁钙业有限公司技术中心、甘肃祁牧乳业有限责任公司技术中心、酒钢(集团)宏联自控有限责任公司技术中心、酒钢集团吉瑞再生资源开发有限责任公司技术中心。

甘肃省技术创新示范企业情况。2015年嘉峪关大友嘉镁钙业有限公司被评为甘肃省技术创新示范企业。截至年末,全市共有8户企业被评为甘肃省技术创新示范企业。

全市技术创新投入增加。2014年、2015年嘉峪关市规模以上制造业研究与试验发展经费投入强度分别为0.91%和1.13%,同比增长24.18%;数字化研发设计工具普及率分别达到43.62%和44.79%,同比增长2.7%;规模以上工业企业关键工序数控化率分别为57.84%和59%,同比增长2%。

技术创新项目成功实施。分体式铜底压力环研发、铬铁转炼硅锰技术改造等5个项目被列入2015年度甘肃省技术创新项目计划,其中预培阳极制备关键技术开发及产业化和低浓度二氧化碳在轻质碳酸钙技术研究与应用两个技术创新项目获得了2015年度甘肃省财政专项资金扶持。

(贠珍珍)

【重点工业企业简介】甘肃广银铝业有限公司。2011年7月由广西投资集团旗下银海铝业有限公司组建,企业法人廖勇,注册资本4.2亿元,占地面积238亩,位于嘉北工业园区,现有员工344人。该公司依托酒钢公司高载能特色电解铝节能技术改造工程建设100万吨有色冶金新材料加工项目,主要生产铝合金棒、锭、板带及各种建筑型材和工业铝型材。2012年7月一期年产45万吨铝加工项目建成投产,2013年9月,4000吨铝型材挤压线也已建成投产,2014年5月,铝模板加工中心建成投产,2014年10月,1800吨手机背板挤压生产线建成投产,完成投资2.89亿元。2015年完成工业总产值25亿元,同比下降40%;实现销售收入23.5亿元,同比下降39%;亏损3516万元;生产铝材22.5万吨。

嘉峪关宏晟电热有限责任公司。酒泉钢铁(集团)公司的参股子公司,成立于2002年9月20日,企业法人蒲晓斌,注册资本28.6亿元,占地面积212万平方米,位于酒钢冶金厂区东南部,现有员工2208人。主要供应火力发电、工业蒸汽与民用采暖蒸汽,是热电联产的综合发电厂。现有14台火力发电机组,均为热电联产机组,总装机容量3049兆瓦。2015年完成工业总产值34.5亿元,同比增长4.2%;实现销售收入31.6亿元,同比下降3.9%;实现利润2.7亿元,同比下降45.3%;实现火力发电量94亿千瓦时。

甘肃中威斯铝业有限公司。2013年7月由中威斯有色金属(厦门)有限公司出资组建,企业法人张杰,首期注册资金3500万元,占地面积250亩,位于嘉北工业园区拓展区,现有员工170人。该公司依托酒钢公司下属东兴铝业高温电解铝建设64万吨高精冶金新材料加工项目,主要生产铝及变形铝合金等产品。一期年产22万吨高精冶金新材料加工项目已2014年8月建成投产，二期42万吨高精冶金新材料加工项目预计2016年建成投产。2015年完成工业总产值12亿元,实现销售收入15亿元,实现利润742万元;生产铝材12万吨。

嘉峪关宏电铁合金有限责任公司。2009年4月由嘉峪关宏晟电热有限责任公司投资建设,企业法人高宏,注册资本2.3亿元,占地面积108万平方米,位于嘉北工业园区,现有员工480人。现有8台25MVA矿热炉，其中2台矿热炉用于铬铁冶炼,6台矿热炉用于硅铁、锰硅合金冶炼。产能为年产硅铁7万吨,锰硅合金7万吨,高碳铬铁10万吨。2015年完成工业总产值6.5亿元,同比下降41.2%；实现销售收入6.2亿元，同比下降44.2%；亏损9385.2万元；生产硅铁4.1万吨、锰硅合金6.4万吨。

嘉峪关大友企业公司。始建于1987年3月，1989年9月更名为酒钢企业公司，于2000年2月18日从酒钢(集团)公司整体剥离后组建为嘉峪关大友企业公司，是嘉峪关市重点发展的地方龙头企业。企业法人杨桂忠,注册资本3198万元,占地面积120万平方米,现有员工2000余人。为集石灰熔剂、系列合金冶炼、精细化工、铸造及机械加工、工程建设及压力管道和压力容器安装检修、物流运输、劳务服务、服装设计制作等多元化经营的综合性企业。企业先后荣获“全国五一劳动奖状”,连续荣获“全国安康杯竞赛优胜单位”“甘肃省重合同守信用企业”“甘肃省第五届职工技术创新成果一等奖”“甘肃省劳动关系和谐企业”“嘉峪关市节能考核一等奖”“全国模范职工之家”“全国厂务公开民主管理工作先进单位”等荣誉称号。2015年完成工业总产值8.5亿元，同比下降19.4%；实现销售收入14.3亿元，同比下降30.7%；实现利润1501.1万元,完成税收6993.7万元,全省纳税排名第90名;生产铁合金1.99万吨、活性石灰106.6万吨、炭黑3万吨、劳保服装10.9万件。

甘肃酒钢集团西部重工股份有限公司。2008年11月28日成立的国有控股股份公司。公司占地面积400余亩,注册资本金为3.76亿元,企业法人车明,现有职工1440人。公司现已发展成为集科、工、贸于一体的重型装备制造企业,产品涉及冶金成套装备和新能源装备两大领域，已形成年销售收入十亿元的经营规模，是西北地区最具规模的重型装备制造企业之一。2015年完成工业总产值8.4亿元，同比下降0.9%；实现销售收入8.7亿元,同比下降0.3%；实现利润1405.3万元,同比下降33.96%;生产金属冶炼设备12.2万吨。

嘉峪关索通预焙阳极有限公司。是索通发展股份有限公司与酒钢集团合资兴建，并由索通发展股份有限公司控股的子公司。主要生产电解铝用预焙阳极。企业法人郎光辉。一期嘉峪关索通预焙阳极有限公司于2010年12月24日注册成立,注册资本9900万元,占地近500亩,现有员工682人。二期嘉峪关索通炭材料有限公司于2014年5月23日注册成立，注册资本10200万元,占地447亩，将建成年产34万吨预焙阳极生产规模,计划投资90169万元,2015年完成投资45000万元，主体工程建设完成，设备正在安装调试阶段。2015年完成工业总产值7.9亿元，同比下降3.9%;实现销售收入8.1亿元,同比下降5.5%;实现利润9890.1万元;生产预焙阳极30万吨。

酒钢(集团)宏达建材有限责任公司。酒钢(集团)公司子公司,成立于1993年,是一家集开发、研制、生产高标号水泥熟料、通用水泥、特种水泥、各种新型墙体材料、水泥制品等多类建材产品为一体的新型建材企业。企业法人田力，注册资本1.36亿元,占地面积66万平方米,位于嘉北工业园区,现有员工469人。具备年产新型干法水泥熟料200万吨、水泥300万吨、广场砖40万吨的生产能力。2015年完成工业总产值4.6亿元,同比下降1.9%;实现销售收入4.9亿元,同比增长2.16%;实现利润6667.8万元,同比下降46.97%;生产熟料120.3万吨、水泥210.8万吨。

甘肃酒钢集团科力耐火材料股份有限公司。2011年12月该公司和浙江金磊高温材料股份有限公司达成合作意向，引进浙江金磊高温材料股份有限公司资金2亿元,建设年产18万吨镁钙系和碳复合系耐火材料制品、15万吨镁砂及3万吨菱镁球项目,项目建设投资41536.25万元,建设用地200亩。企业法人丁春杰,位于嘉峪关市酒钢冶金厂区。2015年完成工业总产值3.7亿元,同比下降25.9%；实现销售收入3.5亿元，同比下降

28.4%；亏损1784.9万元；生产耐火材料制品2.5万吨。

酒钢集团吉瑞再生资源开发有限责任公司。是酒钢(集团)公司成立的专门从事再生资源综合利用的全资子公司，成立于2009年5月。主要从事酒钢集团公司产生的各种工业废弃物的处理和综合利用。公司已形成1.47亿元的固定资产，成为甘肃省最具潜力的再生资源综合利用和研发生产的骨干企业。企业法人朱伟中，注册资本2000万元，占地面积400万平方米，位于酒钢冶金厂区，现有员工231人。2015年完成工业总产值2.87亿元，同比下降3.1%；实现销售收入4.48亿元，同比下降26.7%；亏损656.1万元；生产加气砼8.3万立方米、空心砌块4.4万立方米、蒸压砖3812万块。

嘉峪关市俱进矿业有限公司。成立于2008年3月，企业法人贾斌，注册资本1000万元，占地面积7.1万平方米，位于嘉北工业园区，现有员工138人。现有两台12500KVA半封闭型硅钙合金矿热炉，主要生产锰硅合金。2015年完成工业总产值3.5亿元，同比下降5%；实现销售收入3亿元，同比下降5%；亏损2708.6万元；生产锰硅合金4.1万吨。

嘉峪关汇丰工业制品有限责任公司。前身为酒钢房地产公司环保建材工业园，是专门从事各类环保建筑材料生产、加工、建筑、安装以及包装材料生产、金属产品加工、机械加工、铸造、编织袋、集装袋、管型材加工为一体的综合性高新技术企业。企业法人张旭，注册资本5000万元，占地面积26.4万平方米，位于嘉东工业园区，现有员工440人。生产各类建材产品达80余种，规格型号200多个。年处理板卷能力10万吨，编织袋年生产量31.76万条，集装袋年生产量12.53万条，包装材料年生产量186.38万吨，生产焊管1036.62吨、碳钢调直板2782.88吨。2015年完成工业总产值2.04亿元，同比下降23.31%；实现销售收入2.03亿元，同比下降17.45%；亏损288.98万元。

嘉峪关澄宇金属材料有限公司。成立于2010年12月，企业法人闫学刚，注册资本1000万元，占地面积4万平方米，位于嘉北工业园区，现有员工人72人。年产10万吨铝合金棒及型材生产项目于2011年底建成投产，完成投资5000万元。主要经营金属压延、金属结构及标准件、铝及铝制品加工、批发、零售。2015年完成工业总产值1.6亿元，同比下降50.1%；实现销售收入1.8亿元，同比下降77.5%；亏损380.2万元；生产铝材1.8万吨。

甘肃紫轩酒业有限公司。酒钢集团公司的全资子公司，成立于2006年1月，注册资本1亿元，法人罗金龙。主要从事葡萄酒、白酒生产和销售及旅游观光服务，是酒钢集团发展非钢产业的生力军。公司占地面积65万平方米，位于嘉东工业园区。2015年末，共有在册员工306人。公司拥有嘉峪关本部、武威民勤两个生产基地，主要产能为发酵能力2万吨，贮酒能力3万吨，其中进口橡木桶贮酒能力1500吨。公司现拥有干型葡萄酒、冰酒、利口酒、葡萄烈酒(白兰地)等四大系列八十多个品种。2015年完成工业总产值1.3亿元，同比增长29.7%；实现销售收入1.4亿元，同比增长15.12%；亏损2775.7万元；生产葡萄酒1485千升。

嘉峪关市聚鑫达实业有限公司。成立于2004年，企业法人孙学文，注册资本3000元，占地面积100.8万平方米，位于嘉北工业园区，现有员工190人。主要产品有锰硅合金及水泥。已建成2台12500KVA矿热炉、2台6300KVA矿热炉，年可生产各类牌号的锰硅合金6万吨，为综合利用铁合金工业废渣建成一条年产60万吨的水泥生产线。2015年完成工业总产值1.5亿元，同比下降44.1%；实现销售收入1.5亿元，同比下降32.53%；亏损7429.3万元；生产锰硅合金2.7万吨、水泥12.6万吨。

酒钢(集团)宏联自控有限责任公司。2002年由酒钢(集团)公司与北京新融友联技术有限公司合资成立，企业法人王宏，注册资本1000万元，占地面积10万平方米，位于嘉峪关市五一路，现有员工133人。主要经营各种规格的高低压配电柜及机电施工。2015年完成工业总产值8589.8万元，同比增长18.6%；实现销售收入8589.7万元，同比下降18.7%；亏损584.8万元。

甘肃申能新能源装备制造有限公司。成立于2012年4月，企业法人赵志远，注册资本1000万元，占地面积4万平方米，位于嘉东工业园区，现有员工98人。该公司是一家专业从事太阳能光伏组件及配套设备研发、生产和销售的新能源装备制造公司，主要生产太阳能光伏支架、螺旋地桩、各类钢结构等，同步建成年生产4万吨的热镀锌生产线。2015年完成工业总产值6767.1万元，同比下降31.8%；实现销售收入5452.7亿元，同比下降46.86%；亏损454.5万元；生产太阳能光伏支架165兆瓦。

甘肃民丰化工有限责任公司。前身为民营性质的甘肃祁源化工有限公司，于2009年12月25日由重庆化医控股(集团)公司出资组建，现为其下属国有全资子公司，是首家进入国际铬发展协会的中国成员单位，中国无机盐骨干企业。企业法人袁代建，注册资本1500万元，占地面积32万平方米，位于嘉北工业园区，现有员工289人。公司主要生产“民众”牌铬盐产品，年产重铬酸钠、铬酸酐、铬粉等系列产品7万吨。以铬盐生产的副产品芒硝为主要原料，年产硫化碱5万吨。因环保和市场问题民丰公司于2015年10月开始全面停产。2015年1–9月完成工业总产值5781.9万元，同比下降30.9%;实现销售收入6120.1万元，同比下降36.35%;亏损2080.6万元。

嘉峪关巨大冶炼有限公司。成立于2004年4月，企业法人赵成龙，占地面积10万平方米，位于嘉北工业园区，现有员工75人。建有2台6300KVA矿热炉，年产硅锰合金、高碳铬铁2.2万吨。2015年完成工业总产值3059万元，同比下降56.3%；实现销售收入3195.1万元，同比下降51.72%；亏损913.8万元；生产铁合金5435吨。

嘉峪关雄关天石水泥有限责任公司。成立于1958年，是酒钢集团公司创建之初简易水泥厂，1964年由农建十一师接管，现隶属于省农垦集团公司，?是农垦西部水泥公司的子公司。主要生产“雄关牌”普通52.5级、普通42.5级和粉煤灰32.5级水泥，?具有年粉磨水泥60万吨能力的粉磨站，是甘肃省建材骨干企业之一。企业法人藏宗平，占地面积27万平方米，位于嘉北工业园区，现有员工138人。2015年完成工业总产值5232.1万元，同比下降2.4%；实现销售收入4765.2万元，同比下降21.88%；利润总额358.5万元；生产水泥20.8万吨。

甘肃海特机械制造有限公司。成立于2005年，是集科研、制造、销售于一体的大型机械制造企业。企业法人胡忠明，占地面积1.8万平方米，位于嘉东工业园区，现有员工55人。2015年完成工业总产值3097.5万元，同比下降6.1%；实现销售收入2520.7万元，同比下降6.67%；亏损9.2万元；生产高强度冶金纸筒5万只、皮带机金属托辊10万只、冶金橡胶辊1只、彩涂板10万支、铆焊及备件加工2万吨。

甘肃多成彩钢钢构有限公司。是集研发、制造、销售、工程安装为一体的现代化企业，公司主营钢结构、彩钢单板、复合板及C型钢的生产、销售及安装。企业法人多立成，注册资本500万元，占地面积4万平方米，位于嘉东工业园区，现有员工150人。2015年完成工业总产值2260万元，同比下降3.4%；实现销售收入2118.7万元，同比下降9.36%，亏损20.1万元；生产钢结构3660吨、彩板7.3亿米。

嘉峪关盈都钢构有限公司。隶属于浙江盈都控股集团，成立于2011年1月，是专业从事建筑钢结构设计、制作、安装、服务于一体的钢结构公司。企业法人都建明，注册资本1000万元，占地面积5.3万平方米，位于嘉东工业园区，现有员工10人。2015年完成工业总产值1272.6万元，同比下降4.1%；实现销售收入2426.2万元，同比下降48.76%；亏损580.7万元；生产钢结构3751.03吨。

嘉峪关宏源塑化有限公司。成立于2003年11月，企业法人陈继录，注册资本500万元，占地面积约3万平方米，位于嘉峪关市西郊，现有员工49人。主要生产复合塑料包装袋、集装袋，可年产各类复合塑料编织袋5000万条、集装袋100万条。2015年完成工业总产值695.2万元，同比下降30.6%；实现销售收入853.8万元，同比下降50.94%；亏损41万元。

嘉峪关中石油昆仑燃气有限公司。是中石油昆仑燃气有限公司和嘉峪关市城市基础设施建设投资开发(集团)有限公司共同出资(其中：中石油昆仑燃气有限公司占99%)组建的有限责任公司。公司于2009年10月成立，企业法人翟红国，注册资金2000万元，占地面积18亩，位于嘉峪关市钢城路，现有职工78人。业务范围包括天然气管道储运、销售，天然气利用、技术开发，城市天然气管网及设施建设、运营，压缩天然气销售，燃气器具的批发兼零售，燃气输气设备、材料供应，自有设备租赁等。2015年完成工业总产值1.1亿元，同比下降1.5%；实现销售收入1亿元，同比下降1.34%；实现利润1172.9万元。

嘉峪关安和商砼有限责任公司。成立于2010年6月，企业法人刘安斌，注册资本1000万元，占地面积3.5万平方米，位于嘉峪关市双泉工业园区，现有职工50人。公司有预拌混凝土生产线两条，年设计产能为36万立方米。2015年完成工业总产值3549.63万元，同比增长9.8%；实现销售收入3549.6万元，同比增长10.8%；实现利润45.5万元；生产商品混凝土12万立方米。

嘉峪关市供热公司。由嘉峪关市人民政府单独出资，由嘉峪关市财政局(国资委)代表市政府履行出资人职责。注册资本1.5亿元，位于嘉峪关市昌盛街区胜利南路1599号。公司对全市44个街区的单位、居民小区350余万平方米采暖实行集中供热。2015年完成工业总产值、销售收入均为9089.5万元，同比增长18.5%；实现利润218.9万元。

甘肃酒泉祁峰建化有限公司。由创建于1970年的酒泉地区水泥厂改制而成的民营股份制企业，成立于1998年，企业法人魏荣国，占地17.4万平方米，位于嘉峪关市嘉北工业园区，现有员工126人。2015年完成工业总产值2876.2万元，同比下降7.9%；实现销售收入2839.9万元，同比下降30.3%；亏损33.1万元；生产水泥9.5万吨。

甘肃大陆桥钢管制造有限公司。2000年1月注册成立的西北第一家专业生产钢管的企业。企业法人邓楠，占地面积7.2万平方米，位于嘉东工业园区，现有员工68人。主要生产螺旋钢管、保温管，产品广泛用于石油、天然气、城市供水、煤气、供热管网、城乡引排水输送管道、打桩管及工程结构管等。2015年完成工业总产值3409.2万元，同比下降37.5%；实现销售收入5200.5亿元，同比下降48.78%；亏损376.6万元；生产焊接钢管1.28万吨。

华电嘉峪关新能源有限公司。中国华电集团福新能源股份有限公司的全资子公司，主要经营太阳能光伏发电。企业法人王志军，占地面积245万平方米，现有职工11人，位于嘉西光伏产业园区，距110千伏嘉北工业园区变电站约15千米，总装机规模107兆瓦。公司光伏电站选用由上海太阳能科技有限公司生产的、峰值功率为275W的多晶硅光伏组件，共计389091块，一期装机10兆瓦于2011年5月30并网发电、二期装机9兆瓦于2011年12月30并网发电、三期装机9兆瓦于2011年12月30并网发电、四期装机9兆瓦于2012年12月30并网发电、五期装机70兆瓦于2012年12月30并网发电。2015年完成工业总产值1.07亿元，同比下降19.6%；实现销售收入1.07亿元，同比下降14.7%；实现利润852.3万元；实现太阳能发电1.23亿千瓦时。

酒钢福利劳保服装厂。成立于1966年2月，现为嘉峪关大友企业公司下属的一家专业设计、生产、销售劳保服装、劳保鞋、洗涤用品、民用服装及床上用品的企业，是国家特种劳保防护用品定点生产厂家、甘肃省劳保防护用品生产定点单位，先后被授予“甘肃省重合同守信誉企业”“甘肃省优秀福利企业”“甘肃省A级诚信纳税单位”等称号。企业法人李志岩，占地面积650平方米，现有职工104人。企业拥有国内领先的现代化专业生产设备200余台、各类产品流水生产线4条，年产服装10万套、劳保鞋20万双、小劳保90万付(只)、洗涤用品50万瓶(袋)。产品涉及一般防护服、防静电服、阻燃服、防酸服、皮(棉)防寒服装、绝缘皮鞋、各类防护手套、口罩、毛巾、工作帽、洗涤用品以及其他防护用品，并专业设计制作各类休闲服、西服、职业服装、校服等民用服饰。2015年完成工业总产值3127万元，同比下降0.2%；实现销售收入3224.2万元，同比下降5.58%；实现利润353.5万元；生产劳保服装10.2万套、劳保皮鞋5.4万双、小劳保119万件、洗涤品9万件。

甘肃祁牧乳业有限责任公司。位于嘉峪关市嘉东工业园区，是酒钢(集团)公司下属的全资子公司，以奶牛养殖和乳品加工为主营业务。2015年10月20日，祁牧乳业经营隶属关系由宏丰公司调整到集团公司，由集团公司直接管理，成为集团公司一级子公司。聘任卢继卿为公司执行董事、总经理。公司占地面积10.5万平方米，现有职工121人。祁牧乳业是集奶牛养殖、乳品加工与销售一体的企业，已发展成为甘肃省内规模最大的荷斯坦奶牛繁育基地和乳制品加工企业，产品包括巴氏消毒奶及各种低温酸奶。2015年完成工业总产值1.09亿元；实现销售收入1.09亿元；实现利润277万元；生产液体乳2.34万吨。

甘肃龙海管业科技有限公司。是立足高起点、高技术建设发展的绿色环保、高新技术企业。企业法人刘红，占地面积近210亩，位于嘉东工业园区。公司拥有国际先进水平全电脑控制专业生产线5条，专业生产PE燃气、给排水管材、PERT地暖管材。现有各种产品百余种，形成年产8000吨聚乙烯PE管材、管件的生产规模，其中1200毫米超大口径管材生产线填补了西北市场空白。2015年完成工业总产值2047.4万元，同比下降24.2%；实现销售收入2049.1万元，同比下降21.95%；亏损354.9万元。

嘉峪关祥正钢渣再利用有限责任公司。成立于2010年4月，企业法人朱伟中，注册资本9000万元。主要经营金属废料和碎屑加工处理、钢渣的回收、再生加工、批发零售等。2015年完成工业总产值5222.9万元，同比增长3.7%；实现销售收入4851.9万元，同比增长90.8%；亏损138.6万元。

嘉峪关凯峰机械制造有限公司。成立于2012年7月，企业法人刘芳，位于嘉东工业园区，占地面积约50000平方米，总投资达5000万元，有职工220余人。公司专业从事大型设备支架、桥梁钢结构和高层或超高层钢结构，以及民用建筑钢结构工程，是集设计、制作、安装、服务于一体的大型实体公司，年生产能力达5万吨，在西北实体钢结构领域处于领先地位。2015年完成工业总产值2598.5万元，同比增长7%；实现销售收入1135.2万元，同比下降44.2%；实现利润2.1万元；生产钢结构5849吨。

嘉峪关明泰商品混凝土有限责任公司。成立于2007年6月，企业法人常立忠，注册资本1200万元，位于嘉峪关市双泉工业园区，现有职工50人。公司有预拌混凝土生产线两条，年设计产能为40万立方米。2015年完成工业总产值2713.6万元，同比增长13.1%；实现销售收入2487.6万元，同比下降57%；亏损705.4万元；生产商品混凝土7.4万立方米。

嘉峪关市亨顺经贸有限责任公司。成立于2004年3月，企业法人杨志录，注册资金1000万元，位于嘉峪关市新华北路41号，主要经营建筑材料、钢渣、铁渣、铁粉、钢材、水泥制品的生产销售。2015年完成工业总产值7727.4万元，同比下降38.9%；实现销售收入7239.3万元，同比下降41.1%；亏损1471.8万元；生产水泥3.7万吨、加工废钢渣19.9万吨。

中利腾晖(嘉峪关)光伏发电有限公司。成立于2012年5月16日，企业法人曾祥义，注册资本27178万元，位于嘉峪关市嘉西光伏产业园，主要经营光伏电站投资、建设、运营、维护及管理服务，光伏发电技术及设备的研发，光伏发电项目技术咨询，光伏发电设备的制造。已建成100兆瓦并网光伏发电项目，占地面积25万平方米。2015年完成工业总产值7569.8万元，同比下降20.1%；实现销售收入6492.5万元，同比增长2.7倍；亏损6222.2万元；实现太阳能发电7570万千瓦时。

嘉峪关市华西物资贸易有限责任公司。成立于1996年6月，企业法人朱刚，注册资本500万元，位于嘉东工业园区。主要经营钢材、预应力钢丝加工、零售。2015年完成工业总产值1363.6万元，同比增长5.2%；实现销售收入2550.4万元，同比增长10.83%；利润总额15.2万元；生产预应力钢丝5849吨。

嘉峪关鸿建商品混凝土有限公司。成立于2010年4月，是专业生产和销售商品混凝土的民营独资企业。企业法人项复刚，注册资金1400万元，占地面积约5万平方米，位于嘉峪关市G312线东侧，共有职工70余人。年可生产C10-C60商品混凝土30万立方米，干混砂浆30万吨。拥有建筑施工企业资质等级预拌商品混凝土专业承包叁级资质。2015年完成工业总产值2857万元，同比下降14.5%；实现销售收入2714.4万元，同比增长10.8%；亏损52万元；生产商品混凝土8.9万立方米。

甘肃神舟光伏电力有限公司。成立于2011年8月，企业法人王厚铨，注册资本8800万元。主要经营太阳能光伏电站项目的开发、电能的生产和销售。已建成西沟矿9MWP太阳能光伏发电项目、西戈壁9MWP太阳能光伏发电项目、讨赖河北岸9MWP太阳能光伏发电项目。2015年完成工业总产值2397.5万元，同比下降28.6%；实现销售收入1710.4万元，同比下降39.5%；实现利润61.2万元。

嘉峪关市园通新型保温材料有限责任公司。成立于2008年7月，注册资本400万元，企业法人张凤林。主要经营聚苯乙烯(XPS)挤塑板、塑料制品、聚合物干粉砂浆的生产、批发、零售,建筑材料的批发零售,矿产品的加工、批发零售。2015年完成工业总产值1660.9万元,同比下降21.6%;实现销售收入1396万元,同比下降41.96%;亏损290.7万元,生产萤石球9840.6吨、膨润土8591吨。

(晁卓梅)

建筑业

【建筑业综合情况】 2015年共审批施工许可证128项,其中,房屋建筑工程施工许可72项,计划总投资22.72亿元;市政工程施工许可30项,计划投资1.69亿元;其他工程施工许可证26项,计划投资0.85亿元。其中共监督房屋建筑工程598个(含2014年接转项目363个),总建筑面积336.22万平方米,总造价62.4733亿元;监督市政基础设施工程115个工程(含2014年接转项目65个),市政工程总建筑面积19.3万平方米,市政工程总延米长度17.1429万米,总造价6.8829亿元,监督覆盖率100%。同时,竣工综合验收领导小组严格按照《嘉峪关市建设工程竣工综合验收管理暂行办法》的规定,全年共对全市69项工程进行了工程竣工综合验收,总建筑面积85.9812万平方米,总造价19.62亿元。

【建筑业发展】 2015年,面对国内经济下行压力加大的严峻形势,市建设局在市委、市政府的正确领导下,针对建筑业市场发展过程中存在的突出问题,贯彻落实国家政策,选准建筑业转型升级着力点,明确建筑业未来发展方向,探索并不断推进本市建筑市场工作新方法、新思路。

面对国内经济下行压力加大和停止新建楼堂馆所相关规定等因素的影响,市建设局加快推进科技进步,营造良好的发展环境,探索建筑业新的增长点,全市建筑业生产保持稳定态势。为加大全市建筑市场活力,市建设局按照总承包实力强、专业承包专业精、劳务分包规范多元的思路,扶持全市建筑业企业发展。建筑企业规模不断扩大。为切实解决建筑市场发展过程中出现的新问题,适应现阶段建筑市场管理的需要,市建设局不断改变工作理念,创新工作方式,加强对建筑市场的全过程管理。严格实施招投标管理,严把企业管理关,严格市场准入制度,加强监理企业及施工企业投标报名备案管理,提高建筑市场准入门槛,杜绝不符合条件的企业和人员进入建筑市场,从源头保证建设工程质量安全。通过建立健全联动机制,实现部门和部门之间、有形建筑市场和施工现场的联动,实现监督管理资源的科学配置,形成监管合力,有效解决有限的监管资源和日益扩大的建设规模之间的矛盾,为强化建设工程质量安全管理奠定了良好的基础。建立健全建筑业诚信体系,严格贯彻落实《嘉峪关市建筑市场诚信行为信息管理实施细则》,建立企业诚信档案制度,对于违法失信行为记录在案,作为对建筑市场各方主体及相关人员进行奖惩、资质核查、落实招投标择优机制和建筑企业准入、清出制度的依据。2015年全市建筑市场保持了健康有序发展的态势。

建筑业管理

【建筑勘察设计管理】 严格执行工程建设和建筑节能等工程建设设计标准,规范施工图设计审查备案初步设计审批环节,不断增强勘察、设计单位的质量意识。全年共组织初步设计审查4项,办理施工图设计审查备案121项,总建筑面积为166万平方米,新建建筑设计阶段执行建筑节能强制性标准比例达到100%。

【建筑业质量管理】 组织开展安全隐患大排查大整治、百日攻坚、“六打六治”等专项行动,摸排整治施工现场的各类安全隐患,全面落实安全生产“两个主体责任”,建立隐患排查治理工作长效机制,实现安全隐患排查常态化、过程管控科学化、隐患治理归零化、监督检查规范化、追究问责法制化,有效预防和减少各类生产安全事故发生。强化施工现场文明施工标准化管理,市区全年在建的147处工地出入口路面硬化率达100%,施工现场围挡率达100%,出入车辆清洗率达93%。强化质量检测管理,全年共完成试验检测报告47658份。严厉查处各类安全质量违法违规行为,全年共组织开展各类专项检查及综合监督执法检查7次,检查各类在建工程537项次,督促整改各类安全隐患2953条,累计下发《建设工程质量整改通知书》20份,《建设工程质量停工整改通知书》7份,《日常安全监督检查记录》518份,《建设工程安全限期整改通知书》48 份,《建设工程安全停工整改通知书》16 份。针对部分参建单位不认真履行质量安全责任的违法、违规行为,实施了行政处罚。已依法实施行政处罚 4 起,涉及施工企业 3 家、个人 3 人,处罚金额共计 12.053 万元。

【建筑业企业管理】2015 年全市建筑业施工企业共 41 家,其中总承包企业 21 家(一级资质企业 1 家,二级资质企业 10 家,三级资质企业 10 家);专业承包企业 15 家(二级资质企业 2 家,三级资质企业 13 家);劳务分包资质企业 5 家。监理企业共 5 家,均为乙级资质。开展建筑业企业资质核查工作,规范建筑市场秩序。根据新出台的《建筑业企业资质标准》,分别对全市预拌商品混凝土专业承包资质进行审批并核准备案;依托全市建筑行业诚信档案建立,逐步完善对进嘉监理企业、进嘉施工企业的诚信体系建设。年内,对全市 5 家监理企业、34 家施工企业进行了资质核查;对投标监理企业及施工企业进行资质核查备案,全年核查监理企业共 151 次,施工企业共 815 次。

【建筑业招投标方面】2015 年,市招标办根据全市招投标工作实际,不断探索新形势下招投标监管工作发展之路,推动了招投标工作持续健康发展。截至 2015 年 12 月底,共办理招标项目备案 176 项,总交易额 13.1 亿元;办理非国有资金投资建设工程发包项目 59 项,总交易额 13.4 亿元;办理 50 万元以下非招标工程备案 92 项,总交易额 2176 万元。

(张先南)

第三产业

批发业·零售业

【社会消费品零售总额】 2015 年全市完成社会消费品零售总额 54.95 亿元,同比增长 8.8%,其中:批发业完成商品销售额 142.07 亿元,同比下降 21.8%;零售业完成商品销售额 54.10 亿元,同比增长 11.1%;住宿业完成营业额 1.67 亿元,同比增长 22.1%;餐饮业完成营业额 10.53 亿元,同比增长 23.5%。

对外经济贸易

【进出口总额】2015 年全市累计完成外贸进出口总额 11.74 亿元,同比下降 45.78%。其中:出口完成 3.08 亿元,同比下降 15.90%;进口完成 8.66 亿元,同比下降 51.86%。酒钢公司是全市主要外贸进出口企业。主要进口产品为炉料和矿产品,主要出口产品为碳钢冷轧镀锌和不锈钢产品,产品远销日本、韩国、欧美等 30 多个国家和地区。

【第二十一届兰洽会】本届兰洽会嘉峪关市设计搭建了嘉峪关方特欢乐世界主题馆,招商引资签约项目共 9 项,签约总额 76.88 亿元。期间,主要参加了全省重点项目签约仪式、承接产业转移系列对接、世界陇商大会、民企陇上行等活动。组织嘉峪关文化科技产业投资有限公司参加了商品贸易展销活动。

【对外交流与合作】组织企业参加了霍尔果斯“甘肃商品展销馆”开馆仪式、第 117 届中国进出口商品交易会和 2015 厦门国际投资贸易洽谈会。组织 4 家企业参加了香港特别行政区政府投资推广署投资推介座谈会。为企业开拓国际市场、扩大开放提供了平台。

【对外贸易经营者备案登记】2015 年,全市共受理对外贸易经营者备案登记企业申请 8 家,变更企业信息 3 家。资料全部按照政务大厅的相关程序完成了备案工作,并装订卷宗存档。

【外资】2015 年,新增中外合资经营企业 1 户,注册资本 2.85 亿美元;新增外商独资企业 1 户,注册资本 70 万元人民币。

其他服务业

【餐饮服务】组织本市 5 家餐饮企业参加甘肃名优风味小吃展销会,2 家企业参加了临夏国际清真食品和民族用品博览会,嘉峪关市清真 AAA 烧烤获优秀奖,市商务局获优秀组织奖。

【电子商务】2015年,制定了《嘉峪关市关于大力发展电子商务加快培育经济新动力的实施意见》《嘉峪关市电子商务示范工程补助资金管理办法(暂行)》,上报市政府批转了《嘉峪关市促进电子商务产业发展的实施意见》《嘉峪关市加快推进城乡一体化率先实现全面小康电商支持计划实施方案》。成立了市电子商务协会,编印了《电子商务法规政策选编》,举办了嘉峪关市第二期电子商务业务培训班,组织参加了"一带一路"电子商务培训班、"香港贸发网"培训会、全省第一期电子商务师资培训班等。组织相关企业参加2015年春夏秋三季农产品网上购销对接会、入驻"淘宝网·特色中国"甘肃馆和"香港贸发网"。探索电子商务微营销模式,推广本地电商新建平台。协调"美嘉优购"平台为全市农民专业合作社开设网店并进行代运营,支持"天天绿色生活网"以金凤凰养殖基地为试点,进行养殖产品网络监控,支持企业投资建设大宗商品网上交易平台、电商产业园、快递物流园等项目。推荐本市电商企业申报国家和省级电子商务示范企业,其中甘肃烽火网络公司荣获商务部全国展会优秀企业,众恒盛世网络有限公司荣获省级电子商务示范企业。

【商贸流通统计】组织全市7家商贸流通典型企业完成数据的年报、季报、月报工作,并全部通过商务部数据审核。制定了《商贸流通业统计工作考核办法(试行)》,确保数据统计考核更规范。

【扩大内需促进消费增长】组织企业广泛开展了"消费促进季"活动。举办了端午节2015"嘉车有约"大型户外汽车博览会,"摘油桃、抓土鸡、游草湖"等大型促销活动,"嘉车有约"汽车博览会共售出中高档汽车267台,销售额4539万元;"摘油桃、抓土鸡、游草湖"活动共销售农产品3.6万斤。

【市场监测】强化市场运行监测,做好商务部和市级5大监测系统22家企业、15个物价监测点的监测数据上报和生活必需品市场运行分析,优化嘉峪关商务预报、嘉峪关商务网站各板块功能,增强了市场预测预警能力。

【市场运行调控】完善了市级肉菜储备及投放的监管,建立了应急商品数据库。依据《嘉峪关市冬春蔬菜储备管理办法》,做好市级冬春蔬菜储备和投放等工作。本年度市级政府储备蔬菜(土豆、大白菜、萝卜、圆白菜、洋葱、胡萝卜)1050吨,并按照储备了的80%进行储备蔬菜投放。

商务管理

【机构设置与人员编制】2015年,市商务局内设办公室、市场体系建设科、服务业管理科、食品流通监管科、酒类商品管理科、对外经济贸易科(挂市口岸管理办公室和中国?兰州投资贸易洽谈会嘉峪关组委会办公室)、市场运行调节科、整顿和规范市场经济秩序办公室8个科室,行政编制16名(含军转干部编制2名),机关后勤事业编制3名;另设商务稽查支队,事业编制1名。

【拍卖行业监管】加强了拍卖企业日常管理工作,依法较好地履行了监管职责。全市3家拍卖企业全年累计举办拍卖会24场次,总成交金额4184万元。

【典当行业监管】加强了典当行业日常管理工作,依法较好地履行了监管职责。全市4家典当企业全年开展业务251笔,典当总额8818万元。

【成品油市场监管】加强成品油市场监管,完成了成品油企业年检工作。全市现有加油站17座,正式运营16座,在建1座。其中:中国石油嘉峪关销售分公司运营14座,社会运营1座,社会在建1座。日均零售约200吨,日均批发65吨,月销售成品油8200吨。

【酒类商品管理】2015年全年酒类备案登记:批发企业182家,新增25家;零售企业1834家,新增112家;随附单使用208994份,新增32724份。2015年1月8日起,由市商务局(嘉峪关市酒类商品管理局)承担的全市酒类流通管理监督职能划归市市场监督管理局承担。目前仍然按国家《食品安全法》、商务部《酒类流通管理办法》和《甘肃省酒类商品管理条例》,进行酒类流通管理,市商务局负责拟定全市餐饮服务和酒类食品流通发展规划和政策,市场监督管理局负责全市酒类食品安全工作。

【单用途商业预付卡备案登记】制定了《单用途商业预付卡管理工作实施方案》,完善了《商业预付卡企业监督检查及评价标准》,对全市已完成备案的预付卡发卡企业进行了专项监督检查;加强商业银行对发卡企业资金账户的管理,督促发卡企业及时补足存管资金,帮助发卡企业完善商业预付卡管理制度;根据《单用途商业预付卡管理办法》要求,对符合备案条件的6家单用途商业预付卡发卡企业进行了网上备案(其中规模发卡企业2户,其他发卡企业4户)并及时上报发卡企业相关数据信息。

【重点商业企业简介】嘉峪关赛亚宏运汽车销售服务有限责任公司。成立于2003年9月,是上海通用汽车有限公司在甘肃河西地区设立的品牌4S店。公司占地面积24000平方米,经营场所总面积2700平方米,其中展厅面积约530平方米、办公区面积约300平方米,售后服务厅面积约120平方米,维修车间面积约1200平方米。公司主营进口、国产别克品牌汽车及汽车零配件销售、汽车维修、汽车装潢等。

西部天地电子商务有限责任公司。筹建于2015年3月,12月获得电信增资业务许可证,是嘉峪关市第二家拿到此证件的电商企业。"汇品优选"O2O电子商务平台是一个面向嘉峪关市民,以点对点的配送方式提供优质的食品和日常用品的创新型平台,计划2016年2月上线运营。项目上线后,将整合线上线下资源,依托O2O平台优势,建立网上商城、手机移动APP和微信商城三方购物平台,为居民提供电商、支付、生活等一站式便捷服务,让消费者在线上支付购物,线下享受社区终端服务。"汇品优选"平台依托西部天地线下资源,会员已达4万余人,平台商品单数达到3000余项,异业联盟商家达到15家,特色商品商家达到30余家50余项单品。

甘肃烽火网络科技有限公司。现有"美嘉优购""嘉酒视窗网""吃在甘肃"等多个本地电子商务平台。截止年末,网站注册用户22万,日访问量19万。2010年成为甘肃省第一家银行签订电子支付系统的电子商务公司。2013年7月被商务部评为全国电子商务示范企业。"美嘉优购"网上商城是本地多元化电子商务平台,兼容B2B、B2C、C2C的商业模式,商家可以产品生产商、销售商或个人身份进驻平台,为全市居民提供优质快捷、品类齐全的网上购物,计划于2016年1月正式上线运营。

嘉峪关在线创意文化产业园。由嘉峪关在线网络文化传媒有限公司运营管理。主要从事互联网信息服务、网站建设、市场营销策划、企业管理咨询、广告设计制作发布及代理等综合性地方业务。旗下有"嘉峪关在线"网,是全国首家集网站、微信、手机APP一体化的信息平台。网站成立于2005年,经过十年的发展,现已成为嘉峪关市第一综合门户网站,注册会员14万人,日访问量14.6万次。除网站和商业服务外又新增"雄关大舞台""书画交流展"等子文化服务项目。

流通体制改革

【市场培育】2015年,全市城乡市场体系建设步伐明显加快,初步构建起以各类零售网点为基础,各类批发市场、商贸物流中心和商业特色街为骨干,各类流通企业为主体、城乡一体的现代流通网络。安远沟钢材交易市场、西北物流汽配城、工程机械交易市场、温州市场等建成投入使用,嘉峪关农副产品批发市场、天诚美居建材市场项目稳步推进,嘉峪关市再生资源集散交易中心项目开工建设。依托城市标准化社区服务中心配套建设6个农超对接平价店,同时建设了南市区如意庭院社区便民市场。

【体制改革】贯彻落实《嘉峪关市人民政府关于深化流通体制改革加快流通产业发展的实施意见》,制订了《嘉峪关市促进内贸流通健康发展的实施意见》,并经市政府审议批转执行。清理废除妨碍统一市场和公平竞争的各项规定,集中对涉及范围内的各项规定进行了清理。推进嘉峪关机场航空口岸对外开放申办进程,编制完成了《嘉峪关机场一类航空口岸开放项目可行性研究报告》,并向省政府提交了《嘉峪关市人民政府关于设立嘉峪关机场航空口岸的请示》,市政府领导及省商务厅领导多次赴北京向海关总署、国家口岸办领导专题汇报,积极争取将嘉峪关机场航空口岸开放列入国家口岸办"十三五"发展规划。推进嘉峪关市雄关旧货交易中心、市物资再生利用公司(市旧机动车交易中心)2家国有企业改革工作。

(翟军国　杨　萍)

第三产业开发

【机构设置与人员编制】嘉峪关市第三产业规划与发展中心是根据《关于成立嘉峪关市第三产业规划与发展中心的通知》(市委办发〔2009〕65号)精神成立的市政府直属全额拨款事业单位,县级建制。内设综合科和开发建设科2个科室,核定全额拨款事业编制8名,其中处级干部2名(主任1名、副主任1名),科级干部职数4名。

【工作综述】2015年,全市第三产业实现增加值77.3亿元,同比增长19.1%,第三产业增加值占GDP的比重达到40.7%;全市第三产业固定资产投资完成69.3亿元,同比增长36.7%,投资结构持续优化,第三产业投资比重达到历年最高,成为全市投资增长的主要动力。

制定下发了《嘉峪关市人民政府关于加快服务业发展的实施意见》,制定了《关于加强第三产业部门统计工作的通知》,已经市政府批转执行。谋划"十三五"第三产业发展工作,制定了《嘉峪关市"十三五"第三产业发展专题研究报告》。

2015年度,三产中心牵头的重点项目整体上推进力度大、进展情况良好,累计完成固定资产投资5.71亿元,超全年投资任务考核目标1.71亿元。天空之城商贸综合体项目,石材幕墙及管道安装已接近收尾,完成投资2亿元;春光农产品批发市场项目,主体建筑、外立面装饰工程、管线安装已完成,完成投资5600万元;西北物流汽配城项目,三期工程已完工,建筑面积1万余平方米,完成投资6500万元;天城美居家居文化产业园项目,一期、二期工程主体建筑已封顶,总建筑面积10.6万平方米,完成投资2.5亿元。

2015年,市三产中心创新帮扶方式,变过去单一的物质帮扶为项目帮扶,充分发挥三产中心职能作用,积极帮助双联单位河口村做好站前广场商贸项目谋划工作。同时,筹集资金为河口村三组安装价值3445元无线广播设备1套。

(梁松涛)

烟草专卖

【机构设置与员工队伍】嘉峪关市烟草专卖局、甘肃省烟草公司嘉峪关市公司合署办公,内设办公室、政工科、法规科、财务科、审计科、专卖科、营销中心、督察考评中心8个职能科室和,辖嘉峪关欣大烟草有限责任公司,现有员工67人。

【烟草制品批发】面对辖区市场出现的新情况和新问题,市局(公司)坚持以"稳销量、提结构、调状态、促效益"为主线,坚持需求导向,突出市场引领,先后采取多种调控措施,顺利实现全年销售任务及利税增幅目标。全年累计实现卷烟销售13701箱,同比下降5.2%;三类以上销售结构84.65%,同比提升4.1个百分点;单箱销售额27718元,同比增长8.3%;实现销售额32460万元,同比增长2.61%;实现利税8683万元,同比增长12.6%。

【烟草制品零售】2015年,面对错综复杂的市场形势和消费变化,欣大公司积极探索,主动应对,通过开展促销宣传活动、调整购销协议、拓宽经营范围、扩大经营规模和加大考核力度等举措,增强市场竞争力,努力实现多经企业平稳有序发展。全年实现销售收入2143.1万元,实现利润2.4万元,资产保值增值率98.5%。

【烟草专卖管理】以辖区卷烟市场稳定有序为目标,加强联合打假长效机制建设,开展以卷烟非法流通和无证经营为重点的一系列市场专项整治行动,全面推行"APCD"市场检查法,加快行政审批制度改革,充分发挥政务大厅"一站式"办事服务职能,加强专销结合,加大专卖法律法规宣传力度,打假破网、市场管控、证件管理,行政许可、依法行政工作水平持续提升。2015年,与武威市局联合办案,完成"6·20"案件嫌疑人的调查取证、案件移送和结案等工作,全年累计查处各类违法案件48起,涉案违法卷烟9.75万支,违法案值10.25万元,罚没款1.01万元,依法取缔和规劝歇业无证户28户,办理行政许可申请695件,组织召开听证会8场,注销涉嫌转让证件150余个,建成烟草专卖法律法规服务咨询点357个,印制发放零售许可证管理、禁止向未成年人售烟等内容的温馨提示卡2000余份，市场净化率始终保持在98.5%以上。

（李　涛）

盐业专卖

【**机构设置与人员编制**】甘肃省嘉峪关市盐务管理局(以下简称市盐务局)和中盐甘肃省盐业(集团)嘉峪关市批发部(以下简称市盐业批发部)分别隶属甘肃省盐务管理局河西盐务分局、甘肃省盐业(集团)股份有限责任公司河西盐业分公司管理,为省盐务局、省盐业集团的垂直部门,负责嘉峪关市的盐业营销工作。市盐务局、嘉峪关批发部实行垂直管理、合署办公、职能分设的管理体制。内设办公室、盐政执法科、财务科;盐业集团嘉峪关批发部设办公室、财务科、业务经营科、盐政信息科，2015年实有员工12人。为非独立核算单位,经营业务授权河西分公司管理,财务实行报账制。

【**食盐批发**】2015年度，市盐业批发部购进盐产品总量为2086.97吨，其中精细盐购进1240.67吨,50千克大包装购进331吨，小额工业用盐购进515.3吨。全年共批发盐产品总量为2116.53吨,其中小包装盐产品销售1176.86吨,比上年增加9.04吨,增幅为0.768%;50千克大包装盐产品销售339.65吨，比上年增加33.75吨，增幅为9.93%;工业盐销售600.02吨,比上年增加24.83吨，增幅为4.1%。2015年实际完成利润66.8万元、比上年增加6.69万元,增幅为10.01%。

【**调整盐品结构**】2015年嘉峪关市盐业批发部，落实食盐品种结构调整工作部署，加大食盐市场管理和宣传引导力度，合理安排计划和积极组织购进,提高配送能力和改善服务质量,及时掌握市场动态和客户需求，适时调整销售策略和供应品种，既确保了市场平稳有序又完成了食盐品种结构调整目标任务，既满足了不同消费需求又取得了较好的经济效益。食用盐增加至15个品种,满足了不同消费者的需求，全面完成了食盐品种结构调整目标任务，食盐品种结构调整工作成效显著。

【**拓展非盐经营**】嘉峪关市盐业批发部在面对盐业体制改革的严峻形势和行业自身发展的要求下，寻找应对措施，加快转变思想观念和经营机制。实现从专营走向市场,从单一化经营走向多元化经营格局,探索开展非盐商品经营路子,为行业的转型发展寻求新的增长点。

【**碘盐质量检测**】为了维护人民群众的食用盐安全,强化质量责任意识,遵照《盐产品质量检测办法》,严格执行盐产品源头质量检测程序,加强出库成品盐质量的检测、监管力度,防止不合格盐产品流入市场。坚持常规监测,对销售各环节抽查检测,保证碘盐合格率达到了100%,切实维护了品牌声誉和群众食用盐的安全。2015年共做食盐批次检测48次,样本432个,合格率100%。

【**盐业市场管理**】2015年度,在省局、河西分局的指导下,市盐务局依靠政府,在工商、公安、质检、卫生等部门的配合下，开展了整顿和规范盐业市场秩序专项活动,坚持依法治盐,突出重点,加大市场监管力度。全年共出动执法人员1636人次，执法车辆946台次，全年累计检查食盐经营户3535家次,压面房532家次,熟肉加工67家次、中小学食堂48家次,酱醋加工32家次、调料批发商102家次、肠衣加工48家次、畜牧养殖162家次、农家乐园66家次。执法人员依法严格履行职责,切实加强城乡盐业市场秩序,强化盐业市场管理,全面完成了2015年的各项目标任务。

（王光毅）

粮食流通业

【**储备粮管理**】2015年,市粮食局根据《甘肃省人民政府关于贯彻国务院建立健全粮食安全省长责任制若干意见的实施意见》(甘政发39号)精神,起草制定了《嘉峪关市人民政府关于贯彻<甘肃省人民政府关于贯彻国务院建立健全粮食安全省长责任制若干意见的实施意见>的实施方案》,上报市政府批转执行。全面落实全省粮食安全工作会议精神,成立了以主管副市长为组长、市粮食局、市发改委、市财政局等九个职能部门负责人为成员的嘉峪关市粮食安全工作领导小组,及时召开领导小组会议，安排部署全市粮食安全工作;建立了粮食安全部门联动机制,统筹解决粮食安全工作中遇到的困难和问题。落实《甘肃省粮食安全目标责任书》,制定完成了《嘉峪关市粮食安全目标责任书》,将8个大项68个小项考核指标细化分解到粮食安全领导小组9个成员单位,明确了工作要求,靠实了目标责任。克服市储备库整体迁建对储备粮管理造成的实际困难,截至年末,全面完成省粮食局下达的增储500万斤省级储备粮任务。严格按照"调控有力、高效灵活、规范运作"的原则,将省、市储备粮(油)轮换与企业经营有机结合起来,根据市场粮食供求及价格波动情况,适时进行储备粮(油)动态轮换。全年向市场投放小麦818.4万斤、成品粮346万斤,食用油152万斤,保证了市场粮油供应充裕、价格基本稳定。根据全市粮食纯销区的实际,加强与新疆、河南、安徽、宁夏等省外产粮区的紧密协作,建立长期稳定友好的购销合作关系,确保储备粮增储和轮换粮源稳定。贯彻"以防为主、综合防治"的保粮方针;严格执行《粮油储藏技术规范》要求,坚持开展"四无粮仓"建设。全方位抓好库区安全生产工作,更新了库区用电线路,安装了监控设备。开展春、秋两季粮油普查和全省粮食库存大检查,按照"有仓必到、有粮必查、查必彻底"原则,逐库逐垛查粮情、查账实、查安全,确保储备粮数量实、品质优、调得动、用得上。

【军粮供应】将军粮质量作为军供工作的生命线,严格执行国家政策要求和标准,严把军粮采购关,建立了军粮采购、仓储、出库、运输监管电子台账,实行定点采购、专人负责、专库保管、专车配送和一批一检一报告制度,对质检档案分类装册,永久存档备查,确保军粮质量安全。开展"优质服务、满意在军营"活动,定期深入驻嘉部队伙食单位,听取和征求部队官兵对军粮供应工作的意见、建议。每逢重要节庆日,提前征询部队需求,并按要求及时配送,受到了驻嘉各部队的一致好评。市粮食局军粮供应站被市双拥办确认为"双拥共建示范单位"。

粮食流通管理

【机构设置和人员情况】嘉峪关市粮食局是市政府负责管理全市粮食流通的行政职能部门,承担着省、市两级储备粮管理、军粮供应、粮食流通市场监管等职责。内设办公室、财务审计科、业务科、市场管理科4个行政科室;下属市粮食市场稽查队和粮食质量安全检验监测站两个科级事业单位;直属市裕祥粮油购销储备有限责任公司和市军队粮油供应站有限责任公司2户国有粮食企业。现有职工56人。

【粮食市场监管】按照省粮食局部署要求,严肃履行《粮食流通管理条例》赋予的法定职责,以粮食购销、储备、加工企业为重点,加强对原粮质量监管,从源头上保证了粮食质量安全。2015年共抽检小麦27批次、植物油6批次、小麦粉5批次、大米8批次、玉米2批次,出具检验报告48份。为确保重要节日期间粮油市场供应充足、价格稳定,会同市商务局开展了"放心粮油"平价直销活动,让利于民,共计销售"放心粮油"72万斤。做好粮食法规宣传工作,开展了以"推进依法行政,倡导爱粮节粮"为主题的宣传活动,发放《粮食流通管理条例》和"爱粮节粮"的相关宣传资料7200余份,提高了广大市民对《条例》的认知和理解;开展了以"尚德守法、全面提升食品安全法制化水平"为主题的食品安全宣传周活动,引导广大市民"绿色消费、健康消费"。依法加强对粮食流通市场的督查力度,坚持每周例行巡查与重要节假日重点检查相结合的方式,依法监管粮食流通市场,全年开展粮食流通市场专项检查10次。对发现的嘉峪关市牧源滩畜牧有限责任公司玉米严重霉变加工饲料未及时处理的行为,及时下达《责令改正通知书》,对霉变部分做无害化处理。严格督查各类粮食企业的收购行为,坚决杜绝损害粮农利益的现象发生。在对全市85户粮油零售网店经营情况调查摸底的基础上,按照《嘉峪关市"放心粮店"评选实施方案》,会同市场监管局评选出15个"放心粮店"并予以授牌;制订了《嘉峪关市"放心粮店"管理办法》,规范了"放心粮店"的经营行为。充分发挥粮食行业协会的"桥梁"作用,及时组织会员商讨粮食行业发展大计,征求对政府职能部门的意见建议,发挥了协会"服务、自律、协调"的作用。

【项目建设】准确掌握国家在"粮安工程"建设上的投资政策和投资方向,向省粮食局报批拟建项目。全年共争取到国拨省补资金533万元，专款用于全市粮食应急供应仓储设施维修改造项目。完成了对2013年开建的粮食物流项目——浅圆仓的竣工验收，8月25日，市级储备粮正式起运，至9月20日，4265万斤库存粮食按期转运完毕，为“丝绸之路文化博览园”项目腾出了建设用地。市储备库新址建设一期工程于10月8日顺利开建，二期工程将于2016年4月开工，预计2016年底即可建成，将一举改变全市粮食仓储设施“老、旧、破、烂”的历史。总投资2328万元的军粮站六岔路综合楼拆除重建项目和食用油灌装生产线扩建项目顺利开工。六岔路综合楼拆除重建项目已完成旧楼拆除及土地平整等前期工作，食用油灌装生产线土建工程主体已完成封顶。两个改扩建项目预计2016年均可建成投入使用。

（伏建龙）

供销经营业绩

【经营业绩】2015年，全系统商品销售总额完成5010万元，完成年计划的100%；上缴税费5万元；社会贡献总额完成136.4万元；实现利润11.1万元。销售农资总额1557万元，同比增长9%；销售化肥总量达到6000吨，同比增长7.2%，其中氮肥2700吨，磷肥500吨，复合肥2500吨；农用薄膜105吨；农药42吨；农资市场占有率保持在70%以上。

【农副产品购销】基层供销社采取“合作社+企业+农户”三位一体的方式，帮助农民增产促销。2105年，文殊供销社投入300万元，积极与外省企业对接，发展订单农业，种植甜叶菊1000多亩，收购100多吨，帮助农民增收3000—5000元。新城供销社投入资金400多万元，收购洋葱、玉米2000吨，搭建农资产品收购新平台，畅通购销渠道，帮助农民增产促销。

【农民专业合作社】嘉峪关市丰源果蔬农民专业合作社，2014年为发展高效农业，经过认真调研论证，流转210余亩土地。2015年，该社带领农民种植新西兰红皮早酥梨23500株，长势良好，可带动项目区域果蔬种植户每年户均增收3000—3600元，亩均效益达到15000元，人均收入增加1000元。丰源果蔬农民专业合作社组建的强源资源再生有限公司，2015年收购废旧塑料160吨，重新加工成塑料制成品，实现废旧塑料的二次利用，提高了合作社的经济效益。绿康农民蔬菜专业合作社充分发挥经营服务和农副产品购销上的优势，积极筹措资金400余万元，全力扩大农副产品收购品种，采取上门收购、深购远销、当场结算等灵活经营方式收购玉米、洋葱2000吨，帮助农民增收致富。

【重大项目建设】雄关宾馆改扩建项目是全市重点项目之一，总投资2.85亿，总建筑面积58496平方米，可同时满足近300家商户需求，是集购物、娱乐、休闲、亲子、酒店、写字楼为一体的综合楼。截至年末，主体工程地下二层已封顶。项目建成后，商业、酒店、写字楼可实现主营业务年收入2亿元，实现年利税2000余万元，同时解决600余人的就业。

供销社经营管理

【管理机构与人员编制】嘉峪关市供销合作社是市人民政府直属单位，参照公务员管理，对全市供销合作社企业负有指导、协调、监督和服务的职责，编制名额6人，在职人员7人，其中处级领导3人，科级干部1人，工勤人员3人，另有进村进社工作人员4名，三支一扶工作人员1名。下辖五个独立核算单位：市供销合作社资产管理发展中心、雄关宾馆、新城供销社、文殊供销社和峪泉镇供销社。全系统现有职工34人，其中在岗28人，离岗职工6人，离退休职工17人。

【经营管理】2015年市供销社稳步开展了“三严三实”专题教育，领导干部带头讲党课，严肃剖析自身问题，梳理问题清单，逐条加以整改，机关作风得到明显的改善。严格执行党风廉政建设责任制，强化廉政教育、廉政风险点防控管理和政风行风建设，落实领导干部廉洁自律制度，遵守“四大纪律、八项要求”等各项规定。注重思想宣教工作，扩大市社知名度和影响力，全年市供销社共向外报送信息45条，其中省社网站采用14条，嘉峪关日报采用12条，其他媒体采用10条。严格按照“谁主管，谁负责”的原则，成立了社会治安综合治理工作领导小组，逐级签订了《2015年度社会治安综合治理工作责任书》，将目标责任进一步明确和细化。2015年，供销社及时与重新确立的“双联”帮扶对象进行对接，投资1万元用于新城镇维修改造温室大棚，联合市科技局、农技站、种子管理站等单位在黄草营村、冯家沟、河口村等地对农民进行培训，培训21场次，累计培训农民600人次。供销社开通了网上信访信息系统，制定了《市供销社接待来信来访工作制度》《市供销社矛盾纠纷排查工作制度》等9项工作制度，确保了供销社信访工作目标责任制的落实。贯彻落实《2015年安全生产目标管理责任书》的各项内容，严格执行“安全第一，预防为主”的工作方针，开展安全生产检查，狠抓隐患整改，全面开展安全生产标准化达标创建工作。

（贾玲玲）

邮政业

【邮政公司嘉峪关市分公司】中国邮政集团公司嘉峪关市分公司前身为甘肃省邮政公司嘉峪关市分公司，因法人体制调整，于2015年5月1日更为现名。内设一室三部一会，下辖一个县局、四个专业局。在职员工165人。

经营业绩。2015年，嘉峪关市邮政分公司贯彻落实“突出重点调结构、‘六位一体’转方式”的经营思路，持续推进改革创新、转型发展，继续坚持强化管控、规范运行，完善机制、提升能力、改善服务、创造环境，坚定发展金融类业务，发展寄递类业务，拓展公共服务类业务，转型发展邮务类业务，企业经营规模、质量和效益实现了同步提升。全年完成业务总收入3663.30万元，完成预算目标的100.64%。有效收入累计完成2528.10万元，同比增长9.13%，实现利润总额559.56万元。企业发展总体呈现出稳中有进、稳中向好的态势。

邮政业务。金融类业务围绕“抓旺季、促发展，抓转型、上能力，抓项目、拓市场，抓合规、强内控”的总体思路，强化过程管控，创新营销方式，抓好旺季营销。全年发展POS商户1452户；销售保险1.05亿元，同比增幅173%；新增金融总资产3.49亿元，完成收入1990.8万元。寄递类业务落实“三大市场”开发的总体要求，通过整合资源，组织窗口收寄及揽收竞赛，开展“一业一策”活动，加强专业指导培训，梳理健全客户资料，加强窗口与揽收人员的联动，工作效率提升。邮务类业务以重点项目为抓手，主动接轨地方经济发展，加快转型发展步伐，有力支撑了板块计划完成。

内部管控。完成了“子改分”法人体制调整证照变更等配套工作，完成了与甘肃省邮政分公司会计集中核算筹备组的工作交接；ERP系统和报销报账系统顺利上线；开展了公务用车、办公用房、业务招待费、通讯费等自查整改工作，促进了企业的健康合规发展。开展了人力资源管理工作专项自查整改和新一轮中层干部竞聘，深入推行员工岗位履职考核，对符合转聘条件且工作表现优秀、工作业绩突出的劳务工进行转聘，对2015年前转聘和招用的B类合同工进行了类别晋升；加强员工的培训和职鉴，生产人员持证上岗率达到83.37%。按照“三明确，两健全，一提升”的要求，组织开展了“基础管理年”提升活动；学习落实“两个纪律”，细化和明确了纪律执行要求，全面实行“限时办结制”，机关工作作风进一步转变。

安全工作。坚持“群防群治，预防预堵”的原则，强化责任意识，落实规章制度。坚持定期检查和不定期抽查相结合的检查方式，强化对安全生产工作的日常监督检查，全年组织各类检查60余次，发现安全隐患20余处，及时进行了整改；对关键部门、岗位开展多种形式的培训教育，员工的安全意识进一步提升；围绕金融网点安全开展了5项专项活动，通过专项检查和专项治理，切实解决安全隐患，保障邮政金融安全。

综合能力。投递网改革初见成效，网格点邮件代投占比达到进口邮件的30%，分流邮件、减轻投递压力的作用明显。综合服务平台建设稳步推进，全市累计建成综合服务平台224处，覆盖全市30个社区，104个小区。2015年“双十一”“双十二”邮件高峰期时段，在进口邮件持续增长的情况下，未出现邮件积压、延误等现象的发生。营销体系健全，组建专业营销团队3支，综合营销团队7支，量化团队工作指标，加大团队负责人年终绩效与重点营销项目完成情况的挂钩比例，调动各营销团队积极开展重点项目的营销。项目管控收到实效，全年确定重点营销项目55个，加强项目的日常管控，全年累计实现项目收入765.4万元，项目收入占到年度总收入的21%。

服务水平。开展了行风评议及“两加强、两遏制”回头看等重点活动，开展服务专项整顿提升活动，优化内部作业流程，加快进口邮件的传递速度。邮件及时投递率、及时接收率、城市妥投率等重点 KPI 指标均超过全省标准且较上年有不同程度的提升。邮政用户综合满意度得分 87.1 分。被甘肃省邮政分公司授予全省邮政系统“优质服务杯”金杯。

（王小虎）

中国邮政集团公司嘉峪关市分公司 2015 年基本统计指标对照表

指　标	单位	2015 年	2014 年	指　标	单位	2015 年	2014 年
邮政业务总收入	万元	3606.11	3111.6	邮区中心	个	0	0
函件收入	万元	277.02	270.5	邮路	条	9	10
包裹收入	万元	10.14	9.3	邮路长度	千米	194.5	186
报刊发行收入	万元	202.48	235.5	快速邮路	条	0	0
代理金融收入	万元	2053.56	1734.1	快速邮路长度	千米	0	0
代理速递物流收入	万元	292.14	174.6	航空邮路	条	0	0
集邮收入	万元	393.78	406.7	铁道邮路	条	1	1
机要通信收入	万元	3.32	3.9	汽车	辆	19	19
电子商务收入	万元	92.41	149.5	邮政局所	处	15	16
分销与配送收入	万元	64.46	10.8	电子化局所	处	14	15
其他业务收入	万元	199.53	116.6	农村邮政支局所处	处	4	4
职工人数	人	165	176	委代办	处	3	5
人均劳动生产率	万元/人			局所服务人口	万人/处	2	1.4
总支出	万元	3436.44	3032.31	局所服务面积	平方千米/处	200	261.56
收支差额	万元	347.2	17.6	总资产	万元	2481.51	2643.93
				固定资产原值	万元	3770.05	3437.2

【嘉峪关市邮政管理局】机构设置与人员编制。嘉峪关市邮政管理局下设办公室、行业管理科两个科室，负责嘉峪关市、四〇四矿区、镜铁山矿区的邮政快递市场监管工作。核定公务员编制 8 人。

2015 年，嘉峪关市邮政行业完成业务总量 3895.35 万元，同比增长 6.57%；完成业务收入 5313.41 万元，同比增长 18.25%。其中，邮政公司完成业务收入 3605.00 万元，同比增长 15.07%；快递企业完成业务收入 1708.41 万元，同比增长 25.58%。邮政公司完成业务量 2748.38 万元，同比增长 1.41%；快递企业完成业务量 1146.97 万元，同比增长 21.35%；快递业务收寄量 58.79 万件，同比增长 22.66%；快递业务投递量 406.29 万件，同比增长 73.70%。

全市建成城市邮政便民服务点 135 个，农村服务网点 9 个（村邮站 6 个，快递网点 3 个），建成高校快递超市 1 个。

贯彻《关于下放部分快递业务经营许可审批权限的通知》和《快递业务经营许可优化方案》，全市快递企业网点负责人参加了市局组织的培训，《方案》内容在局网站进行公开，制作了快递业务经营许可审批流程展板。年内先后为顺丰雄关分部、顺丰中转场、速尔快递打印颁发了快递业务经营许可证书，为 6 个分部办理了负责人、地址变更备案，完成了韵达、圆通、雄关快递 2015 年度快递业务经营许可报告审核。全市已发展快递品牌 17 家，40 个网点，实现快递业务收入年递增 30%的发展速度。

市场监督。2015年,出动执法人员380人次,共检查企业17家、54个网点,下发整改通知书11份,约谈企业13家,行政处罚4次,罚款金额10000元。上半年,嘉峪关有效申诉12件,占全省比例的1.61%,有效申诉率全省倒数第二。

邮票市场。全年共发行纪特邮票29套92枚,总面值152.6元,开展邮票首发日检查,企业发行宣传到位,邮票预订和零售管理严格。对2家邮政用品用具生产企业进行抽样检查,并督促办理经营许可年审,规范邮政用品用具市场经营秩序。

全市共有普遍服务邮政局所15个,局所四项法定业务开办齐全。纪特邮票销售网点1家,机要网点2家,均正常开展业务。

党风廉政建设。年初制定了《2015年党风廉政建设工作要点》,落实党风廉政责任制和党组主体责任、纪检组监督责任,全面落实"一岗双责",牢固树立"大廉政"和网格化管理的理念,做好自身的廉洁自律工作的同时,抓好分管部门党风廉政建设工作。通过纪律教育、廉政教育、宗旨教育,增强党员拒腐防变的意识。层层签订了《党风廉政建设责任书》,专门制定了《党风廉政建设任务分解表》,将四个方面八项内容分解到各个部门,责任落实到人。建立了《廉政风险排查表》,将每个岗位的廉政风险环节进行梳理,建立档案并进行公示,便于全局干部监督。市委效能风暴行动领导小组第四评议组到市局开展政风行风民主评议质询会,对市局党风廉政建设、政风行风建设给予了充分肯定。

快递从业人员能力培训。与市总工会在9月份联合举办了为期9天的,以"增强服务意识,提升服务能力"为主题的快递从业人员能力提升培训班,全市17家快递企业、39个服务网点、190名快递从业人员参加了培训。

2015年,市局共撰写新闻信息96篇,通过市、省、国家局及各类新闻媒体累计刊发161篇次,同比去年增长62.50%。其中,通过本市媒体刊发信息稿件24篇次,同比去年增长480%。

(刘慧珍)

信息传输业

【电信经营管理】中国电信嘉峪关公司位于嘉峪关市新华中路1598号,主要经营范围包括固定电话、移动通信、互联网接入及应用、数据通信、视讯服务、国际及港澳台通信等多种综合信息服务,还承担着党政专用通信和应急通信任务,是嘉峪关市的主要通信运营商。2015年,公司共设办公室、人力资源部、计划财务部、市场销售部、网络部等11个一级部室、6个二级中心,现有员工200余人。

2015年,在大力进行光网城市建设工作的同时,公司也积极响应省、市委关于网络提速降费相关要求,落实提速降费相关工作。针对现有宽带存量用户,2015年6月前公司统一完成了4Mbps以下宽带用户免费普提至4Mbps。针对单位宽带用户,自6月开始,省/市公司陆续对8Mbps以下的单位宽带用户可按照一户一案方式普提至普提至8Mbps,或签约提速至更高速率。同时,随着光网城市建设工作的持续进行,公司针对光网覆盖区域内家庭用户实施免费提速政策,起步提速至20M,最高可达100M。

对宽带产品资费水平进行了调整,光宽带产品价格普遍下调,其中单宽带产品资费平均下降30%以上,最高降幅41%。融合套餐类产品,为用户提供42%的话费补贴优惠,同时融合套餐用户可免费接入iTV电视节目源。实现电信手机用户,免费使用宽带、免费收看电视。

中国电信嘉峪关分公司贯彻落实国务院关于全面推广"三网融合"方案的精神,着力发展电视基础业务。增强企业活力,坚持机制体制创新;全面深化改革,坚定不移推进划小承包经营。以信息化项目建设带动收入增长,同步加强总机服务续约、交叉补贴,稳定政企存量用户。持续不断优化店面,紧抓核心商圈攻坚,带动开放渠道拓展提能。坚持流量经营策略,持续开展流量经营工作,提升流量价值。

中国电信嘉峪关分公司贯彻落实市委、市政府各项工作安排,深入聚焦客户的信息化创新战略和融合差异化发展策略,继续落实与嘉峪关市政府签署"中国电信光网·智慧雄关暨十二五信息化建设"战略合作协议,全面推进企业各项工作,在基础信息网、电子政务、城市管理信息化、平安城市、数字企业、数字校园等信息化建设中取得了丰硕成果,企业的综合服务能力和竞争能力得到了全面提高。

截至2015年末,移动用户累计份额达到

25.56%，较 2011 年 16.14%提升 9.42 个百分点。当年业务收入累计完成超过亿元，较 2011 年同比增长 44.86%。固话用户达到 9 万余户，较 2011 年增加 1.9 万余户，移动出账用户到达 13 万余户，较 2011 年同比增加 7.5 万户。

“十二五”期间，嘉峪关电信分公司对通信网络持续投资建设改造、积极实施网络更新换代，通信网络已全面实现“三网合一”(语音、数据、IPTV)。截至 2015 年底，传统语音通信设备已全部下电退网，语音用户全部平移割接至 IMS 系统。嘉峪关电信宽带出口总带宽达到百 G 以上，FTTH 用户端口达到 10 万余个；嘉峪关电信公司已形成完备的 3G、4G 网络覆盖体系，截至 2015 年末，4G 网络覆盖率达到 96%，实现了城市主要区域 4G 网络全覆盖。

(张　锐)

嘉峪关市 2011—2015 年电信业务总展情况示意图

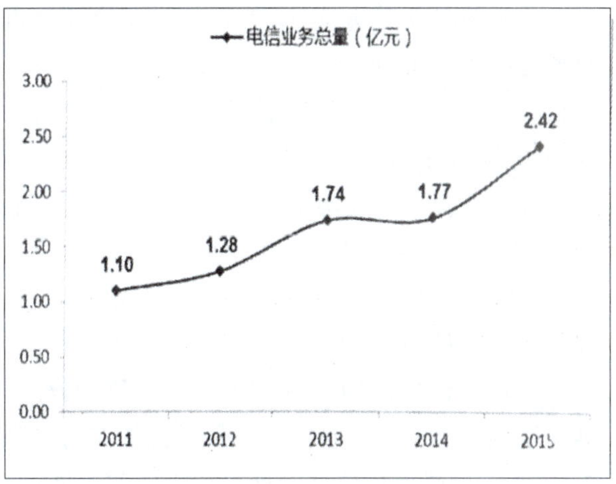

嘉峪关市 2011—2015 年电信业务量统计表

业务量 类别 / 年度	市话(万户)	农话(万户)	宽带用户数(万户)	移动用户数(万户)	电信业务总量(亿元)
2011	7.03	0.33	4.63	5.49	1.10
2012	8.23	0.28	5.55	10.03	1.28
2013	8.76	0.16	6.04	11.21	1.74
2014	8.82	0.16	6.31	11.27	1.77
2015	9.10	0.17	6.78	13.01	2.42

嘉峪关市 2011—2015 年移动用户统计情况示意图

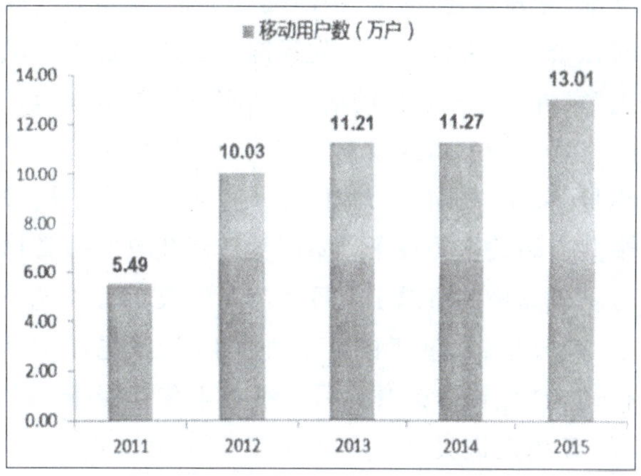

【移动通信经营管理】中国移动通信集团甘肃有限公司嘉峪关分公司成立于 1999 年，现有员工 179 人，其中本科(含硕士)以上学历占 66%。2015 年，在嘉峪关市委、市政府和省移动公司的正确领导下，嘉峪关移动坚持围绕经营抓党建，抓好党建促经营的工作思路，把握三条曲线发展规律，以 4G 发展为总引领，以信息化运营、数字化服务为重点，开创了持续健康发展的新局面。2015 年嘉峪关移动客户规模超过 26 万户，4G 客户数近 8 万户，占有嘉峪关 65%以上的移动通信市场份额，全年营业收入达到 1.68 亿元，为地方上缴利税 1405.66 万元，纳税同比增长 65.94%。

以“优服务，感谢有您”年度传播主题为主线，按照国家和集团公司总体部署，嘉峪关移动深化“八大惠民举措”，完善投诉集中受理、统一派单的闭环服务支撑流程，建立首单责任制、服务督办机制及跟踪机制，扩大服务领先优势，推进公司整体服务水平有效提升。目前移动自有营业厅及合作业务代办点达到 380 余家，便捷服务网点已覆盖所有商业、住宅、村镇及工矿区，客户服务满意度继续保持同行业深度领先。

在企业经济效益增长的同时，嘉峪关移动勇于担当社会责任。参与联村联户行动，助力新农村建设；开展“村通”工程，深化扩大“双联”行动成果；参与双拥工作，组织开展走进军营慰问活动，增进了军企关系；成立公司蓝色梦想爱心协会，开展各种爱心救助捐款活动，近三年为灾区、妇女之家、爱心图书馆、福利院等总计捐款约 30 万元。

贯彻落实中央八项规定和省、市相关规定，创新党建工作，为思想政治工作增添新活力。2015

年嘉峪关移动与大友公司、雍和社区开展基层党支部“党建共建”活动,不断提升企业“软实力”;同时在公司内部设立党员先锋岗、开展“最美移动人”宣讲等形式多样的活动,切实发挥党员模范带头作用。分公司连续五年荣获全省诚信单位荣誉称号;荣获“嘉峪关市诚信守法企业”荣誉称号;被中共嘉峪关市委授予“基层党建示范点”荣誉称号;被嘉峪关市总工会授予“嘉峪关市工人先锋号”荣誉称号;荣获甘肃移动2015年度先锋引领行动4G先锋号荣誉称号;被甘肃移动授予“六五”普法先进集体”;一名员工荣获中国移动“六五”普法先进个人荣誉称号,3名员工被甘肃移动授予“模范员工”荣誉称号;公司全年实现安全生产工作“零事故”。

(郑丽丽)

【联通通信经营管理】中国联通嘉峪关市分公司现有员工107人,中层以上管理人员为14人。分公司下设12个部门,其中后台支撑部门5个,市场前端部门7个,县分公司3个。

2015年分公司全面完成各项业务收入,同比增幅-9.3%。其中:移动宽带业务收入完成计划的73.96%;2G业务收入完成计划的118.74%;固网业务收入完成计划的124.9%。收入市场占有率19.94%。现有移动用户13.05万户。

(孟祥晶)

国有市场开发经营

【机构设置与人员编制】嘉峪关市市场开发建设服务中心成立于2002年8月,2003年1月正式筹建运营,2015年3月整建制划入市市场监督管理局,为县级自收自支事业单位。主要负责市场消息发布,发挥市场辐射功能,参与全市新办各类市场的规划、论证工作,负责筹备、建设新建市场的有关工作;按照国有资产管理的有关规定,管理、维护好国有市场,严格按规定收缴各类市场租赁费和其他合法有偿服务费用;负责所管市场流动人口计划生育工作的管理和服务。下设行政办公室、党委办公室、计划生育办公室、财务科、物业管理科、经营规划科、安全保卫科、人民商城管理服务所、镜铁市场管理服务所、振兴市场管理服务所、迎宾路批发市场管理服务所、建设市场管理服务所、绿化市场管理服务所、嘉南市场管理服务所和富强市场管理服务所。中心现有自收自支事业编制54名,其中处级干部职数3名,科级干部职数20名。

【市场租赁经营】2015年,通过加强市场管理,盘活闲置资产,提高服务质量,确保了国有资产保值增值。经营管理7个国有市场,个体经营户1760人,从业人员5100余人。市场日客流量3.3万人次,全年商品零售总额近8.2亿元,全年实现国有资产有偿使用费收入1533.37万元,清偿债务464万元,国有固定资产11375.6万元,资产负债率17.7%,同比下降1.5个百分点。

【市场管理服务】市场安全。健全了管理体系,夯实了基础工作。开展了系列安全宣传活动,增强了干部职工及经营户安全意识。强化了安全检查,全年查岗42次,无安全责任事故发生。

市场环境改善明显。以2015年全国文明城市复检工作为契机,加强了市场内外环境整治。与市场监督管理局建立了市场监管联动工作机制,双管齐下,确保了市场运行平稳有序。

经营管理。继续实施“维修定计划、费用定上限、水电暖费定指标”为主要内容的三定运行管理模式,达到了少花钱、多办事、办好事的预期效果;强化节能降耗,狠抓水、电、暖的增收节支管理,跑冒滴漏现象杜绝。加大市场硬件设施的维护投入,确保基础设施的安全与完好。针对镜铁市场线路老化问题,报请市场监督管理局和市发改委同意,投资187万元对用电线路进行了改造。

社会职能。在2015年全国卫生城市复查确认工作和全国文明城市创建工作中,中心牵头相关部门召开专题会议,真抓实干,使全市市场环境秩序再上台阶。根据市文明办的要求,制作了以尊德守礼和社会主义价值观为主要内容的公益广告牌40余块。为进入批发市场的三镇菜农划定自产蔬菜直销区,免收摊位费,促农民增收。

综治、信访工作稳步推进。在重大政治活动、敏感时期和重要节假日等时段,组织人员对重点区域、重点人员进行点对点排查,及时掌握不稳定因素和苗头,做到了信息早报、预案早做。对排查出的苗头性、倾向性问题立即展开疏导工作,将矛盾化解在了萌芽状态。成立了“12345”民生服务热线工作领导小组，处理“12345”民生服务热线3件，办结率100%，群众满意率达98%以上。解决了一起缠访8年的案件，历史遗留信访诉讼案件得到彻底解决。

内务管理。严肃财经纪律，资金使用和安排统筹兼顾，合理调度，财务管理日益规范。加强了档案管理，提升档案管理水平。015年末，中心档案室通过机关档案规范化管理省特级测评验收。严格执行政府采购管理办法，坚持投资较大的项目实行公开招投标制度。以管理服务所为经营管理责任单位，实行责任制管理，严格考核，实现了经营效益稳中有升的目标。办理人大代表提案和政协委员建议2件，对方回复满意率100%。

精神文明建设。利用电子屏幕等各种宣传工具进行大力宣传社会主义核心价值观。发放遵德守礼手册900余册，文明城市创建倡议书3000余份，各类宣传牌、宣传画百余副，制作公益广告牌40余块儿，推进文明城市创建工作。注重发挥工青妇作用，组织开展了“文明单位标兵”“文明机关”创建以及岗位练兵、技能培训、“党员示范岗”竞赛活动，党员干部服务意识普遍增强，服务水平明显提高。重视困难职工“送温暖”活动，全年共慰问困难职工群众24人(次)。开设道德讲堂。以身边人讲身边事、身边事教育身边人的形式，开展道德讲堂宣讲活动，全年组织开展道德经堂活动6场次。抓志愿服务活动，参与了全市文明交通劝导志愿服务活动以及在职党员社区志愿服务活动。推进“诚信经营示范店”创建活动，营造诚信文化氛围。

“双联”活动。购买致富书籍送到农民朋友手中，为联系村组党员征订《党的建设》14份，为三镇村民免费提供蔬菜销售场地。

(王旭雁)

道路运输业

【公路旅客运输】2015年，全是有道路旅客运输的企业9家，其中班车客运6家，旅游客运3家。拥有客运班线37条，其中跨省2条，跨市28条，农村班线7条。从业人员370余人。全市乡镇通车率达到100%。

2015年年底在册营运客车127辆，座位4600座。其中班线客车78辆(含农村班线客运车辆18辆)，旅游车49辆。完成客运量和旅客周转量分别为1526.47万人和45374.57万人千米，其中，农村旅客运输量355万人，旅客周转量7768万人千米。与去年同期相比分别增长18.02%和23.11%。客运业产值完成0.97亿元,同比增长15.48%。

一级客运站(嘉峪关汽车站)1个、四级客运站2个(汽车北站、新城汽车站)、行政村候车站20个；从业人员90人。

嘉峪关汽车站日发班次268班次/日，日均发送146辆客车，平均日发送旅客10060人次。

【公路货物运输】2015年年底全市拥有营运货车1870辆(大型1326辆，中型24辆,小型520辆)，合计吨位19941吨，其中普货车辆1730辆、危货车辆140辆。全年完成货运量7764万吨,货物周转量147375万吨千米，与上年同期相比分别增长21.69%和24.31%。货运业产值完成2.07亿元,同比增长18.28%。

货物运输企业112家(危货10家、普货102家)，道路运输相关业务经营业户40家。从业人员4380人，其中普通货运驾驶员3050人，危险货物运输驾驶员300人，危险货物运输押运员160人,危险货物运输装卸管理人员150人，道路运输相关业务经营从业人员720人。

货运站2个，其中一级货运站1个，四级货运站1个；从业人员30人。

【汽车维修业】2015年底有汽车维修业户320家。一类维修业户13家，二类维修业户33家，三类维修业户274家。从业人员1500人,其中技术负责人400人，质量检验员440人，其他维修人员660人。维修车辆12602辆(次)，其中，整车维修512辆(次)，总成修理1720辆(次)，专项修理2600辆(次)，二级维护7650辆(次)维修救援120辆(次)。维修业及其他产值完成0.85亿元，同比增长21.43%。

【机动车驾驶员培训】2015年，全市有机动车驾驶员培训业户11家，其中二级驾校5家，三级驾校6家;有道路运输从业资格培训资质的2家；机动车驾驶培训机构从业人员377人，其中教学管理人员83人,理论教员21人,教练员273人;各类培训教学车辆271辆,机动车驾驶模拟器40台;建筑面积261924.8平方米,教练场地(含租赁场地)面积282218.04平方米,教室12606.76平方米。2015年共培训驾驶员12550人次。其中,驾驶证培训10723人次,从业资格培训710人次,驾驶员继续教育1118人次。

【汽车综合性能检测站】2015年,全市有汽车综合性能检测站1个,A级。从业人员16人。全年完成检测量10050辆(次),其中,车辆技术等级评定检测2340辆(次),维修竣工检测7650辆(次),维修质量监督检测60辆(次)。

(车　成)

城市公共交通

【出租汽车客运】2015年底,全市有出租车经营企业7家,有出租车768辆,座位3840座,其中,嘉峪关捷安达运输有限公司131辆、嘉峪关市天元运输有限责任公司67辆、嘉峪关蓝海汽车运输有限公司42辆、嘉峪关市龙腾汽车出租有限责任公司74辆、嘉峪关市启域物流客货快运有限公司150辆、嘉峪关市政安运输有限公司153辆、嘉峪关市顺风公司151辆。2015年新增25辆。完成客运量2965万人,客运周转量32458万人千米。从业人员1570人。

出租车价格:基价千米为2千米,基价金额6元。单程回空里程6–10千米以内,1.2元/千米,10千米以外,1.4元/千米。夜间用车附加费0.4元/千米。日租车租价为300元/日。

【城市公交客运】2015年,全市有公交企业1家,即嘉峪关市城市公共交通有限公司。现有公交车138辆,校车6辆;公交调度站场4个,停车场1个;职工342名,其中管理人员22人,驾驶员213人,维修、保洁、调度、稽查、票务人员等共96人;经营公交线路12条,东兴吕业公交专线1条,方特至关城景区专线1条,线路总长度207.5千米;公交站点370个;日均客运量7万人次;年客运量2555万人次,客运周转量27650.99万人千米。票价1元/人次。承担三镇农村校车运营任务,每周一、五、周日接送三镇350余人中小学生安全上下学。

(车　成)

【IC卡窗口服务工作】市公交公司2015年新增办理60岁以上老年人"幸福卡"4409张,全年刷卡交易696.38万人次,较2014年增加62.84万人次,增浮9.9%;新增办理残疾人"爱心卡"527张,全年刷卡交易49.14万人次,较2014年增加16.49万人次,增浮50.5%;新增办理学生"优惠卡"3065张,全年刷卡交易111.72万人次,较2014年减少3.85万人次,下降3.3%;新增办理军人免费卡27张,全年刷卡交易2.6万人次,较2014年增加0.27万人次,增浮11.6%;新增办理市民普通卡6097张,全年刷卡交易390.14万人次,较2014年减少13.58万人次,下降3.4%;新增办理公共自行车卡39张,全年刷卡交易0.18万人次,较2014年减少0.09万人次,下降34%。

(崔　伟)

公路交通运输管理

【机构设置及人员编制】嘉峪关市交通运输局设党委办公室、行政办公室、综合运输管理科、公路管理科4个科室,下属事业单位10个,即公路工程办公室、公路路政管理办公室、公路养护办公室、交通年鉴办公室、新城镇交管所、文殊镇交管所、峪泉镇交管所、交通战备办公室、地方海事处、市道路运输管理局。机关行政在编在岗人员11名,机关后勤事业编制2名,其中书记1名、局长1名,副局长1名、纪委书记1名,调研员2名,副调研员2名,科级干部职数6名;事业单位在编在岗人员22名,其中参照公务员1名,科级干部职数6名,管理人员3名,专业技术人员4名,工勤人员6名,自收自支2名,民生项目服务类人员6名。

(崔秀花)

市道路运输管理局(以下简称运管局)设7个内设机构,分别为办公室、科技信息办公室、运输管理科、车辆安全科、运政法规科、培训管理科、城市公交管理科;2个下设机构,分别为客运分局、货运分局)。现有在职职工44人(含进村进社人员4名),其中处级干部2人,副处级干部1人,正科级干部8人,副科1人,高级工程师1人,工程师1人,助理工程师1人。另有公益性岗位人员10人,临时工2人。

(车　成)

市公交公司，设办公室、财务部、车队、调度运营部、安全稽查部、综合保障部6大职能部门。有职工292人，其中驾驶员213人，管理人员22人，岗位辅助人员57人。驾驶员队伍占总人数73%，其中男性驾驶员182人，女性驾驶员31人。30-40岁驾驶员人数为56人，占驾驶员总人数26%，40-50岁驾驶员人数为119人，占驾驶员总人数56%。

（崔　伟）

【**公交市场管理**】督促公交公司提高服务质量和服务水平，做好公交车辆年度审验工作及车辆二级维护工作。调整2路、9路、11路、12路公交线路，新增方特欢乐世界至关城景区公交专线，在各停靠站点50米内设置黄色警示区域，确保了公交线路的畅通。新购置24辆油气混合动力公交车，4月20日全部正式投入运营，进一步提高了公交车辆装备水平。严格落实公交公司企业安全主体责任，督促公交公司加强日常监管的同时，在"春节""五一""清明"等节假日前，对公司安全设施、安全制度、车辆设备、车辆证照、驾驶员从业资格等进行自查自检，并对驾驶员服务质量差、脱班、压点和公交车车容车貌差等情况做到检查有记录，处理有结果。联合市发改委、市财政局、市交通运输局等单位，督促做好了公交公司IC卡营业收入核查、城市"公交一卡通"开通等工作，为市民提供了更加方便、智能的贴心服务。全年共办理"公交一卡通"6011余张，共办理"手机刷卡"用户1307张，开展公交专项安全检查10次，督促市公交公司更换灭火器50瓶，新充装灭火器90瓶，发现安全隐患27个，即知即改6个，督促整改19个，整改率达100%。

【**出租市场管理**】联合市发改委、市综合执法局对全市出租车公司召开春运价格告诫会，保障春运市场秩序。与市交警支队联合下发了《嘉峪关市道路交通秩序"百日"集中整治暨出租车交通违法行为专项整治行动方案》(嘉公交【2015】42号)，在4月10日至7月30日对全市出租汽车进行为期100天的整治行动，在全市主要区域、路段、客运站对客运车辆进行监督检查。与全市客运企业签订了服务质量承诺书和《2015年道路运输目标责任书》，并督促各企业与所有驾驶员签订服务质量承诺书。对全市15家客运企业公开、公平、公正地进行了2014年度质量信誉考核工作。根据重点路段出租车运营实际和乘客投诉，对长期在城楼、悬壁长城、长城第一墩、火车南站、飞机场等地区运营的出租车驾驶员召开专题培训会议，对车容车貌、仪容仪表、文明诚信经营、职业道德、经营行为等方面进行了再教育。对在嘉峪关南站、方特欢乐世界停靠运营的出租汽车进行了专项整治，安排执法人员在嘉峪关南站、方特欢乐世界值勤，对乱停乱放、拼客、不打计价器等违法行为依法进行查处。全年共出动执法车辆1593辆次，出动宣传车40辆次，出动执法人3807员人次；路检路查客运车辆4448辆次，查处违章处理440辆次，其中行政处罚214辆，罚款88500元，向企业下发责令整改通知书4份；培训违章驾驶员390人次，已计分驾驶员323人；好人好事登记108起，失物领回58件；组织驾驶员学习培训30期，培训驾驶员4500人次；向驾驶员发放《出租汽车经营服务管理规定》《文明雄关》等宣传彩页和宣传册2400余册，签订《出租车驾驶员服务承诺书》1300余份。通过有效整治，出租汽车秩序明显好转。嘉峪关市龙腾出租汽车公司经理苏建军被省总工会命名为最美驾驶人，受到省总工会、省交警总队的表彰奖励；嘉峪关市蓝海出租汽车公司被全国总工会命名为"工人先锋号"，是全省2015年度唯一获此殊荣的出租汽车企业。

【**货运市场管理**】组织召开全市危货运输企业春运安全工作会议，深入本市10家危货运输企业进行专项安全生产检查。在用液体危险货物罐车加装紧急切断装置工作得到落实。对未加装紧急切断装置、已加装但未取得质检部门安全技术检验合格证明的在用液体危险货物罐车，收回道路运输证并进行注销。全市载重12吨以上普通货运车辆及牵引车辆卫星定位装置安装工作顺利开展。配合市综合执法局、交警部门开展全市工程机械车辆专项整治工作，保障第五届"敦煌行——丝绸之路国际旅游节"期间道路交通环境良好有序、安全畅通。《危险货物运输企业安全管理系列标准(四个标准)》的宣贯工作得到落实。编制下发了《道路危险品运输法律法规及行业标准汇编》，对企业安全生产制度及档案管理进行规范。道路危险货物运输基础管理工作强化。开展全市道路运输安全生产大检查工作，制作《危险货物道路运输企业安全检查——资料检查简表、现场检查简表、交流询问简表》，对全市10家道路危险货物运输企业的经营、安全生产情况进行定期检查。全年共外检审验普货车辆1374辆，危货车辆130辆；新增普货车辆164辆，新增危货车辆12辆。新增货运企业7家，共出动稽查车辆450余台次；稽查人员1400余人次；共稽查货运车辆1600余台次，行政处罚34起，罚款金额65600元。

【维修市场管理】2015年1月，组织召开全市洗车行业现场观摩交流会，全市40余家车身清洁、汽车装潢业户负责人参加了此次现场观摩交流会，并就学习管理经验、提升服务质量、行业发展前景等问题进行了交流和探讨。贯彻落实新国家标准《汽车维修业开业条件》(GB/T16739-2014)，结合2014年度质量信誉考核工作，规范了全市维修企业，并根据全市维修行业实际情况，向企业编制下发《机动车维修法律法规及行业标准汇编》。开展机动车维修市场专项整治工作。针对全市机动车维修市场现存的经营者资质条件不符合新国标要求、维修服务质量不高、经营行为不规范等问题，制定《嘉峪关市机动车维修市场专项整治工作实施方案》，并组织召开了全市维修机动车维修市场专项整治暨安全生产工作动员大会，重点对一二类整车维修企业及三类专项维修业户的经营资质、设施人员条件、维修质量、服务水平等方面进行治理。全年共出动稽查车辆250余台次，稽查人员740余人次，户检户查维修业户300余户。新开业一、二类维修业户4家(含4S店)，三类维修业20家(含洗车、美容装潢店)。处理维修纠纷投诉9起。

【驾培市场管理】加强对驾校的日常经营管理，对不按教学大纲要求执教的教练员予以登记，并通知校方负责人对其进行学习教育。加强对教练员教练证的统一管理。加强对教练车的管理，督促每所驾校定期做车辆二级维护，安装GPS定位装置。对新筹建的驾校严格按照新国标进行验收。成功举办首届教练员师资培训班。积极推进道路运输从业资格证无纸化考试。对驾校“科目二”训练场地设置了“电子围栏”，即将各驾校的训练场地制在电子地图内，利用教练车GPS监控系统对训练情况进行实时监控。

【高速公路管理】2006年1月，成立甘肃省公安厅交通警察总队高速公路支队泉湖大队，租用酒泉水文三队楼房为办公营房。2009年3月，大队办公楼在嘉峪关市明珠西路868号落成，大队队址从酒泉市肃州区迁至嘉峪关市，更名为“甘肃省公安厅交通警察总队高速公路交警支队雄关大队”。2010年9月29日经省编委批准，成立甘肃省公安厅交通警察总队高速公路交警第二支队，大队随后更名为“甘肃省公安厅交通警察总队高速公路交警第二支队雄关大队”。

雄关大队现设综合办公室、秩序一中队、秩序二中队、事故中队，宣传中队5个中队室。主要职责是对辖区道路实施统一管理，负责国家高速(G30)雄关段118千米高速公路的交通秩序管理、交通事故处理、各级警卫任务和刑事治安事件先期处置等工作。雄关大队是正科级建制单位，现有正式民警24人，协管员6人，其中党员13人，团员15人，本科学历23人，大专学历7人。

雄关大队管辖国家高速(G30)2369千米-2487千米，全长共118千米高速公路，东起肃州区总寨镇，西至玉门市赤金镇，辖区途径肃州区、嘉峪关市、玉门市三个市县，整体路况较好，路面平直，视线良好，沿途除部分城市村镇外大部分为戈壁。道路呈东西走向，为全封闭全立交高速公路，设中央分隔带，分向通行，双向四车道，设紧急停车道，沥青路面，交通标志、标线齐全有效。十年来，通过大队全体民警的不懈努力，辖区道路交通事故“四项指数”连续稳定下降，为酒嘉地区经济社会发展做出了积极的贡献。2006年在高速公路支队目标管理考核中获总评第三名；2007年、2008年、2009在高速公路支队目标管理考核中连续三年获得“队伍建设”单项奖；2006年被共青团甘肃省直机关工委授予“青年文明号”荣誉称号，2011年被省公安厅和共青团甘肃省委授予“青年文明号”荣誉称号；2009年大队被公安厅授予集体三等功；2010年被高速公路支队评为“科技信息化建设”单项奖；2011年在高速公路第二支队目标管理考核中获总评第一名；2012年被酒泉工业园区管委会评为“服务园区发展先进单位”。

（鲁 霞）

【综合交通体系】按照“规划一批、建设一批、储备一批”的原则，结合全省实施的“6873”交通突破行动，确定了全市今后5年的发展目标，即从2015年起到2020年，完成投资57亿元以上，建成公路750千米、铁路114千米以上，深度实现全市对内对外公路畅通、铁路连通、航路开通3大目标。目前，通过对上主动衔接、积极沟通，长城旅游公路工程初步设计已完成；综合客运枢纽中心项目已完成初步设计，计划年内招标；省道595嘉峪关至新城公路和国道312线绕城公路项目均已完成工可研报告；省道305清水—嘉峪关公路正在编制工程可行性研究报告。同时，为拓宽筹措资金渠道，积极将嘉峪关市长城旅游公路和国道312线嘉峪关市绕城公路，作为全市第一批鼓励社会资本参与投资建设运营项目，采用ppp模式进行建设。

【规范行业管理】加强安全生产管理，落实安全生产责任制，突出重点区域、重点环节的安全监管，积极开展“安全生产年”、安全生产“三项行动”等系列活动。全年累计组织检查人员1530人次，查处非法违法行为101次，排查各类隐患问题67条，整改率达到了100%，监管范围内未发生安全生产事故。全市安全生产标准化考评工作全面展开，共完成17家交通运输企业的考评。

加强了对公交、出租、货运、机动车维修、驾培等五大市场的监管力度，开展了道路交通秩序“百日”集中整治暨出租车交通违法行为专项整治行动，出租车管理、服务水平明显提高，机动车维修行业不断规范，驾培行业风气明显好转。

强化海事管理，开展了水上交通安全进景区、进企业、进校园活动，发放安全资料2000余份，落实企业安全管理主体责任，与水上交通经营管理单位签订安全目标责任书，签订率达100%。加强隐患排查、治理源头隐患，一年来船舶检查率达100%，营运船舶法定检验率达100%，全年未发生一起水上交通安全事故。

严格路政管理。开展路政法律法规宣传，加大路政巡查和整治力度，先后开展了“车辆抛洒污染公路治理”“公路打场晒粮治理”“公路沿线非公路标志牌清理整治”“非法超限超载货运车辆治理”等工作，全年发放宣传资料5000余份，清理公路堆放杂物200余立方，清理标志牌22块，检查车辆1800辆，查处超限车辆154台次，全力保障了公路安全畅通。

提升公路养护管理水平，理顺管理体制，落实养护责任，与三镇政府签订了《农村公路管理养护目标责任书》，明确了管养范围，任务目标和管养责任。定期开展上路巡查，排查安全隐患，公路养护质量和公路养护年平均好路率明显提升。

提高交通战备保障能力。完成了全市民用运力国防交通潜力数据调查等数据更新，数次完成了集团军各部队在嘉野外拉练、驻训道路交通保障任务和驻嘉68207部队、68217部队官兵拉练外训及安全返回辖区道路交通保障任务，得到部队官兵的一致赞誉。

节能减排。2015年已更新天然气清洁能源公交车24辆，大力实施公交优先战略，优化调整公交线路3条，新开线路1条，公交线路增加到13条，公交车辆增加到145辆，更新出租车260台，报废农村客运班线老旧车3辆，更新长途客运车6辆。淘汰黄标车190辆，老旧车823辆。交通行业节能减排取得明显成效。

【路政管理】2015年，围绕“保护路产路权、保通保畅保安全”中心任务，保障公路安全畅通，规范执法管理，提升文明执法、优质服务水平，提高路政人员的综合业务素质。

开展路域环境综合治理。贯彻落实《公路安全保护条例》《甘肃省公路沿线非公路标志牌管理办法》《关于进一步加强车辆超限超载治理工作的通告》等法律法规，以公路沿线非公路标志牌、打场晒粮、抛洒公路综合整治为重点，开展了路域综合治理。在上年的基础上继续开展了农村公路沿线非公路标志牌清理整治。采取悬挂横幅、集会宣讲、发放传单等形式充分宣传，使社会公众广泛知晓、积极配合、自觉整改；2015年共清理辖区范围内500千米公路沿线非公路标志牌22块，其中督促自行拆除18块，依法强制拆除4块。

开展非法超限超载货运车辆治理工作。经市交通运输局研究，并报市政府同意，集中开展嘉峪关市非法超限超载货运车辆治理工作，有效减少了公路安全隐患、保护了公路设施。

依法全面履行法律赋予的各项职责。与公路沿线乡镇、村组和国土、城管、交警等部门进行工作联系，形成了齐抓共管的工作局面，提高了公路路政管理的监控力度，营造了良好的公路运输环境。针对在公路两侧建筑控制区内架(埋)杆线、建厂、修养殖场、悬挂宣传横幅等情况不断增多的现象，采取严格控制、部门协调等措施，做到既支持了全市的各项建设，又搞好路政管理工作。严格依法办事，按程序把好许可项目审查、报批关，重点行政许可项目集体审理。已审批的行政许可项目，做到事中监督，事后检查验收。对不符合规定的审批事项坚决不予审批。在日常巡查中一旦发现路政侵权案件，坚持先宣传、劝其主动消除侵权行为所带来的不良影响，后依法处理，做到合情合理、以理服人，防止矛盾激化；在处理过程中，坚持依法办案，按照程序执法、严格执法，防止滥用法、乱用权的行为。在办理路政案件时，坚持依法办案，按照程序执法、严格文明执法，杜绝乱收费乱罚款行为，全年无行政诉讼案件发生。

（崔秀花）

【依法行政】完善依法行政工作机制，严格执行局办公会议会前学法制度，重点安排与法治政府建设关联性强的学习内容，使全局干部职工依法行政、依法决策、依法办事意识明显增强，运用法律思维和法律手段解决道路运输行业发展中突出矛盾和问题的能力不断提高。注重执法人员道路运输管理专业法律法规和实际操作能力的学习培训，2015年共组织培训436人次，组织新《行政诉讼法》《安全生产法》、2015年领导干部和公务员法律知识考试、“预防职务犯罪”和“廉政知识专题”考试各一次。加强改进制度建设，对现有制度进行了全面梳理，从执法学习、执法管理、执法行为、执法程序、执法责任等多方面加强了制度规范，细化了执法标准和操作程序，增强了制度的科学性、可操作性。健全完善决策机制，修订和完善了重大行政决策集体讨论、合法性审查、专家咨询、风险评估、听证、公示、责任追究等制度，并聘请了常年法律顾问，在重大行政决策、重大行政处罚案件、行政许可案件做出决定前，坚持法律顾问列席会议、参与讨论。严格按照《甘肃省执法文书制作规范(试行)》规定的法定程序、文书格式办理行政许可业务和实施行政处罚，做到了主体合法、程序合法、时效合法、违法事实认定清楚，适用法律依据准确，使行政相对人权利得到充分保障，同时严格执行重大行政处罚案件集体讨论制度和报备制度，今年共向法制办报备重大行政处罚案卷51件。全面推进政务公开，落实“一站式”审批服务限时办结制，在局办公楼一楼大厅公示了行政执法人员主体资格以及行政许可、行政处罚、行政强制流程图，方便了管理相对人办事和监督；推进“三张清单一张网”权力梳理工作，共清理出部门权责清单62项，通过审改办审核，并在甘肃政务网上公布；自2015年9月起，对办结的行政处罚结果于每月5日前在运管局门户网站进行公示。强化行政执法监督问责，妥善化解矛盾纠纷，落实24小时值班制度，及时受理12345民生服务热线转来的政策咨询、业务办理、违章投诉、执法投诉等问题。2015年共接到投诉及咨询电话982次，受理投诉举报案件368起，回复结案率达99%，共受理信访案件3起，并在规定时间内答复完毕，未发生一起行政复议和诉讼案件。

【运政服务】按照依法行政、合理行政、程序规范、权责统一的要求，开展了执法主体资质、权限、依据、事项的全面清理，按照“一个窗口受理，一站式服务”的原则，提供优质便民服务。简政放权，通过减要件、减程序、减时限，全面清理和减少了行政事业性收费项目。在市委市政府的支持下，对运政分中心进行了统一装修并投入运营，2015年被市政府政务中心命名为“优质服务窗口”。

【燃油补贴】为了确保补贴资金及时、足额地发放，市局严格按照甘肃省财政厅、甘肃省交通运输厅相关要求，安排财务人员严格审核、上门服务，共向城市公交、农村道路客运、城市出租车经营者发放燃油补贴资金1062万元。

【站场项目建设】嘉峪关汽车南站位于城南新区，场地东侧为规划金港路，北隔规划环城道路，西接其他建设用地，南隔绿化带与国道30线高速公路为邻。占地面积50000平方米，总建筑面积8700

平方米,辅助用房2000平方米,汽车安全检验室及汽车尾气测试室500平方米。项目总投资3492.92万元。资金来源为省交通运输厅申请国家专项补助资金,不足部分由项目业主(省运管局)筹措。于2011年12月立项,2013年3月取得国有土地划拨决定书,2013年6月项目可行性研报告(甘肃省土木工程科学研究院编制)通过省发展和改革委员会的评审,2014年月设计方案(甘肃省建筑设计院设计)依次通过嘉峪关规划局、省交通运输厅、省发展和改革委员会评审。2015年11月13日开工,预计2017年完工。

(车 成)

【公路建设】2015年共实施6项工程,完成投资4447万元。其中:68207部队进出道路改建工程全面完工,铺设道路11.1千米,完成投资798万元;断山口至树窝井战备公路改建工程于9月20日开工,年末完成路基3千米,便道20千米,完成投资500万元;农村公路小修保养工程已完工,共清扫路面43万平方米,修补路面1.5万平方米,整治路容路貌22千米,完成投资187万元;农村公路养护维修工程已完工,共挖补路面2031平方米,罩面3.5万平方米,完成投资162万元。汽车南站项目已于11月20日开工,完成投资120万元;新建蓝海、平近、红星、平安、龙盛5所驾校,完成投资2680万元。金塔至嘉峪关三级公路工程待酒航高速开工后复工建设。(崔秀花)

【道路运输信息化建设】嘉峪关市交通系统车辆北斗/GPS监督管理平台建设项目,通过招标,中国移动通信集团甘肃有限公司中标,并于2015年12月31日签订了此项目的合作协议。结合车辆年审工作,对车辆卫星定位设备运行情况进行户检户查,并督促协调各企业做好GPS定位系统的应用和升级改造工作。四级协同式运政管理系统成功实现了与省局联网。为进一步创新和推进公交领域信息化建设,由市公交公司组队赴襄阳、杭州、宁波、舟山、苏州等地学习考察公交一卡通应用,并及时推开公交智能化建设工作。(崔秀花)

【"十二五"期间公路建设情况】坚持规划引领,着力打造综合交通体系。委托北京交通干部管理学院精心编制了"十二五"交通运输发展规划修编及嘉峪关市综合交通运输发展规划(2012–2030年),规划完善了以312国道、酒嘉城际一级公路为连接,以县乡道路为辐射,联结东西、贯通南北,国、省道与县乡道有机结合,公路、铁路、民航、邮政联营联运,班线、公交、出租车互为补充,站点建设更加完善的综合交通运输格局,力求做到让规划引领未来,让蓝图汇聚力量。

坚持项目带动,着力加强交通基础设施建设。按照"论证一批、争取一批、建成一批、储备一批"的原则,多次与上级部门衔接项目、申请资金,全力以赴推动项目落地、资金到位、早日建成。近年来主要实施了19个项目,新建道路234.249千米,完成投资4.6亿元。截至2014年底,全市公路总里程达到977.859千米,其中:省养公路487.48千米,地方公路489.832千米。地方管理的489.832千米道路中,按照行政等级分:县道154.45千米,乡道35.355千米,村道186.319千米,专用公路178.3千米;按照公路等级分:三级公路426.362千米,四级公路325.885千米,等级外公路33.512千米。

交通重点工程全力推进。推进省道215线改建工程、嘉峪关市长城旅游公路工程国道312线绕城公路工程及镜铁山至天骏木里铁路公路项目的前期工作,主要实施了酒嘉城际一级公路、国道312线岔路至西沟矿二级公路改建、G30连霍高速公路嘉峪关收费站扩建等工程。特别是投资2.3亿元,新建11.5千米的酒嘉城际一级公路,对于加快嘉酒经济一体化、打造西部经济增长极、建设嘉酒国家级综合交通枢纽、带动嘉酒地区人员物资流动和旅游业发展都具有重要意义。国道312线岔路至西沟矿二级公路改建工程的建设,对于加快全市经济和光伏产业等新能源建设步伐、优化路网结构、保障酒钢公司原料运输、方便沿线农牧民出行、推进旅游业发展等具有重要意义。

交通战备公路通行能力大幅提升。主要实施了68213部队出口道路、68243部队(现更改代号为68217部队)训练场出口道路改建、68213部队出口道路改线和嘉峪关至花海战备公路,新建改造道路84.6千米。同时连续三年实施了战备公路养护维修工程,保障驻地部队营区进出道路畅通。

农村交通建设长足发展。连续四年实施了农

村公路通达通畅、农村公路养护维修和农村公路安保工程,共改造农村公路94千米;对全市主要路段及桥涵进行了养护维修,养护公路14.7千米,保障了主要路段的通畅;对农村公路设置的安全标志牌,公路标线,桥梁护栏进行了维修,对路面、示警桩、桥梁护栏进行了修补和刷漆。同时实施了北大河维修和农村公路水毁灾害抢险保通工程,确保了农村公路通达通畅。

(崔秀花)

公路管理

【机构设置与人员编制】嘉峪关公路管理局是专门从事嘉峪关地区国省普通干线、高速公路以及各类专用道路养护和管理的事业单位,隶属甘肃省交通运输厅,公路养护业务归甘肃省公路管理局领导。2015年内设6个职能科室,分别为党委办公室、办公室、养路计划科,财务审计科,人事劳资科,技术科。下设雄关公路管理段、镜铁公路管理段、高等级公路养护管理中心、应急抢险保障中心(与嘉峪关公路工程公司合署办公)、试验检测技术中心、后勤服务中心6个基层单位。现有在职职工180人,拥有各类专业技术人员85人(其中高级职称17人,中级29人,初级39人)。

【项目建设】2015年,嘉峪关公路管理局主要实施了17项工程任务,具体有:G30连霍高速公路嘉安段养护维修工程;清嘉段(二期)养护维修工程;S215线K0-K52段养护维修工程;G312线K2886+700-K2902+875(国泰酒店-黑山湖)段养护维修工程;镜铁段大泉口养护工作点建设;高养中心和应急保障中心东出口工程;Z118线机场路预防性养护工程;G30连霍高速公路清嘉段路面修复工程;完成高速公路2014年结转20座桥梁预防性养护工程;高速公路增设桥梁限载标志牌和信息公示牌工程;2014年结转路网结构改造S215线皇玉桥和柳沟三号桥桥梁改造工程;普通干线公路班站、高速公路养护工区"双化"建设工程2项;设置可变情报板2块;水毁修复工程2项;平交道口渠化工程。

【国、省道普通干线养护】2015年累计整理路容路貌597千米,清扫路面5522千米,清理疏通淤塞边沟35千米,桥涵清淤430立方米;实施微表处4050平方米,油路修补5428平方米,小面积碎石封层10413.6平方米,路面灌缝6.4万延米,砂路铺砂90千米;维修防排水设施690立方米,维修路肩8216米,更换波形护栏112米,粉刷、校正示警桩996根、公里桩211块、百米桩932根,热熔标线3360平方米。

【高速公路养护】2015年集中整理路容路貌840千米,人工机械清扫全线路面154次,清理中央分隔带350千米,清理边沟55千米,铺砌中央分隔带卵石2974.1米,疏通桥梁泄水孔106907个、伸缩缝1782道,刷新桥栏杆、防撞墙15010米;修补油路478.3平方米,路面贴缝70000延米,采用CAP沥青恢复剂处治路面65平方米;维修路肩2717米、维修护坡508平方米;维修护栏板5672米,维修简装隔离栅1867米,安装轮廓标296根,维修震荡标线290.8平方米。

【桥涵标准化养护】2015年全年共维修桥梁伸缩缝176.5米,维修桥面铺装44.5平方米,处理桥、涵水腐蚀2座,维修圬工体417.95立方米/19处,维修涵洞2道,增设波纹管涵2道,安装桥梁限高架2个。多年来,在省交通运输厅、省公路管理局的正确领导和嘉峪关市委、市政府的大力支持下,嘉峪关公路管理局两个文明建设取得了丰硕成果,先后被省委、省政府命名为"省级文明单位",被省总工会评为"甘肃省模范职工之家",被省交通厅授予"全省交通系统行业文明单位"称号,被嘉峪关市委、市政府命名为"文明单位""双文明建设模范单位",连续多年被嘉峪关市委、市政府评为"全市建设工作先进集体""先进基层党组织";下属单位全部获得"全省公路系统行业文明单位"和市级"青年文明号"称号。2015年,全局有2名职工荣获"全国交通技术能手"荣誉称号,嘉峪关管理局被市委市政府授予"嘉峪关市民族团结进步模范集体"称号,应急中心被市总工会授予"嘉峪关市五一劳动奖状",局女工委被省交通运输厅授予"全省交通运输系统女职工工作先进集体"称号,镜铁段成功创建了省级文明单位,嘉峪关养管站、镜铁山养管站成功创建了行业文明集体。

(李 玲)

铁路运输业

【嘉峪关车务段】嘉峪关车务段管辖兰新铁路东起平原堡、西至柳沟和镜铁山、玉门南、敦煌3条支线共808.28千米上的43个普速车站（其中一等辅助编组站1个,二等站4个,三等站11个,四、五等站27个）和兰新高铁临泽南至柳沟南370.93千米线路上的8个高铁车站（其中客运站6个、越行站2个）。段设行政办公室、党委办公室、安全调度科、技术信息科、客货统计科、职工教育科、劳动人事科、财务科、武装保卫科9个职能科室,临泽、高台、清水、酒泉、嘉峪关、玉门东、低窝铺、玉门、军垦、疏勒河、柳沟、瓜州、敦煌、阿克塞、绿化、镜铁山、玉门南、嘉峪关南、酒泉南19个车间,64个班组;段党委下设1个党总支,24个党支部,共有党员539人。截至2015年年底,在岗职工1641人,其中男职工1224人、女职工417人;干部158人、工人1483人;干部技术职称高级3人、中级15人、初级101人;文化程度本科及以上96人、大中专及技校931人、高中及以下614人。

嘉峪关站。中心位于兰新线737千米954米处,隶属兰州铁路局嘉峪关车务段管辖。本站技术性质为辅助编组站,业务性质为客货运站,为一等站。本站在路网上的作用和业务上的特点:承担兰新线货物列车、行包专列、玉门南、绿化、酒钢(嘉东)小运转等列车的接发、解体、编组、列车本务机摘挂、列车技术作业检查、货物装载检查、列尾装置摘挂、回送作业和定检车等检修车的甩车、车辆段的取送;办理旅客乘降、旅客列车上水作业、旅客行包发到业务、邮件装卸作业、旅客列车的接发、始发、终到作业、客车底取送作业;办理货物到发业务。

绿化站。本站中心里程位于嘉镜支线自嘉北站起8千米20米处,隶属兰州铁路局嘉峪关车务段管辖。本站技术性质为区段站,业务性质为客货运站,等级为二等站。其业务特点为:主要办理嘉峪关市有关单位共九条专用线的整车货物到发和取送作业,以及酒钢专用铁道的列车到发和交接任务;担当嘉镜支线小运转列车的到达、出发作业,本务机换挂作业;担当绿化—嘉峪关间小运转列车的到达解体和出发编组;办理嘉镜支线的旅客列车及旅客、行包的发到业务。

2015年,嘉峪关车务段全年共完成运输收入37.9亿元,发送货物2466.7万吨,发送旅客511.8万人(其中普速车站发送407.3万人、高铁车站发送104.5万人)。西部快运完成货物发送量9.55万吨,完成年度计划的106.2%。其中嘉峪关站全年累计发送旅客165.4533万人,客运收入18504.2万元,货运发送16.0929万吨,货运收入5535.5万元;绿化站全年累计发送旅客4.6178万人,客运收入16.9万元,绿化站全年累计货运发送722.3226万吨,货运收入208727.8万元。

（韩瑞生）

【嘉峪关机务段】嘉峪关机务段隶属兰州铁路局管辖。至2015年年末,有在职职工3873名,下设嘉峪关东运用车间、嘉峪关西运用车间、客运(动车)运用车间、嘉峪关整备车间、武威南运用一车间、武威南运用二车间、武威南检修车间、武威配件车间、设备车间、救援车间10个生产车间;嘉峪关、张掖、武威南3组救援列车和打柴沟、敦煌2个救援队;段机关内设12个职能科室,分别为行政办公室、党委办公室、安全科、技术质量检查科、运用科、职工教育科、计划统计科、财务科、劳动人事科、信息技术科、材料科、武装保卫科;段党委下设11个党总支(支部),共有党员1350人。配属机车277台(电力机车220台、内燃机车57台),其中HXD1C型电力机车201台、SS3型电力机车19台、DF11型内燃机车18台、DF8B型内燃机车8台、DF4型内燃机车4台、DF7C型内燃机车9台、DF7G型内燃机车5台、DF5型内燃机车13台。各种机械设备695台。牵引区段总里程达到2643.1千米。主要担当嘉峪关-兰州客专线707.6千米部分动车组、普上高客车牵引任务、嘉峪关南-石板墩南客专线244.1千米动车确认车任务、嘉峪关—武威南481千米、武威南—兰州北245千米、嘉峪关—柳园296千米、武威南—迎水桥238千米货物列车牵引任务,嘉峪关—敦煌361千米客货列车牵引任务、敦格铁路敦煌至肃北段138.4千米客货列车牵引任务,嘉峪关—中卫726千米旅客列车牵引任务。担当嘉峪关—武威、武威南2对客运乘务交路;嘉峪关—镜铁山74千米、嘉峪关—玉门南63千米两条支线客货车牵引任务;同时承担嘉峪关环城小运转及嘉峪关、武威南、武威、金昌、张掖、山丹、打柴沟、清水、绿化、玉门南、柳沟、镜铁山等12个沿线站区的专用线调车任务。承担路局内燃机车中修、大修、轨道车大修及本段配属内、电机车小辅修和整备任务。

2015年,嘉峪关机务段认真按照路局、路局党委总体工作部署和要求,牢固树立"三点共识""三个重中之重"要求,按照"敢于引领、争创一流、全面发展"的工作思路,把握安全主线,加强运输组织,开展质量整治,提升经营管理水平,各项工作迈上了新台阶。抓制度、强基础,完善安全管理基本制度。动态修订完善安全管理体系文件33项、过程控制体系文件29项,有效补强了安全基础体系建设。抓预警、防风险,有效管控各类安全风险。深入开展安全大检查活动,细化完善风险防范控制措施,逐一明确了风险点控制部门、控制岗位,健全完善了安全风险数据库。抓关键、灭隐患,大力整治安全突出问题。开展了机车乘务员"两违"、调车安全等专项整治,"运行中瞭望、输入行车安全装备相关参数、机车附挂回送、非正常行车"等关键作业实现了重点控制。抓现场、治两违,全面规范现场作业标准。建立段和车间"两级"现场监控网,量化"五定"内容,对关键地段、关键时段进行检查、抽查。抓信息、达标准,全方位筑牢安全屏障。积极发挥安全装备保安全的功能,强化信息化管理和数据追踪分析。通过"人防、技防、物防"相结合,提升现场安全控制能力。抓运输,增效益,全面提升运用组织水平。顺利接管了嘉峪关-兰州间6对普速列车上高铁乘务交路;兰新高铁兰州(西)-嘉峪关南间4.5对动车交路和嘉峪关南-石板墩南站间1对确认列车乘务交路;开通了柳敦电气化及敦煌-肃北铁路。优化运输组织,顺利完成了"3.20""5.20""7.1"3次调图工作。创建了机务综合信息化平台,以信息化带动标准化、以标准化提升规范化,促进了机务管理更加规范、更加科学。抓质量,保安全,切实强化质量源头控制。突出机车重点部位检查整治和风险防控,实施机车关键部件的专业化集中检修和易耗零件寿命管理,开展惯性故障攻关和技术改造,机车质量基础管理水平不断增强。

通过全段干部职工的共同努力及科学有效的生产组织和现场管理,全面促进了运输组织、安全基础、质量控制、经营管理、队伍建设等各项工作稳定、持续发展。全年完成运输总重1266.7亿吨千米,总走行71010.9千机千米,机车日产169.2万吨千米/台日,机车日车708千米/台日,机车平牵3245吨,技术速度58.5千米/小时。内燃机车大修2台、中修14台,完成内、电机车小辅修799台,完成轨道车、接触网作业车大修2台;配属机车故障率0.07件/十万千米、临修率0.9件/十万千米,均控制在局定指标内。截至2015年12月31日,全段实现无一般B类及以上铁路交通事故3081天,无一般C类铁路交通事故536天,无一般D类铁路交通事故326天,无责任职工死亡事故4207天、无职工责任重伤事故3379天、无职工责任轻伤事故3081天。全年消灭了人身伤亡事故;消灭了火灾及爆炸事故。

(赵守荣)

【嘉峪关工务段】2015年,段内设综合办公室、党委办公室、安全调度科、生产调度指挥中心、线路科、桥路科、高铁技术科、计划财务科、劳动人事科、职工教育科、材料科、武装保卫科12个职能科室。普速线路下设15个生产车间,分别为高台、清水、酒泉、嘉峪关、绿化、玉门东、玉门、疏勒河8个线路车间;清水、嘉峪关2个桥隧车间;敦煌线桥、阿克塞线桥、综合机修、综合维修、检查监控5个车间。兰新高铁下设4个车间,分别为嘉峪关南、玉门2个高铁线路车间;嘉峪关南、玉门2个高铁路桥车间。19个车间所辖班组95个(既有线83个,兰新客专12个)。段党委下设19个车间党总支和54个班组党支部,共有党员565人。截至年末,全段在职职工1966人,其中干部210人、工人1756人,男职工1745人、女职221人;高级技师14人,技师111人;高级工604人、中级工793人、初级62人;初中及以下文化程度112人、高中374人、技校58人、中专630人、大专及以上792人。

嘉峪关工务段围绕路局"敢于引领、争创一流、全面发展"的工作要求,以安全风险管理为主线,全面构建安全管理"三大体系""四大系统""六项创新"和"七项"工作机制,落实"四预"管理各项要求。全年突出高铁、客车、劳动、施工四个安全重点,开展安全生产大检查和各项专项整治。以干部履职为抓手,落实干部考评排序机制,推进干部月、周行动计划编制,推行干部岗位述职,严肃干部履职追责。以创新发展为引领,大力推行技术创新、管理创新和制度创新，具有现代化“六全”功能的生产调度指挥中心基本建成，“宏观评价、微观清算考核奖惩”制度和关键岗位的考评制度，为激发干部职工工作热情提供了制度支撑。以强化设备质量为根本，推进“一流高铁示范线”建设，示范站和示范区段实现了“TQI控制在2.2以内，消灭II级以上偏差”的目标，同步推行样板引路和分级管理理念，开展标准化车间创建、兰新线示范区段建设和支线设备补强，全年完成综合维修及保养任务1376.541千米、道岔综合维修及保养任务1010组、中机维修任务744.507千米、大机维修569.385千米、道岔大机维修200组、钢轨打磨279.800米、道岔打磨209组、冻结接头414处、胶结绝缘230处、短轨焊复680处/1206个焊头、补充道床3万立方以及酒泉站，黑山湖站，玉门东站，军垦站48组道岔换碴任务，配合完成兰新线换铺无缝线路26.015千米，线路大机清筛80.148千米、更换客车径路木枕道岔27组，完成嘉镜线换轨施工9.895千米，线路清筛15.060千米，曲线拨正31条，敦煌线更换钢轨40千米，既有线设备质量不断提升，站支线设备得到有效改善。年内成立敦格线介入监管小组，施工过程与作业质量严格把关，并积极参与敦格线137.556千米线路实施精确改道，敦格线顺利接管并开通运营。以规范经营管理为重点，严格落实工效挂钩考核办法，强化财务预算管理和成本分析，合理控制经营支出，积极扩大经营收入。以提升干部职工队伍素质为目标，抓实职工日常培训，结合阶段性重点工作和现场生产需要，实行多元化培训模式，通过技能大师带徒传技、新老职工拜师结对、各工种技能竞赛等手段，不断壮大高技能人才队伍。以推行“5S”管理为基础，大力规范料具、库房、办公、生活区域，紧贴工作实际凝练安全寄语，坚持刊行《嘉工视窗》和《高铁风采》，打造健康向上的企业文化，实现了安全生产由被动向稳定的转变。

嘉峪关工务段以安全问题为导向，强化重点风险防控，构建以安全管理、过程控制和责任落实体系为主要内容的“三大体系”，修订安全管理职责197个、工作标准154个、工作流程161个、管理岗位工作指导书118个、检查整治指导手册99项。以指挥、检查、监督和信息处置为内容，建成“四大系统”，年内下发安全指令18份、开展安全专项检查32项、挂牌督办问题6件。截至年末，发生铁路交通一般C2类责任事故1件，道路交通事故0件，道口及责任路外伤亡事故0件，责任火灾爆炸事故0件，铁路交通G16责任设备故障1件，全段实现安全天数340天。

(张天合)

航空运输业·嘉峪关机场公司

【机构设置与人员编制】嘉峪关机场坐落在嘉峪关市区东北，距市区10千米，东距酒泉市22千米。嘉峪关机场处于欧亚航路中段、B215航线正下方，距酒泉航天城和张掖市仅250千米，地理位置十分特殊，一小时经济圈特征突出。1938年始建于酒泉市南郊，1952年迁建至现址，更名为中苏民航酒泉站，并于1953年7月1日正式通航。后嘉峪关因企设市机场改称为民航嘉峪关航空站。2004年，机场实施属地化改革，成立了嘉峪关机场公司。2015年1月31日起隶属于甘肃省民航机场集团有限公司。

嘉峪关机场公司实行董事会领导下的总经理负责制，设董事长1名、总经理1名、副总经理1名，下设综合管理部、计划财务部、航管中心、机场运营部、运行保障部、安检站、业务发展部和机场公安分局8个二级部门。现有员工195人，正式在册员工93名(不含机务3人，公安分局4人)，劳务派遣人员89名，实习员工6名。

【生产运输】嘉峪关机场把握区域经济上升趋势，开发航空市场，拓展完善航线网络。开通了嘉峪关至北京、上海、广州、成都、重庆、昆明、西安、乌鲁木齐、兰州、银川、敦煌、金昌等地的航线航班，连接嘉峪关的国内千万人次级枢纽机场数量达8个。2015年全年运输起降4076架次，同比增长20.2%；完成旅客吞吐量35.49万人次，比上年增12.8%；完成货邮吞吐量1673吨，比上年增40.4%；完成总收入2074.37万元，同比下降32.89%，完成年度预算的94.03%。

【运输辅助活动】公司坚持“将细节做到精致，将重复做出新彩”的服务宗旨，努力打造“优质服务窗口”和“靓丽的城市名片”。以旅客感受为中心，推出多项服务新举措：对候机楼及贵宾室卫生间洗手台加装热水改造；重新设置了候机楼免费WiFi,确保高速、无死角;设置旅客观影区,及时更新影片库,以提高旅客观感品质;暑期为旅客免费提供清凉茶饮；在候机楼设立5台多功能旅游资讯电子触摸设备,让旅客在对嘉峪关旅游景点、特色美食等有所了解;提供精美的候机读物《读者欣赏?甘肃民航》,让旅客在候机的闲暇享受一刻阅读的美好；安置了远机位旅客到达候机楼引导提示牌,并为引导员配备了随身小广播,使到达旅客与过站旅客能够及时、有序分流。

【“十二五”期间航空运输情况】安全态势持续平稳。“十二五”以来,嘉峪关机场把握安全与发展、安全与效益、安全与稳定的关系,全面落实安全主体责任,积极推进安全基础设施建设,不断加强安全管理体系(SMS)和安全运行机制建设,未发生飞行事故征候(含)以上级安全事件,成功处置了2011年“10.13”恐怖备降航班事件,并在2010年、2014年顺利通过民航西北管理局安保审计和机场使用许可证换证检查,运行安全持续平稳。

航空业务规模增长平稳。2011年至2013年,机场旅客吞吐量、货邮吞吐量和运输起降架次年均增长率为39.6%、89%和76%,旺季日航班高峰达12个,通航城市达11个,通航机场12个,取得了快速增长。2014年,受地方经济大环境影响,机场旅客吞吐量出现徘徊,为31.35万人次,高速增长后的瓶颈效应凸显。机场公司在2015年直面高铁开行后的冲击,调整战略,在打造“嘉峪关=兰州”快线基础上，利用兰州中川机场快速发展优势,解决“出去”“进来”的中转衔接,确保客源市场的稳步提升,2015年完成旅客吞吐量35.49万人次,达到12.8%的增长。

(张晓娟)

房地产开发经营

【综述】2015年,在全国三、四线城市房地产投资下滑,商品房销售及库存压力持续增大的情势下,市房地产投资继续增长,销售面积增加,商品房库存减少,价格稳步增长。全市累计完成房地产投资28.94亿元,房地产开发总规模65.94万平方米。其中住宅面积212.65万平方米,总投资18.36亿元，当年开工建设面积65.97万平方米，投资12.42亿元。至年末全市累计建成住房1016.4万平方米,人均住房37.06平方米,其中2015年竣工面积32.8万平方米。在建保障房3680套,面积1028457.5平方米,投资1.65亿元,其中2015年新开工建设保障住房3406套,101.11万平方米；2008年—2014年全市累计开工建设各类保障性住房12422套,1039478平方米，完成投资21.04亿元。

【房地产开发】2015年，全市共有房地产企业68家,其中二级资质3家,三级资质企业14家,四级及以下资质企业51家,房地产企业注册资金总额16.39亿元,从业人员1039人,房地产从业人员劳动报酬3638元/月,同比上涨11.29%。商品住房开发新开工项目12个，施工面积65.97万平方米;完成投资12.42亿元,同比增长141.16%。重点项目有阳光金水湾项目、华城富丽花园项目、东兴嘉园项目、四〇四专家公寓项目。

【保障性住房建设】2015年，市新建各类保障性住房3406套,其中:公共租赁住房203套,12887.5平方米；城市棚户区改造3203套,998200平方米。对城市最低收入家庭中人均住房面积15平方米以下的困难家庭实行应保尽保，累计解决低保家庭住房困难户2220户,新增205户,其中:公共租赁住房保障家庭新增180户，廉租住房保障家庭新增25户。退出廉租住房保障的家庭11户。

合理扩大保障范围,提高资源配置效率,进一步规范保障性住房运行管理，对两房并轨后的公共租赁住房及经济适用住房申请受理程序进行了合理调整,使其更加规范化。

房地产管理

【机构设置与人员管理】嘉峪关市房地产管理局是负责全市房地产开发、权属登记、交易、中介服务管理及物业服务管理、住房补贴审批发放的综合业务部门。内设办公室、计划财务科、房地产管理科、住房保障科、物业管理科,下属市保障性住房管理服务中心(房产管理所)、市旧街区房屋征收改造办公室、市产权产籍管理所(市房地产交易中心)、市经济适用住房发展中心、市房地产测绘队7个科级事业单位。全局现有在编在岗职工

51人,进村进社工作人员8人。

【房地产市场管理】2015年,全市商品房销售面积53.48万平方米,同比上涨2.65%。商品房平均销售价格为3631元/平方米,同期上涨4.04%。

【产权产籍管理】受房地产大环境及酒钢分中心业务萎缩影响,全年完成房屋登记及查询业务23669件,同比下降20.1%;完成房屋租赁备案登记1698宗,同比下降9%;代征契税2978.95万元,同比增长10.5%,做到了应征尽征。

【物业管理】2015年全市共有33家物业服务企业,行业从业人数1500人,接管物业服务项目131个(其中住宅小区129个),管理面积788.54万平方米,为全市8.2万户业主提供物业服务,物业服务覆盖率88.68%。全年共收缴住宅专项维修资金3397.17万元,受理接待53件有效维修申请,批准使用住宅专项维修资金129.58万元,涉及3123户业主,有力地保障了居民正常生活。作为2015年市政府惠民实事之一,配合市发改委、兰州铁路局筹集资金600万元共同实施了迎宾二、四小区环境综合整治和改造提升工作,惠及居民1926户。

【"十二五"期间房地产发展情况】"十二五"期间,嘉峪关市积极推进住房制度改革,加大棚户区改造力度,完善住房保障管理体系,促进房地产市场健康平稳发展。十二五末,全市累计建设各类保障性住房15829套,住房保障覆盖率达25%以上;新建住宅1.83万套,面积228.66万平方米;住宅小区物业覆盖率由2013年的75%提高到88.68%,人均住房面积达到37.06平方米,实现了十二五末住房管理工作的圆满收官。

(高丽丽)

住房公积金管理

【机构设置与人员编制】依据2008年10月市编办批准,市住房公积金管理中心为市政府直属、参照公务员管理的副县级事业单位,内设办公室、业务科、稽核科,核定全额拨款事业编制职数11名,其中副处级干部职数3名,科级干部职数4名。截至2015年底,共有干部职工共15人;其中进村进社人员5名。

【住房公积金归集与管理】公积金归集。2015年实缴单位559家,实缴职工4.77万人,完成缴存5.94亿元,同比增长6.64%。当年新开户单位27家,新开户职工0.31万人,净增单位14家,净增职工0.03万人。截至2015年底,缴存总额37.93亿元,缴存余额21.92亿元,分别同比增长19.2%、15.13%。

公积金提取情况。2015年,全年提取3.24亿元,提取占当年缴存额的比率54.55%,比上年同期减少7.57个百分点。截至2015年底,提取总额16.01亿元,同比增长25.27%。

公积金个贷情况。2015年,发放个人住房贷款1.21亿元。其中市中心发放个人住房贷款0.66亿元;酒钢分中心发放个人住房贷款0.55亿元。回收个人住房贷款0.76亿元,其中市中心0.2亿元,分中心0.56亿元。

截至2015年底,全市累计发放个人住房贷款1.19万笔,9.51亿元,贷款余额3.15亿元,同比增长6.25%、14.58%、17.1%。个人住房贷款率为14.37%,比上年同期增加0.24个百分点,其中市中心个人住房贷款率为19.05%,比上年同期增加5.91个百分点;酒钢分中心个人住房贷款率为12.51%,比上年同期减少2个百分点。

资金使用率与运用率情况。截至2015年底,资金运用率14.55%,比上年同期增加0.21个百分点。

增值收益及分配情况。全年住房公积金增值收益5729.73万元,同比增长91.55%。其中,市中心1980.2万元,酒钢分中心3749.53万元。增值收益率2.77%,比上年同期增加1.23个百分点。

2015年,提取城市廉租房(公共租赁住房)建设补充资金5586.61万元。截至2015年底,贷款风险准备金余额314.97万元,累计上缴城市廉租房(公共租赁住房)建设补充资金16601.48万元(其中,市中心上缴4073.41万元,酒钢分中心上缴12528.07万元)。

截至2015年底,逾期个人住房贷款2.95万元,个人住房贷款逾期率0.09‰。其中,市中心0.25‰,酒钢分中心个人住房贷款无逾期。市中心和酒钢分中心无使用住房公积金支持保障性住房建设项目贷款，无历史余留风险资产。

【监管制度建设】坚持管委会决策制度，不断适应公积金政策对形势发展的需要，2015年，先后召开了嘉峪关市住房公积金管理委员会第12次、第13次会议，共计调整出台了22项涉及公积金提贷政策和支持全市棚户区改造使用公积金的政策；拓宽了住房公积金使用渠道，减轻了贷款职工还贷的负担和压力，使群众真正享受到了公积金政策改革的实惠，得到了全社会的广泛赞誉。制定、完善了相关规章制度。2015年，中心完善内部管理制度，编制完善了《公积金规章制度和工作运行规程汇编》《公积金政策汇编》《公积金内部控制规范》三大汇编，修改原有制度20项，新建制度19项，使管理工作在制度上更加规范，形成了用制度管人管事的管理机制。规范了工作流程。在公积金提取、贷款等方面建立了三级审批制度，修改完善了归集、提取、贷款三大操作运行规程。建立起了风险防控体系，实现了全年资金管理无违规、零风险目标。

【服务质量改善】重新梳理提取、贷款、归集业务流程，对不适合业务办理的条件和要求，在政策范围允许内，进行简化，尽可能方便广大职工办事。制作提取、贷款、归集业务须知，将各笔业务办理流程、要件资料、办理时限和需要注意事项等相关内容细化简捷，使职工对业务办理内容一目了然。落实工作AB岗位、带班服务引领制度，调整部分工作岗位，办理业务、受理资料传递责任化，提高办事效率和服务质量。加强了个人公积金账户管理。清理了个人账户，彻底解决了因企业改制、合并、撤销、职工工作调动等原因形成的多个账户问题。完善了管理软件，修订了个人信息，实现了缴存职工随时可以上网查询个人账户资金缴存和使用情况，极大地方便了职工使用住房公积金购房。完善了管理软件，修订了个人信息，实现了缴存职工随时可以上网查询个人账户资金缴存和使用情况，极大地方便了职工使用住房公积金购房。结合“三严三实专题教育”“效能风暴”“民主评议机关行风政风”等活动，持续开展以“三声四清五主动”为标准、“微笑服务”为主题的优质服务行动，服务质量明显提高。加强职工培训。举办业务知识讲座和优质服务活动，按阶段、分批次对职工进行培训，共举办讲座培训班9期，职工业务技能大大提升，不断提高服务群众、服务社会的水平。在网站公开了公积金开户、转移、变更、支取、归集、查询、贷款、核算等业务流程，开通了网上缴存业务，方便了群众，提高了办事效率。

【资金风险防范】按照住房公积金风险防控体系建设的要求，新建制度19项，修订制度20项，规范了个贷和提取审批操作流程，调整了内部岗位设置，完善了不相容岗位相互制约机制，形成了用制度管人管事的管理机制。坚持“有权必有责、用权必监督”的原则，强化对住房公积金管理过程中权力节点的监督，重点围绕住房公积金财务管理、行政处罚、提取审批、贷款审批、贷款抵押物评估机构确立、重大设备采购七大大重要权力节点，实施全方位、多层次有效管理。

【十二五期间工作概述】“十二五”期间，市住房公积金各项业务指标平稳增长。归集扩面工作成绩明显，使用效益逐步扩大，管理和服务水平及风险防控进一步提升和加强，信息化建设再上新台阶。期间，市中心归集住房公积金6.31亿元，发放贷款1.51亿元，办理支取2.7亿元；市中心实际缴存单位457个，缴存人数达到12334万人；5年共来实现公积金增值收益0.35亿元。

（叶　永）

旅游业

【概况】全市拥有国家A级旅游景区9家，其中5A级1家：嘉峪关关城文物景区；4A级4家：嘉峪关方特欢乐世界 东湖生态旅游景区、紫轩葡萄酒庄园、中华孔雀苑；3A级2家：城市博物馆、讨赖河生态文化景区；2A级1家：草湖国家湿地公园；1A级1家：三禾奇石文化交流中心；旅游星级饭店17家，其中四星3家、三星10家、二星4家，星级饭店客房总数1874间，床位3528张、餐位10600个；旅行社15家(有出境游资质2家)；旅游客运企业3家，有大中型旅游车辆40辆，车位1119个；全市直接和间接旅游从业人员达到1.5万余人。全年累计接待旅游人数571.44万人次，同比增长 27.58%；旅游收入 35.98 亿元，同比增长 29.81%。

【旅游资源】嘉峪关市拥有一个国家 5A 级旅游景区——“天下第一雄关”嘉峪关关城文物景区；四个国家 4A 级旅游景区——西北地区最大的第四代高科技主题游乐园方特欢乐世界、以“西部明珠”气象塔为核心的东湖生态旅游景区、拥有亚洲单体面积最大酒窖的紫轩葡萄酒庄园景区、全国最大蓝孔雀生态园“中华孔雀苑”；两个国家 3A 级旅游景区——嘉峪关市城市博物馆和讨赖河生态文化景区，还有 2A 级旅游景区草湖国家湿地公园和 1A 级旅游景区三禾奇石文化交流中心。此外，嘉峪关市还有长城第一墩、悬壁长城、黑山岩画、魏晋墓壁画和全国收集长城史料最丰富、规模最大的第一家“长城博物馆”等历史文物古迹资源；有亚洲距离城市最近的“七一”冰川、与澳大利亚和南非并列的三大国际滑翔基地、国际铁人三项赛指定专用赛场、嘉峪关戈壁大峡谷等自然风光资源；有全国首批工业旅游示范点——酒钢，有全国规模最大的光伏发电基地等工业旅游资源，同时还有蒙古族、藏族、裕固族、哈萨克族等民族风情旅游资源。长城文化、丝路文化、工业文明和军工科技在这里交相辉映，形成了四个区域联动发展旅游区：河西走廊东段旅游联动区（嘉峪关——酒泉——张掖——武威）、丝绸之路精品文化长廊旅游联动区（嘉峪关——敦煌——哈密——吐鲁番——乌鲁木齐）、祁连山腹地文化生态旅游联动区（嘉峪关——肃南祁丰宗教民俗风情乡村旅游——七一冰川自然生态探险旅游）、东北旅游联动区（嘉峪关——酒泉金塔——酒泉卫星发射中心——额济纳旗胡杨林）。

【旅游产业】全市有星级饭店 17 家，其中四星级3家：嘉峪关宾馆、长城宾馆、酒钢宾馆。三星级 10 家：国泰大酒店、青年宾馆、东方宾馆、汇力商务公寓、天东宾馆、林苑大酒店、峪达大酒店、泰和大酒店、东湖大酒店、王朝大酒店；二星级 4 家：铁道宾馆、金叶宾馆、华天宾馆、康辉宾馆五一南路分店。

有旅行社 15 家，其中经营出境游业务的旅行社 2 家：嘉峪关君和国际旅行社和华商国际旅行社；经营国内旅游业务和入境旅游业务的旅行社 13 家：雄关国际旅行社、恒通旅行社、嘉之旅旅行社、嘉敦华运旅行社、商务旅行社、长城假期旅行社、诚信假日旅行社、西部风情旅行社、甘肃正泰国际旅行社、甘肃明珠假日国际旅行社、嘉峪关中元旅行社、大友文华旅行社、嘉峪关荣祥旅行社。

有旅游汽车公司 3 家：酒钢宏运旅游汽车公司、九州旅游客运有限责任公司、嘉峪关文旅集团旅游汽车有限公司。

【旅游线】嘉峪关一日游精品线路

1.嘉峪关——酒泉卫星发射基地

2.七一冰川探险一日游

3. 城市一日游：嘉峪关关城——中华孔雀苑——悬壁长城——长城第一墩——紫轩葡萄酒庄园——城市博物馆

嘉峪关两日游精品线路

1. 嘉峪关关城——中华孔雀苑——悬壁长城——长城第一墩——紫轩葡萄酒庄园——城市博物馆——七一冰川探险游

2. 嘉峪关关城——中华孔雀苑——悬壁长城——长城第一墩——紫轩葡萄酒庄园——城市博物馆——酒泉卫星发射基地

嘉峪关三日游精品线路

1. 嘉峪关关城——中华孔雀苑——悬壁长城——长城第一墩——魏晋墓——嘉峪关城市博物馆——雄关广场——迎宾湖旅游园区——东湖生态旅游景区——七一冰川——酒钢工业园区——酒钢展览馆——酒钢生产控制中心——紫轩葡萄酒庄园——酒钢水上乐园

2.嘉峪关——额济纳旗(胡杨林)

旅游业管理

【机构设置与人员编制】嘉峪关市旅游局是主管全市旅游工作的市政府组成部门。2015 年局机关设办公室、规划财务科、行业管理科。根据市政府办公室嘉政办发〔2010〕195 号、市编委《关于嘉峪关市旅游局增加编制的通知》(嘉机编发〔2012〕75 号)、《关于增加市旅游局干部职数的通知》(嘉编字〔2011〕45 号)文件，核定行政编制 7 名，工勤编制 2 名。其中，正处级职数 2 名、副处级职数 2 名，科级干部职数 3 名。下辖事业单位旅游质量监督管理所，核定全额事业编制 12 名，其中科级干部职数6名。近五年新分配基层服务和民生实事项目高校毕业生15名(文旅4名)。

【行业管理】巩固扩大旅游标准化成果,推广标准化,开展了2015年嘉峪关市旅游行业服务提升培训活动,培训景区、旅行社、旅游商品店、旅游汽车公司、导游等旅游从业人员556人次。完成了关城文物景区、东湖生态旅游景区等9家A级旅游景区质量等级复核工作,完成了17家星级饭店的复核及评定工作。指导全市14家旅行社按照经营业务许可进行合法诚信运营,对全市24家旅行社服务网点进行市场集中专项检查,及时受理了旅行社及服务网点申请设立、变更事项备案、旅行社业务经营许可证的换发、变更相关工作,督促指导华商旅行社做好旅游行业标准试点工作。组织全市有条件的导游员参加中高级导游员等级资格考试,启用临时导游证机制,申请办理临时导游证共8人,参加培训考试7人,考试合格7人。兑现2014年度"组团来嘉"旅游奖励政策资金,聘请22名旅游服务质量社会监督员,组织星级饭店服务人员参加全省第二届旅游星级饭店服务技能大赛和参与"文明旅游随手拍"公益活动;组织君和、嘉峪关宾馆、关城文物景区参选旅游行业全国文明旅游先进单位。组织旅游企业参加了敦煌行·丝绸之路国际旅游节旅游产品展览会全省旅游商品大赛,嘉峪关市选送的"风雨雕系列""驿使马系列"分别获得2015年甘肃旅游商品大赛银奖、设计创新奖,市局获得2015年丝绸之路旅游产品展览会优秀组织奖。发挥嘉峪关市旅游协会作用,推荐旅游服务明星并在媒体公开发布,已发布24期。

【旅游宣传促销】在中央电视台、首都机场LED屏等多家大型广告平台宣传我市旅游形象,并与甘肃卫视《天气预报》合作,投放嘉峪关市旅游形象广告。与三大电信运营商协商信息合作平台事宜,开展客源统计及分析,建设开通"嘉峪关旅游"微官网,发布重要旅游资讯等。印制旅游手册、旅游折页共计7.75万册,为游客和各酒店发放共计1.8万余份。参加全省5·19旅游宣传活动,与市文明办共同举办"5·19中国旅游日"文明旅游道德讲堂启动仪式,在方特欢乐世界和关城文物景区设立现场旅游咨询点,向游客发放旅游宣传资料1000余份。在市电视台播放全省各市州电视媒体互换互播旅游宣传片,在《西北旅游》杂志投放我市旅游形象广告,与嘉峪关市青年创业协会衔接免费出版了《嘉峪关旅游指南》。与兰铁国旅合作开通了兰州至嘉峪关和乌鲁木齐经停嘉峪关至兰州的"嘉峪关方特号"旅游专列。参与省旅游局组织的赴省内、外宣传推介活动,组织旅游企业赴山东、辽宁、西安、四川等地参加旅游博览会。

【旅游项目建设】华强方特欢乐世界于2015年4月28日盛大开园。方特的开园运营与嘉峪关关城共同构成了"一古一今、一新一旧、一动一静"的两大旅游主体,弥补了嘉峪关市旅游市场体验性不强、产业链延伸不够的短板,激发了嘉峪关市乃至周边地区旅游资源活力,吸引了省内及青海、新疆等周边省区游客来嘉峪关市旅游,促进了全市游客结构和消费模式的明显转变,实现了"过境游"向"过夜游"的转变,推动了"观光式"旅游向"体验式"旅游的转变,加快了"团队游"向"自助游"的转变,促进了"门票经济"向"休闲消费经济"的转变。加强旅游厕所建设。今年全市计划投资343.6万元,新建、改建旅游厕所24座,其中新建8座,改建16座。配合做好嘉峪关丝绸之路文化博览园、讨赖河商业旅游街、嘉峪关草湖国家级湿地公园、嘉峪关戈壁大峡谷地质公园、南湖文化生态园、观礼古镇等项目建设。启动了嘉峪关丝绸之路河西走廊游客集散服务中心项目。完成了76块纯旅游城市道路交通标识牌的规划设计,一期53块标识牌已全部安装到位。

【乡村旅游发展】按照市政府把大力发展乡村旅游作为富民强市重要举措的要求,结合"美丽乡村"建设,在景区至三镇沿线规划建设旅游示范村、镇,大力发展家庭旅馆、农家乐。起草《嘉峪关市关于鼓励和扶持乡村旅游家庭旅馆建设的实施方案》,4月份市委办、政府办已印发。组织全市镇、村及部分星级农家乐经营户赴成都、张掖等地进行学习考察。组织三区积极申报乡村旅游"百千万品牌",向省局报送1个中国乡村旅游模范村,2个模范户,8个致富带头人。联合市委农办、三区、公安、消防、卫计委、地税、市场监督管理等相关单位对已申报的35家乡村旅游家庭旅馆指导规范,经组织评定，符合星级标准的28家，其中金星3家、银星3家、铜星22家。完成了全市三镇21家农家乐星级的评定。

【开展智慧旅游】完成了《嘉峪关智慧旅游可行性分析报告》和《嘉峪关智慧旅游系统解决方案》。充分利用市场机制，免费在机场、火车南站、景区、星级饭店等人员密集场所设立LED屏免费查询系统30部，在6月中旬上线运行。实现了所有星级酒店免费无线网络全覆盖。与去哪儿网、携程网、途家网、途牛网、甘肃省广播电视网络股份有限公司等网站运营商就推进全市智慧旅游建设签订了战略合作协议。

【节会活动】举办了第五届敦煌行·丝绸之路国际旅游节开幕式及相关活动。此次节会主要包括旅游节开幕式、"方特欢乐之夜"文艺晚会、旅游产品展览会、嘉峪关丝绸之路文化博览园项目签约仪式、旅游媒体对话会等活动。节会共邀请到宾客528人，其中海外宾客149人，来自21个国家和地区；外省区宾客379人，来自全国30个省区市。开幕式由省委书记、省人大常委会主任王三运宣布；省委副书记、省长刘伟平，国家旅游局局长李金早，主宾国匈牙利经济与交通部国务秘书朱迪特·刚多斯和联合国世界旅游组织、亚太旅游协会的领导分别致辞；省政协主席冯健身，省委常委、省委秘书长李建华，省人大常委会副主任罗笑虎，副省长夏红民及省政府秘书长张生桢等出席开幕式；主宾国匈牙利驻华大使馆旅游参赞李雅娟女士推介了该国旅游文化产品；欧洲真实国际旅行社总经理龙思波作了甘肃丝绸之路旅游产品推介；玄奘之路北京知行探索文化发展集团副总裁曹霞推介了甘肃户外旅游产品；来自福建、山东、安徽、青海等30个省区市和新疆建设兵团的有关领导以及美国、德国、英国、匈牙利、伊朗等20多个国家和地区的旅行商代表，全国百强旅行社代表和境内外百家主流媒体参加了开幕式。陕西、甘肃、宁夏、青海、新疆、山东、山西、河南、四川、重庆、云南、广西等丝绸之路沿线省区市旅游局和新疆建设兵团旅游局共同发起成立了丝绸之路旅游推广联盟。丝绸之路旅游产品展览会突出"一带一路"战略，以丝绸之路经济带建设为主题，展出总面积12000平方米，设置展位370个，展览会交易额1.67亿元，参观人流量约12万人次。本届展览会上还组织了全省旅游商品大赛，嘉峪关市选送的"风雨雕系列""驿使马系列"分别获得2015年甘肃旅游商品大赛银奖、设计创新奖，市旅游局获得2015年丝绸之路旅游产品展览会优秀组织奖。节会一个月，全市共接待游客85.29万人次，同比增长36.77%，旅游收入6.14亿元，同比增长35.82%。其中，方特欢乐世界接待游客13.54万人次，实现旅游收入2202万元。节会的举办对于宣传本市旅游资源和产品，提升知名度和美誉度有显著的意义。

举办了新丝路·新梦想——甘肃高铁时代与嘉峪关旅游发展高峰对话会，对于促进嘉峪关市旅游业转型发展，把甘肃建成丝绸之路黄金旅游带和国内外知名旅游目的地具有积极作用。

配合方特欢乐世界举办了盛大的开园仪式。指导并协助举办了第四届长城·丝路文化音乐节、奇石文化节、帐篷节等户外旅游宣传推广活动。

【旅游市场监管】依据《中华人民共和国旅游法》《旅行社条例》《导游人员管理条例》等制定嘉峪关市旅游行政处罚自由裁量标准(试行)。建立健全旅游市场经营秩序联合监管机制，在车站、机场、广场、景区、酒店等游客集中地以旅游交通、设施、食品安全为重点，大力整治旅游市场秩序，严厉打击虚假广告、价格欺诈、欺客宰客、超低价格恶性竞争、非法"一日游"等旅游市场顽疾，努力形成规范有序、健康文明的旅游市场环境。全年，共检查旅游团队800余个，导游900余人，查处假导游证10个，处理违规导游90余人，扣分30余人，处理旅游投诉50件，结案50件，游客满意度100%，没有发生重大旅游安全事故。

(何斌燕)

文化旅游产业开发融资

【机构设置与人员编制】嘉峪关文化旅游集团有限公司（简称"嘉峪关文旅集团"），是2012年9月经中共嘉峪关市委、嘉峪关市人民政府批准，按照现代企业制度和法人治理结构组建的国有独资公司，注册资本3.072亿元。公司设有人力资源部、经营管理部、计划财务部、综合办公室、投资开发部和内部审计部6个部门，已成立文化旅游商贸有限公司、长城宾馆、嘉峪关旅游景区管理开发有限公司、嘉峪关国际大酒店有限公司、嘉峪关锦华置业房地产有限公司等8家全资子公司和嘉峪关文化科技产业投资有限公司1家控股子公司，接收了嘉峪关大剧院的经营管理。集团公司本部现有员工26人，其中借调市旅游质量监督管理所全额事业在编人员9名，市建设局、市文物局处级领导2名，市旅游局基层服务人员3名，企业聘用人员12名。

【工作综述】2015年，嘉峪关文旅集团围绕市委、市政府中心工作，聚焦"保障重点项目资金，维护资金链安全"中心工作，以"创新融资渠道，提高市场生存能力"为年度目标，沉着应对抓机遇，着眼长远抓调整，强化管理增效益，改进监管促发展，努力提升国有资产投资和运行效益，带动全市文化旅游产业转型升级和聚集化发展，圆满完成了年度工作任务。截至2015年11月中旬，嘉峪关方特欢乐世界旅游发展有限公司（文旅集团参股27%）收入1.68亿元，嘉峪关旅游景区管理开发有限公司公司(文物景区)经营收入9511万元，国际大酒店收入1080万元，南湖大厦收入508万元，长城宾馆收入572万元，旅游汽车公司收入21万元，文旅集团全资、控股、参股子公司预计全年营业收入达到3亿元，集团公司本级账面资产规模达到45.97亿元，所有者权益总额23亿元。

放大资产倍增效应，开创项目融资新模式。始终将"落实项目融资，保障建设资金"作为工作重点，密切关注国家投融资政策变化，全方位与金融机构对接，年内与金融机构新签订融资协议1.7亿元，三年累计签订融资协议21.2亿元，实际到位融资13.52亿元，保障了重点文化产业项目资金需求。具体为：

嘉峪关文化科技产业基地（方特欢乐世界项目）。按照市政府与深圳华强集团签订的《嘉峪关文化科技产业基地项目框架合作协议》约定，集团公司共筹资该项目建设资金11.5亿元，其中：甘肃银行项目贷款10亿元，国家开发银行华夏文明传承创新区项目贷款1.050亿元。年内共拨付嘉峪关方特欢乐世界项目建设资金11.2亿元，剩余资金缺口，已联合市供热公司、市城投公司在甘肃银行贷款1亿元。

嘉峪关世界文化遗产保护与展示工程项目。在落实兰州银行2亿元融资的基础上，历时2年运作，国家开行银行嘉峪关世界文化遗产保护与展示工程7.5亿贷款授信于2014年12月签订。2015年1月，开行授信协议正式履行，年内已到位融资2.75亿元。

联合城投公司、市供热公司在甘肃银行办理综合授信1亿元。2015年4月，为筹集方特项目缺口资金，经与市供热公司、市城投公司及甘肃银行协调，由市供热公司作为贷款主体，以市供热公司供热收费权、甘肃银行股权提供质押担保，城投公司南市区836952.1平方工业用地提供抵押担保，在甘肃银行办理综合授信1亿元，保障了方特项目收尾和丝博园项目启动。

与兴业银行签订融资授信7000万元。2015年以来，根据公司有效资产基本抵押，存量贷款还本付息任务重的实际，创新融资模式和途径，积极与兴业银行兰州分行对接，签订承兑汇票、票据贴现及流动资金贷款授信7000万元。

重视产业发展研究，争取国拨省补资金。为弥补项目资金缺口，及时研究国资国企改革、投融资改革、地方政府债务监管及"一带一路"、华夏文明传承创新区等方面的政策，在吃透政策、把握精神的基础上，紧贴产业实际和政策红利，扎实编制项目补助、贴息申报文本，全力争取国拨省补资金。全年省委宣传部、省旅游局、省财政厅等累计拨付嘉峪关华强、文化遗产公园项目、草湖湿地公园项目建设补助、奖励、贴息资金1180万元，其中包括财政部2015年度中央文化产业发展专项资金900万元，省旅游2014年度旅游发展基金补助地方项目资金160万元，省旅游局2014年旅游发展专项资金80万元，省委宣传部文化产业改革发展专项资金40万元。

实施项目引领，夯实文化旅游产业发展基础。嘉峪关方特欢乐世界开园运行。方特欢乐世界自2012年12月30日正式签约，2013年7月主体工程开工建设以来，由于公司资金保障到位，在深圳华强集团7个全国同类在建项目中，创造了开工最晚，进度最快的"嘉峪关速度"，连续2年在全省项目观摩中受到省委、省政府的高度评价和赞誉，并于2015年4月28日按计划正式建成开园。方特欢乐世界的开园,在旅游市场形成了人气爆棚,旅游人数井喷、旅游市场火爆的“方特效应”,推动嘉峪关旅游由“过境游”向“过夜游”、由“观光式旅游”向“体验式旅游”、由“团队游”向“自助游”、由“门票经济”向“休闲消费经济”的转变。

嘉峪关文化遗产保护与展示工程。该工程总投资 11.47 亿元，由嘉峪关旅游景区管理开发有限公司(嘉峪关文物景区)多渠道筹资实施,是甘肃省历史上实施的规模最大、涵盖面最广、文化内涵最为丰富的综合性文化遗产保护工程。该项目自 2013 年 4 月开工以来,在国家开发银行、兰州银行的支持下，文旅集团累计拨付贷款资金 3.6 亿元,保障了排水总网、游客服务中心、售票中心、园区停车场等工程全面开工。

嘉峪关丝绸之路文化博览园项目。该项目作为嘉峪关市与深圳华强集团合作建成嘉峪关方特欢乐世界后，联合省属重点文化企业——甘肃省广播电视网络股份有限公司投资启动的又一重大文化产业项目。项目总投资概算 31 亿元,规划面积 1000 亩，建设内容以丝绸之路文化为核心,综合运用激光多媒体、立体特效、微缩实景、真人秀等表现手法,精心打造“长城风云”“七彩神州”等十三个大型主题项目，是目前国内启动建设的唯一一家以丝绸之路历史文化为特色主题公园。项目于 2015 年 8 月 25 日正式开工建设，计划在 2017 年 5 月 1 日正式开园。项目建成后,将与关城融为一体,交相辉映,形成巨大的“聚合效应”。截至年末,公司已支付项目创意设计费 2.1 亿元,创意设计方案已于 10 月 20 日在兰州通过评审;排洪渠迁移、储备粮库搬迁、高压走廊改造等基础配套工程进展顺利;围墙工程、宿舍区、维修车间等辅助工程全面开工。

草湖国家湿地公园项目。该项目前期由市农林局、嘉峪关农业发展集团实施。2015 年以来,在项目管理主体、项目法人单位不确定的前提下,市委、市政府成立了新城草湖湿地文化旅游项目协调推进领导小组，由公司履行项目协调推进领导小组办公室职能，负责草湖湿地的日常管理及维护,启动了新城草湖游客服务中心收尾工程、围栏工程。公司正积极与相关部门协调，上报了引入“PPP”模式建设计划,正在与相关银行、投资商进行融合和招商引资合作洽谈。

华强电力外线配套工程。该项目位于南市区北横二路区域,属方特欢乐世界基础配套工程,总投资450 万。在项目实施中,公司克服时间紧,任务重，工期短的实际(2014 年 10 月 25 日立项，2014 年 11 月组织公开招投标)，全力协调酒泉供电公司、华强集团,按期完成了从 110 千伏雄关变电站、110 千伏酒泉汉武变电站引入 10 千伏双回路供电工程，并于 2015 年 4 月 9 日按期竣工，保障了嘉峪关方特欢乐世界设备调试安装和开园运行。

坚持市场化运营,全产业链要素初步形成。集团公司控股、参股企业以“构建现代企业制度,完善法人治理结构,开展多元化经营,提高资产经营收益和利润”为目标,突出市场要素培育,直面国内消费市场深度调整，消费需求萎缩的严峻市场形势,调整经营思路,转变经营理念,房地产开发、景区运营、酒店管理、旅游汽车等全产链要素经营初步形成,成功打造嘉峪关方特欢乐世界、嘉峪关文物景区 2 个旅游人次过百万、旅游收入过亿元景区，嘉峪关方特欢乐世界成功创建国家 4A 级景区。年内,嘉峪关方特欢乐世界累计入园总人数达 90 万人次,完成综合营业收入 1.68 亿,其中年卡累计收入 2139 万元,新增就业 2000 人以上;嘉峪关文物景区全年共接待游客 100.2 万人次,同比增长 64.26%,实现经营收入 9511 万元,同比增长 61.18%,其中门票收入 8972.02 万元,经营性收入 538.98 万元,预计全年可突破 1 亿元;嘉峪关国际大酒店实现营业收入 1080 万元,全年客房平均出租率为 47%，酒店客房出租率和平均房价,皆高于全市三、四星级酒店的平均值;嘉峪关南湖大厦实现营业收入 650 万元，较上年同期增长 524 万元,实现利润 3682 元;长城宾馆全年实现经营收入 640 万元，较上年同期增长 120 万元，实现利润-20 万元，较上年同期减亏 153 万元;旅游汽车公司实现经营收入 21.3 万元。

坚持市场化运行,重视企业内控机制建设。文旅集团按照《公司法》和《公司章程》,坚持以国有资产保值增值为目标,以开展“三严三实”教育实践活动为抓手,制度先行,优化管理,全力推进党风廉政建设和依法治企水平。

严格按照公司管理架构运行。着力构建出资人(市财政局)管方向,董事会定决策、监事会负监督，经营团队执行的公司运行体系。严格按照《公司法》《企业国有资产法》《国有企业“三重一大”决策制度》等法律法规，着力规范决策行为，防范廉政风险。凡属公司重大决策、重大项目安排、大额度资金运作，一律提交董事会、董事长暨总经理办公会集体决策，保证了重大决策的科学性、可行性，有效防范了廉政风险。

着力控制国有资本经营风险。严格按照国家《企业内部控制基本规范》，制订了《董事会议事规则》《监事会议事规则》《董事长办公会议事规则》《集团公司薪酬方案》《合同管理制度》《印章管理制度》《车辆管理制度》《大额资金管理制度》《物品采购及收货管理制度》《公务接待管理办法》等制度并严格执行。特别是在资金使用上，在阳光采购，规范招标的基础上，严格执行经办人、部门负责人、财务负责人、分管副总经理、总经理、董事长连签审批制度，杜绝了管理漏洞，有效防范了廉政风险，确保公司决策、资金运作、项目建设在阳光下运行。

狠抓内控机制建设，落实党风廉政主体责任。在日常管理中，按照“一岗双责”要求，坚持把抓党风廉政建设贯穿于公司管理、融资、项目建设等全过程，严格落实中央八项规定、省委双十条规定、《党政机关厉行节约反对浪费条例》和中组部《关于进一步规范党政领导干部在企业任(兼)职的意见》，自集团成立以来，事业编制人员在集团公司没有发放过任何奖金、福利、津贴和加班补贴，但加班加点已成为工作常态。

(肖艳春)

金融保险业

人民银行嘉峪关市中心支行

【机构设置与员工队伍】中国人民银行嘉峪关市中心支行(以下简称“人行市中心支行”)，隶属于中国人民银行西安分行管辖和领导，主要承担在辖区内贯彻执行货币政策、维护金融稳定和提供金融服务三大职能。2015年末，人行市中心支行共下设11个科室，分别为办公室、人事科、宣传群工部、纪委监察室、货币信贷管理科、会计财务科、国库科、外汇管理科、科技科、货币金银科、反洗钱科；共有干部职工88人，其中中共党员60人，大专以上学历84人，中级以上职称32人。

【货币信贷管理】准确把握货币政策意图，努力保持货币信贷合理均衡增长。落实货币信贷调控要求，准确、及时传达宏观调控政策意图，引导金融机构把握好信贷投放力度、节奏和结构。截至12月末，全市银行业金融机构各项贷款余额425.45亿元，同比增加36.91亿元，增长9.5%;各项存款余额321.95亿元，同比减少12.86亿元，下降3.84%。加强货币信贷政策引导，支持经济结构调整和转型升级。加大对酒钢公司及支柱产业和重点项目建设的信贷支持力度。截至12月末，酒钢公司辖区贷款余额262.13亿元，同比增加16.39亿元，增长6.67%，占全市贷款总量的61.61%。组织召开2015年嘉峪关市政银企项目融资对接会，全市9家银行与289户企业、374个项目达成总金额476.57亿元的融资协议，资金落实率达100%以上，缓解实体经济发展中的资金供需矛盾。2015年，累计为辖区4家银行业金融机构办理再贴现6.3亿元，其中，为小微企业办理5.09亿元，占比为80.79%。推动跨境人民币业务持续快速发展，截至12月末，累计办理跨境人民币业务金额21.57亿元，同比增长42%，业务量全省排名第三。发挥政策工具正向激励作用，提高宏观调控的精准性和导向力。截至12月末，全市中小微企业贷款余额91.98亿元，同比增长19.35%，其中小微企业贷款余额43.38亿元，同比增长42.40%。围绕“金融生态建设深化年”活动和普惠金融发展目标，引导金融机构不断加大对“三农”、新型农村经济合作组织、妇女创业、下岗失业人员等薄弱环节贷款需求支持力度。截至12月末，辖区涉农贷款、妇女小额担保、下岗失业人员贷款余额分别为18.72亿元、1.18亿元、3232万元。在全市金融工作会议上，人民银行被市政府授予2014年度“市长金融奖”。

【金融稳定工作】加强监测排查，严密防范金融体系风险。充分发挥全市金融稳定领导小组各成员单位的作用，抓好辖区《金融稳定工作目标责任书》的组织落实工作，健全完善辖区金融安全稳定保障机制。组织做好《存款保险条例》出台前的各项准备工作和出台后的金融机构流动性监测、舆情引导和宣传督导，顺利完成辖区法人金融机构投保手续办理、保费测算、保费缴纳等工作。做好金融体系风险监测，配合做好非法集资风险排查，牢牢守住不发生区域性、系统性金融风险的底线。坚持依法履职，提升金融管理效能。履行金融管理职能，完成对辖区金融机构2014年度综合评价工作，履行金融机构开业管理、营业管理及重大事项报告职责。组织开展对辖区农业银行、农商银行综合执法检查，对部分银行、保险业金融机构开展专项执法检查，针对个别金融机构的金融违规行为给予行政处罚15246.37元，规范金融机构经营行为，切实提高金融管理能力。夯实工作基础，优化金融生态环境。以风险评估和风险监管为主线，开展反洗钱宣传培训，组织完成辖区洗钱风险评估和金融机构洗钱风险自评估工作，巩固洗钱风险防控成效。推进小微企业和农村信用体系建设，大力推广信用报告互联网查询业务，为社会公众和企业提供了更为便利的信息服务。加强金融消费者教育，完善"12363电话"运行机制，畅通金融消费者维权渠道。推动辖区金融机构与公安机关建立银警联席会议、案件通报、联动宣传等长效机制，共同密织起预防和打击银行卡犯罪的防控网。

【金融服务】金融统计和调研信息参谋作用突出。全年共有53篇调研文章被省级以上刊物刊用，《我国金融机构市场退出机制研究》荣获甘肃省金融学会2014年度重点研究课题三等奖；62篇政务信息被省级及以上综合刊物采用，其中"三季度嘉峪关市小微企业运营情况、面临困难问题及建议"等三篇信息被国务院办公厅采用，在全市政务信息考核排名第一。支付体系建设和服务功能不断完善。继续巩固"助农取款服务点+便民金融服务点+反假货币工作点"三位一体农村便民金融服务中心工作成效，制定并实施《嘉峪关市银行卡助农取款服务管理办法(试行)》，支农、惠农、便农"支付绿色通道"通畅运行。截至12月末，29个助农取款服务点，累计发生现金收付26478笔，金额1664.6万元。经理国库职能有效发挥。加快财税库银横向联网推广进程，截至12月末，通过财税库银横向联网系统完成电子缴税业务36431笔，入库资金26.84亿元，办理电子缴税业务的金额占比80.9%。精心组织开展《国家金库条例》及其实施细则颁布30周年系列宣传活动，荣获人民银行系统"国库人、国库事、国库情"演讲比赛三等奖。外汇管理服务水平不断提高。强化外汇监管，加大对进出口企业和银行机构现场核查力度。建立企业生产经营与进出口情况监测分析制度，加强跨境资金流动风险预警与防控管理。贯彻落实境外投资便利化等各项改革政策，简化酒钢公司境外投资10万美元前期费用汇出登记手续，支持酒钢公司获得3500万美元短期外债指标额度。2015年，全市进出口总额为2.14亿美元，同比下降64.27%；银行累计结售汇总额4.31亿美元，同比增长90.65%。货币流通环境优化。巩固完善"银行+社区+农户"的反假货币两个网络建设模式，充分发挥辖区107个反假货币工作站点服务支持作用。推进假币专项治理工作，加大反假货币宣传力度，增强社会公民的反假意识。科技服务保障作用显著增强。做好办公楼网络迁移、业务系统升级上线及日常运行维护等工作，配合上级行完成了机房标准化改造及全省数据备份中心建设任务，确保网络与信息系统安全稳定运行。

【内部管理】组织开展"三严三实"专题教育和"基层党组织建设深化年"活动，签订落实四级目标责任书，形成由党委书记亲自抓、机关党委及各党支部共同参与、齐抓共管的工作格局。践行"三严三实"要求，通过制定活动实施方案、工作计划和落实措施，组织召开动员大会，专题教育环环相扣，推动实施配合到位，做到思想教育入脑、作风建设见效、整改不留尾巴。提升管理效能，加强干部队伍建设。按照内设机构设置政策要求，内设机构由原来的13个职能科室调整为11个职能科室，科室职能不断优化，工作效率得到提升。配合分行党委组织部完成2名副行级领导干部试用期满的考核工作，考察配备纪委副书记职务，选拔提任中心支行科级干部9人，同级调任28人，同级转任4人，一般干部岗位交流25人，进一步激活干部工作活力和潜能。加大工作力度，全面落实党风廉政建设责任制。强化党委的主体责任和纪委的监督责任，研究制定中心支行落实党风廉政建设主体责任和监督责任实施意见，构建起"主体界定清楚、职责分工明确、责任监督到位、一级抓一级、层层抓落实”的党风廉政建设工作责任体系。强化内部管理，提高规范化管理化水平。做好目标管理责任制考核等制度的修订，制定实施中心支行2015-2017年发展规划。严格机要保密、档案管理和信访制度，依法推进政务公开、党务公开，坚持综治安防共建，加强应急管理，切实提高规范化管理水平。推进精神文明建设，努力营造和谐发展的良好氛围。举办全市金融团工委“激情互动·和谐金融”青年联谊活动，参加甘肃省人民银行系统“舞动青春·放飞梦想”青年干部风采展示活动并获三等奖。

（赵　锋）

嘉峪关监管分局

【机构设置与员工队伍】中国银行业监督管理委员会嘉峪关监管分局(以下简称“嘉峪关银监分局”)作为中国银监会派出机构，对银行业机构专司监管职责。负责辖区工商银行、农业银行、中国银行、建设银行、农业发展银行、兰州银行、甘肃银行、邮储银行、农村商业银行、矿区工行、矿区建设共11家银行业金融机构的监管工作。2015年，内设科室7个，分别为：办公室、银行监管科、合作金融机构监管科、统计信息科、财务会计科、人事科(组织部)、监察科(纪委办)。人员编制24人。实有在册工作人员22人。

【实体经济发展】支持实体经济发展，提升金融服务质效。强化监管引领，引导辖区银行加大对新能源、有色、煤化工、光伏发电、兰新铁路及文化旅游等一批重点项目的信贷支持，盘活存量用好增量，全年新增信贷资金49.83亿元、理财资金7.81亿元、银承资金4.63亿元，其中，为方特欢乐世界项目提供信贷资金11亿元、1000万吨煤炭分质利用项目贷款1亿元、30万吨工业铝模板项目贷款1亿元、正大现代农牧产业化项目贷款300万元，促进了嘉峪关市经济结构的调整优化。在钢铁产能总体过剩形势下，立足本地实际积极促进银行机构一方面加强对客户风险的认知和把控，一方面继续给予酒钢集团公司以应有的金融支持，帮助企业推进科技创新、优化产品结构，为企业“走出去”提供咨询及其他综合性金融服务，2015年全辖银行业机构对酒钢投放表内外信贷资金459.787亿元，承销中期票据2亿元、超短期融资券53亿元。大力优化小微企业金融服务，印发进一步做好小微企业金融服务工作通知，组织第四届小微企业金融服务宣传月活动，开展小微企业金融服务监管政策落实情况现场检查与调查，力促银行业机构单列信贷计划、扩大自主续贷范围和创新还款方式，缓解小微企业贷款难融资贵问题，收到较好成效，小微企业贷款余额65.24亿元，同比增加10.57亿元，增长19.33%，高于各项贷款增速10.78个百分点，小微企业贷款余额占比14.87%，同比增加3.21个百分点，贷款户数3386户，同比增加193户。持续改进“三农”金融服务，监管引领加大对“三农”的信贷支持，涉农贷款余额21.15亿元，其中农户贷款余额6.72亿元，占比31.77%。强化消费者权益保护职责，通过考核评价、现场督导检查、约谈高管、清理不规范收费行为、执行减免银行卡年费等措施，有效维护消费者合法权益，2015年接待处置各类咨询投诉事项42起，满意率达100%。

【风险管控】守住风险底线，防范和化解金融风险。强化集团客户风险监控，凭借联合监测平台，着力于全面掌握酒钢集团各类融资、市场销售及成本变动、产线调整、改革举措等动态，深入企业调研，加大监管、银行、企业三方沟通协调，及时沟通信息、诊断情况、发现问题、提示风险，增强对集团客户风险的深层认知和把控能力，酒钢集团风险整体可控。对兰州银行和甘肃银行内控机制建设和贷款及票据业务办理情况进行重点检查，促进其规范发展，经营风险得到较好控制。通过开展压力测试、制定流动性风险应急预案、按季分析负债构成及质量、完善限额管理、加强流动性资产储备等措施，促进农商银行有效控制流动性风险，提升全面风险管控能力。严格监管银行与担保公司等第三方机构的业务合作，组织银行机构开展非法集资风险专项排查和清理整顿，全面甄别和清理既从银行贷款又参与民间融资的企业，防止银行信贷资金被违规挪用于民间融资，有效防范外部风险向银行业传染。加强案件风险防范，通过按季排查、签订责任书、约谈高管、建立落实从业人员处罚信息登记制度、完善风险台账及案件剖析等措施，持续推动银行业机构落实案件风险防控主体责任。开展“两加强、两遏制”专项检查,查准查实银行业机构关注类贷款、票据业务、同业业务、理财业务、财务管理和内控制度建设等方面问题21个,查出分局内部问题6个,盯住问题整改,促进银行业机构合规经营和监管效能提升。

【监督管理】强化监管引领,推进银行业改革创新发展。促进农商银行深化改革,完善法人治理,建立并落实资本补充机制,提足拨备,着力提升经营管理水平，该行监管评级结果由3B级上升为2C级，被甘肃银监局评选为全省农村商业银行标杆银行并上报银监会参加全国标杆银行的评选。推进邮储银行、兰州银行、甘肃银行立足服务基层服务小微的市场定位，创新服务方式，丰富信贷产品,优化金融服务,2家城商行相继制定完善了不良贷款容忍度目标考核制度、创新贷款还款方式具体办法、尽职免责管理办法等一系列规章制度,邮储银行不断拓展金融服务领域，显示出通过创新实现良性发展的势头。

【惠民金融建设】坚持惠民生，农村普惠金融建设。推进基础金融服务“村村通”工程,督促银行业机构在网点设立过程中坚持以市场为导向、市场细分为基础,因地制宜,综合规划,广泛布设ATM和POS机具,推广农民通过电脑、电话、手机等网络通信终端在线自助办理金融业务，提高电子业务替代率,推进基础金融服务向村一级加快延伸。2015年末，辖区3个乡镇4个营业网点,17个行政村29个便民金融服务点,营业网点实现乡镇全覆盖,便民金融服务点实现行政村全覆盖。

【法制监管建设】推进法治建设，提高监管水平。强化依法监管意识,通过网络、科室周会、集体学习等方式，组织全体员工认真学习银监会新发布的规章制度及相关指引和办法，为依法履职打好基础。提升监管执法水平，全面梳理现行规章制度,及时清理规范性文件,完善监管事权划分,公开审批流程,建立监管权力清单、责任清单、负面清单,成立分局行政许可、行政处罚委员会,明确工作程序和标准,使执法依据更加完善,执法责任更加严明,执法行为更加规范。建立健全现场检查台账,对现场检查项目、发现问题、提出的监管意见进行登记并跟踪监测，重点对屡查屡犯的问题和整改情况进行核查,促进提升监管有效性。

(张平平)

工行嘉峪关分行

【机构设置与人员编制】中国工商银行嘉峪关分行是中国工商银行股份有限公司下属的二级分行。截至2015年年末,有10个内设部室,分别是办公室、财务会计部、运行管理部、内控合规部、信息科技部、监察室、公司金融业务部、机构金融业务部、个人金融业务部、现金运营中心;对外设8个营业网点(二级支行),分别是营业室、新华南路支行、建设路支行、酒钢支行、胜利南路支行、振兴支行、核城支行、迎宾东路支行。共有在职员工196人。

【工作业绩】2015年嘉峪关分行落实总省行各项工作部署,强化执行力,坚持以转型发展为主线,主动适应经济发展新常态,凝心聚力,从严治行,提升服务水平,挖掘发展潜力,积极应对严峻复杂的经营环境和激烈的同业竞争，努力推进各项业务健康快速发展,实现了安全营运。人民币全部存款余额445,787万元，比年初减少234,948万元。人民币各项贷款余额1,002,734万元(经营计划口径，含信用卡透支，不含贴现)，比年初净增168,520万元。

【业务发展】实施信贷引领战略，优化信贷结构。保持对大客户酒钢公司的信贷投放不下降。抓好重点项目营销。深挖市场潜力,按照成熟一户发展一户的理念,大力拓展风光电项目贷款。大力发展个人按揭贷款、个人综合消费贷款、家居贷款。做好小微企业贷款投放。加大宣传力度,推进汽车分期付款业务。

全力扭转存款下滑，止跌促回升。建立团队营销机制,做好酒钢公司存款营销。继续提高机构存款的市场占比。以个人资产业务拉动储蓄存款,止跌保回升。

加快渠道优化建设，提升网点核心竞争力。按照构建“资源配置有标准、岗位设置有依据、内部管理有规范、运营效率有考核”的网点运营标准化管理体系要求，打造网点运营标准化长效管理机制，构建适应全行战略发展要求的网点运行管理模式，助力网点经营转型和竞争力持续提升。以客户为中心，以互联网金融为动力，智能化银行建设在网点同步实施，辖内所有物理网点的智能化改造全部完成。突出了客户体验，提升了客户满意度，推进了“新理念、新科技、新生活”的智能化“新银行”建设。

推进内设机构改革，强化人力资源管理。完成了内设机构改革并投入运营。新的内设机构坚持省分行“分类管理、总量控制、规范设置、统筹兼顾”的原则，按照二级分行机构管理的相关要求，更加突出了营销—管理—保障的职能。在营销机构上分别成立专业营销团队。搭建了“运行有序、部门兼容、风险管控、突出市场”的组织架构，明确了经营导向和重点，强化了编制管理，夯实了管理基础。

(刘玉兰)

农行嘉峪关分行

【机构设置与员工队伍】2015年，中国农业银行股份有限公司嘉峪关分行(以下简称“农行嘉峪关分行”)下辖9个营业网点，其中1个营业部，5个支行，3个分理处，全部为城区网点。现有员工148人，其中大专以上学历员工110人，占比74.32%，全日制本科以上51人，占比34.46%；硕士研究生3人，占比2.03%，高级职称员工3名，占2.03%。

【经营绩效】2015年，各项存款余额40.11亿元，市场占比12.71%，同业排名第4位。其中，对公存款余额22.66亿元，个人存款余额17.45亿元；各项贷款净增21.93亿元，余额突破100亿元大关，市场占比25.21%，增量、存量均位列同业第1位；在2015年度全省农行综合绩效考核中，嘉峪关分行有19项指标超额完成了省分行下达的年度计划；有4项指标计划完成率位列全省第1，有1项指标计划完成率位居全省第2；有7项指标计划完成率全省排名前5位，有2项中间业务收入较上年实现“翻番”，特别是营销酒钢超短融资券及中间业务收入超额完成计划受到省分行的表彰奖励。与此同时，内控综合管理水平进一步提升，经省农行内控管理综合测评，达到了A类行标准；党风廉政建设综合考评位列第2位；精神文明创建工作也取得好成绩，喜获“省级文明单位”荣誉称号，社会形象得到进一步提升。

【业务发展】贯彻落实市委、市政府区域经济发展战略，支持地方经济发展。做好贷款投放工作，全年累计调查上报、办理各类信贷业务699笔，金额137.91亿元。加强小微企业信贷支持，与嘉峪关市国税局签订《税银合作协议》，全年新增小微企业信贷客户50户，小微企业贷款增加29972万元，增长138.9%。支持酒钢发展。为酒钢集团公司承销发行中期票据2亿元、承销发行超短期融资券10亿元，办理国内保理业务5亿元，累计发放贷款45亿元。做好金融服务“三农”。全年累计投放“三农”贷款3763.5万元，“三农”贷款较年初净增2134万元。

【渠道建设】统筹规划，优化物理网点布局。对原有网点进行重新整合，搬迁改造网点2个，使全行营业网点的布局更加优化，服务能力提升。完善自助银行建设。建成并投入使用自助银行9个，新增各类自助设备36台，其中2015年以来，新增加了文殊、新城、峪泉三镇3个自助银行及金融便利店，增“四融”平台布放点18个，极大改善城乡服务渠道不足等瓶颈和突出问题。注重支付结算服务，在全辖营业机构开通了大小额支付系统、网内网来系统等，确保跨行、同行结算便捷、高效；丰富银行卡支付结算渠道，相继推出POS机、转账电话、电子银行、自助银行、电子商业汇票业务等多种交易渠道，稳步改善支付结算环境，不断增强服务功能，满足客户支付结算需求。

(王维定)

建行嘉峪关分行

【机构设置与人员编制】截至2015年12月，建行嘉峪关分行共有各类员工263（在岗229人)人。全行共有内设部门12个，直营机构2个，下辖营业网点11个，其中营业室1个，城区网点型支行9个，分理处1个，全部网点实现“三综合”。

【经营业绩】作为嘉峪关市金融行业的排头兵，截至2015年末该行一般性存款时点余额79.01亿元，日均余额77.20亿元，一般性存款及全口径存款同业排名占比均为第一位。各项贷款余额91.14亿元，其中个人贷款余额10.20亿元，新增1.03亿元。信贷余额达到103.18亿元，其中流动资金贷款48.56亿元。移动金融柜面替代率达到50.30%。全年共缴纳税款3660万元，为嘉峪关市的经济发展做出了积极的贡献。

支持大中企业。2015年建行嘉峪关分行围绕重点企业酒钢集团和市财政、市属重点企业及其上下游提供金融服务。重点支持了酒钢集团及其分子公司、中核四〇四及其分子公司、嘉峪关大友企业公司、兰新铁路甘青公司、嘉峪关市供热公司、甘肃广银铝业、嘉峪关酒钢三中、嘉峪关市第一人民医院、嘉峪关中远房地产、嘉峪关索通预焙阳极、中维斯铝业、甘肃宏汇能源化工有限公司等大中型企事业单位。结合嘉峪关是旅游城市的特点，积极支持首嘉文化产业园、嘉峪关在线、丝绸之路小镇、卓士力冰雪文化旅游等旅游文化产业项目。

支持小微企业。建行嘉峪关分行小企业经营中心把积极解决小微型企业融资难作为信贷业务工作的重心，根据小企业特点，创新服务模式，拓宽服务渠道，提升服务的普惠度。在做好传统抵质押贷款业务的基础上，借力大数据，大力发展善融贷、税易贷、POS贷、创业贷等信用贷款。与政府、商会等加强合作，积极搭建助保贷、文银通、商协贷、税易贷等小微企业融资平台。2015年度，嘉峪关建行通过搭建政银企三方平台，较好地解决了银企信息不对称问题，小企业经营中心累计为水文化传媒有限公司、恒基文化产业投资发展有限公司、西北汽配城、中核嘉华核设备制造有限公司、海洋生态养殖有限公司、华通家具批发市场等当地160户小企业提供融资服务，表内外信贷余额达11亿元，其中表内信贷余额5亿元，表外信贷余额6亿元。

【其他工作】国际业务进展快速再创辉煌。跨境购汇付款突破创新。成功办理我行首笔跨境购汇付款业务1120.6万美元及6958.6万元的跨境人民币业务，实现了此类业务的零突破。企业外债指标首次落户本行受理。2015年酒钢集团宏兴钢铁股份有限公司外债指标由2014年1000万美元增至3500万美元。本单位上下联动，积极作为，充分发挥境内外联动，拼服务、争效率，从受理到境外放款成功仅用两天，赢得了客户高度认可，实现我行外债指标业务零突破。

酒钢财务公司同业业务实现了新的突破。2015年，本行成功为酒钢财务公司成功授信14亿元，较上次授信增加4亿元，并为财务公司申请了资金拆借、贴现、质票融资三项同业信贷业务品种，成功办理由酒钢财务公司作为承兑人签发的2亿元电子承兑汇票。为今后和酒钢财务公司同业业务合作奠定了坚实的基础。

房改金融业务保持同业第一。截至年末，房改金融存款余额达到138025万元，比年初新增22069万元，完成省分行全年计划任务8300万元的265.89%，超额完成全年计划任务，全省排名第一。房改金融存款同业市场占比连续五年保持第一。

电子银行缴费平台成果显著。人民商城缴费平台以及中天置业缴费平台成功上线。2015年下半年仅人民商城网上缴费平台就实现缴费笔数4788，缴费金额480万元。铁路供电段“自助缴费”开通运行，取得了良好的社会和经济效益。从上线初期的每月缴费900笔、缴费金额10万元到目前每月缴费2400余笔、缴费金额75万元，业务量呈现逐月提升的势头。善融商务活跃商户新增5户，计划完成率125%，全省排名第4；善融商务交易额2167万元，占全省交易总额的35%，全省排名第1。

资产质量管控工作卓有成效。大中型有贷户16户，信贷余额达107亿元，不良率为零。现金回收甘肃嘉峪关市金汇果蔬基地有限公司已核销贷款本息405万元。小企业成功回收维尔特食品有限公司不良贷款本息合计1000万元，回收嘉峪关市鑫鼎商贸有限公司不良贷款1700万元，打包处置300万元。四是小企业不良率实现双降，不良贷款率为1.15%，低于全省平均水平（6.83%）5.68个百分点。

自助银行服务触角不断延伸。截至2015年底，建行嘉峪关分行共计布放21处离行自助银行，正在建设中4处，17处已经正常使用，有敞分流客户,减轻柜面压力,有助于客户分层分级维护和精准营销;率先为本市及铁路河西沿线各市60多个住宅小区上线生活自助缴费系统,改变了4万多个家庭的生活缴费模式,并结合搭建“银医通”平台、“校园一卡通”平台等措施,开拓了社区金融服务的新领域,展现了该行优秀的企业形象和综合竞争实力,将建行金融服务全方位覆盖到嘉峪关市的每一个角落,使嘉峪关分行真正成为客户的首选银行。

(丁卉琮)

中行嘉峪关分行

【机构设置与员工队伍】2015年末,中国银行股份有限公司嘉峪关分行(以下简称“中行嘉峪关分行”)辖酒钢、新华中路、世纪园、雄关广场、核城5个支行和分行营业部共6个营业网点。内设综合管理部、监察部、财务运营与风险内控部、公司业务部、个人金融部5个管理部门。在职员工112人,其中女员工63人,专科以上学历106人。

【经营业绩】2015年,人民币各项存款余额37.74亿元,较上年末增加0.10亿元。其中公司存款余额21.13亿元,较上年末减少1.34亿元;储蓄存款余额16.61亿元,较上年末增长1.44亿元。本外币各项贷款余额42.50亿元,较上年末减少4.39亿元。其中公司贷款余额31.88亿元,较上年末减少4.31亿元;个人贷款余额10.62亿元,较上年末减少0.08亿元。

全年实现非利息收入2,947万元。其中,个金条线收入1,011.73万元,公司条线收入832.51万元,金融市场条线收入1,102.76万元。全年实现拨备前利润8,817万元,人均83.17万元;净利润6,205万元。

【工作措施】实行源头营销,强化主动负债能力。公司条线紧盯酒钢集团、中核四〇四、中核龙瑞、中核钛白、外部社会化资金等客重点客户及行业。个金条线成功营销酒钢宏晟电热分红资金3800余万元,酒钢天昱退股资金4000余万元等专项资金,代发三中教育成果奖金850万元。以项目为依托,扩大资产规模和改善资产结构。在严控风险的前提下,为酒钢投放贷款666458万元;以股权质押方式为中核钛白投放贷款22000万元;为嘉峪关市人民医院报批3000万元授信额度并投放700万元。对其他中小型企业累计发放公司贷款695058万元;完成贸易融资293636万元,票据贴现32115万元,签发银承16150万元。全年累计投放各类零售贷款32913万元。大力提升中收带动利润增长。在保持传统业务总量提升,增加非利息收入的基础上,开发新型业务产品,拓展新的增收途径。2015年办理了省内首单区域通关一体化保函1.10亿元,作为主承销商为酒钢公司发行超短期融资券20亿元,为酒钢公司办理融资租赁5亿元,办理海外直贷2500万美元,办理存放同业5亿元,办理同业投资5亿元,全年实现非利息收入2947万元。

(袁　忠)

农发行嘉峪关市分行

【机构设置与员工队伍】中国农业发展银行嘉峪关市分行(以下简称“农发行嘉峪关市分行”)是全市唯一一家农业政策性银行,内设3部1室,即计划信贷部、客户业务部、财会信息部(营业室)、办公室。2015年末,在岗职工25人,其中具有本科以上学历16人;中级专业技术人员3人,初级专业技术职称人员8人。

【经营业绩】2015年,农发行嘉峪关市分行在上级行党委和市委市政府的正确领导下,立足全市经济发展实际,把业务发展与开展“三严三实”教育同部署、同安排,围绕年初确定的目标,积极开展贷款项目营销,切实强化基础管理,努力提升员工综合素质,由于受客观因素的制约,年末各项业务发展呈现新常态。至12月末,各项贷款余额51426万元,较年初下降51.5%;累计收回贷款54590万元,同比多收4540万元;各项存款余额9925万元,较年初增加4292万元,增长76.19%;账面利润570万元,同比减少852万元。收回不良贷款990万元,实现不良贷款“双结零”。

始终坚持农发行的办行宗旨,把确保粮油安全,支持粮油收储作为工作的重中之重,积极支持市裕祥公司、军供站和矿区粮油购销公司多渠道储备、轮换粮油。全年对省、市级储备粮油贷款展期21笔、金额4476万元,全市粮油安全。截至目前,企业储备原粮达2313万千克,成品粮达55万千克,成品油达91万千克,可解决嘉峪关市23万人口四个半月的口粮供应。同时,开展高端营销,促请市政府召开了嘉峪关市与农发行嘉峪关市分行项目融资对接会,为2016年业务发展奠定了良好基础。

及时营销投放重点建设基金。把重点建设基金作为一项政治任务来抓,及时向市长和主管市长汇报了我行基金建设的有关政策,得到了市政府领导的大力支持,同时积极主动与市发改委及有关企业对接,及时投放基金2笔、5458万元,主要用于解决嘉峪关市第二污水处理厂和棚户区改造项目资本金需求。

与法院的衔接力度,一方面督促加快案件执行流程进度的顺利推进,一方面积极联系引进多家投资人对贷款企业资产投资收购,全额收回不良贷款本息及法律费用1184.91万元,其中:贷款本金990万元、利息111.26万元、罚息44.51万元、复利14.97万元、法律费用24.17万元。全面完成了省分行下达的清收任务,实现了不良贷款额和不良贷款占比"双结零"。

(李晓霞)

嘉峪关农村商业银行

【机构设置与人员编制】嘉峪关农村商业银行股份有限公司(以下简称:"嘉峪关农商银行")2015年,内设综合管理部、计划财务部、风险管理部、市场发展部、纪检监察部、稽核审计部、安全保卫部、科技信息部等8个职能部门;下辖15个营业网点,其中城区11个,农村4个;设立便民金融服务点4个,离行式自助服务区6个,安装三农服务终端4台,自助设备36台。全行现有在岗员工117人,其中大专以上学历110人,占员工总数的94.02%;中共党员42人。

【工作业绩】嘉峪关农商银行在市委市政府、省联社的正确领导下,在人民银行、银监部门的科学指导和有效监管下,在社会各界的鼎力支持下,全面贯彻落实"三大战略"和深化"管理年"建设要求,坚持以效益为中心,以发展为目标,以风险防控为导向,着力提升党建科学化水平和管理精细化水平,从而使全年的经营管理目标得以顺利实现。止年末,各项存款余额达到26.22亿元,各项贷款余额达到21.05亿元。

年内,嘉峪关农商银行新建昌盛、绿化两个社区自助银行,并于4月18日完成了祁连支行的筹建开业工作,为全市居民提供了便利、优质的金融服务。

嘉峪关农商银行通过不断修订完善中小微企业贷款管理办法,不断创新信贷服务措施,有针对性地推出了居民小额信用贷款业务。并继续做好贵宾客户的评级授信,全年为417户贵宾客户评级授信4.4亿元,有效支持了地方实体经济发展。

(吴瑞昌)

邮储银行嘉峪关市分行

【组织机构与员工队伍】2015年,中国邮政储蓄银行股份有限公司嘉峪关市分行(以下简称邮储银行嘉峪关市分行)内设办公室、计划财务部、授信管理部、公司业务部、个人金融部、零售信贷部、风险管理部、纪检监察部8各部室;下设新华中路支行、新华北路支行、新华路河口支行、广场支行、火车站支行、和诚路支行、矿区支行、大唐路营业所、新华南路营业所、十六支营业所等10个营业网点,其中新华中路支行、广场支行、和诚路支行为自营网点,其余7个网点为代理网点 。从业人员122人,其中自营77人,代理45人。

【经营业绩】2015年,邮储银行嘉峪关市分行认真贯彻落实省分行第八次工作会议精神,按照"创新经营谋发展,精细管理促转型"总体思路,以合规经营为前提,以改革创新为动力,以精细化管理为抓手,真抓实干,开辟新常态下发展新局面,一年来分行各项业务规模有了较快发展,党的建设、企业文化建设、精神文明建设、制度建设、队伍建设、风险防控等工作均取得了显著成效。资产总额达到18.99亿元。全年完成自营业务收入5460.96万元,同比增幅为25.31%,各项存款余额达到16.48亿元,各项贷款余额17.77亿元,存贷比为107.83%。

2015年,邮储银行嘉峪关市分行通过增加酒钢集团授信额度,开展酒钢集团公司深度服务工作,围绕酒钢上下游企业拓展供应链金融业务,2015年邮储银行嘉峪关市分行向酒钢集团发放流贷12亿元,实现票据贴现4.38亿元,债券3.6亿元,有效支持了酒钢的经营发展。

2015年,邮储银行嘉峪关市分行在支持中小微企业信贷发展方面:一方面积极搭建、维护各类合作平台,主动融入地方经济,加大对中小微企业的融资服务。另一方面加快新业务拓展,坚持"价优,高效"原则,方便中小微企业融资。2015年个体工商户及小微企业主经营性贷款全年累计发放22540.1万元,贷款余额21122.48万元,较年初净增6477.96万元,增幅44.22%。2015年结合市场状况,在风险可控的前提下稳步推进业务发展,为拓展中小微企业融资渠道和产品,开发了"增信贷""税贷通""担保公司担保贷"等新产品。

(王维龙)

甘肃银行迎宾东路支行

【机构设置与人员编制】2012年10月甘肃银行入驻嘉峪关市,2013年4月16日甘肃银行股份有限公司迎宾东路支行正式成立。2015年,有员工90人,机关下设7个部室,在全市布设4个营业网点,分别为迎宾东路支行营业室、酒钢支行、广场支行、和诚支行。

【经营业绩】坚持以"服务地方经济、服务中小企业、服务城乡居民"为市场定位,以创新为起点,以发展为动力,以客户为中心,竭力服务发展项目以及"三农""小微""非公"经济,为全市经济社会转型发展做出了积极的贡献。截至2015年12月31日,全口径存款余额44.57亿元;各项贷款余额39.52亿元,其中小微企业贷款余额21.69亿元,占全行贷款总额的54.88%,同比增加10.12亿元,增长87.47%,占全市中小微贷款余额的23.58%,有力地支持了全市中小微企业的发展。在全市9家金融机构中,各项贷款存量占比9.89%,较年初上升0.88个百分点,排名第五,增量占比15.65%,排名第三。

(韩满强)

兰州银行嘉峪关分行

【机构设置与人员情况】2015年,兰州银行股份有限公司嘉峪关分行下辖5个营业网点,其中有分行营业部、雄关支行和长城支行三家支行,核城路和迎宾路两家社区支行。分行机关设有综合办公室、会计财务部、客户经理部和风险合规部四个部门;在职人员72人,其中女职工41人,党员23人,平均年龄28岁,本科及以上学历者占比97.2%。

【经营业绩】截至2015年末,兰州银行嘉峪关分行各项存款余额30.25亿元,较年初增加9.19亿元,增长率为43.64%,增量位居同业第二名,市场占比增至9.6%,较年初上升了3.2个百分点。单位存款余额为15.36亿元,较年初增加3.59亿元,增长率为30.5%;个人存款余额为14.89亿元,较年初增加5.62亿元,增长率为60.63%。2015年末,各项贷款余额17.12亿元,较年初下降了1.25亿元;其中公司贷款12.75亿元,个人贷款2.26亿元,涉农贷款余额为2.01亿元,中小企业贷款余额为8.4亿元。银行承兑汇票余额11.57亿元,较年初增长了5.76亿元。

2015年,兰州银行嘉峪关分行围绕总行"严控风险、强化科技、优化结构、提升服务"的工作方针,深化风险管理,推动创新转型,提升服务质量,推进人才建设,经过全行上下的不懈努力,各项业务稳健发展。

业务结构调整实现重大突破。2015年,贯彻落实总行新"十个一"工程实施方案,强力推动"摘牌"活动,对公存款营销取得重大突破。探索三农业务,成功与市农林局、扶贫办合作开展农户光伏发电扶贫项目。与嘉峪关国税局、地税局签署了"税e通"业务合作协议。紧跟省市重点项目,以文化旅游项目为突破口,为嘉峪关市方特欢乐园二期项目提供结算服务。以酒钢为源头,围绕其上下游企业进行营销,成功向甘肃宏汇能源公司授信2亿元。有计划地推广对公直通车、现金管理平台、单位结算卡、阳光物业等产品,为广大企业客户提供了高效、便捷的金融服务。

服务能力大幅提升。2015年,多措并举提升网点客户体验,推出了"午间送简餐""支行行长站大堂"等活动。10月份,本行成功取得国开行棚户区改造专项资金代理行的资格,在全市棚户区改造进程中切实为嘉峪关市民生建设提供了优质的金融服务。

风险防控措施切实有效。2015年,强化风险预判及排查,通过条线例会、风险提示、总结问题贷款成因等工作,查摆问题,提早布防。开展异常行为排查工作,及时将苗头性、倾向性问题处置在萌芽状态。狠抓重点风险防控，进行信贷结构调整,逐步清退偏离主业、产能过剩、融资过度、参与民间融资借贷的客户。多次开展会计条线专项检查和整改,对发现的问题梳理分类,并进行全面整改,提高全行的会计合规管理水平。

（殷丽洲）

人保财险嘉峪关市分公司

【机构设置与员工队伍】中国人民财产保险股份有限公司嘉峪关市分公司(以下简称“人保财险嘉峪关市分公司”)是中国人民财产保险股份有限公司驻嘉峪关市机构。公司下设酒钢、城区支公司2家分支机构,内设综合管理部、业务及销售管理部/出单中心、理赔中心、合规监察部、电子商务业务部、车商业务部、商业非车险业务部、个人营销业务部、社会医疗保险服务中心共计9个部门和2个三农营销服务部，拥有近100人的销售和近20人的理赔服务队伍，其中个代营销人员15人,管理、技术服务人员59人,高级专业技术职称1人,中级专业技术职称3人,初级专业技术职称6人。

【经营绩效】人保财险嘉峪关市分公司面向社会经营机动车辆交强险和商业保险，企业和家庭财产保险,团体和借款人意外伤害保险,货物运输保险,建设工程保险,以及承运人责任、医疗责任、环境污染责任、食品安全责任、电梯安全责任、火灾公众责任等各类责任保险，贷款保证保险等商业保险业务,承保农村住房和大棚温室保险,能繁母猪、奶牛等政策性农业保险,承办全市城乡居民大病保险。

2015年,人保财险嘉峪关市分公司实现保费收入1.46亿元，较上年同期减少751.05万元;支付各类赔款6959万元，较上年同期减少294万元,综合赔付率为54.7%。上缴各类税金1935.81万元，较上年同期增加了155.23万元。完成了2015年度政策性养殖业保险项目,对全市的能繁母猪、奶牛、农村家庭房屋综合保险做到了应保尽保，开办了日光温室大棚保险和农民工外出务工意外伤害保险,共支付各类赔款52万元,有力地支持了全市三镇农村经济发展。公司还承办了城乡居民大病保险业务,2015年度保费收入291万元,向1100位大病患者支付大病保险补偿金500万元,有效地防范和化解了大病患者因病致贫、因病返贫问题。

2015年，人保财险嘉峪关市分公司总经理室全面根据本地经济发展趋势、市场竞争状况,制定了有针对性的经营战略。在面对酒钢集团公司经营持续亏损、全市经济不景气、市场竞争空前激烈的复杂环境,公司采取各种应对措施,努力保持正常经营秩序和竞争能力,通过全公司的不懈努力,公司各项重点工作稳步推进,经营、决策和服务水平均有了较大幅度的提升。

公司开通95518全天候服务专线，4001234567电话投保、epicc网上投保、piccjyg微信公众号,随时随地为客户提供报案、咨询、投诉、救援、投保和回访,并推出预约投保、保单配送、极速理赔、案件调解等个性化服务。

（魏世明）

人寿保险嘉峪关分公司

【机构设置与人员编制】中国人寿保险股份有限公司嘉峪关分公司是嘉峪关成立最早、规模最大的寿险公司。2015年,嘉峪关分公司总资产达人民币6.5亿元,员工52人,下辖营业机构5个,保险代理人370人。

【业务发展】保费规模、依法纳税额逐年增长,助力地方经济发展。2015年嘉峪关国寿总保费由2014年的12682万元增长至2015年的12979万元,净增279万,增幅为2.34%。保费规模占市场份额的45%,位居嘉峪关市第一。依法缴纳各项税款146.5万元,比2014年所缴税款127.4万元,同比净增了19.1万元，增幅为14.99%。仅2010年到2015年六年间，我公司累计缴纳各项税款951.9万元。公司整体实力明显增强,实现了速度、结构、质量和效益的协调发展。在实现企业自身效益的同时,对减轻地方经济的波动,促进经济的发展,也发挥了积极的作用。

履行保险给付、赔付责任，有力分担社会风险。2015年公司累计支付各类给付、赔款共计

5304万元,比2014年赔款支出5210万元净增94万元,同比增长1.8%。短险综合赔付率35%,其中死伤医疗赔付1231.28万元，满期及年金给付4072.72万元。在2010年到2015年六年间,公司支付各类给付及赔款累计23708万元。有力地为政府分担了社会风险，为出险的人民群众雪中送炭,缓解了经济压力。

客户量及保险代理人数大量增加，给力民生保障。2015年公司新增客户数为11732人次,与2014年同期新增客户的8469人次相比，净增了3263人次,增幅达到38.53%。截至2015年底嘉峪关国寿累计客户量已达到19万人次,累计保险金额达49.9亿元，为客户提供了充足的保障,有力分担了社会风险。同时员工队伍也由2003年的16人逐年增加到2015年的52人。销售队伍执证人力达到370人,仅2015年新增200余人,为原厂矿企业下岗职工、毕业后未就业学生、社会闲散人力等提供了就业途径。

承担央企社会责任,服务地方社会管理。嘉峪关国寿秉承“成人达己,成己为人”的双成服务理念,坚持履行企业社会责任,大力支持“三农”发展,小额贷款保险、计划生育保险、精准扶贫项目顺利开展。2015年小额贷款保险保费收入63.66万元,共为4.3亿元农村小额贷款人进行了保险,即简化了农户贷款手续,化解了金融风险。计划生育保险保费收入36.45万元,共为2577户进行了承保,承担风险保额总计2.2亿元,2015年赔付率达到127.4%。学平险保费收入20.65万元。同时,组织公司员工及销售人员多次开展“联村联户”帮扶活动、为困难家庭进行捐款、捐物;举办“6.16”客户服务保险咨询、“保险进社区”等一系列公益活动。同时,参与市政及行业相关部门组织的各类宣传活动，充分发挥了央企服务地方社会管理的职能。

(张燕林)

大地财险嘉峪关中心支公司

【机构设置与员工队伍】2015年嘉峪关中心支公司设总经理室、销售管理部、客户服务部、综合财务部4个管理部门,共有正式员工23人,常态代理人3人。

【经营业绩】公司2015年努力发展自身业务,在整体经济状况下行的情况下,保稳定、求增长,为嘉峪关经济发展做出应有的贡献。截至2015年底,公司全年保费收入1287万元、赔付金额837.7万元,缴纳税费72.7万元。

(朱　森)

中华联合财险嘉峪关市中心支公司

【机构设置与人员编制】2015年，中华联合财产保险股份有限公司嘉峪关市中心支公司（以下简称中华财险嘉峪关市中支)下设综合财务部、客服部、业管部、银保部及车商渠道部;共有职工20人,其中内勤人员11人,外勤9人。

【经营效益】2015年，中华财险嘉峪关市中支公司实现保费收入987.65万元,赔款支出402.48万元,缴纳各项税金55.31万元。

中华财险嘉峪关中支始终坚持“以客户为中心”的服务理念,尊重客户的投保意愿,最大诚意地为客户设计,提供经济实惠的保险费率,并指定专人跟踪服务于承保、理赔、防灾、防损全过程,随时通报相关业务条款、费率、行业自律的执行情况。用诚信、主动、求实、创新的精神打造中华财险优质服务的品牌。

(田　荣)

平安人寿嘉峪关中心支公司

【机构设置与员工队伍】中国平安财产保险股份有限公司嘉峪关中心支公司(简称“平安财险嘉峪关中心支公司”)是经营各类财产保险、责任保险、保证保险、信用保险、种植保险、养殖保险等业务的股份有限公司。2015年,公司下设总经理室、业务管理部、综合管理部、客服理赔部、团体渠道、综拓渠道、车行业务部、新渠道业务部、代理业务部9个部门。共有员工32人,其中营销人员17人,管理、技术服务人员15人

【经营业绩】2015平安财险嘉峪关中支有效应对市场形势变化,全面加快业务发展,使公司自身能力稳步提升。全年共计实现保费收入4668.34万元,同比增速23.14%;赔付支出1922.89万元,同比增速18.14，综合赔付率49.1%；新增客户

27168 户，同比增速 25.78%；税收指标 852.69 万元，同比增速 27.02%。

（王 琴）

天安保险嘉峪关中心支公司

【机构设置与员工队伍】天安保险股份有限公司嘉峪关中心支公司（以下简称“天安财险嘉峪关中心支公司”）是天安保险股份有限公司在嘉峪关市设立的地市级机构。主要经营中国保险监督管理委员会核准的人民币、外币的各种财产保险、责任保险、信用保险、水险、意外伤害保险、健康保险、金融服务保险、理财等业务。2015 年，公司下设总经理室、综合部、银保部等 3 个职能部门和 3 个业务部门，共有员工 33 人，其中从事管理和技术服务 13 人，营销人员 20 人，具有本科及以上学历的员工超过 93%。

【经营绩效】2015 实现保费收入 10565.10 万元，与上年同比保费收入增长 359%；全年处理各类案件 1453 笔，各类赔款支出 497.6 万元，缴纳各项税金 60.4 万元，公司经营实现跨越式发展，取得了历史最好成绩。

天安财险遵照“化险为夷、补天爱人”的企业精神，专注专业、持续创新，融汇行业经验与智慧，不断提升专业服务水平，为众多客户提供更加专业、更具有保障性的产品与服务，为客户和企业发展保驾护航。嘉峪关中心支公司在总、分公司的正确领导以及当地政府的大力支持下，全体员工统一思想，团结协作，坚持合规经营，狠抓服务质量，提升品牌形象，在 2015 年顺利完成了上级下达计划任务，实现了公司的快速发展。

（魏谭民）

经济社会管理

综合经济管理

财政管理

【机构设置与人员编制】2015年，嘉峪关市财政局内设办公室、综合科、预算科、国库科、经济建设科、行政政法科、科教文科、企业科、农业科、社会保障科、财政监督检查科、会计管理科、资产科、国有资产管理科等14个职能科室；下辖14个事业机构，其中副县级事业单位3个市农业综合开发办公室（内设农业综合开发项目管理科）、市非税收入征收管理局(内设票据管理科、征收管理科两个科室)、市政府采购办公室(内设政府采购管理科)；科级事业单位11个预算审核中心、国库集中支付中心、会计核算中心、投资评审中心、中华会计函授学校(加挂会计培训中心)、社会保险基金管理中心、网络数据管理服务中心、道路交通事故社会救助基金管理中心、峪泉镇财政所、新城镇财政所、文殊镇财政所。有在编干部职工63人。市财政局加挂嘉峪关市人民政府国有资产监督管理委员会、市会计管理局牌子。

【财政收支简述】2015年地区性财政收入39.8亿元，占年预批的87.4%，同比下降9.7%。全市公共财政预算收入累计完成15.13亿元，占年预算的82.8%，同比下降12.9%，其中：税收收入累计完成12.21亿元，占年预算的83.5%，同比下降8.2%；非税收入累计完成2.92亿元，占年预算的79.9%，同比下降28.4%。分税种情况：征收的12个税种中完成均衡进度的税种4个，分别是个人所得税、房产税、印花税、车船使用和牌照税，累计完成2.29亿元，占年预算的108.7%；未完成均衡进度的税种8个，分别是增值税、营业税、企业所得税、资源税、城市维护建设税、城镇土地使用税、土地增值税、契税，累计完成9.93亿元，占年预算的79.3%，呈现出“四升八降”的不利局面。占税收收入比重逾五成的增值税、营业税、企业所得税三大主体税种收入同比全面下滑，其中：增值税下降11.66%，同比减少3460.4万元，营业税下降8.4%，同比减少2164.6万元；企业所得税下降28.9%，同比减少2039.2万元，三大主体税种合计减少7664.2万元。其余9个税种中，同比增长的税种4个分别是个人所得税、房产税、印花税、车船使用和牌照税，同比增幅为35.8%、19.1%14.7%25.2%，合计增加2826.4万元；同比下降的税种5个，分别是资源税、城市维护建设税、城镇土地使用税、土地增值税、契税，同比降幅分别为47.7%、8.2%、9.8%、6.6%、23.8%，合计减少7044.3万元。全市政府性基金预算收入累计完成2.66亿元，占年预算的92.5%，同比下降65.7%，短收2164.8万元。

全年公共财政预算支出累计完成25.1亿元，占变动预算的100%，同比增长13.8%。政府性基金预算支出累计完成3.27亿元，占变动预算的100%，同比下降67.1%。

【财政预算管理】加强与国、地税部门的常态化沟通协调，定期分析收入情况，督促收入进度，实施综合治税，挖掘增收潜力，分管副市长先后2次主持召开专题收入形势分析会，科学预测经济运行态势及财政收入状况，增强组织收入的主动性和预见性。加大非税收入征管力度，实现财政收入应收尽收。

强化财政支出科学化管理，严格支出绩效管理，合理调度资金，加快支出进度，有效保证了全市经济社会发展重点支出和预算单位运转资金所需。贯彻落实中央、省、市关于厉行勤俭节约反对铺张浪费各项规定，严控一般性支出，压缩“三公”经费开支，全年支出1109.79万元，同比下降33.23%，将节约的资金主要用于省、市确定的重点领域，提高了财政资金使用效益。

坚持定期召开收支进度督促会，形成了财政收支时效、均衡管理的良性工作机制。推进财政预决算信息公开，在政府门户网站上公开了市级财政总预算和总决算，对市属198个预算单位的部门概况、部门收支情况、三公经费情况等公开内容严格开展审核后，在市政府门户网站开设专栏后进行了统一公开。

克服财政收支矛盾突出的形势，坚持厉行勤俭节约，统筹调度资金，全力保障民生支出。全年民生及社会事业支出18.71亿元，占公共财政预算支出的比例达到74.6%，充分落实了市委、市政府把人民群众利益放在首位、全心全意为人民服务的宗旨，真正体现了“取之于民、用之于民”“共同享受改革成果”的民生财政。

【惠农财政管理】全力保障三农投入，完成农林水事务支出2.23亿元，投入农业综合开发财政资金952万元，农村综合改革资金1942万元，进一步改善了农村水利、道路等基础公共设施。安排市级城乡一体化发展资金1744万元，积极争取中央及省级资金8968万元，全力支持“三农建设”。切实规范涉农补贴“一卡通”发放管理，将27项涉农补贴全部纳入“一卡通”发放，发放各类补贴资金1286万元。全力推进峪泉镇建制镇示范试点工作，落实中央资金4000万元，市级配套资金1000万元。

【企业财政管理】履行中小企业发展专项资金项目资金使用的监管职责，跟踪监管2014年争取中央和省级补助资金的项目进展和资金使用情况，指导企业按照财政补贴资金使用规定抓好财务管理，发挥财政资金使用效益；做好78户企业财务月报和年度财务决算审核上报工作，指导企业严格执行国家财务制度，正确核算企业经营活动。完成2011—2014年度国有企业职教幼教退休教师待遇补差专项资金的申报，共为169人申请生活补贴资金188.45万元。做好粮食承储企业财务监管，对粮食承储企业进行摸底，全面了解粮食企业库存、销售、调拨、轮换和拆迁等情况，为全市粮食承储企业拨付保管费、轮换费及利息补贴423万元。做好全市劳动密集型小企业小额担保贷款贴息工作，共为15家企业的2180万元贷款发放财政贴息资金85.06万元。

全年累计为嘉峪关宏电铁合金有限责任公司、嘉峪关市聚鑫达实业有限公司、嘉峪关索通预焙阳极有限公司、甘肃中核嘉华核设备制造有限公司等33家企业拨付技术改造、节能奖励、环保补助、临时电价补贴等专项资金6906万元。财政资金的及时、足额拨付到位，保证了各项事业的正常进行，同时也为全市重点建设项目的如期建成投入使用提供了有力的资金保障，一定程度上促进了全市经济的快速发展，取得了很好的社会效益。

【基金资金管理】实行政府性基金清单管理。根据《甘肃省财政厅甘肃省发展和改革委员会关于公布中央行政事业性收费政府性基金目录清单和省级涉企行政事业性收费目录清单的通知》(甘财综[2014]74号)精神，组织对执收的政府性基金进行了清理，对在全市执收的政府性基金，制定了《嘉峪关市征收政府性基金目录清单》，明确了管理方式和执收依据，自觉接受社会监督，切实提高了行政事业性收费和政府性基金政策透明度，有效制止各种乱收费。

完善票据管理制度。为规范行政事业性收费、政府性基金等政府非税收入征收行为，从强化“三个环节”入手，建立和完善财政票据管理制度体系。审核收费单位收费项目的合法性。各单位领购和使用财政票据所执行的文件依据是否合法有效，是否存在自立收费项目、擅自扩大收费范围、提高收费标准等违规乱收费或乱罚款问题。审核资金收缴的合规性，促使用票单位照章办事，规范运行。严格监督执收执罚单位实行“收支两条线”管理，做到不转让、转借票据、自立收费项目、超标准收费、扩大收费范围和乱罚款以及挪用、坐支非税收入。规范财政票据的购领、发放、保管和核销，严格财政票据使用的监督检查，2015年，全市共领购政府非税收入票据6380本、5万份，结算类票据646本，其他财政票据4829本、93万份，核销非税收入票据6650本，结算类票据626本，其他财政票据4560本，保证了全市各用票单位的用票需求。

强化收费管理。协同市发改委印发《关于印发嘉峪关市行政事业单位收费项目及收费标准、政府性基金目录清单和涉企收费项目及收费标准目录清单的通知》(嘉发改物价发[2015]24号)，公布行政事业性收费159项，基金收费21项，指导各行政事业单位严格按《目录清单》开展收费工作，自觉接受社会监督。与市政府法制办联合组织全市54家执罚单位开展了罚没收入专项检查工作，促进了罚没收入规范化管理。抓好票据监督检查工作。加强执收单位票据使用情况日常监督检查工作，每年不定期对各用票单位票据的管理、使用以及资金的解缴专户或国库情况进行监督检查，对发现的问题及时进行整改落实，确保财政票据的规范使用。

【国有资产管理】履行国有资产监管职能，开展了市属国有企业产权界定、资产清查、企业快报编报等工作，完成了全市国有资产运营体制改革等相关工作。组织开展全市行政事业单位资产清查工作，深入推进行政事业单位国有资产管理信息系统应用；严格资产处置行为，规范处置程序，全年累计受理64家单位的资产申报处置事项，累计处置资产账面价值1236万元。调拨划转资产1146.49万元;办理车辆处置事项9辆，车辆账面价值89.64万元，累计处置收入12.26万元，全部上缴国库或财政专户，做到了应收尽收。完成全市130户事业单位及事业单位所办企业国有资产产权登记上报工作，并领取国有资产产权证书，及时完成年度省厅的数据会审编报工作，切实保证部门决算数据与资产管理信息系统数据衔接一致；对各单位资产的调剂、转让、报废等事项，做到了现场指导，严格审批。对资产处置收入，全部按规定上缴国库。截至2015年年底，全市行政事业单位固定资产共计19.12亿元，其中，土地、房屋及构筑物价值11.94亿元、通用设备3.65亿元、专用设备2.63亿元、文物和陈列品1088万元、图书档案1668万元、家具、用具、装具及动植物6130万元。实行驻外办事处资产剥离主管部门，实施独立核算，并全部纳入财政资产信息系统管理。资产管理的信息化程度得到了进一步提升。催缴历史遗留问题，完成全市交通局、国土局拆迁补偿款项等有关情况的汇报工作。对短期内难以解决的问题，制定并分解了详细的计划，限期催缴。及时纠正了违规违纪行为，维护了财经纪律，规范了资产管理秩序，切实履行了财政部门的资产管理监督职责。

【财政监察管理】强化财政资金监管。开展了对全市29家预算单位2015年度会计信息质量检查工作，促进了财务规范化水平的提升。会同扶贫部门认真研究、拟定了财政专项扶贫资金管理办法。不断加大涉农资金专项整治力度，强化监督检查，组织完成了单位自查、市级重点检查，配合完成了省级重点检查和工作督察。强化财政支出科学化管理，严格支出绩效管理，合理调度资金，不断加快支出进度，有效保证了全市经济社会发展重点支出和预算单位正常运转资金所需。稳步推进财政预算绩效评价工作，制定了《嘉峪关市财政预算绩效管理实施意见》《嘉峪关市财政预算支出绩效评价办法(试行)》《关于加强财政支出均衡性、时效性管理工作的意见》和《嘉峪关市政府购买公共服务绩效考核评价实施办法(试行)》的通知，逐步推行和树立“讲绩效、重绩效、用绩效”“花钱必问效、无效必问责”的绩效管理理念。加强预算编制绩效管理，强化项目绩效目标。全面推进项目支出标准体系建设，推进预算编制的精细化，对发展性项目实行一年一梳理、一年一论证；加强对重大项目建设资金的审核评价；加强对专项资金的事前、事中、事后审核评价；完善部门预算管理，不断改进和完善预算编制方式，提前预算编制时间；规范收支分类科目，完善定额标准体系；统筹预算内外资金，实行综合预算管理；规范基本支出预算和项目支出预算编制，合理安排专项支出，减少预算追加和调整；规范“两上两下”的编报和审批程序，明确部门是预算编制的责任主体。2015年选定重度残疾人家庭无障碍改造项目、嘉峪关市政府购买居家养老服务、购买救灾储备物资共3个项目开展项目绩效评价工作。财政支出绩效评价、再评价结果反馈预算科和相关支出管理科室，促进加强支出管理和下年度预算编审工作。

加强政府采购管理。扩大政府采购范围，共审核政府采购计划598件，采购预算2.46亿元，其中委托公共资源交易中心招标231件，财政预算金额1.62亿元，成交1.43亿元，节约资金1904.7万元，节约率达11.7%；拓展采购范围，拓宽政府采购工作空间，延伸管理触角，货物类、工程类和服务类采购全面增长；发挥采购政策功能作用，实施简政放权工作，出台全市《2015-2016年采购目录》，建立了10万元以上货物和服务、20万元以上工程审批制度，削减了以往不足10万元都需要审批的环节；充分发挥集中采购机构主渠道作用，全年集中采购占全市实际采购总额的85%，其中公开招标0.55亿元，占集中采购的50%；充分发挥财政监督职能，严格执行专家抽取制度及招标文件检查制度，及时制止个别评标专家的倾向性言论，全年现场监督270次；规范政府采购信息报送工作，组织对全市各单位财务人员进行了7场180余人的业务培训。

规范财政投资评审行为。根据依法行政的要求，规范财政投资评审行为。实现由决算评审向预算评审转变，监督审核关口前移，切实为部门预算精细化管理服务。加强预算评审结果的应用，财政局各相关科室把预算评审结论作为下达预算或调整预算、政府采购、拨付资金和绩效评价的依据。把握投资评审改革方向，服务预算管理新要求。加强内部管理。根据新预算法的有关要求，结合国家相关法规制度，起草了《财政投资预算评审工作制度》，完善了质量控制、稽核、保密等内部管理制度，为预算评审质量奠定良好的基础。严格预算评审质量，提升评审执行力。全年共组织完成以前年度受理的工程预、决算评审项目67个，评审金额12092.32万元，审定金额9804.25万元，审减金额2288.07万元，审减率18.92%。

【重点项目资金保障】筹措资金，科学合理调度，有效保障市委、市政府确定的各项经济社会重点支出。安排城市重点绿化项目、保障性住房建设项目、标准化示范社区新建项目等28个项目财政资金2.92亿元。安排城市维护资金4800万元，安排建设资金2000万元，全力保障城市建设和维护项目经费。做好项目、资金申报、争取，开展了科技、文化项目建设、节能、中小企业等重点争资项目的准备和申报工作，争取各类国拨省补资金3.43亿元，地方政府一般债券资金4.62亿元。发挥棚改项目资金筹措方面牵头作用，加大资金支持力度，多方筹集项目资金，全年筹集各类棚改项目建设资金4.96亿元，已拨付项目相关单位2.02亿元，确保项目按计划顺利实施。

【社会保障资金】克服财政收支矛盾突出的形势，坚持厉行勤俭节约，统筹调度资金，全力保障民生支出。保障惠民实事项目资金。贯彻落实2015年市政府为民办实事项目资金，按项目实施进度拨付惠民实事项目资金5511.3万元，全力保障了实事项目的实施。促进教育事业发展。全年累计实现教育支出3.59亿元。其中，及时拨付教育项目建设资金3892.3万元，有效保障了酒钢三中新校区等中小学建设项目资金需要；拨付校车运营、农村义务教育学生营养改善计划等项目资金5909.5万元，不断促进教育公平和均衡发展。提高社会保障水平。社会保障(含教育、养老、低保、就业、医疗卫生等5项)支出累计完成9.33亿元占公共财政预算支出比重达到37.2%，超出省政府确定的20%目标任务17.2个百分点。全面提高了乡居民基本养老保险、农村五保、城市三无人员政府补助标准；拨付资金20万元，支持实施残疾人康复服务“百千万”工程建设，对200户重度残疾人家庭无障碍设施改造工程和农村残疾人危房改造工作。完善公共卫生保障体系。全力完成落实医改各项任务，稳步推进医疗卫生体制改革，及时拨付市中医院综合楼、南市区医院基建工程款2759.9万元，确保了项目顺利实施。

【重点工作】开展盘活财政存量资金工作，积极采取措施，制定工作方案，对全市预算单位需盘活资金进行清理统计，按政策规定进行了收缴。先后组织了两次200余人次的专项检查，实现了对全市预算单位的全覆盖，对查出的漏缴资金进行了统一处理，下达处理决定一律收回国库，切实将国家盘活财政资金的政策措施落到了实处。着力推进“三张清单一张网”建设，认真安排部署，精心制定工作方案，明确责任科室，按进度扎实推进。共清理出行政权力226项；《嘉峪关市市级部门预算专项资金管理清单》共确定专项25项，预算金额6762.8万元，已按程序报审后在甘肃政务网上进行了公开。推进政府购买服务工作。全力筹措资金

2400余万元在居家养老、校车服务等领域积极开展了探索和试点工作；实施了城市卫生管理市场化运作，对市工业园区管委会园区绿化养护等6块133万平方米绿地养护服务采购招标，取得了良好的效果。积极推进PPP模式推广应用，推进税收等优惠政策清理工作，清理出34条优惠政策上报了省财政厅，通过了省政府验收组检查验收。组织开展了涉农资金专项整治工作，农发、农村综合改革项目建设等工作得到了全面推进。全市公务用车改革中市财政局承担的研究提出全市保留公务用车数量、公务交通补贴保障范围、标准等工作，正在积极推进之中。

【财政体制改革】 贯彻《预算法》，强化预算约束。科学编制预算。立足税源基础，综合考虑政策性增减因素，分析全市年度经济发展形势，及时分解落实分部门分税种的财政收入预期目标任务的基础，确定全市财政收入计划。坚持牢固树立过紧日子的思想，坚持勤俭办一切事业，结合全市经济发展的实际，确定了全市财政支出预算。严格结算、决算编审工作。完成了财政总决算的编报及部门决算汇总审核工作，圆满完成了2014年度财政总决算和部门决算编审工作。及时与省厅核对结算中上级补助、资金调拨等结算事项，争取到2014结算补助资金377万元；推进中期财政规划编制，坚持将中期规定编制与2016年财政预算编制工作同步进行，完成了规划编制前的方案制定、任务分解等前期工作。全面推进财政预决算信息公开工作。在政府门户网站上公开了市级财政总预算和总决算，对市属198个预算单位的部门概况、部门收支情况、三公经费情况等公开内容严格开展审核后，在市政府门户网站开设专栏后进行了统一公示。根据年度财政收支形势，经认真测算后，先后两次按程序报请市人大常委会对年度公共财政收入预算进行了调整，确保了预算的有效执行。

实施国库集中支付制度改革。全市国库集中支付管理改革开始于2007年，按照财政国库改革的要求对国库集中支付系统不断优化升级，已经形成了指标管理、支付管理、账户管理、单位管理、数据库管理的一整套成熟流程。全市在国库集中支付系统方面在全省率先实现了与财政应用一体化平台的有机衔接，国库集中支付执行在全省前列，形成了以国库单一账户为体系，覆盖全市199个预算单位，占全市预算单位100%的国库集中支付系统，覆盖范围达到了改革目标要求。2015年财政总支出314899万元，国库集中支付资金257546万元，其中：财政直接支付资金98046万元，国库集中支付资金占财政支出的比重为82%，财政直接支付资金占国库集中支付资金的比例为38%。不断提高直接支付的比例，发挥集中支付的作用。积极推进公务卡改革，严格执行《嘉峪关市财政局关于实施市级预算单位公务卡强制结算目录的通知》，规范预算单位公务结算。

贯彻《政府采购法实施条例》。遵循“公开、公平、公正”原则，加强采购预算管理，增强政府采购计划性，以利于优化采购组织方式、减少政府采购次数、扩大单次采购规模、节约采购时间、降低采购成本，提高政府采购的绩效；全面规范政府采购工作流程，简政放权，根据2015-2016年采购目录和限额标准，明确审批方式和内部审批程序，减少审批环节，坚决杜绝无原则的审批；加大信息公开力度，通过网上信息公告、公告合同等方式，提升行政权力公开透明度，实现信息公开、及时、准确，保证政府采购全透明；加强专家培训，增强专家依法评审意识；加强政府采购监督管理力度，从采购需求、计划审批、信息发布、招投标组织、采购方式变更、中标结果公告、合同备案等环节全面入手，通过现场监督、抽查、阶段检查等手段，不断提高监管水平。

推进健全预算绩效管理机制。树立牢固的绩效管理理念，促进绩效管理与预算编制、执行、监督有机融合，健全预算绩效管理理念。推进预算绩效管理改革工作，开展项目支出和部门整体支出绩效评价。在2016年部门预算编制过程中，要求各预算单位设定绩效目标和确定绩效评价试点内容，全面推行预算绩效管理改革。

开展全市税收等优惠政策的清理规范工作。按照省政府《关于开展清理规范税收等优惠政策的通知》(甘政发[2014]128号》)及市政府领导批示精神，共清理出涉及税收等优惠政策文件共7件，专题上报政府研究决定。落实国家及省级关于行政事业性收费和基金管理政策和规定，并做好财政结余结转资金管理。严格按照《关于进一步加强财政管理的意见》(甘办发〔2014〕63号）精神，审核下达预算，并严格监督执行，努力提升财政预算的严肃性。

【国有资产管理改革】推进国有企业股权多元化改革。开展党政领导干部在国有企业兼职的清理和管理。对我局任免的兼职市属国有企业董事会、监事会组织人员，按程序发文进行了清理、免职。在推进完善国有资产管理体制方面，我局积极向市政府领导和相关部门汇报，向市编办提交了加强国资监管机构建设有关事项的请示报告，积极争取在人员力量、机构设置上进行加强，按改革进程不断完善国资监管体制。在加大市属国有企业去行政化和经营管理层职业化从业、市场化选聘力度，规范管理人员薪酬水平、职务待遇方面，会同将相关部门认真按照国家、省、市出台的相关改革措施，积极推进。

【会计事务服务业】培训工作。2015年先后组织行政事业单位财务人员业务培训368人次、三镇财政支农政策培训120人次，财政干部网上业务培训和公务人员网上培训110人，全年共计培训598人次，较好地完成了会计培训任务，有效地提升了全市行政事业单位财务人员业务素质和财务管理水平。

考务管理。全年先后组织了会计初级职称资格无纸化考试、会计中级职称资格纸笔考试、会计从业资格无纸化考试。会计专业技术资格累计报考人数553人，其中：中级261人，初级292人，会计从业资格累计报考人数1749人。考前及时在《雄关周末》和财政局门户网站上发布报名公告进行宣传，并对所有参加考务工作的人员进行考前培训，指定专人负责保证网络、考试系统、计算机等考试软、硬件设备的正常运行；考试期间开通监控、屏蔽设备，实现对考场情况远程实时监控，为应考人员提供公平、公正的考试环境。

充分利用会计人员信息管理平台，严格依据《会计法》《甘肃省会计从业资格管理办法》《甘肃省会计管理条例》等法律法规，做好会计从业资格证书的核发、信息变更、调转登记等会计管理工作，为会计人员提供方便、快捷的服务，累计为380余名考试合格人员核发了从业资格证书，为163人办理了会计从业资格证书异地调转手续，其中：省内调转73人，省外调转90人，进一步提高了会计人员信息管理的规范化、精细化水平。

继续教育。依据《会计继续教育管理办法》和《甘肃省财政厅关于做好2015年度会计人员继续教育工作的通知》要求，完成了2015年会计人员继续教育培训工作，累计为持证人员发放继续教育学习卡4500张，审核确认参加继续教育人员成绩合格信息，并及时录入从业人员信息管理系统，通过组织继续教育培训，对于更新会计人员知识层次、提升全市会计人员综合素质和专业水平、建设重品行、守信念、讲奉献的会计人员队伍起到了积极的作用。

（马晓燕）

国家税务管理

【机构设置与人员编制】2015年，嘉峪关市国家税务局(以下简称市国税局）共有干部职工120人，其中：中共党员92人，共青团员5人；本科以上学历107人，占干部职工总数的89.16%。全局现设19个部门，其中：市局机关设办公室、政策法规科、货物和劳务税科、所得税科、收入核算科、征收管理科、财务管理科、人事教育科(离退休干部科挂靠人事教育科)、监察室、机关党委办公室、办税服务厅11个科室；直属机构设稽查局和直属税务分局；事业单位设信息中心和机关服务中心；下辖第一税务分局、第二税务分局、第三税务分局、第四税务分局4个派出机构。

【国税税政管理】加强税收法制建设。做好“六五”普法收尾和“七五”普法的开局工作，打造法治文化教育基地，开展了第24个税收宣传月、税法“六进”等活动，深入“青少年税法宣传教育基地”举办了“税收与梦想”为主题的中学生学法用法作品征集活动，开展纳税服务志愿者活动，主动送政策上门，散发宣传资料万余份，翻印各类税法知识图册一万多册。树立执法风险管理理念，聘请了常年法律顾问，建立和完善规范化的税收执法体系、严密的税收内控机制和健全的法制保障体系，有效防范违法行为的发生，巩固提升国税部门良好执法形象，营造了依法诚信纳税和遵纪守法的良好氛围。推进简政放权。实行税收执法权力清单制度，除7项税务行政许可事项外，非行政许可审批事项全部取消，做到清单之外无审批。梳理税务处罚权力3类8项，清理作废转发、自发规范性文件2件，统筹安排进户执法检查，切实减轻纳税人负担。顺利实施“三证合一、一照一码”商事制度改革，开启了证照便利化服务新模式，累计减少纳税人报送资料3100余份，减少登记信息录入3.2万条。依法落实税收政策。完善了税收政策效应分析报告制度和跟踪问效机制，多税种合力推进、多环节综合施策、多举措持续发力，不折不扣落实助力西部大开发战略、服务经济转型升级、支持国有企业改革、促进高新技术产业发展、战略新兴产业发展等税收优惠政策，全年依规减免退税1.52亿元。落实纳税信用管理办法与税收“黑名单”制度。联合地税部门对1189户符合评选条件的企业进行了纳税信用等级评定，联合市文明办、法院、市场监管等部门召开新闻发布会，树立依法诚信纳税榜样，曝光企业典型偷税案件，震慑了涉税违法犯罪，净化了税收环境。市国税局连续多年被评为全市依法行政先进单位，2015年被命名为全市学法用法示范机关。

【国税登记管理】截至2015年12月31日，市国税局管辖纳税人13061户，其中企业3521户，个体工商户9540户。

按经济类型分，国有企业77户，集体企业42户，股份有限公司395户，股份合作企业4户，私营企业2970户，港、澳、台商独资经营公司2户，外资企业5户，其他企业26户。

【国税征收管理】2015年，市国税局累计组织各项税收收入188283.58万元，完成省国税局计划的101.5%。面对经济下行压力大、挖潜增收空间小、重点税源企业巨额亏损的严峻形势，全局上下同心、共担压力，精准开展风险应对、所得税专项核查、大企业税务审计，加强各税种后续管理、税务稽查，综合采取各项征管措施严查细管，想方设法挖潜增收，积极清陈欠、无新欠，评估、查补税款和加处罚款全部入库，滞纳金加收率100%。

分税种看，“两税”累计完成168305.82万元，占年计划的101.7%，比上年减收22549.34万元，下降11.81%；企业所得税累计完成10724.27万元，占年计划的100.23%，比上年减收3980.41万元，下降27.07%；储蓄存款利息个人所得税累计完成4310.83元，比上年减收6274.32元，下降60.58%；车辆购置税累计完成9253.07万元，占年计划的99.5%，比上年增收613.07万元，增长7.1%；个体税收累计完成884.4万元，比上年下降19.22%；稽查查补税款累计入库692.5万元，比上年下降27.18%。

分预算级次看，中央级收入累计完成140645.9万元，占年计划的101.55%，比上年减收18563.7万元，下降11.66%；省级收入累计完成19070.6万元，占年计划的101.44%，比上年减收3110.2万元，下降14.02%；地市级收入累计完成28567.1万元，占年计划的101.3%，比上年减收4243.4万元，下降12.93%。

【国税服务管理】狠抓纳税服务、税收征管、出口退税、国地税合作四个《规范》的落地，深化“便民办税春风行动”，在扎实做好纳税人满意度和涉税需求调查的基础上，大力推行“网厅、桌厅、掌厅”办税新模式，对内统筹整合资源、对外拓展延伸服务，建成个体税收服务中心，“委托双代”业务成效显著，网厅推行率位居全省前列。深入推进国地税合作，国地税工作规范涉及的32个合作事项中，市州级合作项目已完成，省国税局制定的73个合作事项正在稳步推进。2015年再次实现了纳税服务零投诉，市国税局办税服务厅被省国税局评为五星级办税服务厅。

【出口退税管理】严格执行出口退税政策。明确岗位职责和权限，加大计算机系统监控力度，做好数据、单证审核，确保有关企业正确计算出口退税额。2015年，完成出口免抵调库3813万元。开展出口退税业务提醒工作。切实落实“提质、减负、增效、和谐、遵从”的纳税服务要求，优化服务理念、创新服务手段，督促出口企业及时取得报关单，进行报关单网上确认，及时收汇并办理外汇核销手续，及时收齐出口退税单证及相关资料申报办理退免税，及时通知办理退库手续。深入企业开展进出口税收实地调研。详细了解了酒钢公司近年来进口原料、设备采购和产品出口等情况以及企业在进出口工作中存在问题，就办理免抵退税、纳税服务开展情况征求了企业对国税部门的意见建议。

【涉外税收管理】完成情报交换工作。根据《国际税收情报交换工作规程》的要求，及时与有关部门取得联系，调取非居民企业来华提供劳务相关信息，深入企业详细核对外国企业来华履行合同的实际情况；强化反避税管理工作。开展企业关联交易申报核查，对关联企业间的主要业务内容、关联关系等认真调查核实；做好“走出去”企业管理与服务工作。加强与发改委、商务局、外汇管理局、地税局等有关部门联系，对境外投资企业户数进行核实，及时掌握企业境外投资情况，加强“走出去”企业的管理与服务。

【发票管理】加强增值税专用发票和增值税普通发票管理。做好库存数量的盘存、登记及发票库房安全管理，严格按照规定审批专用发票最高开票限额，严防严控严打虚开增值税专用发票行为。加强红字发票管理。严格按照有关文件规定，对企业红字发票申请业务真实性、资料完整性、手续有效性等进行把关审查，规范红字专用发票开具程序和手续。对存有疑问的红字发票信息，由税收管理员实地核实业务是否真实，对企业违规开具行为坚决从严处罚。严格执行普通发票代开制度，按规定范围和程序为纳税人提供代开，取消了总局、省局未明确规定的代开限制条件，为纳税人提供更大的用票便利。

【国税稽查】围绕税收中心工作，突出重点、以点带面、整体推进，各项稽查工作有序开展。全年共检查纳税户25户，完成稽查查补收入692.49万元。有效开展税收专项检查、区域税收专项整治。有计划分步骤地开展了出口退税企业、电力行业、烟草行业、银行业、工业企业和农产品收购行业的区域税收专项整治工作，对重点税源企业开展了税收轮查，对省国税局推送的三户高风险企业开展了税务检查。打好“黄金专案”战役的攻坚战。市国税局稽查局与市公安局经侦支队联合成立了黄金案件检查工作领导小组，派员远赴北京、江西、宁波等地对经销黄金企业的开票信息进行实地调查取证，对外省和本市的银行承兑汇票解付情况进行实地核查。着力开展打击发票违法犯罪活动，重点对发票违法问题高发、频发行业的发票使用情况开展了检查，全年处理违法受票企业32户，查处非法发票1195份，涉税金额838.28万元，查补税款79.38万元。配合省纪委“4.18”专案组对嘉峪关市辖区内的9户企业进行了为期两个多月的税务稽查，取得了较好的成效。案件评查工作取得好成绩。在“税案惊奇”全省国税系统税务稽查案件评查活动中，市国税局报送的两篇案例全部入围决赛，其中《油去哪儿了？》获得二等奖。

【国税体制改革】市国税局稳妥推进营改增工作，截至2015年12月31日，全市纳入营改增试点范围的纳税人共计1057户，自营改增试点以来共计缴纳税款16699.99万元，其中2015年缴纳营改增收入7554.02万元。政策红利逐步释放，试点以来，全市95%以上的营改增纳税人税负不同程度地降低，累计直接减税6116万元，试点行业月均新增纳税人26户，促进了全市产业结构优化调整。针对营改增扩围后可能面临的挑战，市国税局坚持营改增办公室机构常设、人员随时抽调，与市地税局加强对接，提前掌握试点纳税人户数、基本情况、行业特点、管理模式和业务特点，分析测算营改增扩围工作压力和可能的影响，提前做好应对准备工作；对纳税人进行合理分流，建立个体税收服务中心，增设4个全职能个体办税服务窗口，加强个体税收一体化管理，同时加快委托邮政代开发票、代征税款业务的推行力度，减轻营改增后办税服务厅办税服务压力。与地税局沟通，营改增扩围后在市地税局办税服务厅开设国税窗口，派驻国税干部，有效分流营改增纳税人。加快增值税发票系统升级版推行工作，推行多元化申报、远程认证等方式，扩大网上办税覆盖面，减少纳税人在办税服务厅办税的业务量。继续深化税收征管改革，推行税收管理员由固定管户向分类管事转变，调配现有人力资源，保障营改增户数激增后工作能力满足需求。

（魏建国）

地方税务管理

【机构设置及人员编制】2015年，嘉峪关市地方税务局（以下简称“市地税局”）机关设9个科室：办公室、人事教育科、计划财务科、政策法规科、监察室、征管和纳税服务科、税政科、科技信息科、党建工作办公室；基层设11个分局：稽查局、社会保险费和基金征收管理局、发票管理分局、征收服务分局、管理一分局、管理二分局、管理三分局、管理四分局、管理五分局、管理六分局、管理七分局。共有干部职工127人，其中中共党员109人、共青团员13人；大专以上学历125人，占全局干部职工总数的98.43%。

【地税征收管理】 2015年，市地税局共组织各项收入289562万元，同比减收3661万元，下降1.25%。其中：地方税收完成156396万元，同比减收7899万元，下降4.81%，比省局核调计划超收96万元；社会保险费完成126146万元，同比增收4837万元，增长3.99%，其中养老、失业"两金"完成90485万元，同比增收3001万元，增长3.43%，占年计划的102.82%；其他收入完成7020万元，同比减收599万元，下降7.86%。

围绕组织收入工作，主要采取了四个方面的措施：强化税源管控。针对酒钢公司等重点税源和支柱企业，通过经常性开展税收调研、举办政策培训，主动帮助解决纳税缴费中遇到的困难和问题。着力加强房产、土地税清理整顿、欠税追缴、政策宣传、数据应用和比对分析；堵塞管理漏洞。认真开展漏征漏管户专项清理。针对个体定额核定中责任不明确、定额有偏差的问题，对《定期定额管理办法》进行了修订，将定额权力下放到各税源管理分局，相关职能科室集中精力开展监督检查，既解决了定额核定与纳税人实际经营"两张皮"的问题，又明确了职能科室与税源管理分局的责任，使定额核定机制更加完善、程序更加规范、定额更加准确；推进征管改革。全面推开"三证合一、一照一码"登记制度改革。举全局之力成功实现了"金三"系统的上线运行，并以此为契机，深入推动网上缴税业务，截至12月底，网上申报户近3018户，占单位纳税人户数的78%，是2014年网上申报户数的21倍；坚持税费并重。严格按照领导、机构、人员、制度"四到位"和资金、票据"两安全"的要求，对社保基金账户和票证管理进行全面检查，有效保证了社保基金的运行安全。

【地方税政管理】 适应"营改增"形势，对全面推开"营改增"前相关行业税收进行清查测算。并通过加强与国税部门的协作，加大催报催缴力度，切实堵住了"营改增"后城建税、教育费附加等税费的征管漏洞；做好"以地控税"工作，与国土部门建立了信息交换机制，切实加大房产税和城镇土地使用税清理整顿、欠税追缴、政策宣传、数据应用和比对分析力度，全年共征收入库"两税"28014万元；高度重视两项所得税管理，做好了688户企业的所得税汇缴工作，补缴税款1476万元。受理12万元以上纳税人自行申报1041人，同比增加261人，增长33.46%。并利用"金三"系统上线，开展了为期5天的全员全额明细申报培训，全员全额明细申报已达6万人，电子明细申报基本达到了全覆盖；落实"铁矿石资源税减按40%征收"政策，减征资源税412万元；强化存量房税收管理，对达到交易条件的68幢新增存量房进行了摸底调查和数据维护，对1205宗存量房进行了评估，征收各项税款716万元；严格落实非居民税收管理政策，全年共入库各项涉外税收0.46万元。

【地税登记管理】 按照税源专业化、精细化管理的要求，切实加强税源分类、分级管理。对重点税源，以纳税评估为抓手，依托税源三级联动监控分析管理机制，围绕重点行业、重点企业开展纳税评估，运用评估软件，强化数据采集和分析利用，突出税源管理的深度，实行集中管理和动态监控；对一般税源，突出以管事为主，强化建账管理，采取日常检查方式，以核查纳税申报的真实性、合法性为重点，实行规范管理。对个体和零散税源，重点抓好户籍管理、定额调查、核定以及发票检查工作，加大检查巡查力度。截至2015年底，全局共登记在册纳税人18102户，其中：单位纳税人4453户，个体纳税人13649户。

【地税发票管理】 做好第二阶段网络发票推广上线工作，截至12月底，共有228户纳税人在网络发票系统开户，已覆盖地税管辖的所有行业；开展发票专项整治活动，对餐饮行业重点业户开展了为期6个月的专项检查；树立服务理念，主动为方特欢乐世界、关城文物景区印制冠名发票提供了全方位服务；遵循"打击与建设相结合、指标与治本相结合"的原则，开展了严打发票涉税违法犯罪活动,共检查用票企业27户,依法查处发票违法4户、假发票7份,查补入库各类收入49万元。

【地税服务管理】严格按照应免尽免、当减则减的原则,依法不折不扣落实国家在扶持新兴产业发展、促进西部大开发和推动创新创业、棚户区改造、小微企业发展等方面的税收优惠政策,全年共减免各项税款14043万元,其中落实小微企业税收减免523.67万元(3万元以下营业税纳税人享受免税132.28万元);开展"银税互动",制定了《银税互动联席会议制度》,与国税局、银监局签订了《"银税互动"活动合作协议》,建立了信息共享机制,并与8家商业银行进行了合作框架协议的协商;拓宽与国税部门合作的深度和广度,制定了《关于国地税合作拓展实施意见》和《国地税分阶段落实实施意见》,落实了18项合作规范,并积极开展纳税人学堂共建活动,联合举办纳税人培训5次,受到纳税人的广泛好评;严格落实《纳税服务规范》,深入开展"便民办税春风"行动,整合优化办税资源,梳理实施了15项"免填单"业务;严格执行首问责任制,纳税服务承诺制,导税、延时、预约服务制等一系列服务制度和部门负责人办税服务厅值班制度,征收分局导税员制度等;推进纳税信用管理工作,对符合条件的2218户企业进行了信用等级评定,并积极参加"共筑诚信 德润雄关"诚信"红黑榜"发布工作,发布纳税信用"红名单"企业23户、"黑名单"企业4户。

【地税稽查】按照狠抓重点和全面推进相结合,立案检查与组织纳税人自查相结合、行业检查与区域整治相结合的办法,全年共查结案件53户,组织入库各类收入4423万元。开展风险管理模式下审计式、调研式检查,有效提高检查人员的行业风险分析能力。提升稽查信息化水平,电子查账软件的使用面达到了100%。严格落实稽查案件集体审理制度,重大案件提交制度和审理工作时限制度,确保案件审理事实清楚、证据确凿、定性准确、处理得当。严格落实交叉执行原则,税款执行入库率和案件结案率均达到了100%。认真执行税收"黑名单"制度,按照"深入推、打连发"的方式,每月备案重大税收违法案件信息,并通过办税服务大厅电子显示屏和地税网站曝光重大税收违法案件12起,有效增强了税务稽查的威慑力。

【信息化建设】严格按照省局对金税三期优化版推广上线工作的部署要求,圆满完成了数据清理、业务培训、初始化设置、核查与补录、双轨验证及压力测试、单轨上线等工作,顺利实现了"金三"系统的上线运行。以此为契机,推进三方协议签约力度,推动网上缴税、实时扣税、COM-POS刷卡等多种缴税模式,截至年底,共签订三方协议3447份,办理网上申报3018户,网上申报比去年增长近21倍。成功完成了高清视频展示平台暨信息系统监控指挥中心项目建设,实施了电教室建设项目,有效改善了信息化基础设施,为税收现代化提供了有力的技术支撑。

【法治地税建设】以领导干部为重点,有计划、有针对性地开展了各种形式的普法学法用法活动。对照全市《"六五"普法工作考核验收标准》,对"六五"普法工作进行了全面自查。认真组织了"法律七进"活动,将税收法律送进了学校、社区、农村及机关单位,受到广泛好评。不断规范执法行为,严格按照要求做好了"三张清单一张网"的编制工作。强化对减免税审批、税务稽查、税收征管、票证管理等执法重点事项、重要领域的监督检查。深入推行重大案件集体审理、重大处罚备案以及处罚结果公示等制度,依法对12起重大案件进行了审理。严格按照涉税行政审批制度改革要求,全面开展行政审批项目清理及取消、下放、公开工作,依法保留行政许可事项4项,取消了非行政许可审批类别。

【"金三"系统上线】金税三期工程是国务院批准的国家级电子政务"十二金"工程之一,代表了当今税收信息化的最高水平。作为全省地税系统试点单位,市地税局在时间紧迫、任务艰巨,装备支撑不够,技术人员短缺的情况下,大力发扬团结协作、顽强拼搏的"5+2、白+黑"精神,经过近5个月的全力奋战,圆满完成了数据清理、业务培训、初始化设置、核查与补录、双轨验证及压力测试、单轨上线等各项工作,共清理各类数据600多户次,核对基础信息4万多条,核查补录纳税人信息18000多户。截至年底,该系统运行正常,并实现了与各类外围应用软件和人行及各商业银行TIPS扣款业务的无缝衔接。"金三"系统的上线运行，将对全市"互联网+税务"产生积极的推动作用，有力地助推全市税务系统信息化、现代化建设跨越式发展。

【地税干部队伍建设】 切实加强党的建设。按照"围绕中心抓党建、抓好党建促保证"的思路，不断健全党的组织建设，成立了机关党委。结合不设县(区)局的实际，建立督导组，在纪检组的领导下对各部门税收执法、工作落实情况进行全面督导。将"三严三实"专题教育贯穿党建工作始终，开展了专题研讨，领导带头，深查细照、全面整改在"修身做人、用权律己、干事创业"方面不严不实的问题。切实加强党风廉政建设。坚持把"两个责任"贯穿于"带好队、收好税、执好法、服好务"的全过程。局党组认真开展约谈提醒、"三述"及"两好两促"活动，切实将党组抓主体责任、党组书记抓"第一责任"、班子其他成员抓"一岗双责"责任落到了实处。纪检组聚焦中心，经常性"扯袖子、咬耳朵"，筑牢拒腐防变的思想防线。始终把纪律规矩挺在前面，对税收执法和行政管理及"三重一大"事项、"三公经费"支出、基建维修项目，及时跟进、强化监督。对审计和执法督察中发现的问题认真监督、督促整改，切实筑牢了不敢腐、不能腐、不想腐的"防线"。切实加强能力素质建设。采取"走出去"和"请进来"相结合，面对面培训和远程网络培训相结合的方式培训干部570多人次。积极组织干部参加省局的稽查能手考试选拔活动，并取得了团体第4名的好成绩；竭尽全力抓了队伍建设。严格按照"德才兼备、以德为先、注重实绩"的原则，选拔正科级领导干部2人、副科级领导干部4人，主任科员4人。根据"金三"上线工作实际需要和干部能力特长，对3名科级领导干部进行了轮岗交流。切实加强精神文明建设。坚持把文明创建作为激发活力、提升形象的重要抓手，举办了迎新春联欢会、体育运动会、道德讲堂、征文比赛、摄影书画征集等活动，有效激发了广大干部立足本职、敬业奉献的热情。立足基层所想所盼，改善基层部门的办公条件，经常为生病住院、家庭困难和离退休职工送温暖，落实干部职工的收入待遇，解决夫妻两地分居等实际困难，既为干部安心工作营造了良好环境，又激发了干部的工作热情，催生了工作的内生动力。

【税收体制改革】 深入推进"三证合一、一照一码"登记制度改革，按照省政府办公厅《关于实行"三证合一"登记制度的实施意见》要求，积极与市国税局、市场监督管理局协调配合，做好了"三证合一"各项准备工作。从7月1日起，全市所有新开业纳税人均可办理"三证合一"业务。10月1日起，"一照一码"制度全面实施。这项改革的全面推开，极大地简化了市场主体准入手续，缩短了办证时限，对激发市场活力、减轻纳税人负担起到了促进作用。

(殷振龙)

物价管理

【物价走势综述】 2015年，全市市场价格总水平呈低位运行态势。全年居民消费价格累计下降了0.3个百分点，低于全国1.7个百分点，低于全省1.9个百分点。八大类居消费品价格同去年相比普遍下降，其中，食品类价格下降0.5%，衣着类价格下降0.4%，交通和通讯类价格下降1.6%，娱乐教育文化用品及服务价格下降0.7%，家庭设备用品价格下降0.5%。烟酒、居住、医疗保健和个人用品价格是影响全市价格总水平小幅上涨的主要因素，分别上涨2.9%、0.7%、0.5%。食品、医疗保健和个人用品以及居住价格是影响全市价格总水平走高的主要因素。

【行政性收费价格管理】 清理整顿价格收费行为，建立健全收费长效管理机制和多层次监督体系，强化各类收费的事中和事后监管。围绕群众反映强烈的乱收费乱罚款等突出问题，开展专项整治，取消了23项不符合现行价格政策收费项目，在清理的基础上制定了《嘉峪关市行政事业单位收费项目及收费标准目录清单》及《嘉峪关市行政事业单位涉企收费项目及收费标准目录清单》，清单共涉及71个收费单位的159项收费项目以及67项涉企收费项目。取消了收费许可证制度，强化了事中事后监管，建立了收费单位情况和收支状况报告制度以及收费台账制度，行政事业性收费顺利从收费许可证管理过渡为收费目录清单管理，建立了收费管理的长效机制。

【经营性价格收费管理】围绕改善民生,加强民生价格监管,营造良好价格环境。强化医疗收费价格监管。规范新增部分医疗服务项目价格,医疗服务项目修订13项、新增28项、下调基准价格42项,建立了药品采购价、交易价格等信息公布制度和250种常用药品的价格监测制度,并加强市场价格行为监管和价格监测分析,健全了服务标准规范和监测体系。严格落实特殊一次性卫生材料备案制度,对各医院医用特殊一次性卫生材料进行审核登记,防止分解收费。严格资源价格审批和管理。启动了阶梯水价、气价改革工作,制定工作方案,召听证会,在广泛征求意见的基础上,形成改革方案上报市政府常务会议研究同意,自2016年1月1日起实施。落实国家和省上简政放权相关政策。放开我市房地产经纪服务、非保障性住房物业服务、住宅小区停车场服务等9项商品和服务价格,取消了政府制定的药品价格。为确保市场运行秩序良好、社会稳定,从落实明码标价制度,建立健全服务标准规范等方面加强市场价格行为监管,确保同人民生活密切相关的服务价格放开后,市场运行秩序良好、社会稳定。

【工业品价格管理】对非居民用天然气销售情况进行充分调查的基础上按照国家和省上要求提出了非居民用天然气存量、增量价格并轨方案,并降低了非居民用管道天然气销售价格和CNG加气站车用天然气销售价格。加强成品油价格政策的跟踪监测、检查落实,并根据成品油价格调整情况适时启动我市公路客运运价与燃油价格联运机制,及时调整公路客运运价。定期监测我市钢材、水泥等工业品的市场价格,并开展价格形势分析,了解市场价格变化,及时提出调控建议。

【农产品价格管理】加大储备,落实重要农副产品储备制度。2015年通过补贴储备费用的方式组织企业储备蔬菜六种、储备数量1050吨,储备生猪9240头。积极争取到4000吨蔬菜保鲜库的省级价调基金补贴项目。春节前后一个月,在全市19个农副产品直销店及9个大型超市采取限购的方式投放政府储备蔬菜803吨、面粉350吨、大米280吨、食用油70吨,较好地稳定了节日期间农副产品市场价格。加大平价惠民力度,发挥平价直销店对价格的引导作用,2015年直销店平价蔬菜品种范围扩大为27种,销售价格由低于市场价格15%调整为低于市场价格20%以上。为确保直销店价格全部按要求执行,通过监测点、3G智能卡等完善的价格采集和公布系统和考核与补贴方式挂钩的管理模式,加强了对农副产品直销店管理。发放蔬菜临时价格补贴,缓解物价上涨对困难群众生活的影响。春节前,对全市城乡低保对象、五保户及残疾人发放171.04万元的蔬菜临时价格补贴。加强农产品价格监测体系和预警能力建设,认真落实市场副食品价格日巡查制度,按时开展副食品市场价格监测数据的调查和分析、预测工作,通过在全市设立的23个市场价格监测点,每日密切关注市场价格动态。开展了农产品成本调查工作,完成农户种植意向、存售粮情况等农本调查常规、专项调查任务10项。

【价格事务管理】2015年,价格事务工作严格按照《涉案物品价格鉴证操作规程》、《甘肃省涉案财物价格鉴证条例》,将规范程序作为重中之重。以公平、公正、严谨、高效的原则,严把委托审核关、市场价格调查关、评估计算关、价格鉴定结论关。全年共受理涉刑事案件价格鉴定169件,较去年同期相比增加47%;鉴定标的金额210万元。全年没有发生行政复议案件。

【价格投诉管理】完善12358价格举报管理信息系统,畅通12358价格举报电话,24小时接受群众的咨询、举报诉求。对群众举报的问题认真办理,耐心解答,达到了投诉举报者基本满意。全年共接听群众举报电话和价格咨询举报89件,全部办结,办结率100%。

【物价检查】开展了节日市场价格检查。元旦、春节及国庆等大型节假日期间,联合工商、质检、商务、药监、公安、消防等多家单位组成检查组,对全市各大中型商场、超市、蔬菜直销店价格行为以及客运票价格进行了检查,纠正了明码标价不规范等违规行为。开展了教育收费专项检查。对2013年秋季以来教育收费情况进行自查自纠,根据自查情况进行了专项检查。对行政事业单位涉企收费、医疗收费等进行检查,对检查中发现的问题进行了纠正。实施“3.15”价格检查法律法规活动宣传日。开展价格法律法规宣传日活动,发放宣传资料,接受群众价格咨询。

【价格听证会制度】根据《价格法》《政府制定价格听证办法》《甘肃省价格听证目录》的规定,执行调定价价格听证制度,严格履行成本监审、听证公告等法定程序,把社会风险预测作为一项重要的听证内容列入听证范围,广泛听取社会各方面的意见,并提高政府价格决策的科学性、民主性。2015年,召开了阶梯水价、气价改革工作方案听证会,在听证基础上,居民生活用水阶梯价格分档水量及加价标准为:第一档水量为0-108立方米/户·年,自来水价按现行价格0.72元/立方米执行,综合水价仍为1.42元/立方米;第二阶梯户年用水量在108—160立方米之间,自来水价为1.08元/立方米,综合水价为1.78元/立方米;第三阶梯户年用水量为160立方米以上,自来水价为2.52元/立方米,综合水价为3.22元/立方米;居民生活用天然气阶梯价格分档气量及加价标准为:第一档气量为0-300立方米/户·年,气价执行基础气价,即:管道2.2元/立方米,液化2.8元/立方米;第二档气量为300-360立方米/户·年,气价为管道2.7元/立方米,液化3.4元/立方米;第三档气量为360立方米/户·年及以上,气价为管道4元/立方米,液化5元/立方米。

(康晓涛)

统计管理

【机构设置与人员编制】2015年,嘉峪关市统计局内设办公室、国民经济综合核算科、统计执法科、固定资产投资统计科、工交能源统计科、商贸人口社科统计科6个科室;直属市城乡经济调查队、市计算信息中心、市服务业统计中心、市普查中心4个机构。在编人员27人,其中:行政编制11人,参公编制3人,事业编制5人,中央事业编制6人,省编2人,另有进村进社人员4人。

(高杰、李娟)

国家统计局嘉峪关调查队是国家统计局的派出机构,为正县(处)级单位,于2009年5月经国务院办公厅、国家编办、国家统计局批准设立,2010年1月正式挂牌成立,内设7个正科级职能科室(包括1个地方职能科室),分别为办公室、综合科、住户调查科、企业调查科、专项调查科、价格调查科,嘉峪关市社会调查中心(正科级事业单位)。2015年有编制10名,其中队长1名,副队长2名,纪检组长1名,科长6名。嘉峪关市社会调查中心编制2人。非领导职数按有关规定核定。

(闫英国)

【统计服务】深入企业加强指导。加强对企业统计工作的指导与服务,结合“三严三实”开展“进百家企业,送法律服务,解疑难问题”活动。一年来,利用统计核查、统计调研等各种机会,开展对企业的业务指导350次,指导企业依法设置原始记录、统计台账。加强正面教育和宣传,对先进的单位在网上进行发布,树立先进典型,引导和鼓励企业诚信统计。

加大统计人员培训力度。抓人员培训,提高统计人员整体素质。对无证上岗的人员加大培训力度,同各专业密切配合,对全市“四上”企业统计人员不留死角,全面提高基层统计人员素质。全年开展统计人员培训110人。针对全局老同志和年轻同志不同特点,分批次派人员赴国家指定的培训机构学习培训。邀请国家统计局和省调查总队有关专家授课。对全市三区、乡镇、社区统计人员500余人进行统计业务知识培训。

【统计检查】支持统计执法机构和人员依法严肃查处各种统计违法案件,坚决查处干预统计数据行为,全年检查、督查、核查企业达到62家。将统计违法违纪案件查处作为全市统计反腐的重要内容。对工业、商贸、建筑业、房地产等25家重点“四上”企业开展重点执法检查,责令改正及通报批评18家,主要查处企业等统计调查对象虚报瞒报统计数据行为,持证上岗情况,统计制度执行情况,坚决查处统计联网直报中的指令报送和冒名报送等违法违规行为。积极开展统计内部执法检查。4月份积极在统计系统开展内部执法检查。成立了内部执法检查领导小组,制定了内部执法检查实施方案。主要检查企业“一套表”的真实性和准确性;核查"一套表"联网直报数据质量;检查巩固拓展"四大工程"总体部署的落实情况和严守联网直报"四条红线"情况;检查各行业2014年全年及2015年1-3月夯实基层基础建设情况;内部执法检查实行百分制考核,采取先自查后集中检查的方式,先进行认真细致的自查。自查结束后,局领导带队,执法科进行集中检查。在检查工作中,严格遵守统计法律法规,实打实、硬碰硬,确保统计数据质量。通过检查,有13个专业综合得分在98分以上,2个专业综合得分96分。执法检查后及时发布了内部执法检查报告,并向省统计局和市法制办进行上报。

开展统计违法违规行为专项整治。开展坚决反对和严肃查处统计上弄虚作假等违法违规行为专项整治,在全市范围内下发《关于认真学习贯彻落实中央领导同志重要批示精神及有关文件的通知》,对坚决反对和严肃查处统计上弄虚作假等违法违规行为做出全面安排部署,各有关单位认真开展自查自纠,并向统计局上报自查报告。积极向省统计局上报统计违法违规行为专项整治自查报告。出实招,六举措坚决反对和遏制统计上弄虚作假。

【嘉峪关市2015年全国1%人口抽样调查工作】根据《全国人口普查条例》规定,2015年11月1日零时,全国1%人口抽样调查入户登记工作正式开始,此次人口抽样调查,以了解2010年以来我国人口在数量、素质、结构、分布以及居住等方面的变化情况,为制定国民经济和社会发展规划提供科学准确的统计信息支持。按照国家样本框选定,此次抽样调查在嘉峪关市抽取了46个社区,基本涵盖了全市。嘉峪关市于2015年2月成立了以市委常委、常务副市长杨伟为组长,各相关部门为成员的嘉峪关市1%人口抽样调查领导小组在市统计局设办公室,并由市统计局负责日常工作。此次调查是第一次使用电子设备入户进行调查,为保证调查顺利进行,甘肃省西部片区试点暨业务培训会在嘉峪关市召开。作为东道主,在参会同时,还协助省统计局安排参会的107名代表到佳苑社区入户登记,事先选定了楼号、绘制了小区地图和调查路线。由佳苑社区工作人员引导参会代表准确入户,为试点调查工作积累了经验,得到了省统计局领导的肯定。按照省统计局工作要求,于11月20日至12月9日,通过数据处理平台查询过滤功能,利用一周时间,集中人力,核实、处理已上报各指标中存在的与现实情况不符的离群值和奇异值。组织调查员对年龄与受教育程度不匹配的情况、超龄在校生、高龄老人、流动人口、就业人口等进行重点核实,进一步消除了差错,提高了调查数据质量。嘉峪关作为国家事后质量抽查点,国家抽取了祁连社区进行事后质量抽查,经过一天的入户抽查,无论是入户率还是数据质量,都得到了国家和省局的认可,并顺利通过了国家统计局和省统计局的验收。

(高杰、李娟)

市场监督管理

【机构设置与人员编制】2015年1月,嘉峪关市市场监督管理局(以下简称"市市场监管局")开展统一市场监管改革试点工作,完成了原市工商局、质量技术监督管理局、食品药品监督管理局"三局合一"机构整合,实现了人、财、物平稳过渡。

新组建的市市场监督管理局内设13个科室,分别为办公室、政策法规科、财务科、综合协调与应急管理科、食品生产流通监督管理科、餐饮服务食品监督管理科、药品化妆品和医疗器械监督管理科、产(商)品质量监督管理科、特种设备安全监察科、标准计量科、市场规范监督管理科、企业注册科、企业监督管理科;下辖1个直属机构:综合执法稽查支队,4个派出机构:镜铁分局、雄关分局、长城分局、工业园区市场监督管理所,4个事业单位:食品药品和医疗器械检验检测中心、产品质量计量和特种设备检验检测中心、装备保障与培训中心、消费者权益保护中心;挂靠有市个体劳动者协会、私营企业协会、消费者协会、广告协会、商标协会、工商学会、质量协会、药学会8个社会团体及中共嘉峪关市委非公企业工作委员会。2015年,共有在职干部职工213名,其中男性122名,女性91名,大专以上学历206名,中共党员151名。

【市场主体准入与监管】推进商事登记制度、"先照后证""三证合一""一照一码"等各项改革举措,先后呈请市政府印发《嘉峪关市市场主体住所登记办法》《嘉峪关市深入推进工商登记制度改革暨贯彻落实<企业信息公示暂行条例>实施意见》《嘉峪关市政府关于实行“三证合一”登记制度的实施意见》等政策文件。创新实施“三联秘书”服务制度，把工商、质监、食药监三项职能联为一体，对省市惠民实事、重点项目企业和重点扶持小微企业实施“一对一”全方位服务，共选派100名科以上干部，进驻27户由市级领导联系帮扶的重点项目企业和73户重点扶持发展的小微企业进行服务，对接服务率100%，上门服务500余户次。

落实“先照后证”。由市政府统一安排部署，召开全市“先照后证”职责分工会，明晰相关行业管理部门监管职责，强化了“宽进”之后“严管”的责任。同时，建立“双告知”机制，在办照时及时告知市场主体到相关部门办理许可证；市局政务网将市场主体基本信息向社会公示，通过网络平台告知相关许可部门获取信息并履行“照后证前”严管职责。

推进“三证合一”工作。“三局合一”后，组织机构代码证与营业执照已实现“一个窗口受理，一个窗口发证”，同税务部门沟通协调后，“三证合一”和“一照一码”工作即顺利实施，方便了群众办事。全年共办理“三证合一”营业执照1186户，“一照一码”452户。

推进注册登记“便利化”改革。全面梳理行政审批权力清单，将食品药品、特种设备、组织机构代码证和营业执照等“十证一照”集中实行“一站式、一窗式”办理，有效解决了分头受理、材料重复提交等问题，证照办理时限由平均5天压缩至2个工作日，大幅提高了审批效率。全面推进“双公示”“双随机”工作，已完成企业年报公示3272户，年报率86.56%；公示行政处罚信息310条，公示率100%。共随机抽查企业224户、个体工商户26户、农民专业合作社4户，合格率100%，促进了企业诚信体系建设，提高了执法透明度。

截至2015年底，全市各类市场主体25512户，注册资本642.91亿元，同比分别增长13.73%、15.23%。其中非公有制市场主体24952户，注册资本236.21亿元，从业人员52871人，同比分别增长14.03%、55.71%、36.97%；已实现“个转企”62户，同比增长248%；培育了3户企业建立现代企业制度试点；核算2015年非公经济增加值增速19%，超额完成省上下达9%的目标任务。市场主体总量保持了持续发展态势。

全市共有内资企业560户（其中：国有企业111户；集体企业77户；公司366户；其他6户），与2014年相比增长1.82%，内资企业注册资本（金）合计4067010万元，与2014年相比增长0.11%。按行业划分，农、林、牧、渔业5户；采矿业7户；制造业60户；电力、燃气及水的生产和供应业31户；建筑业22户；交通运输、仓储和邮政业43户；信息传输、计算机服务和软件业16户；批发和零售业149户；住宿和餐饮业16户；金融业100户；房地产业17户；租赁和商务服务业46户；科学研究、技术服务和地质勘查业16户；水利、环境和公共设施管理业10户；居民服务和其他服务业4户；教育业1户；文化、体育和娱乐业17户。2015年新登记的内资企业22户，注册资本(金)41900万元。

全市共有私营企业4289户(其中：有限责任公司3952户；股份有限公司6户；合伙企业7户；独资企业324户)，与2014年相比增长15.33%；注册资本(金)合计2231084万元，与2014年相比增长56.5%。按行业划分，其中农、林、牧、渔业104户；采矿业94户；制造业361户；电力、燃气及水生产和供应业35户；建筑业247户；交通运输、仓储和邮政业164户；信息传输、计算机服务和软件业129户；批发和零售业2126户；住宿和餐饮业117户；金融业24户；房地产业139户；租赁和商务服务业430户；科学研究、技术服务和地质勘查业64户；水利、环境和公共设施管理业24户；居民服务和其他服务业133户；教育14户；文化、体育和娱乐业84户。2015年新登记的私营企业997户，注册资本(金)558958万元。

全市农民专业合作社228户（其中：种植业101户；养殖业106户；农产品销售2户；农产品加工业5户；与农业生产经营有关技术、信息等服务12户；其他2户），与2014年相比增长23.24%，出资总额合计32200万元，农民专业合作社的成员总数共计1375人。2015年新登记的农民专业合作社46户，出资额10098万元。

??全市个体工商户20435户(其中农、林、牧、渔业68户；采矿业4户；制造业1185户；建筑业67户；交通运输、仓储和邮政业111户；信息传输、计算机服务和软件业73户；批发零售业11281户；住宿和餐饮业4016户；金融业0户；房地产业24户；租赁和商务服务业491户；科学研究、技术服务和地质勘查业59户；居民服务和其他服务业2422户；教育1户；卫生、社会保障和社会福利业69户；文化、体育和娱乐业564户），与2014年相比增长13.67%，注册资金数额共计98834万元，与2014年相比增长45.34%，从业人员人数33104人，与2014年同比增长44.19%。2015年个体工商户新开业3211户，注册资金28898万元。

【商标广告监管】根据甘肃省工商局《关于甘肃省著名商标认定工作的通知》要求，制订《关于开展推荐2015年甘肃省著名商标认定工作的通知》，组织分局、监管所开展推荐申报甘肃省著名商标认定工作。于2015年9月3日参加了省局商标处组织的届满续展和申请认定甘肃省著名商标企业实地考察工作，对全市2户甘肃省著名商标企业进行了续展考察。组织学习贯彻新《广告法》，为广告经营者积极宣传新《广告法》内容，引导广告经营者合法经营理念。于8月中旬，在《雄关周末》以刊登新《广告法》全文的形式、在电视台以流动字幕广告语的形式、在各集贸市场以条幅的形式、在本局例会上组织学习新《广告法》。受理固定印刷品广告登记1件，依据《户外广告登记管理规定》受理户外广告登记53件。监测报刊广告3284条，发现涉嫌违法广告58条，责令整改58条次，下达责令整改通知书2次。受理虚假违法广告举报3次，办结市政府转办违法广告案件1件，办结省食药局稽查处转办案件1件、办结省工商局转办违法广告案件1件，办结酒泉市工商局转办案件1件。开展虚假违法广告专项行动，共出动执法人员228人次，执法车辆26台次，检查各类经营主体303户次，药店、诊所200余户，书店10户，其他经营户37户，户外广告牌542块，LED屏32块。

【经济合同和经纪人管理】根据甘肃省工商行政管理《关于推荐公示2013-2014年度“守合同重信用”企业活动工作的通知》（甘工商发〔2015〕1号）精神，下发《关于开展推荐公示2013-2014年度“守合同重信用”企业活动工作的通知》，把“守合同重信用”企业公示及对历年公示企业年检审核工作作为合同监管重点任务来抓，高度重视，精心组织，按照标准初审所申报企业和参加历年公示企业年检审核资料，提高了“守合同重信用”企业公示推荐申报及年检审核工作的效率和质量，真正把有关部署要求落到实处。经企业自愿申报，监管分局（所）核查推荐，推荐申报省级2013-2014年度“守合同重信用”企业44户，报送已公示省级2010年度“守合同重信用”企业参加2013-2014年度年检审核13户，报送已公示省级2011-2012年度“守合同重信用”参加2013-2014年度年检审核23户，拟公示2013-2014年度市级“守合同重信用”企业14户，积极推动“守合同重信用”企业公示活动的深入开展，促进企业信用体系建设。办理拍卖活动备案22件，备案拍卖企业7家，拍卖师39人，备案拍卖确认书133份，备案拍卖标的492件，备案拍卖成交金额9327.48万元，备案率达到100%。办理动产抵押登记112件，其中办理动产注销登记52件，注销主债权62626万元；办理动产抵押登记78件，抵押价值166107.99万元，借款金额123923万元；办理动产抵押变更登记7件，主债权金额1220万元。

【打击传销、规范直销与经济检查】坚持运用法治思维和法治方式深化机构改革，加快融合步伐，统一了工商、质检、食药监三套执法文书，梳理明确行政职权10类1751项，初步建立起“大市场、大监管、一条龙”的监管新模式和“网格化、属地化、痕迹化”监管新机制。原三局各项职能产生互联融合，同频共振，节约了执法成本，监管效能大幅提升。2015年共立案查处370件，罚没款320万元，达到原三局上年总数的270%，开展各类行政指导11051件，清理排查各种投资类公司、第三方支付业务经营户等15户，查处非法吸收公众存款案件3件，移送立案侦查2件，维护了良好的市场秩序，被评为2015年度全市依法行政先进单位。

【市场监督管理】开展节日期间市场整治，维护了节日期间市场秩序，营造了健康安全的消费环境。开展了各项专项整治行动，对社会关注度高，涉及民生的重要商品、旅游市场、劳动力市场、文化市场、烟花爆竹市场等重点商品和市场进行了重点监管。联合下发《嘉峪关市平安市场创建活动实施方案》,开展平安市场创建活动。组织开展了2015年"携手共治 畅享消费"公益广告创意大奖赛征集活动,征集广告作品18件。充分发挥市场开发建设服务中心开发、建设、服务市场的职能作用,有效整合监管与服务、规范与建设、执法与发展的资源,联合制订《嘉峪关市市场监督管理局监管分局(所)与市场开发建设服务中心管理服务所建立市场监管联动机制》。

7月15日至7月27日,组织对本市市场、餐饮服务环节鲜肉和肉制品、食盐等进行了督查抽查。重点检查了市场内的鲜肉、豆腐、白条鸡和食盐的索证索票以及《餐饮服务食品采购索证索票管理规定》的执行情况和鲜肉、肉制品采购、验收台账。共出动执法人员40人次,出动车辆16台次,抽查经营户241家(猪肉经营户80家;牛羊肉经营户18家;卖鸡经营户19家;豆腐经营户19家;小吃和酒店经营户105家)。未发现餐饮服务单位使用病死或死因不明的畜禽及其制品以及使用有毒有害物质加工食品行为和不合格食盐。同时,抽查鲜肉经营户80家,未发现不合格的肉制品。

加强网络商品交易监管效能建设,规范网络商品交易秩序,净化网络购物环境,集中开展了打击利用互联网销售假冒伪劣商品专项行动。专项行动共出动执法人员40人次,执法车辆15台次,网上检查网站50个,实地检查经营户20家,未发现违法经营行为。共备案61户烟花爆竹经营户基本情况,

为了加强市场监管,维护良好的市场秩序,根据甘肃省工商局关于印发《甘肃省市场主体抽查监督管理办法(试行)》的通知(甘工商发〔2015〕58号)安排,组织开展了市场主体经营行为抽查检查随机抽取检查工作,对登记注册的各类企业、个体工商户、农民专业合作社等经济组织按总量的3%的比例进行抽取。共抽取市场主体321户,其中抽取企业119户、个体工商户195户、农民合作社7户。

【党风廉政建设】 落实党风廉政建设主体责任和监督责任。贯彻执行中央八项规定、省委"双十条"规定和市委七项规定,制定实施细则,层层签订责任书和承诺书。推进"效能风暴"行动,通过勤廉度评价系统定期在网上公开勤廉信息,主动接受社会监督,全局党员干部无重大违纪违法案件发生。

【双联行动】 开展双联行动精准扶贫,为联系村组确定了"一组一项"帮扶项目规划,抽调2名正科级干部分别担任联系村组帮扶工作队队长和第一书记,共开展12个帮办实事活动,投入帮扶资金7万余元、水泥20吨,减免计量器具检定费用1.2万元,为困难村民、65岁以上老人送去近2万元慰问品和慰问金。邀请法律界人士在"双联"村组开展了双联服务直通车,为进城务工人员举办法治专题讲座活动,现场发放《进城务工人员法律知识手册》《法律援助服务指南》1300余册。是市场监管局被市委考核为全市双联行动先进单位。

【非公党建工作】 深化非公党建改革,建立科学党建模式。在"三局合一"建立统一市场监管改革过程中,继承了原来依托市工商部门抓非公党建的工作模式,持续创新的工作劲头不变,行业性、区域性党建成为党建工作新模式。以摸清底数建台账抓规范,以建立行业性、区域性党组织抓覆盖,以开展"三岗联创"抓载体,以参加党建观摩交流会抓示范,深入打造非公党建"升级版"。全市有党组织的非公企业达到了1668户,占非公企业总数的40.3%,较上年提高14.19个百分点。新建行业性、区域性党组织2个,覆盖非公企业96家,个体工商户65家,具备条件的非公企业全部开展了"三岗联创"活动,涌现全市"基层党建示范点"2家。

(郑晓东)

质量技术监督管理

【质量监督管理】 市委、市政府高度重视质量工作,将质量发展目标纳入了全市经济社会发展规划,印发了《嘉峪关市质量发展纲要2015年行动计划》,分解了目标任务。2015年5月5日召开全市质量工作会议安排部署2015年度全市质量工作,表彰了全市获得2014年度甘肃名牌产品获奖企业。市政府主管领导与市质量发展领导小组19个成员单位签订了2015年目标责任书。各部

门将质量发展工作列入重要议事日程，明确了工作责任，制定了工作计划，分解了工作任务。同时，制订《2015年嘉峪关市质量工作考核细则》，充分发挥质量发展领导小组办公室作用，对成员单位及重点企业质量发展工作进行了考核，各部门推进质量发展工作有计划、有措施、有落实、有考核、有成效，全面完成全年的各项工作任务。

严格监督抽查，产品质量稳中有进。始终坚持“抽查一类产品，规范一个行业”的方针，根据省局下达嘉峪关市产品质量监督抽查计划，完成各类产品质量检验139批次。其中：监督抽查53批次，委托检验86批次，产品抽样检验合格率92.1%，省级抽查不合格后处理率100%。加大民生类产品监管力度。始终把与人民群众生活密切相关产品作为监督抽查重点，制定市级监督抽查计划，第三季度起对全市电线、电缆，线材，洗涤用品，木地板，陶瓷砖，铝合金型材，家具等直接与民生相关的10类产(商)品进行抽查，共155批次。加强对重要工业产品生产企业的日常监管，进一步强化质量监督的效果。对纳入监管的25家企业实行一企一档，及时更新企业相关信息，实施动态监管；在生产企业中运用信用监管体系，对辖区内41家企业开展分类监管工作。建立企业信用监管体系，建立质量失信企业“黑名单”制度，加大对质量失信企业的惩戒力度。加强对“质量服务在企业年”活动的组织领导，局党委成立由局长任组长，分管副局长任副组长，由业务科和综合科为成员的“质量服务在企业”年活动领导小组。各分局(所)按照要求，成立相应的组织机构，把责任分解到具体的监管科室。对全市43个重点企业实行“贴身服务”“上门服务”“靠前服务”，全程负责重点项目和企业质量管理、名牌创建、特种设备注册检验、代码证、生产许可证、计量、标准化服务和企业维权等工作的协调办理。加强了质量统计分析。对产品的质量状况进行认真分析，完成每季度《质量分析报告》并上报市政府领导参阅。制定《嘉峪关2015年度甘肃名牌培育发展规划》，围绕全市主导产业、支柱产业、优势产业，对拥有知识产权、核心技术、竞争力较强、名牌知名度较高、在市场上占一定份额的优势名牌产品，实施重点培育，加大扶持和质量奖励力度。成功创建了“甘肃省钢铁知名品牌示范区”，甘肃名牌5家企业共7个产品，推荐9户企业申报2015年度质量信用等级A级以上评价。全市25户工业企业的29种产品取得了工业产品生产许可，2户企业的6个产品取得了强制性产品认证(3C认证)，工业产品生产许可证取证率、3C认证取证率、国家明令淘汰产品的取缔率和重点产品抽样不合格企业的后处理整改率均达100%。

【标准计量管理】推进标准化战略，通过政策引导，鼓励企业参与国家和行业标准制(修)订的积极性，强化标准意识，提升全市标准化战略水平。市政府印发了《贯彻落实〈标准化发展战略纲要〉实施意见》，指导企业积极采用国际标准或国外先进标准组织生产，开展了“百家企业标准化提升服务工程”活动和企业产品执行标准登记工作，完成企业标准化良好行为确认3户，企业产品采标2户，均已取得省局颁发的相应证书。企业标准登记109项。代码登记数据合格率100%，数据质量抽审率100%，新办电子档案上报率100%，无问题数据。

计量管理工作全面提升。市政府高度重视计量发展工作。为贯彻落实《甘肃省人民政府关于贯彻落实国务院<计量发展规划 (2013—2020年)>的实施意见》，加强计量管理，印发了《嘉峪关市计量发展规划》。充分发挥联动机制，提升计量服务企业的水平。与市工信委联合印发通知，做出安排部署，对全市10户年耗能5000吨标准煤以上企业开展能源计量审查，指导5户企业申报计量合格确认，建立健全全市在用计量器具的强制检定和建档工作，周期受检率达到95%，与28家单位签订企业诚信计量承诺书，对全市12个农贸市场商用衡器实施免费检定，受检率达到98%以上，为经营户减免检定费用4.5万元，共检定各类计量器具13671台(件)。

【特种设备监管】特种设备监管效果显著，落实责任建立层级式网络化监管模式。特种设备安全监管建立领导“一岗双责”制度和重大隐患挂牌督办工作制度。各分局(所)分别召开了年度特种设备安全工作会，与各辖区内的特种设备生产使用单位签订了《特种设备生产使用单位目标责任书》。开展特种设备安全大检查和专项行动。充分发挥整合后的队伍优势，对全市9620台件、数量占全省第二的特种设备的监管力量由5人增加到120人，全部特种设备检查由“二年1次”猛增到“一年2次”，监管频次成几何倍数增加，监管责任全面靠实，监管效能大幅提升，构建了纵向到底、横向到边的新型网格化监管体系。组织应急演练，提升企业应急能力。积极开展特种设备事故应急演练，6月23日至26日组织方特欢乐世界大型游乐设施、贵友物业及和诚物业电梯、文物景区旅游观光车、索通公司锅炉等5家单位进行了特种设备应急演练。共检查特种设备生产使用单位366家次，发出《特种设备安全监察指令书》103份；查扣过期液化气瓶266只，依法取缔非法充装液化气黑窝点1个。组织特种设备管理和操作人员考核发证2900人(次)。检验锅炉、压力容器检验219台；压力管道40公里；各类气瓶1364只；安全阀828台；电梯、起重机械960台；厂内机动车辆230台。对全市57部自动扶梯、自动人行道进行了逐一检查，对存在安全隐患的5家单位下达了《特种设备安全监察指令书》，停运自动扶梯、自动人行道15部，整改复检合格5部，所有申龙牌自动扶梯已由厂家进行了缺陷整改，消除了安全隐患。市局与酒钢集团公司建立联合执法打假机制，局综合执法稽查支队与集团公司打假办联合成功查处了一起伪造检验报告的违法行为，有力维护了企业的合法权益，赢得了企业的高度赞誉。

（郑晓东）

食品药品监督管理

【食品安全】召开了2015年全市食品药品安全工作会议，安排部署全年食品安全工作，与各成员单位签订食品药品目标管理责任书。市市场监督管理局建立了局领导、机关部门分包基层的包联机制，由市局领导包分局、机关科室包街区、监管人员包食品药品经营户，确保“人人肩上有责任、个个心中有目标”，实现了“网格化、痕迹化、精细化”食品药品市场监管。全年检查食品药品经营单位5778家(其中：食品生产25家、食品流通3617家、餐饮服务食品1849家、药械287家)，检查均5次以上，监督检查100%。查封扣押违法食品21.5吨，其中扣押假冒“五粮液”6瓶、“茅台”36瓶；查封未检疫“猪头肉、猪下水”600件15吨；“三无”黄酒1.35吨；销毁变质大肉5吨。受理食品药品投诉举报198起，其中食品165起，保健食品29起，药品1起、医疗器械3起，投诉举报的查处反馈率均达100%。查处各类违法案件186起，罚没款95万元。构建了政府主导、部门协作、机制顺畅、覆盖城乡“四位一体”的监管体系。

突出风险防控，加强食品生产监管。加强了食用农产品入市后的风险防控。积极与农林部门进行沟通协调，会商建立健全食用农产品入市后监管协调联动机制，实施按目录分批分类加强监管，从批发市场、商场超市等大型市场推进，完成了6个食用农产品市场快速检测室和30个食品安全溯源机放置及场地等配套项目的验收工作，建立了食品快速检测人员信息库，逐步健全完善了食用农产品快速检测体系。组织开展了2015年食品抽检监测工作，共抽检监测食品603批次，其中食品药品检验检测中心抽检401批次，委托省属检验中心检测202批次，合格593批次、不合格10批次。加强了食品生产企业的风险防控。根据生产加工环节食品安全风险隐患，建立了风险隐患清单，制定了食品生产监管“两堵三看十六查”制度。实施食品企业风险分级分类监管，并予以公示和外置化，接受社会监督。在乳制品、肉制品、白酒等生产企业推行“透明车间”，通过网络上传信息，让消费者监督，使食品生产更加透明化、公开化。对食品加工小作坊实行登记备案管理制度，备案食品加工小作坊245户。加强食品运输过程中的风险防控。对全市87台食品配送车辆进行备案和统一车辆标识，掌控了车辆信息、配送种类、运送区域和人员健康状况。推行食品生产经营“负面清单”管理，目前80%的经营户实行了“负面清单”的公示。加强食品安全电子追溯系统的推广应用，落实主体责任。实施记分管理，印制食品生产经营者违法违规行为记分表3000本，将记分情况输入电子追溯平台，记分表同时作为日常巡查痕迹化的依据，落实监管责任。

突出安全保障，强化主体责任落实。开展了食品安全“百日整治”行动、春季学校食堂食品安全、推进“明厨亮灶”工程、餐用具洗消保洁、现制现售生鲜乳饮品监管、“两超一非”、中高考期间食品安全、重大活动餐饮服务食品安全保障和火锅原料、底料和调味料、含铝食品添加剂、秋季食品安全风险防控、建筑工地食堂等专项检查,在食品安全监管方面始终保持高压态势,使每项工作坚持做到有计划安排,有检查总结,切实强化了全市食品药品生产经营使用单位主体责任。在“敦煌行·丝绸之路国际旅游节”期间,保障国内外来宾就餐4830人次,工作人员及志愿者用餐1154人次,做到重大活动食品安全保障零失误、零事故,得到了市委、市政府和组委会的充分肯定和好评。

突出监管重点,强化重点工作落实。加大“明厨亮灶”推行力度,实施率达87.4%,学校等重点单位达100%。采取“请进来、走出去”的方式,狠抓电子追溯系统的全面加入和有效使用。联合移动公司召开食品安全追溯信息平台推广应用培训会议,由软件工程师集中进行培训。安排分管副局长带队到玉门、敦煌市食品追溯平台应用进行学习,做到学习先行一步,加快了餐饮环节的入网和使用率,已入网285户,实现了大型餐馆、集体配餐中心、学校食堂(幼儿园食堂)100%入网,网上巡查、量化分级管理、记分管理全面推开。规范完善“外置化”管理措施。按照“四统一”的要求,落实差别化监管措施,餐饮单位量化分级和外置化率达到98.6%,学校食堂100%。强力推行“负面清单”公示,公示率达80%以上。

突出联动优势,加大部门沟通协作。联合市教育局、市卫计委组织开展了春季学校食品安全大检查。联合市旅游局、三区开展农家乐检查评级,推进小餐饮升级改造,加强旅游景区食品安全监管,加大农村集体聚餐申报备案管理和安全监管。联合市盐务管理部门对各餐饮服务、食品生产经营单位开展了食用盐检查整顿专项工作。联合市食品行业协会、市大地保险公司,组织召开了全市食品安全责任保险试点工作动员会议,使食品安全保险成为保障和推动食品监管工作新的正能量。市公安局成立环侦分局食药大队后,主动加强沟通联系,建立了行刑衔接联动工作机制。通过部门联运优势的发挥,形成了良好的社会共治氛围。

针对突出问题,着力治理完善提升。专项整治常态化,加大风险防控。严查肉制品、食用油、调味料、火锅底料等重点品种,开展节假日、集体聚餐、重大活动时段风险排查和安全保障,深入开展餐饮具洗消保洁和餐饮环节“两超一非”专项治理。严把许可准入关,把“明厨亮灶”纳入许可硬件条件,作为审核项目,严把准入关。全年办理餐饮服务许可688户(新开办244户、延续160户)。推进“文明餐桌”行动,联合市文明办召开了全市“文明餐桌”行动推进会,表彰文明餐桌示范店、食堂10个、文明餐桌服务之星共50个。深化示范创建活动。加大已经取得省级示范街、示范学校食堂和示范店的检查整治,巩固提高;择优遴选,重点培育创建示范点6户,同时拟推荐省局食品安全示范店3户。

【药品医疗器械监管】全市共有药品生产经营企业153户,其中中药饮片生产企业1户(于2013年8月申请停产、改造至今)、药品批发企业7户、药品零售单位145户;医疗器械批发零售经营单位73户,其中医疗器械批发企业7户、三类器械<许可>零售单位18户、二类器械<备案>零售单位48户;药械使用单位126户,其中综合性医疗机构5家、社区卫生服务中心6家、乡镇卫生院3家、个体诊所60家(含口腔专科门诊8家)、社区卫生服务站等其他医疗机构52家。突出监管力度,规范药品经营秩序,统一印制了《嘉峪关市市场监督管理局药品医疗器械监督检查记录本》,全年共办理涉药涉械类案件27起,已办结案件罚没款11.76万元,依法移送公安机关涉药案件7起,吊销药品经营许可证1户,有力地震慑了药械违法违规生产经营行为。开展了药品生产、批发、零售、使用等环节进行了集中检查,及时消除安全隐患。监检结合,突出安全隐患的靶向治理。以胶囊剂药品、体外诊断试剂等为重点进行专项监督检查,完成了药品、化妆品、医疗器械150余个品种、近500批次的国家、省级监督(评价、跟踪)抽验工作。强化基本药物质量监管。对中标配送企业配送的基本药物进行跟踪,规范医疗机构药品采购行为。加大企业入网、核注核销、来源追溯等环节的监督检查,推进基本药物全品种电子监管,132台溯源机全部安装完毕并投入使用。加强中药饮片流通管理,严查从非法渠道购进中药材、中药饮片行为,加大对重点品种的监督抽检力度。启动应急机制,快速清查处置问题药品。巩固和完善药品不良反应、医疗器械不良事件监测报告工作,提升报告监测的能力和水平,药品医疗器械不良反应(事件)监测网络覆盖全市药品医疗器械生产经营企业、大型医疗机构、乡镇卫生院和社区卫生服务中心,确保了全市药品经营秩序安全有序。

【食品药品抽验】突出监检结合,发挥技术支撑作用。制定食品药品抽检监测范围,突出重点品种、重点区域、重点场所抽验对象。食品检品完成总量904批次,完成省级计划抽检559批次,按期100%完成了省、市级计划抽验任务。针对食品检测结果,向各监管分局提供质量分析报告。完成了药品、化妆品、医疗器械150余个品种、近500批次的国家、省级监督(评价、跟踪)抽验工作,对抽检不合格14批次和委托检验8个问题样品依法采取措施。共抽检监测食品603批次,其中食品药品检验检测中心抽检401批次,委托省属检验中心检测202批次,合格593批次、不合格10批次。药品计划抽验、胶囊剂药品监督抽验、医疗器械、化妆品监督抽验任务全部完成。依法处置问题产品。对抽检不合格14批次和委托检验8个问题样品依法采取措施,保证问题产品处置风险防控到位、案件查处到位、后期处理跟踪到位。加大检验检测中心项目建设,提高监管保障。市委、市政府对食品药品检验检测项目建设高度重视,统筹规划检验检测资源,统一联建检测中心实验室综合办公大楼。联建项目用地12000平方米,总建筑面积6000平方米,市发改委已批准联建项目立项申请。

【食品药品宣传】突出宣传培训,营造社会共治氛围。开展了以“合力打假、守护健康”为主题的12331投诉举报宣传月活动。开展了以“尚德守法,全面提升食品安全法治化水平”为主题的食品安全宣传周活动。宣传活动紧扣法治与诚信两大宣传主线,突出对新修订的《食品安全法》的宣传,同时举办了食品检测实验室开放日、食品安全大讲堂“六进”宣传、科普大篷车下乡、食品安全超市行等系列活动。印制并发放《食品安全法》宣传折页6000份,完成社区大讲堂30场次,下乡科普宣传3场次,接受公众咨询300余人次,培训食品药品从业人员5922人次,做到持证上岗,培训餐饮服务食品安全管理人员1513人次。通过宣传培训,强化了食品药品企业从业人员知法守法和诚信经营意识,营造了良好的社会共治氛围。开展了对新修订《食品安全法》的学习宣传,在省食药监局组织的知识竞赛活动中,选送的宏丰超市绿景苑店代表队获得第三名。

(郑晓东)

综合执法工作

【机构设置与人员编制】嘉峪关市综合执法局于2015年1月8日正式批准组建,为市政府工作部门。内设办公室、财务科、督查科、法制科,下辖3个综合执法支队和一个综合执法大队,及装备后勤保障中心,核定全额拨款事业编制85名。局机关核定参照公务员法管理的事业编制13名,其中处级干部职数4名(书记兼局长1名,副局长3名);市纪委(市监察局)派驻人员核定参照公务员法管理的处级干部职数1名;正科级干部职数4名;一般干部4名。

雄关、长城、镜铁综合执法支队均为副处级建制,分别核定全额拨款事业编制21名,其中副处级干部职数各2名(支队长1名,政委1名);科级干部职数各7名(综合科科长1名,大队长3名,教导员3名)。

工业园区综合执法大队为科级建制,核定编制5名,其中科级干部职数2名。

装备后勤保障中心隶属市综合执法局管理,核定编制4名,其中科级干部职数1名。

现有正式在编人员79人,其中参照公务员法管理人员8名;全额事业管理岗位人员34名;工勤技能岗位37人。另有进村进社人员9名,机关事业单位辅助用工人员50人。

【综合执法新举措】建立各项联动工作机制。成立了以主管市长为组长、公安、市场监管、规划、建设、国土、环保、环卫、园林、房管等15个部门为成员的综合执法联动机制。定期召集会议研究、处理和协调解决综合执法工作中的重大问题,形成联合执法、分工协作、齐抓共管的联动工作格局。建立和理顺了与各业务部门间的工作关系,各执法大队、小组与对应社区网格化管理充分结合、与社区服务中心、警务室充分衔接,形成良好的协作关系;与划入职能的15个部门、三区、三镇以及市场监管局形成良好的合作关系;与市综治办、文明办、公安局、社会治理局建立呼应策应关系;充分发动公众参与管理社会事务，形成举报、监督、监管的综合效应；努力成为12345诉求反映解决的终端。

探索创新内部运行机制。建立符合综合执法队伍建设和良性运行的工作机制和保障机制，实行党组成员分工负责、部门领导全面负责、执法队员具体负责，一级抓一级、层层抓落实的工作格局；在全局形成了执法队员、大队长、支队长、主管局长、局长自下而上、一级为一级负责的工作运行机制。

建立健全各项规章制度。在市公安局的协助下，完成了具有原则性、指导性、操作性的制度建设。勤务管理、基础保障、队伍建设、联动机制、案件会商6个方面，制定符合综合执法实际，简便易行、操作性强的制度58项，编印了《综合执法法律法规汇编》(上下卷)、《综合执法制度汇编》《综合执法指南》，形成综合行政执法法律法规、管理制度、执法规范三大制度体系，确保综合执法试点工作有法可依、有章可循。

开展“五位一体”联合执法。在执法体制上，大胆创新，与市公安局组织开展以“联勤、联防、联管、联建、联合执法”为主要内容的“五位一体”联合执法试点活动，学习借鉴公安机关在行政执法、队伍建设、办案程序、应急处置等方面的成功经验和好的做法，按照“上下对应、指挥对应、保障自主”的原则，将“分片包干”勤务模式与公安民警巡逻模式有效融合。按照属地管理的格局，合理划分执法区域，组成联合勤务小组，科学安排勤务，开展联合执法工作。采取交叉换位，前后补位的措施，确保执法工作协调联动、整体推进。通过实施联合执法，“出勤率”和“管事率”显著提高，发现问题、处理问题的能力普遍增强，综合法执领域各类行政违法案件较2014年明显下降。

开展“红袖章”执法试点工作。在全市30个社区组建30余支由320名社区退休老党员、老干部、热心社会公益的老同志组成的“红袖章”志愿者队伍，协助执法，筑牢了综合执法工作的群众基础，全面提升了综合执法成效。

【综合执法新突破】为重大节庆活动营造良好社会氛围。以“第五届敦煌行·丝绸之路国际旅游节开幕式活动”“创建全国文明城市”和“2015年全省项目观摩活动”等重大活动为契机，组织开展了摩托车(电动车、自行车)店外销售、修理行业占道经营、流动食品(商品)摊贩占道经营、和违章建筑、城市“牛皮癣”、运输散装货物未采取密闭措施车辆造成抛洒遗漏、二次扬尘污染、城乡接合部垃圾渣土围城等各类违法、违规行为专项整治128余次，促进了城乡环境和市容市貌的改善，营造了良好的节日气氛。

认真办理人大建议和政协提案。贯彻落实市政府2015年办理人大建建议和政协提案工作会议精神，按时限、高质量完成市人大九届四次会议代表建议、市政协八届四次会议委员提案的办理工作。从人大代表、政协委员反馈的意见看，对局办理建议、提案工作满意率达100%。

专项治理取得良好效果。由本局牵头，与公安局、环保局、交通局成立扬尘污染联合治理工作领导小组，在城市主要出入口设立3个扬尘污染检查站，抽调12名人员进行全天候集中整治，由于措施得力，全市大气环境质量得到改善，大气污染指数降低，工作取得明显成效。抽调12名业务骨干参加全市棚户区改造工作，通过入户调查、实地勘验、采集信息、登记造册等基础工作，摸清了棚户区改造范围内的拆迁户数、安置人员数量，为顺利推进全市棚户区改造打下了坚实的基础。与工业园区管委会联动，在嘉东工业园区彩虹门、创业大道东口、新城大道东口和机场路口设卡布点，实行错时上下班、固点守勤，严厉打击道路抛洒遗漏、扬尘污染等违法行为。四是与文广新局联动，组织开展了以“清源、净网、秋风、护苗2015”为内容的“扫黄打非”专项行动，收缴各类非法出版物30余册，有效遏制了街面非法出版物的销售行为，实现了非法出版物全程控制的目标。六是针对流动摊贩管理难的现状，在全市探索“划线定位”管理模式，雄关、长城、镜铁3个支队已经完成前期调查摸底、数字统计、点位规划等准备工作，部分支队和大队已先行实施。

全年共查处各类行政违法案件19093起，其中一般程序案件25起，已办结17起，共罚款6.39万元；简易程序案件19068起，共罚款2.35万元。查处超载、超限车辆2690台次；查处抛洒遗漏车辆2365台次；查处运输散装货物未采取密闭措施车辆3126台次；查处各类噪音行为147起；查处无手续挖沟破路行为38起；纠正各类占道经营摊点17970余户；发放各类宣传单9850余份；清理各类“牛皮癣”小广告5715张；清理城市周边固体废弃物、建筑垃圾1.682万立方米。

【依法行政新亮点】创建开展依法行政示范单位创建，全年共组织开展“五位一体”联合执法培训、首届依法行政岗位技能比武大赛、领导干部和公务员法律法规知识考试等学习培训活动6次，受训人数达到600人次，实现了高质量、全覆盖，达到了提高素质、推进工作的目标。完成2015年行政执法证件的变更注册工作，认真开展案卷评查工作，评查结果表明我局承办的每宗案卷在违法事实认定、证据使用、法律法规运用等方面均符合要求。根据《嘉峪关市人民政府关于印发“三张清单一张网”工作方案的通知》要求，对我局的机构、职能、权限、责任、程序等进行了合法性审核，按期完成了行政权力和责任清单的整理上报工作。

【其他工作】落实精准扶贫政策，把联村联户工作不断引向深入。贯彻落实全市“双联”工作会议精神，采取有效措施，开展扶贫工作。全年共组织开展了送法律下乡活动，为农户送惠农法律汇编50册，脱贫致富政策材料50份，化肥66袋。

全员参与，共同做好社会治安综合治理工作。建立健全了各种预警和应急机制，确保一旦发生群体性事件或突发事件，能做到快速反应，早介入、早决策、早平息、早疏导，全年没有发生任何治安事件。

信访工作情况。全年共办理市长信箱投诉案件、信访局转办信访案件、市纪委转办信访案件40余起，所有信访案件反映的问题均得到及时妥善解决，办结率、满意率达100%。全年共办理“12345”民生热线下达的派遣任务714件，办结率、满意率达90%以上。

（袁长旭）

国土资源保护与管理

【机构设置和人员编制】2015年，嘉峪关市国土资源局内设11个科室，其中行政科室6个，即办公室、财务资产管理科、耕保规划科、地籍测绘科、建设用地管理科、矿产资源综合管理科；事业单位5个，即国土资源执法监察支队、土地收购储备经营中心、征地事务办公室、地理信息中心、矿山管理所。在三个乡镇设国土资源所，即峪泉镇国土资源所、文殊镇国土资源所、新城镇国土资源所，为副科级单位。全局现设党组副书记、局长1名；党组书记、副局长1名；党组副书记、局长1名；党组成员、纪检组长1名；党组成员、副局长1名；党组成员、国土资源执法监察支队支队长1名；调研员1名，科级干部14名，共有正式职工49名，其中行政编制13名，参公管理2名，事业编制34名。

【耕地及基本农田保护】在年初国土资源工作会议上与三镇政府签订耕地保护责任书，并组织定期开展基本农田保护专项检查工作。严格落实省政府下达的耕地保护目标任务，确保0.41万公顷耕地红线不突破，基本农田保护面积不低于0.35万公顷。为确保完成省政府2015年度目标管理责任书中的国土资源管理工作指标，对全市117个村民小组长和镇村主任进行了国土资源法制培训，重点讲授了耕地保护和地灾防护知识，并将参加学习人员聘请为国土资源监督信息员，使基本农田保护“五不准”和“七有”制度落到实处。组织实施了国家投资600万元的新城镇野麻湾村、观蒲村高标准基本农田建设项目，已经竣工。2015年，全市共有耕地面积101740.95亩，基本农田58903.5亩，全市耕地实现了稳中有增。同时，开展了永久基本农田划定工作，对省国土资源厅下发的图斑现场核实调查；按照不划入永久基本农田实行举证的要求，安排各相关部门对不能划定永久基本农田的耕地进行举证，顺利完成了我市永久基本农田划定工作任务。

【土地供应】2015年，创新工作方式，严格供地程序，除《划拨目录》规定的公益性用地外，工业及经营性用地一律实行公开招拍挂出让。做到土地预审、土地评估、编制土地方案委托出让、批后监管一条龙的工作模式，全方位保障全市重点项目、民生项目、生态文化旅游项目用地。全年为各类建设项目供地61宗，面积449.93公顷，土地成交金额2.13亿元。其中，工业和经营性建设用地6宗，面积20.08公顷，全部实行了招标拍卖挂牌出让供地;协议出让16宗,面积14.94公顷;转让23宗,面积1.87公顷;划拨用地16宗,面积413.04公顷。当年供地率达到100%。开展了省厅试点的《嘉峪关市空间利用规划》编制工作,目前已经完成《嘉峪关市国土空间规划》(征求意见稿)的市级审核,已上报省国土资源厅,正在进行评审和报批工作。

【地籍管理】规范日常土地登记发证工作,切实维护群众合法权益。按国家统一要求开展农村土地产权“三证”登记发证工作,截至年底,已完成试点峪泉镇集体土地确权登记发证工作,发放宅基地使用权证687本,发放集体建设用地使用证27本;全市农村宅基地使用权权属调查及公示已经结束,现在正在整理内业资料和制证。组织开展了日常土地登记发证工作,全年完成新发证土地登记48宗,变更土地登记370宗,设定抵押登记300宗,注销抵押登记188宗,住宅分割登记2510户,切实维护了群众合法权益,全市不动产统一登记职责机构整合全面启动,市编办已经下发了全市不动产统一登记职责整合和机构建设的通知,资料移交、信息平台建设、业务流程再造和人员划转、窗口建设等工作正在进行。

【征地工作】为了做好兰新二线嘉峪关南站站前广场及道路附属工程被征地农户的安置工作,组织实施了耕作层土壤剥离客土造地项目,组织专人严格项目程序管理,共造地270亩,并协调造出的土地进行规模流转,发挥土地的最大效益。完成了酒钢煤炭分质利用项目用地报批及征地工作,共征农用地21.6亩,集体未利用地136.35亩,对失地农民按政策实行了货币安置和失地养老保险安置,切实维护了农民利益,没有发生因征地引发的上访事件。

【矿业权管理】2015年,出让4宗小型砂石粘土矿,收取采矿权出让金70.8万元,市场化配置率达到100%。组织开展矿产资源领域专项整治,定期深入勘查现场及矿山企业开展监督检查,发现问题及时纠正,并多次配合公安、安监等部门,开展专项检查,协助探矿单位和矿山企业解决困难,使全市矿产资源勘查及开采工作顺利进行。加强矿产资源勘查开发监管工作,及时制止和查处矿产资源违法行为。完成矿业权核查工作,支持地质勘查工作,维护矿业权人的合法权益。认真开展探矿权、采矿权的年检工作,完成了对16个采矿权及2个探矿权的年检工作,采矿权、探矿权年检率达到了100%。完成非油气矿产资源开发利用统计工作,按时上报了矿山统计年报。2015年没有历史遗留的矿业权纠纷,全年没有发生因越权行政、招商引资等引发的新的矿业权纠纷。

【矿产储量管理】建立了储量动态管理制度,以审查通过的矿山储量动态监测年报为依据,完成了开采矿山矿产资源储量统计工作和矿山查明、占用及压覆登记工作。加强矿产资源储量管理,完成了小型矿山的储量动态监督管理工作,要求矿山企业编制了《储量动态监测核实报告》,并全部通过了评审,矿山储量动态监测率和监测年报审查合格率均达到100%。夯实矿产资源管理基础,要求矿山企业开展矿产资源储量复核工作,全市16个矿山企业全部建立了储量动态监测台账,监测率达到100%。推进矿产资源节约集约利用,监管矿山“三率”指标落实到位。督促矿山企业提高地质报告评审备案工作质量。完成了全市矿业权价款评估备案工作。按时上报《矿业权评估报告备案汇总表》《矿业权评估报告参数表》及《矿业权评估行业监督管理情况总结报告》。监管矿山企业依法及时汇交地质资料。按时完成了《直报系统》工作。全面完成了征收矿产资源补偿费不低于10万元的目标任务,全年共征收矿产资源补偿费12.8万元,全部上缴入库。

【地质环境保护与地质灾害防治】编制完成了《嘉峪关地质灾害综合防治体系建设实施方案》(2014-2018)和《嘉峪关市2015年地质灾害防治方案》,完善了《嘉峪关市突发性地质灾害应急预案》,严格落实汛期地质灾害值班、巡查制度和速报、月报、年报制度。利用动态监察网络定期开展汛期地质灾害动态巡查和气象预警预报工作,提高地质灾害监测预警预报水平,加强预警信息发布工作,有效预防了各种地质灾害的发生。加强了专业和社会救援队伍、村级自然灾害信息员队伍建设,引导工矿企业和群众开展地质灾害群测群防活动,建立了区、镇、村、组四级地质灾害信息员队伍,完善了地质灾害"群测群防"体系,监测预警责任明确,群测群防员补贴落实到位,提高地质灾害防治能力,开展了"群测群防"高标准十有县活动。辖区内采矿企业的《矿山地质环境与治理恢复方案》已全部编制完毕,编制率为100%,并通过了评审。加强了矿山地质环境保护管理工作,推行地质环境保证金制度,督促矿山企业交纳矿山环境恢复治理保证金,缴纳金额累计137万元,缴存率为100%。向省国土资源厅申报了嘉峪关戈壁大峡谷省级地质公园项目,已顺利通过了省级评审,待省国土资源厅批准。2015年,全市没有地质环境项目,无矿山环境历史遗留问题。

【国土资源执法监察】全面落实国土资源执法动态巡查责任制,加强国土资源动态巡查工作,及时预防和制止各种违法行为,全年有组织地出勤巡查372次,发现违法线索32件,制止违法行为12件,依法查处国土资源违法违规案件6宗,收缴罚款28329.5元。接到12336举报电话8次,都及时组织了核查,并在规定的时间内向举报人反馈了调查处理情况。始终坚持在办理土地、矿业权审批方面从严把关,坚持集体研究会审制度。充分运用"一张图工程",加强动态巡查和监督检查,实现以图管地,以图管矿,维护国土资源的开发利用正常秩序,充分发挥基层国土资源所和执法监察信息员的作用,开展经常性的巡查工作,将各类违法行为消灭在萌芽状态。搞好土地矿产卫片执法检查工作,根据国土资源部、省政府的要求,成立了以主管市长为组长的嘉峪关市2014年度卫片执法监督检查工作领导小组,制定工作实施方案,抽调专门人员,对147个疑似违法图斑逐个实地核查,认真填写各类报表,做到资料齐全,数据准确。经查2014年度土地矿产卫片执法监督检查中,全市有2宗违法用地,已依法查处。建立完善了执法监察信息系统,按时完成执法监察综合统计、12336电话举报、土地矿产卫片执法检查等各类数据资料。

【国土资源宣传】为了普及国土资源法律法规知识,在"4.22"世界地球日,"6.25"全国土地日,"8.29"测绘法宣传日及"12.4"法制宣传日开展了一系列的宣传教育活动。在全市繁华地段设立10个宣传点,发送宣传单40000余份,悬挂条幅10条、摆放宣传牌30块,接待群众咨询500人次;在全市出租车顶LED显示屏滚动播放全国土地日宣传口号为期一周,取得了良好的效果;在三镇集贸市场设立宣传点广泛宣传,向镇、村、组干部宣传国家有关土地的政策动态、法律法规,充分发挥镇、村、组干部的带头作用,取得了更为广泛的宣传效果;在局网站以及政府网上发布"4.22"世界地球日、"6.25"全国土地日、"8.29"测绘法宣传日、"12.4"法制宣传日系列宣传活动内容,扩大了影响面,让土地管理法律法规深入人心。

【国土资源信息化建设】按部、省有关标准建设,完成了市级"一张图"数据中心建设,实现了网上办事,国土资源数据中心软、硬件及相关数据配套集成。完成了局政务公文流转系统、建设用地和矿业权电子报件与网上审批系统建设,实现省市互联互通。同时,完善了市国土资源局门户网站,建立了政务网上依申请公开渠道,及时更新本级土地矿业权交易公示公告信息,局外网网站按部、省有关要求实现土地备案登记结果、征收土地公告、征地补偿公告、安置方案公告、建设用地审批结果、土地出让公告和结果、采矿权审批结果、矿业权招拍挂和转让公示等政务信息网上公开。2015年11月9日,在北京召开的中国地理信息产业大会上,"数字嘉峪关地理空间框架"项目荣获2015中国地理信息产业优秀工程银奖。

【国土资源信访工作】年初,将与省厅和我局签订的信访工作目标责任分解到各业务科室,安排部署了全年的信访工作,落实重大信访案件局领导包案制度和局领导接待日制度,开展矛盾纠纷排查工作。同时,规范了信访工作程序,制定和完善了《信访工作目标管理制度》《信访工作责任追究制度》和《办理群众来信、接待群众来访、督查督办工作规则》。开展矛盾纠纷排查工作,按时向省厅上报了统计报表,定期对容易引发矛盾纠纷的重点环节进行排查,使一些矛盾纠纷及时得到了化解。2015年,没有接到省厅交办的信访案件,没有发生国土资源重大群体性上访和重复上访、集体赴省进京等重大上访事件。

【土地管理及矿产资源管理领域专项整治行动】按照省国土资源厅《土地管理领域专项整治行动工作方案》及《矿产资源领域专项整治行动工作方案》要求，安排部署了全市土地管理及矿产资源领域专项整治行动工作，制定了《嘉峪关市土地管理及矿产资源领域专项整治行动实施方案》，按照"深化总结整改、着力建章立制"的总体要求和"分类推进、落实整改、标本兼治"的总体思路，深化土地出让收支和耕地保护工作，规范土地利用和管理秩序，不断健全土地管理体制机制，规范矿产资源开发和管理秩序，为"稳增长、促改革、调结构、惠民生、防风险"提供更有效的服务和支撑。

（吕　康）

水利管理

【机构设置与人员编制】2015年，嘉峪关市水务局内设水政监察支队、农村安全饮水水质检测中心、抗旱防汛服务队、峪泉水利站、文殊水利站、新城水利站、双泉水利站、水土保持工作站、抗旱防汛指挥部办公室、水利建设管理站，水利工程质量监督与安全管理站。其中水政监察支队为参照公务员管理事业单位，抗旱防汛服务队为差额拨款事业单位，其余为全额拨款事业单位。共有从业人员116人，其中机关行政编制12人，参照公务员管理事业编制6人，事业编制63人，计划外用工35人；专业技术人员23人，技术工人30人。

【水资源管理】水资源管理制度落实情况。2015年，经市政府审查通过下发实施了《嘉峪关市最严格水资源管理方案》，以嘉政办发〔2015〕12号文将2015年、2020年和2030年的用水总量、用水效率和水功能区水质达标率等水资源管理控制指标予以分解下达。同时，编制了《嘉峪关市贯彻落实最严格水资源管理制度实施意见》和《嘉峪关市实行最严格水资源管理制度考核办法》，经市政府审议通过后批复实施。出台了《嘉峪关市取水许可与水资源费征收管理办法》《嘉峪关市节约用水管理办法》《嘉峪关市地下水资源管理办法》和《嘉峪关市水功能区监督管理办法》，经嘉峪关市法制办审查后已印发实施。

取水许可管理。2015年以来，市水务局认真贯彻落实《取水许可和水资源费征收管理条例》、《建设项目水资源论证管理办法》等法律法规，从严依法加强水资源管理。全年审批旧井更新17眼，验收2014年及以前新打和更新机井34眼，换发取水许可证26本并及时录入台账系统；同时做好供水工程用水户备案、国控水资源监控能力建设项目配合、全国重要饮用水水源地复核等工作。

水资源费征收。水政监察人员认真贯彻执行水资源费征收各项规定，对全市取水情况实施监督管理，认真区分取水用途，严格执行水资源费征收标准，按照抓大不放小的原则，全面、足额征收水资源费，抄表、收费和开票三分离制度，确保了资金和人员安全。2013-2015年水政监察支队建立了水资源费以电控水信息化征收系统，对36个取水单位实行预充值水资源费缴纳模式，有效改变了以往因计量设施冻坏、人为破坏等原因拖欠水资源费的被动局面。全年征收水资源费1134万元。

【其他水利管理】规划计划。市水务局规划计划科以项目规划和前期工作组织协调为首要任务，从规划编制和投资计划制定入手，力抓项目谋划、立项申报和投资争取工作，主动服务水利发展。2015年，编制完成了"十三五"水利规划。根据十三五规划水利发展重点项目中2016年度规划项目，筛选出黄草营水库项目、新城水库项目、嘉峪关市文殊灌区农业调蓄水库项目、城市防洪项目、嘉峪关市新城镇农村人饮供水水厂项目、讨赖河南岸水土保持综合治理等项目上报。2015年，完成新城水库、黄草营水库、文殊调蓄水库设计、浅山区防洪规划编制招标。其中新城水库、文殊调蓄水库已完成可研。文殊镇山洪沟道治理项目已完成初设。讨赖河南岸水土保持综合治理项目经嘉峪关市发改委批复可研，初设，同时办理了环保、土地等手续，2015年12月该项目前期工作全部完成。

灌溉管理。农业灌溉全年引水量7767.21万立方米，其中：新城灌区引水2965.85万立方米(河水1494.85万立方米，井水1471万立方米)，文殊灌区引水2367.3万立方米，峪泉灌区引水1228.95万立方米，生态公益林用水1205.11万立方米。全年农业灌溉面积39.8万亩次。

水土保持管理。2015年，在省水保局的指导下，市水土保持工作站加强对建设单位水土保持方案实施的监管力度,共完成土地整治293.14公顷;砾石覆压14.55万平方米;修建临时挡墙238米;水土流失总治理力度平均达到96.17%;林草植被恢复率平均达到97%,土壤流失控制比平均达到0.8。强化对服务对象提供水土保持咨询、服务和指导。分类完善全市道路、管线、桥梁、电力、生态等6类生产建设项目数据库,对生产建设项目单位全覆盖跟踪监管。加大对生产建设项目单位水土保持管理措施、水土保持方案编制、水土流失防治责任落实、水土保持工程投资落实等现场监督检查力度,发现问题责令限期整改,有效促进了生产建设项目单位落实水土保持“三同时”制度。规范了水土保持行政审批事项和水土保持设施验收程序,严格按照省、市责任权限做好水土保持行政审批。2015年共完成甘肃宏汇能源化工有限公司1000万吨/年煤炭分质及煤焦油加氢精制综合利用项目、环卫局承建的垃圾处理场项目等16个生产建设项目水土保持方案技术审查,其中厅批5个,市批11个,完成中利腾辉100兆瓦光伏发电项目等3个生产建设项目的水保设施验收,防治六大指标均达到预测目标,符合规范要求。全年对我市42个在建项目监督检查126次,对不符合水土保持法律法规、水土保持方案要求的单位,依法做出相应处理,全年依法查处3起水土保持违法案件。依法征收水土保持补偿费238.34万元。为了统筹谋划全市水土保持综合治理工程,明确水土保持工作重点,结合省级水土流失重点预防保护区、重点治理区及三级亚区的划分,委托、配合编制单位编制了嘉峪关市水土保持规划,目前正在进行中。完成了省水保局年初下达我市1平方公里的水土保持治理任务及水土保持统计工作。

水政执法。市水务局水政监察支队负责全市水行政执法工作。2015年,严格按照年初有计划,年中有检查,年底有落实,定期巡查的工作方法实施水政执法。在开展定期巡查、追踪巡查和重点巡查工作的同时,加大对水事违法行为和水事纠纷多发、易发地的实时监控,排查隐患,化解矛盾,发现和制止违法行为3次;在三镇公布水事违法行为举报电话,设立举报箱,畅通监督渠道,发挥全社会的监督力量,共同维护良好的水事秩序。在具体执法工作中,严格遵循《甘肃省水行政处罚法》确定的执法程序和要求,亮证执法、文明执法,依据《嘉峪关市水行政处罚自由裁量权标准》,进行行政处罚工作,做到事实清楚、证据确凿、程序合法、处罚恰当、适用法律法规正确、执法文书规范。

水利工程质量监督及安全生产。市水务局质监站负责全市水利工程建设质量与安全监督工作。2015年,为强化红线意识,落实“党政同责,一岗双责,失职追责”的安全生产责任体制,按照分级负责的原则落实安全监管职责,各科室站所、各项目部主要负责人对安全生产工作全面负责,并签订了16份安全生产工作目标责任书。同时,为了加强在建工程的安全监督管理,切实落实安全管理措施,认真落实安全备案工作,成立了在建项目安全管理机构,全年共备案11个项目的7份安全生产管理备案,7套安全开工条件备案,把安全生产责任落实到各个环节、岗位和人员。为了加强安全生产的日常管理工作,先后印发了2015年水利安全生产工作计划、工作要点、安全隐患大排查大整治百日攻坚专项行动方案、“安全生产月”活动实施方案、汛期在建工程度汛方案。在元旦、春节、“五一”“安全生产月”“十一”期间,先后对辖区内的水库、水源地、农业灌溉、施工现场、安全度汛、河道安全运行、单位自身安全管理情况等方面进行了全面检查。共组织各类检查15次,共查出各类一般安全隐患9条,全部整改。“安全生产月”期间,悬挂安全生产横幅,组织干部职工观看水利安全警示教育片《致命的有限空间》,在峪泉镇黄草营村村委会组织了防洪应急演练活动。同时组织开展水利工程质量监督与安全管理技能培训班,组织水利系统干部职工参加了市安委会举办的新《安全生产法》知识竞赛,获得三等奖。

河道管理。2015年,市水务局河道管理所完成了河道划界地形测绘、河道界碑的制作、安装工作。完成断山口河等5条河道地形测绘,数据库的建立,河道界碑的制作,与河道地界相关各单位签订了地籍调查表。认真进行汛期河道检查工作,深入各河道、坝坡、河床、河道建筑和防洪障碍进行全面的检查。查处了一起损毁堤防案,使当事人修复了损毁河堤,并按照处罚决定修复了河堤,缴纳了罚款。严格按照相关规定进行行政审批,根据新颁布的《甘肃省河道管理条例》,修订了《嘉峪关市河道管理暂行办法》,报嘉峪关市政府法制办审查备案。

水利工程管理。2015年,市水务局紧扣"抓机遇、抓项目、抓建设、抓管理"的工作思路,坚持水利建设与管理并举的工作理念,转变工作作风,强化内部管理,在水利工程管理工作中,严格项目实施程序,强调安全生产责任,认真梳理各项目档案,对档案内容缺失的,按照相关规定补充完整。尤其梳理了历年完工未审计项目,组织专人进行梳理,并报请省水利厅进行审计。市水务局坚持水利工程应建设与管理并举的原则,成立了专门管理机构管理和维护已经建设完毕的嘉峪关市饮用水备用水源地,积极协商推进双泉应急备用水库的管理责任,保障水利工程高质量发挥作用。

【防洪管理】2015年3月,向社会公布了嘉峪关市各防汛责任区责任人,并与责任单位签订《防汛安全责任书》。向各责任区单位和水库管理单位印发了《嘉峪关市抗旱防汛指挥部办公室关于做好2015年防汛准备工作的通知》。及时督促酒钢公司编制了大草滩水库防洪调度计划,要求汛期密切注意和掌握流域水文气象变化和水库运行情况,加强水库大坝安全巡视,加强防汛值班,及时掌握雨情,进行洪水预报。落实了防汛应急储备物资。组织落实了9支抢险救灾队伍。坚持24小时领导带班值班制度,随时掌握汛情、灾情,及时上传下达。督促落实在建水利工程安全度汛方案和应急抢险措施的制定,全力做好河道清障工作,确保河道行洪畅通。以大草滩、拱北梁、双泉、迎宾湖、安远沟水库为重点,层层签订防洪安全责任书,平时加强巡视检查,落实值班责任,做好水库运行安全度汛工作。与气象、水文部门签订协议,及时、准确地提供天气情况和水情信息。适时召开了全市抗旱防汛工作会议,会上通报了汛前检查中存在的安全隐患,要求会后及时整改并将整改情况报市防汛办。在汛前、汛中、汛后对全市防洪渠、各中小型水库、在建水利工程和重点险工险段以及山洪灾害防治非工程措施设施进行了10多次全面检查,对检查中存在的问题,及时以文件形式通知各相关单位,要求限期整改,跟踪落实。用具体严明的制度和扎实有效的行动保障了嘉峪关市抗旱防汛工作。

【重点水利工程建设项目】2014年至2015年,市水务局组织实施了重点水利建设工程--嘉峪关市饮用水供水水源地西气东输二线管网带下游水源井迁建项目,该工程是全市瞩目的重点民生项目,概算资金44543万元,建设工期2年。主要建设内容为:迁建嘉峪关、北大河、黑山湖三个水源地中处于油气管廊带下游区域水源井47座,按照水量同等置换的原则,新建水源井61眼,建设泵房61座,配套安装相应的电气与自控设备;架设40千米10千伏输电线路;敷设输水管道73.29千米;供水规模每年9026.7万立方米。新建双泉应急备用水库一座,总库容325万立方米,配套建设提水泵站一座,安装相应的电气控制设备。工程分为两个子项目,即水源井迁建项目和双泉应急备用水库部分,2015年工程共完成投资28270万元。水源井迁建项目:主要完成建设任务为:新建61眼水源井;建成I区、II区深井泵房及高压配电室63座;建成输水管线及井间联络管74千米并完成打压工作;建设10千伏供电线路架设46千米、35千伏供电线路6.3千米,完成相应的电气设备安装;建成光纤铺设175千米,完成I区深井泵房及水务局相应自控设备安装调试;建成检修便道30千米;安装水源地防护30千米。双泉应急备用水库项目:主要由水库、提水泵站系统、输泄水涵管、南干渠改迁建等部分组成。截至年底,完成南干渠改建1560米;完成2处线路拆除工程;完成了水库土方挖填408万立方米,铺膜21.5万平方米,混凝土预制块1.8万立方米;完成管理房、泵房建设,机组等任务。完成双泉应急备用水库堤顶铺装、压力管道安装、围栏及防护栏工程等附属工程。年底水库已顺利蓄水。

【"十二五"期间概述】"十二五"期间,全市共完成水利投资113646.4万元,其中:中央投资15376万元,省级资金4959万元,市财政资金17308.4万元,贷款24366万元,企业44637万元,募投债券7000万。"十二五"期间嘉峪关市水务局落实国家政策,把水利基础设施建设和生态环境作为西部大开发的建设重点,力争加大投资,加快进度,为整个城市的发展和城乡一体化建设提供了强有力的保障,带动了全市工业、旅游经济的大力发展。先后完成了西气(油)东输(送)管网带水源井迁建项目、嘉峪关市农业高效节水灌溉示范项目、峪泉镇小城镇供水扩容工程、嘉西光伏产业园供水工程等项目，使嘉峪关市供水安全得到有力保障，农业灌溉效率得到显著提高，水利工程城乡供水能力明显加大。积极实施防洪安全措施，先后实施了大草滩水库除险加固项目、拱北梁水库维修加固工程，嘉峪关市山洪灾害防治非工程措施项目、文殊沙河、断山口河等河道治理项目，消除安全隐患，确保群众生命财产安全。着力打造水利风景区，完成讨赖河嘉峪关市区段生态河道工程 6.5 千米、夜光楼 2300 平方米，夜光楼平台 4300 平方米、建设库容 100 万立方米的龙湖水库及周边绿化 49 万平方米，形成了独具魅力的水利风景区，有力带动了南市区经济的快速发展。

（赵玉珍）

【嘉峪关水文站】嘉峪关水文站于 2001 年 8 月设站，属国家级重要水文站、中央报汛站和国家水质监测站，黑河水系一级支流讨赖河上游的重要控制站，地处甘肃省嘉峪关市火车站，地理位置为东经 98°16′，北纬 39°45′，集水面积 7095 平方千米。以降水和冰川融水补给径流为主，气候干旱少雨，多风沙，温差较大，夏季多有局部暴雨发生。上游 10 千米处为大草滩引水总干渠；下游流入酒泉盆地，最后入鸳鸯池水库。测验项目有：水位、流量、泥沙、水质、降水、蒸发、定点洪水调查等。

（刘红国）

审计管理

【机构设置与人员编制】2015 年，嘉峪关市审计局编制 28 人，在编 25 人。内设有办公室、法制科、经济责任审计科、行政事业审计科、社保金融审计科、社会审计核查科、经贸审计科、固定资产投资科和基建审核中心等共 9 个科室。

【综述】2015 年，在市委、市政府正确领导和省审计厅的具体指导下，市审计局深入贯彻落实党的十八大及十八届历次全会精神，以“三严三实”专题教育和“工作落实年”活动为抓手，紧紧围绕市委、市政府中心工作及年初工作计划，履行审计监督职责，加大服务力度，突出对重点领域、重点部门、重点资金的审计监督，各项工作取得了显著成效。全年共完成审计及审计调查项目 45 项，审计和延伸审计单位 82 个，审计资金 137.42 亿元，查出违规违纪和管理不规范资金 1.64 亿元，上缴财政资金 1337.4 万元，核减工程造价为政府节约资金 829.58 万元。向市委、市政府和上级审计机关、市属有关部门提交综合报告、专题报告、工作调研以及信息 50 篇(次)。提出合理化意见和审计建议 77 条，均被被审计单位采纳，使审计整改工作落到了实处，有力地促进了全市经济社会持续健康发展。

【行政事业、财政审计】2015 年，以加强预算管理为目标，突出预算资金“横向到边，纵向到底”及“点、线、面”相结合的审计思路，采取审计和审计调查相结合、传统审计和计算机辅助审计相结合，所有审计项目开展前进行通告、局领导担任审计组长深入一线开展工作，采取“四包”(包质量、包成果、包进度、包廉政)的审计方式，严格开好“四会”(审前调查会、方案审定会、项目实施进度会、审计报告审定会)，把好审计质量，提升工作效率，防范审计风险。按照年初计划完成了对 2014 年度市级预算执行和其他财政收支情况及地方税收征管情况的真实性、合法性和效益性的审计，重点对市旅游局、体育局、卫生局等 3 各部门及 9 个二级单位的部门预算执行情况进行了审计，共审计资金 85.48 亿元，查出违规违纪和管理不规范资金 1534.17 万元，上缴财政资金 1207.24 万元，提出审计建议 15 条。通过审计进一步促进了预算执行管理水平，提升了预算执行的真实性、合规性和预算管理的完整性、规范性。

【经济责任审计】2015 年，按照“着眼防范，扎实推进，注重成效、综合治理，务求实效”的工作思路，使经济责任审计工作更加制度化、规范化，实现用制度管权，按制度办事，靠制度管人，提高领导干部自我约束和管理决策能力。6 月，召开了全市 2015 年经济责任审计工作联席会议。会议审议通过了《嘉峪关市经济责任审计工作联席会议及其办公室组成人员调整名单》；讨论通过了《嘉峪关市党政机关主要领导干部离任经济责任事项交接办法》《嘉峪关市管党政主要领导干部和市属国有企业领导人员经济责任审计实施办法》和《嘉峪关市经济责任审计工作联席会议制度》3项制度；安排部署了2016年经济责任审计工作。全年共开展了5个经济责任审计项目，共审计资金1.31亿元，查出违规违纪和管理不规范资金48.86万元，提出审计建议6条，有力促进了领导干部的正确履职和推动本部门、本单位的科学发展。

【固定资产投资审计】2015年，嘉峪关市审计局以政府投资效益监督为主线，提高项目建设管理水平和资金使用效益。在开展政府投资项目审计监督过程中，有效整合审计资源，突出对项目立项、招投标、货物采购、施工建设、竣工决算等环节的审计监督，依法监督项目建设各环节的合法合规性，有效控制工程造价，对政府投资项目建设管理过程中存在的问题提出有针对性的审计意见和建议，最大限度地为政府节约建设资金，有力地保障了政府投资效益的最大化。全年完成了嘉峪关至花海战备公路改建工程、嘉峪关市第一中学综合教学楼建设项目和嘉峪关机场航站区扩建工程等20个建设项目竣工决算审计，共审计资金6.66亿元，核减工程造价为政府节约资金829.58万元。通过审计，保证了建设资金真实、合法、有效地使用，同时为政府投资项目科学决策提供了依据。

【专项资金审计】2015年，以民生资金流向为脉络，关注民生项目审计，把好专项资金使用关。始终把维护人民群众的利益作为根本目标，加强对关系国计民生的重点民生资金和重大投资项目的审计监督，推进惠民政策落实，取得了较好成效。2015年，按照省审计厅统一安排，完成了对金昌市本级及辖区、林区、垦区和永昌县2014年城镇保障性安居工程跟踪审计，共审计资金14.29亿元，查出违规违纪和管理不规范资金1.41亿元，上缴财政资金130.16万元，归还原渠道资金1457.94万元，提出审计建议5条；完成了对嘉峪关市2014年度财政专项扶贫资金管理使用情况审计，共审计资金4033万元，查出违规违纪和管理不规范资金109.17万元；完成了市2014年度住房公积金归集管理使用及执行住房公积金制度政策情况的审计，提出审计建议3条。

（孙永鑫）

安全生产监督管理

【机构设置与人员编制】2015年，嘉峪关市安全生产监督管理局核定编制数10人，其中公务员9人，机关工勤1人。内设办公室、安全生产监督科、安全生产管理科、安全生产职业健康监督科、安全生产委员会办公室综合科；下设嘉峪关市安全生产执法监察支队、嘉峪关市安全生产应急管理中心、嘉峪关市安全生产考试中心。实有人员：机关行政编制11人，工勤1人；市安全生产执法监察支队4人；市安全生产应急管理中心2人；市安全生产考试中心1人。

【综述】2015年，市安监局贯彻落实全国、全省安全生产工作会议精神，以习近平总书记关于安全生产系列重要讲话、指示批示精神为指导，全面落实市委、市政府关于安全生产工作的重大决策部署，宣传贯彻《安全生产法》，推进依法治安，强化责任落实，以提升全民安全意识、夯实基层基础、提高安全监管和保障能力为重点，开展了安全生产宣传培训，强力推进安全隐患排查整治，努力构建稳定和谐的生产安全环境，全市安全生产形势持续稳定向好。

2015年，全市发生生产安全事故62起，死亡19人，受伤33人，直接经济损失224.02万元，与上年同期相比，事故起数下降16%，死亡人数持平，受伤人数下降19.51%，直接经济损失下降50.54%，呈现“三降一平”的态势。其中，道路交通事故37起，死亡16人，受伤33人，直接经济损失4.88万元，与上年同期相比，事故起数持平，死亡人数持平，受伤人数下降19.51%，直接经济损失下降54.73%，呈现“两降两平”的态势。火灾事故23起，无受伤人员，直接经济损失71.14万元，与上年同期相比，事故起数下降34.29%，死亡人数持平，受伤人数持平，直接经济损失下降66.94%，呈现“两降两平”的态势。工矿商贸生产安全事故2起，死亡3人，无受伤人员，直接经济损失148万元，与上年同期相比，事故起数持平，死亡人数持平，受伤人数持平，直接经济损失下降34.80%，呈现“一降三平”的态势。电力、农机、民航等无事故发生。安全生产各项重点工作在全省名列前茅，受到省安委会办公室和省安监局的充分肯定。

开展“工作落实年”和“效能风暴”专项行动等

工作,全社会安全生产的意识和理念不断增强。全市各行业主管单位、各生产经营单位认真汲取全国、全省各类安全生产事故的经验教训,切实加强安全生产管理,将安全生产的各项制度内化于心,外化于行,安全生产成为从企业负责人到一线职工的自觉行为。安全监管队伍的履职能力和水平不断提高。市委、市政府不断加大投入,增加编制,从根本上夯实了安全监管部门的队伍和物质保障基础。通过隐患排查、打非治违、安全生产大检查等多种方式,不断强化了执法队伍能力建设。安全生产制度体系健全完善。

重点做好了以下几个方面的工作:加强区镇安全生产监管机构队伍建设。市政府在人员、编制十分紧张的情况下,在三区设立了安全生产委员会,成立了区安委会办公室,在三镇建立了安全生产监管站,每站安排2名工作人员,专门从事安全生产监管服务工作。各村成立了安监室,配比了兼职工作人员,做到了市、区、镇、村四级四覆盖。加强内设机构建设。市编委批准成立了市安办综合科作为市安委会办公室的日常办事机构,有力地推动了安委会各项工作的有序开展。同时,为理顺事权关系,成立了安全生产考试中心,安全生产应急管理中心。新进了3名工作人员,安全监管队伍生机活力提升。加强安全生产法律法规宣传。《安全生产法》修订实施以来组织人员深入生产经营单位开展安全生产法宣讲活动,向生产经营单位工作人员发放了《<安全生产法>读本》《工程施工劳务工作业安全常识》。开展了"千厂万人"安全生产知识竞赛活动,全市326家行业监管部门、大中型生产经营单位的执法人员、安全管理人员、一线工作人员参加了活动,共发放试卷33200份,收到有效答卷32185份,平均成绩89.6分,优秀率达82.3%。在此基础上,开展了《安全生产法》(电视)知识竞赛活动,全市40支代表队参赛。开展了2015年"安全生产月"宣传活动暨营运大客车驾驶员安全宣誓启动仪式。市委、市人大、市政府、市政协、酒钢(集团)公司领导出席活动,全市驾驶员代表、乘客代表、执法人员代表及生产经营单位主管安全生产的负责人、安全管理人员共计1000余人参加了活动。同时,安委会各成员单位利用标语、横幅、宣传画、宣传单、知识手册、警示教育展牌等进行内容丰富、形式多样的安全生产宣传,教育引导全市人民牢固树立安全法治思维,营造学法、知法、用法、守法的浓厚氛围。在"三严三实"专题教育中,精心组织专题研讨活动,党组班子成员也在专题民主生活会上分别结合各自分管工作,对照"三严三实"精神,分析查找了自身在纪律、作风、廉政洁建设方面存在的问题和不足,明确了今后努力的方向和改进的措施。发扬民主,坚持集体领导。对涉及队伍建设和安全生产工作等重大问题,班子成员都能树立大局意识、全局观念,始终坚持集体协商、集体决策。领导班子的凝聚力、向心力得到了增强,真正发挥了领导核心作用。推进预防和惩治腐败体系建设,提升党风廉政建设水平。严格落实中央关于"改进工作作风,密切联系群众"的八项规定,以及省委、市委的相关规定,认真落实党风廉政建设"一岗双责"制,做到管业务与管廉政风险防范管理工作相结合,把廉政风险防范管理工作与业务工作同部署、同要求、同落实。党组书记与局党组成员、分管领导与各科室主要负责人、各科室负责人与科室干部全部签订了党风廉政建设目标责任书,实行廉政"一票否决"。补充完善了新增科室廉政风险点防控查找工作。针对安全生产监管工作中可能存在腐败风险,开展了"学好法、用好权、促公正、促清廉"两好、两促活动,制定了《廉政风险防范实施方案》《安监局安全生产形势分析研判制度》等,从思想意识、工作机制、岗位职责、工作流程和外部环境"五类廉政风险"入手,推进廉政风险防控工作。严格落实效能建设八项制度,完成了行政许可办理入住政务中心工作,实行政务信息和办事流程公开。开展"联村联户、为民富民"行动,最大限度帮助农民增收致富。支持配合牵头单位开展各项帮扶工作。筹措专项资金23500元用于帮扶村组夯实农村基层基础工作。在春耕秋收等重要时节,组织干部职工深入到田间地头,村舍农户就安全使用农业机械、防火等进行集中宣传教育,确保帮扶农户生产安全。

【落实安全生产责任制】切实落实了安全生产"三项制度",即安委会主任、副主任、行业监管主要负责人述职制度,安委会主任、副主任季度检查制度,企业安全生产主体责任报告制度。形成了"安委会主任、副主任、安委会成员单位负责人、企业负责人”四级联动的安全生产检查机制。健全完善了安全生产“黑名单”制度、有奖举报制度、约谈制度、重大危险源备案制度等。制定了《嘉峪关市安全生产“党政同责、一岗双责”制度实施细则》,形成了党委政府齐抓共管局面。企业诚信体系建设加强,有力推动了企业主体责任的落实,形成有效监管。市政府与42家安委会成员单位签订了《2015年安全生产目标责任书》,严格按照“党政同责、一岗双责”考核细则落实安全生产目标责任,把安全生产同经济建设同安排、同部署、同考核。

【安全生产日常监管】狠抓执法队伍的教育培训工作。参加省局组织的安全监管业务培训班,参训学员占全局在职在编人员的98%以上,有力地推动了工作人员业务水平的提高。在此基础上,聘请了专职法律顾问,邀请法律专家就《安全生产法》《行政诉讼法》等法律法规进行了专题辅导,提高工作人员的执法能力和政策水平。加强人员密集型场所安全生产检查工作。上海踩踏事件发生后,市安委会办公室组织公安、建设、商务、消防、交通、教育、旅游等单位成立了六个专项检查组,利用一周的时间开展专项治理和检查活动。把道路交通、春运、人员密集场所的安全生产检查列为2015年第一季度安全生产工作的重中之重。做好重大节会期间的安全生产工作。组织专门力量对全市烟花爆竹经营零售点进行检查,严查无证经营和非法经营、储存等行为,并对危化、冶金、粉尘企业、非煤矿山等重点领域进行安全生产大检查,检查烟花爆竹零售点66家次,查出隐患92条;危化企业4家,隐患9条,并全部进行了督促整改。全力做好重大隐患整改工作。组织召开了全市油气管道排查整改工作协调会,研究讨论了西三线BC070桩处甘肃雄关种业有限公司晾晒场占压重大安全隐患问题。镜铁区、发改委、国土局、规划局、工信委、安监局、法制办、文殊镇政府8部门协调联动,积极督促生产经营单位整改安全隐患,已于7月30日整改完毕并上报省政府销号。开展危险化学品和易燃易爆物品安全专项整治。天津港“8·12”特别重大火灾爆炸事故发生后,组织全市各相关监管部门抽调精干力量对全市涉危涉爆单位、重点要害部位开展了专项督导检查。重点对危险化学品生产、储存、销售单位,烟花爆竹批发、零售商店等进行了地毯式排查。共出动检查力量200余人次,检查生产经营单位312家次,排查安全隐患251起,查处各类违法违规行为37起,联合公安部门查处非法储存销售甲醇案件3起。落实粉尘作业和使用场所防范粉尘爆炸大检查有关工作。对涉及粉尘作业和使用的企业、活动承办单位的安全隐患进行了全面排查整治,督促企业、活动承办单位真正行动起来,做到工作部署“全覆盖”。开展了突发生产安全事故应急救援模拟演练活动。组织全市各行业监管部门结合行业监管工作的规律和特点,组织开展了有毒气体泄漏伤人事故模拟演练,火灾事故应急疏散演练,洪涝、地震灾害救援实战演练等。各生产经营单位组织开展了灼伤爆炸事故应急演练、危险化学品泄漏事故应急演练、中毒窒息事故应急演练等。全市各行业主管部门共举行应急救援演练67场次,其中市委、市政府领导指导观摩5场演练。通过不同行业、类别的应急演练活动提升了一线工作人员应对突发事件的能力,为减少人员伤亡和财产损失奠定了坚实的基础。

【专项整治】紧紧围绕全省安全生产“三项行动”和“六打六治”打非治违专项活动工作部署,按照“全覆盖、零容忍、严执法、重实效”的总要求,以坚决遏制重特大事故发生、切实降低安全生产“四项指标”为目标,以安全生产主体责任和监管责任落实为抓手,开展了非煤矿山、危险化学品、工矿商贸、输油气管道重点行业领域重大安全隐患排查治理和挂牌督办制度,落实了分级管理责任,确保隐患治理到位。2015年,企业自查安全隐患2023项,已全部整改完毕。全市各行业主管部门共出动执法人员9126人次,检查生产经营场所4617家次,执法覆盖率达98%,共查处一般事故隐患1700项,整改1700项,整改率达100%,累计落实整改资金69.6万元。对存在非法违法、违规违章行为的单位依法实施了处罚,其中责令停产、停业、停止建设企业39家;罚款73.5万元。

【“十二五”期间安全生产工作情况】五年来,市安监局认真贯彻落实习近平总书记关于安全生产系列重要讲话、指示批示精神为指导,全面落实市委、市政府关于安全生产工作的重大决策部署,推进依法治安，强化责任落实，以提升全民安全意识、夯实基层基础、提高安全监管和保障能力为重点，开展了安全生产宣传培训，强力推进安全隐患排查整治，努力构建稳定和谐的生产安全环境。通过一系列卓有成效的工作，全社会安全生产的意识和理念不断增强，安全监管队伍的履职能力和水平不断提高，安全生产制度体系健全完善，全市上下初步形成了"党委领导、政府监管、部门实施、企业负责、社会监督"的安全生产工作新格局。"十二五"期间，全市发生安全生产事故337起、死亡94人、受伤191人、经济损失1723.69万元，四项指标均在省上下达的控制指标之内，安全生产工作一直处在全省前列，为全市各项事业发展转型跨越发展营造了和谐稳定的生产环境。

（程 颖）

综合社会管理

人力资源管理

【机构设置与人员编制】嘉峪关市人力资源和社会保障局是市政府职能部门，承担着全市人事人才、劳动就业、社会保险、收入分配和构建和谐劳动关系的重要职责。2015年内设行政机构11个：办公室、公务员管理科、事业单位人事管理科、专业技术人员和职称管理科（挂职改办牌子）、引进国外智力办公室、职业能力建设科（挂职业能力鉴定工作办公室牌子）、工资福利科、劳动关系科、社会保险科、劳动人事争议仲裁院、劳动保障监察科。直属管理4个参公管理副县级事业机构：市养老保险管理服务中心（内设企业养老保险科、机关事业养老保险科、城乡居民养老保险科）、市医疗保险服务中心（内设机关事业医疗保险科、城市居民医疗保险科、企业医疗保险科、工伤保险科、生育保险科）、市就业服务中心（内设就业指导科、失业保险科、创业服务科），市人才流动服务中心（挂市职业介绍所牌子）。直属管理7个科级全额拨款事业机构：市劳动保障监察支队、市企业退休人员服务站、市军转中心、市职称考试中心、市社会保险基金财务结算中心、市档案管理中心、市信息中心。全系统共有行政、事业科室和队、站30个，核定各类编制共84名，其中行政编制27名，参照公务员管理事业编制39名，全额事业编制18名；实际在编在岗人数75人；现实有干部职工150人，其中县处级干部8人，科级干部41人（含副主任科员10名），科级以下公务员8人，事业干部11人，工勤人员7人，基层服务项目毕业生60人，社保员15人。

【公务员管理】公务员招录。圆满完成2015年公务员考试录用工作，为全市政法系统招录公务员22名，其中公安11名、检察院7名、法院3名、司法局1名。

公务员考核。依法实施全市2014年度公务员考核工作，对全市1260名科级及以下公务员考核情况进行了备案，全面准确评价公务员德才表现和工作实绩。

公务员培训。完成全市公务员远程网络教育培训工作，组织市政府部门科级及以下公务员及参照公务员法管理单位人员1060人参加培训，参训率及考试合格率均达到100%，提升了公务员队伍的整体素质和能力。

公务员信息系统建设。按照甘肃省公务员管理信息系统建设工作要求，对2015年度全市政府部门公务员信息系统1361名公务员信息进行了完善和维护，全面、准确、真实完成了信息采集和录入工作。完成全市政府部门公务员年报统计工作，对全市39家行政机关单位的1116名公务员和245名参照公务员法管理的事业单位人员的基本情况、职务晋升情况，调动、退休、考核奖励等进行全面的统计和分析。

公务员管理制度改革。完成全市县以下机关建立公务员职务与职级并行制度工作，研究制定了嘉峪关市《县以下机关建立公务员职务与职级并行制度的实施方案》，对三区三镇的编制、职级职数、晋升情况等进行统计分析，为符合条件的人员提高了工资待遇。

【专业技术人员管理】专业技术人员职称管理。学习借鉴省内其他市州职称评聘工作先进经验，出台并实施了《关于加强嘉峪关市教育系统教师职称评聘工作的实施意见》，结合全市教育系统职称聘任的现状，向省人社厅争取破格评审的政策，推荐上报破格晋升中教高级职称 61 人，中级职称 128 人，有效解决了困扰多年的教育系统职称评聘难题。严格把控职称申报推荐关口，向省人社厅推荐上报党校、卫生、新闻、建设、环保等系列中高级专业技术职务任职资格共 35 人。开展中高级专业技术职务的聘任备案工作和资格证书的办理工作，办理聘任手续 77 人次，办理各类专业技术资格证书 582 本。开展专业技术人员职称初定职工作，为新参加工作且见习期满的 155 名专业技术人员及时办理职称初定职手续，为非公企业的专业技术人员办理初定职手续 79 人次。

专业技术人员职称考试。严抓职称考试考风考纪，圆满完成各类职称考试考务工作，组织全国职称外语考试 1357 人，组织完成全国职称计算机考试 2992 人次，组织完成全国经济专业技术资格考试 155 人。

人事培训和人才工作。实施专业技术人才知识更新工程，组织全市 3970 名专业技术人才参加公修科目《社会主义法治理念与法治建设》培训，督促企事业单位开展形式多样的专业科目培训工作，对 2015 年度各单位的继续教育完成情况进行集中验审，验审 3349 人次，办理继续教育证书 260 本。推荐 4 名具有副高职称的专业技术人员参加省级高级研修班的培训。开展人才工程选拔推荐工作，向省人社厅推荐上报荆升阳、刘军兰、胡文平等 3 名同志为第八批甘肃省优秀专家，推荐刘军兰和陈玉萍为甘肃省领军人才。依据《嘉峪关市事业单位公开招聘人员暂行办法》和《关于嘉峪关市人才特区建设试点工作的实施意见（试行）》文件，为市环保局、市农林局、市文物局等事业单位引进硕士研究生 10 名。

【工资福利管理】 提高机关事业单位工作人员 2015 年科学发展业绩奖发放标准，审批发放金额 10815 万元，人均发放 13980 元，较上年度科学发展业绩奖人均净增加 5446 元。审批发放机关事业单位在职人员年终一次性奖金 2234 万元，人均发放 3490 元。审批机关事业单位在职人员应休未休公休假补助 2009 万元，人均发放 4937 元。大幅度提高机关事业单位在职人员取暖费补贴标准，审批发放金额 3114 万元，人均发放 4825 元。审批发放机关事业单位离退休人员慰问金 228 万元，人均发放 831 元。大幅度提高机关事业单位离退休人员取暖费补贴标准，审批发放金额 1187 万元，人均发放 4352 元。按照省财政厅关于提高公务员津贴补贴水平的要求，审批发放我市机关事业单位工作人员及离退休人员地区津贴，从 2013 年 1 月 1 日开始补发，在职人员共补发 4610 万元，人均 6040 元，离退休人员共补发 1225 万元，人均 4445 元。同步推进养老保险制度改革与完善工资制度改革，调整机关事业单位工作人员基本工资及增加离退休人员离退休费，预发在职人员基本工资调整及离退休人员增加基本离退休费共计 10448 人次，补发金额 3581 万元，在职人员按个人缴费工资基数的 12%（其中应缴养老保险 8%，职业年金 4%）扣除应缴费用后，人均每月净增资 337 元，离退休人员每月人均净增资 363 元。稳步推进乡镇机关事业单位工作人员乡镇工作补贴工作，为全市三镇符合条件的 554 人次审批发放了乡镇岗位工作补贴。2015 年嘉峪关市城镇居民人均可支配收入达到 30714 元，同比增长 10.1%。

【人才流动服务管理】 依托市人力资源市场平台，开展了“2015 年就业援助月”“春风行动”“民营企业招聘周暨大学生就业创业政策宣传”等专项行动，集中为就业困难人员、农村转移劳动者和高校毕业生提供就业公共服务，举办各类招聘会 54 期，在每周五常规招聘会的基础上，结合用工高峰期，增开周三招聘会 10 期，累计参加单位 3297 家（次），提供岗位 29841 个（次），达成意向性协议 6347 份，经后期调查走访，共有 3781 人签订劳动合同实现就业。开展日常职业介绍和灵活推荐工作。登记各类求职人员 341 人，为 267 名求职者推荐用工岗位，并全部签订劳动合同。加强与周边地区人才服务机构联系，组织索通公司等 14 家重点引资企业和劳动密集型企业参加兰州、酒泉、张掖、武威等地人才交流洽谈会，签订意向协议 431 份，共 300 余人实现稳定就业。做好各类就业公共服务，办理各类人事档案代理 178 份，审查档案 108 份，出具调查证明材料 53 份，办理引进人才落入人才中心集体户口 25 人，解决了各类流动人才的后顾之忧。

【事业单位人事管理】 落实公开招聘制度，取消户籍限制，拓宽选人渠道，面向社会公开招聘30名中小学、幼儿园教师到教育系统工作。按照省公安厅和省人社厅统一部署，组织开展360名人民警察选拔考录工作，通过报名、笔试、面试、体能测评、体检、政审、录用审批等环节工作，根据省公安厅下达的招录名额，共录取121人并全部到岗工作。按照干部管理权限，办理事业单位工作人员调动41人(其中：干部调动35人，工勤人员调动6人)，共办理退休69人(其中：干部41人，工勤人员28人)，办理辞职和自动离职手续28人。按照事业单位岗位设置管理工作要求，对新成立的事业单位和机构编制调整的事业单位进行岗位设置方案审核备案，对市农林局、市环保局、市园林局、市市场监督管理局等所属事业单位重新核定了岗位设置实施方案，做好专业技术人员内部岗位等级认定工作，为7家单位完成认定81人。

【军队转业干部管理】落实军转干部相关政策，圆满完成省人社厅下达嘉峪关市5名计划安置和15名自主择业军转干部的档案接收、审核工作，按时足额为军转干部套改发放工资。为76名自主择业军转干部申请、发放暖气费42.47万元，按规定扣除和上缴医疗保险费、给居住外地的人员变现门诊医疗费，办理住院费用报销。做好企业军转干部解困稳定工作，为29名企业退休困难军转干部申请、发放生活困难补助213453元，为3名失业军转干部申请、发放生活困难补助145410元，申请养老保险补助29082元，医疗保险补助等8724.60元。推荐自主择业军转干部惠才旺同志为全国自主择业军转干部创业模范典型候选人。

【高校毕业生就业服务】组织实施高校毕业生就业民生实事工程，共选拔48名高校毕业生从事“三支一扶”、进村(社区)工作和到基层教育卫生农牧旅游等基层岗位工作。鼓励引导高校毕业生到基层企业工作，通过审查企业资质、组织毕业生报名、开展双选洽谈，最终确定40名高校毕业生到17家基层企业服务(其中低保和家庭困难的高校毕业生2名)，为基层企业储备人才，所有新招考的高校毕业生全部与11月到岗工作。做好基层就业项目人员管理服务工作，按时足额为“三支一扶”和到基层企业服务人员审核发放生活补贴，督促各用人单位认真落实合同签订和社会保险缴纳工作。组织开展各类公共就业服务活动，积极为高校毕业生提供实名报到、求职登记、档案托管、见习创业等“一站式”服务，共实名登记应届高校毕业生835人，接收毕业生档案1063份，调出档案262份，会同职教中心开展高校毕业生创业培训班1期，参加培训人数30人。做好就业信息监测工作，及时跟踪回访就业状况，共实现就业724人，就业率达到87%。

【引进国外智力工作】规范外教管理，做好专家聘请单位资格认可初审工作，联合市公安局出入境管理支队，对城区普通中小学、幼儿园以及其他各类教育培训机构，集中进行联合检查，督促指导用人单位申报并取得《聘请外国专家单位资格认可证书》，全市共有7家外国文教专家聘请资格单位，共聘请10名具有大学本科以上学历的外籍教师专门从事中小学英语教学工作。协调教育部门实施2015年“全封闭英语口语培训”计划，共组织16名中小学英语教师参加专项培训，提高全市中小学英语教师教学水平。围绕全市重点投资建设的新能源、装备制造、化工、优质葡萄酿造等项目，开展引智基地和引智项目申报工作，确定嘉峪关正大现代农牧产业化农民专业合作社的“种猪育种和扩繁技术”项目申报为2016年度引智项目。

【就业再就业】2015年，全市实现城镇新增就业8105人，完成全年目标任务的108.07%，城镇登记失业率控制在2.68%，就业总体形势基本稳定。

【就业管理服务】细化并落实各项就业优惠政策，促进各类人员自谋职业和自主创业。共为9名实现个体经营自主创业的国有、集体企业失业人员发放创业补贴0.9万元，为959人实现灵活就业的就业困难人员发放社会保险补贴336.5万元。落实职业培训补贴和职业技能鉴定补贴政策，共为3292人发放职业培训补贴108.67万元，为2502人发放职业技能鉴定补贴60.38万元。做好就业困难群体就业援助工作，规范公益性岗位开发管理，及时审核公益性岗位补贴和社保补贴，保证待遇落实到位。按照“出现一户、解决一户、动态跟踪、稳定就业”的原则，对零就业家庭托底安置，保证动态消零。2015年通过公益性岗位安置就业困难人员242人，安置零就业家庭人员14人,目前全市公益性岗位在岗人数1135人,累计安置零就业家庭人员286人。认真落实企业吸纳失业人员享受贴息贷款政策，对11家当年吸纳失业人员、高校毕业生达到职工30%以上的小微企业,审核办理《企业实体吸纳失业人员认定证明》,促进企业吸纳44名失业人员再就业。做好《就业失业登记证》的发放管理工作,全年新办《就业失业登记证》1793本，累计换发和办理新证8714本,确保各类失业人员及时享受公共就业服务和就业扶持优惠政策。

【**职业技能培训鉴定**】实施农民工职业技能提升计划，农民职业技能培训计划、岗位技能提升行动,开展职业技能培训鉴定上门跟踪服务,组织培训学校到三镇、工业园区开展种植、养殖、电焊、家政服务等32个工种的技能培训和鉴定,完成就业技能培训2966人、职业技能鉴定3152人、“两后生学历教育培训”1008人。结合企业技术进步和产业升级,采取技术比武、名师带徒、离岗学习等培训形式,组织岗位技能提升培训1116人;依托市职教中心创业培训基地，组织448名下岗失业人员、大学生和农村劳动者参加创业培训;以全市特色劳务品牌为重点，开展机械设备维修等劳务品牌培训300余人。紧贴市场需求，拓展培训项目,开展汽车驾驶与维修培训346人、物业管理员培训184人。结合全市禁毒维稳工作,组织80名社区吸毒康复人员进行了职业技能培训。联合省职业技能鉴定中心举办职业技能鉴定考评员培训班,206人通过培训取得考评员资格证书。

【**职业技能比赛**】开展职工技能大奖赛，以赛促学、以赛促练,与市总工会、市旅游局、供电公司、大友企业公司等单位联合举办了“服装设计定制工职业技能大赛”“维修电工职业技能大赛”“机动车驾驶员职业技能大赛”等28个工种的技能大赛活动，组织4200余名职工参赛,482人晋升高一级技术等级，其中晋升技师以上技术等级的11人,获得甘肃省技术能手荣誉称号的15人,甘肃省技术标兵荣誉称号的60人,甘肃省优秀选手荣誉称号的28人。

【**劳务输转**】做好三镇农村富余劳动力劳务输转工作,按照“先培训、后输转”原则,有针对性地组织职业技能培训，建立务工人员与劳务派遣企业信息对接机制,引导三镇富余劳动力实现就近、合理、有序流转,共组织劳务输转7299人,实现劳务收入1.33亿元。做好外来务工人员服务工作,配合市教育局为申请子女入学的外来务工人员办理就业证明1122份,确保外来务工人员子女能够同等地享受义务教育资源。

【**创业服务**】落实创业担保贷款扶持优惠政策,2015年累计提供创业贷款担保11754万元,完成目标任务的117.54%,(其中:为1247名农村妇女提供小额贷款担保8604万元;为159名城镇个人提供贷款担保970万元,为15户劳动密集型小微企业提供贷款担保2180万元)，新增创业贷款担保基金600万元,完成目标任务的120%,通过扶持创业累计带动就业2607人。

【**劳动关系管理**】贯彻执行劳动合同法律法规,指导各类企业依法规范劳动用工行为。全力推进集体合同制度攻坚计划，积极推进市属企业及劳务派遣经营单位集体协商和集体合同签订。通过开展日常巡查、书面审查、专项监察、劳动用工备案等方式,加强对用人单位劳动合同的管理,落实劳动用工备案制度，为532户企业审查备案劳动合同14991份，全市国有集体企业劳动合同签订率连续多年达到100%，全市企业劳动合同签订率达到95%,劳动合同备案率达到85%以上,劳动关系保持和谐稳定。召开两次协调劳动关系三方四家联席会议,制定了《嘉峪关市协调劳动关系三方联席会议议事规则》，会同市财政、国资委、审计、发改委、总工会、工信委、工商联7部门拟定《嘉峪关市国有企业负责人薪酬制度改革实施方案》并上报省人社厅审查。依法依规办理提前退休审批手续,实行退休审批公示制度,调阅各类人事档案590余份,认定特殊工种退休259人,办理因病提前退休、退职96人,办理退休证1184本,补办退休证28本。查阅下岗失业人员人事档案186份,认定社保补贴返还88人,认定公益性岗位98人。

【农民工工作】成立了全市农民工工作领导小组，召开全市首次农民工工作会议，建立起农民工工作权责明确、衔接有序、整体联动的工作机制。出台了《嘉峪关市农民工工资应急周转金管理办法》《关于进一步做好农民工工资清欠工作的通知》等政策文件，加强了对农民工工资支付的制度保障。为促进农民工就业，建立了发展家庭服务业促进就业联席会议制度，出台了《关于加快发展家庭服务业促进就业的实施意见》，有力推进中心城市家庭服务体系建设，全市达标的家庭服务企业达13家，为促进产业结构调整，拓宽农民工就业渠道发挥了积极作用。

【劳动保障监察】开展劳动用工日常巡查和农民工工资支付专项检查，检查各类用人单位166家，涉及劳动者18690人，发出《劳动保障监察询问通知书》104份，集中整治全市建筑施工、加工制造、餐饮服务等劳动密集型中小企业拖欠农民工工资问题。依法受理农民工投诉、举报拖欠工资案件742件，涉及农民工5150人、农民工工资5260万元，办结案件713件，为4754名农民工追回工资4845万元。接110指挥中心、12345民情热线指令，处理涉及劳动者维权应急突发事件共136起，涉及675人，涉案金额1350万元。严厉打击拒不支付劳动报酬和恶意讨薪诈骗等违法犯罪行为，依法向司法机关移送拒不支付劳动报酬案2起，涉及劳动者283人、工资634万元，切实维护农民工合法权益。

【劳动争议仲裁调解】2015年，劳动争议仲裁院共受理各类劳动争议仲裁申请392件，实际办结357件，其中以仲裁裁决书方式结案175件，以仲裁调解书方式结案178件，结案率为90.1%。所受理案件中拖欠劳动报酬争议151件，占受理总数的38.5%，工伤保险待遇争议74件，占受理总数的18.9%，确认劳动关系争议72件，占受理总数的18.4%，劳动合同争议85件，占受理总数的21.7%，其他类案件10件，占受理总数的2.5%。涉及劳动者人数970余人，涉案金额达1154.7万余元。

【人力资源服务机构管理】落实省人社厅人力资源服务机构管理暂行办法，组织全市23家人力资源服务机构开展诚信等级评估的摸底调查和资格审查工作，对符合评级条件的甘肃汇杰劳务派遣公司和嘉鑫劳务派遣公司分别申报了5A和4A级的诚信资格，为21家未办理和需要换发人力资源服务机构许可证的单位新办和换发了许可证。

社会保障事务管理

【社会保险登记】加强社会保险宣传和扩面征缴力度，严格执行“五险统一基数”政策，持续加大社会保险基金源头控制和结算监管，不断强化基金稽核，确保实现社会保险基金收得齐、管得住、用得好。把社保扩面重点向小微企业、灵活就业人员及在城镇稳定就业的农民工延伸，引导其长期参保、连续参保。全市五大保险累计参保人数达到47.28万人，同比增加1.49万人，增长3.25%。其中：职工养老保险10.09万人，职工医疗保险8.75万人，城乡居民医疗保险8.24万人，失业保险5.55万人，工伤保险7.28万人，生育保险7.37万人。

【社保基金征缴管理】2015年，全市五大保险六项基金总收入123242万元，同比增加4666万元，增长3.94%，完成年度预算收入的102.05%。其中：职工养老保险征缴收入82594万元，职工医疗保险征缴收入27805万元，城乡居民医疗保险征缴收入707万元，失业保险征缴收入7347万元，工伤保险征缴收入3563万元，生育保险征缴收入866万元。全市五大保险六项基金总支出122728万元，同比增加15845万元，增长14.83%，完成年度预算支出的111.03%。其中：职工养老保险基金支出85794万元，职工医疗保险基金支出22964万元，城乡居民医疗保险基金支出3488万元，失业保险基金支出5355万元，工伤保险基金支出4206万元，生育保险基金支出921万元。社会保险基金滚存结余达到227457万元，同比增加12961万元，增长6.04%。

【社会保险信息化建设】启用社会保险人脸识别身份认证平台，简化企业退休人员领取养老金资格认证程序，在全市30个社区和三镇安装了人脸识别身份认证客户端软件，本市居住的退休人员可就近在社区镇村服务中心进行认证服务，异地退休人员可通过嘉峪关市人社局门户网站或手机认证客户端进行自助认证。全面完成全市人社系统金保专网综合布线、全市30个社区和市人才服务中心金保专网延伸和双网隔离机的配发工作，为“大就业、“五险合一”“社会保险基金财务”等信息系统的上线运行提供了网络保障。规范政务微博和微信公众平台信息发布机制，拓宽政务微博、微信公众平台应用潜力，添加自动回复功能并测试开通人工客服，为参保人员和广大群众提供政策咨询等服务新型体验。

【城镇职工基本养老保险】扩大养老保险覆盖面，以非公有制企业、城镇个体工商户和灵活就业人员为重点推动扩面征缴，实现新增参保2608人。企业职工养老保险参保人数达到71387人，累计征缴养老保险费78435万元。为全市29330名离退休人员调整基本养老金，调整后养老金平均水平达到了2434元/月。为全市26902名企业离退休人员调整了冬季采暖费补助，由每人每个采暖期700元调整到1250元。

【城乡居民养老保险】2015年，全市城乡居民基本养老保险参保人数1.85万人，同比增加1000人，增长5.5%，参保率达到97%，养老金发放率达到100%。城乡居民养老保险个人缴费收入1406万元，同比增加387万元，增长37.97%；享受城乡居民养老保险待遇5626人，同比增加583人次，增长11.56%，基金支出1561万元，同比增加609万元，增长63.97%。城乡居民基本养老保险基金滚存结余9901万元。完成全市城乡居民基本养老保险中央、省级基础养老金补助标准上调工作，调标后基础养老金增加至85元/月/人，共计为全市5004名老年居民补发基础养老金74万元。完成全市68名村干部养老保险费收缴工作，基金收缴率和参保率均达到100%。完成文殊镇团结村18名被征地农民纳入养老保险工作，为5名到龄领取待遇的被征地农民按月发放养老保险待遇共计4.78万元。积极协调筹集资金，确保峪泉镇黄草营村14名被征地农民养老保险个人缴费和政府补贴资金94万元及时足额到位。

【城镇职工医疗保险】2015年，全市职工基本医疗保险新增参保单位60家，新增参保职工2120人。加强企业退休人员医保个人账户精细化管理，实行逐月计入，全年共为参保人员个人账户计入资金1.81亿元，为异地散居、驻外人员和调出统筹地区人员提取个人账户资金1.26万余人次，提取金额580.41万元。规范做好医保关系转移接续工作，共为294人办理转移接续手续（其中转出72人，转入222人）。为7482名下岗失业人员办理失业保险代缴医保业务，经筛查比对，对已经再就业的67人及时停止享受失业保险代缴医保的待遇。加强医保定点机构监管，对全市医保定点机构进行两次专项检查，对违规的3家医疗机构和8家零售药店进行扣减费用处罚，对违规问题严重的1家零售药店取消其定点药店资格。加强医保基金支出审核力度，重点稽查医疗机构挂床治疗、分解住院等医疗机构违规行为，共筛查拒办不合规住院申请200多人次，审核拒付不合理住院478人次，拒付医疗费用151万元，规范了我市定点医疗机构医疗服务行为。积极推进异地就医直接结算工作，制定了《嘉峪关市安置在兰退休人员和长期驻兰工作人员异地就医住院医疗费用直接结算工作实施细则》，并与海南省社保局、兰州地区12家医疗机构分别签订异地就医直接结算协议书。成功完成本市安置海南退休人员异地住院直接结算2例，涉及基金支付3万余元。

【城镇居民医疗保险】2015年，城镇居民医保参保人数84564人，同比增加2150人，增长率2.6%，实现医保费收入640万元，同比增长52万元，增长率8.8%。全年审核12家定点医疗机构住院居民8914人次，支付基金1726.64万元；9家居民门诊慢性病定点机构核销2781人次，支付基金45.39万元；7家普通门诊定点机构门诊费用审核27851人次，支付基金127.6万元；市医保中心报销费用审核1381人次，支付基金974.58万元。完成2014-2015年度城镇居民大病保险补偿825笔，共支付大病补偿金366万元。做好城镇居民参保登记工作，共制作医保卡证8923套，补办医保证218本，集中为全市低保户置换医疗保险证401本。在慢性病申请鉴定工作中，收取慢性病病例361份，发放重症慢性病处方本111本，确保慢性病患者及时享受医保惠民政策。为310位居民办理新生儿参保及补费手续，收缴参保费用1.24

万元。为3790位低保户办理了2016年居民医保参保手续,申请拨付代缴资金32.12万元。

【机关事业医疗保险】2015年,全市行政事业单位参加医疗保险人数13822人(其中:在职人员10847人,退休人员2975人);征缴医疗保险费6276.5万元(其中:基本医疗保险费3736万元,大病医疗保险费99万元,公务员补助金2441.5万元),办理异地居住人员医保手续582人(其中:省内:203人,省外379人),办理行政事业单位住院人次为4549人次,审核报销各项医疗保险费用2103万元;审核划入参保人员个人账户资金4344.4万元;全市城镇职工医疗保险慢性病享受人数累计6149人(其中:2015年新纳入慢性病患者782人);支付慢性病门诊报销费用2600万元(其中普通门诊慢性病划入个人账户600万元,本地门诊重症统筹支付1900万元,外地门诊重症支付100万元)。

【失业保险】2015年,全市失业保险参保单位764户,参保人数55546人,参保人数净增1755人,增长率3.26%。完成基金征缴7859万元,同比减少1947万元,减少幅度19.86%(由于失业保险征缴费率下调);基金支出5355万元,同比增加2503万元,增长率87.76%,基金滚存结余27652万元,较上年末增加2504万元,增长率9.96%。全年领取失业保险金人员1693人,同比增长58.07%,反映出经济下行压力加大对就业形势产生较大影响。完善失业预警指标体系,对13个行业的40户代表性企业用工数据进行动态监测,通过监测数据对比分析,提升失业动态监测质量。认真落实失业保险援企稳岗优惠政策,出台了《嘉峪关市失业保险支持企业稳定岗位补贴申报审核办法》,为22户符合条件企业发放稳岗补贴3363万余元,帮助企业在调整优化产业结构中稳定运行。将失业保险费征缴费率由3%调整为2%,大大降低企业负担,提高失业保险金待遇发放标准,由983元/月调高至1081元/月,月增加98元,增长率9.97%,为1693名失业人员发放失业保险金911.05万元。

【工伤保险】2015年,全市参加工伤保险户数731户,参保人数72753人(其中:企业参保人数68319人,事业单位参保人数4434人,农民工参保人数15524人),同比增加4650人,增长率达到6.83%。完成基金收入3563万元,同比增长17%,支出4204万元,同比增长49%。重点开展以"同舟计划"为主题的建筑业工伤保险专项扩面行动,建筑企业参保人数3447人,共缴纳工伤保险费90.42万元,扩大工伤保险覆盖面。全年共受理工伤案件362件(含上年结转案件73件),做出工伤认定316件,结案率达87.29%,为425名申请人进行了劳动能力鉴定,其中伤残人员239名,病残人员186名。全年工伤医疗待遇支出1932万元,伤残待遇支出1420万元,工亡待遇支出852万元。深入推进"老工伤"统筹管理,为3958名新、老工伤人员落实了工伤待遇,为516人调整了伤残津贴、生活护理费和工亡职工供养亲属抚恤金标准。向省人社厅争取到省级工伤保险基金调剂补助金1200万元,缓解了全市工伤保险基金支付压力。

【生育保险】2015年,全市参加生育保险单位658家,参保人数73722人(其中:女性18734人),较上年同期增加2288人,增长率为3.2%;缴费人数69036人,基金收入866万元,较上年同期减少259.2万元;核销待遇1677人次;基金支出921万元,较上年同期增长111万元,增长率13.7%;基金滚存结余3388万元,较上年同期增加32万元,增长率为0.95%。

【企业退休人员管理服务】按照全市金保网的布设进度,在全市三镇和30个社区安装启用人脸识别认证平台,利用信息化手段对全市29899名退休人员进行领取养老金资格认证,完成本地居住的25746名退休人员信息采集和认证工作,认证率达86.1%。全市5590名城乡居民,已完成本地居住的4196名退休人员信息采集和认证工作,认证率达75%。对预约入户认证的700余名行动不便的老人进行入户认证,目前已完成218人。做好异地居住退休人员网上认证审核工作,共审核通过1471人,为居住在异地的15位退休人员提取了医保个人账户金额25697元。全年共走访慰问去世退休人员家属161人,协助料理后事112人,走访探望高龄、生活困难、重病的企业退休人员

40余人。

【档案管理服务】市人社局档案管理中心共接收管理全市企业退休人员人事档案29785份档案，2015年新接收退休人员人事档案2293份（其中酒钢德力源以及酒钢公司退休人员人事档案1896份，个人续保灵活就业退休人员人事档案397份），接收管理下岗失业人员档案17741份，比上年度增加1091份。调出人事档案649份，(其中办理退休397份，外转252份)。全年提供档案查询服务1798人次，2015年全市棚户区拆迁改造中，部分房屋产权公证须出具职工家庭成员关系证明，共办理查询复印档案材料2300余份，出具档案存档证明138份，为退休职工提供了便捷服务。贯彻落实《社会保险业务档案管理规范》《社会保险业务档案管理规定》等法律法规，共接收社保业务科室移交社保档案1099卷24464件。结合社保业务档案信息化建设，筹集资金60万元开发社会保险业务电子档案管理系统并投入运行，完成了部分档案材料的扫描上传工作，努力实现业务档案归档、微机录入和数据查询同步进行。开展全市政府部门科级以下干部人事档案专项审核工作，共整理审核全市44家行政事业单位人事档案1600余份。

体制改革

【机关事业单位养老保险制度改革】贯彻落实《甘肃省机关事业单位工作人员养老保险制度改革实施办法》，召开了全市机关事业单位养老保险制度政策改革动员大会，对我国养老保险制度的历史沿革、基本政策及机关事业单位养老保险制度进行分析解读，召集市属各单位劳资人员举办政策培训班，针对数据采集、整理、数据采集软件操作及使用方法等内容进行培训，完成全市机关事业单位职工养老保险基础数据采集工作，对7461名在职职工(行政2065人、事业4889人，民生实事507人)和2835名退休人员(行政762人、事业2073人)的养老保险和职业年金基数进行了核定，为全面开展机关事业单位养老保险工作做好准备。

【城镇居民大病医疗保险】2015年，完善城乡居民医疗保障制度，推行利用城镇居民基本医疗保险基金向商业保险机构购买城乡居民大病保险新模式。由省财政基金按照每人每年30元的标准直接拨付大病医疗保险金，建立城乡居民大病医疗保险，参保居民个人不再额外缴纳保费。通过大病医保新模式的实行，充分发挥基本医疗保险、大病医疗保险与医疗救助的协同互补作用，提高了重特大疾病保障水平，减轻人民群众医疗费用负担，防止重特大疾病患者因病致贫返贫。

【城镇居民重症慢性病政策调整】2015年，结合医保基金收支结余实际，认真分析测算，对城镇居民基本医疗保险中恶性肿瘤放化疗、器官移植术后抗排异治疗、尿毒症门诊透析治疗等3种慢性病门诊统筹管理办法进行调整，取消了每年2500元的门诊统筹支付限额，在居民医保年度最高统筹基金支付限额14万元内进行费用核销，切实减轻居民医保慢性病患者就医购药的经济负担。

【生育保险改革】2015年，结合生育保险经办服务实际，对2009年6月印发的《嘉峪关市女职工生育保险暂行办法》进行修改完善，对全市生育保险基金的监督管理、待遇标准及支付范围等内容进行明确和规范，形成《嘉峪关市生育保险管理办法》，增加了因特殊原因在外地定点医疗机构生育的新规定，根据《女职工劳动保护特别规定》和《嘉峪关市人民政府关于印发<嘉峪关市人口和计划生育利益导向政策体系建设实施办法>的通知》对女职工产假的计算也做出专门规定。

【社会保险待遇调整】2015年，根据社保基金收支结余情况和社保运行实际，提高社保待遇水平，让经济社会发展的成果惠及广大城乡居民。上调全市城乡居民基本养老保险基础养老金，企业退休(职)人员养老金、工伤(亡)人员伤残待遇、失业人员失业金标准，提升参保群众待遇水平。全市城乡居民养老保险基础养老金标准达到230元/人/月，企业退休人员养老金达到2434元/月，失业金标准提高至1081元/月，工伤(亡)人员待遇标准同比提高10%。下调失业保险费率和生育保险费率，自3月1日起，失业保险费征缴费率由3%调整为2%，生育保险费率从原有0.15%、0.2%、

0.5%、1%四种调整为0.2%和0.5%两种，减轻参保单位和参保职工缴费压力，减轻参保负担2700万元。

（杨 阳）

环境保护与管理

【机构设置与人员编制】2015年，嘉峪关市环保局现有人员编制70人，其中行政编制11人，参公编制1人，事业编制58人。内设办公室、法规宣教科、污染防治科、环境影响评价科4个科室；下属事业单位13个：市环境监测站、市环境监察支队、市环境宣教中心、市环境污染源监控中心、市环境信息中心、市汽车尾气监测治理中心、市医疗废物集中处置中心、市环境应急与事故调查中心、市环保财务核算中心、市生态与农村环保站、市核与辐射环境监测监督站、市固体废物和化学品管理中心、市创建国家环境保护模范城市工作办公室。

【污染源治理】2015年省政府下达减排项目共计24项，其中：工程减排1项、管理减排22项、机动车减排项目1项。按照省环保厅要求，制定印发了《嘉峪关市2015年主要污染物减排计划》，对减排的各项指标任务进行层层分解，落实责任，通过强化结构减排、工程减排和管理减排，严格控制污染物增量，努力削减存量，确保减排指标任务圆满完成。嘉峪关市污水处理厂污泥处理工程已建成进行设备调试并投入试运行。嘉峪关宏晟电热公司新1号、2号机组脱硫、脱硝设施运行正常，东兴铝业公司1—6号机组脱硫、脱硝设施运行正常，在线监控设施已于6月8日开始向环保部门联网试传在线数据，同时积极与省环保厅沟通在线监控设施验收事宜。加强酒钢宏达建材有限责任公司1号、2号、3号新型干法水泥生产线脱硝工程运行管理。酒泉钢铁(集团)有限责任公司1-4号烧结机脱硫设施运行正常，烧结机旁路安装在线监控设施正在进行方案论证，年底前完成安装。

为持续改善空气环境质量，2014年以来，市委、市政府要求以更大的决心和力度强化大气污染治理，采取有效措施遏制污染，使全市大气污染防治工作一年见成效、两年大改善、三年促完善，制定了《嘉峪关市大气污染防治行动计划方案(2014-2016)》，成立了市大气污染防治工作领导小组。设立了监督考核、工业污染防治、扬尘污染防治、煤炭污染防治和机动车尾气污染防治五个工作组，由市政府分管领导任各组组长。召开了大气污染防治工作动员大会及第一次指挥部会议，对全市大气污染防治工作进行了总体部署，并明确工作任务和部门职责分工，确保任务到位、项目到位、资金到位、责任到位。按照指挥部会议部署，结合全市大气污染防治实施方案的具体要求，各工作组开展了一系列大气污染防治专项行动。

【城市环境综合治理】环保服务职能显著提升。在市政府政务服务中心设置环保业务办理服务“窗口”，将环评审批时限由报告书60个工作日、报告表30个工作日、登记表15个工作日、专项规划10个工作日分别缩减为报告书42个工作日、报告表21个工作日、登记表10个工作日、专项规划7个工作日。公开排污收费和建设项目环保审批验收的政策法规依据、工作制度、办事程序、排污收费标准、岗位职责、办事指南和重要业务工作进展情况等。成立了环评审批协调领导小组，提前介入，全程跟踪，责任到人。

应急管理和“三大体系”建设。制定了《嘉峪关市2015年度污染物总量减排监测体系建设计划》及《嘉峪关市2015年度污染物总量减排监测体系建设计划实施方案》。全年主要污染物总量减排监测体系建设考核，国控污染源各监控点位数据有效传输均为100%。同时建立与相关部门的联动机制。为有效整合全市相关力量和社会公共资源，预防和及时妥善处置因交通运输、火灾、爆炸、泄漏和生产事故引发的突发环境事件。环保局与市安监局、公安消防支队、交通运输局建立了应急联动工作机制。与各部门之间互相以电话、传真、值班信息、文件交换等方式通报突发环境事件的环境监测信息、突发环境事件的处置信息和通报可能影响环境安全的事故信息，并开展联合执法活动。成立了嘉峪关市公安局环保犯罪侦查分局，配备了警力，加强了环保执法力量。制定了《嘉峪关市企业事业单位突发环境事件应急预案管理工作实施方案》，明确了25家突发环境事件应急预案企业名单，紧密结合《企业事业单位突发环境事件应急预案备案管理办法(试行)》有关规定，编制了

《嘉峪关市环境应急管理培训资料》,组织全市50家企事业单位及环境应急管理人员参加了全省举办的2015年全省重点风险源企业环境应急管理视频培训。转发了《甘肃省环境保护厅关于转发尾矿库环境应急预案编制指南的通知》,全力抓好辖区尾矿库风险评估及环境应急预案编制工作。联合了安监、消防等部门于11月6日在嘉峪关市城市饮用水水源保护区4号井附近举行了以液氨泄漏为背景的危险化学品泄漏突发环境事件应急处置演练。锻炼和提高了各有关部门联动应对突发饮用水水源污染的能力，提升了突发环境事件的应急响应和处置能力。服务全省“3341”和市“4661”工程,成立重点项目环评审批协调领导小组,提前介入,全程跟踪,责任到人。按照建设项目环境影响评价相关规定要求,对全市新、改、扩建项目严格执行环境影响评价和环保“三同时”制度，强化了建设项目环境保护前期审批、施工管理、竣工验收三个环节全年共审批建设项目74个,涉及资金投入66.75亿元,其中环保投资总额6662.50万元,占总投资的1.0%。验收项目36个，涉及资金投入15.69亿元，其中环保投资总额2267.32万元,占总投资的1.45%。在项目审批过程中，未引进国家明令禁止淘汰的落后生产能力等不符合国家产业政策的建设项目,未发生违规、越权审批现象。

农村环保工作。开展辖区内风景名胜区管理与建设环保专项大检查。按照省政府环保目标责任书和考核细则要求,制定了《嘉峪关市开展文物旅游景区和饮用水源保护区生态环境专项执法检查方案》，按季度对嘉峪关关城文物旅游景区、嘉峪关东湖生态旅游景区和嘉峪关饮用水源保护区进行实地检查,未发现违法违规行为。提请市政府批转了《嘉峪关市生态环境保护规划(2014—2030)》。重点抓好2011年连片整治项目及2009、2010年农村环境综合整治项目运行管理工作。为保障项目正常运行，市财政将设施运行经费纳入市级财政预算,落实2015年度经费75万元,保障了设施正常运转。加强农村畜禽养殖企业的规范化管理工作,初步建立了养殖小区、养殖合作社、养殖场信息档案。

核与辐射安全监管。重点针对全市核技术(放射源和射线装置)应用单位、输变电与广电通信类单位设施进行开展监督检查，监督检查率达到100%。一季度,制定了《嘉峪关市2015年核与辐射安全监督检查工作方案》。二季度,全面对所有核技术利用单位进行了现场检查和监测，对制度不健全、管理不规范、防护设施不到位的单位提出了整改要求。定期对酒钢放射源和全市8家医院射线装置进行监督管理,做好监管记录。确保辐射工作单位不发生放射源丢失、被盗、失控，或者放射性同位素和射线装置失控导致人员受到超过年剂量限值照射等辐射安全事故。全面完成辐射环境监测网国控点监测任务。全面配合省核与辐射安全中心开展输变电监测、通信基站监测工作。重点保障4G通讯基站建设环评审批工作顺利完成。

【环境监察】强化环保执法监管,加大环境监察力度,着力解决突出环境问题。对偷排和超标排污以及其他各种污染环境的违法行为和案件，做到有法必依,执法必严,违法必究。2015年,按照“不定时间、不打招呼、不听汇报、直奔现场、直接检查、直接曝光”和“持续保持执法检查的高压态势”要求,采取底线思维,坚持环境违法行为“零容忍”态度,重点开展监管企业专项执法检查工作。对于企业存在的环境问题,及时提出整改要求,督促企业制定整改计划,按时完成整改。共计出动执法人员3000余人次,检查企业1000多家次,约谈企业1家,下发《责令改正违法行为决定书》95份,下发行政处罚41份,共罚款180余万元,查封企业29家,移送公安机关6件,行政拘留1件,刑事拘留4件。办理电话投诉53件,来信和网络投诉5件,做到了事事有落实、件件有处理、案案有结果。环境行政处罚案件执行率为100%,未发生环境行政复议案件和行政诉讼案件。按照《排污申报核定登记》制度,全面建立健全我市排污收费档案,确保了全市排污费征收、使用、管理工作整体推进和顺利进行。截至10月底,共征缴排污费1500多万元。

【环境法制宣传】按照“六五”普法工作要求,制定了2015年“六五”普法工作计划。结合“六五”普法教育工作和“六·五”世界环境日主题宣传教育活动,坚持“面向决策层、面向企业、面向社区、面向学校”的工作原则,采取发传单、挂标语、播放环境保护公益宣传片等形式,大力宣传新《环保法》,开展了以"加强环境宣传教育提高全民环保意识"为主题的新《环保法》电视知识竞赛活动。2015 年"六·五"世界环境日期间,在雄关广场举办了世界环境日环保法律宣传咨询服务活动,开展了全市中小学生环保手抄报竞赛活动、社区环保知识讲座、"绿色环保、低碳出行"和"践行绿色生活"单车志愿宣传等活动,使环保普法"五进"工作落到实处。

成立了"嘉峪关市开展环境污染责任保险试点工作领导小组",将参保目标签入环保目标责任书,并向相关企业下发了《关于做好 2015 年环境污染责任保险试点工作的通知》,确保了污染责任保险工作规范、有序地开展。利用环保例会宣讲、下发宣传手册等形式对环境污染责任保险工作进行再宣传,提高企业经营者环保意识。年底前,嘉峪关污水管理处、嘉峪关市医疗废物集中处置中心和酒钢(集团)宏达建材有限责任公司等 9 家企事业单位参保。

【环境监测服务】嘉峪关市环境监测站站在完成常规性监测任务的同时,还承担着新建、改扩建项目环境影响评价现状监测及项目竣工环境保护竣工验收监测等服务性监测工作。环境监测站创新工作机制,建立建设项目竣工环境保护验收监测现场检查告知机制,对建设项目环境影响评价文件和环评批复落实情况进行详细检查,制作建设项目竣工环境保护验收监测现场检查对照表,对建设项目环境影响评价文件和环评批复落实情况合格的企业及时安排验收监测,对环境影响评价文件和环评批复落实情况不合格或不具备监测条件的建设项目及时反馈现场检查情况信息,告知项目验收管理部门和企业不能开展验收监测的原因,做好协调沟通,通过此项行之有效的措施,提高建设项目竣工环境保护验收监测工作效率。现已经全面完成 2015 年委托的全部建设项目竣工环境保护验收监测任务。

(杜 山 张璟尧)

民政事务管理

【机构设置与人员编制】嘉峪关市民政局与市委双拥工作领导小组办公室、市委老龄工作委员会办公室、市社会组织党工委、市民间组织管理局、市慈善协会合署办公。主要承担以下职责:最低生活保障、大病医疗救助、临时困难救助、自然灾害救济、特困人员供养、流浪乞讨人员救助、低收入家庭经济状况核对;双拥共建、优待抚恤、退役士兵安置、涉军稳控、军休干部无军籍职工服务管理、军用饮食供应;基层民主政治、城乡社区建设、社会工作人才队伍建设;民间组织(包括社会团体、民办非企业单位、基金会)党建及登记管理、行政区划、边界地名、婚姻登记、收养登记、社会福利、福利彩票发行与管理、殡葬管理与服务;老龄事业、居家养老、慈善事业、民政项目及基础设施建设等。2015 年,内设办公室、社会救助和救灾救济科、社会福利和社会事务科、基层政权和社区建设科、优抚安置科、双拥综合科、老龄综合科、民间组织管理科、社会组织党工委综合科 9 个职能科室。下设居家养老服务中心(副县级)、婚姻登记中心、福利彩票发行管理中心、救助管理站、军队离退休干部休养所、军用饮食供应站、社会福利院、殡葬管理所、低收入家庭经济状况核对中心等 9 个基层单位,并负责监管嘉裕故园(经营性公墓)。全局在编干部职工 76 人(含基层单位),其中:行政编制 12 人,机关工勤 2 人,参公管理 2 人,事业编制 60 人,"三支一扶、进村进社"8 人。

【社会救助】城乡低保。2015 年,全市低保标准由 425 元/月提高至 510 元/月,增长 20%。新补助标准从 2015 年 1 月 1 日起执行,同时补发了 1-6 月低保金 227.6 万元。截至 12 月,城市低保 1755 户 3040 人,全年累计为 41608 人发放低保金 1719.50 万元,月人均享受低保标准为 413.26 元/人/月;农村低保 401 户 583 人,全年累计为 7312 人发放低保金 257.81 万元,月人均享受低保标准为 352.58 元/人/月。

救灾救济。完善应急响应、灾害评估等机制,确保受灾群众应急救助、过渡性生活救助和倒损民房重建等工作及时有效。完成春荒救助工作,救助农户 327 户 1004 人,发放救济资金 25 万元。

农村五保供养。2015 年,为困难群众 513 户(1232 人),发放临时救助金 77.85 万元。五保供养对象 53 人,发放供养金 43.13 万元,其中集中供养 25 人,支出金额 19.74 万元,比上年增长 25.33%;分散供养 28 人,支出金额 23.39 万元,比上年增长 25.34%。

城乡医疗救助。2015 年共救助困难群众 9338 人次,发放医疗救助金 486 万元,其中城市医疗救助 1298 人次,救助金额 267.64 万元,比上年减少 51.53 万元;农村医疗救助 326 人次,救助金额 70.49 万元,比上年减少 60.15 万元。全额资助低保户、特困人员、重点优抚对象 4039 人参保参合,共发放参保参合资金 37.62 万元,门诊救助 3675 人,发放门诊救助金 110.25 万元。

其他救助。2015 年全市累计救助流浪乞讨人员 563 人次,支付救助金 17.7 万元。

【双拥优抚安置】双拥共建。成功创建全省双拥模范城"八连冠",完成了全国双拥模范城"六连冠"创建任务,落实军地援建"双十工程"项目。协调项目资金 130 万元解决了 68207 部队营区高压线路改造问题。为军人子女入学入园建立"绿色通道",及时解决了 36 名军人子女的入学难题。协同部队组织第三届"情定雄关 爱洒军营"军地青年集体婚礼,25 名军人与地方女青年喜结连理。为完善全市零散烈士墓抢救保护工作,多方搜集整理烈士史料,按照《嘉峪关市零散烈士纪念设施抢救实施方案》,完成补办嘉峪关烈士陵园的相关手续,清明前夕对我市 100 座散葬烈士墓举行集体安葬。申报完成嘉峪关烈士陵园为市级烈士纪念保护设施。

优抚工作。落实《军人抚恤优待条例》,确定各属别优抚对象保障标准和水平,实现优抚对象享受医疗全覆盖,优抚对象参合参保率达到 100%。按时足额兑付各类优抚对象的优待抚恤金、生活补助金、分散供养的 1–4 级残疾军人护理费等共计 520 万元。确定各属别优抚对象医疗保障标准,实施《嘉峪关市优抚对象医疗保障"一站式"服务实施方案》,落实医疗补助和医疗费用优惠减免政策。

退役士兵安置。2015 年,全市共接收 2014 年冬季退役士兵(含转业士官)72 人,其中自主就业 64 人,符合安置政策的城镇退役士兵 8 人;截至年末,已安置 4 人。将有培训意愿的 55 名退役士兵全部组织培训,兑付培训费用共计 25 万元,对符合转业条件本人在部队选择自主就业士官兑付兵役优待金 32 万元,并对符合安置条件的退役士兵在待安置期间,按照每人每月 510 元的标准,发放生活补助金 3.6 万元,兑付兵役优待补助金 329 万余元。

【社会福利】社会福利事业。截至年底,全市有养老机构 6 家,社区日间照料中心 25 个,养老床位 1130 张,每千名老年人拥有床位数达到 35 张,高于省定床位数 4 张,农村日间照料中心在全省率先实现了全覆盖。

福利企业。2015 年全市福利企业总产值 3624.7 万元,共计安置 64 名残疾职工就业。酒钢福利劳保服装厂安置残疾职工 42 人,占企业职工总数的 70%,企业年产值 3127 万元;嘉峪关市福利海绵厂安置残疾职工 12 人,占企业职工总数的 70%,企业年产值 335 万元;嘉峪关市兰天制衣有限责任公司安置残疾职工 10 人,占企业职工总数的 29%,企业年产值 162.7 万元。

福利彩票发行。2015 年,全市共销售福利彩票 1.59 亿元,完成全年销售任务的 78%,其中电脑票销售 1.13 亿元,中福在线销售 4350 万元,刮刮乐销售 285 万元。

【社会事务】殡葬管理。贯彻落实《甘肃省殡葬服务价格管理试行办法》和《关于党员干部带头推动殡葬改革的实施意见》,实行生态安葬奖励政策,倡导节地生态安葬方式。倡导殡葬服务亲情化、人性化,对市殡仪馆现有的大礼堂、馆外停车场、馆内公厕进行了维修改造。会同市建设局、水文化公司发布迁坟公告 1 次,办理名人公墓审批事宜 7 次,办理遗体外运手续 13 次,火化遗体 1300 余具,为 23 户困难群众减免火化费用 2.8 万元。

其他社会事务专项工作。全年共受理结婚登记 3540 对、离婚登记 850 对,出具婚姻状况证明 1.06 万份。办理孤儿收养登记手续 6 例。为全市 32 名孤儿发放基本生活费 37.8 万元,为 18 名三无人员发放基本生活费 14.7 万元。

【区划地名管理】地名管理。开具门牌号码证明 321 件,完成了 5 个新建小区的命名报批工作,落实资金 27.9 万元补装了 8393 块缺失门牌。

第二次全国地名普查。在全市范围内组织开展了第二次全国地名普查收集资料和摸底调查工作,落实普查资金60万元,举办地名普查培训班两次,对全市范围内的陆地水系、陆地地形、行政区域、群众自治组织等11大类地名进行第一次摸底,合计采集1093条地名信息。在已开展的第二次外业采集工作中,预调总条数2387条,实调总条数680条,其中采集到交通运输设备248条,居民点195条,群众自治组织38条,纪念地旅游景点15条,建筑物11条,行政区域2条。

【基层政权和社区建设】2015年以来,全市新建、改建了6个城乡标准化社区服务中心。目前,全市城乡标准化社区服务中心已达33个,城市社区综合服务设施和信息化网络平台实现了全覆盖。将社区居民委员会工作人员的教育培训纳入市委党校、行政学院年度培训计划,建立了社区干部培训长效机制,全年累计培训基层干部328人,占社区工作人数的43%。

【社会组织管理】社会组织登记。2015年,全市共受理社会组织登记申请89件,已登记64件,同比增长34%。在已办理登记的社会组织中,有基层社会组织7家,占新成立社会组织总数的11%。截至2015年底,全市共有社会组织259家,其中社会团体108家,民办非企业单位151家。

社会组织年检。全面完成2014年度年检工作,应检的167家社会组织全部参加了年检。联合教育部门对全市民办教育机构进行了联合执法监察,对部分不达标和发现的安全隐患发出整改通知书责令限期整改。4月,邀请市委讲师团、党校、电大的专家教授及税务部门业务骨干对社会组织从业人员260余人进行理论政策培训和业务指导,正确引导社会组织建立健全现代法人治理结构和运行机制。

【老龄工作】项目建设。贯彻落实嘉峪关市《关于加快发展养老服务业的实施意见》,制定出台《关于鼓励社会力量兴办养老服务机构的扶持政策》,推进养老服务领域管理体制、运行机制以及用人用工制度、分配制度和资源配置改革创新,在政府投资建设的社会福利院、农村中心敬老院、儿童福利院推行养老服务体制改革。采用"公办民营"的合作模式,将公办的社会福利院和农村中心敬老院所属服务场所及设施,在确保权责关系明晰、国有资产不流失、养老用途不改变的前提下,交由承包方独立经营,由市民政局实行监管;承包方按照市民政局的发展目标和经营要求,以自我经营、自负盈亏、自我发展的原则为老年人提供健康养老服务。双方的合作模式在合作期限内不变。7月,嘉峪关市社会综合福利院已进入试运营。

居家养老服务。市居家养老服务中心有效整合社会资源,借助社会治理服务中心网络通信平台为系统支撑,加盟为老服务企业18家(其中餐饮类10家,家政类8家),建立了一流居家养老服务专业团队。为1.36余万户提出申请的老人免费安装"一键通"电话进行居家养老通讯服务;加强居家养老服务质量体系建设,制定出台了《嘉峪关市居家养老服务标准(试行)》和《嘉峪关市居家养老服务评估实施办法(试行)》。累计注册状态老人1.86万人,全年完成工单53.5万余单,让60岁以上具有本市户籍且在本市长期居住的老人,在家享受到家庭保洁、生活照料、餐饮服务等各类亲情式养老服务。在居家养老服务中心继荣获"全国敬老文明号"后,2015年获得了全省"敬老文明号"荣誉称号。

老年优待政策。全市60岁以上老年人口32512人,占户籍人口的16.1%。在全省率先实行高龄老人高龄补贴统一扩面提标,补贴对象由原来的80岁下调为75岁。从2015年起,全市75岁以上老年人享受高龄补贴标准由原来的200元至4000元不等调整为500—10000元不等。老年优待政策范围持续扩大,在交通、文化、低保、医疗、殡葬等领域享受不同程度的优惠减免政策。综合社会福利院创新了公办民营、医养结合、异地养老、旅游养老等模式,实现了传统养老向现代养老的转型,福利养老向高端养老的发展,老人享受全方位多层服务。

【慈善事业】制定出台了《嘉峪关市关于促进慈善事业健康发展的实施意见》。举办了慈善协会成立五周年暨"歌颂经典?弘扬慈善"晚会等公益类活动7场,募集慈善善款69.76万元,慈善救助困难家庭167户,发放救助资金50.9万元。大力发展基层慈善事业,为各社区申请慈善工作站建设资金,截至2015年底,全市共有慈善工作站22个、慈善爱心超市7家。

(柴迪凡)

民族宗教事务管理

【机构设置与人员编制】嘉峪关市民族宗教事务委员会与市委统战部合署办公，一个机构，两块牌子。市民宗委现实有人数8名。民宗委主任1名,副主任1名,副调研员1名,科级3名,科员1名,机关后勤人员1名。

【民族事务】开展民族团结进步宣传月活动。4月底,市委印发了《关于开展好第12个民族团结进步宣传月活动实施方案的通知》,召开了“全市第12个民族团结进步宣传月活动部署会”。5月8日,在雄关广场举行了“全市第12个民族团结进步宣传月活动”启动仪式。上下联动,营造浓厚的民族团结声势。各区、社区注重发挥城市民族工作主力军、主阵地作用,及时召开座谈会、举办文艺会演、专题讲座、悬挂横幅、设立宣传点、LED显示屏、走访入户慰问、散发宣传资料等多种形式,广泛宣传党的民族政策，引导各民族居民加强交流、交往、交融,营造全社会重视和参与民族团结建设工作的浓厚氛围。教育部门立足自身优势,广发组织开展了以“立德育苗”和“讲民族故事、促民族团结”为主题的民族团结教育,通过主题班会、团队活动、各族师生互访、民族知识讲座、民族歌舞演出等形式,使民族团结教育进教材、进课堂、进学生头脑,形成了民族团结教育常年抓,不断线的教育格局。创新载体,充分展示民族文化独特魅力。宣传月期间,全市三区、各部门、各单位先后举办民族摄影比赛、民族纳凉晚会、少数民族服饰表演21场次。5月19日晚,市委统战部、市民宗委隆重举办了嘉峪关市第二届少数民族歌舞晚会。市民宗委与市文化馆联合创办了嘉峪关市民族民俗展览馆,全年前来展览馆参观的群众达2000余人次。

发挥民族团结先进典型的示范引领作用。5月19日,市委、市政府隆重召开了全市民族工作会议暨第五次全市民族团结进步表彰大会，对全市民族团结进步事业和发展民族经济等方面做出突出贡献的10个模范集体和20名模范个人进行了表彰奖励。市民宗委及时协调《嘉峪关日报》、嘉峪关电视台等新闻媒体,对受到中央、国务院、省委、省政府表彰的2个模范集体、3名模范个人以及受到市委、市政府表彰的酒钢镜铁山矿和闫桂珍等民族团结模范集体和模范个人的先进事迹进行了大张旗鼓的宣传报道，有效发挥了典型示范的带头引领作用。

建立少数民族流动人口服务管理体制机制。全市现有民族成分25个,少数民族人口4942人,占全市总人口的2.05%，分布呈现出大杂居小聚居的特点。少数民族流动人口共798人,其中本省籍698人、外省籍100人。因务工经商流入542人,占流动人口总数的67.92%;因上学流入102人,占流动人口总数的12.78%;因投亲及养老流入37人,占流动人口总数的4.63%;其他原因流入117人,占流动人口总数的14.66%。为切实加强少数民族流动人口服务管理工作，进一步理顺流动人口服务管理体制,提高社会综合治理能力,成立了全市流动人口服务管理工作领导小组,出台了《关于改革流动人口服务管理体制的实施方案》,流动人口的管理和综合服务工作,全市流动人口服务管理工作由市城乡一体化服务中心负责。实行“六个统一”,即统一管理机构、统一人员管理、统一经费管理、统一办证管理、统一信息登记、统一服务标准。各社区设立流动人口服务管理站,并在社区设立流动人口“一站式”综合服务窗口；建立了以财政投入为主体流动人口管理经费保障机制,将流动人口管理经费纳入财政预算;从2014年7月1日起,由各社区民警具体负责流动人员居住证办理工作,停止办理现有的新市民证;把流动人员信息建设纳入综合治理信息平台,及时与公安、计生部门互通信息，实现信息资源共享。已建立少数民族流动人口网格化服务管理信息网络,全市社区、镇共建立流动人口服务管理站39个，流动人口协管员66人，划分网格责任区435个、配备网格长435人,网格信息员671人。建立少数民族流动人口联动协作机制。年内,市民宗委先后赴肃南裕固族自治县、肃北蒙古族自治县等与本市毗邻、少数民族人员来往频繁的4个少数民族自治县(乡)进行走访调研,摸清了流动人口底数,掌握了人口流动特点,建立了少数民族流动人口输出地输入地工作协作机制，实现了地区联动、资源共享、信息互通的少数民族流动人口协作联动格局。

积极为少数民族群众办实事、解难题。2015年，继续把解决少数民族群众实际困难作为工作的出发点和落脚点，开展了"进百家门、知百家情、解百家难、暖百家心"活动。结合民族团结进步宣传月，摸排少数民族家庭、少数民族流动人员生产生活情况，积极开展多种形式的慰问帮扶活动，共走访少数民族贫困家庭16户，慰问少数民族困难学生14名。累计向少数民族代表人士、少数民族下岗职工及特困户发放慰问金3万元，解决少数民族务工经商人员子女入学、入托、福利住房等方面实际困难21件。市民宗委大力实施"出彩工程"，与有关部门通力合作，先后举办少数民族技能培训班2期，协调安置少数民族就业群众21人。协调有关单位为嘉峪关民族幼儿园、市第六幼儿园赠送电视机1台、提供电脑、书包等学习用具160多件。落实少数民族政策，为9名群众变更了民族成分。为城市少数民族群众提供法律咨询11人(次)。

不断加强社区民族工作。以"促进民族团结进步，构建和谐平安社区"为工作目标，将民族工作纳入和谐平安社区的各个工作环节。以活动为载体，大力营造民族团结浓厚氛围。社区始终将民族政策法规的宣传纳入到社区党建、精神文明等工作中统一规划，坚持政策先行、宣传先行、规划先行，充分利用社区文化阵地，积极宣传党的民族工作方针政策、法律法规。以服务为手段，积极为少数民族群众排忧解难。成立民族工作联络小组，建立民族志愿者服务队，开通民族服务热线，开展"爱心、贴心、顺心、暖心"服务活动。以创新为源泉，积极探索基层民族工作新机制。以创建"民族工作进社区和平安和谐社区"为契机，完善了社区民族工作制度，建立少数民族矛盾纠纷调解的长效机制，搭建了服务少数民族群众的平台。

强化管理，清真食品产业发展势头强劲。为切实维护少数民族群众权益，保证清真食品安全，在做好清真食品日常监管工作的同时，特别重视把好以下"三关"：严把市场准入关，确保清真食品经营户主体资格合法有效。按照"网定格、格定责、责定人"的要求，加强市场巡查力度，严查无证照从事清真食品加工小作坊、餐饮企业、食品摊贩的经营行为及非法转让、出租买卖《清真食品经营许可证》和无证擅自打"清真"标识的行为；严把质量关，确保清真食品生产加工环节规范有序。检查清真生产加工的产品原辅料的索证索票制度落实情况，督促清真食品生产者和清真餐饮服务单位严格落实索证索票、"三合一"台账等自律制度，并要求其进货时必须索取相关单位的《清真食品经营许可证》复印件，对来源不清，清真食品准入证明不实的，坚决予以查处，确保清真食品真正"清真"；严把流通关，加大流通环节清真食品整治力度。2015年，共出动执法人员118人次，出动执法车辆38台次，检查超市8个，市场12个，检查清真食品经营户190多户，受理发放清真食品经营许可证21个，为18户清真标志牌到期的经营户换发了清真食品经营许可证。对4户无清真食品标志牌、清真食品经营许可证擅自打"清真"标识经营者下发了《责令改正通知书》，发放各类宣传材料500份。通过专项检查，清真餐饮服务单位服务意识明显增强，卫生条件明显改善，食品质量明显提高，自律意识和诚信守法经营得到了增强。

【宗教事务】 创新工作理念，开展和谐寺观教堂创建活动。围绕"严格标准，强化管理，内强素质，外树形象"的创建工作思路，加强组织领导，强化工作措施，严格创建标准，落实规章制度，确保"和谐寺观教堂"创建活动深入开展。以考核为手段，落实责任为目标，着力推进教风年活动。为加强对宗教活动场所及宗教教职人员的管理，市委统战部、市民宗委对全市各宗教活动场所及宗教教职人员进行了年度考核，下发了《关于开展宗教活动场所及宗教教职人员年度考核的通知》。考核依照《嘉峪关市宗教活动场所管委会班子考核办法》《甘肃省享受生活补助费宗教界人事考核办法》《嘉峪关市宗教界人士生活补助费发放办法(试行)》《宗教教职人员认定备案办法》进行。考核以总结汇报、实地察看、民主测评、个别谈话、日常工作完成情况和目标责任书完成情况等进行综合评议。通过考核，建立健全了宗教活动场所及宗教教职人员年度考核档案，将考核结果作为宗教场所评先奖优和教职人员生活补贴费发放、培训等重要依据。以"安全"为主题的"和谐寺观教堂"创建活动作为平安和谐建设的重点，贯彻"预防为主，防消结合"方针和"谁主管，谁负责"的原则，签订消防安全工作责任状，明确各场所消防安全工作的职责和责任，并把消防安全工作纳入到年度工作考核和综合治理考评之中,实行一票否决制。督促各宗教活动场所建立健全消防安全工作规章制度，做到消防安全工作有章可循。坚持每季度深入宗教活动场所摸排安全隐患和安全漏洞，确保隐患发现得早,排除得及时。禁止乱搭乱建、禁止存放易燃易爆物品、禁止乱穿电线,坚持每年对电器线路进行一次检测,对教职人员宿舍的生活用电、用火行为进行规范。按照国家有关标准改造与加固宗教活动场所安全设施,配备安全设备,整治周边环境,提高安全防护水平。先后投资 10 万余元对 6 个宗教活动场所更新、配置了消防器材，切实消除建筑、消防设施和大型宗教活动等方面存在的安全隐患。9 月 14 日举行了宗教活动场所消防器材发放仪式。加强教育,增强意识。市民宗委于 9 月 14 日邀请市消防支队在消防器材发放仪式上进行了消防应急演练,12 月 8 日邀请兰州政安公司人员在护国寺举办了全市宗教界消防能力培训班。以“国法与教规的关系”为主题,开展“六进”和“学习月”活动。通过制定实施方案、选购学习书籍、印发宣传资料、召开动员大会、举行交流发言等一系列活动,开展宗教政策法规宣传教育活动。为宗教团体和寺观教堂选购国家宗教局指定的学习月活动必读书和参考书 100 册,组织编印了《民族宗教法规政策选编》300 册、民族宗教政策法规宣传资料 20000 份,悬挂宣传横幅 32 幅,办板报 30 期。举办民族宗教政策、法律法规培训班,培训社区、乡镇基层宗教专兼职干部 52 人次。化解各类矛盾纠纷,维护宗教领域和谐稳定。按照《关于进一步深化“和谐寺观教堂”创建活动的实施意见》的要求,紧紧围绕“深化平安建设、不断提高人民群众安全感和满意度”的活动主题,引导宗教活动场所健全制度、完善管理、端正教风、化解矛盾、理顺关系、维护稳定、共创和谐。每逢重大节日、重要敏感时期,协调三区、公安、交通等部门严格按照各自职责抓落实,定期分析排查宗教领域不稳定因素,确保民族宗教领域和谐稳定。2015 年,先后妥善化解各类矛盾纠纷和突发事件 12 起，依法查缴涉“净宗学会”非法宗教出版物近 20000 份,联合公安依法取缔 3 起冒用基督教、佛教的非法传教活动,教育参与群众 30 余人。

*以“落实年”为动力,推动各项工作任务的落实。*以会代训,提高各级领导干部的责任意识。2 月 4 日召开全市统战工作会议，传达了全省统战和宗教工作会议精神,对 2015 年工作进行了安排部署，市政府分管领导与相关部门签订了目标责任书,从而提高了各级领导干部的责任意识。加强各级宗教专兼职干部的培训力度，提高他们的业务能力。7 月 3 日—11 日,在甘肃社会主义学院举办了全市民族宗教干部培训班，全市三区、30 个社区、3 个镇的分管领导、统战民族宗教工作部门干部共 50 人参加了培训。加强宗教界人士的培训工作,提高他们依法开展宗教活动的能力。4 月，与兰州伊斯兰教经学院联合举办了宗教界人士培训班,全市伊斯兰教界人士 17 人参加培训;9 月，组织佛教界人士 30 多人赴酒泉市周边地区进行了学习交流。10 月,与中南民族大学联合举办了宗教工作培训，全市宗教工作干部和部分教职人员共 20 人参加培训.先后选派 4 人 6 次参加了国家宗教局和省宗教局的培训。及时准确更新基础数据库。按照省宗教局的统一安排部署,2015 年省局数据库要实现与国家宗教局数据库的对接,技术人员随时对数据库进行完善，需要及时补充和更新相关数据，嘉峪关市的完成时间和质量在各市州都处于前列。开展“宗教慈善周”活动。“宗教慈善周”活动于 9 月进行,按照“分教负责、同步实施”的原则,各宗教场所活动丰富,取得了明显效果，极大地弘扬了公益慈善精神。慈善周活动期间，基督教三自爱国会、基督教协会组织看望病友，送去了共 2000 元慰问金和价值 1500 余元的慰问品。佛教协会举行了中华传统文化交流会。全市宗教界募集款物合计 38650 元，走访慰问群众 66 人次。

*落实重点工作。*加强汉传佛教领域乱建庙宇、乱塑宗教造像“两乱”治理工作,护国寺年内修建的殿堂均报市民宗委批准。倡导佛道教场所开展“文明敬香”和“合理放生”活动,推进“生态寺观”“文化寺观”建设,对新城拱北的祭祀活动和春节佛教场所“文明进香”活动严格监控,倡导使用环保、生态香,协调有关部门进行严格管理,严禁高价头香。节日期间,各宗教活动场所、各类宗教活动安全有序。与园林部门建立长期合作,每年为宗教活动场所无偿提供 2 万元树苗，绿化美化宗教

活动场所。护国寺、新城拱北绿化已见成效。与文化、文物、公安、建设等部门联合，坚决纠正在公园、商业区等非宗教活动场所设立“功德箱”的骗众敛财行为。完成佛教场所网上公示信息及时上报，审批备案教职人员4名，按要求上报了汉传佛教教职人员资格证换发相关资料和省佛教协会第九次代表会议理事推荐工作。贯彻省委、省政府两办65号文件和市委、市政府办公室119号文件精神，坚持伊斯兰教中国化的根本方向，清理整顿了阿语班，规范管理清真寺开设的经文班。以杜绝零散朝觐，实现“平安朝觐、有序朝觐、文明朝觐”为目标，全力做好朝觐各项工作。开展行前培训工作，选派1名阿訇参加全省朝觐群众培训班，分层次对朝觐群众进行了系统培训，落实统接统送，嘉峪关市8名穆斯林群众顺利完成了朝觐功课，协助完成网上报名17人。引导天主教界深化民主办教思想，指导天主教堂完善各项管理制度，帮助建立了13项工作制度，积极筹措资金，对1名神甫和2名修女在圣诞节前夕进行了慰问，并对神甫给予3000元的病医补助，为改善天主教堂的环境，投资2.5万元部分设施进行了维修。以加强私设聚会点的管理为重点，全力做好利用基督教进行渗透的预防工作。

高度重视信息宣传工作。全年共编写信息36条，印发简报25期，撰写调研报告4篇。为各宗教活动场所订阅《嘉峪关日报》《中国宗教》。推进宗教活动场所“七证一户”办理、银行账户和组织机构代码证办理工作。新开设银行账户1个至此所有宗教活动场所均开设银行账户，新办理组织机构代码证1个。确保寺观教堂维修补助费落实到位。2015年，省宗教局给全市佛教活动场所拨付维修经费3万元。保护宗教界合法权益，协调落实了宗教团体工作经费各1万元，协调税务、电力等部门按照相关政策优惠、减免有关费用。以精准扶贫、精准脱贫为重点，开展联村联户工作。为联系村更新机井、改造日光温室扶持资金2万元，为14户联系户每户帮扶化肥2袋。

【各宗教概况】嘉峪关市现有佛教、道教、伊斯兰教、天主教、基督教五大宗教。2015年，有市级宗教团体4个，分别是市伊斯兰教协会，成立于1986年9月；市佛教协会，成立于2006年4月；基督教协会，成立于2014年8月；基督教三自爱国会，成立于2014年8月。全市依法登记的宗教活动场所有6个(佛教1个，伊斯兰教3个，天主教1个，基督教1个)，其中寺观教堂5个，固定处所1个。宗教教职人员19名(僧尼10名、阿訇2名、神甫1名、长老6名)，宗教信徒近12700人(伊斯兰教约4210人，佛教约4680人，基督教约3100人，天主教约310人，道教约400人)，大部分分布于城区。随着党的宗教信仰自由政策的全面落实，宗教工作基本方针的贯彻实施，全市的宗教工作逐步规范化、制度化、社会化，宗教领域和睦和谐、平安稳定。

【宗教活动场所】清真寺。嘉峪关清真寺位于文化中路3-4号，是一座重建的伊斯兰教寺院。原寺设在富强西路8号，由政府投资8万元兴建，建筑面积1152平方米，始建于1981年5月1日，1987年6月开始礼拜大殿建设，1988年7月25日举行清真寺礼拜大殿落成典礼。2003年5月因酒钢建设需要移地重建，2005年6月20日搬入使用，占地面积4200平方米，建筑面积为3132平方米，其中礼拜大殿建筑面积1632平方米，自养门点建筑面积1500平方米。平时礼拜人数约30人，主麻聚礼百余人，开斋节、古尔邦节等节日上千人。

南清真寺。嘉峪关南清真寺位于永乐街，是一座西亚式建筑风格的伊斯兰教寺院，始建于1996年8月，占地面积6448平方米，建筑面积1130平方米，其中礼拜大殿占地面积400平方米，自养门点建筑面积730平方米。礼拜殿始建于2002年5月3日，2004年10月10日落成开放。平时礼拜人数20多人，主麻聚礼百余人，开斋节、古尔邦节等节日上千人。

新城拱北。新城拱北位于新城镇泥沟村(距市区38千米)，开挖于1989年6月13日，有来自兰州、临夏、酒泉、嘉峪关等地大拱北、灵明堂、哲赫忍耶等门宦信教群众100多人参加了挖墓活动，经验证属伊斯兰教土葬方式。1998年6月29日，省宗教局以甘宗发(1998)40号文件《关于“新城拱北”的批复》，同意对该拱北依法进行登记。1998年7月13日，市民族宗教局依据省宗教局的批复依法进行了登记。在市伊协的组织下，选举产生了嘉峪关市新城拱北民主管理委员会。2008年，重修了八卦殿和朝拜殿。

护国寺。护国寺是修建于明朝正德年间的佛教道场，最初修建于嘉峪关城的外城，历经五百多年，曾经数次被毁又复修建。今护国寺有两处：一处位于嘉峪关市峪泉镇黄草营村一组西面的山坡上，称“护国寺上院”，始建于1993年；一处位于兰新西路西大桥西侧路北，称“护国寺下院”，始建于1999年。两处寺院已初具规模，下院占地面积20000多平方米。现有教职人员5名。

基督教堂。1986年9月市政府在文化北路1号划拨给基督教土地1600平方米，同年冬季修建平房3间；同年12月25日圣诞节基督教信众在新建场所内举行宗教聚会。市基督教会堂务委员会1987年举行市基督教代表会议，正式成立市基督教堂务管理委员会。1989年礼拜堂建成，建筑面积1600平方米，有信众100多人。1989年，市政府同意成立市基督教协会，当年市宗教事务局成立筹备委员会。1989年到2000年，有信众600多人。2003年4月，基督教在火车站经批准建造礼拜堂500平方米，同年在原礼拜堂前建成4层单面楼700平方米，8月26日献堂。2011年省宗教局批准进行改扩建，正在办理规划手续。现有备案教职人员6名。

天主教堂。从1958年起，随着酒钢建设者从祖国四面八方来到嘉峪关，天主教随之得到传播。1966年，北京平安医院(现酒钢职工医院)整体搬迁至嘉峪关，同来人员中有天主教教徒43人，其中有修女3人，他们在各自家中进行宗教生活。1986年1月，兰州教区派窦兴礼司铎(神甫)来嘉峪关开展牧灵工作，在福民街孙维君家进行了第一台弥撒，参加的信众达30多人。从1987年5月起，嘉峪关市天主教在大众街10号楼1口2号张锡武家进行宗教活动。1991年1月，指定张锡武为嘉峪关市天主教临时负责人，其家为天主教临时活动点。1999年12月，根据省天主教工作领导小组的要求，成立了天主教民主管理小组。2003年3月，市天主教向市政府宗教主管部门申请迁建教堂。2003年5月经市计委批准立项，同意迁建。2005年6月，市规划局给市天主教在9号路东侧划地2800平方米，用于修建嘉峪关市天主教堂。2006年9月8日，举行教堂开工奠礼。天主教堂为哥特式建筑，总建筑面积为801平方米。市天主教民主管理委员会于2005年6月24日经市民族宗教事务局批准成立，李维任管委会主任委员。

(严　俊)

信访工作

【机构设置与人员编制】嘉峪关市信访局是主管全市信访工作的市政府工作部门。2015年，内设综合科、来访接待科和督查科3个科室，现有工作人员12人，其中处级领导3名，科长1名，副科长2名，副主任科员2名，科员1名，进村进社3名。

【接待人民群众来信来访】2015年，市信访局围绕国家信访局、省信访局的工作要求和市委、市政府决策部署，以群众工作为统揽，以打造“阳光信访”“责任信访”“法治信访”为目标，开展领导干部接访下访、信访积案化解、网上信访信息系统应用三项重点工作，开展“网上信访系统应用培训”和《信访条例》宣传月活动，有力地解决了事关群众切身利益的信访问题，规范了信访工作秩序，深化了信访工作制度改革，推进了信访工作法治化建设，为保障全市经济健康发展、社会和谐稳定发挥了作用。

2015年，市信访局通过网上信访信息系统登记录入群众信访273批3608人次，同比批次下降52.9%，人次下降26.6%，其中：个体访159批217人次，同比批次和人次分别下降57.6%和67.4%；集体访99批3376人次，同比批次和人次分别下降51.7%和20.6%；处理群众来信15件，同比下降64.1%。共发生进京非正常上访17人次，没有发生进京集体上访。

【信访制度建设】健全完善各项工作制度。按照省委、省政府和全省信访工作联席会议的要求，对信访联席会议进行了更名和调整，完善了信访工作联席会议制度，形成运转有序、协调有力的信访工作机制。结合网上信访信息系统，修订完善了《2015年信访工作目标管理责任书》和考核办法，加大了信访事项及时受理率、按期办结率、群众满意率等工作内容的考核力度，并与全市53家单位签订了目标责任书。同时，三区和各镇、社区也层层签订了信访目标责任书,建立了一级抓一级、层层抓落实的责任机制。加大了通报问责力度,将每月全市信访情况向市信访联席会议召集领导和成员单位及时进行通报,每季度的全省信访形势通报视频会议都通知信访联席会议成员单位负责同志参加,以此来传导压力,增强动力,靠实工作责任。2015年累计印发信访形势通报12期。同时,在《信访工作绩效问责制度》的基础上,市综治办、市信访联席办下发了《关于进一步加大进京非正常上访问题治理工作问责力度的通知》,加强全市进京非正常上访问题综合治理工作,靠实各级工作责任,真正形成属地稳控、及时化解的倒查工作机制。文件下发执行以来,共对2个责任单位进行了点对点通报。严格落实各级领导抓信访工作责任制度。市级领导结合分管工作,带头落实"一岗双责",抓好分管领域的信访工作,亲自阅批群众来信、亲自接待来访群众、亲自包案解决问题。各部门主要领导亲自抓信访工作,分管信访工作的领导负主要责任,办理信访事项的科室人员负直接责任,形成了主要领导负总责、分管领导亲自抓、重点信访事项确定专人负责的长效机制。落实好重大信访信息报告制度。按照《信访工作绩效问责制度》中"旬研判"的工作要求,每月10日、20日、30日,三区和各部门结合日常办信接访和本辖区的赴省进京上访情况,报送重大信访信息,市信访局每月2日、12日、22日将全市重大信访信息报送到省信访局,并每10天进行一次分析研判,对发现的苗头性、倾向性问题及重点来信来访,在第一时间积极主动掌握第一信息,采取有力措施快速化解,及时消除苗头隐患。完善信访事项督查督办制度,做好督查工作。网上信访信息系统运行以来,坚持对转送交办信访案件实行跟踪督办,对未按时办理的信访事项发书面督办通知,要求有关单位限期办理,确保按期结案。同时针对处理不到位、群众不满意和即将到期未处理的问题,开展重点督查,并公开督查结果,推动问题解决。并通过网上督办、电话催办和现场督办等办法加强督查,及时纠正和解决各种信访业务不规范的问题,切实提升全市信访工作科学化、规范化水平。2015年,对三区、人社等13个责任单位的信访信息系统应用情况进行督导调研,并深入三区和30个社区开展系统应用督导和现场培训。完善矛盾纠纷定期排查化解制度。每月对全市不稳定因素和信访苗头进行排查梳理,对矛盾纠纷排查调处工作进行分析研究,对影响社会稳定的问题进行分析研判,做好矛盾化解工作,加大了矛盾纠纷排查化解工作力度。完善律师参与信访接待制度。邀请律师积极参与接访,依法处理信访问题,重点对疑难复杂信访问题做好法律咨询服务和调处化解工作,通过面对面做法律解释,提供咨询服务,使群众了解信访法律法规的相关内容以及信访程序和途径,引导群众依法信访,有序信访,依法维护群众的合法权益。全年律师参与接访11次,在解释法律政策、疏导群众情绪、化解信访问题中发挥了重要作用。

*打造"阳光信访",推行网上受理信访制度。*在省信访局的统一安排部署下,从2015年1月起推行网上受理信访制度,把网上信访、网上流转办理作为推行"阳光信访"、深化信访工作制度改革的重要切入点。目前,已开通网上信访信息系统的单位有100个,横向到67个单位和部门,纵向到3镇和30个社区,形成了网上信访信息系统"纵向到底、横向到边"的全覆盖。做好网上信访信息系统的推广与应用,举办了"全市网上信访信息系统应用培训班",并进行了模拟操作培训。在工作中,工作人员采取集中培训与个别培训相结合的办法做好责任单位工作人员的指导和培训工作,及时指导各责任单位准确运用信息系统、规范开展网上信访工作,确保系统正常有序运行,提高全市网上办理信访事项的工作水平。此外,为了方便群众查询和进行满意度评价,在接待大厅配备了触摸查询一体机,来访群众可以查询信访事项的办理情况,做到让群众参与,让群众监督,使群众满意。群众通过"信、访、网、电"等多种渠道反映和提出的信访事项,都能够按规定程序认真受理、办理和答复。

*加强积案化解,着力推进事要解决。*市信访联席会议对全市摸排出来的影响我市社会和谐稳定的35件重点、难点信访案件,全部纳入了市级领导包案责任及工作范围,按照"一个案件,一名领导,一套班子,一个方案,一包到底"的工作要求,明确了市级督办领导和责任单位及责任领导,做到责任到人。责任单位主要领导亲自约谈或接谈当事人,诉求合理的一次性解决到位,不留尾巴,

诉求不合理的做好疏导教育和政策法律解释工作。对非正常上访人员加强思想疏导和法制教育工作，尤其对无理缠访、闹访或进京的非正常上访人员，责任单位主要领导作为信访工作的第一责任人，亲自研究落实稳控化解方案，将工作责任靠实，采取多种措施，千方百计、想方设法做好上访人员的教育稳控和化解工作，将上访人稳控在当地。同时，制定了《关于在"三严三实"专题教育中开展信访积案化解专项整治活动的实施方案》，按照市委统一安排部署，在全市开展信访积案化解专项整治活动。制定了《关于进一步加强进京非正常上访重点问题综合整治工作的通知》，由市综治办牵头在全市开展进京非正常上访综合整治活动。下发了《关于对项目建设和企业拖欠农民工工资问题开展检查清理的通知》，在全市开展农民工工资拖欠清理工作，切实预防和解决了一些有关工程建设项目和用工企业拖欠农民工工资问题。通过三个专项综合整治活动的开展，切实做到了诉求合理的解决问题到位，诉求无理的思想教育到位，生活困难的帮扶救助到位，行为违法的依法处理。全年累计化解信访积案 6 件。

加强协作配合，依法规范正常的信访秩序。以《信访条例》修订实施十周年宣传工作为契机，加强对信访群众和重点上访人员的法治教育，让信访人明白自己既有依法反映诉求的权利，又有遵守法定程序、服从依法处理结果的义务，促进从"信访"向"信法"的转变。同时，加大综合整治力度，市综治、维稳、信访和公安部门进一步明确职责分工，加强协作配合，形成整体合力，确保进京非正常上访问题"早发现、早对接、早化解、早处置"。建立了非正常上访劝返接领机制，进京非正常上访发生后，市信访联席办主动衔接，在第一时间由责任单位牵头派一名领导带队、公安干警按 2:1 比例配备警力会同信访干部依法、安全、有序地从北京将上访人员接回到当地，并全力做好矛盾的化解和稳控工作，杜绝倒流和再次进京非访。全年累计劝返接回进京非正常上访人员 13 批 17 人次。2015 年以来，召开 4 次信访联席会议，对无理反复进京非正常上访人员进行了依法打击处理，有效遏制了进京非正常上访的势头。

主动化解矛盾，认真开展领导接访、约访、下访活动。开展市级领导接访活动，协调市级领导与相关单位负责人接待来访群众。2015 年累计协调市级领导接访上访代表召开会议 16 次。主动约访。2015 年累计局领导主动约访上访人或召集责任单位召开协调会 95 次，协调解决了一批疑难信访问题。还主动召集相关单位约谈上访人，给上访人员做耐心细致的思想教育疏导工作，教育引导他们合理合法反映诉求，树立依法信访的正确导向。领导和局机关干部深入基层，访民情、听民意、解民忧，先后到上访人家中和到惠民街区拆迁现场、碧水绿洲小区、明珠山水郡、文殊镇实地查看及时了解上访人反映的实绩情况，深入基层和有关单位协调解决问题，2015 年共下访 28 次。

开展信访宣传工作，强化群众的法制意识。2015 年组织各区、各部门开展了为期一个月(4 月 20 日—5 月 20 日)的信访宣传活动。统一印制《信访条例》、信访须知、逐级走访等宣传册，向群众和有关上访人员进行发放。并在嘉峪关日报开设信访宣传专版，在嘉峪关电视台利用滚动字幕对《信访条例》进行宣传，各单位设立宣传栏，悬挂横幅标语，采取集中宣传、上门宣传、个别宣传、案例宣传等方式，有针对性地开展宣传教育。

(王海龙)

社会公共服务

【市社会矛盾大调解中心】 机关设置与人员编制。经 2012 年 8 月 7 日市编委会议和 2012 年 8 月 24 日市委常委会议研究，同意成立嘉峪关市社会矛盾大调解中心，为全额拨款正县级事业单位，隶属于市社会治理局管理。2015 年内设办公室、接待调解处理科、综合协调督导科 3 个科室，核定全额拨款事业编制 8 名，其中处级干部职数 2 名(主任 1 名，副主任 1 名)，科级干部职数 3 名。现实有人员 10 名。

接待调解处理工作。主动介入及时化解群体性事件，有效维护社会稳定。全年中心及时介入 8 起规模较大群体性突发事件，稳控事态，调解处理得当，平息纠纷。热情接待来访，真诚化解矛盾。2015 年 11 月底，中心共计接待来访群众 728 人次，与上年同比下降 48.1%；接待来电、来信、现场咨询解答 318 件，同比下降 11.2%；受理调解纠纷 81 件，同比下降 63.7%，成功化解 81 件，其中重大疑难矛盾纠纷 44 件，与上年同比增长 22.2%，化解成功率100%，涉案金额累计4744.06万元。这些矛盾纠纷包括：劳资劳务纠纷25件，损害赔偿纠纷17件，医疗医患纠纷8件，合同纠纷8件，物业管理纠纷8件，婚姻家庭纠纷4件，邻里纠纷2件，其他纠纷9件，发挥中心职能主动进行社会治安综合治理，完成全市重大社会矛盾排查整治11次，重大社会矛盾纠纷预警9次，与上年同比增长50%。为老年人、残疾人、妇女、儿童等弱势群体热情服务，提供有效法律援助服务203件。整理归档调解卷宗47卷。上报月情况分析6篇，社情舆情专题分析报告3篇，不定时预警分析9篇，为市委市政府提供决策依据。

综合协调督导工作。以市委、市政府关于完善“三调联动”工作要求为重要任务，主动与市司法局联系，5月至10月通过在全市机关、企事业单位、城乡社区的社会治理工作调研，制定了与社区进行矛盾纠纷调解工作的联动规则，根据近年来“三调联动”工作的初步经验，经过讨论研究，重新起草了“三调联动”的各项制度，矛盾纠纷调解的“三调联动”工作机制基本完善。建立纵向指导，横向联系的长效机制。中心通过与社区、各行政部门、企事业单位的联动，对全市的矛盾纠纷排查工作，以家庭纠纷为主线，邻里纠纷为重点，生产经营纠纷为抓手，行政纠纷为核心，兼顾群体性事件，暴力恐怖等其他类型纠纷，分类指导，长期联动排查，逐步进入常态化；还通过综治信息系统平台(矛盾调解信息系统)与公安、司法、检察、法院、人社局、建设局、卫计委、民政局等部门横向联动，增强了矛盾纠纷的化解能力，形成解决矛盾纠纷的长效机制。中心本着“走出去”的工作思路，深入市属三区的18个社区，与社区化解重大疑难矛盾纠纷工作协调联动、衔接对接、联系沟通、配合协作，形成一月一报、一季一汇总、一年一总结的常态化排查化解机制。按照市综治办的安排部署，在年初的两会以及十八届五中全会敏感期间，深入基层社区和社会团体扎实开展集中排查，进行针对性排查、个案排查、板块排查，不走过场，不留死角，纵向到底、横向到边，将矛盾纠纷化解在萌芽状态。织就大调解网络，实现诉调对接。通过完善人民调解、司法调解、行政调解的“三调联动”机制，形成多种调解手段相互衔接、紧密配合的多元化纠纷化解机制；定期召开矛盾调解联席会议，密切与各大职能部门的联系，特别是密切与市城区人民法院的联动关系，实现诉调对接，减轻诉累，降低行政成本，横向使矛盾纠纷接待受理不留真空，高效便民；纵向通过联动把基层社区排查的复杂疑难矛盾纠纷移交过来，从而编织出矛盾纠纷大调解网络。在合情、合理、合法的前提下，力争做到“案结事了”，切实保护当事人的合法权益。

(刘国峰)

【市社会治理服务中心】嘉峪关市社会治理服务中心于2012年5月成立并投入运行，原名为嘉峪关市社会管理服务中心，2014年12月更名为现名。(市机构编制委员会《关于印发<嘉峪关市社会治理局所属事业单位主要职责内设机构和人员编制规定>的通知》嘉机编发〔2014〕25号)，隶属于嘉峪关市社会治理局。

市社会治理服务中心为公益类全额拨款单位，正处级建制，核定全额拨款事业编制23名，其中处级干部职数4名(主任1名，副主任3名)，科级干部职数5名。内设综合管理科、社会服务科、联动协调科、应急指挥科、信息管理科5个科室；现有工作人员共有94人，其中中心34人(含7名进村进社工作人员，4名流动人口协管员)，市公安局指挥中心进驻32人，居家养老服务中心进驻16人，市综合执法局进驻3人，临时工9人。

2015年，中心在市委政法委和社会治理局的正确领导下，围绕“完善、提高、创新”的总体思路，以深化平安建设、服务民生社会、架设沟通桥梁、为民排忧解难、促进和谐发展为工作主线，以规范热线服务标准、提升民生服务水平、创新社会治理能力、提高群众满意度为目标，树立群众利益无小事的理念，多措并举，真抓实干，全面推进中心各项工作，得到各级领导的充分肯定和社会各界的普遍认可。中心领导班子在2015年度考核中被评为优秀班子。

完善创新，提高服务能力。以群众需求为导向，努力完善系统功能。拓展群众诉求新渠道，在系统中增设短信服务功能、开通了“12345”官方微博、微信和QQ平台。与市残联积极配合，整合了“12345”民生服务热线与“12385”残联人服务热线，最大限度地为残疾人做好服务。系统内新增“求助”栏目，新增办结率、群众满意度评价考核指标。开通“多方通话”功能,与联动单位互动,实时为诉求群众答疑解难,提升了服务能力。协调工信委推进了“三维数字嘉峪关集成管理应用系统”(民情流水线)的建设和运行,并于12月17日与工信委和兰州北科维拓公司三方进行了交接。2015年,中心共受理各类诉求电话665073次,同比增加14.2%,日均受理1799次。截至2015年底,累计受理各类电话198.78万次。真正做到群众诉求事项“件件有着落、事事有回音”,实现了“一号受理,分类处置,方便市民,服务大众”的宗旨。

强化联动机制。为构建“统一受理、各级联动、责任清晰”的联动工作机制,8月11日,中心牵头筹备,由市委政法委和社会治理局组织召开了“全市‘12345’民生服务热线联动工作推进会”,先后制订并完善了《“12345”民生服务热线联动工作办法》《“12345”民生服务热线联动工作通报考核制度》及《“12345”民生服务热线联席会议制度》等6项联动工作制度,强化了联动工作机制,提高了解决群众诉求的实效性。全年“12345”民生服务热线向139家联动单位(含城乡社区)共转办民生诉求3344件,转办率100%,办结率98%,满意度96.78%。中心发函转办难点诉求56件,督办疑难诉求10件,召开协调会处置复杂诉求10件。“12345”民生服务热线在党委、政府与人民群众之间搭建起一座“连心桥”,得到了群众和社会各界广泛认可。

延伸服务触角。从市民实际需要出发,改进和完善民生服务工作。延伸“12345”居家养老医疗救助服务范围。全年通过热线受理派单,市中医医院免费上门诊疗达到2287人次;探索为精神病人、智障病人、老年痴呆患者等特殊人群服务工作,10月29日,由中心筹备开展的“爱心二维码,护航老年人”服务活动在朝晖社区正式启动运行,老人外出发生意外后,路人可扫一扫胸徽上的二维码,根据信息提示对老人进行救助。中心为三个试点社区老人免费制作二维码胸牌548枚;通过嘉峪关FM92交通广播电台,实时为听众播报路况信息;此外,还为群众提供交通出行、天气预报、法律咨询、旅游餐饮、生活服务、票务查询、慈善捐助等综合信息查询服务,使“12345”民生服务热线成为市民的生活助手。

提升服务水平。开展“微笑服务”活动。提高“12345”民生服务热线台席工作人员业务素质,统一服务标准,规范服务流程。坚持“日记录、周分析、月统计、季通报”,提升公共服务质量。加强制度建设,努力争创服务品牌。先后制定并完善《“12345”民生服务热线服务规范》《社会治理服务中心绩效考核实施方案(暂行)》《12345民生服务热线受理投诉举报事件处置流程》等16项制度,构建起了程序严密、衔接配套、切实管用的制度体系,实现服务群众的制度化、规范化、常态化。一年来,“12345”民生服务热线共受理公众诉求20708次,同比增长63.6%;居家养老服务535731次,同比增长15.1%;综合执法587次,同比增长226.1%。

发挥前沿作用。及时发现不稳定因素和苗头,积极协调配合各相关部门做好预防和处理工作。如“中鹏嘉年华房地产劳务人员讨薪”“碧水绿洲住户生活用水问题”“中央公馆业主对开发商多次延迟交房不满”等11项易引起集体上访的矛盾纠纷苗头,及时报送信访局和市应急办,使事件得以有效控制。另外,针对高考前噪音扰民、供暖初期居民投诉较为集中等季节性、规律性热点问题和临时停电、断气、停水等与市民生活密切相关的事件,中心做到主动了解情况,制定处置预案,并为市民做好解释说明工作。“12345”民生服务热线通过24小时全天候为群众服务,使群众的意见有人听、委屈有处诉、难事有人帮,理顺情绪,化解矛盾,积累了社会正能量,使“12345”民生热线成为缓解社会矛盾的“减压阀”。

塑造良好窗口形象。加强学习教育。用党的十八届三中、四中、五中全会精神和习近平总书记系列重要讲话精神等党的最新理论成果来武装干部职工头脑,全面提高干部职工的思想政治素质。加强精神文明建设。逐项落实文明城市创建达标各项任务;开展“我们的节日”系列活动;开展“身边人讲身边事,身边人讲自己事,身边事教身边人”为主题的道德讲堂活动;建立志愿者服务队,开展志愿者献爱心活动;落实在职党员社区志愿服务行动;参与文明交通劝导员活动。加强社会主义核心价值观宣传学习,营造人人知晓的宣传氛围,用社会主义核心价值观引领干部职工思想,凝聚共识。开展“六五”普法宣传教育。广泛学习宣传《中华人民共和国宪法》《公民道德建设实施纲要》《国家安全法》等法律法规，提高广大干部职工的法律意识。加强热线宣传工作。热线与FM92交通广播连线48期，与FM100综合广播连线48期，在电视台“直通12345”新闻栏目中播报热线新闻48期，报道热线周通报12期，《嘉峪关日报》刊登热线宣传稿件35期，在电视台《法制雄关》栏目录制播报专题新闻6期。热线的社会知晓度显著提升。

参与社会管理综合治理。利用“平安城市”视频监控系统主动发现案事件1997起，为侦察破案提供视频线索和证据305条，为交通违章提供电子视频依据4万余条。落实群防群治措施。积极筹措资金9.6万元安装内部安防监控设备，安装了防盗门，并购置了必要的反恐防暴器材等，提高了中心反恐防暴能力。搭建了综治信息平台，提升了我市社会管理的网格化、规范化、科学化水平。严格操作规程，严防各类事故发生，全面落实中心24小时安全值班制度和巡查工作。加强消防知识学习，组织全体人员参加消防培训和演练。定期对中心消防设施进行更换、维修和保养，及时消除安全隐患。

“双联”活动。坚持“统一领导，专人负责，集中帮扶，全员参与”的工作原则，结合中心实际，制定了《社会治理服务中心2015年双联工作方案》，将峪泉镇嘉峪关村三组的34户村民(特困户9户)，按照处级干部每人帮扶3户(1个特困户)，科级干部每人帮扶2户(1个特困户)，一般干部每人联系1户的原则分配到人，确保联系帮扶全覆盖、无遗漏。通过开展“走访谈心、访贫问计”活动，发放干群联系卡34张，征集各方面的意见建议10条，全面掌握了全村及各农户基本情况，确定并完成了7件帮扶实事：1.联系市中医医院，开展专家义诊、健康体检、健康教育宣传等活动，为嘉峪关村三组的60余人进行了免费诊疗；2.为9家特困户送去了化肥，并定期上门看望慰问；3.对嘉峪关村三组文化室进行了粉刷维修、整饰一新，为村民学习交流提供了场所；4. 积极与市环保局协调对村组周边环境污染企业进行专项整治；5. 整理归纳惠民宣传材料，为农户做好政策法规宣传，发放惠民政策宣传单40份；6.协助农户销售自产富余农副产品；7.协调市居家养老服务中心，按照城乡一体化、保障同城化要求，逐步推进城乡居家养老一体化。此外，“双联”户中有老人因病住院时，中心领导也亲自到医院看望慰问。

(任维江)

【城乡一体化服务中心】嘉峪关市城乡一体化服务中心成立于2012年5月。根据《嘉峪关市机构编制委员会关于印发<嘉峪关市社会治理局所属事业单位主要职责内设机构和人员编制规定>的通知》(嘉机编发〔2014〕25号)文件，城乡一体化服务中心为公益类全额拨款事业单位，正处级建制，由市委政法委、市社会管理局进行管理和业务指导。内设综合管理科、服务保障科、流动人口服务管理科、信用服务管理科四个科室，核定全额拨款事业编制8名，其中处级干部职数2名，科级职数4名。

民生保障服务。全面落实城乡一元化的户籍管理政策，为全市城乡居民提供有关民生保障方面的服务和协调工作，监督落实全市城乡一体的相关配套民生保障政策，让全市城乡居民享受同等的保障和待遇。中心依托相关职能部门，在服务大厅设置十三个民生保障服务岗位，为全市居民提供户籍迁入、临时身份证制作、新农合资料审核以及惠农政策、低保救助、廉租房与经济适用房、适龄子女入学咨询查询等7大项，11小项，共25类一站式咨询和服务。

流动人口管理。统筹协调管理全市流动人口，制定并实施我市流动人口服务管理办法，推动流动人口各项服务管理政策落实，使流动人口与本市居民享受同等待遇，实现社会保障同城化，维护社会和谐稳定。

社会信用建设。建成全市社会信用信息系统平台，制定有关全市社会信用信息系统建设的规范性文件，建立健全全市机关法人、事业法人、企业法人、社会组织法人、自然人等社会成员的信用档案；建立守信激励和失信惩戒机制，推进信用评价、信用报告等信用服务的推广应用。

户籍制度改革，推进流动人口公共服务均等化。完善流动人口信息数据统计工作。整合公安、计生、社区的入户信息登记表格，优化了统计数据汇总项目，增加了流动人口注销数据，确保流动人口数据更加真实可靠。督促流动人口协管员与社区工作人员共同开展入户登记工作，每月进行一次流动人口及出租房屋信息数据统计，每季度完成一次信息数据分析。截至年底，全市共登记管理流动人口 48037 人。在本市居住满 1 年以上或已在本市购房的常住流动人口共有 26048 人，全市各社区共登记管理出租房屋 11031 户。规范了流动人口协管员的管理。制定了协管员的日常考勤、考核办法。加强了对流动人口服务管理工作的培训力度，从政策知识、数据统计、文明礼仪等方面入手，开展综合业务知识培训工作，进一步提高了协管员综合业务素质及为民办事的能力。为协管员购买了工伤保险，增强了协管员工作保障。全年共下基层社区和相关单位开展调研 40 余次，分别针对完善居住证制度改革、流动人口享受公共服务情况、住房租赁证办理、流动人口文化服务、流动人口党员服务管理、贫困流动人口的慈善捐助等多项问题进行了专题调研。完成了《嘉峪关市城乡政策对比分析及发展建议》《我市流动人口均等化服务情况分析》两篇报告。鼓励基层社区以基本公共服务的"均等化"为理念，指导各社区开展流动人口特色服务。建立了"新家庭文化书屋""流动人口之家""流动儿童之家""生殖健康咨询室"等一批各具特色的流动人口服务阵地。联合长城区东安社区在辖区流动人口聚集区建立了"流动人口文化大院"，丰富了流动人口业余生活。联合绿化社区建立了流动人口慈善捐助站，发起对贫困流动人口的慈善救助活动，为困难流动人口送去温暖和关怀。联合紫轩社区，建立了流动党员活动之家，共同探索流动人口党员服务管理。探索户籍管理制度改革，督促制定了《嘉峪关市人民政府关于进一步推进户籍制度改革的实施意见》和《嘉峪关市进一步推进户籍制度改革重点任务分工方案》，明确发改、公安、房管、教育、计生等部门责任，对全市现有的八项户籍一元化民生保障配套政策进行细化，确保将改革措施落到实处。完善流动人口信息登记和数据共享机制。结合流动人口服务管理工作实际，起草了综治信息平台修改意见和建议，尝试充分利用社会治理中心综治信息平台管理流动人口。探索居住证制度改革。根据国务院新出台的《居住证暂行条例(草案)》精神，拟定了《嘉峪关市居住证制度改革实施方案》，设计了新的居住证式样，让居住证能够更高效承载人员信息，增强服务功能。根据人大代表和政协委员关于进一步加强外来流动人口服务管理相关提案建议，主动与房管、公安和社区共同研究，召开联席会议共同做好答复工作，上报了《关于嘉峪关市九届人大四次会议第 32 号建议和市政协八次会议第 40 号提案的答复意见》，得到了代表委员的好评。通过对全年工作的梳理总结，筹备召开了全市流动人口服务管理工作会议，总结了 2015 年度流动人口服务管理工作，安排部署了 2016 年各项主要工作，并表彰了 2015 年流动人口服务管理工作先进集体和先进个人。中心被综治办评为群防群治先进集体，流动人口科室两名干部分别被表彰为全市综合治理先进个人、全市群防群治先进个人。

建立社会信用体系。2015 年，中心积极配合社会治理局稳步推进全市社会信用体系建设工作。根据《嘉峪关市社会信用信息系统建设实施方案》和《嘉峪关市社会信用信息征集使用管理办法》，初步确定了 72 家全市产生信用信息并参与社会信用体系建设的单位，其中涉及自然人信用信息的有 53 家，涉及机关事业法人信用信息的有 65 家，涉及社会组织法人信用信息的有 11 家，涉及企业信用信息的有 35 家(其中涉及个体工商户 24 家)。根据各行业实际，拟定了《嘉峪关市社会信用信息系统建设目录征集说明》，统筹指导各部门各单位完成了信用信息目录的编制。督促项目硬件设备安装到位。协调电信部门对社会信用网站进行了备案，并签署了 10 兆网络专线租用合同。对社会信用网及信息系统平台进行数据输入和测试。在 12 月底举行了"嘉峪关市社会信用服务管理中心"揭牌仪式，标志着社会信用信息系统正式进入试运行阶段。

提升窗口文明服务形象。中心服务大厅继续发扬党的群众路线教育实践活动取得的成效，时刻保持良好的服务窗口形象，为居民提供优质满意服务。严格落实《市城乡一体化服务中心服务标准》，规范服务人员服务行为和服务语言，使窗口服务行为有规范依据，推行服务引导制和服务承诺制，杜绝了门难进、脸难看、事难办等不良现象。全年未发生投诉。健全完善了考核管理办法，强化岗位工作人员教育，加大日常监督考核力度，并利用"晨操"督促考勤，提升岗位工作人员精神面貌。

坚持“日考核、月通报”制度,每月印发《派驻岗位考核考勤通报》,将服务标准的执行纳入考核内容,强化优质服务。严格监督,认真履行职责,确保各项城乡一体化民生保障政策落实到位。全年共接待来访群众15806人次,其中公安户政岗位办理准迁证共计2769人次(其中农业劳动者48人),制作临时身份证3631份,发放二代身份证13185证,人像采集821人次;卫生新农合岗审核住院报销手续3978件,审核门诊统筹61349件,门诊慢性病审核131件;房管岗接受公租房申请85户,发放公租房补助120109元。各岗位共答复咨询查询7622人次。

开展“联村联户”行动。按照《全市双联行动2015年工作要点》(嘉联领发〔2015〕3号)工作要求,中心制定了《“双联工作”实施方案》,根据双联农户的情况,编印了《双联行动联组单位、联户干部、联系户花名册》,将联系户落实到每名干部。多次深入14户联系户家中,了解了农户家庭人口、经济状况、发展愿望、存在困难等,并根据农户反映的5个方面的意见诉求,确定了中心2015年双联帮办实事。针对村民反映强烈的环境污染和噪音污染问题,积极向环保局反映情况,环保局经过实地调查,已查封了违规生产的企业。针对村民反映的缺医少药问题,中心积极参与社会治理局组织的义诊进村活动,还与卫生部门沟通反映情况,建议向峪泉镇卫生院增派医护人员。此外,中心全体工作人员在冬季来临之时,由领导带队深入双联村4户特困户家中,为他们及时送去问候与关怀。积极开展其他扶贫帮困活动,面向全市发出爱心倡议书,联合绿化社区向其辖区内困难居民捐助衣物、棉被等约400余件。为全市关注的病童“珍妮”发起爱心捐款,中心工作人员捐款1500元。

(徐　炜)

【市公共资源交易中心】市公共资源交易中心加挂市政府政务服务中心牌子,“一套班子、两块牌子”,为市政府直属管理差额拨款事业单位,核定编制26名,处级干部职数3名。2015年,有在编干部21名,基层服务大学生3名,其中:处级干部2名,科级干部11名。

中心确定2015年为推动整体工作的上台阶年。结合省、市下达的目标任务和考核项目,明确了全年要完成的“六项任务”,即:围绕“三张清单一张网”,建设透明高效的政务服务网;围绕简政放权抓提效,努力提升政务服务质量和水平;围绕阳光交易抓规范,努力推进公共资源市场化配置;围绕工作落实抓监察,努力提高政务服务行政效能;围绕制度建设抓管理,努力打造精细化服务窗口品牌;围绕内强素质抓队伍,努力创建文明机关优秀团队。为了完成好这“六项任务”,着重实施了“八大项目”,即:服务质量改进提高项目、公共资源交易市场化改革规范化项目、电子监察效能发挥项目、能力素质拓展提升项目、作风建设深化落实项目、党建能力显著增强项目、基础设施完善升级项目、目标任务考核量化项目。

行政审批制度改革,提升政务服务质量和水平。协助市审改办做好行政审批事项承接。加大与各部门沟通力度,优化审批流程,整合审批环节,缩短审批时限。从中心审批平台中取消审批事项101项,承接审批事项5项,调整名称或内容项目5项,目前保留行政审批事项331项(其中:行政许可249项,备案制管理82项)。增加经开区、房管局服务窗口7个,整合设立市场监管局服务窗口6个。2015年,受理行政审批业务6278件,平均承诺时间提前率达到29%,受理便民事项2271件。

推进公共资源配置市场化,确保交易规范、透明、高效。建设工程、政府采购、医药采购、工业信息化、土地矿产、产权和物业服务等公共资源交易业务全面开展。对建设工程中介代理机构实行随机选取商务谈判确定,实现规范化管理。纳入交通、水利专家,建成了全市统一的跨行业、多门类、大库容的综合评标专家库,共有专家1798名。开通了与省公共资源交易局专家抽取8M专线,实现了评标专家远程抽取。9月中旬,中国招标投标协会公共资源交易分会正式成立,中心被批准为首批分会会员单位。2015年,组织公共资源进场交易501项(次),总交易额18.21亿元。

加强电子监察,不断提高工作成效。健全完善行政效能电子监察系统,对各类公共资源交易和行政审批业务进行实时监察,确保对行政审批工作流程的关键节点和公共资源投标企业、招投标代理机构等资格审查及发标、答疑、开标、评标等交易活动的全过程现场监控和语音记录的全覆盖,实现对权力网上运行的实时监察和动态监管,保证了各项工作依法、公开、公平、高效开展。

围绕“三张清单一张网”,建设透明高效的政务服务网。通过不断修正系统漏洞、完善系统设置,全面做好行政审批、公共资源交易和行政效能监察三大系统并入全市政务服务网的前期准备工作。不断加强与相关部门的沟通协调,协调完成了全市便民服务事项网上公布审核工作,为“三张清单一张网”建设工作顺利开展提供了服务保障。

创新性开展精准扶贫精准脱贫工作。根据全市精准扶贫精准脱贫建设项目的特点,对进场交易的城市棚户区改造、保障性安居工程、农村(农业)发展建设以及社会福利、惠民实事等项目,开辟绿色通道,实行容缺受理制度,在争得招投标各方同意的前提下,优先办理,提前组织项目开标会,缩短项目整体时限。在确定项目中标人后,免收或减半收取招标人、中标人的交易服务费用。

(张 毅)

依法行政工作

【组织机构和人员编制】2015年,市法制办内设综合科、行政复议应诉科、规范性文件审查备案科、行政执法监督检查科四个职能科室;现有工作人员10名(其中科长4名,主任2名),其中行政编制7名,后勤事业编制1名,进村进社人员2名。

【引领依法行政】领导高度重视,精心谋划安排。市政府高度重视依法行政工作,坚持高位谋划,强力推进。市政府常务会议多次专题研究深入推进依法行政、加快建设法治政府的重点工作,协调解决工作中存在的问题。全市依法行政工作形成了主要领导负总责,分管领导具体抓,法制机构牵头,职能部门共同参与的工作格局。年初,对全市依法行政工作进行了安排部署,印发了《嘉峪关市2015年依法行政工作要点》和《嘉峪关市2015年依法行政考核标准》,与各行政执法单位签订了目标责任书,明确工作职责,分解工作任务,突出工作重点,开展行政执法责任制,保证了依法行政各项工作落到实处。开展示范创建,夯实基层基础。为充分发挥典型示范引领作用,加快推进依法行政进程,印发了《嘉峪关市关于做好依法行政示范单位创建工作的通知》,细化了创建目标任务和要求。在全面创建的基础上,根据我市机构改革的实际情况,确定市综合执法局、市场监管局等单位为示范创建重点培育单位。将示范创建活动贯穿于目标责任考核和日常监督指导全过程,不定期对示范单位的工作进行检查指导。严格评议考核,促进工作落实。强化中期检查,督导任务落实。紧扣年初制订的依法行政工作要点和目标考核标准,6月份,对中期督查工作进行安排部署,采取自查、普查、重点抽查的形式组织对全市依法行政工作进行了中期督查。针对存在的问题,下发了督查通报,对存在的共性和个性问题进行了分析,提出整改意见;组织力量对督查中发现的工作不力、落实不到位的单位进行了一次“回头看”,督促依法行政各项目标任务落实。严格年终考核,落实目标任务。11月上旬,联合市监察局、中级人民法院、检察院组成考核组,采取汇报抓亮点、座谈找问题、查档看实效、核卷审执法及实地随机抽查相结合的方式,对各部门依法行政目标责任完成情况进行了年终考核。通过系统的监督指导,有效提高了各部门依法行政的能力和水平。

【加强依法行政理论学习】强化学习培训,提高工作能力。充分利用各种形式,加强对领导干部和行政执法人员法律知识学习宣传和培训工作,不断提高运用法治思维和法治方式解决问题的能力,营造依法行政、建设法治政府的浓厚氛围。坚持政府常务会学法制度。不断创新政府常务会学法方式方法,结合讨论事项,有针对性地组织学习了《行政诉讼法》《不动产登记暂行条例》等7部法律法规。法制讲座坚持如一。全年共举办了4次领导干部依法行政专题讲座,先后邀请省内知名专家、教授作了行政诉讼、知识产权、金融风险、全民禁毒等方面的专题讲座。加强行政执法队伍建设。采取岗前培训、闭卷考试等形式,加强了对行政执法人员的法律知识培训,提高了行政执法队伍的综合素质。结合《行政诉讼法》的修改和贯彻实施,3次举办以《嘉峪关市行政程序规定》《规范性文件管理实务探析》《行政处罚法》等内容的培训班,共培训行政执法人员2200余人次;各部门也普遍建立了学法制度,定期或不定期组织行政执法人员学习相关法律知识。组织新办理行政执法证的300余人参加全省行政执法人员综合法律知识远程网上考试。法制宣传常抓不懈。结合相关法律法规颁布实施纪念日等节点，开展了《环境保护法》“百题万卷”竞赛、《安全生产法》“千厂万人”竞赛及电视大赛等专题宣传活动。充分利用电视、报纸、网络、散发宣传资料等多种形式进行法制宣传，下发各种宣传资料30万余份。上报《甘肃日报》“建设法治政府专栏”稿件10余篇；省政府法制信息网刊登我市工作信息900余条、《嘉峪关日报》刊登稿件12篇。此外，通过嘉峪关法制办网站和嘉峪关依法行政腾讯官方微博，积极宣传我市政府法制和依法行政工作动态。

【完善依法行政机制】 强化为民务实，坚持科学决策。健全行政决策机制，结合实际，修订了《嘉峪关市人民政府重大行政决策程序规则》《嘉峪关市人民政府工作规则》和《市政府班子进一步完善密切联系群众工作的规定》，从办文、办事、办会等方面对市政府各项工作程序进行了规范。把公众参与、专家论证、风险评估、合法性审查和集体讨论决定作为法定程序，严格按程序逐级审核把关，确保各项重大行政决策符合经济社会发展的客观实际和需要。2015年在市棚户区改造工作中，严格按照重大决策程序操作，多方论证，制定切实可行程序规范的实施方案，得到广大群众的支持。该项工作共涉及2916户，自9月份启动以来，工作进展顺利，无上访或信访事件发生。坚持向人大及其常委会报告工作，重大决策、会议、活动，主动邀请人大代表和政协委员参与，充分听取意见建议。对重大决策，通过召开座谈会、论证会、听证会等形式分层次进行研讨，广泛征求社会各界人士对决策草案的意见，确保各项决策充分体现民意。充分发挥政府常年法律顾问、法律专家咨询委员会在行政决策方面的参谋助手和法律顾问作用，印发《嘉峪关市关于全面建立政府法律顾问制度的意见》，各部门实现了法律顾问全覆盖。组织召开了市政府法律专家咨询委员座谈会，畅谈为政府依法行政建言献策的做法和体会。副市长王进平出席会议并作重要讲话，对专家咨询委员会的工作提出意见和建议。建立重大事项社会稳定风险评估机制，把关系群众切身利益的重大决策、重大改革、重大项目、重大活动全部纳入评估范围。坚持把风险评估结果作为决策的重要依据，对重大决策进行跟踪反馈，适时调整和完善，确保行政决策的合法性。

【规范行政管理】 严格审查管理，保证合法规范。落实省政府关于规范性文件管理的相关规定，结合实际修订出台了《嘉峪关市行政规范性文件管理办法》，加大合法性审查力度，提高规范性文件质量。严格按照程序和要求深入调研，召开座谈会、讨论会、法律顾问和法律专家咨询委员会、学者论证会、下发征求意见函等不同形式广泛听取意见，不断增强规范性文件的科学性。严格规范性文件报备程序，全面实行“三统一”(统一登记、统一编号、统一公布)、有效期和定期清理制度。全年共审查办理市政府批办的文件83件，出具书面审查意见58份；向省政府和市人大报备规范性文件7件；办理省级地方性法规、省政府规章征求意见稿20件；废止规范性文件15件。严格重大决策事项的合法性审查，解答咨询、协调处理相关项目建设、合同、协议、行政执法等方面涉法事务60余件，为政府依法科学决策提供法律保障。

【化解矛盾纠纷促进和谐稳定】 为了从源头上预防和减少行政争议，充分发挥人民调解、司法调解、行政调解“三调联动”工作机制化解矛盾纠纷，市社会矛盾调解中心调解处理劳资、物业、合同、医疗、婚姻家庭、行政争议、交通事故赔偿等纠纷728件，调解成功700件，成功率96%。以畅通复议渠道、创新工作模式为重点，注重运用和解、调解、协调等多种手段化解行政争议，提高行政复议案件办理的质量和效率。全年共受理办结涉及工伤认定、公安行政处罚等行政复议案件15件；全市出庭应诉行政诉讼案件36件，其中市政府作为被告的行政应诉案件8件。加强与人民法院的联系沟通，强化信访、复议、诉讼、执法监督的衔接配合，把矛盾纠纷解决在基层、解决在萌芽状态。为强化各级领导干部依法行政观念，提高行政执法人员的能力和水平，先后组织行政机关执法人员400余人次旁听行政案件庭审活动，提升法治意识、法律素养，提高行政执法质量，筑牢依法行政理念。

【深化体制改革推进综合执法】 在学习借鉴外地先进经验的基础上，按照优化机构设置、提高行政效能的总体要求和减少层次、整合队伍、提高效率的原则，于2015年1月率先在全省成立了市场监督管理局和综合执法局。

按照“归并相近、理顺交叉、加强专业”职能和“多撤少建”的原则，将原工商、质监、食药监三部门整合，成立市场监管局。对原三部门150项规章制度整合修改为90项，推行标准化、规范化和精细化执法。统一执法文书，整合信息化办案平台，建立属地监管责任制和“网格化”管理模式。优化行政审批流程，将食品生产流通、药品医疗器械、工业产品生产、特种设备使用、组织机构代码证、营业执照等“十证一照”合并为“一窗式”办理，实行“一站式”服务，有效解决了分头受理、材料重复提交等问题，极大提高了行政效能。转变监管模式，实现了从“分散式”向全覆盖、无缝隙、无盲区的“一体化”的监管模式，实现了行政审批、检验检测、投诉举报、执法办案、市场巡查的“五个统一”，建立了从源头到终端、从生产到消费的全程监管体系。通过机关“做减法”、基层“做加法”，将70%以上人员充实到执法一线，基层执法力量得到了加强。

将市容市貌、环境卫生、城乡规划、园林绿化等15个部门、64项执法职责进行整合成立综合执法局。从规范执法、勤务保障、联动机制、案件会商和队伍建设等方面，制定了符合实际、简便易行、操作性强的55项制度，形成法律法规、管理制度和执法规范三大制度体系，建立了综合执法会商联席制度，确保有法可依、有章可循。实现执法模式由“单一执法”向“综合执法”转变。实现了“一队多权、一人多能”，执法力量更为集中、精干、强化，降低了执法成本。实现执法职责由“多头执法”向“职责明晰”转变。将有关行政执法机关的行政处罚权相对集中，较好地解决了多头执法、重复执法和执法扰民等问题，防止了行政权力的滥用。实现执法观念由“被动应对”向“主动出击”转变。针对群众反映的热点、焦点问题，开展专项治理执法活动，解决了一些影响城市形象的“老大难”问题。实现执法方式由“生硬执法”向“刚柔相济”转变。联合公安等部门创建了以“联勤、联防、联管、联建、联合执法”为主要内容的“五位一体”综合执法模式，按照“交叉换位、前后补位”的原则，协调推进综合执法工作；广泛发动群众参与“红袖章”综合管理，形成社会力量多元共建、齐抓共管的良好局面。开展岗位技能比武，提高工作能力。通过严格执法程序，完善监督制度，规范了执法行为，改变了执法形象。

【简政放权加快职能转变】 围绕加快政府职能转变这一核心，以深化行政审批制度改革为突破点，加强机关效能建设，减少审批项目、规范审批环节、缩短审批时间，深入推进政务公开，服务型政府建设步伐不断加快。清理行政审批事项。以“环节最少、时间最短、服务最佳”为原则，建立行政审批项目流程，规范行政审批行为，较好地解决了行政审批项目过多、审批程序烦琐等问题，简化了审批环节，提高了审批效率。近年来，累计取消、减少和调整行政审批项目106项，减幅达33.8%。推进行政审批事项“两集中、两到位”。将行政审批项目全部纳入市政府政务服务中心办理，采取“一个窗口受理、一次性告知、一站式审批、一条龙服务、一次性收费、一个时限办理”的运行机制，严格执行限时办结、首问责任、“绿色通道”、服务承诺、责任追究、跟踪监管等制度。近两年，共受理行政审批业务13878件，办结13505，平均承诺时间提前率达40%。大力推进政务公开。贯彻落实《政府信息公开条例》，以公共政策和群众关心的教育招生、医疗卫生、社会保障、供水、供电、供气等领域的公共信息为重点，拓展公开事项，规范公开内容，全面推进政府信息公开。全面理顺权责清单。完成了涉及行政许可、行政处罚等10大类行政职权45个部门行政职权的权力清单和责任清单3925项、财政专项资金管理清单25项、扶贫清单项目4项、便民服务事项548项807条的信息发布工作。

【规范执法行为】 坚持从规范行政执法主体、行政执法队伍和加强行政执法人员管理着手，多管齐下、多措并举，不断提升全市行政执法规范化水平。做好执法证件的动态管理。对新增或岗位调整人员，及时组织培训考核和办理新的执法证件。全市共发放执法主体资格证103个，行政执法证2121个。统一制发了《行政执法人员培训证书》，由法制办或培训机构填写，作为考核内容之一。坚持重大处罚案件备案制度。开展重大执法案件备案审查工作，要求各机关在做出重大执法决定后的15日内报法制办备案。全年报备重大行政处罚案件195件。开展行政执法案卷评查工作。建立了行政执法案卷评查制度，明确了案卷评查的程序和方式，细化、量化了评查标准，使行政执法案卷评查工作规范有序。法制办坚持每年两次集中评查，对存在的问题集中反馈重点指导，促进了全市执法水平的提高。规范行政处罚自由裁量权。落实省、市规范行政处罚自由裁量权规定、办法，督促各单位执行并完善系统内行政处罚自由裁量权的范围、种类和幅度，采取各种形式予以公布。采取多种方式，对各部门开展情况进行了重点检查，实现行政处罚自由裁量的公开、公平、公正。严格落实罚缴分离、收支两条线制度。为严肃财经纪律，加强廉政建设，规范罚没收入罚缴分离管理，对全市罚缴分离收支两条线执行情况进行了专项检查，所有罚款均实行了罚缴分离、收支分离，杜绝了工作经费与罚没收入挂钩的现象。开展行政执法社会监督。分批次组织行政执法社会监督员，通过不定期抽查、明察暗访、重点领域专项检查等专项活动组织行政执法检查，不断规范行政执法行为。多次召开行政执法社会监督员工作座谈会，听取改进行政执法部门和人员工作的意见，并将反映的问题及时反馈至相关部门，督促整改。

（王　静）

其他行政管理

【外事侨务工作】嘉峪关市政府外事侨务办公室现有工作人员3人。其中主任1名（由市政府副秘书长兼任），副主任1名，科长1名。与市政府办公室合署办公，下设外事侨务科室。

严格规范因公出国（境）审批管理。2015年，共审核报批各类因公出国（境）团组2批，2人次（均为中央部门组团）。全市没有自行组织党政干部因公出国团组。因公出国（境）团组的数量与人员与去年同期相比降幅较大，同比2014年下降66%。

精心组织涉外接待工作。做好“敦煌行·丝绸之路国际旅游文化节”的外事接待工作，配合市文广新局做好“第四届·中国嘉峪关国际电影短片电影展”活动的筹备工作。共接待新西兰克赖斯特彻奇市市民代表团、亚洲开发银行执行董事代表团、外国驻京媒体记者团、香港教育界参观学习团、澳门特区法律界人士访问团等涉外团组5批100余人。

扩大“一带一路”对外宣传。随着“一带一路”战略的深入实施，本市作为丝绸之路经济带战略节点城市，引起外国媒体高度关注。为确保境外媒体的考察采访活动在我市安全顺利进行，我办在市委宣传部的协助下对全市发展成熟的项目进行调研踩点，制订采访线路，撰写采访点情况介绍，力求做到真实、正面宣传，讲好嘉峪关在“一带一路”建设中的重要地位。

做好维护侨权侨益工作。加强归侨、侨眷的法制教育和思想道德教育，依法维护归侨、侨眷的合法权益和海外侨胞在国内的合法权益，抓好侨务信访工作和扶持、慰问归侨侨眷的工作，着力解决涉侨民生问题，帮助归侨侨眷解决工作和生活的困难。2015年共为全市10名归侨侨眷每人发放贫困生活补助1800元，为全市10名特困、大病归侨侨眷每人发放特殊补助5000元，共发放补助6.8万元。

加强外事部门自身建设。严肃工作作风和工作纪律，结合工作实际，规范全市外事审批程序。认真贯彻落实全省外事工作会议精神，学习《外事法规汇编》《侨务法规文件汇编》及《外交外事知识和技能》，增强外事工作人员政策法制观念，提高依法办事能力。

（邓笑梅）

社会事业

教 育

教育事业

【概况】2015年,全市共有各级各类学校94所,其中幼儿园59所,小学19所,独立初中6所,九年一贯制学校1所,特教学校1所,完全中学1所,普通高中2所,中等职业学校3所:市职业中等专业学校、市体育运动学校、甘肃省冶金高级技术学院(技工学校),甘肃广播电视大学嘉峪关分校1所,甘肃钢铁职业技术学院1所。在校学生49128人,其中在园幼儿8358人,小学16579人,初中8350人,特教学校35人,普通高中6310人,中等职业学校4219人,市电大和高职学校学生5277人。教职工3366人,其中专任教师2946人,专任教师中幼儿园548人(民办幼儿园404人)、小学933人、初中637人、特教学校7人、普通高中441人、中等职业学校64人、成人高校和职业技术学院316人。

【学前教育】学前一、二、三年"毛入学率"分别为99.4%、98.6%、97.8%。全面实施《嘉峪关市第二期学前教育三年行动计划(2014—2016)》和《嘉峪关市扩大学前教育资源规划》,充分发挥公办幼儿园在办园理念、保教质量、校园文化建设等方面的辐射带动作用,推动公办、民办幼儿园办园水平协调发展,整体提高。市教育局和市财政局联合印发《嘉峪关市普惠性民办幼儿园认定管理和奖励扶持办法(试行)》,对普惠性民办幼儿园认定条件、认定程序、管理与监督等方面进行了明确和规范。认定9所普惠性民办幼儿园,省级奖补资金92.71万元全额用于改善办学条件,提高师资水平。深入贯彻落实《3-6岁儿童学习与发展指南》和《幼儿园教育指导纲要》,把科学的教育理念转变成教师的日常教育行为,落实到保教工作的各个环节。

【义务教育】以实施"全面改薄"为契机,稳步推进学校布局调整,加快标准化和现代化学校建设。通过师资调配、资源共享等措施推进软件均衡,着力提升义务教育学校发展软实力。严格执行划片、就近入学政策,无条件接受外来务工人员随迁子女就学。落实两免一补、家庭困难学生救助等资助政策,省级示范性高中招生名额分配到城区初中学校的比例达到62%,农村中学达到65%,教育公平得到有效保障。实施学生综合素质评价,组织经典诵读、汉字听写大赛、模拟法庭、道德讲堂、农家书屋阅读等活动,培育和践行社会主义核心价值观,落实"立德树人"总要求。市教育局印发《关于进一步深化学校发展联盟工程工作的通知》,"5321"联盟校工程深入实施。整合社会资源,开展科普进校园、校园科技节、走进高校科学营等活动,中小学生科学素养进一步提升。2015年,全市适龄儿童入学率100%,初中入学率100%,义务教育巩固率99.67%。5858人参加中考,十科合格率36.9%,初中毕业生升入高中阶段升学率96%。

【普通高中教育】有效配置高中阶段教育公共资源,为高中学校配备高水平的教学设备设施,以满足实验、通用技术等教学需求。探索育人模式改革,狠抓高中课程建设,大力开发校本教材,探索选课走班、分层教学实验。不断强化制度建设,努力培育学校发展特色,寻求办学定位,经过多年的积淀和培育,心理健康教育、国际交流与合作、体育艺术教育成为高中学校鲜明的办学特色,为高中学校可持续发展增添了新的动力,有力促进了教育公平和质量提升。普通高中招生2080人,高中阶段毛入学率95.12%。2503名考生参加高考，2291人被录取，录取率91.53%，三本及以上共录取1572人，录取率62.8%。

【职业教育】 全市中等职业学校共招生805人，其中：市职业中专185人，市体校26人，甘肃省冶金高级技术学院(技工学校)594人。职业中专招生录取率比2014年增长41%，2015年，市职业学校毕业生共计1727人，就业1620人，就业率93.8%。加强职业教育扶持力度，选派135名中职学校教师到企业学习实践，聘请240名企业技术人员到中职学校担任教师，师资培训的针对性和实效性显著提高。全面落实职业教育资助政策，2015年秋季学期起实行中职学校学生全部免学费，中职助学金由原来每人每年1500元提高到2000元。市教育局印发《嘉峪关市中等职业学校学生学籍管理办法(试行)》，进一步规范和加强中等职业学校学生学籍管理工作。市政府印发实施《关于加快发展现代职业教育的实施意见》，建立职业教育联席会议制度，有力推动了职业教育改革与发展。职业教育办学规模进一步扩大，专业结构更加符合经济产业特征。与酒钢集团、华强集团等大型企业建立长期合作办学关系，充分利用企业实习实训基地资源深化人才培养模式。推进"2+2+1""3+2"中高职一体化人才培养模式，与甘肃钢铁职业技术学院、山东德州职业技术学院成功对接，中等职业学校28名学生进入德州职业技术学院、甘肃钢铁职业技术学院就读高职。选派37名学生参加全省中等职业学校技能大赛，获一等奖10个、二等奖4个、三等奖18个，3名学生代表甘肃省赴天津参加全国技能大赛，获全国二等奖1个。

【成人教育】 市电大春秋季招生686人，在校学生2449人。甘肃钢铁职业技术学院招生1139人，在校学生2828人。全年共进行农民实用技术培训800多人次，脱盲人员巩固率达到98%以上。市职教中心先后与市人社局、市旅游局、市总工会等单位联合举办37个项目短期培训班，培训各类人员5438人。酒钢职工培训中心全年培训酒钢职工、管理人员、再就业人员、社会人员3万余人，为地方经济社会发展做出积极贡献。

【民办教育】 全市共有民办幼儿园50所，在园幼儿5986人，教师427人；共有民办(非学历)培训机构19所，年培训学生5600人，教师107人。不断规范民办学校办学行为，加强民办学校准入、管理、考核等工作，为2所转让民办园换发证件，为3所停办民办园办理了注销手续，为新开办的2所民办园和3所非学历培训机构颁发了办学许可证。完成全市民办学校年检工作。市教育局印发《嘉峪关市教育局处置民办学校非法集资突发事件应急预案》，开展防范和打击非法集资专项整治活动。联合市消防支队对民办园消防设施、安全演练等情况进行专项检查并跟踪落实，全部完成整改。市教育局、市发改委联合下发通知，进一步规范民办幼儿园收费项目和收费标准，指导民办幼儿园落实办园成本核算，严格落实收费"双备案"和公示制度。

【艺术体育工作】 以体质健康监测、校园足球、文艺展演、艺术等级评定为抓手，深入推进"一校一品牌"和"体育、艺术2+1"项目建设，全面提升学生身体素质和艺术素养。阳光体育活动稳步推进，创建市级快乐校园示范校4所，2所被命名为省级快乐校园示范校。参加全省校园足球联赛，高中、初中、小学组分获全省第四、第五、第七名。成功举办全市第36届中小学生田径运动会和一年一度的全市中小学生球类比赛。组织参加全省第五届中小学生艺术展演活动，报送学生艺术表演类节目18个、艺术作品18幅、征文作品22篇、教师科研论文10篇。完成学生体育艺术特长评定工作，参评学生1172人。完成2015届初三学生体育中考项目测试，涉及学生2800人。嘉峪关市被确定为国家学生艺术素质评定实验区，市五一路小学和市实验小学被评为国家级学校体育工作先进单位，市逸夫小学、市第六中学和市第一中学被评为国家级校园足球特色学校。

【特殊教育】 特殊教育学校1所，教职工8人，其中专任教师7人，共招收学生35人。深入实施《嘉峪关市特殊教育三年提升计划(2014—2016年)》，全面推进"三残"儿童少年"全纳教育"和"融合教育"。残疾学生生均公用经费标准达到每生每年6000元，残疾儿童接受义务教育的权利得到有效保障。97名残疾儿童在全市中小学随班就读。全市三类残疾儿童入学率达87.5%。

【教师队伍】2015年，择优招录40名中小学、幼儿园教师补充到教师队伍。深入落实教师交流制度，采取联盟校对口支援等方式推动富余学校教师向紧缺学校进行智力和人力支援，67名教师、12名干部进行轮岗交流学习。积极推进“甘肃省教师人文素养提升工程”，开展了师德师风建设教育月系列活动，进一步完善和加强师德承诺、监督、考核制度。继续推进“名师工作室”“高效精品课堂”建设工程，开展全市第七批“131名师”评审活动，评出“131名师”244人，其中“教育教学专家”5人、“学科带头人”31人、“骨干教师”208人。深入开展全市教师“一师一优课、一课一名师”活动，参与教师2300多人次。省级立项课题73项，60项成果参与全省课题成果集中鉴定。大力实施五级教师研修培训，完成各级培训49批次，培训7197人次。选拔10名优秀教师赴定西岷县开展为期一年的支教工作。市政府出台《关于加强嘉峪关市教育系统教师职称评聘工作的实施意见》，对教师职称评聘首次实行专业技术岗位职数限额外聘任，教师关心关注的职称评聘问题取得重大突破。出台班主任补助发放政策，将按照幼儿园、小学、初中、高中、中职每月400、500、500、500、400元的标准，于2016年开始发放班主任补助，进一步激发了班主任工作的积极性。小学教师学历合格率100%，大专以上学历占98.9%；初中教师学历合格率100%，本科以上学历占93.9%；普通高中教师学历合格率100%，本科以上学历占99.1%；中等职业学校教师学历合格率100%，本科以上学历占100%，双师型教师素质比达到68.7%；生师比小学17.77:1，初中12.61:1，高中9.84:1，中等职业学校6.92:1。

教育管理

【机构设置与人员编制】嘉峪关市教育局为市政府工作部门，共设党委办公室、行政办公室、计划财务审计科、成职教科、普教科、语言文字工作委员会办公室、民办教育管理科、安全管理科8个行政科室和市招生委员会办公室（与市自学考试指导委员会办公室合署）、市政府教育督导室（参公管理科室）、勤工俭学办公室（参公管理科室）、教研室、市电教馆、教育网络管理中心、离退休人员管理服务中心、学生资助管理中心、档案管理中心9个事业科室。下属市第一中学、市第二中学、市酒钢三中、市第四中学、市第五中学、市第六中学、市职业教育中心、市实验中学、市师范附属学校、市育才学校、市明珠学校、市胜利路小学、市建设路小学、市长城路小学、市五一路小学、市实验小学、市逸夫小学、市迎宾路小学、市和诚路小学、市大唐路小学、市第一幼儿园、市第二幼儿园、市第三幼儿园、市第四幼儿园、市第五幼儿园、市第六幼儿园、新城镇教委、文殊镇教委、峪泉镇教委29个全额拨款事业单位。

【教育管理】市教育局出台《公办幼儿园招生办法》《义务教育阶段学校招生办法》和《高中阶段学校招生考试实施方案》，严格落实义务教育免试就近入学政策，切实加强对学校招生行为的监督与管理，有效维护了受教育者的合法权益。坚持“安全第一，预防为主，综合治理”，大力推进学校安全工作网格化管理，强化校园及周边环境整治和消除安全隐患排查，积极构建校园安全防范体系。坚持“学校安全隐患自查自改月报制度”，全年排查出一般安全隐患382个，全部整改完毕。依托市一中“学生心理健康教育基地”建设和市五一路小学“安全技能实训室”，开展“生命绿灯工程”试点工作，取得阶段性成果。结合“改薄项目”的实施，开展“数字化平安校园”试点建设，投入资金160万元，为农村及城市义务教育阶段学校安装视频监控设备，实现校门口、操场、教学楼、食堂、学生宿舍等重点部位和事故易发位置的全覆盖。市教育局所属各类学校校园安全、食品安全及消防安全事故发生率为零。市第一中学、市第六中学、市逸夫小学、市胜利路小学等4所学校被评为省级德育示范校，市酒钢三中、市逸夫小学、市胜利路小学、市和诚路小学等4所学校被命名为省级“语言文字规范化示范校”，市酒钢三中、市第四中学、市第六中学等3所学校被命名为市级“毒品预防教育示范校”，市第一幼儿园、市第六幼儿园被评为“甘肃省食品安全示范学校食堂”。

【办学条件】全市校舍总建筑面积46万平方米，

生均建筑面积小学7.1平方米，初中8.1平方米，九年一贯制学校11.8平方米，普通高中28.1平方米，完全中学14.4平方米，中等职业学校24.9平方米。全年完成固定资产投资1.79亿元，新建校舍建筑面积2.1万平方米，建成农村中小学教师周转宿舍25套，建成塑胶运动场5万平方米，全市中小学运动场塑胶化率达74%。全年投入“全面改薄”资金2583.2万元，其中市级资金1895.2万元，占总投入的73.4%。“全面改薄”校舍建设类项目开工率达100%，主体工程完工率达88.9%，设备购置类项目全部完成。投入3.56亿元，易址新建市酒钢三中新校区10万平方米校舍，9月投入使用。投资155万元为全市39所公办学校、幼儿园安装净化加热饮水设备224台，确保所有学生能够随时喝到温度适宜、安全放心的纯净水。投资70万元专项资金，依托市特教学校筹建市特殊教育指导中心，特殊教育办学条件进一步改善。为义务教育阶段学校购置课桌凳2038套、办公电脑100余台、“班班通”设备24套、校园监控设备14套；建成云计算机教室3间、地理教室3间、精品录播教室4间。目前，全市义务教育阶段学校“班班通”设备、升阶课桌椅、音体美设备配备率均达到100%。

【校车工程和农村义务教育学生营养改善计划】强化校车安全运行的全过程监管，加强安全教育和应急演练，足额划拨校车运行费用。校车安全工程有序运行，年运送农村义务教育阶段寄宿学生1120车次31720人次。农村义务教育学生营养改善计划安全顺利实施，年投入资金160万元，惠及农村学生1602人。

（薛永利）

科学技术

科学研究与实验

【科技计划项目管理】围绕全省“3341”及全市“4661”项目工程确立的重点任务，组织申报省级科技计划。全年共组织申报省级计划项目30项，立项8项，获得项目资金813万元。其中嘉峪关澄宇金属材料有限责任公司的《铝灰全部循环利用关键技术开发与产业化》和甘肃宏汇能源化工有限公司的《低温干馏工艺技术研究与应用》项目被列为省级重大专项，获项目经费640万元。以解决制约全市产业发展壮大的关键共性技术等问题为重点，围绕全市经济、科技、社会、民生等方面发展的总体需求，组织实施市级科技计划项目49项，下达市级科技计划经费900万元，带动投资34337.22万元。重点加大了对农业适用技术推广示范及科技成果转化应用、工业主导产业新产品开发、装备制造业技术创新、传统产业升级改造、资源综合开发利用、软件应用开发、发展战略研究和民生、医疗卫生等领域科技创新的支持力度。

【企业技术创新】围绕全市主导产业和关键核心技术，组织实施了《电解铝用双金属复合打壳锤头的研发应用》《贫铁含硅废矿循环再利用冶炼铁合金新工艺研究》等技术创新项目17项，解决了一批制约企业发展的关键技术问题。研制开发了《利用电解铝生产光伏太阳能支架边框用合金圆铸锭开发研究》《电解铝用双金属复合打壳锤头的研发应用》等市场前景好、技术含量高的新产品、新工艺35个，提升了企业核心竞争力。组织龙海管业科技有限公司等3家企业参加了甘肃第四届中国创新创业大赛(甘肃赛区)。

【科技创新平台建设】研究制定了《嘉峪关市企业工程技术研究中心认定和经费管理办法》《嘉峪关市农业科技示范园区（基地）认定管理暂行办法》。投入资金70万元，支持“嘉峪关市冶金材料工程技术研究中心”“嘉峪关市冶金技术重点实验室”和市创新中小企业服务有限公司“科技成果转化信息网络平台”等技术平台建设。推荐市中小企业创新中心创办的众创空间申报省级众创空间，成功通过认定，成为首批省级众创空间。组织企业科技人员首次参加了国家科技企业孵化器从业人员培训，5人取得从业资格证书。推荐酒钢吉瑞公司申报省级高新技术企业，已通过认定。截至年底，全市已创建国家创新型试点企业1个，国家级企业技术中心1个、试点企业4个，省级高新技术企业6个，省级重点实验室2个，省级工程技术研究中心6个。

【农业科技示范推广】组织实施了杂交洋葱红喜利培育试验及推广等农业科技计划项目17项，安排科技经费198万元，带动投资2438.55万元。重点扶持了祁连海峰果蔬等6个农民专业合作社开展有关集约化现代温室智能育苗、肉羊生产综合配套技术、戈壁日光温室特色果品种植等农业新技术、新品种推广应用和试验示范。支持三镇农业综合服务中心和紫轩酒业、鸿翔蓝孔雀等单位分别开展了有关非耕地草莓立体栽培、葡萄酒人工催陈、蓝孔雀蛋保鲜及蛋粉加工等特色种养殖业技术研究，解决了种养殖品种退化、农副产品附加值低等制约企业和农村经济发展的技术难题。

【民生科技发展】围绕构建现代公共文化服务体系、文明城市创建、文化创意产业发展，积极落实文化科技融合发展政策，加强具有创新性、前瞻性、指导性的社会科学领域技术研究。投入科技经费252万元，组织开展了《基于NFC技术的消防巡查系统》《嘉峪关市低碳城市建设中的环境问题及对策研究》、《嘉峪关市智慧旅游建设项目》等项目15项。

【科技合作交流】成功组织了嘉峪关市与省农科院科技合作协议签约仪式，就双方共同开展农业科技协作研究、科技人才培养等多个方面正式达成协议。促成市畜牧技术推广站等4家企事业单位与省农科院签约，并合作实施了有关肉羊高效繁育、酒钢固废农业资源化利用等5项技术研究与试验示范项目。推动酒钢公司与兰州理工大学开展科技合作，促成双方在科技创新发展服务平台建设方面达成合作意向。

科学事业管理

【机构设置与人员编制】嘉峪关市科技局（挂知识产权局牌子）是市政府主管全市科技工作的职能部门，内设办公室、科技计划科、科技管理科、知识产权科4个科室，下设科学技术情报研究所。核定机关行政编制8名（含军转干部编制1名），机关后勤事业编制1名。核定处级干部职数3名，科级干部职数5名（含科技情报研究所1名）；核定事业编制7名。截至2015年底，实有在职人员20名，其中局长1名（兼知识产权局局长），纪检组长1名，副局长2名，副调研员1名，科长4名，副科长1名，主任科员1名，事业编制干部4名（其中1名借调市政府驻兰州办事处），工人2名（其中1名考入公安局），“进村进社区”服务人员2名。

【科技经费管理】2015年全社会研究与试验发展经费支出8.7亿元，占生产总值比重(R&D)达到3.80%（省科技厅2015年12月发布的2014年数据），“十二五”以来已连续四年位居全省第一。

【知识产权管理】专利申请。全面贯彻落实《国家知识产权战略实施意见》和《嘉峪关市专利申请及资助奖励暂行办法》，组织实施了专利申请增量提质工程。1–12月，全市专利申请量达到303件，完成省知识产权局下达全年任务的100.01%。其中：发明专利申请量94件，占专利申请受理量的31%。专利授权量273件，同比增长6.6%。其中发明专利授权31件，同比增长343%。全市有效发明专利拥有量49件，万人口有效发明专利拥有量从上年底的0.77件提高到2.08件，完成全年目标任务的216.6%，居全省第三位。

专利资助。做好专利申请资助及奖励工作，严格审核、及时兑现专利申请资助及奖励资金，充分调动企业和个人专利申请的积极性和主动性。全年兑现专利申请及奖励350件，兑现金额57.65万元。

知识产权优势企业培育。酒钢公司被确定为国家级知识产权优势企业，大友、宏达、西部重工等3家企业被确定为省级知识产权示范企业、优势企业，其中大友、西部重工还被确定为河西地区知识产权优势企业。

专利行政执法。组织开展知识产权执法维权“护航”专项行动检查3次，查处假冒专利案件23件，完成省知识产权局下达目标任务的115%。

【科技宣传培训】科普宣传。牵头举办了“2015年嘉峪关市科技活动周”集中宣传活动。开展较大规模的科技活动8项（次），展出工农业科技新产品62种、科技创新成果和科普知识宣传板110幅，发放科普宣传资料5000余份。组织开展了“知识产权宣传周”活动，与市科协共同举办了首届“嘉峪关市青少年科技节”,参加了全市“12·4”国家宪法日宣传活动。在嘉峪关电视台制作播出“科技视野”栏目26期,在《嘉峪关日报》刊发“科技之窗”栏目37期。

科技培训。通过“请进来”“走出去”“沉下去”等多种方式开展系列科技专题培训,共举办培训班20多场次,培训全市各行业科技人员4000多人次。

科技信息服务。为企事业单位提供科技查新代理服务17件,为3家企事业单位牵线搭桥与省科技情报所资源中心续签了科技文献平台数据库使用协议。

【其他工作】 联村联户为民富民行动。以科技兴农为目标,以“三送”为抓手,统筹推进双联工作“八大任务”落实。送技术,提升农民致富技能。投入农业科技培训经费8.69万元,在三镇举办有关科技政策、农业技术方面14个方向的培训班15期,累计培训1700人/次。将双联村组的制种项目列入市级科技计划,进行技术扶持。组织22名科技特派员不定期地深入田间地头,帮助农户现场解决技术难题。组织林业科学院专家赴农村开展大规模病虫害防治现场讲座2场,受益群众1000多人。送信息,强化惠农政策宣传。参加了全市文化、科技、卫生“三下乡”活动,组织农技专家就现场咨询解疑释惑,为农民现场发放科技宣传年画5000张、农业科技种养殖类图书200册、农业科普资料2000多份,在双联村举办了农业科技及政策专场培训班。送温暖,加强感情沟通。对双联组的“留守儿童”和“空巢老人”进行全面摸底,对7户空巢老人、生活困难家庭进行了慰问。四是严守双联工作纪律。修订完善了我局《联村联户为民富民工作制度》,严格落实进村入户等工作要求和“三个防止”“八个不准”等纪律要求。

“工作落实年”活动。成立了“工作落实年活动”领导小组,研究制定了实施方案。对省市下达的重点目标建立总台账,面向社会进行公示。对各项任务实行定量、定岗、定责“三定”管理,对重点目标任务每月报告、季度督查、半年通报、全年考评。全局上下团结奋斗,攻坚克难,以硬指标的全面完成、软任务的顺利推进验证了活动成效。

效能风暴行动。研究制订了《2015年效能风暴行动实施推进方案》和《效能风暴行动民主评议机关作风和政风行风建设实施方案》,聘请了5名民评工作监督员、民评代表及群众代表,主动接受社会监督。向全市30家机关、企事业单位和服务对象发放了征求意见函广泛征求意见和建议,召开了民主评议质询会议。修订完善了《限时办结制度》等效能建设八项制度,加强了党员干部日常行政行为监管。

科技体制改革

【科技计划管理改革】 按照中央和省上关于科技体制改革的要求,逐步推进科技创新组织模式、科技项目组织方式和管理模式等重点领域改革。研究制定了《嘉峪关市科技计划项目监督检查办法(试行)》和《嘉峪关市科技计划项目验收暂行管理办法》,对科技计划项目从立项评审、经费监管、绩效评估、结题验收等各方面进行规范。强化了科技计划项目实施过程监管,重点抓好绩效评估和结题验收。全年组织评估验收国家级项目4项、省级项目1项,市级项目85项,进一步提高了科技经费使用效益。坚持减少数量、突出质量的原则,加大重点项目扶持力度。全年立项总数从2012年的92项减少到了49项,单项支持强度最高达到50万元,平均单项资助额18.37万元,科技资源碎片化问题得到较好解决。

【科技奖励制度改革】 修订并提请市政府印发了新的《嘉峪关市科学技术奖励办法》,对原有办法从激励导向、评价方法和程序以及奖项设置、奖金额度等方面进行了改革和完善,科技奖励评审更加规范严格、更加突出企业创新主体地位,奖励项目更加注重与经济社会发展紧密结合。新办法扩大了奖励范围,增设了“科技功臣奖”和“技术发明奖”;提高了奖励标准,将奖金额度由原来的一、二、三等奖每项奖励6万元、4万元、2万元分别提高到8万元、4万元、2万元,新增设的“技术发明奖”奖金额度与“科技进步奖”奖金一致,“市科技功臣奖”奖金为20万元,对在科技创新中有重大贡献的个人实行重奖。

【“十三五”科技发展规划编制】 与中科院兰州分院文献中心建立了合作关系,邀请中心专家先后两次来嘉峪关市进行实地调研，共同编制“十三五”科技创新与高新技术产业发展专项规划。截至年底，第二稿已经完成。

科技成果管理

【科技成果鉴定】2015年取得市级医疗卫生科技成果32项，其中9项达到国内领先水平，23项达到国内先进水平。4项工农业科技成果通过省级鉴定，其中3项达到国内领先水平、1项达到国内先进水平。

【科技奖励】做好全省科技进步奖推荐申报工作。酒钢公司完成的《SY500超大型预焙阳极铝电解综合技术开发与产业化应用研究》获得甘肃省科技进步二等奖，酒钢(集团)宏达建材公司完成的《综合利用冶金工业废渣生产特种水泥技术研究》获得甘肃省科技进步三等奖；酒钢(集团)西部重工股份公司孙立群发明的《一种风电管塔式塔架的制备方法》、酒钢(集团)宏达建材公司武学龙等人发明的《采用工业固体废物生产低碱硅酸盐水泥的方法》分别获得二等奖。

【职工优秀技术创新成果评选】联合市总工会、市人社局在全市企事业单位和广大职工中开展了征集评选职工优秀技术创新成果活动，征集有关发明创造、技术革新、先进操作法等优秀技术创新成果216项，评选表彰21项。

【技术市场培育】严格按照《技术合同认定管理办法》和《技术合同认定规则》，贯彻认真核实、客观准确、严格管理的工作原则，确保有关促进技术成果转化及财税优惠政策的落实，充分调动技术市场贸易主体的积极性。做好技术市场有关数据的统计分析，加大技术市场培育力度，加速知识流动和技术转移，推动技术成果产业化和商品化。全年登记技术合同30份，技术交易额达到4.308亿元，较上年增长10%，完成省科技厅下达目标任务额的100.2%。

(杜亚萍)

防震减灾

【机构设置与人员编制】嘉峪关市地震局为主管全市防震减灾工作的政府直属事业机构。内设办公室、业务科，核定编制4人。现有9人(含3名“进村进社”大学生)，其中处级干部4人，科级干部1人，工人1人。

【防震减灾领导小组会议】4月10日，组织市防震减灾领导小组37个成员单位主要领导参加了全省防震减灾工作领导小组扩大电视电话会议；6月3日，组织召开市防震减灾领导小组会议，会议通报了全市地震应急工作自查情况，部分成员单位就各自地震应急工作进行发言，会议还通报了下半年境内地震趋势会商意见，副市长葛建团做

2015年通过省级鉴定工农业科技成果一览表

序号	项目名称	完成单位	主要完成人	鉴定结果
1	超大型预焙阳极铝电解综合技术开发与产业化应用研究	酒泉钢铁(集团)有限责任公司、沈阳铝镁设计研究院有限公司	刘万祥 杨晓东 邓智毅 刘雅锋 文义博 邱阳 李振中 刘铭 王平刚	获2015年甘肃省科技进步二等奖
2	综合利用冶金工业废渣生产特种水泥的技术研究	酒钢(集团)宏达建材有限责任公司、甘肃省建材科研设计院、兰州交通大学	张剑平 武学龙 杨映塘 王起才 魏才河 翟胜利 赵建清	获2015年甘肃省科技进步三等奖
3	一种风电管塔式塔架的制备方法 (ZL201010551508.2)	甘肃酒钢集团西部重工股份有限公司	孙立群	获2015年甘肃省专利二等奖
4	采用工业固体废物生产低碱硅酸盐水泥的方法	酒钢(集团)宏达建材有限责任公司	武学龙 翟胜利 鄢平 王志军 贾国林 杨建军	获2015年甘肃省专利二等奖

2015年医疗卫生科研鉴定项目(外科组)

序号	项目名称	完成单位	主要完成人	专业	鉴定结果
1	金锁二仙口服液的制剂开发研究	酒钢医院	刘光斌 王秀梅	药学	国内领先
2	“乳没八味接骨丸”的制备及质量标准研究	酒钢医院	毛和平 牛列琴	药学	国内先进
3	改良巨大子宫阴式切除术的临床分析	嘉峪关市第一人民医院	刘秋环 杨银玲	妇科	国内领先
4	辛芷滴鼻液的研制及临床疗效观察	酒钢医院	王萍 宋雅芳	耳鼻喉科	国内先进
5	中药清胰袋辅助治疗急性胰腺炎的临床疗效观察	酒钢医院	杜维祥 孟超英	中医科	国内先进
6	药物注射结合咬合板治疗颞下颌关节紊乱病的临床研究	嘉峪关市第一人民医院	文世生 郭雯瑾	口腔	国内先进
7	两段式种植体在种植牙的临床应用研究	嘉峪关市第一人民医院	边龙霞 王金萍	口腔	国内领先
8	胸腔积液穿刺置管引流的临床研究	嘉峪关市第一人民医院	吕忠元 吴宏艳	普外	国内先进
9	“套扎法”小切口在子宫次全手术中的应用	嘉峪关市中医院	张小强 吕晓梅	妇产科	国内领先
10	嘉峪关市育龄妇女人工流产原因及相关因素分析	嘉峪关市计划生育服务中心	白丽娟 张秀萍	妇科 护理部	国内领先
11	骨伤外用巴布剂的研制	嘉峪关市第一人民医院	张诚 吴朔	骨科	国内先进
12	复位手法治疗腰椎关节突关节综合征的疗效观察	嘉峪关市第一人民医院	吴朔 张诚	骨科	国内先进
13	嘉峪关市抗菌药物临床应用综合干预管理及实效研究	嘉峪关市第一人民医院	王利霞 范惠英	药学	国内领先
14	一体化诊疗工作模式在乳腺癌穿刺活检术中的应用及临床评价	嘉峪关市第一人民医院	刘军兰 王红林	病理	国内领先
15	内镜微创保胆取石术的临床研究	嘉峪关市第一人民医院	王正成 秦亮	普外科	国内先进
16	消肿止痛汤熏洗坐浴治疗混合痔术后疼痛水肿	嘉峪关市中医医院	平丽红 惠新平	药学	国内先进
17	大承气汤加减配合针灸足三里、条口穴治疗不完全性肠梗阻临床研究	嘉峪关市中医医院	朱少华 王晓红	中医学	国内先进
18	显微根管治疗技术	嘉峪关市中医医院	李世友 陈国芬	口腔科	国内先进
19	“癣速净”方联合硝酸咪康唑乳膏治疗110例手足癣疗效观察	嘉峪关市中医医院	李润军 许开武	中药学	国内先进
20	小切口乳腺囊肿切除术联合消乳散结胶囊治疗多发乳腺囊肿的临床疗效	嘉峪关市中医医院	惠新平 牛宏成	外科	国内先进

2015年医疗卫生科研鉴定项目(内科组)

序号	项目名称	完成单位	主要完成人	专业	鉴定结果
1	彩色多普勒超声联合胱抑素C、同型半胱氨酸等检测与脑梗死颈动脉斑块相关研究	嘉峪关市中医医院	邵平乐 陈 涛	超声学	国内先进
2	盐酸吗啡片剂量滴定治疗中重度癌痛患者的临床研究	酒钢医院	陈淑萍 柴玉秀	肿瘤内科	国内先进
3	HRCT重建成像在腰骶神经疾病的诊断研究	酒钢医院	段飞雪 刘国军	医学影像	国内先进
4	Briliance 256层iCT冠状动脉钙化积分测定与冠心病的相关性及预测价值研究	酒钢医院	王 丽 朱兆兴	医学影像	国内先进
5	脑出血患者居家延续综合康复护理疗效观察	酒钢医院	赵雪莲 丁淑梅	护 理	国内领先
6	改良braden压疮危险因素评估量表对老年患者实用性研究	酒钢医院	高金凤 张明芳	护 理	国内先进
7	维持性血液透析患者微量元素状况调查研究	酒钢医院	张发成 张发宏	肾内科	国内先进
8	冠状动脉钙化积分对PCI患者临床预后预测价值的研究	酒钢医院	吕文涛 李宏霞	心血管内 科	国内先进
9	基层医院抗癫痫药血药浓度监测与临床应用	嘉峪关市第一人民医院 酒钢医院	张 勇 闫立珠	神 内	国内先进
10	胃旁路手术治疗糖尿病的综合临床效果观察	嘉峪关市中医医院	刘志斌 杨卫斌	内 科	国内领先
11	经支气管针吸活检术及其临床应用	嘉峪关市中医医院	陈小波 陈选年	内 科	国内先进
12	互助组帮扶模式在糖尿病管理中的应用研究	嘉峪关市建设社区卫生服务中心	霍永智 李玲莉	内 科	国内先进

备注:鉴定结果统计:共计32项;国内领先9项;国内先进23项

了重要讲话,并对2015年防震减灾重点工作任务进行了安排部署。

【地震监测预报】坚持“两台三市”(嘉峪关中心台、张掖中心台、嘉峪关市、酒泉市、张掖市)震情周、月、季、年中及年度会商制度不动摇。全年共组织会商48次。5月下旬和10月下旬分别召开了年中和年度会商会。向市政府和省地震局上报了《嘉峪关市2015年年中震情趋势会商报告》和《2016年度震情趋势会商报告》。通过地震互联网向省地震局发送会商意见48条,向市委、市政府上报震情动态2期。

【震灾预防】加强抗震设防管理,2015年参加全市重大项目前期论证工作会议4次,对全市9个建设项目进行了抗震设防确认。贯彻落实国家在地震高风险区实施农村居民地震安全工程的要求和省政府《关于进一步推进农居地震安全工程建设的意见》,组织三区、建设、规划等部门人员,在全市范围内组织开展农村民居抗震设防情况普查,全面掌握全市农村民居建筑数量、建造年代、场地分布、结构类型等基本情况,并形成专题调研报告上报市政府。在对全市农居普查的基础上,制定农居地震安全标准,对农居地震安全性能进行评估,建立基础数据库和工作台账。编写培训讲义,协调市人社局组织开展了1期农村建筑工匠培训,参培人员150多名。大力推进科普示范建设。2015年市一中、紫轩社区分获甘肃省科普示范学校和国家地震安全示范社区的称号。

【地震应急】5月份利用一个月的时间，由副局长带队深入到嘉峪关市一中等学校，指导师生开展应急疏散演练活动；到五一等社区，组织群众进行疏散演练；深入酒钢汇力公寓等企业，指导员工进行应急疏散演练。提高其应急避险能力。充分发挥防震减灾工作领导小组办公室职能，相继下发《嘉峪关市抗震救灾应对工作方案》《关于进一步加强防震减灾工作的通知》《关于开展抗震救灾应急准备工作检查的通知》《2015年防震减灾重点任务落实方案》等4个文件，全力推进地震应急工作。定期督查地震应急工作。按照《关于进一步加强防震减灾工作的通知》(嘉防震组办〔2015〕4号)要求，督促有关单位开展应急工作自查。市工信委、市教育局、市民政、建设部门及酒钢(集团)公司实地排查隐患，限期进行整改。6月份，在重点单位对地震应急工作自查的基础上，由市政府应急办牵头，市委、市政府、市地震局抽调人员组成专项工作督查组，开展了全市地震应急工作督查，及时发现问题，督促整改落实。进行地震现场模拟评估。8月份，在单位内部进行无脚本应急演练演练。2015年投资2万余元，购置了测距仪，测高望远镜等应急设备，以满足应急现场工作需要。做好应急数据动态管理。及时对全市有关数据进行收集更新。9月份，派员参加全省年度重点危险区基础数据收集培训，提高应急数据库维护技能。

【地震监测设施】对文殊监测站进行正规管理，制定工作职责，规范记录内容，确保监测资料的连续性和准确性。2015年在全省监测资料评比中，嘉峪关市水位监测资料在全省资料评比中获得三等奖，电磁波获得二等奖。

【防震减灾宣传】开展防震开展宣传活动进学校，推动师生避险逃生技能大提升。5月份集中半个月的时间，到市一中等8所学校，为3000余名师生做专题讲座，观摩应急疏散演练；到文殊镇中学和新城镇中学开展地震科普知识讲座，提高学生避险技能。开展宣传活动进社区，推动居民避险知识大普及。深入到五一、胜利等8个社区在进行知识讲座的同时开展疏散演练，参与居民达900余人。开展宣传活动进乡村，推动农民防震意识大转变。利用春节“三下乡”及赶集时间，在村镇广泛开展防震减灾科普知识宣传，引导农民有效避震。开展宣传活动进机关，推动干部职工防震应急能力大提高。到市委党校、老干局、老年大学为主体班次和部分退休老干部讲授防震减灾法规、地震科普知识，提高其防震意识。开展宣传活动进企业，推动企业职工避险应对险情本领的大强化。到汇力公寓等5家企业，为2000余名员工进行防震减灾知识讲座，指导、观摩应急疏散演练活动，提高企业避震、抗震应急处置能力。开展主题宣传教育，推动防震减灾知识普及全覆盖。印制地震科普知识答卷3000余份，组织部分学生和社区居民进行答题，增强公众对防震减灾知识的了解。出资1万余元购买了《甘肃省防震减灾知识教育读本》赠送给全市11个单位的职工书屋和17个村的农家书屋。投入5万余元，制作了宣传围裙和手提袋，免费进行发放。投资5万元，与移动嘉峪关公司联合建设了“防震减灾信息平台”。采用手机短信与业务系统相结合的方式，为广大市民提供全方位服务。“5·12”防震减灾宣传周期间，联合市民政局等单位，在联通广场开展大型集中宣传活动，宣传防震减灾法律法规，宣讲地震知识和自救互救常识。向社会公众发放避险卡通扇200个，手提袋、围裙6000个，宣传资料5000余份，地震科普知识答卷2500余份，展出宣传展板30块，悬挂宣传横幅10条。

【群测群防工作】准确掌握群测点信息，对全市群测群防点进行重新申报登记；与宏观观测员签订工作目标责任书，进行业务培训，实行宏观观测月报告和重大宏观异常速报制度，因地制宜开展地下水、动物等地震宏观异常观测。积极落实观测员补助费，在原每人每月50元的基础上，又自筹经费为每人每月增加了50元。加强地震灾情速报员管理。5月份联合市民政局对全市63名灾情速报员进行了应急技术培训。

【依法行政】全面落实政务公开。在政府政务中心设立服务窗口，派专人进驻服务中心，规范办事流程，努力做到依法行政，快捷高效。12月份，《中国地震局关于贯彻落实国务院清理规范第一批行政审批中介服务事项有关要求的通知》(中震防发〔2015〕59 号)文件下发后,及时贯彻落实国务院清理规范行政审批中介服务事项中涉及我局的项目,向有关单位函告新规定,同时在门户网站进行公告。制定年度工作计划和工作实施方案,抓好业务培训,要求全员参加震情会商会,通过点滴积累,加深对业务工作的理解和把握。5 名执法人员全部通过全省执法证统一考试。

(唐若旎)

文化·广电

文化事业

【综述】2015 年末,嘉峪关市拥有各类群众业余文艺表演队伍 122 支,城乡文艺人才 2380 人;电影公司 1 个,电影放映单位 5 个,电影院 3 座,座位 1314 个,年放映 16504 场次,观众达 276629 人次;文化馆 1 个,建筑面积为 560 平方米;乡镇综合文化站 3 个;公共图书馆 2 个,建筑面积为 13611 平方米,藏书 20.6 万册;文化行业从业人员 260 人,其中事业单位从业人员 207 人,获得副高以上专业技术职务的 7 人,占事业单位从业人员总数的 3%。

地方特色民间艺术有嘉峪关地蹦子、嘉峪石砚、嘉峪关民间小调、嘉峪关故事传说等省级非遗项目。

【群众文化事业】2015 年,市文广新局一直坚持文化的公益性、基本性、均等性、便利性原则,围绕华夏文明创新区建设要求,按照强基层、建体制、重主流、创品牌的基本思路,大胆探索文化管理模式,努力营造了活跃、丰富的文化环境。

创新活动载体,打造群众性文化活动品牌。不断创新形式,拓展内容,扩大地域,每周一次的群众文化活动《雄关大舞台》已初具特色和区域影响力,吸引了兰州、西宁等周边群众的积极参与。选拔出的农民演员温国林已被安徽电视台选中,进行了录制节目。《雄关大舞台》的触角已延伸到了全市农村、学校、军营、工厂。《雄关大舞台电视专栏》《雄关大舞台文化资讯》充分挖掘群众文艺人才台前幕后的故事,“雄关大展厅”“雄关大讲堂”以举办各类艺术展览和开展艺术交流为主,共举办展览 50 余场,笔会交流及讲座培训 14 场,展览天数 280 余天,内容包括文学、舞蹈、音乐、美术、摄影等,本土人才得到了不断发现和培养。

组织筹备,精心烹制精神大餐。开展了“一村一戏”“低收入家庭免费培训”“民俗雄关—非物质文化展演”“古韵雄关—首届魏晋砖壁画复制”“大美雄关美术创作”及“文化精准扶贫—志愿者入村”六大文化惠民工程。深度挖掘嘉峪关市长城文化资源,由文化馆书写剧本,农民工担任演员,创排了独具地域特色的首部大型秦腔剧目《北漠尘清》,在全省 46 部原创剧目遴选中,荣获甘肃省优秀剧目。《甘肃日报》发表评论,认为这是甘肃首次由农民工演出的节目,真正体现了群众文化群众办。

【图书馆事业】嘉峪关市图书馆科学规划各部室,除具备传统借阅功能的报纸、杂志期刊、图书的区域外,还设置了艺术展览馆、嘉图文苑、讲座报告厅、学术交流研讨室以及无障碍阅览室。引进 ILASS 管理系统,对图书藏、展、借、阅、查进行数字化管理。采用先进触摸屏电子阅览设备和在线查找定位设备以及自助办证机等先进科技设备,实现了数字化图书馆的建设。图书馆全面开放的三个月里,办理读者卡 1085 张,外借图书总流通册数 8967 册。

嘉峪关市少儿图书馆秉承读者至上,服务第一的宗旨,以“人性化服务,让孩子们快乐地阅读”的服务理念,全年实行免费开放,零门槛、无障碍准入,全部开架借阅。一年来,共接待读者 19460 人,较去年有所增长。为读者解答咨询 10336 条,编目、分类、上架图书 1455 册。免费为读者办理借阅证 372 个,微信公众平台点击量 32000 人次,实现电子图书从无到有零的突破。电子借阅机图书下载 32000 册次。在嘉峪关日报、嘉峪关电视周刊、嘉峪关电视台等新闻媒体上宣传报道,发表消息动态 50 多条。

【电影事业】嘉峪关市现有影院 2 家:嘉峪关市电影发行放映公司文化数字电影城(上海联和院线)、横店影视股份有限公司嘉峪关电影城分公司 (横店电影院线)，其中文化数字电影城面积达2500平方米，拥有3个放映厅，386个座位；嘉峪关横店电影城面积3070平方米，拥有6个国际数字化标准影厅和一个vip贵宾厅，793个座位。同时市文广新局根据“企业经营，市场运作，政府购买，农民受惠”的指导思想，组织实施了2015年农村电影放映工程，一年来共放映农村公益电影192场次，圆满完成全年放映任务，并为工厂、社区、学校补充放映67场次。

【艺术事业】市文广新局贯彻习近平总书记“一带一路”的战略构想，充分利用华夏文明传承创新区国家级战略平台，以“让真实永生”为主题，在2015年10月15日—18日成功举办第四届中国嘉峪关国际短片电影展。影展“政府主导，市场运作”的模式，按照专业化、国际化的要求，通过招投标方式，与北京伯璟文化传播有限公司签订合作协议，影展的主题论坛、颁奖盛典、国际主题日、影片展映等系列活动，受到社会各界的广泛关注。中央电视台《新闻联播》栏目、《人民日报》均有刊播。副省长夏红民批示：“本届短片展有新创新、新突破、新成绩，望不断总结经验，更上一层楼”；省新闻出版广电局专门下发文件，对本局在短片展上的突出成绩在全省范围内予以通报表彰。

(狄 龙)

大剧院

全年完成嘉峪关市第九届人民代表大会第四次会议、纪念中国人民抗日战争暨世界反法西斯战争胜利70周年“民族魂”文艺演出、“歌颂经典·弘扬慈善”文艺演出、“情系中秋·车动雄关”大型主题汽车展、“新丝路·新梦想”高铁时代与嘉峪关旅游发展高峰对话会、酒钢六届五次、宏兴钢铁股份有限公司一届五次职代会暨2013—2014年度总结表彰大会等服务。为各类会议、演出、讲座、展览、赛事提供场地和设备安全服务保障工作共计125场次，接待观众达12万人次。并且出色完成了第五届敦煌行·丝绸之路国际旅游节开幕式和第四届中国嘉峪关国际短片电影展暨第二十一届中国电视纪录片十佳十优盛典开幕式的筹备和安全服务保障工作，获得第五届敦煌行·丝绸之路国际旅游节筹办工作先进单位的光荣称号。为市民公益演出京剧《草原曼巴》和陇剧《医祖岐伯》等。2015年6月以来，贯彻落实省政府《关于印发甘肃省实施文化遗产“历史再现”工程意见的通知》(甘政办发〔2015〕48号)文件及相关会议精神，严格按照省历史再现办的工作部署，召开了专题会议，成立市文化遗产“历史再现”工程领导小组，成立了领导小组办公室，办公室设在市文物局。制定印发了《嘉峪关市文化遗产“历史再现”工程工作方案》《嘉峪关市非国有博物馆设立标准》等相关文件，推进了文化遗产“历史再现”工程各项工作。嘉峪关长城博物馆、嘉峪关城市博物馆、嘉峪关新城魏晋壁画墓博物馆、嘉峪关雄关博物馆4家博物馆于2015年4月被省博物馆协会列入第一批甘肃省文化遗产“历史再现”工程博物馆名录。12月，嘉峪关博古轩博物馆被省博物馆协会列入第二批甘肃省文化遗产“历史再现”工程博物馆名录。

(李进贤 马建强 高杨 付菲)

文学艺术创作

【文学创作】《嘉峪关》杂志全年编印出版6期，共刊登各类文学作品100篇，书画作品73幅，摄影作品81幅。

胡杨的长诗《献给丝绸之路的歌》、组诗《绿洲扎撒》、散文《糖茶》等诗歌散文小说600余篇(首)在《中国文化报》《甘肃日报》《青年文学》《飞天》等省内外报刊发表。胡杨文集《胡杨，生命轮回在大漠》由中国林业出版社出版，《中国河西走廊》《敦煌风俗漫记》由甘肃美术出版社出版，《大地上的敦煌》由甘肃文化出版社出版，创作的四幕大型秦剧《北漠尘清》入选甘肃省优秀剧目。

曹悦散文《草湖湿地》发表于《甘肃日报》百花副刊，《我的藏族兄弟多杰》《叛逆时光的烛照》《手机里的父亲》发表于青岛出版社出版的《情感·8》。

胡美英散文《永远的追寻》发表于陕西省写作学会出版的《长安学刊》《大漠嘉峪关》发表于甘肃省档案协会出版的《档案》《戈壁草色》《另一种抵达》《牵手时光》等多部作品在《甘肃日报》发表。

马燮参与主编的《聆听或倾诉》《天涯情诗选》由现代出版社出版。

许实的散文《披上绿装的戈壁》在《飞天》发表，散文《阳光照过》分别发表于《甘肃日报》《黄河报》,散文《在敦煌河仓城》在《黄河报》发表,《特立独行的草木》在甘肃人民美术出版社出版的《拯救敦煌》上发表。

徐兆宝的诗歌《守望祁连》《草原之夜》《一夜之后的感动》《祁连山的雪》《今夜，在祁连》《大漠深处的光芒》《穿过寂静的声音》《飞过天空的鹰》《迎接晨曦的胡杨》等多部作品在中国文联出版社出版的《当代诗歌精选》刊登,诗歌《倾听一支藏族民歌》《黎明》《第一声鸟叫》等多部作品在《甘肃日报》上发表。

孙海龙的小小说《李满仓的桃花运》发表于中国农村杂志社主办的《美好生活》,短篇科幻小说《飞向U星球》、短篇儿童小说《赵小亮抓贼》分别发表于少年儿童出版社主办的《故事大王》,小小说《伤心猫》《你难以"入定"》《门上有张小广告》、散文《月光下的父与子》、分别发表于《甘肃日报》百花副刊。

刘恩友散文《印象嘉峪关：给我一天还你千年》发表于读者集团出版的《读者欣赏》,组诗三首《小人物的记忆》发表于中国新闻出版国际交流集团出版的《中国文学》,诗歌《雪花落在我的村庄》、评论《在严与实中淬炼干部》、随笔《精彩行走》、评论《坚守英雄在我们心中的神圣地位》、诗歌《驿使》、诗歌《燕鸣》、报告文学《燕鸣嘉峪关》等多部作品在《甘肃日报》上发表。

9月,由市文联、市国税局联合举办的"新常态、新税风"为主题的文艺创作比赛中,胡美英的纪实文学《"麦穗"聚光--致雄关国税人》获得文学类一等奖。

【艺术创作】书法作品。4月,熊健婷书法作品入展由中国书法家协会、福建省文学艺术界联合会、中共莆田市委、莆田市人民政府联合主办的"大爱妈祖——第二届中华妈祖文化全国书法篆刻大展"。6月,在由乌海市举办的"翰墨流彩"——五省六地书画精品联展中,市书协会员陈新长、徐树喜、颉江波、万世魁等四位作者近10幅书法作品入选。8月,万文川行草,入展由甘肃省书协省美协,定西市文联举办的"榜罗重镇　红色通渭"全国书展。8月—11月颉江波书法作品入展由甘肃书协举办的甘肃法制报创刊30周年书画摄影大赛、百名70后、80后甘肃书法展、首届甘肃省优秀青年书法学术提名展、第三届"希望·圆梦"杯全国书法作品展等不同层次的国家级、省级大展。12月,马鼎斌的书法作品《唯善是宝》斗方,获中国硬笔书法协会举办的全国书法艺术网络大赛入围作品。

5月,郑永香、马鼎斌、吕仁学、梁占斌、栾壮杰、陈乙、闫国平、万世魁、闫建洲、颉江泊等作者的书法作品荣获嘉峪关市书法家协会举办的"美丽雄关"嘉峪关市首届五体临创书法作品展优秀作品奖。9月,由市文联、市国税局联合主办的"雄关税韵——文艺作品展"开展,王连喜、吕仁学、刘东风、许瑾等作者的作品获得优秀奖。12月,陈新长、颜悦东、徐树喜、高建刚、熊健婷、刘东风等作者书法作品入展由嘉峪关市纪委、市文联主办的"清风墨韵·廉洁雄关"廉政书法作品展。

美术作品。6月,在由乌海市举办的"翰墨流彩"——五省六地书画精品联展中,市美协会员米金锁、许福仓、翟光华、许瑾、罗宏伟、胡青叶等六位作者11幅国画作品入选。在由甘肃省美术家协会主办,酒泉市文联、酒泉市文化馆、河西五市美协等承办的"丹青驿站 彩绘甘肃"河西五市美术作品联展中,米金锁、许福仓、翟光华、罗宏伟、王颖、胡青叶、张忠、张应贤、刁统郑、于明、张广利、杨富圣、闫建洲、郭晓东、赵惠敏、肖政华、任佩婷、孙春辉、尚国斌、吴玉中、许瑾、郭海岩等22位作者入选。刁统郑、张应贤油画作品入选2015甘肃省油画写生展。许福仓艺术学论文《依托地方文化特色研究开发教育资源》获得文化厅展评优秀奖。米金锁中国画论文《感受人物画》发表于甘肃文苑。

10月27日,在由市文联主办,市美协承办的"丝路墨韵 彩绘雄关"嘉峪关市中国画油画作品展中,共展出37位重点作者的中国画油画作品94幅,其中米金锁、程茂林、许福仓、翟光华、胡小春、王颖、许瑾、刘锦涛、罗宏伟、陈均太、祁德军、胡青叶、刁统郑、张广利、张应贤、张忠、郭晓东、于明、尚国斌、孙春辉、杨富圣等21位会员获优秀奖。

摄影作品。8月,段建国摄影作品《丹霞初雪》《长城一墩丹霞要塞》,高发江摄影作品《关城风云》《沐浴晨曦》《输送光明》《梯田韵》,郭中民摄影作品《出关》《雄关惊雷》,王文林摄影作品《雄关驼铃》《晨》,周后源摄影作品《永恒嘉峪关》《长城抒怀》,罗春荣摄影作品《方特欢乐世界》《雨后的风景》《神舟腾飞》,孙耀贤摄影作品《雄关傲雪》,李德洁摄影作品《国粹——吼》分别入围兰州晨报“丝路之美·最美甘肃”摄影大赛。高宇峰摄影作品《爱相随(组)》入选青海省林业厅、青海摄影家协会“枭龙杯”全国野生动物摄影比赛。姬广修摄影作品《雄关双彩虹》入围兰州晨报“大美甘肃”摄影比赛。汪卫东摄影作品《为妇女送健康》荣获甘肃省妇联、共圆妇女健康梦公益摄影大师入围奖。杨达启摄影作品《幸福家园》入选青海省林业厅、青海摄影家协会“枭龙杯”全国野生动物摄影。

9月,姚建萍摄影作品《天使、花朵、未来》入选甘肃省委宣传部、甘肃省公安厅“平安中国梦”摄影比赛。由市文联、市国税局联合主办的“雄关税韵——文艺作品展”开展,王建兵《深入田间地头》获得一等奖,杨多润《讨赖夜色》、张诚《一丝不苟》获得二等奖,肖世强《鸟瞰雄关》、汪卫东《为民服务》、周凡茗《南湖秀色》获得三等奖。

民间文艺作品。傅强的剪纸作品被甘肃省文联推荐代表甘肃剪纸艺术品呈现香港观音大讲堂。

【获奖情况】文学类。3月3日,由甘肃省文联、省作协举办的第五届黄河文学奖评选中,市作家协会胡文平的《胡杨诗选》荣获甘肃省第五届黄河文学奖荣誉奖,许实的散文《发生在秋季里的事情》(单篇)获甘肃省第五届黄河文学奖散文类三等奖,胡美英的散文集《记忆的背包》(集)获甘肃省第五届黄河文学奖优秀奖。7月14日,由北京大学诗歌研究会、中国当代文学研究会诗歌委员会、首都师范大学诗歌研究所、《诗探索》编辑部主办的“诗探索中国年度诗人”评选活动中,胡文平荣获“诗探索中国年度诗人奖”。12月16日,由中华散文网、华夏博学国际文化交流中心主办,世界诗人大会中国办事处协办的第二届中外诗歌散文邀请赛的评选结果揭晓,市作家协会名誉主席孙海龙的散文《行驶在除夕夜的火车》荣获一等奖。

刘恩友的报告文学《丝绸路上的雄关文化之火》、评论《坚守英雄在我们心中的神圣地位》和《心有乡愁多走泥土路》分别获得甘肃新闻奖副刊作品二等奖、全国2015年7月份好评论一等奖、甘肃新闻奖评论三等奖。

2月,许实的散文《把竹子穿在身上》荣获全国“圣竹杯”征文大赛优秀奖。

刘玉兰的散文《做阳光女性,享美丽人生》获得全国书香“三八”——“阳光女性·幸福中国”读书征文入围奖。

年4月,徐兆宝被中国诗歌协会、中国诗歌网评选为中国诗歌2014年度十大诗人奖。

书法类。9月,在甘肃省委政法委、甘肃省综治办、甘肃省委宣传部等多家单位联合主办的“大千文化杯·平安中国梦法在我心中”书画摄影作品大赛中,熊健婷书法作品获“书法提名奖”,颉江泊书法作品入展。

7月,颉江波书法作品荣获北兰亭举办的北兰亭行草书法创作结业展一等奖。10月,颉江波书法作品分别荣获中国水利书协举办的引汉济渭杯全国书法展二等奖、长沙市书协举办的“健康长沙”全国书法作品大赛三等奖、甘肃省书协举办的第二届“中盛吉(鸡)庆杯”全省书法美术民间工艺美术作品展三等奖、中华书法家协会举办的“美联杯”首届中华书法大赛优秀奖、汝州画院举办的首届“乙未金秋、相约汝州”全国书法名家作品展优秀奖。

美术类。米金锁三幅国画分别入选“丝绸之路.绚丽甘肃”第九届中国西部大地情中国画、油画作品展,2015“万年浦江”全国山水画展,2015“水墨彭城”全国写意中国画作品展等国家级展览。

9月20日,由中国美术家协会、中共甘肃省委宣传部、甘肃省文学艺术界联合会主办,敦煌市人民政府、未来四方集团承办的第二届“朝圣敦煌”全国美术作品展在敦煌举行,市美协理事韩旭油画作品《敦煌》入选并获得优秀奖。

摄影类。3月27日,在省文联、省摄影家协会联合举办的第四届甘肃省摄影“奔马奖”的评选中,市摄影家协会名誉主席肖世强荣获“甘肃省第四届奔马奖提名奖”。5月,袁忠《星轨》荣获中国银行工会“中国梦、中行情摄影大赛”三等奖。9月22日,李奋荣《魅力嘉峪关》荣获甘肃省“2015年春雨工程—魅力边疆摄影比赛”优秀奖。9月15日,汪卫东《警民一家亲》荣获甘肃省委宣传部、甘肃省公安厅“平安中国梦”摄影比赛优秀奖。刘玉兰《用心服务我们最棒》获甘肃工商银行成立30

周年摄影比赛三等奖。11月9日，师永红《无言的战友》荣获第五届全国公安系统"卫士之光"美术书法摄影展三等奖。

舞蹈类。1月，少儿舞蹈《快乐的游牧娃娃》荣获中国青少年音乐舞蹈文化艺术学会、中国青少年艺术发展集团、全国青少年欢乐校园艺术展演组委会、中国少年儿童艺术教育协会、全国少年儿童春节电视文艺晚会活动组委会举办的第九届"春之声"全国少年儿童春节电视文艺晚会金奖。2月，少儿群舞《美丽的大脚》荣获甘肃电视台举办的2015年甘肃电视台少儿春晚表演金奖。幼儿群舞《舞起幸福鼓》《舞红中国娃》荣获甘肃电视台举办的2015年甘肃电视台少儿春节晚会表演金奖。少儿群舞《我的偶像》荣获甘肃电视台举办的2015年甘肃电视台少儿春晚表演银奖。6月，少儿群舞《童心鼓韵》荣获甘肃省委宣传部、省文化厅、团省委、省广播电视总台举办的"第十一届青春中国才艺大赛"甘肃赛区少儿组一等奖。少儿群舞《红红的中国结》荣获甘肃省委宣传部、省文化厅、团省委、省广播电视总台举办的"第十一届青春中国才艺大赛"甘肃赛区少年组一等奖。拉丁舞《致童年》荣获甘肃省委宣传部、省文化厅、团省委、省广播电视总台举办的"第十一届青春中国才艺大赛"甘肃赛区一等奖。拉丁舞《喜气洋洋跳拉丁》荣获甘肃省委宣传部、省文化厅、团省委、省广播电视总台举办的"第十一届青春中国才艺大赛"甘肃赛区组一等奖。双人舞《兰陵王入阵曲》、少儿群舞《舞起幸福鼓》、少儿群舞《小辫甩三甩》分别荣获甘肃省委宣传部、省文化厅、团省委、省广播电视总台举办的"第十一届青春中国才艺大赛"甘肃赛区一、二、三等奖，少儿群舞《时刻准备着》、少儿群舞《美丽心情》分别荣获甘肃省委宣传部、省文化厅、团省委、省广播电视总台举办的"第十一届青春中国才艺大赛"甘肃赛区少年组二、三等奖。少儿群舞《童心鼓韵》、少儿群舞《奔驰的小骏马》荣获"第五届璀璨中国--甘肃展演活动"组委会举办的"第五届璀璨中国——甘肃展演活动"一等奖。少儿群舞《我爱妈妈》、少儿群舞《吉祥孔雀》荣获"第五届璀璨中国--甘肃展演活动"组委会举办的"第五届璀璨中国——甘肃展演活动"二、三等奖。8月，双人舞《明日之星》荣获甘肃省国际标准舞学会举办的甘肃省第十四届国标舞锦标赛第二名。11月，女子群舞《袖舞·京韵魂》荣获甘肃省教育厅举办的全省第五届中小学艺术展演金奖。

影视类。影协制作的大型纪录片《河西走廊.黑山》荣获第21届中国电视纪录片短片好作品奖；

民间文艺类。民协盛盛爱萍的奇石作品《时尚少女》《送子观音》分别在《两岸奇石交流展》中获得金奖和银奖，郭晓丽泥塑作品《工行的贴心服务》荣获金融主题优秀奖。

（王 丹）

广播电视事业

【综述】 1988年10月开通嘉峪关广播电台，2015年末，广播喇叭入户率100%，通响率100%；1988年开通调频台，2014年8月开通电台第二套频率嘉峪关广播电视台交通广播。2015年末，嘉峪关广播电台有两套调频广播节目，广播综合覆盖率99.6%，全年公共广播节目播出时间9234小时。

嘉峪关电视台建于1987年8月；1993年10月开通了有线电视。2012年建设塔高120米的发射塔，覆盖半径30千米；2014年末有中央电视台1套、北京卫视等200个频道在嘉峪关落户。2015年，有线电视用户4.94万户，其中数字电视用户3.24万户，电视综合覆盖率99.45%，全年公共电视节目播出时间22053小时。

【广播事业】 以品牌栏目建设为平台，大力改进策划理念和表现方法，探索新的报道角度和风格。2015年，11档广播节目每天播出时长1080分钟，其中专业化广播频率FM92MHz——嘉峪关广播电视台交通广播自开播以来，边做边学、边学边改。根据听众的意见，不断优化对节目的定位，合计直播节目1836小时，录播节目765小时。

【电视事业】 强化舆论导向，宣传报道成效显著。贯彻党的十八大、十八届三中、四中、五中全会精神及习近平总书记系列重要讲话精神，做大做强正面宣传，突出时效性、可看性和报道深度，播出《贯彻"三严三实"强化作风建设》等系列报道5个，合计播发132条。加大新闻策划力度，全面完成“两会”报道任务，围绕兰新高铁开通、嘉峪关方特欢乐世界开园、第四届中国嘉峪关国际短片电影展等重大活动及重要节假日，主动做好新闻宣传工作。2015年，电视新闻中心共播出新闻5301条，其中自采4089条，共向省台传送稿件398条，在《甘肃新闻》播出嘉峪关市新闻200条。

加强传播阵地建设，铸造品牌影视栏目。为强化主流媒体的影响力，嘉峪关广播电视台利用栏目制作中心和专题创作中心，以品牌栏目建设为平台，大力改进策划理念和表现方法，合理编排节目。新开办的《雄关大舞台》栏目，立足于嘉峪关市“雄关大舞台”文化节目演出，深度挖掘舞台幕后的故事，报道文化动态，讲述雄关人民文化生活，展示雄关百姓风采，栏目播出后社会反响热烈，并获得了嘉峪关市委、市政府的高度赞誉。

文化、广电、新闻事业管理

【机构设置与人员编制】嘉峪关市文化广播影视新闻出版局有文化、广电、新闻出版三个系统8个基层单位，即广播电视台、文化馆、图书馆、少儿图书馆、美术馆、“扫黄打非”工作办公室、文化市场综合执法支队、电影公司；局机关设有党委办公室、行政办公室、文化科、广电科、新闻出版文化市场管理科、文化产业科六个科室。局机关在册在编职工17人。

【群众文化管理】建立文化供需对接新模式。实现了文化产品服务和供给从“单向输送”向“供需对接”的转变，建立了群众文化需求征询长效机制和图书资源网络服务平台。根据群众的需求，开展公共文化服务，发放公共文化服务调查问卷3万余份，征求各方面意见，制定了《嘉峪关市构建现代公共文化服务体系实施意见》《嘉峪关市政府购买公共文化服务工作意见》，以刚性要求规定了政府在公共文化服务上的投入和服务标准。根据农村需求，向每个行政村选派了1名文化志愿者，每周进行一次培训和辅导。

农村文化大院建设任务圆满完成。积极争取国家及省上资金，以“公益性、基本性、均等性、便利性”为原则，高起点谋划，高标准实施，高品位创新，在三镇4个行政村建成了“一台两廊三亭四榜”的标准化农村文化大院，并配备了舞台演出灯光、音响、观众座椅等基本设施，为农民群众搭建了公共文化活动平台。

充分发挥“乡村舞台”功能。继续完善硬件设施建设，为3镇17个行政村21支群众文艺团队配发电脑及桌椅96套，室外演出音响20套，服装604套及乐器、道具等，满足了群众的精神文化需求。积极发挥文化助推器作用，“文化搭台，经济唱戏”，依托“乡村舞台”建成了农产品、特色旅游产品展示厅和陈列销售中心。以文化节会为平台，举办了油桃采摘节、西瓜文化节、各类科技培训讲座等，让文化活动在潜移默化中成为农民增收致富、提升素质的有效平台。一年来，通过“乡村舞台”建设，在经济上直接受益农民2950余人。

【文化市场管理】积极营造文化、出版市场安全有序环境。开展了文化市场经营业主及从业人员诚信经营活动，先后组织开展了中小学教辅材料专项治理、出版物市场清查、打击侵犯知识产权和制售假冒伪劣商品等专项检查，同时联合公安部门、市场监管部门，开展了卫星电视地面接收设施专项治理清查行动。全年共出动检查人员3814人次，检查文化市场1651家次，取缔游商5家。

坚持“扫黄打非”常抓不懈。制定了《2015年度嘉峪关市“扫黄打非”专项行动方案》，组织开展了“清源”“净网”“秋风”“固边”“护苗”等专项行动。全年共关停违规网站接入口1个、查封网络有害信息712条，取缔淫秽色情及其他有害信息网站40个，共没收非法出版物13647件。

【广播电视管理】加快建设全媒体平台步伐。加大新媒体开发力度，完善了嘉峪关影视在线网站、嘉峪关广播电视台微信公众平台和手机APP客户端。建成了综合、公共两套电视频道和综合、交通两套广播频率，10档自办节目，逐步形成集电视、广播、网络、客户端的全媒体传播业态。把握正确舆论导向。围绕市委市政府中心工作，广泛宣传嘉峪关市城市建设、生态改善、民生工程、跨越发展、精神文明建设等方面取得的辉煌成就，始终突出主旋律，导向鲜明，营造了团结、鼓劲、干事的良好舆论氛围。2015年，电视新闻中心共播出新闻5301条，其中自采4089条，向省台传送稿件398

条，在《甘肃新闻》播出嘉峪关市新闻200条。

(狄　龙)

新闻出版

综　述

截至2015年末，全市拥有新闻单位7家，其中报社2家，从业人员共88人；出版物发行机构(新华书店等)44家，其中出版物零售32家，报刊亭11家；各类印刷复制企业95家，出版物印刷企业4家，从业人员69人；其他印刷品印刷9家，从业人员64人；包装装潢印刷企业1家，从业人数8人；复制单位81家，从业人员164人。

(狄　龙)

嘉峪关日报社

【机构设置与人员编制】《嘉峪关日报》创办于1984年7月。嘉峪关报社成立之初与市委宣传部合署办公，1988年，报社与宣传部分设。1984年7月至2010年5月，报社实行编委会领导下的总编负责制；2010年5月以后，实行社委会领导下的社长负责制。

嘉峪关日报社现有“两报一网两微信”。《嘉峪关日报》为对开四版，2015年每周出五期，全年共出版251期。《雄关周末》为《嘉峪关日报》子报，创办于2000年10月，四开68版，2015年每周出一期，全年共出版51期。嘉峪关新闻网于2010年开通建成，于2015年入驻今日头条，开通“头条号”。嘉峪关新闻网微信、嘉峪关日报微信于2015年开通，每天更新内容。

截至2015年底全社共有工作人员67名，其中硕士研究生6人，本科40人，其他21人；从事报纸采编工作人员32人，新媒体运营5人，广告发行17人，其他11人。在编26名职工中，具有副高级职称3人，中级职称9人，初级职称14人；另有招聘工作人员39名、进村(社区)2人。

【《嘉峪关日报》】嘉峪关日报是中共嘉峪关市委机关报。始终坚持党性原则，坚持政治家办报，秉承“高扬主旋律、打好主动仗、关注民生、服务读者”的办报理念，紧紧围绕市委市政府中心工作，为嘉峪关市的改革发展稳定营造了良好的舆论氛围。2015年，全方位、准确及时地策划报道了“两会”“三严三实”专题教育、创建文明城市、纪念中国人民抗日战争暨世界反法西斯战争胜利70周年主题宣传、重点项目建设巡回观摩检查、第五届敦煌行·丝绸之路国际旅游节开幕式、华强方特欢乐世界开园和丝绸之路博览园开工建设以及第四届嘉峪关国际短片电影展等重点工作、重大活动；重点策划了“创建全国文明城市巡礼”“记者进社区”“践行三严三实”“一把手访谈”“重点项目巡礼”“效能风暴”等栏目；浓墨重彩地宣传了全市各项工作取得的显著成绩和各行各业涌现出的先进典型。全年推出策划报道栏目30多个，撰写各类稿件3000余篇（幅），刊发公益广告300余则。2015年，《嘉峪关日报》被省新闻出版广电局推荐参加全国“百强报纸”评选，有9件新闻作品分获甘肃省好新闻一、二、三等奖获奖数量创报社历年之最，同时填补了无一等奖的空白。

【《雄关周末》】《雄关周末》始终坚持“三贴近”，践行“走转改”，立足关注社会民生，着眼舆论监督，强化主题策划。2015年共出版报纸51期，全年共策划主题报道20多个。编发本地新闻稿件2400余篇，编版3000余个，刊登公益广告100多个，报纸版式更加新颖，内容更加丰富多彩，贴近百姓生活。2015年，《雄关周末》致力于为弱势群体提供利益诉求平台，营造公平公正的社会环境。4月，《雄关周末》策划的募捐活动中，《加油，珍妮》《许你一个明媚的春天》等报道迅速问世，引起了钢城人民的强烈反响，短时间内，为小珍妮捐款达到22万余元；8月为白血病患者赵涛捐款达到57万余元。此外，《城市边缘的“原始生活”》《我愿意凭自己的力量活下去》等饱含深情的稿件，都让报纸更有温暖，极大地提升了《雄关周末》的影响力。

【新媒体建设】2015年，嘉峪关新闻网充分发挥在宣传报道中快捷、海量、互动的独特优势。在持续强化传统媒体影响力的同时，嘉峪关日报社紧跟新形势，明确新任务，加强新媒体建设。嘉峪关新闻网顺利实现改版，改版后的新闻网页更加新颖、大方、简洁，信息量更加丰富。同时规范新闻发布标准，在标题中加入嘉峪关字样，利于百度收录。积极打造"嘉峪关新闻网"和"嘉峪关日报"两个微信公众号品牌。2015年，两个公众号粉丝近6300多人，共发布微信434期，全年阅读量超过100万人次。开通"头条号"。5月7日，作为我市唯一一家与"今日头条"签约媒体，嘉峪关新闻网正式入驻"今日头条"，开通头条号，实现了网站内容的多平台纵深推送。2015年，嘉峪关新闻网头条号共推送各类稿件700余篇，日平均阅读量2100多人次，月活跃粉丝数达到820多人，累计阅读量突破120万人次。

【出版发行及广告经营】2015年《嘉峪关日报》出版251期，《雄关周末》出版51期，广告经营任务全面完成。报纸发行稳步推进，《嘉峪关日报》征订量稳中有增，《雄关周末》保持稳定。报社还购置了8辆电动三轮车专用于报纸发行。

（王国贤）

【新闻出版事业管理】嘉峪关广播电视台相关人员参加了广播电视新闻业务能力提升远程培训和"中央广播电视节目无线数字化覆盖工程"培训研讨班，第二十期全省广播电视采编播人员普通话考核测试培训班。并根据国家要求，及时下发了新版记者证。组织各印刷企业、出版物经营单位、影院从业人员深入开展诚信经营、文明服务活动，并签订安全责任书，增强出版物经营单位和从业人员守法经营、安全生产的意识。

（狄　龙）

文物事业

综　述

嘉峪关市现有世界文化遗产1处：万里长城—嘉峪关（1987年12月11日，中国长城被列入《世界文化遗产名录》，万里长城-嘉峪关作为中国长城重要组成部分也被列入其中）。全国重点文物保护单位3处：万里长城—嘉峪关（1961年3月4日，被国务院公布为第一批全国重点文物保护单位）、果园—新城墓群（2001年6月25日，被国务院公布为第五批全国重点文物保护单位）、黑山岩画（2013年5月3日，被国务院公布为第七批全国重点文物保护单位）。省级文物保护单位2处：野麻湾堡和十营庄子（2003年7月5日，被甘肃省人民政府公布为第六批省级文物保护单位）。全市现存不可移动文物94处。

文物开发与利用

【文物保护】2006年5月25日，嘉峪关境内的明长城（包括城墙、墩台、堡子、敌台、壕堑）被国务院核定公布为全国重点文物保护单位。按照国家文物局发布的《"长城保护工程(2005-2014)"总体工作方案》，市文物局于2006年8月抽调许海军、张斌2名业务骨干参加全省历时5年的长城资源调查工作。2010年8月，完成了嘉峪关市长城资源调查报告。调查报告中公布了明长城现存遗址91处(关城1座，墩台35座，堡子7座，敌台19座，壕堑6段，长城23段)。根据国家文物局印发的《长城"四有"工作指导意见》和《长城保护维修工作指导意见》精神，按照甘肃省文物局《关于做好长城"四有"工作的通知》(甘文局文发〔2014〕170号)，2015年7月实施嘉峪关市长城保护标识制作安装工程。工程建设内容为在嘉峪关市境内的长城墙体、壕堑、关堡、单体建筑周边设置保护标志碑208个，保护界桩3073个。

【文物利用】2015年，完成了景区售检票系统的提升改造，采用了二维码及指纹图像绑定技术。在售票处、检票口、电瓶车乘车点安装了护栏，确保了游客有序参观。完成了嘉峪关关城、长城第一墩、悬壁长城、魏晋墓景区明信片、邮册、邮折的设计和印制销售工作。嘉峪关文物景区手机网站、手机APP、景区微信平台、办公自动化系统建成并投入使用。嘉峪关文物景区面向市民办理"一元门票"特惠卡。2015年，文物景区接待游客过百万人次，同比增长65.44%。

【文物研究】完成了2015年《嘉峪关文博》第十四期编辑出版工作。承办了嘉峪关魏晋墓与丝绸之路历史文化学术研讨会，并编辑了论文集。嘉峪关文物景区举办2014年优秀论文交流会，收集论文12篇并编印了《嘉峪关文物景区2014年优秀论文册》。全年在省级以上刊物发表学术论文 12 篇，嘉峪关市文物局网刊登稿件 90 篇，嘉峪关长城网刊登稿件 606 篇，微信平台发布短讯 149 篇。《文物景区资讯》全年出版 12 期，刊登稿件 449 篇，插图 59 张。

博物馆

【概况】嘉峪关市现有博物馆 5 家，其中国有博物馆 3 家，即嘉峪关长城博物馆、嘉峪关城市博物馆、嘉峪关新城魏晋壁画墓博物馆；非国有博物馆 2 家，即嘉峪关雄关博物馆、嘉峪关博古轩博物馆。均免费面向公众开放。

【嘉峪关长城博物馆】1989 年 10 月成立，位于嘉峪关文物景区，是国家三级博物馆。藏品有石器、玉器、陶器、瓷器、铜器、金银器、铁器、砖瓦、简牍、书画、漆木器等，其中陶器、砖瓦、铜器数量较多。有专职讲解员 4 名。2015 年免费接待参观游客 55 万人次，其中参观团队 1534 个，人数 1.4 万人，实现旅游接待"零"投诉。"5·18 国际博物馆日"首次举办馆内临时展览——"馆藏明清宫廷文物展"，并在活动现场为峪泉镇小学 2 位指导教师和 10 位"小小讲解员"颁发了荣誉证书。6 月 13 日，在全国第十个"文化遗产日"，举办了"和美生活—羊与人" 图片展、"保护成果 全民共享""文明旅游从我做起"中国文化遗产日游客签名活动。10 月 23 日，与中国长城博物馆、北京自然历史博物院、北京石刻艺术博物馆、北京电影博物馆等单位代表开展馆际交流活动。

【嘉峪关城市博物馆】2008 年 8 月成立，位于嘉峪关市五一南路 1379 号，雄关广场东侧。基本陈列"戈壁明珠——嘉峪关市建设成就展"，以嘉峪关发展进程为主线，以长城文化和丝路文化为纽带，以大量珍贵图片和实物展示为基础，以生动形象的场景复原、多媒体演示及互动为依托，展示了"戈壁明珠"嘉峪关市的历史文化、文物古迹、风土人情、民族风格。馆内有专职讲解员 8 名(其中英语讲解员 3 名)，兼职讲解员 5 名。全年博物馆免费接待参观团队 397 个，游客 28.5 万人次。全年开展"流动展览进学校"活动 10 次，在市六幼、实验小学、建设路等学校开展了"嘉峪关——中国优秀旅游城市""美丽嘉峪关——水利建设""世界文化遗产——嘉峪关" 等主题教育活动。博物馆 2015 年，被甘肃省妇联授予省级"三八"红旗集体荣誉称号。

【嘉峪关新城魏晋壁画墓博物馆】1988 年 10 月成立，位于市新城镇境内。与嘉峪关市新城魏晋墓区文物管理所馆所合一，馆内陈展内容由建筑艺术、壁画艺术和随葬物品三部分组成，展示了魏晋墓丰富的历史积淀。全年博物馆接待参观游客 6065 余人次。

【嘉峪关雄关博物馆】2012 年 12 月成立，位于和诚东路亲水湾小区 15 号楼下。馆内收藏有陶瓷、石雕、木雕、青铜器、杂项等藏品 880 余件(套)，其中三级文物 70 件(套)。藏品多侧面展示了我国高古陶瓷的演变过程。"5·18 国际博物馆日"开展了第二届"十美雄关"文化主题·古韵雄关"再现古陶瓷文化辉煌"展、"古玩杂项展""唐、宋、元、明、清"系列黑瓷展、"佛教文化" 暨佛事用品等展示交流活动，取得了良好的社会效益。

【嘉峪关博古轩博物馆】2015 年 12 月成立，位于富强西路康乐公寓楼 2-2 号。馆内展出文物、古玩、书画、古木家具、铜杂、珠宝玉器、古钱币等300 余件(套)，反映丝绸古道上不同历史时期的文化信息，高度浓缩了丝绸之路上的历史、自然、民族的文化变迁，具有西北民族的浓郁的文化特色。

嘉峪关文化遗产保护工程

【嘉峪关长城本体保护修缮工程】长城第一墩文物保护防洪工程。2011 年 4 月 13 日国家文物局(文物保函〔2011〕454 号)批复立项。该工程于 2012 年 7 月 14 日开工，2012 年 11 月 1 日完工，2013 年 11 月 11 日完成决算审计 (嘉审基建报〔2013〕30 号)。工程主要解决长城第一墩长期受河水冲刷，造成墩台所处位置的崖壁底部冲蚀掏挖坍塌，直接威胁到文物本体的安全问题。工程内容为：建设 500 米防洪堤坝、5 座丁坝、钳丝石笼、导流围堰等项目。

嘉峪关关城木结构建筑修缮工程。2011 年 4 月 13 日国家文物局(文物保函〔2011〕475 号)批

复立项。工程主要是对嘉峪关关城光化楼、柔远楼、嘉峪关楼、敌楼、文昌阁、戏台、箭楼、角楼、东闸门、关帝庙牌坊等22座木结构建筑进行保护修缮。修缮内容主要包括屋面瓦件望板、苫背、瓦件整修,木结构维修加固,地面整理等项目。2012年5月18日开工,2013年8月6日完工。

嘉峪关关城古建筑油饰彩画重绘工程。2011年4月13日国家文物局（文物保函〔2011〕475号)批复立项。工程主要是对嘉峪关关城光化楼、柔远楼、嘉峪关楼、敌楼、文昌阁、戏台、箭楼、角楼、东闸门、关帝庙牌坊等22座古建筑进行油饰彩绘。油饰彩绘内容主要包括新做地仗层、彩画清洗、加固、补全、重绘等项目。2012年9月28日开工,2013年10月16日完工。

嘉峪关关城西罗城保护维修工程。2011年4月13日国家文物局(文物保函〔2011〕475号)批复立项。工程主要解决西罗城由于受到地质下陷等因素的作用，致使西罗城墙体发生了严重的开裂、下陷、倾斜,墙体出现裂缝,部分地段墙基下陷,垛口错位,部分垛墙向外倾斜等问题。工程主要措施包括墙基加固、砌体、墙体灌浆、花管桩加固、墙顶防渗排水、地面整理等项目。2012年5月18日开工,2014年4月30日完工。

嘉峪关关城(不含罗城)墙体保护及防渗排水系统工程。2012年5月9日国家文物局(文物保函〔2012〕837号)批复立项。工程主要是解决城墙结构性损伤、土体失稳与排水不畅、渗水等安全隐患,治理城墙表面风化、片状剥落、墙基掏蚀凹进、基础酥碱、开裂、压剪裂隙、雨水冲蚀、生物虫害等病害。工程主要内容有病害治理、墙基掏蚀加固、墙体加固维修、墙身锚固补强、墙顶防渗水排水。工程措施主要采用表层ps溶液喷涂加固、锚杆加固、改性泥浆嵌补、裂缝灌浆、版夯补筑、补砌等工艺。2013年4月8日开工,2015年6月30日完工。

嘉峪关长城墙体(夯土)保护维修工程。2012年5月11日国家文物局（文物保函〔2012〕856号)批复立项。工程主要内容是对嘉峪关境内西长城、东北长城的防护围栏、指示牌、界桩、警示宣传牌的安设。西长城(敌台)、东北长城(敌台)遗址加固，主要实施长城本体现场试验、长城稳定性监测、夯筑砌补、锚杆锚固、裂隙加固、表面防风化、冲沟整治、墙基排水、长城周边考古发掘和环境整治。该工程分为四期,一期工程基本完工,二期工程完成总工程量的97%,三期工程完成总工程量的95%,施工中对涉及保护范围占用部分农民土地,签订土地流转合同62份,流转耕地62.71亩,下发土地流转补偿款52.72627万元,完成了全部土地流转工作。四期工程设计方案已报甘肃省文物局审核待批。

长城第一墩崖壁锚固二期工程。2012年5月11日国家文物局(文物保函〔2012〕857号)批复立项。工程内容主要有崖壁锚固、危岩体清理、混凝土挡墙浇筑、排水沟制作、集水井砌筑等。工程于2015年11月10日完工。

嘉峪关关城防雷工程。2012年5月24日国家文物局(文物督函〔2012〕1069号)批复立项。工程主要对嘉峪关楼、会极门楼、柔远楼、光化楼、朝宗门楼、南北箭楼、角楼、南北敌楼、游击将军府、文昌阁、关帝庙、戏台、东闸门、配电室等重点部位建筑做防雷庇护。工程技术主要由接闪、引下、接地、屏蔽、等电位连接、电涌保护和分区防护等内部防雷和外部防雷综合技术措施组成。2013年4月20日开工实施,2015年完成方案(接地电阻降阻部分)深化设计,预计2016年上半年完成工程。

嘉峪关关城安全技术防范系统工程。2012年5月25日国家文物局(文物督函〔2012〕1092号)批复立项。工程内容主要包括建设入侵报警、视频监控、出入口控制、声音复核装置、安防专用通讯、电子巡查、安全管理、网络广播等系统及监控中心(机房)建设等项目。2013年4月15日开工,2014年4月完工,2015年进入试运行阶段。

嘉峪关关城消防系统工程。2012年5月25日国家文物局(文物督函〔2012〕1093号)批复立项。工程内容主要包括建设火灾自动报警、室外消防栓、火灾应急广播、疏散指示标志、消防应急照明、林区防火、灭火器配置、消防水池及消防车购置等项目。2013年4月15日开工,2014年消防管线铺设、消防设施安装、泵房建设及设备安装等全面完成。2015年7月31日,嘉峪关消防支队对工程进行了验收,验收结果为合格。10月30日,经市财政局同意，报省财政厅采购办批准公开招标采购的2辆消防车到位,消防工程全面完工。

【嘉峪关世界文化遗产监测系统工程】嘉峪关世界文化遗产监测系统一期工程已建成并投入试运行。同中国遗产研究院、南京城墙保护管理中心、北京交通大学、兰州大学、天津大学、故宫博物院等单位就病害定性分析、监测点位选取、监测方式方法等进行了学术研讨。开展了野麻湾堡、新城堡、新城屯庄等十处遗址,东北长城、关城两翼长城及24座墩台的病害(包括构筑材料、病害类型、发育趋势、保存现状)调研工作,并在此基础上制定了野外夯土长城监测流程。完成了万里长城——嘉峪关2015年度监测报告及评估报告的撰写上报工作。完成了《嘉峪关监测资料汇编(三)》的编印工作。13篇学术论文分别被《甘肃社会科学》《国土与自然资源》《黑龙江史志》《甘肃科技》《环球人文地理》《中国社会科学报》《雪莲》等期刊及嘉峪关魏晋墓与丝绸之路历史文化学术研讨会、锁阳城遗址与丝绸之路历史文化学术研讨会录用。开展了省级课题《嘉峪关世界文化遗产监测需求研究》的研究工作。

【嘉峪关世界文化遗产保护和展示工程】嘉峪关世界文化遗产保护与展示工程于2015年3月底复工,监测中心业务用房及游客服务中心工程、售票中心工程已完成主体建筑验收。游客服务中心外线及道路绿化管线工程,于6月底完工。新建入口道路工程、停车场工程于5月底完工。根据市政府嘉政办纪〔2015〕15号、嘉政办纪〔2016〕1号会议纪要,为实现与华强项目的顺利对接,新建入口道路工程、停车场工程已完成审计并移交华强集团。园区参观道路工程,完成招标路段路基填方,待3.5万伏高压线迁移后全面推进。新开工项目:园区环境整治工程、原华峰公司办公楼区域拆除工程、入口道路两侧人行道铺装工程,于上半年顺利完工。监测中心业务用房及游客服务中心挡土墙工程基本完工。3.5万伏高压线迁移工程,完成工程量的90%。园区绿化供水泵站工程,完成总工程量的50%。监测中心业务用房及游客服务中心消防、装饰装修、玻璃幕墙,清水混凝土、建筑智能化系统、光伏节能照明设备采购安装工程正在顺利推进。入口道路两侧人行道铺装工程已按市上要求完成审计并移交华强集团。

文物管理

【机构编制】嘉峪关市文物局机关内设办公室、文物科、安全督查科3个职能科室。下辖计划财务管理中心、嘉峪关市世界文化遗产监测中心、嘉峪关文物景区管理委员会(辖嘉峪关长城博物馆、关城文物管理所、嘉峪关长城第一墩文物管理所、嘉峪关市悬壁长城文物管理所、魏晋墓文物管理所)。2013年7月,根据市委、市政府安排,原隶属于酒钢集团的嘉峪关大剧院移交给市文物局管理。2015年,有干部职工414人,其中行政编制及机关工勤人员共9人,全额拨款事业编制12人,自收自支事业编制96人,企业人员29人,辅助性岗位258人,进村进社及旅游下基层人员10名。现有处级干部10名(其中外借1名),科级干部24名,专业技术人员57人(其中副高级职称4人,中级职称8人,初级职称45人),市级领军人才1人。

【管理工作】文物安全。成立了文物局安全生产工作领导小组,制定了《嘉峪关市安全生产(文物安全)工作制度》、《嘉峪关市文物消防安全管理标准》,建立了文物保护机构、公安派出所、业余文保员"三位一体"的文物安全防控体系,实现了有文物遗存点行政村全覆盖。加强了行政审批监管,对现行行政审批项目进行了清理,确认了行政审批14项。强化执法监督检查,全年开展文物安全培训2次,参加人员200人次,组织文物安全生产检查12次。

文物保护。全年完成了嘉西光伏产业园110千伏配套送出工程项目、嘉峪关市群达商贸有限公司49.5兆瓦并网光伏发电工程项目、黄草营110kv配套送出工程供电路由项目、"农村电子商务信息之路"建设项目、嘉峪关市峪泉镇国家级建制镇建设项目、嘉峪关市饮用水供水源地西气(油)东输(送)管网带下游水源井迁建项目、中核甘肃核技术产业园厂外供电工程项目,共计7项涉及文物保护的现场勘查、审核等工作;对《嘉峪关市新城魏晋墓保护管理办法》和《嘉峪关市市级文物点拍摄管理暂行办法》进行了重新修改和提交;完成了全市3处国保单位信息数据的实时采集和4家博物馆的年检工作。

(李进贤　马建强　高杨　付菲)

卫　生

卫生事业

【综述】2015年末，全市各级各类医疗卫生机构132个,其中三级乙等医院2所(市第一人民医院、酒钢医院),二级甲等医院2所(市中医医院、中核四〇四医院),疾病控制中心1个,农村卫生院3所(新城、文殊、峪泉),社区卫生服务中心7所(胜利社区、建设社区、紫轩社区、建设社区、祁连社区、明珠社区、新华社区);病床1627张,其中公立卫生机构病床1426张,每千人口拥有医疗床位5.45张，医疗单位固定资产总值28493.3万元。专业医疗卫生人员2403人，其中执业医师844人，执业助理医师154人，注册护士1135人,平均每千人拥有卫生技术人员10.2人、执业(助理)医师3.59人、注册护士4.82人。全年医疗机构(门诊部以上)开展诊疗156.3万人次,住院4.565万人次,住院手术7685台次,出院病人4.426万人次。重点医院有：嘉峪关市第一人民医院、酒钢医院。

2015年法定报告传染病发病率为375.02/10万,农村安全饮用水普及率100%,农村卫生厕所普及率96.36%。新型农村合作医疗参合人数2.0011万人,参合率98.80%。无孕产妇死亡,5岁以下儿童死亡率4.12‰、婴儿死亡率3.2‰、新生儿死亡率2.74‰。

【医疗卫生体制改革】重新修订完善并印发了市深化医药卫生体制改革领导小组成员单位文件，确定了今年深化医改的重点任务，确定各项重点工作牵头单位和协调配合单位以及责任领导、完成时限,并按季进行推进情况检查,确保各项医改任务的按计划逐步落实。

完善基本药物制度。执行国家基药制度,切实减轻群众负担。自2010年6月起逐步在政府办基层医疗机构实施国家基本药物制度并实行药品零差率销售。同时,积极探索将非政府举办的社区卫生服务中心纳入基本药物制度实施范围并享受与政府办社区卫生服务中心同等的补贴待遇。为确保基本药物制度的顺利实施，在加强日常监督的基础上,每个季度,由市医改办牵头,联合市财政局和市卫计委，对全市各基层医疗卫生机构的药品采购情况和药品零差率销售情况进行专项检查。主要检查药品的购进情况和药品零差率销售情况。对于不按规定执行药品购进和零差率销售的情况及时进行纠正,并予以处罚并进行通报,对存在的问题限期整改，督促各单位自觉的执行国家基本药物制度。加强宣传,提高基本药物制度的群众知晓率。在基层医疗机构设置国家基本药物价格公示栏,悬挂横幅、发放宣传资料对国家基本药物制度进行了广泛宣传。

2015年全市各医疗机构网上网下共采购药品总金额16682万元，其中在省药品和医用耗材集中采购网上实际采购药品总金额10461万元，与2014年同期相比增加了1456万元，增长了17.1%；其中基本药物采购总金额为4068.37万元，与2014年相比增加了1187万元，增长了41.21%。全市五家综合医院(包含市一院、市中医医院、酒钢医院、四〇四医院、妇幼计生中心)网上网下共采购药品总金额14515万元，其中在省药品和医用耗材集中采购网上实际采购药品总金额为9191万元，与2014年同期相比增加了933万元,增长了12.26%;其中基本药物采购总金额为2651.76,与2014年相比增加了664.91万元,增长了33.47%。10所基层医疗机构(包括3个镇卫生院、7个社区卫生服务中心)2015年全年网上网下共采购药品总金额2167万元,其中在省药品和医用耗材集中采购网上实际采购药品总金额1426万元,与2014年同期相比增加了522万元,增长了57.74%；其中基本药物总金额为1416.61万元，与2014年相比增加了522.37万元，增长了171.19%。

2015年市属二级以上医疗机构（市一院、市中医医院、妇幼计生中心)全部在网上采购高值医用耗材和检验试剂,2015年全年采购金额达到782.74万元,相比2014年增加了257.14,增长了48.92%。

加强技能培训。为加强基本药物的临床规范使用,引导各级医务人员合理用药,对全市各级医疗卫生机构医务人员进行了基本药物知识的系统化和规范化培训;组织医务人员参加了2012版国家基本药物临床应用指南和处方集脱产培训班和抗菌药物的合理使用培训工作；对全市的药学从业人员包括村医进行了中西部药师培训；举办了第二期药师、药品管理、采购及药品有关从业人员培训班。通过培训，药品和高值医用耗材网上采购行为得到了进一步的规范。我市公立医疗机构药品的保障供应网络覆盖面达到100%，保障了患者用药安全，人民群众吃上质量可靠、价格合理的放心药品。

遴选配送企业，确保保障供应。2015年3月，按照省卫计委的安排，委托嘉峪关市公共资源交易中心，通过公开招标的方式，为全市各级医疗卫生机构遴选了药品配送企业。各单位与遴选的药品配送企业签订了《药品配送协议》《医药产品廉洁购销合同》，明确了药品配送企业、医疗机构、卫生行政部门三方的责、权、利。并采用动态管理、定期考核的方式加强管理，保证药品配送的可操作性、可持续性，保障各医疗卫生机构的药品供应，提供药品的配送效率。2015年，全市各医疗机构共在网上采购药9976万元，比去年同期增长了17.16%。其中基层医疗机构共采购基本药物1428万元，比去年同期增长了58%。市属二级以上医疗机构全部在网上采购高值医用耗材和检验试剂，采购金额达到783万元，采购金额较去年同期增长了48.86%。

建立价格公开制度。按照省卫计委《关于填报医疗机构药品价格信息的通知》要求，各医疗机构安排专人在规定时间内分批次完成药品价格信息填报工作，按月按时维护药品价格信息，确保药品价格信息真实和有效。规范回款流程和时限、确保药品配送工作顺利进行。规定我市基层医疗卫生机构的网上采购的药款支付，由市卫计委财务结算中心每月按时、足额的统一进行支付。

推进公立医院改革。落实采购制度，理顺药品体制。加大基本药物品种集中招标采购中标结果的执行力度，调整完善药品配送政策，按照《甘肃省药品集中采购诚信管理办法(试行)》规定，加强了对医疗机构、药品中标企业、配送企业三方交易行为的监督。截至12月底，全市网上药品采购平均配送率达到了98.17%，满足了医疗机构的用药需求，也保证了药品的及时供应。根据省卫计委相关文件要求，全市二级以上医疗机构按时上报2016年度公立医院中成药集中采购计划。12月22日，在省公共资源交易局、省卫生计生委的总体指导下，包括嘉峪关市在内的全省12个市州评审单元按照药品集中采购工作新的运行机制，上下联动、分级负责、统一时段顺利完成了2016年度公立医院中成药集中招标采购评审议价工作。在中成药集中采购评审工作中，市卫生计生委和市公共资源交易中心在药品评审专家库内随机抽取5名专家参与此次评审工作，在规定时间内完成了评分和议价工作。嘉峪关市评审单元共有280个品规拟中标，中标结果于12月24- 30在省公共资源交易网、市公共资源交易网、市卫计委网站均进行公示。

医疗机构管理22项核心制度逐步落实。继续开展医务人员“四排队”和医疗机构“八排队”制度，每月对各综合医院“八排队”进行全市卫生系统通报。通过22项核心制度的有力落实，有效控制了医疗费用。平均门诊费172.06元，平均住院费5187.17元，大型医学影像检查阳性率保持在90%以上。二级以上医疗机构对出院患者每月进行随访，随访率达到90%以上。开展临床路径67个病种，涉及45个专业，进入路径病例2345例。3家综合医院安装了防统方软件，2家三级医院安装了抗菌药物三级质控管理软件。

开展医师多点执业。按照甘肃省卫计委《甘肃省医师多点执业管理办法（2014)》(甘卫医政发〔2014〕471号)文件要求，制定并下发了《嘉峪关市医师多点执业工作实施方案》嘉卫计发[2015]108号，规定了市第一人民医院、酒钢医院、市中医医院三家医疗机构中级及中级以上执业医师实行多点执业。多点执业主要在三镇卫生院和社区卫生服务中心。通过市级医院医师到基层多点执业，使三镇卫生院和社区卫生服务中心医疗服务能力得到整体提高，能够与区域内的医疗服务需求相匹配，确保患者能够留在基层得到安全有效治疗。目前三家医院共有医师220余人进行了多点执业网上注册，现已全部在基层医疗机构开展执业。

开展分级诊疗工作。落实疾病应急救助，健全多层次医疗保障体系，切实解决基层群众看病难问题。制定《嘉峪关市分级诊疗工作实施方案》，建立医疗机构分级分工机制，推动各级医疗卫生机构落实职责分工和功能定位。按照乡镇卫生院实施50种、二级以上医疗机构100种分级诊疗病种的要求，在中西医同病同价基础上，发挥新农合资金的调节作用，促进优质医疗资源有序下沉，推动建立基层首诊、双向转诊、急慢分治、上下联动的分级诊疗模式。目前分级诊疗工作正在各定点医疗机构有序开展。

稳妥推进社会办医。开放医疗服务市场，减少对社会资本举办医疗机构的相关行政许可事项。对承担的审批事项，认真进行梳理，出台了办事指南，对社会办医审批严格按照流程进行办理。所有审批事项均在市政务大厅进行公示，统一办理。鼓励发展非营利性的非公立医疗机构。2015年全市新开办了个体诊所2家，社区卫生服务中心1家。对社会办医加强了行业监督。

持续强化公共卫生工作。基本公共卫生服务项目均等化全面落实。在全面抓好医改五项工作的同时，把推进基本公共卫生服务均等化当作卫生工作的一个全新专业，通过落实专业责任、强化资金监管、发挥督考效能确保了人民群众得实惠、卫生事业得发展。为了保证项目实施顺畅和资金管理安全两个环节的有效衔接，项目资金实现了分层级、分项目分配，即社区卫生服务中心(卫生院)和社区卫生服务站分属不同考核层级，同时引入分项目奖罚制度，并根据项目年度任务目标适时调整单项资金所占比例。目前人均服务经费达40元，全市居民健康档案采集率达92%以上，规范化电子建档率达75.81%，对老年人、慢病患者、孕产妇、0–6岁儿童等重点人群实施规范化管理，管理65岁以上老年人12280人、管理率达68.9%、完成体检7023人、系统管理0–6岁儿童10271人，管理孕产妇1270人，系统管理率达95%。国家免疫规划疫苗58552针次，单针次报告接种率在98%以上，学生接种证查验率达到100%。高血压和糖尿病患者健康管理率分别达到41.22%和36.51%，管理人群血压控制率为67.52%、血糖控制率为60.97%。

社区卫生服务工作。加强基层医疗机构财务管理，对重点领域、重点资金、重点项目及内部经费使用情况进行审计监督。2015年委托审计机构对政府办所有社区卫生服务中心进行了审计。对审计及财务检查中发现的问题，要求被审计（检查)单位按照规定严格整改，加强基层医疗卫生机构人员设置、预算管理、收支管理、呆坏账处理、库存物资处理、固定资产管理、净资产管理等全面预算管理，加强基层医疗卫生机构会计报表基础信息和财务分析工作，并逐步建立年度财务报告审计制度;强化工作落实。继续实施减免诊疗费、免费体检等十项惠民政策，推进项目精细化管理，整合卫生计生服务资源，建立社区卫生计生“网格化”的信息采集和服务机制。结合计生“网格化”管理与服务网络，将卫生信息采集和服务融入其中，各负其责，充分发挥社区网格贴近群众的优势，采取“出门一把抓，回来再分家”的方式，建立了信息同采集，服务项目同落实的长效工作机制，稳步推进了基本公共卫生服务均等化项目，项目综合得分稳居全省第二。抓科研项目，与兰州大学合作积极开展居民健康状况和主要慢性病及危险因素流行情况的基线研究工作，完成病患住院费用等数据收集，目前报告已完成初稿。积极参与全省基层医疗机构健康素养及中医适宜技术比赛，并荣获2个团体二等奖。注重培训，提高业务素质。在市级培训基础上完成全省基本公共卫生服务项目师资培训、社区卫生服务人员能力培训、全科医师转岗培训和基层药学人员培训等项目，累计派出西医类别、中医类别、公卫、护士和医技等社区卫生服务人员68名，其中社区管理人员23名、全科医生11名(含中医和师资)、全科护士17名、医技及公卫16名。完成全科医师认定考试，今年共通过37人，全市累计达67人，做到了每个社区卫生服务机构中均有2–3名持证全科医生。

新农合和农村卫生工作。全市新农合参合率逐年提升，到2015年98.80%，筹资标准提高到了530元。使用符合规定的中成药、中药饮片、基层中医药适宜技术予以全额报销。医疗机构定点管理，诊疗服务行为规范运行。门诊统筹全面实施，“一卡通”发放和使用98%以上，实现了持卡就医即时结报，方便了农民就医，减轻了农民的就医负担。派二级以上医院的医务人员到镇卫生院服务，接收镇卫生院医生到二级以上医院免费进修学习。为每个村卫生室落实了省级和市级财政年均补助1.2万元，按照考核结果全部及时发放到位。

实施以镇卫生院为骨干、村卫生室为基础的农村卫生服务体系建设，改扩建三镇卫生院和新建了6个村卫生室。近年来，累计投资200多万元为卫生院更新了B超、血球分析仪、生化分析仪、中药熏蒸床、电脑三维多功能牵引床等医疗设备，为三镇卫生院和16个村卫生室全部配备了电脑、打印机、读卡器等办公设备。通过全科医师转岗培训、城乡医师对口支援、中医适宜技术培训等形式，提高了农村卫生技术人员的业务水平，增强了农村医疗机构的综合服务能力。

中医药工作。各综合医院均成立了中医管理科，在门诊设立了中医科、中药房，住院部均设立了不少于总床位数5%的中医病床，基本建立了中医人员到西医科室会诊、查房、参与重症患者抢救的等制度。各社区卫生服务中心、镇卫生院均设置了中医科、中药房，建成了中医药文化氛围浓郁并相对独立的中医药服务综合区，实现了政府办社区卫生服务中心和镇卫生院中医药服务能力100%全覆盖，社区卫生服务站和村卫生室中医药覆盖率达到65%以上。将市二院转型为市中医医院，填补了全市无中医医院的空白，加挂甘肃省中医院嘉峪关分院的牌子。

落实大病保险政策。6月份，市政府批转了由本委牵头起草的《嘉峪关市开展城乡居民大病保险工作实施方案》。6家定点医院大病服务窗口指定基本医保工作人员为大病保险宣传服务人员，引导符合条件患者提前准备补偿手续到大病保险服务窗口办理补偿手续，实现了大病保险和新农合系统对接。承办单位开展了大病保险医疗巡查工作，安排巡查人员定期至各定点医院了解城乡居民患者住院情况。承办单位开展了大病保险医疗巡查工作，安排巡查人员定期至各定点医院了解城乡居民患者住院情况，对患者进行控视，。提前向患者发放大病保险宣传单，提示患者出院后注意留存大病保险补偿手续，方便后续报销工作。患者及其家属对此项工作开展情况满意率100%。截至12月31日，已完成城乡居民2015年度大病保险补偿572笔，共支付大病保险补偿款2436019.46元，案均4258.78元。其中完成2015年度新农合大病补偿146笔，支付补偿金658335.21元，案均4509.15元。其中无第三方责任意外事故36笔，支付补偿金219006.34元。完成2015年度城镇居民大病保险补偿426笔，共支付大病补偿金1777684.25元，案均4172.97元。

【医疗服务】医疗机构及设备。市第一人民医院。医疗卫生人员共计581人，其中执业医师232人，执业助理医师6人，注册护士286人；实有病床500张，重点设备有德国西门子大型数字化平板血管造影机、美国豪洛捷全新钨靶x线摄影系统、瑞士第四代EMS气压弹道碎石机、直接数字化成像系统(DR)、高档彩色B超机、三合一口腔CT、口腔种植系统、0.35T核磁、美国GE64排128层CT、飞利浦四维彩超、胶囊内镜、关节镜、800MA数字胃肠机、10人高压氧舱、电子支气管镜、电子胃镜、美国森迪斯肺功能测定仪等，为医院技术进步提供了可靠保障；具有特长的专科有脑系、肝胆、泌尿、肛肠、骨伤、肿瘤和心内、呼吸、消化、妇儿等。全年门诊人次245096，住院人次16521，出院人次16450。

酒钢医院。2015年医疗卫生人员共计646人，其中执业医师175人，执业助理医师33人，注册护士377人；实有病床625张；重点设备有飞利浦Brilliance256层极速螺旋CT、飞利浦Digital diagnost数字化成像系统(DR)、西门子Avanto I-class 1.5T高场超导核磁共振、海扶超声聚焦刀(JC型)、中高能医用双光子电子直线加速器、核素扫描仪（ECT）、鹰演DDFAD全身健康扫描系统、飞利浦V5000心血管数字减影机、四维彩超、16人双舱三门高压氧治疗舱、电视腹腔镜、宫腔镜、体外冲击波碎石机、高清晰电子胃镜、超声内镜、胶囊内镜、肺功能检测仪、全自动生化分析仪等；具有特长的专科有消化科、心血管科、重症医学科、中医科、血液肿瘤科、放疗科、介入医学科、血液净化中心、精神卫生科、核医学科等。全年门诊人次29万，住院人次19612，出院人次19627。

市中医医院。医疗卫生人员共计317人，其中执业医师99人，执业助理医师6人，注册护士147人；实有病床332张(其中精卫中心占床位70张)；重点设备有螺旋CT一台、飞利浦四维彩超机两台、全自动生化仪一台，新增DR一台、多导睡眠监测仪一台、大型全自动生化仪一台、高频电刀一台等；具有特长的专科 脑系科、口腔科、超声科、骨伤科、心内科、中医康复科、精神卫生中心、肺病科等。全年门诊人次55481,住院人次5943,出院人次5981。开展新项目有腹腔镜下食道裂孔疝修补术、腹腔镜胆道探查术,岩斜区脑膜瘤手术治疗、椎动脉动脉瘤开颅夹闭术、针刀微创闭合性手术、介入治疗、显微根管治疗术、抗辅助矫治成人双合前突、即刻自体断冠再接术、内镜窄带成像术结合醋酸染色和靛胭脂染色筛查早期胃癌技术、经阴道子宫全切+阴道前后壁修补手术、无痛分娩术、体外冲击波疼痛治疗、无抽搐电休克治疗、多参数生物反馈治疗。

中核四〇四医院。医疗卫生人员共计190人,其中执业医师59人,执业助理医师2人,注册护士95人;实有病床170张(2015年12月增设康复科床位52张);重点设备有全自动染色体分析仪、彩超、腹腔镜、眼底造影仪、激光仪、全自动生化分析仪等,自筹资金添置600万元先进康复医疗设备;具有特长的专科有口腔科、中医科、皮肤科、手外科、职业病科、康复科等。全年门诊人次46000,住院人次3583,出院人次3512。

西医。2015年全市各综合医院把提高医疗技术作为重点工作,通过进修学习,外请专家指导等多种形式,积极申报科研项目、开展新技术,不断提高医疗技术。2015年市第一人民医院申报科研项目19项,在临床上开展了脊髓空洞腹腔分流术,经皮肝穿肝脓肿引流术、经皮肾镜肾结石气压弹道碎石术、腹腔镜联合前列腺电切镜肾盂癌根治术、肾癌合并下腔静脉癌栓行肾癌根治性切除术+癌栓取出术;腹腔镜下甲状腺癌、结肠癌根治术;下肢静脉曲张介入大隐静脉栓塞术、下腔静脉滤器植入术治疗下肢静脉血栓;椎间孔镜下髓核摘除纤维修补术、经皮气囊扩椎体后凸成形术;咬合板联合药物关节腔内注射治疗颞下颌关节紊乱病、可吸收钛板在面中部复杂骨折固定治疗、超声骨刀微创治疗颌面部骨性病变技术;白内障小切口治疗联合人工晶体植入"技术,弥补了超声乳化治疗技术。2015年酒钢医院申报科研5项,开展的新技术有康柏西普玻璃体腔注射治疗黄斑变性、介入医学科开展了DSA引导下泡沫硬化剂治疗下肢静脉曲张、经输尿管钬激光碎石术治疗输尿管结石等。中核404医院开展的断肢再植技术在河西地区处于领先地位。市中医医院2015年精神卫生中心投入使用,填补了全市没有政府举办的精神疾病专业治疗机构的空白。

中医及中西医结合。2014年7月,先后在市第二人民医院挂牌成立嘉峪关市中医医院、甘肃省中医院嘉峪关分院。同年12月底,根据甘肃省机构编制委员会办公室《关于嘉峪关广播电视台等机构问题的通知》(甘机编办通字〔2014〕91号)精神,嘉峪关市第二人民医院更名为嘉峪关市中医医院,填补了全市没有中医医院的空白。同时,积极推动全市综合医院和基层医疗卫生机构中医药工作的全面发展,各综合医院均成立了中医管理科,在门诊设立了中医科、中药房,住院部均设立了不少于总床位数5%的中医病床,建立了中医人员到西医科室会诊、查房、参与重症患者抢救的等制度。各社区卫生服务中心、镇卫生院均设置了中医科、中药房,建成了中医药文化氛围浓郁并相对独立的中医药服务综合区,实现了政府办社区卫生服务中心和镇卫生院中医药服务能力100%全覆盖,社区卫生服务站和村卫生室中医药覆盖率达到65%以上。加强中医药人才培训力度,举办了为期三个月的嘉峪关市"西医学中医"培训班,师资力量全部由省中医院教学经验丰富的骨干专家担任,顺利实施第二批中医五级师承教育工作,共有10名人员确定为指导老师,30名人员确定为继承人,启动了第三轮中医适宜技术推广培训工作,通过培训,确保每名医护人员至少掌握15种以上的中医适宜技术。向省级评选推荐和申报了第四批"甘肃省名中医"1名,基层名中医2名。选拔推荐了2015年中药特色技术传承人才对象1名。组织申报了第八批省级中医药重点专科建设项目工作。组织做好了2015年全国综合医院、妇幼保健机构中医药工作示范单位申报评估工作。为全省县级中医临床技术骨干培训工作遴选了4名技术骨干,其中指导老师2名,培训对象2名,根据省委宣传部要求在新城镇、文殊镇、峪泉镇开展了"中医送温暖、健康进乡村"为民义诊活动。开展了对温室大棚种植人员进行了中医适宜技术培训工作,组织全市民间有中医药一技之长人员参加了全省乡村医生资格准入考试,督促落实了祁连、峪苑社区卫生服务中心中医药适宜技术服务能力建设项目,派遣两名医务人员参加了全省中医学经典培训班的学习。积极协调市教育部门在托幼机构开展中医治未病试点工作,充分发挥中医药在儿童卫生保健中具有独特的作用和优势，提高儿童身心健康。

护理。根据甘肃省卫生计生委《关于开展进一步改善医疗服务行动的通知》(甘卫医政发〔2015〕67号)精神，制定下发了《嘉峪关市关于开展进一步改善医疗服务行动实施方案》，并督促辖区内各医疗机构按照方案涉及本单位的具体工作内容，落实改善医疗服务各项举措。二级以上综合医院开展优质护理的病房覆盖率均达到100%。健全医疗卫生综合监督体系，提高综合监督能力，加大监督执法力度。进一步整顿医疗秩序，打击非法行医。落实医疗卫生行风建设"九不准"，严格规范诊疗服务行为，纠正诊疗服务中的不正之风，严肃查处收受"红包"、回扣和过度医疗等行为。

【农村卫生】 *新型农村合作医疗*。2015年全市新农合参合率98.80%，参合农民年人均筹资标准为530元，其中：中央财政268元、省财政102元、市财政70元、个人缴费90元。完善了重特大疾病保障和救助机制，完成儿童白血病等50种重大疾病的保障工作，建立了城乡居民大病保险制度。新农合信息系统实现了市、镇、村级全覆盖，全市二级及以上医疗机构信息管理系统与新农合省级平台和健康档案管理系统有效对接，实现了就诊费用即时结报和城乡居民健康档案的动态管理。推进支付方式改革，实行分级诊疗和医师多点执业工作，住院患者实行逐级转诊，基层首诊，常见病、多发病在基层就诊，大病、疑难病到市级医院就诊的新格局正在逐步形成。

2015年共筹集资金1058.1万元，为3123人次住院患者、64322人次门诊患者进行了医疗费用报销，补偿医药费用987.76万元，次均住院补偿2658.02元，次均门诊补偿24.51元，当年资金使用率占全年筹集资金的99%，全年新农合运行正常，资金安全、高效运转。

农村三级预防保健网建设。为保障农村居民基本医疗的公平性和公共卫生服务的均等化，逐步加大对基层医疗机构的基础设施建设，提高基层医疗机构的综合服务能力和水平。2015年文殊镇卫生院周转房项目建设完成并投入使用。通过改扩建卫生院和村卫生室，改善了农村医疗就医环境，健全了基层医疗卫生服务体系，完善了基层医疗卫生服务网络。累计投资50万元为卫生院更新了血球分析仪、生化分析仪、中药熏蒸床等医疗设备，为卫生院和村卫生室配备了电脑、打印机等办公设备。加强基层医疗卫生人才队伍建设。通过进修学习、业务培训、广泛开展中医适宜技术、岗位练兵、技术比武等活动，进一步提高医务人员专业技术水平。建立对口支援制度，二级以上综合医院采取"一帮一"的形式对口支持一所镇卫生院，负责人员培训、技术支持、转诊等任务，通过传、帮、带等形式，提高了农村卫生技术人员的业务水平，增强了基层医疗机构的综合服务能力。村卫生室的信息化建设纳入到农村医疗卫生机构信息化建设范围之内，同安排、同落实。实行镇卫生院和村卫生室一体化管理，由辖区内所在的镇卫生院对乡村医生和村卫生室进行业务指导和药品集中采购，并对日常工作进行监管。落实乡村医生养老补助，解决乡村医生的后顾之忧。

初级卫生保健。基本公共卫生服务项目包括建立居民健康档案、健康教育、预防接种、传染病防治、儿童保健、孕产妇保健、老年人保健、慢性病管理、重型精神疾病管理。为了更好地促进基本公共卫生服务均等化工作，农村卫生人员加大宣传力度，提高居民群众的知晓率。截至2015年底，为农村居民建立健康档案20199份，建档率达到98.97%。高血压、糖尿病等慢性非传染性疾病防治工作得到加强，镇卫生院通过门诊服务等途径为筛查发现的慢性病患者建立健康档案，并定期进行入户随访，规范管理率达到73.25%。镇卫生院拓宽中医药服务项目，充分利用中药、针灸、推拿、火罐、敷贴、刮痧、艾灸、熏洗等项目开展中医药服务，开展针灸针刺肩痛穴治疗肩痛等十余项中医适宜技术，充分发挥了中医药"简、便、验、廉"的特点，降低了居民群众的就医费用，受到了广大群众的一致好评和广泛欢迎。3个卫生院和16个村卫生室国家基本药物全部实行零差率销售。通过加强学习、业务培训，转变思想、转变基层医疗机构工作职能，实现了由重基本医疗到基本医疗和基本公共卫生服务并重的转变，免费向居民群众提供建立健康档案、计划免疫、儿童保健、健康教育等基本公共卫生服务，加大对基层医疗机构基本医疗、基本公共卫生服务工作的绩效考核力度，考核结果与财政补助挂钩。

卫生支农。2015年全市医疗机构共派出21名医务人员。分别支援酒泉市阿克塞县人民医院、金塔县人民医院、甘南州卓尼县妇幼保健院以及酒泉辖县区卫生院。酒泉市县区配出9名医务人员支援嘉峪关市三镇卫生院。根据玛曲县卫生局要求，嘉峪关市派出1名专业技术人员赴玛曲县妇幼保健院进行了为期1年的支援帮教。

【疾病预防控制】疾病预防控制中心概况。嘉峪关市疾病预防控制中心是政府举办的实施疾病预防与公共卫生技术管理和服务的公益事业单位。其主要职能是：开展疾病防治，监测、预测、预警、预报传染病的发生和流行，提出疾病预防、控制的规划和措施，负责全市公共卫生检测、卫生防疫技术指导和培训工作，负责突发公共卫生事件的应急处理。中心有在编职工38人，其中专业技术人员33人，具有高级职称6人，中级职称13人。设办公室、疾控科、应急办(慢病科)、地方病科、结防科、门诊部、检验科等6个业务科室。建有食品水质监测、结核病检测、艾滋病筛查、流感检测、微生物检验等7个实验室，拥有原子分光光度计、气相色谱仪、离子色谱仪、原子吸收光谱仪、实时荧光定量PCR检测仪等大型精密仪器设备。可开展食品、饮用水、涉水产品、卫生用品、消杀用品、健康相关物品材料、环境等八大类卫生质量指标的检测。已开展麻疹、艾滋病、性病、肝炎、流感等检测项目。

传染病防治。(1)传染病疫情监测。全年无甲类传染病报告，报告乙、丙类传染病14种880例，报告发病率为375.02/10万，报告发病数较去年同期下降19.71%。举办全市医疗机构传染病防控师资培训班1次，共计80人次。全年开展开展综合督导1次。(2)艾滋病防治项目。全年对全市医疗机构艾滋病防治工作督导检查2次；举办艾滋病防治技术培训班2期，培训人数125人次。截至2015年10月，累计发现与报告HIV感染者/艾滋病病人45例，其中2015年报告HIV感染者6例，报告发病数较去年同期比下降45.45%，完成年度病人发现数的100%。目前随访管理15人，抗病毒治疗4人；随访检测率为93.33%；艾滋病疫情报告率100%。高危人群行为干预人数597人次，发放各类宣传资料18112份。(3)结核病防治项目。1-10月DOTS覆盖率100%，共接诊可疑肺结核患者484人次，可疑者就诊率206.22/10万，初诊查痰率99.38%。发现并登记管理肺结核患者168例，其中初治涂阳肺结核病人22例；复治涂阳肺结核病人1例；重症涂阴肺结核病人9例；初治涂阴135例；结核性胸膜炎1例。筛查涂阳病人密切接触者筛查率100%。(4)流感哨点监测。完成对哨点医院采集送检流感样本病例的核酸检测391份，核酸检测阳性株病毒分离鉴定32株。全市各医疗机构无甲型H1N1流感病例和疑似流感样重症病例报告，无流感和流感样病例(ILI)暴发疫情报告。(5)鼠疫防控。全年开展旱獭密度调查2次；印制相关宣传资料1600余份，宣传板8块；与周边地市签署鼠疫联防协议书6份；处置动物间鼠疫疫情1起。

地方病防治。全年碘缺乏病咨询人数25人次。完成国家碘缺乏病外质控样检测数据的上报(水碘、尿碘、盐碘)工作，质控结果达到国家标准。完成碘缺乏病十二五终期评估工作指标的监测和数据上报。全市盐碘全部合格，健康问卷知晓率94.4%。

慢性非传染性疾病防治。(1)2015年全市各社区卫生服务中心/站、镇卫生院进一步加强了高血压、糖尿病等慢性疾病的筛查，加强了生活方式和用药指导，提高了患者依从性和血压、血糖控制率，使全市高血压和糖尿病患者健康管理率分别达到27.65%和18.23%，规范管理率达45.36%和48.21%，管理人群血压、血糖控制率达26.79%和33.21%。(2)录入居民就医信息84370例，根据分类统计的分析结果做出近期各类疾病发病趋势预测，并提出防治防控指导意见。(3)全年开展死因监测病例481例，对社区卫生服务中心、镇卫生院居民死亡登记报告工作督导考核2次。

职业病防治。2015年度重点职业病监测项目由酒钢劳动卫生职业病研究所具体承担，主要工作任务为收集职业病监测单位信息及劳动者个人体检结果进行统计、汇总，出具职业健康体检报告给予评估及建议，最终生成重点职业病监测相关表格(其中包括有毒有害工人健康监护汇总表)进行统计、评估。2015年度重点职业病监测病种是接触煤尘(煤矽尘)、矽尘、苯、噪声4种职业病危害因素所致的煤工尘肺、矽肺、苯中毒及苯所致白血病、噪声聋。年度监测结果：我市37个企业职业病危害风险分类情况，严重22个、较重9个、一般6个，其中职业病危害风险分类严重的行业见于建材类、机械类和有色金属类等。

【妇幼保健】妇幼计生机构概况。根据《嘉峪关市机构编制委员会关于印发<嘉峪关市卫生和计划生育委员会所属事业单位主要职责、内设机构和人员编制规定>的通知》(嘉机编发〔2014〕24号)的要求，将原市妇幼保健院和市计划生育服务中心整合为市妇幼保健计划生育服务中心，为全额拨款副县级事业单位，是全市唯一一所集预防、保健、医疗、计划生育服务为一体的公益性妇女儿童医疗保健计生服务机构，担负着全市妇女儿童的医疗保健任务，是全市妇幼保健技术指导中心、儿童体检中心、城镇职工医疗保险定点单位、农村合作医疗定点单位、"降消" 项目承办单位和婚前医学检查指定机构。核定事业编制50名，其中副处级干部职数2名(主任1名、党总支书记1名)，科级干部职数17名（含副主任1名，总护士长1名）。现有各类专业技术人员101人(其中在编在岗人员50人，乡镇服务人员16人，聘用人员35人)，其中正高级职称1人，副高级职称10人，中级职称25人。内设院办公室、保健科、妇产科、儿科、医技科、医务科、财务科、医保办公室、信息管理科、公共卫生管理科、检验科、中医科、药品器械科、口腔保健科、计划生育管理办公室等职能科室。

原市计划生育服务中心四层业务楼建于原市妇幼保健院西侧，建筑面积1875平方米，整体纳入市妇幼保健计划生育服务中心。原市妇幼保健院二期业务用房、原市计划生育服务中心四层业务楼正式投入使用。妇幼保健计生中心二层医疗保障辅助用房，2015年9月开工建设，投资288万元，建筑面积1018平方米，预计2016年4月交付使用。

妇幼保健计生服务工作。落实"两规划"目标，新生儿疾病筛查告知率达100%，筛查率98.4%，新生儿听力筛查率达98.49%，复筛率达98%，全市儿童系统管理率92.69%、儿童保健管理率94.78%、早孕建卡率97.76%、孕产妇系统管理率97.76%，新生儿访视率99.77%、产后访视率98.4%。继续实施农村孕产妇住院分娩资金补助项目，共补助126人次，总金额6.25万元。农村妇女孕前和孕早期叶酸服用人数845人次，农村孕产妇叶酸补服率100%。我市孕期保健覆盖率100%，新法接生率100%，高危孕产妇住院分娩率100%。积极推进开展全市妇女病普查、婚前医学检查、全市三镇妇女"两癌"筛查及免费孕前优生健康检查，婚前医学检查总人数1118人次，共599对；全市妇女病普查人数3852人；全市三镇妇女"两癌"普查人数2072人。2015年，原市妇幼保健院获得全省爱婴医院及第三批全省卫生计生行业文明单位称号，原计生中心荣获全国巾帼文明岗称号，1人荣获全省医德医风建设先进个人，2人荣获全市巾帼建功标兵。

卫生事业管理

【机构设置与人员编制】根据《中共甘肃省委办公厅甘肃省人民政府办公厅关于印发〈嘉峪关市人民政府职能转变和机构改革方案〉的通知》(甘办字〔2014〕40号)和《中共嘉峪关市委嘉峪关市人民政府关于印发〈嘉峪关市人民政府职能转变和机构改革实施意见〉的通知》(嘉发〔2014〕79号)精神，整合市卫生局、市人口和计划生育委员会机构和职责，设立嘉峪关市卫生和计划生育委员会，为市政府工作部门。2015年内设机构9个：办公室、体制改革和规划信息科、法制监督科、疾病预防控制科、医政科、妇幼健康服务科、计划生育指导科、中医药管理科、爱卫会办公室；成立了事业单位28个：嘉峪关市保健局、财务审计监督管理中心、卫生和计划生育信息中心、退休职工管理服务中心、红十字会办公室、流动人口计划生育服务管理办公室、宣传教育管理办公室、新型农村合作医疗领导小组办公室、社区卫生服务管理办公室、医学会办公室、卫生应急指挥与医疗急救调度中心、第一人民医院、中医医院、卫生和计划生育综合监督执法支队、妇幼保健计划生育服务中心、中心血站、紫轩社区卫生服务中心、建设社区卫生服务中心、峪苑社区卫生服务中心、胜利社区卫生服务中心、朝晖社区卫生服务中心、祁连社区卫生服务中心、明珠社区卫生服务中心、祁连社区卫生服务中心、明珠社区卫生服务中心、峪泉镇卫生院、文殊镇卫生院、新城镇卫生院。

市卫生和计划生育委员会核定行政编制19名(含军转干部编制4名),其中处级干部职数4名(党委书记兼主任1名、副主任3名),科级干部职数10名(含团委书记1名);核定机关后勤事业编制3名。市纪委(市监察局)派驻人员行政编制1名,其中处级干部职数1名(纪委书记)。实有行政占编人员23名,其中处级干部8名(主任1名、党委书记1名、调研员3名,副主任2名、纪委书记1名),科级干部10名(含团委书记1名),科员1名,机关后勤事业编制4名。卫生计生委事业编制756名。

【医政管理】在《嘉峪关市医疗机构设置规划》基础上,完成了《嘉峪关市区域卫生规划2015-2030》编制,为合理配置和利用医疗资源起到指导作用。下发了《嘉峪关市医疗卫生系统2015年"三好一满意"活动实施方案》《嘉峪关市进一步改善医疗服务行动实施方案》及《嘉峪关市进一步深化优质护理服务改善护理服务活动实施方案》,提高了医疗系统整体医疗服务水平。加强各项活动赛事的医疗保障,保证了"方特欢乐之夜""国际电影短片节"等活动的顺利开展。配合市旅游局开展创建全国旅游标准化示范城市试点工作,制定了《卫生计生系统创建全国旅游标准化示范城市试点工作方案》,并督促各单位落实方案内容工作。制定了《嘉峪关市2015年度地级干部及正高级职称人员体检实施方案》,10月份组织对全市在职地级干部及正高级职称人员、副处级干部共计一千余人进行健康体检,完成了本年度的健康体检任务。做好患者维权工作,全年共处理医患纠纷20余起,结案率100%,无积案。完成了全市228名考生参加全国执业医师资格考试的网上报名和资格审核工作,并顺利组织实施了实践技能考试工作;完成了50名医师和102名护士的首次注册和变更注册工作。

【药政管理】各医疗机构开展了对医务人员药品合理使用的培训和处方点评制度,杜绝大处方,杜绝药品滥用,减轻群众负担。开展抗菌药物专项整治活动,医疗机构层层签订抗菌药物使用责任状使抗菌药物的使用进一步合理,二级以上医疗机构抗菌药物使用指标基本达到省上的要求,基层医疗机构抗菌药物使用逐步规范。继续进行国家基本药物培训工作,加强国家基本药物的使用比例,减轻群众的用药负担。加强药品和医用耗材采购监督检查工作,规范了药品采购流程。网上药品和采购所占比例较去年有较大幅度的提高。

【血液管理】嘉峪关市中心血站为全额拨款的副县级事业单位,主要承担着本市各医疗单位和中国核工业部四〇四矿区医院的临床用血和保障安全用血的重任,年采供血量约1.2吨。现有职工29人(包括进村进社和乡镇服务人员13人),专业技术人员占职工总数的93%,高、中级职称以上人员占在编职工人数的50%。2015年3月市文明办将中心血站设立为嘉峪关市志愿者服务基地,血站联合酒钢团委、全市各医疗单位、甘肃冶金钢铁学院等20多家单位开展无偿献血宣传活动20余次。将集中宣传与日常宣传相结合,有效提高了城乡居民与在校青少年的无偿献血知晓率,营造了无偿献血的良好氛围。全年共接待献血者3856人,其中3271人参加无偿献血,采集全血1068600ml,其中献血量400ml/人占献血总人数的69.2%,采集血小板181u。共发放血液7863.9u,其中去白红细胞悬液4659u,洗涤红细胞66u,冷沉淀311u,机采血小板171u,病毒灭活血浆2388.1u,普通冰冻血浆268.8u。外调血共813.3u,其中病毒灭活冰冻血浆396.3u,去白红细胞417u。对全部血液进行去白处理,成分输血率达100%。每月对临床用血单位进行满意度调查,满意率达95%以上。2015年7月,血站成功承办了第一届"全市临床输血技能大赛",选拔优秀人员参加了全省"输血技能大赛",荣获团体三等奖。

【卫生监督】卫生监督机构概况。根据《嘉峪关市机构编制委员会关于印发嘉峪关市卫生和计划生育委员会所属事业单位主要职责内设机构和人员编制规定的通知》(嘉机编发〔2014〕24号),整合市卫生监督所、市计划生育执法监察大队机构和职责,成立市卫生和计划生育综合监督执法支队,内设办公室、公共卫生监督科、医疗卫生监督科、职业卫生监督科、传染病卫生监督科、中医服务监督科、计划生育监督科、执法稽查科等8个科室,支队为公益类全额拨款事业单位,副处级建制,核定全额拨款事业编制18名,其中副处级干部职数2名,科级干部职数9名。根据《嘉峪关市机构编制委员会关于调整市卫生和计划生育委员会机构编制事项的通知》(嘉机编〔2015〕32号),从卫生和计划生育综合监督执法支队划出编制2名,现共有编制16名。

放射卫生监督。自2014年以来,以专项执法为抓手,严肃整治违反放射诊疗法律法规的违法行为,使放射诊疗工作逐步规范,全市放射诊疗单位《放射诊疗许可证》持证率达到90%,放射工作人员持证率与职业健康检查率100%,个人剂量监测率均达到90%,放射诊疗场所检测率为93%;放射诊疗设备48台,设备性能检测率87.5%(部分移动X射线机和骨科小C无固定放射诊疗场所,未检测)。市第一人民医院、市中医医院等6家单位根据整改要求,对放射诊疗场所进行改造升级,聘请放射卫生技术服务机构对2013年以后投入使用的职业危害诊疗建设项目进行了职业病危害建设项目放射防护控制效果评价,并于2015年7月份顺利通过专家组的审查验收。

公共场所卫生监督。为提高公共场所卫生管理水平,着力解决个别从业人员无证上岗、"三防"设施不到位、消毒不规范等问题,从3月份开始,对公共场所开展集中整治,截至12月底全市公共场所卫生许可证持证率达99.1%,从业人员健康证持证率达93.9%,监督频次达到2次/户以上,下达整改意见书共计323余份,整改落实率达到了99%以上;对1家公共场所进行立案查处,处以罚款600元。对美容美发、住宿、洗浴、游泳馆四类公共场所经营单位进行量化评分,实施量化分级管理管理,量化评分率达100%。先后共举办了3期公共场所管理人员、供管水单位从业人员法律法规和卫生知识培训班,参训人次达310余人。对全市公共场所微小气候进行了监督监测,共监测住宿类公共场所167家,美容美发类公共场所454家,洗浴类公共场所84家,文化娱乐和其他类公共场所164家,全市公共场所微小气候合格率为96.56%。

学校卫生监督。2015年对33所市属学校进行了监督检查,主要对突发公共卫生事件、传染病防控、常见病多发病、学校卫生室或者保健室、教学环境生活设施卫生现场监测等内容进行了检查,提出各类整改意见90条,卫生监督员当场下达卫生监督意见书责令限期整改。组织各学校开展了"健康校园"创建活动,市第一中学荣获全省首批"健康校园"称号。

饮用水卫生监督。2015年加强了对生活饮用水及二次供水单位的预防性监督检查,监督频次每季度1次。检查内容包括水源水、出厂水和末梢水的监测情况,直接从事供管水人员健康体检及卫生知识培训情况,供水单位卫生管理制度以及水质净化消毒设施、水源卫生防护等。对检查中发现的饮用水卫生安全问题提出了整改意见,及时消除了安全隐患,以确保全市人民的饮水卫生安全。

医疗机构监督。严格开展医疗机构日常监督工作。1–10月共监督检查全市各类医疗机构116家,监督频次3次。对新发证的4家医疗机构、换证变更的21家医疗机构进行现场审核。发现的问题均提出了整改意见,责令其立即改正并对提出的整改意见开展了"回头看"。开展打击非法行医专项整治工作。主要开展了坐堂行医、医疗美容和非法开设诊疗场所专项整治,在开展打击非法行医工作中,共检查医疗机构116家,"黑诊所"5家,生活美容院、养生会所等各类机构160余家、药店165家,查处非法行医案件23起,行政罚款14万元,没收非法所得14618.4元,取缔非法行医场所10家。未发现医疗机构出租、承包科室,未发现非法从事性病诊疗活动和利用B超非法鉴定胎儿性别、选择性别终止妊娠手术等违法行为。开展医疗机构医疗收费专项检查工作。针对群众反映强烈的医疗服务领域"多收费、滥收费"问题,联合市发改委,抽调专业人员与监督员共同组成检查组,对全市5家公立医院医疗服务收费情况进行专项检查。现场随机抽取病案67份,将出院收费清单与医嘱、病程记录、手术麻醉记录、检查单等相关凭证逐项对照核实,检查是否存在重复计费、分解计费、自立项目计费、挂靠收费、打包收费(或套餐收费)、超标准收费等违规收费情况。与上年下半年相比,5家医院单病历多收费金额占住院总费用的百分比由上年下半年的5.64%下降为4.01%,下半年在全省医疗收费专项检查中,本市的医疗滥收费、滥计费现象整治工作得到了省卫计委的充分肯定。医疗机构综合督导工作。以对二级以上医疗机构综合督导为契机，对全市4家二级以上综合医院和妇幼保健院进行每半年1次的综合督导，重点查处各医院在依法执业、临床用血、传染病防治、医疗服务质量、放射诊疗、中医服务等方面存在的违法违规行为，特别是22项医改核心制度的落实情况，警告2起，对5家医疗机构记不良执业行为积分44分，督促5家医疗机构对31名医疗务人员记不良执业行为积分51分。开展临床抗菌药物应用及滥用激素专项整治，从4月份开始，对全市19社家区卫生服务站、33家诊所和10家村卫生室使用抗生素和激素的情况进行专项检查，发现部分诊所静脉输注使用抗菌药物比例较高，超适应证、超剂量使用的抗菌药物以及无适应证滥用激素的现象比较突出，抗生素临床应用备案制度没有得到落实。针对问题，卫生监督员下达了整改意见书，责令其立即整改，并对滥用激素和抗生素情节较严重的宇浩门诊部进行立案查处，并在市电视台、《雄关周末》、嘉峪关新闻网等媒体上公开曝光，有力地震慑了滥用抗生素及激素的违规行为。7月份又组织开展“回关看”专项整治活动，从检查情况来看，整治活动取得了较好成效，抗菌药物使用率和使用强度都有所下降，滥用激素的现象明显得到遏制。

【爱国卫生运动】除四害。针对鼠、蚊、蝇、蟑螂等病媒生物危害情况和滋生繁殖特点，按照“环境治理为主，化学防制为辅”的综合防制方针，制定科学防控方案，结合环境卫生整洁行动，有计划、有组织地发动广大群众参与病媒生物防制活动，大力整治水体、垃圾等卫生死角，清理和消除鼠、蚊、蝇、蟑螂滋生地，完善各类防制设施，有效降低和控制四害密度，预防和减少病媒传播疾病的发生。

健康教育。2015年，完成了《2014—2015年嘉峪关市中央补助地方健康素养促进行动项目》《健康中国行——全民健康素养促进行动嘉峪关市实施方案》中各项任务。做好全市健康教育巡讲活动。经遴选审核后，确定了92位巡讲专家，成立了嘉峪关市健康教育巡讲专家库。全年市级巡讲39场次，累计受训3894人次；各基层医疗卫生机构开展巡讲活动91场次，累计参加人数6976人次。在嘉峪关市广播电视台播放科学就医、科学体检、优生优育3条公益广告，播放累计3600次，合计2660分钟。各卫生计生单位结合自身条件在电子屏、多媒体等播放健康知识。《嘉峪关日报》刊出《健康养生专栏》30期。实施健康素养促进行动项目，按要求采用PPS抽样方法，在长城区建设社区、新城镇、雄关区五一社区各抽取了2个居委会(村)，开展了居民健康素养和烟草流行监测，每个样本点抽取了60个家庭户，按照KISH表方法对15~69岁常住人口开展调查，圆满完成了270户的调查任务。组织参加了全省基层居民健康素养技能大赛，参赛的2支代表队8名选手获得2个团体二等奖。

村级三件事。完成全市第三批5000个健康保健工具包的配发工作；组织开展刷写“健康文化墙”，全市各级各类医疗机构共刷写喷绘文化墙126块，面积达807.6平方米；开展“健康沙龙”活动，累计开展活动67次，参与人数2017人次。

重点疾病和重点领域健康教育。3月5日，市疾控中心制定并下发了《关于开展“3.24世界防治结核病日”宣传活动的通知》，组织各卫生计生单位利用墙体广告、标语、横幅等多种形式进行宣传，制作并发放结核病宣传折页、宣传抽纸、宣传画、宣传单、宣传笔、围裙、扑克牌等共计12种、5600余份，接受咨询服务200余人。

农村改水改厕。协调相关部门研究制定全市水质监测工作方案，定期开展饮用水水质监测，全市集中式饮用水源地水质达标率达100%。积极推进农村卫生厕所建设，2015年农村卫生厕所普及率达到96.36%，无害化卫生厕所普及率18.6%。

【医疗保障制度建设】医疗质量管理加强。对医院抗菌药物临床应用进行专项检查，并对在检查中发现的问题督促整改；通过培训对医务人员医疗质量和安全意识教育进行强化；多次全面排查医院各环节存在的隐患，重点整治管理上的薄弱环节，加强医疗安全事件报告制度，落实医疗质量安全事件告诫谈话制度。医疗护理服务水平提高。开展“优质护理服务示范工程”，全年全市共开展优质护理示范病区40个，占全部病区数量的100%。医改工作稳步推进。督促落实省厅22项核心制度，加强了医院机构管理。加强医务人员“四排队”和医疗机构“八排队”的监管，有效控制了抗菌素使用和医疗费用;推广临床路径工作,全年共开展临床路径67个病种,涉及53个专业;大力推广中医治未病,宣传中医及养生保健常识,提高群众预防疾病的认识。医疗机构监督管理工作。制定并完善了医疗机构各项工作制度,对医疗机构聘用非卫生技术人员、擅自扩大诊疗科目、擅自变更执业地点、擅自发布医疗广告、治疗室不合格、出租《医疗机构执业许可证》等违法行为进行了认真查处,有针对性地提出了整改意见。落实甘肃省医师执业不良积分及医疗机构不良积分制度。全年对20余名大夫进行了不良积分,对四家医疗机构进行了不良积分处理。完成全市各医疗机构年终校验、变更、换证等工作。按照省卫生厅2015年安排的专项工作,开展了相关工作。

【创建卫生城市】根据全国爱卫办下发的《甘肃省嘉峪关市巩固国家卫生城市工作暗访情况报告》,向全市各成员单位下发了《关于2014年度全国爱卫办对我市重新确认为“国家卫生城市”暗访工作情况的通报》(嘉爱卫发〔2015〕7号),通报了全国爱卫办暗访组调研报告中对嘉峪关市在巩固“国卫”中存在的主要问题及整改建议。在全市开展了以调研报告中对嘉峪关市在巩固“国卫”中存在的主要问题及整改建议为重点的全面整改活动。2015年市爱卫办协调全市爱卫会各成员单位和各有关部门,更新工作方法和思路,建立爱国卫生长效工作机制,不断巩固“国卫”创建工作成果。

【十二五期间医疗卫生工作情况】*疾病控制*。2015年底,全市国家扩大免疫规划“十一苗”接种率巩固在95%以上,法定传染病报告率达到98%以上,肺结核、肝炎、性病、艾滋病等得到有效控制,连续多年无碘缺乏病报告。

妇幼保健。2015年底,孕产妇、儿童系统保健覆盖率分别达到85%以上,孕产妇死亡率控制在较低水平,婴儿和5岁以下儿童死亡率控制在10‰以内,全市孕产妇住院分娩率保持100%,婚前医学检查率达到53%。

卫生执法监督。提高全市卫生监督机构装备水平和监督执法能力,基本达到卫生部《卫生监督机构建设指导意见》的要求。市区卫生监督覆盖率达到100%,农村卫生监督覆盖率达到90%以上。

医疗服务。全市各医疗机构加强了医疗服务能力建设,落实省卫计委22项核心制度。推行“四、八”排队,有效治理了医务人员过度用药,不合理用药。开展临床路径病种数二级医院达到50个以上,三级医院达到60个以上。CT检查平均阳性率为90%,彩超平均阳性率为91%。同级医疗机构检查结果互认。强化优质服务,目前二级以上医疗机构优质护理服务病区达到100%。

农村卫生。新农合参合率由2010年的97.59%提升到2015年98.80%,筹资标准由2010年的190元提高到2015年530元,16个村卫生室标准化率达到100%。

社区卫生。截至2015年末,新建及改扩建6个社区卫生服务中心,城市社区卫生服务覆盖率达98%,居民健康档案建档率达到90%以上。有2个中心被命名为全省中医药特色社区卫生服务示范单位,社区中心中医科建设达到100%。

中医药。实现了政府办社区卫生服务中心和镇卫生院中医药服务能力100%全覆盖,逐步形成了以市中医医院为龙头,各综合医院中医科、民营中医专科医院为主体,社区卫生服务中心、镇卫生院为补充的城乡中医药服务体系。市中医医院已经由市二院转型完成。

精神卫生。市精神卫生服务中心挂靠在市第二人民医院,建成并完成了人员及基本医疗设备的配置,核准新增病床70张,2014年2月已投入使用。

无偿献血。加大宣传力度,积极改善采供血硬件设施建设,在市区中心地带停放移动献血屋,方便群众献血。加强无偿献血队伍建设,目前用血100%为无偿献血。加强了各临床用血机构的输血科规范化建设,二级以上医院成分输血比例达到了95%以上。

卫生科教和人才建设。引进、推广国内外先进技术和成果,提高医疗机构医学科研水平。加强市级重点学科建设和选拔市级中青年学术技术带头人工作,评选第一批市级“领军人才”5名,申报第二批市级“领军人才”9名。启动市级名中医评选工作,评选名中医5名,卫生专业技术人员继续医学教育面达到90%。2010–2015年,坚持从医学院校招聘应届大学毕业生101名,其中研究生3名;引进中级职称以上专业技术人员22名,公开招考

专业技术人员6名，切实解决医疗卫生队伍人员不足的问题。

爱国卫生。2011年1月17日通过全国爱卫办国家卫生城市第一次复查确认。2011-2014年，开展第23、24、25、26个爱国卫生月活动;2014年是成功通过第二轮“国卫”复查确认工作。

医疗卫生信息系统建设。完善了公共卫生信息系统建设，构建了以居民健康档案和新农合信息管理系统为重点的城乡卫生信息网络平台。2012年完成了市卫生专网的建设工作。

项目建设。建成市精神卫生中心,市妇幼保健院二期工程，突发公共卫生和卫生应急指挥调度中心,紫轩、胜利、峪苑、祁连社区卫生服务中心,文殊镇卫生院周转宿舍,泥沟村、塔湾村、黄草营、断山口、石桥村卫生室,改扩建了三镇卫生院业务用房、锅楼房改造、医疗垃圾收集、污水处理等设施，将原朝阳街三联社区用房改造为明珠社区卫生服务中心。市第一人民医院建设项目2015年4月开工建设；市中医医院已经由市中医医院转型完成，综合楼项目预计2015年7月开工建设;儿童医院建设项目与市一院建设项目同步实施。

(罗艳红)

人口·计划生育

人口·计划生育事业

【人口计生信息化工作】坚持推行人口和计划生育工作目标管理责任制,改革完善考核指标体系,将人口计生工作指标纳入市政府2015年度经济社会发展目标管理责任书。市、区、镇层层签订了人口和计划生育目标管理责任书，按照人口和计划生育目标管理责任书和2015年工作要点,对各区(镇、社区)进行了半年和全年人口和计划生育工作专项考核检查，考核检查不再采取以前大规模入户形式,主要采取工作汇报、业务抽查、数据核查等形式对各区(镇、社区)人口计生工作进行评价量化评分,取得了预期效果,基层计划生育工作进展顺利,经常性工作得到有效落实。

全员人口数据库质量不断提升。加强全员人口数据库建设,做好查漏补缺工作,规范人口信息数据采集流程,完善实有人口动态实时管理机制,加大信息资源开发利用力度,自行开发了WIS拓展应用系统,依托全员人口数据库,开展了出生实名登记、新婚信息、死亡信息、再生育审批、奖励优待政策落实等数据比对工作。开展为期3个月的全员人口基础信息核查，通过数据比对和信息核查,全员人口数据库质量得到提升,人口基础信息准确率达到98%以上,及时率达到95%以上。

规范统计台账,加大打假求实力度。坚持清理核查长效工作机制,完善统计上报登记备案制度,截至年末,共清理出生漏报21人,并及时变更补录全员人口信息个案库。强化计划生育月例会制度、干部包村包对象责任制和入户访视制度,把工作责任靠实到每一名干部身上，确保基层基础工作稳步推进。

加强对基层人员业务的培训。以多种形式开展培训,改变以往集中培训的固定思维,多做小范围培训,培训内容不局于书本,以实际操作、实际问题为课题，直接解决基层干部实际中出现的问题,急需解决的问题。截至年末,举办各种统计信息培训班10余次,培训区、镇(社区)信息统计人员400人次,通过培训,基层统计人员的业务水平不断提高。

完成了原人口委和原卫生局门户网站的变更工作和卫计委新中心机房建设，而且基于新中心机房各种设备网络正常运行。

【省政府为民办实事项目】贯彻落实省委、省政府提高计划生育特殊困难家庭扶助标准为民办实事项目。市委、市政府将提高计划生育特殊困难家庭扶助标准列为重大督查事项，按月跟踪、限期落实。市卫生计生委、市财政局结合全市实际,制定、下发了《嘉峪关市提高计划生育特殊困难家庭扶助标准实施细则》,将计划生育特别扶助金提高到独生子女伤残家庭夫妻每人每月300元和死亡家庭夫妻每人每月500元。严格按程序审核上报特殊困难家庭扶助和失独家庭一次性补助对象,确认特别扶助对象201名，失独家庭一次性补助对象102户。对73户失独家庭发放一次性补助金共计126万元，中央和省级下拨的特别扶助资金均已发放到户到人。

【利益导向机制】 扩大独生子女父母退休（职）一次性奖励范围。经2015年3月4日市政府第87次常务会议研究决定："原则同意对2002年9月27日前退休(职)的独生子女父母给予1000元一次性奖励；对双方均为农村居民和城镇无业居民的独生子女父母在其达到退休年龄时给予1000元一次性奖励"。全市符合条件共计2296户，所需经费158.3万元，已发放到户。

完善计生户老龄优待工作。市政府下发的《关于加快发展养老服务业的实施意见》(嘉政发〔2014〕121号)规定，从2015年起，全市独生子女领证户或农村"二女节育户"高龄津贴标准提高30%，全市符合条件共计19户，补贴经费0.285万元。2015年全市投入各项利益导向资金共计949.3万元。

【流动人口服务管理】 全面推行"一站式"服务。依托社区服务中心，利用数字化平台，围绕社保、民政、卫生计生、综治等民生服务项目，在社区设立了流动人口"一站式"服务窗口，坚持推进"六个一"服务，镇、社区"一站式"服务实现了全覆盖。"一次性"告知服务。实行首问负责、限时办结、一次性告知等工作制度，将"一孩生育证办理"、"居住证办理""婚育证明办理"等重点工作流程在便民服务大厅进行公示，对涉及流动人口的其他相关事项通过社讯通、宣传折页等形式进行告知，做到事前告知、事后反馈。"一标准"规范服务。实施"一心、二细、三活、四清、五到户"工作规程，使政策宣传到户、好事实事落实到户，得到群众的一致好评。"一家人"亲情服务。社区服务中心全方位向流动人口开放图书室、绿色网吧、健身场所、便民服务大厅、日间照料中心、老年活动室、青少年第二课堂、爱心超市等便民服务场所，并将开放时间免费开放到晚上十点，为流动人口提供方便；开展流动人口生育关怀和帮扶救助活动，及时将流动人口纳入"生育关怀"行动范畴，帮助困难流动人口家庭解决生产、生活和生育困难实际困难。"一个群"交流服务。建立起了社区网站、社讯通、便民服务QQ群、社区微信等信息载体，向社会全面公开卫生计生政策、优待奖励政策及办事流程，收集群众意见，并把群众的评判作为改进工作的风向标。"一张联心卡"预约服务。向流动人口发放"便民联心卡"，让流动人口自行安排接受服务时间，实行预约服务。"一个维权"援助服务。依托司法所、社区劳动保障事务所、社区服务中心等有效载体，在镇、社区司法所设立了"流动人口法律援助工作站"，聘请社会律师进驻社区，为流动人口免费提供法律咨询和援助。

稳步推进流动人口均等化服务。与镜铁区联合下发《流动人口卫生和计划生育基本公共服务均等化试点工作方案》，整合卫生计生服务资源，形成了计生提供信息支撑，卫生提供技术服务工作模式，全面落实11类基本公共卫生服务项目，优先落实好健康档案、健康教育、预防接种等七项重点任务。省级试点镜铁区为流动人口建立健康档案11243份，提供预防接种2264人次，开展健康教育讲座38场次，提供免费孕前优生检查75对，开展义诊服务23场次。长城区、雄关区也选择2个示范点，探索符合各区实际的方法与经验，为全面推开流动人口基本公共服务均等化工作开好头。

继续深化"双百"推进工程。继续推行属地网格化管理服务管理制度和部门协作制度，完善了分类管理、移交接管、延时服务、预约服务、信息共享等制度，丰富"属地化管理、市民化待遇、均等化服务"内涵，使流动人口服务管理实现了体系化、规范化、经常化。强化区域协作，依托全市人口计生QQ群和流动人口信息平台等载体，强化社区与社区、社区与异地间交流与协作，实现了流动人口服务管理"一盘棋"。强化对流动人口信息平台的管理与数据分析，指导全市扎实做好流动人口相关信息的核实、完善与日常维护，加强对信息反馈的跟踪与监督，督促基层落实3日内接受反馈制度，努力提高流动人口个案信息合格率和信息协查反馈率。全员流动人口42252人，个案信息合格率达96.73%，网格化协作个案信息协查反馈率达100%。推进婚育证明电子化改革。组织三区及时参加省卫计委组织的流动人口信息系统师资培训班，采取分级培训方式，指导三区对流动人口信息系统操作员进行了培训，全面推行电子婚育证明，解决流动人口办证难问题。

【宣传教育】 开展"五期"(青春期、新婚期、孕产期、育儿期和中老年期)教育，传播卫生计生政策法规、生殖保健、时尚生活等知识，提高家庭健康文明幸福指数。期间，共举办婚前、孕产期培训班12期，举办青春期健康教育讲座30余场次、举办生殖健康专题讲座7场次，参与群众10000余人。全年新建示范宣传大院2个，示范宣传广场2个。同时强化户外宣传，优化户外宣传环境，清理优化户外宣传标语60余条。组织开展了“妈妈帮”“好妈好爸好家风”“关爱军嫂、情暖民心”“感恩母亲·就业推荐”“走进福利院”等特色宣传活动，组织三区计生干部、居民和戏曲爱好者观看了微电影《流动计生专干的一天》和健康甘肃行—卫生计生题材演出活动5场，开展了“圆梦女孩”关怀关爱活动，征集上报圆梦女孩故事摄影作品6幅。新创建野麻湾社区、兰新社区、雍和社区3个集“环境美化、科普宣传、文化欣赏、家庭幸福”于一体的陇家福·幸福寓所示范社区。全市现共创建陇家福·幸福寓所示范社区15个，评选出陇家福·幸福家庭示范典型户1658户。开展了由省卫计委、省计生协、省广播电影电视总台联合举办的全省“陇家福”幸福家庭的评选活动，市长城区大众社区的张晓梅家庭被评为全省十佳“陇家福”幸福家庭。加大对人口计生工作的宣传报道力度，省级以上新闻媒体和网络刊发我市计生稿件50篇(幅、条)。全年开展大型宣传活动20场次，开展户外宣传活动100余场次，开展健康教育、生育证制度改革、单独二孩政策解读等政策宣讲20余场次，举办计生专题文艺演出5场次，推出宣传展板120余块，印制发放宣传资料5万余份，提供咨询服务20000余人次，发放计划生育药具50000余盒。

【依法行政】 落实“单独两孩”政策，加强数据监测，开展再婚家庭申请再生育分类调查，为做好调整完善生育政策调整，确保生育政策稳步实施和生育的平稳过渡提供依据。截至年底，共审批再生育对象231对，其中符合单独两孩条件的有114对。认真开展行政审批制度改革，完成卫计委权利清单、责任清单、行政审批事项的清理和政务网便民服务事项的整理上传工作。推进生育保健服务证制度改革，下发了《嘉峪关市生育保健服务证制度改革实施意见》，简化审批程序，规范生育证件办理，推行“三证一送一对”和代理办理等便民措施，切实解决“办证难”问题。协调相关部门，开展打击“两非”专项行动，与市场监督、妇联、三区制订下发《嘉峪关市整治“两非”专项行动实施方案》(嘉卫计发〔2015〕135号)，明确相关部门职责，建立长效工作机制。坚持定期开展矛盾纠纷排查工作，通过“12356阳光计生热线”“12345”民生服务热线，为群众提供政策咨询，听取群众意见建议、受理投诉举报。全年共接待各类信访19人次，共受理并查实举报案件1例。加大对历年违法案件查出力度。查处历年违法生育案件11例，征收社会抚养费19.6万元，全部上缴财政专户。依据《病残儿医学鉴定管理办法》，完成2015年度病残儿鉴定工作，共参加鉴定13例，鉴定通过10例，已将鉴定结果通知书全部送达本人。严格执行干部任用中审核计划生育的规定，年内对120名干部执行计划生育政策规定情况进行了审核。

【科学育儿试点工作】 根据《国家卫生计生委办公厅关于开展计划生育家庭科学育儿和青少年健康发展试点工作的通知》(以下简称《通知》)要求，嘉峪关市被列为全国开展计划生育家庭科学育儿试点单位之一。为了切实推动试点工作顺利开展，我们按照《通知》要求，紧密结合卫生计生中心工作，精心谋划，积极行动，全面启动试点工作。选取新城镇、兰新社区、紫轩社区和福民社区为样本，先行试点，取得经验后，2017年全面铺开。

【优质服务工作】 生殖健康知识普及面不断扩大，开展“青春健康伴你行”为主题的青春健康教育巡回等各类讲座33场次，大型咨询宣传活动5场次，制作优生优育、出生缺陷活动展板12块、印制以生殖健康、优生优育、预防出生缺陷为主要内容的宣传手册、宣传单4种1万余份，直接受益群众达到5万余人次。为群众提供全方位的宣传服务活动，有效提高了群众生殖健康知识知晓率。开展免费孕前优生健康检查工作，市计划生育服务中心共完成493对夫妇的免费孕前优生健康检查任务，早孕随访1306余人次，妊娠结局随访198人次。“两癌”筛查、免费妇女病普查成效显著，两癌筛查共2072人次，其中农村1621人次、社区451人次。加强药具监测哨点项目建设工作。陆续在9家医疗机构、2个社区、3个市场(商城)等人员流动大、人口密集处共安装了14台计划生育药具免费发放机，形成“多网点、宽渠道、均等化、全覆盖”的药具服务大格局，最大限度地满足群众对生殖健康、避孕节育的需求。加强技术服务队伍职业化建设。全面贯彻落实国家卫计委、省卫计委《关于开展“妇幼健康服务年活动”的通知》精神，加强技术服务队伍职业化建设，提高技术服务人员素质，提升优质服务的能力，中心结合实际定期组织全体技术人员开展基本操作演练，使技术人员的服务水平有了很大提升。市计划生育服务中心建设项目自2014年11月开工，年内完工，于9月30日通过质监部门的综合预验收，已交付使用。

【人口和计生事业创新改革】全面推行婚育证明电子化改革，实行流动人口婚育证明网上办理，解决流动人口办证难问题。推进生育保健服务证制度改革，下发了《嘉峪关市生育保健服务证制度改革实施意见》，简化审批程序，规范生育证件办理，推行“三证一送一对”和代理办理等便民措施，实解决“办证难”问题。推进流动人口均等化服务，与镜铁区联合下发《流动人口卫生和计划生育基本公共服务均等化试点工作方案》，整合卫生计生服务资源，形成了计生提供信息支撑，卫生提供技术服务的工作模式，全面落实11类基本公共卫生服务项目，优先落实好健康档案、健康教育、预防接种等七项重点任务。

【十二五期间人口和计生工作情况】主要指标执行情况。2015年全市常住人口为24.39万人，人口出生率为10.15‰，人口自然增长率为5.74‰，符合政策生育率为99.36%，其中农村符合政策生育率为98.03%，人口政策执行情况良好，全面完成了上级下达的人口控制目标，出生人口性别比逐步趋于正常，持续保持了稳定适度低生育水平。

嘉峪关市“十二五”期间人口主要指标发展情况

项目	单位	2011年	2012年	2013年	2014年	2015年
总人口	万人	23.32	23.43	23.55	24.13	24.39
人口出生率	‰	9.24	9.22	9.27	10.09	10.15
人口自增率	‰	5.58	5.49	5.51	5.72	5.74
农村符合政策生育率	%	97.51	98.4	98.91	98.37	98.03
出生人口性别比	—	109.77	108.7	100.18	110.05	104.7
总和生育率	—	1.38	1.38	1.38	1.5	1.51

注：1、总人口、出生率、自增率为统计部门公报数据；

2、农村符合政策生育率、出生人口性别比为人口和计划生育统计报表数据；

3、总和生育率是以当年的人口出生率通过一定的规律（常数）进行科学评估与推算所得。

主要工作任务完成情况及取得的成效。统筹解决人口问题形成新机制。“十二五”时期，市委、市政府高度重视人口和计划生育工作，及时将市计划生育工作领导小组更名为统筹解决人口问题领导小组，明确各成员单位的工作职责，形成综合治理人口问题的强大合力。在编制“十二五”规划、年度国民经济和社会发展计划时，将人口发展和计划生育事业纳入其中，统筹规划、加强协调、及时评估，突出了人口指标的基础性地位。强化工作责任，层层签订《人口和计划生育工作目标管理责任书》，坚持把落实人口和计划生育责任制情况作为衡量政绩、奖惩任用干部的重要内容，实行对领导干部人口计生工作任期、离任、晋职的严格审查，兑现奖惩，实行“一票否决”，促进人口计生工作考核评估科学化、过程化、规范化，促进了工作均衡发展。

注重宣传倡导，新型人口文化建设深入人心。紧紧围绕稳定低生育水平这一主线，以国策普及、优生优育、生殖健康、新型人口生育文化和幸福家庭创建活动为重点，拓宽宣传思路，创新宣传载体，丰富宣传模式，营造出良好的宣教氛围，全社会基本形成了优生优育、优先优惠、身心健康、和谐幸福的共识，新型生育文化深入千家万户，计生家庭幸福质量和幸福指数有不同程度的提高。

利益导向政策体系趋于完善。自2011年以来，探索建立、完善与经济发展水平相适应、与相关社会政策相衔接的计划生育利益导向政策体系，于2012年出台了《嘉峪关市人口和计划生育利益导向政策体系建设实施办法》，将利益导向政策体系建设融入保障和改善民生之中，计生奖励优待政策覆盖面扩大，形成了具有嘉峪关自身特色的利益导向政策体系，利导机制由成熟阶段稳步向延伸阶段迈进。于2012年8月被省统筹解决人口问题领导小组命名为“全省人口和计划生育利益导向政策体系建设示范市”。2011年以来，市财政投入1197.11万元兑现了此类提标扩面政策，累计受益面达7.45万人次。市财政用于兑现计划生育优惠政策的专项经费由2010年的117万元，上升到2015年的949.98万元。

健全完善人口和计划生育综合协调和行政执法机制。全面加强人口和计划生育法制建设，完善法制体系，严格执行《中华人民共和国人口和计划生育法》《甘肃省人口和计划生育条例》。坚持依法行政，实行政务公开，确保群众对人口计生工作的知情权、参与权、监督权，保障群众合法权益。全面落实人口和计划生育行政执法责任制、过错责任追究制。加大统筹协调力度，整合行政执法资源，建立公安、司法、法院、卫生计生等部门之间有章可循的综合协调制度，形成各部门主动参与、通力合作、高效运转的协同工作机制，有效解决人口计生工作中执法难、处罚难的问题。开展“法律七进”主题活动，加强基层行政执法人员培训。加强执法人员管理，开展执法案卷评查，规范执法程序，推行自由裁量权。开展“阳光计生”行动，落实《方便群众办证八项措施》。截至目前，未出现因违反“八个不准”规定导致的恶性案件、群体性事件。2011年和2012年新城镇、峪泉镇分别被国家人口委命名为“全国人口和计划生育依法行政示范乡镇”。

完善流动人口服务管理体制机制，促进流动人口服务均等化。领导重视，保障有力。市政府先后制定、出台了《关于加强城市人口与计划生育工作的实施意见》《关于加强流动人口计划生育管理服务工作意见》和《关于落实人口与计划生育属地管理责任的意见》等一系列规范性文件，建立了流动人口服务管理专项经费保障机制，为加快推进均等化服务进程提供了财力保障。部门配合，综合治理机制有效运转。按照“谁用工谁负责、谁受益谁管理、谁管辖谁服务”和“抓雇主管雇工，抓房主管房客”的原则，各部门紧紧围绕办证、租房、用工、子女入学、保健等环节，强化综合治理，推行综合服务。为流动育龄人口提供优质服务。借助社区便民服务大厅、“流动人口之家”“爱心超市”等有效载体，为外来人口免费开展法律援助、政策解答、困难救助等形式的亲情化服务。成立了社区计划生育事务受理中心，减少办事环节，畅通办事渠道，实行一门式办公、一站式办理，为群众提供“零距离”服务。在流动人口聚居区域成立了“新市民爱心幼儿园”、建立了社区图书馆，使他们感受到了社区的温暖和归属感，增添了亲和力。完善全员流动人口数据库，加强网格化协作力度，切实减轻流动育龄群众负担。抓区域协作，促进异地交流与合作。加大与省内13个市(州)人口计生部门的联系，签订了《关于加强流动人口计划生育双向服务与管理工作的协议》，逐步落实了双向管理责任，还与上海南汇区、宁夏银川市兴庆区、浙江台州市人口计生委建立双向联系制度，对于实现全国“一盘棋”管理服务模式打下了基础。

构建人口科学决策体系。依托政府电子政务平台，实现了全市网络全覆盖，建立了互联互通的人口计生信息网络通道，形成了数据向上集中、服务向下延伸、共享横向推进的应用模式和市级抓网络管理、区级抓数据质量、镇(社区)级抓信息服务的管理运行模式。统筹相关部门信息资源，积极推进部门资源共享，加强部门间数据比对，实现了全市人口数据库实时更新运转，建立了出生实名登记制度。拓展全员人口信息系统的利用，自主开发了全员人口信息系统拓展应用，为育龄群众服务管理、流动人口信息协查、利益导向惠民政策落实等提供比对和核查功能，为计生系统参与社会管理，构建和谐社会提供了更为广阔的应用前景。加强信息化队伍建设，建立了信息统计人员登记备案制度，定期开展信息化岗位练兵等活动，不断提高信息化管理应用水平。

加强人口计生服务体系建设。市委、市政府将计划生育技术服务机构纳入社会事业发展的总体规划，实施基础设施标准化、外观形象规范化建设提升工程。新建了新城镇、文殊镇、峪泉镇计划生育服务站以及市级计划生育服务中心，实现了全市计生服务机构全覆盖。狠抓示范性服务机构创建工作，市计划生育服务中心及长城区新城镇计生服务站被省人口委命名为示范性服务机构。规范执业行为，引进人才，以送出去、引进来、交流学、内部学的策略加快人才队伍的成长。实施计划生育职业体系建设、管理人员能力建设、专业技术人员继续教育及“强基固本”等系列工程，强化专业技术培训，开展科技大练兵活动。强化以岗位培训、继续教育为主要内容的职业教育培训，鼓励在职专业学历教育，分级分类对现有人员进行系统轮训，多渠道、多形式培养适用人才。争取在事业单位岗位设置中，各级计划生育服务机构职称结构按较高比例配备，市计划生育服务中心中、高级职称专业技术人员达总数的82.35%，有力地提高了技术服务能力和水平。近年来，从未出现严重的手术并发症、医疗事故及医疗纠纷。

推进优生优育，加大出生缺陷综合干预力度。全面开展婚前医学检查，免费发放叶酸等工作，加强三级预防。积极开展孕期保健、产前诊断、遗传咨询、新法接生、新生儿疾病筛查和儿童疾病综合诊治等预防性技术服务，普及优生优育知识。2010年，嘉峪关市被列为免费孕前优生健康检查省级试点。此项目工作开展以来，紧紧围绕《甘肃省优生促进工程实施方案》及《甘肃省免费孕前优生健康检查试点工作规范》要求，充分发挥人口计生服务网络优势，精心组织，周密部署，狠抓落实，针对目标人群全面开展免费孕前优生健康教育及健康检查工作。截至2015年年底，全市已有近3897对计划怀孕的夫妇享受了免费孕前优生健康检查，共筛查出有风险人群1160对，均由专家进行了一对一的优生指导，有效降低了我市出生缺陷发生率。

综合治理出生人口性别比，促进社会性别平等。市委、市政府十分重视妇女儿童工作，真正做到了政府主导、领导挂帅、经费落实、专人负责、工作到位。市妇联充分发挥联络、协调、服务、检查、督促作用，及时与其他单位形成合力，总体研究和部署工作。组织部加大培养选拔女干部工作力度；教育、卫生部门为妇女儿童的健康成长创造优良环境；妇联和人社局联合开展企业用工情况检查；公、检、法、司等部门联合执法，加大对强奸、拐卖妇女儿童和虐待、残害妇女儿童，组织、强迫、引诱、容留、介绍妇女卖淫或者猥亵儿童等犯罪活动的打击力度。妇儿工委各成员单位，也根据规划目标的要求，结合部门的工作职能，通力合作，为了给我市妇女儿童提供最好的社会环境做了许多扎实的工作。将综合治理出生人口性别比相关工作列入统筹解决领导小组成员单位的年度目标责任制考核内容。制定了打击"两非"工作量化考核指标。实行打击"两非"季度报告制度和有奖举报制度，启动出生实名登记制度，将人口计生工作与孕产妇住院分娩全程服务和户籍登记管理有机结合，着力从源头上开展出生人口性别比综合治理。建立禁止非医学需要的胎儿性别鉴定和选择性别的人工终止妊娠、B超检查和人工终止妊娠登记、孕情检测、孕产过程管理等制度。严厉打击非法实施胎儿性别鉴定和选择性别人工终止妊娠的行为。公安部门依法严惩溺、弃、残害女婴和拐卖、绑架妇女儿童的犯罪活动和歧视、虐待生育女婴的妇女等违法行为。每年协调相关部门组织一次计划生育药械市场专项整治和打击"两非"行动。通过严打整治，做到"三个清楚"，即开展超声诊断、人工终止妊娠机构和生产批发销售终止妊娠药品器械的企业基本情况清楚，存在的问题清楚，整改措施清楚。

基层群众自治水平全面提升。加强协会工作的标准化建设，规范基层协会工作。在各社区和私营企业推行"流动党支部+协会""能人+协会"的建会模式，提高和拓展了服务流动人口计划生育工作的能力。目前，已有95%的社区达到了"六好"标准，并有雄关区峪泉镇嘉峪关村等5个社区被授予"全国人口和计划生育基层群众自治示范村(居)"荣誉称号。强化宣传倡导，在母亲节和"5.29会员活动日"活动期间悬挂横幅155余幅，展出展板250余块，发放各类宣传册15万余份、计生药具2万余盒，举办义诊40余场次，户外宣传活动145余场次，充分体现了各级计生协的生命力、感召力和凝聚力。各级计生协在国家级、省级、市级报刊网站发表稿件2千余篇，在组织开展国家计生协、省计生协艺术作品征集工作中，我市共报送书画、剪纸作品80余幅，摄影作品75余幅，同时推荐省级书画摄影社会员7名。积极开展特殊困难家庭扶助关怀和走访慰问工作，每年春节、元旦"两节"期间，共走访慰问困难计生家庭722余户，共发放特殊困难家庭救助金10.6余万元、慰问金59.882余万元和爱心轮椅100余把。组织开展了计划生育家庭意外伤害保险工作，2015年全市共投保5345户，36.228万元，提高了计生家庭抵御风险的能力和广大计生干部的工作积极性。

（罗艳红）

体 育

体育事业

【综述】2015年，全市共有各级各类体育场地583个,健身路径800余件,较高标准健身器材的社区体育健身中心30个，省级体育惠民工程20个,其中大型体育场馆9个,每万人拥有体育场地24.76平方米，人均体育场地面积达2平方米以上,远远超过全国人均标准场地面积。全市共有体育协会17个，其中群体协会3个，单项协会14个。共有体育社会指导员1005人,其中三级社会体育指导员473名,二级社会体育指导员461名,一级社会体育指导员61名,国家级社会体育指导员10名。经常参加体育活动的人员占全市常住人口的38%以上。2015年,全市组织开展了全民健身运动会的篮球、田径、足球、羽毛球、乒乓球、广播操等12项群众性体育竞赛活动。其中“庆五一”万人健步走东湖和“迎国庆”万人健步走南湖活动共有来自三区、市属各单位、酒钢公司的16000余人参加,并在活动期间分发科学健身宣传单9000余份。

群众体育

【群众体育活动】2015年，联合市机关团体、企事业单位共同举办了甘肃篮球争霸赛嘉峪关赛排球比赛、市青年足球联赛2015“我爱足球”民间足球争霸赛(嘉峪关赛区)、全市羽毛球比赛、第三十六届中小学生田径运动会、2015年丝绸之路汽车越野挑战赛(嘉峪关赛区)、老年人运动会比赛、8月8日全民健身日等17项体育竞赛健身活动，参加总人数有5万余人次，受到了广大市民的好评，有效巩固和拓展了全民健身示范城的创建成果。

【学校体育】2015年，全市的学校体育工作继续贯彻执行《学校体育工作标准》和《国家体育锻炼标准》,实施率达100%,并贯彻《中共中央国务院关于加强青少年体育增强青少年体质的意见》,全市各中小学校坚持举行运动会，开展各类体育比赛项目，在市体育场举行了全市第三十六届中小学生田径运动会。

【农村体育】2015年在峪泉镇黄草营村、嘉峪关村、峪泉镇政府安装健身路径51件,新城镇长城村、安远沟村、中沟村安装健身路径40件。改善了农村体育设施的状况，为广大农民积极参加健身活动提供了良好的条件。

【老年人体育】2015年举办了2015年嘉峪关市中老年全民健身运动会比赛，比赛项目有乒乓球比赛、象棋比赛、气功比赛、气排球比赛等,体现了老年同志热爱生活、热爱生命、科学健身、积极向上的精神风貌。

【社会体育指导员培训】为贯彻落实《全民健身计划》,进一步发展全市全民健身事业,市体育局于2015年5月举办了二、三级社会体育指导员暨“科学健身、全民健康”大讲堂培训班1期,来自市属各有关单位、社区、酒钢公司、晨(晚)练点的负责人160多人参加了此次培训班,通过考试、考核有149人获得了二、三级社会体育指导员证书。有11人分别参加了国家级和一级社会体育指导员培训班。截至2015年,全市已有107支群众健身队伍,7000多名健身爱好者有组织地活动在晨、晚间体育健身的人群中。

【裁判员队伍建设】做好全市各运动项目裁判员的培训和审批注册工作。2015年共组织培训裁判员360名,审批授予二、三级裁判员62名人,其中二级54名,三级8名,为体育竞赛队伍的建设奠定了扎实的基础。

体育竞技

【全省年度比赛】嘉峪关市代表团在2015年甘肃青少年锦标赛中,取得了10金、5银、2铜的优异成绩，同时嘉峪关市体育局被省体育局评为优秀组织奖。

体育设施

【嘉峪关市体育运动学校】1988年由省教委和省计划委员会批准成立的全日制中等专业学校，

属全额拨款事业单位,2009年被国家体育总局命名为“国家高水平体育后备人才基地”。学校坐落在五一南路体育场东南侧,商业步行街北侧,专业师资力量雄厚,教学、训练、食宿设施一流,有综合教学楼、图书室、微机室、实验室、科研医务室、多媒体教室等现代教学系统;有一流的田径、篮球、摔跤、曲棍球等项目训练场馆;有运动员餐厅、学生公寓(室内卫生间)、学生浴池等良好的后勤设施。现有教学班10个,在校学生211人,已形成了集初中、中专(高技)、大专于一体的办学格局。学校与高校联合办学,是兰州理工大学、兰州大学、西北民族大学、兰州交通大学等高校的高水平运动员培养基地。有30%的学生达到二级运动员水平,被北京体育大学、西安体育学院、西北师范大学、西北民族大学等高校单招录取近百名,录取率逐年提高。学校与甘肃冶金高级技术学院(原酒钢技校)联合办学,采取2+2(高技)模式,学生第一、二年在本校学习、训练,第三、四年在甘肃冶金高级技术学院进行教学实习,获得体校中专毕业证书和技校技能证书,80%的毕业学生经推荐在酒钢、榆钢、新疆等地就业,获得用人单位的认可。学校创办以来,先后为国家、省专业队、部队及高校培养输送了大批优秀运动员,在国际、国内各级各类比赛中共获得627枚奖牌。2005—2015年期间,为国家队、高校以及部队培养输送专业优秀运动员177名,其中输送运动员入选国家队10名,直接培养入选国家青年队4名,优秀专业运动队131名,高校32名,部队6名。

【嘉峪关国际滑翔基地】位于市区东北12千米处的嘉峪关机场内,基地占地20,000多平方米,现有8架运动飞机,其中有初教六5架,初教五3架;10架滑翔机包括国产前进号7架,进口杨塔尔2架,罗马尼亚28双座一架;还有蜜蜂飞机1架,热气球2具,并备有山坡滑翔、山坡伞、高空飞行氧气设备等。1987年,法国最先通过气象卫星发现了嘉峪关上升气流。为促进滑翔运动的发展,国家体委组织力量,通过大量的考察论证,在嘉峪关建立了滑翔基地。嘉峪关市于1991年、1993、2011年和2012年举办了四届“中国嘉峪关国际滑翔节”,在国内外反应良好,被国家旅游局定为重点推广的节会之一。嘉峪关滑翔基地是与澳大利亚滑翔基地、南非滑翔基地齐名的世界著名三大滑翔基地之一,在国际滑翔界有重要影响。20世纪80年代曾在这里举办过多次国际国内滑翔比赛,创造了多项滑翔比赛纪录。

【嘉峪关市体育场】2002年4月开工建设,2003年建成投入使用,总投资4160万元,占地面积30000平方米,建筑面积13380平方米。内设国际标准草坪足球场和400米塑胶田径场,固定座椅15000个,带有膜结构防雨棚,是甘肃最大的现代化花园式体育场,可举办一般性国际和国内比赛和省内重大赛事。

【嘉峪关市综合体育馆】2005年开工建设,2006年建成,总投资550万元,建筑面积2760平方米,容纳观众约800人,内设国际标准篮球场、柔道、摔跤、乒乓球和跆拳道等比赛设施。

【汽车摩托车场地越野赛车场】2003年开工建设,2004年建成,总投资90万元,占地面积10万平方米,赛道全程1.8千米。设有泥浆路、蛇形沟、V形槽、左右单边桥、双边桥、大小驼峰、深浅水池、跷跷板、巨石路等30个障碍。

【体育惠民工程】2015年省体育局下达全市体育惠民工程3个,每个项目规划建设两个篮球场,其中一个硅PU灯光球场,4副室外乒乓球台,20件体育健身路径器材。已经在朝晖社区大唐阳光小区、雄关人民社区和嘉峪关社区建设完成投入使用。

2015年还承担了市政府惠民实事任务,市财政投资在全市建设12个社区体育健身中心,每个中心建成100至140平方米不等的健身房,配备12件室内健身器材,已于2015年9月进行了政府采购,现室内健身器械都已采购到位,但由于12个社区新建和改建的工程尚未竣工,影响了社区体育健身中心建设。截至年末,只有4个社区具备安装健身器械条件。一旦社区建设工程竣工,将立即进行安装,投入使用。

2015年结合“三严三实”专题教育,市体育局为完善全市体育场馆基础设施,为广大健身群众提供安全舒适的健身场所,对体育场的跑道、座椅和综合馆的部分基础设施进行了维修改造,9月份已完工交付使用。

体育事业管理

【机构设置与人员编制】嘉峪关市体育局前身为嘉峪关市体育运动委员会,成立于1972年6月。1978年正式独立工作,2002年机构改革时更名为嘉峪关市体育局。内设办公室、业务科。全局职工共88人,其中行政编制8人,全额事业单位在岗职工45人,差额事业单位在岗职工14人,退役运动员8人,进村进社4人,离退休职工6人。

市体育局下属7个事业单位:嘉峪关市体育运动学校,为全额拨款副县级事业单位,核定编制32人;嘉峪关市全民健身指导中心,1997年经市编委批准成立,为全额拨款科级事业单位,核定编制4人,其中科级干部职数1人;嘉峪关市体育产业开发中心,1997年经市编委批准成立,为自收自支科级事业单位,核定编制8名,其中科级干部职数1名,2015年8月正式更名为市体育产业发展指导中心;嘉峪关市体育中心,2004年4月经市编委批准成立,为全额拨款科级事业单位,核定编制13名,其中科级干部职数3名;嘉峪关市滑翔基地开发建设管理办公室,2004年4月经市编委批准成立,为全额拨款科级事业单位,核定编制2名,其中科级干部职数1名;嘉峪关市体育竞赛管理中心,2004年7月经市编委批准成立,为全额拨款科级事业单位,核定编制2名,其中科级干部职数1名;中国嘉峪关国际自驾车旅游营地,2010年经市编委批准成立,为差额拨款科级事业单位,核定编制15名,其中科级干部职数2名。

【群众体育管理】根据市群众体育现状,市体育局努力构建亲民、便民、利民的体育服务体系,积极开展各具特色的经常性群众体育活动,每年举办一次全市中小学运动会,每两年举办一次全市职工运动会、农民运动会和社区体育运动会,每年开展"全民健身月"活动,引导市民经常参加1—2项适合自身特点的体育活动,实施《全民健身计划纲要》,每年举办全市规模的群体竞赛活动10次以上,每年参加体育锻炼的人数达10万人次以上,全市经常参加体育锻炼的人数保持在35%以上。使群众体育活动经常化、科学化、普及化。成立了以市体育总会为中心的多个群体协会和单项协会,如老年人体育协会、残疾人体育协会、社会体育指导员协会、篮球协会、足球协会、乒乓球协会、羽毛球协会等。同时,积极培训社会体育指导员,完善了国民体质测定和监测系统,逐步建立了市、区、乡镇(办事处)、社区四级全民健身的组织网络体系。

【体育彩票管理】2015年,在省体育彩票销售中心的关心和帮助下,采取扩大宣传、抢抓机遇的方式,通过加大"竞彩普及日"的宣传,让更多人了解竞彩。全年完成体育彩票销售额3252万元。全市现有终端机58台,其中兼营店网点10个,单机网点48个。

(薛　飞)

档案·地方志

档案管理

【机构设置与人员编制】嘉峪关市档案馆成立于1980年10月,市档案局成立于1984年2月,局馆合一,合署办公,隶属市委领导。内设办公室、业务指导科、档案管理科和电子文件管理科。2015年,有正式在编人员9人,进村进社人员4人,三支一扶人员1人。全市有国家综合档案馆1个,专业档案馆1个,企业档案馆1个。截至2015年末,共创建机关档案规范化管理省特级单位5个,省一级单位13个,省二级单位2个;企业档案规范化管理省特级单位2个,省一级单位4个,省二级单位2个,省三级单位1个,民营企业档案规范化管理省二级单位1个。创建档案工作规范化管理示范社区6个,全省档案工作示范乡(镇)1个,专业档案管理优秀单位1个。

【档案馆装备】档案装具有手动档案密集架128组,五节铁皮档案柜120套,声像档案柜6套,防磁柜6套,木质资料柜22套,检索柜8套。档案信息化设施设备有专用服务器2台,磁盘阵列1套,交换机2台,计算机32台,高速扫描仪4台,平板扫描仪2台,打印机8台,复印机2台,碎纸机1

台,数码照相机2台,数码摄像机1台,档案库房消毒机2台,温湿度监测仪2台,电动装订机1台。

【档案馆馆藏】市档案馆馆藏档案最早年代为1951年,最近年代为2014年。档案门类按内容分为文书、科技、专门、会计、实物和声像档案六大类,共94个全宗8.9万余卷(件/张/册)。文书档案比较齐全完整,是馆藏档案的主要部分,其构成的主体是中共嘉峪关市委、嘉峪关市筹备委员会、市革命委员会、市人大常委会、市人民政府、市政协、市直属机关以及人民团体卷宗,企事业和部分撤销单位的档案。科技档案主要是嘉峪关市引水工程档案。专门档案有人口普查档案、审计档案、婚姻登记档案、名人档案、领军人才档案、市委保持共产党员先进性、学习实践科学发展观及市滑翔节组委会的档案和部分死亡干部档案。会计档案有撤销机关原地区民兵指挥部、市体改委、物价局、乡企局、国资委和市档案局产生的部分档案等。实物档案有历年嘉峪关市各项工作获得的奖牌、奖杯、奖状、锦旗;国际友人馈赠的俄罗斯挂毯、荷兰小木鞋,部分废止印章;赵朴初等人提写的"天下第一雄关"等珍贵字画和清代、民国时期石碑拓片等。声像档案有全市重大活动、重要会议和中央、省部级领导视察嘉峪关工作的照片、录音录像带等。

【业务培训】2015年,市档案局举办各类业务培训班21期,培训机关、社区、企事业单位档案人员400人(次)。21人参加了全省档案业务培训,9人参加了行政执法培训,为全市档案事业科学发展提供了保障。举办全市档案干部岗位资格培训班一期,各部门、各各单位文档员共96人参加了培训,实地观摩了"甘肃省档案干部培训实习基地"--市检察院档案室、档案管理省一级单位--市移动公司档案室。全局有6人参加了省档案局举办的各类业务培训,充实了业务知识,提升了指导能力和水平,为档案事业的发展提供了知识保障。

【条件保障】根据省委办公厅、省政府办公厅《关于加强和改进新形势下全省档案工作的实施意见》精神,市委办公室、市政府办公室出台了《关于加强和改进新形势下全市档案工作的实施意见》,并在全市贯彻执行。结合市档案工作实际,市档案局出台了《关于加强市直部门所属机构档案管理工作的通知》,明确了市直部门对所属机构档案管理的主导责任。

【健全归档机制】2015年,举办文件材料归档整理培训班八期。全市党政机关、企事业单位、城市社区、农村三镇及17个行政村共计147家单位、200余名专兼档案人员参加了培训,共整理归档文件38000余件,2700余盒。对2014年归档文件进行著录和全文扫描,共著录32000余条,扫描71000余幅。接收原街道办事处、市纪检委、市委宣传部等8个单位的文书档案993卷、3732件。征集重大活动及省部级以上领导视察嘉峪关工作照片3册129张,整理本局各类活动照片档案1册79张,鉴定收集录像带、光盘8盒。

【档案工作规范化管理】2015年,按照《甘肃省档案工作规范化管理实施办法》,创建机关档案工作规范化管理"省特级"单位1家、"省一级"单位17家、"省二级"单位1家。对市农行档案工作进行了规范指导,使市农行达到企业档案规范化管理"省一级"单位。指导嘉峪关索通公司达到民营企业档案工作"省二级"单位。

【重大活动档案】按照《关于认真做好党的群众路线教育实践活动文件材料收集归档工作的通知》的文件要求,对市委党的群众路线教育活动领导小组办公室及各单位群教活动档案工作进行了全面系统的整理,共整理3303件。

【建设项目档案】指导验收4个建设项目竣工档案。讨赖河嘉峪关市区段生态环境治理二期工程档案;讨赖河嘉峪关市区段生态环境治理二期工程档案;南市区公租廉租房一期工程8盒;四是馨雅住宅小区1-8号住宅楼及1号商铺工程。共计74盒、10卷。

【档案科研】市档案局申报的《嘉峪关市重点档案抢救和保护技术的应用与推广》科研项目,被省局批准立项后,严格按照进度计划,组织实施。通过购置档案库房温湿度测控仪、档案消毒机、档案装订机、高速扫描仪、修裱工具、抢救药水等设施设备和更换卷皮卷盒等方式对重点档案进行了抢救和保护。

【档案征集】 2015年,从民间征集到古书籍《芥子图画》《国音学生新字典》《英华合解辞典》共12册。从市级非物质文化遗产传承人征集到《嘉峪宝卷》1套,请传承人以说唱形式拍摄专题片1部。征集到嘉峪关民间故事、民间戏曲音乐、民间乐器、民间谚语、民间歌谣、戏剧、民间舞蹈、民间曲艺文学、嘉峪关民歌、裕固族民歌选等资料共11本。征集到7位抗战老兵的军功章、纪念章、军人证、老照片、军旅生活用具等实物、遗物48件。与市文联联合下发了《关于建立嘉峪关市文学艺术界名人档案的通知》,征集整理名人档案57盒,征集美术作品4幅、书籍8本、雕塑1幅。

【馆藏档案管理】 对馆藏档案进行清查,共清点文书档案48948卷(件),专门档案15280卷(件),共计64228卷(件)。整理装订2002—2014年度现行文件36册(667份)。

【开发利用】 利用窗口服务、电话预约等方式为社会各界提供快捷便利的服务,接待查档者154人(次),查阅各类档案644卷(件),复印各类档案资料12184张。完成了《嘉峪关荣誉档案》资料的采集整理,编辑出版了《嘉峪关市档案工作规范》。举办了《城市记忆》固定展览。在嘉峪关档案信息网上开设了《万里长城百年回望展》和《民族民俗档案展》,制作了《历史拾遗--嘉峪关明长城墩台烽燧展》。拍摄 了丝绸之路经济带黄金段上专题片--《天下雄关--嘉峪关》等编研成果。

【档案馆建设】 市政府把综合档案馆建设项目列为全市重点建设项目,拨付项目前期费用100万元、土建施工费用400万元。现已完成市综合档案馆建设项目可选择性研究报告、地震安全性评估、岩土工程勘察、国有土地划拨、建设项目设计招投标、建设用地规划许可等工作。

【档案信息化建设】 2015年,完成全文扫描202963幅,异地备份全文扫描数据197358幅、归档文件目录数据30937条。拆、装案卷1230卷,托裱800张,装订扫描台账14盒,挂接归档电子文件15648条。指导完成2014年度81个单位归档文件目录著录30937条;向嘉峪关档案信息网上传各类信息87条。安装DARMS电子文档数据V/1.5管理系统,实现了档案管理网络系统由C/S版向B/S版的升级,提升了档案管理水平。

【档案信息安全建设】 强化了档案利用和数字化过程中的信息安全管理,严防信息丢失、外泄和秘密泄露。对到期开放档案进行严格划控和解密,切实做到涉密档案信息不开放、不上网,开放和上网档案不涉密。2015年,鉴定划控开放档案目录1072条,经市保密局审查后,在嘉峪关档案信息网站上向社会进行了公布。

【档案执法检查】 2015年,市档案局对20家机关、企事业单位贯彻落实档案法律法规、两办《意见》,档案的整理、安全保管等情况进行了检查,对检查出的问题实地处理,并限期整改,有效地防止和减少了档案违法案件的发生,促进了基层单位档案工作的有序开展,确保了档案行政执法检查的实效。

【档案宣传】 结合档案法律法规"七进"活动,与市城建档案馆、人社局、民政局等11家单位在雍和社区举办了"档案-与你相伴"为主题的国际档案日宣传周系列活动。深入农村、社区、学校等场所宣传档案知识、档案法律法规和两办《关于加强和改进新形势下全市档案工作的实施意见》,让社会更加关注档案和档案工作。利用各类新闻媒体,大力宣传档案工作服务社会的新成绩,《中国档案》《中国档案报》《档案》杂志和《中国档案网》《甘肃档案信息网》《嘉峪关档案信息网》,以及嘉峪关电视台、嘉峪关广播电台、嘉峪关日报等新闻媒体刊登、播发各类信息74篇。

【档案学会工作】 组织全市广大档案工作者积极参加2015年度甘肃省档案学会"档案信息开发与档案展示"和市档案学会"档案·与你相伴"为主题的征文活动,共收到论文70篇,并对获奖论文进行了表彰奖励。

（吕建成）

地方志事业

【机构设置与人员编制】市志办公室为隶属市政府办公室管辖的全额拨款的副县级事业单位，编制3名，其中处级干部1名，科级干部2名。市志办公室应首轮修志工作设立，主要职能是编纂地方志书、地方综合年鉴，整理地方古志，收集整理地情资料。

【综述】根据国务院《地方志工作条例》《甘肃省地方志工作规定》《嘉峪关市第二轮修志工作方案》，嘉峪关市于2006年3月启动二轮修志工作。二轮修志开始了《嘉峪关市志（1978~2010）》《嘉峪关志》《酒钢志》《新城镇志》《文殊镇志》《峪泉镇志》的编纂工作。

酒钢公司结合50周年大庆，组织人员进行《酒钢志》编修，于2008年8月公司成立50周年之际面世，120余万字，全国人大原常委会委员长乔石题写书名“酒钢五十年”。

市志办公室在校注两部肃州古志的基础上，广泛搜集有关嘉峪关的历史文献记载，进一步搜集和挖掘嘉峪关古、近代资料，经过三年多的努力，于2010年形成《嘉峪关志》初稿。经关志编纂委员会、相关单位、专家、学者、编修人员反复修改完善，《嘉峪关志》于2012年4月经甘肃人民出版社出版发行，填补了嘉峪关有关无志的历史空白。

2015年，市志办公室主要担负《嘉峪关市志》（1978~2010）《新城镇志》《峪泉镇志》《文殊镇志》《嘉峪关年鉴2015》《嘉峪关大辞典》和《历代长城诗选》的编纂工作，修志、编鉴工作主要依靠临时聘用人员承担。

【二轮修志工作】《嘉峪关市志（1978~2010）》通过终审。2015年，《嘉峪关市志》的编纂工作主要是围绕核实数据、甄别事实、拾遗补阙、完善补充资料、充实内容结构进行。为彰显时代特征和地域特色，全面客观记述嘉峪关市的发展历程，在评审稿20编、132章、676节、760类目，807个条目，收录人物3513人，附图360余幅、表格217个，约200万字的基础上，编修人员以理顺关系、调整结构、核实数据、甄别事实、拾遗补阙为重点，分编、分章、分节、分目对志稿进行审议修改。并将评审稿提交市志编纂委员会委员、特邀专家学者、省史志办公室审定，先后于三月、五月召开《嘉峪关市志》编纂委员会委员、特邀专家学者、省史志办公室领导参加的评审会，与会人员提出了许多富贵的修改意见，编辑部根据评审会提出的修改意见，先后70多次召开市志编修会议，分编、分章、分节、分目对志稿进行修改，于2015年9月形成《嘉峪关市志》送审稿。卷首为照片选载、序言、概述、大事记，正文设政区·环境、中国共产党地方组织、地方人民代表大会、地方人民政府、地方政治协商会议、民主党派·人民团体、司法·军事、城乡建设、宏观经济、第一产业、第二产业、第三产业、综合管理、社会事业、文化、基层概况、人民生活、酒钢公司、人物共19编、106章、459节、922类目，卷尾为附录，收集中共嘉峪关市历届党代表大会工作报告，历届市政府工作报告，志书约150万字。送审稿呈送省地方志编纂委员会审议，在2015年12月省地方史志编纂委员会主任会议上《嘉峪关市志（1978–2010）》通过终审。

“三镇志”编修。2015年，在三镇志的编修工作中，市志办公室按照分类指导、分步实施、整体推进的编纂原则，确保了三镇志编修工作稳步推进。《文殊镇志》出版发行。2015年《文殊镇志》根据镇志编纂委员会成员和编修人员的审稿意见，市志办公室先后组织编修人员对志稿的篇目、结构、内容进行系统修改，2015年4月由甘肃人民出版正式出版发行。《文殊镇志》采用述、记、志、传、图、表、录等体裁，以编、章、节、目编排，全面记述文殊镇自然、地理、政治、经济、文化、社会、生态等方面发生的变化，上限至发端，下限至2010年，共14编、146章、495节、646目。总体布局依序言，凡例，概述，大事记，政区环境，国土人口，宏观经济，第一产业、二、三产业，党群组织，行政机构，政法军事，教育，卫生体育，文化，风俗习惯，人物，后记。《新城镇志》完成编纂。2015年年初形成《新城镇志》讨论稿，提交镇志编纂委员会和编修人员进行审议，根据镇志编纂委员会成员和编修人员的审改意见，市志办公室组织编修人员先后召开20余次镇志修改研讨会，对志稿的篇目、结构、内容进行系统修改，进一步核实数据、甄别事实、拾遗补阙、完善充实内容，至年末，《新城镇志》已形成送审稿，送甘肃人民出版社。《新城镇志》采用述、记、志、传、图、表、录等体裁，以编、章、节、目编排，全面记述新城镇自然、地理、政治、经济、文化、社会、生态等方面发生的变化，上限至发端，下限至2012年，共14编、53章、182节、600多目。卷首为序言，凡例，概述，大事记。正文设建置，自然地理，人口与计划生育，农业，二、三产业，党群组织，政权建设，司法武装，教育，医疗卫生体育，文化，民众生活，民情习俗，人物十四编。卷尾附各村现状图及后记，收录人物300余人，约40万字。《峪泉镇志》正在编纂。2015年，在完成镇志部门、行业志、人物志、大事记编修的基础上，对篇目大纲进行了调整，进行了部门行业志的梳理、校对、数据核实、事实甄别工作，开始镇志总撰，

【《嘉峪关年鉴》编纂】 市志办公室每年编纂一部一百多万字的《嘉峪关年鉴》，从2000年开始，已连续编纂15年，编纂出版15本，2015年，在《嘉峪关年鉴·2015》的编纂中，积极借鉴兄弟市州和全国获奖年鉴的编纂经验，努力调整篇目结构，不断为研究本地历史文化、保存文史资料作努力，使之更加符合综合年鉴的编纂要求，更加贴近实际、贴近大众，贴近市情，为嘉峪关市党政机关、企事业单位和广大读者提供详尽翔实的资料。《嘉峪关年鉴·2015》篇目设置卷首为大事记、特载，增加城市名片、数字嘉峪关，正文为政区·环境、城乡建设、政治、经济、经济社会管理、社会事业、城区·郊区概况、酒钢特载、人物九篇，卷后为附录，收录文萃、报告公告、市委、市政府重要文件、生活便览。9月份，完成《嘉峪关年鉴·2015》的编纂，经甘肃人民出版社和甘肃省史志办公室审定，年内由甘肃人民出版社出版发行。

【《历代长城诗选》编纂】 市志办公室组织编修人员整理、校注自先秦、两汉魏晋南北朝、隋唐宋金元明清、近现代长城诗词，编成《历代长城诗选》，共选取523位诗人以长城边塞为题材的诗词905首，计110万字，2015年5月由甘肃人民出版社出版发行。

【《嘉峪关图志》编纂】《嘉峪关图志》是《嘉峪关市志》编纂的重要组成部分，市志办公室从征集到的2万余张照片资料中，经过精心挑选，分类整理，精心挑选出约5000余张，以图文并茂、由远及近、今昔对照、讴歌发展、关注民生的原则进行编纂，2015年已形成《嘉峪关图志》初稿，正在进一步分类、编辑。

【《嘉峪关大辞典》编纂】 根据(甘政办函〔2008〕66号)文件精神和市委办发〔2010〕33号文件精神，市志办公室积极筹备，谋划，成立了《嘉峪关大辞典》编纂委员会，完成了《<嘉峪关大辞典>编纂工作实施方案》《嘉峪关大辞典》(分类纲目)、《嘉峪关大辞典》(行文规范)。以拥有的市情资料，完成了《嘉峪关大辞典》(辞目草案)。辞目设置以现代社会分工立纲定目。《嘉峪关大辞典》编纂工作启动后，各承编单位按要求进行词条的编撰工作，编辑部组织编修人员根据各承编单位提供的辞目，进行梳理和审定，完成了6000多个词条的修订工作，根据篇目大纲将6000多个词条进行了分类编辑，然后将分类纲目反馈给编纂委员会成员单位进行审议，根据反馈意见对篇目结构进行调整，于2013年形成《嘉峪关大辞典》讨论稿，篇目设置为历史地理、党派团体、政法军事、农林牧渔业、工业、财经商贸、综合管理、交通邮电、科教体卫、旅游、社会事业、文化、酒钢公司、人物共14编，约140万字。经编纂委员会和各承编单位审议、修改、完善，编辑部根据反馈意见进行词条修改和结构调整，于2014年形成《嘉峪关大辞典》送审稿，篇目设置为政区环境、政权机构、政法军事、产业经济、管理服务、社会事业、文化、酒钢公司、人物共9编，约130万字，经甘肃文化出版社审议，于2015年初形成反馈意见。市志办公室根据出版社的反馈意见，组织编人员反复讨论修改，对大辞典的篇目设置、词条类目进行调整，于2015年内完成篇目调整，篇目设置为自然地理、建置、党群组织、政法军事、综合经济、农业、工业、商贸、金融、交通邮电、旅游、综合管理、城乡建设、社会事业、文化、文物古迹、酒钢公司、人物共18编。

【地情资料收集、保存】 2015年，市志办公室落实国务院《地方志工作条例》《甘肃省地方志工作规

定》《甘肃人民政府关于进一步加强地方志工作的意见》《嘉峪关市地方志工作规定》和全省地方志工作会议精神，在做好修志编鉴工作的基础上，做好地情资料的收集保存工作，收集整理了《人民日报》《甘肃日报》《嘉峪关日报》《酒钢报》《雄关周末》《嘉峪关电视报》等报刊，《中国地方志》《嘉峪关政协》《嘉峪关宣传》《嘉峪关》《党的建设》等杂志，积累了报刊资料，为后世修志奠定了良好基础；收集、整理了年度照片资料，并分类装订成册，保存了图像资料；加强与兄弟市州地方志工作机构的沟通联络，交换市、县、区志和年鉴20余部，积累了地方志资料，提升嘉峪关市的知名度。充分利用现有办公室搭建方志室，至2015年，已收集地方志书130余部，各类年鉴约150余部，各类工具资料书150余部，文艺书刊100余种，为建立方志馆积累了资料，奠定了基础；并热情为基层和外来客商提供市情资料，为招商引资和旅游开发服务；在年鉴、志书出版后，积极向各单位发放，扩大受阅面，同时向市档案馆、市图书馆、酒钢档案馆、酒钢图书馆赠送志书，保存资料。

【其他工作】依据国务院《地方志工作条例》《甘肃省地方志工作规定》和《甘肃人民政府关于进一步加强地方志工作的意见》，为规范全市地方志工作，制定了《嘉峪关市地方志工作规定》，经市政府第82次常务会议审议后，《嘉峪关市地方志工作规定》于2015年1月1日起正式实施。根据甘肃省史志办公室的要求，于五月份完成《甘肃年鉴2015》嘉峪关篇的组稿工作；根据中国城市年鉴编辑部的要求，于六月份完成《中国城市年鉴2015》嘉峪关篇的组稿工作。根据甘肃省第14次社会科学、第十次甘肃史学会的要求，组织参与地方志书优秀成果的参评工作。《嘉峪关志》获得省地方志史学会第十届优秀史志成果志书类一等奖，《文殊镇志》获得三等奖，《嘉峪关年鉴·2014》获得年鉴编纂一等奖，《嘉峪关年鉴·2013》《嘉峪关年鉴·2012》获得二等奖，《嘉峪关年鉴·2011》获得三等奖，《历代长城诗选》获得文史类二等奖。于四月份完成了《甘肃省人民政府志》的审稿工作，七月份完成了70万字《嘉酒地区电力志》的审稿工作。

（杨生宝）

城区·郊区概况

长城区

区 况

【概况】嘉峪关区位于迎宾西路以北，新华路以东，区驻迎宾东路，全区总面积约305平方千米。总人口31822户、95354人，其中农业人口11051人。管辖新城镇、城市9个社区、嘉峪关工业园区嘉东工业园和魏晋墓旅游景区。其中新城镇下辖8个行政村，分别为安远沟村、横沟村、野麻湾村、长城村、新城村、中沟村、观蒲村、泥沟村；城市9个社区为新华社区、大众社区、利民社区、五一社区、兰新社区、建设社区、永乐社区、建林社区、东安社区。

【机构设置和人员编制】区委、区行政内设党群工作部、经济发展部、社会事业部、综合管理部、办公室、计划生育办公室6个职能科室，为科级建制。全区实有编制139名，其中行政编制36名，事业编制98名，机关后勤5名。

【经济指标完成情况】2015年全区预计GDP增速达到9%，完成固定资产投资6000万元；预计第一产业增加值增长5%；城市居民人均可支配收入达到29300元，同比增长9%；农民人均纯收入达到15371元，同比增长11%。全面完成市委、市政府下达的各项目标任务。

【党的建设】重党建，夯实工作基础。履行基层党建责任人职责，严为纲、实为本、好为标，建立党委书记"第一责任人"责任、班子成员集体领导和分管工作责任、联系点领导绑定责任、工作落实年重点工作责任、区镇包村领导及村挂职干部党建促发展责任的"五保险"责任落实体系，全力推进城市社区党建内涵式发展和"美丽新城"为蓝图的现代农业发展道路，在"投入保障、组织建设、队伍完善、品牌打造"上下功夫，按照"严、实、好、精、深、细" 六字党建理念，推动全区基层党建工作上台阶、上水平。围绕服务型党组织建设，镇、社区党委探索出了"心党建，心服务""流动不流失、离乡不离党""大支部小党组" 等党建工作模式，创建了"五心工程""互联互通""邻里相亲""同城同行"等党建服务品牌，服务型党建纵深推进。截至年底，全区各级党员干部联系帮扶困难群众1253人次，为群众办实事好事2455件，解决矛盾纠纷452起。号召全区干部职工、各双联单位及社会爱心人士为酒钢三中白血病患者赵涛同学捐款18万余元。开展"三严三实"专题教育。区委按照省委和市委的要求，分三个专题制定了翔实的实施方案和学习计划，开展广泛的宣传动员，集中组织开展了"三严三实"专题教育学习，完成了专题党课的讲解；开展对习总书记系列讲话精神，焦裕禄、杨善洲等先进典型事例以及中央、省、市"三严三实"专题教育重要文件精神的学习；按照时间节点分别对"严以修身""严以用权""严以律己"三个专题进行专题研讨6次，对班子及班子成员不严不实方面的问题进行整理，梳理出班子问题清单11条、个人问题清单42条，提出整改措施53条，并制定了切实可行的整改方案，及时予以整改。加强理想信念教育。区委坚持每月至少组织两次中心组学习，每周至少一次机关党员集中学习，坚持把深入学习党的十八届四中、五中全会精神和习近平总书记系列重要讲话精神作为各级党组织的重大政治任务。年内，全区共举办基层党建专题学习56场次，区领导班子成员讲党课12次，组织党建现场观摩推进会5次，泥沟村、东安社区分别以党建促发展、党建促和谐的经验参加了全市基层党建观摩交流，得到与会领导的一致肯定。夯实基层组织建设。重视发挥先锋引领作用，组织召开了两年一度的基层党建表彰大会，15个先进党组织、30名优秀共产党员、12名党务工作者和13名党员先锋岗得到表彰，在全区上下营造了对照先进比学赶超的良好氛围；重视干部选拔任用，全年共调整提拔干部4批次、25人次，推荐到全市交流4人，考录乡镇公务员3人、选调生1人，初步尝试机关部室科级干部交流2人，干部资源得到进一步盘活和优化；加强党员队伍建设，落实组织部下发的党员发展计划，严格执行发展党员公示、票决、责任追究和备案等制度，全年共发展党员25名。以中心组学习、举办专题报告会、研讨交流、党员冬训等多种形式开展干部教育培训工作；全年县级干部参加中央、省市培训26人次，科级干部参加中央、省市培训568人次，参加科级干部进修班12人、中青班1人。推进"双联"行动。筹资3万元帮扶双联单位横沟村三组进行后院后墙改造，协调地税局减免横沟村土地流转税费18万元。新华社区、兰新社区筹资2万元帮扶新城村三组维修日光温室。新城镇政府帮扶新城村改造后墙后路2168米，砌U型渠、道路共9.7千米，完成新城村春季绿化树苗3150棵。国土资源局出资5.2万元改造观蒲村农电网62户，市场监督管理局为野麻湾村捐赠水泥50吨等。全年各双联单位共落实各类帮扶资金153.65万余元，帮扶项目52个，开展各类培训61人次，组织义诊341人次，解决急事难事54件，反映民意84条，开展各类宣传180次，化解农村矛盾纠纷53件。加强精神文明建设。以创建全国文明城市为载体，组织精神文明督查22次；对社区环境和公共秩序进行了集中整治，清理各类垃圾320多吨，清扫卫生死角、小广告3300余处；开展学雷锋志愿服务活动69次；组织参与"大城小爱"黄丝带活动；评选了农村"五星级文明户"372户，开展向道德模范致敬慰问活动2次，文明交通劝导2000余次，"德耀雄关"道德模范巡讲1次。做好思想宣传工作。针对宣传口径、内容和来源的不同，分别制定了外宣信息、党委信息、村官信息管理办法；加强了基层信息员队伍建设，开展了信息报送工作培训，基层单位信息员队伍能力素质得到提升，信息报送的质量和数量都有明显提高。年内，全区提供各类外宣信息共7887条，其中国家级229条、省级423条、市级7235条、党委信息270条，雄关信息累计积分48分，村官信息12期，共198条；加强了分管领导带题调研下访工作，组织区机关全体领导干部在农忙时节驻村联系工作近两个月，形成了可行性调研报告8篇，心得体会35篇。加强和改进群团工作。落实市委关于党的群团工作决策部署，围绕"春送岗位、夏送清凉、秋送助学、冬送温暖"四季服务活动，从生活、就业、教育、医疗、健康等方面积极为广大干部职工排忧解难，为113名干部职工办理职工互助保障；为370户农村妇女发放妇女贷款2860多万元；寻找出省、市、区级"最美家庭"110户；组织7865名育龄妇女进行了免费体检；组织780人参加"陇原巧手"和家政服务培训。整合各类团建资源，运用"四带"工作模式，推动城市区域化团建和农村实体化大团委建设，建立共建委员会1个，青年中心2个，非公企业团组织3家、农村专业合作团组织5个。举办了长城区首届职工运动会、东湖健步走、广播操比赛、女职工健康知识讲座、各类球赛、各类竞赛、军民联谊、慈善公益活动等70余场次。武装双拥工作成效显著。落实征兵工作会议精神，全区共设立固定兵役登记站19个，兵役登记1542人，上站体检80人，参加政治考核27人，最终向部队输送新兵21人，其中大专以上学历11人，圆满完成征兵工作任务。做好民兵整组工作，在新城镇和建设、永乐、兰新3个社区建成了制度完善、设施齐全的规范化基层民兵营(连)部，将政治合格、身体健康、文化程度高的男性公民编入了民兵组织，全区组建普通民兵营一个共428人，其中基干民兵159人。

【党风廉政建设】狠抓主体责任落实。严格落实"3783"主体责任体系，从区委书记到村党支部书记层层签订廉政责任书和承诺书20余份。开展基层党委"三述"活动，先后4次对基层党委书记和纪委书记进行面对面约谈，分批次对10个基层党委负责人进行了集体约谈，定期听取镇社区党委和干部落实主体责任及个人廉洁从政情况。对25名提拔和平职转任干部、16名新任职的帮扶队长和第一书记进行了廉政谈话，对1名同志进行了诫勉谈话，建立完善联系点工作制度、廉政约谈制度等14项制度。狠抓廉政教育。探索建立了以廉政培训、廉政测试、廉政谈话、廉政报告、廉政承诺为内容的“五位一体”廉政教育长效机制，组织镇村、社区相关人员就基层党建、廉政文化、社区建设、农业发展等重点工作开展交流观摩学习3次，年中对照目标责任书，开展了“互学互比互评”活动。以社区(村)监委会运行、干部工作作风强化、民心工程落实为专题开展分组调研活动，形成调研报告4篇，达到“以调促训”良好效果。组织副科级以上干部参加“学好法、用好权、促公正、促清廉”专题培训，专项学习《准则》和《条例》，赴酒泉监狱进行警示教育。狠抓巡视整改。区纪委紧盯“四风”问题，严格遵守中央“八项规定”、省委“双十条”、市委“七项规定”，开展作风纪律暗访9次。11月份区委召开民主评议政风行风质询会，邀请群众代表，民情联络员，效能监督员30余人对长城区整体工作开展情况进行质询。

【项目建设】2015年，投资350万元建成泥沟村胡萝卜产业加工储存项目；完成村居民点后墙改造9032.1米，疏通后路10597.6米；建设粮食晾晒场25144平方米、渠道工程8136米、配套渠系建筑物4760座；在中沟村、观蒲村建设高标准农田7328亩；投资1770万元在新城村和观蒲村实施高效节水灌溉工程14235亩。完成春季植树造林29400棵，全年新增绿地面积23.5公顷，完成退耕还林补植补造任务1395.2亩；加强镇域公路沿线公益林管护，签订分段管护责任书，明确管护区域和职责责任，实时监测病虫害发病情况，及时调配防治药剂开展防控工作，防控率达98%以上；开展“千村美丽”建设，完成新城镇野麻湾村、安远沟村“千村美丽”示范村环境综合整治工作和村组连接路的太阳能路灯架设工作，在巩固省级生态乡镇创建成果的基础上，积极申报国家级生态乡镇。示范园区建设取得突破。大力发展农业信息化工程，投资115万实施辐射全镇8个村的野麻湾农业发展示范园区信息化服务体系建设项目，已完成项目招标，正启动建设。加大园区日光温室建设规模，在野麻湾村、新城村农业发展园区新建日光温室36座，并完成野麻湾农业发展示范园区3千米护栏网建设，新打机井一眼。标准化社区建设顺利推进。年内，大众社区服务中心、中沟村社区服务中心及社区服务站建设项目均已完成竣工验收，正在进行社区的办公设备及办公家具的采购工作。2015年新建的五一社区服务中心改造部分已完成原有设施的拆除及输电外网改造工程，主体新建部分已完成地基建设。利民社区服务中心已完成旧房拆除及基础开挖，并完成高压电网等外网改造工作。改善建林社区办公用房条件，建成260平方米彩钢板房。

【农业生产】优化种植结构，将具有区域优势的沙地胡萝卜、油葵制种、旱地西甜瓜、大田航椒等培育成特色品牌产品，逐步形成高低搭配、大小结合的精细特色农业产业，全区经济作物种植面积达到农作物总播种面积的67%以上。深化农村改革、土地流转新模式，完成横沟村、野麻湾村整村土地集中流转，共流转土地7985.78亩，同比增长45.1%。推进各类养殖小区规范化管理和建设，年内全区规模养殖户830户，规模化养殖小区29家，标准化生态养殖合作社1个，农村畜禽总饲养量为18.21万头只羽，与上年同期相比增长4%。非农产业发展壮大。全年新城镇外出务工人员达2608人，累计获得工资性收入5623.29万元。依托全市旅游产业的发展机遇，大力发展生态旅游、农家旅游、农业观光等具有地方特色的乡村旅游服务业，建成家庭旅馆5家，评定星级农家乐4家(其中四星1家、三星2家、一星1家)。加快农业专业合作社发展步伐，年内新城镇新增农业专业合作社18家，共有注册农民专业合作社114家，其中创建国家级示范社2家、省级示范社4家、市级示范社5家。农业科技服务不断提升。围绕野麻湾农业发展示范园区、泥沟沙地胡萝卜种植基地建设，全面抓好农业技术指导，采取现场提问、现场解答等方式解决生产技术上的难题。全年共开展农业实用技术培训活动44次2200人次，发放科技参考书、技术资料3000余册；引进瓜、菜、粮、果、药、肥等新品种46个，成功试验李广杏反季节栽培、蟠桃、水蜜桃、早熟葡萄及台湾青枣、柠檬、火龙果等日光温室无公害栽培技术；共推广大田盐渍辣无公害栽培、非耕地牧草土壤改良试种、胡萝卜机械化收获、胡萝卜小垄栽培等6项农业技术，并建立了盐渍辣无公害栽培、胡萝卜起垄条播栽培、起垄覆膜栽培示范区；全面落实农机普查工作，普查率达到100%；落实农机购置补贴资金128.17万元。

【社会事业】自9月份棚户区改造工作开始以来，成立8个工作组派驻棚改工作站，对涉及棚改2个片区1097户住户，进行政策宣传，调查摸底，规范档案。成立协议签订组和入户动员组，深入社区，积极协调，并做到每户都有专人负责相关工作，入户率达100%。期间，累计接待群众咨询6100余人次，收集意见和问题2104条，汇总上报40个方面的问题，组织协调会议39场次。截至年底，永乐片区276户已全部交房，交房率达100%，已签订协议269户，剩余7户正在办理相关手续；建新片区821户已交房816户，交房率为99.39%，签订协议808户，占总户数的98.42%。未发生上访事件。全面落实惠民实事。实施重度残疾人家庭无障碍设施改造工程，为72户（新城镇16户，社区56户）重度残疾人家庭统一安装了橱柜、坐便器、洗手池、门铃，同时配置了电子闹钟、震动水壶、热水器、晾衣架，为个别重度残疾人配置了轮椅。为727人重度残疾人发放护理补贴资金87.24万元。全力完善救助体系。加强基本生活救助，拓展低保、五保和灾害、临时和医疗救助机制，核准靠实各类补贴资金，编密织牢基本民生保障网，全年共发放各类救助、补贴资金1002.3893万元，保障了6654名困难群众基本生活。其中：为712户1124人低保、五保家庭发放低保金535.76万元；为2503名残疾人发放护理、生活及燃油补贴资金141.16万元；为2393名75周岁以上老年人发放高龄补贴182.75万元；为327户困难对象发放春荒、临时、医疗和福彩救助资金90.1793万元；为222名涉核人员和85名重点优抚对象发放慰问金52.54万元。着力提升社会保障水平。做好就业和再就业工作，年内新增就业2699人，下岗失业人员实现再就业550人。离退休认证人员12144人。落实小额担保贷款资金297万元，扶持49名下岗失业人员创业。落实零就业和民政信息员岗位52个，发放岗位补贴资金85.05万元。为463名灵活就业人员办理社保补贴211.2万元，为82名离退岗社区干部落实生活补贴17.66万元。为61户困难家庭解决了廉租住房、公共租赁住房和经济适用住房，落实廉租住房租赁补贴16户。稳步推进老龄残联工作。开展扶残、助残系列活动，慰问贫困残疾人家庭31户，落实慰问金1.07万元。为1678名残疾人发放蔬菜临时价格和燃油补贴34.08万元。为184名特困残疾人发放生活补贴22.08万元，夏季衣物164件，营养品100盒。开展困难残疾人康复服务工作，为21名残疾人配置了轮椅，组织康复训练621人次。为60岁以上老年人办理"一键通"电话173部，办理老年证737个。深入开展省级"敬老文明号"创建活动，申报永乐社区为省级"敬老文明号"，长城村为省级农村示范老年人日间照料中心，野麻湾村为省级老年协会，建林社区、野麻湾村"老有所为"先进个人2人。落实各项人口和计生政策。2015年全区共发放奖扶、特扶、独生子女费等计生各项优惠政策奖励扶助资金249.25万元；上报失独家庭28户，发放补助金37万元，上报特困家庭25户，发放救助金6.4万元；两节期间集中走访慰问计划生育困难家庭357户，累计发放慰问金31.99万元。通过推进"双百工程"，积极加强宣传教育服务，开展免费孕前优生健康检查，做好优生宣传倡导、生殖健康讲座、跟踪随访等各项工作。全年已婚育龄妇女14606人，出生新生儿424人，政策内出生421人，符合政策生育率99.29%；共23对单、双独夫妻申报再生育，其中12对单、双独夫妻已生育二孩。发放生育保健服务证、独生子女父母光荣证等各类证件601本。完成全国1%人口抽样调查1501户登记工作。群众文化活动蓬勃开展。开展丰富多彩的群众文化体育活动，举办了长城区首届职工运动会、东湖健步走、女职工健康知识讲座、各类球赛、军民联谊、慈善公益活动等70余场次。新城镇举办了野麻湾村西瓜文化节，各社区结合自身实际开展了丰富多彩的主题晚会，取得较好效果。全区有各类文化活动中心14个，文化管理人员52人，文艺队伍32个。文化产业稳步发展。为丰富居民业余文化生活，组织有条件的社区成立8家社区艺术团。完成了辖区61家单位文化产业统计上报工作，全区文化产业总值达到1亿元，实现文化产业增加值1000万元，从业人员494人，文化产业统计工作受到统计局和文化局联合表彰。物业管理、地名普查、科普工作有序进行。开展"物业服务管理年"活动，全区纳入物业服务的小区33个，已成立业主委员会30个，解决群众反映的物业问题719件。在新华社区百货蔬菜公司、五一社区文苑小区和建行小区开展自助式管理的试点探索,着力改善无物业小区管理混乱、卫生状况差等问题,取得较好的效果。成立普查组对56个小区进行了地名摸底登记,建立了普查工作信息库,核实地名信息单位375条。开展省级科普示范社区创建活动,永乐社区已申报省级科普示范社区,兰新社区申报全省第三批城市和谐社区示范单位和省级科普示范社区。*环境综合改造有效进行*。以治理扬尘、燃烧污染及所辖区域环境卫生等问题为重点,全面加强大气污染联防联控、落实大气污染及城市扬尘防治责任。通过宣传栏、网络等媒体开展多种形式的宣传工作。农村以村级基础设施维护运转、公共环境治理为重点,促进经济社会与环境的协调发展,集中开展环境卫生检查评比整治,完善垃圾转运制度,在改善农村面貌的同时,不断改善大气环境质量。

【综治维稳工作】强化网格化服务管理,推进社会治安巡防工作常态化、规范化,建立健全治安防控工作情报信息分析研判机制,通过周反馈、月研判、季通报,有效预防和减少了可防性案件发生。以"六五"普法为主,加强法规宣传教育,大力开展就业培训,不断促进特殊人群的服务管理工作。加强社会稳定评估风险,对新建社区服务中心等项目进行了评估,确保重大项目和重大活动社会稳定风险评估全覆盖,从源头上预防和减少了影响社会稳定的不利因素。新城镇被评为全市"平安和谐镇",东安社区、建林社区等5个社区被评为"平安和谐社区"。*强化信访维稳和矛盾化解工作*。健全、落实领导包案制度、律师参与信访接待制度、信访事项"五访"督查督办制度,积极接访,走访信访对象,全力做好信访案件的化解工作,赴省进京和到市政府上访人次持续减少。贯彻落实"枫桥经验",充分发挥人民调解、司法调解、行政调解三级联动作用,坚持集中排查、日常排查和滚动排查相结合的工作方式,全年共排查矛盾纠纷517起,979人次,矛盾纠纷调处率达100%,成功解决信访案件20件。*加强禁毒工作*。落实"五位一体"帮教措施,大力开展吸毒人员就业安置和帮扶救助工作。全区吸毒人员就业安置280人,就业率达83%。加强吸毒人员的动态管控,出狱、出所吸毒人员的帮教衔接率、《协议书》签订率均达100%,尿检率达95%以上。管控吸毒人员432人,管控率达99%,社区戒毒、社区康复执行率98%以上,戒断率62%以上。加大禁毒宣传力度,进行禁毒集中宣传活动57次,覆盖率达到95%,在报纸、网络发表禁毒类稿件373篇。积极开展"无毒社区(镇)"创建活动,成功创建二级无毒社区2个,三级无毒社区5个。*开展防范处理邪教工作*。以"防邪知识进家庭"和"反邪教集中宣传月"活动为载体,通过入户宣传、悬挂横幅、安装警示教育橱窗等方式,大力开展警示教育活动,营造了良好的社会氛围。深入细致开展排查摸底、集中整治和教育转化工作,全年成功转化"法轮功"人员14人,"实际神"28人,"门徒会"6人。新华社区、建设社区成功创建"无邪教示范社区"。*强化流动人口服务管理工作*。对流动人口实行登记分类管理、建档,建立了流动人口登记册,实行一人一卡制度,真正做到了"人来有登记,人走有注销"。切实加强对流动人口出租房屋的管理力度,建立了登记、安全检查等管理措施,做到对出租房屋底数清、情况明,完善和规范出租房屋档案,杜绝房屋无证非法出租现象。2015年7月,东安社区建成流动人口文化大院,将科技、文化、计生、社保、就业等方面的信息服务送进大院,得到相关部门的一致肯定。*开展安全生产工作*。成立区、镇、村三级安全生产组织机构,制定全区安全生产、消防、防汛、食品药品、道路交通、防震减灾工作计划及应急预案。通过广播、集市、网络新媒体、报刊、宣传车等方式,常态化开展安全宣传。对镇村道路安全隐患进行排查,协调相关单位对新城镇新城村路口、安远沟村路口、魏晋墓转弯处等重点路段安装了路灯、信号灯、减速带,提高安全防护措施。开展了危险物品隐患排查和机动车专项整治行动,对835辆农用摩托车及三轮车登记造册,实行动态管理。

社区概况

【新华社区】新华社区所辖区域为新华北路以东,五一北路以西,长城东路以南,雄关东路以北,总面积约2.08平方千米。现有常住居民2497户,6888人,居民主要以酒钢职工及家属构成,其中60岁以上老年人1090人。社区党委下设6个党支部,现有社区党员341人,其中离退休(退职)

党员283人,占82.9%。社区具有“三多两高”的特点,即双职工家庭多、老年人多、党员多和社区居民素质高,居民幸福指数高。社区成立以来,积极探索实施“强化党建凝心、服务居民贴心、治理社区用心、倾听民意真心、繁荣文化润心”为主要内容的“五心”服务理念,在“工作落实年”专题教育活动中,社区党委继续深化“五心”服务品牌,把服务居民真心、贴心、用心落到实处,达到居民润心的效果,实现党建凝心,共建共享和谐幸福社区的目标。社区先后获得全国119消防奖先进集体、全国科普示范社区、全国综合减灾示范社区、全国社区侨务工作示范单位、全国敬老模范(村居)社区、全国社区网络春晚优秀组织奖、全省文明社区、全省敬老文明号创建活动先进单位、嘉峪关市平安社区、“川渝商会杯”嘉峪关市家庭教育情景剧大赛“优秀组织奖”、先进检察联络室等多项荣誉。

【大众社区】大众社区位于城区东北部,东至酒钢厂区,南至长城东路,西至新华北路,北至嘉兴东路,占地面积0.5平方千米。现有工作人员33名。辖区楼房84栋,现有常住人口3624户9148人,出租房屋114户,流动人口1002,退休人员767人、下岗失业人员181人,各类残疾人173人,在册60岁以上老人782人。社区下设4个党支部,在册党员240人。2012年获得“省级文明社区”的荣誉。辖区现有酒钢大友公司等16家单位,商业网点164个,医疗卫生机构4家,幼儿园1家,体育活动场所5处,文化活动室3间。2015年9月,大众社区服务中心办公楼竣工,在楼内布局中,将更多的空间场地留给居民,设有儿童区、综合健身室、书画室、舞蹈室等活动场所。2015年,社区党委从“联心线”“爱心线”“文明线”“诉求线”“平安线”五条线入手,以细化服务举措、丰富服务载体、拓展服务内容、完善服务功能,努力构建“情满大众”社区。

【利民社区】利民社区东至五一北路,南至嘉兴东路,西至新华北路,北至酒钢料场,总面积0.06平方千米,绿化面积18835平方米。有住宅楼53栋,常住人口1901户,4459人。社区党委下设6个党支部,13个党小组,现有党员329人,党员平均年龄72岁。辖区单位5个,商业门点46个。社区党委结合社区人口基数少、老年人多、老党员多的特点,围绕“党建引领 精准服务”这条主线,创造性地提出了“孝为先、和为贵、诚为本、法为上”的社区理念,筑牢服务阵地、完善服务平台、打造服务品牌,努力构建“小社区、大服务”的“服务型”社区新格局。2015年,利民社区坚持从社区实际出发,提出以社区党建为统揽,以服务居民为宗旨,实行“阳光低保”“诚信计生”,组建志愿者队伍,做到了“想居民之所想,急居民之所急”。社区以“抓特色、出精品、创一流”的工作方针,全面完成了党建、民生、人口计生、社会保障、综合治理等各项基础性工作,效能风暴、三严三实、社区关爱等主题实践工作也开展的绘声绘色。社区党委密切联系群众,妥善处理百姓琐事,形成了脚踏实地、真抓实干的工作作风,在创新社会管理、发展社区建设等方面取得了显著成效。

【五一社区】五一社区位于新华中路以东、雄关东路以南、兰新东路以北,东邻酒钢厂区,辖区面积2平方千米。共有住宅楼109栋、别墅82栋、平房3栋。社区现有常住人口3793户、1.1万人(其中常住人口9568人,流动人口1532人)。2015年,五一社区紧紧围绕“工作落实年”的各项要求,以“民心党建”品牌建设为抓手,在党群连心中“聚民”,在联创活动中“惠民”,在联动服务中“为民”,在打造宜居中“安民”,在共谱文明曲中“乐民”,在创新治理中“助民”。社区建立了覆盖全辖区的10个业委会,协调解决了7个业委会办公用房,全年协调处置居民物业问题求助39起,被评为“全市物业管理工作先进社区服务中心”。经过一年实践探索,社区明确了“党支部+业委会”的党建模式,以“党员、业主之家”建设为载体,深入推进社区党建工作。

【兰新社区】兰新社区位于嘉峪关市区中部,毗邻建设路市场和新华大道,人口密集,交通便利。所辖区域包括兰新小区和永新小区,总面积约为0.45平方千米,共100栋住宅楼和7栋平房,总户数为3350户,9511人。辖区共计有行政、企、事业单位9个,个体商业网点192家,学校1所,私立幼儿园2所,社区卫生服务站1个,金融储蓄网点

3家。社区以"绿色兰新 美丽家园"为发展理念，健全机制，创新载体，强化功能，以服务辖区居民为出发点和着力点，努力打造美丽、幸福的智慧型社区。现有图书室、舞蹈室、健身室、书画室、道德讲堂等功能室，为居民提供全方位、综合性、社会化的便捷、优质、高效的服务。2015年，兰新社区在长城区区委、区行政的正确指导下，顺利完成了党务、党风廉政建设、计划生育、社会事业、综治维稳等各项目标工作任务，并获得了"民主法治社区""物业管理工作先进社区""优秀志愿者服务队""青年文明号"省级科普示范社区等多项荣誉称号。

【建设社区】建设社区东起五一南路，西至新华南路，南临迎宾东路，北至建设东路，是城区商业网点聚集地之一，也是一个环境整洁、交通便利的居民住宅区。社区总户数4412户，11957人。2015年，建设社区以建设"人文社区"为目标，以"服务居民、打造特色、构建和谐"为思路，坚持以人为本、服务居民的原则，通过抓好社区基础工作，进一步健全社区工作网络，完善社区服务功能，和党员、居民代表、辖区单位一道发动社区居民参与社区建设活动；完善了"两纵、两横"的社区党组织网络和工作体系，并按照"大支部、小党组"和"志趣相投、活动相似、就近便利"的原则，把辖区党员划分为三个党支部52个党小组，加强了党员的管理与服务，充分发挥党组织的战斗堡垒作用和党员的先锋模范作用；9月份社区党委按照区委和棚改指挥部的要求，按时分阶段完成棚户区改造的各项工作。2015年度社区荣获了全国文明社区、"全国社区戒毒社区康复工作示范点"、省级科普示范社区、全市禁毒工作先进集体、三级无毒社区、12345民生服务热线联动工作先进单位、嘉峪关市平安社区、嘉峪关市职工职业道德建设十佳单位和嘉峪关市民主法治社区等荣誉称号。

【永乐社区】永乐社区地处朝阳路以西，五一南路以东，迎宾东路以北，建设东路以南，辖区总面积约0.58平方千米。下辖同乐、永乐北、永乐南三个小区。社区服务中心位于同乐小区10号楼西侧，建筑面积2000平方米。社区现有楼房94栋，常住居民4155户，总人口11660人，其中统战人士236人，五老队伍32人，重点优抚对象4人，涉核人员17人，60岁以上老年人1476人，残疾人267人，退休人员1199人，失业无业人员1697人，享受低保人员75户140人，低保边缘户215人；出租房339户，流动人口929人。辖区有小学一所，民族宗教场所一处，商业网点231家。现有党员310人，设4个党支部18个党小组，采取"大支部、小党组"的运行模式，实施三个党建项目，即家政维修志愿服务队、关爱孤寡老人暖心队和民情信息员队，运行效果良好，群众参与率较高。社区党委从搭建党建五个平台入手，全方位、多角度与辖区居民互联互通，把党组织和辖区居民紧密联系起来，实现服务居民零距离的目标。2015年度获得基层党建示范点、全市民族团结进步模范集体、嘉峪关市科普示范社区等荣誉称号。

【建林社区】建林社区位于市区东部，总面积0.91平方千米。东临东安社区，西接东环南路，南至迎宾路，北临兰新东路，有人口3389户，10809人，其中常住人口8879人，流动人口1930人。居民住房有平房304栋，楼房25栋(建林7栋，建安8栋，翠竹园10栋)，以出租为主的自建大院38个。社区办公用房建筑面积为175平方米。2015年，社区紧紧围绕"工作落实年"和"邻里互助"活动为载体，开展了各类活动，全年累计开展各类活动50余次。一系列群众文化活动的开展，让居民走出"小家"，融入"大家"，在活动中进一步密切邻里关系，增进了邻里友谊，全力提升社区居民群众幸福感和满意度。2015年社区被评为"二级无毒社区""平安社区"。

【东安社区】东安社区辖区总面积24平方千米，东至嘉峪关与酒泉交界，南至迎宾东路，西邻建林社区，北至飞机场与创新大道交汇处。社区现有居民楼23幢、平房164栋，出租大院115家，商业网点362家，13个行业场所，104家企业单位。社区现有人口1809户8871人，其中常住人口4412人，流动人口4459人，流动人口占人口总数的50.3%。东安社区办公场所位于东安街区76栋6号，占地面积约300平方米。社区现有工作人员

45人。其中,科级干部6人,在编干部6人,进村进社大学生1人,民生实事人员1人,应聘人员15人,社区协理员7人,流动人口协管员5人,零就业人员4人。社区党委下设3个党支部,共有党员206人。社区以党委为中心,下设政务办公室、社会事业办公室、社会保障办公室、综治工作办公室、计划生育办公室和民生服务办公室六大办公室和"一站式"便民服务大厅,为居民提供全方位、综合性、社会化的便捷、优质、高效服务。

新城镇

【概况】新城镇隶属嘉峪关市长城区,位于市东北侧,距市区约30千米,因境内有古新城堡而得名。全镇下辖观蒲村、泥沟村、中沟村、新城村、长城村、野麻湾村、横沟村、安远沟村共8个行政村,58个村民小组,2892户11051人,总面积271.8平方千米,是全市人口最多,占地面积最大的乡镇。

全镇地势平坦,海拔在1400—1520米之间。年平均气温6.7—7.7℃,气候干燥,昼夜温差大。境内有魏晋墓、明长城、伊斯兰教香太师庙、李陵碑等文物古迹和新城林场、乾园山庄、新城草湖等旅游景点。

新城镇大力发展高产高效优质农业,形成了设施农业、特色制种、西甜瓜、沙地胡萝卜、洋葱等支柱产业,2015年农民人均纯收入达到15371元,同比增长11%。全镇养殖场(小区)29家,规模养殖户830户,畜禽饲养总量18.21万头(只)。年内依托野麻湾农业发展示范园区光伏棚,引进新品种46个,推广新技术6项,实施农业科技项目6个。

改善基础设施,推进美丽新城建设。2015年实施"一事一议"财政奖补项目,完成后墙改建9032.1米,后路疏通10597.6米,新建粮食晾晒场25144平方米,修建渠道3555米,田间道路800米;实施了14235亩高效节水灌溉工程;实施了高标准农田建设项目7328亩,衬砌U型渠65.6千米;配套渠系建筑物4068座,配套完成农业、林业、科技措施。

全面落实各项惠农政策,认真做好民政、残联等工作,申报残疾人无障碍改造项目,为发放重度残疾人轮椅。农村合作医疗参合率和养老保险参保率均达到98%以上。

2015年镇党委获得全省联村联户为民富民民心奖,中沟村获得全国文明村和省级文明村荣誉称号,野麻湾村获得全省民主法治示范村称号。

(马晓芳)

镜铁区

区　况

【概况】中共嘉峪关市镜铁区委员会、嘉峪关市人民政府镜铁区成立于2009年12月1日,是市委、市政府派出机构,县级建制,管辖1个镇(文殊镇)、1个矿山办事处、12个社区(铁北社区、迎宾社区、铁南社区、德惠社区、昌盛社区、峪苑社区、曙光社区、和城社区、佳苑社区、朝晖社区、紫轩社区、明珠社区),其中文殊镇辖6个行政村(河口村、团结村、石桥村、冯家沟村、文殊村、塔湾村),总人口121739人,其中常住人口106788人。

镜铁区地域面积433.48平方千米,讨赖河流经全区,清嘉高速公路、兰新铁路贯穿全境,毗邻嘉峪关机场、嘉峪关火车站,区位优势明显。全区旅游资源丰富,东湖生态旅游景区,讨赖河生态旅游景区,双泉生态旅游观光高效农业示范区,长城第一墩,文殊山等景观分布全区。全区基础设施较为完善,三产业发展较快,嘉峪关方特欢乐世界、观礼古镇、兰新复线新客站、西部综合交易市场、华电集团光伏并网发电等重大项目落户全区。2015年,实现农村社会总产值3.52亿元,农民人均纯收入达到15371元,同比增长11%,其中人均从非农产业获得收入8245元,占农民人均纯收入15371元的53.6%。

镜铁区委、区行政内设党群工作部、经济发展部、综合管理部、社会事业部、办公室、卫生和计划生育办公室6个职能科室,均为科级建制,后陆续增加妇联、共青团、精神文明建设办公室、人大代表联络工作办公室。区机关共有干部22名,其中处级干部10名,科级干部10名。全区共有干部职工457人,其中在编干部164人(行政编制37人,参公编制2人,事业编制119人,工勤编制6人;处级干部11人,科级干部84人,一般干部69

人),大学生村官、进村进社、三支一扶及民生实事人员共计46人,社区工作人员193人,协理员54人。

镜铁区自成立以来,在市委、市政府的正确领导下,按照“边组建、边完善,边推进、边规范”的要求和“立足长远、打牢基础”的工作思路,从规范内部管理、明确工作思路、提高工作效率、保证民生服务入手,以基层党建、三农发展、社区建设、民生服务、安建设等工作为重点,全力做好市委、市政府交办的各项工作任务,全区各项事业得到了长足发展。

【基层党组织建设】“三严三实”专题教育有序推进。按照“四专一改”工作思路,制定印发了《镜铁区“三严三实”专题教育工作实施方案》《镜铁区“三严三实”教育专题学习研讨方案》,开展专题党课8次、专题研讨6次,撰写心得体会24篇、研讨材料30篇。广泛深入征求意见建议,征求到对区委班子意见建议86条,梳理汇总出区委领导班子问题12个,领导干部个人问题63个,开展整改工作,整改率分别达到98.7%和95.2%。各级领导班子建设不断加强。按照“抓班子、带队伍、强基础、谋发展”的工作思路,领导班子管理事务、协调关系、开展工作、处理问题矛盾的本领不断提高。全年提拔交流科级干部16人,调整基层党组织班子6个,配齐配强了基层领导班子。紫轩社区党委荣获“陇原先锋号”荣誉称号。干部队伍素质不断提高。履行党管人才职责,完善党管人才工作机制,扎实推进创新型人才队伍建设。组织科级以上干部参加“富民兴陇”讲座50人次,参加全市基层党组织书记轮训23人次,提高了各级领导干部适应工作新常态的能力和水平。党风廉政建设不断深化。落实纪检工作党委主体责任和纪委监督责任,严格执行《重大事项报告制度》,落实主要负责人“五个不直接分管”及“末位表态”制度。全面开展“三述”工作,召开“三述”工作会议2次,约谈基层党委班子13次。开展效能风暴行动,开展明察暗访12次,通报督查结果2次,全区作风建设持续好转。“双联”工作扎实开展。紧扣双联行动“六大任务”,不断推进双联行动与精准扶贫深度融合,认真抓好第一书记到村任职和驻村帮扶工作队工作,全年41个“双联”单位帮扶各类资金50余万元,解决文化室设施短缺、道路硬化等民生问题60余件。武装双拥工作扎实推进。全区34名应征青年光荣入伍,完成全年征兵工作任务。开展拥军优属活动,走访重点优抚对象50人、涉核人员86人,发放慰问金12.7万元。群团工作全面加强。全面完成陇原巧手技能培训工作,培训居民1000余人次。认真开展“最美家庭”寻找创建工作,评选最美家庭37户,其中省级1户、市级4户。开展工会困难帮扶活动,发放助学金28人5.6万元。

【城乡一体化建设】 民生实事项目加快落实。迎宾社区服务中心建设项目300平方米车库建设竣工;峪苑社区服务中心建设项目环评和方案设计已完成,正在办理规划、国土等手续;德惠社区服务中心建设项目主体和装饰已完工;文殊社区服务中心,文殊村、河口村文化大院,团结村老年互助幸福院建成投入使用;全面完成30户农村贫困户危房改造任务,改造面积3059平方米。农业示范园项目扎实推进。恒翔现代农业示范中心完成投资4400万元,进驻专业合作社11家,建成养殖小区9个、日光温室63座;丰源农业科技示范园区完成投资173万元,建成冷藏库3栋、种植基地210亩;新鑫现代设施农业园完成投资180万元,建成日光温室10座、鱼塘5000平方米、鹿舍4座;林海生态餐饮建设项目完成投资1200万元,建成综合楼一栋;团结菜业农民专业合作社完成投资264万元,完成厂房扩建3000平方米,加工蔬菜1600吨,实现销售收入250万元;藏王府项目完成投资100万元,建成大门、栈道、蒙古包等基础设施建设。水利工程项目顺利实施。投资2200万元实施文殊灌区高效节水项目,铺设节水管线51千米,建设沉砂池1座、蓄水池2座;投资446万元实施文殊镇人饮管线项目,铺设管线9.8千米,架设50立方米水塔1座;投资2600万元实施北大河河道治理工程,疏通河道6千米,完成河道南岸加固工程;投资900万元实施崔家洪道和钟家沙河治理工程,浇筑混凝土护坡8368米。乡村旅游服务项目深入发展。大力发展观光农业和休闲农业,创建“家庭旅馆”15家,完成星级农家乐评定23家。以文殊村、石桥村为试点,开展电商扶贫,搭建农产品“线上线下”交易平台,不断拓宽农民增收渠道。2015年,文殊镇从事非农产业人数达 2575 人，累计获得收入 6256 万元，人均非农产业收入 8245 元，占农民人均纯收入的 53.6%，同比增长 11%。

【农业工作】以农民增收为核心，全区农业稳步发展。2015 年，文殊镇预计实现社会总产值 3.52 亿元，其中：农业总产值 1.65 亿元，二、三产业总产值 1.87 亿元，二、三产业增加值 3741 万元。农民人均纯收入达到 15371 元，同比增长 11%。种植业结构优化明显。2015 年，文殊镇播种面积 16955 亩，其中粮食作物 4010 亩，经济作物 12945 亩。种植高效作物 15346 亩，占总播种面积的 90.5%，种植业结构进一步优化。农业科技推广成果显著。引种新西兰红梨、以色列 2 号草莓等果蔬新品种 30 个 191 亩。新建食用菌周年化生产基地 1 处。推广试验大田玉米套种黑木耳、反季节果品栽培等新技术 7 项。美丽乡村建设全面推进。认真做好“美丽乡村”和“一事一议”项目建设，建成机耕路 1.04 万米、渠道 1.85 万米、晾晒场 1.3 万平方米，修建桥涵 10 座，安装太阳能路灯 60 盏、钢架凉棚 175 个，栽植海棠树 120 株，疏通后路 1500 米。完成河口村 2016 年“千村美丽”示范村项目申报工作。土地保护利用再上新台阶。规范土地流转程序，流转土地 5980 亩。认真开展土地经营权和宅基地确权工作，完成 17077 亩耕地土地确权和 2072 户宅基地三榜公示工作。实行最严格土地管控措施，完成 25525 亩耕地和 15330 亩基本农田保护任务。畜牧业发展步伐加快。全力做好动物畜禽免疫工作，全年无动物疫情发生。全区规模养殖户达到 496 户，畜禽饲养总量达到 7.07 万头只，其中：存栏 4.93 万头只，出栏 2.14 万头只。

【社会事业】各项惠民政策全面落实。发放惠农补贴资金 477 万元，低保金 819 万元，救助金 99 万元，重度残疾人护理补贴 59 万元，高龄补贴 162 万元。办理居民养老保险 269 人，居民医疗保险 31219 人，农村养老保险 4663 人，合计参保率达 98%。为 241 人办理小额贷款 1605 万元。完成 99 户残疾人家庭无障碍设施改造项目。人口与计生工作进一步加强。全面完成全国 1%人口抽样调查工作，佳苑社区作为全省试点抽样小区，先进经验在全省推广。强化计划生育政策的宣传和落实，发放奖扶救助资金 234 万元，办理一孩准生证 512 个，审批二孩指标 56 个，完成 160 户流动人口动态监测工作。文明城市创建工作稳步推进。按照创城测评要求，开展核心价值观宣传、道德讲堂等工作，开展各类志愿服务活动 134 次，道德讲堂活动 36 次，明珠社区荣获省级文明社区称号。开展环境综合整治工作，围绕迎宾二、四小区改造，开展环境卫生整治活动 15 次，清理垃圾 12000 余方。文化事业蓬勃发展。实施“乡村舞台”项目建设，制作文化墙 4 处、宣传栏 20 个。建成健身场地 18 块。完成团结村农耕文化村史馆建设。先后组建了 57 支文艺演出队伍，成功举办爱国歌曲大家唱、非物质文化遗产进机关、纳凉晚会等文体活动 74 场次。组织放映高清数字电影 160 场次。为民服务水平显著提高。规范办事流程，细化服务内容，建立健全了党委议事、党务公开等 191 项工作制度和社区 AB 岗工作制度等 98 项服务制度。推行“12345”服务标准，强化窗口规范建设，开展延时服务，探索总结了昌盛社区“三按照六服务”、和诚社区“六个在社区、四进四送、五清楚、四知道、四必做”、铁北社区“两强化、两创新、两条线、三张牌、四张名片”工作法，紫轩社区“一心，二细，三活，四清，五到户”网格管理服务法等一批服务居民先进经验，为民服务水平显著提升。

【社会治理创新】以平安建设为着力点，社会治理取得新进展。矛盾纠纷化解工作深入推进。强化矛盾纠纷排查调处工作，拓宽社情民意表达渠道，打通联系服务群众“最后一公里”，调处民间矛盾纠纷 655 起，成功调解 655 起，化解率 100%。信访积案化解工作顺利开展。全力做好信访积案化解，严防赴省进京非正常上访事件发生，接待群众来信来访 28 批 36 人次，处理信访局反馈信访案件 4 件，化解信访积案 2 起。普法宣传工作有序进行。健全基层综合服务管理平台，依托法律援助服务站全面开展普法宣传及法律服务进社区工作，受理各类服务事项 5260 件，接待法律咨询 230 人次。示范社区创建工作全面深化。创建全国“民主法治示范村（社区）”2 个，省级“民主法治村（社区）”5 个；省级“无邪教镇”1 个，市级“无邪教社区（村）”5 个。西三线占压隐患全面整改。认真履行属地监管、综合监管和行业监管责任，积极协调市安监局、工信委、国土局、规划局等单位,形成整改合力,按期拆除了雄关种业公司晾晒场,全面完成了西三线管道占压安全隐患整改工作。

社区概况

【铁北社区】铁北社区西至嘉峪关火车站贵宾室,南邻嘉文北路,北接嘉峪关市盛泰驾校,东至阳关路,总面积40万平方米。现有工作人员32名,其中副科及以上干部5人,正式干部1人,学生干部1人,聘用人员16人,协理员3人,流动协管员2人,残联专干1人,其他3人。管辖居民小区7个(雄关一、二、三、四、五、六小区及怡景苑小区),住宅楼80栋,自建大院16个。辖区居民3403户、8362人,其中常住人口6917人,流动人口1445人。辖区有机关企事业单位25个,商业网点173个,其中学校3所(嘉峪关市第二中学、迎宾路小学、嘉峪关市第四幼儿园),医院1所(嘉峪关市中医医院)。社区党委下设7个党支部,13个党小组,党员258人。社区服务中心设党群、政务、社会保障、综治、人口与计生等七个办公室和党员、民生、计生、内勤等十个便民服务岗,为居民提供方便、快捷的服务。2015年,社区本着"党员队伍建设求成效、重点工作求创新、亮点工作求特色、日常工作求规范"的原则,以"两强化、两创新、两条线、三张牌、四张名片"工作法,较好地完成了各项工作任务,被授予了"好班子"荣誉称号。

【迎宾社区】迎宾社区位于火车站附近,辖区居民主要以铁路职工、职工家属为主。现辖迎宾一、二、三、四、五、六小区,占地面积22.79万平方米。辖区内现有企事业单位10个,商业门点176个,自建大院14个。辖区有居民4482户,10361人(流动人口1100人),其中老年人2372人(75岁以上1033人、80岁以上517人、90岁以上38人),党员432人(居民党员421人),残疾人181人,吸毒人员141人,精神病人19人,低保户68户。社区党委辖7个党支部,即迎宾一、二、三、四、五、六党支部和机关党支部。为了方便居民办事,提高办事效率,在便民服务大厅设立了计划生育、流动人口、民生服务、内勤服务、党员服务、咨询代办、残老服务、武装双拥、就业保障、救助服务等10个岗位。

【铁南社区】铁南社区东起和诚大道,西至嘉文南路,南邻体育大道,北接迎宾西路,占地面积约0.18平方千米。管辖迎宾七小区、怡心苑、芳馨苑、逸景南苑、天怡苑等17个居民小区,20个自建大院。社区现有居民4025户、10222人,居民楼106栋,企事业单位41个,商业门点289个。社区便民服务大厅共设置党员服务岗、民生服务岗、救助服务岗、武装双拥岗、咨询代办岗、残老服务岗等10个岗位,建立了一站式服务、一站式受理的便民服务模式。服务中心按照"一委一会一中心"模式运行,设有健身室、舞蹈室、老年活动室、日间照料中心、心理咨询室、青少年第二课堂、书画室、图书室、绿色网吧、居民议事厅、道德讲堂、党建室共12个功能室,打造设施完备、功能完善、服务高效、管理精细的"一刻钟便民服务圈",为居民提供贴心、细心、实心、暖心、尽心的"五心"服务,不断提高辖区居民的满意度和幸福感。社区以"1361"工作模式引领带动服务民生各项工作,"1"即强化党组织建设这个核心;"3"即建设好"社区工作者、社区党员和社区志愿者"3支队伍;"6" 即实现学在社区、美在社区、爱在社区、乐在社区、和在社区、廉在社区;"1"即以群众满意为最终落脚点。

【德惠社区】德惠社区位于体育大道西端,下辖德惠小区、碧水绿洲小区、雅居名苑小区三个居民小区,占地面积30.1万平方米,现入住居民2553户6454人。社区党委下辖2个党支部,共有党员51。社区有低保户148户328人,残疾人125人,少数民族98人,60岁以上老人71人。社区设有党群工作办公室、政务工作办公室、社会保障办公室、社会事务办公室、人口和计划生育办公室、综治办公室、民生服务办公室7个办公室,2个便民服务厅设有党员服务岗、民生服务岗、内勤服务岗、计生服务岗、就业保障岗、残老服务岗、救助服务岗、武装双拥岗、流动人口岗、咨询代办岗10个岗位。

【昌盛社区】昌盛社区是2012年社会治理创新以来第一批试点成立的新型社区,所辖区域东起胜利南路,西至312国道,北起迎宾西路,南至体育大道,总面积55.5万平方米。辖区内有昌盛、兴达、滨湖经典3个居民小区,共有居民楼65栋,居民2266户、7274人,其中常住人口5952人,流动人口1322人。共划分为六大网格,平均每个网格有300多户居民。辖区内有9个行政事业单位,2个国有企业,6个私营企业,206个商业门点,西部商贸有限责任公司和四大综合批发市场位于其中。社区党组下设11个党支部,共有党员557人,其中社区直管党员101人,在职党员417人,退休党员39人。2015年,社区党委在市委、市政府和区委、区行政的坚强领导下,以"工作落实年"和"基层党建年"为契机,以服务居民群众为核心,以"365满意服务行动"为载体,深入践行"三严三实",强化措施,加压紧逼,各项工作任务得到全面落实。社区先后获得全国文明社区、全国民主法治示范社区、"陇原先锋号""雄关先锋号" 等多项殊荣。

【峪苑社区】峪苑社区位于玉泉南路、迎宾西路交接处,北起迎宾西路,南至和城西路,西起共和南路,北至玉泉南路,总面积12.9万平方米。辖区有紫竹园、丰麦园和水岸明居3个小区,辖区有居民住宅楼137栋,居民1680户,1319人;有企事业单位2家,商业门点112家。社区现有干部29名,按照"一委一会一中心"模式运行,内设便民服务大厅、党建活动室、居民议事会、综合办公室,警务室、图书阅览室和心理咨询室等,为社区居民提供各项便民服务。2015年,社区党委从抓班子入手,全面建设服务型党组织,以"内强素质,外强服务"为宗旨,以平安建设为基础,全力构建法制社区;以党建"四抓"抓党组织建设,以为民服务"六为"抓服务,以党风廉政建设"四员"抓廉政建设,不断完善社区功能,提升社区服务水平,全力打造和谐社区。

【曙光社区】曙光社区东起新华南路,西至胜利南路,北起迎宾西路,南至明珠西路,辖区面积83.25万平方米。管辖曙光小区、广汇小区和碧波园小区3个生活小区,有居民楼83栋,平房2栋以及碧波园别墅121套。社区现有住户2765户,人口7560人(其中本市常住人口5790人,甘肃矿区1770人,流动人口730人),其中低保户48户108人,60岁以上老人150人(80岁以上老人2人)。辖区内行政事业单位7个,公私有企业单位110家,个体工商户165家。社区现有工作人员33人,其中行政事业干部8人,综治主任1人,大学生干部1人,聘用干部16人,协理员4人,残联专干1人,流动人口协管员2人,大专以上学历21人。社区有党员71人(其中在职干部中党员8名,居民党员63名)。曙光社区自2012年4月成立以来,按照标准化城市示范社区的建设要求,下设"一委一会一中心",由社区党委领导下的居民委员会、居民议事会、服务中心组成,社区工青妇、计生、民政、社保、环境卫生、文化教育、社区服务等配套组织齐全。社区党委紧紧围绕市委、市政府关于"便民""利民""惠民"建设服务型社区的有关精神,在镜铁区委、区行政的正确领导下,探索新形势下社区工作新思路、新办法,坚持"务实创新、真抓实干、高效廉洁、争创一流"的工作理念、抓住"便民利民、作风优良、和谐稳定"三个关键点,努力把曙光社区建设成为坚决贯彻执行党的路线方针政策的组织者、推动者和实践者,成为推动发展、服务群众、凝聚人心、促进和谐的坚强战斗堡垒。

【和诚社区】和诚社区位于嘉峪关市南端中间地段,北起体育大道,南至讨赖河北岸,东起胜利南路,西至共和南路,总面积63.79万平方米。管辖兰泽园、枫林园、和畅园、金橘园、青禾园、富贵世家6个小区,有居民楼166栋,居民6658户、14292人。辖区内有企事业单位8家(行政事业单位3家,企业5家),商业门点200家。社区共有干部30名。办公服务用房1500平方米。按照"一委一会一中心"模式运行,内设便民服务大厅、党建活动室、居民议事会、道德讲堂、综合办公室,爱心超市、四点半课堂、警务室、音乐舞蹈室、棋牌室、图书阅览室、绿色网吧、老年人日间照料中心、心理咨询室、书画室、健身室等,为社区居民提供各项便民服务。2015年,社区以党建工作为龙头,以社区服务为核心,以社区建设为基础,全力构建服务型、规范型、平安型、整洁型、文明型、幸福型新型社区,全面增强社区服务功能,社区管理运行机制规范化、制度化、精细化,社区各项工作更加贴近社区发展,贴近社区管理,贴近居民需求,社区服务体系不断完善,社区服务功能进一步增强。

【佳苑社区】佳苑社区位于南市区中心地带,东至朝阳路与朝晖社区比邻，南至明珠东路与紫轩社区比邻，西至体育大道与和诚东路交汇，北至迎宾路与永乐社区相邻，总面积约55万平方米。管辖佳苑、亲水湾、朝阳、福苑、东湖国际等小区组成，共有住宅楼103栋，总户数3571户，总人口数9235人。辖区内有单位24个，商业网点466个，出租房屋180户，流入人口1576人，流出人口37人。佳苑社区由原佳苑居委会、朝阳居委会整合而成，现有工作人员32名，其中在编干部10人，大学生干部2人，社区一般工作人员20人。社区服务中心下设党务、政务、计生、综治、社会事务、社会保障、民生服务7个办公室。社区党委下设三个党支部，有党员118名。同时，社区内部设有党建室、民兵室、老年活动室、舞蹈室、健身室、绿色网吧、图书室、日间照料室、书画室、心理咨询室等12个功能室，外设科普长廊，婚育文化广场。社区还成立了低保评议小组、计划生育领导小组、计划生育协会、民事调解小组、老龄协会、妇代会等多个机构。

【朝晖社区】朝晖社区坐落于东湖北侧，东起机场南路，西至朝阳路，南起体育大道，北至迎宾路，总面积22.8万平方米。由原朝晖社区居委会、阳光社区居委会整合而成。现辖阳光、朝晖、鸿润居三个居民区，有居民住宅楼88栋，总户数2696户、总人数6368人，其中常住5573人，流动人口795人。辖区内有行政事业单位3个，学校1个、幼儿园2个，大型私企6个，商业门店320个。现有工作人员32名。社区党委下设三个党支部，共有党员62名。按照“一委一会一中心”模式运行，便民服务大厅设有10个工作岗位，为居民群众提供一站式服务。社区服务功能室有党建室、道德讲堂、四点半课堂、警务室、音乐舞蹈室、棋牌室、图书阅览室、绿色网吧、日间照料中心、心理咨询室、书画室、健身室等，为社区居民提供各项便民服务。朝晖社区商业设施完备、业态齐全，网点布局相对集中，特别是大唐美食街各种餐饮娱乐设施齐全，较好地满足了辖区居民餐饮、购物等多种需求，为居民的生活提供了更多便利的条件。

【紫轩社区】紫轩社区东接明珠山水郡，南邻飘带河，西至高速路收费站，北靠明珠东路，总面积0.78平方千米。管辖紫轩花苑一、二、三期、明珠花园和美湖居5个小区，现有居民住宅楼180栋，已入住6707户，18157人，商业门点515个。辖区有明珠学校、社区卫生服务中心等7个企事业单位。2015年紫轩社区按照“抓重点、抓特色、抓亮点”的工作思路，推动了和谐社区建设。社区党委被评为“陇原先锋号”。党建工作全面推进，在机关党员中开展“进千家门、认千家人、知千家情、解千家难”的“四千”活动；开通党员QQ群学习苑，畅通党员学习渠道；“党委+辖区单位”大党建模式得到充分发挥，解决物业纠纷36起，办实事好事28件；开展“五引领五争当”先锋引领行动，评选3名最美党员、8名先锋模范和6名优秀网格员。社会事业全面发展，2015年申请居家养老服务32人，发放“一键通”24部，申报经济适用房1户。办理小额担保贷款业务9人66万元，申请社保补贴44人176326元，新增低保户3户6人，为13人发放大病医疗救助金24.6466万元。慰问困难职工10户10000元。受理各类矛盾纠纷95起，调解成功率达到了98%。社区文化蓬勃发展，成立了居民文化苑，开设了舞蹈班、剪纸班等6个班，吸收居民300余人。举办“构建和谐社区，营造美好家园——纪念抗战胜利70周年文艺演出”活动。与中林商贸有限公司开展4场“广场舞比赛”，举办“紫轩社区第一届‘全民放歌’中林杯歌唱比赛”，丰富了居民文化生活。

【明珠社区】明珠社区总面积117万平方米，现辖润泽园、德轩、明珠山水郡、龙湖华庭、东湖怡院5个居民小区和甘肃钢铁职业技术学院。辖区内有行政事业单位14家，非公经济组织2家，商业网点121家。总人口16803人。社区现有工作人员31名。按照社会管理创新的要求，社区划分为九个网格，实行动态无缝隙管理模式。社区内设党群工作办公室、政务工作办公室、社会保障办公室、社会事务办公室、社会治安综合治理办公室、人口和计划生育办公室等办事机构。社区便民服务大厅设有咨询代办岗、内勤服务岗、党员服务岗、武装双拥岗、残老服务岗、救助服务岗、计生服务岗、流动人口岗、民生服务岗、就业保障岗等12个服务岗位，推行党务、政务“一站式”服务。2015年，社区以“固本强基抓党建，凝心聚力促发展”为核心,以强化党风廉政建设、加强执政能力建设为抓手,强化社区服务引领,打造为民服务体系,将繁荣社区群众文化贯穿始终。社区先后获得“全国科普示范社区”“省级文明单位”等荣誉。

文殊镇

【概况】文殊镇位于市区东南,北以讨赖河与峪泉镇为界,东与酒泉市肃州区西峰乡、西洞镇接壤,南与肃南裕固族自治县祁丰藏族乡隔山相望。镇域东西长21千米,南北宽10千米,行政区划总面积134平方千米,耕地面积17077亩。全镇下辖河口、团结、石桥、冯家沟、文殊、塔湾6个行政村41个村民小组,2341户,7587人;镇党委下设6个党总支部,24个党支部。

近年来,文殊镇党委、政府紧紧围绕农业增效、农民增收、农村发展的目标,按照“项目先行、科技支持、信息共享、招商引资、提升素质、共建和谐富裕美好家园”的工作思路,以科技进步为动力,以项目建设为重点,不断加快社会主义新农村和城乡一体化建设步伐。随着农业产业化的不断发展,全镇逐步形成了以蔬菜、林果、花卉、育苗、啤酒花、食用菌为主的六大特色产业和“一村一品”的产业发展格局。2015年,文殊镇持续优化农业产业结构,不断提升农业综合效益,高效农作物种植面积达到15346亩,占播种总面积的90.5%,亩均收益3500元以上。加大农业科技推广力度,大力发展设施农业,新建标准化日光温室37座。农业总产值达到1.65亿元。全力发展二、三产业,通过技能培训和积极引导,鼓励剩余劳动力向二、三产业有序转移,全年从事非农产业人数达到2575人,实现二、三产业总产值1.87亿元。通过产业结构调整和项目带动,2015年实现社会生产总值3.52亿元,农民人均纯收入达到15371元。

文殊镇先后荣获全国“百万农民健身活动先进乡镇”“全国创建文明村镇工作先进单位”、全省农村基层组织建设“五个好乡镇党委”“全省村级组织活动场所建设先进单位”“全省农村体育先进集体”等荣誉称号。

(高永明)

雄关区

区　况

【概况】中共嘉峪关市雄关区委员会、嘉峪关市人民政府雄关区是市委、市政府派出机构,县级建制。区机关驻地建设西路5号。辖区总面积813平方千米。全区人口100505人,其中常住人口84168人,流动人口16337人,农村人口3040人。辖区企事业单位532家,商业网点3100多个,城市小区47个。有回、满、东乡、藏等17个少数民族1258人。区委、区行政内设四部两办,即党群工作部、经济发展部、社会事业部、综合管理部、办公室与卫生计生办公室(全额拨款事业单位),均为科级建制。下辖1个镇(峪泉镇)3个行政村(嘉峪关村、黄草营村、断山口村),9个城市社区(胜利社区、绿化社区、祁连社区、人民社区、福民社区、友谊社区、雍和社区、雄关社区、嘉北社区)。全区共有行政编制36名,全额事业编制91名,机关后勤编制5名,其中处级干部12名,科级干部68名,其他工作人员287名。

2015年,全区第一产业增加值6.5%,完成固定资产投资7500余万元,GDP完成增长9%,农民人均纯收入1.533万元,增长11.1%。

【党建工作】以提升为民服务能力为目标,加强组织建设。加强班子日常学习、管理和教育,全年区委班子集中学习17次42小时。组织筹备党建观摩,福民社区和嘉峪关村参加了全市基层党建现场观摩,雍和社区做了书面交流。区委坚持以好干部的“五条标准”要求、管理和使用干部。全年选拔、调整、交流科级干部14人,交流了2名社区党委书记,为5个社区配备了5名党委委员,配强了镇和社区班子。严格按照招录程序,补充招聘了16名社区工作人员。按照市委的安排,2015年初率先召开了镇、社区书记抓基层党建述职评议大会,省委督导组刘洪泽组长参加了会议并做了重要讲话;同年7月份又组织镇、社区书记进行了抓基层党建工作述职评议。通过述职评议,基层党委书记抓党建的责任意识明显增强,基层党建工作水平进一步提高。全年培训入党积极分子8人，发展党员30人。开展在职党员进社区志愿活动93场次，参与1038人次。以思想政治建设为统领，凝聚共识。落实三会一课制度，结合“三严三实”专题教育，开展交流讨论，组织干部职工系统学习了党的十八大、十八届三中、四中、五中全会精神和习总书记系列重要讲话精神。强化舆论导向，全年各类媒体采用全区采编的信息881篇，其中全国性媒体141篇、省级媒体390篇、市级媒体326篇。加大干部党员培训教育力度，全区组织各类教育培训278场次，累计9800余人次参加。依托“道德讲堂”“专家讲堂”“远程教育”等阵地，深入开展社会主义核心价值观、《中国共产党廉洁自律准则》《中国共产党纪律处分条例》等内容宣讲19场次。以反腐倡廉教育为重点，落实党风廉政建设责任制。区委坚持理论学习先行，班子成员带头讲党课，在专题教育中班子成员讲党课12场次，镇、社区书记讲党课11场次，听讲党员1200余人次。组织召开了全区政风行风和机关作风建设评议质询会，进行民主测评，群众对改进作风的满意率达100%。区委严格落实党风廉政建设“两个责任”，层层签订了廉政目标责任书，申报了科级以上干部个人事项报告。7月下旬召开了全区“三述”大会，增强了基层党委书记在守纪、倡廉、改作风方面的思想意识。严格落实基层党务、政务、村(居)务、事务“四务”公开制度。加强镇、各社区财务审批监管力度，对峪泉镇和9个社区开展了惠民(农)政策落实、各类补贴和资金发放情况专项检查。组织全区150余名党员干部参加了党风廉政、预防职务犯罪答题活动。全区副处级以上干部及镇、社区书记和副书记赴酒泉监狱进行了警示教育学习，开展了“学好法、用好权，促公正、促清廉”预防职务犯罪主题宣讲活动。对主要职责和内设机构职责进行了分类梳理，梳理主要服务事项81项，进一步修改完善并启用了网站，完成了“三张清单一张网”工作，及时对三公经费、工作落实年重点工作和便民服务事项等信息及时进行了公开。以学习教育为重点，推进“三严三实”专题教育。区委认真制定了《雄关区在县处级以上领导干部中开展“三严三实”专题教育的实施方案》，对专题教育工作进行了安排部署。区委班子10名成员和副调研员、峪泉镇党委书记在各自联系的社区、村讲党课12场次。以“严”和“实”的标准，区委各委员“突出一条主线，紧扣三个针对，用好两面镜子，发挥一个平台”，制定了学习研讨计划，严格按照上级要求开展研讨工作，累计专题研讨6次，确保专题教育扎实有效。针对基层“三多”问题，区委成立“三多”问题清理专项工作小组，针对基层机构牌子多、考核评比多、创建达标多，开展了深入细致的调研工作，经过梳理整合，全区镇、各社区现有机构牌子135个，考核评比58项，创建达标42项。工青妇工作扎实开展。为单亲母亲、困难职工等各类群体253人发放慰问金33余万元，为农村妇女61人申请413万元小额担保贷款，为29名城乡创业人员申请了创业贷款；组织辖区内的妇女职工2703名参加了妇女病检查，组织开展“陇原巧手”培训27场次793人参加。举办了共青团干部培训，加强团员意识教育。组织举办了全区职工运动会，参加了全市职工广播体操比赛和知识竞赛、演讲等活动。推进全国文明城市创建工作。加强文明城市创建宣传教育，累计发放宣传单5500份，调查问卷100多份，悬挂宣传条幅95幅。设置核心价值观、“善行义举榜”等宣传板(栏)46块，孝道文化墙8个，开展相关知识讲座12场次。严格落实区领导包片区、单位包街区、干部包路段督查的“三包”法，网格化分解任务，各社区工作人员轮流巡查商铺、走访居民，重点对环境卫生、门前三包、张贴喷涂小广告等进行全面整治。扎实开展志愿者队伍文明交通劝导活动，累计组织社区志愿者活动72场次，参加3672人次，形成了全民共创的良好局面。结合农村党的群众路线教育实践活动，围绕“美丽乡村、魅力家园、文明农户”建设，在峪泉镇开展了“五星级文明户”评选活动，共评选五星级文明户385户，四星级292户，三星以下165户，文明城市创建工作扎实推进。推进联村联户工作。以协调解决村组和农户困难为重点，结合精准扶贫和驻村帮扶工作，广泛开展调研走访活动，累计走访慰问90余次358户，开展义诊、专题讲座和政策宣传70余场次。协调解决了嘉峪关村支农泵站老化问题，装修了村文化大院，累计为民办实事42件。积极协调一事一议财政奖补项目，为嘉峪关村修建渠道2.3千米、健身场地400平方米，为黄草营修建文化广场3300多平方米，农作物晾晒场20000平方米。认真开展

“精准扶贫”工作,以“双联”工作为载体,指导驻村帮扶队制定发展规划和帮扶计划11个,争取项目资金6万元。实行“支部+农户”“党员干部+农户”的发展模式,把党建工作和“精准扶贫”有机结合,建立了扶贫双联项目库,各项工作扎实有效推进。

【城乡一体化建设】以项目建设为抓手,加快城乡一体化建设。完成续建的胜利社区服务中心和断山口社区服务中心改扩建工作及外围硬化、绿化等工作。新建的绿化和嘉北2个标准化社区服务中心,其中绿化社区服务中心建筑面积1545平方米,投资450万元,已完成主体工程;嘉北社区服务中心建筑面积1527平方米,投资450万元,已完成旧房拆除及基础垫层砌筑工作。委托甘肃省城乡规划设计院编制完成了峪泉镇城乡一体化规划和总体规划等6个规划,编制完成了峪泉镇建制镇示范试点工作实施方案。完善了建制镇示范试点工作项目库,完成了项目可行性研究报告、环境影响评价、社会风险稳定评估和基础设施项目的立项、设计及招投标等工作。探索公共服务机制,创新峪泉镇建制镇示范试点新模式,编制完成了农村公共服务运行维护机制实施方案,为建立市、镇、村三级联动公共服务运行维护机制奠定了基础。完成2014年惠民街区387户1600余人4万平方米房屋拆迁改造任务,签订协议384户,22栋房屋主体已经完工。2015年棚改任务涉及福(惠)民街1819户7200余人,累计入户宣传政策3000余人次,接待群众咨询1200余人次,张贴公告通知2300余份,发放宣传资料6400余份,组织协调会议20场次,入户摸底100%,收房1667套,签订协议1418户。“一事一议”项目投资473.49万元,建成农作物晾晒场20000平方米,Φ400管灌906米,渠道1290米,田间道路1632米,硬化文化广场5个7056平方米,安装休闲座椅30个,太阳能景观灯10盏。以农民增收为重点,城乡一体化建设稳步推进。完成种植面积6033亩,其中粮食作物1448亩,经济作物4282亩,其他作物303亩。以玉米制种、实用葵花、甜叶菊等为主的订单农业3769亩,占经济作物的88%。流转土地1118亩。完成杨树蛀杆天牛病药物防治2840亩,苹果蠹蛾防控800多亩。开展各类农业技术指导培训600人次,农民职业技能培训38人。鼓励和扶持养殖合作社和养殖协会发展,加强黄草营生态养殖小区建设,为10户农民专业合作社和29户农户办理了草食畜牧业和设施蔬菜贷款178万元。全年畜禽饲养18.4万头(只/羽),存栏10.8万头(只/羽),出栏7.6万头(只/羽)。大力发展劳务经济,加强农民职业技能培训,不断拓宽农民就业增收渠道,全年农民人均纯收入1.533万元,比上年增长11.1%;劳务输出1605人,其中长年务工人员451人,季节性务工人员1154人,累计收入3400余万元,人均非农产业纯收入10515元,占2015年农民人均纯收入的73%。开展“旅游服务提升年”行动,大力扶持和培育特色农家乐,现有农家乐18家,奇石点44家,评定和升级申报农家乐12家,累计收入710多万元。鼓励农户家庭旅馆建设,建成家庭旅馆10家,床位256个,接待客流量2600多人次,经营收入36余万元。推进美丽乡村建设,招聘21名村组维护员定期清理整治村组环境卫生,农村环境连片整治工程运转规范化。加强退耕还林及后续产业项目,完成退耕还林自查验收5399.6亩,绿化造林2048米。完成农村土地承包经营权确权登记颁证工作。落实相关政策,完成了确权登记、二轮承包合同调查、农户信息采集、地块指认及公示工作。

【社会事业】民政救助工作不断加强。全年累计为674户1098人发放低保金564.39万元,为98户城乡居民发放临时救助14.06万元,申报大病医疗救助79人,为131户474人发放春荒、冬令救助资金15.5万元,为86名离退干部发放补贴9.36万元,慰问困难户124户12.4万元,有效保障了困难群体的生活。社保和住房保障稳步推进。全年申报经济适用房、廉租住房47户,为7户低保对象申报了廉租补贴。城乡居民养老保险新参保207人,累计参保3662人,医疗参保25154人,实现应保尽保。农村医疗保险参合2977人,农村社会养老保险参保1958人,基本实现全覆盖。企业退休人员和城镇居民养老金资格认证8313人。为425名灵活就业人员发放社保补贴163.3万元,办理《就业失业登记证》502个,为41名下岗失业人员办理小额担保贷款298万元。老龄残联工作健康发展。全年办理居家养老服务137人,发放“一键通”100部，累计办理“一键通”4304部；为2636名老人发放高龄补贴172.9万元；理老年优待证839个。全面完成市上下达的72户重度残疾人家庭无障碍设施改造工作；对全区286名智力、精神、重残等特殊人群开展了信息采集和托养服务、助听器安装的摸底调查工作，免费发放了二维码胸牌；为20名重度残疾人发放了轮椅等康复器具，累计为2223名困难、残疾人家庭发放各类补贴120.63万元，慰问帮扶255人。科教文体卫工作深入推进。绿化、福民社区建起了“文化惠民工程”援建电子阅览室；全区建成4个农家书屋、14个组级文化室，图书达6100余册，基本解决了农民看书难、借书难的问题。大力发展“乡村舞台”建设，黄草营修建文化舞台150平方米，休闲长廊118平方米，文化长廊328平方米，文化橱窗18个；峪泉镇和所辖三村配套健身路径47套及相关设施；嘉峪关村和人民社区申报了体育健身中心建设项目，农村文化生活得到进一步改善。不断加强小区规范化物业管理工作，成立业主委员会26个，完成辖区22个物业服务企业和26个业主委员会的规范化考核工作。双拥优抚武装等工作成效显著。全年为涉核、困难、参战和重点优抚对象745人(次)发放各类慰问金68.32万元，各项优抚政策及时落实到位。为辖区1000余名优抚对象送去春联1000余副，雍和社区居民薛秀兰老人无偿缝制了400多双鞋垫送给了驻嘉某部队官兵，双拥共建扎实推进。认真落实民兵整组任务，全区共编1个民兵营、9个普通民兵连共728人。完成2个小组、7个分队、1个班共304人的基干民兵整组。输送新兵21人，圆满完成征兵工作任务。安全生产、消防、防汛等各项目标任务全面完成。严格落实责任制，与镇、各社区签订了目标责任书，镇上成立安监站，配备2名专职人员，三村成立安监室，安全组织机构加强。以辖区个体户、餐饮、娱乐场所为重点，共排查火灾隐患30余起，食品安全隐患2起。配合安监局、工信委集中开展了2次安全隐患排查整治工作，及时消除了安全隐患，辖区无安全生产、火灾事故发生。组织开展“消防安全进社区”培训和演练10场次，综合宣传21场次，发放各类宣传资料10000余份，有效提升了居民群众日常安全防范意识。及时有效处置了黄草营羊只被洪水冲散、黑山湖砖厂被淹等问题，确保了安全度汛。卫生和计划生育工作有序开展。按照市机构编制相关要求，雄关区人口和计划生育办公室更名为雄关区卫生和计划生育办公室，增加公共卫生管理职能。全年服务管理常住人口52156人，流动人口16010人。城镇人口出生430人，其中政策外出生4人，符合政策生育率99.1%；农业人口出生22人，符合政策生育率100%。组织免费孕前优生健康检查187对，审核再生育指标57个。完成10个样本点、1000人的全国流动人口动态监测。抽调20多名干部职工开展了为期近3个月的全国1%人口抽样调查工作，共调查11个小区，登记普查1049户2889人。居民健康素养和吸烟情况调查工作有序开展，抽中祁连、人民2个国家级抽查点，入户调查90户，完成地图绘制和市级质控工作。福民社区争创为国家级“科学育儿”示范点和省级“陇家福·幸福寓所”示范点，福民社区和祁连社区为市级“流动人口公共服务均等化”示范点。

【平安建设】推进综合治理和平安建设工作。不断加强网格化服务管理，深入推进社会治安巡防工作常态化、规范化，有效预防和减少了可防性案件发生。以法规宣传教育、就业培训和协调解决实际问题为重点，不断加强特殊人群的服务管理工作。扎实推进社会稳定风险评估示范区创建工作，确保重大项目和重大活动社会稳定风险评估全覆盖。2015年对绿化、嘉北2个新建社区服务中心建设和12个社区文体活动项目进行了评估。扎实开展平安和谐创建活动，充分发挥“五个好”平安和谐家庭的辐射带动作用，5个城市社区被评为全市“平安社区”，友谊社区被评为全省民主法治社区，黄草营社区被评为省级民主法治示范村。加强维稳和信访工作。以重大节点安保工作为重点，切实加强值班防范，准确掌握辖区动态，及时反馈信息，积极处置存在的问题，确保了全国“两会”“9.3”庆典、国庆等重大节点期间无赴省进京非正常上访事件发生，无重大社会治安案件发生。加大辖区矛盾纠纷排查化解力度，全年排查各类矛盾纠纷435起，调解433起，调处率达99.5%，化解信访案件4起，有效维护了辖区社会和谐稳定。防范和处理邪教工作稳步推进。以“防邪知识进家庭”和“反邪教集中宣传月”活动为载体，大力开展警示教育活动。按照“一社区一橱窗”的要求,全区12个城乡社区安装了警示教育橱窗,营造了良好的社会氛围。深入细致开展排查摸底、集中整治和教育转化工作,对15名人员实行重点防控,转化和解脱了32名邪教人员。积极开展无邪教创建示范工程,祁连、绿化及嘉峪关村被评为“无邪教示范社区”。禁毒工作深入开展。以福民社区为重点整治社区,按照“六好”标准,加强吸毒人员档案管理、社区戒毒、社区康复、吸毒人员动态管控和宣传教育工作,出狱、出所吸毒人员的帮教衔接率、《协议书》签订率均达100%,尿检率达95%以上。吸毒人员管控372人,管控率达98%,社区戒毒、社区康复执行率90%以上,戒断率40%以上。认真落实“五位一体”帮教措施,大力开展吸毒人员就业安置和帮扶救助工作,全区吸毒人员就业223人,就业率达73%。为157名吸毒人员申请办理了低保、医保、廉租房、公租房和临时救助。加强“无毒社区(镇)”创建活动,嘉北社区被市禁毒委评为一级“无毒社区”,峪泉镇、友谊社区被评为二级“无毒(镇)社区”,人民、雍和、绿化、雄关社区被评为三级“无毒社区”。

社区概况

【胜利社区】胜利社区地处雄关区北面,东至新华北路,西至文化北路,北至嘉兴西路,南至雄关西路,总面积77.4万平方米。辖区有居民4446户11519人,其中常住人口4014户10461人,流动人口432户1058人。社区有居民小区6个,志愿者服务队伍9支,有工作人员35人。社区党委下设10个党支部,党员845名。胜利社区标准化服务中心建设项目是2014年市政府为民办实事之一,总建筑面积为1489.71平方米,总投资468万元,2014年9月30日开工建设,2015年10月该项目基本完工。社区先后获得“第五批省级绿色社区创建先进单位”“省级文明社区”“嘉峪关市城乡妇女岗位建功先进集体”“全市物业管理工作先进社区服务中心”等荣誉。

【绿化社区】绿化社区辖绿化、四化和育才三个街区,所辖区域东起文化北路,西至铁路干线,北起嘉兴西路,南至雄关西路,总面积32万平方米。总人口4015户11939人。辖区内有居民住宅楼91栋,平房178栋,企事业单位16个,商业网点126个,社会团体和志愿者服务队伍16支120人。社区党委下设8个党支部,党员252名,现有工作人员34人。社区党委结合辖区无业人员多、流动人口多、贫困人口多的实际,把解决群众生活困难、提高居民生活质量和文明程度作为创新社会治理的主要内容,通过育民、为民、富民、便民、安民、乐民“六民工程”,全力打造平安和谐幸福社区。绿化社区标准化服务中心建设项目是2015年市政府为民办实事之一,总建筑面积为1544.96平方米,总投资450万元,于2015年9月开工,预计2016年7月建成投入使用。2015年绿化社区获得“全市群防群治”先进单位称号。

【祁连社区】祁连社区由原祁连社区和原爱文社区整合而成。2015年8月,雄关区对部分社区服务区域进行了调整,将祁连社区下辖的西域花园、珏洋花园、御景湖畔、富力花园、嘉德苑、胜泰、农丰和公园街8个居民小区划归雄关社区管理。调整后辖区总面积为95.83万平方米,总人口8973户19324人,居民楼254幢,平房20栋。现有居民小区21个,企事业单位156家,商业网点749个。社区党委下设4个党支部,党员157名,在职党员715名。辖区具有住宅小区多、流动人口多、困难人群多、老龄残疾人员多等特点。社区以“六零工作法”为抓手,进一步强化了社区工作人员整体素质,充分发挥了党员的模范带头作用,社区服务质量不断提升,让居民的认同感、归属感不断提高,党组织凝聚民心、汇集民力、集中民智的能力进一步增强。2015年社区荣获“全省反邪教协会系统先进单位”“全市基层党建示范点”“‘12345’民生服务热线联动工作先进单位”“气象灾害预防示范社区”等荣誉。

【人民社区】人民社区地处嘉峪关市中心,东起新华中路,南至河口西路,西临文化中路,北至雄关西路,辖区面积73万平方米。由人民、爱民、玉泉三个小区组成,共有住宅楼房120栋,平房7栋,总户数3788户,总人数9093人。辖区单位1391家,其中机关企事业单位185家,个体商业网点1206家。社区党委下设8个党支部,党员672名。社区现有包括服务大厅、党建活动室、图书室等在内的办公场所288平方米。社区广泛开展了居家养老服务,“文化楼道”“爱心储蓄银行” 等创新服务项目,服务质量不断提升。

【福民社区】福民社区位于市区西北部。2015年8月,雄关区对部分社区服务区域进行了调整,将雄关社区下辖的建化街区划归福民社区。福民社区现下辖福民、惠民、益民和建化4个居民小区,调整后的辖区面积为7.3平方千米, 居民住宅平房363栋,楼房60栋,人口15762人,其中常住户4959户14471人,流动户874户1291人,少数民族272人。辖区内有事业单位4个,幼儿园1所,个体商业网点118个。社区党委下设7党支部,党员412名,离退休党员341名,有工作人员24人。2015年全市启动棚改项目2816套, 其中雄关区福(惠)民街区棚改任务1819套。社区组织人员于2015年9月15日开始入户摸底调查, 共签订协议1806套。2015年社区获评“全国科学育儿试点社区”、省级“陇家福幸福寓所”示范社区、“全市禁毒工作先进集体”,并成功申报国家级科普示范社区。

【友谊社区】友谊社区辖昌明、友谊、长宾、阳光金水湾4个街区, 总面积1.473平方千米, 总人口10706人,常住人口3214户。社区内有企事业单位13家,商业网点218个。社区党委下设6个党支部,党员212名。友谊社区坚持以人为本,稳步推进“工作落实年”活动,实施“4556”工作法,党组织凝聚力、战斗力进一步增强。2015年召开友谊社区区域团组织共建委员会, 选举产生友谊社区区域团组织共建委员会; 完成友谊小区业主委员会选举工作; 协助完成友谊街30-54号楼外墙保温工程,社区各项事业全面发展。社区荣获“全省巾帼建功先进集体”“全市五四红旗团委”“全市创建文明城市先进单位”等荣誉称号10余项。

【雍和社区】雍和社区由雍和、雍平、政和三个居民小区组成,辖区面积92万平方米。社区共有住宅244栋,其中楼房90栋,平房154栋。辖区总人口9208人,其中常住人口3278户7854人,流动人口728户1354人。社区党委下设8个党支部,21个党小组,党员323名,有工作人员34人。辖区内商业网点285个,企事业单位11个,卫生医疗机构4家,网吧2家,金融机构6家,宾馆3家,便民超市3家,通讯机构3家。社区服务中心新办公楼总建筑面积1417.8平方米, 于2014年8月建成并投入使用,设施齐全完善。2015年3月获得三级“无毒社区”荣誉称号。

【嘉北社区】嘉北社区地处城乡接合部,东至酒钢厂区,南至新华北路第一铁道口,西临峪泉镇黄草营村、北接断山口村,辖区面积14.3平方千米。社区党委下设1个机关党支部,党员19名,有工作人员28人。辖区无重点人员,无邪教、刑释解教、吸毒、上访人员。辖区现有商业门店363家,出租大院22家, 企业和厂矿127家。现有流动人口814户1758人,企业和厂矿职工5316人(自行管理)。出租门点主要从事汽车修理、配件、电气焊等,企业和厂矿主要从事矿业运输、产品深加工及附属配套产业。社区新建办公楼项目完成了项目选址、风险评估等前期所有准备工作,地基开挖已全部完成。2015年社区获得“全市流动人口服务管理工作先进集体”荣誉。

【雄关社区】雄关社区位于市区西北部城乡接合处, 由原隶属五一街道的西大桥社区和隶属胜利街道的福民二社区整合而成,总面积3平方公里。2015年8月,雄关区对部分社区服务区域进行了调整,将雄关社区下辖的建化街区划归福民社区,雄关社区新增原祁连社区管理的西域花园、珏洋花园、御景湖畔、富力花园、嘉德苑、胜泰、农丰和公园街8个居民小区, 加现有的天石小区和玻璃厂家属院共10个居民小区。辖区居民3908户6305人,其中常住人口1759户4247人,流动人口848户2058人,空房1301户。社区党委下设1个党支部,党员41名。辖区单位有雄关天石水泥厂、嘉峪关市驾校和甘肃省新闻出版广电局嘉峪关市转播台,登记各类个体工商户229户。2015年雄关社区荣获了 “全市流动人口服务管理工作先进单位”“嘉峪关市平安社区”的荣誉称号。

峪泉镇

【概况】峪泉镇位于闻名中外的天下第一雄关——嘉峪关脚下,属典型的城郊型乡镇,区位优势明显。全镇总面积802平方千米，辖嘉峪关村、黄草营村和断山口村3个行政村，18个村民小组，927户3040人，耕地面积6033亩。镇党委下设1个党总支，7个党支部，党员270名，其中农民党员185名。镇机关内设党政综合办公室、经济社会发展办公室、综合治理办公室、农经服务中心、社会事务综合服务中心、文化服务中心和农业综合服务中心。市属部门驻镇机构有兽医站、派出所、水利站、供水所、国土所、镇教委、卫生院。有村级小学1个，幼儿园1个，卫生院1个。峪泉镇先后获得“全国创建精神文明村镇先进镇”“全国军民共建精神文明先进集体”“甘肃省明星乡镇”“甘肃省文明乡镇”“‘绚丽甘肃’2013十佳旅游景区和十大魅力乡镇”等荣誉称号；断山口村、黄草营村分别获得“省级文明村”“甘肃省民主法治示范村”的荣誉称号。

辖区内旅游资源丰富，不仅有关城文化旅游景区、长城第一墩、悬壁长城、黑山石刻等历史文化古迹和自然风景区，还有西北最大的蓝孔雀养殖场——中华孔雀苑，具有良好的旅游区位优势和资源优势。峪泉镇紧紧围绕“打造旅游名镇、经济强镇、文明兴镇”三大目标，着力发挥资源优势，大力发展劳务经济、旅游服务、特色养殖、高效制种等特色优势产业，同时配套完善了供排水、路灯、垃圾处理、文化场馆等基础设施建设，镇村道路硬化率达100%，水、电、网覆盖率达到100%，电视联网、电话普及率达100%，镇区面貌大为改观，品位不断增强。

2015年峪泉镇农业和项目建设进一步发展，经济作物种植面积比重上升，订单农业增收显著。黄草营生态养殖小区功能不断完善，养殖业逐步向集约化、产业化发展，实现了“三通”，配套了青贮池、防疫消毒排污等设施；实施了道路亮化绿化美化工程，完成农作物晾晒场20160平方米，管灌906米，渠道1290米，文化广场7055.9平方米，安装休闲座椅30个，太阳能景观灯10盏，新修田间道路1632米。推进新型社会化服务体系建设项目，完成了全镇3村农业科技服务站(村级新型农业社会化服务站)方案编报。扎实开展农村土地经营权确权登记颁证工作，已完成农村耕地的入户调查、地块指认、三轮张榜公示等工作。

国家建制镇示范试点工作扎实推进，市指挥部坚持每周例会制度，及时协调解决相关事项，促进工作扎实有序开展。委托甘肃省城乡规划设计院编制完成了《嘉峪关市峪泉镇城乡一体化规划暨发展总体规划(2015-2030)》和《嘉峪关市峪泉镇镇区总体规划(2015-2030)》。等6个规划，经过多次讨论修改，编制完成了峪泉镇建制镇示范试点工作实施方案。完善了建制镇示范试点工作项目库，完成了项目可行性研究报告、环境影响评价、社会风险稳定评估和基础设施项目的立项、设计及招投标等工作。峪泉镇中心镇区供水工程、排水工程、供热工程、镇域防洪工程、环境风貌整治工程、园林绿化工程等基础设施项目，已通过可行性研究报告和立项批复，完成了初步设计、施工图设计及施工招投标，部分基础设施工程已开工建设。

(高　婷)

酒钢特载

团结奋斗 攻坚克难 创新拼搏 坚定不移地完成2016年度各项任务

集团公司总经理 魏志斌

(2015年12月21日)

各位领导、同志们：

2015年即将过去，我们在省委、省政府的正确决策和坚强领导下，在董事会和党委的具体指导下，深化改革，落实责任，进一步激发想事干事、创新创效的活力。全体干部职工找问题、找差距制定和落实措施，坚定不懈，苦干实干，着力扭转经营被动局面，下半年取得了明显成效，实现了减亏止滑的预期目标，经受住了多重困难和市场挑战，经营环境正逐步修复向好。但是，巨额的亏损和更加严酷的经营形势，使我们已经站在了悬崖边上，向前一步求活，退后一步就是死路。

2015年度工作会议召开，重点是安排部署2016年的预算任务。全年工作的核心是减亏损、防风险、保安全、保生存，只有大幅减少亏损，才能在严峻的形势下、在残酷的竞争中活下来。这就需要全体干部职工进一步弘扬“铁山精神”，同舟共济，创新拼搏，更需要各级各部门、党员领导干部率先垂范，自加压力，带领全体职工闯关闯险，确保到2017年实现企业最基本的任务目标——盈利。

一、关于对当前市场的分析判断

2015年以来，世界经济增长低于预期，全球贸易明显下滑，国际金融和大宗商品市场震荡下行，国内经济增速预计低于7%的预期目标。钢铁、铝等行业供大于求的矛盾十分突出，价格呈断崖式下跌，工业经济长期持续低迷，市场既缺乏活力，又缺乏增长动力(今年截至目前，热卷曾探底至1660元/吨、中板1670元/吨、螺纹钢1580元/吨、冷轧板2140元/吨、镀锌板2390元/吨、电解铝9710元/吨)。更为严峻的是，近一段时期，各方面发力稳增长，旨在激发市场活力，但大宗商品价格仍然跌跌不休，工业企业颓势没有明显好转的迹象，预示着我们明年的困难挑战更大。

从宏观经济看，2016年国际国内经济不确定因素增加，形势不明朗，很难准确判断，我们要随时跟踪政策大取向，并着力把握。国内经济下行压力很大，包括房地产在内的大宗商品低价位运行、供需矛盾突出的局面不会有明显改观。围绕提高发展质量和效益，中央提出供给侧改革，预示着国家推进产业升级和去产能化步伐在加快、力度在加大，过剩产能“出清”已经成为转方式、调结构的重要着力点。但是重资产领域资产规模庞大、资金密集、人员密集，“出清”面临很多困难，效果显现还需要一段时期。

从行业看，当前钢铁、电解铝、能源化工产能严重过剩，均面临着被“出清”的严峻挑战。长期以来，支撑酒钢发展的区域市场优势、能源资源优势正在退化，或已经转化为劣势，我们远离大市场，两头在外，物流成本高企，产品同质化等，面临的经济环境更加严峻，更加复杂。

综合判断，2016年是决定酒钢生死存亡的关键一年，减亏不仅是攻坚战，更是不被产业“出清”、企业重组的生存战。因此，我们既希望宏观形势向好，微观形势稳定，更要有打硬仗、闯难关的思想认识和行动准备，要有战胜各种困难和挑战的勇气和魄力，坚定信心，下定决心，顽强拼搏，坚定不移达成目标。

二、2015年经营工作回顾

过去的一年，我们围绕责任落实，深入推进企业内部改革，简政放权，激发活力。大家转变了观念，提高了认识，主动作为、负责承责的意识不断增强。特别是宏兴股份公司从三季度起逆势减亏，管理创效进步明显。集团公司不断深化“三项制度”改革，精简两级机关人员，优化用工结构，清理外委，精简外部用工，效率效能得到提高。以经营绩效为依据，调整和公开选聘了部分子公司负责人，有效调动了干部干事创业的积极性。强化薪酬激励作用，调整了中层以上经营管理人员的薪酬标准，推动干部收入与集团经营预算目标完成充分挂钩，促进了减亏止滑目标的实现。

我们围绕减亏止滑，积极采取多种举措，抵御和化解外部市场下滑带来的冲击。一是坚持以效益为中心，算账经营，淡化规模，不断优化产线结构，对亏损严重的榆钢产线实施了停产性改造，对亏损严重的东兴铝业45万吨产线实施了停产性检修。宏兴股份公司妥善安置分流人员，实现了榆钢平稳停产和职工队伍的稳定；二是坚持以需求为导向，积极开拓市场，优化产品结构，提升高附加值产品比例，增强创效能力。宏兴股份公司碳钢、不锈钢新产品及差异化产品比例达到30%，同比大幅增长。西部重工外部市场收入、新能源产品收入占总收入的比例达到70%以上；三是围绕降本增效，强化营销渠道建设，拓展市场领域。传导压力，大力压降采购成本，取得了明显效果。能源中心策克煤、地方煤等非设计煤种掺烧比例提高到35%以上，动力煤降价在12月份有较大突破。宏兴股份公司优化经济配料，大力拓展周边资源市场，以粗代精，以近代远。发挥自产矿优势，有效降低了用料成本。四是深入开展低成本制造、低成本运营，严控各项支出，降本降耗降费用。集团主要产品制造成本同比下降24%，期间费用同比降低10.6亿元，带息负债规模较年初减少了130亿元。

我们围绕创新驱动，完善技术创新体制机制，持续推进新产品开发和品牌建设，技术创新对企业经营发展的支撑作用进一步增强。围绕资源综合利用、产业技术研究、工艺技术进步、低成本制造等，全年完成各类科技项目252项，项目完成率90%。碳钢及不锈钢热轧、冷轧、镀锌产品打入输油管、汽车、集装箱、家电厨卫、环保化工、装饰建材等中高端领域，实现了向比亚迪、吉利、格兰仕、奥斯迪电梯、三洋等知名厂商的稳定供货。西部重工与国内知名企业合作，承揽直驱式风力发电机组转子结构件、锥形主轴各100套，开发追踪式光伏设备150套，在新能源产业主体部件制造方面取得突破。

我们围绕外围保障，优化物流结构，打通瓶颈环节，物流运输实现重大突破。通过开展嘉策——临策铁路联运，物贸结合，嘉策铁路运量达到285万吨，同比增长42.5%，这也是嘉策铁路建成以来首次接近达产，有效发挥了资产效益。我们利用自备车优势，打通运输瓶颈，物流对资源保障，对降低采购成本发挥了积极作用。

我们围绕风险防控，深入开展降库利库，降低存贷资金占用，经营风险逐步得到遏制。2015年年底存贷资金占用122亿元，较2014年的150亿元，降低28亿元，降幅18.7%；着力推进外部应收账款清欠，累计清欠应收账款11亿元，降低了资金风险。尤其是各单位主要负责人亲自抓清欠，将长期欠款降至2亿元以下，非常不容易。

我们围绕省列重点工程，优化投资项目，有保有压，提高投资效益。对省列重点项目煤炭分质利用150万吨工程，每月召开现场协调会，重点安排，重点协调，保证工程有序按计划完成。对短期内非营利性项目停建缓建，压缩了投资，减轻了资金负担。

但是，受钢材、电解铝等主导产业产品价格断崖式下跌影响，集团公司经营结果惨淡，巨额亏损，内忧外患，对干部职工的情绪和工作热情均产生了严重影响。分析我们存在的突出问题：

一是亏损巨大，收入规模大幅下滑。说明我们应对经济新常态的经济运行能力还不强，缺乏对市场收入研究和对市场走势的准确判断，营销和生产组织模式缺乏创新，把握市场机会的能力还不强。

二是大部分分子公司还存在等靠思想，主动闯市场的意识不强，应对市场变化的能力偏弱。2015年集团近七成经营单位效益同比退步，个别单位大幅退步。部分分子公司要么靠市场，要么靠公司的观念，说到底是主要领导缺乏责任意识。

三是向上游传导市场压力的力度不够，主要产品价格与原燃料采购价未能实现有效联动。2015年，集团钢材、电解铝等主要产品价格下跌导致收入减少68亿元，但主要原燃料价格下降对成本的贡献只有26亿元，购销价格降幅差异导致集团减利42亿元(客观上我们采购的渠道比较单一,主观上我们的作为还不到位)。市场是公平的,更是无情的,企业要求存、求活,该闯的要闯,该破的要破。

四是企业安全生产和稳定顺行的基础还不牢固。安全生产形势总体平稳,但是也发生了宏兴股份公司“10.24”工亡事故,能源中心北区电厂“12.29”火灾事故、“2.17”设备事故。说明安全生产的基础还不牢固,全员安全没有得到全面落实。

五是技术经济指标落后,劳动生产率低。从行业对标情况看,无论是技术经济指标还是成本,与行业先进水平仍有较大差距,如炼铁工序能耗、吨钢综合能耗、转炉炼钢工序能耗等,还有部分指标未达到行业平均水平。劳动生产率无论是以实物量为指标,还是以价值量为指标,我们都居于行业偏低水平,单位价值创造方面差距较大。

六是职工收入增长与预算目标存在较大差距。为了应对异常严峻的经营形势,8月份集团公司大幅调整了中层以上经营管理人员薪酬(下降30%左右),体现了困难时期,领导干部主动承压,率先垂范。但全年预计职工平均工资下降8%左右,主要是我们的工作不到位,要检讨、反思,要承担责任。

以上这些问题的分析不很全面,也不一定准确,主要是为了引起大家的思考,有针对性地做好明年的工作。

三、2016年工作目标和措施

2016年,我们要同比减亏77%,即亏损控制在20亿以内。这是一个高指标、紧预算、严考核的目标,也是我们必保确保的生存底线,只有破釜沉舟,背水一战,坚定不移地实现减亏目标,才能从根本上扭转当前被动的经济运行局面,为2017年实现盈利奠定基础。

(一)坚定信心,紧盯目标,坚决打赢“减亏”攻坚战

减亏是当前一切工作的中心。也是各级各单位最重要的工作责任。凡是“预则立,不预则废”,全面实现减亏目标,关键在靠实责任,根本在实践落实,各产业、各成员单位要围绕减亏增盈,拿出具体措施,制定落实计划。要加强经营效益的研究分析,充分把握弱势市场变化的可能机会,统筹协调,综合施策,打响打赢生存保卫战、生死攻坚战。

1.树立市场为主的经营理念,全面拓展生存空间

营销是我们企业经济运行的半边天。在产能过剩、市场供大于求的时代,谁掌控了客户资源,谁就是最后的赢家。因此,我们一定要把市场研究透,把渠道建设好,充分发挥产业优势、品牌优势,巩固和强化区域市场的主体、主导地位,保障经济运行平稳有序。

一是多元化拓展渠道,丰富客户资源,争取市场主动。我们很多产业是依托主业而生,但绝不是依靠主业而活。等米下锅就会饿死。因此,各子公司要坚决摒弃等靠的思想,要把研究市场,开拓市场当作“基本功”、“必修课“,更要主动出击,拓展市场,争取自己的生存空间和发展质量。

二是推行直营直销模式,服务客户,创建品牌。产业形态的转型,用户将更加注重品质、品牌的要求,我们必须积极创新商业模式和生产模式。商业模式要推行直营直销,生产模式要从大规模生产向大规模定制转变,从营销理念上讲,就是从趸售向个性化销售转变,这是我们创建个性化优质品牌的基础。通过商业模式的转变,实现与客户群的“零距离”接触。只有我们直营直供到终端客户,我们才能知道他们想要什么,他们的要求是什么?这是一个趋势,是未来的指向,无论是钢铁、电解铝还是我们的酒业、房地产等产业都要向这个方向转变。我们要充分发挥销售一线的作用,通过高质量的服务提升产品的价值,为企业创造效益。同时,把市场需求信息及时反馈,为企业的决策提供参考。

三是强化市场布局和资源配置,应对“双冬”挑战。我们正处在市场寒冬和季节寒冬,面对“双冬”的考验,我们要研究产业,把握市场,做好“加减法”。前瞻性地进行市场布局和资源配置,优化生产组织,谋篇布局,行稳致远。

四是深入推进公司内部互保共建、互为市场。对于这一问题,集团公司态度一直很明确,今天再次强调,在坚持市场公平原则下,必须保障内部市场。同时,着力加强自营自建,清理外委。

2.深入开展降本增效,有效抵御市场冲击

成本是产品参与市场竞争的核心要素。我们要围绕低成本运营、低成本制造,对每个要素认真分析,细化分解,发挥系统优势,降低各类

产品成本。

一是传导市场压力,持续降低采购价格。作为资源加工型企业,近年来酒钢承担了巨大的市场压力,一方面产品销售价格一降再降,难以见底;另一方面原料采购价格并没有“随波逐流”。仍然高企。虽然从区域市场来看有一定的特殊性,但皮之不存毛将焉附,没有加工型企业支撑,资源型企业迟早也会落败,抱团取暖方能共渡难关。因此,我们要进一步解放思想,公平、公正,大胆作为,传导市场压力,持续降低采购价格,构建新常态下的战略合作伙伴关系。同时,物流要形成支撑。

二是严格控制费用支出,控制应收账款。费用控制是降低成本的重要途径,也是管理水平的具体体现。2016年,我们要按照“从严从紧”的原则控制各项费用,集团公司期间费用要控制在89亿元以内,同比降低13%。各项费用支出必须坚持“无预算、不发生”的原则,能减则减,能不发生则不发生,坚决堵塞各种漏洞。要进一步加强资金管理,充分利用国家降息通道,优化融资结构,财务费用在预算基础上再降5%。要继续开展应收账款清欠工作,2016年各单位应收账款占收入的比重在今年的基础上再降10%,挂账超过一年的应收账款同比降低20%。

三是降低存贷资金占用,提高资金资产利用效率。存贷资金占用的清理今年取得了一定的成效,但各分子公司的情况参差不齐。明年我们要扩展到非钢非铝产业,力争控制在100亿元以内,同比降低26%。尤其是中天置业、兰州聚东、紫轩酒业等单位必须大幅压减存量,要有计划、有措施、见成效。预算财务部要制定存量资产盘活方案和进度计划,各单位必须严格落实,努力提高资产效益。

四是优化物流运输,解决瓶颈问题,打通“最后一公里”。生产组织顺行需要物流来保障,当前我们的物流成本还偏高,一些地方还存在瓶颈。物流中心要按线、按区域、按流向进行全面梳理,各单位也要主动研究,提出解决问题的建议和方案,在保证物流顺畅有序的前提下,降低物流成本,实现物流的顺畅、快捷和经济,着力提高物流保障能力。

五是加强政策研究和利用,减轻企业经营负担。在当前经济态势下,国家很可能会出台一些减税清费、清理企业办社会等支持实体经济转型发展的政策措施、相关部门和各产业板块要高度关注,认真研究,密切跟踪,积极争取,用足用好,减轻经营负担。

(二)深入开展科技创新创效,推进创新驱动发展开展科技创新

优化调整结构是企业增强发展动力,建立竞争优势的重要手段,更是我们走出困境的有效途径。新一轮产业革命,供给侧改革带来的是更加激烈的科技创新竞争,如果不尽快提升科技创新能力,由大规模制造转型为大规模定制,发展动力就不可能实现转换,更不可能保持企业的竞争优势。忧患在于创新,希望也在于创新。

我们必须着力改变科技创新能力不强,科研水平总体不高,科技对产业支撑的动力不足,科技创品牌还落后于行业先进的局面,切实落实创新驱动战略,充分利用集团成立宏腾科技公司的有利契机,深入开展技术攻关,补链补短板,出成绩,出人才,全面提升传统产业的核心竞争力,重塑原材料产业的竞争新优势。

我们必须把创新作为引领产业发展的第一动力,把人才作为支撑产业发展的第一资源,尊重知识、尊重创造、尊重人才。营造创新环境,鼓励一切有利于减亏增盈和企业发展的创新方法,让创新创效蔚然成风。

我们必须牢固树立品牌意识,通过开展质量品牌提升行动,提高产品质量信誉、品牌附加值和企业软实力,讲好我们的产品“故事”和品牌“故事”,讲好企业在行业有影响力的“故事”,讲好酒钢自己的“故事”。

1.全面开展低成本制造研究,加快研究成果的转化

要紧紧围绕经营中心工作,全产业链开展低成本制造研究,并加快创新成果转化。只有创新转化为用户的需求,才是发明、才是创造、才有价值。

2.加快品种研发,拓展产品应用领域,提升品牌形象

产品研发是科技创新最重要的职能,这些年我们取得了一些成绩,但还要持续加强。要坚持以用户为中心,以市场为导向,紧紧围绕领域拓展,有目的性的推进新产品研发,要尽快推出特色化、差异化、高端化的品牌产品。同时要重视常规产品

的品质化、品牌化。

3.全面开展对标活动，通过科技攻关，推进指标全面进步

技术经济指标进步是降低增效的重要途径，也是一项需要长期坚持的工作。各成员单位主要领导要高度重视，高度关注。要全面开展行业对标活动，通过对标来发现差距，发掘潜力。技术中心要引领各单位做好指标攻关，力求取得实实在在的效果，推进指标全面进步，发挥指标进步对效益提升的推动作用。

(三)围绕中心，深化改革，防控风险，保障安全

2016年，我们要紧紧围绕“减亏增盈”这个中心，进一步深化改革，激发全员创新创效的活力。进一步增强风险意识，加强风险防控管理。进一步抓好企业安全顺行工作，为实现全年经营目标提供保障。

1.落实各项改革措施，激发企业内生动力

我们要围绕提升效益效率，推进落实各项改革举措，落实各级各单位的经营主体责任，推动部门职能转变、作风转变。通过责权利对等，调动广大干部职工干事创效的积极性，激发企业内生动力。

同时我们要高度关注和深入研究供给侧改革。作为供给侧改革的主要指向，我们应该想什么？准备什么？做什么？全公司要广泛思考，并有所作为。要追踪国家新的产业、产品标准，以及更加严格的督查和行业约束。

2.增强风险意识，主动做好风险防控工作

经营形势严峻，企业效益下滑，我们更要做好风险防控工作。要坚持预防为主，抓早抓小，坚决杜绝酿成更大的损失和更加严重的影响。各分子公司领导要把依法治企落到实处，坚持完善制度，遵守制度程序，坚守规矩纪律。同时全面推行“阳光透明”的商业活动和信息全公开制度，“阳光透明”既能发挥大家的共同智慧，又是对重点领域、重点岗位最好的监督。报告要实数据要真，这是各级各部门必须坚守的工作准则，公司要定期开展效能监察，坚决杜绝弄虚作假。要重视资金回笼，控制支出，高度关注资金链安全。

3.强化基础管理，推动生产经营安全稳定顺行

安全生产是企业的第一主体责任，也是各级领导干部的第一职责。因此，各级各单位要认真贯彻落实集团公司《关于加强2016年安全生产工作的实施意见》，抓细抓实抓出成效。

稳定顺行是实体经济目标的基础。各单位要坚持不懈抓好基础、设备、人员等方方面面的管理，保安全、保顺行。同时，随着一些产线的限停，随着生产组织模式的转变，生产节奏不断变化，生产组织的难度在加大，相关单位要协调好能源、动力、物料、上下工序之间的平衡，保障生产过程稳定顺行，坚决杜绝重大事故发生。

(四)转变工作作风，强化责任担当，团结来领职工走出困境

极端困难的特殊时期，就是考验我们干部队伍的时刻。明年，能不能实现减亏目标，能不能打赢生存攻坚战，关键在于我们的各级领导能不能做到“守土有责、守土负责、守土尽责”。在这里，我对大家也提几点要求：

一是统一思想，坚定信心。明年不能实现大幅减亏，我们对上无法向省委省政府交代，对下无法向全体职工交代。因此，各级领导干部一定要把思想统一到集团公司的决策部署上来，全力以赴，实现目标。我们要进一步坚定信心，领导干部有信心，职工才会有信心，企业走出困境才会有希望，当然这个信心是建立在我们有思路、有对策、有措施上，体现在我们谋实事、做实功、奏实效上。

二是强化担当，落实责任。明年集团公司对各经营单位主要负责人采用了经营风险抵押激励机制。这是特殊时期，公司在推进干部人事薪酬改革、落实经营责任方面实施的一项重要的举措，目的就是通过建立企业与经营者利益共享、风险共担的激励约束机制，进一步强化领导干部的经营责任，体现“高指标、紧预算、严考核”的要求。下来后，各经营单位对班子成员及其他中层干部也要实施经营风险抵押激励机制，层层传导压力，层层落实责任。但是简政放权，要放管结合，决不能以包代管。

三是以身作则，转变作风。当前公司处在减亏增盈的关键时期，各级领导干部要把压力变成动力，多跑市场，勤下基层，为企业经营统筹谋划，以身作则来领职工闯关突围。要关心职工生活，及时解决职工的思想认识问题和现实利益问题。要吃

苦在前，享受在后，在企业内部营造谋事、干事的良好环境。要加强自身学习，全面了解各项规章制度，研究掌握产业的特点和最新动向，提高应对市场变化、减亏增盈的能力和本领。

（五）以效益为中心，优化调整项目投资，推进项目建设

2016年我们的投资强度下降了，但要做好"加减法"，项目不多也是项目。投资不大也是投资，要坚决克服"未富先贵"思想，厉行节约，保质保量保障投资效益。煤炭分质利用项目是集团公司产业转型的重点项目，也是煤炭清洁高效利用政策鼓励项目，我们要全面贯彻省政府第48次省长办公会议精神，按照"投产即盈利"的目标，着力研究解决建设、生产、市场、销售等问题，为项目的全面投产做好准备。

（六）优化用工结构，提高劳动生产率

劳动生产率是企业管理水平的重要体现，2016年，我们要采取有效措施改善落后状况，通过开展行业对标活动，找差距，定措施，迎头赶上。要进一步优化用工结构，加强和改进经营管理，提高单位价值创造，提高全员劳动生产率。同时，要做好停产单位的人员安置分流和内部稳定工作。今后信访维稳事项，各单位要提前预防、及早化解，不要把矛盾都集中到集团来，这也是各单位党政领导的重要职责。

同志们，做好2016年的工作，我们面临的困难很多，任务压力很重，希望大家振奋精神，主动作为，以坚定顽强的意志，以苦干实干的精神，以求真务实的作风，拼市场、拼耐力、拼勇气，坚决打赢减亏攻坚战，全面完成年度经营目标任务。

谢谢大家！

酒钢集团公司综述

概　况

酒泉钢铁（集团）有限责任公司，简称酒钢，位于明长城西端的甘肃省嘉峪关市，南倚祁连，北望大漠，地处河西走廊"咽喉要地"，素有"丝路明珠""戈壁钢城"之美誉。

酒钢始建于1958年，是新中国继鞍钢、武钢、包钢之后规划建设的第四个钢铁工业基地。经过50多年的发展，酒钢已建成西部最大的钢铁联合企业，成为甘肃省多元发展的大型骨干企业集团。

酒钢综合实力雄厚，资产规模、年营业收入均超过千亿元，连续多年入围中国企业和中国制造企业500强。2015年，分别位列中国企业500强第109位、中国制造企业500强第41位。酒钢集团宏兴股份公司成为"中国最具成长性上市公司"。

酒钢大力实施资源战略、多元化战略、低成本战略、差异化战略、人才战略和资产证券化战略，充分发挥区位优势和区域能源、资源优势，优化产业结构，实现转型升级，构建冶金、有色、能源、化工等多元产业耦合发展的循环经济产业链。

酒钢钢铁主业拥有碳钢、不锈钢两大生产体系，形成了年产钢1200万吨、不锈钢120万吨的生产能力，主体生产装备全部达到国际国内先进水平，是我国西北重要的碳钢和不锈钢精品生产基地。

碳钢产品覆盖线、棒、板、带四大系列，不锈钢产品包括铁素体、奥氏体、马氏体和双相不锈钢等，全部通过国际安全、质量和环境管理体系认证。"酒钢"牌商标荣膺"中国驰名商标"，高强度建筑用钢、管线钢、船板钢、汽车结构钢、压力容器钢等多项主导产品通过英国等六国船级社认证，获得国家产品质量免检证书、冶金实物质量"金杯奖"、"品质卓越产品奖"、甘肃"名牌产品"等称号。

酒钢钢材遍及全国，远销欧美、亚洲多国市场。部分产品进入长江三峡、青藏铁路、北京奥运主场馆、兰新高铁、西部风电等国家重点工程；冷轧及镀锌薄板供应国内多家知名电器和汽车企业，不锈钢产品广泛应用于化工、石油、餐具、制造等多个行业。

酒钢集团东兴铝业公司是国内大型铝企业之一，具备电解铝产能175万吨。500KA超大型铝合金电解生产线是目前国际上单系列产能最大、工艺技术最先进的电解铝生产设备，多项指标行业领先。

酒钢与广汇能源公司携手合作，利用新疆东部独特的高油气煤资源和酒钢工业技术、产品市场优势，共同投资建设1000万吨煤炭分质利用项目，标志着酒钢进军煤化工产业。

酒钢积极推动热电联产产业的发展，形成了集热电、冶金余压、余热及煤气回收利用为一体的综合性电力产业。

酒钢着力打造资源节约型、环境友好型企业，发展绿色钢铁，实施节能减排、清洁生产，是全国首批产业废物综合利用骨干企业。

酒钢集团紫轩酒业公司在中国第一家通过国际国内有机产品双认证，可生产干型葡萄酒、冰酒、利口酒、葡萄白酒等四大系列80多个品种的葡萄酒，拥有目前亚洲单体面积最大的地下酒窖。"紫轩"牌葡萄酒荣获上海世博会"千年金奖"和"中国驰名商标"。

酒钢还利用企业基础优势及周边市场条件，延伸发展装备制造、商贸物流、建筑房产、建材制品、焊接材料、现代农业等多种产业，形成了关联紧密、互为支撑的多元产业集群。

酒钢通过大力实施科技兴企和人才强企战略，聚合了多领域的专业技术人才，成为国家"创新型试点企业"。酒钢技术中心为"国家认定企业技术中心"，形成了以企业为主体、市场为导向、产学研销相结合的技术创新体系，具有较强的冶金基础研究、自主开发和成果转化能力。

50多年来，酒钢的建设受到党和国家以及各级政府的高度重视，先后有50多位党和国家领导人亲临酒钢视察。酒钢在长期的发展历程中，形成了"艰苦创业、坚韧不拔、勇于献身、开拓前进"的"铁山精神"，被树为全国冶金系统六大企业精神之一。企业先后荣获全国五一劳动奖章、全国质量管理先进企业、全国守合同重信用企业、全国文明单位、全国思想政治工作优秀企业、全国先进基层党组织、全国企业文化建设百佳单位等百余项荣誉称号。

依托甘肃省"丝绸之路经济带"黄金段和西部大开发前沿的战略要位，欧亚大陆桥连接东西、贯通欧亚的交通优势，酒钢将西延东扩，充分利用国内外两种资源、两个市场，广泛开展多领域的经贸交流与合作，加快转型跨越发展步伐，建设具有核心竞争力和强大综合实力的国际化大型企业集团。

生产经营

【生产经营情况】2015年，集团公司收入、产值分别完成1008.6亿元、651.5亿元，分别完成年计划的101.0%、100.2%，实现利税总额-74.9亿元，同比大幅下降，上缴税金22.7亿元，同比降低14.3%；钢铁主业方面，铁、钢、材产量分别完成665.2万吨、768.5万吨、728.4万吨，分别完成年计划的86.3%、86.1%和83.7%。重点非钢产业方面，电解铝生产137.9万吨，完成年计划的84.7%；铁合金生产13.2万吨，完成年计划的108.2%；发电192.9亿千瓦时，完成年计划的100.3%；生产机械产品和风电产品12.2万吨，完成年计划的93.8%；生产焊条、焊丝2万吨，完成年计划的52.6%。

【能源消耗】2015年，酒钢嘉峪关本部钢铁主业吨钢综合能耗完成597.51kgce，同比降低12.63kgce；耗新水完成3.85立方米/吨钢，同比增加0.12立方米/吨钢；吨钢电耗完成564.88千瓦时，同比增加21.57千瓦时；发电煤耗完成289.1克/千瓦时，比计划降低5.9克/千瓦时；供热煤耗完成37.42公斤/吉焦，比计划升高0.06公斤/吉焦；供风煤耗完成34.9公斤/千立方米，比计划降低0.02公斤/千立方米；制氧综合电单耗完成0.923千瓦时/立方米；动力介质综合损失率完成3.51%；高炉煤气放散率为0.14%，同比降低0.12个百分点；焦炉煤气全年持续保持"零"放散率。

【生产组织】生产组织重点突出事前策划，强调过程控制和外围保障，力保生产秩序长期稳定。持续监控采矿、选矿、烧结、焦化、炼铁、炼钢、轧钢的生产过程，不断调整优化物料平衡、铁钢平衡、钢坯平衡和能源介质平衡，严格落实外围保障，及时协调过程中存在的问题，同时根据系统检修制定生产组织方案30项。通过系统策划，精心组织，保持了全年生产秩序平稳顺行。积极参与经济配料，自产精矿配比提高1.7%，烧结矿配比提高2.2%，高价球团料配比环比下降2.2%，原燃料成本实现大幅度降低；通过铁水个性化分配、加大转炉生辅料使用量、用10种低价合金替换高价合金、提高红送率和轧机作业率、降低通尺率等手段，炼钢轧钢成本持续降低；严格按照"以销定产、以效排产"的原则组织生产，及时根据市场形势调整生产组织模式，保证了产品效益最大化；严格控制中间产品和产成品的库存，减少了资金占用和跌价损失。

【设备管理】树立经营型管理理念,以设备经济维修管理为基础,以稳定顺行及技术经济指标进步为目标,依托设备信息化系统,持续完善专业管理体系,实施专业管理量化评价,全力保障设备安全稳定顺行和经济运行。重点治理现场设备安全隐患,强化特种设备检查管理,深入推进设备日常保养工作,优化调整设备费用投入,实现设备保障费大幅降低。切实推进设备状态管理,推行设备状态技术推广应用,提升点检和检修技术,进一步优化点检业务,强化全员设备管理,实现关键设备和重点机组依据状态进行检修,使维修费最优最少支出。全年实现设备可开动率 96.48%,故障率 1.38‰,设备事故频次同比降低 59%,均完成目标计划。

【技术质量管理】2015 年,进一步规范了大宗原燃料价格体系,健全了监控评价机制。明确了生产厂在采购原燃料监控管理上的主体地位,通过不断修订完善原燃料按质论价标准,使原燃料质量、价格及生产成本保持良性互动,促进经济配料,有效降低了生产成本。在公司内部建立了中间转序产品价格体系,实现内部转序产品的按质论价,进一步激发了生产厂的管控意识和管理积极性,挖掘内部潜力,降低生产成本,在钢铁行业市场低迷的大环境下求生存,谋发展;技术方面,梳理各单位技术岗位设置,撤销了副总工编制,压缩了各单位主任工岗位。旨在充实基层作业区技术力量,激活技术人员的创新、创效活力,推动区域(生产线)整体技术进步。完善股份公司科技管理制度,优化管理流程,提高工作效率,修订了《股份公司科技项目管理办法》及《股份公司"四新"技术引进、应用管理办法》,梳理、优化管理流程的同时增加了技术创效提成的规定,激发技术人员的活力和热情。持续推进产品差异化战略,不断满足用户的个性化需求。2015 年高碳钢系列产品成功开发出∮10mm 82BH2、∮ 14mm 82BH1、∮ 5.3mm J72A;不锈钢差异化产品由 22%提高到 32 %,终端用户由 53 家增加到 76 家;冷轧、镀锌汽车板、镀铝锌板、家电板产量比例达到 12%。组织各单位梳理生产直耗管理流程,制定生产直耗定额标准,建立了生产直耗管控体系。同时生产单位通过技术改进项目、"四新"技术引进、管理创新等方式,降低生产直耗费用。召开了股份公司 2014 年度技术创效成果和 QC 成果发布大会,大会发布了 21 个优秀技术改进项目和 5 个获奖 QC 成果。通过对 2014 年科技项目的总结、创效成果的发布,增进技术人员的互相学习、交流,促进 2015 年科技项目的质量及技术创效水平的提升。同时落实了 2014 年技术创效的提成奖励,调动技术人员的工作热情和积极性,巩固、提升创效成果。

安全管理

【安全管理指标完成情况】集团公司完成了嘉峪关市政府下达的安全管理目标责任书年度阶段控制指标(其中工亡人数控制在 2 人以内)。杜绝场所群体性人身伤害事故,全年发生工亡事故 1 起,工亡 1 人。千人负伤率为 0.264‰(年度指标≤0.65‰)。重大危险源、重点危险场所和高度及以上危险源受控率达到 100%。在签订了安全生产目标责任书的 23 家分子公司中,19 家分子公司实现"零事故",达标率 82.6%(年度目标≥65%)。建设项目职业卫生安全"三同时"验收通过率 100%。全面推进安全生产标准化企业达标创建工作,全面加强职业危害因素监控。2015 年,集团公司职工共发生 18 起生产性人身伤害事故;工亡事故 1 起,工亡 1 人;重伤事故 3 起,重伤 3 人;轻伤事故 14 起,轻伤 14 人。与去年同期相比,事故起数增加 6 起,其中,工亡事故持平,工亡人数持平;重伤事故增加 2 起,重伤人数增加 2 人;轻伤事故增加 4 起,轻伤人数增加 4 人。2015 年,集团公司生产性人身伤害事故造成直接经济损失 117.96 万元。

【2015 年安全生产工作会议】2015 年 1 月 23 日上午,集团公司在嘉峪关大剧院召开 2015 年安全生产工作会议。会议总结了 2014 年集团公司安全生产工作,安排部署了 2015 年安全生产目标任务。

【"安全生产月"活动】2015 年 6 月,集团公司下发了《酒泉钢铁(集团)有限责任公司关于开展 2015 年全国"安全生产月"活动的通知》(酒安全〔2015〕142 号),在全公司范围内组织开展了第十四个全国"安全生产月"活动。主要开展了以下活动,配合嘉峪关市政府主管部门开展“安全生产月活动启动仪式暨全市营运大客车驾驶员安全宣誓活动”;参加嘉峪关市《安全生产》、“千人万厂”知识竞赛答题活动;制作和下发《企业安全生产责任体系五落实五到位规定》张贴资料40余份;集团公司工会和安全环保部共同组织开展了以“遵守安全法律法规,保障职工生命安全”为主体的安全知识竞赛,组织开展了扎实有效的应急预案演练活动,安全环保部对宏兴股份公司焦化厂、能源中心发电三分厂、东兴铝业公司及公共服务中心的应急预案演练进行了验收;团委组织广大团员青年开展了“保障安全生产青年在行动”青年安全主题实践活动。同时,各分子公司也开展了形式多样的安全生产月活动。

【外协队伍安全管理】2015年,安全环保部下发了《外协单位及被派遣劳动者安全管理细则》(酒制〔2015〕152号),要求各成员单位进一步加强对外协单位及被派遣人员的安全监管,对外协用工较多的作业区、分厂及项目部进行重点检查,严禁以“包”代“管”,包而不管。对于从事保产、检修、混岗作业的外协人员,各单位按照集团公司文件精神,细化对外协单位及被派遣劳动者的安全监管内容,明确各级管理人员的管理职责,按体系运行要求开展安全监管工作。

【建设项目“三同时”管理】2015年,集团公司对甘肃宏汇1000万吨煤炭分质利用项目一期3.5万立焦炉煤气柜本体钢结构工程、酒钢集团宏兴钢铁股份有限公司选烧厂400万吨选矿主厂房屋架加固工程、酒钢医院危旧病房改造工程等117个建设项目或分部工程进行了开工前安全条件备案;对榆钢5万立焦炉煤气柜建设工程、昕昊达球团竖炉烟气脱硫项目、甘肃宏汇1000万吨煤炭分质利用项目一期工程等11个固定资产投资项目持续开展现场安全检查和管理状况评价工作;对已建成投产的13个项目进行了投运后,职业安全卫生设施运行情况安全评价;对宏兴股份公司不锈钢分公司新建罩式炉项目、酒钢兰州物流基地铁路专用线建设项目、酒钢医院危旧病房改造项目等21个项目的职业安全卫生设施设计方案进行审查。对宏兴钢铁股份公司西沟矿技术改造项目、不锈钢分公司VOD建设项目、选烧厂一选高焦混合煤气总管改造项目等23个项目的职业安全卫生设施完成情况进行内部验收;组织完成甘肃东兴铝业有限公司酒嘉风电基地高载能特色铝合金节能技术改造工程职业病危害防护设施设计专篇审查,股份公司本部焦化厂无水氨建设项目等6个项目的安全设施竣工验收,宏晟电热公司2×350MW热电联产项目等5个项目职业病危害防护设施竣工验收。确保集团公司依法开展建设项目职业安全卫生“三同时”工作。

【安全生产许可资质管理】2015年,完成集团公司非煤矿山、危险化学品生产企业安全生产许可证变更主要负责人;完成宏兴股份公司焦化厂、镜铁山矿、西沟矿、动力厂安全生产许可证书,变更许可产品、主要负责人或许可证编号;完成集团公司危险化学品登记证书变更主要负责人;完成宏兴股份公司动力厂400万吨选厂尾矿库和矿产资源开发中心龙泰公司非煤矿山企业安全生产许可证申领。确保集团公司及成员单位依法依规运营。

战略发展

【“十三五”规划编制】为科学分析酒钢“十三五”所面临的内外部环境,进一步明确企业发展的战略目标,谋划企业未来发展,结合国家中长期发展规划编制周期,发展规划部重点组织了“十二五”规划执行情况评估和“十三五”规划纲要编制工作。组织对集团公司“十二五”规划执行情况,各产业的现状和存在的问题进行了分析总结,形成《酒钢集团“十二五”发展规划评估报告》上报省政府国资委。在编制完成《酒钢集团“十三五”规划纲要》基础上,按照集团公司“十三五”规划领导小组安排,编制完成《“十三五”基本战略思路及规划编制推进计划》,经集团董事会审议通过后下发全公司执行。

【项目前期论证工作】根据目前公司经营形势,按照投资必须收益和紧急必需的原则对计划内和临时上报的固定资产投资项目开展了前期论证,全年发展规划部组织开展前期论证的技改项目38项,其中,计划内技改项目32项,计划外技改项目6项。经上报董事会审议通过后,启动了宏兴股份公司不锈钢分公司新建罩式炉项目、嘉策铁路与额哈铁路接轨工程、酒钢医院危旧病房改造项目、动力厂三制氧冷却系统改造增加氮气产量项目等10个项目，统筹考虑公司经营形式和资金状况，对28个建设条件不成熟的项目暂缓实施。

【编制固定资产投资计划】面对国内经济增速下滑,企业经营形势恶化的严峻环境,发展规划部按照“压缩投资、严格控制、预算管理”的指导思想组织开展了2016年固定资产投资项目计划编制工作。组织集团公司相关专业部门,综合考虑产业政策、发展前景、市场需求、盈利能力、资金筹措等方面因素,2016年，集团公司计划安排固定资产总投资29.5亿元。计划安排固定资产投资项目58项,其中续建项目15项,基建及技改项目25项,环保安措类项目13项，棚户区改造项目5项,年度计划投资27.5亿元;安排零星固定资产购置项目483项目,总投资1.8亿元;安排前期工作投资0.2亿元。

【“一带一路”战略合作项目】积极与省政府相关部门进行对接，开展了境外投资项目政策及项目报批程序等咨询和梳理工作,对“一带一路”沿线国家包括牙买加、哈萨克斯坦、哥伦比亚等政治环境、投资政策等基本情况进行了详细研究。组织开展了酒钢与俄铝牙买加Alpart公司合作项目前期交流工作。为积极推进俄铝牙买加Alpart项目,向省国资委报送了《关于拟开展收购牙买加俄铝Alpart工厂暨建设工业园区的请示》,获得省国资委同意开展前期工作的批复。根据Alpart工厂现场考察调研情况,形成了专题调研报告,报请公司认可后,向省政府、省国资委报送了《关于牙买加俄铝Alpart工厂考察情况的汇报》。组织牙买加项目前期工作组、沈阳铝镁设计院、山东电力院等开展了Alpart公司氧化铝生产线及燃油电厂改造方案论证工作,初步形成三套改造方案,对改造方案的可行性和经济性进行了翔实对比。

【项目后评价工作】为了提高集团公司投资决策水平和投资效益,实现投资项目闭环管理,总结项目经验教训,发展规划部组织对2012年-2014年三年的项目后评价工作进行了梳理总结，对项目建设过程中存在的超工期、超投资及投资效果偏离预期等问题进行总结分析，提出管理意见和建议，为后续项目建设管理提供经验。全年共完成18个项目后评价工作。

【开展专题研究】发展规划部积极收集行业信息,结合工作业务进行调查、研究,组织形成报告,为集团公司决策提供信息支持和依据。组织完成了《铝加工产业情况汇报》、《酒钢集团铝产业发展战略研究报告》、《酒钢集团印尼氧化铝项目预可研报告》、《酒钢集团印尼镍铁项目预可研报告》、《省属有色产业贯彻向西开发战略的报告》、《将煤炭分质利用项目列入国家煤炭清洁转化利用整体规划的建议(提案)》等。

工程建设与管理

【固定资产投资】2015年，随着经济下行压力与通缩风险的逐步加大,集团公司暂缓实施了冶金厂区45万吨电解铝配套自备电厂项目、配套铁路建设工程、自备电厂供电系统改造工程等22个新建固定资产投资项目。全年实际实施工程建设项目51项,完成投资37.05亿元。其中,固定资产建设项目43项,完成投资25亿元;房地产开发项目8项,完成投资12.05亿元。全年组织交、竣工验收28项,其中竣工验收27项。

【从严从紧控制工程资金支出】工程建设管理部按照从紧必需的原则，有效控制资金支出。2015年各建设工程支付金额12.98亿元，同比减少27亿元,降幅67.5%。此外,通过积极协调公司相关部门及承包单位,共办理车辆顶账705万元(其中591万元已经办理完毕)，钢材顶账2831.582万元,三方顶账1872万元,有效缓解了公司工程款支付压力,降低了子公司应收账款的回款风险。

【抓好建设项目的安全、质量管理工作】在项目建设过程中，采取“定期检查与各类专项检查相结合”的工作方法,及时发现和纠正问题,在确保安全、质量的基础上,有序推进项目建设。充分发挥质量监督站的专业监督作用，每月针对各项目不同施工阶段的质量控制重点进行有针对性的专项检查,并督促及时整改;强化对供方单位的管理。

在对供方单位进行评价的基础上,2015年重点推进将供方单位派驻现场的主要管理技术人员纳入评价的管理机制，严厉打击转包及违法分包等行为,坚决将不守诚信,技术水平低,存在工程安全、质量问题的队伍和个人从酒钢建设市场淘汰;组织各项目按照公司的总体要求，认真开展基础管理专项检查、安全生产月、安全生产大检查等活动,有效遏制了安全事故的发生,现场安全管理水平得到了提升,全年未发生一般及以上安全、质量事故。

【重大项目工程建设】宏汇能源化工有限公司150万吨煤炭分质利用项目。一条干馏生产线及原料煤翻卸、贮运、综合管网等相关配套公辅设施已具备单体调试。加氢系统、制氢系统完成全部土建施工任务。宏兴股份公司不锈钢分公司VOD项目,完成全部建设内容,竣工交付生产。宏兴股份公司不锈钢分公司新建罩式炉项目，完成罩式炉、煤气净化加压站全部土建施工,能源介质管道全部铺设完成。宏兴股份公司镜铁山30万吨铜矿选矿厂尾矿干排干堆技术应用项目，完成全部建设内容,交付生产使用。宏兴股份公司榆钢支持灾后重建项目干熄焦工程,完成全部建设内容,完成热负荷试车,竣工交付生产。酒钢医院污水处理站建设项目,已完成工艺设备安装、调试,具备菌剂培养条件。酒钢医院制剂楼项目，制剂楼已封顶。酒钢医院危旧病房改造项目,内科、外科楼三层主体框架砼施工已完成。公共服务中心嘉市铁路区域供热系统改造工程,完成全部建设内容,供热系统已投运。

计划财务与审计

【财务预决算】2015年，预算财务部按照《省政府国资委关于做好2014年度省属监管企业财务决算管理及报表编制工作的通知》(甘国资发财监〔2014〕353号）及《省政府国资委关于做好2015年度省属监管企业财务预算编制工作的通知》要求,认真组织、协调中介机构与被审计单位协作、积极协调高效推进,保质保量完成预、决算工作;同时对财务决算中存在的问题，督促相关单位积极落实整改,提高会计工作质量,圆满完成集团公司2014年度财务决算和2015年财务预算编报及预算调整编报工作。同时,以夯实会计基础管理,加强重大事项管理为目标，系统总结了以往年度审计中存在的问题，结合问题要求各单位积极开展会计基础规范管理,确保会计信息质量合规、可靠;强化会计核算与会计信息质量管理,严控会计造假行为,进一步提升集团整体会计信息质量;加强财务制度建设,梳理和细化财务核算管理流程,提高工作质量和效率,适应集团改革转型需求。配合落实省国资委第四监事会工作要求，对集团公司以前年度经营情况及重大财务事项进行专题汇报,并按要求认真落实整改。

【互保共建管理】通过营造和拓展内部市场建设,进一步强化内部产业间互保共建和自营自建工作,对冶建、耐材和宏联可承担集团内部年修和项目做出内部市场互保要求,同时就公司采购、销售以及物流运输等方面存在的问题提出解决措施和建议。目前集团内部的钢材、电气、建筑、建材、机械加工等产品以及绿化、运输等服务工作已经在钢铁冶金、电解铝、电力能源、冶金建筑、冶金炉窑等生产领域范围全面开展，充分发挥了各子公司的专业能力,企业内部互保共建工作稳步实施,有效控制了资金外流,更好地为集团服务。

【保险业务管理】2015年，为进一步规范集团公司保险业务管理,下发了《关于集团公司保险业务管理要求的相关通知》酒计财发[2015]12号文件,从业务的管理流程、保费预算的控制、参保标的物的风险防控等方面进行了规定,理顺了管理流程,强化了保费预算执行的准确性和严肃性。同时,对保险赔付工作进行督促和监督，不断创新管理模式,通过引入保险招标机制,实现了集团公司保险投保费率水平的降低,2015年集团公司保费实际支出5500万元,同比下降18%,较预算节支800万元。

【筹融资管理】面对外部严峻的融资环境和公司经营亏损的形势,强化筹融资管理,加大与金融机构沟通力度,顺利完成19家银行的续授信、续贷工作，顺利完成债务融资工具的到期偿还工作和发行工作，解决遗留的大股东占用上市公司资金问题,保障了集团资金安全;同时,通过主动压缩带息负债规模148亿元、利用央行降息时机以低利率贷款置换高利率贷款等措施，减少利息支出4.5亿元；另外，为优化融资结构，把控融资节奏，优化融资集中到期时间和金额，通过归还1.52亿元美元贷款、获取13亿元项目贷款和5亿元中期流贷，在一定程度上降低了次年融资集中到期兑付压力。

【资金集中管理】为加强资金的集中管理，通过修订《集团公司资金集中管理办法》，建立了资金预算管理体系和资金管理信息平台，有效提升集团公司资金管控和筹划能力；同时为加强子公司银行账户管理，清理外部银行账户97个，降低资金账外流动风险。外部应收账款管理方面，累计清理2015年以前欠款超过11亿元，降低了坏账风险，并且通过制定集团内部借款和往来欠款清理方案、推进建立集团票据池、试点推广使用电子承兑汇票，加快资金流动，提高资金使用效率。

【税收优惠】在依法依规纳税的前提下，充分利用国家税收优惠政策，申请享受科技开发费加计扣除、残疾职工工资加计扣除、专用设备购置抵减企业所得税；农业及公益用地减免土地使用税、房产税；农产品种植养殖减免增值税；资源综合利用减免增值税、企业所得税；居民供暖减免增值税；财务公司与其他金融机构往来收入减免营业税；榆钢、东兴铝业、兰州长虹通过申请困难企业减免土地使用税、房产税等税收优惠。针对宏兴股份公司等18家子公司的企业所得税、增值税等5个税种，制定相应的纳税筹划方案，优化业务流程，并监控过程实施，有效降低集团公司整体税负及涉税风险，2015年累计节税5.63亿元。

【内部价格管理】进一步完善集团公司内部价格体系，通过梳理和讨论研究，将四大类项目纳入到内部价格目录当中；调整了集团公司内部趸售电价及蒸汽、热水、煤气等动力能源介质价格，更加贴近能源市场实际；加强内部价格运行的协调和过程监管，在充分调研的基础上制订下发了《集团公司内部价格管理指导意见》，明确了总的定价原则和管理举措，为后续内部价格市场化改革奠定了基础。

【财务监管】规范会计基础，维护财经纪律，防范财务风险，确保集团公司利益。2015年，财务监管工作紧紧围绕“健全财务监管制度，提高财务监管水平，落实查出问题整改”这个中心展开，完善财务监管体系，实行财务巡查与财务负责人自查相结合方式，巡查出存在问题7大类共计68个，自查出9大类82个问题，涉及债权回收风险、资产损失、土地及权属问题、法律纠纷、投资风险等方面，针对存在的问题及时提出整改或管理建议，为规避财务风险发挥了积极作用。

人力资源

【人员总量概况】截至2015年末，集团公司职工总数39866人，其中在岗33647人，非在岗6219人。2015年，集团公司从外部招聘、接收和引进各类人员1461人，其中招聘学生573人，接收复转军人24人，甘肃汇杰人力资源有限责任公司派遣用工择优签订酒钢相关单位劳动合同859人，其他外部单位调入5人。

【人员结构概况】截至2015年末，集团公司职工平均年龄38.4岁，平均工龄16.2年。其中在岗员工平均年龄38.0岁，平均工龄15.9年。具有大专以上学历的员工17756人，占职工总数的44.5%。其中，博士12人，硕士269人，本科6985人，大专10490人。初中以下学历的4659人，占职工总数的9.6%。在岗员工中，具有大专以上学历的15977人，占员工总数的47.5%。其中，博士12人，硕士255人，本科6517人，大专9193人。初中以下学历的3505人，占员工总数的10.4%。具有高级职称的757人，中级职称的2727人，初级职称的4920人，员级职称的2562人。其中，4269名管理人员中，高、中、初、员级职称的比例分别为9.6%、31.0%、28.0%、4.4%；2617名技术人员中，高、中、初、员级职称的比例分别为11.7%、37.9%、37.1%、3.6%。　操作人员中，已有18881人取得本岗位不同等级的职业资格证书，持证率71.3%。其中，初级工1197人，占5.8%；中级工7606人，占比28.7%；高级工8158人，占比30.8%；技师1707人，占比6.4%；高级技师213人，占比0.8%。集团公司无固定期限劳动合同人员占员工总数的58.2%，固定期限劳动合同人员员工总数的

41.8%。

【劳动组织管理】总结评估"十二五"工作成果，全面盘点人力资源现状和存在的问题，起草"十三五"人力资源规划，初步提出五年内人力资源管理思路和方向。制定集团总部人员优化方案，按照30%比例核减岗位，进一步提升机关管理效能，推动总部职能转型。为应对当前形势，减少劳动投入，优化人员结构，拟定了富余职工分流安置政策。加强员工配置策划，向混合所有制企业宏汇能源公司输出化工、机械、电气等相关专业职工285人。

【劳务用工管理】履行劳务管理职能，严格限制各单位劳务派遣用工，截至2015年年末，集团劳务派遣用工占比11.9%，能够按期实现《劳务派遣暂行规定》要求。规范部分单位劳务性质业务外包管理行为，外包合同及日常管理中的漏洞明显减少，劳务管理水平有所提高。出台《关于落实集团公司改革要求进一步清理劳务用工的指导意见》，提出了清理范围和措施。2015年末，劳务派遣用工较上年同期减少530人，劳务外包用工减少4347人。

【人才引进】2015年人力资源部继续组建专业招聘团队赴国内重点院校宣讲，共引进本科及以上大学毕业生88人，其中重点院校占比44%；引进煤化工、酒业销售、医务等专业成熟人才44人；会同技术中心柔性引进6名博士进入博士后工作站。

【人才工作】向省委人才工作组推荐西部之光访问学者候选人1名；推荐2015年国家百千万人才工程人选1名；选拔3人参加全国会计领军人才选拔考试；完成陇原青年创新人才推选并获18万扶持资金；向省工信委推荐两化融合专家及财经专家人选各3名。向市政府争取领军人才名额5名，目前市领军人才增加至15人。会同技术中心对省领军人才进行年度考核并将上报省人社厅。

【职称工作】2015年集团公司10人通过甘肃省正高级工程师的评审，专业涉及钢铁冶金、计算机、自动化、煤化工、材料加工等，突显出酒钢人才力量集聚、研发实力的不断提升，对集团公司将科技成果进一步转化为生产力具有巨大促进作用。2015年，酒钢会议评审通过具备高级工程师任职资格39人；具备工程系列初、中、高级技术职务任职资格562人；见习期满具备初评初定专业技术职务任职资格149人。

企业管理与信息化

【完善职能职责体系】依据公司法和公司章程规定，规范了董事会战略决策职能和经理层执行职能，拟订了总经理、副总经理、财务总监工作分工，明确了经理层副职对总经理负责的管理关系。对集团公司和成员单位的职责进行了界定，对集团公司董事会和经理层职能进行了衔接，对集团公司专业化中心及经理层所辖职能部门的使命和定位、职责进行明确，修订完成了经理层所辖管理部门的职能职责，对公共服务中心、检验检测中心等7个专业化中心的职责和业务范围的梳理工作也已接近尾声，新修订的部门职能职责进一步明确了经理层各职能部门和专业化中心的使命、定位及权限与责任。

【优化组织机构设置】按照集团公司经营管理体制改革要求，对集团总部部分机构进行了调整，对东兴铝业、物流中心、能源中心内设机构进行了优化，进一步精干机构、提高管理效率。按业务板块对集团直管子公司进行了专业化整合，调整后集团直管的二级成员单位由35家减到27家。根据简政放权和放管结合要求，确定了集团公司面向市场经营试点企业清单，试点单位范围扩大到21家，配合董事会办公室出台了试点经营单位负面清单和集团公司董事会权力清单，明确了需由集团公司决策的91项主要管理事项和高风险事项，清单以外事项均放权给试点单位。

【管理制度建设】根据制度建设总体进度安排，提出了《集团公司2015年制度建设计划》。在上半年制度建设工作的基础上，调整了2015年制度建设计划，提出了《2015集团公司经理层9–12月制度建设计划》，计划组织完成制度建设重点任务13项。共完成30部管理制度的拟订和审查工作，已发布《信息直报制度》《期货套期保值业务管理制度》《工程建设管理制度》、《环境保护管理制度》《科技奖励管理办法》《专业考核管理办法》《资金管理制度》《工资总额预算管理制度》《安全管理制度》等27部管理制度，全面推进了集团制度体系建设。

【企业经营管理体制改革重点工作】结合集团公司实际，制订完成了《集团公司综合改革试点方案》、《酒钢集团经营管理体制改革试点方案》，方案确立了集团公司全面深化改革的总体思路、发展目标，提出了今后一个时期的工作任务及措施。按照省国资委相关要求，组织确定了2015年25项重点改革任务，涵盖了健全规范法人治理结构、实行分级授权管理、完善财务管理体系、加强成员单位领导班子建设、强化激励和约束机制、提升科技创新能力、加强监督评价与监察，以及全面推进依法治企等8个方面的改革重点任务，确保了2015年各项改革工作按计划推进并全面完成。

【经营责任绩效考核】2015年，企管部依据省国资委业绩考核的有关要求，制订了《集团公司领导班子副职负责人业绩考核办法》，结合中层经营管理人员薪酬调整方案，对第一责任人经营业绩考核方案做了调整。调整方案以下半年利润预算目标为主实施经营业绩考核，并作为对第一责任人以及所属中层经营管理人员的绩效薪酬兑现依据。配合集团公司简政放权要求，制定了《集团公司专业考核管理办法》，专业考核实行分层分级管理，集团公司管理部门对各部门、各单位第一责任人实施专业考核，各部门、各单位建立内部专业考核制度，对所属员工实施专业考核。按公司经营管理要求，制订了《2016年绩效考核方案》，方案把考核对象分为经营类单位、服务类单位、职能管理部门三种类型，以预算目标体系为基本依据制定考核指标，形成差异化的业绩考核指标。为应对集团公司面临的困难与挑战，企管信息部会同人力资源部制订了《经营责任风险抵押激励方案》，对经营类单位中层经营管理人员实施风险抵押金制度。

【申报管理创新成果】组织各单位上报优选的管理创新成果，并在集团公司范围内遴选出《推行区域集中远程控制，降低成本，提高劳动生产率》《以产销研一体化为载体、技术营销为手段、推动企业市场化营策略转变》《推行能源价值分析体系有效降低动力成本》《探索“三标合一”运行模式完善企业标准化体系建设》《推进美元债务管理创新 开辟外部融资渠道》《建设职业技术鉴定智能化管理平台助力企业技能鉴定工作》6项最能代表集团公司最新的创新成果，6项成果获甘肃省企业管理创新优秀成果奖(1个一等奖、4个二等奖、1个三等奖)。

【编制规划】提前筹划、编制信息化专业发展规划。为实现集团公司战略目标，指导公司信息化工作科学有序开展，信息中心根据集团公司基本战略思路，组织编制了《酒钢集团公司“十三五”信息化专业发展规划》。本次规划是在对比其他钢铁企业信息化建设情况的基础上，结合酒钢信息化发展现状、技术发展趋势，规划了“十三五”期间集团公司信息化建设的主要内容，形成了具体的信息化项目计划。

【信息系统安全】为强化酒钢信息系统的信息安全，2015年下半年，信息中心会同专业信息安全评估公司对全公司各关键应用系统、系统平台、计算机网络的安全进行了评估，对酒钢信息系统现状掌控得更加清晰、全面，使今后的信息系统安全防护工作更有针对性，为信息系统的安全管理提供了指导方向。

【自主开发的信息系统】榆钢仓储物流管理系统：根据榆钢的业务现状，设计开发了榆钢仓储物流管理系统，全面实现了采购、转储、生产、销售、运输、质量、库房管理等业务的过程管理功能，系统于2015年6月27日正式上线。该系统实现了仓储物流相关业务流程的电子化、系统集成化，加强了各环节信息共享，不仅提高了信息的透明度，还大大提升了各环节数据的准确性、业务处理的及时性，为ERP数据采集提供了坚实支撑。资金头寸管理系统：为预算财务部开发了资金头寸管理软件，实现了分子公司每日资金头寸的自动归集、汇总，提高了集团公司的资金管理能力。移动应用的探索与开发;为扩展故障报修渠道,方便员工的报修申报,开发了安卓、苹果IOS版的信息系统服务平台;为丰富员工打卡签到渠道,开发了安卓、苹果IOS版的考勤APP;借助现有的微信号,开发并应用了微信工资查询、企业邮箱注册等集成功能,为员工提供多方位便捷服务。已初步积累了安卓、苹果IOS开发经验,为后续移动应用的开发奠定了基础。

【网站信息】酒钢集团外网改造:在原网站的基础上,按照"集成融合、服务用户"的原则,优化了版面设计、丰富了网站内容,进一步提升了用户体验。新版网站更新了酒钢各个板块产业信息,增加了集团公司大事记、酒钢视频等信息,版面更加好看、信息更加丰富。微信宣传:打造了酒钢微信订阅号、服务号和企业号,订阅号每天发布高质量的涉及安全、通知、推荐、新闻、原创等积极向上及充满正能量的更新内容,截至目前订阅号用户数突破37400人,2015年累计发送1100多篇更新内容,累计阅读1794444次。

【信息化项目建设】数据中心机房搬迁:将机房由机关A楼办公楼搬迁至新建数据中心机房,完成了117个系统和280台物理设备的搬迁,同时在搬迁实施中,对酒钢信息系统平台进行了整体优化,为信息平台实现统一管理、信息安全提升创造了条件。骨干网交换机、内网防火墙升级改造:对运行十年以上的核心交换机、汇聚交换机、防火墙等核心设备进行了升级改造,同时引入了网络虚拟化、入侵检测防御等技术,大大增强了现有网络的安全性。酒钢WIFI基础平台建设:在集团公司机关办公楼、信息中心、能源中心、技术中心、酒钢医院、检验检测中心、冶建公司等多家单位建设了WIFI,逐步为酒钢移动化办公的发展需要提供环境条件。酒钢计算机网络综合监管平台建设:对酒钢现有300多台可管理网络设备的实现实时监测,实现设备远程监管、主要参数实时/历史查询、故障实时报警和信息通告、网络故障综合分析等功能,极大提高了计算机网络运维的工作效率和运维质量。数据中心机房动环监控系统建设:对中心机房的环境、制冷、电力等系统进行全面监控,实现了从基础设施到应用层的综合监管,以及对数据中心运行资源的容量、能耗、运行情况的管理,同时与安防、配电等专业系统实现了集成和对接,实现了统一告警管理。

科技管理

【科技目标完成情况】2015年,集团公司计划开展科技项目286项,其中集团公司立项81项,分子公司开展技术改进项目205项,全年按计划完成241项,完成率84.27%。集团公司26项主要技术经济指标达到攻关目标,攻关目标完成率89.7%。取得各级科技成果38项。

【新产品开发】2015年,紧密结合市场需求和用户要求,强化品牌建设,提升酒钢产品市场影响力和认同度。全年新产品试制及批量生产19.01万吨,其中开发试制10.5万吨,批量生产8.51万吨。碳钢线棒产品方面,高强钢筋完成了榆钢∮8mm、∮10mm HRB400E盘螺加Cr降VN合金工艺优化,吨钢降低成本5元,HRB500E直条产品具备了按单生产能力;研发的出口螺纹钢、竹节钢性能满足标准要求,可批量生产,试制的冷镦钢35GL产品得到四川国龙用户认可。碳钢板带产品方面,CSP热轧黑皮钢Q345BH成功进入新疆市场,供新疆光磊钢结构公司产品4100吨;围绕新疆捆带需求、建筑钢结构用钢、农机用钢等方面,研发了结构用高强镀锌钢板和农机用铝锌钢板,开发具有涂蜡功能的无涂蜡镀锌高强钢板替代传统产品;专项设计了四川长虹液晶显示器用黑色家电板产品,满足特殊品质要求;研发的具有涂装性能的无铬自润滑镀锌钢板试模成功,可替代传统电镀锌钢板用于制作液晶电视后背壳;汽车用冷轧带钢与比亚迪、吉利、江淮、王牌汽车建立战略合作关系。不锈钢产品方面,马氏体不锈钢30Cr13、双相不锈钢2205生产工艺稳定成熟,实现批量生产;拓展了集装箱用409L产品市场,超纯系列产品取得佛吉亚认证。差异化产品比例由2014年的22%提高到32%,终端用户由53家增加到76家,成功进入美国GE、美的、格兰仕、奥迪斯、老板电器、宜家、太阳雨等知名制造厂,并形成了稳定的供货能力。合金及铝产品方面,低碳低铝硅铁产品开展球团矿替代氧化铁皮实验,验证了工艺可行性,进一步降低生产成本;脱氧用钢砂铝产品研发项目建设了年产1万吨钢砂铝、脱氧铝杆和铝丸生产线，并试制脱氧用钢砂铝产品120吨。装备制造产品方面，针对航天万源锥形主轴，研究设计了各类工装夹具，提高了加工效率，全年生产合格产品45套；风电机组转子支架形成了较为完整的作业指导书，全年试制45套，用户安装使用合格率100%，具备批量生产能力。食品及酒类产品方面，搅拌型酸奶完成产品设计及实验室试制，确定生产工艺和技术参数；低端利口酒完成前期实验研究工作，完成年度原酒开发目标。

【知识产权管理】2015年，集团公司向国家知识产权局提交专利申请255项，取得专利受理201项，取得专利授权190项，其中授权发明专利23项；授权发明专利数量由以前的6项增长到29项。

【科技成果】2015年，向各级政府部门、协会申报47项科技成果参与奖励评选，取得甘肃省科技进步二等奖1项，中国有色金属工业协会科技进步二等奖1项，甘肃省冶金有色工业协会科技进步奖36项；组织完成了集团公司钢铁、电力、铝业板块省级科技成果鉴定会议，“大电源向单一大负荷直供电源-网-荷协调控制技术开发和研究”等11项成果均通过省级科技成果鉴定。

酒钢物流

【原燃料运输到达量】本部原燃料共计到达2260.3万吨，其中：铁运1806.3万吨、汽运454万吨；榆钢原燃料共计到达181.1万吨，其中：铁运124万吨，汽运57.1万吨。

【产品外发量】本部各类产品共计外发786.9万吨，其中：铁运700.2万吨(钢材534.7万吨，铝产品82.6万吨，调拨物资7.9万吨、其他75万吨)、汽运86.7万吨；榆钢产品外发137.5万吨，其中：铁运83.7万吨，汽运53.8万吨。

【矿石输出量】镜铁山矿铁矿石输出1065.6万吨，西沟矿石灰石输出254.8万吨，其中：铁运66.1万吨，汽运188.7万吨。

【自备车运输量】C70E自备车运量完成640.2万吨，其中：潞新煤250.4万吨、昕昊达球团75.4万吨、广汇煤260.7万吨、其他53.7万吨。

【经营指标完成情况】中心全年完成营业收入8.45亿元，完成年预算的104%，超3233万元；其中：物流中心集团账户收入：11169.7万元，甘肃酒钢物流公司2449万元，兰州宏顺分公司3047.2万元，中兴铁路公司51640.6万元，龙泰货运公司2814.8万元，乌鲁木齐酒钢正泰物流公司936万元，跨产权经营12775.6万元。

【项目建设】2015年12月，嘉峪关北至策克专用铁路竣工环境保护通过国家环境保护部验收合格。

生态环境建设

【建设项目竣工环保验收】2015年，安全环保部协调环境保护部对嘉峪关北至策克专用铁路进行了竣工环境保护验收现场检查，通过现场实地检查和查阅相关资料，验收专家组认为项目落实了环评要求的各项环境保护设施和生态保护措施，一致同意项目通过竣工环保验收。协调甘肃省环保厅、嘉峪关市环保局先后完成了甘肃省铬渣无害化处理设施技改工程、宏电铁合金余热发电项目、宏兴股份公司焦化厂无水氨项目等多个项目的竣工环境保护验收工作。

【扎实推进污染减排工作】2015年，集团公司依据与市政府签订的环保目标责任书内容，完成嘉东动力煤料场输煤系统抑尘改造项目；开工建设嘉东综合料场防风抑尘网工程；6×350MW机组在线监测设施通过验收并与市环保局联网；持续提高脱硫、脱硝设施的投运率和运行效率，已建成火电、钢铁行业减排设施脱硫、脱硝效率均达到省环保厅减排要求。

【加强环保工作监督检查】2015年，编制下发了集团公司《关于进一步强化大气污染防治工作的意见》针对文件中各项要求落实情况进行专项检查 其中，尾矿坝专项整治工作取得良好成效，对坝体周边区域进行平整，在库内增设管道，对干滩进行放矿引流抑尘;成立五个专业检查组,在全公司范围内开展水污染防治检查工作,共查出存在的环保问题130项,全部完成整改;同时,进一步加强对环保设施运行的监督管理,确保环保设施运行稳定,污染物达标排放。

【清洁生产审核及验收】 2015年,甘肃省环保厅实施强制性清洁生产审核及验收,安全环保部组织开展宏兴股份公司碳钢薄板厂、肃南宏兴矿业有限公司,吉瑞再生资源公司以及祁牧乳业公司开展清洁生产审核工作,与咨询机构进行沟通,组织召开清洁生产推进会,编制完成清洁生产审核报告,通过甘肃省环保厅评审,取得备案意见。同时,依据国家环保部《重点企业清洁生产审核评估、验收实施指南》,按照省环保厅要求,组织清洁生产中心专家对酒钢集团宏兴钢铁股份有限公司镜铁山矿、选烧厂、焦化厂、炼铁厂、炼轧厂、动力厂、不锈钢分公司及能源中心宏晟电热公司清洁生产中/高费方案实施情况和效果进行了实地查验,形成了验收意见,通过甘肃省环保厅评审,取得清洁生产审核验收意见的函。

【申报环保专项资金】 按照省、市政府财政及环保部门相关文件要求,积极为吉瑞公司酒钢工业垃圾场环境整治项目方案、宏兴股份公司尾矿坝环境整治项目方案、甘肃酒钢集团宏兴钢铁股份有限公司嘉东综合料场挡风抑尘墙建设工程、甘肃酒钢集团宏兴钢铁股份有限公司在线监控设施改造项目、酒钢集团废水总排口在线监控设施迁移项目、嘉峪关宏电铁合金有限责任公司料场综合防尘治理项目申请省、市级环保专项资金,经省、市级环保专项资金项目评审会审核,共获环保专项资金1204万元。

【环境标准化暨环境信用评价】 2015年,宏兴股份公司动力厂、储运部、碳钢薄板厂、吉瑞再生资源公司、西部重工股份公司、宏晟电热公司共6家单位被列入省环保厅“环境标准化暨信用等级评价”一考双评单位。各单位按照相关要求完成包括环保责任主体落实、污染治理措施运行管理、环境保护制度执行、环境应急管理、厂区环境与社会监督5个方面,27项基本内容,122项具体要求落实工作。完成企业自评及存在问题整改,并编制上报了环境保护标准化建设暨环境信用评价评估报告和资料汇编。经省环保厅评审,6家单位全部获得环境标准化B级企业等级,环境信用等级评价为良好。

【排污许可申办】 2015年,完成集团公司(废水)排污许可评估报告以及宏兴股份公司(废气)、宏晟电热公司(废气)排污许可评估报告评审,协调省环保厅取得上述省级排污许可证批复文件,确定了2016-2018年污染物排放总量,确保集团公司及成员单位依法依规运营。

综合管理

董事会办公室工作

【董事会会务组织】 筹备与组织集团公司董事会会议是董事会办公室的主要职责,涉及收集和审核董事会议案、承办董事会会务、形成董事会决议记录和监督检查董事会决议的落实情况等全流程管理。2015年,共筹办集团公司董事会会议暨党政联席会会议14次,征集审核各部门提交的董事会议案、党政联席会议题、调研报告及工作汇报共计209项,完成董事会和党政联席会议案(议题)汇总、决议起草、送签等工作,起草董事会决议、决定(通知)、股东建议函186份,党政联席会会议纪要14份,会议记录14份。

【文秘工作】 完成各类公文、材料的起草和审核工作,先后起草并向省委、省政府、省国资委上报了集团公司上半年工作汇报、集团公司减亏脱困提质增效工作汇报、集团公司季度工作汇报、集团公司2015年工作总结及2016年工作安排以及陈春明董事长在集团公司纪念铁山精神30周年活动、2015年年度工作会议、安全工作会议以及科技工作会议等重大会议上的讲话,起草并修订政府领导、部门、行业协会来酒钢考察调研的汇报材料。策划并协调相关部门迎接全省煤炭分质利用项目观摩、省国资委、工信委关于企业减亏脱困提质增效落实情况调研、省人大“十三五”规划纲要编制和省属监管企业国有资产管理情况调研等活动以及副省长黄强、副省长郝远等领导考察酒钢等重要活动。

【机要工作】公文管理。编目、审定、核发、印制集团公司层面发文552个编号；编目、电子化转换、流转、催督办公司各类外来收文2031份；督办落实公司领导重要批示及信访函件174份；接收、流转钢协计算机密码系统发送文件材料147份，市政府机要局专送保密文件6份；转督办各类接待工作信息47份。行政印章管理。审核、规范刻制印章144枚，收缴作废印章423枚；完成各类集团用印材料的审核、格式审定，审核用印事项394批次，用印11000余次。会议发布和信息处理。发布会议195次，通知会议人数约23850人次；编排、印制集团公司各类大中型会议材料500余份，整理归档会议材料378份；扫描编辑外来文件1311份，完成集团公司外来电子传真的监控、接收、分转1683份，集团公司外发传真312份。档案管理。清理、清退2014年度中央和省级密级文件80余份；立卷移交公司档案馆2014年度文书档案3858件、作废印章382枚。

【外事工作】为贯彻落实国家“一带一路”战略部署和甘肃省关于加快省属国有企业“走出去”的具体要求，根据集团公司工作需要，重点就收购俄罗斯铝业联合公司阿尔帕特氧化铝厂事宜，安排并组织相关人员多批次赴牙买加进行考察。2015年共办理出国赴港澳团组12批52人次，完成重要项目出访3批22人次，配合上级接待外宾及公司重要宾客6批106人次。

党委办公室工作

【文秘工作】加强学习，狠抓办文质量。通过专题学习、业务交流、集体研讨等方式，切实提高了文稿综合写作水平。先后起草撰写了集团公司2015年党委工作报告、“三严三实”专题教育党课辅导材料、党建工作汇报材料、党风廉政建设主体责任自查报告等30余篇；修订完善了《集团公司党委常委会议事规则》《集团公司党群工作职责权限》《集团公司党委目标管理评价实施办法》等制度规定10余项。精心组织，努力提升办会质量。全年组织召开集团公司党委常委会12次、党委理论中心组学习9次、党委书记例会10次、党群例会10次，承办了集团公司党委六届八次全委(扩大)会议、集团公司“三严三实”专题教育启动大会、集团公司纪念“铁山精神”命名30周年大会等大型会议。调查研究，发挥参谋助手作用。针对集团公司党建工作面临的新情况、新问题，在2015年下半年党委目标管理评价过程中，组织党群部门就落实党风廉政建设“两个责任”和党支部战斗堡垒作用及党员先锋模范作用发挥情况进行了问卷调研，为企业进一步加强改进党建工作提供了“第一手”资料。同时优化升级“酒钢党建”网站，制定了《酒钢党建网站管理办法》，利用现代网络技术对企业党建信息进行展现和传播，着力推进公司党建工作信息化水平，切实为基层党组织做好服务工作。

【公文、印鉴管理】严格按照集团公司相关规定做好党委公文的收发、登记、传阅、清退、归档等工作。全年编印集团公司党委各类发文、函件86份，党办发文10份；接收、督办党委收文1106份，其中保密文件172份，送发保密公文55份，有效保证了公司党委公文的正常运转；先后共启用新印章8枚，废止9枚。

【保密工作】强化商业秘密保护，做好保密宣传教育和督促检查。加强组织领导。根据机构变革和人员变动及时对集团公司保密委员会和基层单位保密委员会进行了调整。开展保密宣传教育。组织全公司700余人参加了全省保密法律法规知识竞赛活动，分别获得一、二、三等奖各1名；利用“酒钢党建”网站“保密工作”专栏宣贯国内外保密安全形势和热点。开展商业秘密保护。修订了《酒钢集团公司保密管理制度》，组织集团公司机关各部室、分子公司等70家单位开展了商业秘密定密工作。开展国家秘密信息安全工作。按照国保发《关于进一步加强涉密人员保密管理工作的意见》要求，指导50余家单位梳理了国家秘密范围，确定了涉及39家单位的保密公文函件、密码电报、项目合作中产生的国家秘密信息。做好保密监督检查和整改。对公司50余家单位的保密管理工作和300余台个人计算机进行了专项检查，下发了《保密工作专项检查情况通报》。

【"双联"行动】公司双联工作严格按照省委省政府要求，贯彻全省双联行动大会和精准扶贫工作会议精神，紧紧围绕"六个精准"的工作要求，紧扣"重在联，贵在为，深在制"的工作要领，紧密结合公司生产经营实际，重点开展了以下工作：调整了集团公司双联行动领导小组和干部联户对子，集团公司358名中层以上干部联系852户建档立卡贫困户，联户干部一年来累计走村进户227人次3658个工作日。直接投入资金165万元，扶持5县32个联系村开展了安全饮水工程、村组道路建设、村综合服务中心文化广场、养殖种植业发展等项目21个，协调31个村1191户贫困户共计申请双联贷款、精准扶贫惠农贷款5783万元；并利用农闲业余时间举办技能培训19期699人次。投入扶持资金对渭源县田家河乡元古堆村危房改造异地搬迁项目居民院落围墙进行了修缮，完成了古浪县高海拔农户黄花滩生态移民381户，张家川县相关村危房改造、异地搬迁241户。落实双联行动精准扶贫力量整合要求，派遣了5名中层干部、17名科级干部到集团公司联系的22个贫困村担任驻村帮扶工作队队长，派遣1名中层干部到瓜州县挂职。

【信访工作】2015年以来，面对企业经营发展环境不断恶化，经济效益严重亏损，集团公司适时调整生产组织模式，对部分产线实施停产放假的实际，公司信访工作紧紧抓牢企业生产组织模式调整及重大节日、敏感时期等特殊节点，全面抓好信访维稳及社会矛盾等相关问题的集中化解工作，认真做好提前退休人员、家属工和幼儿园退休保育员等特殊群体的上访化解工作，并积极配合嘉峪关市政府做好棚户区改造工作。2015年以来，信访部门共受理职工群众来访183次/589人，受理来信18封，受理热线528人次，协调解决拖欠农民工工资170余万元，配合嘉峪关市社会矛盾纠纷调解中心协调解决与公司生产经营、职工群众生活密切相关的问题56起，信访处理率达到100%，没有产生新的信访积案。

总经理办公室工作

【起草文件材料】先后起草2015年集团公司行政工作报告以及董事长、总经理在集团公司干部大会、集团公司半年工作会议、集团公司三季度经济运行分析会、集团公司年度工作会议、集团公司安全工作会议上的讲话，起草政府领导、部门、行业协会来酒钢考察调研的汇报材料60余份。

【组织会议及活动】先后组织了集团公司干部大会、集团公司2014年度工作会议、集团公司2015年度安全生产工作会议、集团公司2015年上半年工作会议以及6次购运销例会、5次经济运行例会、12次总经理办公会等。并积极协调相关部门认真筹办了政府领导、部门、行业协会来酒钢考察调研的汇报会。先后策划组织了"两节"期间公司内部送温暖、慰问劳模、老干部及一线职工等活动，省领导考察酒钢等重要活动。

【管理制度】按照集团公司改革要求，先后起草完成了《总经理办公会议事规则》《总经理工作制度》《总经理、副总经理、财务总监工作分工的通知》《总经理办公室职责职能》《集团公司接待管理办法》《集团公司突发公共事件总体应急预案》《集团公司信息直报制度》及集团公司办公用品、办公用房、办公用车相关管理办法，进一步理顺工作流程，明确工作职责。

【接待工作】全年共计接待上级部门、周边地区、军队院校、友好单位、业务联系单位来酒钢参观学习、联系业务、洽谈工作、走访慰问的167次，共计约3261人，其中省部级接待23次。

【安全工作】协调安全环保部（酒钢应急救护队）开展各类应急预案演练21次，其中集团公司层面3次，完善专项应急预案2个，配合安环部对全公司安全生产应急管理专项大检查1次。迎接甘肃省安监局对甘肃省非煤矿山酒钢救护队检查验收。完善救护大队基础管理(办公场所、办公设施配备)。按照甘肃省要求编写完成了《酒钢(集团)公司应急体系建设评估报告》。对集团公司人口密集场所进行了安全评估。

党群工作

纪检监察工作

【贯彻落实“两个责任”】狠抓了“3783”主体责任体系和公司党委“两个责任”实施意见的贯彻落实，协调公司两级党委主要负责人分别与两级领导班子成员、基层党委(支部)签订党风廉政建设责任书710份，以责任书的形式明确了各级党组织和领导干部履行主体责任的具体内容、工作要求、检查考核的责任追究情形。各单位组织6434名“关键少数”人员签署了廉洁从业承诺书，实现了压力传导“纵向到底、横向到边”。公司主要领导调整后，召开专题党委常委会，对切实加强酒钢党风廉政建设工作进行了认真研究部署，纪委积极配合，制定出台了《酒钢集团公司党委约谈领导干部办法》《述纪述廉述作风实施办法》等制度规定，严肃处理了1起违反八项规定典型问题和1起党员领导干部违纪问题。建立了公司领导班子成员基层联系点制度，主要领导带头深入联系点开展调查研究，就抓好企业改革发展稳定和党风廉政建设工作提出明确要求，并在此基础上广泛开展谈心谈话和廉政约谈，层层传导了工作压力，有力靠实了“两个责任”。按照“工作落实年”的要求，对全年反腐倡廉工作任务进行了细化分解，通过加大监督检查力度，督促基层纪委切实履行监督责任，每半年对各单位落实“两个责任”及重点工作落实情况进行检查考核，及时指出存在的问题和不足，并在党委目标管理考核结果中给予了扣分处理。在具体问题和案件查处过程中，对发生违纪违规问题的部门和单位，既追究主体责任、监督责任，又严肃追究领导责任，以“一案双查”倒逼主体责任落实。

【正风肃纪】深入持续纠正“四风”。紧紧抓住元旦、春节、五一、中秋、国庆等关键节点，下发专门文件，对两级纪委强化监督执纪问责、持之以恒纠正“四风”提出明确要求。公司纪委多次安排专门人员，重点对遵守政治纪律和政治规矩、公款吃喝、公款送礼、公车私用、参与赌博、工作庸懒散慢、大操大办婚丧喜庆、损害职工利益等问题进行了明察暗访和跟踪监控。国庆前后，按照省纪委统一部署，在全公司范围内深入开展了“九个严禁、九个严查”专项行动，传递了狠刹“四风”的明确信号。出台了《关于严格规范领导干部办理婚丧喜庆事宜的规定》，对规范领导干部办理婚丧喜庆事宜做出了“九不准”规定及书面报告、签承诺书等硬性规定。已有7名中层干部做了报告、承诺并事先由公司纪委书记对其进行了谈话。

【效能监察与预防职务犯罪】围绕“保盈利、保顺行、稳增长、保安全”主题主线，确定了42个公司级效能监察项目，通过抓好组织实施、跟踪监控和定期评价，全年实现目标39项，提出改进建议183条，堵塞管理漏洞90项，较好地发挥了堵漏补缺、提质增效的作用。二是公共服务中心出租房管理情况、紫轩酒业公司庄园定制酒管理等问题开展了专项效能监察，对堵塞管理漏洞和提升管理效率提出了具体的监察建议。配合检察机关，在1000万吨煤炭分质利用项目一期工程、不锈钢罩式退火炉项目中开展了“两联系，两促进”专项行动，指导宏汇公司建立了廉洁风险防控体系，组织全体项目管理人员开展了法制讲座和警示教育。在公司两级机关、原宏泰贸易公司所属各部门各单位开展了“学好法、用好权，促公正、促清廉”预防职务犯罪进机关活动，组织全公司600名重点岗位人员进行了法制知识测试。

【内部巡视工作】根据公司党委确定的工作计划，通过创新方式方法，合理调整工作节奏，探索常规巡视、专项巡视相结合的工作模式，进一步提高了巡视监督实效。各巡视组紧扣从严治党、聚焦突出问题，盯住重点人、重点事、重点问题开展巡视，基本做到了带着问题去、盯着线索查，力求把问题查准查透，全年共完成4轮共计24个单位的巡视任务，实现了自2014年下半年以来，内部巡视工作对集团直属分子公司、二级单位、本部重点领域、驻外重要经营单位的全覆盖。在巡视过程中，先后与834名干部职工进行了谈话，问卷调研662人，发现各类问题147个，提出整改建议96条，通过采取每轮统一安排进驻、每轮集中向公司报告、常规巡视与专项巡视同步安排、反馈问题与整改工作同步推进、重要问题向公司分管领导同步通报的方式，狠抓了过程控制特别是整改落实，实现了反馈问题建账销号、逐项整改、件件有着落。

组织工作

【基层党组织建设】结合集团公司经营管理体制改革，系统优化基层党组织设置，分设宏兴股份公司党委，将原来由集团公司管理的16个基层党委划归宏兴股份公司党委管理，撤销了宏泰贸易分公司党委纪委。督导公共服务中心等7个直属党组织筹备召开了党代会，选举产生了两委委员48名，调整增补基层党组织两委委员25名。2015年，指导东兴铝业、物流中心、西部重工、宏汇能源等单位优化调整组织设置，指导基层优化调整党支部49个，考察选用党支部书记45名。截至2015年末，集团公司有直属党委(党总支)26个、党支部376个，党员11263名。

【领导班子建设】坚持两级中心组学习制度，认真贯彻党的十八大和十八届三中、四中、五中全会精神，深入学习领会习近平总书记系列重要讲话精神。根据机构改革和领导班子配备的实际，对宏兴钢铁股份公司、物流中心等单位班子配备和相关干部调整提出建议，并提交党委常委会和党政联席会议进行研究。按照进一步完善法人治理结构的要求，将党建工作总体要求写入公司章程，明确了企业党组织在公司法人治理结构中的法定地位。坚持领导班子民主集中制，进一步提高议事决策水平，完善了《集团公司党委常委会议事规则》。

【干部日常管理】2015年，围绕经营管理体制改革，集团公司深入推进干部人事制度改革，试点下放干部选任、考核、管理权限，研究出台《集团公司试点单位干部人事工作改革方案》，积极推进市场化选聘，组织完成了紫轩酒业公司、祁牧乳业公司职业经理人评聘工作，着力优化调整班子和干部配备，强化领导干部创业干事能力建设和作风转变，严格任职管理和从业监督，认真落实领导干部个人有关事项报告、因私出国(境)管理、谈心谈话等制度。干部工作与形势任务、改革目标进一步契合，服务保障改革转型的能力进一步提升。

【党员队伍建设】按照“控制总量、优化结构、提高质量、发挥作用”的总要求，做好发展党员工作。举办入党积极分子培训班4期，培训入党积极分子167名，发展党员177名，取消预备党员资格1名，新确定入党积极分子132名。开展民主党员评议工作，2015年，评议11403名，全年共处置不合格党员8名，走访慰问离退休党员、老干部和困难党员53人，指导基层党组织走访慰问党员1200余名。

【组织部门自身建设】学习贯彻全国、全省组织工作会议精神，转变工作作风，增强服务意识、提升服务水平。改变党组织工作逐级抓全面的模式，牵头党群部门对27个方面93项党群工作职责权限进行了梳理，对组织工作5个方面16项管理事项的职能、责任和权限进行了重新界定，赋予21家试点单位基层党组织设置、党组织书记调整、党建经费审批以及党费收缴、管理和使用等方面的职能和权限。

宣传思想工作

【理论教育】制定下发了《2015年两级党委中心组及干部理论学习安排意见》，重点围绕党的十八届三中、四中、五中全会精神和习近平总书记系列讲话、“四个全面”战略布局和“五大发展”新理念、“三严三实”专题教育做好中心组学习和干部理论教育。全年开展各种形式的理论宣讲及专题辅导24场次，编发理论学习辅导材料8期，在酒钢党建网上传学习资料105篇，基层党委中心组集中学习400多次。

【形势任务教育】每季度编发形势教育材料，编印了《新常态新挑战新发展大讨论文集》，各级党组织开展形式多样的形势任务教育，使广大职工清醒地认识到企业面临的严峻形势，增强了危机感、责任感和使命感。每月下发宣传报道主题，加强对基层单位和媒体宣传工作的指导；坚持正确舆论导向，在酒钢日报刊发系列评论文章，引导党员干部勇于担当、率先垂范，广大职工立足岗位、创新创效；坚持典型引路，大张旗鼓宣传全国劳模王云平、最美教师吕杰等先进人物，激励广大职工敬业奉献、奋发有为。

【主题教育活动】制定下发了2015年《关于开展“创新创效应对新常态、改革转型共谋新发展”主题活动安排意见》。各单位按照“振奋精神、应对挑战,深化改革、释放活力,强化管理、创新创效,抢抓机遇、转型发展,转变作风、克难求进”的总体部署,通过各种渠道,反复向职工讲形势、讲任务、明举措、提要求,进行压力传导,强调责任担当,使干部职工的危机意识、责任意识、改革意识和发展意识明显增强,广大职工全力投入生存保卫战和减亏攻坚战,提高了工作主动性。一年来,公司推行的各项改革发展举措稳步推进,企业保持了适度规模,遏制了效益下滑势头,经受住了市场考验。宏兴股份公司从三季度起逆势减亏,各分子公司奋力创收,提高了对集团的贡献度,为减亏止滑和改革转型总体目标的推进营造了良好氛围。

精神文明建设

【精神文明建设】大力培育和践行社会主义核心价值观。修订印发《酒钢员工文明手册》,涌现出一批敬业爱岗、见义勇为等道德典型。郭斌等25名职工入选“中国好人”“甘肃好人”、第二届“雄关好人”、嘉峪关市第三届道德模范;吕杰等4人入选2015年甘肃省“中国梦·凡人善举天天看”微电影宣传名单;郭争儒等13名“酒钢好人”、拾金不昧好职工张国平在媒体广为宣传。开展文明单位创建活动。镜铁山矿等4家单位晋级全国和甘肃省文明单位,德力源公司徐永红获全省精神文明建设先进工作者荣誉。三是积极参与嘉峪关文明城市创建和督查工作,集团公司荣获“嘉峪关市创城先进单位”,公共服务中心汪虽富等获创城工作先进个人荣誉。

统战工作

【统战工作】通过统战人士情况通报会、专题学习等形式,组织统战人士学习《中国共产党统一战线工作条例(试行)》、习近平在中央统战工作会议上的讲话精神,宣传公司积极应对危机、挖潜增效、强化基础管理、加快转型发展的各种举措,引导统战人士认清形势、坚定信心,团结一致、共谋发展,推动公司在严峻的市场环境中完成新目标、实现新突破。组织31名酒钢政协委员参加有关专题讲座,为政协委员履职尽责、建言献策,拓宽了视野。组织酒钢的嘉峪关市政协委员围绕市政建设提提案和建议43条。开展“爱企业、献良策、做贡献”活动,发挥统战人士智力优势,以推进技术进步、解决生产难题、提高经济效益为目标,一年来各界统战人士就企业加强经营管理、安全生产、产品质量、科技创新、文化建设、环境保护等提出建设性意见建议1624条,实施技术革新318项。

企业文化建设

【企业文化建设】全力抓好纪念“铁山精神”命名30周年系列活动。下发了《纪念“铁山精神”命名30周年系列活动方案》。推进文化酒钢建设,提升企业形象。按照“诚信、制度、执行、团队、安全、品牌、廉洁”七大文化建设总要求,持续开展文化厂矿、文化作业区、文化班组建设和培育文化员工活动。集团公司荣获全国“企业文化创新优秀单位”称号,储运部朴银泉荣获“全国企业文化创新优秀管理者”荣誉,能源中心单润娜荣获“全国企业文化创新优秀工作者”荣誉。推进甘肃省钢铁产业名品牌示范区创建工作;积极筹办了哈萨克斯坦国际矿业和工业展参展工作,推介酒钢的技术和形象;制作大型户外广告宣传牌,提升品牌影响力;指导制作播出宏丰公司等12家分子公司电视宣传广告,推介宣传酒钢产品。2015年省市文明办等单位发布“共筑诚信、德润陇原”和“共筑诚信·德润雄关”省市诚信“红黑榜”,集团公司共有23家(次)单位入列红榜名单。西部重工公司、紫轩酒业公司、紫玉酒店管理公司、酒钢宾馆被评为“嘉峪关市诚信守法企业”。紫轩酒业以诚信企业形象亮相央视“焦点访谈”栏目。在中国钢铁工业协会发布的“2015年冶金产品实物质量认定产品”名单中,酒钢“连续热镀铝锌合金镀层钢带”“低合金高强度结构钢热轧钢带”“预应力钢丝及钢绞线用热轧盘条”三项产品因产品的实物质量达到了国际同类产品实物水平,荣获2015年冶金产品实物质量“金杯奖”。

新闻工作

【《酒钢日报》】1985年1月1日,经国家新闻出版总署批准在嘉峪关市创刊,由酒钢集团公司党委主办,酒钢新闻中心出版,周五刊,对开四版,彩色印刷,全国公开发行,国内统一刊号

CN62-0035。全年出版248期。2015年,《酒钢日报》紧紧围绕集团公司减亏止滑、深化改革、创新发展中心任务和集团公司党委“创新创效应对新常态,改革转型共谋新发展”主题活动、“铁山精神”命名30周年纪念活动三大主题组织新闻策划和宣传报道。开设《保盈利 保顺行 保安全 稳增长》栏目,宣传集团及主要单位、部门全年的形势、任务和主要措施,刊登集团公司各职能部门、重点厂矿负责人专访22期。突出生产经营亮点报道,全面报道了集团层面以及基层各分子公司围绕技术创新、新品开发、关键指标进步、降本增效、开源节流、生产组织协调、岗位创新创效、优质服务、电商营销等方面的举措、做法和业绩。根据市场变化和重点工作变化突出阶段性报道,对钢铁产业的报道放在了技术进步、提高质量、开发品质上,重点报道了铁前降低成本、指标进步的做法,大量报道了不锈钢、碳钢冷轧等工序开发品种、开拓市场等工作;对电解铝产业的报道,则放在持续关注国内铝业动态,关注东兴铝业的经营、管理、生产,通过大量来自铝业的报道,促使更多的人去关注铝业的市场变化和东兴铝业的经营管理;集团公司推进经营管理体制改革后,新闻宣传及时跟进,既报道集团层面的改革方案及工作部署,又对宏兴股份、东兴铝业等分子公司落实改革的举措、思路、推进情况等进行了全方位的解读报道,配发多篇评论员文章。尝试从新闻角度对重要文件及制度予以报道、摘要、解读,扩大制度影响,帮助理解文件,包括《集团公司党委常委会议事规则》《集团公司危险化学品安全管理办法》《集团公司环境保护管理制度》《集团公司安全检查及隐患排查治理办法》等10余个。开设《劳模本色》《闪光的金牌》《我身边的共产党员》等专栏,陆续推出各类先进人物事迹,用劳模精神激励职工在逆境中奋进。开设专栏报道集团两级党组织开展党建工作、主题活动、“三严三实”专题教育等的举措、成果、经验。开设“媒体时评”专版,紧跟企业改革发展形势,选摘有关时事政策、企业党建、改革转型等方面时事评论,传播主流声音;刊发了《增强酒钢的发展自信》、《坚定信念 带头实干 充分发挥党员先锋模范作用》、《自觉践行“三严三实”凝聚企业发展正能量》《纪念“铁山精神”命名30周年系列》等10余篇评论员文章;开设《大家谈》《职工话题》等栏目,刊发《靠啥生存》《谁来救酒钢》《转新不等于转型》等引人深思的评论150余篇。开设《行业看点》《改革聚光灯》等栏目,对国家、省上、行业层面与企业和职工关系密切的政策动向、典型经验等给予关注。

【酒钢电视新闻节目】2015年,酒钢电视频道开办了《酒钢新闻》《酒钢论坛》《新闻视野》《酒钢故事》等新闻栏目。《酒钢新闻》全年播出图像、口播、字幕新闻、评论等2600余条,播发各种生活服务信息230余条;新闻报道紧紧围绕三大主题,精心组织日常新闻宣传报道,积极做好集团公司阶段性宣传重点和重大新闻的策划报道,在保证新闻准确性和及时性的基础上,积极拓展新闻报道领域,做好新闻播报的加减法,合理设置新闻栏目,对报道内容有序取舍,突出主题报道,弱化一般性报道,在信息总量增加的同时,新闻报道质量和传播效果有效提升,重点推出《适应新常态 蓄力新航程》《改革进行时》《职工岗位创新创效》《创新创效应对新常态改革转型共谋新发展》《践行“三严三实”》《劳模风采》、《金牌工人》《党旗红》《我身边的共产党员》《走基层》《记者调查》《班组天地》《青春视点》《行业点击》《政策视角》《城市播报》等栏目;尝试创新新闻制作播报形式,制作完成音乐片尾《酒钢冬韵》《坚守幸福》;利用动画制作、字幕创新、手机图像等多种方式手段展示新闻内容;对《酒钢新闻》重新进行整体包装,不断调整主持人播音状态,提升新闻传播质量和效果。《酒钢论坛》选题紧跟形势,关注热点,以依法治企、风险防控、项目建设、党建、先进典型、职工文化生活等为重点话题,播出《贯彻四中全会精神 谱写依法治企新篇章》《酒钢历史记录者》《进军煤化工》《做实党建促发展》《烧结机上的“贾能人”》《为风险“设防”》《喜气洋洋迎羊年》《“酒钢故事”里的事儿》等14期节目;拍摄制作纪念“铁山精神”命名三十周年大型专题片《酒钢魂》以及《酒钢魂》青工教育版、“铁山精神”展览馆版、《中国酒钢》(英文版)以及《创新驱动 科技酒钢》等5部专题片;录制并播出《“奋进 幸福”——2015酒钢春节综艺晚会》以及乙未新年贺岁短片。《新闻视野》选题策划向纵深延伸,题材更加注重与行业企业发展大环境、大方向的结合,影响较大的节目有《2015,再打攻坚战》《岗位创新你我他》《高铁时代:变化利好你与我》《2015，环保之路如何走》《新常态下的新课题》《党旗红 企业兴》《筑牢风险防控网》《沿着"一带一路"走出去》《慢下来 品书香》《绝活的"传"与"承"》《"四个全面"托起中国梦》《从严治党从每一位党员做起》等。《酒钢故事》栏目以讲述酒钢职工、酒钢历史的方式，重现酒钢人激情燃烧的岁月，诠释酒钢企业精神的原子内核，汲取战胜当前经营困难的精神力量。2015年，适逢"铁山精神"命名30周年，新闻中心推出大型系列报道"酒钢故事"，4月至10月期间，"酒钢故事"在报纸、电视媒体推出，《酒钢日报》刊发18篇、电视播出21期。报道刊发、播出后，在职工、家属中及社会上引起强烈共鸣，不仅加深了职工对企业发展历程的认识，提振了战胜困难的信心和决心，产生了积极的社会效益，而且在读者观众中叫响了"酒钢故事"品牌；同时，组织大型新闻采访活动，锻炼了职工队伍，新闻采编人员的创作水平和拍摄、编辑技能、技巧有了大幅度的提升；通过"酒钢故事"对老一代建设者的采访，为酒钢收集、保留下一批珍贵的厂史资料。代表作品有《我们来到戈壁滩》《铁山孕育企业魂》《韩显沛井下促生产》《像胡杨一样守望岗位》《搬山记》《顶天立地酒钢人》《抢抓先机建轧钢》《搭好舞台共出彩》等。

【新闻监督报道】新闻监督报道遵循"帮忙不添乱，客观不夸大"的报道原则，体现了媒体的良知和责任，在记录反映不良现象问题的同时，及时跟进反馈问题整改情况。以《记者调查》的形式刊播了《厂区厕所离"文明"有多远》《阅报栏里的报纸去哪儿了》《能否让职工浴池服务舒心更暖心》《厂区公路为何又现"渣土挡道"》《劳保手套为何成了"一次性"手套》《责任落实 渣土"让道"》《紫轩三期7号楼楼梯之殇》《职工糖尿病防控，一个值得关注的话题》等多个题材报道。

群众团体工作

公司工会

【组织建设】健全工作机制，促进能力提升，增强工会组织吸引力和凝聚力。夯实工作基础，加强基层工会组织建设。根据部分委员的工作变动情况，补选酒钢集团公司工会第六届委员会委员11名、经费审查委员会委员1名，调整了各专门工作委员会部分委员。推选会员代表95名(包括委员4名、经审委员1名、常务委员2名)出席了嘉峪关市工会第九次代表大会。帮助和指导2个新建单位组建工会；指导8个基层工会完成换届工作和届中补选工作。保证了各二级单位建会率100%。开展工会干部培训工作，不断提高业务能力素质。一年来，安排10名工会干部参加了市委组织部组织的2015年度春季、秋季工会干部培训班；选派3名工会干部参加了省总组织的工会干部培训班；集团工会对80名基层工会干部进行了工会换届、职代会、职工小家建设等方面的业务培训。组织22名基层工会主席学习中央、省委群团工作会议精神和习近平总书记重要讲话精神。根据甘总工办发[2015]26号《甘肃省总工会关于开展全省工会系统"六五"普法检查验收工作的通知》，对我公司工会系统"六五"普法工作进行了自查，并形成了《酒钢集团公司工会"六五"普法自检自查报告》报送省总工会。组织开展了工会系统评先树优工作，组织召开了集团公司工会六届五次全委(扩大)会议暨2013-2014年度工会工作总结表彰大会。

【企业民主管理】完善系统维权、维护合法权益，保障广大职工群众的知情权、参与权、表达权和监督权。充分发挥职代会作为职工参与民主管理的主渠道作用。筹备召开了集团公司六届五次暨股份公司一届五次职代会。征集处理职工代表提案131件；审议通过了公司主要工作报告并形成了相关决议。充分发挥职代会闭会期间的作用。组织召开了集团公司六届五次职代会第二次、第四次代表团团长联席会，分别审议了《酒泉钢铁(集团)有限责任公司关于拟申报不定时工作制和综合计算工时工作制岗位的方案》、《酒泉钢铁(集团)有限责任公司关于实施职工内部退养的指导意见》并形成协商处理的决定。推动厂务公开民主管理工作的良性发展。修订《酒钢集团公司酒泉钢铁(集团)有限责任公司厂务公开实施细则》及《酒泉钢铁(集团)有限责任公司厂务公开工作规范》，组织对厂务公开民主管理工作进行调研及自查自评，确保厂务公开工作制度化、规范化，确保公司重大改革事项，尤其是关系职工切身利益的重大事项100%向职工公开。组织30名职工代表参与公司经济运行分析会和年度工作会。开展职工代表巡视检查活动，组织职工代表分别对高温岗位劳保用品质量、配备，职工配餐进行了巡视，有力地促进了相关问题的解决。充分发挥集体合同、工资专项集体合同对劳动关系的基础调节作用。组织召开了2015年酒钢集团公司工资集体协商会议。在三方协商的基础上，由行政方、工会方首席代表在职代会上共同签订了《酒钢集团公司2015年工资专项合同》。同时指导公司下属9个子公司建立了平等协商、集体合同制度。

【职工帮扶】重视体系建设、打造特色帮扶，为广大职工群众办实事、谋好事、解难事。以节日慰问为契机开展送温暖活动。元旦春节期间两级工会组织认真梳理排查困难职工家庭，为903名生活比较困难的职工发放慰问金78.24万元。集团公司领导班子结合实际情况，有重点的对63户包括退休老干部、劳动模范、金牌工人、困难职工、困难党员在内的家庭进行了走访慰问，送去慰问金12.6万元。"六一"儿童节前夕，组织慰问酒钢实验幼儿园，送去了2万元的教辅用具。开拓救助渠道积极争取上级工会的资金支持。积极与嘉峪关市总工会联系，为困难职工建立档案并争取困难补助金，为301名职工建立困难职工档案并争取到困难补助金40.86万元。立足困难职工家庭实际积极开展日常帮扶。一年来，累计为1600名困难职工发放救助金203.87万元；为54名学生发放爱心助学款25.52万元；为32户符合减免条件的家庭办理了动力产品减免手续；为207名职工发放意外伤害互助金共计82.1万元；为6名女职工发放特殊疾病互助金共6万元。共计为28455名职工办理意外伤害互助新入或续保手续。这些帮扶工作的开展在一定程度上缓解了困难职工的燃眉之急，也最大限度地体现了集团公司对困难职工的关爱。

【维护女职工合法权益】维护女职工权益、关注女职工健康，开展女职工建功立业活动。开展女职工培训，提高女职工的综合素养，酒钢工会女职工培训示范学校挂牌省级工会女职工培训示范学校以来，先后制定下发了酒工发[2015]9号《酒钢集团公司工会2015年女职工培训示范学校培训工作方案》，陆续举办了女职工健康知识讲座、心理咨询讲座、烘焙知识讲座、日常急救知识讲座等共计80课时的讲座，有1982名女职工参加了培训。为响应市委市政府的惠民政策，关爱女职工身心健康，组织36家单位4000余名35岁以上女职工参加妇女病普查工作。为女职工办理意外伤害互助和女职工特殊疾病互助保险。先后为患有特殊疾病的6名女职工及时支付了特殊疾病互助金6万元，为35名女职工发放意外伤害互助金3.36万元，走访慰问、救助困难女职工123人，发放慰问金、救助金14.33万元。按时足月发放女职工卫生费13853人次82.27万元，使女职工感受到了集团公司的温暖。2015年，酒钢工会女职工委员会被中华全国总工会授予"全国五一巾帼标兵岗"荣誉称号，涌现出了一批荣获国家级、省市级的先进集体和个人。王云平获得全国劳动模范，唐晓玲获得省级劳动模范，培训中心罗扬被授予"全国五一巾帼标兵"，吕杰获评"全国最美教师"。

公司团委

【青年思想引领】开展了"青春梦想与责任担当"青年辩论赛、"铁山精神"十问十答、"我与企业共成长"征文暨演讲比赛等活动，指导基层团组织开展"弘扬铁山精神 提升团员青年责任意识"为主题的宣传教育及实践活动30余项。

【青年思想调研】全年开展综合性青工思想动态调查2次，发放调查问卷3000余份，实地走访青工600余人次，基层单位团组织每季度通过问卷调查、走访座谈等形式开展调研工作，团支部每月开展一次调研，协调解决青年中存在的具体困难。

【青年创新创效】贯彻落实集团公司党委主题活动和全员岗位创新工作要求，组织开展了第23届酒钢青工创新创效活动，共征集到青工创新成果340余项，表彰优秀成果52项。指导基层团组织广泛开展青工"修旧利废""义务献工""节约能源"等形式的"降本增效"实践活动300余项，结合各单位实际开展"青工小指标竞赛"60余项、青年突击队等生产服务活动40余次。

【青年素质提升工程】分别将963名、2786名、6217名青工纳入青年职业生涯导航、拜师学技、师傅带徒等三项活动，针对各单位特殊岗位以及关键工种的实用技术开展“绝活传承”活动，全年共立项227项，成立了“仪表检修工绝活传承”示范工作室。指导各基层团组织开展“论文答辩”“技术课题攻关”“技能擂台赛”等活动70余项。

【服务青年】全年共举办了24期“青春对对碰”单身青年交友联谊活动，共计1000余名青年参加，指导基层各团组织成立了“红娘协会”，拓宽青年交友渠道。

【青年文化活跃】指导基层团组织开展各类青年喜闻乐见、形式丰富的文化体育活动300余项，青年自管中心先后组织开展了新招聘大学生篮球赛、趣味运动会、义务劳动、公寓青年中秋联欢会、羽毛球比赛等活动。

【组织建设】按照集团深化改革的总体部署，对基层单位团干部配备、团委委员履职、团支部设置等情况进行了摸底调研，对基层团组织管理方式等进行了梳理细化，理顺了管理流程，根据工作需要增补了集团公司团委第八届委员会委员。组织开展了两期专(兼)职团干部培训班、“团干部如何健康成长”大讨论活动。

【青年安全工作】充分发挥全公司260余个青年安全监督岗在现场安全生产中的补位作用，在做好日常青工安全教育、安全监护的基础上，组织开展了“酒钢青年安全文艺作品大赛”“青年安全三个一”等安全特色活动，安全月期间组织各基层团组织开展青年安全工作现场观摩交流、安全知识竞赛等各类安全活动200余项。

【青年志愿者活动】开展第十二、十三期“金色阳光”助学活动，为150名酒钢职工子女提供免费辅导培训。组织动员150余名职工参与无偿献血活动，基层团组织全年开展厂区绿化、志愿者精神宣传、义诊等青年志愿者活动230项。

【团内宣传】集团公司团委评播“青春视点”50期；利用团委网站和微信公众平台及时刊登、推送集团深化改革的具体措施、弘扬社会新风、传递正能量内容700余条。

职工培训、医疗卫生、保卫工作

职工培训中心

【两个创新】酒钢职工培训中心与甘肃钢铁职业技术学院合署办学，年内对办学体制机制进行创新：围绕学院中、高职不同层次的办学定位和内涵要求，对学院管理体系进行重构和改造：教务处增挂科研处牌子，成立学院评建办公室，科研处、评建办与教务处合署办公。将电气工程系特殊工种教研室成建制划归培训鉴定中心管理。重新修订完善财务收费管理等工作流程，及时杜绝管理漏洞及涉法风险。出台《重点工作督办管理办法》《改进机关作风的若干规定》等制度办法，扎实推进“工作落实年”活动，年度管理目标及重点工作计划基本按期落实；办学理念创新：围绕“以人为本”理念，将教职工和学生作为两大服务主体，重新梳理优化各项管理制度。完成《甘肃钢铁职业技术学院章程》制订。

【信息化建设】数字化校园平台系统基本实现了学工、教务、招生、OA等系统并发使用；学院官方微信平台初步实现了学生查课表、留言板和校内及时新闻发布功能；校园一卡通6月1日上线整体平稳运行；中心机房建设已完工待验收及设备调试；学生公寓智能电控项目改造已完成；图文信息中心图书馆1、3、4楼全面投入使用，引进电子图书借阅设备，初步实现校内全免费的电子图书借阅服务功能；在两校区重点区域布放监控点60个，视频监控三期项目完成建设。

【教学改革和内涵建设】专业建设方面，紧密结合地方经济发展及企业需求，申报新增应用化工技术、液压与气动技术、测控工程等3个高职专业；起重机械、仪器仪表、会计、景区开发与管理等4个中职专业(已招生)。课程建设方面，确定院级新建精品课程4门；打造《炼铁工艺》《毛泽东思想和中国特色社会主义理论体系概论》院级精品资源共享课程并成功申报为省级精品资源共享课。以"冶金技术""电气自动化技术"两个专业为试点，启动基于工作过程的课程体系重建工作，实行"理实一体化"教学模式和"6步骤教学法"，推进课程体系改革；编写校本教材共7部。科研方面，确定《钢铁冶金专业课程体系开发》为院级重点课题，《高职教育技能大赛研究》等5个课题为院级一般课题。向省科技厅申报省级课题8项，成功立项3项，其中"煤炭分质利用项目模拟仿真实训培训平台建设的探索性研究"已获省科技厅资助资金，实现了学院省级科研资助项目零的突破。向市科技局申报"350MW机组主蒸汽管道--T91/P91焊接工艺研究"和"嘉峪关市冶金技术重点实验室"项目成功立项，分别获得10万元科研经费及20万元实验室建设资助经费，实现了学院市级课题和市级实验室建设"零"的突破。

【师资队伍建设】从新疆天业公司及集团分子公司、首批28所国家示范性高职高专兰州石化职业技术学院聘请客座教授24名、校外兼职教师257名。选派73名教师下厂实践，推进基于工作过程的课程体系改革实践。选派2名青年教师分别赴兰州石化职业技术学院、西安建筑科技大学进修挂职锻炼，选派1名中层干部赴省教育厅学习。选送16名教师到专业培训机构外出培训。14名班主任参加"职业院校学生管理创新与班主任（辅导员）职业能力提高研修班"。聘请省科技厅专家赵新军教授到学院对教师进行"知识产权与创新方法"专题讲座。通过开展青年教师课堂内教学竞赛、优秀教师说课竞赛等活动，促进教师教学水平提高。焊接专业指导教师吕杰在2015年由中央电视台和光明日报联合主办的首届"寻找全国最美教师"大型公益评选活动中脱颖而出，荣获"全国最美教师"称号，她也是此次活动中甘肃省唯一、全国职业院校唯一获此殊荣的教师；黄燕和陆小斌老师分别被中钢协授予"突出贡献先进个人""先进个人"奖；社科系罗扬副教授被中华全国总工会授予"全国五一巾帼标兵"称号。

【学生管理】扎实推进学生思想政治教育工作，开展大学生思想政治工作百千万工程、2015年暑期大学生三下乡等活动李万福等7名同学评为甘肃省"优秀学生干部""三好学生"荣誉称号。学生校园活动异彩纷呈，成功举办学院第十届田径运动会；完成"5·25大学生心理健康周""三百进校园"汇报演出等活动；选拔335名学生承担嘉峪关市第五届敦煌行·丝绸之路国际旅游节志愿者服务工作。联系25家合作企业安排顶岗实习学生2900人，并于11月22日在苏州顺利召开了2016届赴苏州实习生就业性实习大型双选会。电气系学生宿舍比照企业现场管理推出的5S管理模式初见成效；学生参加省级"国学经典诵读大赛"分别获得三等奖和优秀奖。

【招生就业】通过市场调研、采用广播、电视、报纸、微信等途径，强化招生宣传力度。两院计划招生2300人（技校1000人、高职1300人），截至11月，甘肃钢铁职业技术学院共录取1502人，报到1165人，报到率77.6%，完成计划的89.6%；甘肃省冶金高级技术学院报名人数820名，报到595名，报到率72.6%，完成计划的59.5%。两院招生计划均未完成。就业方面，2015年钢院毕业1128人，就业985人，升学3人，就业率87.5%；冶院毕业1571人，就业1367人，升学4人，就业率87%。

【综合治理】学院层层签订和落实《社会管理综合治理责任承包书》《消防目标责任书》《防范处理邪教和反恐怖工作责任书》等；实行院系两级值班制度；组织5次院级安全大检查，对126项安全隐患逐一实行"挂账销号"。开展禁毒宣传系列活动2次；交通安全宣传教育1次；消防教育、演习共5次；全年学院重大治安、群体性事件为"零"。

【社会服务】2015年，学院积极开拓外部培训市场，分别与新华网校、甘肃省锅检院、嘉峪关市质检局、临泽就业指导中心、嘉峪关市总工会、嘉峪关市运输管理局、新疆农六师煤电公司、玉门油田分公司等企业合作培训，全年共完成30200人次的职业培训及12631人次（职工9182人、学生3449人）的职业技能鉴定。已建成"职业技能鉴定网络化管理平台""高清课件录制间"（录制17门课程）、无纸化考试中心、拓展训练基地；开通"汇思助考"微信平台,提高了培训鉴定工作效率,全年成人学历教育共招生557人，顺利组织完成3305人次的全国计算机等级考试及1985人的英语A、B级考试。

【校企合作】"融入式"校企合作人才培养模式取得实质性进展。2015年,学院与甘肃宏汇能源化工有限公司校企共建的"煤炭分质利用项目模拟仿真实训室"现进入软硬件试运行阶段。8月完成宏汇新招聘员工127人的培训任务，双方技术人员和教师合作编制完成教材《煤焦油加氢技术》。学院先后与西部天地商贸有限责任公司、酒泉奥凯种子机械股份有限公司、中国人民财产保险股份有限公司嘉峪关市分公司签订了校企战略合作协议,校企双方建立长期、稳定的合作关系,在实训基地建设、专业及课程体系建设、人才培养、招生就业等方面开展全方位务实合作。学院增挂"西部天地商学院"校牌,订单培养经济管理专业35人。吕杰焊接创新工作室荣获2014年甘肃省教育厅高等教育教学成果奖,吕杰老师荣获2015年甘肃省高等学校教师名师奖。

酒钢医院

【开展新技术、新项目情况】超声科开展了超声弹性成像对于肝脏弥漫性病变及局灶性病变的诊断价值研究；放疗科开展了同步放化疗联合胸部深部热疗治疗食管癌的临床应用研究；病理科开展了TCT技术在体液细胞学检查中的应用；口腔科开展了微种植体在正畸支抗中的应用；麻醉科开展了连续外周神经阻滞在四肢手术术后镇痛治疗中的应用研究；内分泌科开展了血酮体测定的临床应用研究；内镜中心开展了单人结肠镜检查术临床应用；眼科开展了康柏西普玻璃体腔注射治疗黄斑变性；医学影像部开展了1.5T高场磁共振磁敏感加权成像(SWI)结合血管成像(3D-TOF-MRA)诊断颅内血管畸形和血管瘤的临床研究；护理部开展了医护一体慢病管理模式在疾病诊疗护理中的应用及"脉动圈"在外周静脉治疗持续改进管理中的应用研究；介入医学科开展了DSA引导下泡沫硬化剂治疗下肢静脉曲张的临床研究；临床检验部开展了呼吸道九种病原体抗体检测的临床应用研究；中医科开展了穴位埋线减肥疗法；泌尿外科开展了经输尿管钬激光碎石术治疗输尿管结石。

【科技创新】修订了《酒钢医院科技进步奖励办法》《酒钢医院学术论文评审标准》,使医院的科研管理工作更加规范，全年在嘉峪关市科技局科研立项5项。向酒钢集团公司申报技术创新成果2项:《维持性血液透析患者微量元素状况调查研究》《256层螺旋CT冠状动脉成像与冠状动脉造影对冠心病诊断价值的对照研究》。院内批准实施的新技术、新项目23项,其中有14项已在临床应用。完成市级科研鉴定11项,其中国内领先2项,国内先进9项。申报院内科技进步奖15项,发表学术论文31篇,其中核心期刊4篇。征集院内学术论文148篇,经评审,评出一等奖17篇,二等奖41篇,三等奖49篇,等外40篇。

【教学培训】在制度层面继续补充、完善的同时，针对在职医务人员、新入职人员、实习医生等不同人群,利用多种形式,开展了《医疗法律法规知识》《患者安全目标管理》《临床合理用药》《输血记录及输血评估》等内容的全员培训与考核。完成了《抗菌药物临床应用指导原则(2015年版)》的培训工作。利用已经处结的医疗纠纷和医疗诉讼案例进行分析,对全院医务人员予以警示教育。2015年共实施省级继续医学教育项目5项。完成了2015年度医生、护士的"三基三严"过关考试、临床操作技能考试、年轻医务人员外语考试。针对我院医生在呼吸机应用技能方面的不足，由重症医学科负责,举办了两期"呼吸道管理及呼吸机临床应用高级培训班"，共有25名医师参加了为期3周的系统培训，效果显著。全年共完成各类讲座40次,80多个学时,其中外请专家来院讲学15人次。参加培训人员共计4100余人次。外请专家57人次,完成各种手术40余例(其中各类肿瘤切除术14例,经输尿管钬激光碎石术治疗输尿管结石10例,DSA引导下泡沫硬化剂治疗下肢静脉曲张6例,骨科手术4例),举办专题学术讲座、学术会议12次,促进了我院医疗技术的进步和发展。共选送三个月以上中长期进修培训人员23名,外出参加学术会议、短期培训学习134人次,共外送护士长及护理骨干长、短期培训51人次。

【人才培养】根据《酒钢医院住院医师规范化培训细则》《酒钢医院住院医师规范化培训计划》,安排参加工作三年内的住院医师 11 人进行轮岗培训。响应省卫生计生委号召，选配 2 名医师分别赴兰大二院、甘肃中医药大学参加为期三年的住院医师规范化培训。完成了 20 名 2016 年毕业大学生的招聘工作。

【健康管理工作】全年共完成体检 39146 人次,完成酒钢职工体检 28595 人，其中职业健康检查 16848 人，非酒钢职工体检 53 家单位 13000 人，妇女病普查 4245 人。完成酒钢职工健康管理个体报告 25880 人，健康管理群体报告酒钢职工 22 份,职业健康检查报告 49 份,健康管理个体档案 25880 份,其中职业健康监护档案 13937 份。医疗干预:危急值干预 450 人次,其中门诊就诊 443 人次,住院 7 人,转外就医 1 人。印刷完成《酒钢员工健康教育手册》4 个分册共 18.5 万份。

【基础设施完善工作】完成了给排水系统、电力系统、采暖系统、建筑屋面防水的修复工作;完成了麻醉手术室净化系统和内镜中心的升级改造工作;完成了院内环境的照明亮化工程;启动了危旧病房建设工程和制剂楼建设工程；完成了污水处理站项目的施工前准备工作；完成了医疗废弃物暂存点及科室存放处的维修改造；完成了体检中心楼拆除项目和 MR、血液净化中心的搬迁、异地建设工作。新建核磁共振室等 10 个项目总投资 8966.62 万元。

【增设设备】全年采购数字减影、急诊救护系统、电子阴道镜—LEEP 刀一体机、血透机、呼吸机、大型洗衣机、心肺复苏仪、双开门脉动真空灭菌器、动态脑电图系统、无创心排量血流动力学监测系统、电子下消化道内镜、彩色超声多普勒、脊柱微创经皮椎间孔镜系统、胎儿母亲监护仪、彩色超声多普勒、低温等离子消毒柜等 15 万元以上设备(含系统)20 台套合计 1266 万元。

【出版期刊】首次出版《医疗质量简报(季刊)》《统计简报(月刊)》,提升了精细化管理水平。

【当选各学会会长】在嘉峪关市医学会、护理学会、中医学会、预防医学会第六次代表大会中,傅汉中主任医师当选为医学会会长、赵宝钰主任医师当选为预防医学会会长、赵永进主任医师当选为医学会副会长、杜维祥主任医师当选为中医学会副会长、段丽琴主任护师当选为护理学会副会长。

【微创介入手术】手术质量明显提升,全年完成微创介入手术 805 台次，占手术室手术的比例达 40%,位列全省前列。

【第一分院】在酒钢医院整体管理体系下,完善了第一分院内部各项管理制度,如建立卫材、药品支出台账,按劳分配的分配制度等。2015 年门诊患者 1100 余人次，完成居民医保体检近 3000 人次,收入 248 余万元人民币,较 2014 年收入大幅提升,但支出较大,全年利润为负。全年未发生重大医疗差错及医疗纠纷。

【社区卫生服务站工作】11 个社区卫生服务站 2015 年门诊接诊人数共计 33297 人次;输液人数共计 26522 人次;建档人数共计 50728 人;双向转诊病人人数共计 217 人；经营收入 513 万元；免费测血压人数逾 28857 人次；发放健康教育处方逾 15433 人份;开展健康宣传活动 28 次;产后访视 0 人次;出诊 163 人次。全年安排参加全科医师培训 4 人;全科护士培训 8 人;组织集中培训学习班 30 人 次；全年无重大医疗事故及医疗差错及投诉发生。

保卫处

【制度建设】2015 年，保卫处配合集团公司修改了《冶金厂区和北区治安保卫工作制度》,修订完善了单位内部各项规章制度,共整合各项制度 34 项。

【管理创新】2015 年，取消拉运大宗物资车辆在厂区大门的物资验收环节，由专职人员在装车现场清点货物数量,跟车至门岗处直接放行,全年提供现场物资监装服务 290 次;推行门卡核销制度,对未带智能卡且无法确定职工身份的人员予以登记,待与单位联系后放行进入,职工本人只需 24 小时之内持智能卡到门卫处予以核销即可，全年核销登记人数804人,未核销职工37人;针对集团公司火工品库的重要性和反恐的需要,将警犬执勤扩展至一矿、二矿火工品库,在两个火工品库分别派驻警犬两头和警犬驯导员一名,协助进行守卫警戒和库区巡逻;对现有警犬种群进行了优化处理,对年龄偏大、不适合执勤的警犬全部退役淘汰,警犬数量由2014年的38头警犬精简至24头;在炸药库大门外150米交叉路口处增加了临时门岗1处,制作防爆路障2个,监控画面增至15个,库区铁丝网向两翼加固3.5千米,确保库区安全;每月从其他科队抽调3名管理人员到内卫一大队重要岗位轮岗,对门卫执勤工作提出合理化建议。

【治安管理】2015年,共接处警60次,出动保卫人员117人次。开展日常治安防范检查158次,发现各类治安隐患68起,整改68起。开展安全生产大检查和危化品专项检查236次,发现治安隐患69起,整改69起;下发隐患整改通知书16份,均已落实全部整改完毕。成立特勤中队和反恐应急分队,制定应急预案及演练方案5份,组织应急分队训练16次,应急演练2次;建立《危险化学品、民用爆炸物品、放射源、化学物品管理台账》《放射源明细表》《危险化学品岗位人员统计表》等台账435份。

【交通管理】2015年,深入16家单位开展了道路交通相关法律法规、冶金厂区道路安全相关规定宣讲活动;发放道路交通安全宣传资料9600余份,道路交通安全告知卡1000余张,在相关路段悬挂道路交通安全宣传警示标语24幅。全年审批超限车辆申请117份,封路申请108份。查处各类违章2519起,同比下降了23%。其中:职工104起、同比下降了35%,外来人员违章2415起、同比下降了23%;机动车违章2099起、同比下降了15%,非机动车违章420起、同比下降了48%。冶金厂区共发生轻微交通事故3起,与去年同期1起相比上升了200%;一般交通事故5起,与去年同期9起相比下降了44.5%;全年交通死亡事故为零。

【消防管理】2015年,累计开展业务理论学习131课时,业务技能训练479课时,参与各类消防演练10次。安全生产月和"119消防宣传日"在厂区醒目位置悬挂横幅45条,发放宣传单(册)共计915份。共办理重点部位动火申请1970次,办理动火审批备案手费21份;对公司74个项目进行了现场勘察、验收,在工程审查意见中共出具消防审查意见169条;日常防火监督检查共查出火险隐患358处,下发隐患整改通知书17份;参与各类消防演练10次;外埠火灾扑救5次;参加公司生产救灾12次;参加外埠求助2次;要害部位和重点防火部位现场动火监护92天,共出车92台(次)、人员470人次。较大以上火灾事故零起。

【打击厂区偷盗行为】2015年,突出厂区重点部位、厂区周边围墙段及夜间嘉东车站、三热电等地段的巡逻执勤、蹲点守候及路检路查工作,查获偷盗案件370起,完成了公司绩效考核指标的115.6%,抓获偷盗人员414人。与去年相比盗窃案件上升了14.9%,偷盗人员上升了28.5%。查获废钢铁、有色金属、编织袋等物资共120余吨,为公司挽回直接经济损失27万余元。

【综合治理】2015年,不定期对治安保卫重要部位及人员密集场所的治安防范、应急处置等方面的反恐防范措施进行检查,督促隐患整改,全年共收集整理平安单位创建典型经验材料270篇,向嘉峪关"长安网"投送综合治理、平安建设方面新闻稿件59篇。结合"反邪教宣传月"活动,召开例会并深入基层开展摸底排查和宣传教育,共发放反邪教宣传单2000余份、宣传册60余份;全年共对12家单位981名职工代表进行日常禁毒宣传教育工作,共发放宣传材料1645份,悬挂禁毒宣传横幅4条,播放《以生命的名义》禁毒宣传片7次,建立禁毒工作基础台账25份。被市委市政府评为2015年全市综治(平安建设)工作优秀单位。

【执勤演练】2015年,共进行执勤演练42次。各单位大型活动申请备案16份,组织公司大型活动安保执勤19次,制定方案9份,出动512人次;备勤15次,参加108人次;上访维稳执勤8次,出动41人次。

【廉洁从业】2015年,保卫处党委坚持贯彻中央八项规定和省委"双十条规定",严查收受礼品礼金情况,坚决维护保卫处集体荣誉;严格规范考核程序和考核金保管制度，做到责任到人、规范履职。全年共拒贿21起，向纪委上交礼品、礼金总价值约10543元。

专 业 中 心

技术中心

【概况】酒泉钢铁（集团）有限责任公司技术中心，简称技术中心，下设科研管理办公室、总工程师室、科技情报室、中心实验室和综合管理办公室，是集团公司科研管理、技术发展等方向研究等事务的主管部门；主要为集团公司及成员单位提供科研检验、科技情报信息和技术决策咨询支持等服务，承担集团公司科技进步责任。2015年末在册职工70人，其中，男职工42人，女职工28人。

【科技目标完成情况】2015年，集团公司计划开展科技项目286项，其中集团公司立项81项，分子公司开展技术改进项目205项，全年按计划完成241项，完成率84.27%。集团公司26项主要技术经济指标达到攻关目标，攻关目标完成率89.7%。取得各级科技成果38项。

【新产品开发】2015年，紧密结合市场需求和用户要求，强化品牌建设，提升酒钢产品市场影响力和认同度。全年新产品试制及批量生产19.01万吨，其中开发试制10.5万吨，批量生产8.51万吨。碳钢线棒产品方面，高强钢筋完成了榆钢∮ 8 mm、∮ 10mm HRB400E盘螺加Cr降VN合金工艺优化，吨钢降低成本5元，HRB500E直条产品具备了按单生产能力；研发的出口螺纹钢、竹节钢性能满足标准要求，可批量生产，试制的冷镦钢35GL产品得到四川国龙用户认可。碳钢板带产品方面，CSP热轧黑皮钢Q345BH成功进入新疆市场，供新疆光磊钢结构公司产品4100吨；围绕新疆捆带需求、建筑钢结构用钢、农机用钢等方面，研发了结构用高强镀锌钢板和农机用铝锌钢板，开发具有涂蜡功能的无涂蜡镀锌高强钢板替代传统产品；专项设计了四川长虹液晶显示器用黑色家电板产品，满足特殊品质要求；研发的具有涂装性能的无铬自润滑镀锌钢板试模成功，可替代传统电镀锌钢板用于制作液晶电视后背壳；汽车用冷轧带钢与比亚迪、吉利、江淮、王牌汽车建立战略合作关系。不锈钢产品方面，马氏体不锈钢30Cr13、双相不锈钢2205生产工艺稳定成熟，实现批量生产；拓展了集装箱用409L产品市场，超纯系列产品取得佛吉亚认证。差异化产品比例由2014年的22%提高到32%，终端用户由53家增加到76家，成功进入美国GE、美的、格兰仕、奥迪斯、老板电器、宜家、太阳雨等知名制造厂，并形成了稳定的供货能力。合金及铝产品方面，低碳低铝硅铁产品开展球团矿替代氧化铁皮实验，验证了工艺可行性，进一步降低生产成本；脱氧用钢砂铝产品研发项目建设了年产1万吨钢砂铝、脱氧铝杆和铝丸生产线，并试制脱氧用钢砂铝产品120吨。装备制造产品方面，针对航天万源锥形主轴，研究设计了各类工装夹具，提高了加工效率，全年生产合格产品45套；风电机组转子支架形成了较为完整的作业指导书，全年试制45套，用户安装使用合格率100%，具备批量生产能力。食品及酒类产品方面，搅拌型酸奶完成产品设计及实验室试制，确定生产工艺和技术参数；低端利口酒完成前期实验研究工作，完成年度原酒开发目标。

【知识产权管理】2015年，集团公司向国家知识产权局提交专利申请255项，取得专利受理201项，取得专利授权190项，其中授权发明专利23项；授权发明专利数量由以前的6项增长到29项。

【科技成果】2015年，向各级政府部门、协会申报47项科技成果参与奖励评选，取得甘肃省科技进步二等奖1项，中国有色金属工业协会科技进步二等奖1项，甘肃省冶金有色工业协会科技进步奖36项；组织完成了集团公司钢铁、电力、铝业板块省级科技成果鉴定会议，“大电源向单一大负荷直供电源–网–荷协调控制技术开发和研究”等11项成果均通过省级科技成果鉴定。

能源中心

【概况】酒泉钢铁（集团）有限责任公司能源中心，简称能源中心，成立于2012年11月5日，是集团公司能源电力产业的经营主体，也是集团公司能源电力产业专业化管理的责任主体。能源中心负责集团公司能源电力产业安全生产、供应保障和健康发展，承担集团本部动力能源系统调度指挥、能源平衡、用能管理、节能降耗等职责。能源中心是一个跨产权经营的专业化中心，按照产权所属法人单位划分，管辖有宏晟电热公司、宏兴股份公司、东兴铝业公司以及酒钢集团公司部分资产。能源中心下辖4个职能办公室、5个分厂。2015年末有在册职工2208人，汇杰劳务员工598人，其中男职工2295人，女职工511人。

【产品产量】2015年能源中心4项生产和转供产品产量均超额完成集团公司下达的计划。全年完成发电量93.95亿千瓦时。生产、转供蒸汽1167万吉焦；生产、转供热水884万吉焦；转供高炉煤气3340.86万吉焦、焦炉煤气1892.02万吉焦、转炉煤气313.3万吉焦，供风量53.43亿立方米。

【技术经济指标】2015年能源中心5项经济技术指标100%完成了集团公司计划。集团公司本部高炉煤气放散率为0.14%；焦炉煤气持续保持零放散率；发电煤耗完成289.1克/千瓦时，供热煤耗完成37.42公斤/吉焦，供风煤耗完成34.9公斤/千立方米。

【投资项目】2015年固定资产投资项目6项，计划投资3935万元。其中2014年新建项目4项，计划投资2680万元；2014年转入续建2项，计划投资1255万元。目前完成2项，完成投资1255万元。

物流中心

【概况】酒泉钢铁（集团）有限责任公司物流中心，简称物流中心，成立于2012年9月3日。主要业务包括：本部和榆钢产品铁路、公路外发，镜铁支线矿石输出的组织协调，1000辆C70E自备车的运营，嘉策铁路的运营；本部钢铁、铝业的产成品仓储、装卸业务，西安、兰州、乌鲁木齐的钢材仓储、配送业务，陇西的铝产品物流服务业务；集团公司有能力面向社会物流业务的拓展和经营；集团公司部分内供及外销煤炭、矿产的贸易。2015年末，物流中心内设机构有综合办公室、铁路运营办公室、公路运营办公室、仓储办公室、市场开发办公室5个部门，对甘肃酒钢物流有限公司、中兴铁路公司、龙泰货运公司、酒钢庆华矿产贸易公司和股份、东铝产成品施行中心层面一体化经营管理，下辖西安酒钢中铁物流公司、兰州宏顺分公司和乌鲁木齐酒钢正泰物流公司三个异地公司。截止2015年12月，物流中心在岗员工764人。

【原燃料运输到达量】本部原燃料共计到达2260.3万吨，其中：铁运1806.3万吨、汽运454万吨；榆钢原燃料共计到达181.1万吨，其中：铁运124万吨，汽运57.1万吨。

【产品外发量】本部各类产品共计外发786.9万吨，其中：铁运700.2万吨（钢材534.7万吨，铝产品82.6万吨，调拨物资7.9万吨、其它75万吨）、汽运86.7万吨；榆钢产品外发137.5万吨，其中：铁运83.7万吨，汽运53.8万吨。

【矿石输出量】镜铁山矿铁矿石输出1065.6万吨，西沟矿石灰石输出254.8万吨，其中：铁运66.1万吨，汽运188.7万吨。

矿产资源开发中心

【概况】酒钢集团公司矿产资源开发中心，简称资源中心，组建于2013年5月，是负责集团公司矿产资源开发、矿产品生产经营实体管理（除宏兴股份公司镜铁山矿、西沟矿及新疆昕昊达、肃南宏兴矿业外）及部分铁精粉贸易的跨产权专业化管理的利润中心。下设综合管理办公室、资源开发管理办公室及地质矿产勘查研究院三个部门；纳入管理的一级子公司8家，二级子公司21家，境外机构2家。2015年末在册职工

500人。

【生产经营指标完成情况】 实现营业收入21984万元，钨精粉812标吨，实现了各类安全事故为零的目标。

【矿业权维护及处置】 对各子公司的矿权基础资料进行梳理汇总，登记建档。对集团公司及资源中心管辖的子公司拥有的矿权进行维护工作，共实施了4个勘查项目。对矿权提出分类处置建议，办理冻结手续的矿权4个，拟以对外转让或合作方式处置的探矿权已完成协查工作的15个。

公共服务中心

【概况】 酒泉钢铁（集团）有限责任公司公共服务中心，简称公共服务中心，成立于2013年12月9日。成为酒钢集物业服务、楼寓管理、动力能源转供、房产业务、客运旅游服务、园林绿化等于一体负责承担社会化职能的综合型服务企业。下设行政办公室、党群办公室、财务办公室、企划办公室、营运办公室、客服中心、居民物业事业部、园林绿化事业部、供热作业区、供电作业区、给排水作业区、燃气作业区、厂区物业作业区、综合服务作业区、房产管理作业区、收费作业区、档案馆；下辖酒钢（集团）宏运旅游客运有限公司。截止2015年末，公共服务中心共有员工1219人，其中，男职工682人、女职工537人。

【经营情况】 2015年，公共服务中心实现收入46413万元；实现利润8437万元,完成年初计划的117%，完成下半年调整后预算目标的104.2%；各项经济技术指标都有一定进步，生活水、民用电、民用煤气损失率同比均有不同程度降低，全部控制在年计划指标的24.5%、24.5%和4.35%范围内。

【整合资源，加快融合】 中心按照“业务实体化、经营市场化、服务一体化、效率最大化”需要，进行业务整合、定岗定薪和统一薪酬，完成了内设机构调整工作。在整个改革过程中做到了“四个稳定”，即思想稳定、队伍稳定、安全稳定、经营稳定。改革后原有40个业务单元调整为23个，优化比例43%，其中：职能部门由20个减为11个，优化比例45%;作业区由20个减为12个事业部（作业区），优化比例40%。原有189个管理技术岗位减为142个管理技术及专业技术岗位，精减管理技术岗位47个，精减比例25%。

检验检测中心

【概况】 甘肃酒钢集团公司检验检测中心，简称检验检测中心，成立于2014年5月5日，检验检测中心现为酒钢集团公司专业中心之一，检验检测中心承担集团公司煤炭、冶金焦炭、石灰石、萤石、冶金石灰、铁精矿、铁矿石、钒钛矿、铁合金、合金线、炉渣、烧结矿、球团矿、耐火材料等各种冶金、铝业原燃料，以及生铁、碳素钢、中低合金钢、中高碳钢、不锈钢等多种产品的化学成分、物理性能、机械性能、钢结构无损探伤等检测工作。检验检测中心下设综合管理科、安全环保科、计量质量管理科、生产设备科4个科室，下辖炉料检验作业区、铁钢检验作业区、轧钢检验作业区、物资计量作业区、衡器维检作业区、供料作业区、铝业检验检测站、昕昊达检验检测站、工程质量监督站9个作业区、站及甘肃宏基检测有限公司。截至年末，有职工965人。

【机构整合】 根据国家、省政府关于检验检测机构资质认定及认证机构整合有关精神，为保留集团相关检验检测资质，降低检测费用，促进集团检验检测机构市场化运营管理。经集团公司董事会批准，同意以嘉峪关宏基工程质量检测有限公司为平台整合检验检测中心的甘肃省黑色金属质量监督检验站、环保监测站、特种设备检测站、计量检定室（含榆钢检定室所有业务）、能源中心气体防护站承担的CO报警器、氧气报警器检测业务，组建专业化水平高、技术能力强、具有较强竞争力的甘肃宏基检测有限公司。根据酒钢集团公司深化改革要求，按照“精简、高效、必需”的机构设置原则，检验检测中心决定撤销计划财务科，财务管理及内部经营计划业务调整至党政工作科，对外经营等相关业务调整至甘肃宏基检测有限公司，党政工作科更名为综合管理科。将理化检验站并入炉料检验作业区，整合了原辅料化检验业务。

【理化检验分析方法的研发应用】 2015年，检验检测中心检测能力范围大幅提升。积极组织能力扩项和项目资质整合，组织能力扩项316项，同比增加检测项目约60%。2015年，检验检测中心组织完成本年度实验室能力CNAS监督评审任务，保持了CNAS证书的持续有效，为检验检测中心开拓市场创造了条件。2015年，检验检测中心共上报科研技术项目43项，项目覆盖检测新方法、质量改进、标准探索等，其中公司级3项，中心级40项。目前完成38项，完成率约90%。同时组织完成《盘条人工时效检验》、《荧光光谱分析法检测品种硅类合金化学成分》《铝业检验技术改造》公司级技改项目；组织了《DC04物理检验准确度提升》技术攻关及品种钢检验评审，进一步提高了检测分析技术能力，推动了高水平实验室建设。同时积极开展检测专业学术工作，发表省部级文章4篇，酒钢科技10篇，实用新型专利1项。根据目前中心所承担的政府执法检验（如行检等）需求和未来市场仲裁检验需求，以及现行检测仪器技术水平，申报了5项省级地方标准，1项国家级行业标准。

宏兴钢铁股份有限公司

概　述

甘肃酒钢集团宏兴钢铁股份有限公司，简称宏兴股份公司。下设董事会秘书办公室、党政办公室、监察室、计划财务处、企业发展处、人事企管处、生产调度处、设备能源处、矿山处、技术质量处、安全环保处、销售处、原料处、设备材料处、运输处、审计处、工程建设管理处17个职能处室，辖有镜铁山矿、西沟矿、选烧厂、焦化厂、炼铁厂、炼轧厂、碳钢薄板厂、不锈钢分公司、动力厂、储运部、运输部、检修工程部、钢铁研究院等12家生产(科研)单位及1家分公司；拥有酒钢集团榆中钢铁有限责任公司、新疆昕昊达矿业有限责任公司、酒钢肃南宏兴矿业有限责任公司、酒钢集团敦煌天泽矿业有限责任公司、酒钢集团肃北天亨矿业有限责任公司、甘肃嘉利晟钢业有限公司、陕西嘉利隆钢业贸易有限责任公司、乌鲁木齐嘉利汇贸易有限公司、银川嘉利鑫商贸有限公司、郑州酒钢华利源商贸有限公司、嘉峪关酒钢河西商贸有限责任公司、青海嘉利泰贸易有限公司、上海嘉利兴国际贸易有限公司、兰州嘉利华金属加工配售有限公司、佛山市酒钢博瑞钢业有限公司、无锡市酒钢博创钢业有限公司、天津市酒钢博泰钢业有限公司、海安酒钢商贸有限责任公司、陇南酒钢矿业开发有限责任公司、合肥嘉利诚金属加工配售服务有限公司、陕西酒钢钢铁物流有限公司等21家全资子公司；拥有酒钢集团翼城钢铁有限责任公司、山西酒钢嘉利晋贸易有限责任公司2家控股子公司；拥有酒钢集团财务公司、酒钢集团甘肃兴安民爆器材有限责任公司、肃北县博伦矿业开发有限责任公司3家参股子公司；拥有甘肃威斯特矿业勘查有限公司、甘肃兰泰物业管理有限责任公司、乌鲁木齐酒钢正泰物流有限公司3家控股孙公司及山西煤钢联正智煤化有限公司1家参股子公司；设有焦化工程项目部、榆钢支持地震灾区恢复重建项目指挥部、专用铁路改造工程项目部、新型金属复合材料产业化建设项目前期工作组和粉矿悬浮磁化焙烧技术改造工程项目前期工作组。截至2015年末，宏兴股份公司有员工(管理口径)21526人，其中在岗员工20904人。

镜铁山矿

【概况】 甘肃酒钢集团宏兴钢铁股份有限公司镜铁山矿，简称镜铁山矿。拥有设备四百多台(套)，具备年产铁矿石1000万吨生产能力。下设安全环保科、设备管理科、党政工作科、生产计划科、技术质量科5个职能科室，测量检验作业区、桦树沟作业区、黑沟作业区、运选作业区、铜矿充填作业区、保障作业区、汽运作业区、后勤服务作业区8个作业区。设有机关党支部、测量检验作业区党支部、桦树沟作业区党支部、黑沟作业区党支部、运选作业区党支部、保障作业区党支部、汽运作业区党支部、后勤服务作业区党支部、酒钢肃南宏兴矿业有限责任公司党支部、酒钢兴安民爆嘉峪关分公司党支部10个党支部。2015年末，在册职工1314人,其中女职工28人。

【生产情况】2015年镜铁山矿输出矿石自产铁矿石958.36万吨;桦树沟矿区采掘总量完成518.66万吨;黑沟矿区采剥总量完成106.44万吨。自产矿石输出总量再创建矿以来的历史最好水平,与2014年历史最好957.11万吨比增加了1.25万吨,增幅0.13%。

西沟矿

【概况】甘肃酒钢集团宏兴钢铁股份有限公司西沟矿,简称西沟矿。是一座中型现代化山坡露天矿。2015年,西沟矿下设生产技术科、设备管理科、安全环保科、党政工作科(含职工食堂),辖有采矿、碎矿运输、成品输出、汽运保障4个作业区。设有采矿作业区党支部、碎矿运输作业区党支部、汽运保障作业区党支部、成品输出作业区党支部和机关党支部5个党支部。2015年末有职工562人。其中,男职工521人,女职工41人。

【生产情况】2015年，西沟矿成品矿输出388.21万吨;完成采剥总量708.81万吨;熔剂灰岩综合回采率完成94.01%,炸药单耗完成0.1877kg/t,潜孔钻进88529米，输出矿石综合品位合格率100%。

选烧厂

【概况】甘肃酒钢集团宏兴钢铁股份有限公司选烧厂,简称选烧厂。2008年11月6日,原选矿厂和烧结厂整合成立选烧厂。主要承担镜铁山矿和周边铁矿石的加工精选和配料烧结，为炼铁厂提供合格的烧结矿和球团矿。截至2015年末,选烧厂下设党政工作科、生产技术质量科、安全环保科、设备科,辖有竖炉、磁选、浮选、原料、一烧、球团、四烧、焙烧、选别、选矿保障、烧结保障共11个作业区。有员工1519人,其中,男职工1367人,女职工152人。

【产品产量】2015年,选烧厂处理原矿1123.30万吨,处理镜铁山矿965.30万吨。其中,一选工序处理原矿680.30万吨（块矿347.87万吨、粉矿332.43万吨),处理镜铁山矿576.43万吨;二选工序处理原矿443.00万吨（块矿231.03万吨、粉矿211.97万吨),处理镜铁山矿388.87万吨。综合铁精矿产量完成547.30万吨。其中,一选工序完成综合铁精矿产量336.80万吨，二选工序完成综合铁精矿产量210.50万吨。烧结矿产量(扣返)完成680.21万吨。其中,1-3#烧结机产量425.60万吨,4#烧结机产量254.61万吨。球团矿产量完成92.70万吨。

【固定资产投资项目】一选高焦混合煤气总管改造项目2015年3月28日完成了管道及元件安装,4月10日完成了管道压力试验和阀门调试,4月14日开始煤气支管对接,4月17日对接完毕并且一次送气成功,6月1日完成了DN2500旧煤气管道拆除,6月3日项目部组织监理单位、施工单位对项目进行了内部交工验收，新建煤气管道自投运以来,运转稳定顺行,项目各项指标达到了项目经理责任书要求，经过公司各部门验收,6月25日工程建设管理部召开竣工会议,该项目通过竣工验收。本项目投资1100万元,项目实际发生费用1052.3225万元。

焦化厂

【概况】甘肃酒钢集团宏兴钢铁股份有限公司焦化厂,简称焦化厂。主要负责生产焦炭、焦油、轻苯、硫铵、液氨、工业萘、焦化苯等化产品。拥有JN43-58-Ⅰ型顶装焦炉2座,JN60-6型顶装焦炉2座,TJL5550D型捣固焦炉2座，设计年产焦炭310万吨。截至2015年末,下设安全环保科、生产技术质量科、设备科、党政工作科,辖有备煤、一炼焦、二炼焦、三炼焦、一化产、二化产、维护保障、热工等9个作业区。有员工1083人。

【产品产量】2015年，焦化厂计划生产焦炭280万吨、焦油14.3万吨、轻苯3.1万吨、硫铵0.7万吨、液氨0.31万吨,实际生产焦炭282.7万吨、焦油14.4万吨、轻苯3.19万吨、硫铵0.75万吨、液氨0.32万吨。全年外发化产品14.9万吨。

炼铁厂

【概况】甘肃酒钢集团宏兴钢铁股份有限公司炼铁厂,简称炼铁厂，成立于2008年8月27日。

拥有1800m³高炉2座,1000m³高炉1座,450m³高炉4座,高炉总容积6400m³;与主要设备配套的有6座霍格文式热风炉、14座球式顶燃热风炉,3座顶燃式热风炉、2座大拱顶顶燃式热风炉,2座球式卡鲁金热风炉,总蓄热面积为84.9万平方米;有5台总出力为227吨/小时的中速磨煤机和14个喷吹系列的喷煤设施,年喷煤能力近124.3万吨;有11套布袋除尘设备。截至2015年末,炼铁厂下设生产技术质量科、安全环保科、设备科、党政工作科;辖有1号–7号高炉、一原料、二原料、三原料、设备保障11个作业区;有员工924人。

【技术经济指标】2015年,炼铁厂完成生铁产量539.81万吨,超计划1.71万吨。入炉焦比完成447.2千克/公斤,环比升高20.7千克/公斤;煤比完成111.2千克/公斤,环比降低18.5千克/公斤;燃料比完成562.5千克/公斤,环比升高2.1千克/公斤。全年生铁成本完成1473.6元/吨,环比降低296.4元/吨。

炼轧厂

【概况】甘肃酒钢集团宏兴钢铁股份有限公司炼轧厂,简称炼轧厂,2009年2月由原宏兴股份公司炼钢一工序、线棒工序和中板工序三个工序整合组建而成。2015年11月,炼轧厂根据股份公司生产经营需要,原销售处部分机构人员及驻外销售公司整建制划拨炼轧厂管理,由成本单位转变为效益单位,炼轧厂以"紧跟市场,主动出击,算账经营"为经营导向的工作思路和发展方向,减少管理流程,理顺管理环节,内部实行扁平化管理,独立核算和经营,推行大成本的经营理念,对内部组织机构进行了优化调整,成立技术质量科和销售科,炼钢工序由4个作业区整合为3个作业区,轧钢工序由6个作业区整合为4个作业区,作业区由11个减少为8个。组织机构优化调整后,炼轧厂共有党政工作科、安全环保科、生产经营、技术质量科、设备科、销售科6个职能科室以及炼钢作业区、连铸作业区、炼钢保障作业区、一高线作业区、二高线作业区、大棒线作业区、中板作业区和质检作业区8个作业区。2015年末厂,炼轧厂在册员工1671人。

【产品产量】2015年,总产品产量完成526.52万吨,完成计划的97.5%。其中转炉钢产量完成209.96万吨,完成计划的101.92%;材产量完成316.57万吨,完成计划的94.8%。

碳钢薄板厂

【概况】甘肃酒钢集团宏兴钢铁股份有限公司碳钢薄板厂,简称碳钢薄板厂。拥有炼钢、热轧、冷轧、镀锌等完整配套的碳钢现代化工艺装备。其中,炼钢及连铸区域配有2座1300吨混铁炉、2套3工位铁水预脱硫装置、3座120吨顶底复吹转炉、3座120吨LF精炼炉、1座120吨双工位RH真空精炼炉、1台常规板坯连铸机、1台6机6流方坯连铸机、2台薄板坯连铸机,主体技术装备由中冶赛迪、新日铁、西马克等公司提供;热轧区域配有2座辊底式加热炉、1套6机架热连轧机组及层流冷却系统、2台地下卷取机;冷轧区域配有1套酸洗冷连轧机组、平整机组、罩式退火炉机组、重卷机组和1套包装机组等;镀锌区域配有2套镀锌机组及2套包装机组等,主体技术装备由西马克、三菱—日立、新日铁、西门子—奥钢联等公司提供,技术装备达到国际一流水平。具备年产400万吨钢、120万吨常规板坯、100万吨方坯、230万吨热轧卷板及150万吨冷轧卷板(其中镀锌卷板75万吨)的生产能力。主要产品有常规连铸方坯和板坯、热轧、冷轧和镀锌卷板。其中,热轧卷板主要用于建筑结构、工业厂房、起重机、汽车等;冷轧卷板主要用于汽车制造、机械制造、轻工、民用和建筑业等;镀锌卷板主要用于建材、家电、家具、汽车、食品包装等。截至2015年末,碳钢薄板厂下设党政工作科、经营销售科、生产设备科、技术质量科、安全环保科等5个科室,炼钢、精炼、连铸、热轧、冷轧、镀锌、质检物料等7个作业区,设有新疆、西安、兰州、河西、西宁、银川、西南和华东8个销售点。有员工1520人(含汇杰职工40人)。其中,男职工1449人,女职工71人。

【产品产量】2015年,碳钢薄板厂钢、常规板坯、常规方坯、热轧卷板、冷轧商品卷、镀锌商品卷产量分别完成323.84万吨、62.56万吨、51.32万吨、207.47万吨、61.37万吨、70.53万吨。

不锈钢分公司

【概况】甘肃酒钢集团宏兴钢铁股份有限公司不锈钢分公司,简称不锈钢分公司,成立于2013年5月7日,是由原酒钢集团天风不锈钢有限公司改制而成的。拥有从炼钢、热轧到冷轧完整配套生产线及当今世界一流的不锈钢生产装备和先进的工艺技术。目前形成了集采购、生产、销售、研发为一体的生产经营管理模式。现已形成120万吨不锈钢板坯、110万吨不锈钢热轧黑卷、70万吨不锈钢热轧酸洗产品、70万吨不锈钢冷轧酸洗产品和20万吨不锈钢中厚板产品的生产能力。截止2015年末,内部机构设党政工作科、生产科、设备科、技术质量科、安全环保科、计划财务科、采购科、销售科、工程项目部,在华北、华东和华南设有3个不锈钢驻外销售公司,分别是天津市酒钢博泰钢业有限公司、无锡市酒钢博创钢业有限公司和佛山市酒钢博瑞钢业有限公司,辖有炼钢分厂、热轧分厂、冷轧一厂和冷轧二厂。在册职工1508人,另有汇杰人力资源有限公司劳务人员141人。

【产品产量】2015年,生产不锈钢坯103.9万吨、热轧黑卷99.2万吨、冷轧产品50.9万吨、酸洗中厚板产品3.4万吨。

运输部

【概况】甘肃酒钢集团宏兴钢铁股份有限公司运输部,简称运输部,主要负责集团公司嘉峪关本部钢铁、电厂、铝业等单位原燃材料到达卸车,钢材、铝锭(棒)、化产品、设备、调拨物资等的装车外发、生产单位间的工艺运输及嘉策铁路线的运营工作。截至2015年末,下设党政工作科、生产技术科、安全环保科、设备科,辖有嘉北运输、嘉东运输、嘉西运输、炼铁运输、嘉策运输、机务、车辆、工电8个作业区、58个班组。有员工1262人。其中,男职工1190人,女职工72人。

【经营指标】2015年,运输部实现了公司各类安全管控目标,万吨行车事故较去年同期增加1起。铁路运输总量完成4510万吨;矿石输出量完成1114.7万吨;全年装车外发114013辆;卸车计划兑现率100%;车辆原因返厂率完成0.73%;嘉策铁路运输各种原燃料282.97万吨;费用总额完成22692.37万元,全年服务收费41937.61万元;机车台日产量32469吨·公里/台·日;劳动生产率35456吨/人.年。

【固定资产投资项目】2015年,运输部完成零星固定资产投资6项,共计93.39万元。其中三相异步电动机2台、组合式防撞车挡12台、机车空调4台、320t起复救援设备1台、液压闸式剪板机1台、螺杆式空压机1台,申报的零星固定资产购置计划全部完成。酒钢专用铁路改扩建工程(二)和酒钢冶金厂区工厂站货物装车线项目新增固定值产55项,固定资产新增28794.84万元。

储运部

【概况】甘肃酒钢集团宏兴钢铁股份有限公司储运部,简称储运部。主要负责酒钢集团公司大宗原燃料、设备备件、材料、废钢铁、合金、耐材等冶金用物资的验收、仓储、运输、供给,承担着酒钢集团公司生产及基建需要的原燃料、备品备件、设备的输入和中间输出任务,以及股份公司各生产工序的炉料、废钢铁、物资的供应和调运,同时还承担着集团公司内外部生产、检修、生活用车及特种车辆服务。已形成了储、卸、装、供、运多工种协同作业的仓储、供应、运输为一体的综合冶金企业物流体系。截至2015年末,下设党政工作科、生产质量科、设备科、安全环保科、监察保卫科,辖有原料一、原料二、原料三、原料四、原料五、铝电原料、废钢、质验、汽运一、汽运二、汽修、设备保障、物资供应13个作业区106个班组。2015年末在册正式职工1677人。其中,男职工1408人,女职工269人。

【主要指标完成情况】2015年,储运部完成关键绩效指标责任费用8138.72万元。产生设备保障费5877.58万元、外委劳务费1521.79万元、外委运输费739.35万元,各项费用全部控制在计划之内。完成原燃料进料3410.2万吨;完成供料3545.6万吨。废钢铁合金年进料实际完成159.54万吨,供料实际完成165.28万吨。

【项目建设】组织并实施了18项维修项目的招标、过程监督、日常管理工作。完成原料区域皮带通廊加装66台套全封闭滑板式自降尘装置的制作供货的招标工作，目前该项目正在现场安装，已安装29台套，正在安装37台套。完成嘉东料场加装防风抑尘墙一期固定资产投资项目的监理、地勘、设计、土建标段已完成招标。监理单位已到位，土建单位开始办理开工前的准备。完成储运部取制样工艺改良项目视频监控系统和联合式汽车取样机2个分部分项的招标工作，该项目正在组织施工建设。

检修工程部

【概况】甘肃酒钢集团宏兴钢铁股份有限公司检修工程部，简称检修工程部，是宏兴股份公司的一个集劳动和技术密集型为一体的专业化检修保产二级单位，主要承担集团本部冶金生产系统机械、电气、仪表、自动化控制设备的定检修、年修、事故抢修以及门禁系统点检运行维护、电机统管、电器维修、大型工件吊装运输等工作任务，具有安全风险较大、职工人数较多、工作区域较广的特点。下设3个管理科室，辖有10个检修作业区、90个作业班组。2015年年末有职工2050人(其中汇杰员工74人)。其中，女职工210人。

【检修指标】2015年，检修工程部共完成计划检修项目164859项，抢修项目683项，临时计划8273项，离线设备修复3093台(套)，全年组织高炉系统检修14次，较大高炉抢修3次，组织较大规模年修10次，实现了项目兑现率为100%、质量合格率为99.99%、工期命中率为99.99%，完成了股份公司下达的检修“三率”指标。2015年，设备处下达工时计划423.83万个，实际完成426.85万个（含外创项目工时16468个），完成计划的100.71%。用户投诉处理率100%。全年设备保障费用控制在计划之内。实现创收收入939万元。

榆中钢铁有限责任公司

【概况】酒钢集团榆中钢铁有限责任公司，简称榆钢公司，是甘肃酒钢集团宏兴钢铁股份有限公司的全资子公司。形成从炼焦、烧结、炼铁、炼钢、轧钢完整配套的生产体系，具备年产铁360万吨、钢400万吨、材400万吨的生产能力。榆钢公司下设党政工作部、生产部、技术质量部、设备能源部、安全环保部、财务部6个职能部门，辖有炼铁厂、炼钢厂、轧钢厂、动力厂、储运部、检修部、保卫部7个生产、辅助厂(部)和兰泰分公司。2015年末，榆钢公司在册员工3486人。其中，正式员工3036人、汇杰员工450人。

【产品产量】2015年生产铁125.41万吨、钢130.28万吨、材134.26万吨，生产焦炭42.77万吨。

翼城钢铁有限责任公司

【概况】酒钢集团翼城钢铁有限责任公司，简称翼钢公司。始建于2001年12月，2003年1月建成投产，位于山西省翼城县王庄工业园区。由甘肃酒钢集团宏兴钢铁股份有限公司控股，是集烧结、焦化、炼铁、炼钢、轧钢生产并有动力、供气、计量、仪表、理化检验、铁路运输、原燃料存储等配套公辅设施的钢铁联合企业。有设备4073台套。截至2015年末，翼钢公司下设生产设备部、经营管理部、采购保障部、安全环保部、技术质量部、综合管理部、劳资管理部、党群工作部、财务部；辖有烧结、焦化、炼铁、炼钢、轧钢、电修、储运、动力8个分厂和保卫部、监督检验中心。有员工2222人。其中，男职工2026人。

【产品产量】2015年，翼钢公司铁钢材主要工序均处于停产状态，全年焦炭产量完成21.20万吨，10月底焦化停产。

新疆昕昊达矿业有限责任公司

【概况】新疆昕昊达矿业有限责任公司，简称昕昊达公司，是甘肃酒钢集团宏兴钢铁股份有限公司的全资子公司。下设党政工作部、生产管理部、计划经营部、安全环保部、设备管理部、财务部，辖有M1033采选分厂、球团作业区、保障作业区、精选作业区、煤气作业区。2015年末在册职工和保产协作人员共848人。其中在册职工409人(机关各部门46人)。在册职工中，少数民族职工47人；男职工320人；女职工89人。

【生产经营】2015年，昕昊达公司生产球团矿146万吨，销售球团151.5万吨；实现销售收入10.91亿元。精选作业区铁精粉全年产量37万吨。

【固定资产投资项目】昕昊达M1033铁矿安全避险系统工程于2014年8月8日启动,于2015年6月30日具备交工条件,2015年8月20日办理了交竣工验收。项目计划总投资490万元,实际投资322.0966万元,资金节支率34.27%。昕昊达球团烟气脱硫工程于2014年8月8日启动,2015年3月5日破土动工,到2015年12月底完成了土建施工、设备、电气安装工程施工基本完成,计划2016年5月底前完成调试投运。

肃南宏兴矿业有限责任公司

【概况】酒钢肃南宏兴矿业有限责任公司,简称酒钢肃南宏兴矿业公司,于2010年10月10日在张掖市肃南裕固族自治县注册成立,是酒钢集团宏兴钢铁股份有限公司的全资子公司。酒钢肃南宏兴矿业公司坐落于镜铁山矿新村,是一家以矿产品加工、销售为一体的矿业公司,产品为铜精矿。酒钢肃南宏兴矿业公司下设综合管理科和安全生产技术科,辖有生产作业区和设备保障作业区。现有员工61名。

【产品产量】2015年完成原矿处理177981.8吨;精矿产量完成13149.3吨,精矿销量完成13030吨,营业收入完成8874.04万元。

主要分子公司

甘肃东兴铝业有限公司

【概况】甘肃东兴铝业有限公司,简称东兴铝业公司,是酒泉钢铁(集团)有限责任公司的全资子公司。拥有嘉峪关、陇西两个生产基地,建有240kA、400kA、500kA三种槽型五条大型电解铝生产线,共1400台电解槽,并配套完善的动力、熔铸、阳极组装、净化、运输等生产系统,主要产品为重熔铝锭及商品铝液,具备年产电解铝170万吨的生产能力(其中嘉峪关135万吨、陇西35万吨),是甘肃省最大的铝冶炼企业,产能位居西北第一、全国第五。2015年,公司荣获中国社会科学院授予的“2014年度中国最具竞争力十大铝业集团公司”“2014年度中国铝工业最具竞争力十大新兴铝企”两项荣誉,并被中国有色金属工业协会评为“2014年企业信用评价AAA级信用企业”,这是目前中国企业信用评定的最高等级。公司下设职能办公室8个、分公司2个及兰州小区项目部等11个一级机构。有员工3189人,其中在岗2491人、内部退养698人,劳务派遣人员1344人。

【产品产量】2015年,东兴铝业公司产品产量完成137.9万吨。

嘉峪关宏电铁合金有限责任公司

【概况】嘉峪关宏电铁合金有限责任公司,简称宏电铁合金公司,是酒钢集团公司的全资子公司。主要生产硅系、锰系、铬系等系列铁合金。合金产品在满足酒钢三地供应的基础上,实现对马钢、河北钢铁、武钢、莱钢、鄂钢等国内各大钢厂的直供。拥有25MVA矿热炉8台。截至2015年末,宏电铁合金公司下设综合管理科、计划财务科、生产技术科、设备能源科;辖有硅铁作业区、锰硅作业区、铬铁作业区、储运作业区。有员工511人。

【产品产量】2015年,公司完成硅铁4.2万吨、锰硅6.3万吨、高碳铬铁2.3万吨。

西部重工股份有限公司

【概况】甘肃酒钢集团西部重工股份有限公司,简称西部重工公司,是由酒钢集团公司国有控股的股份制企业。是一家集科、工、贸于一体的重型装备制造企业,产品涉及冶金成套装备及新能源装备两大领域,2015年全年实现销售收入871012253.97元的经营规模,是西北地区最具规模的重型装备制造企业之一。下设8个职能管理部门、2个业务部门、4个专业分厂,辖有酒钢集团瓜州长城电力机械工程有限公司、酒钢集团酒泉天成风电设备有限责任公司2个全资子公司和榆钢机修分厂1个异地生产分厂。2015年4月、12月,酒钢集团公司将嘉峪关汇丰工业制品有限公司和嘉峪关不锈钢工业园区管委会划拨西部重工托管。2015年末,在册职工1009人、汇杰劳务用工269人、华人和劳务用工263人。

【生产经营情况】2015年,实现销售收入8.71亿元。全年完成机械产品产量12.18万吨。

兰州长虹焊接材料有限责任公司

【概况】酒钢集团兰州长虹焊接材料有限责任公司，简称兰州长虹焊材公司，是酒钢集团公司的全资子公司。主要负责生产和销售进出口焊接材料和焊接设备、新技术开发与服务。主要产品包括结构钢、耐热钢、不锈钢、低合金高强度钢、堆焊、低温钢、铸铁焊条、CO_2气体保护焊丝、埋弧焊丝、药芯焊丝、烧结焊剂等140多种规格牌号。目前是西北地区规模较大、设备较为先进、技术力量较为雄厚的焊材生产基地之一。2015年，兰州长虹焊材公司下设党政事务部、计划财务部、技术质量部、安全生产部、销售部5个职能部门，焊条、焊丝2个生产车间，1个保障服务性的综合车间，辖有榆中长虹焊接材料有限责任公司、兰州自强房地产开发有限公司、酒钢集团兰州长虹焊接材料盐城有限公司3家子公司。截至2015年年末，企业拥有员工229人。其中，焊材主业有164人，盐城公司1人，借调兰州宏成环保设备有限公司9人，离岗休息55人。

【生产经营】2015年，产各类焊材20055吨；销售各类焊材21000吨。

冶金建设有限公司

【概况】酒钢集团冶金建设有限公司，简称冶建公司，是酒钢集团公司的控股子公司。成立于2008年12月28日。冶建公司具有冶炼工程施工总承包一级、房屋建筑工程施工总承包一级、机电安装工程施工总承包二级、市政公用工程施工总承包二级、矿山工程施工总承包二级资质5项；土石方一级、钢结构一级、炉窑一级、冶炼机电设备安装工程一级、起重设备安装工程二级、混凝土预制构件贰级、预拌商品混凝土三级、管道工程二级、爆破与拆除工程专业资质9项，以及特种设备安装改造维修许可(起重机械、压力容器、压力管道)，经营范围包含建筑施工行业的绝大部分内容。截至2015年末，冶建公司下设综合办公室、经营部、工程部、物资部、财务部、安环部6个职能部门；辖有土建第一、第二分公司、商砼分公司、建筑材料配送中心、设备安装检修分公司、兰州分公司6个分公司和建筑安装项目部、外协管理部2个专业项目部；龙泰工程公司、龙盈公司2个子公司。有员工660人，汇杰员工10人。

【经营情况】2015年，冶建公司完成营业收入4.71亿元，实现利润705.65万元。

科力耐火材料股份有限公司

【概况】甘肃酒钢集团科力耐火材料股份有限公司，简称科力耐材公司，是酒钢集团公司的控股子公司。主要产品有钢包浇注料、干式振动料、脱磷枪浇注料、脱硫枪浇注料、挡渣锥浇注料、电解铝槽用防渗浇注料、干式防渗料、电极糊、酚醛树脂、碳素沟料、塞棒、镁碳砖、镁钙砖、冲击板、挡渣墙、稳流器、中间包座砖等。截至2015年末，科力耐材公司设综合管理部、经营规划部、安全环保部和财务部四个部门；辖有炉窑工程部、耐火材料厂、保产事业部、保钢一作业区、保钢二作业区、保铁作业区和榆钢保产部七个基层单位。有职工442人，汇杰劳务员工15人，其他劳务员工52人。

【生产经营情况】2015年，全年完成营业收入3.75亿元，同比降低28.84%；利润亏损1785.18万元，实现了减亏目标。

宏达建材有限责任公司

【概况】酒钢(集团)宏达建材有限责任公司，简称宏达公司，是酒钢集团公司的参股子公司。成立于1993年，是一家利用工业固体废渣，研发、生产高标号水泥熟料、通用水泥及特种水泥、超细矿渣粉及混凝土建筑砌块产品的新型建材企业。下设综合部、财务部、经营管理部、安全环保部、销售部、生产技术质量部；辖有烧成作业区、制成作业区、设备检修部、余热发电作业区、生产保障作业区。截至2015年末，有员工466人。

【生产经营情况】2015年，全年生产熟料120.3万吨，生产水泥203.6万吨，生产广场砖6.8万平方米，余热电站发电量4033.24万KWh，上网电量3761.47万KWh；

甘肃紫轩酒业有限责任公司

【概况】甘肃紫轩酒业有限公司，简称紫轩酒业公司，是酒钢集团公司的全资子公司，成立于2006

年1月24日,注册资本1亿元,法人代表罗金龙。主要从事葡萄酒、白酒生产和销售及旅游观光服务等业务。截止2015年末,紫轩酒业公司下设经营部(与安全生产办公室合署办公)、企业策划部、财务部、综合部、稽核部、技术中心6个职能部门;辖有1个作业区为葡萄酒生产分厂,2个分公司为甘肃紫轩酒业有限公司民勤分公司、甘肃紫轩酒业有限公司文化旅游产业开发分公司,3个全资子公司为甘肃紫轩销售有限公司、甘肃紫轩酒业销售有限公司、嘉峪关市雄关酒业有限责任公司,1个合资公司为上海有机食品公司。紫轩销售网络包括:嘉酒销售部、电商部2个直属销售部,武威、兰州、天水、西安、北京、杭州等6个销售分公司,西宁、太原、郑州、上海、广州、福州等6个办事处。2015年末,紫轩酒业共有在册员工306人。

【生产经营指标情况】 2015年,紫轩酒业公司完成产量1630吨,实现销量1924吨;实现营业收入1.39亿元。

(高振新)

人　物

新任领导

杜志雄，男，汉族，1963年2月出生。安徽铜陵人，研究员，博士生导师。1981年9月至1985年8月任中国人民大学农业经济系学习；1985年8月至1991年6月任中国社会科学院农村发展研究所工作；1991年6月至1994年4月任中国社会科学院农村发展研究所农村发展理论研究室副主任（期间：1988年至1992年4月，在社科院研究生院攻读硕士研究生）；1994年4月至1998年4月任中国社会科学院农村发展研究所农村宏观经济研究室副主任；1998年4月至2004年8月任中国社会科学院农村发展研究所农村产业与区域经济研究室主任；2004年8月至2010年9月任中国社会科学院农村发展研究所科研处处长（期间：2002年4月至2007年4月，在日本东京大学农学生命科学院攻读博士研究生）；2010年9月至2010年12月任中国社会科学院农村发展研究所科研处处长、所长助理；2010年12月任中国社会科学院农村发展研究所副所长；2015年12月任挂任嘉峪关市委副书记。

（高延勇）

欧余军，男，汉族，1970年11月出生，广西北海人，致公党党员，1992年7月参加工作，美国西肯塔基州大学公共管理专业毕业，在职研究生学历，公共管理硕士，统计师、工程师。1988年9月至1992年7月在中国地质大学计算机及其应用专业学习；1992年7月至1996年5月任广西北海市统计局计算机站干部；1996年5月至1999年3月任广西北海市统计局计算站副站长；1999年3月至2001年6月任广西北海市统计局计算站站长；2001年6月至2002年7月任广西北海市统计局副局长；2002年7月至2005年6月任广西北海市统计局副局长，致公党北海市委会副主任委员(其间：2002年3月至2004年1月在广西大学在职研究生班结构工程专业学习；2004年2月至2005年1月在美国西肯塔基州大学公共管理专业学习，获公共管理硕士学位)；2005年6月至2008年11月任致公党广西北海市委员会主任委员(其间：2005年6月至2007年7月挂任北海市银海区政府副区长)；2008年11月至2010年10月任致公党广西北海市委会主任委员，市经济委员会副主任(兼)；2010年10月至2011年9月任致公党广西北海市委会主任委员，市工业和信息化委员会副主任（兼）；2011年9月至2011年12月任广西北海市政协副主席，致公党北海市委会

主任委员，市工业和信息化委员会副主任（兼）；2011年12月任广西北海市政协副主席，致公党北海市委会主任委员；2015年1月至2015年12月挂任嘉峪关市人民政府副市长，分管民族宗教、市志、外事等工作。

（魏华卿）

王铁，男，汉族，1956年6月出生，甘肃省临泽县人，大学学历。1978年3月至1980年12月就读于甘肃省畜牧学校。1980年12月至1987年1月在嘉峪关乡畜牧兽医站工作(期间任站长)。1987年1月至1989年1月任嘉峪关乡副乡长。1989年1月至1990年3月任嘉峪关乡党委委员、副乡长。1990年3月至1993年5月任嘉峪关乡乡长。

1993年5月至1996年11月任嘉峪关乡党委书记。1996年11月至1997年4月任市农林局副局长。1997年4月至1998年11月任市郊区工委委员、农林局副局长。1998年11月至2002年7月任市郊区工委委员、郊区公署副主任、农林局副局长（期间：1998年9月至2000年12月在甘肃省委党校经济管理专业大专班学习）。2002年7月至2004年6月任市郊区工委委员、郊区工作办公室副主任，农林局副局长(期间：2001年9月至2003年12月在甘肃省委党校经济管理专业本科班学习)。2004年6月至2008年8月任市郊区工委委员、郊区工作办公室主任、农林局局长。2008年8月至2010年1月任市郊区工委副书记、郊区工作办公室主任、农林局局长。2010年1月至2012年2月任市农林局党组书记、局长。2012年2月至2012年4月任市民政局党组书记、副局长。2012年4月至2015年9月任市民政局党组书记、副局长，市社会组织党工委书记。2015年9月至2015年10月任市政协副主席，市民政局党组书记、副局长，市社会组织党工委书记。2015年10月任市政协党组成员、副主席。

（杨清俊）

录名人物

受省部级及以上领导机关表彰奖励的先进单位

单位名称	荣誉称号	授予机关	授予时间
嘉峪关市司法局新华司法所	全国模范司法所	司法部	2015年12月
嘉峪关市司法局	2014年度全省司法行政工作先进单位	甘肃省司法厅	2015年1月
嘉峪关市中级人民法院	2015年度甘肃法院十大案件	甘肃省高级人民法院	2015年12月
嘉峪关市中级人民法院审判管理办公室	2015年全省法院先进集体	甘肃省高级人民法院	2015年11月
嘉峪关市精神文明建设委员会办公室	国未成年人思想道德建设工作先进单位	中央精神文明建设指导委员会	2015年2月
武警嘉峪关市支队	“三共活动”先进单位	公安部	2015年5月
镜铁区明珠社区	全国科普示范社区	中国科协、财政部	2015年6月
市明珠气象塔	全国科普教育基地	中国科协	2015年6月
嘉峪关市科协	基层赛事优秀组织单位	全国科技创新大赛组织委员会	2015年8月
嘉峪关市大唐路小学	技教育创新优秀学校	全国科技创新大赛组织委员会	2015年8月
嘉峪关市科学技术局	2014年度全省科技统计与分析先进集体	甘肃省科学技术厅	2015年1月
嘉峪关市知识产权局	2014年度专利行政执法绩效考核第一名	甘肃省知识产权局	2015年6月
嘉峪关市体育局	先进集体	甘肃省体育局	2015年2月
嘉峪关科学技术协会	“中国流动科技馆” 全国巡展甘肃省巡展项目活动一等奖	甘肃省科学技术协会	2015年2月
嘉峪关科学技术协会	第30届甘肃省青少年科技创新大赛优秀组织单位	甘肃省科学技术协会	2015年6月
嘉峪关市反邪教协会	2015年全省反邪教理论研究与实践经验交流会论文优秀组织单位	甘肃省反邪教协会	2015年7月
嘉峪关市第一中学	甘肃省防震减灾科普示范学校	甘肃省地震局 甘肃省教育厅 甘肃省科学技术协会	2015年1月
嘉峪关市第一中学	第十五届中国青少年机器人(甘肃赛区)“优秀组织单位”	甘肃省科学技术协会 甘肃省教育厅	2015年5月
嘉峪关市第一中学	第十五届中国青少年机器人(甘肃赛区)“校园机器人文化交流奖”	甘肃省科学技术协会 甘肃省教育厅	2015年5月

(续表)

单位名称	荣誉称号	授予机关	授予时间
嘉峪关市野麻湾村农业发展示范园	全省农村科普示范基地	甘肃省科学技术协会 甘肃省教育厅	2015 年 8 月
嘉峪关市野麻湾村农业发展示范园	全省科普教育基地	甘肃省科学技术协会	2015 年 5 月
嘉峪关市建设社区	全省科普示范社区	甘肃省科学技术协会 甘肃省教育厅	2015 年 9 月
嘉峪关市实验中学	全省科普教育基地	甘肃省科学技术协会	2015 年 5 月
甘肃鸿翔蓝孔雀高科技农业开发有限责任公司	全省科普教育基地	甘肃省科学技术协会	2015 年 5 月
嘉峪关市科学技术协会	第三十届甘肃省青少年科技创新大赛“优秀组织单位”	甘肃省青少年科技创新大赛组织委员会	2015 年 4 月
嘉峪关市实验中学	第三十届甘肃省青少年科技创新大赛“优秀组织单位”	甘肃省青少年科技创新大赛组织委员会	2015 年 4 月
嘉峪关市大唐路小学	第三十届甘肃省青少年科技创新大赛“优秀组织单位”	甘肃省青少年科技创新大赛组织委员会	2015 年 4 月
不锈钢分公司	《酒钢高品质不锈钢板材热处理核心装备及工艺研发》获 2014 年度甘肃省科技进步二等奖	省科技厅	2015 年 1 月
检修工程部	《基于智能的制氧控制系统的故障状态推断技术应用研究》获 2014 年度甘肃省科技进步二等奖	省科技厅	2015 年 1 月
检修工程部	《大负荷变化混合煤气加压站测控技术应用研究》获 2014 年度甘肃省科技进步三等奖	省科技厅	2015 年 1 月
炼铁厂	《大型高炉安全、高效、长寿运行智能预警系统及数字化炼铁技术研发》获 2014 年度甘肃省科技进步三等奖	省科技厅	2015 年 1 月
紫轩酒业公司	“紫轩牌葡萄酒”获 2014 年度“甘肃名牌产品”	甘肃省人民政府	2015 年 1 月
宏达建材公司	“戈壁牌水泥”获 2014 年度“甘肃名牌产品”	甘肃省人民政府	2015 年 1 月
宏兴股份公司	“酒钢牌钢筋混凝土用热轧带肋钢筋”获 2014 年度“甘肃名牌产品”	甘肃省人民政府	2015 年 1 月
宏兴股份公司	“酒钢牌热轧钢带/热轧花纹钢带”获 2014 年度“甘肃名牌产品”	甘肃省人民政府	2015 年 1 月
宏兴股份公司	“酒钢牌冷轧碳素钢板及钢带”获 2014 年度“甘肃名牌产品”	甘肃省人民政府	2015 年 1 月

（续表）

单位名称	荣誉称号	授予机关	授予时间
新闻中心	酒钢日报获"中国优秀企业报"	中国企业报协会	2015年1月
紫玉酒店管理公司	酒钢宾馆荣获"2014年度优秀星级饭店"	甘肃省旅游局	2015年1月
东兴铝业公司	《预焙铝电解用阳极制备新技术及产业化应用》获得2014年度甘肃省科学技术进步奖一等奖	省科技厅	2015年1月
集团公司	2014年度联村联户"民心奖"	甘肃省人民政府	2015年2月
培训中心	"吕杰焊接创新工作室"荣获2014年甘肃省教育厅高等教育教学成果奖	甘肃省教育厅	2015年2月
紫轩酒业公司	葡萄酒"紫轩"再度登上中国葡萄酒市场2014年度风云品牌榜	中国食品工业协会葡果酒专家委员会、西北农林科技大学葡萄酒学院、中国常春藤国际葡萄酒市场研究中心	2015年3月
紫轩酒业公司	"2015春节谁醉美"兰州消费者民酒大家评投票活动中，获兰州消费者最喜欢的民酒品牌	兰州市酒类商品管理局	2015年3月
甘肃钢铁职业技术学院	2014年度甘肃省高等教育教学成果获奖项目，吕杰焊接创新工作室教学成果名列其中	省教育厅	2015年3月
集团公司工会	全国五一巾帼标兵岗	全国总工会	2015年3月
物流中心	"AAAA级"物流企业	中国物流与采购联合会	2015年4月
紫玉酒店管理公司	酒钢宾馆分公司客房部获"全国饭店业绿色节能班组"	中国饭店协会和中国财贸轻纺烟草工会	2015年4月
西部重工	全省质量信用A级企业	甘肃省企业质量信用等级评价委员会	2015年5月
新闻中心	2014年度全省电视通联先进单位	全省电视通联	2015年5月
培训中心	第三届钢铁行业培训工作先进单位和个人表彰大会上获得"钢铁行业最具影响力的培训机构"	中国钢铁工业协会	2015年5月
集团公司	第三届钢铁行业培训工作先进单位和个人表彰大会上获得"钢铁行业职工教育培训先进单位"	中国钢铁工业协会	2015年5月
宏兴股份公司	第三届钢铁行业培训工作先进单位和个人表彰大会上获得"钢铁行业职工教育培训先进单位"	中国钢铁工业协会	2015年5月
紫轩酒业公司	"共铸诚信·德润陇原"甘肃省诚信"红黑榜"，进入"红榜"企业名单	甘肃省文明办	2015年6月
西部重工	全省质量信用AA级企业	甘肃省企业质量信用等级评价委员会	2015年7月

(续表)

单位名称	荣誉称号	授予机关	授予时间
培训中心	甘肃省第十二批精神文明建设先进集体	省委、省政府	2015年7月
培训中心	甘肃省第三届大运会荣获“优秀体育道德风尚奖代表团”	省教育厅、省体育局	2015年8月
培训中心	田径队获“优秀体育道德风尚奖代表队”	省教育厅、省体育局	2015年8月
酒钢公司团委	2014年度全国钢铁行业“青安杯”竞赛优秀组织单位	团中央青工部	2015年8月
东兴铝业公司	2014年度中国最具竞争力十大铝业集团公司	中国社会科学院	2015年9月
东兴铝业公司	2014年度中国铝工业最具竞争力十大新兴铝企	中国社会科学院	2015年9月
酒钢集团公司	全国文明单位	中央文明委、文明办	2015年10月
镜铁山矿	全国文明单位	中央文明委、文明办	2015年10月
宏达公司	《采用工业固体废物生产低碱硅酸盐水泥的方法》评为2015年度甘肃省专利奖	甘肃省人民政府	2015年10月
宏达公司	《一种分别粉磨生产低碱硅酸盐水泥生料的系统》获实用新型专利	国家知识产权局	2015年10月
宏达公司	评为2015年“瑞泰科技杯”全国第十五次水泥品质指标检验大对比“全优单位”	国家水泥质量监督检验中心	2015年10月
筑诚公司	“酒钢嘉北新区配套料场建设项目测量工程”获得甘肃省测绘科学技术(优秀工程)银奖	省科技厅	2015年10月
紫轩酒业公司	在2015国际领袖产区葡萄酒质量大赛上,紫轩名媛冰白葡萄酒荣获优质奖	中国食协葡萄酒、果酒专家委员会,中国园艺学会葡萄与葡萄酒分会,法国名庄葡萄酒协会,南非葡萄酒联合会	2015年11月
紫轩酒业公司	甘肃省首届“创新杯”工业设计大赛,沙天系列葡萄酒包装喜获包装设计列类优秀奖	省工信委、省教育厅、省科技厅、省文化厅	2015年11月
宏兴股份公司	“连续热镀铝锌合金镀层钢带”被认定为2015年冶金产品实物质量认定“金杯奖”	中国钢铁工业协会	2015年12月
宏兴股份公司	“低合金高强度结构钢热轧钢带”被认定为2015年冶金产品实物质量认定“金杯奖”	中国钢铁工业协会	2015年12月
宏兴股份公司	“预应力钢丝及钢绞线用热轧盘条”被认定为2015年冶金产品实物质量认定“金杯奖”	中国钢铁工业协会	2015年12月
宏达公司	《一种立磨输料装置》获实用新型专利	国家知识产权局	2015年12月
东兴铝业	“500kA铝电解槽降低阳极效应系数技术研究”获中国有色金属工业科学技术二等奖	中国有色金属工业科学技术奖励工资办公室	2015年12月
东兴铝业	2014年企业信用评价AAA级信用企业	中国有色金属工业协会	2015年12月

受省部级及以上领导机关表彰奖励的先进个人

姓 名	所在单位及职务	荣 誉 称 号	授 予 机 关	授予时间
陈雅范	市司法局	全国模范司法所长	司法部	2015 年 12 月
李亚君	市司法局	甘肃省“巾帼建功标兵”	甘肃省城镇妇女“巾帼建功”活动协调领导小组	2015 年 3 月
王云平	钢铁碳钢薄板厂技术质量科	全国劳模	国务院	2015 年
侯晓燕	嘉峪关中级人民法院	全省法院 2014 年度优秀裁判文书优秀奖	甘肃省高级人民法院	2015 年 2 月
周 磊	嘉峪关中级人民法院	全省法院人民陪审员工作先进个人	甘肃省高级人民法院	2015 年 11 月
王占华	嘉峪关中级人民法院	全省法院 2014 年度优秀裁判文书二等奖	甘肃省高级人民法院	2015 年 2 月
辛玉林	嘉峪关中级人民法院	全省法院执行工作联动机制建设先进个人	甘肃省高级人民法院	2015 年 11 月
杨卫军	嘉峪关中级人民法院	全省法院先进个人	甘肃省高级人民法院	2015 年 11 月
何志兵	市文明办协调督导科科长	全省精神文明 建设先进工作者	省委 省政府	2015 年 7 月
张麦宝	武警嘉峪关市支队	拥政爱民模范	甘肃省	2015 年 7 月
王晓丰		2014 年度甘肃省技术市场工作先进个人	甘肃省科学技术厅	2015 年 7 月
王汉杰	酒钢新闻中心主任	中国企业报十佳总编辑	中国企业报协会	2015 年 1 月
罗 扬	酒钢培训中心副教授	全国五一巾帼标兵	全国总工会	2015 年 2 月
王云平	酒钢碳钢薄板厂责任工程师	全国劳动模范	全国总工会	2015 年 4 月
唐晓玲	酒钢选烧厂总工程师	甘肃省“劳动模范”	甘肃省总工会	2015 年 4 月
郭 斌	酒钢运输部职工	入选 2015 年 4 月“中国好人榜”	中央文明办	2015 年 4 月
黄 燕	甘肃钢铁职业技术学院培训鉴定中心主任	第三届钢铁行业培训工作先进单位和个人表彰大会上获得“突出贡献先进个人”	中国钢铁工业协会	2015 年 5 月
张正展	酒钢宏兴股份公司人事企管处	第三届钢铁行业培训工作先进单位和个人表彰大会上获得“突出贡献先进个人”	中国钢铁工业协会	2015 年 5 月
陆小斌	甘肃钢铁职业技术学院培训鉴定中心主任	第三届钢铁行业培训工作先进单位和个人表彰大会上获得“钢铁行业职工教育培训先进个人”	中国钢铁工业协会	2015 年 5 月
陈 嘉	酒钢人力资源部职工	第三届钢铁行业培训工作先进单位和个人表彰大会上获得“钢铁行业职工教育培训先进个人”	中国钢铁工业协会	2015 年 5 月
李金梅	酒钢炼铁厂职工	第三届钢铁行业培训工作先进单位和个人表彰大会上获得“钢铁行业职工教育培训先进个人”	中国钢铁工业协会	2015 年 5 月

(续表)

姓 名	所在单位及职务	荣 誉 称 号	授 予 机 关	授予时间
魏芳梅	酒钢检修工程部职工	第三届钢铁行业培训工作先进单位和个人表彰大会上获得“钢铁行业职工教育培训先进个人”	中国钢铁工业协会	2015年5月
王汉杰	酒钢新闻中心主任	《为普通职工创造扬名的机会,酒钢已有57人冠名先进操作法》,获得2014年度报刊类好新闻二等奖	甘肃省新闻工作者协会	2015年6月
张 燕	酒钢新闻中心记者	《我见到了习大大》获得2014年度报刊类好新闻三等奖	甘肃省新闻工作者协会	2015年6月
王汉杰 许银玲 刘枝玉 沈长锁 钟 锐 张安静	酒钢新闻中心职工	《焊花飞舞育人杰》获得2014年度广播电视新闻访谈节目、新闻现场直播、新闻节目编排和新闻专栏类作品三等奖	甘肃省新闻工作者协会	2015年6月
吴凯军 张 燕	酒钢新闻中心记者	《一份特殊的礼物》获得2014年度电视类好新闻三等奖	甘肃省新闻工作者协会	2015年6月
王汉杰	酒钢新闻中心主任	《为普通职工创造扬名的机会》获中国企业新闻奖消息类一等奖	中国企业报协会	2015年7月
李淑芳	酒钢新闻中心记者	《酒钢家电板成名之路》,获中国企业新闻奖通讯类一等奖	中国企业报协会	2015年7月
任 聪	酒钢新闻中心记者	《碳钢薄板厂技术人员走向营销第一线》,获中国企业新闻奖消息类二等奖	中国企业报协会	2015年7月
蔺 乾	新闻中心记者	《寒冬送春联,墨香暖人心》,获中国企业新闻奖图片类二等奖	中国企业报协会	2015年7月
任 聪	酒钢新闻中心记者	《脱下“盛装”换“轻装”》,获中国企业新闻奖消息类三等奖	中国企业报协会	2015年7月
王吉龙	酒钢科力耐材公司保铁作业区砌筑工	“中国好人榜”光荣上榜	中央文明办	2015年8月
吕 杰	甘肃钢铁职业技术学院教师	2015全国首届“寻找最美教师”大型公益活动中被评为“最美教师”	中央电视台、光明日报社	2015年9月
李志鹏	酒钢西部重工重型作业区职工	获得甘肃省2015年第十一届“振兴杯”青年职业技能大赛第二名	甘肃省总工会	2015年10月
朴银泉	酒钢储运部党委书记、纪委书记、工会主席	企业文化创新优秀管理者	中国企业文化促进会	2015年11月
单润娜	酒钢能源中心党委副书记、纪委书记、工会主席	企业文化创新优秀工作者	中国企业文化促进会	2015年11月
杨海东	酒钢能源中心发电二分厂检修作业区焊工班班长	第五届全国职工职业技能大赛焊工决赛代表甘肃参加焊工比赛,荣获第27名,是甘肃代表队最好的成绩	中华全国总工会、科学技术部、人力资源和社会保障部、工业和信息化部	2015年11月
吴 珍 王海峰	甘肃钢铁职业技术学院教师	《三相笼型异步电动机的启动》课程获三等奖	2015年“凤凰创壹杯”第六届全国职业院校信息化教学大赛	2015年11月
韩 梅 张 欣	甘肃钢铁职业技术学院教师	2015年甘肃省高校思想政治理论课“教学能手”评选大赛高职高专组比赛中荣获三等奖	省教育厅、中共甘肃省高校工委	2015年11月
陈玉涛	酒钢宏达公司职工	2015年全国水泥行业润滑能手技能竞赛中荣获二等奖	中国水泥协会、中国机冶建材工会全国委员会	2015年12月

(李 娜整理)

2015年嘉峪关市科协系统个人获奖情况统计表

序号	姓名或名称	荣誉称号	所在单位或学校	获奖时间	颁发单位	获奖等级
1	刘　祥	第三十届全国青少年科技创新大赛科学幻想画二等奖	嘉峪关市大唐路小学	2015年8月	全国科技创新大赛组织委员会	国家级
2	唐静静	第三十届全国青少年科技创新大赛科学幻想画二等奖	嘉峪关市五一路小学	2015年8月	全国科技创新大赛组织委员会	国家级
3	马　婷	第三十届全国青少年科技创新大赛科学幻想画三等奖	嘉峪关市大唐路小学	2015年8月	全国科技创新大赛组织委员会	国家级
4	新思维科技社团	第三十届全国青少年科技创新大赛优秀科技实践活动三等奖	嘉峪关市明珠学校	2015年8月	全国科技创新大赛组织委员会	国家级
5	刘欣然 王雨昕 李　华	第六届“熊博士”全国青少年科学影像节二等奖	嘉峪关市实验中学	2015年12月	中国科协青少年科技中心	国家级
6	王子仪 陈俊州 李沁蓉	第六届“熊博士”全国青少年科学影像节二等奖	嘉峪关市第一中学	2015年12月		国家级
7	武金戈	第六届“熊博士”全国青少年科学影像节二等奖	嘉峪关市实验中学	2015年12月		国家级
8	孟子琪 古宇生 梁　晨	第六届“熊博士”全国青少年科学影像节三等奖	嘉峪关市五一路小学	2015年12月		国家级
9	侯奕菲	第六届“熊博士”全国青少年科学影像节三等奖	嘉峪关市第一中学	2015年12月		国家级
10	张雅璇 刘文杰 申　妍	第六届“熊博士”全国青少年科学影像节三等奖	嘉峪关市五一路小学	2015年12月		国家级
11	马进龙 袁　博	第30届甘肃省青少年科技创新大赛小学组科学竞赛项目二等奖	嘉峪关市育才小学	2015年5月	甘肃省科学技术协会 甘肃省教育厅 甘肃省科学技术厅 甘肃省发展和改革委员会 甘肃省环境保护厅 甘肃省体育局 共青团甘肃省委 甘肃省妇女联合会	省级
12	顾宏志	第30届甘肃省青少年科技创新大赛小学组科学竞赛项目三等奖	嘉峪关市逸夫小学	2015年5月		省级
13	王韬铭 韩　啸 贺　喜	第30届甘肃省青少年科技创新大赛初中组科学竞赛项目一等奖	嘉峪关市实验中学	2015年5月		省级
14	赵俊泽	第30届甘肃省青少年科技创新大赛初中组科学竞赛项目一等奖	嘉峪关市实验中学	2015年5月		省级
15	陈麒宇 马　悦	第30届甘肃省青少年科技创新大赛初中组科学竞赛项目二等奖	嘉峪关市实验中学	2015年5月		省级
16	安　彤 范彦博 惠文华	第30届甘肃省青少年科技创新大赛初中组科学竞赛项目二等奖	嘉峪关市实验中学	2015年5月		省级
17	武　潇 杨　陆 李龙庆	第30届甘肃省青少年科技创新大赛初中组科学竞赛项目二等奖	嘉峪关市实验中学	2015年5月		省级
18	林琪振 徐　慧 赵晶婵	第30届甘肃省青少年科技创新大赛初中组科学竞赛项目二等奖	嘉峪关市实验中学	2015年5月		省级
19	田钰惠 翟　薇 胡玉霞	第30届甘肃省青少年科技创新大赛初中组科学竞赛项目二等奖	嘉峪关市实验中学	2015年5月		省级
20	牛奥塱	第30届甘肃省青少年科技创新大赛初中组科学竞赛项目二等奖	嘉峪关市实验中学	2015年5月		省级

(续表)

序号	姓名或名称	荣誉称号	所在单位或学校	获奖时间	颁发单位	获奖等级
21	朵澜涛 公雨欣 魏　薇	第30届甘肃省青少年科技创新大赛高中组科学竞赛项目二等奖	嘉峪关市酒钢三中	2015年5月	甘肃省科学技术协会 甘肃省教育厅 甘肃省科学技术厅 甘肃省发展和改革委员会 甘肃省环境保护厅 甘肃省体育局 共青团甘肃省委 甘肃省妇女联合会	省级
22	梁　铸 华宇飞 金星旭	第30届甘肃省青少年科技创新大赛高中组科学竞赛项目二等奖	嘉峪关市第二中学	2015年5月		省级
23	任默舒 何东海	第30届甘肃省青少年科技创新大赛高中组科学竞赛项目三等奖	嘉峪关市第二中学	2015年5月		省级
24	陈鑫佑 杨　昊 侯昌平	第30届甘肃省青少年科技创新大赛高中组科学竞赛项目三等奖	嘉峪关市第二中学	2015年5月		省级
25	朱　玺 张　帅 赵云娟	第30届甘肃省青少年科技创新大赛高中组科学竞赛项目三等奖	嘉峪关市第二中学	2015年5月		省级
26	保国伟	第30届甘肃省青少年科技创新大赛高中组科学竞赛项目三等奖	嘉峪关市酒钢三中	2015年5月		省级
27	郭鹏举	第30届甘肃省青少年科技创新大赛高中组科学竞赛项目三等奖	嘉峪关市第二中学	2015年5月		省级
28	陈　涛	第30届甘肃省青少年科技创新大赛高中组科学竞赛项目三等奖	嘉峪关市第一中学	2015年5月		省级
29	明珠学校新思维科技社团	第30届甘肃省青少年科技创新大赛科技实践活动一等奖	嘉峪关市明珠学校	2015年5月		省级
30	五一路小学科技兴趣小组	第30届甘肃省青少年科技创新大赛科技实践活动二等奖	嘉峪关市五一路小学	2015年5月		省级
31	王芦铭科技实践组	第30届甘肃省青少年科技创新大赛科技实践活动二等奖	嘉峪关市第一中学	2015年5月		省级
32	五年级科学兴趣小组	第30届甘肃省青少年科技创新大赛科技实践活动三等奖	嘉峪关市育才学校	2015年5月	甘肃省科学技术协会 甘肃省教育厅 甘肃省科学技术厅 甘肃省发展和改革委员会 甘肃省环境保护厅 甘肃省体育局 共青团甘肃省委 甘肃省妇女联合会	省级
33	嘉峪关市实验中学追梦科技社	第30届甘肃省青少年科技创新大赛科技实践活动三等奖	嘉峪关市实验中学	2015年5月		省级
34	马　婷	第30届甘肃省青少年科技创新大赛科学幻想绘画一等奖	嘉峪关市大唐路小学	2015年5月		省级
35	李晨昕	第30届甘肃省青少年科技创新大赛科学幻想绘画一等奖	嘉峪关市长城路小学	2015年5月		省级
36	唐静静	第30届甘肃省青少年科技创新大赛科学幻想绘画一等奖	嘉峪关市五一路小学	2015年5月		省级
37	孙嘉玉	第30届甘肃省青少年科技创新大赛科学幻想绘画一等奖	嘉峪关市师范附校	2015年5月		省级
38	孙兆凯	第30届甘肃省青少年科技创新大赛科学幻想绘画一等奖	嘉峪关市育才学校	2015年5月		省级
39	郑妮妮	第30届甘肃省青少年科技创新大赛科学幻想绘画一等奖	嘉峪关市第六中学	2015年5月		省级
40	刘　祥	第30届甘肃省青少年科技创新大赛科学幻想绘画一等奖	嘉峪关市大唐路小学	2015年5月		省级

（续表）

序号	姓名或名称	荣誉称号	所在单位或学校	获奖时间	颁发单位	获奖等级
41	薛晓彤	第30届甘肃省青少年科技创新大赛科学幻想绘画二等奖	嘉峪关市五一路小学	2015年5月	甘肃省科学技术协会 甘肃省教育厅 甘肃省科学技术厅 甘肃省发展和改革委员会 甘肃省环境保护厅 甘肃省体育局 共青团甘肃省委 甘肃省妇女联合会	省级
42	惠　严	第30届甘肃省青少年科技创新大赛科学幻想绘画二等奖	嘉峪关市长城路小学	2015年5月		省级
43	张嘉芮	第30届甘肃省青少年科技创新大赛科学幻想绘画二等奖	嘉峪关市师范附校	2015年5月		省级
44	奥　婷	第30届甘肃省青少年科技创新大赛科学幻想绘画二等奖	嘉峪关市师范附校	2015年5月		省级
45	冷娅璇	第30届甘肃省青少年科技创新大赛科学幻想绘画二等奖	嘉峪关市五一路小学	2015年5月	甘肃省科学技术协会 甘肃省教育厅 甘肃省科学技术厅 甘肃省发展和改革委员会 甘肃省环境保护厅 甘肃省体育局 共青团甘肃省委 甘肃省妇女联合会	省级
46	仲俊霖	第30届甘肃省青少年科技创新大赛科学幻想绘画二等奖	嘉峪关市第四中学	2015年5月		省级
47	苏　浩	第30届甘肃省青少年科技创新大赛科学幻想绘画二等奖	嘉峪关市大唐路小学	2015年5月		省级
48	任　阳	第30届甘肃省青少年科技创新大赛科学幻想绘画二等奖	嘉峪关市师范附校	2015年5月		省级
49	沙璐璐	第30届甘肃省青少年科技创新大赛科学幻想绘画二等奖	嘉峪关市五一路小学	2015年5月		省级
50	孟启斌	第30届甘肃省青少年科技创新大赛科学幻想绘画二等奖	嘉峪关市师范附校	2015年5月		省级
51	王　磊	第30届甘肃省青少年科技创新大赛科学幻想绘画二等奖	嘉峪关市大唐路小学	2015年5月		省级
52	蒋宸非	第30届甘肃省青少年科技创新大赛科学幻想绘画二等奖	嘉峪关市长城路小学	2015年5月		省级
53	贾丽炜	第30届甘肃省青少年科技创新大赛科学幻想绘画三等奖	嘉峪关市逸夫小学	2015年5月		省级
54	武金戈 冯天硕 马　睿	第30届甘肃省青少年科技创新大赛青少年科学DV作品一等奖	嘉峪关市第一中学	2015年5月		省级
55	马宇涵 刘家诚 高浩予	第30届甘肃省青少年科技创新大赛青少年科学DV作品一等奖	嘉峪关市明珠学校	2015年5月		省级
56	杨朝淇	第30届甘肃省青少年科技创新大赛青少年科学DV作品二等奖	嘉峪关市实验小学	2015年5月		省级
57	吴　婷 张玥瑶 刘晓甜	第30届甘肃省青少年科技创新大赛青少年科学DV作品三等奖	嘉峪关市育才学校	2015年5月		省级
58	赵　丽	第30届甘肃省青少年科技创新大赛优秀辅导员方案一等奖	嘉峪关市五一路小学	2015年5月		省级
59	聂秀萍	第30届甘肃省青少年科技创新大赛优秀辅导员方案一等奖	嘉峪关市逸夫小学	2015年5月		省级
60	韩丽萍	第30届甘肃省青少年科技创新大赛优秀辅导员方案一等奖	嘉峪关市长城路小学	2015年5月		省级
61	李章华	第30届甘肃省青少年科技创新大赛优秀辅导员方案二等奖	嘉峪关市明珠学校	2015年5月		省级
62	崔艳萍	第30届甘肃省青少年科技创新大赛优秀辅导员方案二等奖	嘉峪关市实验中学	2015年5月		省级
63	张欣华	第30届甘肃省青少年科技创新大赛优秀辅导员方案二等奖	嘉峪关市五一路小学	2015年5月		省级

续表：

序号	姓名或名称	荣誉称号	所在单位或学校	获奖时间	颁发单位	获奖等级
64	刘宗巨	第30届甘肃省青少年科技创新大赛优秀辅导员方案二等奖	嘉峪关市第一中学	2015年5月	甘肃省科学技术协会 甘肃省教育厅 甘肃省科学技术厅 甘肃省发展和改革委员会 甘肃省环境保护厅 甘肃省体育局 共青团甘肃省委 甘肃省妇女联合会	省级
65	焦晓靓	第30届甘肃省青少年科技创新大赛优秀辅导员方案二等奖	嘉峪关市实验中学	2015年5月		省级
66	蔺梦迪	第30届甘肃省青少年科技创新大赛优秀辅导员方案二等奖	嘉峪关市五一路小学	2015年5月		省级
67	王金霞	第30届甘肃省青少年科技创新大赛优秀辅导员方案三等奖	嘉峪关市第一中学	2015年5月		省级
68	崔　刚	第30届甘肃省青少年科技创新大赛科技辅导员创新项目二等奖	嘉峪关市师范附校	2015年5月		省级
69	张明金	第30届甘肃省青少年科技创新大赛科技辅导员创新项目二等奖	嘉峪关市酒钢三中	2015年5月		省级
70	吕文成	第30届甘肃省青少年科技创新大赛科技辅导员创新项目三等奖	嘉峪关市第四中学	2015年5月		省级
71	殷淑清	第30届甘肃省青少年科技创新大赛科技辅导员创新项目三等奖	嘉峪关市五一路小学	2015年5月		省级
72	唐子翔 王芦茗	第十五届中国青少年机器人(甘肃赛区)机器人足球比赛三等奖	嘉峪关市第一中学	2015年5月	甘肃省科学技术协会 甘肃省教育厅	省级
73	王　岩 马子杰 刘光宇	第十五届中国青少年机器人(甘肃赛区)VEX机器人工程挑战赛三等奖	嘉峪关市第一中学	2015年5月		省级
74	保国伟 朵澜涛	第十五届中国青少年机器人(甘肃赛区)机器人综合技能比赛三等奖	嘉峪关市酒钢三中	2015年5月		省级
75	王瑞兵 陈　涛 寇馨月	第十五届中国青少年机器人（甘肃赛区)FLL机器人工程挑战赛二等奖	嘉峪关市第一中学	2015年5月		省级
76	马昌煜 杨兴宏	第十五届中国青少年机器人(甘肃赛区)WRO足球比赛二等奖	嘉峪关市酒钢三中	2015年5月		省级
77	夏　宇 崔晓宇	第十五届中国青少年机器人(甘肃赛区)WRO足球比赛三等奖	嘉峪关市青少年科技活动中心	2015年5月		省级
78	胡　晨 刘含露	第十五届中国青少年机器人(甘肃赛区)WRO足球比赛三等奖	嘉峪关市第一中学	2015年5月		省级
79	马玄哲 李彦静	第十五届中国青少年机器人(甘肃赛区)甘肃附属赛二等奖	嘉峪关市第一中学	2015年5月		省级
80	张永臻 曾天怡	第十五届中国青少年机器人(甘肃赛区)甘肃附属赛二等奖	嘉峪关市青少年科技活动中心	2015年5月		省级
81	唐志科	第十五届中国青少年机器人(甘肃赛区)优秀教练员	嘉峪关市第一中学	2015年5月	甘肃省科学技术协会 甘肃省教育厅 甘肃省科学技术厅	省级
82	李鹏飞	第三十届甘肃省青少年科技创新大赛青少年科技竞赛项目优秀指导教师	嘉峪关市实验中学	2015年5月		省级
83	朱永军	第三十届甘肃省青少年科技创新大赛青少年科技竞赛项目优秀指导教师	嘉峪关市实验中学	2015年5月		省级
84	石汉城	第三十届甘肃省青少年科技创新大赛青少年科技竞赛项目优秀指导教师	嘉峪关市实验中学	2015年5月		省级
85	田加曼	第三十届甘肃省青少年科技创新大赛青少年科技竞赛项目优秀指导教师	嘉峪关市实验中学	2015年5月		省级
86	蒲吉俊	“中国流动科技馆”全国巡展甘肃省巡展项目活动一等奖	嘉峪关市科学技术协会	2015年5月	甘肃省科学技术协会	省级
87	盛国辉	2015年度全省反邪教协会系统先进工作者	嘉峪关市科学技术协会	2016年1月	甘肃省反邪教协会	省级

（盛国辉）

附 录

文 萃

丝路天马叱风雷

周大成

汉武帝是中国历史上文治武功兼备具有雄才大略的一代封建君王。他在位的五十四年中(公元前140年—前87年),派遣张骞两次出使西域,历时达三十余年,畅通了中西交通,在西域和内地早有联系的基础上,发展形成了一条东起长安,西至罗马,横贯亚洲,联结非洲,长达7000余千米的古代商路——丝绸之路,开创了中西经济、文化交流的新纪元。继张骞"凿空",畅通西域,汉武帝又在陇西(今临洮)、代郡(今河北涞源县北)一带集结大军,派大将卫青、霍去病对盘踞在北方和河西的匈奴数次采取大规模的正面军事行动,给予匈奴以毁灭性的打击,迫使"匈奴远遁,幕(大漠)南无王庭"。并在河西置武威、酒泉、张掖、敦煌四郡,建阳关、玉门关,实现了"张国臂掖,以通西域,隔绝匈奴、南羌,断匈奴右臂"(以上均出《汉书》语)的战略意图,使西汉王朝的国威大振。汉武帝对匈奴用兵的大胜,四郡两关的确立和经营河西的举措,消除了自秦末至西汉开国以来数十年的边患,扩展了西汉王朝的势力范围,使张骞所开拓的丝绸之路,得以畅通无阻,对增进中外人民的接触和友谊,促进经济、文化的交流,发挥了巨大的作用和深远的影响。

为了适应对擅长骑射的匈奴用兵,汉武帝急需建立一支强大的骑兵,尤需大批良马以装备汉军,因而他倾注了很大的注意力加强汉军的骑兵建设,同时,也造就了他对良马特殊爱好的性格。他曾多次在西域和河西寻求良马,并在河西发展养马业。见于史册、流传至今的两首汉武帝写的天马之歌,就是他爱马、求马、养马的明证。

一

河西走廊的祁连山麓和祁连山的雪水形成的许多绿洲之地,有许多水草丰美的草原,与戈壁中单调的景色迥异。茂密的牧草覆盖着祁连山下延伸而下的丘陵,像一片片无穷无尽的绿色绒毯。早在三千多年前,我们的祖先就在这片土地上放牧游猎,生生不息。战国和秦时,河西走廊是大月氏的故地,他们逐水草而居,长期过着游牧生活。西汉初,匈奴入侵,河西成为匈奴右地,大月氏被迫西徙大夏。匈奴人据河西后,山丹、酒泉、敦煌一带是匈奴浑邪王的主要牧地。霍去病在进军河西的同时,在山丹辟马场养马,以供作战之需。此后,山丹马营滩成为历代皇家马营,至今仍为亚洲第二大军马场,马成为与河西人民生活不可分割的一部分。

汉武帝元狩三年(公元前120年),即西汉在河西初置酒泉、武威郡的次年,在敦煌古渥洼池(今敦煌市西南湖乡黄水坝水库上游一带),有人献给汉武帝一匹良马。这个地方为古寿昌海所在,在汉代是一片湖水浩渺的沼泽地,并连接着无际的绿色草场,南面临祁连山的野马山,经常有成群的野马出没。献马人名叫暴利长,原是河南南阳新野的一个小官,因为犯罪遭刑,被充军到敦煌,罚做屯田垦荒的苦役,并在渥洼池畔牧马。他经常看到有野马群来池边饮水,其中有一匹长得剽悍骏勇,奇异非凡,便一心想得到这匹好马。于是,暴利长便用泥土做成了一个与自己一样高的土人,让穿上自己的衣服,手持套马的勒绊,立于水旁。这匹马随野马群来池边饮水,日久对土人习以为常,失去了警惕。暴利长便代替土人立于旁边。一天,他趁这匹野马又来饮水靠近自己之际,突然甩开勒绊将此马套住。为了邀功,他谎称此马是从渥洼水中跃出的一匹神马,献给了汉武帝,汉武帝素有爱马的癖好,得此马后高兴异常,认为是他最尊崇的太一神(北极大星)福佑所赐,迺作《太一之歌》记之。歌日:

"太一贡兮天马下,
霑赤汗兮沫流赭。
骋容舆兮跇万里,
今安匹兮龙为友。"

《史记》卷二十四《乐书第二》中有一条记载:"(汉武帝)尝得神马渥洼水中,复次以为《太一之歌》"。指的便是此事。诗里所谓天马者,其实本是一种优良的马种而已,但经过附会,就给笼罩上了一层浓厚的神秘色彩。现将这首诗简释如下:首句言最尊崇的太一之神赐给我宝贵的天马。贡,赐予意。下,降生。次句言此马鬃毛汗血,喷着褐色口沫嘶鸣,神异非凡。霑(音沾),润泽、沾濡之意。第三句说此马神力无比,奔跑起来在逍遥安闲的神态中日踰万里。骋,奔跑。容舆,安逸自得的样子。跇(音亿),跨越,渡过。末句说这样的神马无类可比,只有天上的神龙差堪与之为友。

今试做翻译如下:

天马降生,稀世难求,太一所赐。鬃毛汗血,赤沫嘶鸣,风云咤叱。徜徉太空,驰骋万里,逍遥安逸。腾云驾雾,唯龙为友,谁堪与匹?

这首歌《汉书》所载略有不同。《汉书》卷二十二《礼乐志》郊祀歌天马十的原文是:

"太一况,天马下。霑赤汗,沫流赭。志俶傥,精权奇。籋浮云,晻上驰。体容舆,跇万里。今安匹,龙为友。

诗中的"况"通贶,赐予之意。俶傥(音屉党),洒脱,不拘束。"精权奇",意谓此马精力高超,不同凡响,籋(音聂),通蹑,踏。晻,今读若"暗",意亦同,此指天马奔腾,日月无光。驰,快跑,疾驰之意。"籋浮云,晻上驰"是说天马上蹑浮云,搏风击云,晻然疾驰。

郊祀歌中有些是司马相如所作,故略有不同,但与汉武帝天马歌含义基本一致。

汉武帝于元鼎四年(前113年)秋西巡时,又一次在渥洼池获得宝马。《汉书》卷六《武帝纪》这样记载:"(元鼎四年)六月。得宝鼎后土祠旁。秋,马生渥洼水中,作《宝鼎天马之歌》。五年,立泰畤于甘泉。诏曰:……冀州壤雕乃显文鼎,获荐于庙。渥洼水出马,朕其御焉……"。事情是这样:汉武帝元鼎四年六月,汾阳有个名锦的人,在魏国故地后土祠旁掘得一件铸有铭文的商周时期青铜鼎献上,秋天,又有人在敦煌渥洼池得天马献上。同一年的两件事使汉武帝大为高兴,认为这是天降的祥瑞之兆,故特地下诏以记之。《宝鼎天马之歌》今不传。但有人却认为此次得马可能出自敦煌城南十里鸣沙山下的月牙泉,"渥洼"疑为"月牙"的音转。清代有好事者据此还在月牙泉边庙宇群的官厅大门西侧壁龛内立《汉渥洼池》之碑一块,庑廊两柱的一副楹联写道:"沙自几时鸣,惊雷时有蛰龙起;泉犹亘古在,出水还期天马来。"使月牙泉的奇特风景,更增添了神奇的色彩。附会既久,辗转相传,而真正的渥洼池倒鲜为人知了。

二

据《汉书》卷六十一《张骞李广利传》记载:"初,天子发易书,曰:神马当从西北来。得乌孙马好,名曰天马。及得宛(大宛)汗血马,益壮,更名乌孙马曰西极马,宛马曰天马云。……而天子好宛马,使者相望于道……"这条史料的事实是这样:汉武帝有一次用《周易》占卜,得到爻文"神马当从西北来",听说西域乌孙国(在今新疆伊犁和巴尔喀什湖之间)出良马,当地所产一种高山野马,神骏奇异,气力不凡。汉武帝本是十分迷信之人,加之爱马心切,于是派人不远数千里之遥,长途跋涉到乌孙国求马。乌孙王为了对汉王朝表示友好,先后两次赠给汉武帝好马一千多匹。武帝得乌孙马后非常高兴,亲自在长安上林苑试马,果然爬山越涧,健步如飞,于是称之作"天马"。唐代大诗人李白曾作《天马歌》咏乌孙马:"嘶青云,振绿发,兰筋(马目上筋名,借指千里马。按《相马经》:"兰筋竖者千里。")权奇走灭没。腾昆仑,历西极,四足无一蹶。鸡鸣刷燕(清晨从河北北部出发)晡秣越(傍晚在长江下游喂马),神行电迈蹑恍惚。"对天马形象做了高度的艺术夸张。

后来,汉武帝又从到过西域的汉使那里得知,大宛(即今中亚的土库曼斯坦)产良马,更甚于乌孙马。传说大宛国高山上有天马龙种,无法获得,当地人乃取五色丹马放牧于山下,与交,所生马驹皆汗血，被称为“天马子”。东汉应劭曰：“大宛旧有天马种，蹋石汗血，汗从前肩膊出，如血，号曰千里。”（《汉书·武帝纪》）大宛马不但外形骏美，灵活敏捷，而且在缺乏水草的长途跋涉中表现出惊人的耐力，而大宛马的良种就是汗血马，当时堪称天下第一。这种马奔跑时出汗如血，故云汗血。汉武帝为了得到大宛汗血马，专门派遣使臣持千金前往购买，大宛王将汗血马匿于贰师城不予，并派兵袭击汉使。在这种情况下，汉武帝遂于太初元年（公元前 1 04 年）命贰师将军李广利远征大宛。李广利进军途中遇挫，中途返回敦煌，但汉武帝严令不得退兵。他于是在敦煌屯兵近一年，又集中了六万人，牛十万头，马三万匹，驴驼万数，然后向大宛继续进军。战争历时三年，大宛终于败降，并获大宛王首级。西汉从大宛国得到汗血马三千匹，建立了一支强悍的骑兵。大宛马归汉时，汉武帝令沿途设亭迎接，至今丝路许多地方尚且有侯马亭的遗址存在，清代甘肃诗人吴镇有《候马亭》诗云：“汉武望马如望仙，恨无桂馆通祁连。汗血千载化龙去，至今候马亭空传。“汉武帝见到大宛汗血马后，觉得确实比乌孙马更好，因而将原称天马的乌孙马改称为西极马，而称大宛马为天马。为了祝贺这次西汉获天马大捷，汉武帝特敕命铸造马蹄金，并于太初四年（公元前 101 年）春作《西极天马之歌》，歌曰：

“天马来兮从西极，
经万里兮归有德。
承灵威兮降外国，
涉流沙兮四夷服。”

《汉书》卷六《武帝纪》中曾记载此事：“太初四年春，贰师将军李广利斩大宛王首，获汗血马来，作《西极天马之歌》。”《史记》卷二十四《乐书第二》中有类似的记载。现将这首歌试译如下：

天马腾空驰骋，来自西方极地，
归我有德明君，跋涉关山万里。
秉承神灵之威，降生化外异国，
飞越戈壁流沙，威镇四方之夷。

《汉书》卷二十二《礼乐志》郊祀歌天马十所载天马歌，较之汉武帝原诗增加了许多海阔天空的描绘，将篇幅扩充为六章，显系经过文人润色。其歌曰：

“天马徕，从西极，涉流沙，九夷服。
天马徕，出泉水。虎脊两，化若鬼。
天马徕，历无草。径千里，循东道。
天马徕，执徐时。将摇举，谁与期。
天马徕，开远门，竦予身，逝昆仑。
千瓦徕　龙之媒，游阊阖，观玉台。”

现将该诗略作解释：首章大意与汉武帝原诗基本相同，言天马来自西极，飞越流沙，威镇四方。徕，古文“来”字。第二章言天马来自多茂草、泉水的池沼之地，毛色如虎，脊起两峰，变化若鬼神。第三章言天马来自遥远的西方极地，飞越千里沙碛无草之地而至东道。第四章言天马来时岁在辰年，奋遥腾空，飞行万里，无与伦比。执徐，古时以天干、地支纪年，天干在辰之年称为执徐。第五章言天马远道而来，当预开城门而迎之，我当整束行装，乘天马而往游昆仑山。第六章言天马本属神龙之俦，当其来也，神龙必至，我当乘之而遨游天国。阊阖（音河），天门。玉台，指天帝所居之地。

大宛汗血马，今称阿哈马，原产地在今土库曼斯坦南部阿卡尔绿洲，是世界现存不多的名马。关于大宛汗血马的情况，据李卫平先生《大宛汗血马》一文介绍说，1993 年作者在美国研究马学期间，曾于弗吉尼亚州美国阿哈马协会负责人凯斯夫妇处见到了一匹名叫“高卡尔”的汗血马，当时汗血部位已经只出汗不出血了。作者从凯斯夫妇处了解到，这匹马原来汗血之处在一块长约 6—8 英寸，宽约 1—3 英寸的狭长部位，血透过汗毛孔慢慢渗出，在马的肩部形成一片垂直条状的血迹，血的颜色鲜红，又很稀薄，好似掺混有大量的淋巴液，在阳光照射下，反光略呈绿色，稍后血色转紫，干后在皮毛上留下一层褐色的粉状物质。汗血部位限于肩胛骨所处的前臂部。汗血的原因，国内外专家学者见仁见智，不尽相同，尚待作进一步调查研究。目前，大宛——阿哈马在全世界仅存 3000 余匹。汗血马、天马这些中国人为其命名的名称已传遍世界，而汉武帝则是它的最初命名者。

甘肃河西走廊地处丝绸之路东段，东西交通之咽喉要冲，是古代西域良马输人中原必经的通道，又是建设强大骑兵，卫护丝路畅通和西汉王朝经营西域的前哨基地，成为异国名马、边陲良骥和中原骏马繁殖生息之地，加之皇帝喜好宝马雕弓，不遗余力加以宣扬，就使昔日的天马成为像今天的熊猫一样珍贵的动物，风靡于河西的历史与人民之中，这反映在河西地区的出土文物中，也不乏与天马形象有关的艺术品。1979 年在酒泉城北果园乡丁家闸发掘的五号魏晋墓壁画中，有一匹绘有红鬃赤尾，飞腾于群山之上的天马，周围是喷薄翻卷的云彩，此马昂首飞驰，腾云驾雾，显出搏击风云、气势磅礴的气势，与天马歌中“籋浮云，晻上驰”的意境十分相符。1971 年在嘉峪关新城发掘的魏晋时期三号、五号墓中，出土的画像砖中有出巡图，画面上的武士们所乘的坐骑，一匹匹昂首喷鼻，腾蹄扬尾，姿态雄健，气势威武，有天马之风，堪与敦煌莫高窟 1 56 窟张仪潮夫妇出巡图上的骏马雄姿相媲美。1969 年 9 月在武威城北雷台发掘的一座东汉晚期大型砖石墓中，出土了一件稀世珍品铜奔马，马身高 34.5 厘米，长 45 厘米，马首高昂，三足腾空，右后蹄踏着一只在全速飞行中蓦然回首的飞鸟(学术界称为“龙雀”，俗称“飞燕”)，马头上一撮流线型的鬃毛指向尾部，举蹄腾空作飞越状，应视为天马的艺术造型。这匹铜奔马与酒泉丁家闸五号墓所绘天马的气势十分相似，可谓“天马行空”的艺术再现，很有可能是借鉴当时许多描述天马的作品，并根据流行的款式创造而成。武威铜奔马一出，轰动了世界，现在已成为武威市的城标，并成为中国旅游业的标志。河西地区不仅在出土的古代艺术品中多次出现天马的形象。而且至今还存在不少与天马有关的古迹，如敦煌南湖古渥洼池、敦煌鸣沙山月牙泉、张掖马蹄寺及一些地方的候马亭废址等。此外，还有山丹军马场、玉门昌马等一些与养马有关的地名，这些都反映了天马与古代河西地区人民的生活安危存着的密切关系。

魏晋壁画的文化产业价值

胡　杨

文化的灵魂是创新，创新离不开对本土特色文化资源的研究、挖掘和整理，只有这样，才能走出一条文化事业和产业相互融合、共同促进发展的良好局面。

众所周知，我国的魏晋时代，是一个生灵涂炭、战火纷扰的时代，八王之乱，永嘉之乱，使璀璨的中华文明得到了毁灭性的打击，之后的文明史中，魏晋遗存寥寥无几。而在嘉峪关，新城镇方圆数平方公里的戈壁上，坐落着数以千计的魏晋古墓，仅仅挖掘的十余座中，就有数不清的色彩缤纷、艺术价值极高的砖壁画，这些砖壁画以当时的社会生活为题材，填补了魏晋历史和魏晋文化的空白。可以说，嘉峪关魏晋砖壁画是中华魁宝，雄关珍存，是一座展示魏晋历史文化的地下画廊，是嘉峪关最具特色的文化遗存。

嘉峪关市新城镇的戈壁滩上，坐落着数以千计的古墓，它们是在历史长河中积累而成的。目前已考古清理发掘了十余座。其中编号第一、三、四、五、六、七、十二、十三号墓都有壁画，称为壁画墓。丰富的壁画内容，从另一个侧面更为形象地揭示了当时的社会风貌。是目前国内存留的魏晋时期最全面、最丰富、最有艺术特色的珍贵历史文化资料。

壁画的基本内容涉及生产活动和生活活动的各个方面。大多数是一砖一画，个别的是大幅壁画或数砖组合表现一个完整的内容。壁画的安排有一定的规律，各墓内容基本相同，表明当时画工是遵循固定的格式并仿照粉本绘制的。唯墓室有大有小，画砖数量有多有少，在壁画的选材方面造成一定差别。

一、壁画的内容及风格

壁画内容，以当时的社会现实生活为题材，反映了魏晋时期这一地区政治、经济、文化情况，计有农耕、养殖、牧畜、狩猎、酿造、出行、宴乐、庖厨、屠宰、生活用具、坞壁、穹庐等。

(一)出行图：凡有社会地位的墓主，都要画上出行图，以炫耀其身世。出行图绘一列浩浩荡荡人马，前有导骑，后随从骑，中间是墓主。第三号墓还画有与墓主人身世有关的屯垦图和屯营图。

(二)生产活动：生产活动的壁画是嘉峪关壁画墓选题的一个重点，对农耕、园林、养殖、放牧、狩猎几类直接创造社会财富和赖以生存的选题优为侧重。农耕方面的壁画展现了犁地、耙地、耱地、碎土块、播种，直至收获后的持连枷打场，举杈扬场，看护粮垛等一系列生产过程的情景。

(三)养殖放牧：养殖的画面，可见猪舍、鸡棚，肥猪在坞旁觅食，鸡群飞啄，牵羊人牵着羊悠闲地走动;放牧的场景则是牧人赶着马群、牛群、羊群,为了显示数量之多,这类画面一般由数砖组成,还有牲畜饮水的井饮,繁殖马匹的配种和牵驼人举棍牵驼行走。

(四)狩猎:狩猎是壁画的另一个重点,画幅较多,分射猎和围猎。射猎是猎人跃马举枪或挽弓射杀猎物;围猎者三五成群,放逐鹰犬追赶猎物。所见猎物有黄羊、鹿、兔及飞逃的野鸡、飞鸟等。

(五)宴乐:反映墓主人生活方面,最多的是宴饮图和宴乐图。如第六号墓中室东西壁整壁画男女主人宴饮,宾主席地而坐,前置案、樽、勺、斛、镟等盛食器皿,有的手举肉串食叉,并有乐师吹奏助兴。不断有二、三童仆、侍女捧着盆、圆盘、钵、食奁等器皿送食。宴乐图中所见乐器有阮、长笛、凤首箜篌、卧箜篌、波斯长颈三弦琵琶等。

(六)庖厨:生活场景的另一个方面,就是厨房庖厨劳作。可见妇女在灶前烧火做饭,盆内揉面,庖丁俎前切肉,用釜烹食、抬水,以及厨房内的设施食柜、肉钩,还有酿造等。而宰猪、宰羊、宰牛、杀鸡烫鸭的劳作更贴近当时的生活实际,猪伏于案上杀宰,羊四足倒挂,宰牛系庖丁举铁锤椎头部。

(七)出游:出游乘犊车、露车,所见都是牛挽车。车辆不仅可以载人,也可载物,是重要的生产生活工具,反复出现数量较多。

(八)住宅:在住宅方面,对埠壁、穹庐都有所表现。坞壁四面筑高墙,中间筑高耸的楼橹,便于瞭望和守卫,具防御功能。坞门前沿有男丁手持木棍守卫,守门家犬蹲在一侧,有的守门家犬纵身狂吠,欲挣脱锁链。

(九)友好往来:河西是多民族杂居地,原来就有羌、氐等民族,魏晋以来不断接纳内附的鲜卑族,壁画中“披发左衽”,穿胡服,戴胡帽的人物,大体上是对这些少数民族的表现;嘉峪关是通往西域、中亚、西方各国丝绸之路必经的地方,壁画中高鼻深目的牧马人,风尘仆仆的牵驼人,反映了彼此友好交往的某些方面。

二、壁画的历史和艺术价值

(一)内容以反映现实生活为主。它以简练的手法真实地反映了社会生活的各个方面,可以看到庄院坞壁,农、牧、林、猎兴旺,墓主宴饮作乐,奴婢辛勤劳作,呈现一派生机勃勃的景象,与其他地方墓室壁画多以神话故事为内容不同。

(二)具有强烈的时代气息。由于壁画内容写实,看了这些壁画,如同走进了这个时代。壁画表现的人们生活中的衣、食、住、行,无不展现出鲜明的时代风貌,人物的冠戴服饰皆具时代特点。

(三)地方特色明显。此类以表现生产劳动为主的墓室壁画,是以嘉峪关、酒泉为中心的,其分布区域,西到敦煌,东到永昌。敦煌晋墓虽有这类壁画,但数量很少。由此可以看出此类壁画集中于嘉峪关一带,并向东西方向扩散。

(四)人物形象鲜明。这批壁画虽显得简略,但在艺术造型上多取人物形象鲜明的动态,这就是画史上所说的“传神”。从繁杂的事物中提炼出最主要的形态,寥寥数笔,就勾画出一个事件,这需要画师有洞察生机的能力,也可以看出这些壁画是在无数民间画工的创意下得以形成的,已经形成一种定式,在当时重厚葬的社会条件下,有一种职业的画师在从事这样一种特殊的创作,从其技法之纯熟、内容之相仿可以确认这一点,因此,它在绘画史上具有较珍贵的价值。

三、壁画的研究与开发

根据嘉峪关魏晋砖壁画的这些独特的文化品质,2014 年初,文广新局重点谋划,要求文化馆专业技术人员认真研究开发砖壁画的产业价值。文化馆接到任务之后,首先组织专业技术人员对嘉峪关魏晋砖壁画进行研究,从成千上万幅砖壁画中挑选出艺术价值高、图案形象生动的壁画 150 余幅,又把这 150 余幅砖壁画从风格和内容上分为 9 大类,以文化馆美术工作者为主,以文化馆馆办书画活动室的 50 名美术爱好者为骨干,形成了一支固定的、有艺术质量保证的临摹、复制队伍。

目前,开发的主要产品有:

1.大型的浮雕类、壁画类、雕塑类魏晋砖壁画设计图稿 30 余件,这些设计稿将运用于我市城市大型浮雕、壁画、雕塑的建设,以增加嘉峪关城市的文化特色。

2.收藏级的临摹作品 9 大类 120 幅,以熟宣、生宣、绢、牛皮纸、大、中、小册页,单张册页,1—5 米册页条等,满足中、高档次艺术品的收藏需求。

3.轻便盒装组图、单图产品,共 4 大类,每组 4—6 幅,用于文化交流、宣传和推广。

4.小型装裱图、一画一扎,共计 120 类,满足普通消费者的旅游纪念品购物要求。

5.驿使、獬豸、马、牛、羊等魏晋砖壁画中形象饱满，样式独特的图案，以祁连玉为材料，制作观赏型和收藏型玉器。

6.以新、奇、特、优，方便易带为宗旨，开发以魏晋砖壁画为题材的瓷器、丝绢、金属类材质的旅游产品。同时，嘉峪关魏晋墓景区只开发了一个墓区，而我们对十多个墓葬中的精品壁画进行了临摹、复制，将这些临摹复制壁画在省内外展览，对推介嘉峪关文化和旅游都有一定的宣传作用。

嘉峪关是一个文化资源的富集区，尤其是魏晋砖壁画，它是一个时代的历史写照，是丝绸之路嘉峪关段的生动画卷，它的独特品质、它的艺术感染力，一定会提升嘉峪关的文化地位。

依托魏晋文化的基础研究成果和专家的建议，我们认证了一系列非物质文化遗产项目，这些项目的产业化已逐步落实，这些项目也将是嘉峪关市最具本土文化特色的文化产业，一定会为越来越多的人认知。

嘉峪关市第一批市级非物质文化遗产保护名录：嘉峪关烤肉串烤制技艺和嘉峪石砚制作工艺。

嘉峪关市第二批市级非物质文化遗产保护名录：新城酿醋工艺。

第三批市级非物质文化遗产嘉峪关灌猪肠制作技艺;嘉峪关芨芨草编扎工艺;嘉峪关烧壳子制作技艺;嘉峪关锁阳油饼子制作技艺;嘉峪关麻腐饺子制作技艺;嘉峪关面筋制作技艺;嘉峪关油饼卷糕制作技艺。

第四批市级非物质文化遗产雨鸣洲涮羊肉技艺、鲍福记羊肉粉汤、新城酿酒工艺。

目前已经形成规模的市级非物质文化遗产传承保护性生产基地达到8个，逐步实现文化与旅游的融合。

同时，我们还组织了进行河西走廊砖壁画的研究项目，共采集武威、张掖、高台、酒泉、敦煌等地的魏晋墓砖壁画图片300余，使嘉峪关成为整个河西走廊砖壁画的研究和开发中心；组织开展了河西走廊非物质文化遗产项目的整理和研究，尤其是以传统技艺方面、民歌表演方面和饮食方面为主，为我市建设大型的文化产业项目，提供了基础文化资料；组织编辑出版《雄关工艺》、《雄关美食》、《雄关宝藏》向市场推出嘉峪关的特色文化产品，组织实施非物质文化产品展销会，促进文化与旅游的融合；组织开展了嘉峪关楹联的征集、创作、书写活动，我们每年都开展嘉峪关楹联的征集创作活动，围绕嘉峪关的发展变化、名胜古迹，邀请文化名人进入楹联创作，并用书法的形式集中展览和展示，并将此成果全部提供给城建部门，用于我市城市古典文化景观之中。

文化建设是一项艰苦细致的工作，来不得半点的急躁，只有踏踏实实，以抓铁有痕的毅力不断挖掘本土优势文化资源，我们的文化事业和产业，必将迎来新的春天。

魏晋时期嘉峪关一带的羊肉美食

胡　杨

有关人类畜养家畜的记载最早可追溯到遥远的先秦时代，那时就已有了包括马、牛、羊、猪、狗、鸡的“六畜”之说，并常以“六畜兴旺”来形容国富民安的盛世之景。除了古代日常骑行使用的马匹外，六畜和江海湖海中的各种鱼类共同构成了古代中国人的肉食链，而其中牛羊猪三者又独居鳌头，称为人们日常饮食的宠儿。在嘉峪关黑山石刻中，就有为数可观的羊的形象，这说明，在羊作为猎物和人们的食物，最后形成驯养，已经有很长的历史了。

魏晋时期，宫廷中的膳食，也普遍使用了羊肉。

西汉张骞通西域后，中亚饮食之法渐有传入汉室者，羊肉随之盛行。据史料记载，胡羹即是其中之一。到了魏晋南北朝时，胡羹这种羊肉美食，已经宫廷中深受皇族喜爱，十分流行。胡羹的制法是：羊肋三公斤，加羊肉二公斤，水四升，煮熟，肥肋骨抽掉，切肉成块，加葱头五百克，芫荽五百克，并安石榴汁数合调味。安石榴是安息石榴的简称，是从伊朗传入的。还有一种羊肉的制作方法叫胡炮肉，取一岁肥羊，现杀现切，精肉和脂肪都切成细缕菜丝，下入豆豉中，加盐、葱白、姜、花椒、荜拨、胡椒调味。将羊肉洗净翻过来，把切好的羊肉装到肚中，以满为度，缝合好，在凹坑中生火，烧红了，移却灰火，把羊肚在火坑中，再盖上灰火，再起火燃烧，约烧煮一顿饭的时间，便熟了，其肚香美异常。

2015年,古城西安,嘉峪关新城魏晋墓砖壁画,引起了专家的广泛关注,通过砖壁画的各类饮食画面,专家们认为,羊肉饮食从西域传入中原,嘉峪关一带是一个关键的节点。

今天,像涮羊肉、手抓羊肉这些甘肃的特色美食,早在一千多年前的魏晋时期,嘉峪关一带就已经流行了。

专家指出,出土于嘉峪关新城魏晋墓的画像砖,生动地展示了当时人们制作"手抓羊肉"的全过程。在画像砖的右侧,一位"大厨"正手持快刀在案上切肉,切碎的肉放于案下的盘中。而左边的"大厨"挽起袖子煮肉,上方还挂着切好的肉块。现代的手抓羊肉大概也是这么个做法,但不清楚肉出锅后,古人究竟是蘸着醋水,还是蘸椒盐吃。这有可能是涮羊肉的雏形。除了"煮肉图"之外,这次还展出了 "耕种图""畜牧图""扬场图" 和 "宴居图",嘉峪关新城魏晋墓砖壁画还真实反映了魏晋时代,河西走廊这一带人的生产生活情况。

追溯历史,魏晋南北朝时期,以"五胡"为代表的少数民族大量内迁,在和汉族杂居的过程中逐渐开始从事农耕生产,走上了农业化道路。胡族的农业化是渐进的,其中以鲜卑族成绩最为显著。这个时期种植的粮食作物主要是黍、粟、小麦和少量稻米。胡族农业化给胡汉饮食生活带来了巨大影响,这在饮食原料、加工方法、酿酒业上有十分明显的表现。??法国著名的社会学家谢和耐曾在其名著《中国社会史》中言道:"正是地理环境促使形成了某种生活方式并强加给它一些限制。在某种海拔高度之上和某些气候条件之外,小麦就要让位于大麦了,蒙古那辽阔的草原牧场更有利于大规模的饲养业而不是农业,需要大量灌溉的水稻种植业最理想的选择地是温带和热带那些能灌溉的平原。"而事实也确如其所言,不同地区的不同地理环境造就了不同的生活方式。在民族交流交融中,羊肉饮食以其味美可口而被胡汉民族广泛认同,并不断丰富了羊肉饮食文化的内涵,比如汉人食不厌精脍不厌细的传统与羊肉制作的结合,很快就把羊肉美食推向了文化的高度。

而且,嘉峪关一带自古以来"畜牧天下饶",为牛羊的生长创造了天然的良好条件。最初,中国农业与牧业之间有着比较明确的分界线,谭其骧先生认为:"(东汉末以后)黄河中游大致即东以云中山、吕梁山,南以陕北高原南缘山脉与泾水为界,形成了两个不同区域。此线以东、以南,基本上是农区;此线以西、以北,基本上是牧区。"但魏晋南北朝时期胡人开始大量内迁,使自己完全处于一个不同的生活环境中,其传统就受到汉族文化传统的剧烈冲击,首当其冲的便是农业生产对牧业的冲击。

纵观历史,汉代开始的胡族内迁至西晋时已蔚为大观。西晋初期,西北和北方的匈奴、鲜卑、氐、羯、羌、乌丸等民族已大量进入黄河流域。江统在《徒戎论》中分析当时形势云:"关中之人,百余万口,率其少多,戎狄居半";汾河流域匈奴"五部之众,户至数万,人口之盛,过于西戎";冯翊、北地、新平、安定各郡有羌人;扶风、始平、京兆等郡有氐人。西晋末年时,太行山区已遍布杂胡,"群胡数万,周匝四山";北魏初年"西北诸郡,尽为戎居。内及京兆、魏郡、弘农往往有之";北魏末期和东、西魏时,"自葱岭已西,至于大秦,百国千城,莫不欢附,商胡贩客,日奔塞下,所谓尽天地之区已。乐中国土风,因而宅者,不可胜数"。胡族内迁的历史事实,也造成了羊肉饮食的风靡和流行。

从广阔的历史背景,到具体的嘉峪关新城魏晋墓砖壁画,古老的羊肉饮食传统为我们挖掘历史文化资源,丰富嘉峪关的饮食文化提供了第一手资料,使嘉峪关一带的羊肉饮食有了深厚的历史渊源。

明代的民屯制度

杨生宝

井田制、屯田制、占田制、均田制四大田制是中国古代不同历史时期采用的主要田地制度。农田土地制度集中反映了中国古代不同历史时期的社会经济状况,屯田制的产生与取代也与国家兴盛有着密不可分的关系。

屯田制的确立,渊源于西汉,至曹魏形成一套完整的制度,成为国家政权钱粮的收入来源,同时也解决了屯田军民的生计。西汉前元十一年(公元前169年),汉文帝以罪人、奴婢和招募的农民戍边屯田。汉武帝调发大批戍卒屯田西域,自敦煌西至盐泽往往起亭,而轮台和渠犁皆有田卒数百人,此方法,既可解决路途遥远交通不便之下自力更生,又可使士卒驻边守防。但当时屯田主要集中于西、北部边陲,以军屯为主。东汉末年,战争连年不断,土地荒芜,人口锐减,粮食短缺,社会问题严重。建安元年(196年),曹操采纳枣祗、韩浩的建议,在今河南许昌附近进行屯田。屯田的土地都是无主和荒芜的土地;劳力、耕牛、农具是镇压黄巾起义中掳获的,有一部分劳力为招募被迫而来的。当年屯田收获谷物百万斛,缓解了当时的社会矛盾。曹魏时期屯田对安置流民,开垦荒地,恢复农业生产发挥了重要的作用,使有限的生产资源得到了高效率的分配使用,同时,解决了军粮供应问题,大大减轻了农民运粮的沉重劳役负担,为曹操统一北方创造了雄厚的物质条件。

明朝未立国之前,朱元璋就十分重视屯田,明建国后,朱元璋更是把屯田作为国家一项重要的国策,先后实行了军屯、民屯、商屯、罪屯等制度。明代初在大力发展军屯的同时,又相应地发展民屯。据《明惠宗实录》记载:“曰明屯,凡荒闲可耕之地,招募军民商贾有捐资开荒者,结为永业。凡愿耕无力者,照佃发给资,待二年后起科”。民屯之民首先来自“民之无田者”或“丁多田少家”。其次是大量招募移民。再次是元朝士卒及家属和边境的少数民族。明代移民过程中,政府给予一定补贴,如“官给牛种”“给钞锭”等,并设置屯田正副使,专门管理屯田事务,而各屯则根据人数多少,置长左来督导,其编制与国家编户稍有不同:“太祖仍元里社制,河北诸州县土著者,以社分里甲;迁民分屯之地,以屯分里甲”。

在明代的历史中,军屯的地位十分重要,然而,作为辅助措施的民屯制度却被历史所淹没,由于民屯是在军屯衰亡之后才逐渐兴起,而又很快走向结束,所以人们对明代的民屯制度往往缺乏了解。其实,民屯是直接关系到普通百姓,关系到国家政策,关系到国家边防的一项政治制度,所以民屯是明代重要的一项社会制度。明代的民屯制度虽然没有在整个明朝经济、政治、军事以及社会生活各方面起到主要作用,但它作为一种辅助的社会制度,对明朝的经济发展、边防巩固却有着十分重要的作用。尤其在军屯制度逐渐消亡后,民屯的发展与明代政治制度的确立、经济社会的发展、边防军队粮食的补给、军需供应都有着直接的联系。

一、明代民屯制度兴起的原因

明建国之初,粮饷匮乏,朝廷命诸将分屯边疆各地,屯田制度由此形成。明代的屯田主要有军屯、民屯、商屯,罪屯等。明永乐三年(1405年),更定军士《屯田则例》。“令各屯置红牌一面,写刊于上。每百户所管旗军一百一十二名,或一百名、七八十名;千户所管十百户或七百户、五百户、三四百户;指挥所管五千户或三千户、二千户;总以提调屯田都指挥。所收子粒多寡不等,除下年种子外,俱照每军岁用十二石正粮为法比较,将剩余并不敷子粒数目通行计算,定为赏罚,令按察司、都司并本卫隔别委官点闸是实,然后准行。直隶卫所从巡按御史并各府委官及本卫隔别委官点闸。岁收子粒,如有稻、谷、粟、薯、秫、大麦、荞麦等项粗粮,俱依数折算细粮。如各军名下除存种子并正粮及余粮外,又有余剩数,不分多寡,听各该旗军自收。不许管屯官员人等巧立名色,因而分用”。明景泰六年(1455年),朝廷下令:“顺圣地土肥饶,筑立城堡,拨军耕种,定为则例起科”。明隆庆二年(1568年),“令宣镇屯种官地,每亩原征粮不及一斗者,照旧征纳;如一斗以上者,亦以一斗为止。其地亩起科新增牧地等项田土,应征粮石酌量定为三等。除本色照旧米豆中半折色,照各城堡月粮则例上纳,该镇屯田地亩等粮,以原额为准。以后虚增粮数,尽行除豁。将来征收务足一十八万四千五百三十五亩之数”。明代于征收赋税外,还制定有役法。全国除皇室、勋臣、国戚及少数钦赐优免者外,均承担徭役。明洪武十四年(1381年)至明万历十年(1582年),张居正实行一条鞭法期间,明朝依黄册制度把人户分为民户、军户、匠户三大类,不同的户类承担不同的差役。民户支应一般的差役,军户支应军役,匠户支应匠役。民户承担的徭役有三种:即里甲正役、均徭和杂役。里甲正役是指以里甲为单位承担的催征、解送钱粮等徭役,每里十甲,十年之内,每甲轮流在一年中的某些日子服役。均徭又分为力役、银差两种。力役即亲身服役,银差即输银代役。杂役主要是指地方各级衙门的差役或在民间非经常性的差役。明代役法前后多变,朝廷根据实施役法过程中的具体情况,通过制定则例对有关事宜进行调整。据《明会典》载："洪武二十六年又定，凡在京垣河道，每岁应合修缮，其用工数多，须于农隙之时，于近京免粮应天、太平、镇江、宁国、广德等五府州预先定夺奏闻，行移各府起取。除役占等项照依钦定则例优免外，其余人户每四丁共辏一夫，著令各备锹杵篮担，委官部领，定限十月初赴京，计定工程分拨做造，满日放回。若有不当夫役，及做工未满逃回者，并行治罪。及各处起到仓脚夫，俱发应天府收籍为民。遇有官差，度量差拨，著令轮流，周而复始。若差使数多，做工日久，照例每名月给工钱五百文。坊常减半，以周养赡。优免则例：优免二丁：水马驿夫，递运船水夫，会同馆夫，轮班人匠，在京见役皂隶，校尉力士，见任官员，禀膳生员训导，马船夫，光禄寺厨役，防送夫，军户，铺兵。免一丁：凡年七十以上及废疾之人"。"弘治二年，令各场灶丁，离场三十里内者，全数煎办；三十里外者，全准折银。每年十月以里，征送运司解部。其折银则例，每一大引，浙西六钱，浙东四钱"。明正德十一年(1516年)议准："长芦运司灶户，照依有司上中下户则例，编审造册。除上中户丁多力壮者，量将二三丁帮帖办盐。此外多余人力，照旧编当别项差役。下户者，止令营办盐课，一切夫役民快边饷马价军器等杂差，俱与优免"。同年又下令"令长芦运司每五年一次，选委能干佐贰官一员，亲诣有场分州县，会同各堂印官，将概场人户照依均徭则例，逐一编审。丁力相应者为上户，独当总催一名，次者两户朋当一名，贫下者听其著灶"。

明朝长期的战争使社会财富消耗极大，人民生活苦不堪言，人民不堪其苦，民穷财尽，军费筹措极端困难。为争取民心，减轻人民负担，积累财富，维持长期的战争，明朝建立前后，设立的屯田多以此为目的。出身贫苦的朱元璋，在长期的战争中较能理解人民群众的疾苦，决心以屯田减轻人民负担，使军队自食其力，这样做，既争取了人民群众的支持，又解决了戍边军队的粮食问题。对于九边地区的军粮问题更是受到了明朝中央政府的大力关注，其主要措施就是大力发展屯垦，开荒戍边，积粮增谷，稳定军心。在实施中首先强调军屯，并在实施军屯的同时，把发展民屯作为辅助手段。因此，民屯的兴起，也是当时明朝的政治、经济、社会等方面发展的必然产物。

首先，明朝是在长期动乱后建立起来的，政权建立之初政治、经济形势十分严峻，明朝统治者要想稳定政权，休养生息，推行了民屯制度是明王朝最大的动力。由于元朝的残暴统治，长期战乱和自然灾害侵袭明初的黄河、淮河流域和广大的中原地区，使这些地区的经济、社会遭到极其严重的破坏，特别是动乱中心华北地区，一片荒芜，人口稀少，"多无人之地"。明洪武元年(1367年)，"大将军徐达等帅师发汴梁，徇取河北州县，时兵革边年，道路皆榛塞，人烟断绝"。河北大地是"户口凋残，十室九空"。河南情况更是惨烈，定陶县更是"井田鞠为草莽，兽蹄鸟迹交于其中，人行终日，目无烟火"。朱元璋不得不承认"中原诸州，元季战争受祸最惨，积骸成丘，居民鲜少"。尤其是两淮地区"民多逃亡，城野空虚"。过去繁华的扬州城在1357年朱元璋入居时，城中居民仅余十八家，民众游离失所可想而知。重要的工商业重镇芜湖，明初居民也只有八十三户。到永乐年时，由于长达四年的"靖难之役"，使刚刚略有恢复的中原经济再遭破坏。山东临清《李氏族谱》记载"盖燕王靖难兵起，南北构兵，南兵自南向北，北兵从北向南，东西六百里，南北近千里，几为丘墟焉"。这种状况，使得明朝政府累年租税不入，国库空虚，财政拮据，同时百姓困苦，无法生存，纷纷揭竿而起，反抗斗争此起彼伏，连绵不断，据《明太祖实录》记载，各地农民起义的就达120多次。国内的经济、政治形势是明朝政府明初推行民屯制度的客观原因。

其次，战乱对各地区的破坏程度的不一样，给民屯制度推行创造了必要的条件。江南的江苏、浙江、江西等地，以及山西各地，山东的临海州县遭受破坏的程度相对中原地区为轻。山西、两淮地区由于历史原因，明初是一个地狭人众、故多贫的地区，明洪武十四年(1381年)，山东青、登、莱诸府由于地处沿海，战乱波及面小，且人口稠密，而江南地区，经济发达，人口众多，元末战争中江南地主势力又大多割据自保，朱元璋平吴，兵祸影响也有限，所以成为一个"地狭民众，细民无田以耕"的地区，同时，由于元末战争的打击，元朝许多贵族地主非死即逃，大量奴仆获得解放，成为流民。事实上，如明嘉靖时期，兵部尚书潘演所言："国初各边钱粮，取办民屯二种"。军屯虽然是明初军事卫所粮食供应的主要来源，但粮食供应仍离不开民运,早在明洪武时期就基本确立了民运制度,主要是向北方诸省边军供应粮饷。《明太宗实录》明洪武十三年（1380年）二月丁亥提到:“其陕西、北平、四川、山东、山西,五布政司借给军需”。明洪武十五年(1932年)四月壬辰再一次明确内地省份供边时的大致分工,“山东东给辽阳,北给北平;河南北供山西,西入关中”。说明山东供给山西、陕西二省,而河南则供给辽东和北平。永乐元年(1402年)三月甲午,陕西乾州言:“本州税粮每年输往岷州卫,今发生蝗灾,田稼无。乞以麦豆代输,从之”。永乐十三年(1415年)五月辛亥,甘肃总兵官费球言:“肃州临边,兵多粮少,请以陕西临洮,巩昌二郡税粮每岁发旁近,丁民转运备用,从之”。同月辛酉日,陕西行都司都指挥王贵言:“宁夏、庆阳运粟五六十万以备兵储。从之”。这是一次性大批民运粮饷,看来民运已经波及当时大部分北方地区,与军屯交相辉映,共同构成明初军饷供应的两大支柱。明洪武三年(1970年)末,朱元璋接受郑州知诈苏琦建议,“设法招来民众耕种以实中原”,决定移民垦田。明初轰轰烈烈的民屯就开始了。

明朝开国皇帝朱元璋采用“寓军于民”的军事思想,在全国推行军队屯田、战耕结合的制度。卫所制是朱元璋创建的明代常备军建军制度。它发端于元末,正式建立于明洪武年间,到成祖、仁宗时最为兴盛。卫所制融汇了唐府兵制的建军思想和制度特点,把按卫所编制的世袭服役军士同屯田紧密结合起来。其目的是,以世袭军士保证兵源充足;按卫所单位,根据战略部署分散成屯,以保证及时抗御外来侵扰和镇压人民反抗;军队就地屯田自给,以减轻国家养兵的沉重负担。军户世袭、卫所编制体系和军屯成了卫所制的主要特色。

明洪武十九年(1386年),朱元璋派驻云南的大将沐英上书,建议:“云南土地甚广,而荒芜居多,宜兕屯,令军开耕,以备储侍”。朱元璋接受他的建议,把自元代以来购屯田运动推向一个新高潮。沐英身体力行地亲自推行屯田制度,把屯田的数量的增减作为考察和奖惩官吏的首要条件,把云南屯田推向高潮。

明军平定云南后,“革元旧制,自京师达于郡县,皆立卫所。”据方国瑜先生《明代在云南的军屯制度与汉族移民》所作统计,当时卫所军数达到317678人,据万历《云南通志·兵食志》载,当时都司所掌军屯田亩数为126.32万亩（包括职田155319.6亩),占全省总耕地面积的42.5%。当时在红河地区较大的军屯有三处:一是临安卫,屯田43655亩;二是云南十八寨守御千户所,屯田17500亩;三是新安守御千户所,屯田2280亩。到1392年,各卫、所基本上实行了屯田。明朝在云南的屯垦,比之元代又有新的特点:一是大批从内地各省迁移汉族人口去云南;二是屯垦成为云南军政的一项基本制度;三是在军屯和民屯的基础上,增加了商屯。大批从内地各省迁移汉族人口去云南。明以前,云南是少数民族人口居多,即“多夷少汉”。明以后,情况发生变化,汉族逐渐由少数变成多数,发挥着重要的作用。

二、明代对民屯的管理

民屯兴起后,民屯的中央高级管理机构为司农司,地方基层组织为里社制。司农司的职能是“验其丁力,计亩给之,毋许兼并”。地方里社制仿元朝,河北诸州土著以社分里甲,即社下设里甲。外地移民屯垦,即以所屯之地设里甲,通过社里制将屯民严密地组织起来。如明洪武三年(1369年),在河南复置司农司,设卿一人,少卿二人等专掌迁民分屯事。“其后六部并建,司农属户部,各省设布政参政等官,于是革去”,改领之有司和都督府,共同管理劝督迁民的屯田、征收租粮等事宜。如洪武二十年(1387年)令“东昌、兖州等府劝督迁民屯田”。在行政系统上,与军屯完全归掌管军籍的都督府办理,稍有区别,而与民户的组织在形式上即有相同之处,如移民就宽乡屯田是“就本布政司编成里甲,原则上是仿明代地方里甲制度组织起来的,但也有不同之处。一是“社”,一是“屯”,同时,所占地亩大小亦异,史称:“太祖仍元里社制,河北诸州县土著者,以社分里甲,迁民分屯之地,以屯分里甲,社民先占亩广,屯民新占亩狭,故屯地谓之小亩,社地谓之广亩”。分屯的原则,各地均不一致,在边地,明万历年间,延绥是“以屯为民”,而宁夏却是“以民为屯”。内地情况,明时吴桥县城东北六里半有“迁民屯”,大致也是“以民为屯”。屯民隶籍仍旧分开,不与一般民户混同,如明永乐年间,雄县编户按照土著之民,编为“社”,屯民编为“屯”。明嘉靖年间,全县“编户:社十有二,屯七。至于魏县即占十分之八,浚、滑、内黄、东明诸县即占十分之三”。顾炎武曾说:“余过魏县,长老云:‘魏县非土著者什八,及浚、滑、内黄、东明之间,隶屯田者什三,可概见矣。”这种把屯民户与民户分开,目的在于方便监督管理。

明初民屯的形式主要以移民、招募、罪徙组成。明初移民就宽乡屯田的区域相当广,不仅有从南方移到北方,如明洪武五年(1372年)七月,“革妫川、宜兴、兴、云四州,徙其民于北平附近屯田”。明洪武十五年(1382年),“迁广东番禺、东莞、增城县降民二万四千四百余人于泗州屯田”。也有从北方移到中原、黄河南北的,如明洪武二十一年(1388年),迁山西泽、潞二州“民之无田者”往彰德、真定、临清、归德等处,“置屯耕种”。还有从少数民族地区移到内地的,如明洪武四年(1371年)六月,徐达平沙漠,徙沙漠遗民(蒙古族人民)32860户至北平府屯种。徐达所徙的沙漠遗民,以每户五口计,就有十五、六万人。这是因战争关系而被迁徙的例外情况。平常一次迁徙的人数,如明洪武二十八年(1395年)七月迁青、登、莱、济南等府小民“赴东昌屯种”,亦达1510户,约4666口。据统计,从明洪武至明永乐年间,徙民屯田的数目,共有232600余户,如以每户五口计,就有116.3万余人。此外,明洪武年间大规模徙民就有十五次,明永乐后,才逐渐减少,宣德以降,就没有徙民的事了。明代初期招募民人屯田,与移民就宽乡屯田比较,招募民人屯田亦有迁移到别的地方去的,不过需要通过招募的程序,和徙民就宽乡直接迁移不同,规模较小,次数也不多。这是由于明初土地荒芜较多,可以随处开垦,土地兼并不严重,流民不多的缘故。明永乐宣德以后,版籍已定,产业有恒扩移民屯田,恐怕搞乱封建秩序,不敢实行。当时,土地兼并逐渐严重,军屯田和民田都被侵占,流民大量出现,封建统治者企图实行“劳徕安辑”的政策,重新安排他们进行农业生产。所以明永乐宣德以后,移民屯田逐渐稀少,而招募民人屯田,特别是耕种军屯田地的,逐渐增多。这完全是由阶级矛盾所决定的。招募的对象,有“狭乡无田之民”,也有“流移未入籍之民”,即流民。明朝庭对应募的人,采取奖赏“诱导”的办法,如明洪武二十二年(1389年),“山西沁州民张从整等一百一十六户,告愿应募屯田,户部以闻。命赏从整等钞锭,送后军都督佥事徐礼,分田给之。仍令回沁州召募居民”,然后往北平、山东、河南旷土之处耕种。当时,招募民人屯田的组织,和移民就宽乡屯田一样,设有佐贰官员主持,仿地方里甲制度进行组织。其分里甲的原则,如广东钦州是“十人为一甲,甲有头,五甲为一屯,屯有总。依然是以“屯”分里甲,与一般民户以“社”分里甲有别。当时每屯内占有土地和监督管理情况,史称:“一屯稻田十五顷,共二十顷(其中五顷为宅舍面积——引者),该米二百五十五石。

民屯制度虽然只是昙花一现,但民屯的盛衰对明代社会产生了重要影响。明初民屯的推行促进了明初社会经济的恢复和发展,同时也成为封建国家重要的经济来源。据《明实录》载:明洪武二十六年(1393年),全国垦田总数增加为八百五十万顷,比明洪武元年(1367年)的垦田数增加了四倍。垦荒数尤以北方最多,特别是民屯的重点地区山东、河南、河北等地,移民所垦的数目最多。经过民屯,昔日荒芜的北方地区的土地被开垦出来.社会经济得到迅速的恢复和发展,而经济的恢复和发展为国家财政提供了有力的保证。据记载:彰德、卫辉、广平、大名、东昌、开封、怀庆等七府民屯田租为5555299石。据《大明一统志》记载,天顺年间全国税粮超过三十万石的二十五府中,北方占十二个,民屯的重点地区开封、东昌、兖州、怀庆等府也名列其中。然而到了明朝中后期,随着民屯制度的破坏,政府财政收入剧减,财政危机也跟踪而至。由于屯户逃亡,国家纳税户减少,土地不是荒芜就是被“猾户欺骗”而不纳赋税,使明政府收入大减。如明永乐年间依靠民屯平均每年收入粮食一千零三十万石。到了明万历末年,“大约损故额十之六七”。随着政府财政收入的减少,官僚地主阶级却贪污受贿,奢侈腐化,导致朝庭财政更加收不抵支。为了榨取足够的财富,明朝廷就更加残酷地剥削农民,如明末加派的“三饷”等,这样使屯民愈逃,政府赋税就愈少,形成了一个恶性循环,使得明政府财政危机愈陷愈深。

明初实行民屯的最终结果产生了大量的小土地所有者。由于他们个体力量小,政治上没有特权,需要新政权的保护。为了保障和扩大自己的财富和权益,他们也就不得不拥护这个新王朝的统治。因而这些小地主所有者和自耕农就成为明政权的重要社会基础。明初实行民屯,也就满足了农户的土地要求,使他们成为自耕农,由于自耕小农本身属性所决定,只要没受到致命压迫,他们就不会揭竿而起,反对统治王朝。所以明初维持了几十年相对安稳局面。

到了明中后期,民屯逐渐衰亡,国家政局也日益不稳。首先是民屯破坏后,屯户逃亡,与逃亡的军士一起构成遍及全国的流民的主体。史载,许多农民从河南逃亡到荆州襄阳地区,使这里的流民从一百余万骤增到二百万以上。明代流民问题是明中后期严重的社会问题。流民是不安定因素,流民揭竿起义连续爆发,使社会局面更加动荡。

民屯的盛衰对明代北边国防力量强弱也产生了重要的影响。为了抵御逃入沙漠残元势力的不断骚扰和控制北方维护国家统一,明代在北方驻扎了大量的军队。明初解决粮饷问题的手段主要是推行军屯制。但是,虽然军屯基本上可保证自给,可民屯也提供一部分并且随着军屯的破坏,军粮对民屯粮食的依赖越来越强。由于就近供应原则,明政府对北方边镇所需要粮棉支出,主要依靠山东、河南、北直隶等民屯重点地区。此外,民屯成丁是军士的重要来源。到了明代中后期,军屯破坏的同时,民屯也遭到破坏,封建政府财政收入剧减,军士饷粮无着,大量逃亡军士也得到民屯人员的补充,致使兵员不足,军心涣散,战斗力减弱。面对如火如荼的关内农民战争和关外满族势力的崛起,明代末年武装力量越来越力不从心,这种武备松弛的状况不能不说是与民屯的破坏有一定的关系。

三、明代在河西地区的屯田

明初,甘肃人口锐减,土地荒芜,情况十分严重。朱元璋诏令更定屯田法,命天卫所军队以十之七屯田。明代甘肃屯田始于洪武二年(1369年),首在平凉、宁夏屯田募伍,随后扩大到临洮、岷州、洮州、西宁、甘州、庄浪、河州、肃州、山丹、永昌、凉州等卫。

明洪武二十九年(1396年),仅凉州等卫有屯兵3.35万人,屯田1.63万顷。明嘉靖时,御史巡抚杨博在河西大兴水利,凿龙首诸渠,募民垦田,新田永不征税。屯田土地每年上交朝廷屯粮50万石。明嘉靖元年至嘉靖四十五年(公元1522年—1566年),从西南地区引进仿制成功天车(水车),利用“水车”在黄河沿岸的永靖、皋兰、靖远、榆中、景泰及兰州地区灌溉农田。

明正统年间,西北边疆不断遭受蒙古瓦剌部侵扰,军士流亡严重,劳动力减少,军屯日渐衰落,民屯在河西逐渐发展起来。为了屯田实边,明朝大量招募和迁徙民户屯田,并颁布“减免灾粮”等优惠措施。明正德九年(公元1514年),督理陕西粮饷右侍郎冯清建议:“甘肃流民,岁久奠居,虽有出粮之徭,殊非良法,宜行守臣清查造册,量给官地二十五亩,照例纳粮,免去银差”,此建议得到“允行”。于是召集甘肃流民给田兴屯,既解决了流民衣食问题,又增加了国家税收。嘉靖初年,刘天和以右督御史督甘肃屯政,请“以肃州丁壮及出陕流民于近边耕牧,且推行于诸边”,又“奏当兴革者十事”,故“田利大兴”嘉靖年间,胡世宁建议广屯种以足边储,“请令各屯原额地土有抛荒及空闲着,无论土豪、官民、军余尽力开垦,永不起科”。嘉靖二十三年(1544年)招募“山、陕流寓有家者,肃州关厢夷人安置者”,赴甘肃填补差额。

此外,原来的少数民族居民及明代以前就已经迁居于此的各族移民也是民屯的主要力量。他们在河西地区一些宜于耕作的地区或自耕,或加入政府组织的屯田队伍(一般是无地农民)从事着农业生产,为甘肃农业开发做出了贡献。

四、明代民屯制度破坏的原因

明代民屯,从本质而言,是封建统治者压迫剥削农民的制度,无论哪一种形式,都具有强制性。屯民是完全没有人身自由的。罪徙屯田者不必论,完全是用军法从事的。就是移民就宽乡屯田和招募民人屯田也没有例外。譬如移民就宽乡屯田中的“丁多田少”的人户或“无田之家”,他们都是不愿远离家园到荒僻的地区去从事奴役性的劳动的。他们常常是被通过法令或军事形式—用“械系”的办法强迫上路的。至于招募流民、贫民屯田,虽然带有某种自愿的性质,但是一经招募而去,就用“里甲”组织把他们编制起来,直到年老衰惫之时,才能改入民籍,其目的就是把他们永远束缚在屯田上,在封建统治者直接监督下进行奴役性的劳动,为封建统治者提供租税和摇役。因此,他们的劳动同样带有鲜明的强迫性和奴役性,人身依附关系非常强烈。他们实际上就是封建国家的农奴。屯民在经济上所受的剥削是非常深重的。在租税方面,规定亩征三升,其实后来并不执行。景泰年间，山东的民屯，“每亩科米三升三合，合粮一石，科草二束”。根据上述正德嘉靖年间广东钦州的民屯，每屯稻田一十五顷，一共征粮二百五十石，即亩征一斗七升，是洪武末年亩征三升的六倍弱些。在北方一些郡县，由于屯田和民田存在着小亩与广亩的差别，而产生田赋不均，屯民负担就显得特别重。嘉靖年间，桂萼说：“祖宗朝，北方民少地多，迁山陕等处无田之民分屯其地。当时屯民新地，顷亩甚狭，社民田地，顷亩甚广。此北方之民，所甚怨于不均者也。北方官豪之家，欲得独享广亩之社地，不一肯为狭地屯民分粮”，30 就是这种情况的反映。因此，自宣德以后，由于租税苛重，屯民无法负担，各地的报告说：“民屯多负”租粮，“民屯多逋兵饷”，就是必然的现象了。在摇役方面，屯民的负担，也很繁重。摇役包括银差和力差两项，其细目，譬如力差，在雄县南城有弓兵银，御马监草脚夫银，易州山厂夫银，抬柴夫银，皂隶银，府学斋夫银等等，其繁苛的程度，可以想见。他们常常处于“今生齿众而地不加，一遇水旱，死徙多矣，虽以七屯出三社之役，犹为不给”的境地，何况“胃吏舞文，要告百端”呢？结果，在赋税和摇役的压迫剥削下，屯民不是纷纷反抗，就是逃亡，田野荒芜，是必然的现象。这是民屯破坏的主要原因之一。

由于明代屯民所处的社会经济地位低下，没有人身的自由和人格的尊严，他们的劳动带有强烈的强制性和浓厚的奴役性，因而他们对农业生产不感兴趣，其中以罪徙屯田更为突出。史称：罪徙虽在“有司严督之就农亩” 但他们“不留心农事，十五为群，日聚城市，游荡逐末”。32 因而生产量低，或不能保证屯田生产，使封建统治者无法得到应有的剥削量，不得不把大量的罪囚用作修河、曹运等工役，并实行了用钱赎罪令，宣德以后，用罪囚屯田就少了。这是明代民屯破坏的原因之二。

自明中叶以后，明代政治腐败，官吏贪污舞弊，侵占民屯租粮，使明代民屯有名无实，逐渐变为豪右武弁的私产。史称：“各省直赋役〔全〕书内，多不载民屯银，是以豪右得以肆侵，卫弁得以咨乾没”，就是这种情况的反映。这是明代民屯破坏的原因之三。

总之，明代民屯，自宣德以后，逐渐开始破坏，至万历年间，已经不能再维持下去。随着明代社会经济危机的不断加深，明代民屯制度也就彻底崩坏了。

左宗棠与甘新驿道

陈彦友

中国西北自秦以来有三条著名的大道。一是秦始皇统一中国后修的弛道；二是唐代的丝绸之路；三就是左宗棠开辟的甘新驿道（又叫甘新公路），民国时期和新中国成立后的西北公路建设基本上就是沿用这条路线。

嘉峪关是丝绸之路的关口要塞，是中原通往中亚、西亚，远至欧洲的交通要道必经之地，其地理位置十分重要。在中国诸多的古籍记载和传说中，黄帝、炎帝、尧、舜、周穆王等都曾西巡到过西域诸地，路线都经过河西走廊。尤其是成书于战国时期的《穆天子传》，更详细地记载了周穆王游历西域诸地的情景。同时，在嘉峪关一带也留下了一些关于周穆王的传说。这些传说都在不同程度上反映出我国古代新疆与中原之间早就有了道路相通，彼此联系十分密切，在一定程度上反映出嘉峪关市境内东西走向的道路雏形已经形成。“丝绸之路”虽早已形成，但由于民族部落的纠纷和战争，以及路途遥远、山川、河流、沙漠等自然条件复杂，沿途又无固定食宿和安全保障等种种原因，早期并没有全线畅通。

汉、唐时期的“丝绸之路”，交通极其不便。汉元狩二年(前 121 年)汉武帝在河西设置四郡后，在东去、西来的长途运输中，仍以骆驼、驴、马为主要运输工具。所以，在广旷无垠的河西走廊沙漠戈壁上并没有固定的大道。直至明朝，兰州以西的大道也才通到今张掖西北，称“甘凉大道”。

到了清朝，甘凉大道已经残破不堪。肃州至嘉峪关的道路状况也不甚好。清道光二十二年九月初五(1842 年 10 月 9 日)，两广总督林则徐流放伊犁时，到达酒泉。初七，他将西行的大车换成长辀(即大轱辘木车)，前往嘉峪关，沿途“小石磊坷，无一平路”“车箱簸似箕中粟”。初八，“近关多土坡一望皆沙漠(碛)，无水草树木”，出嘉峪关连长辀也行走不成，只得换乘马西行。

清朝政府在明朝“甘凉大道”的基础上整修和向西延伸驿道，是在清同治五年(1866年)左宗棠调任陕甘总督之后，当时他多次来过酒泉。特别是光绪元年(1875年)，他作为清廷钦差大臣，由于讨伐阿古柏、平定新疆、收复伊犁的军事需要，发动军民自陕西、甘肃经河西走廊修建了甘新驿道。平整道路，修建桥梁，向驿道的低凹处回填了大量石块，一些地段截弯取直，沿途翻山越岭，工程甚为艰巨。在修路的同时还在大道两旁广植杨、柳。左宗棠修的路宽三到十丈，东起陕西的潼关，横穿甘肃的河西走廊，旁出宁夏青海，到新疆哈密，再分别延至南疆北疆。穿戈壁，翻天山，全长三四千里，后人尊称为“左公大道”。1871年2月左宗棠下令在公路两旁栽树，路旁最少栽一行，多至四五行。这是为巩固路基，“限戎马之足”，为路人提供阴凉。

民国初年，肃州至嘉峪关的道路也是沙碛、鹅卵石遍布其间，民国六年(1917年)二月十日，谢彬记述“发肃州，出北门，过税所，五里过讨赖川(河)，依河行，碎石布地颇颠，二十一里丁家坝，有土屋数家。自是迄嘉峪关前一望戈壁，石如拳卵，车行其上，颠簸不堪。三十四里，嘉峪关城住，是日行六十里。”陈庚雅也记述“过关为一戈壁，势如斜下，弥望细石，铺地成青”，由此可见道路概况和行路艰难的情景。

民国二十六年(1937年)，抗日战争开始，苏联以大批军用物资援助中国。为了运输这些军用物资，国民政府修建了甘新公路。甘肃省政府设置了甘新公路督办公署，派马步青主持办理，负责红城子至猩猩峡段的施工。甘新公路督办公署成立伊始，军运也同时开始。马步青紧急动员兵民两万余人，对原有的“汽车路”加以整修，采取先行通车，再作改善，分三期施工的计划。路基宽9米，路面宽3—3.5米，路面用碎石、卵石、沙砾混合铺垫，厚20厘米，最小平曲线半径25米。甘新公路在嘉峪关市境内长30余千米。甘新公路从初期整修到1943年全线竣工，历时16年之久，民国30年(1943年)移交给西北公路局接管，共耗费千万元。当时国民政府拨了筑路经费，但马步青将部分修路款中饱私囊，以修路、养路为名，对河西人民大肆敲诈勒索。为修桥涵，任意砍伐树木、拉运木材、损坏农民车辆，累死的牛、骆驼、马不计其数，征用的民工，不仅不发工资，而且三、五月不准替换，老百姓深受其害。此后，虽几经改善，终因大部工程款被贪污，全路桥、涵洞均为临时木质结构，荷载标准不足，但毕竟在河西走廊上修成了第一条公路。

彩虹出在风雨中

——忆酒钢职工艺术团

米积屯

记忆是水，时间是河，流逝的是无情的岁月，捞起的是珍贵的记忆。也许是我步入老年阶段之缘故，留存于脑际中的除了记忆还是记忆。这不，近日听说酒钢职工艺术团在企业转型改革中分流解体了，留在我脑际中的闸门被打开，我这位曾任艺术团业余编剧的往事又涌上了心头。

酒钢职工艺术团诞生于改革开放初期的大潮之中，借助企业大发展的大好时机，在弄潮中辉煌了三十年，在钢城人民的心目中，是文艺轻骑兵，是精神文明和物质文明的光荣使者，是酒钢人曾为之骄傲和自豪的专业文艺团队。

1984年12月末，酒钢团委组建了酒钢青年管弦乐队二十名青年集中在机修厂一座空厂房进行训练，承担酒钢内部庆典活动演出任务。1985年为庆祝酒钢炼出第一炉钢水，结束了酒钢有铁无钢的历史，编演了大型组歌《酒钢在前进》。1986年3月，青年管弦乐队移交公司工会代管，更名为酒钢文工团。1991年3月12日，酒钢发生了1号高炉坍塌事故。为振奋职工士气，让广大职工从事故的阴霾中走出来，答谢省市人民支持酒钢1号高炉重建的深情厚谊，公司党委决定编写一部大剧。由从三中调到党委办公室当秘书，在1号高炉抢险现场的我执笔，和程国仁、王越秦、攀梵西、戴义五人创编了大型五幕歌舞剧《铁山魂》，1号高炉重新竖立后，在嘉峪关市演出30余场，并带领万余名演职人员赴兰州慰问演出，轰动全城。台上演员满身汗，满面泪，一丝不苟地演义酒钢人在灾难面前顶天立地，不屈不挠，顽强拼搏，众志成城的奋斗过程；“一方有难，八方支援”的社会主义风尚彰显无遗。《甘肃日报》《甘肃工人报》和驻甘肃新闻媒体做了大量专题报道，省市主要领导同志给予演出作了高度评价。《一曲创业者的颂歌》《看歌舞剧<铁山魂>断想》《久违了的观感》《顽强拼搏精神的礼赞》《漫谈<铁山魂>》《<铁山魂>印象》《陇原唱响<铁山魂>》《评价<铁山魂>的音乐创作》《高度凝聚的集体精神》《略谈<铁山魂>的主题》《铁山精神在丝路》《戈壁唱彻‘铁山魂’》等一大批剧评文章如潮水般涌向省市报刊。该剧在1992年全省职工文艺调演中获创作、演出、舞美、音乐等9项大奖。

1993年8月,酒钢文工团更名为酒钢职工艺术团。1995年8月,为纪念“铁山精神”命名10周年,受公司党委领导委派,我又入住酒钢招待所,编写《戈壁起宏图》一剧,半月后交出初稿,公司工会特邀甘肃省歌舞团姜一民作曲,邀请朱江、刘璞(兰州军区战斗文工团)任编导,排出了《戈》剧在本市演出后,并参加甘肃省职工艺术调演,获创作演出一等奖。随后赴四川成都、广汉,德阳等地市慰问演出。1197年5月,《戈》剧赴京为冶金部作汇报演出,我作为随后人员亲自聆听了部领导对该剧的高度评价,他们说“没想到一个企业能创作演出这么高水平有创新的好剧”。随后,艺术团赴黑、辽、吉、津、蒙、宁、陕、甘九省区,行程万里,在冶金、煤炭、铁路系统数十个单位演出30余场次,受到一路好评。1999年3月,《戈》歌剧荣获甘肃省第二届敦煌文化节三等奖。从创作演出至1997年三年中,该剧共演出113场次,创艺术团成立以来巡回演出剧目中路程最长、观众最多、演出场次过百场次的纪录。

1998年8月,为庆祝酒钢建厂四十周年,公司领导委托我和吴月菊编编剧,特邀刘璞任导演,姜一民、葛发明制作MIDI,由酒钢职工艺术团创作演出了五幕大型歌舞剧《今朝颂》,演出15场次。

2001年10月,为庆祝建国52周年,由我和吴月菊编剧,刘璞任总导演,创作六幕大型歌舞剧《跨越》,11月赴省成演出。2002年7月,荣获甘肃省委宣传部第二届精神文明建设表彰大会“五个一工程”奖。酒钢职工艺术团和首钢职工艺术团联合,同赴新疆八钢、哈密、吐鲁番等地慰问演出,我随团享受了演出带来的愉悦。同年,酒钢职工艺术团被甘肃省总工会定名为《甘肃省职工艺术团》和《甘肃丝路文化艺术团》。

艺术是生活的再现,生活是产生艺术的土壤。酒钢职工艺术团扎根于嘉峪关这块热土上,企业改革发展的丰富实践,酒钢工人勇于献身的感人事迹,为艺术团提供了取之不竭的生活素材,当工人、演工人,演好工人为工人的办团宗旨,使艺术走上了健康发展之路。“万花齐放、万家争鸣”的方针,弘扬主旋律,唱响新生活,提倡多样化,尊重艺术规律,发扬艺术文明,为艺术团的发挥正能量鼓起了风帆。各级领导的关怀,广大职工群众的热心支持与参与,市艺术团由小队到大,由弱到强,由20人的管弘乐队成长为集歌唱、舞蹈、曲艺、器乐为一体的专业艺术团队,走过了风风雨雨的三十年。200年后,创作演出的《戈壁之春《祖国万岁》《铁山脊梁——田彬峰》等大型剧作,多次获省级文艺演出奖项。

如今艺术团新人辈出,原先管弦乐队中的人只剩两三人,从解放军五十五师转业来到艺术团的四人只剩一人,绝大多数演职人员都是来自天水艺校和兰州艺校、西安、兰州艺校分院的年轻人,他们作为酒钢职工,分流到酒钢相关单位,虽不是得其所哉,但同样可以发挥自己的光和热,是金子在哪里都会发光,我相信这句话。

嘉峪关市的植树造林

郭灿东

嘉峪关市城区在1958年前没有一棵树,只有嘉峪关关城和乡村有树。1958年建设酒钢时,原则是先生产、后生活,人住的都是地窝子、马夹房,更遑论种草种树。1959年小酒钢建成后,才开始将绿化植树提上日程。最先开始种行道树,1959年至1961年在雄关路、五一路和新华路栽种树苗3000余株。1960年开始种植片林,在五一南路东侧植片林两处。1966年在五一路、兰新路什字东北侧建成酒钢公司园艺场,占地面积426亩,这是当时全市最大的果园,栽种各种果树8500余株。1977年沿兰新路取空角地带植片林4块,但都不大,最大的一块于1985年改建成雄关公园(现夕阳红公寓后边),面积46亩,植树6000余株。1988年又开始建酒钢职工游乐园,植树面积达13万平方米。

1983年,嘉峪关市制定园林绿化管理暂行条例,明确规定年满16岁市民,每人每年必须植树3株,同时制定奖惩措施:凡单位每人每年平均植树达40株、成活率达85%以上者,树立为绿化模范单位;个人植树每3年累计成活300株以上者,授予绿化劳动模范称号。对于盗伐、毁林、破坏城市绿化的单位和个人,视其情节分别给予批评教育、罚款、甚至追究其刑事责任。农村则实行“国造国有、社造社有、队造队有、个人房前屋后谁造谁有”的政策。而且每年春天,以孙中山先生倡导的“3.12”植树节为契机,发起全市植树高潮。但由于嘉峪关市干旱缺水,成效甚微。一个平均年降水量85毫米、蒸发量2114毫米的城市,能提供的用水量可想而知!那时候绿化用水经常挤用生活用水,甚至有一段时间,为了保证生活用水,铁路地区将住户庭院花草树木全部强制拔光,引得群众严重不满,上告省上。但严酷的缺水现实摆在那儿,谁也没法解决。

另外还有更加严酷的自然环境,给植树造林造成更大的障碍。20世纪60年代种的行道树,主要是本地白杨树,在通往邻县酒泉的公路两侧,则是极耐干旱,长得七扭八拐奄奄一息的沙枣树。那时候嘉峪关市区内的行道树都是往东南方向倾斜的,因为地表土层薄,地底下全是砂加石,再加上凛冽的西北风,树长到碗口粗,树冠一大,风就将树吹歪了,树便开始枯萎,根系缺乏土壤,扎不住,随风倒伏是必然结局。

嘉峪关人种了多年树,终于明白了这个道理,以后植树就改变了方法,从根本上下大力气和本钱。首先将行道树沟深挖至1.8米,宽1.5米,然后把挖出了的砂石筛去大石头,从30千米外拉来生土和沙子混合在一起,填入沟内;树种则选根系短的国槐和樟子松,每间隔五米种一棵树,这样连车费带人工费,每种一棵树,就得500元钱,代价何其高也!后来的迎宾湖、东湖等园林,都是这样大面积的换土造出来的。

嘉峪关市政府和有关部门几乎每年春秋两季都下达植树造林任务,但直到1988年双泉截引工程完成后,才得以大力推进。改革开放前,全市仅有一座大草滩水库,总库容6400万立方米,除了工业用水,匀出的水还不够峪泉镇一个乡的农业灌溉量。后来的水利工程都是小打小闹,直到文殊山下双泉水开发截引工程实施后,加上北大河水源地、黑山湖水源地、新城水源地、嘉峪关水源地的进一步开发利用,才基本解决了缺水问题。仅双泉水截引工程,就相继增加了双泉水库、迎宾湖、安远沟水库等几座中小型水库,蓄水量达7230万立方米。有了水,植树造林就可以大张旗鼓地进行了。从1995年开展绿化年活动以来,至2015年,已连续开展了20个绿化年活动。值得一提的是从2000年以来,市区各主要街道行道树和个主要绿地园林、农田的浇灌方式,已基本由喷滴灌替代了传统的漫灌,使节水灌溉面积达到80%以上,节水率达到50%以上。真的感谢以色列发明的这项技术,造福于全人类。难怪2011年在上海开世界博览会时,别国都在大批量地亮自己的家底,以色列展馆没有别的,只有喷滴灌节水技术。

嘉峪关市树种来源,在绿化年活动开展初期主要是靠外购。在新城镇新城村八组有一座苗圃,最早是酒泉市的,1974年后交于嘉峪关市农林局,面积仅150亩,年出圃苗木3万株左右,种类也不多。1999年,市苗圃改革用工制度,加大经济投入,因此育苗面积至2007年达到194亩,种苗品种也增加到10多种,年出圃苗木10万余株。进入2000年后,全市三乡迅速涌现出了一批私营和个体育苗组织,至2007年,全市已有500多亩育苗面积,年出圃优质苗木30万株左右,种类达18科、25属、37种。但供不应求,树苗还是靠外购。

回想20世纪60年代,嘉峪关市植树造林的艰辛,真得给那个时代的公民点个赞。市民、学生、干部职工、各驻嘉单位、军队,都是利用星期天休息日参加义务植树活动。酒钢公司园艺场、早期的酒钢公司游乐园,都是靠酒钢职工和家属义务植树搞起来的,随后全市又相继建成青年林、巾帼林、公安林双拥林、党员林等。“十五”以来,全市累计参加义务植树人数达190.9万人次,义务植树达3269.9万余株。市政府下定了生态立市的决心,不断加大投入,仅“十一五”期间,就累计投入60713万元。同时有规划有步骤地实施了一系列林业生态体系建设工程:封滩育林、退耕还林、园林、经济林、特种林、生态公益林、“北三”防护林、环城生态防护林、“521”农田防护林、绿色通道等,并利用日元贷款进行风沙治理项目,建立了怪柳基地，扼制了新城镇北面土地沙化的态势，达到了人进沙退的目的。

嘉峪关市通过几代人艰苦卓绝的努力和一系列植树造林工程，全市森林覆盖率由1977年的0.24%提高到2010年的3.47%，三乡92.2%的农田实现了林网化，全市95%以上道路达到了绿色通道标准，保护了农田，改善了城市生态环境，增加了经济和社会效益，尤其是气候条件得到了明显改善。境内年平均降水量已由1985年前的85毫米增加到了120毫米，干热风、大风、浮尘、沙尘暴、寒潮、高温、强降温等自然灾害显著减少，“生态立市”达到了预期目标。

嘉峪关人将一个风吹石头跑，遍地不见草，自然生存条件极度恶劣的戈壁滩，建成为中国十佳休闲宜居城市之一，的确是一个人类奇迹！

以特色文化元素，打造地域品牌

周大成

党的十八大吹响了建设社会主义文化强国的激越号角。根据中央和省委的精神，市委在深入分析嘉峪关市文化建设实际的基础上，提出了加快建设特色文化强市的指导思想和目标任务，推动我市文化建设跨越式发展。

建设特色文化强市，要充分利用嘉峪关的地域文化资源和内涵，扎根于优秀的传统文化土壤，彰显具有嘉峪关特色的文化。嘉峪关历史文化渊源流长，积淀深厚，人文荟萃，特色突出。从历史上看，不仅是长城文化和丝路文化的交汇点，也是游牧文化和农耕文化的交融地带，以多民族文化互相融合吸收显示出鲜明的特色，留下了珍贵的历史遗迹，展示出豪放质朴、兼收并蓄、开放创新、大气厚重的精神品质，这些是嘉峪关文化大发展大繁荣的根基。建设特色文化强市，应当以社会主义核心价值体系为主导，以长城文化、丝路文化、民族文化和边塞文化等优秀传统文化为基础和特色，加快推进文化强市的进程。

建设特色文化强市，要抓好文化品牌建设和旅游文化开发，着力提升文化发展水平。要培育做强“长城魂”“丝路情”“边塞风”“魏晋梦”几张有影响的历史文化旅游品牌。其一，作为世界文化遗产的嘉峪关城，应按照“修旧如故”的原则，恢复其明、清历史原貌。嘉峪关在明代就有内外二城，原关城为内城，关城的东、南、北三面有黄土夯筑的围墙，西端与罗城南北两端相接，并连接长城，构成外城。外城的城门是至今尚存的东闸门。进入东闸门可以看到，南北两侧各有两片空地，南面戏台东侧的广场空地，早年是由驿站、店铺、饭馆、酒肆、车马店构成的街市。北边空地上由东向西依次排列着马王庙、老君庙、鲁班庙、相子庙、财神庙、护国寺等十多座楼观庙宇，至今尚存的两处遗迹有关帝庙、文昌阁，历史上分别供奉“武神”和“文神”。

其二，修建“嘉峪关碑林”。嘉峪关山川壮伟，雄奇瑰丽。昔日一关孤悬，春风不度，今为一代名胜，戈壁明珠。历史上有许多过往官员、迁客骚人留下了许多诗篇，或讴歌大西北的壮伟河山，或赞美嘉峪关的宏伟建筑，或抒发卫国戍边的爱国豪情，或吟唱去国怀乡的离愁别恨，其中不乏名篇佳作。今天嘉峪关已发展成为一座新兴的工业旅游城市，吸引了越来越多的中外游人前来观光旅游。人们面对江山名胜，赞叹湖光山色，感慨今昔变化，抒发豪情壮志，写下了更多歌咏抒怀之作。将古今与嘉峪关有关的优秀诗篇勒之于石，传之于世，集诗词、书法、篆刻、美术于一体，对宣传嘉峪关、提高嘉峪关的文化品位，具有重要意义。

其三，建立“魏晋民俗馆”。嘉峪关市东南十五公里占地约13平方公里的戈壁滩上，分布着一千多座魏晋时期的古墓群，迄今发掘清理18座，出土彩绘壁画砖760幅，描绘了墓主人生前的生活情状，简洁质朴写意，充满生活情趣。内容丰富多彩，涉及农桑、畜牧、屯田、林园、酿造、驿传、营垒、狩猎、出巡、坞壁、军帐以及庖厨、宴饮、进食、梳妆、奏乐、舞蹈、博弈等，通过再现墓主人的家居生活，展示了魏晋时期河西地区社会生活的方方面面。建议采用现代仿真技术手段，以动漫游戏形式使场景局部实景化，复活砖壁画上的形象和生活，再现魏晋时期的民风民俗、社会生活和生产场景，有助于人们了解嘉峪关的悠久历史和传统文化，从而激发热爱嘉峪关、建设嘉峪关的热情。

其四，增强精品意识，打造精品工程。以地域特色文化为题材，从历史典籍和民间文学中吸收营养，勇于实践，大胆创新，实施文化引进来，走出去战略，用政策机制调动各方积极性，精心打造几个反映嘉峪关文化的舞台艺术、文学精品、影视精品等，确保立得住、叫得响、传得开、有市场，为人民群众提供健康、精美的精神食粮，不断提升城市文化的凝聚力和感召力。

圆梦拉萨——青藏纪行

薛长年

是谁带来远古的呼唤，
是谁留下千年的祈盼？
……

一曲高亢、激越、深情的《青藏高原》，在许多年前，就把我的思绪和向往呼唤到世界屋脊去了。那雪域高原的神山圣湖，时刻萦绕在心头。人们对于轻易得不到的东西，总抱有希冀、期盼，总怀着一颗好奇心。久而久之，那希冀、期盼就变成了争取和追求。

2004年8月8日，我应邀随市人大、市政协代表赴嘉峪关市友好城市格尔木市参加首届盐湖节暨州庆五十周年活动，踏上了通向神山圣湖的路程。

人们对来之不易的东西，总是很在乎，很看重，很珍惜的，能有机会去趟不容易去的地方，走一趟对许多人来说是畏途的路，既有被诱惑的刺激，又有探险和自身‘挑战’的感觉。我想，为对得起这次旅行，我把一路上的耳闻目睹记录下来，奉献给我的同行者，以资纪念；奉献给每一个想去拉萨的朝圣者，以做参考。

万丈盐桥

8月9日清晨，我们从敦煌出发，经新建的阿克塞县城，翻过当金山，不久就进入青海境内。这里地势平坦，视野开阔，两辆“猎豹”始终保持着一定的距离奔驰着。中午，在一个叫大柴旦(因位于大柴达木湖畔而得名)的镇子上稍事停留，吃午饭。吃饭时，司机小陈提醒我们不要吃得太饱，因为这里海拔高，饭不太熟，吃多了会胀肚的。

下午2点多，太阳光强烈地照射着，眼前影影绰绰，不知是海市蜃楼，还是盐墙，像万里长城。原先一直在柏油路上跑的车，忽然行使到了“土”路上。司机小陈说，这条路是用盐铺的。果然，眼前闪过一根高高的杆子，杆子上挂着写有“万丈盐桥”四个大字的牌子。初次走这条路，不知什么叫“万丈盐桥”。到了格尔木，我们才从主人的介绍中弄明白什么意思。

原来，为了修青藏公路，首先得考虑从敦煌到格尔木之间的货物运输怎么办，很显然，修青藏公路，首先得修通格尔木通往敦煌的道路。于是，一批探路工人，吆着500头骆驼，从敦煌出发了。那时候，柴达木荒无人烟，探路是艰难的，工人们是用指南针“硬探”的。当他们翻山越岭硬探到察尔汗盐湖的时候，面临着一望无际的盐湖，难题出来了：线路绕过盐湖行吗？湖大无边，绕到哪里去呢？怎么个绕法呢？不行，绕道费时费工，绕不起这个圈子，格敦公路非要从盐湖上通过不行。

可是，在盐湖上修公路行吗？工人们发现，从表面上看，盐湖湿漉漉的，很松软似的，可是脚踩上去却硬得像乌龟壳，哪怕用手搬起一小块，也十分吃力，而且往往会把手刺出血来。工人们想，这也许就是在盐湖上可以筑桥的条件。于是，人们用钻探、爆破、开挖的办法，用盐块铺设桥面，然后再搅拌起盐水，通通浇上一遍，桥面不但更加坚硬，而且平滑如镜。就这样，筑路工人就节省了经费、又省工省力，一座长3100多米的万丈盐桥修成了，一件罕见的奇迹诞生了。

格尔木

格尔木，在汉字没有简化之前，叫噶尔穆，在蒙语里为“格鲁木尔”，意渭河流密集的地方。昆仑山万千峰峦中悄悄融化的雪水，还有那无数清澈的山泉形成的大小河流，纵横交织如网，从格尔木地域流向盆地。到了格尔木，当你了解这座现代化城市的历史时，主人总要提起一个传奇式人物的名字——慕生忠。人们把他誉为“格尔木之父”。

1953年8月，慕生忠将军率队从西宁向格尔木方向开进，行至荒原的一条河流处，天色已晚，有人问：“格尔木在什么地方？”没有人回答。虽然地图上有一条格尔木河，河畔有个小圆圈，旁边有

"格尔木"三个字,可是,格尔木到底在什么地方,谁也说不清。这时,人们只见慕将军拿出一把铁锹往地上一插,斩钉截铁地说:"既然没有人知道这个地方,那么,我们今天就住在这里,我们的帐篷搭在什么地方,什么地方就是格尔木!"从此,这里成了修筑青藏公路的前沿阵地。随着筑路大军的驻扎、各种物资的汇集和转运,医院、学校、商店、车站应运而生。几十年过去了,一座拥有20万人口的现代化城市拔地而起。提起当年的格尔木和柴达木盆地,人们用一首顺口溜来描写昔日的荒凉和创业的艰辛:

天上无飞鸟,地上不长草;
小风黄沙飘,大风石头跑;
天上烈日晒,地上烫沙烤;
冬天寒风吹,夏天蚊虫咬。
……

就是在这样的环境和气候条件下,工人们抡起铁锹和十字镐,挖地窝子、搭帐篷,引河水,开荒地,战胜了酷暑严寒,战胜了各种难以想象的困难。

如今的格尔木已成为战略地位十分重要的城市,是全国支援西藏建设的物资基地,巩固西南边防的后勤保障基地,中国西部资源开发基地。随着青藏铁路的通车,格尔木机场的改扩建,格尔木又成为甘、青、新、藏四省(区)公路、铁路、航空、通讯的枢纽。

格尔木市建市虽然只有20多年,但确实是一座大气、有个性和特色的城市。首先,这里的天特别蓝,空气特别清爽,没有内地城市的喧嚣和拥挤,一条条规划整齐的马路,由几重林荫相隔,道中有花畦镶嵌,群芳灿烂,行走在马路上,你的心境也会随之宽畅起来。其次是街道马路的命名,以昆仑、天山、祁连、黄河、江源、西藏、北京、柴达木等为名,不但名称很有气势,而且有与之相匹配的现代化建筑群,有独特的文化内涵。耸立在柴达木大道上的城雕"军民共建青藏线纪念碑""双拥模范城纪念碑""马踏飞燕"旅游城市标志等,表达了这座城市的历史背景和文化氛围。

格尔木市是亚洲大陆的几何中心,当你来到格尔木,你就有幸站在了亚洲大陆的十字中心。如今的格尔木市,正在利用这独特的区位优势和重要的地理位置,丰富的自然资源,良好的环境,完善的设施,周到的服务,热忱欢迎八方宾客。青藏铁路的通车,将给这座城市带来新的机遇,使其成为名副其实的青海明珠。

青藏公路之父慕生忠将军的故事

1930年出版的《西藏始末纪要》是这样描述西藏交通的:"乱石纵横,人马路绝,艰险万状,不可名志"。因此,从内地进出拉萨,少则数月,多则半年。

这里,自然条件险恶,平均海拔在3000米以上,从海拔3000米到5000米的地域,基本上是无人区,空气中的含氧量只用海平面的50%,地表1米以下即为永冻层。世界教科文组织界定:海拔3700米以上为生命禁区,亘古以来,"生命禁区"成了青藏高原的代名词。

1951年,西藏和平解放后,国家曾动用4万多峰骆驼组成大型骆驼队向西藏运送物资。由于自然条件险恶,每行进一公里,就要留下12具骆驼的尸骨。因此有人说:"只有以死人的枯骨作标志,方能前行。"

"天将降大任斯人也!"

1951年3月间,刚刚脱下军装,接任兰新铁路副总指挥的慕生忠将军的桌上,飞来了一纸调令:"准备进藏,支援西藏地方建设。"从这时起,慕将军就产生了一个大胆的想法:必须修通青藏公路!

需要和现实残酷地摆在了面前:修建青藏公路势在必行。

青藏公路东起青海西宁市,西至西藏拉萨市,全长1937千米,在平均海拔4000多米的世界屋脊、生命禁区上修一条翻越十几座莽莽大山,跨过长江源头的好几条大河的公路,是可想而知的,但困难和艰险没有吓住这位身经百战的将军。

1954年1月的一天,慕生忠将军来到了国家交通部公路局局长办公室,一进门,慕将军就这样对局长说。"我要在青藏高原修一条公路"!局长惊呆了,随后就拒绝了他的请求。因为当时新中国才成立不久,又正值抗美援朝保家卫国时期,国家经济很困难,再加上在被号称为"生命禁区"的地方修1000多千米的公路,资金怎么筹备,人员怎么调集?这诸多的问题令局长为难。这时,慕生忠将军仗着他和时任国防部长彭德怀的关系,径直上了中南海彭总的办公室，在中南海警卫的引导下，慕将军终于见到了彭老总。当彭德怀听完慕生忠的汇报后，马上给周恩来总理进行汇报，在周总理和彭老总的关怀支持下，修青藏公路的想法得到了中央军委的批准，并从兰州军区给慕将军的筑路大军调拨了汽车与物资。据有关资料记载，调拨的军需物资有卡车10辆，铁锹与十字镐各1200把，炸药300多公斤……调拨给他们最现代化的仪器是水平尺、计算尺和罗盘仪。

当年5月11日，青藏公路破土动工，5月14日，慕将军带领数万名解放军战士和上千名筑路民工开始了青藏公路的修建，在210多天后当年12月15日，将军的修路大军开进了拉萨，成为有史以来第一个坐汽车进拉萨的人。随着格尔木至拉萨公路的修通，让世界震惊了。国外一家通讯社说：中共的汽车好像是从天上掉下来的，只用了7个月零4天的时间，一支筑路大军就打通了长达1300多千米号称“世界屋脊苏伊士运河”的青藏公路。当年12月25日，拉萨举行了康藏、青藏两大公路通车典礼。今天，在拉萨市西郊耸立着一座巍巍的“川藏、青藏公路纪念碑”，上书“高原公路，世界奇迹；四海闻名，五洲赞叹。”

在青藏公路上

踏上从格尔木到拉萨的道路，心情是兴奋的，同时也怀着几分担心。路途的遥远，高原的气候、海拔，我们能否适应？一向被视为危途的道路，会出现哪些未可预料的情况？然而，高原的景色、风情以及拉萨的神秘，又极富诱惑力。艰险与诱惑交织成一个极具刺激性的愿望。拉萨之旅，是旅游，是体验，也是挑战！对许多人来说，不管前面有什么未可预料，只要到了格尔木，对拉萨的向往就是一种挡不住的诱惑。

八月的青藏高原，是一年里最好的季节。为了赶路，我们于清晨5点多起床，6点出发。满天繁星，街上行人稀少，出市区向南，进入109国道(从北京到拉萨)。

当我们行使在平坦的青藏公路上时，眼前的一切彻底改变了以前我对这条路的想象。在此之前，我一直以为这条路是搓板路，可能在大山的山崖边上绕来绕去，有心脏病和高血压的人不敢朝旁边看。实话实说，公路虽然在世界屋脊上，但路却在大山之间非常平坦，视野开阔，没有危险。离开格尔木市约200千米，进入可可西里(“可可西里”是蒙语“美丽的少女”)自然保护区，发现成群的藏羚羊就在离公路不远处悠然自得地吃草，汽车的飞过，丝毫没引起它们的惊慌和注意。公路附近已经铺好轨道的青藏铁路，留有很宽的动物通道，使藏羚羊成群地通过。

在格尔木市的几天里，我们请教了许多曾不止一次去过拉萨的司机、公职人员，根据他们的建议，我们在车上带足了西红柿、黄瓜、鸡蛋、馒头、花生米、矿泉水等食物和饮料，带足了“红景天”等抗高原反应的药物，还有氧气袋等等。除了这些，好心人还传授了几个至关重要的经验。一是最好一天赶到拉萨，中途不要住宿。主要是从格尔木到拉萨之间，可以住宿的地方，只有安多和那曲，可那两个地方海拔都在4000多米以上，对初次入藏的人，住下以后很难入眠，轻则头痛，重则会发生危险。但返回时可在那曲县城住宿，因为你已经有点适应了；二是路上少喝水，以减少停车方便的次数；三是方便时，千万不能跑得太远，男左女右，找个差不多的地方就可以了，方便后起身不要太猛；四是过唐古拉山时，下来照张相，方便方便，马上上车，不可久留，那里海拔5321米；五是过唐古拉山之前，把车窗关严，把氧气袋稍微打开一些，让氧气在车厢里弥漫，等于在吸氧，不到万不得已，不要轻易直接吸氧，以免有依赖性。遵照这些宝贵的经验，一路上很顺利。

当我们到达唐古拉山口时，下车照相，山口有一座纪念碑，是为纪念保护野生动物与盗猎分子发生激烈的枪战而光荣牺牲的索南达杰而建的。临出发时，我查了有关资料，说唐古拉山是青海与西藏的天然分水岭，唐古拉是突厥语，意谓“天亮了”，因为海拔5000多米，只看见眼前白茫茫一片，银装素裹，冰天雪地，那雕塑上、哈达上的冰雪，令我们望而生畏，8月份的天气，这儿竟是严冬！俗话说：“唐古拉，伸手把天抓”，确实名不虚传。可是，这里空气中的含氧量只有海平面的50%！离开唐古拉山口，一路上，我开始回忆前些年中央电视台在各种媒体上报道索南达杰的事迹，那几年，藏羚羊的皮毛在国际黑市上需求量很大，价格昂贵。一只藏羚羊可产羊绒100克，三、四只藏羚羊的羊绒可制一件披肩，一件披肩当时在欧洲市场上，价值五万美元，因此，一些非法偷猎者铤而走险，疯狂偷猎，致使藏羚羊的数量由原来的100万只锐减到1万只。1994年1月18日青海省治多县西部工委书记杰桑·索南达杰为保护藏羚羊，孤身与18名偷猎分子在可可西里地区的太阳湖畔发生枪战，终因寡不敌众而中弹牺牲，年仅40岁。零下40度的严寒将他凝固成一座冰雪塑像，死时还是射击姿势，他成为第一位为保护野生动物而牺牲的政府官员。一位英雄倒下去，千万个保护野生动物的志愿者站起来！后来，在这里建立了以索南达杰的名字命名的野生动物保护站。

车还在奔驰着，天上的云也仿佛在追逐着我们。那云，一会儿是白的，刹那间，又成了黑白相间的，翻滚着，任狂风撕扯。就在这样美丽而神奇的变幻中，我们于当晚9点半进入拉萨市，路边的里程碑上的数字是3879(千米)。当拉萨市人大有关人员把我们安排到邮电宾馆时，已是晚上10点半了。一座表面用深灰色的条石砌起来的宾馆，平生住这样有特色的宾馆，还是第一次。

逛八廓街

八廓街，一直被人们叫作“八角街”，原以为是街道的布局形式，后来才知，它准确的名字叫“八廓街”。“八廓”是藏语“帕廓”的音译，意思为围绕大昭寺的街道。现在，这条街区以其特殊的位置和浓郁的生活气息，蜚声中外，成为到拉萨非去不可的地方。

八廓街最吸引人的莫过于它的繁华和热闹。一进入街区，第一印象就是如潮的人流，中国人、外国人，形形色色，熙熙攘攘；穿藏袍的、披袈裟的，五颜六色，眼花缭乱。街道两边，是一个挨一个的店铺，商品琳琅满目，有来自印度、尼泊尔、缅甸等国的，也有来自内地的，更多的自然是西藏本地的民族工艺品和土特产品，如藏刀、虫草、灵芝等，从生活日用品到宗教器皿，应有尽有。随便进入一个商店，那些顾客和店员在谈买卖时，有用手语、藏语的，有用汉语、外语的，叽里呱啦，煞是热闹。每个商店，都有各自的特色，即便是不打算买任何东西，仅仅在这里转悠一番，也大有增长见识、开阔眼界、不虚此行的感觉。它集宗教、观光、民俗、文化、商业于一身，可以说，逛八廓街是一种享受。不过，有经验的人告诉我们，在这里购物，一定要学会砍价，同样一件物品，不同摊主的开价往往能相差若干倍，就这样，也免不了吃亏和后悔。我们想买个“转经筒”作纪念，转悠了好几家商店，同样的东西，比较来比较去，最后以8元钱一个的价格每人买了几个。走着走着，迎面来了一位小贩，身上背着一兜子“转经筒”，一看，和我们买的一模一样，价格是10块钱3个。

我们逛八廓街主要是处于好奇，八廓街究竟有多大，它的全貌咋样，逛了两次都没搞清楚。第一次去，注意力全被鳞次栉比的商店吸引去了，钻进一个商店，走马观花，再进一个商店，这样，两个小时过去了，还没走出200米；第二次去，绕大昭寺转一圈，把街道走完。可是，走着走着，身不由己地又进了商店。或者被小贩缠住，脱不了身。诸如此类推销商品的小贩，满街都是，你想快走，不被纠缠，是不可能的。不过说实话，八廓街的商品也真招人，尤其是土特产品，和民族工艺品，在内地很难见到，在这里，你或许因为难辨真假、怕上当或者不愿乱花钱等种种原因，根本不打算买什么东西，但是，逛八廓街的外地人，只要你去了，就不可能空手离开。

转经轮与磕长头

藏族人笃信佛教，僧人以信仰佛教、从事佛事活动为终身职业。除诵经外，把转经轮和磕长头视为日常活动。进入藏区，转经轮与磕长头将是最常见、最普遍的“景观”。

转经是信喇嘛教的藏族人的一种宗教活动。经文本是念诵的，但藏民识字的人不多，就去绕寺院转经轮，转一圈经轮就等于念经一遍，一个人只有转上万次的经筒才能洗掉自己身上的污秽和罪孽，所以转经轮自然成了藏民日常生活中必不可少的活动，他们只要有闲工夫，就要转经筒，绕着寺院、神山、圣湖转，自己转，也可以帮别人转。每个人都有自己的经筒。在拉萨，你可以看到各种各样的经轮，大者直径一两丈，一间房转一个，小者也有拳头大小的。经轮的质量也不一样，有铜的、银的，也有象牙的，它们的外壳有以用铁皮制作，有的是牛皮彩绘，中间空心，用来装经文，其内部装的“经”还有好多种，正是因为他们的内部全都是“经”，故名“经轮”。经轮的旋转方法也有讲究，不管是手摇的经轮，还是寺院里固定的转经筒，都必须顺时针转,是规矩,他们认为顺时针方向转意味着吉祥,逆时针转则是“背道而驰”。

藏族同胞又一项重要的“功课”就是磕长头。磕长头则是拉萨街头尤其是大昭寺寺外最引人注目的情景。当我们行进在青藏公路上的时候,只要你善于观察,都可以发现在雪域高原“丈量大地”的虔诚者。他们有的身上披着塑料布,身系黑油布围裙,手上套着鞋一样的木屐,膝盖处梆着皮子,三步一叩首、手脚并用地磕到拉萨。我们车在他们身边停下,他们只是给我们摆摆手,仍然做着自己的“功课”。有的手佩护具、腿着护膝,前身是耐磨的毛皮衣物,尘土满面,边走边叩,经年累月,到拉萨朝拜。他们假若在朝佛的路上遇见“同行者”,相识的人们就三五成队结伴而行。如因故暂停,必画线或积石为记,作为续磕的起点,不达目的,誓不罢休。看到他们纯真憨厚的面容,我被深深地打动了,感到心灵震撼,也有一种悲凉的思绪在刻骨铭心。他们的这种虔诚,不由得使人产生疑问?是什么力量让他们那么坚定执着,甚至不惜一切?他们抛家离舍,搁下牛羊不放,搁下安稳日子不过,在漫漫长路上受此磨难,为什么?心理虽然这样想着,也不敢问他们,大千世界,各人有各人的活法,各有各的信仰,不能强求一律。

信仰就是孜孜不断地追求,有信仰的人,活得自在、高尚,失去信仰和追求的人,可能江河日下。信仰是至高无上的,信仰也是简单的,简单就容易满足,简单就意味着生活幸福。

在漫漫长路上磕长头与在寺庙里磕长头动作姿势还有些区别。在漫漫长路上磕长头,任何人都必须遵循这样完整的程序:先取立正姿势,口中念诵六字真言,,边念,边双手合十,高举过头,然后行一步;双手继续合十,移至面前,再行一步;双手合十移至胸前,迈第三步时,双手自胸前移开,与地面平行,上身前倾,掌心向下俯地,膝盖先着地,然后全身匍匐,四肢伸直,额头轻叩地面,真正的五体投地,一丝不苟,循环往复。在寺院里磕长头,不用迈步,双手合十,在额头、口、胸前由上而下各停留一下,然后匍匐于地四肢伸直。起身后,依然重复前面的动作。在布达拉宫、大昭寺、扎什伦布寺,每天都有磕长头的人,肃穆、庄重。有的地方,已被人们磨出了一个很深的槽。据说,磕长头的意义就是为了消灾灭难,祈求今生和来世的幸福。凡是磕长头的人,一生一般要磕10万个长头才罢休。有人计算了一下,年轻人磕长头速度比较快,磕10万个长头需三四个月,年老的需七八个月。

布达拉宫和大昭寺的辉煌

灵塔是布达拉宫内最辉煌、信徒朝拜最多的地方,其中五世达赖阿旺·洛桑嘉措的灵塔最高大,灵塔前竖立着一块金黄色牌子,上面介绍了有关情况:塔身12.6米至14.85米之间,有五层楼高,通体全用金箔包裹,共用黄金3721公斤(合11万多两),并镶嵌着1.5万余颗钻石、珍珠、翡翠和珊瑚等。灵塔内除有五世达赖的遗体外,还有檀香木、绸缎、宝石和极其珍贵的经书等。布达拉宫内共有8位达赖喇嘛的灵塔,塔内用各种名贵藏药保存着他们的法体。达赖,蒙语意谓“大海”之意,指功德伟大或拥抱万物;喇嘛为藏语“胜者”之意。

当你在布达拉宫转悠时,你必须准备点零钱,要给你看见的每一尊佛敬上点“心意”。中外游客,概莫能外。如果你囊中羞涩的话,可以把大额的票子换成零钱,当你在一个大盘子里换钱的时候,眼前没有人注视或监督着你。但是,这时候你就有一种心灵的感应——仿佛有无数双眼睛在盯着你,你不敢“造次”,也就是说,你不敢趁在大盘子里换零钱时做手脚,如果是这样的话,晚上睡到床上,你肯定有一种负罪感。

在世人的观念和印象里,佛都是伟大的,他们是不会犯错误的;因此也是受人崇敬的;佛也是宽容的,慈悲的,宽容得像大海一样,慈悲得要普度众生。但是,在我们的潜意识里,当你在佛面前干了坏事的时候,他不会轻易放过去,你肯定迟早要遭报应。著名的肖复兴有一段妙语是这么说的:你干过的事,生命中会留下痕迹;你没干过的事,生命中会留下空白,你什么也躲不过。

拉萨印象

拉萨,在藏语里的意思是“圣地”和“佛地”。汉文古籍历史上使用过“逻娑”“逻些”“拉撒”等名称。

这里因阳光充足,又有日光城之称。据藏族史书记载,1300多年以前,这里是一片沼泽地,中央有湖泊,他们把湖泊叫作“海子”或“塘”。松赞干布统一西藏,建立吐蕃王朝后,把王朝从加玛明久林迁到吉雪卧塘。迁都后,松赞干布还娶了尼泊尔赤尊公主和文成公主。

松赞干布迎娶文成公主后,开始建城。他们根据文成公主的建议,首先用白山羊背土填湖建寺庙(即今大昭寺)。在藏语中,“山羊”音为“惹”,“土”音为“萨”。寺庙建成后,人们便以“惹萨”(山羊背土)命名,以后由于寺庙在当时王都荒原上特别突出,具有象征意义,人们又把这一名称赠给整座都城。当时汉文把“惹萨”音译为“逻娑”,故在汉文史书中称拉萨前身为“逻娑”。建成的寺庙吸引了各地善男信女前来朝佛,在人们的心目中,“惹萨”已成为佛的居住圣地。于是,“惹萨”又逐渐演变成“拉萨”。

文成公主入藏后,她暂住在卧塘旁沙地上,所带释迦牟尼像也屈据于柳林帐幔中。布达拉宫建筑在拉萨市的红山上,坐北面南,海拔3700米。这个宫殿如今高13层,总高117.2米。在17世纪中叶,达赖五世当政时所修建。先建白宫,后建红宫。布达拉宫门前的转经筒不知疲倦地一刻不停地旋转,还有不少高举黄铜制成的手摇转经筒的善男信女从这里走过。布达拉宫的香火不断,长明灯常明,喇嘛的诵经声不绝于耳,唐卡(卷轴佛画)上的佛国仙境祥云缭绕,这又是布达拉宫的又一奇妙景观。

整个城堡式宫殿呈现不规则的几何图形,凹凸不平,参差不齐。但建筑的色彩也同样在避免整齐划一,它的下半部分是白色的,逐渐向上面的红褐色过渡,给人们的总体感觉是既活泼又沉稳,既轻灵又凝重,就连从山脚下蜿蜒而上的台阶,也是依山势而起伏,颇显随意。

布达拉宫是历代达赖喇嘛的冬宫,布达拉是梵语观音“圣地”及“普陀洛迦”藏语的音译。相传佛教徒认为,此地可与观音圣地普陀洛媲美。可化作第二个殊胜的“普陀洛”——故名。

布达拉宫,到处都是亮闪闪的酥油灯,到处都是佛像和佛龛的迷宫,到处都别有洞天,使你感觉到眼前的景物在不断地变换,数不清的大小房间和各种藏族传统工艺品,有金银器皿、青铜饰物。

拉萨的白色象征着纯洁与坚贞,红色象征着热诚和执着,绿色象征着安逸和温馨,黄色象征着至高无上的“尊贵”。

西藏的神秘诱惑,多在于宗教、神灵。求佛的路途遥远、危险,人们对于越是得不到的东西,那种想得到的愿望就越强烈,富于刺激和新奇感。

闻名于世的布达拉宫,占地10万平方米,被誉为世界十大土木建筑之一。它们由宫堡、林卡、城堡三部分组成,庞大的宫殿群楼重叠,巍峨耸峙,气势十分磅礴,它是我国也是东亚最宏伟的宗教建筑之一,堪称藏族文化的瑰宝。

青藏铁路

在返回的途中,我们亲眼看见了正在建设中的青藏铁路。

青藏铁路格尔木至拉萨段,横跨昆仑山、唐古拉山以及长江源头的几条大河,穿越高原腹地,全长1142千米,平均海拔4000米以上的路段960千米,最高点达到5072米,是世界上海拔最高的铁路,被称人们为“天路”。面对人类铁路建设史上的多年冻土、高寒缺氧和生态脆弱三大世界难题,为了保护冻土层和高原环境,青藏铁路在开工前,就确定了预防为主、保护优先、开发与保护并重的设计原则,控制施工阶段的环境污染和生态破坏,确保“多年冻土环境得到有效保护,江河水质不受污染,野生动物迁移不受影响,努力建设高原特色的生态环境型铁路”的目标。

行进途中,不时可见已建成的铁道高出地面,架在桥上,桥下却没有水。原来,这是经中科院寒旱所为首的研究人员经过长期艰苦研究而采取的措施——块石路基。据介绍,青藏铁路穿过长达650多千米的冻土区,采取“以桥代路”的措施,有效地保护了冻土。

青藏铁路的另一大独特之处是为野生动物留出了通道。当公路与铁路相距不远并行时,常常可以看见路边竖立着“野生动物通道”的牌子。据介绍,青藏铁路在设计时,对于穿越可可西里等自然保护区的铁路线,尽可能采取绕避方案,同时在相应的地段设野生动物通道,以保障野生动物的正常生活、迁移和繁衍。对高山山地动物群,采取隧道上方通过的方式;对高寒草原草甸的野生动物,尽可能架设桥梁,形成动物通道,在铁路上空架设专供野生动物出入的“立交桥”。据介绍,火车给野生动物让路,这在世界上还是首次。一路上,我们还看到了筑路大军建设高质量、环保型高原铁路

的誓言和决心,它们是用巨幅标语昭示世人,车一边走,我一边匆忙地记下了一些很有代表性的对联和标语,有关于保护环境的:

珍爱高原蓝天绿地,保护高原珍稀动物。

铸造精品工程,保护生态环境。

有表现乐于奉献、不怕吃苦、抒发豪情壮志的:

风云共舞筑青藏,日月同辉铸春秋。

热血筑天路,红心映雪山。

挑战雪域高原,乐于吃苦奉献。

将士出塞夺先锋,铁龙入藏立新功。

缺氧气不缺志气,海拔高斗志更高。

低压不低士气,缺氧不缺精神。

有表达青藏铁路重大意义的:

修建青藏铁路,服务西部开发。

跨世界屋脊,创世纪辉煌。

建设高原铁路,造福青藏人民。

青藏线长越千里,民族情厚达万仞。

世界屋脊树丰碑,青藏铁路铸辉煌。

这些朴实无华,直抒胸臆的豪言壮语,给人以精神鼓舞,表达了筑路大军的心声。

由于从格尔木市出发去拉萨时,天还未亮,没有看清楚青藏铁路格尔木至拉萨段的起点南山口,返回时补上了这个遗憾,南山口的一条巨幅对联映入眼帘,留下了难忘的印象。

雪域高原架金桥,世界屋脊舞铁龙。

2006年7月1日,青藏铁路格尔木至拉萨段正式通车。我想,随着施工队伍的离去,这些当年表达筑路大军心声的标语也许被撤去,但是,透过这些感人肺腑的对联及标语,筑路大军的英姿将永远铭刻在我们心中。

《嘉峪关市志》编纂始末

杨生宝

《嘉峪关市志》(1978——2010)是1990年版《嘉峪关市志》的续修志,上部《嘉峪关市志》下限为1985年。二轮修志启动时,为了全面记述嘉峪关市改革开放三十多年来经济社会的发展变化,将二轮市志的上限定为1978年,对前志已记述者不记,未记者补之,错讹者纠之,以弥补前志不足。市志下限原定在2007年底,在修志实践中,编修人员经过认真讨论、反复斟酌,认为市志的编修工作要与全市的历史发展相适应,与全市经济社会发展计划相衔接,为此,经市志编纂委员会同意,将二轮市志的下限延伸至2010年底。为弥补前志所缺,对事物彰显因果、理清脉络,个别内容适当上溯下延。前志未列入编纂的行业、部门可追溯至发端;市级以上领导干部因前志未作记述,本轮修志予以弥补,上至发端,向下延伸至2014年;市委、市人大、市政府、市政协2011年恰逢换届之年,为保持记述内容的整体性,记述内容延伸至2011年底;三区2009年底成立,为记述全市社会管理创新工作内容,将内容延至2012年底。

为全面开展二轮修志工作,市委、市政府全面贯彻国务院《地方志工作条例》《甘肃省地方志工作规定》"一纳入、五到位"的工作要求,将修志工作纳入全市经济社会发展计划,成立了由市委书记任主任,市长任常务副主任,市委、市人大、市政府、市政协、嘉峪关军分区、酒钢公司分管领导任副主任,各承编单位领导任委员的市志编纂委员会,确保了组织领导、保障措施、修志经费、修志队伍、修志条件到位,为全面开展二轮修志工作奠定了坚实的组织基础。

为使全市二轮修志工作顺利进行,在二轮修志启动之初,原市志办公室主任吴生贵同志带领编修人员先后到陕西、山东、河南、河北、安徽等省市考察学习,借鉴这些省市地方志编纂的工作经验,在广泛调查、研究的基础上,组织编修人员制定了《嘉峪关市志》《嘉峪关志》《酒钢志》《新城镇志》《文殊镇志》《峪泉镇志》的篇目大纲,分期分批对各承编单位撰稿人和市志编修人员进行了培训,在统一思想、统一标准、统一要求、统一步调的基础上,各承编单位按照《嘉峪关市第二轮修志工作实施方案》《嘉峪关市志》篇目大纲的要求,组织人员进行部门、行业志资料稿的编写工作,市志办公室主任杨生宝还多次到一些基础资料相对薄弱的单位督促、协商、座谈,成功推动了《酒钢志》《嘉峪关志》《金融志》《嘉酒烟草志》《地名志》《交通志》《人口和计划生育志》《医疗卫生志》及城区工作、工商行政、军事志稿的编修工作,使资料收集工作步了正常轨道。至2009年底,全市各部门、在嘉各单位相继向市志编辑部提供了资料长编,编辑部收集资料1000余万字。

市志办公室在征集市志资料的同时，着手进行《嘉峪关志》的编修和《肃州新志校注》《重修肃州新志校注》两部古志的校注工作。经过王世雄、吴生贵、周大成、吴浩军等诸多文史工作者的辛勤努力,《肃州新志校注》《重修肃州新志校注》相继于2006年12月、2008年12月出版面世。2008年,市志办公室在完成两本古志校注,整理大量文献资料的基础上，根据关城文物管理所提供的资料，由王世雄同志执笔开始编撰《嘉峪关志》,于2010年初完成初稿编纂。2010年5月,经《嘉峪关志》编纂委员会审议后,市志办公室聘请陈秉刚对《嘉峪关志》进行纠错补缺。2011年,市志办公室先后四次组织有关专家学者对《嘉峪关志》进行集体"会诊",在尊重历史、正本清源、坚持实事求是原则的基础上,经多次琢磨,先后三次对框架结构进行了调整,于2011年年底完成编纂,由甘肃人民出版社出版,结束了嘉峪关有关无志的历史,弥补了历史空白,为市志的编纂提供了资料参考。

酒钢(集团)公司结合建厂50周年大庆,组织专人从资料收集入手,对《酒钢志》进行了编修,历经2年,于2008年8月酒钢(集团)公司成立50周年之际面世,原中共中央政治局常委、全国人大常委会委员长乔石同志为其题写书名《酒钢五十年》。《酒钢五十年》的面世,为编修《嘉峪关市志》提供了重要的参考依据。

《嘉峪关市志》(1978~2010)编修工作开始后,鲁廷文、郭灿东、米积屯、于峰华、张作成、郭承华、陈彦友、乔淑华、李为民、刘秉永、陈一、车占民、闫天仁等同志先后参与各部门行业志审核、甄别、修改,顺利完成了全市各部门、在嘉各单位行业志稿的修改完善工作。市志办公室将完成的部门、行业志稿反馈给各部门进行审查、修改、完善。经意见反馈,对志稿进一步修改完善,再交由各承编单位进行审查，并根据二次反馈意见稿进行市志的统稿工作。2010年结合《嘉峪关大辞典》编纂工作,补充市志2007年至2010年内容。2010年底,根据各承编单位第二次反馈意见，按照市志篇目大纲,由郭灿东同志执笔进行市志的统稿,于2011年底形成《嘉峪关市志》(1978~2010)初稿。篇目设置为8编、44章、207节、300多万字。初稿形成后,提交相关部门进行审阅,征询意见和建议。同时,市志办公室组织编修人员以核实数据、甄别事实、拾遗补阙为重点,分编、分章、分节、分目对志稿进行修改完善。2013年年初,根据审稿意见,将结构调整为10编,41章、159节、760个类目、1000多个条目,约250万字。2013年5月始,组织编修人员先后召开市志编修工作研讨会30余次,反复讨论、统一思想,在充分发挥大家智慧的基础上,为彰显时代特征和地域特色,客观记述嘉峪关市32年经济社会的发展历程,以调整结构、理顺关系,拾遗补阙、精简内容为原则,编辑部先后向100多家单位发函补充资料，组织编修人员查阅档案资料1000多卷，打电话询问上万余多次,完善补充资料6000多余项，补充核实数据5000多个,杨生宝、鲁廷文、郭灿东、米积屯、薛长年、周大成、毛永昌、李自仁、陈彦友等同志对志稿反复审阅,提出了许多修改意见,特别是原嘉峪关市报社总编、市志执行主编鲁廷文同志提出许多弥足珍贵的修改意见，编辑部在广泛听取各承编单位和编修人员修改意见的基础上,对《嘉峪关市志》进行了系统修改,重新设置篇目和内容,于2014年6月,形成《嘉峪关市志》(讨论稿),篇目设置为20编,134章、720节、925个类目,约200万字。经市志编纂委员会和各承编单位审阅,10月，完成意见反馈,经编辑部汇总和编修人员讨论,形成完整的修改意见,对市志进行修改,于2014年12月,形成《嘉峪关市志》(评审稿)。以编、章、节、目体结构横排门类、纵述历史。用语体文记述,以述、记、志、传、图、表、录的形式,依照片选载、序言、概述、大事记,正文、后记的顺序排列。正文设政区·环境、中共嘉峪关市委员会、嘉峪关市人大常委会、嘉峪关市人民政府、政协嘉峪关市委员会、民主党派·人民团体·社会组织、司法·军事、城乡建设、宏观经济管理、第一产业、第二产业、第三产业、金融、综合管理、社会事业、文化、城区·郊区、人民生活、酒钢公司、人物共20编、132章、676节、760类目,807个条目,收录人物3513人,附图360余幅、表格217个,约200万字。2015年初将市志评审稿分发市志编纂委员会委员、专家学者、周边市(县、区)志主编、省史志办公室审阅,3月至5月先后召开《嘉峪关市志》编纂委员会、专家学者、周边市(县、区)志主编、省史志办公室三个评审会。与会同志对市志的编纂提出了许多宝贵的修改意见,编辑部根据评审会提出的修改意见,先后召开市志编修会议60多次,分编、分章、分节、分目进行审阅修改,2015年9月形成《嘉峪关市志(送审稿)》。12月通过省地方志编纂委员会主任会议终审。

《嘉峪关市志》(1978~2010)(终审稿)卷首设照片选载、序言、概述、大事记。正文设政区·环境、中国共产党地方组织、地方人民代表大会、地方人民政府、地方政治协商会议、民主党派·人民团体、司法·军事、城乡建设、宏观经济、第一产业、第二产业、第三产业、综合管理、社会事业、文化、人民生活、酒钢概况、人物共18编、106章、459节、922类目,卷尾为附录,收集重要文献及中共嘉峪关市历届党代表大会工作报告,历届市政府工作报告,全志分上下册约150万字。志书中历史纪年、数字、标点符号均按相关规定处理;为行文方便,志中的称谓,在不产生歧义的情况下用简称;计量单位采用国家现行统一计量单位,个别沿用历史计量单位;经济数据采用市统计局统计公报。

嘉峪关市第二轮市志续修工作2006年3月启动,至定稿历经九年有余,市志办公室及全体编修人员倾注了大量心血,付出了艰辛努力。市档案馆为查阅资料提供了许多有益的帮助,各承编单位的200多名志稿撰稿人,200多名市志审稿人,市志主编、总纂、协纂及编辑部的同志工作兢兢业业、一丝不苟,常常超负荷工作,满怀"庶几不负众望,续成此志,余愿足矣"之心,弘扬"淡泊名利、甘于奉献、恪尽职守、锲而不舍、开拓进取"的修志人精神,进行二轮市志的编纂修订工作,反复考据,句斟字酌,增删取舍,六易其稿,终成志书,实属不易。因此说,《嘉峪关市志》(1978~2010)编纂成书,凝聚了众人的智慧和心血,是集体创作、集体智慧的结晶。在此谨代表市志编辑部对整理文献资料,提供照片资料,参与《嘉峪关市志》(1978~2010)编修的各位同仁致以衷心的感谢。对参与撰稿、审稿、修改、打印、校订付出辛勤劳动的同志深表谢意。

《嘉峪关市志》(1978~2010)由于记述范围正处于嘉峪关市全面加快发展进程的重要历史阶段,时间跨度长,信息含量大,覆盖面广,且续志要兼承与首轮市志的衔接及拾遗补漏,记述难度大,加之我们对"通鉴后世""经世致用"的高度和深度还有一定距离,对历史文化知识的掌握和运用还有一定的差距,对志书的编纂经验不足,书虽成而难免有所疏漏。其疏漏之处,诚请各界人士、广大读者和方家批评指正。

《新城镇志》序言

嘉峪关市人民政府副市长　陶东平

《新城镇志》经八载耕耘,终于编纂成书,由甘肃人民出版社正式出版,面向社会公开发行,结束了新城镇有镇无志的历史,为后世留下了一部新城镇的百科全书。这是新城镇"十二五"规划收官之年的一件大事,是盛世修志结出的丰硕成果,也是全市文化建设的一项重要成果。市志办的同志邀我作序,权以代序,以抒贺忱。

新城镇历史悠久,明长城从西北两面环镇而过,魏晋墓、新城堡、野麻湾堡、小钵和寺等文物古迹承载着深厚的历史渊源和文化积淀。历史文化的传承发展,造就了新城人民坚强、朴实、勤劳、勇敢的优秀品德。在两千多年的历史长河中,世代生活居住在这块沃土上的民众开渠筑堤、垦荒屯田、养畜造林、营造家园,创造了灿烂的农耕文明。新中国成立后,在历届市委、市政府的领导下,新城镇进行了一系列的社会变革和经济建设,经济社会发生了巨大变化。党的十一届三中全会后,实现了以经济建设为中心的伟大历史转折,新城人民在中国特色社会主义道路的征途上,艰苦奋斗,锐意进取,历经三十多年的不懈努力,农村面貌发生了翻天覆地的变化,农业生产基本实现机械化,水利建设已具规模,生态环境显著改善,区域交通四通八达,民众居住实现美化,通讯、互联网进入信息化时代,餐饮、运输、农副产品生产加工及商贸服务业蓬勃发展,汽车进入百姓之家,农业生产突飞猛进,粮食产量、经济收益不断刷新,农民生活步入小康。

盛世修志,志载盛世;以史为鉴,传承后人。编修地方志是一项认识过去、开创未来的一项意义重大的事业,是对市委、市政府文化强市战略决策的积极响应。志属信史，旨在“存史、资治、教化”，使当政者“鉴前世之兴衰，考当今之得失”，使学者“历览古今往事，通晓当地人情世故”，使民众“考家谱而寻根励志，知水土而精耕细作，察习俗而知情达理”，帮助人们认识和研究市情、镇情，总结历史发展规律和成败得失。

《新城镇志》是一部全面展现新城镇历史面貌的志书，是一部新城镇的资料性百科全书，为了解、研究、认识新城镇的读者提供系统、全面、具有权威性的资料信息。全书全面介绍新城镇悠久的历史，反映美丽的乡村，丰富的资源，优美的风光，多彩的景观，多民族不断融合的历史，尤其是改革开放三十多年来全镇经济社会的发展成就。全书结构清晰、重点突出，记述了新城镇自然、历史、地理、政治、经济、文化、社会事业和人民生活，突出反映了新城人民努力发展乡村经济、走上了富裕道路的发展历程，着重记载了广大人民群众在各个历史时期创造的光辉业绩，体现了浓厚的乡土气息和时代精神。纵观全志，资料广征博引，反复考证，事实真实可靠；寓成功过失、分是非曲直，彰显盛事伟绩、展示经验教训，文字简明通俗朴实，彰显了鲜明的时代特点和地域特色，是一部进行镇情教育的好教材。我们要充分发挥《新城镇志》的资政、教化、存史、育人等社会功能，充分挖掘镇志所蕴藏的历史文化价值，不断激励和引导全镇人民在建设全面小康社会的征程上不断创造新的业绩。

修志问道，以启未来。希望新城镇紧紧围绕市委、市政府工作中心，加快推进新型城镇化进程，推动全镇各项事业全面发展进步，为建设一个经济繁荣、社会稳定、政通人和、乡风文明、山川秀丽的新城镇而努力奋斗！

《新城镇志》编纂后记

杨生宝

历经八载，终于编纂成书，出版面世，它的出版面世，结束了新城镇有镇无志的历史。对我们认识、了解新城镇的历史，探索新城镇的历史文化底蕴，提升新城镇的知名度，增强新城镇的软实力具有深远的历史意义和现实意义。

《新城镇志》的编纂是在市委、市政府的领导下，在市志办公室的主持下，在新城镇党委、政府的大力支持下，在全市相关部门的通力协作，密切配合下结出的丰硕成果。

根据国务院《地方志工作条例》《甘肃省地方志工作规定》《中共嘉峪关市委 嘉峪关市人民政府办公室关于印发<嘉峪关市第二轮修志工作方案>的通知》精神，嘉峪关市二轮修志工作于2006年3月启动，《新城镇志》是全市二轮修志的重要组成部分，启动之初，由于三个镇面临换届，《新城镇志》于2007年底才开始正式编纂。《新城镇志》启动之时，原市志办公室主任吴生贵同志带领编修人员先后到陕西、山东、河南、河北、安徽等地考察，借鉴这些省市地方志编纂的工作经验，撰写了《新城镇志》篇目大纲，为组织编纂《新城镇志》做了有益的工作。编纂工作启动后，新城镇历届党委、政府都十分重视镇志的编纂工作，先后成立了镇志编纂委员会，派一名副书记分管修志工作，先后抽调工作人员于嵘、张海芮、徐万生、郭君等人录入资料和补充资料；并召开了镇志编纂工作动员大会，对《新城镇志》的编纂工作进行了安排部署；各承编单位按照镇党委、镇政府的要求开始了资料收集和整理工作；新城镇党委书记郑玉春、李生刚、信连成、姜百龙，镇长蒙蓉多次召开专题会议研究《新城镇志》的编纂工作，协调解决镇志编纂工作中遇到的困难和问题，为《新城镇志》的编纂奠定了坚强的组织基础。

《新城镇志》编纂督导员，市工信委主任侯强十分重视镇志编纂工作，以单位名义赞助经费。协调解决镇志编纂工作中存在的困难和问题。在志书编纂过程中，吴进珊、李应海、肖大有、毛生武、郭君等提供了志稿资料；原镇人大主席张进元提供了在新城工作27年积累的档案资料和口碑资料；原新城乡党委书记赵兴录把自己工作多年记录的经济数据笔记本供作资料；市档案局、市工信委、市农林局、市统计局、市国税局、市气象局、市地震局、市国土资源局、市教育局、新城镇教委等单位根据镇志编纂要求，认真提供相关资料，为《新城镇志》的编纂奠定了坚实的社会基础。

嘉峪关市志办公室始终把《新城镇志》的编纂

工作当作重要工作，聘请生在新城，长在新城，在新城工作30余年的农行退休职工肖仲担任镇志编修，肖仲同志接受任务后，从酒泉市档案馆、酒泉市肃州区档案馆、嘉峪关市档案馆、新城镇、市属相关部门查阅档案资料1500多卷，摘录打印2250页，收录约124万余字的档案资料，复印各种统计报表1749张，摘录报刊资料9万余字，收集600多名人物传略、简介、表录资料；收集市农林局的土壤、气候、地理、农机、农林、畜牧资料专辑14本(册)，村、组地图52张；用半年时间走访村、组、农户，调查统计各户种植、养殖等各项经济数据及农业机械、住房、家用电器，交通、通信工具等生活各方面的消费状况；走访了镇反、土改、抗美援朝、农业合作化、大跃进、三年困难时期、“文化大革命”时期的当事人；了解了新旧时代婚俗、葬俗、方言、传说、故事、顺口溜等大量的口碑资料；勘察了新城镇的河流、湖泊、沟渠、道路的旧貌和现状，绘制了各村电路、电视、通信线路走向、机井布局及镇、村现状图。收集录入文字、图表资料、口碑资料达150多万字，作为资料长编，为《新城镇志》的编纂奠定了雄厚的资料基础。

2010年开始，肖仲同志从梳理资料、整理资料入手，本着正本清源，错误者纠之，遗漏者补之的精神，在充分掌握资料的情况下，根据《新城镇志》篇目大纲，分篇、分章进行《新城镇志》的编纂。2012年初稿形成后，将志稿先后反馈到镇属各部门进行审核、完善、修改，根据镇党委、政府及镇属各部门提出的修改意见进一步修改、补充、完善志稿，原市志办主任吴生贵也参与志的完善修改。根据三个镇镇志编纂进度，2013年12月，市志办公室又聘请原酒钢集团公司精神文明办公室主任毛永昌同志担任新城镇志的执行主编，对原有资料梳理的基础上，重新加工、调整，设置篇目大纲，进行《新城镇志》总撰，于2014年12月完成镇志的编纂，于2015年3月形成《新城镇志》(讨论稿)。志稿形成后，为确保编纂质量，市志办公室将《新城镇志》(讨论稿)印发镇志编纂委员会进行审议，然后根据编纂委员会提出的审改意见，2015年7月聘请原市政协副主席薛长年、酒钢杂志主编米积屯等同志对志稿进行审阅修改，根据编修提出的审改意见，市志办公室先后十余次召开镇志编修讨论会，对《新城镇志》篇目大纲进行了适当调整，对志稿内容进行了修改、润色，于2015年10月，完成《新城镇志》的编纂工作。

《新城镇志》共十四编，五十二章，一百八十二节，收录人物约三百人。《新城镇志》历时八载，五易其稿，终成志书，实属不易。可以说《新城镇志》的编纂，凝聚了集体的智慧，是集体智慧的结晶。

为彰显地方特色，志书重点记述新中国成立后，特别是行改革开放以来，全镇人民在市委、市政府的领导下，坚持以种植业为主导，大力发展多种经营，促进农牧业生产发展的历程。镇政府以加强农村基层组织建设为核心，以加快城乡一体化和新农村建设为主线，以促进农民增收为重点，加快设施农业建设和生态环境建设，托城市资源，加快产业结构调整，农村经济不断发展壮大，产业链得到持续延升。按照“集中联片、统一标准、整齐划一”的要求，对全镇村民小组居民点实施整治，居民点门面及道路全部整修与硬化并安装了太阳能路灯和垃圾处理设施。2012年农民人均纯收入10147元，位居全市三镇之首。

为彰显时代特征，《新城镇志》收录了一批为国抛头颅，洒热血的革命烈士及英雄模范人物；一批忠实贯彻党的路线方针政策，勤恳为老百姓服务，带领群众勤劳致富的乡(镇)领导干部；一批艰苦创业、立志改变家乡面貌、与人民群众同甘共苦、把美好青春献给新城大地、深受群众称赞的有识之士；一批志在四方、奋发有为、锐意进取，在各行各业做出优异成绩的新城籍领导干部；一批勤奋好学、刻苦钻研、在不同领域取得显著业绩的新城籍专家、学者和科技、教育工作者。他们，将永远地载入史册。

在《新城镇志》出版面世之际，我们对酒泉市档案馆、肃州区档案馆、市档案馆、市农林局、市工信委、市国税局、市气象局、市地震局、市国土资源局、市文化局组织人力整理文献资料，提供历史照片，在编纂工作中给予的大力关心和支持，在此致以衷心的感谢。对参与撰稿、编辑、打印、审稿、校订付出艰辛努力的各位领导、各界人士、各位编纂人员，致以崇高的敬意。

我们还要感谢赵兴录、李应海、马原等同志，他们在《新城镇志》编纂中提出许多弥足珍贵的修改意见。

《新城镇志》记述历史跨度时间长，信息量大，涵盖内容多，加之我们对历史知识的掌握还有一定差距，对志书的编纂经验不足，难免有所遗漏，其疏漏之处，谨请广大读者和各界人士批评指正。

三志记雄关　二书开“纪元”

李燕生

近日，由嘉峪关市委书记郑亚军同志作序的《历代长城诗选》正式付梓发行。上下两卷本的大部头，拿在手里，沉甸甸的；放置案头，分量也足。细究其义，至少有三。它是嘉峪关市推进华夏文明传承创新区建设的所经有年之作、团体精心佳构、鸿篇巨制之本，足可为扛鼎之作；它代表了全市近年来文化艺术领域研究创作的一大成就、一次攀高、一个地标，无愧为最高水准；它也为全市近年来的文化艺术整理出版工作添加了新的元素、赋予了新的意蕴、推到了新的阶段，所以它是一座里程碑。

说它是里程碑，绝不是谬加赞赏，而是确有所据。

首先，它有十足的原创性。在某种意义上，概括与综合也是一种原创，甚至是必不可少、更多意涵的原创。所谓“一代有一代之文学”，文学之盛，因缘际会，不可直说，推陈出新，文运斯隆。长城在夯下第一块砖、垒起第一层台的那一刻起，就注定了它的命运将与一个伟大民族的命运相始终，成为一个注重教化、崇尚温雅、自强树人民族的情感支柱。在中国人的心灵家园里，它无时不在，无远弗届，没有人可以逃脱它的笼罩，也没有人可以拒绝它的感化、跳出它的包围。笔者虽无法查究近年来国内长城题材出版物的数量与质量，但就《历代长城诗选》所辑录近千首长城诗词而言，上自先秦、下迄现代俊彦，农桑攻伐、怨妇豪杰、故国之思、田园之情，不乏登高以自广，多有交游而崇志，状物摹情，极尽曲折，包罗万物，略无阙遗。就其内容而言，毫不夸张地说，足可为文学之极则，易代之盛事，诗界之楷模。它也以独树一帜的研究整理成果，保证了思想、体例和内容的原创性，这也正是它的首要意义所在、第一价值所系、开创意义所存。

其次，它有高度的原始性。秉笔直书，无所隐晦，此为史家之文；搜罗缀连，广收约取，此为史家之识。《历代长城诗选》差近之耳，近千首长城诗，所检诗家，五百余人，不唯大家，不舍遗珠。名家之选，多不过三四首，乡野之作，有过人者，亦不舍弃，从作者的广度上保证了辑书的原始性和纯真性。不要小看此点，这不仅反映了编者的良苦用心与不凡见地，也反映了辑书的某种雄心壮志和学术“野心”。那就是，选编一本足可代表长城诗歌艺术整理先进水平，可作为相关研究所需的一版高质量工具书。现在看来，这个目的完全达到了。正如郑书记在序言中所说，“总其菁华，详其藻绚”，编者以学术的自觉和超前的认识，将长城诗歌的研究方法和分类整理推进到了一个新的阶段，足可为后世法。洋洋诗界大观园，看长城一枝傲放。正是科学的辑录方法，将万里长城所经历的盛衰荣辱、人间沧桑，将万里长城所展现的山河异景、殊风绝貌，将万里长城所承载的帝王智略、凡夫一虑，将万里长城所包容的豪情壮志、鸿雁之思，充分而完整地呈现在大家面前。万里长城，处处是家国；长城万里，寸寸有诗情。

第三，它有精准的原真性。高层次的学术研究，一靠积累，二靠氛围，三靠天分。《历代长城诗选》作为一部全面反映长城诗歌艺术的作品，在嘉峪关这样的西部城市完成，确属难能可贵。可以想象，在编辑过程中，与此书相关的工作人员经历了怎样的辛劳。令人欣慰的是，本书并没有因条件艰苦、资料匮乏就因陋就简、草草成书，而是历十载之功，成一家之语，精益求精，准确阐文。我们知道，诗家之作，颇多隐晦，往往顾左右而言他，借草木以讽世，如何阐释？考验的是见地、水平和学识。本书紧扣释意这个主题，从注释、简析两个方面对所辑诗歌进行了完整的解读，注释简洁准确、原文原意尽出，简析则详略得当，工稳流畅，没有旁逸斜出之语，多存平实求真之言，使诗歌的气氛、思想原原本本保持了在它所产生的那个时代、那个氛围、那个意境里。也就是说，本书保持了高度的原真性，准确反映了长城诗歌的原义、充分表现了长城诗歌的真情、完整还原了长城诗歌的殊相。做到了这点，也就保证了研究的品质、辑录的品位、全书的品格。

所以此书出版之际，也就有了全新的意义。

它凝结着担当。近年来，嘉峪关市委、市政府高度重视文化出版工作,全市历史遗迹研究、文学艺术整理颇多创新开拓之举、屡有填补空白之作,《嘉峪关志》《文殊镇志》已经出版,《嘉峪关市志》正在紧张编写之中,《嘉峪关金石校释》、《历代长城诗选》相继面世。可以说,“三志”“两书”的出版发行,是对全市历史传承、文物遗迹和文学艺术资源的一次全方位探视、全景式展现,集中代表了全市相关领域研究的最高水平,进一步繁荣、充实、提高了全市历史文化研究,也将相关工作大大地向前推进了一步,是足可经得起历史和学术检验的精品力作。

它呼唤着创造。文事兴,是嘉峪关这座城市的追求,也是嘉峪关这座城市的责任,更应是嘉峪关这座城市的标志。这座城市的建城史是半个世纪,但这里的山河、生活和传统足够悠久、足够广阔、足够精彩。争做华夏文明传承创新区建设排头兵,既要有关城、方特、观礼古镇、丝绸之路文化博览园这样独具特色的硬件设施,也要有拿得出手、具有高度含金量的文化艺术作品与之相辅相成、交相辉映,共同支撑西部文化高度,打造西部文化高地,创建西部文化品牌。我们期待并有理由相信,三志记雄关,二书开“纪元”的继起,是更加耀眼夺目的文化色彩的孕育生发。

蒋介石父子来嘉峪关纪略

薛长年

蒋介石来嘉峪关

1942年8月,蒋介石在兰州召开甘、宁、青、新四省军事会议后,偕夫人宋美龄,在其嫡系将领胡宗南和水利部长宋希濂的陪同下,乘飞机来到嘉峪关,住在嘉峪关机场(原酒泉民航站)附近横沟屯庄套庄子内的一所房子里。“因哪里人家少,容易保卫。”

蒋介石这次来嘉峪关,是为了新疆问题,其目的是让夫人宋美龄走盛世才之妻邱毓芳的内线,拉拢盛世才进一步反共、反苏,并扼制其割据势力。

在第八战区司令兼甘肃省主席朱绍良的陪同下,宋美龄飞迪化(今乌鲁木齐),与盛世才谈判。蒋介石在等待西去的宋美龄回来期间(约一个星期),曾登临嘉峪关关城,并视察了玉门油矿。

据当年见过蒋介石的人回忆,当时蒋介石身着灰色长袍,上套青色马褂,足蹬长筒马靴,头戴灰色礼帽。来到嘉峪关城,“登临其上,巡视久之”(《酒泉要揽》),然后站在关帝庙台上,向前来迎接和陪同他巡视的官员讲话。他下令修建兵营,拆除关内大部分庙宇和民用建筑,让在关内居住的老百姓迁到关下牌坊梁一带,“集结小镇”而居。蒋介石还手书“嘉峪关”三字,后来将字放大刻为石碑。宋希濂也曾写下“水利救国”四字,并刻碑立于关南兰新公路道旁,今已不知下落。

当时,嘉峪关城因无人管理,年久失修,城砖脱落,城楼倾斜,蒋介石在视察了玉门油矿后,对时任油矿总经理的孙越崎说,“你除了办油矿以外,给你另外一个工作,嘉峪关城楼由你负责修复。”孙因修复城楼工程不小,最难的是没有木料,就竭力推辞说:“集中精力办油矿,能否办好,尚有问题,实在无力再修城楼。这是地方政府的事情,应由地方来管这件事情,我无论如何不能担任。”蒋也以为然,再未提及此事。(孙越崎:《蒋介石到嘉峪关视察玉门油矿》《嘉峪关文史资料》第一辑)

蒋介石手书“嘉峪关”碑的收藏

光阴荏苒,岁月无情。蒋介石手书的“嘉峪关”碑,经历了种种磨难,“文革”之后不见了踪影。改革开放之后,政治清明,尊重历史,有关部门开始寻访碑刻的踪迹。

世上无难事,只怕有心人。2002年夏的一天,市文化局职工吕占光(已故)在嘉峪关水泥厂一职工家中发现了蒋介石当年手书的“嘉峪关”碑,可惜碑已断成几块。据收藏者介绍,此碑于20世纪80年代被砌筑于一破旧房屋的墙基中,碑已断裂,中间一块已丢失。拼接起来,碑通高约200厘米,宽83厘米,两面刻字均为阴文;正面横刻“嘉峪关”三个大字,字高45厘米,宽40厘米,落款“蒋中正题”;背面竖刻“嘉峪关”三字,右上角刻有小字“三十一年”,落款“蒋中正题”。“嘉”和“峪”字残存一部分,繁体“关”字基本完整。“蒋中正”三字被砸过,但尚可辨认。

吕占光同志发现这块残碑后,做了三件事:一是将其拼接起来，拍了照片，测量了大小，并交代收藏者继续做好保护工作，不得再有损坏或遗失；二是立即向有关部门做了汇报，希望引起领导重视，由政府出面，与收藏者交涉，将碑收藏；三是将此事写成文章，配以照片，在报纸上发表，以期引起社会的广泛关注。后来，市志办在其编纂出版的2003年《嘉峪关年鉴》上收录了这篇文章和照片，更扩大了这件事的影响。

我知道这件事后，为了使这件失散多年的珍贵文物尽快由政府收藏，避免发生新的意外，便在市政协2003年12月31日至2004年1月3日举行的市政协六届一次会议上，专门提了提案"关于寻访并收藏蒋介石手书'嘉峪关'碑案"，会议将此提案列为第34号提案，交政府有关部门办理。2004年9月，市政府转来由市文化广播电视局对该提案的答复函(当时我已退休)，复函中说，文化局已派人与收藏者交涉，因故还未办妥，他们将继续努力，争取将这件珍贵文物尽早从私人手中收回保存。事后，我从文化局有关同志处了解到，碑之所以没能收回，主要是收藏者的要价与文化局的出价相距甚远，没有达成协议。由此，此事就被暂时搁浅了。

好事多磨，时间又过了好几年，期间，有关部门并没有忘记此事，一直在努力着。2008年，市上开始筹建城市博物馆，在征集文物、有关资料期间，市规划局局长赵宝毅把收藏这块碑的事放在了心上，经与收藏者沟通，派人多次与收藏者联系、协商，最终以1.6万元人民币的报酬，将失落半个多世纪的"嘉峪关碑"由政府收回，陈列在城市博物馆，供游人参观。至此，这件珍贵的历史文物，饱经沧桑，经过各方面领导和"有心人"的关注，总算有了一个安全可靠的归宿。它凝聚了许多人的心血，也是我们进行历史唯物主义、爱国主义以及统战政策和党的实事求是思想路线教育的好教材。

蒋经国笔下的嘉峪关

1941年，抗日战争烽火连天，蒋介石组织"西北宣慰团"命其子蒋经国以特使身份，作为宣慰团成员，视察大西北。此前，他曾任江西第四区(赣州)行政专员，兼任赣州县长，因他在苏联学习过，就用共产党的一些办法行事，外国人评论他是共产党气质的国民党。

这年五、六月间，蒋经国从重庆出发，经成都，乘飞机到西安，由西安到洛阳，再返回西安，沿西(安)兰(州)公路，进入河西。在"中国的走廊"中，经武威、张掖、酒泉，来到嘉峪关，然后去敦煌。回程经永登，折向青海西宁，再从西宁回兰州，经天水、宝鸡回到成都。这一次西北之行，行程万里，历时两月。所到之处，淳朴的民风，给蒋经国先生留下了深刻的印象。在他所写的《伟大的西北》一书中，热情地讴歌了大西北。他认为："西北的进步，就是中国的进步，没有新的西北，就不能完成新中国的建设"。他说："西北是我们民族的发祥地，几千年来，无数次惊天动地的事业，伟大无比的工程，都在这里创造完成，祖先们无数的鲜血，都渗在那边的土地上，曾经开过无数鲜艳的花朵。"他还提出了开发水源、多种树木、利用风力、建设铁路、发展农业等一系列开发西北的计划。他还号召："有志的青年，应当到西北去！"

蒋经国在《伟大的西北》一书中描写嘉峪关，称其为"雄壮的嘉峪关"。文中说："从酒泉出发向西去，路上要经过一个很有名的地方，就是嘉峪关。嘉峪关是长城最后的一关，是明朝长城最西的起点，左右各有一座高山，和长城相连，中间就是关，形势非但雄壮，并且异常峻险，真有一夫当关，万人莫入之势。关下有一小城，只有五六十户人家，都是非常穷苦。林则徐因为'抗英'之罪被贬谪新疆，他路经嘉峪关时，作了几首胸襟豪壮的诗：'严关百尺界天西，万里征人驻马蹄。飞阁遥连秦树直，缭垣斜压陇云低。天山□削摩肩立，瀚海苍茫入望迷。谁道崤函千古险，回看只见一丸泥'。……由嘉峪关向外望去，是一片无垠辽阔的平原，那里才是真正西北的胸膛"。

当蒋经国从敦煌返回嘉峪关时，他从西边看嘉峪关，曾这样写道："当回到嘉峪关的时候，由关外看嘉峪关，才真正使人领略到它的雄伟峻险"。

作家江南的《蒋经国传》中说，小蒋此行，对河西的认识有三：一是地理的优越性，地大物博，有无穷的宝藏。他原认为到西安就是西北了，而安西才是西北的心脏。二是军事力量的重心，特别是陆、空方面的重要基地，是中原的屏障，在保卫国防方面发挥着重要作用。三是经济文化交通中心，丝绸之路变为新的欧亚孔道，促进全世界的经济文化交流。他回到重庆后，仿佛发现了新大陆，认为大西北丰富的物产，淳朴的民风，灿烂辉煌的文化，是建设新中国的原动力。因此，多次倡言开发河西，建设河西。

万里长城第一墩

薛长年

"一墩河上悬，西极望百川。古来征战地，金戈铁马喧。"

在嘉峪关关城南7.5千米的明长城西端起点，矗立着一座著名的长城墩台——万里长城第一墩。该墩台原名讨赖河墩，因坐落于讨赖河（俗称北大河）北岸高达82米的悬崖峭壁边缘而得名。从它在万里长城上所处的位置看，相当于山海关的老龙头。

20世纪80年代中期，嘉峪关市委、市政府提出了加强文物保护，大力发展旅游事业，扩大对外宣传的指导思想，为了提高讨赖河墩的知名度，将其列入嘉峪关的旅游景点，时任市委副书记的孙一峰同志首先提出，将该墩改名为"明代万里长城第一墩"（简称"长城第一墩"或"第一墩"）。从此，随着时间的推移，第一墩的名字就逐渐被人们所接受，知名度也越来越高。如今，该墩周围已建成"长城第一墩旅游景区"，吸引着南来北往的游人。

"第一墩，长城线上排头兵"。诗人这样称呼它。明代，嘉峪关管辖着"腹里、沿边、境外墩台三十九座"。关西有两路墩台，关北山巅有一路墩台，关东有一路报警墩台，关南还有一路沿山环形墩台。关内外墩台林立，纵横交织，相互瞭望，互通情报，传递军情和入关使节客商数量，类似今日的邮电通信设施。

墩台分大小墩。大墩还担负指挥周围小墩的任务。大墩设有坞，内有驿马、驿驼、食宿供给、积薪等物。每墩5至7名士卒守护，加上驿站人员，多达30余人。大墩多设置墩、燧，若遇敌情，日间举烟，夜间燃火，通报远近驻兵前来应战。小墩只有一墩台，3至5人守护，任务是瞭望、通报敌情。

万里长城第一墩为大墩，明嘉靖十八年（1539年）由肃州兵备道李涵监筑肃州西长城时修筑。它是明代万里长城从西向东的第一座墩台，担负着传递关南及祁连山诸口军事信息的任务，是嘉峪关长城防御体系的重要组成部分。目前，墩台保存的部分高7米，底部基本呈方形，边长14.5米，顶部四角有4个小烽燧，现残高1.7米，内部仍呈正方形，边长6米。墩体为黄土夹沙夯筑，夯层15厘米。

四百多年来，第一墩好像一位世纪老人，风雨沧桑，剥蚀严重。自20世纪80年代中期被列为市上的旅游景点后，就开始了一系列的保护、开发和利用工作。首先，为了保护墩台，防止游人攀登，造成人为破坏，在墩台前设置了围栏，并竖立了"长城第一墩"碑，碑文由西路军将领魏传统题写。同时，在墩台东西临近河岸的地方，也设置金属围栏，以确保游客的安全。由于墩台下面就是湍急的河水冲刷形成的一个大湾，如不采取措施，任其继续冲刷，墩台随时都有坍塌的危险。由于资金原因，起先市上采取临时措施，筑坝围堵河水，减缓冲刷。后来，北京香港控股有限公司总经理郭迎明捐资人民币50万元，在墩台下的河床中修筑了两三个挡水坝，坝长200米，高5米，上阔1米，有效地阻挡了河水，保护了墩台。

第一墩很有旅游价值。其价值之一，就在这"第一"上。万里长城，跨峻岭，横大漠，穿草原，经绝壁，纵横十万里，烽燧墩堠不计其数，而这个墩却独占鳌头，是第一个。古今中外，无论是人还是事、物，这"第一个"，往往受到人们的青睐。其二，是它的险峻。凡是到过第一墩的游客，无不为它所处的位置所惊叹。你看它，高耸于悬崖绝壁上，脚下河水奔流，几十米宽的讨赖河床从祁连山口（冰沟口）到这里形成了一个大峪谷，是防守的天然屏障，正是"清流讨赖临危壁，大岭祁连断战氛"。其三，是这里的自然景观和人文景观的独特、壮观与和谐。当你从喧嚣的闹市来到第一墩时，呈现在你眼前的，是一幅壮丽的西部山河长卷：举目环视，南面是巍峨连绵的祁连山，皑皑雪峰，"绣出银屏障半天"，再加上悠悠白云的缭绕，格外有神韵，有魅力；极目远眺，西面是浩瀚的戈壁大漠，一望无际，它是祖国母亲宽厚博大的胸膛，昔日驼铃叮咚的丝绸之路，已被兰新铁路和312国道所代替，面对沧桑巨变，任你发思古之幽情；向北眺望，蜿蜒于瀚海戈壁的长城，如游龙，似奔蟒，像"天下雄关"伸出的臂膀,气壮山河;翘首东顾,一座现代化的工业城市,高楼林立,生机盎然,给人一种今非昔比,"换了人间"的感觉。这些,是大自然赐给我们的资源和财富。近年来,随着旅游事业的需要和发展,市上加大了对第一墩景区的投入与建设。首先修通了从312国道向南以及从火车站向西两条通往第一墩的柏油道路,极大地方便了游客,改善了旅游条件。又增添了新的人文景观和娱乐项目。目前,第一墩周围,已形成了面积3平方千米的旅游景区,包括讨赖河滑索、无名野店、天险吊桥、兵营、"醉卧沙场"雕塑群、综合服务区、"中华龙林"等,既有观赏性,又有参与、娱乐性。飞架于异常险峻的讨赖河大峡谷之上的钢丝滑索,可以圆你飞越天堑之梦。滑索全长302米,从北岸乘滑索向南岸滑去,如飞天凌空,极富"冒险"性,刺激性。从南岸返回途中,经过天险吊桥,桥长128米,宽1米多,人在桥上,晃晃悠悠,脚下是湍急的河水,要想过得河来,是需要有点勇气与胆魄的。惊险的体验过后,你可以来到讨赖客栈,茅檐泥壁的农舍,古朴恬静的院落,仿佛把你带到了儿时的乡下,那石磨、石碾、大轱辘车、马圈等只有在遥远的记忆中才有的东西,将勾起老年人无尽的回忆,使年轻人觉着新鲜,一饱眼福。再往前,是明代仿古兵营,由营帐、点将台、校场、兵营房等组成,四周建有六座瞭望塔,四座哨塔,三处哨所,八处鹿砦及战车和火炮区,凝视这一件件、一处处古朴而逼真的造型和景观,仿佛可以感受到当年的金戈铁马和刀光剑影。走出军营,就来到了"醉卧沙场"的大型雕塑群,那一尊尊雕塑,有的磨刀霍霍,有的正在端着大碗豪饮,也有的已酩酊大醉,但手中还牢牢地握着战刀。此时此刻,那场面,使每一位游人都会对"醉卧沙场君莫笑,古来征战几人回"的千古绝唱有更加深刻地理解。

总之,来到这里,你可领略大漠风光,凭吊苍凉冷穆的边关历史,也可举起相机,把长城起点的雄姿永远地珍藏在你的记忆里。近年,凡到此一游的中外宾客,无不叹为观止,都会发出倘若游嘉峪关而未到第一墩则为终身憾事的感慨。

张骞出使西域

都乖堂

"骞以郎应募,使月氏,与堂邑父故胡奴甘父,俱出陇西。经匈奴,匈奴得之,传旨单于。单于留之,曰:月氏在吾北,汉何以得往使!吾欲使越,汉肯听我乎?留骞十余岁,与妻,有子,然骞持汉节不失"。

——《史记·大宛列传》

循山间小路爬到山顶,悄然无声的斜雨细飞,不知不觉间打湿了身上的单衣,暮秋的一丝凉意不由使人打起了冷战。极目向南望去,透过蒙蒙的雨雾,远方祁连山的白雪隐约可见。焉支山和祁连山之间那一片茫茫的草场,就是当年匈奴人牧马的大草滩。在这重峦叠嶂、松林密布,重雾缥缈、气象万千,虚幻无际、空旷万灵的景致中,容易使人产生一种穿越古往今昔的时空浮想。偶遇某个沉闷得让人窒息的历史画面,总感到有一种不可未知的玄机。

伴着沙沙的雨声,遥望古战场的废墟,一路低吟"失我祁连山,使我六畜不蕃息;失我焉支山,使我妇女无颜色。失我今神人,使我不得祭于天"的古老歌谣。虽然只有短短的三句,但经过反复吟唱,令人听了仍会凄恻动容。想象当年匈奴人沿着祁连山脉、大漠戈壁一路向西,旌旗半卷,就连铁制的盔甲之上,都沾满了汗渍和血痂,退出河西地区时那一步三回头的凄惶神情。如今,只能以落寞和哀婉的眼神目送那个古老的游牧民族仓皇逃遁的背影,消失在瀚海沉沙云烟深处。对于霍去病和卫青这两个武功彪炳的将军,我没有多少好感,大致是因为他们驱逐匈奴时的残忍杀戮,或者其他的一些个人情绪所致。那种血腥场面,张骞也是万万没有想到的。

公元前139年春天的一天,西汉的长安城,阳光明媚,万物生长,暖热的气息在宫廷和民间流传。张骞,这个"西域凿空"的始作俑者和100多名志愿者出发了。作为最大的支持者和投资者的汉武帝刘彻，为他们举行了盛大的欢送仪式。告别时，我想张骞是流了“感恩”的眼泪的。

那时候，西域对于中原来说是神秘的，庞大的，又是野蛮和蒙昧的，雪山连绵，大漠浩瀚，风吹千里——这些都是传说，没有人亲眼见到，更没有哪一个人以身体的亲历取得真实的观感。

越过秦岭余脉关陇山峦，经陇西再过金城，就是匈奴人的势力范围了。高高的祁连雪山如同神灵，连绵千里，广阔的戈壁上空空如也，风吹的尘土蛇一样缠绕马蹄。连续的狂风像是挥之不去的梦魇，尘土扑面而来，汉朝的长袍宽袖显然已经无济于事了。

四个月前，宫廷议事，钟声轰鸣，年仅十七八岁的汉武帝高坐龙位，听众臣禀报国事。一件又一件边关告急文书堆积如山，“灵武郡被匈奴侵占”“宁安城遭匈奴兵抢掠”。这时，又有一边塞将官匆匆进宫，跪下报道：“禀告皇上，边塞要镇青石镇前日遭匈奴洗劫，守镇将士全部罹难殉国，匈奴兵在抢掠了妇女和财物后，竟放火屠城，该城现已变成焦土废墟。”“啊！”汉武帝闻报大惊，沉吟片刻后道：“众位将臣，你等可有良策为朕排忧解难呐？”一老臣出班近前：“臣有微言奏与皇上。匈奴屡犯我境，我亦屡发精兵击之，虽胜多败少，却不能根除匈患。一因匈奴疆土广阔无边，彼胜能进，败能逃，游兵散勇，难以聚歼；二因匈奴兵上知气候，下熟地理，善骑奔，耐饥寒，而我军将士不服蛮荒水土，不宜草原戈壁长久征战。依臣之见，仅与匈奴兵刃相见恐非长远万全之策。”汉武帝面有愠色：“难道卿要劝朕恢复辱国丢脸的和亲政策吗？”老臣答：“非也，臣闻二十多年前被匈奴击败西迁的月氏国已在西域立下根基，月氏国王与匈奴单于有杀父之仇，可谓不共戴天。若能与之结盟，使匈奴南侵有后顾之忧，我大汉可望得到长治久安。”汉武帝的脸上微露欣慰之态：“朕近日来也在苦思一条根除匈患的长久之策，方听卿言，甚是有理。”老臣受到鼓励，底气更足，接着说：“我大汉正处在昌隆鼎盛之时，若能凿通西域，不仅能遏阻匈奴犯我疆土，还能与西域诸国通商换物，捐我之余，取我之缺。”年轻的汉武帝闻言喜形于色：“西域神奇之地，定有无数奇风异物。”忽又转喜为忧：“但朕闻去西域之路凶险异常，不知何人可当此重任？”老臣答：“臣年迈体衰，心有余而力不足，实难当此重任。皇上何不出一御诏，定有智勇忠义之士揭榜应召，皇上可择其优者委此重任。”“就如卿言。”武帝随即取毫书诏。

三更时分已过，未央宫里灯火通明。白天朝廷议事的情景搅得汉武帝彻夜难眠。那个“鸣镝弑父”的冒顿单于虽然已死去多年，但向世人难以启齿的“国仇家辱”如骨鲠在喉。回想当年高祖轻敌御驾亲征“白登蒙难”险些成为匈奴俘虏。贪婪的匈奴人不满汉祖们纳贡和亲的怀柔靖远，逐渐成为汉室王朝的心腹大患。更为可恨的是，高祖病殁后，冒顿单于更加肆无忌惮，还对高祖母吕雉开了一个玩笑：假意或真心地邀请高祖母做他的妻子。此时，那个军臣单于仍然禀性难移，杀戮成性，携带强劲的马蹄、鸣镝和长刀，勇猛而野蛮向着西汉王朝发出不间断的骚扰和攻击。想到这里，汉武帝不由得怒气填胸，“啪”地拍了一下龙案，吓得侍立一旁的宦官“扑通”一声跪了下来。

这时候，张骞站出来了。在当时的汉朝，我相信他是唯一的一位真正的勇士，因为他，整个汉朝都吃了一惊，所有的耳朵和目光都伸在他一个人身上，这当然包括汉武帝了。

站在高高的山风上，张骞手持汉节，注视长途跋涉、衣衫褴褛、日渐憔悴的随从片刻后，手搭前额，向西远眺，依稀闻到风尘弥漫的旷野气息中，有一股沾满了牛羊动物挥之不去的腥膻味道。嗜血成性的匈奴人手持利刃，露出尖利坚固的牙齿，将一块半生不熟还有大块鲜血凝固的牛羊肉，一同吞进肚子。异域蛮夷之地，冷冰冰的刀刃和鸣镝，大风之中的悲情呼喊以及无数亡灵在深夜横拍黄沙、盈月望乡的疼痛与不安，在随从队伍中引起了一些躁动。如今，挽转马头退却长安，不仅有辱“连升三级”的皇恩浩荡，还定犯欺君之罪，株连九族、满门抄斩。怀揣“说服月氏国，与西汉联合，共同消灭匈奴”军令状的张骞，在汉武帝面前夸下海口的时候，肠子都悔青了。晋爵封侯、光宗耀祖的膨胀欲望让他滑入了进退维艰的深渊低谷。虽然他提前遣散了家小，写了遗书，做了最坏的打算，但现在情况比预期想像的更加糟糕。

连日来，三三两两的匈奴骑兵弯刀挥舞，一路尖叫呐喊，擦身呼啸而过，卷起一片灰尘，像幽灵一样在大漠戈壁忽隐忽现。连牧民们也瞪起了警惕异常充满敌意的眼神，沿途早早躲闪。在深入匈奴腹地的一天午后，汉使们正在一汪湖水前像畜生一样痛饮欢呼时，一队全副武装的匈奴骑兵从地下冒出来似的，横刀立马，突然包围了他们。张骞长达11年的囚禁生活开始了，与他同去的汉使们大半被匈奴的长刀割断了头颅，亡灵沿着来时的道路，寻找故乡的门楣。不散的阴魂被柱状的狂风卷到半空，停留片刻，又重重摔回到荒漠原点。

张骞被绑在一根柱子上，脸色发白，衣服破烂不堪，已经奄奄一息。单于贴身侍卫走到张骞面前，趾高气扬地说："我们单于要待见你，只要你去节墨面，可免你一死。""去节墨面？那是对我们汉朝的侮辱，我就是死，也不会去节墨面！"张骞大声咆哮，"我说你这个张骞，是不是找死啊！"侍卫顺势高高举起弯刀意欲砍下。就在这时，大帐内的单于说："把他带进来！"张骞手持汉节，眉宇间透出一股肃穆杀气，立而不跪。单于低头沉思半天，无可奈何地摆摆手说"流放漠北吧"。(无从考证，"气节""节操"这类词语是否与张骞有关)

在随后的日子里，作为汉使团队首领的张骞则是幸运的，他不仅免得一死，还娶了一位匈奴女子为妻——以我的眼光，这完全可以看作是张骞西域路上的一次艳遇，是他政治生活当中的一个香气四溢的梦幻休闲。尽管身体不自由，但内心思想和天性本能是自由的。相对于那些死难的同行者，张骞的这种厄难或者说味道怪异的幸福就在于他借助"汉使"的身份，将生命完整无损地保存了下来。

肉体的囚禁岁月对于张骞来说，是无比漫长的，而对于历史和今天的我们则只是眨眼之间的事情。11年后的一天，看管他的匈奴士兵放松了警惕，而张骞始终没有忘记自己的政治使命，仓皇脱离了匈奴的势力范围，与最勇敢的随从甘父一起，迈开尘沙当中的脚步，再次展开向西的途程。

他们到达的第一个国家是汗血马的故乡——大宛国(今费尔干纳)。与匈奴不同的是，大宛国盛情接待了来自汉朝的使者，还请他们参观了汉武帝刘彻朝思暮想的汗血宝马。在随后的行程当中，大宛国王帮助他们先后拜访了康居(今撒马尔罕)、大月氏、大夏等西域国家。这一路都是欢欣的，但令张骞感到失望和意外的是，早年被匈奴击败的大月氏王国早已在阿姆河上游定居下来，不愿再听从他的劝说，再次东进，联合西汉与匈奴作战。

回程路上，我想张骞的心情是无比轻松的，尽管有想念故国亲人的些许惆怅，但相对于自身所肩负的政治使命，都应当是微不足道的。而张骞没有想到的是：匈奴人的马刀再次在青海湖畔切断了他东归的路途——这时候，他的那位匈奴妻子一定还在，说不定两人还在一起生活了两年时间……但又一个机会，张骞毅然决然地离开了她，也离开了他前后生活了13年的匈奴，回到了阔别已久的长安。

史书记载说"初，骞行时百余人，去十三岁，唯二人得还。"长安城外，手持已毛秃色褪的汉节，身材变得骨瘦如柴，脸色苍白，像一个乞丐的张骞，面对巍峨的长安城墙和飞檐楼阁，啼不成声，跪倒在了大街上。汉武帝知道张骞归来的消息，立马集合文武大臣、乐队鼓手，御驾亲迎。整个长安城，更是万人空巷，张灯结彩，扶老携幼，人人都想一睹这位胜利归来的英雄。那一刻，那一瞬间，所有在场的人，都落下了泪水，皇上也不例外。当一颗颗泪珠落在地上时，有的是辛酸的泪，有的是感动的泪，有的是喜极而泣，这些都足以证明，张骞回来了，我们的英雄回来了！

张骞的返回，从某种程度上，使得汉武帝刘彻不再觉得匈奴有多么的可怕和不可征服。公元前119年，汉武帝刘彻为了进一步联络乌孙，断"匈奴右臂"，再次派张骞出使西域各国。再后来，霍去病、卫青和李广等人的隆重出场，使得匈奴遭受到了前所未有的失败。对于西汉王朝来说，正是他们这些使者和将军，改变了近百年来对匈奴的和亲纳贡的历史，以中原强国的强大武力，将匈奴的势力范围步步缩小，并从自己的疆域仓皇向西逃离。

站在焉支山顶上，踏着松软青草，看到雪冠长体的祁连雪山，猛然想到消失了的匈奴，我不止一次地想：在大风劲吹的焉支山上，一定还留有匈奴人的遗迹。

对于张骞西行的艰难程度，史书并没有多少记载。但几百年后，为隋炀帝经略西域的裴矩，在西域记中对这条道路艰险有过这样的记述："并沙碛之地，水草难行，四面危，道路不可准记，行人唯以人畜骸骨及戾马粪为标验。以其地道路恶，人畜即不约行，曾有人于碛内时闻人唤声，不见形，亦有歌哭声，数失人，瞬息之间不知所在，由此数有死亡，盖魑魅魍魉也。"而司马迁在形容张骞的这次出使的艰难时用了“凿空”二字，是再准确不过的了。

很多时候，打开古代的丝绸之路地图，就仿佛看到张骞的足迹，听到了古老的马踏黄沙的声音。那么漫长的道路，那么多的城池和国家，珍珠一样撒播在欧亚大陆上。每次看到，都感觉有一种极其柔软的东西，从心底水一样的流淌。

燕鸣嘉峪关

刘恩友

燕子张开乌亮的翅膀，在浓绿的国槐枝头轻捷地翻飞、环绕，啾啾的鸣啭，引来行人长时间地驻足和观赏。夏天的嘉峪关街头，时常出现这种优美的景象。

“昔日有燕巢于关内，日暮一燕先归，关门敞开；一燕后至，关门已闭，不得入，遂触墙而死，其精灵不灭，是以永作燕鸣之声。”

走在群燕飞翔的黄昏里，我极力找寻那一对传说中绕关留恋的燕子身影。它们是从《诗经》的高台滑落、在唐诗的天际盘旋、在骆驼草旁呢喃出瘦瘦宋词的燕子吗？它们是翻越祁连，在明朝的嘉峪关筑巢的燕子吗？现实和历史给了我无尽的联想。

庄子说，燕子不落无福地。燕鸣声声，将嘉峪关关城这座庞大的建筑同嘉峪关城市的发展与变迁对接在一起，将古代的波澜壮阔与现代的日新月异和多姿多彩紧密相连。

衔泥垒起一座城

600多年前，嘉峪关关城动工的时候，正是嘉峪关历史的枢纽期，就像千姿百态的黑山岩画，再现旧石器时代嘉峪关先民劳动和生活的场景；就像惟妙惟肖的新城魏晋墓砖壁画，重现古老嘉峪关在丝绸之路上的繁荣景象。那些石刻和壁画里的燕子，叫老了岁月，却叫醒了嘉峪关悠久的历史。

那是戈壁多雨的七月。几万民夫，骆驼草一样地撒在嘉峪塬上。

装土的大轱辘车嘎嘎地碾过来，又嘎嘎地碾过去。筛土的大木筛起起落落，扬起的沙尘旋成一波一波的黄沙雾。远远望去，他们就像沙雾中衔泥的燕子，不停地飞来飞去。

筛好的黄泥土一堆一堆地聚积起来，细软柔滑，可是突然天色大变，好不容易筛好的黄土被突如其来的暴雨和成了稀泥，随处漂流。

雨过天晴。冯胜大将军长鞭一挥。为了不让土中的芨芨草、骆驼刺、马齿莲等生命力旺盛的草籽来年在墙土中发芽，他命民夫燃起堆堆柴火。立时，嘉峪塬上火光冲天，烟雾弥漫，千夫万匠铺展出另一个忙碌的战场。

被民夫烘干炒熟的黄土，透出质地纯正的灼热。

随后，他们在黄土中又掺入麻刀和灰浆，为了增强黄土的黏结强度，再掺入糯米汁搅拌。

肩扛背驮，牛马套拉，黄土和糯米汁从不同的方向运来，然后筛出近六万立方米可用的成土，一层层地搅拌，一层层地夯筑，墙基就这样在民夫们躬身夯筑的汗滴中一寸寸地垒起。

这些筑关的历史画面，现在一遍遍地还原在关城保卫王师傅的脑海里，成为他关于关城安全的重要记忆。

“每天要绕着关城走几圈，没发现人为损坏城墙，心里才踏实。”王师傅说。

冬天，游人少些的时候，王师傅偶尔会忙中偷闲，在城墙根儿享受一阵晒太阳的感觉，阳光中远远望去，人与古老的城墙融为一体，和谐动人，成为摄影师镜头里最传神的剪影。

“严关百尺界天西，万里征人驻马蹄。飞阁遥连秦树直，缭垣斜压陇云低。天山巉削摩肩立，瀚海苍茫入望迷。谁道崤函千古险？回看只见一丸泥。”

保存在中央档案馆的毛泽东手书林则徐《出嘉峪关感赋》，现已刻在嘉峪关关城竖起的巨大石壁上。鲜红的字体，行云流水的手书，让我第一次感受到了诗人坦荡的胸怀与伟人书法的大气磅礴。

明洪武年间那个月黑风高的深夜，冯胜大将军的建关选址桩被狂风卷至这里之后，不到一年的时间就修筑起高二丈余、周长二百二十丈的有关无楼的土城，结束了嘉峪关地区有关无城的历史。

面对冯胜大将军威仪凛然和闪亮的剑鞘，那时的燕子，一定是躲在哪家柴垛的后面小声地鸣叫，因为它们怕惊扰冯大将军筑城的思索。

土墙垒起来了。但台阶、墙基和门洞里铺的长约两米、宽五十厘米、厚三十厘米的几千块巨型条石，要从二十里外的磨子沟开凿运来。

聪明的工匠们从山上修了一条通向关城的简易路，冬季一到，在路上泼上水，形成了一条冰道，然后把石条放在冰道上，工匠和民夫们在冰道的两侧排列成阵，手持木头撬杠护送石条向山下滑行。

石条就这样运到了关城工地，嘉峪关关城工程土墙如期进行。

在一个黄昏，落日圆得像个大脸盆，静静地挂在黑山顶上，将士们将锋利的箭矢，射向散发着土腥味的坚固如石的城墙壁。

箭矢纷纷跌落于地，无一穿入。将士和民夫欢呼雀跃。因为，如果箭矢射入土墙，那就是工程不过关，轻则挨板子、重则杀头，但不管哪种处罚，工程都要推倒重建。

工程验收过关。将士和民夫们爽朗的笑声，顺着祁连的方向传向远方。

一座土城池由此崛起。

黑色的房梁和木头立柱，翘翅凌空，嵌在时光的屋梁上，好似那些房梁上的燕子窝，涂上了一层燕子衔泥般的锈色。燕鸣声声，穿越时光的隧道，演绎着600多年前的建关情节。

大明正德元年的中秋之夜，祁连山顶升起圆圆的月亮。

奉肃州兵备李端澄之命，肃州卫嘉峪关承信校尉王镇接过修筑嘉峪关城东、西二楼重要工程承办任务。

如何在三丈高的土城台上修筑五丈高的楼宇？王镇反复琢磨，不得其果。于是，乘中秋佳节，他邀请了一些知名工匠，在城台上，一边赏月一边请大家出点子。

众工匠你一言我一语，主意出了不少，但王镇紧锁的眉头始终没有舒展开来。

这时，一位沉默寡言的老工匠慢条斯理地说：“要我看，这个高楼还须从顶建！”

“高楼从顶建？”

王镇的眼里立时有了欣喜的亮光。他连忙请这位师傅细说端详。

“高楼从顶建，就是先在楼台之上夯筑堆起五六丈高的大型土台，在土台之上开始施工，先盖楼顶，然后树立三楼的立柱，把三楼建成后将土刨掉，再建二楼。二楼建成后，又刨掉二楼的土，最后修建底层。”

大家就此方案又作了详细补充和完善后，王镇当即一锤定音。

人声鼎沸，热火朝天。修筑的民夫，肩扛背驮，从祁连山、黑山拉来的木料码成了垛；镐挖锨铲，从戈壁滩用大轱辘车运来的沙石堆成山；钻窑爬窖，灰头土脸，从几十里外运来的砖摞成了墙头。

众多的能工巧匠们，又开始了不舍昼夜地忙碌。

福地建巢立关楼

今天在嘉峪关关城，讲解员每天都在向游人讲述“定城砖”的缘由：传说有位叫易开占的工匠师傅，当时精确地计算出了盖楼需要99999块砖，但监官不信，故意多加了一块，准备为难他。可当关楼竣工、巍然屹立之时，恰好余出了这块砖。

聪明的易开占说：“这是天赐的定城砖。如果没有这块定城砖，关楼不保！”

监官只好作罢。于是，这块定城砖就始终置于柔远楼西侧的城台上。

听得多了，这些传说已成为我们与古人对话的蓝本，升华为关城智慧的结晶。

嘉峪关从建关到成为坚固的防御工程，经历了一百六十多年的时间。

“李端澄构大楼以壮观，望之四达。”公元1495年，在嘉峪关关楼建成一百多年之后，肃州兵备李端澄主持，在西罗城嘉峪关正门顶修建嘉峪关关楼。

公元1506年八月至次年二月，李端澄又按照先年所建关楼的样式和规格，修建了内城光化楼和柔远楼。

晚霞中，远远望去，三座关楼的雄姿一模一样。

在长城第一墩旁，我见到了这样一位守护者，我与他握手，发现他的手像土墩一样粗糙。

“古长城是有灵魂的。”他这样告诉我。长期与古墩台相伴，他似乎习惯了沉默，习惯了看风在空旷的长城旁刮来刮去，看鸟雀在烽墩上跳来跳去；习惯了用心与古迹默默地对话，用一片赤诚与长城静静地相守。

我只顾与他攀谈记录，竟然没来得及问他的姓名。

公元1539年，尚书翟銮视察河西防务，认为这里必须加强防务，于是大兴土木加固关城，以非常惊人的速度，在关城上增修敌楼、角楼等，肃州兵备副使李涵受命总理督修嘉峪关南北长城。

塞外戈壁，天空高远得让人的目光都有些酸软。没有了牧人和羊群，只有范长江《嘉峪关头》中的白草在风中卷成团，不住地摇晃着。

修筑两翼长城的工事在这里隆重启动。望着刚刚开始而沸腾着生命活力的工地，升任花马寺卿即将离岗赴任的李涵，依依不舍。

三边总督刘天和会同抚按同僚向上报告，极力挽留李涵，朝廷终于改任李涵为陕西(辖甘肃)右参政，仍留在嘉峪关督工。

李涵督筑的边墙，从关城西南的角墩开始，穿越戈壁，向着祁连山延伸，“版筑甚坚，锄耰不能入”。那些来自大地的黄土、沙石和草木，经过戍防的将士、征夫和工匠们的双手，又还原于大地，垒起人类历史上纯天然的人工杰作。

这里就是明长城的西端起头，故称之为“长城第一墩”。

边墙一截一截地向关南关北延伸。

“几千名官军，加上许多民夫包修七十多丈(约合200米)的长城修筑”的艰巨劳动，一年之后，嘉峪关的南北两面各筑起了长约十五里的长城。它们像一座屏障一样，将河西走廊完全隔成了东西两部分，确保了嘉峪关及关内的安全。

嘉峪关因这些工程，终于摆脱孤城一座的处境。防御体系自此得到确立和强化，真正成为“天下第一雄关”。

六百多年来，它们像是大地的骨骼，与大地融为一体。

那些离家千里万里的征夫，那些一去无期的戍边士卒，望不见水乡深处歧扭的烟火，听不见黄河湾里一波波涌动的涛声，将思乡的血泪拌进黄土里，筑成了长城。

这些与长城有关的来龙去脉，在每一个守关人的心里熟悉得如同他们天长日久的生活。

一份传奇，一份信念，一份情怀，一份坚守。长城是一种品质，更是一种文化。这种传奇和文化，已经成为中华民族伟大长城精神重要的一部分。

怀抱梦想燕守巢

“白雪皑皑的祁连山下，猎猎长风卷起了大纛。”公元1876年的春天，被授任钦差大臣、督为新疆军务的左宗棠，率领六万湖湘子弟从兰州出发，车辚辚，马萧萧，浩浩荡荡。

西行途中左宗棠巡视嘉峪关。目睹关城破损、道路狭窄，城垣到处塌毁的景象，左宗棠饬令军队筹措修整，使关门每日按时开闭，并亲手题写“天下第一雄关”横额制匾，悬于关楼之上。

中国西北自秦以来共有三条著名的大道。一是秦始皇统一中国后修的驰道；二是唐代的丝绸之路；三是左宗棠开辟的“左公绿柳之路”。

公路两侧那些又浓又密的柳树连绵不断，像是两道结实的堤坝，又像是永远走不出的绿色围墙。三千里大道，二百万棵绿柳，这在荒凉的西北是何等壮观的景色。

“大将筹边尚未还，湖湘子弟满天山。新栽杨柳三千里，引得春风度玉关。”左宗棠的部下杨昌浚所赋的诗作，至今人们还耳熟能详。

左宗棠因为发动兵士在西北种了不少于二百万棵“左公柳”而闻名后世。

嘉峪关关城门口那棵粗壮的“左公柳”，就是左宗棠亲手栽种。如今，满树的红布条在风中飘动，像是在向人们讲述着那些难忘的故事。

六百多年的嘉峪关，每一寸墙垣和楼宇，都凝聚着一代代明君、工匠和劳动人民的智慧和心血。

历史上曾经十多次对嘉峪关及其南北长城进

行过维修。

公元 1766 年、1775 年曾两次重修嘉峪关，先后砖包光化楼楼台和城门，立“光化门”门额，砖包柔远楼楼台和城门，立“柔远门”门额。

“光化”与“柔远”的大意境里，驼铃悠扬，丝绸闪亮，商贾往来不绝。冷滑的城砖，结实的黄土墙壁，浸透着几百年日月的光华，手摸上去，仿佛能感应到岁月的心跳。

“公元 1853 年中秋八月至公元 1854 年闰七月重修嘉峪关，重修经费来自各方集资筹措：仕宦捐输、商绅集腋、士民囊赞。”

“这次维修使原来堞雉大半倾颓、关楼亦几近废败的关城焕然一新，环而视之，‘则崇墉屹屹，绵亘与祁连并峙；重关叠叠，周密较阳玉尤严。’与此同时，‘全城士庶捐资修补州城及嘉峪关边墙’。”这些功绩已庄重地载入《嘉峪关志》，被一代一代人铭记。

岁月走了，六百多年的风雨，已将这种凝心聚力生长成一种世代传承的树，茂密着后来者的时光。这些身影在每一处光影里叠加，成为关城楼阁厚重的文化印纹。

历史上很多废弃城池的记忆，像风中的沙粒，时不时地拂打着我们的脸颊。所幸的是，一代一代人的坚守，终于让后人在嘉峪关厚重的历史富矿中体验精彩，在多彩民俗中了解传承，在四季景色中感受壮美。

新中国成立后的 50 年代，国家决定修筑兰新铁路，测量线路经过嘉峪关附近。

周总理明确指示：“嘉峪关是我国一个大古迹，铁路要绕道。”

为此，关南的铁路转了一个大弯，只拆除土长城 265 米。

新中国成立以来，国家和地方政府先后对嘉峪关进行过十多次维修，规模比较大的有 1958 年到 1959 年间，国家拨款和地方筹资共 22 万元，对内城东西二楼、城墙、垛墙、井亭、游击府、关帝庙、文昌阁及大小楼阁进行了维修，对楼阁重新彩绘装饰，从而使关城和南北长城得到了较好的保存。

建筑或者维修，首先筑起的是坚守者心中的城池、观念的城池、信仰的城池，以及对古建筑虔诚的敬畏，像那些绕梁的燕子对房梁的皈依。

长城巢垛细雕琢

在嘉峪关长城博物馆里，珍藏着《嘉峪关漫纪》卧碑，可谓嘉峪关的镇馆之宝。

公元 1612 年，御史徐养量巡边至嘉峪关，登上嘉峪关楼作《嘉峪关漫纪》一首并刻碑存世。作者以磅礴的气势，描述了嘉峪关城所处的地理位置和周围景致。

1978 年 8 月 9 日，国务院副总理方毅来嘉峪关视察。当参观到关城东瓮城时，方毅发现了角落里放置的《嘉峪关漫纪》碑，他仔细看了好长时间，称赞其文字精妙、书法优美，要求妥善保管，并对嘉峪关的维修和保护提出了要求。

1984 年 8 月 20 日，方毅第二次来到嘉峪关城楼进行考察。他说：“我专门到嘉峪关，看看上次说的《嘉峪关漫纪》碑保护了没有，城楼保护得怎样？”

1985 年，全国政协副主席赵朴初应甘肃省委书记李子奇的要求，特意为嘉峪关题写了“天下第一雄关”的匾额，现悬置于关城光化楼上，弥补了左宗棠题匾在民国丢失的遗缺。

嘉峪关的青砖黄土上，留下了一代代国家领导人关怀的足迹。

1958 年 7 月，74 岁的朱德副主席登上关城。朱德戴着一顶精制的小草帽，身穿灰色的中山服，脚穿一双普通的黑色条绒布鞋，神采奕奕地站在关城上远眺关外起伏的山川。

多年来，邓小平、江泽民、胡锦涛、董必武、朱镕基、李瑞环、乔石等许多党和国家领导人先后多次登上嘉峪关关城，对关城维修和保护提出要求。老一辈革命家和国家领导人的光临，本身就是让古老的雄关担当和承载起历史的重量。

“关楼的隔扇、窗户，最能体现古建筑风格，但对做工要求也更细更严，木匠们精心地锯、刨、削、磨，一丝不苟地加工了数以千万计的小料。关楼的彩绘，他们也按设计要求的‘雅伍墨小点金’的法式精心施工。”

读懂一座城市，首先要从一个个饱含沧桑、蕴含丰富的历史记忆读起。在相关记载中，我读到许多这样的文字。这是20世纪80年代维修关楼的描述。

“依山筑防，临水设险，拒劲敌于边墙之外，固邦国于危难之秋。此古之当国者，所以于边墙关塞之设，无不未雨绸缪、殚心竭力者也……”这是1993年6月立的《嘉峪关记》碑的开头语，它由兰州医学院教授、诗人、全国著名书法家何裕书书写。

“嘉峪关返后，一连生病，吐了三次血……这篇文章的困难程度，实在是我们几个人事先没有想到的。我共写了十二稿，其间请他们提意见后，修改一次，现仍在收集意见中……”《嘉峪关记》是时任西北民族学院中文系教授、诗人、韵文圣手孙艺秋这样写出来的！

在雄立的关城里，融入了太多这样大批的专家、学者、工程技术人员和工匠的呕心沥血和无私奉献。

长城、都江堰、灵渠、大运河为中国古代的四大工程，而嘉峪关是长城重要的关塞之一，修筑的艰难程度世所罕见，保护它的难度也非一般工程可比拟。

“爱我中华、修我长城”，人民群众同样付出了艰苦的努力。

修复悬壁长城，要在45度左右的陡峭山坡上施工。嘉峪关乡黄草营村的农民兄弟，头顶烈日，冒着酷暑，将几十吨水泥、几十方砂石、几万块砖，全靠人力，从山下背上了山腰。

一次，一座峰堠的角上被雨水冲了裂缝，他们把筑成的墩台挖倒重建。农民兄弟说，修复长城是千秋万代的业绩，绝对不能马虎。

悬壁长城竣工的日子，黄草营村的农民，更是像过节一样高兴，不分男女老幼，争看长城景致。

一位七旬的老大娘爬到了高处！

一位失去左脚的残疾青年也上去了！

他们都为生在长城脚下而自豪。

嘉峪关黄草营农民杨永福筹资80多万元，全面修复了嘉峪关石关峡左侧的一段长城，使明长城在石关峡口一带重要而又精妙的原始布局得以历史重现。

长城像一条坚韧的纽带，把炎黄子孙的心连结起来；屹立的关城，融入了太多普通百姓的劳动汗水。他们像衔泥的燕子，共同修筑着长城这个安放心灵的巢垛。

八方燕子鸣雄关

从1958年酒钢建设开始，成批的干部、工人、科技人员以及转业退伍军人、大专院校毕业生、农民工及相关人员家属，由天南海北汇集于雄关脚下。

从最初的零星数百人到今天的30万人，他们虽来自四面八方，但都以嘉峪关为故乡，扎根嘉峪关，建设嘉峪关。

集西部壮美风光、中国古代长城、千年丝路文明、河西民族风情为一体的嘉峪关关城下，树木葱郁，红柳婆娑，九眼泉、红柳滩、松树冈、芦苇荡，群燕齐飞，啾鸣不绝……像那些来自五湖四海的嘉峪关的拓荒者，在戈壁荒滩上扎下了根，筑起了嘉峪关这个大巢。

“长城是我们的宝贝。”看着抢着拍照的来自世界各地的游人，一脸喜悦的市政协提案委员会主任闵海生难以抑制内心的激动。他曾于1992年8月担任关城文物管理所所长，在四年多与关城为伴的日子里，他熟悉长城散发出的味道，那是嘉峪关历史发酵出的泥土味。

2011年11月中旬，历经六百多年风雨沧桑的古老建筑，迎来了历史上最大规模的修复工程。主要为“嘉峪关长城保护维修、国家级世界文化遗产公园和遗产监测中心”三大项目，共投资概算20.3亿元。

“老祖先留下的东西，我们一定要支持保护好。”在维修长城时，当涉及农村耕地时，农民发自内心地支持。

勾得起乡愁的地方，才是真正的故乡；找得出遗迹的地方，才是文化的沃土。世代生活在雄关脚下的人们，长城是他们家园里的一分子，守长城、护长城，已成为他们生活中的一种本能和习惯。

东湖荡舟、海豚展翅、南湖清风、河畔明月、讨赖河“水舞蹈”、紫轩葡萄美酒……

“小城故事多，充满喜和乐。请你和朋友一起来，小城来做客。”用邓丽君的歌，来唱如今被原国家领导人吴邦国题词为“湖光山色　戈壁明珠”的嘉峪关恰到好处。

“这就是……长城……开始的地方？”一群金发碧眼的旅游者远望祁连，流连于关城之上，他们用不太熟练的汉语与身边的讲解员交谈。

“Yes.”讲解员用流利的英语解答：“这里是明长城西端的起点。”

他们听了爽朗地笑起来，风趣地说：“那我们就是……超级英雄好汉了！”很显然，他们对那句“不到长城非好汉”的诗句铭记于心！

习近平总书记说，民心相通，经济流通，文化联通。古往今来，不同民族、不同国家、不同地域的人民，沿着丝绸古道东来西往，把美好的生活和宁静的心灵，作为最朴素也是最根本的追求。

136峰骆驼、8匹马和100余人组成的驮着砖茶的“重走丝绸之路”大型仿古驼队，浩浩荡荡，于2015年5月22日走过嘉峪关关城逶迤西去，两年后到达哈萨克斯坦江布尔州陕西村。一万五千余公里的行程，唤起人们对古丝绸之路辉煌的记忆，激发对共商、共建、共享21世纪新丝绸之路的向往。

阳光下，古朴的驼队与古老的嘉峪关城浑然一体。恍然间，我的脑海里重现出文化古道上千年沉睡的画面——

使节奋勇，商贾勤勉，丝路凿空通畅；
僧侣虔诚，工匠用心，文化交流融合；
丝绸西去，天马东来，经济发展繁荣……

任何一项伟大工程都凝聚着伟大的人格和伟大的智慧，而所有这些劳作多像那些衔泥的燕子，在大地上筑起一座心灵之巢，串起古老与现代、时光与时空、城堡与田园的和谐鸣唱。

“千古要塞，丝路西通”。费孝通曾这样为嘉峪关题词。

位于“一路一带”枢纽点上的嘉峪雄关，再次跃入多元文化辐射的枢纽期。

弦歌如潮，乐舞如画。“第五届敦煌行·丝绸之路国际旅游节”于2015年6月16日在嘉峪关大剧院隆重开幕，来自20多个国家的客商代表、30多家媒体记者、15个国家的参展商云集雄关脚下，再现“凉州七里十万家，胡人半解弹琵琶”的繁华与厚重。

“披着西域风尘的张骞，穿越时空的隧道，踏上嘉峪关的土地……”孩子们在草地上悠闲地听着摇滚，“怪怪熊”瓮声瓮气地在舞台上讲述着“石榴树”的传说……霓虹闪烁，彩旗飘扬，具有国际一流水平的第四代主题公园“嘉峪关方特欢乐世界”让人们感受到了新丝绸之路上欢快的节奏和动感。

占地1000亩，总投资31亿元的“嘉峪关·丝绸之路文化博览园”于2015年8月25日奠基，不久人们将在关城东侧欣赏到丝绸之路上五千年华夏文明的壮丽画卷。

“建筑是世界的年鉴，当歌曲和传说已经缄默，它还依旧诉说。”戈壁浩瀚，阻不断商贾往来驼铃叮咚；关山阻隔，挡不住乐舞翩跹经声如潮。

高加索草原的风和地中海的波涛，中亚高地金黄的麦粒和菩提伽耶嫩绿的枝条，嘉峪关上高耸的城堞与关下麦浪里的燕子，汇聚成一首新的丝路合奏，吟诵出“一步千年、一眼万里”的嘉峪雄关永恒的歌唱。

多少代人的梦想长成了树，多少世纪的栽种生成了梁，多少个轮回的寻觅筑就了窠。暮色四合的时候，悠远的钟声从悬壁长城下的寺院里传来，像历史的回声，沿着雄伟的长城和丝绸之路传向远方……

蚕桑嘉峪关(外二首)

刘恩友

魏晋的那一块块彩绘砖上
春播秋收的“农事”，热闹了一千多年？
晶莹的蚕虫爬上鲜嫩的桑叶
肥胖的身段一曲一弯
蚕梳青叶，起起落落
“农耕图”里滴滴答答的雨声敲在耳边

“万顷平田四畔沙，水流依旧种桑麻”
蚕桑嘉峪关，抽丝剥茧
一头系着远古的岁月
一头纺织今天的桑田
桑树茂密，桑葚累累

桑园里的幼童,轰赶着顽皮的桑林鸟
提篮采桑的小女子,将桑枝拨开一道缝
阳光里闪出拉弓射箭保护桑林的英俊少年
丝绸,织出嘉峪关柔软里的鲜艳
还有畜牧、酿造、屯田、炊烟

蚕桑里走出古老的嘉峪关
一条世纪传诵的辉煌路
在猎猎丝绸中惊世骇俗地铺向遥远
时忘时续的这条英雄路气温回流
小小的蚕虫似乎成为衣甲鲜明的荷戈戍卒
护卫着关上人家一草一木的平安
蚕桑之路是中华民族那根生动的血管
蚕桑之地始终明亮着炎黄子孙的视线
长城和丝路在嘉峪关经年累月交织
这条古老的蚕桑路
再一次抖落风尘
在尘封良久的贸易大道上与时光相牵

诗歌嘉峪关

"明月出天山,苍茫云海间"
向西突进,经略西域,这是当年的国家叙事
刘彻、卫青、霍去病、班超、张骞
英雄路,正堪回首,追唐标汉
此时,一群诗人衔命走出
天马高蹈,长歌悠远
途径嘉峪关,嘉峪关有了精神的高度
书写嘉峪关,嘉峪关的地平线有了神韵
长城和丝路在诗歌的旋律里
延伸着浑厚与宏远
延伸出中华民族坚韧不拔的轴心线

丝路远,长城长
长城脚下是故乡
祁连山下花飘香
诗人一路题诗作赋,歌吟不断
李白、王昌龄、岑参、王翰
边塞诗的翰漫浩淼
给居住炎黄子孙的国度,带来新的视角
也为西域大地刻下让人挂怀的标点
燕鸣声声里的古典词牌
转换成嘉峪关的诗歌和漫记
就连林则徐也用平仄和声律
写出"严关百尺界天西,万里征人驻马蹄……"
大气磅礴,气贯长虹
在伟人毛泽东挥毫泼墨中,一目了然

血没有变凉,梦依旧滚烫
那些在长城和丝路里交融的诗卷
让龙马精神有了永远的依据和源头
边塞诗滋润出的中华民族
喊出了"一带一路"的接续和动感
开放包容的丝绸路
品鉴经典的嘉峪关
承载着宏大的作为和梦想的节点
也让"中国史诗"撼世开篇

燕鸣嘉峪关

群燕飞翔的黄昏
那对传说中环绕雄关的燕子
穿越时光的隧道,展翅飞来
燕鸣声声,叫老了岁月
叫醒了嘉峪关悠久的历史
那位巡关的老人
在城墙根儿,每天为初升的太阳剪彩

轻飞的燕影里
600 多年前的建关故事
在关下麦苗的拔节声中返青
那些筑关的先人
衔泥筑巢,夯土砌宇
望不见水乡深处吱扭的烟火
听不见黄河湾里一波波涌动的涛声
思乡的血泪被大漠的圆日头烤干
心灵的巢垛筑起城墙的巍峨
关门口的"左公柳"和左宗棠的名字
萌绿着一年又一年的时光

天下第一雄关,八方燕子约会的地点
在长城纽带里坚韧地蔓延

听得见，长城边炎黄子孙的心跳
看得出，几百年风吹雨打的华年
摸得着，记忆中感应与传承的脉动
嘉峪关，心灵垒起的这座大巢
五湖四海的拓荒者
在这里收获兴与荣，洒下血与汗
与那些石刻和壁画里的燕子一起
在丝路乐章的生动中传神
一曲合奏，从古唱到今
为汉唐的韵律，续上精美的和弦

纪念抗日战争胜利70周年(外二首)

周大成

海疆钓岛掀怒涛。
厉兵秣马干城筑，
铁壁铜墙金瓯牢。
拭目东洋阴风起，
伏虎屠龙再试刀。

九三大阅兵
胜利七旬大阅兵，
红旗漫卷势恢宏。
兵民浩气冲霄汉，
钢铁雄师壮北京。
战甲铮铮雄关跨，
神鹰灿灿玉宇腾。
中华儿女多奇志，
更砺吴钩创太平。

新田园诗(六首)

周大成

城乡一体

红瓦白墙绿树阴，
如街似市建新村。
自来水电天然气，
样样都进农家门。

新型农民

新麦登场割机忙，
西瓜上市卡车装。
手机犹带蔬菜味，
电脑尚沾土泥香。

科技大棚

蔬菜大棚满眼春，
无需泥土亦缤纷。
鼠标一点车轮转，
科技创新小康奔。

文化广场

新村入夜也销魂，
广场琴韵遏行云。
老少同台歌惠政，
干群合力唱强音。

农家书屋

图书室里静悄悄，
小伙姑娘充电忙。
致富真经何处觅？
农家书屋有良方。

度假新村

餐馆开在村民家，
酒肉飘香透碧纱。
鲜嫩菜蔬自己种，
烹调手艺小姑佳。

黑山印象

都乖堂

初识黑山

初识黑山是20年前的事，源于我的团队就驻扎在黑山深处的红柳沟。虽然在那里只仅仅生活了半年多时间，但还是足以使我刻骨铭心牢记一辈子。

那年的秋天，黑山的雨水出奇的多。通体黝黑的石头山根本不渗水，眼看着不远处山头上阴云密布，天幕欲坠，那个不知名河沟里的洪水就一路咆哮着直冲下来，让那些在河沟淘金的人们猝不及防。有一次，我们眼睁睁地看着一个回族小伙子，在齐腰深的洪水里试图抢救他的柴油机，就被一股急流卷了进去，短短几秒连个人影都没了。两天后，听说在金塔鸳鸯湖水库旁才找到了一个囫囵全尸。

那年的冬天，黑山的天气出奇的冷。连队砖瓦混合结构的营房根本抵挡不住零下四十多度的寒冷，偌大的房子里，十几个人大通铺，生一个火炉子。一觉醒来，靠墙根睡觉的战友被子被冻得牢牢地粘连在墙面上，猛地一扯，结果撕了一条长长的口子，水缸里的水冻得纯粹成了一个大冰坨子。酒钢三九农场的羊都冻死了好多。

如果说初识黑山是一种缘分，那简直是骗人的鬼话。

20世纪60年代末，中苏关系极度恶化，在“准备打仗”的背景下，毛主席亲自批准成立了西北第一支坦克部队，担负扼守河西走廊关隘和镇守大西北的战略重任。除师部驻扎在相对繁华的城市外，所有团队都在偏僻的大山沟里，团队就是那个时候进驻黑山红柳沟的。这种出于战略隐蔽的需要和目的，连好多在嘉峪关市区生活了几十年的人们都惊讶“那里还有部队”！“铁打的营盘流水的兵”，团队官兵无怨无悔在那里生活战斗了一茬又一茬。但遗憾的是，红柳沟里的水质含氟量大、硬度高，长期饮用会使牙齿变色和釉质缺损，官兵们不同程度患有斑釉牙（就是常说的“四环素”牙）疾病，年纪轻轻谢顶脱发也是常有的事情。20世纪90年代初，这种情况引起了总部的高度重视，派出专家组专门对黑山地区尤其是部队生活区的饮用水进行了测试化验，得出结论，官兵患斑釉牙疾病具有典型的地区性特点，与食用水中含氟量过高有密切关系，是慢性氟中毒的表现之一。最后总部决定，将驻扎红柳沟二十多年的团队整体移防嘉峪关市郊。当时我还在上军校，就暗暗把分配到这个团队，然后找一个城市媳妇，作为我的一个短期目标。军校毕业时，新营区还没有竣工，我在万不得已的情况下走进了黑山。

多年以后，我去过几次黑山深处的红柳沟，主要是陪着陕西、江苏、四川、浙江来的战友们去的，他们在那里曾经战斗生活过好多年。有几次我劝说他们，“那里已经什么都没有了，不要去了”。他们诧异的眼光告诉“你这家伙对黑山没有感情，我们这次来就想了一下心愿”，这种强烈的心愿，没有阻挡住他们不远万里故地重游的脚步，我也就无话可说了。每一次，山风呼啸、沙尘飞扬，聆耳依稀听到军号声、喊杀声、欢笑声在山谷回响，像一只迷失多年的羔羊重新回到母亲的怀抱，多年窖藏、发酵、膨胀的感情定格成悲喜交加的火山熔浆瞬间迸发。此时，泪眼迷蒙，竭尽全力向黑山大喊“我来了”，让劳顿已久的心灵，沉甸甸的渴望释然放飞高翔。伫立远望，团队昔日的营房已成为牧民圈羊的羊圈、成为淘金者或开矿者的住所，一派面目全非、残垣断壁的景象，整个山体被雨水冲刷的沟壑纵横，寻找当年记忆的目光又显得黯淡无光。匆匆忙忙在团部“坦克团遗址”巨石前留影一作纪念，在老营区俯拾一些已成为历史的记忆碎片，难以言状的表情写满每个人的脸庞。

时光的过客，心路的行者。无奈把黑山这个名字，在自己的心灵深处又一次埋藏，一生一世无法割舍，一遍又一遍地在梦里念叨，反刍，咀嚼，品尝。

初识黑山，谈不上印象。它土得掉渣的名字，就像旧社会没有一点知识文化的农村老人，给刚出生的小孩子起了“黑狗”“黑蛋”“黑丫”“黑妮”一样，在芸芸众生中显得毫不起眼。或许它是一个丑陋无比、酩酊大醉的粗壮野汉，或许它是一个仕途迷茫、发配边关的落魄武将，或许它是一个昆仑淡忘、马鬃遗腹的私生小子，毫无生息地在西北一隅已沉睡了上千过万年。如果有人非要说它也有某种灵性的话，那就跟说张飞会书法、李逵能绣花一样，从根本上讲没有本质的区别，这种观点我一直坚持了好多年。用一个恰当不过的成语来准确地形容它，那只能是“穷山恶水”罢了。

说来也怪，不知怎的，那里的一山一岭、一草一木、一洞一石、一尘一沙、一沟一坎、一水一桥，始终把我搅得魂不守舍，黑山俨然成了我生命的一部分。

几十年来，为使风尘笼罩的张扬与失落，在感悟中归去来兮，我努力寻找密如群蚁的注释匡正矫俗,再次触发灵魂深处的那泓湖水,溅起神秘生动的涟漪,足以使我滚烫的泪滴迸出眼眶。我知道,黑山远古的沉淀和沉淀的远古,已恍惚自盘古开天之始踏朝跨代而来,变成亘古不灭的血性,流淌进我们的血脉。

走读黑山

黑山,古称洞庭山,是马鬃山系的一个小支脉。黑山峡谷曾经是古丝绸之路的交通要道。峡内南北两山对峙,山势陡峭,怪石嶙峋,岩画主要分布在石关峡口、四道沟、蕉蒿沟、红柳沟和磨子沟等处两侧的峭壁上。之前,在关城文物景区看过黑山石雕群的摩崖石刻,都是现代石匠的仿刻复制品,雕刻古拙、画面抽象、风格独特,游牧民族的生活场景似乎近在眼前,令我对黑山充满了神秘感,一直也想探寻个究竟。不是受琐事繁务缠身之忧,就是为盲目瞎找费劳所困,即使朋友相约一游,也以近在咫尺来日再说为由,一推再推,终未成行。

最近一次游历,承蒙市作家协会以“文学的名义”精心组织,结识一批久闻其名不见其人的文友,更主要的是,使我这个对岩画知识和史前文化头脑空白的思想懒汉,也好像成了一个不折不扣的史学者,确实受益匪浅,终生难忘。试想以“文学的名义”与黑山史前文化互识、互交、互撞、互溶的心路历程进行一次交流对话,让承载和记录黑山地区史前文化的岩画露出冰山一角,唤醒有志之士保护文化生态的斗志,让不可复制的历史沉淀传承子孙后人,仅此而已。

“看一次少一次吧!估计下次这块会唱歌的石头就不见了”。同行者感慨之余只留下一丝苍凉。

暮秋的早上,日光锡箔般泻了下来,虽灿灿烂烂,却已没了初秋的热度,柔柔地晒在背脊,清爽舒服。

进入黑山之后,万般寂静,满目皆是铁锈色的荒凉。多不胜数的洪积扇堆积物一堆连着一堆地覆盖在地表,山沟外戈壁上那一簇簇、一丛丛的骆驼刺向人们展示着生命的绿色。脚下的土地,既生长植被,也生长传奇,穿行山间如同穿越历史的隧道,每一个脚印,都会踩在文献里遗失的孤魂身上,让你颤颤地不能随意落足。

这是一种苍凉空旷之美,一种雄浑博大之气。

磨子沟两边山峦重叠,崖壁为白色花岗岩,石质坚硬,可做石磨、石碾、石柱等,“磨子沟”因此得名。初入沟口,同行的寒荒老师讲,据本地一些专家考证,磨子沟是修建嘉峪关关城基石的采石场,沟内有水井、洞穴,为当初开采石料者的遗痕,冰道运石的故事就发生在这里,第一次听闻,令大家探寻的热情骤然高涨。一口枯井静静地躺在沟内中央,被一堆巨石紧紧包围,踏石而上观之,沙土埋填,距上端约深五米,靠东侧有一小洞,疑似原先一股暗流经过,现已断流干涸。旁有多许巨石,有排状凿痕,有人说是工匠用凿斧从中凿成一条直线,后楔入木楔,注水膨胀,即可断石。众人有疑,觉时间太长,不如注入黄豆等物可能更佳,众人一笑了之。冰道运石一说缺少现地实物考证,有待后查。距枯井西南侧约十米有一巨石,面南阴刻有古藏文“六字真经”题记,实属罕见,验证了西羌统治黑山地区的历史,众人皆为叹之。此沟岩画不多,皆有今人拙手矫作涂鸦之痕,甚惜。

蕉蒿沟也有岩画,说是新发现的,在新编《嘉峪关志》里没有记录。至沟口,见一面西岩画牛羊和不知名动物清晰可见,其背面已被就近开矿者筑起的尾矿坝掩埋齐头,痛心疾首之感油然而生。前行一里多,众人皆呼,山坡上发现刻有豹子图案的岩画,一哄而上。我则无心再看,蹲沟底连抽两根烟。寻思今人为几个臭钱,打着开发经济的幌子,就围山放肆采矿,在沟口设置栏杆,俨然成了“山大王”,不知谁给他们这种挖子孙墙角毁先人遗产的权力,作为小人物只能狠狠向地上唾两口浓痰,无奈。顺沟道而上,在一大拐弯处,见一面南黝黑巨石在阳光下的照射下,发出耀眼的光芒,恰似埋藏深山亿年的珍宝重见天日,向世人露出它的庐山真面目,众人皆喜。近看,整块石头约有四五平方米,石面光滑如镜,上刻二三十有余各种动物,动物图形构思粗犷,形象生动,栩栩如生,有吃草的牛,有奔跑的鹿,有双角突出的岩羊,有飞驰的骏马,有摇尾巴的狗,有天空的飞鸟等等,有些图案猜测半天不得其解,可能是少数民族信仰崇拜的图腾,又或是原始宗教活动场面。众人石前合影留念,有几个靓女摆出各种姿势,好逗者唏嘘雀呼不已,大有一种“美女和野兽”的味道。更有甚者,登山顶俯视摄影,众人示意胜利手势,欢呼声在山谷绵延回响好久。前行山谷越来越狭窄,崖壁陡峭有坠落之惧,名曰“一线天”。害怕惊动山里的神仙,与几位年长者驻足畅谈甚欢,闻听了许多本地传说典故。时至中午时分,众人皆返,好多人全然不顾一路劳顿和饥饿,才想起分发的面包和矿泉水,一阵狼吞虎咽,欣喜之色满脸。

最后一站石关峡岩画区,顺峡口向西约一千米处,崖壁岩画集中南北相对。南崖岩画距沟底近,人能触及,共有三处。较大一块有两座喇嘛庙佛塔图案,佛像端坐其中,上下排列,上面经幡飘动之感十分强烈,下面古藏文"六字真言"题记清晰可见。北崖距沟底约数十米,突出岩壁的一块直立岩石上,双线阴刻有"北漠尘清"四个大字的摩崖石刻碑,字体方正有力,左下刻有"大明万历癸巳肃州兵备广陵郭师古书"小字。其左上方岩壁岩画甚多,攀爬而上,一块大的仅有十多只岩羊,下行偶在岩壁侧面居然发现零星的动物图案,不及细数。下有年长者和女同志危惧,不得上,惋惜。至沟底,有人询问,指点一番,窃喜。

时已下午,再探访其他沟内岩画时间来不及,商量回返。然后小聚交流感受,游兴未尽,有人相约再走黑山,悉数岩画尽收眼囊,佩服。

魂梦黑山

黑山地区岩画是不同时期不同民族的艺术精品,风格各异,生动逼真,雕琢手法不同,这可从东边几道山沟以动物图案为主,西边几道山沟以生活场景见多看出。总而观之,它记录了远古人类放牧、狩猎、祭祀、争战、娱舞、交媾等生活场景,以及羊、牛、马、驼、虎、豹等多种动物图案和抽象符号,揭示了原始氏族部落自然崇拜、生殖崇拜、图腾崇拜、祖先崇拜的文化内涵,是研究中国人类文化史、宗教史、原始艺术史的文化宝库。画面艺术造型粗犷浑厚,构图朴实,姿态自然,写实性较强,表现了对美好生活的向往与追求,日积月累也就形成了今天我们引为神秘的"黑山岩画"。

在河西一带漫长的历史中,究竟有多少民族先后交替在黑山地区繁衍生息?在这些创造过灿烂的古代文明的游牧民族中,哪几个是岩画最有可能的创造者?这些民族又是在什么年代什么样的环境下在这里繁衍生息?他们是怎样在悬崖峭壁上刻下这些岩画的?刻下这些岩画的目的是什么?岩画,这一人类没有文字之前的文化,稚拙、纯朴、粗犷,是我们祖先纯真情感与真实生活的精彩表现。

每当夜深人静,行走暂时滞留于某个灯光黯淡的山间客栈,我的思绪会越过黑暗中神秘莫测的起伏山峦,在星光低垂的黑山上空收住翅膀,我已被岩画的光芒照耀成通体发光的灵魂。这种发现常常让我激动地彻夜难眠。

这里的一草一木都能讲述一段故事。遥想这里曾经是金戈铁马的舞台,月氏、乌孙、西羌、匈奴、鲜卑、蒙古、突厥、回鹘、党项、汉族,一个个你杀来,我冲去,政权交迭,日月更替,始终没有阻挡住古代先民对精神生活的强烈追求;这里曾经是西天凿空的通道,一批又一批的中亚人骑着骆驼,驮着丝绸,背着瓷器,在她面前悠然地走过;这里曾经是岩画文化的瑰宝,从春秋战国到明清,一代又一代先民,一笔一画镌刻历史的传承,犹如黄河九曲十八湾边的那信天游悠扬嘹亮而又荡气回肠……千丈绝壁,直立如削,如苍鹰昂首向天,振翅欲飞,千百年来雨水侵蚀过的峭壁成了巨鹰丰满的羽毛。

"岁月失语,唯石能言"。自古以来,黑山地区处于游牧文化和农耕文化交汇的最前沿,东西方文化兼容并包、多元共生。在民族大融合、大迁徙、大征服的年代,这里往往会成为各民族争夺牧场、抢占水源、攻城略地的主战场,一旦开战,生灵涂炭,所有烽火溯源而上,野心家们在铁骑阵鼓里寻找永传万代的狂想,征战厮杀、改朝换代、强盛败落、最终颠覆灭亡,走马灯似的又一次被后来居上的逐鹿者齐齐放倒。龙墀坍驰,江山破碎,所有的一切都在叹息声中化为风尘。历史老人肃然勾首回望,无语唏嘘片刻之后,又将横竖撇拉种植在新的皇家宗谱。这些与咱们老百姓没有丝毫的关系,惘然四顾,只将悲愤懊丧潜于心底,层层叠叠的情绪穿越血雨腥风,把向往美好生活的心悬挂在一棵棵松柏树梢,隐匿山野林泉,刻在深山顽石上,或者清晰,或者破碎,韬光养晦渴望沐浴一种风度。千百年之后,在沉重而悲伤的画卷上,总会显现出影影绰绰的身影,讲述一段今世来生的传奇。黑山岩画正是如此。

多少次梦里,黑山奔放粗犷的岩画,在深秋暮色中熠熠生光。我上前像无数游人一样,轻轻抚摩,感觉到有纤细的凉意从手掌涌起。当抬头看时,我突然觉得与那个身披兽衣、手持凿钎的“画匠”,只有一转身的距离。

嘉峪关移民文化漫笔(十)
——东北大酸菜

孙 钢

人们一听说“东北”二字,立刻与寒冷联系在一起了。东北三省的冬季气温的确有些吓人。东北人以往冬季吃菜都是靠挖菜窖贮存蔬菜。除此之外,还要腌制大酸菜,这可是冬贮大白菜的极好办法。季节一到,就会疯狂地大量腌制。腌制一次常常要吃上半年。这种习惯,随着早期大批移民到达嘉峪关也伴随而来。

东北人食用酸菜由来已久,本来是普通腌菜,后来渐渐变得越来越不那么普通了,甚至可以说变成东北特色菜。前些年东北歌手雪村唱响了《东北人都是活雷锋》以后,加上了一道菜:“翠花,上酸菜!”

要想把大白菜经过几道手续加工,然后让其自然发酵,最终成为酸爽可口的正宗东北大酸菜,是需要一套正确科学方法的。虽然各个家庭腌制方法不尽相同,但大体上几个步骤是一样的。笔者愿把腌酸菜过程与经验记录如下,供有兴趣的读者参考。

第一步:挑选白菜。要选九成熟的白菜,不要选那长的太老的。太老的白菜纤维多,菜帮也太大,损耗必然大。

第二步:适度晾晒。把白菜最外层菜帮晾晒到稍微打蔫不那么脆即可。避免过度晾晒,否则会严重影响酸菜质量。

第三步:清洗与消毒。腌酸菜的器皿应首选瓷缸,不可用塑料或金属容器,未腌之前,要对缸体内部和压缸石进行认真彻底地清洗消毒,可用酒精或者高度的白酒。

第四步:白菜进缸。为了节省缸内有限空间,白菜要360°转圈摆放,菜与菜之间尽量不留空隙。如果菜棵较大,可用刀切成两半(随手可把菜根挖掉)。每摆一层需撒一层盐,但盐不可过多,按白菜重量的2%即可,盐过多就腌成了咸白菜而不是正宗酸菜了。菜摆满后,最顶层要放置压缸石,然后往压缸石直接浇开水,直到水淹过白菜为止。

第五步:发酵。大约需要3—4周,最适合的温度是8—15℃。温度过低需要发酵的时间过长,过高又容易导致腐烂。防止腐败的窍门在于:缸、水、手都要洁净无污染,尤其不可沾上油脂,否则酸菜就会烂在缸里(腐败的酸菜不但不能吃,散发的气味极其难闻,清除也费时费力)。

有些人家的酸菜缸摆在厨房里,这样做虽然捞取酸菜时方便了一些,可是烹调菜肴时,溅起的油雾会沉降到酸菜缸里,必然导致整缸菜变质。另外,每次从缸里捞取酸菜时,手是否洗干净也很关键,若用脏手捞取,酸菜也容易受污染变质。很多爱吃酸菜这一口的人常常抱怨说:“我家年年腌,年年烂;年年烂,年年腌。”看来,以上各个环节都不能马虎,否则前功尽弃。

笔者就是一个喜吃酸菜的东北人,有多年动手腌制酸菜的实践与经验,自信经手腌的酸菜绝对上乘。记得20多年前一个春季,,当时天气已转暖,八个友人相聚在一起要求吃酸菜火锅,然而,各家的酸菜都已发缸了(酸菜水已腐败,菜不能吃),唯独我家的酸菜仍洁白酸挺,连酸菜水都清亮不浑,丝毫没有腐败迹象。用我的优质酸菜吃了一顿酸爽开胃的火锅,吃货们各个食欲大开,赞不绝口。

东北大酸菜的特点是纯酸、爽口、开胃、解腻、能增强食欲。吃法上除切丝凉拌外,还能与多种食材搭配可炒、可烩、可炖、可剁馅、可氽汤、可吃酸菜火锅……由于酸菜的大众性、烹饪料理也在推陈出新,逐渐上升到新的层次,现如今已有多款酸菜类菜肴:酸菜粉条白肉片、酸菜炖排骨、酸菜鱼、酸菜炖冻豆腐、虾仁炒酸菜、烩酸菜丝、酸菜丸子……凡是吃过“酸菜粉条白片肉片”这道菜的食客都会赞叹说:“这五花肉入口即化,肥而不腻,真过瘾。”主人会说:“大肥肉片不腻,你可劲造(东北方言:放开吃)没事。”东北移民最爱把酸菜剁成馅,兑上猪肉馅包饺子,尤其是过年过节,酸菜馅饺子是绝对不能少的。

从20世纪50年代末开始,每当秋末冬初,嘉峪关的东北老移民都要为大量腌酸菜忙碌,这是一年中最有生活气息的季节。由于嘉峪关对白菜的需求量很大，而早些年酒泉农民种的白菜不多，因此，酒钢公司除了到酒泉银达、果园、西峰、泉湖等乡拉运白菜外，还要到张掖农村采购拉运。每年这个季节酒钢各单位的货运卡车纷纷出动，马达轰鸣直奔产菜区。菜拉运回来后，接下来是过磅分菜。分到各家各户的白菜都摆放在居民的房前屋后进行晾晒，人们忙碌着刷洗菜缸、压缸石，接下来是扒梆、洗菜……做腌菜前各种准备工作。有些家庭人口多，往往要备用两口特号大缸，全家齐动手，要腌上1000—1500斤才能确保全家人吃上整个冬天。

与嘉峪关比邻的酒泉原住民也有冬季腌制白菜的习惯。不过，酒泉人与嘉峪关东北人的腌制方法不尽相同。酒泉人腌制的白菜除了要放较多的盐外，还要加放辣皮子、姜粉、茴香籽。因此，这种腌菜就具有了咸、酸、辣的多味口感，酒泉人称之为“酸辣白菜”，也有人称“姜白菜”。这种菜切成丝后，只用来生吃下饭。笔者多年前曾品尝过这种小菜，感到口味很独特，另有一番滋味。

时光荏苒，现如今楼房越来越多，平房越来越少，冬季楼房里温度偏高，人体感到舒服了，但不适合酸菜发酵。现在嘉峪关很难见到市民大张旗鼓地腌酸菜了。想吃酸菜的人不必为此而纠结。目前，东北有多家酸菜厂，通过网购可提供成品酸菜，现代快递完全可以满足吃货们的口福。

嘉峪关移民文化漫笔(十一)
——东北“浆被”习俗探源

孙　钢

“浆被”是浆洗被褥衣物的简称。这在东北地区城乡是普遍的传统老习俗。20世纪50年代末，因建西北大型钢企，进行过大批技术移民，来自东北的首批移民，把这个“浆被”的古老习俗带到了嘉峪关。

“浆被”的全过程是把脏了的被褥里子和面子拆下来洗涤干净，放入已备好的米汤或淀粉水中，泡上一会儿(约10分钟)，使其完全浸透，给布料挂上一层浆，然后捞出来晾干；此时布料皱皱巴巴，需要两个人对面抻拽，两个人的双手都要捏着布角对称抻拉，这一抻拉过程，关键是双方要把握节奏、动作要协调一致，才能做到一张一弛。

抻拉过的被衬和褥里，需用嘴喷水(早年没有专用喷壶)，接下来叠好放在砧板上用棒槌反复捶打。所用砧板和棒槌是“浆被”过程中不可缺少的用具。两样东西都是木质的，要求木头坚硬，不开裂，一般选用枣木、梨木、桃木。棒槌长1尺2寸，砧板则是一块长2—3尺、宽1尺5寸—2尺、厚4—5寸的硬木板。这块实木砧板很沉重，力气小的人搬动起来显得有些吃力。那些使用时间长的老砧板表面摸起来很光滑。

每当家庭主妇开始捶打布料时，都要先把砧板放在炕上，盘腿而坐，双手执棒槌上下舞动，进行有节奏的捶打，伴随而来的是梆……梆……的捶打声，这声音很有穿透力，远远就能听到。

从20世纪50年代开始，在五一俱乐部和人民商城周边的住宅里，人们不时能够听到“浆被”而发出的棒槌捶打砧板的声音，熟悉这种声音的人都清楚这是有人正在“浆被”。

经过捶打后的布料，褶皱全无，叠好摞起来显得格外干净平整，这最能彰显出女主人的勤劳和讲卫生的天性；同时，经过“浆洗”的布料，重新缝制起来既柔软又熨帖。晚间入睡时，钻进“浆洗”过的被窝里，有一种凉丝丝又爽滑的感觉，让人心中十分惬意。

“浆被”所用的砧板和棒槌是移民从东北带过来的。笔者家中原先有一块砧板和两个棒槌，母亲每年都要“浆被”。如今笔者已经年逾古稀，依然记得早年只要在家，看到母亲“浆被”，都会主动帮助她老人家抻拉已上浆晾干后还未经捶打的布料。

似乎无人知晓“浆被”这个习俗的来龙去脉，也未见有人对此进行探索和追问。其实，只要认真考证，“浆被” 习俗终究可以找到历史源头的。与“浆被”有关联的内容线索，在古诗词中可以寻找到蛛丝马迹。如杜甫《捣衣》：“亦知戍不返，秋至拭清砧。已近苦寒月，况经长别心。宁辞捣熨倦，一寄塞垣深。用尽闺中力，君听塞外音。”如李白诗：“长安一片月，万户捣衣声。秋风吹不尽，总是玉关情。何日平胡虏，良人罢远征。”如唐诗人沈佺期诗《独不见》：“卢家少妇郁满堂，海燕双栖玳瑁梁。九月寒砧催木叶，十年征戍忆辽阳。白浪河北音信断，丹凤城南秋夜长。谁为含愁独不见，更教明月照流黄。”《敦煌曲子词》中亦有此类描写《风归云·闺怨》:“征夫数载,萍寄他邦。去便无消息,累换星霜。月下愁听砧杵起,寒雁南行。孤眠鸾帐里,枉劳魂梦,夜夜飞扬。想君薄行,更不思量。谁为传书与?表妾衷肠。倚牖无言垂血泪,暗祝三光。万般无奈处,一炉香尽,又更添香。”古人每于秋夜捣练,制寒衣以寄远。乐府词《子夜四时歌秋歌》其一“佳人理寒服,万结砧杵劳。”白居易《八月三日夜作》诗:“月明砧杵动,夜夜捣秋练。”

从以上诗词中描写不难发现“浆被”习俗确与古代“捣衣”有历史上的渊源。古代的“捣衣”和后世的“浆被”共同点是:(1)都使用砧板和棒槌,只不过古代的砧板是石砧板,后来的砧板是木砧板。(2)无论是古代的“捣衣”还是后世的“浆被”都是把布料或衣物放在砧板上反复敲打捶平,主要目的是使其平整无皱。为了除皱,后来人们发明了烙铁——一种用火烧热后可以熨平衣物和布料的铁器。然而,用烙铁熨烫衣物布料,温度难以把握,低了烫不开褶皱,高了衣物会被烫损,笔者曾见过有人向烧热的烙铁上吐口水的方法来检测烙铁的温度,但这种方法难以测出合适的温度,操作者的形象也欠雅观。随着科技的进步,人们又发明了电熨斗,人们可以根据实际需要,调换出不同档位,就能调出稳定的需要的温度,十分方便实用,科技真的改变了生活。

无论“捣衣”还是“浆被”,用的是“冷处理”手段,烙铁和电熨斗用的是“热处理”方式。不管是哪种手段或是方式,古人和现代人追求生活高质量的大目标是一致的。

旧房改造,几经搬迁,笔者家中的砧板和棒槌早已不知去向。漫步居民社区,再也听不到“梆……梆……”的棒槌捶打声了。显然,“浆被”习俗在嘉峪关已销声匿迹,中青年人或许听都未听说过,“浆被”只能留在白发人的遥远记忆中。

嘉峪关移民文化漫笔(十二)

——东北移民说外语

孙 钢

1958年下半年,大批酒钢家属涌进酒泉城,在酒泉城肃园街、东关街、邮电街、仓后街、官井巷、石油新村等街区,酒钢公司租用房屋给迁来的移民居住,东北人与酒泉人成了邻居。

当年,酒泉城内除了大机关,大单位建有水塔可供自来水外,城中居民都是吃用井水。从井里打水,酒泉人用的是柳斗(一种用柳条编制的很密实的提篮)提水。那种柳斗个头大,需一直泡在水中,否则干燥裂缝漏水。因此,柳斗显得又湿又重,空柳斗至少也有5斤。东北人用的是上大下小的镀锌铁皮桶,这种桶体积小,重心在上,放在井水里,能自然倾倒灌满水,很轻便地把水从井里打出,原住民很是羡慕。可是,他们发现,同院子里东北人对这种小水桶叫法上并不一致,有的叫“喂大罗”,有的叫“巴盖子”。这让酒泉人感到莫名其妙,一头雾水。“听不来,这到底是个啥东西桑?”酒泉人自言自语道。

酒泉人听不懂是可以理解的。“喂大罗”和“巴盖子”原本就不是汉语,前者是俄语,后者是日语。当清楚这两个词汇来历的人说明缘由时,听话人不耐烦地发脾气道:“中国人不说中国话,放什么洋屁?”

出现这种尴尬场面,追问根源还要从东北地区的近代和现代历史说起。俄罗斯人曾两次大规模的迁入东北地区。第一次是由于中东铁路的修建,以哈尔滨为中心,西起满洲里,东到绥芬河,南至大连。随着铁路的修建和运行,俄罗斯人开始迁入东北地区。大量俄侨来华,必然产生两国民众之间在商业、工作、婚姻以及日常生活的交流,而交往的媒介自然是语言,主要是习惯口语和通俗会话,这对当地汉语产生了很大影响。当年,无论是土著农民,还是闯关东的山东好汉,无论是中东铁路的华工,还是店铺伙计,甚至是街边的修鞋匠,为了跟俄罗斯人打交道,也是为了生计,几乎都能说上一些俄语,这跟当年产生于上海的洋泾浜英语情况极为相似,两者之间有着异曲同工之妙。

第二次俄罗斯人进入东北地区发生在苏联十月革命期间,革命的胜利迫使资产阶级失去了一切,失败者只能外逃,当年逃亡的俄罗斯人主要集中在哈尔滨一带。新中国成立前,哈尔滨只有几十万人口,但却有十万俄罗斯人。不难想象对该地区的影响有多大。鉴于此,一些音译俄语逐渐的进入东北方言之中。下面列举一些这种词语:玛达姆:夫人、太太、对已婚妇女的尊称。袜子搁在鞋里面:星期天。骚达子:士兵。不老好:不好、坏。拔脚姆:咱们走吧。布拉吉:连衣裙。伏特加:白酒。毡疙瘩:西伯利亚高筒毡靴。喂大罗:上大下小的镀锌铁皮桶,用来打水。嘎斯:瓦斯、乙炔气。壁里砌:搭砌土墙里供取暖的壁炉。吉布克:鸭舌帽。格瓦斯:俄国产的可口可乐,清凉饮料。八杂儿(巴扎):市场。列巴:面包。火烈拉:霍乱。巴黎少爷:大的。戈栏:水龙头。哈拉少:好。笆篱子:监狱。马神:机器。上高:好。谷瘪子:商人。胡里干:流氓。新巴结尔:相好的。

时至今日,那些熟悉俄语相关词语的人都是一些老年人了。不过,在东北仍然偶尔可以听到有人说类似"别跟我玩'马神克'(骗子)要不你得蹲'笆篱子'(监狱)"的话。随着会说俄语的东北人相继去世,东北方言中的俄语借词越来越少地出现在日常生活中了。

与俄语相比,日语对东北方言的影响更大更久。从1905年日本侵占辽东到1945年伪满洲国垮台的40年间,日本侵略者除了实行残酷的军事、政治统治外,还实行野蛮的文化统治,强行推出一系列的奴化教育政策。1932年伪满洲国成立后,日本侵略者企图通过奴化教育使我国青少年在接受文化知识过程中潜移默化地崇拜日本,丧失中华民族意识。1937年卢沟桥事变后,开始实行新学,日语教学占有突出地位,从小学开始就强迫学生学习日语,把日语定位"必修课"。当时发行的教科书里国语分两本,一本是《日语》,一本是《满语》(称满语不是指满族的语言,实际上是中国汉语)。实行的是双语教学。

在伪满时期,大批日本移民进入东北地区,日本人在各机关里担任实质领导人。于是,中国人与日本人的沟通交流成立当务之急,一种汉语与日语杂糅变体在东北地区产生了。这种语言既不是纯日语,也不是中国语言,而是日语和汉语杂交变种,人们通常称这种语言为"协和语"。从语言学再度来说,"协和语" 是汉语和日语接触后互相交流词汇和语法而形成的。

"协和语"引入大量的日语词汇,这对东北方言影响很大,其结果是多数东北人都能说一些,现列举一些常用的"协和语"如下:通勤:职工上班。苦力:工人。远足:郊游。写真:摄影。料理:炒菜。料理屋:饭馆。万年笔:自来水笔。勤劳奉仕:劳动服务。奎路:汽车点火线圈。挖路:汽车进排气门。满员:客满。劳金:工钱。吃劳金:挣钱。榻榻米:草垫子。轱辘马:车。便所:大便之所、厕所。腰细:好、对了。株式会社:公司。米西米西:吃饭。打邮便:寄邮件。邮便局:邮政局。放送:广播。巴拉布:开闭器。马葫芦:下水检查井。表题:标题。图谋:谋求。挖弄:以财务拉拢、贿赂。搂耙:能干、肯出力气。汉褟子:汗衫、背心。巴盖子:上大下小的镀锌小水桶。非常口:电影院的太平门。猫哭透:对死者默哀。巴嘎牙路:混蛋。映画:电影。消费组合:超市。

这些不中不日的"协和语"是鬼话。可是,这种语言竟然在东北地区流行了十几年。

随着二战反法西斯战争胜利和伪满洲国的灭亡,"协和语"也随之式微,这种在特殊历史时期产生的语言,逐渐消失了。但是,值得一提的是,"协和语"仍然在中国一些抗日战争的电影、电视剧、小品里使用。

在嘉峪关市民中,能讲俄语和"协和语"的东北籍老移民已为数不多了。据笔者所知,他们的年龄大多是八十五岁以上的耄耋老人。

北漠尘清

——四幕大型秦剧

编剧 胡 杨

主要人物
父亲 杨万林
儿子 杨度
女儿 杨雪
母亲 萨仁(蒙古族)
儿子 巴雅尔(蒙古族)
女儿 萨日郎(蒙古族)
地点:河西走廊酒泉以西的戈壁绿洲地带
时间:明代

第一幕 北漠尘清

画外音

公元1372年,明洪武五年壬子正月,明太祖朱元璋派兵远征朔漠。大军分三路进击,宋国公冯胜为征西将军,出西路。

冯胜大军出金兰,趋西凉,至永昌,横扫林山(今山丹),兵进亦集乃路(今内蒙古额济纳旗),随后,师进瓜、沙二州(今甘肃敦煌、瓜州),大败元兵,获金银印及马驼牛羊两万而还。至此,冯胜下河西,甘肃皆平。

大漠、风沙、白草、明月、关塞……狼烟四起、旌旗猎猎。

阵阵冲杀声伴随着撕心裂肺的惨叫,乌云密布,流民在戈壁沙漠中踯躅前行,凄惨悲凉的景象。

集体咏唱:祁连山铁骑,血光照铁衣

塞下秋草黄,寒风几万里

走不尽的荒村野店,走不尽的山坡沙湾

受不尽的尘扑日光焰,受不尽的风吹雨洒寒

萨 仁(唱尖板)

乌云密布狼烟起,(拦头)两军交战在今夕,

官人不知生与死,心如刀绞精力疲。

(代板)

兵荒马乱家园毁,眼望儿女心凄凄,

世道艰险无指望,长路漫漫去哪里。

(白)老身我今年五十多岁了,从小生活在庄园、王府,习惯了锦衣玉食。不想,汉人的军队席卷而来,一瞬间,我们就变成了逃亡者。天苍苍、野茫茫,哪儿是我们的安身之处?可怜我的儿子巴雅尔,他才刚刚十三岁,就得过这种颠沛流离的生活,可怜我那女儿萨日郎,也才十一岁,却要开始经受风吹雨打!可怜我那丈夫,血染沙场,终究马革裹尸,老身这一把骨头扔就扔在这荒郊野外了,也就罢了,可这一双儿女,是他人这一生最兴旺的时候,我要是去了,他们怎么办啊?天啊!到底造了什么孽,有这样的报应,天哪!天哪!天哪!

集体合唱:远离热土兮天一方,回到草原兮心内伤,

愿为云雀兮回故乡,狂风沙尘兮雾茫茫。

杨万林(唱苦音二六)

想我半辈勤耕田,孝敬父母守家园,

爱惜飞蛾蝼蚁命,吃斋念佛到如今,

家破人亡天昏暗,横祸飞来在今天,

老天老天开开眼,救我水火续佛缘,

一双儿女正年少,应为青春读书郎,

烽火连天四散逃,生死未卜难预料。

杨 雪:爹爹!

杨 度:爹爹!

集体合唱:亲人相离合,日月枕干戈,仇怨深似海,人生苦难多。

杨 雪:啊!蒙古人,爹爹,他们是蒙古人。

杨万林:蒙古人,当真是蒙古人,就是这些蒙古人害得我家破人亡,妻离子散,想不到你们也有今天!

(代板)

亲人逝去尸骨未寒,又见仇人近在眼前,

恨不得将他们千刀万剐,气得人一阵阵咬紧牙关。(齐)

(杨 度拿起一块石头,奔向萨仁一家。)

(杨 雪也搬起一块石头,跟随杨度)

(杨万林迅速拦住

(萨仁一家惊慌失措

巴雅尔:妈!

萨 仁(阴司板)

风雨一路求神灵,西风吹灭长命灯,

倘若奴家随风去,两个幼童谁照应。

巴雅尔:妈,有人来了!

萨 仁:求求你救救两个孩子吧!

杨万林:这……

杨 雪:爹爹,他们是蒙古人,不能管他们。

杨 度:是啊!不能管他们。

萨 仁:这块玉牌给你,救救两个孩子吧!

杨万林(唱尖板)

看见这玉牌似曾相识,让思绪回到二十年前,

那时间田地荒芜天大旱,随父母要饭四处逃荒,

有一天我饿昏倒在大路,被一位蒙古大姐救命还,

一兜酸奶疙瘩和炒面,杨万林我才活到今天,

这玉牌当年恩人佩戴,莫非是恩人到面前。

杨 雪:爹爹,不能管他们。

杨万林:孩子们,二十多年前,绿洲大旱,田地荒芜,饿殍遍地,我随父母逃荒要饭,天高地远,一家人不知不觉昏倒了。醒来时,我们躺在一个巨大的毡房里,在这里静养了几天后,身体逐渐恢复。曾记得,主人是一位慈祥的蒙古族大姐,临行前,给我们装了一袋炒面和一兜子酸奶疙瘩。靠着这些,

一家人度过了天灾。那时候,我还是个年轻的小伙子,我清楚地看见大姐身上佩戴着一个亮晶晶的玉牌。现在,这个玉牌,怎么在她身上?难道,难道,眼前的她,就是曾经的救命恩人?

萨　仁:谢恩人（苦二六）

　　老天开眼在此景,一双儿女遇恩人,

　　长做善事有善报,终究世道公平心。

杨万林:孩子们,别怕!

萨　仁:兄弟,这是蒙古人的长生天,它能够保佑天下善良的人长命百岁,吉祥如意,纵使蒙汉两家有血海深仇,您就看在天涯沦落人的份上,收下这块玉牌,要不,我死也瞑目了。

杨万林:你是我的救命恩人啊,二十年前,是你救了我。

萨　仁:这,这,这,怎么可能……

杨万林:你救了我们,还送给我们吃的喝的,别的我已经模糊了,这块玉牌,我记得清清楚楚,你说,这是你家祖传的玉牌,可见你就是我们的救命恩人。仔细看你,对了,你这容貌,我一辈子都忘不了,虽然时光过去了二十年,但你慈祥的面容,就像刻在了我的眼睛里。

萨　仁:这,这真是上天保佑啊!

(萨仁激动异常,一口气没上来

巴雅尔:

　　妈,妈……

萨日郎:

杨万林:大嫂,(拦头)

一霎时恩人魂升天,不由我万林泪涟涟。

　　两个孩子无依傍,蒙汉兄妹无有娘,

　　恩人托付我要管,杨万林心中好为难。

百　户:接镇抚、千户指令,搜查蒙古余孽,保护边防安宁,如有隐匿不报,则全家充军漠北。另,指挥使军令,按户抽丁,修筑长城。

明军乙:你们听见了没有?

明军甲:你们回去准备,挨家挨户搜查登记。

明军乙:百户你看咋样?

百　户:你们跟上老子好好干,保你们吃香的喝辣走。

第二幕　民族花环

杨　雪:(唱)桃红柳绿风光好,

萨日郎:(唱)戈壁塞外春亦俏。

杨　度:(唱)蒙汉一家是亲人,

巴雅尔:(唱)毡房草庐志趣豪。

杨　雪:(唱)毡房草庐志趣豪,

　　　　北大河水浪滔滔。

杨　度:

　　哎!浪滔滔,浪滔滔,田畴无垠尽青苗。

巴雅尔:

四人合唱:和和睦睦度日月,风调雨顺人欢笑。

杨　雪:看这里有这么多的苦苦菜。

巴雅尔:苦苦菜,能吃吗?

杨　雪:又娇气了,咋不能吃?小时候,到了春天青黄不接的时候,我们天天吃这个,这不我们的身体也结结实实的。

杨　度:别数落你巴雅尔哥哥了,他从小在府里长大,跟你似的一个野姑娘。

巴雅尔:雪儿才不是野姑娘,她是窈窕淑女,等我长大以后一定娶她给我做媳妇呢。

杨　度:好好好,你就护着她吧!

萨日郎:哥哥你偏心,难道我就不是窈窕淑女吗?

巴雅尔:你才是野姑娘。

杨　度:在我眼中看来,萨日郎才是窈窕淑女。

萨日郎:还是杨度哥哥好,等我长大了一定嫁给他。

杨万林:好了,哎呀儿啊,明军来了挨家挨户搜查,专查蒙古人,儿呀快回。

明军甲:家里都是什么人?这么多孩子?

杨万林:这里家家户户都是这么多孩子,两个男孩,两个女孩。

明军甲:这孩子像是逃荒的吧,不会是蒙古人吧?

杨万林:不是的,不是的。

明军乙:不是的?我看并没有你说得那么简单,恐怕另有来路吧?

杨万林:噢!百户,你看,这老百姓刚刚过上安稳日子,你看又来这个……这日子简直没法过了。

百　户:别说这个了,心里没病,就不怕鬼敲门。

杨万林:是的,是的。

百　户:孩子的事就别说了,按户抽丁,你这人口,得有俩儿跟我们走。

杨万林:百户,百户……(代板)

　　听一言气得我肝碎胆裂,不由人一阵阵七窍冒血,豺狼当道无活路，人逢乱世不逢时。

杨万林：老天啊老天！你怎么如此待我！(苦音二六)

手心手背都是肉呀，痛苦万分心似刀剜，

两双儿女舍一对儿，(伴唱)舍一对儿。

离开家园去边关，(伴唱)去边关。

交出巴雅尔、萨日郎，对不起玉牌长生天，

如交出杨度和杨雪，百年后无言对妻言。

难！难！难！怎么办？罢！罢！罢！就这般！

杨　雪：爹爹！让我们去吧！

杨　度：

巴雅尔：爹爹！我们是蒙古人，就让我们去吧！

萨日郎：

杨万林：我心已决，如果你们再不听话，我就死在这里。

巴雅尔：爹爹！

萨日郎：

杨万林：嗯！

(杨度和巴雅尔双双跪在杨万林面前

杨　度：我是男儿身，不能让妹妹去，修筑长城，守卫边关，历来都是男人的事，就让我去吧！

巴雅尔：就让我们去吧，男子汉大丈夫，在哪儿都能立得住。

(看着孩子们如此深明大义，杨万林一声叹息

杨万林：走走走，罢罢罢

巴雅尔：爹爹，我兄弟二人走后，再也不能孝敬您老人家了。

杨　度：如此爹爹转上，受我兄弟一拜了！(苦音二六)

爹爹，从此咫尺不相见，低下头儿泪不干。

四人合唱：今天相互永别后，哪年哪月才团圆？爹爹！

集体合唱：天苍苍，野茫茫，此去一别各一方。

情切切，意绵绵，烽火连天岁月长，岁月长，岁月长！

第三幕　嘉峪筑关

画外音：宋国公冯胜由瓜、沙回肃州，相度地形，以肃州西70里的嘉峪地区是千里河西走廊南北山系拱合最狭窄之处，这里地势险要，南面是嘉峪山，北面是黑山，两山对峙，中有平地，南北相距最宽处30里，最窄处16里，势如酒泉盆地之瓶口。

集体合唱(嘉峪关民歌)

西域入贡，路由此还，酒泉门户，河西纵览。

中外巨防，扼控江山，有关无城，宋元以前。

九眼泉下，筑城建关，风尘起兮，车马横穿。

人如逢草，夯声震天，长城雄起，万众欢颜。

打夯号子：大伙加油干呀，哎嗨哟嗬嗨嗨，

夯往高里抬呀，哎嗨哟嗬嗨嗨

再来一家伙呀，哎嗨哟嗬嗨嗨

大伙莫偷懒呀，哎嗨哟嗬嗨嗨

头夯子就压个实啊，(合)嗨吆嗬嗬嗬嗨嗨吆嗬咦吆嗬

二夯子就压个瓷啊，(合)嗨吆嗬嗬嗬嗨嗨吆嗬咦吆嗬

风吹雨打也不倒啊，(合)嗨吆嗬嗬嗬嗨嗨吆嗬咦吆嗬

一千年也是个硬邦邦，(合)嗨吆嗬嗬嗬嗨嗨吆嗬咦吆嗬

巴雅尔：(唱尖板)狂风骤起沙漫漫，

(拦　头)丝路驼铃古道边，

万千民夫洒血汗，建起长城嘉峪关。

(白)小时候，看见人们赶着木轮高车，现在才知道这叫大轱辘车，世事变迁，沧海桑田，没想到现在我成了车户，握住了鞭杆子，运送粮食和蔬菜，在队伍里又充当火头军，升火造饭。这里到处都有监工来回走动，不时用鞭子驱赶劳作的人们。哎！苦命的人们，吃不饱，穿不暖，还要干这么重的苦力活，谁能吃得消啊！

画外音：明洪武二十七年，公元1394年，设立嘉峪关所；弘治初年，西域吐鲁番王阿黑麻举兵吞并哈密，关外大乱；弘治七年，公元1494年，“闭嘉峪关，断绝贡道”。嘉峪关的防御设施不断完善，不断扩展。

将军甲：人赛南山猛虎，马如蛟龙出潭。

将军乙：出营撒开一骑马，好似弓弩把箭发。

杨　度：(花音尖板)耳听远处马蹄起，

(拦　头)　必然报来好消息。

今朝一旦干戈起，未来十年不太平，

杀气冲天只为仇，日每怀恨在心头，

咬牙切齿恨悠悠，不杀流匪不罢休。

(白)人勤土变金，人懒金变土，随波逐流去，迟早下地狱。

流　寇：横竖是个死，不如痛快死，宁愿吃饱死，不愿饿着生。

杨　度：荒年青草蔬，牛羊尽饿毙，食不能果腹，不如遭杀戮。

来呀！杀！

流寇甲：兄弟，你看哥这两下咋样？

流寇乙：哥你力大无比，无人打得过。

流寇甲：咱蒙古人是吃下生羊肉的，还怕他吃苦苦菜。追！

杨 度：哎呀兄弟们，今天，我们寡不敌众，遭到了流寇的袭击，责任在我，我来抵挡，你们冲出关去报信。

将军甲：

哎呀参将，今天我们死也要死在一起，我们不走。

将军乙：

杨 度：你们必须回去，要不然我们就会全军覆没。

将军甲：参将

将军乙：

杨 度：(尖板)戎马边塞九死一生，(双锤)戈壁苍茫内心空，

侧身扬鞭入敌阵，瓦碎玉损共辱荣，

今日一别是烟云，男儿热血洒征程。

流 寇：众兄弟们，把这明军的头目绑了，

(嘉峪关上，战鼓擂响，号角声声。

(将军甲乙紧急召集队伍

将军甲：杨参将被围，生死未卜，我们赶紧前往解救。

将军乙：情势紧急，马上出发！

(大批人马正欲前往，突然

巴雅尔一声，等一等

将军甲：哪来的火头军，哪有你说话的份。

巴雅尔：各位将军仔细听，我与参将手足情

今日参将遭劫难，我愿虎穴救亲人

将军乙：你这个小孩，嘴上没毛，办事不牢。

巴雅尔：将军，流寇来无踪去无影，等我们打部队到了，他们早就留了，杨参将早就死了八回了。

巴雅尔：今天，为了救人，我就豁出去了，其实，我是蒙古族人。我和这些流寇能说上话。

将军甲：你这个小崽子，原来是蒙古人。这回，给你一个将功赎罪的机会。

将军乙：这么大事，这个孩子顶屁用！

将军甲：看这个孩子一脸英雄气概，也一定是个成大事的人，他说得在理，也只能按照他的办法一试。

匪窝，流寇们正欲杀害杨度。

众流寇高呼，杀了他，杀了他，是他们把我们赶进沙漠，让我们没有活路。

流 寇：杨大人，我们实在是没办法。

流寇甲：杨大人，今年天气大旱，关外草原无草，田野颗粒无收，人们逃荒要饭，一路上到处都是死人，我们也是被逼无奈啊！

流寇乙：别那么多废话，一刀砍了他。

杨 度：横竖都是个死，给爷来点痛快的。

流 寇：大人……我们真的也是没有办法。

杨 度：天灾躲不过，但人祸却是你们酿成，你们想想，谁都是有父母妻儿之人，你抢了他们的东西，他们怎么过？

流寇乙：还啰唆什么，来呀，推下砍了。

杨 度：谁人不愿合家欢，谁人不想粮仓满，

向西瞭望故乡远，期盼风调雨顺年。哈哈哈！

流寇举起大刀，巴雅尔急速走上。

巴雅尔：住手！

流寇：又来了一个送死的。

巴雅尔：我是蒙古人，(并用蒙古语向同胞问候)

众流寇为之一惊。

流寇甲：你是蒙古人，也是蒙古人的败类，你帮助汉人把蒙古人赶到了塞外，现在逼得我们走投无路。

巴雅尔：汉人并没有你们所说的那么坏，我就是杨参将一家救下来的，我们修筑嘉峪关，是为了阻止战争的发生，好多蒙古人都去了内地，开荒种田，还可以放牧。

流寇乙：你说的是真的？

流寇：这都是骗人的把戏，来啊，把这小混混也绑了，一起受死。

杨度：巴雅尔，你你你，你好糊涂啊，在狼嘴里拔牙，你你你，白白把自己送进了狼窝。

巴雅尔：杨度哥哥，我们不能同日生，今日，我们可以同日死了。

(说完，巴雅尔撕开自己的上衣，

巴雅尔：来呀，痛快点，送爷上路。

刽子手取下巴雅尔脖子上的玉牌，交给流寇，流寇突然恭敬地走过来

流寇：你是，你是老爷的孩子

巴雅尔：我们逃荒到汉人的地界，是杨参将一家救了我们。

众流寇跪倒在地

齐声：少爷，我们瞎了狗眼。

第四幕　天下雄关

杨万林:(唱慢板)

执手相看是泪眼,狂风席卷沙满天,

相见时难今更难,四面戈壁百草残。

(白)我那可怜的儿啊!

杨　雪:哥哥,哥哥

萨日郎:

杨万林:(接唱二六)

亲人团圆在梦乡,梦醒之后更凄惶,

亲人阴阳两别离,嘉峪关下多坟场。

杨　雪:(接二六)

连年征战沙场寒,马革裹尸人未还,

晴天霹雳传噩耗,亲人相隔两重天。

萨日郎:(接二六)

边关苍茫衰草枯,多难时节识君还,

路出大漠寒云外,人归戈壁星夜时。

杨雪:(二六)

叫声哥哥天不应,再喊哥哥地不灵,

青山一道同云雨,明月何曾割两情。

杨　雪:爹爹!嘉峪关到了。

巴雅尔:

杨万林:怎么说嘉峪关到了,

杨　雪:到了!

巴雅尔:

(下场)

将军甲:嘉峪关终于建成了,可杨度却……

将军乙:我们的命是参军给的,我们必须报答他。

将军甲:不如我们一起出关,把那些流寇杀个片甲不留。

众将士:前面有人朝这边来了!

将军甲:准备放箭!

将军乙:慢着,不要放箭,好像是杨大人来了!

众将士:真的是杨大人回来了。

将军甲:杨大人回来了!

将军乙:

杨　度:边关烽火连年起,百姓遭殃无生息,

各族本是一家人,放下仇恨结友谊。

杨　度:我的命是蒙古族兄弟救回来的,今年天气大旱,他们也是走投无路,才干起了劫匪的勾当,我劝他们到关内来,他们就跟着来了。关内还有很多荒芜的土地没有人开垦耕种,他们都是壮实的男人,指定能派上用场。

将军甲:大人有所不知,这些凶悍无比,杀了我们不少人,我们不能放过他们。再说,他们都是草原上的牧人,今儿要让他们放下羊鞭,拿起锄头种田,他们可是个外把式。

杨　度:放下屠刀立地成佛,他们不是天生的坏人,也是被逼无奈,如果我们杀了他们,仇恨就会延续,嘉峪关就会永不安宁。他们不会种田,这不要紧,谁也不是天生就会种田的,跟着周围的百姓一学就会。

众蒙古兄弟:感谢大人的救命之恩,感谢大人给我们的活路。

杨万林:杨度,儿呀!

杨　雪:哥哥,哥哥

萨日郎:

杨万林:(二六)分别数载终团圆,

杨　度:(接唱)亲人相见泪始干,

杨　雪:(接唱)从此相聚不分离,安居乐业建家园。

萨日郎:(接唱)不是亲人是亲人,

巴雅尔:(接唱)恩情是海重如山。

五人合唱:蒙汉两族一家亲,天地见证嘉峪关。

杨万林:蒙汉终于和好,我们一家也团圆了,为父心想将你们的婚事办了,不知你们意下如何?

杨　度:但凭爹爹做主。

巴雅尔:

杨万林:儿呀意下如何?

杨　雪:但凭爹爹做主。

萨日郎:

杨万林:噢,哈哈哈!

司　仪:一撒金,二撒银,三撒新媳妇进了门。

一拜天地,二拜高堂,夫妻对拜,送入洞房。

婚礼歌:

天边飞来两对金色的凤凰

各民族人民来到嘉峪关下的毡房

欢迎你,尊贵的客人

请允许我把醇香的美酒给你献上

集体合唱:

边城烽火今日灭,蒙汉人民笑开颜,民族融合大团结,

和谐共处庆团圆,男耕女织享太平,天下雄关震九边。

重要文件汇编

报 告
公 报

嘉峪关市中级人民法院工作报告

——2016年4月13日在嘉峪关市第九届人民代表大会第五次会议上

市中级人民法院院长 茹作勋

各位代表：

现在，我代表市中级人民法院向大会报告工作，请予审议，并请市政协各位委员和列席会议的同志提出意见。

2015年的主要工作

2015年，嘉峪关市中级人民法院认真学习贯彻党的十八大和十八届四中、五中全会精神，坚持“司法为民公正司法”工作主线，以“三严三实”专题教育为契机，以“工作落实年”为抓手，狠抓队伍建设、深化审判管理、创新体制机制、认真履职尽责，较好地完成了全年的各项工作任务。

一、坚持以执法办案为中心，全力服务经济社会发展

紧扣市委重大决策部署，进一步加强审判执行工作，为加快经济社会发展提供有力司法保障。一年来，两级法院共受理各类案件5472件，审结5350件，收结案同比上升26.3%和28.8%，审限内结案率为100%。其中受理一审案件3715件，审结3695件，结案率为99.5%，受理二审案件407件，审结407件，结案率为100%；受理执行案件1289件，执结1183件，执结率91.7%，执行到位金额达3.9亿元。

（一）依法打击各类刑事犯罪，维护社会和谐稳定。共受理各类刑事案件438件，结案435件，结案率99.3%。判决发生法律效力651人，其中判处五年以上有期徒刑直至死刑71人。严厉打击危害公共安全、社会治安和人民群众生命财产安全的杀人、抢劫等犯罪，毒品、赌博犯罪、扰乱金融秩序犯罪以及贪污、贿赂等职务犯罪，推进社会治安综合治理和反腐败工作。审理了我市有史以来涉案金额最大、受害人数最多、社会影响最广的金融犯罪案件，被告单位中盛公司、中特公司及王银安等7名被告人以非法吸收公众存款罪分别受到了刑事处罚，有力地打击了犯罪，维护了正常的金融秩序。认真贯彻宽严相济刑事政策，对符合法定条件的被告人适用拘役或缓刑，促其早日改过自新，融入社会。落实全国人大关于特赦部分服刑罪犯的决定，对符合条件的罪犯依法予以特赦。推进轻微刑事案件快速办理试点工作，对危险驾驶、盗窃等被告人认罪轻微刑事案件，类案专审，简案快审，取得了良好的法律效果和社会效果。

（二）妥善化解民商法律纠纷，保障经济社会发展。共受理民商事案件3626件，审结3602件，结案率为97.7%，涉案标的额5.02亿元。围绕民生保障，妥善化解涉及群众切身利益的常发性纠纷；鼓励诚信交易，惩戒违约行为，维护竞争有序的市场经济环境；倡导尊老爱幼的传统美德，维护和谐稳定的家庭关系。认真贯彻“调解优先、调判结合”的原则，注重运用调解手段化解纠纷，民商事案件调解（含撤诉）1806件，案件的调撤率为50.2%。

（三）着力加强行政审判工作，有效化解行政争议。审结行政案件68件，结案率为100%。其中一审行政案件53件，二审行政案件15件。按照省高级法院行政案件跨区域管辖的规定，市中院受理被告为张掖市处级以上行政部门的行政案件。我们积极协调应对，抓好学习培训，努力克服困难，依法维护行政相对人合法利益，促进行政机关依法行政。审理了全省首例不服行政机关批复引起的行政诉讼案件，甘州区区长出庭应诉，省法院直播了开庭全过程，此案入选2015年度全省十大行政案件。

（四）切实改进执行工作机制，努力破解执行难题。两级法院共受理执行案件1289件，执结

1183 件，执结率 91.7%，执行到位金额达 3.9 亿元。加强执行工作整体部署，建立执行指挥中心，实现执行工作统一领导、统一管理、统一协调、统一指挥。完善执行工作联动反应机制，积极对接金融、民航、工商、公安、国土、房管等 24 个部门，借助信息化手段打击、惩戒失信被执行人，实现了多领域联动合作。充分运用执行信息曝光平台，通过电视、报纸、微信等多种方式公布失信被执行人名单，联合发布"德润雄关·诚信红黑榜"，公开曝光"老赖"80 人。开展集中打击拒不执行人民法院判决裁定专项行动，对不执行生效裁判的被执行人依法实施拘留 74 人(次)，移送公安机关追究刑事责任 18 案 22 人，经侦查起诉后依法判决 10 案 13 人，其中 1 件打击拒执案件入选最高法院典型案例，为西部五省区唯一入选案例，1 件案件被省高级法院评为全省 2015 年度十大案件。因工作成效显著，2015 年 6 月 5 日，省委政法委、省高级人民法院在我市召开了全省集中打击拒不执行人民法院判决裁定专项行动现场会，会议要求在全省推广嘉峪关经验。

(五)畅通信访工作渠道，推进涉诉信访依法解决。坚持日常信访与院领导接待日相结合，现场接访和视频接访相结合，做到日常信访、视频接访有专人负责，每月 10 日院党组成员轮流值班接待。为提高信访质量和效率，党组研究制定了《院领导预约接访办法》《视频接访暂行规定》《院领导交办信访案件的办理规定》等制度，对信访案件限时答复，做到事事有登记、件件有回音。探索推行"诉访分离"工作机制，完善工作流程，联动化解涉法涉诉信访，引导当事人的合理表达诉求，推进涉诉信访依法解决。

二、坚持以司法为民为宗旨，切实维护群众合法权益

创新司法便民利民机制，加大诉讼服务、司法救助、司法公开力度，努力满足人民群众日益增长的司法需求。

1.打造"一站式"诉讼服务窗口。依托诉讼服务中心，优化窗口服务功能，进一步便利群众诉讼。完善诉讼引导、立案受理、法律咨询、案件办理查询等 10 多项服务功能。印发《便民服务手册》，确保群众办事有人引，咨询问题有人答，联系法官有着落，为来院群众和当事人提供全方位服务。开通 12368 服务热线，拓宽服务渠道，减少群众诉累。诉讼服务中心建设得到上级法院、各级人大代表、政协委员和群众好评。

2.完善司法便民利民举措。制定《嘉峪关市中级人民法院立案登记实施细则(试行)》，认真落实立案登记制度，有效解决"立案难"问题。加强诉前调解和小额诉讼程序的适用，及时化解矛盾纠纷。一年来，诉前调处 388 件民商事纠纷，办理 289 件小额诉讼案件和 54 件确认司法调解效力案件，效果良好。加大司法救助力度，做好法律援助工作，为经济困难当事人依法缓、减、免交诉讼费 11.5 万元，发放刑事被害人救助、执行救助、信访救助资金 37 万元，帮助当事人解决实际困难。

3.健全司法公开机制。推进审判流程公开、裁判文书公开、执行信息公开，认真落实生效裁判文书上网制度，一年来上网公开裁判文书 5102 篇。开展法律"六进"和"法院公众开放日"活动，邀请各界代表"零距离"接触法院，增强群众法律意识，形成遵法、学法、守法、用法的良好氛围。推进审务公开，利用法院官方微博及公众微信平台发布审判信息，直播庭审活动，让审判权在阳光下运行，以司法公开倒逼司法公正。

三、坚持以改革创新为驱动，稳妥推进司法改革工作

按照上级法院和市委深化社会体制改革领导小组的安排部署，结合法院工作实际，积极稳妥推进司法改革工作。

一是实施立案登记制改革。按照最高法院的部署，从 2015 年 5 月 1 日开始改立案审查制为立案登记制，截至 12 月 30 日，共登记立案 3820 件，当场立案率 95%以上，进一步强化了诉权保护力度。二是完善内外部监督机制。制定《内部人员过问案件记录制度》《内部人员过问案件责任追究制度》，任命了重点部门、重点岗位廉政监察员，进一步强化内控监督、促进司法公正。三是开通了执行案件"总对总"查控系统。我市在全省率先开通了执行案件"总对总"查控系统，进一步完善了执行工作机制，为提高执行效率搭建了良好的平台。四是稳妥推进量刑规范化试点工作。认真总结危险驾驶罪审理经验，进一步固定了审理案件的量刑基准、量刑情节等相关要素，为稳步开展此项工作奠定了基础。五是积极推进轻刑快审机制建设。加强与检察、公安、司法行政机关协调配合，联合会签《关于依法快速办理轻微刑事案件的规定》，推进刑事案件繁简分流，开启轻微刑事案件快速办理通道。2015 年轻刑快审程序审理案件 168 件，平均办理期限 9.8 天，节省了大量人力物力，取得明显改革效应。

四、坚持以信息技术为支撑，为审判执行提供物质保障

2015 年，我院继续在提高信息化水平上下功夫，为审判执行工作提供信息支撑和物质保障。一是开通了法院三级专网，实现了与最高人民法院、省高级人民法院的信息共享。二是加强“三大平台”建设，两级法院应当公开的裁判文书全部上传至中国裁判文书网和甘肃法院网，执行信息公开平台已实现中院和城区法院之间、两级法院立案、审判与执行部门之间的执行信息共享。三是建成了 4 个数字法庭，实现庭审活动全程同步录音录像。四是建成了集审判管理、执行指挥、安保监控为一体的信息集控中心，实现了对审判执行工作现场的远程指挥。五是开通了违纪违法举报网站，并与最高法院和省高级法院举报网站联网运行，面向社会受理对法院工作人员违纪违法行为的举报。六是开通了信访接待远程视频系统，方便当事人信访维权。

五、坚持以提升素质为目标，全面加强队伍建设

以“为民、务实、清廉”为目标，扎实开展“三严三实”专题教育，切实加强思想政治建设、业务能力建设和党风廉政建设，全面提高队伍的整体素质。

(一)加强思想政治建设。扎实开展“三严三实”专题教育，强化党组织建设和党员教育管理，坚定理想信念，坚守法治信仰，确保法院工作正确政治方向。认真查摆“不严不实”问题，制定整改具体措施，深化司法作风建设，加强职业道德修养。两级法院干警的大局意识、责任意识、服务意识得到进一步增强。

(二)加强基层组织和队伍建设。紧紧围绕“抓党建带队建促审判”的工作思路，不断加强党组织的规范化建设和能力建设。在市委关心下，调整充实了中院班子和城区法院正副院长。严格落实《党政干部选拔任用条例》，为 10 名干警解决了处级、科级待遇。加强党的基层组织建设，15 名党支部书记参加了市委组织部、市直机关工委的党务干部培训，提高了抓党建工作的水平。

(三)加强司法能力建设。加大教育培训力度，组织法官参加国家法官学院和上级法院以及市委举办的各类培训 40 人(次)。开展案件庭审观摩、裁判文书评比、典型案例评析等活动，提高了法官驾驭庭审、辨法析理、化解矛盾的能力和水平。积极开展创先争优活动，有 3 个集体、22 名个人受到省市级表彰。

(四)加强党风廉政建设。开展司法廉洁教育，增强廉洁自律意识，筑牢拒腐防变防线。建立司法廉政风险库，切实做到关口前移，抓早抓小抓预防。把纪律和规矩挺在前面，落实“3783”主体责任，支持纪检监察部门查办案件。通过司法巡查、审务督察、舆情监测等方式严密查找违纪违法线索，拓宽违纪违法线索发现渠道，主动查处违纪违规案件，进一步纯洁了法院队伍。

(五)加强法院文化建设。大力推进文明单位创建工作，设置法院文化长廊、廉政文化园地、党建荣誉室等文化场所，营造具有司法特色的职业氛围。组织干警参加演讲比赛、广播体操比赛和文体健身活动，丰富干警文化生活，倡导健康文明精神追求。

一年来，两级法院坚持依靠党的领导，自觉接受人大及其常委会工作监督、政协和社会各界民主监督。主动向人大及其常委会报告重点工作和重大部署，认真配合人大专题调研工作，积极争取人大重视、关心和支持。加强与人大代表、政协委员联络，办理代表、委员建议、提案 2 件。邀请代表、政协委员、特邀监督员旁听案件庭审、视察法院工作 85 人(次)，虚心听取意见建议，有力促进了法院工作发展。依法接受检察机关诉讼监督，依法审理抗诉案件，认真对待检察建议，及时纠正工作中存在的问题，共同维护司法公正。落实人民陪审员参审制度，人民陪审员参与审理案件 1013 件。

各位代表，一年来，我市法院工作取得了一定成绩，我们深刻认识到，这些成绩的取得是市委正确领导，市人大及其常委会有效监督，市政府、市政协和社会各界关心支持的结果。在此，我代表两级法院向所有关心、支持、帮助法院工作的各位代表和同志们表示衷心的感谢!

在看到成绩的同时,我们也清醒地认识到,当前我市法院工作中还存在一些困难和问题,主要表现在:一是政法编制太少,加之去年5月1日实施立案登记制改革以来,受理案件数大幅上升,人均办案数位居全省法院前列,案多人少矛盾更加突出;二是新类型案件和涉众型案件不断涌现,办案难度日益增大,个别案件审判质效不高,社会效果不好;三是部分法官业务能力不能适应新形势下审判执行工作的需要;四是“执行难”问题依然存在;五是队伍司法作风建设和审判管理还需要持续加强。这些问题和困难,我们将在以后的工作中认真研究,积极探索新常态下法院工作的新思路新方法,在各方面关心、支持下,采取得力措施认真加以解决。

2016年工作思路和主要任务

2016年是“十三五”规划的开局之年,法院工作的总体思路是:全面贯彻党的十八大和十八届三中、四中、五中全会精神和中央经济工作会议、中央政法工作会议精神,深入学习贯彻习近平总书记系列重要讲话,紧紧围绕“五位一体”总体布局和“四个全面”战略布局,主动适应经济发展新常态,牢固树立五大发展理念,大力弘扬改革创新精神,充分发挥审判职能作用,深入推进司法体制改革,持续推进信息化建设,切实加强队伍建设,不断提高司法能力和司法公信力,为嘉峪关率先实现小康社会目标提供有力司法保障。重点做好四个方面的工作:

一是牢固树立五大发展理念,为实现五大发展提供有力司法服务和保障。坚持以五大发展理念统揽法院各项工作,真正做到崇尚创新、注重协调、倡导绿色、厚植开放、推进共享。正确把握法律政策界限,针对经济下行压力加大的实际,坚持惩治违法犯罪与规范市场行为并重,采取强制措施与挽救有发展前景的企业并重,既要防止因机械执法、就案办案引发或加剧企业经营风险,也要防止以保护企业为由逃废银行债务、逃避法律义务。坚持第八次全国法院民事商事审判工作会议提出的坚持依法保护产权、尊重契约自由、坚持平等保护、坚持权利义务责任相统一、倡导诚实守信、坚持程序公正与实体公正相统一的“六项原则”,正确适用法律和政策,为五大发展营造良好法治环境。公正高效地审判涉及丝绸之路经济带建设的相关案件,营造平等公正、合作共赢的营商投资环境。深入扎实地开展联村联户行动,为精准扶贫攻坚提供有力司法保障。

二是坚持司法为民宗旨,不断满足人民群众多元司法需求。切实解决群众反映强烈的问题,有针对性地提供司法服务,努力让全体人民在共建共享发展中有更多获得感。加强教育、就业、医疗、保险、社会保障等民生案件的审理,促进改善民生,服务共享发展。加强对弱势群体合法权益的司法保护,优先审理好拖欠农民工工资等案件。完善信用惩戒机制,实现严厉打击拒执罪、反规避执行、反消极执行和反干预执行常态化,进一步提升执行工作水平。不断创新完善司法便民措施,继续大力加强诉讼服务中心建设,加强巡回审判工作,让司法更加贴近人民群众。全面落实人民陪审员制度,促进司法民主,保障司法公正。

三是全面深化司法改革、持续推进信息化建设。司法改革和信息化建设,是人民法院工作发展的车之两轮、鸟之双翼。坚定不移地推进司法体制改革,不折不扣地抓好各项改革任务的落实,破解影响司法公正的体制障碍。认真落实“让审理者裁判,裁判者负责”的司法责任制,明确办案主体责任,改革裁判文书签署和审判委员会制度,推进审判权运行机制改革。推进以审判为中心的诉讼制度改革,执行管理体制改革,把改革工作不断引向深入。全面推进人民法院信息化建设,以信息化思维、信息化手段为审判工作助力加速。继续完善司法公开“三大平台”功能,不断提升司法公开工作水平,努力构建开放、动态、透明、便民的阳光司法机制。

四是持之以恒加强队伍建设,为做好法院工作提供有力组织保障。坚持从严治院,加强思想政治建设,引导干警严守政治纪律、组织纪律和政治规矩。巩固扩大“三严三实”专题教育成果,坚决纠正“冷横硬推”、“慵懒散奢”等顽症痼疾,持之以恒改进司法作风。以司法能力建设为主线,重点加强对领导干部、基层法官、新任法官的司法能力、信息化应用和职业道德培训教育,推进法院队伍正规化、专业化、职业化。严格落实党风廉政建设主体责任,以零容忍的态度惩治司法腐败,深入推进党风廉政建设和反腐败斗争。

各位代表,党的十八届五中全会对法院工作提出了新的要求,在新的一年里,我们将按照本次大会的要求,在市委的领导下,在市人大及其常委会的监督下,忠实履行好宪法和法律赋予的职责,求真务实,开拓进取,为加快全面建成小康社会,实现经济社会转型跨越做出新的更大的贡献!

嘉峪关市人民检察院工作报告

——2016年4月13日在嘉峪关市第九届人民代表大会第五次会议上

市中级人民检察院检察长　丁霞敏

各位代表:

现在,我向大会报告检察工作情况,请予审议,并请市政协各位委员和列席会议的同志提出意见。

2015年主要工作

过去一年,我市检察工作在市委和省检察院的领导下,在市人大及其常委会的监督下,在市政府、市政协及社会各界的支持下,以“工作落实年”和规范司法行为专项整治活动为抓手,围绕大局、忠实履职、各项工作取得了新的进展。

一、认真履行法律监督职责,全力维护公平正义

紧紧围绕平安嘉峪关、法治嘉峪关建设,落实宽严相济刑事政策,依法打击刑事犯罪,惩治和预防职务犯罪,强化对侦查、审判、刑事执行及民事行政诉讼活动的监督。

依法打击刑事犯罪。坚持惩防并举,依法批捕各类刑事犯罪嫌疑人298人,起诉544人。其中,批捕邪教、强奸、抢劫、毒品等严重危害社会稳定的犯罪嫌疑人82人,起诉140人。批捕中盛公司等非法吸收公众存款、合同诈骗、电信诈骗等涉众型经济犯罪嫌疑人21人,起诉21人。深入贯彻宽严相济刑事政策,强化慎捕慎诉机制落实,对轻伤害、交通肇事等轻微刑事案件依法不批捕38人,不起诉89人。对未成年社区矫正人员开展核查及再犯罪预防工作,出台并实行未成年人刑事案件同步录音录像制度,完善社会调查、附条件不起诉等制度;依托社会力量,对不批捕、不起诉的10名涉罪未成年人进行观护教育。

惩治和预防职务犯罪。初查职务犯罪案件线索12件,决定立案4件5人,其中贪污案2件3人,挪用公款案1件1人,渎职侵权案件1件1人。不断强化预防职务犯罪工作,认真落实《甘肃省预防职务犯罪工作条例》,对城乡低保资金发放、讨赖河一期工程绿化项目、公安派出所办理的行政处罚案件开展了预防调查。受理行贿犯罪档案查询3081次,其中组织人事查询53次;开展了职务犯罪案件分析,提出预防对策21条。加大预防宣传力度,发布预防工作动态180余条,发送预防职务犯罪廉政手机报14期,播放预防职务犯罪微电影120余场次,预防工作的社会影响力持续扩大。

着力强化诉讼监督。积极适应以审判为中心的诉讼制度改革,坚持依法、规范、理性监督。加强对刑事立案、侦查活动的监督,监督公安机关立案2件、撤案8件,纠正漏捕8人、漏诉11人,书面纠正侦查活动中违法情形4次。依法监督法院的民事行政诉讼活动,办理民事行政监督案件21件,向法院发出检察建议4件。针对监管和刑罚执行活动存在的问题,向相关单位发出书面纠正意见22份,办理羁押必要性审查案件10件11人、财产刑执行监督案件4件。抓好行政执法监督新增长点,对36个行政执法部门开展执法监督,建议行政执法机关移送涉嫌犯罪案件23件,发出书面检察建议6份。

二、充分运用检察职能,服务全市工作大局

牢固树立“没有经济社会发展就没有检察工作发展”的理念,紧贴实际服务经济社会发展大局,以预防职务犯罪为切入点,以专项行动为引领,开展了五项服务举措。

扎实开展“两好两促”专项行动。全力服务依法治市建设,在全市党政机关开展了“学好法、用好权,促公正、促清廉”专项行动,组织全市机关干部按照“八个一”要求,开展了学法用法活动。成立了检察法治宣讲团,开展法制讲座、警示教育140

场次。组织全市科级以上机关干部开展了预防职务犯罪知识测试和赴监狱、看守所开展警示教育。全市120家党政机关参加了“预防职务犯罪先进单位”创建活动，专项行动的社会影响力不断扩大，党政干部依法行政意识明显增强，党政机关法治氛围更加浓厚，工作经验在全省推进会上交流推广。

深入推进“两联系，两促进”专项行动。为使检察工作更好地服务经济建设，选择在市饮用水水源地水源井迁建项目等7个重点建设项目持续开展了“联系企业、联系项目，促进廉洁、促进发展”专项行动。同时，不断加大对项目立项、招投标、施工管理等15个易发职务犯罪的风险节点实施同步预防，健全内部防控措施。在市工商联挂牌成立了检察服务室，支持非公经济发展。

持续开展“保民生、促三农”专项行动。延伸法律监督职能，进一步加大基层法律监督力度，服务“三农”发展。在新农办、三镇和17个行政村挂牌建立21个检察室，选聘20余名检察联络员，建立健全涉农资金管理使用相关工作制度。举办区、镇、村“三委”干部“三农”专项行动专题培训班10场次、警示教育22场次。对近年来惠农资金开展了专项检查，指导监督各级涉农部门公开各项惠农政策及惠民资金发放，有效预防涉农领域的职务犯罪。

着力推进社区检察联络室建设。增设6个检察联络室，进一步延伸了法律监督职能。积极探索与社区、司法所协力打造“联合调解室”，搭建矛盾化解联合“平台”。结合社区工作开展“廉政讲坛”“法律讲座”“以案说法”“庭审进社区”等系列法治宣讲服务活动，维护了群众的合法权益，深化了“平安建设”。

不断深化“双联”行动。坚持走精准扶贫和文化惠农的路子，启动“民主法治示范村”建设，指导解决“千村美丽”示范村建设、一事一议财政奖补等项目建设中存在的问题，市院驻村干部近距离帮助解读惠农扶持政策和法律维权途径，使农民朋友不出远门就能享受到贴心的法律服务。

三、切实加强自身监督，确保依法正确行使检察权

牢固树立监督者更要自觉接受监督的理念，不断完善和落实内、外部监督的机制和措施。

扎实开展规范司法行为专项整治工作。认真开展了为期一年的规范司法行为专项整治活动，坚持问题导向，通过深入查摆，共梳理出16个方面140个司法不规范的问题，形成问题清单和责任清单，围绕规范、文明、公正司法这一主题，从思想理念、制度机制、监督考核等方面整改落实、健全规范，专项整治工作得到了省检察院的肯定，工作经验在全省做了交流发言。

着力健全案件管理机制。实行统一受案、全程监控、案后评查、综合通报等管理机制。以提高办案质量为重点，组织开展了“百案评查”活动，对2013年至2015年3月所办结的954件案件进行一案一查，切实整改办案中存在的问题。加强涉案款物监督管理，制定了《关于进一步规范涉案财物管理工作的意见》，提高涉案财物管理规范化水平，共审核处理涉案财产347万元，涉案物品3400余件。

自觉接受外部监督。接受人大、政协监督，加强与人大代表、政协委员的联系，召开代表、委员座谈会18次，开展专题“检察开放日”活动，邀请代表、委员及各界代表视察检察工作；接受社会监督，全面推进检务公开，向社会公开重要案件信息17条、公布终结性法律文书223份、提供案件程序性信息查询897件；接受舆论监督，积极推进新媒体平台建设，开通检察微博、微信，全年发送信息345条。

四、积极开展检察改革，努力促进司法公正

贯彻深化司法改革要求，认真落实好各项司法改革试点工作。

认真开展人民监督员制度改革。强化人民群众对检察权的监督，积极改进人民监督员选任方式，增加人民监督员人数，扩大监督范围，完善监督程序，增强监督刚性。组织人民监督员对职务犯罪案件进行庭审观摩监督和对拟作不起诉职务犯罪案件进行监督评议。

积极推进提起公益诉讼改革试点。研究制定了《嘉峪关市检察机关提起公益诉讼试点工作实施细则》，出台《关于加强环境保护行政执法法律监督工作的若干规定》、《关于加强市场监管行政执法法律监督工作的若干规定》等规范性文件，明确了工作措施、任务、方法和途径，初步建立了统一协调管理、案件线索发现、诉前程序审查等六项机制,发现涉嫌污染环境案件线索4件。

推动轻刑快办案件提质增效。成立了轻刑快办办案组,不断细化和精准办案环节,办理轻微刑事案件90余件,审查逮捕和起诉期限分别由法定的7天和30天缩短为3天和8天,受到人大代表、政协委员、律协等社会各方面的好评。

健全完善涉检信访工作机制。严格落实首办责任制,进一步强化涉检信访评估预警机制,在处理可能引发上访的案件时,提前做好心理疏导、教育稳控等工作预案。建立信访外部协作配合机制和涉法涉诉案件终结退出机制,构建"三个穷尽"(穷尽法律程序、穷尽检察职责、穷尽检察人员诚心)工作机制。不断拓宽信访接待渠道,建成远程视频接访系统,便利群众表达诉求。

五、全面加强队伍建设,着力提升履职能力

以"五个过硬"为目标,把从严治检放在重中之重,不断强化检察队伍思想、作风、业务能力建设。

加强思想政治建设。坚持把学习教育、思想引领贯穿始终,以"三严三实"专题教育为引领,聚焦对党忠诚、个人干净、敢于担当,引导检察干警坚定理想信念,确保检察工作正确的政治方向,树立规矩意识和看齐意识,增强党性观念和纪律意识,始终把党建责任抓在手上,以党建带队建、促业务,不断加强基层党组织及工、青、妇组织建设。

强化党风廉政建设落实"两个责任"。逐级签订党风廉政建设责任书和廉洁从检承诺书,坚持开展"三述"活动,建立检察干警廉政档案。不断强化党组成员和部门负责人落实主体责任意识,制订《关于建立廉政约谈制度的实施意见》等6个规范党务、检务运行的监督制度,定期开展廉政约谈。

加强队伍履职能力建设。组织各类岗位练兵、公诉论辩、法律文书及公文写作等竞赛活动,选派30余名检察官参加业务培训。大力推进争先创优,8名检察干警受到省级以上的表彰奖励。落实人文关怀和谈心谈话各项措施,增强干部队伍凝聚力和向心力。发挥青年委员会引领作用,完善年轻干警帮教模式,推动年轻干警成长成才。

2015年,我市检察工作取得了一些成绩,这与市委正确领导、市人大及其常委会的有力监督,市政府、市政协和社会各界的大力支持是分不开的,在此,我代表市检察院和全院干警表示衷心的感谢,并致以崇高的敬意。我们也清醒地认识到,工作中还存在一些问题和不足:一是法律监督广度、深度有待于进一步拓展;二是部分检察人员的法律监督能力还不能完全适应新形势新任务的要求;三是在全面深化检察改革的大背景下,创新推动工作的能力有待于提高;四是执法办案的政治效果、社会效果和法律效果还没有完全得到有机统一。针对这些问题,我们将采取有效措施,认真加以解决。

2016年主要工作安排

2016年是"十三五"规划的开局之年,也是深化司法体制改革的关键之年,我市检察工作的总体思路是:深入学习贯彻党的十八大和十八届三中、四中、五中全会精神、习近平总书记系列重要讲话精神,认真落实中央、省委、市委和高检院、省检察院决策部署,紧紧围绕"四个全面"战略布局,依法履行监督职能,严格规范司法行为,扎实推进检察改革,着力建设过硬队伍,不断提升司法水平。运用法律手段调解社会关系、化解社会矛盾、维护公平正义、促进社会和谐。为此,将重点做好以下几个方面的工作:

一、更加突出服务发展

牢固树立服务大局意识,主动适应经济发展新常态,找准检察工作服务发展的切入点和着力点,为经济社会发展提供法律服务和保障。切实发挥好惩治、预防、监督、教育、保护职能作用,依法打击破坏市场经济秩序的犯罪,平等保护各类市场主体,用心营造经济发展环境。继续深化"两联系、两促进"、"保民生、促三农"以及"双联"行动等专项工作,以得力管用的举措着力服务全市经济建设。

二、更加突出执法办案

把提高人民群众的安全感和满意度作为重要工作来抓,严厉打击严重暴力犯罪、多发性侵财犯罪和毒品犯罪等严重危害社会稳定的刑事犯罪。严肃查办教育、就业、社保、医疗、食药安全、涉农、能源资源等领域和其他重要岗位的职务犯罪,营造风清气正的发展环境。加强执法管理、严格执法程序,确保检察权依法正确行使。

三、更加突出推进检察改革

根据高检院、省检察院统一安排部署，切实加强对重大检察改革举措的研究探索，继续深化人民监督员制度、检务公开、轻微刑事案件快速办理、检察机关提起公益诉讼等改革工作。积极探索以审判为中心的诉讼制度改革，进一步健全检察权运行制约监督体系，完善和落实自觉接受监督的机制措施。

四、更加突出自身建设

始终把队伍建设作为重中之重，突出理想信念教育、职业道德教育和业务技能培训，巩固“三严三实”专题教育和规范司法行为专项整治成果，认真学习贯彻党章准则和条例，持之以恒抓好作风建设，严格落实党风廉政建设“两个责任”，大力推进队伍素能建设。

2016年，市检察院将在市委和省检察院的坚强领导下，依法履职、锐意创新、扎实工作，为推进全市社会和谐稳定和经济健康发展做出新的贡献。

关于嘉峪关市2015年国民经济和社会发展计划执行情况及2016年国民经济和社会发展计划草案的报告

——2016年4月13日在嘉峪关市第九届人民代表大会第五次会议上

市发展和改革委员会主任　何正义

各位代表：

受市人民政府委托，现将2015年全市国民经济和社会发展计划执行情况及2016年全市国民经济和社会发展计划草案提请市九届人大五次会议审查，并请市政协各位委员和列席人员提出意见。

一、2015年经济社会发展计划执行情况

2015年是全面完成“十二五”规划的收官之年，在市委的正确领导下，在市人大、市政协的监督支持下，全市上下认真贯彻落实党中央、国务院和省委、省政府一系列决策部署，始终坚持稳中求进的工作总基调，积极应对经济下行压力，主动适应经济发展新常态，按照市九届人大四次会议审议批准的国民经济和社会发展计划，统筹做好各项工作，全市经济社会发展呈现出总体平稳、稳中有进的良好态势。

总体平“稳”主要表现在：一是经济运行平稳。全市生产总值达到190亿元，增长9%，达到年度计划目标，其中第一、二、三产业分别增长5%、5.4%、19.1%；全社会固定资产投资完成144.2亿元，增长15.1%；社会消费品零售总额完成54.9亿元，增长8.8%。二是物价保持稳定。居民消费价格指数为99.7%，比年度控制目标低3.3个百分点。三是城乡居民收入稳步增长。城镇居民人均可支配收入30714元，农村居民人均可支配收入15371元，分别增长10.1%和11%。四是就业形势基本稳定。全市城镇新增就业8105人，城镇登记失业率为2.7%，低于年度控制目标1.3个百分点。

稳中有“进”主要表现在：

一是工业转型成效显著。传统产业改造提升步伐加快，1000万吨煤炭分质利用项目一期进展顺利，4×350兆瓦供电系统改造工程进入设备调试阶段。新兴产业发展壮大，嘉酒风电节能技改项目二期建成投产，索通34万吨预焙阳极项目建成试车，嘉西光伏产业园建成和在建发电装机规模达到1407兆瓦。园区循环化改造取得突破，嘉峪关工业园区列为全国25个循环化改造示范试点园区之一，争取到位中央预算内资金1.2亿元。

二是第三产业快速发展。深入开展“旅游服务提升年”行动，全国旅游标准化示范城市创建成果进一步巩固。扎实推进百亿元文化产业园区建设，方特欢乐世界建成运营，嘉峪关文化遗产保护和展示、南湖文化生态园等项目加快推进，丝绸之路文化博览园开工建设。成功举办了“第五届敦煌行·丝绸之路国际旅游节”、“第四届中国嘉峪关国际短片电影展”等节会活动。全市文化产业增加值4.31亿元，增长33.9%；全市共接待游客571.4万人次，旅游收入完成36亿元，分别增长27.6%和29.8%。商贸物流发展步伐加快，西北汽配城建成投用，雄关供销大厦改扩建、西部春光农产品市场等项目进展顺利，大草滩铁路物流中心、国际港务区等项目前期工作加快推进。

三是农村经济稳步发展。全市粮食生产保持稳定,经济作物种植面积逐步扩大,优质果蔬、高效制种、花卉苗木等种植面积达到3.6万亩。设施农业加快发展,新建和改造现代日光温室70座。畜禽养殖规模逐步扩大,建成标准化规模养殖小区5个,全市畜禽饲养总量达到53.8万头(只),同比增长4.6%。现代农业科技示范效果明显,带动农业生产专业化、集约化发展,全年新增农民专业合作社14个。

四是基础设施不断完善。区域交通能力不断提升,高铁南站、火车站站舍改造和68207部队进出道路改建工程按期建成投用,汽车南站、断山口至树窝井战备公路改建工程顺利推进。城市基础设施不断完善,新建道路9.4公里,新建和改造供热、供水、污水管网14公里,建成和改造换热站6座,新增供热面积280万平方米,饮用水水源井迁建工程全面完工,污水处理厂污泥干化工程建成运行。建成全省首个"全光网"城市,城市光纤入户率达到82.3%。人居环境大幅改善,新增和改造绿地面积53.2公顷,完成2个铁路居民小区环境综合改造。

五是生态建设纵深推进。节能降耗成效明显,单位生产总值综合能耗下降0.35%,全面完成省政府下达的能耗降低任务。工业减排力度加大,二氧化硫、化学需氧量等四项污染物排放指标控制在省上下达的目标范围之内。环境质量持续改善,全年空气优良天数达到302天,地表水水质、饮用水水质达标率均为100%。生态环境建设扎实推进,实施了城区园林景观绿化提升改造、森林植被恢复和退耕还林等工程,建成区绿化覆盖率达到39%,人均公共绿地面积和水域面积分别达到36.3平方米和27平方米,荣获"国家园林城市"称号。

六是社会民生全面进步。省上确定的18项和市上确定的13项惠民实事全面落实。惠民街棚户区改造顺利完成。社会保障水平全面提高,城乡居民养老保险参保率达到97.3%,城乡低保、社会养老、基本医疗保险补助标准均高于全省平均水平。教育事业均衡协调发展,全市义务教育巩固率、高中阶段毛入学率、三年学前教育入园率分别达到99.6%、95.1%和97.5%,新建校舍建筑面积20777平方米,完成2所农村学校教师周转宿舍、3所中小学运动场改造,酒钢三中新校区建成投入使用,为全市所有公办学校及幼儿园安装了净化加热饮水设备。深化医疗卫生体制改革,全市新型农村合作医疗参合率达到98.8%,南市区医院、中医院、儿童病区等医疗卫生项目加快推进。文化体育事业健康发展,建成4个农村文化大院和10个城乡社区体育健身中心。

七是综合改革不断深化。继续推进行政审批制度改革,当年取消、调整行政审批事项40项。全面推进农村土地流转,基本完成农村土地确权登记颁证工作。深化商事制度改革,"三证合一、一照一码"登记制度改革进展顺利,办理企业和个体"三证合一"执照1886户。积极推广PPP模式,向社会公布了44个鼓励社会资本参与投资建设运营项目。稳步推行政府向社会购买服务工作,居家养老、绿化养护、道路保洁及工业园区基础设施维护等纳入购买服务范围。

总体看,2015年全市经济社会发展克服了诸多困难,保持了平稳健康发展的态势,但在发展中仍存在一些不容忽视的矛盾和问题:受宏观经济影响,主要经济发展指标增速放缓,财政收支矛盾突出;经济下行压力加大,市场需求不振,主要工业品价格下降,企业生产经营日益困难;结构调整任务依然艰巨,科技创新能力不足等问题仍很突出。这需要我们在今后工作中认真研究,并采取有效措施加以解决。

二、2016年经济社会发展预期目标和主要任务

2016年是"十三五"规划的开局之年,也是我市经济进入新常态后调整转型的关键之年,全市经济社会发展的总体要求是:全面贯彻落实党的十八大和十八届三中、四中、五中全会精神以及中央和省、市经济工作会议精神,按照市委的统一部署安排,牢固树立创新、协调、绿色、开放、共享的发展理念,坚持稳中求进的总基调,坚持以提高经济发展质量和效益为中心,突出经济结构调整和产业转型升级,加强生态环境保护和基础设施建设,注重保障和改善民生,全面深化改革和对外开放开发,推动经济社会持续健康协调发展,努力实现"十三五"时期良好开局。

经济社会发展主要预期目标是:地区生产总

值增长8%左右，全社会固定资产投资增长12%左右，公共财政预算收入增长5%以上，社会消费品零售总额增长9%左右，城镇居民人均可支配收入和农村居民人均可支配收入均增长9%，居民消费价格指数涨幅控制在3%以内，城镇登记失业率控制在4%以内，完成省上下达我市的单位生产总值综合能耗和主要污染物排放控制指标。

围绕上述目标，全市经济社会发展重点工作任务是：

*（一）着力推进供给侧结构性改革，推动经济持续健康发展。*一是稳妥化解过剩产能，支持重点企业实施走出去战略，推动钢铁、建材、水泥等存量产能向域外转移。二是帮助企业降低成本，清理各种不合理收费，依据国家和省上关于减轻企业负担的各项优惠政策措施，制定落实降低我市实体经济成本的实施方案。三是积极化解房地产库存，全面落实中央和省关于化解商品房库存的措施，继续实施“以购代建”和货币化安置政策，增加住房刚性需求和改善性需求。四是加快培育新产业补齐发展短板，引导企业延伸产业链，提高产品附加值，积极培育新兴产业和技术含量高、质量效益好、成长速度快的企业，提高产品市场占有率。五是加强对金融市场有效监管，规范政府债务管理，建立健全政府债务风险预警机制，积极防范和有效化解金融风险。

*（二）着力增加有效投资和扩大消费，保持经济平稳增长。*一是发挥投资关键作用，夯实发展基础。精心做好重大项目谋划，不断补充完善三年滚动投资计划项目库，保障项目建设接替有序。继续落实固定资产投资目标责任制，建立并落实好重大建设项目“领导联系包抓制度”。加快推动重点项目实施，着力推进城市基础设施、棚户区改造、产业转型升级、文化旅游融合发展和生态环境改善。全面放开市政基础设施、社会民生和生态环境等公共产品和公共服务领域建设经营权限，以八昼夜滩生活垃圾处理场为试点，大力推行PPP建设经营模式。二是努力扩大消费需求，培育新的增长点。加快发展信息、旅游休闲、健康养老、教育文体、家政服务等领域消费，鼓励发展城市文化娱乐综合体，推动社会力量兴办体育场所和文化场馆等。积极培育新的消费点，稳定住房和汽车等大宗消费，拓展“老幼”两端消费，扩大电子商务、网购网销等新型消费业态，促进消费结构加快升级。加强价格监管，维护市场竞争秩序，建立以信用为核心的新型监管机制，营造良好消费环境。

*（三）着力推进产业结构优化升级，加快经济提质增效。*一是推进大众创业万众创新。全面落实国家和省上“双创”政策措施，鼓励民间资本投资各类新型科技孵化器，加快搭建中小企业电子公共服务平台，利用“互联网+”积极发展众创、众包、众扶、众筹“四众”新模式，促进互联网与实体经济融合，推动创业服务新业态快速发展。二是优化提升传统产业。加快推进老工业基地搬迁改造，继续全力支持酒钢公司改革发展和扩大对外合作，做优做精钢铁主业。围绕千亿级煤电冶加装循环经济产业链，实施好嘉北新区煤电铝一体化等重大产业化项目，推动索通34万吨预焙阳极、广银铝业二期、中威斯高精冶金新材料二期等项目建成运营和达产达标，加快推进萍缘堂铝业等项目实施。三是大力发展新兴产业。全面完成110汇集升压站及配套送出工程，开展光热发电示范试点工作，有序发展地面电站和分布式光伏电站，力争新能源装机容量达到790兆瓦。积极培育战略性新兴产业骨干企业，加快发展西部重工、甘肃申能等新能源装备制造产业。四是加快发展第三产业。持续推进文化旅游深度融合，加快实施大景区建设，实施嘉峪关文化遗产保护和展示工程、丝绸之路文化博览园、观礼古镇生态旅游景区、智慧旅游城市等项目。组织筹备“首届丝绸之路（嘉峪关）国际房车博览会”等大型节会活动，配套建设自驾车营地和房车服务基地。扶持文化企业和文艺团体利用本土文化旅游资源，创作精品剧目，发展文化演艺市场。大力发展现代物流业，着力推进大草滩铁路物流中心、嘉峪关国际港务区等项目进度，争取建设嘉峪关国际航空口岸。着力商贸流通提质升级，加快推进雄关供销大厦改扩建、天空之城城市综合体、银都金融中心等项目，完成粮食储备库搬迁。五是稳步发展现代农业。大力推进正大现代农牧产业化二期、现代农业生态示范园等农业项目建设，完成农产品质量安全监管体系建设。加大农田水利等基础设施建设，完成高效节

水灌溉面积3400亩、高标准农田建设6330亩。扶持建设特色休闲观光村镇，支持企业及农民合作组织参与涉农电商平台建设，促进农民增收。

（四）着力加大基础设施建设，提高城镇化发展质量。一是完善综合交通体系。全力推进全省"6873"交通突破行动，重点实施长城旅游公路、G312线嘉峪关至清泉公路、S305嘉峪关至祁丰区公路、S595嘉峪关至新城公路、双拥路口公铁立交改造等工程建设，加快推进嘉峪关市综合客运枢纽中心、嘉峪关机场改扩建等项目前期工作进度。二是加强城市基础设施建设。完善南市区路网结构，建设南市区部分道路工程，加装道路交通信号标识，实施供热一级管网和换热站新建项目，开工建设第二污水处理厂。结合城市棚户区改造，配套改造提升旧城区道路、供热、供电、供排水管网等基础设施，新建和改造8所公共卫生间，实施广汇、阳光等7个小区绿化改造项目。 三是加快农村城镇化建设进程。新建和改造农村道路40公里，全面落实嘉峪关市新型城镇化试点工作任务，推进供排水、供热、燃气、通讯、邮政等基础设施向农村延伸，加快峪泉镇国家建制镇试点建设进度。大力推进农村综合环境治理，加大垃圾收集清运、污水处理力度，完成河口村、黄草营村"美丽乡村"建设任务。

（五）着力加强生态文明建设，推进绿色低碳发展。一是加强生态建设和治理。巩固国家园林城市创建成果，完善现有园林绿化景观体系，实施雄关大道两侧园林景观及部分街区、道路绿化提升工程。不断改善生态环境，实施讨赖河河道治理延伸工程、讨赖河南岸水土保持、新城草湖国家湿地保护、封滩育林等生态治理和修复工程，森林覆盖率达到13.12%。二是狠抓节能减排。全力推进污染物排放在线监测网络建设，严控污染物增量。持续改善空气环境质量，力争全年城市空气质量优良天数达到270天以上。加大工业园区基础设施建设力度，有序推进园区循环化改造，积极推进工业园区集中供气，提高清洁能源使用率。实施高耗水行业节水技改示范工程，有效提高工业产业水资源综合利用效率。对雍和、昌明、友谊街区既有居住建筑进行供热计量及节能改造，改造面积22万平方米。加强能源消耗总量和消耗强度双控制，确保万元GDP能耗控制在省政府下达目标之内。

（六）着力保障和改善民生，促进社会事业和谐进步。一是积极扩大就业。加大职业技能培训力度，鼓励和引导居民积极创业，新增城镇就业8000人以上。二是不断完善社会保障体系。医疗、养老、失业、生育、工伤保险达到应保尽保，加强社会保险征缴和基金监管。加快养老服务体系建设，建成居家养老服务中心、南市区日间照料中心，积极推进医养合作模式，鼓励和引导社会资本参与养老服务机构建设。加大对残疾人社会救助力度，建设残疾人农疗康复基地，为全市残疾儿童提供康复治疗服务，完成100户残疾人家庭无障碍改造。加强住房保障，实施雍平、建安、建林等棚户区改造工程，建设保障性安居住房3434套。继续推进社区建设，新建5个城市标准化社区服务中心，配套建设5个农超对接平价店。全面落实完成省市惠民实事。三是大力发展社会事业。持续推进教育基础设施建设，建成明珠学校初中部教学楼、四中教学楼，完成育才等5所小学运动场标准化建设，开工建设2所幼儿园和南市区小学，新建甘肃钢铁职业技术学院实训基地。不断优化医疗卫生资源配置，建成南市区医院及儿童专科病区、中医院综合楼。促进人口均衡发展，全面落实两孩政策。加快推进全民健身自行车绿道、东湖湖心岛文化休闲广场等文化体育惠民工程建设，新建文殊镇石桥村文化大院，继续办好雄关大舞台、乡村舞台、全民健身等群众性文体活动。四是加大食品药品安全监管体系建设。实施食品药品、特种计量、农产品检测实验室项目，购置安装疾控中心食品安全风险检测设备，提高食品药品安全监督管理水平。

（七）着力深化改革和扩大开放，增强发展动力活力。一是深化重点领域改革。进一步做好简政放权，切实加强事中事后监管，建设"三张清单一张网"数据交换共享平台及行政审批系统建设。继续深化商事制度改革。加快推进价格体制改革，全面推行居民用水、用气阶梯价格制度。全面完成党政机关公务用车制度改革。稳步推进国有企业改革，探索发展混合所有制经济。扎实推进农村经济改革，建立多形式、多主体参与的农村土地承包经营权流转市场服务体系。二是加强对外开放合作。抢抓丝绸之路经济带甘肃段建设和全省向西开放的政策机遇，支持酒钢等大型企业集团“走出去”开展产业合作和资源开发，在更大范围内拓展市场、寻求发展。拓展与新疆哈密、内蒙古阿拉善及周边地区联动渠道，争取将嘉酒区域纳入全国沿边经济带，加快推进区域经济一体化发展。促进招商引资向招商选资转变，紧盯国家导向，围绕先进制造业、现代服务业等重点产业开展专题招商，吸引更多的知名企业落户我市，力争招商引资到位资金增长12%以上。

三、加强发展改革部门自身建设

围绕适应和把握“新常态”这个大课题，发改部门将深入推进机关定位转型，进一步提升凝聚力、执行力和战斗力，推动各项工作再上新台阶。

(一)抓能力建设，促工作落实。积极推动工作职能、工作理念、工作方式转型转变，强化大局意识，谋全局、抓大事。科学分析经济宏观大势，强化经济运行监测预测，增强研究谋划和决策参谋能力。加强重大问题专题研究，在重大决策落实、重大事项推进、重大项目跑办等方面加大力度，以重点工作的突破，带动全市经济社会健康发展。

(二)抓作风建设，促效率提升。强化服务意识，做好行政审批权限的“接”和“管”，加强审批事项的事中事后监管，切实提高工作效率，常规工作日清月结，审批事项限时办结，紧急事项立办立结。

(三)抓廉政建设，促干部自律。贯彻落实《中国共产党廉洁自律准则》和《中国共产党纪律处分条例》，推动实施“3783”主体责任体系，强化主体责任落实，努力营造崇廉、倡廉、守廉的清风正气。深入推进法治机关建设，强化法律意识、程序意识，严格依法行使项目审批、价格监管等权限职责，努力打造“阳光发改”。

各位代表，做好2016年经济社会发展工作，任务艰巨、责任重大。我们将在市委的坚强领导下，自觉接受市人大的监督评议，认真听取市政协的意见建议，坚定信心、真抓实干，为全面完成经济社会发展各项目标，实现“十三五”良好开局而努力奋斗！

关于嘉峪关市2015年财政预算执行情况和2016年市级财政预算草案的报告(书面)

——2016年4月12日在嘉峪关市第九届人民代表大会第五次会议上

市财政局局长　赵大鹏

各位代表：

受市人民政府委托，向大会报告2015年市级财政预算执行情况和2016年市级财政预算草案，请予审议，并请各位政协委员和列席人员提出意见和建议。

一、2015年财政预算执行情况

2015年，在市委的坚强领导下，在市人大监督指导下，认真贯彻党的十八大和十八届三中、四中、五中全会精神，全面落实中央、省、市各项决策部署，切实发挥财政职能作用，克服各种不利因素影响，明确工作任务，强化工作措施，加强收入征管，全力保障民生和重点支出，在收支矛盾比较突出的情况下，全年预算执行总体平稳。

(一)公共财政预算执行情况

市九届人大四次会议审查批准的2015年市级公共财政收入预算为18.3亿元，市级公共财政支出预算为20.3亿元。后经市九届人大常委会第二十六次会议审议批准，将市级公共财政收入预算调整为19.39亿元(其中：公共财政收入预算市本级为14.77亿元，省级下达地方政府一般债券转贷收入4.62亿元)，将公共财政支出预算调整为22.92亿元(含省级下达一般转移支付1.53亿元)。

1.公共财政预算收入完成情况

2015年地区性财政收入完成39.8亿元，为年预算的81.9%，与上年同期相比下降21.7%(以下简称“同比增长”或“同比下降”)。

市级公共财政预算收入完成15.13亿元，为年预算的82.8%，完成调整预算的102.4%，同比下降12.9%。

2.公共财政支出预算完成情况

全年公共财政预算支出完成25.1亿元,为变动预算的100%,同比增长13.8%,增加支出3.04亿元。

(二)政府性基金预算执行情况

市九届人大四次会议审查批准的2015年政府性基金收入预算为2.88亿元,政府性基金支出预算为2.88亿元。

全年政府性基金预算收入完成2.66亿元,为年预算的92.5%,同比下降65.7%;政府性基金预算支出完成3.27亿元,为变动预算的100%,同比下降67.1%。

(三)财政预算执行的特点

1.财政收入预算执行特点

公共财政预算收入。受国内经济增速持续放缓,经济下行压力不断加大等因素的影响,全市工业生产、消费、投资、企业利润等与财政收入增长密切相关的指标增幅均呈现回落态势,支撑财政收入增长的动力不足,受此影响公共财政预算收入与年初预算相比短收3.15亿元。

政府性基金预算收入。全年下降幅度较大,主要是国有土地使用权出让收入受上年基数及不稳定性因素影响完成1.63亿元,为年预算的72.3%,同比下降75.9%,同比减少5.14亿元,对政府性基金预算收入影响较大。

2.财政支出预算执行特点

一是大力压缩一般性支出,保证了民生和社会事业发展资金需求。全年民生项目和社会事业发展方面支出18.71亿元,占公共财政预算支出的比例达到74.6%,充分落实了市委把人民群众利益放在首位,全心全意为人民群众服务的工作宗旨,真正体现了“取之于民、用之于民”的民生财政。

二是紧紧围绕市委的工作重点,重点支出得到有效保障。全年一般公共服务、公共安全、教育、科学技术、社会保障和就业、医疗卫生与计划生育、节能环保、城乡社区事务等公共管理行业的“八项”支出18.77亿元,同比增长26%。

三是积极落实责任目标,社会保障(含教育、养老、低保、就业、医疗卫生等5项)全年支出9.33亿元,占公共财政预算支出比重达到37.2%,超省政府确定的20%目标任务17.2个百分点。

四是努力克服地方财力紧张,收支矛盾突出的不利局面,科学合理安排财政资金,保障全市干部职工的工资福利待遇不受影响,有效提高居民的人均收入水平。

五是积极争取地方政府债券资金支持,全力保证重点项目资金需求,解决财政收入短收的问题。积极向省财政厅汇报困难,争取到地方政府一般债券资金4.62亿元,用于保证城市基础设施建设和解决财政收入短收,确保年度财政预算收支平衡。

3.预算执行主要措施

一是加强依法征管,千方百计组织收入。依法组织税收,加大税收稽查力度,实施综合治税,挖掘增收潜力,查漏补缺,应征尽收,弥补税收缺口;强化非税征管工作,认真研究国家实施的简政放权清费政策,在符合政策的前提下,清理非税收入项目,做到应收尽收。

二是严控一般支出,全力提升资金效益。坚决贯彻落实中央、省、市关于厉行勤俭节约反对铺张浪费各项规定,严控一般性支出,大力压缩“三公”经费开支,将节约下的资金用于省、市确定的重点领域,提升了财政资金使用效益。

三是提升工作机制,努力打造阳光财政。积极推进财政预决算信息公开,在市政府网站公开了2014年市级财政决算和2015年市级财政预算,并督促199家预算单位公开本部门预决算和“三公经费”,公开率100%。

四是加强监督管理,提升财政管理水平。积极发挥财政监督检查职能,认真组织财政检查及专项资金检查等活动;全面彻底开展财政存量资金清理核查工作,全年清理盘活财政存量资金2.8亿元;国有资产管理、会计管理等各项工作有序开展。自觉接受人大监督,重点针对年初预算安排、年中预算执行、政府债务等工作情况及时向市人大常委会作专题汇报。

(四)其他需要说明的情况

1.全年转移支付补助收入9亿元,其中:一般性转移支付3.27亿元,已根据一般性转移支付相关规定安排至相关预算科目;专项转移支付5.73亿元,已按照专项转移支付规定安排用于特定科目支出。

2.全年税收返还收入0.48亿元,在预算执行中与省级下达的一般性转移支付统筹考虑,按照一般性转移支付相关规定安排至相关预算科目支出。

3.年末政府债务余额为26.3亿元；当年用市级财力偿还到期政府债务本息2.2亿元，其中：本金0.7亿元，利息1.5亿元。地方政府债务没有发生逾期行为，逾期债务偿还率为100%，全面完成省政府确定的考核目标。

4.全年“三公”经费支出1109.8万元，比上年降低33.23%。其中：公务接待费支出109.3万元，比上年降低79.44%；因公出国(境)费用10.7万元、公务用车购置费用111.6万元，为一事一议的方式安排的支出，比上年增长100%；公务用车运行维护　费用支出878.2万元，比上年降低22.33%。

5.地方政府一般债券资金4.62亿元，其中：新增债券1.5亿元，置换债券3.12亿元。用于城市基础设施建设和弥补当年预算短收形成的资金缺口。

6. 年末安排预算稳定调节基金531万元，用于弥补以后年度预算资金的不足。

上述预算执行数据，在省财政厅批复后，还会有些变化，届时再向市人大常委会专题报告。

2015年是财政形势最为困难的一年，但在市委科学决策、坚强领导下，在市人大、市政协依法监督、精心指导下，在各级、各部门共同努力、协同配合下，市级财政收支预算得到了较好执行，全市重点项目顺利实施，预算管理改革不断深化，顺利实现了全年收支平衡。同时，我们也清醒地认识到，在财政运行中还存在一些不容忽视的问题：受经济形势放缓和产业结构调整等因素影响，财政发展质量和效益仍不够高；公共服务水平还比较低，民生投入仍有缺口，群众反映强烈的一些问题还没有得到很好解决；预算管理制度的完整性、科学性、规范性和透明度有待进一步提高；个别部门和单位资金管理、使用不够规范，违反财经纪律的现象时有发生；地方政府债务风险不容忽视，偿债机制有待进一步健全；财政职能转变还不到位，现代财政制度体系还不完善等等。这些问题将通过今后的发展和改革逐步解决，恳请各位代表、委员和各部门一如既往地给予指导和支持。

二、2016年市级财政预算草案编制情况

2016年，我市面临的发展环境依然错综复杂，财政收支矛盾依然突出，挑战和机遇并存，我们在全力组织收入的同时，做好保工资、保运转、保民生工作，在此基础上，保障经济社会事业发展。

(一)2016年财政工作总体要求和预算编制原则

全面深入贯彻党的十八大和十八届三中、四中、五中全会精神，按照深化财税体制改革部署和《党政机关厉行节约反对浪费条例》等规定要求，准确把握中央经济工作会议精神。立足全口径预算，收入预算坚持实事求是、积极稳妥的原则；支出预算坚持统筹兼顾、突出重点、有保有压的原则，进一步优化结构、清理项目、整合资金、盘活存量，重点向改善民生和促进经济转型升级等领域倾斜，全力保障重点支出，严控行政经费等一般性支出。

(二)2016年财政收入预期目标

公共财政预算收入预期目标。综合考虑经济发展、收入政策变动等因素，2016年公共财政预算收入预期增长目标为：在2015年完成数的基础上增长5%以上。

政府性基金预算。按照以收定支的原则，根据实际情况安排收入和支出预算。

国有资本经营预算。对市属国有资产监管企业依法取得的国有资本收益，根据实际情况安排支出预算。

社会保险基金预算。根据国家社会保险法律法规，分险种安排年度收支计划。

(三)2016年全市财政收支预算拟安排情况

全市公共财政收入预算为15.93亿元（含政府性基金收入预算调入465万元），与2015年实际完成数15.13亿元相比，增长5.3%。其中：市国税局为3亿元，增长5%；市地税局为10.93亿元，增长5%；市财政局为2亿元，增长7.5%。经测算2016年我市当年可支配财力为16.43亿元，按照《预算法》全口径预算要求，结合财政预算管理体制税收返还、一般性转移支付、省级提前下达专项转移支付、年末预算稳定调节基金等情况，本着“量入为出，收支平衡”的原则，拟安排财政支出预算19.88亿元。

政府性基金收入预算为2.2亿元（剔除调至公共财政收入预算465万元），政府性基金支出预算为2.2亿元。

国有资本经营收入预算为37万元,国有资本经营支出预算为37万元。

社会保险基金收入预算为13.84亿元,拟安排社会保险基金支出预算13.61亿元,预计当年结余0.23亿元。

(四)其他需要说明的情况

1. 省级提前下达一般性转移支付2.39亿元,已根据一般性转移支付规定安排至相关预算科目;省级提前下达专项转移支付2.07亿元,已按照专项转移支付规定安排用于特定科目支出。

2.税收返还收入预计0.49亿元,与省级提前下达一般性转移支付统筹使用,按照一般性转移支付规定安排至相关预算科目。

3.2016年地方政府债务余额预计为24.2亿元,当年到期政府债务需偿还3.6亿元,其中:本金2亿元,利息1.6亿元,已根据各项债务的项目用途予以足额安排。

4.2016年安排"三公"经费1103万元,相比2015年实际支出数1109.8万元减少6.8万元,降低0.6%。所有预算单位不安排因公出国(境)和公务用车购置费用,若有发生,按照一事一议的方式予以安排。

5.2016年市级公共财政预算支出预计24亿元左右,按照《预算法》规定安排预备费7200万元,用于预算执行中的自然灾害等突发事件处理增加的支出及其他难以预见的开支,若公共财政预算收入出现短收,则调减本项支出。

2016年是"十三五"规划开局之年,随着中国经济运行进入"新常态"时期,我国经济增长将在低增长区间波动,更加注重发展的质量;随着国家产业结构的进一步优化调整,与我市密切相关的钢铁行业及相关产业增长速度将有所放缓,我市经济整体稳增长压力较大,下行压力还会持续,财政发展的质量将受到一定限制。但从另一个方面看,我国经济发展仍处于重要战略机遇期,我市的经济发展机遇和挑战并存,因此,我们要增强信心,从以下几个方面重点开展工作:

一是切实加强税收依法征管,努力保证收入稳定增长。加强依法征收,密切关注"营改增"等改革政策的影响,科学研判收入形势,为收入预期和决策提供支持。贯彻厉行节约的要求,从严从紧安排预算,压缩一般性支出,努力降低行政运行成本,力争节约更多的财力用于保障改善民生。

二是充分发挥财政职能作用,统筹兼顾支持经济发展。加强财政政策与金融政策、产业政策的协调配合,积极争取国家和省上资金、政策支持,进一步落实促进非公有制经济、中小企业发展的各项政策,提升财政聚集资源要素支持经济发展的能力。

三是继续优化财政支出结构,严格程序强化预算执行。坚持把全市重点事项全部纳入部门预算予以安排,坚持做到先有预算、后有支出,无预算不列支,进一步强化预算刚性约束机制,严格预算执行程序,加快健全公务支出管理制度体系、公共支出标准体系,抓好各项规章制度的落实。

四是努力健全监管体制机制,积极推进管理透明高效。稳步推进预算绩效管理工作,发挥好评价结果的积极作用。加强政府采购执行监管,规范部门采购行为。完善财政监督机制,创新监督管理方式。加强预决算及"三公"经费信息公开,规范公开内容,优化公开方式,提升公开效果。

各位代表,2016年,我们将在市委的正确领导下,在市人大、市政协的监督和支持下,正确面对机遇与挑战,凝神聚力,扎实工作,改革创新,攻坚克难,全力保障民生和重点支出,统筹兼顾支持经济社会全面发展,为我市率先建成全面小康社会做出新的更大贡献!

中共嘉峪关市委关于制定国民经济和社会发展第十三个五年规划的建议

(2015年12月16日中国共产党嘉峪关市第十届委员会第八次全体会议通过)

"十三五"时期是全面建成小康社会的决胜阶段,是推动经济社会转型升级的关键阶段,是深化改革扩大开放的重要阶段。中共嘉峪关市十届八次全委会议深入学习党的十八届五中全会、省委十二届十四次全委会议精神,全面分析形势发展变化,深刻把握发展的阶段性特征,积极顺应人民群众期待,认真研究"十三五"时期全市发展的一系列重大问题,就制定"十三五"规划提出如下建议。

一、发展基础

(一)"十二五"时期经济社会发展取得重要成就

"十二五"时期是我市发展极不平凡的五年。面对错综复杂的外部环境和艰巨繁重的改革发展稳定任务,在省委的坚强领导下,我们团结和带领全市人民,全面贯彻落实党的十八大和十八届三中、四中、五中全会精神,深入贯彻习近平总书记系列重要讲话精神,全面推进"工业强市、旅游带动、城乡统筹、生态立市、文化繁荣、民生优先、区域协作"发展战略,经济发展稳中向好,基础设施不断完善,生态环境持续优化,社会事业全面进步,群众生活水平大幅提高,城乡面貌发生了巨大变化。

综合实力显著增强。我们积极适应经济发展新常态,抢抓难得发展机遇,有效应对风险挑战,经济社会实现持续健康发展。全市地区生产总值年均增速13.57%;全社会固定资产投资累计完成557.9亿元,高于"十五"和"十一五"时期的总和,年均增速29.5%;公共财政预算收入14.8亿元,年均增速6.02%;社会消费品零售总额预计达到46亿元,年均增速14.4%;城镇居民人均可支配收入和农村居民人均可支配收入分别达到29300元、15300元,年均增速分别达到11.8%、14.2%。

经济结构不断优化。以提高经济发展质量和效益为中心,改造提升传统优势产业,全力支持酒钢实施煤电铝一体化产业结构调整和煤炭分质利用项目,着力打造千亿级煤电冶加装循环经济产业链。光伏产业和铝产业实现了从无到有的发展,建成酒嘉风电基地特色铝合金节能技改一期工程和一批铝制品深加工项目,嘉西光伏产业园建成和在建装机容量1407兆瓦。商贸物流、餐饮住宿、金融保险等服务业加快发展,第三产业占GDP比重超过三分之一。

文化旅游深度融合。抢抓华夏文明传承创新区建设战略机遇,大力发展文化旅游产业,实施了嘉峪关世界文化遗产保护工程、方特欢乐世界、观礼古镇等一批带动力强、辐射作用大的文化旅游项目,百亿元文化产业园初具规模。成功举办敦煌行·丝绸之路国际旅游节、嘉峪关国际短片电影展、国际铁人三项赛和航空滑翔节等品牌节会赛事,文化旅游融合度进一步提升,"十二五"期间文化产业增加值年均增长25%,全社会旅游人数、旅游收入分别是"十一五"末的3.7倍和5.2倍。

城市面貌明显改善。推进生态立市战略,累计投入21亿元推进生态建设,实施了讨赖河生态治理、"两湖一河"园林景观、南湖文化生态园等项目,新增和改造绿地933公顷,城区绿化覆盖率达到39%,人均公园绿地面积36.3平方米、水域面积27平方米,成功创建国家园林城市。加强旧城区改造,推进新市区开发,实施了嘉酒城际公路、嘉峪关高铁南站、西气东输水源井迁建等重点工程,交通、通信、管网、电力等基础设施体系不断健全,城市功能进一步完善。

城乡统筹协调发展。坚持以工促农、以城带乡,通过产业带动、金融支持、科技提升、服务均等,加快农业工业化、农村城市化、农民市民化进程,城镇化率达到93.4%。实施了正大新农村合作示范项目、省级现代农业生态示范园、野麻湾高新农业示范园、规模养殖小区等现代农业项目,依托农业龙头企业拓宽增收渠道,农民人均纯收入连续11年位居全省首位,非农产业收入比重超过51%。推动公共服务向农村延伸,在全省率先实现城乡户籍一元化,农村养老、医疗、救助等保障体系不断完善。深入实施"双联"行动与"1236"扶贫攻坚行动,农村自我发展能力不断增强。

社会建设全面加强。全面落实各项惠民政策,全力办好民生实事,财政支出用于民生的比例占到70%以上。就业形势持续稳定,在全省率先完成"两基"攻坚,高考平均录取率达到90%,基层医疗服务体系实现全覆盖,城乡低保、社会养老、基本医疗保险补助等标准全省领先。撤销街道办事处,整合成立新型社区,建成社会治理服务、城乡一体化、矛盾大调解"三大中心",成为全国9个社会治理创新样板市之一,连续4年获得全省综治(平安建设)工作优秀地区。

改革开放稳步推进。落实中央和省委改革部署,调整取消行政审批事项404项,整合成立市场监管局和综合执法局,推进营改增和工商登记注册便利化改革,完成农村土地承包经营权确权登记颁证,开展分级诊疗和医师多点执业,实行领导班子分析研判,深化纪检监察机构"三转"工作,经济、政治、文化、社会、生态和党的建设等领域改革取得重要进展。加快对外开放步伐,推进国际港务区建设，开通到北京、上海、广州、西安、乌鲁木齐等14个城市的12条航线。积极招商引资和承接产业转移，依托兰洽会、文博会、广交会等平台推介项目，引进了一批文化旅游、商贸物流、现代金融等方面的项目，到位资金总额459亿元。

五年来，市委认真贯彻中央和省委关于全面从严治党要求，扎实开展党的群众路线教育实践活动和“三严三实”专题教育，实施党风廉政建设“3783”主体责任体系，深入推进党风廉政建设和反腐败斗争，为各项事业发展提供了坚强有力的政治、组织和作风保证。同时，民主法治建设得到新加强，人民民主不断扩大，依法治市取得新进展，民族团结、宗教和顺的局面不断巩固，军政军民和地企关系深入发展，社会大局保持和谐稳定，中华民族伟大复兴的中国梦和社会主义核心价值观深入人心，形成了开放包容、文明和谐、团结奋进的良好局面。

“十二五”时期是全市经济结构调整最为明显的五年，是基础设施和生态环境改善最为显著的五年，是城乡面貌变化最大的五年，是人民生活水平提高最快的五年。这是在自然生态条件严酷、资源环境约束趋紧和经济下行压力加大的条件下取得的，进一步增强了全市广大干部群众在全省率先建成全面小康社会的信心和决心，为“十三五”时期的发展打下了坚实基础。

（二）“十三五”时期发展环境和阶段性特征。当前和今后一个时期，我市发展既面临着许多重大机遇，也面临着不少风险和挑战。从面临机遇看，世界新一轮科技革命和产业变革蓄势待发，我国经济发展方式加快转变，要素质量有所提高，为我市加速技术进步与扩大对外开放带来了新契机；“一带一路”战略深入推进，国家对西部地区的倾斜支持力度进一步加大，“中国制造2025”、“互联网+”和扶贫攻坚、基础设施、公共服务、产业发展等政策红利将加速释放，沿线国家和地区的经贸往来、人文交流更加频繁，为我市争取项目、吸引投资、改善民生提供了新机遇；全省经济、文化、生态三大战略平台的政策效应逐步显现，“3341”项目工程、“1236”扶贫攻坚、“6873”交通突破行动等深入推进，全省发展的总体环境持续改善，为我市保持经济平稳健康发展提供了新空间；经过多年来的发展，全市的产业结构趋于合理，项目带动效应更加明显，以文化旅游为引领的第三产业蓬勃发展，城乡协调水平进一步提高，发展基础、发展潜力、发展后劲更加坚实和充足。从面临的挑战看，我国正处在增长速度换挡期、结构调整阵痛期、前期刺激政策消化期，经济下行压力、化解过剩产能等不利影响还将在一定时间内存在，需要我们综合施策、努力克服；我市经济总量相对较小，产业转型升级任务更加艰巨，产品市场竞争能力不强，投资对经济的拉动力有所减弱，节能减排压力较大，创新创业活力不足，高精尖人才相对匮乏，党员干部推动发展的能力有待进一步提高，发展面对的困难矛盾需要下大气力化解。

综合判断，“十三五”时期我市经济整体向好的基本面没有改变，经济发展的潜力足、空间大，仍处在大有可为的重要战略机遇期。我们必须立足国家和全省发展大局，准确把握战略机遇期内涵发生的深刻变化，更加有效地应对各种风险挑战，增强机遇意识、忧患意识和担当意识，顺势而为、乘势而上，牢牢把握发展的主动权，努力在转型升级上取得新突破、在发展动力上实现新转换、在破解难题上打开新局面、在补齐短板上取得新进展，不断开拓经济社会各项事业发展的新境界。

二、指导思想及发展目标

“十三五”时期，我们必须紧紧围绕中央和省委的决策部署，准确把握新常态下经济发展的总体趋势，进一步增强加快发展的责任感和使命感，坚定信心，鼓足干劲，苦干实干，全面完成各项目标任务。

（一）“十三五”时期发展的指导思想。高举中国特色社会主义伟大旗帜，全面贯彻党的十八大和十八届三中、四中、五中全会精神，以马克思列宁主义、毛泽东思想、邓小平理论、三个代表重要思想、科学发展观为指导，深入贯彻习近平总书记系列重要讲话精神，按照中央和省委对“十三五”发展的总体部署，紧扣“四个全面”战略布局，贯彻创新、协调、绿色、开放、共享的发展理念，坚持发展第一要务不动摇，坚持扩大总量与质量效益并重，坚持物质文明与精神文明并重，坚持深化改革与开放开发并重，坚持经济发展与改善民生并重，更加注重创新驱动发展，更加注重城乡统筹协调发展，更加注重生态文明建设，更加注重民主法治建设，统筹推进经济建设、政治建设、文化建设、社会建设、生态文明建设和党的建设，努力在全省率先建成全面小康社会，着力打造丝绸之路经济带上的明星城市。

按照上述指导思想，实现“十三五”时期经济社会发展目标，必须遵循以下原则：

*始终坚持创新发展。*牢固树立创新引领转型、创新驱动发展的理念，完善人才培养引进和促进创新的体制机制，不断优化人才、技术、资金等资源要素配置，系统推进以科技创新为引领的全面创新。强化创新驱动对经济发展的支撑，提高产业核心竞争力和可持续发展能力，推动产业迈向中高端，打造经济升级版。

*始终坚持协调发展。*统筹产业协调发展，优化升级传统产业，积极发展新兴产业，培育壮大现代服务业，构建多元支撑的发展格局。统筹城乡协调发展，推动要素平等交换和资源均衡配置，促进新型工业化、信息化、城镇化、农业现代化同步发展。统筹物质文明和精神文明协调发展，注重社会效益和经济效益相统一，增强发展的整体性、协调性、均衡性。

*始终坚持绿色发展。*按照生产发展、生活富裕、生态良好的文明发展理念，持续实施生态立市战略，提升生态宜居城市品质。推进低碳经济、循环经济、生态经济发展，打造绿色产业体系，加快建设资源节约型、环境友好型社会，提升可持续发展能力。

*始终坚持开放发展。*抢抓国家“一带一路”建设重大历史机遇，坚持引进来和走出去相结合，统筹利用两个市场、两种资源，实施“西进、北上、东接、南联”的全方位开放战略，向西扩大合作领域，向北参与资源开发，向东承接产业转移，向南拓展市场空间，不断提高开放开发水平。坚持以改革促开放、以开放促发展，全面深化各领域改革，发挥市场对资源配置的决定性作用，进一步激发发展活力。

*始终坚持共享发展。*坚持发展为了人民、发展依靠人民、发展成果由人民共享，保持居民收入增长与经济社会发展同步。更加注重民生优先，统筹社会事业全面发展，高标准推进精准扶贫精准脱贫，让人民群众更多享有改革发展成果。

（二）“十三五”时期发展的主要目标。按照中央和省委全面建成小康社会的新要求，综合考虑“十三五”发展环境、主要任务、增长潜力和不确定因素，今后五年要在已经确定的在全省率先建成全面小康社会目标任务的基础上，努力实现以下新的目标要求。

*综合实力持续增强。*地区生产总值增速高于全国、全省平均水平，公共财政预算收入及城乡居民人均收入与地区生产总值保持协调增长，到2020年全市地区生产总值和城乡居民人均可支配收入比2010年翻一番以上。三次产业结构更加合理，主要经济指标平衡协调，消费对经济增长的贡献明显加大，科技创新引领经济发展能力显著增强，推动产业高端化、集群化发展，发展质量和效益明显提升。

*产业结构更加优化。*工业经济转型步伐明显加快，重点企业市场竞争力持续增强，光伏发电、有色冶金、煤化工、装备制造、民用航空、民用核技术、信息技术等产业高端化发展。文化旅游产业实现深度融合，成为具有更强带动力的支柱产业，第三产业占全市生产总值的比重进一步提升。高效设施农业形成规模，生产效益大幅提升，农业集约化、现代化水平不断提高。

*人民生活水平和质量明显提高。*城乡居民收入差距不断缩小，收入水平继续保持全省领先。就业更加充分，教育、医疗、科技、文化、体育、住房、养老等公共服务体系更加健全，建成城乡统筹、更加普惠的社会保障体系，人民群众的幸福感和获得感不断增强。

*市民素质和城市文明程度显著提升。*中国梦和社会主义核心价值观更加深入人心，城乡居民思想道德素质、科学文化素质、法律素质明显提高。加强精神文明建设，创建全国文明城市。平安建设基础更加牢固，法治体系更加完善，社会治理水平显著提高，社会大局保持和谐稳定。

*生态建设取得重要进展。*城乡绿化和生态治理投入进一步加大，生态环境质量持续改善，建成国家生态园林城市，打造美丽雄关。推动生产生活方式加快向低碳、绿色转变，大力发展循环经济，强化节能减排，资源综合利用水平进一步提高。

*改革开放实现重大突破。*体制机制创新迈出新步伐，重点领域和关键环节改革取得实质性突破，服务型政府建设取得明显成效。开放型经济加快发展，招商引资质量显著提高。积极融入丝绸之

路经济带建设,深化与中亚、西亚等地区的交流合作,全方位开放的深度和广度不断拓展。

三、"十三五"时期发展的主要任务

围绕上述指导思想和发展目标，今后五年我市的主要任务是：

(一)深入推进创新驱动战略,着力构建现代产业体系

坚持把创新摆在推动发展的核心位置，推进工业化和信息化融合发展,统筹传统优势产业、战略新兴产业、现代服务业和现代农业快速发展,实现更高质量、更有效益、更可持续的发展。

1.加快构建创新体系。围绕"互联网+""中国制造 2025"等国家战略,以国家新型工业化产业示范基地和工业园区循环化改造为抓手，推动经济发展由投资驱动、要素驱动向创新驱动转变。完善以企业为主体、产学研相结合的科技创新体系,加快原始创新、集成创新和引进消化吸收再创新,发挥大型企业技术和人才优势，推进重点实验室和技术研发中心建设,促进企业、高校和科研机构在产业链上有机融合,打通科技成果产业化、市场化通道。推动政府职能从研发管理向创新服务转变,改进科技投入方式,引导社会资本参与技术创新平台建设,提升创新平台的研发服务能力。瞄准制约产业发展的瓶颈问题，实施一批重大科技项目,培育一批有市场竞争力的创新型领军企业,支持科技型中小企业健康发展，以创新培育形成新的经济增长点。

2.构筑多元支撑的现代工业体系。深入实施工业强市战略，抓好传统产业改造升级和新兴产业培育壮大，推动工业结构从中低端向中高端转型发展。坚定不移地支持酒钢深化改革和加快产业结构调整,实施煤化工循环经济产业园、嘉酒风电基地特色铝合金节能技改二期等重点项目,做优做精钢铁产业,发展高端冶金及精深加工产业,促进产业之间和产业内部的补链延链、耦合发展。加快工业园区开发建设,提升承载辐射能力。把握国家政策导向，最大力度支持中核四〇四民用核产业园和新生活基地建设。实施优势产业链培育行动,支持重点企业加快发展新能源、新材料、高端装备制造等产业,开发高科技高附加值产品,推动战略性新兴产业发展取得新进展。

3.发展壮大现代服务业。坚持生产性和生活性服务业同步推进,拓展现代服务业发展新领域。推动商贸流通聚集区发展,加快城市综合体、专业商贸中心、物流平台建设,实施嘉峪关保税物流中心、银都国际金融中心等重点项目。结合智慧城市建设,围绕信息数据和基础设施,发展大数据、云计算等相关产业,开展物联网应用服务,提升社会各领域信息化水平。拓展完善金融服务业,构建多元化的金融市场体系和服务平台。鼓励企业和个人投资兴办便民服务企业,发展现代会展、电子商务、中介服务、养老健康、家政服务等新兴业态。

4.加快发展现代农业。按照服务城市、富裕农民的要求,转变农业发展方式,壮大优质果蔬、高效制种、规模养殖等特色农业,支持发展非耕地设施农业,提高农业质量效益。全面落实强农惠农政策，发展多种形式适度规模经营，提升农业专业化、标准化、集约化程度,促进农业企业、农户、家庭农场、农民合作社、农村专业技术协会等经营主体协同发展。开展电子商务进农村综合示范应用,支持企业参与涉农电商平台建设。依托正大、宏丰等农业龙头企业，发展农副产品加工和农村服务业;推进乡村旅馆标准化建设,培育形成特色休闲观光旅游村镇,促进农村富余劳动力就近转移,农村居民收入水平继续保持全省领先。

(二)推动文化旅游大繁荣大发展,争做华夏文明传承创新区排头兵

坚持文化事业与文化产业并举,大力发展文化事业,创新培育文化产业,引进实施一批重点项目,做大做强文化旅游产业,着力建设特色文化强市。

1.加强精神文明建设。坚持用中国特色社会主义理论体系武装党员干部、教育人民群众,深入学习习近平总书记系列重要讲话精神，用中国梦和社会主义核心价值观凝聚共识、汇聚力量。传承优秀传统文化,弘扬开放、包容、创新的移民文化,为城市发展提供精神动力。加强社会公德、职业道德、家庭美德建设,建立健全社会信用体系,开展群众性文明创建活动，力争成功创建全国文明城市。倡导科学精神,普及科学知识。牢牢把握正确舆论导向,健全社会舆情引导机制,巩固舆论宣传文化阵地。推动传统媒体和新兴媒体融合发展,打造有影响力的媒体平台，传播向上向善的社会正能量。

2.健全公共文化服务体系。深化文化体制改革,推进基本公共文化服务标准化、均等化,提高城乡公共文化基础设施建设、管理和服务水平,引导文化资源向基层倾斜。创新公共文化服务方式,加强既有场馆设施的综合利用,推进特色文化博物馆建设,实施一批公益性文化项目,激励扶持文艺精品创作。完善城乡文体设施建设,开展全民健身、雄关大舞台等群众性文体活动,培育品牌赛事,加快发展体育事业和体育产业。推进非物质文化遗产保护和传承创新,挖掘开发长城文化、丝路文化等地域特色文化,以世界文化遗产保护与展示为核心,加强文物本体保护和利用,推动重要人文古迹保护和历史再现工程建设。

3.推动文化旅游融合发展。坚持文化旅游发展与城市总体发展相统一,完善文化旅游规划体系和基础设施,将城市作为整体景区规划建设,推进景城一体化发展。用足用活国家和省上利好政策,谋划实施一批重点文化旅游项目,培育引进一批重点文化旅游企业,实施好世界文化遗产公园、丝绸之路文化博览园等项目。扶持文化企业和文艺团体利用本土文化旅游资源,创作精品剧目,发展文化演艺市场。推进智慧旅游建设,发展乡村旅游、文化研学、休闲养生等业态,推动旅游全要素发展,促进文化、旅游、体育等相关产业融合发展。深化与丝路沿线地区的旅游合作,积极开发旅游产品和旅游线路,提升旅游服务水平,加大对外宣传推介力度,增强旅游吸引力,打造旅游目的地城市。

(三)坚持绿色发展理念,持续提升城市生态宜居品质

全面加强生态文明建设,坚持生态环境建设和生态治理并重,实施重大生态建设工程,推动形成绿色发展方式和生活方式,加快资源节约型和环境友好型社会建设,实现绿色发展、循环发展、低碳发展。

1.加强生态环境建设。深入实施生态立市战略,持续做好“水”和“绿”两篇文章,推进“天蓝、水秀、城绿、人和”的全域生态工程,谋划实施一批生态治理、园林绿化项目,提高园林绿化的质量和档次,积极创建国家生态园林城市。加强生态环境治理,强化综合生态功能区保护,推进生态安全屏障建设、水环境综合治理等。全面落实《环保法》,严厉打击环境违法行为,加强大气、水和土壤污染防治,严格控制污染物排放,巩固提高环境质量。

2.促进生产生活绿色低碳。全面推行绿色发展方式和生活方式,实行最严格的环境保护制度,形成政府、企业、公众共治的环境保护体系。推进工业固废资源化利用和无害化处置,持续降低能耗强度,有效控制温室气体排放,确保完成节能减排任务。推进交通运输低碳发展,推广绿色建筑和建材,开展生活垃圾的分类回收,加强再生资源的回收利用。开展节能减排全民行动,培养公众环保意识。

3.提高资源循环利用效率。按照减量化、再利用、资源化的原则,以园区、产业链为载体,实施循环发展引领计划,加快循环化技术改造,建立循环型工业、农业、服务业体系。加强水源保护和涵养,应用和推广高效节水技术,加快建设节水型社会。强化约束性指标管理,实行能源和水资源消耗、建设用地等总量和强度双控行动。坚持最严格的耕地保护和土地利用制度,划定全市永久基本农田,盘活存量土地资源,推进低效用地开发整理。

(四)统筹城乡一体化发展,加快新型城镇化建设

加快城乡一体化建设,坚持以城带乡、以工促农,完善城乡规划布局,拓展优化发展空间,夯实农业农村发展基础,形成城乡互动、共促共进的良好格局。

1.统筹城乡基础设施和公共服务建设。强化规划引领作用,科学做好嘉峪关国土空间规划,推进多规合一,优化城市空间功能布局。统筹推进新市区开发和旧城区改造,提高城市精细化管理水平,持续提升城市品质。实施城市地下综合管廊建设,推进供排水、供热、燃气等基础设施向农村延伸。统筹城乡公共资源配置,提升教育、卫生、文化等公共服务水平。推进农村人居环境治理,改善农村居民住房条件,加大垃圾收集清运、污水处理和改厕力度,加快建设“美丽乡村”。

2.加快新型城镇化进程。坚持以人为核心,以提高城镇化质量为关键,以增收致富为目的,促进新型城镇化和产业发展、就业创业的有机结合。深化户籍制度改革,落实居住证制度,维护农民工合法权益,逐步实现基本公共服务常住人口和外来人口全覆盖。加快峪泉镇国家建制镇示范试点建

设。深化农村土地制度改革,落实集体所有权,稳定农户承包权,放活土地经营权,形成宅基地集体有偿使用和宅基地、农民土地承包经营权自愿有偿退出的机制。健全农村土地流转机制,推进农村土地有序流转。深化"双联"行动与"1236"扶贫攻坚行动。加强农村金融服务,鼓励保险机构提供更多"三农"保险产品。

(五)坚持共建共享发展,着力增进人民福祉

按照人人参与、共建共享的要求,坚持普惠性、均等化、可持续方向,加强社会事业建设,合理配置公共服务资源,鼓励社会资本参与民生建设,提升共建能力和共享水平。

1.实现教育优质公平。深化教育领域综合改革,加快教育现代化建设,全面提高教育质量,培育教育品牌。继续实施学前教育三年行动计划,扩大公办幼儿园数量,扶持普惠性民办幼儿园。加快实施义务教育"改薄"工程,利用信息化手段优化城乡、校际义务教育资源配置,实现高水平均衡发展。深化高中课程改革,推动特色、内涵发展,率先普及高中阶段教育。大力发展现代职业教育,促进中等职业教育与高等教育协调发展。稳步发展继续教育,全面提高劳动者技能和素质。引导树立终身学习理念,建设学习型社会。全面提升特殊教育水平。落实家庭困难学生资助政策,构建全学段、全覆盖的资助体系。持续提高教师队伍师德修养和专业技能,深入推进教师、校长轮岗交流,提高教师待遇。

2.完善公共医疗服务。深化医药卫生体制改革,实行医疗、医保、医药联动,落实覆盖城乡的基本医疗卫生制度和现代医院管理制度。推进公立医院综合改革,坚持公益属性,破除逐利机制,建立符合医疗行业特点的人事薪酬制度。加强医疗信息化建设,强化健康医疗大数据建设应用。优化医疗卫生资源配置,完善分级诊疗模式和医师多点执业机制。提高疾病预防控制、妇幼保健、精神卫生、突发应急救援等公共卫生服务能力。坚持中西医并重,扶持中医药事业发展。全面落实一对夫妇可生育两个孩子政策,推进卫生和人口工作融合发展。倡导健康生活方式,发展康复医疗服务。

3.加大就业创业力度。实施更加积极的就业政策,完善劳动者自主择业、市场调节就业和政府促进就业相结合的机制,促进充分就业。完善创业扶持政策,建立创业服务平台,推进大众创业、万众创新。加强职业技能培训,推进就业援助体系建设,开发公益性岗位,保障零就业家庭等就业困难人员就业。做好高校毕业生和复转军人的就业安置工作。加强对灵活就业、新就业形态的支持,大力支持服务业、劳动密集型产业、中小微企业发展。规范用工行为,维护职工和企业合法权益,构建和谐劳动关系。

4.提高城乡居民收入。保持城乡居民收入增长与经济增长同步、劳动报酬提高和劳动生产率提高同步,健全工资正常增长机制,稳步提高最低工资标准,推行企业工资集体协商制度,落实机关事业单位工资制度改革。拓展农村居民增收渠道,增加农村居民收入。规范收入分配秩序,增加居民经营性和财产性收入,不断优化收入结构。

5.健全社会保障体系。建立更加公平、更可持续的社会保障制度,实施全民参保,稳步推进机关事业单位养老保险改革,实现生育保险和基本医疗保险合并实施,完善职工养老保险个人账户制度,不断健全统筹城乡的社会保险体系。落实渐进式延迟退休年龄政策。进一步健全社会救助体系,完善城乡低保制度,加强城乡特困群体关爱救助帮扶,做好扶残助残工作。积极应对人口老龄化,发展健康养老产业,建设以居家为基础、社区为依托、机构为补充的多层次养老服务体系。加快以棚户区改造为重点的保障房制度建设。支持慈善事业发展,广泛动员社会力量开展社会救济、社会互助和志愿服务活动。

(六)推进全面深化改革,增强发展动力和活力

紧紧围绕中央和省委全面深化改革部署,加快推进体制机制创新,着力破解改革发展稳定的瓶颈制约,发挥市场在资源配置中的决定性作用和政府引导作用,增强发展的内生动力。

1.深化行政管理体制改革。按照精简统一效能原则,优化政府机构和职能设置,着力解决部门职能交叉和职能分散问题。稳步实行事业单位分类改革,推动事业单位与主管部门理顺关系和去行政化,推进有条件的事业单位转为企业或社会组织,建立各类事业单位统一登记管理制度。推进简政放权,深化行政审批制度改革,做好审批事项的接管工作。健全综合执法工作机制,完善政务服

务和公共资源交易平台。推进政务公开,强化行政问责,提高政府执行力和公信力。

2.健全现代市场体系。深化市场配置要素改革,建立公平竞争保障机制,促进资金、科研成果等有序流动,加快形成统一开放、竞争有序的市场体系。落实市场准入负面清单制度,减少政府对企业经营决策的干预,优化企业发展环境,激发市场主体活力。完善现代企业制度,全力支持重点国有企业改革。依法保护各种所有制经济权益,大力发展非公有制经济,拓宽非公经济融资渠道,引导社会资本依法进入更多领域。

3.推进财税体制改革。建立健全全面规范、公开透明的预算制度,完善政府预算体系,实施跨年度预算平衡机制和中期财政规划管理。优化财政支出结构,严格控制一般性支出。加强政府债务管理,建立以政府债券为主体的政府融资机制,有效防范债务风险。深化税收制度改革。健全优先使用创新、节能、绿色产品的政府采购政策。

4.构建现代投融资体系。健全金融服务体系,积极引进培育金融机构,发展普惠金融,创新金融产品,提高服务"三农"、服务基层、服务中小微企业的能力。加快地方金融机构改革,稳步发展投资基金、产业基金和合作发展基金,提升直接融资能力。创新政府投资方式,推进公共服务设施投资项目政府与社会资本合作PPP模式。探索财政资金与社会资本共同发起设立或入股参与创业投资基金,放大财政资金投入撬动效应。

(七)立足丝绸之路经济带建设,构建全方位开放开发格局

抓住丝绸之路经济带建设的重大机遇,完善对外开放开发布局,丰富对外开放内涵,提高对外开放水平,为转型升级注入新动力、增添新活力、拓展新空间。

1.进一步扩大开放开发。主动融入国家和全省经济带战略布局,通过政策沟通、设施联通、贸易畅通、资金融通、民心相通,深化与经济带沿线国家和地区的合作,加强资源能源利用,拓展市场空间。拓宽同新疆哈密、内蒙古阿拉善及周边地区联动渠道,争取将嘉酒区域纳入全国沿边经济带,加快推进区域经济一体化发展。

2.形成更高层次的开放格局。拓展对外开放的广度和深度,打造工业制品基地和物流集散基地,鼓励企业和产品走出去,在更大范围内拓展市场、寻求发展,不断提升开放型经济水平。积极承接产业梯度转移,推动招商引资向招商选资转变,吸引更多企业和项目落户。完善通向资源产出地、旅游热点城市、市场集散区域的公路、铁路、航空交通运输网络,实施嘉峪关机场改造工程,推进嘉峪关航空口岸和空港物流园区建设,增强城市通达能力,不断提升战略交通枢纽地位。

四、保障措施

顺利实现"十三五"规划目标任务,党的领导是根本政治保证。各级党组织要深化对发展规律的认识,提高领导发展的能力和水平,充分发挥党总揽全局、协调各方的作用,最广泛地动员全社会力量,凝聚改革发展的强大合力。

(一)加强和改善党的领导。加强党的各级组织建设,不断提高党组织科学判断形势、驾驭市场经济、应对复杂局面的能力,确保中央、省委和市委各项决策部署的贯彻落实。加强和改进党对经济工作的领导,健全政策措施研究、决策咨询、信息发布、突发事件快速反应等机制。坚持正确用人导向,完善干部选拔任用机制,构建领导干部能上能下的考核评价体系。坚持全面从严治党,践行"三严三实"要求,严明党的纪律规矩,全面落实党风廉政建设"3783"主体责任体系,强化权力运行制约和监督,努力实现干部清正、政府清廉、政治清明,为经济社会发展营造良好政治生态。

(二)加强和创新社会治理。完善党委领导、政府主导、社会协同、公众参与、法治保障的社会治理体制,创新社会治理模式,推进社会治理精细化。全面完成标准化社区建设,加快社区工作者队伍建设,提升服务群众、促进社会和谐的能力。健全利益表达、协调、保护机制,引导群众依法行使权利、表达诉求、解决纠纷。完善社会和谐稳定制度机制,注重源头治理与末端治理相结合,推动重大社会矛盾和涉稳问题排查化解常态化。加强平安嘉峪关建设,完善治安防控体系,依法打击各类违法犯罪活动和暴力恐怖活动,维护社会大局稳定。

(三)加快推进人才强市进程。发挥人才的重要支撑作用,完善人才培养、引进和激励机制,为各类人才发展创造良好环境,形成人尽其才、才尽其用的良好局面。坚持"高端、紧缺、实用"导向,以

企业为主体、产业为牵引、专业为需求，引进高层次创新人才、科技领军人才、高技能专业技术人才和高级管理人才。深入推进“领军人才”和“能人引领”工程，鼓励企事业单位、科研院所、社会组织有序参与人才资源开发。发挥农村实用人才作用，评选建立一支“乡土人才”队伍，推动农村增收致富。优化人力资源配置，完善人才评价激励机制和服务保障体系，用活用好人才，营造育得好、引得进、用得上、留得住的人才发展环境。

（四）推进民主法治建设。坚持人民主体地位，充分发扬民主，依法保障群众合法权益，激发全市人民的主人翁意识。弘扬法治精神，全面推进依法治市，稳步实施地方立法，落实司法改革任务，推进覆盖城乡的公共法律服务体系建设。坚持依法行政，推进法治政府建设。健全依法民主决策机制，确保民主决策制度科学、程序正当、过程公开、责任明确。积极引导各民主党派、工商联和无党派人士参政议政，充分发挥群团组织的桥梁纽带作用。加强国防教育和后备力量建设，推动军民融合发展，密切军政军民团结。深入开展民族团结进步宣传教育，巩固民族和睦、宗教和顺的局面。

（五）牢固树立安全发展观念。落实安全生产责任和管理制度，实行党政同责、一岗双责、失职追责，提高安全生产保障水平。严肃目标考核和责任追究，强化工业生产、道路交通、油气管道等重点领域安全生产监管，排查治理安全隐患，有效防范安全事故发生。落实最严格的覆盖全过程的食品药品监管制度，保障食品药品安全。建立应急联动机制，增强突发公共事件应急能力，最大限度保障人民群众生命财产安全。

（六）确保“十三五”规划建议的目标任务落到实处。制定“十三五”规划纲要和专项规划，要坚决贯彻中央、省委和市委决策部署，落实好本建议的指导思想、发展理念、主要目标、重点任务。各专项规划要增加明确反映创新、协调、绿色、开放、共享发展理念的指标，增加政府履行职责的约束性指标，做到思路对接、规划链接、政策衔接。加强规划实施效果的评估、督查和考核，把市委确定的各项决策部署落到实处。

实现“十三五”时期发展目标，任务艰巨，使命光荣。全市各级党组织、广大党员干部群众要更加紧密地团结在以习近平同志为总书记的党中央周围，凝心聚力，艰苦奋斗，开拓进取，为在全省率先建成全面小康社会而努力奋斗！

关于《中共嘉峪关市委关于制定国民经济和社会发展第十三个五年规划的建议》的说明

市委书记　郑亚军

（2015 年 12 月 16 日）

同志们：

受市委常委会委托，现在，我就《中共嘉峪关市委关于制定国民经济和社会发展第十三个五年规划的建议》起草有关情况向全委会作说明。

一、建议稿起草过程

“十三五”时期是我市全面建成小康社会的决胜阶段，是推动经济社会转型升级的关键阶段，是深化改革扩大开放的重要阶段。制定和实施好“十三五”规划，落实好中央战略决策、省委部署要求和市委发展思路，明确发展的指导思想、基本原则、目标任务和重要举措，描绘好未来五年发展蓝图，事关全市广大人民群众的利益福祉和经济社会发展全局。

市委对制定“十三五”发展规划高度重视。2015 年 1 月，市委召开十届六次全委（扩大）会议，对这项工作进行了安排部署，明确要求在把握发展阶段性特征的基础上，紧密结合市情实际，深刻分析当前及今后一个时期我市发展的利好机遇和瓶颈制约，扎实做好“十三五”规划及各专项规划的编制，合理确定发展定位、总体目标和重点任务。8 月中旬，市委召开十届七次全委（扩大）会议，从积极对接国家和省上的“十三五”规划、科学确定经济社会主要指标等方面做了进一步的安排部署，随后又三次召开市委常委会议专题研究《建议》制定工作，提出《建议》必须体现宏观把握和微观落实的统一，必须反映人民群众愿望，必须充分吸收各方面意见建议。特别是十八届五中全会和省委十二届十四次全委会后，我们及时召开专题会议，就贯彻中央精神和省委要求，做好规划《建议》和《纲要》起草工作做了全面安排部署。

近一年来，我们成立规划编制工作领导小组，抽调市委办、政研室、发改委相关人员组成了起草组，开展了工业转型升级、旅游产业发展、提升生态宜居城市品质等30项专项课题研究和专题调研，广泛听取了各方面的意见建议，多次召开会议进行研究讨论，最终形成了《建议（征求意见稿）》，及时征求了市人大、市政府、市政协党组和法检两院党组的意见建议；认真听取酒钢（集团）公司、中核四〇四等重点企业和各民主党派、工商联、市属部门及驻嘉单位的意见建议；在此基础上，征求了市委各常委和委员的意见建议，对《建议》稿进行了较大幅度的完善和修改。12月14日，市委常委会再次专题审议后，起草组按照市委常委会的意见，进行了修改完善，形成了今天的审议稿。《建议》稿形成过程中，市人大、市政府、市政协及酒钢（集团）公司、中核四〇四公司等都提出了许多富有建设性的意见，社会方方面面也提出了一些很好的建议，在此，我代表市委常委会向大家表示衷心的感谢。

总体上讲，《建议》稿起草过程，是一个发扬民主、集思广益、群策群力的过程，是一个贯彻中央精神、落实省委要求、结合我市实际研究谋划发展的过程。从反馈情况看，各方面对《建议》稿给予充分肯定。大家一致认为，《建议》稿认真贯彻党的十八大和十八届三中、四中、五中全会精神，紧扣“四个全面”战略布局，坚持创新、协调、绿色、开放、共享的发展理念，顺应了经济发展新常态的内在要求和干部群众对我市未来发展的新期待；大家普遍反映，《建议》稿指导思想主题突出、目标任务鼓舞人心、重点任务导向清晰、重要举措务实有力，对“十三五”时期我市破解难题、补齐短板、增强动力具有重要指导作用，是指导我市在全省率先建成全面小康社会的纲领性文件。

同时，各方面还提出了许多中肯务实、富有见地的意见建议，主要集中在以下几个方面：一是建议对我市“十二五”时期取得的重大成就进行全面系统的总结，对“十三五”发展形势进行深入分析，进一步凝聚共识、提振信心；二是建议在确定发展指标时，全面分析面临的政策机遇，准确把握面临的困难和挑战；三是建议全力支持酒钢转型升级发展，加快产业结构调整，帮助企业渡过难关；四是建议抢抓丝绸之路经济带建设的机遇，提高开放开发水平，加快发展开放型经济；五是建议进一步加强基础设施建设和城乡协调发展，提升公共服务水平，办好民生实事，优化生态品质；六是建议加强人才队伍建设，培养“乡土人才”，推动农村增收致富；七是建议将中核四〇四民用核技术应用产业及新生活基地建设纳入“十三五”整体规划。

市委责成起草组认真研究、吸纳各方面的意见建议，起草组全面汇总、逐条分析，做到能吸收的尽量吸收，尽可能把各方面建议采纳好、各方面意愿反映好。

二、建议稿的主要考虑和基本框架

《建议》稿的起草，充分考虑了中央、省委的战略导向和“十三五”时期我市经济社会发展的阶段性特征和基本趋势。

*第一，将建成全面小康社会列为首要目标。*我市全面小康社会建设实现程度较高，走在了全省前列，但还有个别指标离目标还有一定差距。“十三五”规划作为全面建成小康社会的收官规划，我们必须把方向目标聚焦在突破瓶颈上，把资源力量倾斜到补齐短板上，不断增强发展的协调性和平衡性，持续增进人民群众福祉，这是我们起草《建议》最核心的考虑，也是贯穿《建议》始终的一条主线。

*第二，将五大发展理念贯穿规划建议制定的全过程。*面对“十三五”时期政策机遇叠加、风险挑战增多的复杂形势，推动我市经济社会持续健康发展，必须按照中央和省委的要求，坚决贯彻创新、协调、绿色、开放、共享的发展理念，进一步明确发展思路、发展方向和着力重点。《建议》稿把五大发展理念贯穿于“十三五”乃至今后一个时期发展的各方面和全过程，坚持以积极进取的态度，统揽全局、全面谋划，研究提出了全市经济社会发展的基本思路、主攻方向、战略布局和重要举措。

*第三，将推动转型升级发展作为根本任务。*主动适应、引领新常态，是“十三五”时期经济发展的一个大逻辑。我们必须牢牢把握速度变化、结构优化、动力转换三大特点，紧紧抓住“一带一路”建设深入推进和全省发展潜力充分释放的历史性机遇，在保持相对稳定的增长速度的同时，持续推动经济转型升级发展，着力构建结构合理、动力强劲、效益提升的现代产业体系，切实增强经济竞争力和发展的可持续性。《建议》稿制定过程中，我们充分考虑以上因素，从加快结构调整、扩大有效投

资、培育新的经济增长点等方面做了重点部署。

另外,《建议》稿通过后,还要根据《建议》制定“十三五”规划《纲要》,两个文件之间要有合理分工。所以,《建议》稿的重点是明确发展方向、发展思路、目标任务和重要举措,一些具体的工作部署在《纲要》中规定,以更好体现和发挥《建议》的宏观性、战略性、指导性。

《建议》稿起草过程中,我们注意把握了以下原则:一是坚持中央精神、省委要求、市情实际、群众期盼的有机结合,更好地把我市放在全国、全省发展的大环境中进行谋划,更好地反映全市广大干部群众对“十三五”发展的期盼,使发展的目标和定位更加符合实际、体现群众意愿。二是坚持宏观谋划、微观操作、评估考核的有机统一,既从战略层面对我市经济社会发展的重点进行了布局,也从实践角度对重点任务进行明确,确保《建议》稿制定的目标能落实、可评估。三是坚持目标任务、重点举措、保障措施的有机衔接,既注意将目标任务分解为具体举措,又从加强党的建设、民主法治、人才队伍等方面予以保障,确保《建议》有力有序实施。

在结构布局上,《建议》稿由四大板块、17个小节构成。导语和“发展基础”构成第一板块,全面总结了“十二五”时期我市发展取得的重要成就,分析了“十三五”发展环境和阶段性特征。第二板块主要对我市“十三五”时期经济社会发展的指导思想、基本原则、发展目标进行了确定。第三板块主要对我市“十三五”时期产业转型、文化旅游、生态文明、新型城镇化、民生建设、深化改革、开放开发等七个方面的重点任务进行了安排部署。第四板块由保障措施和结束语构成。《建议》稿号召,全市各级党组织、广大党员干部群众要更加紧密地团结在以习近平同志为总书记的党中央周围,凝心聚力,艰苦奋斗,开拓进取,为在全省率先建成全面小康社会而努力奋斗。

三、需要重点说明的几个问题

《建议》稿提出了一些新的判断、任务和要求。这里,就其中几个重点问题进行说明:

第一,关于形势的基本判断和坚持的指导思想。科学分析面临的形势和环境,是制定好“十三五”规划、推动“十三五”发展的重要前提。为此,《建议》稿用较大篇幅,对“十三五”时期发展环境和阶段性特征进行了全面阐释,提出我市经济整体向好的基本面没有改变,仍处在大有可为的重要战略机遇期。这一重要判断,既符合中央精神,也与省委对全省发展形势的论述保持一致,是我们谋划、推动“十三五”发展的总体环境特征。

在这样的环境下,我市“十三五”时期的指导思想不仅要全面贯彻中央大政方针和省委决策部署,也要紧密结合市情实际,更加有针对性地明确发展的总体思路和基本方向,更好地统一全市上下的思想和行动。为此,《建议》稿提出坚持发展第一要务不动摇,坚持扩大总量与质量效益并重,坚持物质文明与精神文明并重,坚持深化改革与开放开发并重,坚持经济发展与改善民生并重,更加注重创新驱动发展,更加注重城乡统筹协调发展,更加注重生态文明建设,更加注重民主法治建设。这一指导思想,契合中央“四个全面”战略布局和五大发展理念,体现了省委“八个并重”的要求,也符合市情实际,需要牢牢把握、全面贯彻。

第二,关于在全省率先建成全面小康社会目标任务的制定。当前,我市全面小康社会建设虽有一些短板和弱项,也有个别指标差距还比较明显,但总体上看,我市小康社会建设走在了全省前列,率先建成全面小康社会是完全可行的,也是全市广大干部群众的共同愿望,同时我们实现这一目标也有良好的基础和比较有利的环境条件。从现有基础看,近年来我市传统产业改造升级持续加快、战略性新兴产业快速发展、文化旅游产业蓬勃发展、城市生态宜居品质不断提升,保障和改善民生力度加大、城乡居民收入连续多年位居全省前列,率先实现全面小康社会具备一定的优势条件。从发展前景看,随着“一带一路”战略的深入推进,特别是国家加大对西部地区扶贫攻坚、基础设施、公共服务、产业发展等方面的政策支持,为我们实现创新发展绿色发展、推进结构调整、提高发展的质量效益、进一步增进群众福祉,以及全面提升经济社会发展水平,提供了难得的历史性机遇。只要我们保持战略定力,树立发展信心,用好政策机遇,采取得力举措,紧紧依靠全市群众和各方面力量团结奋斗,就一定能够打赢在全省率先建成全面小康社会这场硬仗。

第三,关于两个“翻一番以上”目标任务的确定。《建议》稿提出,“十三五”时期,全市地区生产总值增速要高于全国、全省平均水平，到2020年地区生产总值和城乡居民收入比2010年翻一番以上的目标。根据国家和省上确定的相关指标，我们充分考虑我市的发展环境、发展基础和潜在增长因素以及在全省率先建成全面小康社会的目标，确定我市"十三五"时期经济增速力争保持在8%以上。关于城乡居民收入"翻一番以上"的目标，考虑到我市城乡居民收入水平在全省领先，我们力争"十三五"时期城乡居民收入增速与经济增速保持同步。在经济发展不确定因素较多的情况下，确定"两个翻一番以上"的目标，既是留有余地的，也是需要下很大功夫努力才能实现的，只要我们扎实苦干、狠抓落实，实现这样的目标既是积极的也是完全可行的。

第四，关于谋划提出的主要任务举措。重点就五个方面予以说明：一是构建产业新体系。近年来我市产业结构调整取得了重要进展，但仍然存在二产占比较大、质量效益不高、抗风险能力较弱等突出问题。针对这些问题，《建议》稿提出要全面贯彻创新驱动战略，推动工业经济转型步伐明显加快，重点企业市场竞争力持续增强，新兴产业高端化发展，文化旅游成为支柱产业，高效设施农业形成规模等重点任务。应当说，这些任务目标既实事求是，也具有一定的基础条件，必须在今后的发展中全面体现和落实。二是持续推进生态立市战略。我市地处西部内陆，生态环境脆弱，必须始终将生态建设放在特殊重要的位置，矢志不渝地推进生态立市战略。《建议》稿提出了提升城市生态宜居品质，谋划实施一批生态治理、园林绿化项目，提高园林绿化的质量和档次，推进生态安全屏障建设，加强大气污染防治等任务举措，进行了有针对性的安排部署。三是统筹城乡一体化发展。目前，我市城市化率93.4%，但城乡发展不平衡、不协调的问题依然较为突出。为此，《建议》稿从统筹城乡基础设施和公共服务、盘活农村资源、增加农村居民收入、增强农村自我发展能力等方面，进行了整体部署。四是加快构建全方位开放开发格局。从历史和现实来看，我市是丝绸之路上的一个重要节点。随着国家"一带一路"战略的深入实施，我市开放开发必将迎来新的更大机遇和更为广阔的空间。《建议》稿按照积极主动融入经济带建设的思路，提出坚持引进来和走出去相结合，统筹利用两个市场、两种资源，实施"西进、北上、东接、南联"的全方位开放战略任务。应该说，进一步扩大开放开发是下一步我市发展的着力重点，必须跟进落实，全力推动实施。五是牢固树立安全发展观念。我市战略位置重要，是联通甘、新、青、蒙四省区的重要门户，境内及周边有多家大型企业和军事设施，油气管廊穿境而过，维护地区安全稳定应始终放在发展的全局中来重视，《建议》稿对此进行了专门阐述。

同志们，讨论、修改、通过"十三五"规划《建议》，是这次全委会的主要任务。做好这项工作，对指导我市"十三五"规划纲要编制、引领"十三五"时期经济社会发展、全面建成小康社会具有十分重要的意义。大家要全面把握和深刻领会《建议》稿提出的指导思想、基本原则、发展目标、主要任务和保障措施，认真思考，深入讨论，积极建言献策，使《建议》稿更加完善，共同把这次会议开好。

2015年嘉峪关市国民经济和社会发展统计公报

嘉峪关市统计局

(2016年3月8日)

2015年，是"十二五"规划实施的最后一年，也是遇到困难最多、挑战最大的一年。面对复杂严峻的形势，市委、市政府带领全市人民，认真落实国家、省一系列重大决策部署，主动适应新常态，立足当前、着眼长远、沉着应对、果断施策，抢抓发展机遇，全力以赴稳增长、促改革、调结构、惠民生，经济平稳增长，社会事业不断进步，民生保障持续增强，为全面建成小康社会、建设生态强市、魅力雄关奠定了坚实基础。

一、综合

经济增长：全市实现生产总值190亿元，比上年增长9%。其中，第一产业增加值4.17亿元，增长5%；第二产业增加值108.56亿元，增长5.4%；第三产业增加值77.3亿元，增长19.1%。其中批发和零售贸易业增加值14.17亿元，下降13.4%，住宿和餐饮业增加值2.69亿元，增长10.7%，金融保险业增加值8.21亿元，增长3.8%，房地产业增

图1 2010年—2015年嘉峪关市生产总值及增长速度

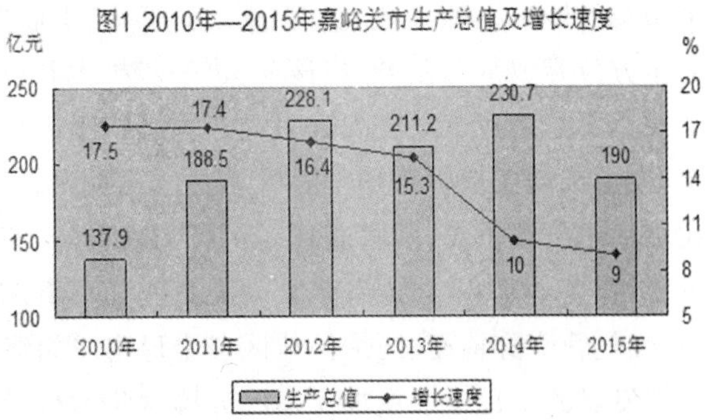

加值5.67亿元,增长3%。人均GDP为78336元。

三次产业结构由上年的1.7:70.5:27.8调整为2.2:57.1:40.7,与上年相比,第一产业所占比重上升0.5个百分点,第二产业所占比重下降13.4个百分点,第三产业所占比重上升12.9个百分点。

就业:年末城镇私营企业和个体工商户从业人员4.87万人,其中:私营企业从业人数18942人,比上年增长15.8%;全市个体工商户人数29727人,比上年增长15.2%。年末就业人数10.28万人,城镇登记失业率为2.7%,与上年持平。全年城镇新增就业人数8105人。

物价:全市居民消费价格总水平比上年下降0.3%。商品零售价格总水平比上年下降1.3%。

表1 2015年居民消费价格比上年上涨(±%)

指　标	2015年价格指数	比2014年上涨
商品零售价格总指数	98.7	-1.3
居民消费价格指数	99.7	-0.3
食品	99.5	-0.5
烟酒	102.9	2.9
衣着	99.6	-0.4
家庭设备用品及维修服务	99.5	-0.5
医疗保健和个人用品	100.5	0.5
交通和通讯	98.4	-1.6
娱乐、教育文化用品及服务	99.3	-0.7
居住	100.7	0.7

二、农业

全年粮食总产量12600吨,比上年增产0.8%。其中,夏粮产量2400吨,减产4%。

粮食作物种植面积1.92万亩,比上年增加0.02万亩,其中:小麦种植面积0.59万亩,比上年减少0.01万亩;油料种植面积0.05万亩,增加0.01万亩;薯类种植面积0.14万亩,增加0.01万亩;蔬菜种植面积3.02万亩,增加0.11万亩。

年末大牲畜存栏0.61万头(只),比上年末下降2.07%;牛存栏0.55万头,下降0.34%;羊存栏5.23万只,增长2.09%;猪存栏2.51万头,下降0.17%。牛、羊、猪出栏分别为0.12万头、3.13万只和3.22万头,分别比上年增长18.92%、2.2%和下降0.9%。

全年肉类总产量2900.32吨,比上年下降3.1%,其中牛肉产量115吨、羊肉产量469吨。绵羊毛产量96.13吨,增长2.33%。全年水产品产量170吨,比上年下降8.11%。

主要经济作物中,油料产量101.59吨,增长16.1%;水果产量4726.11吨,减产1.31%;蔬菜产量20.2万吨,增产4.46%。

图2 2010年—2015年嘉峪关市粮食产量及增长速度

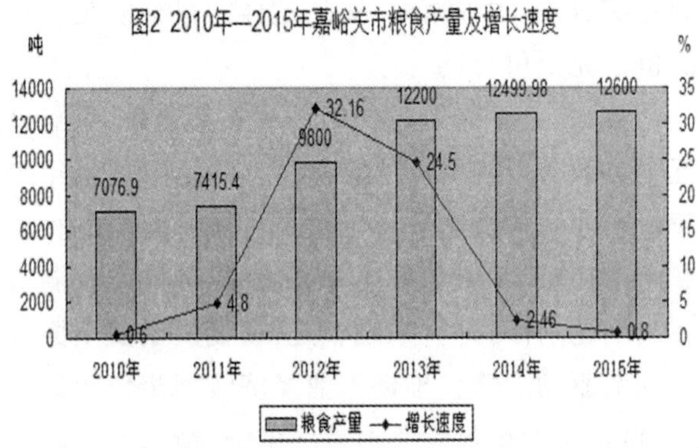

三、工业和建筑业

工业:全年完成工业增加值98.97亿元,比上年增长5.2%。规模以上工业企业完成工业增加值97.66亿元,比上年增长5.1%。其中,市属规模以上工业企业完成工业增加值33.39亿元,下降4.3%。规模以上工业企业产品产销率99%,与上年持平。

规模以上工业增加值中,集体企业完成工业增加值1.76亿元,下降6.3%;股份制企业完成工业增加值86.71亿元,增长5.3%。

轻工业完成增加值1.45亿元,比上年下降16.6%;重工业完成增加值96.21亿元,增长5.2%。

主要产品产量有增有减。电解铝产量131.3万吨,增长20%;铝材产量34.8万吨,增长8.4%;水泥产量253.6万吨,增长22%;发电量192.4亿千瓦时,增长70.7%;葡萄酒1485千升,增长2.2%;生铁产量539.8万吨,下降4%;粗钢产量638.2万吨,下降7.1%;钢材产量595.5万吨,下降10.5%;铁合金产量22.7万吨,下降28.4%;牛

表 2 2015 年主要工业产品产量情况

产品名称	单位	产量	比上年增长(%)
生铁	万吨	539.8	-4
粗钢	万吨	638.2	-7.1
钢材	万吨	595.5	-10.5
电解铝	万吨	131.3	20
铝材	万吨	34.8	8.4
水泥	万吨	253.6	22
铁合金	万吨	192.4	70.7
发电量	亿千瓦时	22.7	-28.4
牛奶	吨	23432	-4.1
葡萄酒	千升	1485	2.2

奶 23432 吨,下降 4.1%。

全年规模以上工业企业利润总额亏损 89.1 亿元,比上年增加亏损 94.7 亿元;其中,市属规模以上企业利润亏损 0.7 亿元,同比增加亏损 6.2 亿元。规模以上工业亏损企业亏损额94 亿元,增长 27 倍。

表 3 2015 年规模以上工业增加值及效益

单位:万元、%

指标名称	总量	增减幅度
规模以上企业增加值	976615.7	5.1
# 轻工业	14527.1	-16.6
重工业	962088.6	5.2
# 国有经济	91889.7	-12.6
集体经济	17632.4	-6.3
股份制	867093.6	5.3
# 国有控股	786933.2	5.3
利润总额	-89.1 亿元	增加亏损 94.7 亿元
工业产品产销率	99	持平

五大支柱行业完成工业增加值 91.68 亿元,占规模以上工业的 93.88%;利润总额亏损 88.6 亿元,下降 18.37 倍。

表 4 2014 年支柱行业主要经济指标

单位:亿元、%

支柱行业	工业增加值		利润总额	
	绝对数	比上年增长	绝对数	比上年增长
化学原料和化学制品制造业	1.1	-22.7	-1	增加亏损 0.4 亿元
非金属矿物制品业	4.2	0.6	1.4	-39.1
黑色金属冶炼和压延加工业	49.7	5	-90.4	增加亏损 88.9 亿元
有色金属冶炼和压延加工业	15.3	16	-0.8	增加亏损 0.7 亿元
电力、热力生产和供应业	21.4	-4.4	2.2	-56

建筑业:全市建筑业实现增加值 9.59 亿元,比上年增长 8.6%。

四、固定资产投资

固定资产投资:全年完成固定资产投资 144.16 亿元,比上年增长 15.11%。其中,第一产业投资 1.15 亿元,比上年下降 45.19%;第二产业投资 73.7 亿元,增长 1.77%,其中工业投资 73.29 亿元,增长 8.33%;第三产业投资 69.31 亿元,增长 36.67%。

图3 2010年—2015年嘉峪关市固定资产投资及增长速度

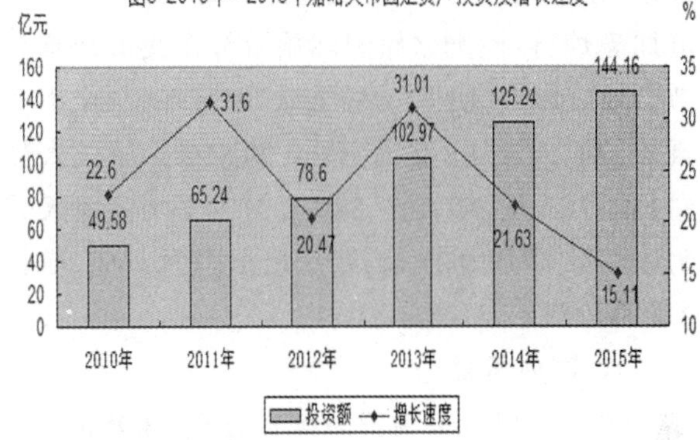

房地产开发投资 25.98 亿元,比上年同期增长 14.71%,其中住宅投资 17.77 亿元,同比增长 0.79%。房屋施工面积 331.57 万平方米,同比增长 42.26%;房屋竣工面积 30.2 万平方米,同比下降 22.88%;商品房销售面积 55 万平方米,同比下降 1.99%。

五、交通、邮电和旅游

全年交通运输、仓储和邮政业实现增加值 8.26 亿元,比上年增长 0.2%。

交通运输:全市公路运输业实现客运量 6950.66 万人次,比上年增长 18.02%;旅客周转量 105483.24 万人公里,增长 23.11%。货运量 7764 万吨,增长 21.69%;货物周转量 147375 万吨公里,增长 24.31%。年末实现铁路客运量 214.84 万人次,比上年增长 14%(其中高铁客运量 44.77 万人次);货运量 738.42 万吨,比上年下降 18%。民用航空完成旅客吞吐量 35.49 万人次,增长 12.83%,货邮吞吐量 1673.1 吨,增长 40.13%。年末个人汽车拥有量 54012 辆,比上年增长 30.48%;本年新注册汽车 14806 辆,比上年增长 98.66%;个人轿车拥有量 35937 辆,比上年增长 8%。

邮电通讯:全年邮政行业业务总量 3895.35

万元,增长6.57%;邮政行业业务收入5313.41万元,增长18.25%;快递业务量(收寄)58.79万件,增长22.66%,快递业务量(投递)406.29万件,增长73.7%。全年电信业务总量75447.29万元,增长32.22%;年末固定电话用户10.52万户。其中:城市10.04万户,农村0.17万户。年末移动电话用户42.67万户,3G、4G移动电话用户17.92万户。年末互联网宽带接入用户达到8.37万户。

旅游:今年5月,受方特欢乐世界投入运营以及以“畅游绚丽甘肃,发展丝路旅游”为主题的第五届敦煌行·丝绸之路国际旅游节在我市开幕等节会效应影响,使得“方特效应”初显端倪。全市实现旅游收入35.98亿元,增长29.81%。旅游人数571.44万人次,增长27.58%。游客平均停留天数为1.5天,增加0.07天;客房出租率为46%,增长2个百分点。

六、国内贸易

全年实现社会消费品零售总额54.95亿元,比上年增长8.8%。全年限额以上零售业实现零售额24.07亿元,比上年下降0.6%。其中,石油及制品类零售额5.02亿元,下降26%;汽车类零售额8.7亿元,增长7.4%;粮油、食品类零售额2.21亿元,下降2.3%;烟酒类零售额2.28亿元,增长17.1%;家用电器和音响器材类零售额0.44亿元,增长11.7%;中西药品类零售额0.28亿元,增长2.1%。

七、对外经济

对外贸易:全年外贸进出口总值为117363万元,比上年下降45.78%。其中,出口总值为30784万元,下降15.9%;进口总值为86579万元,下降51.86%。

八、财政、金融、保险

财政:全年大口径财政收入39.8亿元,比上年下降21.74%。全市公共财政预算收入15.13亿元,下降12.9%。其中,增值税2.64亿元,下降11.6%;营业税2.35亿元,下降8.4%;企业所得税0.5亿元,下降28.9%;个人所得税0.31亿元,增长35.8%。公共财政预算支出25.1亿元,增长13.8%。其中,教育支出3.59亿元,增长15%;社会保障和就业支出3.7亿元,增长21.5%;医疗卫生与计划生育支出2.04亿元,增长12.7%。

金融:年末全市金融机构本外币各项存款余额321.95亿元,比年初下降3.84%;住户存款146.63亿元,比年初增长12.69%;其中,活期存款46.83亿元,比年初增长8.65%,定期及其他存款99.80亿元,比年初增长14.70%。金融机构本外币各项贷款余额425.45亿元,比年初增长9.50%;住户贷款49.74亿元,比年初增长15.37%,其中短期贷款15.45亿元,比年初增长25.13%,中长期贷款34.29亿元,比年初增长11.45%。

表5 2015年金融机构各项存贷款余额

单位:亿元、%

指　　标	年末数	比上年末增长
金融机构本外币各项存款余额	321.95	-3.84
住户存款	146.63	12.69
金融机构人民币各项存款余额	425.44	9.5
#单位存款	49.74	15.37
储蓄存款	15.45	25.13
金融机构本外币各项贷款余额	34.29	11.45
金融机构人民币各项贷款余额	375.71	8.77
#短期贷款	298.15	5.46
#中长期贷款	66.14	34.62

保险:全年保费收入56174万元,增长9.35%。其中,财产险保费收入27337万元,增长5%;寿险保费收入28837万元,增长14.3%。全市财险赔款与给付支出10590万元,下降17.65%。

九、科学技术、教育

科学技术:全年研究与试验(R&D)发展经费支出900万元;国有企事业单位各类专业技术人员559人;应用技术成果33项,比上年增长27.3%;获得奖励4项,比上年增长20%;专利申请303件,比上年下降17.2%;授权专利273件,比上年增长6.6%;授予发明专利权31项;项目技术合同30项;技术合同成交金额43080万元,比上年增长10%。

教育:普通高等教育招生1139人,比上年增长31.5%,在校生2828人,下降1.3%;中等职业教育招生831人,下降32.4%;普通高中招生2100人,增长1.25%;初中学校招生2478人,下降12.65%;普通小学招生2694人,增长5.69%;特殊教育招生9人,在校35人;幼儿园在园幼儿

表 6　2015 年各类教育招生和在校生情况

单位：人、%

指　标	招生数		在校生数		毕业生数	
	绝对数	比上年增长	绝对数	比上年增长	绝对数	比上年增长
高等职业教育	1139	31.5	2828	-1.3	1128	-2.3
中等职业教育	831	-32.4	4219	-24.9	1644	-42.5
普通高中	2100	1.25	6310	1.27	1982	3.93
初中学校	2478	-12.65	8350	-5.62	2960	7.91
普通小学	2694	5.69	16579	2.08	2476	-12.11

8358 人，增长 9.03%。

十、文化、卫生、体育

文化：年末全市共有文化馆 1 个，公共图书馆 2 个，艺术表演团体 7 个，剧场、影院 2 个，调频转播台 1 座，广播电视台 1 座，电视转播台 1 座。广播综合人口覆盖率 99.6%，比上年增长 0.1%。电视综合人口覆盖率 99.55%，比上年增长 0.1%。

卫生：年末，全市共有医疗卫生机构 132 个，比上年增长 3.1%；其中医院 7 个，卫生院 3 个，社区卫生服务中心 8 个，社区卫生服务站 17 个，妇幼保健院(所、站)1 个，专科疾病防治院(所、站)1 个，疾病预防控制中心(防疫站)1 个，卫生监督检验机构 1 个。医院、卫生院拥有床位 1692 张，卫生技术人员 2403 人，其中执业医师和执业助理医师 999 人；注册护士 1135 人。乡镇卫生院拥有床位 65 张，乡镇卫生院卫生技术人员 87 人。

体育：全年举办体育竞赛活动 10 次，比上年增长 25%；参加比赛人数 3580 人；参加省级比赛 3 次。获得各类奖牌 18 枚，其中金牌 11 枚，银牌 5 枚，铜牌 2 枚。

2015 年甘肃省民间足球争霸赛西部赛区比赛由嘉峪关市承办。

十一、人口与人民生活

人口：年末全市常住人口为 24.39 万人，比上年增加 0.26 万人，增长 1.08%。其中：0—14 岁人口为 3.31 万人，占 13.56%；15—64 岁人口为 19.13 万人，占 78.45%；65 岁及以上人口 1.95 万人，占 7.99%。人口出生率为 10.15‰，人口死亡率为 4.41‰，自然增长率为 5.74‰。城镇人口 22.79 万人，城镇化率为 93.42%。

人民生活：全年城镇居民人均可支配收入 30714 元，比上年增长 10.1%；城镇居民消费性支出 21443.07 元，增长 10.61%；城镇居民家庭食品消费支出占消费性支出的比重为 33.44%。

农村居民人均可支配收入 15371 元，增长 11%；农村居民人均消费支出 11879.01 元，增长 9.26%；农村居民家庭食品消费支出占消费性支

图4 2010年—2015年嘉峪关市城镇居民人均可支配收入及增速

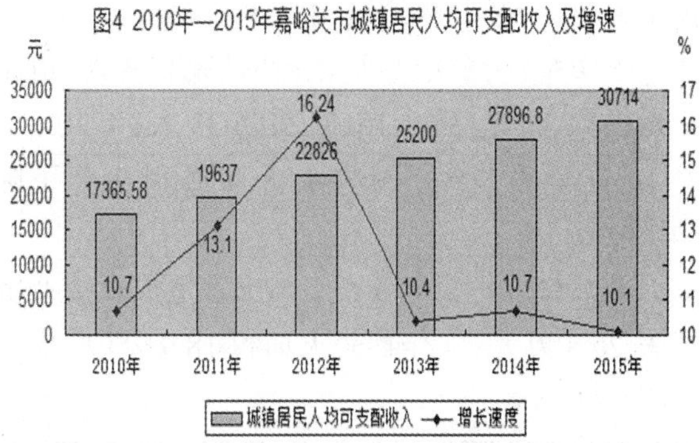

图5 2010年—2015年嘉峪关市农村居民人均可支配收入及增速

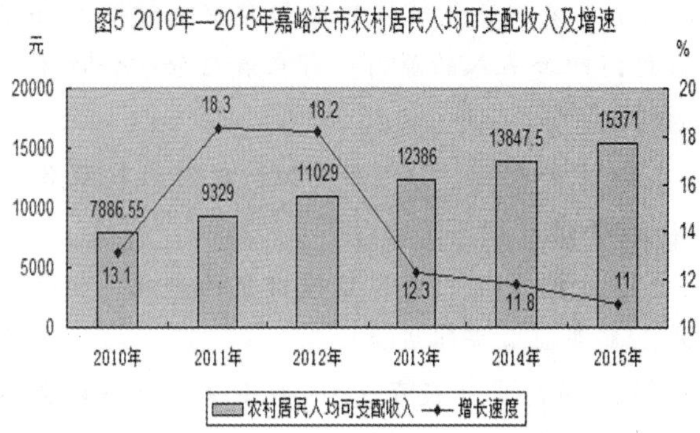

出的比重为 31.76%。

社会保障：年末全市参加城镇职工基本养老保险 7.15 万人，增长 4.02%；参加城乡居民基本养老保险 1.85 万人，增长 5.66%；参加企业职工基本医疗保险 8.74 万人，增长 2.33%；参加失业保险 5.55 万人，增长 3.26%；参加工伤保险 7.28 万人，增长 6.18%；参加生育保险 7.37 万人，增长 3.2%；参加新型农村合作医疗农民人数 2 万人，参合率达 98.8%；新型合作医疗基金累计支出 988.32 万元。城镇居民得到政府最低生活保障 41608 人，比上年下降 15%；农村居民得到政府最低生活保障 7312 人，比上年下降 7%。

十二、环境保护、安全生产与自然灾害

环境保护：全市从事环保工作人员 88 人，拥有各级环境监测站 2 个，监测人员 38 人，噪声功能区类别为 4 类，噪声功能区面积 172.05 平方公里，城市污水集中处理率 92%，城市生活垃圾无害化处理率 100%。建成环境噪声达标区 101 个，建成环境噪声达标区面积 16.16 平方公里，一年内空气质量达标天数 302 天。

全市气象雷达观测站点1个，卫星云图接受站点1个，年平均气温8.4度，比上年偏高0.6度，年平均降水量96.6毫米，比上年偏多93%。

全年完成农村人工造林面积96公顷，开展全民义务植树68万株，比上年增长3.8%。

安全生产：全年生产安全事故死亡3人，道路交通事故37起，死亡16人，受伤33人，比上年下降19.51%；直接经济损失4.88万元，比上年下降54.73%。

自然灾害：全年各类自然灾害造成直接经济损失26.8万元，农作物受灾面积18.9公顷，成灾面积18.9公顷。

注：

1.本公报各项统计数据为初步统计数。部分数据因四舍五入的原因，存在着与分项合计不等的情况。

2.生产总值、各产业增加值绝对数按现价计算，增长速度按不变价计算。

3.2015年国内贸易数据由全社会数据和限额以上贸易业数据组成。

4. 固定资产投资2010年及以前为全社会固定资产投资口径，2010年以后为500万元以上项目及房地产开发投资口径，但比上年增长按可比口径计算。

5.万元生产总值能耗、化学需氧量排放总量、二氧化硫排放总量等数据将由有关部门进一步核实后于近期公布。

6.本公报中城镇登记失业率、失业人员再就业人数、社会保障数据来自人力资源和社会劳动保障局，低保人数来自民政局，财政数据来自财政局，货币金融数据来自中国人民银行嘉峪关市中心支行，保险数据来自保险行业协会，外贸数据来自商务局，旅游数据来自旅游局，交通运输数据来自运管局、甘肃机场集团有限公司嘉峪关机场公司，通信数据来自移动嘉峪关分公司、电信公司、联通嘉峪关分公司，邮政数据来自嘉峪关市邮政局，教育数据来自教育局，科技数据来自科技局，文化广播、电视数据来自文化广播影视新闻出版局，卫生数据来自卫生和计划生育委员会，体育数据来自体育局，安全数据来自公安局、安全生产监督管理局，自然灾害数据来自农林局，人民生活数据来自国家统计局嘉峪关调查队。

7. 国家统计局在2012年进行了城乡住户一体化改革，公布了城乡居民的可支配收入，本文中涉及的收支调查数据均为新口径数据。

市委、市政府重要意见

市委重要决定

关于加快推进文化旅游产业融合发展的实施意见

嘉发〔2015〕4号

(2015年3月26日)

为贯彻落实省委、省政府印发《关于推进华夏文明传承创新区建设的实施意见》的通知(甘发〔2013〕3号)、《关于促进旅游业改革发展的意见》(甘发〔2014〕20号)、省华夏文明传承创新区建设协调推进领导小组办公室《关于加快推进文化和旅游深度融合发展的实施意见》(甘华区办发〔2014〕1号),大力推动文化旅游深度融合,促进文化旅游产业转型跨越发展,加快实现"两个率先"目标,结合全市实际,制定本意见。

一、明确文化旅游融合发展方向

(一)指导思想。深入贯彻落实党的十八大和十八届三中、四中全会精神,以邓小平理论、"三个代表"重要思想、科学发展观为指导,深入贯彻习近平总书记系列重要讲话精神,抢抓丝绸之路经济带和华夏文明传承创新区建设战略机遇,把文化旅游深度融合发展作为推动经济率先转型跨越发展、率先实现全面建成小康社会的战略举措,不断深化文化旅游体制改革,积极探索文化旅游融合发展新途径,通过政府大力推动,社会力量积极参与,整合文化旅游资源,着力培育文化旅游产业新的增长点,努力形成以文化丰富旅游内涵、提升旅游层次,以旅游带动文化消费、促进文化大发展大繁荣的良好格局。

(二)基本原则

坚持可持续发展。正确处理文化旅游资源有效保护与合理利用的关系,一手抓传承保护,一手抓创新发展,保证文化旅游资源的永续利用,实现文化旅游业的可持续发展。

坚持突出特色。充分发挥全市文化旅游资源丰富、地域组合好、开发前景广的优势,突出特色、挖掘内涵,提升文化对旅游的推动力,打造特色鲜明的文化旅游产品。

坚持互补提升。深入挖掘旅游资源的文化内涵,着力提升旅游业发展质量。发挥旅游对文化资源的带动作用,实现文化产业和旅游产业相互促进、共同发展。

坚持项目带动。以重点文化旅游项目为依托,以特色品牌为导向,以文化内涵为核心,推动优质文化旅游资源转化为现实生产力,打造文化旅游品牌,加快文化旅游业转型升级。

坚持市场导向。大力推进文化旅游产业的市场化进程,创新文化旅游产业发展体制机制,培育壮大文化旅游企业,增强文化旅游产业的市场竞争力。

(三)发展理念。突出旅游以文化为灵魂,文化以旅游为载体,坚持旅游发展与工农业发展相结合、旅游发展与文化体育相结合、旅游发展与城乡一体化建设相结合、旅游发展与智慧城市建设相结合、旅游发展与品牌节会相结合、旅游发展与科技创意相结合、旅游发展与休闲养老服务相结合、旅游开发与文物及生态保护相结合、旅游规划与城市规划相结合,丰富"吃住行、游购娱、商养学、闲情奇"旅游要素内涵,打造多元发展模式,实现资源相互渗透,产业相互配套、集群发展。

(四)发展目标。2015—2020年,旅游人数和旅游综合收入年均分别增长20%和22%以上,文化及相关产业增加值年均增长26%以上。到2020年,全市接待游客突破1000万人次,旅游综合收入达到60亿元,力争文化、旅游及相关产业增加值占全市国内生产总值的比重分别由2014年的1.5%、7%提高到5%和12%,文化旅游直接就业人数1.5万人以上,文化旅游产业成为全市国民经济的战略性支柱产业。

到2020年,建立健全全市现代公共文化旅游服务体系,打响"天下第一雄关"和方特欢乐世界两个文化旅游品牌,构建长城丝路文化旅游、科技文化旅游、休闲度假消费旅游3个文化旅游圈,培育河西走廊历史文化旅游线、丝绸之路民族文化旅游线、祁连山生态文化旅游线、航天科技自然风光旅游线4条精品旅游线路,创新开发工艺品、食品养生等5大系列旅游商品，办好嘉峪关国际短片电影展等文化旅游节会活动。按照景城一体化建设目标,把嘉峪关市建设成为智慧旅游、丝绸之路黄金段游客集散中心和国内外知名的旅游目的地城市。

二、增强文化旅游融合发展动力

(五)创新管理体制。积极推进景区管理体制改革,组建嘉峪关大景区管理委员会,统一负责保护管理和统筹开发全市范围内的所有旅游资产和资源,承担大景区规划、招商引资、项目审批、建设监管、安全维护等行政管理职能,积极探索旅游景区所有权、管理权和经营权相分离的市场化运作方式。

(六)创新投融资机制。积极争取国家、省级相关专项资金,进一步优化发展环境,充分调动各方投资开发文化旅游的创业积极性，鼓励引导民营资本和社会资本参与文化和旅游产业开发建设。加大招商引资力度，积极引进国内外战略投资商和企业集团,鼓励引导社会资本通过购买、合作、租赁、入股、承包等方式参与文化旅游产品开发和项目建设。不断创新“文银通”信贷产品,加大对文化旅游产业发展的融资扶持力度，促进文化旅游企业做大做强。进一步发挥好重点文化旅游企业的支撑带动作用,支持其参与大景区开发、旅游基础设施、旅游配套服务设施建设和旅游商品开发。

(七)创新运作经营机制。坚持以政府为主导，充分发挥市场在资源配置中的决定性作用，加快文化旅游企业改制步伐,完善法人治理结构,建立现代企业制度,组建实力雄厚、具有较强支撑能力和带动作用的骨干企业，真正把文化旅游企业培育成充满活力的市场主体。扩大对外开放,引进先进的经营管理理念，吸引国内外知名企业参与文化旅游运作经营。

(八)创新营销推介方式。强化部门合作、政企合作、行业合作,创新宣传促销机制,更好地展示全市文化旅游产品。将文化旅游推广与文化交流工作相结合，在文化产品生产和对外文化交流活动中,增加嘉峪关旅游宣传元素,在各类文化活动中增设旅游产品和项目展示,整合各方资源,增强宣传效果。将反映嘉峪关文化特色的产品纳入国内外旅游项目推广计划，充实旅游产品的文化内涵。策划举办系列宣传推广和主题营销活动,在国内外重点客源城市开展宣传营销。建立以互联网为载体的网络营销平台，加强同国内知名网站合作,通过微信、微博、微电影等新媒体,建立全域化、全方位、全智能的网络营销体系。

(九)强化大项目带动。建立健全文化旅游产业项目库，全力推进百亿元文化旅游项目落地建设，加快推进文化旅游的产业化、规模化和实体化。加快国家级世界文化遗产公园、观礼古镇文化休闲生态旅游综合体、嘉峪关草湖国家湿地公园、嘉峪关戈壁大峡谷地质公园、国际标准汽车营地、河西走廊游客集散综合服务中心等在建项目的建设进度。论证建设集文化馆、美术馆、展览馆、非物质文化遗产博览中心为一体的文化艺术中心等文化旅游产业项目。

三、拓展文化旅游融合发展空间

(十)全力打造国际文化旅游品牌。持续打造“天下第一雄关—嘉峪关”的国际品牌,深度挖掘嘉峪关关城作为军事要塞和边贸口岸，在选址设计、科学施工、建筑美学、功能价值、商旅通关、军事集结等方面的文化内涵，打造文化旅游版常态化演出,让游客能更加直观地感受体验通关文化,持续提升在国内外的认知度和美誉度。借助兰新高铁开通和建设丝绸之路经济带的有利时机,通过宣传营销，把方特欢乐世界打造成丝绸之路旅游线上知名品牌。

(十一)着力构建文化旅游圈。深度挖掘嘉峪关旅游资源,整合开发参与性、体验性、娱乐性、互动性项目,建设观光、休闲、度假与探险、养生、科普等相结合的高品质复合型旅游产品，在市区周边形成三个文化旅游圈：以国家5A级旅游景区嘉峪关文物景区为核心,整合华夏民俗文化园、中华孔雀苑、长城边关第一镇、卓仕力冰雪文化产业园、嘉峪关戈壁大峡谷省级地质公园等项目,打造长城丝路文化旅游圈；以国家4A级旅游景区紫轩葡萄酒庄园为核心，整合嘉峪关草湖国家湿地公园、魏晋墓地下画廊、首旅自驾车营地等优质资源,围绕生态文化主题,打造独具地方特色的生态文化自驾游旅游圈;以方特欢乐世界为核心,整合南湖文化生态园、观礼古镇夜光文化街、东湖生态旅游景区、大唐美食街、三禾雄关奇石城、恒基美居“家”文化园等，打造科技创意文化旅游圈。不断塑造大景区文化内涵，开发民族风情体验、大漠秘境探险、大型实景参与类互动游戏等主题文化旅游活动。通过调整大景区经营业态，配套建设文化体验酒店、文化主题餐厅、文化旅游演艺、房车基地、工艺品交易市场，充实餐饮、民俗表演、风味食品、旅游纪念品等经营项目，满足游客饮食娱乐住宿等多元需求，促进文化旅游产业提档升级。

（十二）大力培育精品旅游线路。通过内部联通、外部联网，整合文化旅游资源，加强区域联动，做到“东张西望、南来北往”。充分发挥区位交通优势，培育以嘉峪关为中心点，到达酒泉西汉胜迹、张掖丹霞地貌、马蹄寺、武威文庙、雷台汉墓、天梯山石窟等景点的河西走廊黄金段历史文化精品旅游线，到达敦煌莫高窟、鸣沙山月牙泉、雅丹地貌、巴里坤草原、葡萄沟、火焰山、天山天池、国际大巴扎等景点的丝绸之路民族文化精品旅游线，到达肃南祁丰文殊寺、七一冰川自然生态体验等景点的祁连山生态文化旅游线，到达酒泉卫星发射中心、额济纳旗胡杨林、居延海等景点的航天科技文化自然风光精品旅游线。

（十三）扶持发展乡村旅游。把大力发展乡村旅游作为富民强市的重要举措，结合“美丽乡村”建设，通过政策引导、标准制定，鼓励发展休闲度假和观光体验农业为主的乡村旅游，在景区至三镇沿线规划建设旅游示范村、镇，按照“洗好澡、睡好觉、上好网”的基本要求，大力发展家庭旅馆、农家乐，规范服务标准，全面提升乡村旅游接待服务水平。争取2015年建成30—50户家庭旅馆和星级农家乐，三年力争建成150户。

（十四）创新文化旅游产品。深入挖掘长城文化和丝路文化，依托大漠雄关、戈壁峡谷、冰川雪山等资源打造中国旅游摄影基地，编排一批精美的影视剧、实景剧、歌舞剧，创作一首难忘的歌曲，打造特色鲜明、艺术水准高的“观礼天下”和“天下雄关”文化演艺品牌。规范整合铁人三项赛、嘉峪关国际短片电影展等品牌节会，充分发挥民间组织和文化行业联盟的作用，着力培育国际滑翔节、奇石文化旅游节、丝路?长城国际音乐节和美食节等节会活动。打造嘉峪关国家级户外营地，大力发展自驾游，满足中外户外运动游客的旅游消费需求。深入推进“雄关大舞台”群众性品牌文化活动，以“百姓演、百姓看”为宗旨，组织开展群众参与性强的文化旅游活动。

（十五）扩大文化旅游消费。鼓励支持科研院校和企业研发制作具有嘉峪关地方特色的文化旅游商品，举办文化旅游商品和旅游纪念品、工艺品创意设计大赛，培育一批特色文化旅游商品专营店，实现文化创意和旅游资源的有效嫁接，丰富文化旅游商品，提高经济效益，提升品牌影响力。着力培育以夜光杯、风雨雕石艺画为代表的工艺品系列，以嘉峪关烤肉串为名品的非物质文化遗产开发系列，以紫轩葡萄酒、锁阳咖啡为代表的食品养生系列，以祁连山墨玉、嘉峪石砚为代表的奇石系列，以酒钢不锈钢餐具、海斯特厨具为代表的家居生活用品系列。以荣宝轩艺术馆、恒基美居“家”文化园、辉煌美术馆、嘉峪关书画艺术交流中心、嘉峪关文化产权交易所为艺术品创作交易平台，促进传统工艺和书画艺术文化交流。到2020年，建成嘉峪关文化旅游商品销售中心，全市文化旅游商品达到50种以上，争取入选“甘肃旅游推荐商品”5种以上，畅销文化旅游商品10种以上，各旅游景区至少开发1个标志性旅游商品，旅游购物收入占旅游总收入的比重大幅提高。

四、优化文化旅游融合发展环境

（十六）完善旅游交通体系。加快构建设施完善、服务高效的综合运输体系，争取开通主要客源地城市航线，支持发展旅游包机业务，完善机场建设，实现与省内各机场间航班互通。根据旅游市场需求，增开旅游高铁和旅游专列，以“快交通”实现客源互送、资源共享。从满足散客交通需求入手，完善旅游交通标识引导系统和加油、车辆修理、医疗救助等设施，建立旅游交通集散体系，实现自驾车无障碍旅游。在交通枢纽、游客集散中心、主要旅游景区、乡村旅游集散地、主要酒店、旅游购物场所之间开通旅游公交专线、旅游直通车，提升旅游干线交通与支线交通间的接驳能力，打通旅程“最后一公里”。完善旅游交通运输规划，打造公路、铁路、航空等各种运输方式有效衔接的综合交通运输网络，进一步强化区域性综合交通枢纽地位。

（十七）加强基础设施建设。按照景城一体化建设要求，充分考虑城市居民及游客承载力的需求，加快景区基础设施、服务设施与城区基础设施同步规划建设。加强道路标识、旅游导览、停车场、旅游公厕、购物场所、休息设施等便捷化配套服务设施建设，不断提升供水供电、通讯、智能管理、应急救援、垃圾污水处理、安全消防、医疗保障、公共服务等配套设施服务水平。规划建设集信息咨询服务、景区门票代售、文化旅游商品销售、导游交通服务等于一体的游客集散综合服务中心，打造河西走廊游客集散地城市。

（十八）加快智慧旅游建设。坚持整体规划、分步实施的原则，以现代信息技术为基础，以游客互动体验为核心，以系统化整合文化旅游资源为手段，大力开展智慧管理、智慧营销、智慧服务，建设集旅游服务热线、资讯查询、电子商务、微博微信、电子导览、二维扫描、虚拟旅游于一体的智慧旅游公共服务平台，拓宽公共信息发布渠道，完善文化旅游信息服务体系。加强文化旅游与工信、商务、交通、公安、气象、测绘等部门间的合作，积极推进智慧旅游城市、智慧景区、智慧旅行社、智慧旅游饭店创建工作。到2020年，把我市建成智慧旅游城市，实现3A级以上景区、三星级以上饭店和其他主要旅游活动场所无线免费网络全覆盖。

（十九）提升旅游服务质量。巩固扩大旅游标准化示范城市创建成果，重点抓好旅行社、宾馆酒店、旅游汽车、旅游购物商店的服务质量。按照“发展五星级、提升四星级、规范三星级”的原则，大力实施床位工程，重点建设四星级以上宾馆、商务连锁快捷酒店、汽车旅馆、自驾车营地、乡村家庭旅馆等接待场所，满足多层次、多样化的住宿需求。提升夜市、美食街、小吃城档次，打造特色旅游餐饮。开展文化旅游行业名品、名店、服务明星评选发布活动，发布“共筑诚信、德润雄关”诚信红黑榜，推动诚信建设制度化，打造诚信嘉峪关，全面提升全市旅游服务的整体水平。

（二十）规范旅游市场秩序。深入贯彻落实《旅游法》及其他相关法律法规，建立规范文化旅游市场经营秩序的联合监管机制，依法开展联合执法和日常监督检查，坚决打击各类非法经营行为。以旅游交通、设施、食品安全为重点，加强安全检查，落实安全责任，不断完善旅游安全预警制度，建立健全旅游紧急救援体系，努力形成规范有序、健康文明的文化旅游市场环境。

五、落实文化旅游融合发展政策

（二十一）科学编制规划。按照建设国内著名国际知名的旅游休闲消费城市、丝绸之路河西走廊游客集散中心城市、景城一体化城市和智慧旅游城市的目标，高起点、高标准、高质量地编制完成华夏文明传承创新区发展、旅游发展、智慧旅游城市建设、大景区建设等规划，突出景城一体化城市的配套服务功能，与全市国民经济和社会发展、土地利用、城乡建设等规划相衔接，实现文化资源和旅游资源按地域相近、文脉相承、内涵相关、业态互补、特色各异的原则规划布局，为文化旅游融合发展奠定基础。

（二十二）创新工作机制。打破体制机制障碍，突破就文化抓文化、就旅游抓旅游的传统思想束缚，充分发挥大景区管理委员会、旅游产业发展领导小组和华夏文明传承创新区建设协调推进领导小组的组织、协调、指导作用，像抓工业发展、城市建设一样狠抓文化旅游融合发展，积极探索推进文化旅游融合发展的新思路、新方法、新措施。邀请文化与旅游领域专家学者成立文化旅游融合发展专家顾问团，建立专家顾问机制，参与指导文化旅游融合发展规划编制、重点项目论证评审和重大问题决策研究。建立统一、开放的文化旅游商品市场，促进文化旅游互动、互补、互促、互利，有序推动文化旅游产业健康发展。

（二十三）完善配套政策。设立文化旅游发展专项资金1亿元，主要用于规划编制、公共文化服务体系建设、文艺精品创作传播、宣传推介、商品研发等，引导带动社会资本参与文化旅游开发建设和运营管理。用足用活国家和省委省政府关于文化旅游发展的土地利用、税收减免、项目审批等各方面的利好政策，落实《嘉峪关市鼓励游客来嘉旅游奖励暂行办法》《嘉峪关市关于支持文化产业加快发展若干政策》。落实职工带薪休假制度，鼓励企业将安排职工旅游休闲作为奖励和福利措施。将研学旅行纳入中小学生日常教育范畴。积极推行本市、本省居民“一元门票游”和“半价门票游”活动（方特欢乐世界除外），提升旅游人气，带动餐饮住宿等相关产业发展，推动“门票经济”向“旅游综合经济”转型。

（二十四）加强人才队伍建设。编制全市文化旅游人才中长期发展规划，引进高层次文化人才各项优惠政策,重点引进一批具有较高文化素养、懂经营会管理的文化旅游领军型人才。大力发展旅游职业教育,建立旅游教育培训基地,强化校企合作,通过邀请专家学者或远程教育网络等方式,将非物质文化遗产传承人、民间艺人充实到培训师资队伍,对全市文化旅游从业人员开展旅游资源、执业资格、旅游实务等方面的培训,提升从业人员职业素养。支持旅游景区、度假区吸纳文艺演出团体和艺术表演者以多种方式灵活参与演艺项目经营。鼓励和支持各类企业、工作室、文化名人、创意人才等从事文化旅游工艺品创意研发和生产销售。

(二十五)健全监督考核机制。强化对文化旅游项目资金管理及使用情况的督促检查和跟踪审计。统计部门按季度统计核算文化产业和旅游产业的增加值。制定全市文化旅游发展绩效考核办法,把文化旅游发展工作纳入全市年度目标责任考核体系,每年度对发展情况进行考核奖惩。

关于全面推进依法治市的实施意见

嘉发〔2015〕9号

(2015年5月15日)

为深入贯彻落实《中共中央关于全面推进依法治国若干重大问题的决定》(以下简称《决定》)和《中共甘肃省委贯彻落实〈中共中央关于全面推进依法治国若干重大问题的决定〉的意见》(甘发〔2014〕23号),加快推进依法治市进程,提出以下实施意见。

一、全面推进依法治市的总体要求

1. 深刻认识全面推进依法治市的重大意义。党的十八届四中全会通过的《决定》,深刻总结了我国社会主义法治建设的成功经验和深刻教训,直面法治建设领域的突出问题,立足社会主义法治建设实际,明确了全面推进依法治国的指导思想、总体目标、基本原则、工作布局和重点任务,提出了关于依法治国的一系列新观点、新举措、新要求,回答了党的领导和依法治国关系等一系列重大理论和实践问题,对全面推进依法治国做出了全面部署,是我们党历史上第一个关于加强法治建设的专门决定,是指导新形势下全面推进依法治国的纲领性文件。贯彻落实《决定》,全面推进依法治国,对于全面建成小康社会、实现中华民族伟大复兴的中国梦,对于全面深化改革、完善和发展中国特色社会主义制度,提高党的执政能力和执政水平,实现国家治理体系和治理能力现代化,具有重大的现实意义和深远历史意义。全市各级党组织和广大党员干部,要认真学习领会和贯彻落实党的十八届四中全会精神,切实把思想和行动统一到中央和省委的决策部署上来,增强走中国特色社会主义法治道路的自觉性和坚定性,以更加具体的举措、更加务实的行动,确保依法治国基本方略在我市得到全面贯彻落实。

2. 准确把握全面推进依法治市的指导思想。全面推进依法治市,必须全面贯彻落实党的十八大和十八届三中、四中全会精神,高举中国特色社会主义伟大旗帜,以马列主义、毛泽东思想、邓小平理论、"三个代表"重要思想、科学发展观为指导,深入贯彻习近平总书记系列重要讲话精神,坚持党的领导、人民当家做主、依法治国有机统一,始终坚定不移地走中国特色社会主义法治道路,坚决维护宪法法律权威,依法维护人民权益、维护社会公平正义、维护社会和谐稳定,坚定法治信仰,秉持法治精神,用好法治方式,推进良法善治,为全面深化改革、促进全市经济社会平稳健康发展、构建社会主义和谐社会提供坚强法治保障、营造良好法治环境。

3. 切实明确全面推进依法治市的总体目标。全面推进依法治市,必须紧紧围绕建设中国特色社会主义法治体系、建设社会主义法治国家的总体目标,按照形成完备的法律规范体系、高效的法治实施体系、严密的法治监督体系、有力的法治保障体系、完善的党内法规体系的要求,坚持依法治国、依法执政、依法行政共同推进,坚持法治国家、法治政府、法治社会一体建设,全面贯彻落实依法治市各项任务,努力建设法治精神深入人心、权力运行规范公开、法治监督严密有效、社会彰显公平正义、发展步入法治轨道的法治嘉峪关,促进社会治理体系和治理能力现代化。

4. 牢牢遵循全面推进依法治市的基本原则。全面推进依法治市,必须把"坚持党的领导、坚持人民主体地位、坚持法律面前人人平等、坚持依法治国和以德治国相结合、坚持从实际出发"这五条基本原则贯彻落实到依法治市的全过程和各方面,确保我市法治建设沿着正确方向前进。必须紧贴嘉峪关实际,适应我市城市化程度较高、经济较发达、人民群众法治意识较强的特点,突出问题导向,积极主动回应群众期待和社会关切,充分调动人民群众投身依法治市实践的积极性和主动性,注重顶层设计和切实管用、战略定力和精准发力、统筹兼顾和重点突破、长远谋划和及时见效相结合,注重全面深化改革与全面推进依法治市相促进,充分运用好我市作为"平安中国示范区"的优势,先行先试,大胆创新,奋力开创我市法治建设的新局面。

二、履行宪法实施责任,推进科学民主立法

5.维护宪法尊严,保证宪法实施。坚持依宪执政,牢固树立宪法权威,坚决维护宪法地位,全面贯彻实施宪法,保证宪法法律得到遵守和执行。全市各级党政机关、组织和个人都必须以宪法为根本的活动准则,并且负有维护宪法尊严、保证宪法实施的职责。市人大及其常委会要加强对宪法实施的监督检查,一切违反宪法的行为都必须予以追究和纠正。

广泛开展国家宪法日和全省宪法法律普及宣传月活动,大力开展宪法法律宣传教育,增强宪法意识,弘扬宪法精神,在全社会形成忠于宪法、遵守宪法、维护宪法、运用宪法的氛围。落实宪法宣誓制度,凡经市人大及其常委会选举或决定任命的国家工作人员正式就职时公开向宪法宣誓。

6.完善地方立法体制,健全立法工作格局。加强市委对地方性立法工作的领导,在把握方向、掌握权限和范围上确保与中央、省委保持一致。完善市委对立法工作中重大问题决策的程序。完善重大立法问题向市委报告的制度。加强立法机构设置和人员配备,完善立法工作机制,合理划分和规范立法权限范围。

发挥市人大及其常委会在立法工作中的主导作用,加强对立法项目的总体设计和充分论证,对关系经济社会发展全局和人民群众切身利益、社会关注度高、综合性强或者重大事项的立法,由市人大常委会牵头组织起草,并提请市人民代表大会审议。加强和改进政府立法工作,重要行政管理法规、规章由市政府法制办牵头组织起草,规范制定程序,建立政府立法专家咨询制度,完善公众参与政府立法机制,增强政府立法的公开性、透明性。对部门间争议较大的重要立法事项,由决策机关引入第三方评估。加强法规、规章解释和咨询答复工作,逐步实现立法解释常态化。

7.深入推进科学立法,民主立法。紧紧围绕全市工作大局,坚持立法先行,科学制定立法规划和计划,实现立法与改革决策相衔接、立法进程与发展进程相适应,保障重大改革于法有据、有序进行。实践证明行之有效的政策制度,要及时上升为地方性法规;实践条件还不成熟、需要先行先试的,要按照法定程序做出授权。定期开展法规规章清理活动,对不适应改革发展要求的地方性法规规章,要及时修改和废止。

建立地方性法规、政府规章制定程序制度,明确地方立法的立项、起草、论证、协调、审议决定和发布程序。完善人大代表参与立法机制。建立立法机关和社会公众沟通机制,开展立法协商,充分发挥政协委员、民主党派、工商联、无党派人士、人民团体、社会组织在立法协商中的作用。探索建立有关国家机关、人民团体、社会组织、专家学者、法律工作者等对立法中涉及的重大利益调整论证咨询机制。建立和完善立法信息公开制度,细化公众参与立法的程序和法律责任。

在立法权限和范围内,适应经济建设、政治建设、文化建设、社会建设、生态文明建设和全面深化改革等方面的法治需求,推进重点领域和关键环节的立法,切实发挥地方立法对改革发展的引领和推动作用。

8.强化备案审查,维护法制统一。加强人大备案审查能力建设,健全备案审查工作沟通、反馈机制,完善审查处理程序。对涉及改革发展稳定大局、关系群众切身利益、社会普遍关注的规范性文件,加大审查力度,增强针对性和实效性。

三、深入推进依法行政,加快建设法治政府

9.坚持依法行政,正确履行政府职能。依法规范各级政府的职责,推进机构、职能、权限、程序、责任法定化。严格遵循职权法定原则,推进政企分开、政资分开、政事分开、政社分开,坚决消除权力设租寻租空间,确保政府法定职责必须为、法无授权不可为。

严格依照法定权限和程序履行职能,不得以

权力下放、职能转移为由推卸责任。坚决纠正不作为、乱作为，坚决克服懒政、怠政，坚决惩处失职、渎职。各级行政机关不得法外设定权力，没有法律法规依据不得做出减损公民、法人和其他组织合法权益或者增加其义务的决定。推行政府权责清单制度，依法编制政府及其工作部门权责清单，向社会全面公开行政职权、权力依据、实施主体、职责范围、管理流程、监督方式等事项。

深化行政审批制度改革。推行行政审批清单制度，向社会公布行政审批事项目录清单，清单之外一律不得实施行政审批或新设审批事项。完善行政权力依法规范公开运行平台，加快政务服务体系标准化建设，完善服务承诺制、限时办结制、首问责任制，完善网上政务大厅和移动政务大厅建设，推行网上审批和电子监察。加强公共资源交易监管，健全公共资源交易监督管理制度体系，完善统一规范的公共资源交易平台。

强化政府公共服务职能。分类制定规范公共服务的管理办法，推进公共服务均等化，推行政府购买服务制度，对符合购买标准的事务性管理服务引入竞争机制，通过公开招标、竞争性谈判等方式向社会购买。推进乡镇、社区职能转变，强化公共服务和社会治理职能。

建立健全依法行政工作考核标准，加大依法行政在政府目标责任管理体系中的考核权重。

10.健全依法决策机制，推进科学民主决策。规范重大行政决策事项范围、主体、权限、程序和责任，严格执行公众参与、专家论证、风险评估、合法性审查、集体讨论决定等重大行政决策法定程序，确保行政决策制度科学、程序正当、过程公开、责任明确。建立重大决策合法性审查机制，未经合法性审查或审查不合法的，不得提交会议讨论。

推进行政决策公开，提升决策透明度和公众参与度，推行文化教育、医疗卫生、环境保护、社会保障、公用事业等重大民生决策事项民意调查制度。完善行政决策风险评估机制，重点进行社会稳定、环境、经济等方面的风险评估，未经评估或评估未通过的不予决策。

建立政府法律顾问制度，组建以政府法制机构人员为主体、吸收专家和律师参加的法律顾问队伍，发挥法律顾问在制定重大行政决策、推进依法行政中的积极作用。

提高重大行政决策专家论证和风险评估工作质量，有序引入社会组织和专业机构参与风险评估。推行重大行政决策后评估制度，注重评估结果运用。完善决策纠错改正机制和执行效果评估机制，多途径、多渠道了解利益相关方和社会公众对决策实施的意见和建议，全面评估决策执行效果，并根据评估结果决定是否对决策予以调整或者停止执行。强化对行政决策落实情况的监督，定期对决策执行情况进行第三方评估考核，确保决策落实到位、执行到位。

建立重大决策终身责任追究制度及责任倒查机制，对决策严重失误或者依法应当及时做出决策但久拖不决造成重大损失、恶劣影响的，严格追究单位行政负责人、负有责任的其他领导人员和相关责任人员的法律责任。

11.深化行政执法体制改革，提高执法效能和水平。按照减少管理层级、整合执法队伍、提高工作效率的原则，全面梳理部门执法权，合理配置行政执法力量，推进行政执法重心下移、力量下沉。深入推进综合执法，减少执法队伍种类，在成立市场监督管理局、综合执法局、卫生和计划生育委员会的基础上，逐步推进食品药品安全、工商质检、公共卫生、安全生产、文化旅游、资源环境、农林水利、交通运输、城乡建设管理、节能监察等领域的跨部门综合执法，进一步明确执法职责，细化执法流程，强化执法保障，提高执法水平。探索建立相对集中的行政许可制度。建立行政执法协调机制，避免交叉执法、重复执法、选择性执法。

建立健全行政收费收支和执收执罚部门收费收支情况报告制度，严格执行罚缴分离、收支两条线管理制度。落实行政执法经费财政保障机制，严禁收费罚没收入同部门利益直接或者变相挂钩的行为。

加强行政执法与刑事司法衔接机制建设。落实加强行政执法与刑事司法衔接工作的有关规定，建立行政执法机关、公安机关、检察机关、审判机关信息共享、案情通报、案件移送制度，明确案件移送标准和程序。明确政府法制部门业务监督职责、行政监察部门行政监督职责和检察机关法律监督职责，实现行政处罚和刑事处罚无缝对接。依法明确行政机关、人民法院强制执行权限范围，建立行政机关与人民法院协作机制，提高行政强制执行效率。建立行政执法人员履行法定职责保护机制,确保依法履职行为不受追究。

12.严格公正文明执法,规范行政执法行为。依法惩处各类违法行为,加大关系群众切身利益、社会反映强烈的重点领域执法力度。完善细化行政执法程序,针对行政许可、行政处罚、行政强制、行政征收、行政收费、行政检查等行政执法行为,制定执法细则和标准化流程并向社会公开。建立行政执法全过程记录制度,统一行政执法文书格式。

建立重大行政执法决定法制审核制度,重大行政执法决定须经本部门法制工作机构审核并报市政府法制办备案审查。建立行政裁量权基准制度,规范裁量范围、种类、幅度并向社会公布。

加强行政执法信息化建设,提高执法科技水平。加强执法安全建设,推进执法场所规范化改造,规范执法装备配备使用,严防执法安全事故。

严格实行执法机关主体资格管理制度、行政执法人员持证上岗和资格管理制度,对行政执法机关工作人员分类管理,未经执法资格考试并成绩合格的,不得授予执法资格,不得从事执法活动。加强行政执法队伍建设,改进执法方式,注重语言规范、行为规范,推行理性文明执法。公开行政执法人员基本信息,主动接受公众监督。坚持管理与服务并重、处罚与教育结合,充分运用好教育、疏导、劝导等非强制手段,实现法律效果与社会效果的统一。

全面落实行政执法责任制,依法确定并公开执法部门及机构、岗位执法人员的执法责任,完善责任追究制度。建立行政执法案件评查制度,建立违法案例分析通报和行政执法案件统计、分析、报告、公示制度。加强执法监督,坚决排除对执法活动的违法干预。防止和克服地方及部门保护主义,惩治执法腐败行为。

13.完善制度体系,加强对行政权力的制约和监督。进一步加强党内监督、人大监督、民主监督、行政监督、司法监督、审计监督、社会监督、舆论监督等制度建设,健全完善人大询问、质询、评议和满意度测评制度,建立互联网监督举报机制,完善绩效管理制度,建立常态化监督机制,增强监督合力和实效。

加强对政府内部权力的制约。对财政资金分配使用、国有资产监管、政府投资、政府采购、公共资源转让、公共工程建设等权力集中的部门和岗位,实行分事行权、分岗设权、分级授权,定期轮岗。

强化政府内部层级监督。改进上级行政机关对下级行政机关的监督,加大执纪监督力度,及时发现和纠正违法问题。发挥行政复议的监督功能,加强对行政复议决定和意见书履行的监督。加大专项执法检查力度,强化行政督查,完善对行政不作为、乱作为及失职、渎职举报投诉和监督查处制度。

发挥审计、监察等专门监督的作用。加大对重大决策部署落实情况的监督检查,实现对公共资金、国有资产、国有资源和领导干部履行经济责任情况的审计监督全覆盖。加强对预算执行和其他财政收支的审计。加强对重点民生资金、重大建设项目及党政主要领导干部经济责任审计。强化审计发现问题的整改落实。建立行政执法监督和审计、监察专门监督协作联动机制。审计机关对重大违法违纪问题要及时移送有关部门问责查处。完善单位内部审计制度。提高审计队伍专业化水平,推进审计职业化建设。

畅通社会监督渠道,完善行政执法特邀监督员制度,建立行政执法行为投诉、举报、处理制度,及时查处群众反映和新闻媒体曝光的依法行政方面存在的问题。

加强规范性文件管理,确保国家法制统一。完善起草制定程序。凡是市政府制定的规范性文件,必须要经政府法制机构进行合法性审查,未经审查的,一律不予讨论研究。对涉及改革发展稳定大局、关系群众切身利益、社会关注度高的规范性文件,可委托专门机构起草或邀请专家、律师参与审查,必要时可以通过召开听证会、论证会、向社会公布草案征求意见等形式,广泛听取相对人、专家的意见,保证文件的合法性、合理性与科学性。加大备案审查力度。坚持“有件必备、有备必审、有错必纠”的原则,市政府发布的规范性文件,及时向省政府及省人大常委会备案,接受审查。市政府各部门发布的规范性文件,要报市政府法制办备案。市政府法制办要加大备案审查力度,保证规范性文件符合法律规定和我市实际。加强规范性文件清理工作。根据新颁布的法律法规和现有法律法规修改、废止情况，组织开展规范性文件清理工作。对不符合经济社会发展要求、与上位法不一致或者相互之间不协调的规范性文件要及时修改或废止。落实规范性文件定期清理和有效期制度。坚持行政机关规范性文件统一登记、统一编号、统一公布制度。

14.深化行政复议规范化建设，依法化解行政争议。完善行政复议体制机制。畅通行政复议申请渠道，依法受理行政复议申请。规范行政复议办理程序，建立行政复议案卷评查制度，加强行政复议案件管理监控。改进行政复议审理机制，推行公开听证审理方式。加大行政复议纠错力度，坚决纠正违法或者明显不当的行政行为。健全公民、法人和其他组织对行政规范性文件提出异议的处理机制。依法参与行政诉讼，落实行政机关负责人出庭应诉制度，全面履行生效判决、裁定和调解协议，认真办理司法建议。

15.全面推进政务公开，实现权力公开透明运行。坚持公开为常态、不公开为例外原则，进一步推进决策公开、执行公开、管理公开、服务公开、结果公开，确保行政权力在阳光下运行。重点推进公共资源配置、财政预决算、“三公”经费及重大项目建设、社会公益事业建设以及保障性住房、食品药品安全、环境保护、安全生产、征地拆迁、价格收费等领域的政府信息公开。健全依申请公开政府信息相关制度。所有行政规范性文件按照政府信息公开要求和程序予以公布。建立行政执法公示制度，推行重大执法案件结果公开。统一政府信息公开管理平台建设，完善基层公开综合服务监管平台，推进政务公开向基层延伸，拓展平台应用服务功能。完善政府新闻发布和新闻发言人制度，建立统一的政府信息公告发布平台。健全依申请公开政府信息限期答复制度。完善行政规范性文件常态化解读机制，落实解读人制度。全领域推进公共企事业单位办事公开，加强单位名录的管理和公开内容的监督检查。完善政府信息公开工作考核、社会评议、年度报告、责任追究等配套保障机制，健全政府信息公示公告及保密审查机制。

四、推进司法体制改革，提高司法公信力

16.确保司法机关依法独立公正行使职权，维护司法权威。各级党政机关和领导干部要支持法院、检察院依法独立公正行使职权。落实领导干部干预司法活动、插手具体案件处理的记录、通报和责任追究制度。任何党政机关和领导干部都不得要求司法机关做违反法定职责、有碍司法公正的事情，任何司法机关都不得执行党政机关和领导干部违法干预司法活动的要求。落实纪委、政法委、组织部和法院、检察院在排除违法干预司法活动中的工作责任。

健全行政机关依法出庭应诉、支持法院受理行政案件、尊重并执行法院生效裁判等制度。完善司法建议、检察建议的提出、受理、办理和反馈机制。严肃惩戒妨碍司法机关依法独立行使职权、拒不执行法院生效裁判和决定、藐视法庭权威等违法犯罪行为。建立健全司法人员履行法定职责保护机制，明确履职行为过错的区分标准，确保法官、检察官依法履职行为不受追究。非因法定事由，非经法定程序，不得将法官、检察官调离、辞退或者做出免职、降级等处分。从严惩处暴力抗法和打击报复、诽谤陷害司法人员的违法犯罪行为。

17.优化司法职权配置，促进公正高效执法司法。健全公安机关、检察机关、审判机关、司法行政机关各司其职，侦查权、检察权、审判权、执行权相互配合、相互制约的体制机制。推动实行审判权和执行权相分离。

落实法院案件受理制度改革要求，变立案审查制为立案登记制，对人民法院依法应当受理的案件，做到有案必立、有诉必理，保障当事人诉权。加大对虚假诉讼、恶意诉讼、无理缠诉行为的惩治力度，落实行政案件异地管辖制度，建立网上立案平台。

以轻微刑事案件快速办理试点为抓手，落实刑事诉讼中认罪认罚从宽制度。推进量刑规范化。严格落实审级制度，维护裁判权威。规范上级法院对下级法院的业务监督指导机制。落实对涉及公民人身、财产权益的行政强制行为实行司法监督制度。检察机关在履行职责中发现行政机关违法行使职权或者不行使职权的行为，应该督促其纠正。推进检察机关基层检察联络室建设，把法律监督向基层延伸。加强公安派出所建设，完善基层公安机关派驻法制员机制。

完善司法责任制，明确司法机关内部各层级权限，健全内部监督制约机制。司法机关内部人员不得违反规定干预其他人员正在办理的案件，建立司法机关内部人员过问案件的记录制度和责任追究制度。深化司法权力运行机制改革,完善主审法官、合议庭、主任检察官、主办侦查员办案责任制。健全纪检监察和刑事司法办案标准和程序衔接机制,规范职务犯罪预防工作程序,健全职务犯罪举报线索受理、分流、查办、信息反馈机制,依法严肃查办职务犯罪。深化公安行政管理改革,完善执法权力运行机制,探索建立有别于普通公务员的人民警察管理制度,建立警务辅助人员管理制度。

18.推进严格司法,保障司法权力规范运行。坚持以事实为根据、以法律为准绳,确保事实认定符合客观真相、办案结果符合实体公正、办案过程符合程序公正。

落实以审判为中心的诉讼制度改革,强化审判权对侦查权和公诉权的制约,确保侦查、审查起诉的案件事实证据经得起法律检验。全面贯彻证据裁判规则,严格依法收集、固定、保存、审查、运用证据。落实证人、鉴定人出庭制度,保证庭审在查明事实、认定证据、保护诉权、公正裁判中发挥决定性作用。落实检察机关依法介入重大刑事案件制度。

明确各类司法人员工作职责、工作流程和工作标准。实行办案质量终身负责制和错案责任倒查问责制。落实审判质效分析、常规案件类型化处理、典型案件通报、庭审观摩评议、裁判文书评价和抽查制度,完善落实案件质量评查、司法业绩档案和专项督查等制度。

19.保障人民群众参与司法,深入推进司法公开。健全保障群众参与司法调解、司法听证、涉诉信访等工作机制。完善人民陪审员制度,健全优化选任、退出机制,保障公民陪审权利,扩大参审范围,完善随机抽取方式,提高人民陪审制度的公信度。逐步实行人民陪审员不再审理法律适用问题,只参与审理事实认定问题。

构建开放、动态、透明、便民的阳光司法机制,深化审判公开、检务公开、警务公开,依法及时公开执法司法依据、程序、流程、结果和生效法律文书,杜绝暗箱操作。加强法律文书释法说理,落实生效法律文书统一上网和公开查询制度。深化审判机关审判流程、裁判文书、执行信息公开平台建设,落实检察机关终结性法律文书公开制度,健全公安机关执法信息、流程、内容公开机制。

20.健全人权司法保障,维护群众合法权益。强化诉讼过程中当事人和其他诉讼参与人的知情权、陈述权、辩护辩论权、申请权、申诉权的制度保障。健全在刑事诉讼中保障律师执业权利和规范律师执业行为的制度,依法保障律师的会见权、阅卷权和调查取证权。严格落实罪刑法定、疑罪从无、非法证据排除等法律原则和相关法律制度,依法保障犯罪嫌疑人、被告人诉讼权利。

完善对限制人身自由司法措施和侦查手段的司法监督,建立检察机关对限制人身自由司法措施和侦查手段适用的监督机制。加强对刑讯逼供和非法取证的源头预防,健全冤假错案有效防范、及时纠正机制。

规范查封、扣押、冻结、处理涉案财物的司法程序。切实解决执行难问题。建立统一的刑事案件涉案财物保管场所。推进失信被执行人名单公布制度,促进执行信息公开平台与社会诚信体系对接。

落实终审和诉讼终结制度,实行诉访分离,保障当事人依法行使申诉权利。对不服司法机关生效裁判、决定的申诉,逐步实行由律师代理制度。对聘不起律师的申诉人,纳入法律援助范围。健全司法救助制度,完善司法救助机制。健全社区矫正制度,加强专门机构队伍建设,引导多元社会力量参与社区矫正工作。

21. 加强对司法活动监督,切实保证司法公正。适应司法体制改革的新要求,加强和改进人大及其常委会对法院、检察院工作的监督。完善检察机关行使监督权的制度,细化检察监督的范围、程序、方式和保障措施等。健全刑罚变更执行同步监督机制。完善人民监督员制度,改革选任方式,规范监督程序,拓宽监督范围。建立人民监督员查阅案件台账、参与案件跟踪回访和执法检查等制度。健全司法机关与社会沟通机制,及时回应社会关切。规范媒体对案件的报道,依法正确引导舆情,防止舆论影响司法公正。

依法规范司法人员与当事人、律师、特殊关系人、中介组织的接触、交往行为。严厉惩处司法人员私下接触当事人及律师、泄露或者为其打探案情、接受吃请或者收受其财物、为律师介绍代理和辩护业务等违法违纪行为,坚决惩治司法掮客行为，防止利益输送。

畅通律师与司法机关之间的意见沟通渠道。对因违纪违法被开除公职的司法人员、吊销执业证书的律师和公证员，终身禁止从事法律职业，构成犯罪的要依法追究刑事责任。

大力加强司法作风建设，坚决反对和克服特权思想、衙门作风、霸道作风，坚决反对和惩治粗暴、野蛮执法行为，坚决惩治司法领域腐败现象，坚决破除各种潜规则，绝不允许法外开恩，绝不允许办关系案、人情案、金钱案，以零容忍的态度扫除司法腐败，提高人民群众对司法工作的满意度。

五、增强全民法治意识，推进法治社会建设

22. 推动全社会树立法治意识，坚定法治信仰。深入开展法治宣传教育，突出抓好以宪法为核心的中国特色社会主义法律体系和法律制度的宣传，培育社会主义法治理念和法治精神，引导群众自觉守法、遇事找法、解决问题靠法，做社会主义法治的忠实崇尚者、自觉遵守者、坚定捍卫者。

坚持把领导干部带头学法、模范守法作为树立法治意识的关键，完善国家工作人员学法用法制度，把宪法法律列入党委（党组）中心组学习内容，列为党校、行政学院、社会主义学院必修课。组织、人事部门要坚持和落实领导干部学法用法考试、任前法律知识考试制度。把国家工作人员法律知识考试考核结果作为任职晋升的重要依据和年度考核的重要内容。

在中小学、职业学校和高等院校设立法治知识课程，落实教材、师资、课时、经费、法制副校长、考核等各项要求。发挥宣传、文化、教育部门和人民团体、“双联”单位在普法教育中的职能作用。落实国家机关“谁执法谁普法、谁主管谁负责”的普法责任制。建立法官、检察官、行政执法人员、律师等以案释法制度，加强普法讲师团、普法志愿者组织建设。把法治教育纳入精神文明创建内容，广泛开展群众性法治文化活动，建立一批具有嘉峪关特色的法治文化建设示范点。深入开展农村“法律明白人”培训、送法下乡活动，扩大法律类报刊书籍在农家书屋中的比重。支持工会、共青团、妇联等人民团体开展专项普法。健全媒体公益普法制度，加强法治网站、法治微信等普法平台建设，完善公共活动场所法治宣传教育设施，引导社会力量参与全民普法。

加强社会诚信建设，健全公民和组织守法信用记录，建立事关人民群众生产生活重点领域的信用档案，逐步实现多部门跨领域的信息共享、信息联评，完善守法诚信褒奖机制和违法失信惩戒制度。积极培育和发展信用服务社会机构，加强信用服务市场监管。加强公民道德建设，突出培育和践行社会主义核心价值观，弘扬中华民族传统美德，培育社会公德、职业道德、家庭美德、个人品德，增强法治的道德底蕴，强化规则意识，倡导契约精神，弘扬公序良俗，引导人们自觉履行法定义务、社会责任、家庭责任。

23.推进多层次多领域依法治理，提高社会治理法治化水平。坚持系统治理、依法治理、综合治理、源头治理，把法治精神、法治思维、法治方式贯穿于社会治理全过程，提高社会治理法治化水平。深入开展民主法治示范村（社区）、学法用法示范机关（单位）、依法行政示范单位、诚信守法企业等多层次多形式的法治创建活动。深化基层组织和部门、行业依法治理，支持各类社会主体自我约束、自我管理。发挥市民公约、乡规民约、行业规章、团体章程等社会规范在社会治理中的有效作用。

充分发挥人民团体和社会组织在法治社会建设中的积极作用，以建立社会组织孵化体系为载体，以政府购买社会组织服务为牵动，以健全社会组织监管为抓手，促进社会组织健康有序发展，提高社会组织服务社会能力，健全社会组织参与社会事务、维护公共利益、救助困难群众、帮教特殊人群、预防违法犯罪的制度机制，发挥社会组织对其成员的行为引导、规则约束、权益保护作用。

深入推进社会治安综合治理，大力开展平安嘉峪关创建活动，构建点线面结合、人防物防技防结合、打防管控结合的立体化社会治安防控体系。完善文化市场监管。健全群体性事件预警应急处置机制，把群体性事件纳入法制轨道。加强自然灾害、事故灾难和公共卫生等突发事件应急制度建设。大力发展有偿与义务相结合的群防群治力量，探索群防群治力量建设长效保障机制。加快基层社会治理网格化建设，健全基层综合服务管理和综治信息平台，提升社会治安防控工作的法治化、社会化、信息化水平，提升人民群众安全感。

以促进民族团结为目标，推进民族宗教事务

管理法治化建设,依法妥善处置涉及民族、宗教等因素的社会问题,促进民族关系、宗教关系和谐。

24.建设完备的法律服务体系,提供多层次全方位法律服务。健全覆盖城乡、功能整合、方便快捷、惠及全民的公共法律服务体系。完善便民服务机制,加强法律服务基础设施建设,完善法律进社区机制,加强法律服务志愿者队伍建设。加强民生领域法律服务,将法律服务向就业、就医、就学、社会保障等领域延伸。完善法律援助制度,扩大法律援助范围。健全司法救助体系,保证群众在遇到法律问题或者权利受到侵害时获得及时有效的法律帮助。加强"12348"法律咨询热线建设,引导群众依法表达诉求。

发展律师、公证等法律服务业,拓展服务领域,深化服务内容,建立重大工程、重大项目、重大投资、重大决策风险评估律师、公证员参与制度。加强培育高端复合型法律人才和法律服务机构,拓展法律服务领域。规范法律服务市场,严格规范公民代理行为,完善行政管理与行业自律相结合的管理体制,维护法律服务秩序。健全司法鉴定管理工作制度。

健全律师、公证、司法鉴定等法律服务从业人员执业评价和奖惩机制,推行法律服务行业信息化动态监督管理。加强律师职业道德建设。规范律师与司法人员的工作关系,保障沟通渠道的畅通,共同维护法律尊严和司法权威。

25.健全依法维权和矛盾化解纠纷机制,促进社会和谐稳定。强化法律在维护群众权益、化解社会矛盾纠纷中的权威地位,引导和支持人们理性表达诉求、依法维护权益,解决好人民群众最关心最直接最现实的利益问题。

建立健全社会矛盾预警机制、利益表达机制、协商沟通机制、救济救助机制,完善公共决策社会公示、公众听证、专家咨询论证制度,畅通群众利益协调、权益保障法律渠道。依法规范信访工作和信访行为,将涉法涉诉信访事项纳入法制轨道解决。构建多渠道、立体化、全覆盖的群众诉求沟通平台,完善网上信访受理、网络视频接访、领导接访下访、部门集中联合接访制度。完善党代表、人大代表和政协委员直接联系群众制度,健全社情民意收集分析和研判机制。

健全社会矛盾纠纷预防化解机制,完善调解、仲裁、行政裁决、行政复议、诉讼等有机衔接、相互协调的多元化纠纷解决机制。以房屋拆迁、劳动争议、道路交通、医疗卫生、物业管理、市场管理、环境保护等领域为重点,加强行业性、专业性人民调解组织建设。健全人民调解、行政调解、司法调解联动工作体系,完善人民调解协议司法确认工作机制。稳步推进仲裁机构改革,强化仲裁活动行业自律,依法支持和监督仲裁活动,提高仲裁公信力。健全行政裁决制度,完善当事人权利保障机制,强化行政机关解决与行政管理活动密切相关的民事纠纷功能。加强劳动纠纷、外来务工人员服务管理等重点领域的纠纷化解机制建设。

六、加强法治工作队伍建设,提升法治工作队伍素质和能力

26.深化理想信念教育,建设高素质法治专门队伍。把思想政治建设摆在首位,深入开展理想信念、社会主义核心价值观和社会主义法治理念教育,坚持党的事业、人民利益、宪法法律至上,大力提高法治工作队伍思想政治素质、业务工作能力、职业道德水准。加强执法、司法机关领导班子建设,优化知识、专业和年龄结构,完善选拔晋升工作机制。突出政治标准和专业素养,把善于运用法治思维和法治方式推动工作的干部选拔到领导岗位上来。

推进法治专门队伍正规化、专业化、职业化。加强行政执法队伍建设,建立行政执法人员定期抽查考试制度,加强执法纪律和职业道德教育,全面提高执法人员素质。加强市政府及政府各部门法制机构和队伍建设,强化政府法制机构对部门法制机构的业务指导和监督,增强法制机构专业化程度。严格法律职业准入制度,完善法律职业人员培训机制。畅通具备条件的军队转业干部进入法治专门队伍的通道,健全从政法专业毕业生中招录人才的规范便捷机制。建立符合职业特点的法治专门队伍管理制度。落实司法人员分类管理制度,规范警务辅助人员管理。健全法官、检察官、人民警察职业保障体系。畅通执法、司法部门干部和人才相互之间以及其他部门具备条件的干部和人才交流渠道,有计划地安排年轻干部到基层一线和艰苦岗位锻炼。

27.发展壮大社会法律服务队伍,提高法律服务能力和水平。全面加强律师队伍思想政治建设,把拥护中国共产党的领导、拥护社会主义法治作为律师从业基本要求，增强广大律师走中国特色社会主义法治道路的自觉性和坚定性。加强社会律师、公职律师、公司律师队伍建设，加强业务技能培训，提高业务素质，完善执业保障机制。加强律师事务所管理，发挥律师协会自律作用，规范律师执业行为，监督律师严格遵守职业道德和职业操守，强化准入、退出管理，建立健全律师诚信执业制度，严格执行违法违规执业惩戒制度。加强律师协会和律师事务所党组织建设，切实加强党员教育管理，充分发挥党组织的政治核心作用。研究各级党政机关和人民团体设立公职律师制度，引导有条件的企业设立公司律师。完善律师承担公益性法律服务的经费保障机制。建立适合公职律师、公司律师执业特点的管理制度。发展公证员、基层法律服务工作者、人民调解员队伍。推动法律服务志愿者队伍建设。完善激励保障机制，引导法律服务资源和人才向基层合理流动。

28.创新法治人才培养机制，造就高素质法治人才及后备力量。充分发挥党校、行政学院、社会主义学院、法学研究机构和行业协会等学术团体在法治理论研究中的作用，动员和组织广大法学工作者、法律工作者紧密结合我市法治建设实际，深入开展法律基础理论、法律制度、法律文化及法治嘉峪关建设中重大理论和实践问题的研究，为深化我市法治建设提供理论支撑和决策参考。注重法治人才培养，把法治专门人才的选拔培养纳入全市人才发展总体规划，努力培育高端复合型法律人才和品牌化、专业化法律服务机构。建设涉外法治人才队伍，为依法开展对外经贸交流提供法律保障。建立大学生法律实践基地或工作站，引导法律专业大学生利用假期或实习期到社区、社会矛盾大调解中心、律师事务所、公证处，参与社会矛盾调处、法律咨询以及社区矫正等工作。

七、加强和改进党对法治工作的领导，提高科学执政理政水平

29. 坚持依法执政，切实加强和改进党的领导。坚持党委统一领导、分工协作、社会参与，加强对全面推进依法治市的组织领导。

紧紧围绕提高科学执政、民主执政、依法执政水平，深化党的建设制度改革。规范各级党政主要领导干部职责权限，科学配置党政部门及内设机构权力和职能。各级党组织和领导干部要带头遵守法律，带头依法办事，自觉在宪法和法律范围内活动，做到不逾越法律红线、不触碰法律底线。

各级党政机关要注重选拔任用法治意识强、善于运用法律手段解决问题的优秀干部，在领导班子中逐步配备具有法律专业背景或者工作经验的成员。把遵守法律、依法办事能力作为考察任用干部的重要条件，严格依照法定程序向国家机关推荐干部。

30.加强工作制度机制建设，统筹推进依法治市各领域工作。完善党委依法决策机制，发挥政策和法律各自优势，把经过法律咨询、具有法律依据、完成合法性审查作为党委(党组)做出重大决策和出台重要政策的必经程序，促进政策和法律互联互动。坚持和完善党委定期听取法治工作汇报制度，及时研究解决工作中的重大问题。建立健全决策评估、决策失误责任追究及纠错机制。

市属各部门党委(党组)要建立推进法治建设的专门领导机构，各部门党政主要负责人要高度重视法治建设，加强组织领导。各级各部门要强化大局意识、主动意识、合作意识，加大资源整合和协调配合力度，建立联席会议制度、协调联动机制、信息共享机制，加强综合性协调机制建设，推进部门职责分工协调机制法制化、规范化、制度化，确保全市法治建设重点任务、重大举措得到高效落实。

健全党委领导和支持人大及其常委会依法行使职权、政府依法行政、司法机关公正司法的制度。完善政治协商制度，支持人民政协围绕团结和民主两大主题履行职能，健全民主党派、工商联及工会、共青团、妇联等人民团体和社会组织依照法律和各自章程开展工作的规章制度。完善基层民主制度，建立健全人民群众依法参与管理国家事务和社会事务、管理经济和文化事务的工作机制。

人大机关、行政机关、政协机关、审判机关、检察机关的党组织和党员干部要坚决贯彻党的理论和路线方针政策，贯彻落实市委的决策部署。人大机关、行政机关、政协机关、审判机关、检察机关的党组织要领导和监督本单位模范遵守宪法法律，坚决查处执法犯法、违法用权等行为。

市委政法委要把工作着力点放在把握政治方

向、协调各方职能、统筹政法工作、建设政法队伍、督促依法履职、创造公正执法司法环境上，充分发挥职能作用，带头依法办事，保障宪法法律正确统一实施。进一步完善政法委检查监督机制，推动检查监督工作制度化、规范化。按照党政领导干部选拔任用工作规定程序，严格执行政法委协管政法系统领导班子、领导干部有关规定。建立健全政法机关党组织重大事项向党委报告制度、党委（党组）成员依照工作程序参与重要事项和重要决策制度，政法工作的重大部署、事关社会和谐的重大问题、涉及社会稳定的重大敏感案件、群众反映突出的执法司法问题等要及时向党委报告。加强政法机关党的建设，在法治建设中充分发挥党组织政治保障作用和党员先锋模范作用。

31.坚持党要管党、从严治党，进一步加强党内法规制度建设。牢固树立党章意识，坚决维护党章权威，认真学习党章，严格遵行党章。严守党的政治纪律和政治规矩，严肃党内政治生活，认真贯彻民主集中制，坚决维护党的集中统一，保证中央政令畅通。落实党内规范性文件备案制度，加强备案审查，维护党内法规制度体系的统一性和权威性。建立党内规范性文件备案审查与政府规章、规范性文件备案审查衔接联动机制，注重党内规范性文件同国家法律法规的衔接和协调，完善党内规范性文件清理机制。加强对党内法规制度执行情况的监督检查，提高党内法规执行力，促进党员干部带头遵守国家法律法规。

各级党组织和党员干部不仅要模范遵守国家法律，而且要按照党规党纪以更高标准严格要求自己，坚定理想信念，践行党的宗旨，坚决同违法乱纪行为做斗争。严明党的纪律，严肃处理违反党规党纪的行为，确保党规党纪的刚性约束。坚持抓早抓小，对苗头性、倾向性问题及时约谈、函询，加强诫勉谈话工作，防止小错酿成大错、违纪走向违法。

持之以恒落实中央八项规定、省委“双十条”规定和市委七项规定，依纪依法反对和克服形式主义、官僚主义、享乐主义和奢靡之风，形成严密的长效机制。完善和严格执行领导干部政治、工作、生活待遇方面各项制度规定，着力整治各种特权行为。深入开展党风廉政建设和反腐败斗争，落实党风廉政建设党委主体责任和纪委监督责任，推行党风廉政建设巡察制度，健全反腐倡廉制度机制，落实惩治和预防腐败、防控廉政风险、防止利益冲突、领导干部报告个人有关事项、任职回避等方面制度，对任何腐败行为和腐败分子，依纪依法予以坚决惩处，绝不手软。

32.提高党员干部法治思维和依法办事能力，切实履行推进依法治市重要责任。党员干部要牢固树立法治信仰，加强法治学习培训，积极投身法治实践，提高运用法治思维和法治方式深化改革、推动发展、化解矛盾、维护稳定能力，充分发挥全面推进依法治市重要组织者、推动者、实践者作用。领导干部要以身作则、率先垂范，发挥表率示范作用。把法治建设成效作为衡量各级领导班子和领导干部工作实绩重要内容，纳入政绩考核指标体系，探索建立述职述廉述法考核制度。把能不能遵守法律法规，依法决策、依法管理、依法办事作为考察干部重要内容，在相同条件下，优先提拔使用法治素养好、依法办事能力强的干部。把检查贯彻执行党章和党内法规、遵守法律法规情况作为组织生活会、民主生活会的重要内容，对党章意识不强、不按党内制度规定办事、特权思想严重、法治观念淡薄的干部要及时批评教育，不称职的要调离领导岗位。

33. 加强基层法治建设，推进基层治理法治化。把全面推进依法治市工作重点放在基层，重视做好抓基层、打基础工作。加强和改进基层服务型党组织建设，确立工作目标，明确工作内容，改进工作方式，完善工作机制，着力解决影响和制约基层法治建设的突出问题，充分发挥基层党组织在法治嘉峪关建设中的战斗堡垒作用。增强基层干部的法治观念、法治为民意识，加强基层干部依法办事能力建设。坚持和完善领导干部基层联系点、结对帮扶困难村、服务群众联系社区、在职党员到社区报到开展志愿服务等制度，推进基层法治建设。加强基层法治机构建设，充实和稳定基层法治队伍，改善基层基础设施和装备条件，推动法治工作力量向基层延伸覆盖。推进法治干部下基层活动，引导、推荐优秀法治干部到基层挂职、任职或者驻地服务。

全市各级各部门要紧密团结在以习近平同志为总书记的党中央周围，高举中国特色社会主义伟大旗帜，以党的十八届四中全会精神为统领，增强法治意识,弘扬法治精神,运用法治思维,提升法治水平,加强组织领导,细化工作方案,明确工作职责,健全工作机制,确保全面推进依法治市各项工作落到实处。

关于加快推进城乡一体化率先实现全面小康的实施意见

嘉发〔2015〕11号

(2015年7月14日)

为深入贯彻落实习近平总书记系列重要讲话精神,结合全市市情,努力探索出一条不断提高农民人均纯收入,帮扶农村相对贫困户增收致富,加快推进城乡一体化步伐,率先实现全面小康的道路,制定本实施意见。

一、总体要求和目标任务

嘉峪关市是一个新兴的工业旅游城市,城市化率已达到93%,2014年农民人均纯收入已达到13809元。但仍然存在一部分低收入的相对贫困人口,农民增收还缺乏持续性和稳定性,农村城镇化、农业工业化和农民市民化的目标还没有实现,城乡一体化还不是很全面。因此,要紧紧结合全市市情,以率先实现全面小康为总目标,以提高农民人均收入为核心,以建设美丽乡村加强农村基础设施建设为依托,全面贯彻落实党中央、国务院、省委省政府关于城乡一体化和精准扶贫的部署要求,因地制宜、富而思进,以更加明确的目标、更加有力的措施、更加有效的行动,扎实推进城乡一体化、率先实现全面小康,真正实现户籍一元化、服务均等化、保障同城化、管理数字化。

(一)明确阶段目标。从2015年到2020年,按照前三年集中攻坚、后三年巩固提高的阶段安排,紧紧抓住增加农民收入这个核心,特别是增加农村低收入群体的收入,同步推进城乡一体化与全面小康社会建设进程。前三年集中攻坚,到2017年农民人均纯收入达到18000元,农村生产生活条件明显改善,公共服务和社会保障水平城乡同步,推进农村城镇化建设,初步完成峪泉镇国家级建制镇建设目标;后三年巩固提高,到2020年农村生产生活条件全面改善,基本实现城乡一体化,率先建成全面小康社会。

(二)对接全面小康标准。把国家《全面建成小康社会统计监测指标体系》涉及农村的主要指标与我市城乡一体化目标相衔接,精准对接和及时完善有关指标体系,细化落实具体措施办法。从2013年全市的监测数据看,全面建设小康社会进程综合实现程度为83.7%,涉及的23项监测指标,12项已基本达到小康目标值,尚有11项指标存在差距,今后城乡一体化和扶贫的着力点要放在这11项指标的提升上。

(三)稳步推进农村"新三化"。把农村"新三化"作为具体目标,大力推进农村基础设施建设、现代设施农业规模化发展、农村社会服务与保障体系建设,基本实现城乡一体化。

二、具体措施

(一)对象精准

1.根据市情实际,全市城乡一体化以最终实现农村城市化、农民市民化、农业工业化为目标。将全市农村低保户、五保户确定为农村相对贫困户,实行动态管理,由市民政局负责,每年12月10日之前上报市扶贫办。

2.列出需求清单。坚持问题导向,依据确定的城乡一体化一村一策清单,明确各村实现城乡一体化的不足和短板,做到问题清楚便于分解落实。针对帮扶对象,区分因灾、因病、因学和缺项目、缺资金、缺劳力、缺技术等不同致贫原因,准确掌握相对贫困户的增收致富需求。明确帮扶目标,以全市农村为主战场,认真摸清每个村的经济条件、产业发展方向、人口素质等要素和相对贫困人口信息,一村一策、一户一策,力争做到17个行政村每个村都有发展目标、有产业方向、有具体措施。

(二)内容精准

3.完善基础设施

(1)通畅道路。从2015年起集中6年时间,完成农村公路通畅道路建设101千米;同步实施危桥、涵洞、安全防护等路网结构改造;镇通省道2条70千米。实现全市镇镇通省道、村村通沥青三级公路。

(2)饮水安全。2015年按照"农村供水城市化、城市供水一体化"的思路要求,因地制宜开展农村人饮项目建设和水价改革工作。2020年初步建立起从"源头"到"龙头"的农村饮水安全工程体系,保证水量、提高水质，使农户都能喝上更加方便、稳定和安全的饮用水。

(3)农电保障。加快农网升级改造，在17个行政村动力电100%全覆盖的基础上，到2016年底，解决所有行政村农网增容改造，进一步提高农网的容量。

(4)信息网络。加快三镇宽带网络建设步伐，到2017年底，实现农村宽带信息网络及4G网络全覆盖，为提供优质信息服务打好基础。

(5)安置搬迁。统筹保障性安居工程、农村人居环境改善、新型城镇化试点工作等项目，结合峪泉镇国家级建制镇建设，因地制宜选择安置模式和安置区域，采取整村推进、整体搬迁、就近搬迁、改善条件等方式，实现灵活搬迁。引导群众逐步向城镇有序搬迁，实现梯次转移，使农村生产生活条件明显改善，公共服务和社会保障水平城乡同步，从而实现城乡一体化。

(6)生态环境建设。实施三北防护林、退耕还林、湿地保护等重点生态工程建设工程，支持具备条件的镇发展特色优质林果产业和林下经济，新建规模不等的标准化特色优质林果示范基地，鼓励发展林下种植、养殖、林产品加工。大力开展农村国土综合治理，加强农田水利建设，推进沙化土地封禁保护，采取生态修复等措施，有效防治水土流失。加强地质灾害隐患治理工程建设，有效预防地质灾害。开展国家级生态乡镇创建工作，实施规模化畜禽养殖企业污染治理项目，到2020年规模化畜禽养殖废弃物综合利用率不低于75%，中小型畜禽养殖综合治理率不低于55%。加强农村农业面源污染防治，加大耕地重金属、化学品等污染治理力度，建立废旧农膜回收、利用激励机制。

(7)村容村貌整治。积极实施环境整洁村、美丽乡村建设项目，完善村庄建设规划，开展以脏乱差治理、人畜分离、垃圾污水处理、村庄绿化为重点的环境突出问题整治，推进改厕、改圈(舍)、改院和治弃、治污、治理乱搭乱建工作，保护历史遗迹、古树名木等人文自然景观，创建干净整洁、山清水秀的农村人居环境。制定村规民约，健全完善群众自我管护村内公共设施和环境卫生机制。

4.壮大富民产业

(1)重点发展现代高效农业。重点鼓励扶持发展以日光温室为主的现代化设施农业；重点鼓励扶持发展以特色林果业为主的林业经济，以及以林业经济为依托的林下经济，将林果经济与旅游经济挂钩；重点鼓励扶持发展精细蔬菜、优质洋葱、啤酒花、胡萝卜等优势特色产业，促进现代高效农业快速发展。大力发展农产品加工业。引进培育整合一批精深加工企业，加快加工、仓储、保鲜等设施建设，以带动牛羊肉、蔬菜、果品等精深加工，不断延长产业链。推动龙头企业兼并重组、做大做强，提高工艺装备水平，提升产品质量和档次。

(2)发展分布式光伏发电富民产业。充分利用国家和省上光伏扶贫优惠政策，在三镇选择有条件的相对贫困户和扶贫企业以及扶贫合作社，利用屋顶、日光温室、养殖圈舍等建设分布式光伏发电系统，使相对贫困人口能直接增加收入。利用国家将建立的国家统筹、地方配套、银行支持、用户出资等多种资金筹措机制，统筹电站建设和分布式光伏发电项目建设。

(3)发展非耕地产业示范园。通过开发非耕地产业，承转设施园艺及养殖产业，解决园艺作物、畜禽养殖与粮食争地矛盾，有效保护基本农田面积不萎缩，提高农产品自给能力。

(4)发展以农家乐、农家体验园、现代农业展示及采摘、特色养殖、光伏农业展示、观光旅游农业为主的现代休闲旅游农业。不断拓展现代农业的旅游内涵，引导和吸引社会资本进入旅游观光休闲农业。在峪泉镇大力发展特色养殖观光、农家体验观光、热带观赏植物与光伏农业融合展示、奇石加工、民俗文化等旅游相关产业高度融合的精品旅游。在文殊镇大力发展特色林果及农家乐为主的体验旅游。在新城镇大力发展非耕农业展示、现代设施农业展示、体验采摘和农业科普的科普旅游。开展旅游名镇(村)创建，推进旅游扶贫试点。

(5)重视发展劳务经济。鼓励能人带动务工，打造提升劳务品牌，促进劳务输转从体力型向技能型转变，完善职业培训、就业服务、劳动维权“三位一体”的工作机制。整合培训资源，开展订单、订岗、定向、菜单式培训，推进培训、鉴定、输转一体化。免费对农村劳动力开展精准培训，对具备一定创业条件的开展创业培训，加强对创业和技能带头人的示范培训。推行职业资格培训和学历证书“双证书”制度，建立新型职业农民教育培训、认定管理和政策扶持机制,2017 年实现农村有需求的劳动力全部得到培训;2020 年每个农户家庭至少有 1 人取得职业资格证书、掌握一门致富技能,实现技能提升培训全覆盖。

(6)加快发展现代服务业。加快农村现代物流体系建设,商业服务网点、农资和商品配送中心、农畜产品交易市场和农产品冷链等项目建设向农村倾斜。大力发展农超对接、直供直销、连锁经营等新型流通业态服务,加强农产品营销组织和经纪人队伍建设。2017 年物流、快递服务基本覆盖行政村。支持电子商务龙头企业建立农村电商服务体系,推动农产品进城,促进工业消费品和农业生产资料下乡。鼓励邮政、快递企业在农村设立服务网点。

(7)积极发展新型经营主体。认真实施全省"十百千万"工程,落实龙头企业、专业合作社、家庭农场和专业大户等新型经营主体扶持政策,对吸纳农户参股、带动增收效果好的产加销企业和农业合作组织给予财政资金、信贷规模支持。积极推动农民专业合作社规范化建设,增强生产标准制定、种畜种苗统供、疫病统防统治、农业机械使用、技术信息服务、农业品牌打造、融资增信等与农户结对帮扶的功能,提高农民生产组织化程度。到 2017 年每个行政村至少建立 1 个产业合作组织,每个具有劳动力的农户至少加入 1 个合作组织,每个镇有 1 个合作联社、2 个省级龙头企业或合作社,5 个市级龙头企业或合作社。

5.发展社会事业

(1)教育先行。加大义务教育阶段"控辍保学"力度,切实保障农村相对贫困人口子女入学权利。加快农村幼儿园建设步伐,有效扩大农村学前教育资源,2017 年农村适龄儿童学前三年毛入园率达到 98%以上,实现普及学前一年教育目标。2020 年农村学前三年毛入园率达到 98.5%以上,基本普及学前教育。改善农村义务教育学校办学条件,2017 年农村学校教学和生活设施设备满足基本教育教学需求。2020 年全面完成"改薄"任务,实现较高水平的均衡发展。全面推进全纳教育,实现特殊教育向学前教育和高中教育延伸,到 2020 年初步形成学段衔接、普职融通、医教结合的特殊教育格局。到 2020 年,实现中等职业学校贫困家庭毕业生接受专科层次职业教育比例不低于 40%。完善覆盖全学段的贫困生资助体系,采取更加积极的扶助措施,确保贫困家庭子女优先享受国家普惠性资助政策和国家济困助学政策,积极引导社会力量捐资助学,确保农村贫困家庭学生不因经济困难而失学。

(2)卫生提升。实现标准化村卫生室全覆盖;适当提高镇村医生待遇和定额补助标准;强化镇村医生培养培训,到 2017 年全部具备镇村医生执业资格以上标准;做好农村订单定向免费医学生毕业后的聘用及培训工作;2020 年,实现平均每个镇村卫生院、社区卫生服务中心(站)配备 2 名全科医生的目标;提高新农合住院费用和大病保险报销比例;提高全市参合农村人员政策内住院费用报销比例;发挥"疾病应急救助基金"作用,积极开展多点执业,建立引导医疗卫生人员到农村工作的政策机制;发展中医药产业,加强药膳推广应用,推动药本植物标准化种植研究、示范、推广,支持发展中医药生态保健旅游;进一步加大对农村"两癌"贫困妇女的普查救助力度。

(3)文化发展。按照构建基本公共文化服务体系的标准要求,加大镇村文化设施建设力度,加快推进农村集宣传文化、党员教育、体育健身等为一体的综合公共文化服务中心建设。巩固我市"乡村舞台"建设成果,把已建的 17 个"乡村舞台",建成开展思想道德教育、文化知识传播、文体娱乐活动、民俗文化传承、法治科普宣传、致富技能培训的"大舞台",提高乡村公共文化服务体系建设整体水平。加强基层综合文化站建设,2017 年 3 个镇综合文化站达到三级以上标准,不断提高农村广播电视村村通、户户通服务保障水平。支持农村发展民间文化艺术,开展"文化下乡""千台大戏送农村"等文化惠民活动,提供图书、文博、展览、演出等流动文化服务,丰富群众文化体育生活。

(4)科技推动。整合各方科技力量,组建科技帮扶队伍,以定点、巡回、技术承包等形式,为农村提供便捷有效科技服务。推进农科教、产学研结合,优先推广增收效果好的新品种、新技术和科技创新成果,对相关项目给予资金和信贷支持,对科技人员给予专项补助或奖励。加强镇农业技术推广、动植物疫病防控、农产品质量监管等综合服务机构建设。促进科技资源配置与扶贫开发直接挂钩,2017 年每个行政村至少有 1 名科技特派员、培育2至3个农业科技示范户，每个镇建成2至3个农业科技示范基地。建设“农业科技网络书屋”和农技推广“云平台”,加强“12316”三农服务热线建设,免费为农户提供信息咨询、富民政策和科技服务。鼓励科技人员带着技术和项目进村入户，以技术入股等形式领办创办专业合作社或农业企业。

(5)社会救助保障。推进农村低保与扶贫开发有效衔接，将符合低保条件的农户全部纳入最低生活保障范围,加快镇中心敬老院建设,提高农村“五保”对象供养水平和集中供养率,加快残疾人康复和托养设施建设,到2020年底实现养老机构全覆盖。

(三)方式精准

6.改革工作机制。加快农村土地承包经营权确权登记颁证工作,鼓励土地依法规范有序流转。引导农户以土地承包经营权、生产工具、农业设施等资源资产,参股到种养大户、专业合作社、龙头企业或其他农业项目;探索财政资金、社会帮扶资金等折股量化到农户，投入专业合作社、龙头企业,按股分红、负盈不负亏,对该类专业合作社、龙头企业或农业项目可给予资金、贷款贴息等支持。统筹各方面资源力量，每年整合涉农资金，按照“管总量不管结构、管任务不管项目、管监督不管实施”的原则,统筹规划使用,不断提高城乡一体化水平。

7.融合双联行动。选派驻村帮扶工作队,每个工作队由3人组成，其中队长由该村双联行动牵头单位的1名实职正科级干部担任，队员由该村其他双联单位的1名双联干部和该村常务副书记(市委组织部选派到村任职干部)组成。工作队人员名单由该村双联行动牵头单位提出后报市委双联办,由市委双联办报市委组织部统一审核编队,任命工作队长，明确队员组成，督促到村开展工作。驻村帮扶工作队队长驻村时间满1年的,由派出单位视情做出留任、轮换或调整的决定,联村干部工作队员从该村各双联单位中轮换。对工作成绩突出、本人自愿的可继续留任;对群众不满意、工作不称职的予以调整。派出单位不得随意抽调或中途更换,确保驻村帮扶工作的连续性。驻村帮扶工作队的日常管理协调工作由市委双联办牵头负责,市委组织部、市扶贫办、各区等部门配合做好业务指导、督促检查和年度考核等工作。驻村帮扶工作队按照城乡一体化和扶贫工作对象精准、内容精准、目标精准、措施精准、考核精准、保障精准“六个精准”的要求,分类施策,集中发力。重点抓好城乡一体化建设、农民增收、项目建设、美丽乡村建设、双联行动等各项精准扶贫任务。每年依据帮扶工作成效、扶贫对象评价等对驻村干部进行考核,考核结果作为评优和晋升的重要依据。

8.创新投入方式。市级财政要将民生改善、项目建设、社会保障等领域用于城乡一体化和扶贫开发的资金作为重点投入，当年清理收回存量资金可统筹一定比例用于城乡一体化和扶贫开发。每年对所有项目资金进行全面审计，重点审计资金的实际使用效果，确保整合资金真正用到城乡一体化和扶贫开发上。

9.强化金融支持。鼓励各类金融机构到镇村设立服务网点,到2017年底实现农村金融便民服务网点全覆盖。为三镇相对贫困户提供5万元以内、3年以下、免抵押、免担保的小额信贷支持,由市级财政资金按基准利率全额贴息。市级财政和银行按7:3比例共同出资设立精准扶贫贷款风险补偿基金,并建立风险补偿长效补充机制。改进和完善各类优惠贷款贴息办法,简化贷款程序,建立公平竞争机制，引导各类金融机构积极参与城乡一体化建设和扶贫攻坚。探索农村土地承包经营权、林权、日光温室、大型农机具等抵押担保贷款办法。推广贷款农户人身意外保险,对人身意外保险保费予以补助。加强管理,防范风险。加强诚信体系建设和宣传,提高农户信用意识。

10.统筹社会帮扶。加强社会帮扶信息服务网络建设,营造浓厚的激励、引导和褒扬社会力量参与城乡一体化建设和精准扶贫的氛围,鼓励、调动和吸引有愿望、有渠道、有平台的各类社会组织和个人参与多种形式的到村到户帮扶。深入开展“10·17”扶贫日活动,通过吸纳社会资金投入等方式做大做强“爱心扶贫基金”等社会帮扶平台,积极倡导扶贫志愿者行动。深入推进“人大代表在行动”“政协委员助推双联”“光彩事业”“爱心包裹”等社会活动。不断创新社会帮扶机制,建立健全对口帮扶协调联系制度，积极主动争取省上对我市城乡一体化和扶贫开发的更大支持，有效加大产业帮扶力度。

(四)考评精准

11.健全精准评估机制。把城乡一体化建设和扶贫开发成效作为考核市直单位领导班子和领导干部考核的重要内容,完善考核评价体系,定期开展综合评价,重点考核农民增收、生产生活条件改善、公共服务水平、生态环境建设、社会保障状况等情况,对完不成任务的实行"一票否决"。实行由户到村、由村到镇的成效评估机制。探索建立第三方独立评估制度。

12. 建立推动农村经济发展的干部激励约束机制。将领导干部推动农村经济发展、农民增收工作成效纳入政绩考核评价体系，优先提拔一批对抓农村经济发展成绩突出的区、镇干部和挂职干部，使用一批在推动农村经济发展中发挥作用充分、"双联"与带动农民致富深度融合、表现优秀的市直部门干部，调整一批在推动农村经济发展中工作不力、作风不实的干部,问责一批在推动农村经济发展上认识不到位、精力不集中、措施不聚焦、效果不明显的干部,处理一批弄虚作假、完不成农村经济发展阶段性任务的干部。

三、保障措施

(一)加强组织领导。各区、各部门、各单位要牢固树立攻坚意识、精准意识,把抓好城乡一体化建设和精准扶贫作为工作的重中之重,抓紧抓好,抓出实效。充分发挥市扶贫开发领导小组统筹谋划、决策部署、沟通协调和检查指导的作用。

(二)严格责任落实。实行党政一把手扶贫责任制，各单位党政主要领导为城乡一体化和扶贫开发第一责任人,实行责任、权力、资金、任务"四到位"制度。市委、市政府组织有关部门,以定期不定期、定点不定点、明察与暗访相结合等形式加强督促检查,每半年至少开展一次综合性督查,年终进行集中考核、综合评估。

(三)夯实基层基础。进一步加强镇党委书记、镇长和行政村党组织书记培训,创新培训方式、规范培训内容、优化师资力量,提高培训的针对性和实效性。加强村级组织阵地建设,增强村党组织服务功能，推进双联单位基层党组织与联系村党组织互促共建,整顿软弱涣散村级组织,把政治素质好、服务群众有热情、致富带富能力强的能人选进村"两委"班子,促进各镇构建一个覆盖全面、功能健全的基层组织体系,建设一支素质过硬、作用突出、公正廉洁的党员干部队伍，建立一套切合实际、便于执行、约束力强的制度机制,营造一个正气弘扬、纪律严明、奋发有为的政治生态。逐步提高村干部报酬待遇,在招录乡镇公务员时,优先录用同等条件下对带领群众致富奔小康成绩突出的村党组书记。

(四)强化人才支撑。实施干部挂职行动,从市管副处级后备干部中选派 17 名优秀干部到各村任第一书记,着力打造带领农户增收致富的"领头雁"。建立选派农业、教育、科技、卫生等领域专业技术人员到镇村对口帮扶常态化机制。积极引进金融和科技人才到农村服务,加大对专业技术、经营管理、党政干部等各类人才的培养交流力度,对专业技术人员在职称评聘、科研项目、薪酬待遇等方面给予倾斜。

(五)转变工作作风。巩固和拓展党的群众路线教育实践活动成果,践行"三严三实"要求,引导各级干部转变思想观念、提升能力素质，脚踏实地、久久为功,以钉钉子的精神狠抓扶贫攻坚任务落实。大胆改革创新,破解体制机制障碍,建立长效机制。加强宣传引导,持续不断地挖掘、总结、推广工作中的成功经验和做法,营造开拓创新、攻坚克难、凝心聚力、共奔小康的浓厚氛围。

各有关单位要按照本意见精神，制定具体实施方案。落实情况要及时报市委办公室、市政府办公室。

关于制定国民经济和社会发展第十三个五年规划的建议

嘉发〔2015〕18 号

(2015 年 12 月 28 日)

"十三五"时期是全面建成小康社会的决胜阶段,是推动经济社会转型升级的关键阶段,是深化改革扩大开放的重要阶段。中共嘉峪关市十届八次全委会议深入学习党的十八届五中全会、省委十二届十四次全委会议精神,全面分析形势发展变化,深刻把握发展的阶段性特征,积极顺应人民群众期待,认真研究"十三五"时期全市发展的一系列重大问题,就制定"十三五"规划提出如下建议。

一、发展基础

(一)“十二五”时期经济社会发展取得重要成就

“十二五”时期是我市发展极不平凡的五年。面对错综复杂的外部环境和艰巨繁重的改革发展稳定任务,在省委的坚强领导下,我们团结和带领全市人民,全面贯彻落实党的十八大和十八届三中、四中、五中全会精神,深入贯彻习近平总书记系列重要讲话精神,全面推进“工业强市、旅游带动、城乡统筹、生态立市、文化繁荣、民生优先、区域协作”发展战略,经济发展稳中向好,基础设施不断完善,生态环境持续优化,社会事业全面进步,群众生活水平大幅提高,城乡面貌发生了巨大变化。

综合实力显著增强。我们积极适应经济发展新常态,抢抓难得发展机遇,有效应对风险挑战,经济社会实现持续健康发展。全市地区生产总值年均增速 13.57%;全社会固定资产投资累计完成 557.9 亿元,高于“十五”和“十一五”时期的总和,年均增速 29.5%;公共财政预算收入 14.8 亿元,年均增速 6.02%;社会消费品零售总额预计达到 46 亿元,年均增速 14.4%;城镇居民人均可支配收入和农村居民人均可支配收入分别达到 29300 元、15300 元,年均增速分别达到 11.8%、14.2%。

经济结构不断优化。以提高经济发展质量和效益为中心,改造提升传统优势产业,全力支持酒钢实施煤电铝一体化产业结构调整和煤炭分质利用项目,着力打造千亿级煤电冶加装循环经济产业链。光伏产业和铝产业实现了从无到有的发展,建成酒嘉风电基地特色铝合金节能技改一期工程和一批铝制品深加工项目,嘉西光伏产业园建成和在建装机容量 1407 兆瓦。商贸物流、餐饮住宿、金融保险等服务业加快发展,第三产业占 GDP 比重超过三分之一。

文化旅游深度融合。抢抓华夏文明传承创新区建设战略机遇,大力发展文化旅游产业,实施了嘉峪关世界文化遗产保护工程、方特欢乐世界、观礼古镇等一批带动力强、辐射作用大的文化旅游项目,百亿元文化产业园初具规模。成功举办敦煌行? 丝绸之路国际旅游节、嘉峪关国际短片电影展、国际铁人三项赛和航空滑翔节等品牌节会赛事,文化旅游融合度进一步提升,“十二五”期间文化产业增加值年均增长 25%,全社会旅游人数、旅游收入分别是“十一五”末的 3.7 倍和 5.2 倍。

城市面貌明显改善。推进生态立市战略,累计投入 21 亿元推进生态建设,实施了讨赖河生态治理、“两湖一河” 园林景观、南湖文化生态园等项目,新增和改造绿地 933 公顷,城区绿化覆盖率达到 39%,人均公园绿地面积 36.3 平方米、水域面积 27 平方米,成功创建国家园林城市。加强旧城区改造,推进新市区开发,实施了嘉酒城际公路、嘉峪关高铁南站、西气东输水源井迁建等重点工程,交通、通信、管网、电力等基础设施体系不断健全,城市功能进一步完善。

城乡统筹协调发展。坚持以工促农、以城带乡,通过产业带动、金融支持、科技提升、服务均等,加快农业工业化、农村城市化、农民市民化进程,城镇化率达到 93.4%。实施了正大新农村合作示范项目、省级现代农业生态示范园、野麻湾高新农业示范园、规模养殖小区等现代农业项目,依托农业龙头企业拓宽增收渠道,农民人均纯收入连续 11 年位居全省首位,非农产业收入比重超过 51%。推动公共服务向农村延伸,在全省率先实现城乡户籍一元化,农村养老、医疗、救助等保障体系不断完善。深入实施“双联”行动与“1236”扶贫攻坚行动,农村自我发展能力不断增强。

社会建设全面加强。全面落实各项惠民政策,全力办好民生实事,财政支出用于民生的比例占到 70%以上。就业形势持续稳定,在全省率先完成“两基”攻坚,高考平均录取率达到 90%,基层医疗服务体系实现全覆盖,城乡低保、社会养老、基本医疗保险补助等标准全省领先。撤销街道办事处,整合成立新型社区,建成社会治理服务、城乡一体化、矛盾大调解“三大中心”,成为全国 9 个社会治理创新样板市之一,连续 4 年获得全省综治(平安建设)工作优秀地区。

改革开放稳步推进。落实中央和省委改革部署,调整取消行政审批事项 404 项,整合成立市场监管局和综合执法局,推进营改增和工商登记注册便利化改革,完成农村土地承包经营权确权登记颁证,开展分级诊疗和医师多点执业,实行领导班子分析研判,深化纪检监察机构“三转”工作,经济、政治、文化、社会、生态和党的建设等领域改革取得重要进展。加快对外开放步伐,推进国际港务区建设,开通到北京、上海、广州、西安、乌鲁木齐等14个城市的12条航线。积极招商引资和承接产业转移,依托兰洽会、文博会、广交会等平台推介项目,引进了一批文化旅游、商贸物流、现代金融等方面的项目,到位资金总额459亿元。

五年来,市委认真贯彻中央和省委关于全面从严治党要求,扎实开展党的群众路线教育实践活动和"三严三实"专题教育,实施党风廉政建设"3783"主体责任体系,深入推进党风廉政建设和反腐败斗争,为各项事业发展提供了坚强有力的政治、组织和作风保证。同时,民主法治建设得到新加强,人民民主不断扩大,依法治市取得新进展,民族团结、宗教和顺的局面不断巩固,军政军民和地企关系深入发展,社会大局保持和谐稳定,中华民族伟大复兴的中国梦和社会主义核心价值观深入人心,形成了开放包容、文明和谐、团结奋进的良好局面。

"十二五"时期是全市经济结构调整最为明显的五年,是基础设施和生态环境改善最为显著的五年,是城乡面貌变化最大的五年,是人民生活水平提高最快的五年。这是在自然生态条件严酷、资源环境约束趋紧和经济下行压力加大的条件下取得的,进一步增强了全市广大干部群众在全省率先建成全面小康社会的信心和决心,为"十三五"时期的发展打下了坚实基础。

(二)"十三五"时期发展环境和阶段性特征。当前和今后一个时期,我市发展既面临着许多重大机遇,也面临着不少风险和挑战。从面临机遇看,世界新一轮科技革命和产业变革蓄势待发,我国经济发展方式加快转变,要素质量有所提高,为我市加速技术进步与扩大对外开放带来了新契机;"一带一路"战略深入推进,国家对西部地区的倾斜支持力度进一步加大,"中国制造2025""互联网+"和扶贫攻坚、基础设施、公共服务、产业发展等政策红利将加速释放,沿线国家和地区的经贸往来、人文交流更加频繁,为我市争取项目、吸引投资、改善民生提供了新机遇;全省经济、文化、生态三大战略平台的政策效应逐步显现,"3341"项目工程、"1236"扶贫攻坚、"6873"交通突破行动等深入推进,全省发展的总体环境持续改善,为我市保持经济平稳健康发展提供了新空间;经过多年来的发展,全市的产业结构趋于合理,项目带动效应更加明显,以文化旅游为引领的第三产业蓬勃发展,城乡协调水平进一步提高,发展基础、发展潜力、发展后劲更加坚实和充足。从面临的挑战看,我国正处在增长速度换挡期、结构调整阵痛期、前期刺激政策消化期,经济下行压力、化解过剩产能等不利影响还将在一定时间内存在,需要我们综合施策、努力克服;本市经济总量相对较小,产业转型升级任务更加艰巨,产品市场竞争能力不强,投资对经济的拉动力有所减弱,节能减排压力较大,创新创业活力不足,高精尖人才相对匮乏,党员干部推动发展的能力有待进一步提高,发展面对的困难矛盾需要下大气力化解。

综合判断,"十三五"时期我市经济整体向好的基本面没有改变,经济发展的潜力足、空间大,仍处在大有可为的重要战略机遇期。我们必须立足国家和全省发展大局,准确把握战略机遇期内涵发生的深刻变化,更加有效地应对各种风险挑战,增强机遇意识、忧患意识和担当意识,顺势而为、乘势而上,牢牢把握发展的主动权,努力在转型升级上取得新突破、在发展动力上实现新转换、在破解难题上打开新局面、在补齐短板上取得新进展,不断开拓经济社会各项事业发展的新境界。

二、指导思想及发展目标

"十三五"时期,我们必须紧紧围绕中央和省委的决策部署,准确把握新常态下经济发展的总体趋势,进一步增强加快发展的责任感和使命感,坚定信心,鼓足干劲,苦干实干,全面完成各项目标任务。

(一)"十三五"时期发展的指导思想。高举中国特色社会主义伟大旗帜,全面贯彻党的十八大和十八届三中、四中、五中全会精神,以马克思列宁主义、毛泽东思想、邓小平理论、三个代表重要思想、科学发展观为指导,深入贯彻习近平总书记系列重要讲话精神,按照中央和省委对"十三五"发展的总体部署,紧扣"四个全面"战略布局,贯彻创新、协调、绿色、开放、共享的发展理念,坚持发展第一要务不动摇,坚持扩大总量与质量效益并重,坚持物质文明与精神文明并重,坚持深化改革与开放开发并重,坚持经济发展与改善民生并重,更加注重创新驱动发展,更加注重城乡统筹协调发展,更加注重生态文明建设,更加注重民主法治建设,统筹推进经济建设、政治建设、文化建设、社会建设、生态文明建设和党的建设,努力在全省率先建成全面小康社会,着力打造丝绸之路经济带上的明星城市。

按照上述指导思想,实现"十三五"时期经济社会发展目标,必须遵循以下原则:

始终坚持创新发展。牢固树立创新引领转型、创新驱动发展的理念,完善人才培养引进和促进创新的体制机制,不断优化人才、技术、资金等资源要素配置,系统推进以科技创新为引领的全面创新。强化创新驱动对经济发展的支撑,提高产业核心竞争力和可持续发展能力,推动产业迈向中高端,打造经济升级版。

始终坚持协调发展。统筹产业协调发展,优化升级传统产业,积极发展新兴产业,培育壮大现代服务业,构建多元支撑的发展格局。统筹城乡协调发展,推动要素平等交换和资源均衡配置,促进新型工业化、信息化、城镇化、农业现代化同步发展。统筹物质文明和精神文明协调发展,注重社会效益和经济效益相统一,增强发展的整体性、协调性、均衡性。

始终坚持绿色发展。按照生产发展、生活富裕、生态良好的文明发展理念,持续实施生态立市战略,提升生态宜居城市品质。推进低碳经济、循环经济、生态经济发展,打造绿色产业体系,加快建设资源节约型、环境友好型社会,提升可持续发展能力。

始终坚持开放发展。抢抓国家"一带一路"建设重大历史机遇,坚持引进来和走出去相结合,统筹利用两个市场、两种资源,实施"西进、北上、东接、南联"的全方位开放战略,向西扩大合作领域,向北参与资源开发,向东承接产业转移,向南拓展市场空间,不断提高开放开发水平。坚持以改革促开放、以开放促发展,全面深化各领域改革,发挥市场对资源配置的决定性作用,进一步激发发展活力。

始终坚持共享发展。坚持发展为了人民、发展依靠人民、发展成果由人民共享,保持居民收入增长与经济社会发展同步。更加注重民生优先,统筹社会事业全面发展,高标准推进精准扶贫精准脱贫,让人民群众更多享有改革发展成果。

(二)"十三五"时期发展的主要目标。按照中央和省委全面建成小康社会的新要求,综合考虑"十三五"发展环境、主要任务、增长潜力和不确定因素,今后五年要在已经确定的在全省率先建成全面小康社会目标任务的基础上,努力实现以下新的目标要求。

综合实力持续增强。地区生产总值增速高于全国、全省平均水平,公共财政预算收入及城乡居民人均收入与地区生产总值保持协调增长,到2020年全市地区生产总值和城乡居民人均可支配收入比2010年翻一番以上。三次产业结构更加合理,主要经济指标平衡协调,消费对经济增长的贡献明显加大,科技创新引领经济发展能力显著增强,推动产业高端化、集群化发展,发展质量和效益明显提升。

产业结构更加优化。工业经济转型步伐明显加快,重点企业市场竞争力持续增强,光伏发电、有色冶金、煤化工、装备制造、民用航空、民用核技术、信息技术等产业高端化发展。文化旅游产业实现深度融合,成为具有更强带动力的支柱产业,第三产业占全市生产总值的比重进一步提升。高效设施农业形成规模,生产效益大幅提升,农业集约化、现代化水平不断提高。

人民生活水平和质量明显提高。城乡居民收入差距不断缩小,收入水平继续保持全省领先。就业更加充分,教育、医疗、科技、文化、体育、住房、养老等公共服务体系更加健全,建成城乡统筹、更加普惠的社会保障体系,人民群众的幸福感和获得感不断增强。

市民素质和城市文明程度显著提升。中国梦和社会主义核心价值观更加深入人心,城乡居民思想道德素质、科学文化素质、法律素质明显提高。加强精神文明建设,创建全国文明城市。平安建设基础更加牢固,法治体系更加完善,社会治理水平显著提高,社会大局保持和谐稳定。

生态建设取得重要进展。城乡绿化和生态治理投入进一步加大,生态环境质量持续改善,建成国家生态园林城市,打造美丽雄关。推动生产生活方式加快向低碳、绿色转变,大力发展循环经济,强化节能减排,资源综合利用水平进一步提高。

改革开放实现重大突破。体制机制创新迈出新步伐,重点领域和关键环节改革取得实质性突破,服务型政府建设取得明显成效。开放型经济加快发展,招商引资质量显著提高。积极融入丝绸之路经济带建设,深化与中亚、西亚等地区的交流合作,全方位开放的深度和广度不断拓展。

三、“十三五”时期发展的主要任务

围绕上述指导思想和发展目标,今后五年我市的主要任务是:

(一)深入推进创新驱动战略,着力构建现代产业体系

坚持把创新摆在推动发展的核心位置,推进工业化和信息化融合发展,统筹传统优势产业、战略新兴产业、现代服务业和现代农业快速发展,实现更高质量、更有效益、更可持续的发展。

1.加快构建创新体系。围绕“互联网+”“中国制造 2025”等国家战略,以国家新型工业化产业示范基地和工业园区循环化改造为抓手,推动经济发展由投资驱动、要素驱动向创新驱动转变。完善以企业为主体、产学研相结合的科技创新体系,加快原始创新、集成创新和引进消化吸收再创新,发挥大型企业技术和人才优势,推进重点实验室和技术研发中心建设,促进企业、高校和科研机构在产业链上有机融合,打通科技成果产业化、市场化通道。推动政府职能从研发管理向创新服务转变,改进科技投入方式,引导社会资本参与技术创新平台建设,提升创新平台的研发服务能力。瞄准制约产业发展的瓶颈问题,实施一批重大科技项目,培育一批有市场竞争力的创新型领军企业,支持科技型中小企业健康发展,以创新培育形成新的经济增长点。

2.构筑多元支撑的现代工业体系。深入实施工业强市战略,抓好传统产业改造升级和新兴产业培育壮大,推动工业结构从中低端向中高端转型发展。坚定不移地支持酒钢深化改革和加快产业结构调整,实施煤化工循环经济产业园、嘉酒风电基地特色铝合金节能技改二期等重点项目,做优做精钢铁产业,发展高端冶金及精深加工产业,促进产业之间和产业内部的补链延链、耦合发展。加快工业园区开发建设,提升承载辐射能力。把握国家政策导向,最大力度支持中核四〇四民用核产业园和新生活基地建设。实施优势产业链培育行动,支持重点企业加快发展新能源、新材料、高端装备制造等产业,开发高科技高附加值产品,推动战略性新兴产业发展取得新进展。

3.发展壮大现代服务业。坚持生产性和生活性服务业同步推进,拓展现代服务业发展新领域。推动商贸流通聚集区发展,加快城市综合体、专业商贸中心、物流平台建设,实施嘉峪关保税物流中心、银都国际金融中心等重点项目。结合智慧城市建设,围绕信息数据和基础设施,发展大数据、云计算等相关产业,开展物联网应用服务,提升社会各领域信息化水平。拓展完善金融服务业,构建多元化的金融市场体系和服务平台。鼓励企业和个人投资兴办便民服务企业,发展现代会展、电子商务、中介服务、养老健康、家政服务等新兴业态。

4.加快发展现代农业。按照服务城市、富裕农民的要求,转变农业发展方式,壮大优质果蔬、高效制种、规模养殖等特色农业,支持发展非耕地设施农业,提高农业质量效益。全面落实强农惠农政策,发展多种形式适度规模经营,提升农业专业化、标准化、集约化程度,促进农业企业、农户、家庭农场、农民合作社、农村专业技术协会等经营主体协同发展。开展电子商务进农村综合示范应用,支持企业参与涉农电商平台建设。依托正大、宏丰等农业龙头企业,发展农副产品加工和农村服务业;推进乡村旅馆标准化建设,培育形成特色休闲观光旅游村镇,促进农村富余劳动力就近转移,农村居民收入水平继续保持全省领先。

(二)推动文化旅游大繁荣大发展,争做华夏文明传承创新区排头兵

坚持文化事业与文化产业并举,大力发展文化事业,创新培育文化产业,引进实施一批重点项目,做大做强文化旅游产业,着力建设特色文化强市。

1.加强精神文明建设。坚持用中国特色社会主义理论体系武装党员干部、教育人民群众,深入学习习近平总书记系列重要讲话精神,用中国梦和社会主义核心价值观凝聚共识、汇聚力量。传承优秀传统文化,弘扬开放、包容、创新的移民文化,为城市发展提供精神动力。加强社会公德、职业道德、家庭美德建设,建立健全社会信用体系,开展群众性文明创建活动,力争成功创建全国文明城市。倡导科学精神,普及科学知识。牢牢把握正确舆论导向,健全社会舆情引导机制,巩固舆论宣传文化阵地。推动传统媒体和新兴媒体融合发展,打造有影响力的媒体平台,传播向上向善的社会正

能量。

2.健全公共文化服务体系。深化文化体制改革,推进基本公共文化服务标准化、均等化,提高城乡公共文化基础设施建设、管理和服务水平,引导文化资源向基层倾斜。创新公共文化服务方式,加强既有场馆设施的综合利用,推进特色文化博物馆建设,实施一批公益性文化项目,激励扶持文艺精品创作。完善城乡文体设施建设,开展全民健身、雄关大舞台等群众性文体活动,培育品牌赛事,加快发展体育事业和体育产业。推进非物质文化遗产保护和传承创新,挖掘开发长城文化、丝路文化等地域特色文化,以世界文化遗产保护与展示为核心,加强文物本体保护和利用,推动重要人文古迹保护和历史再现工程建设。

3.推动文化旅游融合发展。坚持文化旅游发展与城市总体发展相统一,完善文化旅游规划体系和基础设施,将城市作为整体景区规划建设,推进景城一体化发展。用足用活国家和省上利好政策,谋划实施一批重点文化旅游项目,培育引进一批重点文化旅游企业,实施好世界文化遗产公园、丝绸之路文化博览园等项目。扶持文化企业和文艺团体利用本土文化旅游资源,创作精品剧目,发展文化演艺市场。推进智慧旅游建设,发展乡村旅游、文化研学、休闲养生等业态,推动旅游全要素发展,促进文化、旅游、体育等相关产业融合发展。深化与丝路沿线地区的旅游合作,积极开发旅游产品和旅游线路,提升旅游服务水平,加大对外宣传推介力度,增强旅游吸引力,打造旅游目的地城市。

(三)坚持绿色发展理念,持续提升城市生态宜居品质

全面加强生态文明建设,坚持生态环境建设和生态治理并重,实施重大生态建设工程,推动形成绿色发展方式和生活方式,加快资源节约型和环境友好型社会建设,实现绿色发展、循环发展、低碳发展。

1.加强生态环境建设。深入实施生态立市战略,持续做好"水"和"绿"两篇文章,推进"天蓝、水秀、城绿、人和"的全域生态工程,谋划实施一批生态治理、园林绿化项目,提高园林绿化的质量和档次,积极创建国家生态园林城市。加强生态环境治理,强化综合生态功能区保护,推进生态安全屏障建设、水环境综合治理等。全面落实《环保法》,严厉打击环境违法行为,加强大气、水和土壤污染防治,严格控制污染物排放,巩固提高环境质量。

2.促进生产生活绿色低碳。全面推行绿色发展方式和生活方式,实行最严格的环境保护制度,形成政府、企业、公众共治的环境保护体系。推进工业固废资源化利用和无害化处置,持续降低能耗强度,有效控制温室气体排放,确保完成节能减排任务。推进交通运输低碳发展,推广绿色建筑和建材,开展生活垃圾的分类回收,加强再生资源的回收利用。开展节能减排全民行动,培养公众环保意识。

3.提高资源循环利用效率。按照减量化、再利用、资源化的原则,以园区、产业链为载体,实施循环发展引领计划,加快循环化技术改造,建立循环型工业、农业、服务业体系。加强水源保护和涵养,应用和推广高效节水技术,加快建设节水型社会。强化约束性指标管理,实行能源和水资源消耗、建设用地等总量和强度双控行动。坚持最严格的耕地保护和土地利用制度,划定全市永久基本农田,盘活存量土地资源,推进低效用地开发整理。

(四)统筹城乡一体化发展,加快新型城镇化建设

加快城乡一体化建设,坚持以城带乡、以工促农,完善城乡规划布局,拓展优化发展空间,夯实农业农村发展基础,形成城乡互动、共促共进的良好格局。

1.统筹城乡基础设施和公共服务建设。强化规划引领作用,科学做好嘉峪关国土空间规划,推进多规合一,优化城市空间功能布局。统筹推进新市区开发和旧城区改造,提高城市精细化管理水平,持续提升城市品质。实施城市地下综合管廊建设,推进供排水、供热、燃气等基础设施向农村延伸。统筹城乡公共资源配置,提升教育、卫生、文化等公共服务水平。推进农村人居环境治理,改善农村居民住房条件,加大垃圾收集清运、污水处理和改厕力度,加快建设"美丽乡村"。

2.加快新型城镇化进程。坚持以人为核心,以提高城镇化质量为关键,以增收致富为目的,促进新型城镇化和产业发展、就业创业的有机结合。深化户籍制度改革,落实居住证制度,维护农民工合法权益,逐步实现基本公共服务常住人口和外来

人口全覆盖。加快峪泉镇国家建制镇示范试点建设。深化农村土地制度改革,落实集体所有权,稳定农户承包权,放活土地经营权,形成宅基地集体有偿使用和宅基地、农民土地承包经营权自愿有偿退出的机制。健全农村土地流转机制,推进农村土地有序流转。深化“双联”行动与“1236”扶贫攻坚行动。加强农村金融服务,鼓励保险机构提供更多“三农”保险产品。

(五)坚持共建共享发展,着力增进人民福祉

按照人人参与、共建共享的要求,坚持普惠性、均等化、可持续方向,加强社会事业建设,合理配置公共服务资源,鼓励社会资本参与民生建设,提升共建能力和共享水平。

1.实现教育优质公平。深化教育领域综合改革,加快教育现代化建设,全面提高教育质量,培育教育品牌。继续实施学前教育三年行动计划,扩大公办幼儿园数量,扶持普惠性民办幼儿园。加快实施义务教育“改薄”工程,利用信息化手段优化城乡、校际义务教育资源配置,实现高水平均衡发展。深化高中课程改革,推动特色、内涵发展,率先普及高中阶段教育。大力发展现代职业教育,促进中等职业教育与高等教育协调发展。稳步发展继续教育,全面提高劳动者技能和素质。引导树立终身学习理念,建设学习型社会。全面提升特殊教育水平。落实家庭困难学生资助政策,构建全学段、全覆盖的资助体系。持续提高教师队伍师德修养和专业技能,深入推进教师、校长轮岗交流,提高教师待遇。

2.完善公共医疗服务。深化医药卫生体制改革,实行医疗、医保、医药联动,落实覆盖城乡的基本医疗卫生制度和现代医院管理制度。推进公立医院综合改革,坚持公益属性,破除逐利机制,建立符合医疗行业特点的人事薪酬制度。加强医疗信息化建设,强化健康医疗大数据建设应用。优化医疗卫生资源配置,完善分级诊疗模式和医师多点执业机制。提高疾病预防控制、妇幼保健、精神卫生、突发应急救援等公共卫生服务能力。坚持中西医并重,扶持中医药事业发展。全面落实一对夫妇可生育两个孩子政策,推进卫生和人口工作融合发展。倡导健康生活方式,发展康复医疗服务。

3.加大就业创业力度。实施更加积极的就业政策,完善劳动者自主择业、市场调节就业和政府促进就业相结合的机制,促进充分就业。完善创业扶持政策,建立创业服务平台,推进大众创业、万众创新。加强职业技能培训,推进就业援助体系建设,开发公益性岗位,保障零就业家庭等就业困难人员就业。做好高校毕业生和复转军人的就业安置工作。加强对灵活就业、新就业形态的支持,大力支持服务业、劳动密集型产业、中小微企业发展。规范用工行为,维护职工和企业合法权益,构建和谐劳动关系。

4.提高城乡居民收入。保持城乡居民收入增长与经济增长同步、劳动报酬提高和劳动生产率提高同步,健全工资正常增长机制,稳步提高最低工资标准,推行企业工资集体协商制度,落实机关事业单位工资制度改革。拓展农村居民增收渠道,增加农村居民收入。规范收入分配秩序,增加居民经营性和财产性收入,不断优化收入结构。

5.健全社会保障体系。建立更加公平、更可持续的社会保障制度,实施全民参保,稳步推进机关事业单位养老保险改革,实现生育保险和基本医疗保险合并实施,完善职工养老保险个人账户制度,不断健全统筹城乡的社会保险体系。落实渐进式延迟退休年龄政策。进一步健全社会救助体系,完善城乡低保制度,加强城乡特困群体关爱救助帮扶,做好扶残助残工作。积极应对人口老龄化,发展健康养老产业,建设以居家为基础、社区为依托、机构为补充的多层次养老服务体系。加快以棚户区改造为重点的保障房制度建设。支持慈善事业发展,广泛动员社会力量开展社会救济、社会互助和志愿服务活动。

(六)推进全面深化改革,增强发展动力和活力

紧紧围绕中央和省委全面深化改革部署,加快推进体制机制创新,着力破解改革发展稳定的瓶颈制约,发挥市场在资源配置中的决定性作用和政府引导作用,增强发展的内生动力。

1.深化行政管理体制改革。按照精简统一效能原则,优化政府机构和职能设置,着力解决部门职能交叉和职能分散问题。稳步实行事业单位分类改革,推动事业单位与主管部门理顺关系和去行政化,推进有条件的事业单位转为企业或社会组织,建立各类事业单位统一登记管理制度。推进简政放权,深化行政审批制度改革,做好审批事项

的接管工作。健全综合执法工作机制,完善政务服务和公共资源交易平台。推进政务公开,强化行政问责,提高政府执行力和公信力。

2.健全现代市场体系。深化市场配置要素改革,建立公平竞争保障机制,促进资金、科研成果等有序流动,加快形成统一开放、竞争有序的市场体系。落实市场准入负面清单制度,减少政府对企业经营决策的干预,优化企业发展环境,激发市场主体活力。完善现代企业制度,全力支持重点国有企业改革。依法保护各种所有制经济权益,大力发展非公有制经济,拓宽非公经济融资渠道,引导社会资本依法进入更多领域。

3.推进财税体制改革。建立健全全面规范、公开透明的预算制度,完善政府预算体系,实施跨年度预算平衡机制和中期财政规划管理。优化财政支出结构,严格控制一般性支出。加强政府债务管理,建立以政府债券为主体的政府融资机制,有效防范债务风险。深化税收制度改革。健全优先使用创新、节能、绿色产品的政府采购政策。

4.构建现代投融资体系。健全金融服务体系,积极引进培育金融机构,发展普惠金融,创新金融产品,提高服务"三农"、服务基层、服务中小微企业的能力。加快地方金融机构改革,稳步发展投资基金、产业基金和合作发展基金,提升直接融资能力。创新政府投资方式,推进公共服务设施投资项目政府与社会资本合作PPP模式。探索财政资金与社会资本共同发起设立或入股参与创业投资基金,放大财政资金投入撬动效应。

(七)立足丝绸之路经济带建设,构建全方位开放开发格局

抓住丝绸之路经济带建设的重大机遇,完善对外开放开发布局,丰富对外开放内涵,提高对外开放水平,为转型升级注入新动力、增添新活力、拓展新空间。

1.进一步扩大开放开发。主动融入国家和全省经济带战略布局,通过政策沟通、设施联通、贸易畅通、资金融通、民心相通,深化与经济带沿线国家和地区的合作,加强资源能源利用,拓展市场空间。拓宽同新疆哈密、内蒙古阿拉善及周边地区联动渠道,争取将嘉酒区域纳入全国沿边经济带,加快推进区域经济一体化发展。

2.形成更高层次的开放格局。拓展对外开放的广度和深度,打造工业制品基地和物流集散基地,鼓励企业和产品走出去,在更大范围内拓展市场、寻求发展,不断提升开放型经济水平。积极承接产业梯度转移,推动招商引资向招商选资转变,吸引更多企业和项目落户。完善通向资源产出地、旅游热点城市、市场集散区域的公路、铁路、航空交通运输网络,实施嘉峪关机场改造工程,推进嘉峪关航空口岸和空港物流园区建设,增强城市通达能力,不断提升战略交通枢纽地位。

四、保障措施

顺利实现"十三五"规划目标任务,党的领导是根本政治保证。各级党组织要深化对发展规律的认识,提高领导发展的能力和水平,充分发挥党总揽全局、协调各方的作用,最广泛地动员全社会力量,凝聚改革发展的强大合力。

(一)加强和改善党的领导。加强党的各级组织建设,不断提高党组织科学判断形势、驾驭市场经济、应对复杂局面的能力,确保中央、省委和市委各项决策部署的贯彻落实。加强和改进党对经济工作的领导,健全政策措施研究、决策咨询、信息发布、突发事件快速反应等机制。坚持正确用人导向,完善干部选拔任用机制,构建领导干部能上能下的考核评价体系。坚持全面从严治党,践行"三严三实"要求,严明党的纪律规矩,全面落实党风廉政建设"3783"主体责任体系,强化权力运行制约和监督,努力实现干部清正、政府清廉、政治清明,为经济社会发展营造良好政治生态。

(二)加强和创新社会治理。完善党委领导、政府主导、社会协同、公众参与、法治保障的社会治理体制,创新社会治理模式,推进社会治理精细化。全面完成标准化社区建设,加快社区工作者队伍建设,提升服务群众、促进社会和谐的能力。健全利益表达、协调、保护机制,引导群众依法行使权利、表达诉求、解决纠纷。完善社会和谐稳定制度机制,注重源头治理与末端治理相结合,推动重大社会矛盾和涉稳问题排查化解常态化。加强平安嘉峪关建设,完善治安防控体系,依法打击各类违法犯罪活动和暴力恐怖活动,维护社会大局稳定。

(三)加快推进人才强市进程。发挥人才的重要支撑作用,完善人才培养、引进和激励机制,为各类人才发展创造良好环境,形成人尽其才、才尽

其用的良好局面。坚持“高端、紧缺、实用”导向，以企业为主体、产业为牵引、专业为需求，引进高层次创新人才、科技领军人才、高技能专业技术人才和高级管理人才。深入推进“领军人才”和“能人引领”工程，鼓励企事业单位、科研院所、社会组织有序参与人才资源开发。发挥农村实用人才作用，评选建立一支“乡土人才”队伍，推动农村增收致富。优化人力资源配置，完善人才评价激励机制和服务保障体系，用活用好人才，营造育得好、引得进、用得上、留得住的人才发展环境。

（四）推进民主法治建设。坚持人民主体地位，充分发扬民主，依法保障群众合法权益，激发全市人民的主人翁意识。弘扬法治精神，全面推进依法治市，稳步实施地方立法，落实司法改革任务，推进覆盖城乡的公共法律服务体系建设。坚持依法行政，推进法治政府建设。健全依法民主决策机制，确保民主决策制度科学、程序正当、过程公开、责任明确。积极引导各民主党派、工商联和无党派人士参政议政，充分发挥群团组织的桥梁纽带作用。加强国防教育和后备力量建设，推动军民融合发展，密切军政军民团结。深入开展民族团结进步宣传教育，巩固民族和睦、宗教和顺的局面。

（五）牢固树立安全发展观念。落实安全生产责任和管理制度，实行党政同责、一岗双责、失职追责，提高安全生产保障水平。严肃目标考核和责任追究，强化工业生产、道路交通、油气管道等重点领域安全生产监管，排查治理安全隐患，有效防范安全事故发生。落实最严格的覆盖全过程的食品药品监管制度，保障食品药品安全。建立应急联动机制，增强突发公共事件应急能力，最大限度保障人民群众生命财产安全。

（六）确保“十三五”规划建议的目标任务落到实处。制定“十三五”规划纲要和专项规划，要坚决贯彻中央、省委和市委决策部署，落实好本建议的指导思想、发展理念、主要目标、重点任务。各专项规划要增加明确反映创新、协调、绿色、开放、共享发展理念的指标，增加政府履行职责的约束性指标，做到思路对接、规划链接、政策衔接。加强规划实施效果的评估、督查和考核，把市委确定的各项决策部署落到实处。

实现“十三五”时期发展目标，任务艰巨，使命光荣。全市各级党组织、广大党员干部群众要更加紧密地团结在以习近平同志为总书记的党中央周围，凝心聚力，艰苦奋斗，开拓进取，为在全省率先建成全面小康社会而努力奋斗！

关于加快推进城乡一体化率先实现全面小康农村饮水安全计划的实施方案

嘉发〔2015〕21号

（2015年7月14日）

为深入贯彻落实市委、市政府《关于加快推进城乡一体化率先实现全面小康的实施意见》，根据全市城乡一体化工作总要求和农村供水实际情况，特制定本方案。

一、农村人饮工程现状

全市农村饮水安全工程设计供水人口2.16万人。2001年甘肃省一期农村饮水解困工程为我市解决农村饮水不安全人口0.16万人。通过2006年第四批农村饮水安全项目和2007年第一批农村饮水安全项目，为我市解决农村饮水不安全人口2万人，项目完成投资1210.8万元，其中：中央投资583万元，地方配套627.8万元，共建成农村集中供水工程10处，入户率达到了100%。2007年底经省水利厅验收，全市农村饮水安全工程全部合格，全面完成了“嘉峪关市‘十一五’农村饮水安全工程规划”目标。

二、存在的问题

1.本市农村水质检测滞后，没有配套的水质检测工程，水质检测一直委托第三方检测，做不到定期实时监测，在水源消毒和净化设施等方面存在安全隐患。

2. 本市农村饮水安全工程已投入运行近8年，工程设计标准受当时的现状条件限制，建设标准相对较低，随着乡镇企业、畜牧业和日光温室建设的快速发展，在原设计供水量的基础上需水量剧增，原饮水工程的供水量难以保证现有的需水量，经我局统计，目前我市三镇农村在用水高峰时段不安全饮水人数达0.81万人（含乡镇企业、日光温室滴灌、机关事业单位和学校等）。

3.新城镇的人饮工程供水主要采用单井集中

供水，由各村分散管理，再加上用水户的新增和管线等设备年久失修，供水无法保障，而且新城镇地处酒钢集团公司污水厂和城市污水处理厂下游，存在安全隐患。

4.本市农民生活水价为0.60元/立方米(不含水资源费)，供水成本核算为1.2元/立方米，现行水价仅为供水成本价格一半，水价过低导致农村饮水安全工程运行管理困难。

三、目标任务

按照《省水利厅省扶贫办关于精准扶贫饮水安全支持计划的实施方案》，结合我市农村饮水工程中存在的问题，全市精准扶贫农村饮水安全计划的主要目标任务是：

1.2015年，强化水质检测工作，建成1个农村饮水安全水质检测中心，实现全市农村饮水安全工程常规性水质化验全覆盖，加密水质抽检频次，保障供水安全。

2.2016年，巩固提升现有农村饮水安全工程质量，对负荷压力较大的管网进行改造，延伸供水管网，提高供水保障率。

3.2017年，开展“源头”到“龙头”的农村饮水安全体系建设工作，着重对水源安全存在隐患的农村饮水安全项目通过城镇乡村同网实现水源互备，保障农村饮水水源安全。

4.2020年，全面完成农村饮水工程水价调整工作，实现水价和供水成本相匹配，供水工程良性运行。

四、主要措施

为保障全市农村居民生产生活用水安全，按照省水利厅对“十三五”农村人饮工程提质增效工作的要求，一方面积极开展全市农村供水情况摸底工作，研究农村供水现状，做好“十三五”农村人饮提质增效规划工作，另一方面结合“三严三实”专题教育，按照“农村供水城市化，城乡供水一体化”的思路要求，因地制宜地开展农村人饮项目建设和水价改革工作。

1.农村饮水安全工程水质检测中心建设项目

规划建设农村饮水安全42项指标水质检测中心1座。建设内容包括理化、微生物实验室等实验场所建设，检测分析仪器、试剂药品、水质采样检测车辆的购置和人员培训等，项目概算总投资134万元。

2.文殊镇农村饮水安全改造工程

文殊镇现辖6个行政村，2622户9832人，饮水安全改造工程主要建设内容为对文殊镇和安远沟村现有老化管道改造提升，解决文殊镇和安远沟村供水管径偏小，管网布置结构不合理的问题，满足乡镇企业和农村生产用水，进一步促进乡镇经济发展。

3.新城镇集中供水水厂建设项目

为消除新城镇人饮水源安全隐患，优化人饮管网结构，提高供水保障率，规划建设新城镇集中供水水厂1座，以深井供水和峪泉小城镇供水扩容工程水源相结合，修建蓄水池，铺设各类输水管线，并配套计量设施、化验消毒设备和自动化装置。

4.深入推进农村饮水安全工程水价改革

坚持“补偿成本、保本微利”的原则，完善“一表一户”改造工作，做好农村集中供水工程的计量收费，并会同发改部门核定供水成本，逐步调整农村集中供水工程水价。同时会同财政部门，抓紧建立农村饮水安全工程维修养护基金，达到“以水养水、略有节余、良性循环”的目标，确保农村饮水安全工程长期、正常运行。

五、责任分工

按照省级精准扶贫饮水安全支持计划实施方案的要求，解决农村饮水安全由市政府负总责，实行行政首长负责制。

市政府是责任主体，负责年度建设任务的组织实施、项目竣工验收和运行管理工作。

市发改委负责项目审批、投资计划下达等工作，监督检查计划执行和项目实施。

市财政局负责审核下达预算、拨付资金、监督管理资金使用、审批项目竣工财务决算等工作，落实财政扶持政策。

市水务局负责工程项目前期工作，组织指导项目的实施和运行管理。

市卫计委负责开展卫生学评价，加强卫生监督。

市扶贫办根据精准扶贫的要求，提出饮水安全到村到户需求，积极协调、整合扶贫资金用于工程建设。

市环保局负责指导农村饮用水水源地环境状况调查和环境监管，做好农村饮用水水源地污染防治工作,统筹解决污染型水源地水质改善问题。

六、完成时限

2015 年,全面建成农村饮水安全水质检测中心,开展农村饮水安全水质检测工作。

2016 年, 完成文殊镇农村饮水安全改造工程,巩固提升文殊镇和安远沟村供水保障。

2017 年,完成农村供水水价改革工作,实现供水工程良性运行。

2018 年, 完成新城镇集中供水水厂建设项目,消除新城镇人饮水源安全隐患。

七、检查验收

项目建设完成后,实行验收销号制。按照精准扶贫工作要求,市政府全面验收,由水务、发改、财政、扶贫等部门和农民代表逐工程、逐村逐户验收。

关于加快推进城乡一体化率先实现全面小康动力电覆盖支持计划的实施方案

为深入贯彻落实市委、市政府《关于加快推进城乡一体化率先实现全面小康的实施意见》,加大农村电网改造升级力度, 实现我市农村电网全覆盖, 根据全市城乡一体化工作要求, 特制定本方案。

一、目标任务

认真组织实施全市三镇 17 个村动力电覆盖电网工程,改造提升动力电已覆盖村的供电能力,加快动力电未覆盖村的电力基础设施建设, 用 2 年左右时间全面解决动力电覆盖生产生活区域问题,实现所有行政村动力电全覆盖的目标。

到 2015 年底, 解决 17 个村的动力电覆盖问题, 全市所有行政村动力电覆盖率达 100%。到 2016 年底,解决所有行政村农网增容问题。

二、主要措施

(一)加强组织领导。成立由市级分管领导任组长,发改、扶贫、供电等相关部门负责人为成员的市级精准扶贫动力电覆盖工作协调推进领导小组,负责相关政策的争取、衔接和落实,并对工作开展情况进行监督、检查和指导。领导小组下设办公室,具体负责日常工作,加强部门衔接、配合,全力推进我市精准扶贫农网扩容改造升级工作有序、有效开展。同时,将精准扶贫工作和党的群众路线教育实践活动有机结合起来,协同配合,各司其职,齐抓共管。

(二)明确目标任务。对全市所有行政村动力电布局及覆盖情况进行全面摸底调查, 制定年度农网扩容改造计划及重点建设内容, 明确责任主体和建设时限,分解落实到相关部门,形成目标清晰、责任具体、分工明确的目标管理机制。

(三)积极汇报争取。全力做好向省发改委、省能源局的汇报衔接工作。争取省上在农网改造升级项目和资金安排上给予倾斜支持, 确保我市所有行政村农网改造升级工程建设资金需求。市发改委积极争取省上农网改造升级资金作为我市精准扶贫农村动力电覆盖项目资本金, 国网嘉峪关供电公司积极争取省供电公司通过银行贷款方式筹措的其余项目资金, 并严格执行项目建设资金各项管理制度,及时协调办理资金拨款手续,按计划保障工程建设资金及时足额到位。

(四)加强工程监管。认真落实国家省上有关农网改造升级工程管理相关规定和要求, 进一步加强我市农村三相动力电覆盖工程建设管理,抓好工程组织实施,确保工程质量。全面执行项目法人制、资本金制、监理制、合同制、招投标制,严格按照设计标准进行施工建设, 并强化工程安全质量管控。积极协调解决工程建设中出现的问题和困难,确保工程按期保质完成。

三、责任分工

各有关部门认真贯彻落实省委、省政府"1236"扶贫攻坚行动工作部署,加强组织领导,落实工作责任。市发改委、市扶贫办、国网嘉峪关供电公司将我市农村三相动力电覆盖工作列为年度重点工作任务,全力推动实施,让全市 17 个村老百姓尽快用上优质动力电。具体责任分工如下:

(一)市政府负责及时协调解决农村三相动力电覆盖工程建设过程中出现的征地困难、苗木赔偿、施工阻挡等问题。国土、规划等相关部门负责前期路径协调、规划衔接等工作,确保工程建设顺利进行; 协助省发改委对工程实施情况进行监督检查,配合做好工程总体验收工作。

(二)市发改委负责协调国网嘉峪关供电公司上报我市农村三相动力电覆盖农网工程可行性研

究报告,积极向省发改委等有关部门汇报衔接,做好批复协调和资金争取工作,转下达投资计划,并协助省发改委对工程实施情况进行监督检查。

(三)国网嘉峪关供电公司负责及时受理承接乡、村及零散用户的三相动力用电报装需求,扎实开展我市农村动力电覆盖工程的施工建设和运营维护工作,确保工程建设质量并按期建成投运。

四、检查验收

全市年度贫困村动力电覆盖工程实施完毕后,首先由国网嘉峪关供电公司于次年元月组织完成项目法人验收工作,并向市发改委提交单项工程验收报告。在此基础上,由市发改委牵头组织稽查、财政等部门开展市级总体验收工作,对于验收过程中发现的问题,提出限期整改意见,并及时组织复验。市级总体验收工作于2月底前完成,形成最终的工程验收报告。

关于加快推进城乡一体化率先实现全面小康交通支持计划的实施方案

为深入贯彻落实市委、市政府《关于加快推进城乡一体化率先实现全面小康的实施意见》,根据全市城乡一体化工作要求,结合我市交通运输发展实际,提出如下实施意见。

一、目标任务

按照省委、省政府丝绸之路经济带甘肃段"6873"交通突破行动及精准扶贫对农村公路建设的要求,坚持整体推进与精准到村相结合,发挥交通区位优势,加快推进实施我市交通精准扶贫通畅道路建设,从2015年起集中6年时间,计划完成公路建设规模396.44公里,计划投资额68484万元。其中计划完成农村公路通畅道路建设规模101公里,计划投资额5050万元;同步实施危桥、涵洞、安全防护等路网结构改造工程,建设规模225.44公里,计划投资30634万元;镇通省道2条,即省道S595嘉峪关—新城、S305清水—嘉峪关(东洞至嘉峪关段),计划完成建设规模70公里,计划投资额32800万元。实现全市镇镇通省道、村村通沥青三级公路。

二、主要措施

(一)科学制定方案。市交通运输局根据本方案的内容,切实考虑我市实际需求,并与节约土地、保护生态环境相结合,细化制定具体方案,建立交通精准扶贫机制,把资金精准配套到位,提高扶贫攻坚工作的针对性、有效性和持续性。

(二)加大资金保障。通村道路建设资金主要通过申请国家补助和银行贷款解决,不足部分通过地方自筹等方式解决。按照《甘肃省交通运输厅农村公路通畅工程资金使用管理办法(试行)》,加强通村道路建设资金的筹集拨付、使用管理和监督检查。

(三)加强监督管理。建立健全监督检查制度,加强项目基本建设程序监督、招标投标市场监管,完善建设工程质量和安全监督机制,严格落实工程质量终身责任追究制度和质量保证体系,全面实施建设计划、补助政策、招投标、施工单位、质量监督、资金使用、工程验收等内容的七公开制度,自觉接受社会监督行业监督,确保施工质量、工程进度及造价控制。

(四)完善客运网络。按照"路站运一体化"的思路,加快推进农村客运网络化建设,有序增加客运车辆和客运班线,扩大客运网络覆盖面,促进农村客运网络和城市公交网络的合理衔接。规范农村客运市场,加强农村客运市场监管,优化农村客运运力,努力提高农村客运安全水平。

(五)强化养护管理。按照农村公路养护相关规定,建立通村道路管养长效机制,全面落实市、镇、村三级管理养护责任,实现农村公路有路必养,确保农村公路管养责任、机构人员配置、制度执行、资金筹措、监督考核落实到位,推动农村公路管养工作规范化、常态化。

三、责任分工

坚持政府主导、市交通运输局执行、市发改委、市财政局、市审计局、市国土局、市环保局、市水务局、市文物局、市农林局、市建设局、市规划局多部门参与的建设管理机制,共同推进精准扶贫交通支持计划的实施。其中市交通运输局负责做好辖区内通畅道路规划、项目前期及年度建设建议计划的编报和权限内施工图设计的审批、技术指导、监督检查、交竣工验收等具体管理及实施工作。

四、检查验收

(一)日常检查督导。严格执行农村公路建设督查机制,对辖区内各镇通村道路建设情况进行检查考核,全面落实农村公路通畅工程月报告制度,对项目质量、进度、资金使用等情况按月跟踪上报。

(二)组织实施验收。由建设单位负责,市场监管、设计及施工等相关单位参加,组织进行交工验收。交工验收通车满一年后,相关部门负责组织竣工验收,验收结果送省公路管理局备案。交竣工验收可合并进行,但必须执行相应的工程质量缺陷责任期制度。

(三)严格执行标准。通过公路交竣工验收,严格按照《公路工程质量检测评定标准》(JTGF80/1-2004)、《公路工程竣(交)工验收办法》(交通部令2004年第3号)、《农村公路建设管理办法》(交通部令2006年第3号)、《甘肃省农村公路建设管理办法实施细则》(甘交规划〔2006〕153号)、《甘肃省农村公路工程竣(交)工验收办法》等相关规定执行。项目验收合格后,与各相关部门签订养护责任书,落实养护资金和责任。

关于加快推进城乡一体化率先实现全面小康安置搬迁支持计划的实施方案

为深入贯彻落实市委、市政府《关于加快推进城乡一体化率先实现全面小康的实施意见》,根据全市城乡一体化工作要求,切实做好安置搬迁工作,更好助推全市精准扶贫,特制定本方案。

一、目标任务

以加快实施安置搬迁,培育后续富民产业,有效改善生产生活条件为目标,用3年左右的时间,对符合条件和有搬迁意愿的群众实现应搬尽搬。

二、主要措施

(一)坚持规划引导。根据省委、省政府关于精准扶贫工作的安排部署,在充分尊重群众意愿的基础上,进一步瞄准贫困对象,明确年度目标任务,靠实工作责任,强化保障措施,增强规划的指导性和可操作性。

(二)创新安置模式。统筹保障性安居工程、农村人居环境改善、新型城镇化试点工作等项目,因地制宜选择安置模式和安置区域,采取整村推进、整体搬迁、就近搬迁、改善条件等方式,实现灵活搬迁,引导群众逐步向城镇有序搬迁,实现梯次转移。

(三)开展移民后续帮扶。着力改善我市移入农民生产生活条件,重点解决农田水利、乡村道路等基础设施不完善、耕地盐碱化严重、产出效益低等突出问题。加强对移民群众农业实用技术、劳务技能的培训工作,不断提高自我发展能力。

三、责任分工

各有关部门认真贯彻落实省委、省政府"1236"扶贫攻坚行动工作部署,加强组织领导,落实工作责任。具体责任分工如下:

(一)市政府是安置搬迁工程的责任主体,负责搬迁对象核实、实施方案编制、落实安置用地、资金整合、项目组织实施、技术指导、资金管理、质量监管和建立档案信息台账等工作。

(二)市发改委负责争取将我市安置搬迁项目列入全省易地搬迁项目规划,并负责实施方案的审批、组织协调、监督检查、竣工验收等工作。市财政局负责省级财政配套资金的落实、资金整合和管理;市审计局负责安置搬迁专项资金的审计;市国土局负责区域土地利用规划的上报、开展安置区土地整治、基本农田建设,做好安置区地质灾害治理;市交通运输局负责落实安置区通村公路建设计划,并组织实施;市水务局负责落实安置区供水工程、农田灌溉工程和安置区邻近河道防洪堤建设;国网嘉峪关供电公司负责落实安置区供电工程建设;市建设局负责做好安置区住房规划设计、住房工程质量监督;市扶贫办负责做好建档立卡搬迁对象审核、安置区产业开发等工作;市政府金融办负责协调金融机构落实贴息贷款及相关管理等工作。

(三)镇政府负责安置搬迁政策宣传、搬迁对象筛选审查、施工组织、后期管护等工作。

四、完成时限

按照一年建成住房主体,两年完成基础设施配套、实现搬迁入住的目标,积极争取国家和省上支持,对符合条件和有搬迁意愿的群众实现应搬尽搬。

五、检查验收

(一)竣工验收。严格执行甘肃省易地搬迁项目竣工验收办法,由市发改委牵头组织相关部门和成员单位、施工、监理、设计及群众代表进行验收。由省发改委审批的项目实施方案,市发改委组织初验,初验合格后,申请省发改委验收。

(二)监督检查。市发改委对计划和项目执行情况进行检查和重点抽查,及时发现和解决工作中存在的问题,通报建设情况,总结交流经验。全面落实搬迁工程月报告制度,对项目质量、工程进度、资金使用等情况按月跟踪逐级上报。

关于加快推进城乡一体化率先实现全面小康生态环境支持计划的实施方案

为深入贯彻落实市委、市政府《关于加快推进城乡一体化 率先实现全面小康的实施意见》,根据全市城乡一体化工作要求,结合我市实际,特制定本方案。

一、目标任务

(一)土地整治和地质灾害综合治理。实施高标准基本农田建设工程,完成规划的地质灾害隐患治理工程,有效防止地质灾害的发生。到2020年,基本农田面积保持在3921.27公顷,新增建设占用耕地控制在75公顷至209.62公顷以内,确保新增建设占用耕地实现占补平衡。加大土地整理复垦与开发力度,到2020年通过土地整理复垦开发补充耕地规模280公顷。通过生态环境保护,遏制生态环境破坏,减轻自然灾害的危害,确保经济社会可持续发展。

(二)林业生态和林业经济。大力开展植树造林,加快发展林业经济,到2017年,农民林业人均纯收入达到1700元以上,全市森林覆盖率达到13.3%;到2020年,农民林业人均纯收入达到3100元以上,森林覆盖率达到13.6%,生态安全屏障基本建立。

(三)草原生态保护。2017年,全市草原植被覆盖率稳定在29.3%以上;2020年达到29.5%,草原沙化、鼠害、超载过牧等突出问题得到有效治理,生态环境明显改善。

(四)村容村貌整治。到2017年55%以上的村环境得到整治;到2020年全市所有农村环境得到整治,村容村貌有效改善。

二、主要措施

(一)强化国土资源整治

1.建设高标准基本农田。编制《嘉峪关精准扶贫土地整治实施规划》,对确定实施项目村逐村制定实施计划。加强田、水、路、林综合整治,提高农田质量,严格保护基本农田。推进沙化土地封禁保护,实施生态修复工程,有效防治水土流失。

2.实施地质灾害综合防治。编制《嘉峪关精准扶贫地质灾害综合防治实施规划》,到2017年,完成我市地质灾害隐患的治理和防护设施建设,确保受地质灾害威胁的群众生命财产安全。

3.提高工程质量。坚持“高标准建设、高标准管理、高标准利用”,制定土地整治、地质灾害治理项目管理制度和有关标准,确保项目建设质量。建立健全项目竣工后的工程管护制度,确保工程项目发挥应有效益。

4.加强耕地管理。高标准基本农田建设整治的耕地,保持原承包权不变,继续由原承包人耕种;新增加的耕地,可留给村集体发展现代农业,壮大村集体经济实力。

(二)推进林业生态保护和林业经济发展

1.加强生态保护与建设。在保护好现有16270公顷森林资源基础上,实施重点生态公益林保护1.27万公顷;依托国家三北防护林、退耕还林、湿地保护等重点生态建设工程,大力实施植树造林,从2016年开始,每年新增农村造林面积300亩。

2.加快发展优质林果产业。按照生态建设产业化、产业发展生态化的要求,大力发展以苹果、梨、枣、枸杞等为主的特色优势林果产业。从2015年开始,对农村老果园实施改造和更新,支持嘉峪关森态种植农民专业合作社万亩枸杞基地、嘉峪关丰源农业农民专业合作社优质红梨基地等规模化、产业化较强的合作社及企业建设,到2017年,优质林果面积达到2.5万亩,产值达到1.3亿元;到2020年,优质林果面积达到3万亩,产值达到1.5亿元。

3.积极发展林下经济。依托森林资源,大力发展种植、养殖、林产品加工和休闲旅游,到2017年,培育林下经济示范典型6个以上,产值达到600万元;到2020年,培育林下经济示范典型10个以上,产值达到1000万元。

4.加快发展特色苗木产业。采取政府引导、大户带动、部门服务等措施,大力支持发展种苗产业,积极引导困难户参与种苗基地建设,培育种苗大户，每年新育优质生态景观苗木200亩。到2017年，苗木产值达到2000万元，到2020年达到2300万元。

5.强化技术培训服务。到村到户开展林业技术服务，整合力量建立林业技术推广服务队，及时开展林果业实用技术培训和服务。到2017年，累计培训果农1200人(次)；到2020年，累计培训人数达到3000人(次)，使每户掌握1–2项产业实用技术，参与1–2项富民产业增收项目。建立林果技术信息网络服务平台，免费为农民提供技术服务和指导。

(三)加强草原生态保护

落实草原奖补政策。全面落实草畜平衡措施，加大牧草良种补贴力度。建立和完善草原鼠虫害预测预报监测体系，对草原鼠虫害做出及时准确的监测和预报，并采取物理、化学和生物防治等综合防治措施，有效控制遏制鼠虫害的发生与流行。从2015年起到2020年，每年完成草畜平衡17.62万亩、牧草良种补贴2.4万亩。

(四)推进农村环境综合治理

1.加强村容村貌整治。开展以脏乱差治理、人畜分离、垃圾污水处理、村庄绿化为重点的环境突出问题整治，推进改厕、改圈(舍)、改院和治弃、治污、治理乱搭乱建，保护历史遗迹、古树名木等人文自然景观，创建干净整洁的农村人居环境。制定村规民约，健全完善群众自我管护村内公共设施和环境卫生机制。

2. 提高农村畜禽养殖废物综合利用水平，加强养殖粪便、污水等污染物的无害化处理。环保、财政部门安排环保专项资金支持畜禽养殖污染治理及农村环境综合整治项目，建设污染防治和综合利用设施，加强养殖粪便、污水等污染物的无害化处理。到2017年，规范农村畜禽养殖环保管理制度，建设污染防治和综合利用设施，做到规模化养殖企业废弃物污染治理和综合利用率不低于70%，中小型养殖场(户)、合作社废弃物污染治理和综合利用率不低于50%；从2018年起，巩固提升治理成果，到2020年，规模化养殖企业废弃物污染治理和综合利用率不低于75%，中小型养殖场(户)、合作社废弃物污染治理和综合利用率不低于55%。

3.加强农业面源污染防治。强化化肥、农药等投入品管理，加大耕地重金属、化学品等污染治理力度，建立废旧农膜回收、利用激励机制。

三、责任分工

(一)市委农办、市农林、发改、国土、环保等相关部门制定精准扶贫生态环境保护建设实施方案和年度实施计划，完善政策措施，制定技术标准，建立考核评价机制。市审计局负责项目资金的审计工作。

(二)各区制定本区域年度生态环境建设工作方案，将年度目标任务分解到镇、村，并加强指导、监管和绩效考核工作。

(三)各镇要担负起具体实施的主体责任，按照精准扶贫需求清单，编制本镇到村到户实施方案，建立管理制度和工作台账，组织实施好项目。

四、完成时限

2015年，做好调查摸底，制定全市精准扶贫生态环境总体规划，完善政策、技术规范和考核评价机制。

2016–2017年，确定的项目全部得到实施，基本形成生态建设长效工作机制。

2018–2020年，政策机制进一步完善，确定的目标任务全面完成，农村生态环境保护建设明显加强。

五、检查验收

市委农办、市发改、财政、农林、国土、环保等相关部门根据各自职能分工，定期、不定期对生态建设项目执行情况进行监督检查，开展项目建设绩效评价。按照区级自查、市级复查、省级抽查的程序，对项目进展、工程质量、资金使用等情况进行检查验收。对工程项目实施好的镇、村进行奖励，并加大下一年度项目安排和资金投入力度；对未完成任务和实施效果差的，通报批评并责令限期整改。

关于加快推进城乡一体化率先实现全面小康富民产业培育支持计划的实施方案

为深入贯彻落实市委、市政府《关于加快推进城乡一体化率先实现全面小康的实施意见》，大力培育多元富民产业，千方百计增加农民收入，结合我市实际,特制定本方案。

一、目标任务

大力发展特色农牧业、劳务经济、农产品加工业和农村现代服务业等富民产业，深化农业农村改革，强化农业科技支撑，有序推进现代农业建设,加快农业发展方式转变,提高残困户致富增收能力,确保因贫、因残农民人均纯收入稳步增长,生活水平显著改善。到2017年底,农民人均纯收入达到18000元以上，农业增加值年均增幅达5%。到2020年底，全市农民人均纯收入达到20000元左右,比2014年底增加6200元左右,其中特色农牧业贡献2000元左右、劳务经济贡献3000元左右、农村现代服务业贡献1000元左右、财产性收入贡献200元左右，农业增加值年均增幅达5%左右。

二、主要措施

(一)大力发展特色优势产业。充分利用省级产业发展资金,加快发展精细蔬菜、西甜瓜、食用菌、反季节果蔬、蔬菜花卉制种等特色优势产业,力争特色优势产业种植面积达到4万亩以上。以肉羊、生猪为重点,实施畜牧良种工程,年组织引进良种肉羊200只,种猪50头;开展肉牛、生猪人工授配技术改良,年完成黄牛冻配改良500头,瘦肉型猪杂交授配2000头。同时,全力支持正大原种猪繁育,建成立足西北、面向全国、世界一流的原种猪生产基地,年选育原种猪2万头,出栏肥猪6万头。推进标准化蔬菜、规模化生猪和草食畜养殖小区(场)建设,扎实做好动物疫病防控工作,着力提升优质安全蔬菜、畜禽产品的有效供给。大力发展现代制种产业,充分利用制种资源优势,支持企业推进规模化制种基地建设,大力发展葵花、蔬菜、花卉等优势作物制种产业。利用草食畜牧业、设施蔬菜“双业”贷款贴息和牛羊产业发展资金,鼓励农户及合作社发展设施蔬菜和牛羊养殖。到2020年,特色优势产业和优质制种基地面积超过4.5万亩，畜禽规模化、标准化生产达到80%以上,良种率达到95%以上。

(二)大力发展农村二、三产业。借助嘉东工业园区、嘉北工业园区、南市区建设和丝绸之路经济带发展机遇,结合嘉峪关关城、悬壁长城、中华孔雀苑、滑雪场等得天独厚的旅游资源和嘉峪关南站建设,鼓励农业龙头企业、合作组织和民营经济体大力发展农产品贮藏、加工和旅游商贸开发,就近吸纳农村劳动力向二、三产业转移,从事客运、出租、商贸、旅游服务等行业;同时,鼓励农户大力发展观光农业、乡村旅游、农村餐饮娱乐业和嘉峪关南站旅馆服务等农村休闲观光农业，拓宽农民增收渠道。到2020年,农村经济第一产业和第二三产业收入比重达到40:60,经济结构更加优化。

(三)推进新一轮“菜篮子”工程建设。充分发挥财政补贴资金的扶持引导，利用戈壁荒滩建设非耕地农业产业园区，大力发展以戈壁日光温室反季节生产、标准化养殖为主的循环生态农业,进一步扩大农业生产规模。同时,加大优质蔬菜生产基地、标准园、规模化养殖小区(场)的标准化示范创建,建立健全质量监控体系,推动“菜篮子”产业可持续发展，更好地满足人们生活水平提高的需要。到2020年,蔬菜产量达到13.6万吨,肉蛋奶产量达到3.39万吨。

(四)大力发展劳务经济。加强农民职业技能培训,整合培训资源,努力形成政府引导、市场配置、专业化培训、企业化运作的培训新格局。推进农村劳动力技能培训，加强农民外出就业信息引导，开展劳务供需对接，鼓励引导农民到工业厂矿、宏丰葡萄基地、正大养殖园区及商贸、旅游行业等进行劳务输出。建立健全农民工养老、医疗、工伤等保障制度,维护农民工合法权益。到2020年,工资性收入占到农民人均收入的60%以上。

(五)积极发展现代服务业。积极发展电子商务、农超对接、直供直销、连锁经营等现代流通方式,大力推广陇南电商扶贫经验,搭建农产品“线上线下”交易平台,发展网上交易与配送,实现宽带网络、物流运输的全覆盖,扩大优势农产品和特色产品的网上销售;结合“一带一路”战略实施,扩大特色优质农产品外销。大力发展农产品经纪人队伍,更好发挥搞活农村市场、促进农产品销售等方面的积极作用,使之成为农民增收新的增长点。

(六)加强农业社会化服务体系建设。按照强化公益性职能、放活经营性服务的要求,加快构建以公共服务机构为依托、合作经济组织为基础、龙头企业为骨干、其他社会力量为补充，公益性服务、经营性服务和自助合作性服务相结合的新型农业社会化服务体系。大力培育社会化服务组织,鼓励企业、种养大户或农村致富带头人创办农业社会化服务组织,大力推广中小型农业机械,有偿提供代耕、代种、代收、代管的标准化、专业化服务,解除外出务工人员的后顾之忧,使其长期稳定务工。实施农业物联网工程,大力提升农业信息化水平,拓展农产品市场销售。到2017年,发展市级以上示范社或合作联社30个,农民组织化程度提高10%。

(七)着力推进农业产业化经营。出台土地流转扶持政策,加快土地流转步伐,鼓励非农企业、农民合作组织、家庭农场、种植大户实施土地承包,开展规模化经营。重点做好正大种猪繁育产业园、现代农业生态示范园、野麻湾高新农业示范园、中华孔雀苑等一大批园区建设。同时,实施"农产品产地初加工惠民工程",采取以奖代补或先建后补的办法,支持龙头企业开展洋葱、四季豆、胡萝卜等农产品的贮藏、加工,降低农产品产后损失,提高商品化率和入市品级,提高农业综合效益。到2020年,新增农业龙头企业5家,豆类、农作物种子等加工农产品加工转化率达到50%以上。

(八)提升农业科技扶贫能力。派驻科技特派员,从2015年开始,陆续为每个村派驻1名科技特派员,指导各村应用先进实用技术;鼓励科技人员带着技术和项目进村入户,以技术入股等形式领办或创办产业项目。大力培育科技示范户、示范基地,每个组培育2~3个农业科技示范户,每个示范户带动5~10个相对贫困家庭;通过开展新品种、新技术、新机具的引进、试验、示范和技术培训工作,建成3个农业科技试验示范基地,为当地特色农牧业提供有效益、能复制、可推广的生产模式和管理经验。培育新型职业农民,以种养大户、家庭农场主、农民专业合作社骨干等为重点培育对象,通过建立教育培训、认定管理和政策扶持的工作机制,每年培育新型职业农民500人,实现"培育一人、致富一家、带动一片"的综合效益。开展农业实用技术普及培训,依托农业重大项目的实施,采取集中办班、现场指导、咨询服务等多种形式,开展农业实用技术的普及性培训,实现相对贫困户参与各类新型农业经营合作组织全覆盖。

(九)稳步推进农村集体产权制度改革。以集体经营性资产改革为重点,明晰产权,折股量化到集体经济组织每位成员,发展多种形式的股份合作,按股分享经营收益。加快农村产权流转交易市场建设,制定出台引导农村产权流转交易市场健康发展的政策措施,建立健全农村产权流转交易平台和运行规则,推动农户资产变资本,资本促增收。强化惠农政策落实,全面落实农业支持保护补贴、农机具购置补贴和各项奖补政策并向相对贫困户倾斜;全面落实并逐步提高农村低保、农民养老、农村五保供养、医疗救助、残疾人补助等政策标准和补助水平,增加农民转移性收入。

三、责任分工

精准扶贫富民产业培育工作在市委、市政府的统一领导下,按照"市级规划引导、区级协调推进、镇级主体落实"的推进原则,明确各自职责。

(一)市级有关部门分别负责职责范围内精准扶贫产业培育的行业指导、资金落实、标准制定、运行监测、实施质量等工作。市农林局负责特色农牧业、农产品加工、农村改革等工作方案制定并指导实施。发改、科技、财政、人社、农林、商务、供销、金融、旅游、妇联等相关部门要按照职能分工分别制定工作方案并指导实施。

(二)区、镇要按照本实施方案确定的目标任务、主要措施、责任分工、完成时限等,制定精准扶贫年度工作方案;按照完成时限排工期,算好明细账,将目标任务分解到年度、明确到村组;抓好指导和监管,确保各项富民产业培育资金90%以上用于扶贫产业开发。

(三)区、镇要对照精准扶贫到村到户名单和富民产业需求清单,按"抓重点、破难点,精准推进扶贫攻坚"的原则,确定主导产业,编制富民产业扶贫规划;按年度倒排扶贫开发目标任务,制定富民产业精准到村到户年度实施方案;组织项目实施,建立工作台账,加强监督检查;采取更加精准的扶持措施,实现产业富民。

四、完成时限

到2017年底,特色优势产业覆盖比例达100%,全面完成第一阶段的各项目标任务。

到2020年底,建成符合现代农业发展要求的多元富民产业体系,全面实现残困户稳步增收的目标,努力使农业劳动生产率、农民收入水平等主要指标达到农村小康监测目标要求。

五、检查验收

市农林局、市扶贫办要制定相应的管理制度

和考核细则，加强对富民产业精准扶贫工作的考核、监督、检查、验收。对产业培育目标任务、工作措施、项目实施、资金管理等落实情况要定期进行检查，做到年初有安排、年中有检查督促、年底有总结验收。对年度目标任务、工作措施落实好的单位给予表彰，对落实不好的进行通报，并与全年工作业绩考核挂钩。

关于加快推进城乡一体化率先实现全面小康电商支持计划的实施方案

为深入贯彻落实市委、市政府《关于加快推进城乡一体化率先实现全面小康的实施意见》，加快电子商务发展步伐，结合我市实际，制定本方案。

一、目标任务

以持续增加农村居民收入为核心，扎实抓好党政推动、市场运作、基础配套、协会牵引、试点示范等关键环节的工作，从2015年到2017年，全部行政村实现利用电子商务销售当地特色产品，交易额年均增长20%以上，全市行政村实现4G网络全面覆盖。从2018年到2020年，全市农村基本普及电子商务应用，实现"三有一能"目标，即市有电子商务服务中心，镇有电子商务服务站，村有电子商务服务点，农村居民能通过电子商务销售产品、购买生产生活资料，交易额年均增长30%以上。

二、主要措施

(一)建立行政推进体系。在市、区、镇建立健全电商扶贫领导小组和工作机构，负责顶层设计、政策制定、协调指导、工作推进、检查考核等。

(二)建立网店服务体系。完善市电商服务中心、镇电商服务站和村电商服务点功能及配套设施，为农村网店开设和运营提供策划、培训、IT外包、美工、客服、代运营等专业服务，健全上下游服务链；支持建设电子商务产业园，评选市级电子商务示范基地，为农村网商提供创业孵化服务。

(三)建立网货供应监管体系。确定特色主业、主打产品，按照规模化种植(养殖)、标准化生产、商品化销售的要求，加工适宜网络销售的优质产品。扶持农产品加工企业通过产业化经营，带动农户从事网货生产加工，建立完善的供应链。认证一批网货供应企业，为网店提供充足丰富的货源。加强农特产品网货监管，按照农特产品生产加工标准指导企业、合作社和农户按标准种植(养殖)、生产、加工、包装，对流通环节进行检测，杜绝质量隐患。

(四)建立网络物流体系。加快镇村宽带网络建设，采取有线无线结合的办法，扩大网络覆盖面。支持快递物流企业在镇村设立服务点，建立完善的物流体系，提高网货配送效率。

(五)建立人才培训体系。制定全市电子商务培训方案，将市职业教育中心作为电商人才培训基地，有针对性地开展多层次培训，构建由政府部门、社会团体、职业院校及电商企业为主体的电商人才培训体系。

(六)建立考核评价体系。把电商扶贫纳入扶贫工作体系，与其他扶贫工作同安排、同部署、同检查、同考核、同奖惩。围绕"三有一能"目标，建立电商扶贫统计通报制度，重点考核网店数、销售量、交易额及带动行政村、农户外销农特产品，以及帮助贫困户增收脱贫的情况。

三、重点工作

(一)宽带网络建设。研究制定加快农村信息基础设施建设的具体措施，加快推进"宽带中国"战略，推动光纤入镇、村、户。

(二)物流快递支撑。鼓励和扶持快递物流企业在镇、村建立快递服务点，开展集中收购、集中配送，到2017年实现物流快递乡镇全覆盖。

(三)壮大网店规模。以"培训+孵化+培育"为基本模式，以"企业(协会)+基地(合作社)+网店"的形式，鼓励乡镇干部、大学生村官、未就业大学生、农村在校大学生和致富能人，利用第三方电子商务平台开设扶贫网店，代销农产品。

(四)拓宽销售渠道。组织农村专业合作社、种养大户、农产品流通、加工企业参加"全国农产品网上购销对接会"。支持第三方平台积极推广我市特色农产品，为我市农民专业合作社开设网店并进行代运营，引导企业以种植(养殖)基地为试点，进行养殖产品网络监控，实现种植、养殖产品的追根溯源。

(五)网络品牌培育。按照"一镇一业""一村一品"的原则，发展特色产业，培育特色品牌。支持农产品“地标保护”“绿色”“有机”“无公害”等资质的申报认证,加强特色产品品牌化建设。建立全市电商农特产品目录库,对优质特色农产品种养规模、产量产值、品质特色开展调查摸底统计,确定主导品牌。引导支持乡镇至少培育一个特色农产品生产、加工、包装、销售的龙头企业,进行认证挂牌管理和扶持。

(六)金融服务支撑。将电商扶贫纳入扶贫小额信贷支持范围,对开办网店、从事网货生产销售的农户,给予免抵押、免担保、5万元以下、三年以内的小额信贷支持,政府按基准利率全额贴息。鼓励农村信用社改善农村网店支付、结算等金融服务条件。

(七)试点示范引领。结合“一村一电·领头雁”示范工程,开展电商扶贫试点工作。各镇、村结合自身实际,制定实施方案,并迅速安排启动,行业主管部门指导试点镇、村制定路线图,确定时间表,高标准、高质量地做好试点工作。开展市级电子商务示范镇、村创建,加快电子商务向农村覆盖。积极开展阿里巴巴集团“千县万村”、京东集团“千县燎原”和苏宁“农村电商”项目的申报工作。

四、强化保障

(一)组织领导。电商扶贫工作实行“市级领导、部门协调、区级负责、镇村落实”的工作机制。总体工作在市扶贫开发领导小组统一领导下协调开展,由市商务局、市扶贫办负责工作指导和推进。各区为责任单位,进行规划部署,明确镇村责任和特色产品培育重点,抓好电商扶贫各项工作落实。镇村和双联单位配合做好电商扶贫项目实施、政策宣传、组织培训和各项政策措施的执行。

(二)责任分工。围绕做好电商扶贫工作,靠实各部门的职责任务。市扶贫办负责贫困村、贫困户基本情况、需求清单和规划计划的制定,以及综合协调、进度通报、监督检查、年度考核等工作;市商务局负责做好电商大平台引进、本土平台培育、网货促销、物流配送、人才培训、业务指导和监督检查等工作,制定出台电子商务示范镇、村标准和奖励扶持办法;市农林局负责建立覆盖全过程的农产品质量安全监管制度,严格农业投入品管理,推进农业标准化生产,完善农产品质量安全考核评价制度等工作;市委农办负责把电商扶贫作为“双联”工作的一项重要职责,纳入“双联”工作年度考核;市工信委负责协调电信、移动、联通、铁塔、广电网络等企业加快贫困村宽带网络建设工作;市市场监管局负责做好网上销售产品的资质认证、质量安全监管和诚信体系建设,加大网络市场监管力度等工作;市财政局负责做好电商扶贫配套资金保障工作。

(三)技能培训。按照全市电子商务培训方案抓好培训工作,重点对网上开店、网店装修、客服、运营推广、产品拍照美化及店铺管理维护工具等操作技能进行培训,帮助农户掌握利用电子商务销售产品的一般流程,并能独立运用电子商务平台开展业务,确保每个行政村至少培训一名电商应用人才。

(四)考核奖惩。市商务局、市扶贫办等部门建立健全电商扶贫部门协作机制,对电商扶贫工作进行季度检查、半年通报、年底考核,推动各项重点工作任务落实。每年评选表彰一批全市电商扶贫成效突出的“明星网店”和“诚信网店”,给予奖励;对销售假冒伪劣产品、损害我市电商扶贫形象的不良行为,采取行政、经济、法律等手段予以惩处。

(五)宣传引导。加大电商扶贫的宣传力度,在报纸、电视、广播和网络等主流媒体上开辟专栏,进行跟踪式专项宣传报道。充分发挥微博、微信等新媒体的作用,灵活运用微博话题、微信栏目,对电商扶贫工作持续开展宣传报道。依托双联行动,充分发挥村级组织和群众在电商扶贫中的重要作用,及时总结和宣传推广电商扶贫工作中的好做法、好经验,营造电商扶贫的浓厚舆论氛围。

关于加快推进城乡一体化率先实现全面小康教育支持计划的实施方案

为深入贯彻落实市委、市政府《关于加快推进城乡一体化率先实现全面小康的实施意见》,进一步提高我市教育发展的整体水平,促进我市教育均衡发展,充分解决贫困家庭子女就学问题,更好发挥教育在精准扶贫中的重要作用,结合我市实际,制订本方案。

一、目标任务

从2015年起，按照定人、定向的原则，对全市贫困家庭学生构建到户、到人的精准扶贫工作体系，落实多元扶持政策，并形成长效工作机制，加强贫困家庭学生技能教育和综合素质培养，实施教育强民、技能富民的精准扶贫举措，在确保贫困家庭学生不因贫失学的基础上，促进贫困家庭从根本上脱贫，为我市全面建设小康社会做出应有贡献。

(一)学前教育：加快农村幼儿园建设步伐，有效扩大农村学前教育资源，提升学前教育整体实力，着力解决农村幼儿"入园难"问题。到2017年，基本建成城乡覆盖、布局合理的学前教育公共服务网络，使全市学前三年毛入园率达到98%以上，实现普及学前一年教育目标。到2020年，使农村学前三年毛入园率达到98.5%以上，基本普及学前教育。

(二)义务教育：关爱农村留守儿童少年，关注城市流动贫困人员子女，扎实做好"控辍保学"工作，不断提高义务教育入学率和巩固率。努力改善义务教育阶段学校办学条件，补齐短板，加强办学设施资源优化配备，到2017年，使农村教学、生活设施满足基本需要；到2020年，全面完成"改薄"任务。加强农村学校数字化校园建设，适当提高我市义务教育标准化学校办学标准，促进全市义务教育高水平均衡发展。

(三)特殊教育：全面推进全纳教育，实现特殊教育向学前教育和高中阶段延伸，使农村各类残疾儿童少年都能接受合适的教育。积极建立财政为主、社会支持、通畅便利的农村特殊教育服务保障机制，到2020年初步形成学段衔接、普职融通、医教结合的特殊教育格局。

(四)职业教育：扩大职业教育办学规模，推进职业教育资源向贫困家庭倾斜。到2017年，加大职业教育免费力度，提高中职助学金标准，确保更多贫困家庭中职学生接受免费职业教育。到2020年，统筹职普招生工作，确保贫困家庭初中毕业生进入中职学校和普通高中的比例大体相当。逐步打通中高职有机衔接的上升通道，面向就读中职的贫困家庭学生加大高职单独招生和注册入学的比例，扩大贫困家庭学生进入职业院校的覆盖面，到2020年，优先实现中等职业学校贫困家庭毕业生接受专科层次职业教育比例不低于40%。通过多种途径确保贫困家庭的适龄学生进入职业院校学习，掌握专业技能，提高脱贫致富能力。

二、主要措施

(一)扩大贫困家庭子女接受学前教育、义务教育、特殊教育和职业教育的机会

1.扩大学前教育资源总量。

(1)积极拓展学前教育发展空间，调整资源结构，扩大城乡公办园和普惠性民办园的覆盖面；调整投入结构，在继续扩大资源的基础上加大对条件保障的投入力度。创新发展模式，采取合作办园和结对帮扶等联盟化办园形式，引导扶持城乡之间、园所之间建立发展共同体，稳步扩大和优化城乡优质学前教育资源。

(2)扩大对贫困家庭适龄儿童入园的支持力度，保障全市所有符合条件的贫困家庭适龄幼儿接受学前教育，对接受学前教育的符合资助条件的贫困家庭子女免收保教费。

2.实施残疾学生就学保障工程。

实施《嘉峪关市特殊教育三年行动计划》，积极支持普通幼儿园接纳残疾儿童接受教育，进一步规范随班就读、送教上门管理工作，保障残疾人受教育的权利。依托特殊教育学校筹建残疾儿童随班就读资源中心、特殊教育指导中心，保证"三残"儿童入学率逐年上升。积极发展以职业教育为主的残疾人高中阶段教育，为残疾学生就业和继续教育创造条件。逐步加大对特殊教育的投入力度，提高特殊教育学校学生人均公用经费标准。

3.优化配置中小学校教育资源。

优化农村学校布局结构，最大限度满足农村学生就近上学需要。以"全面改薄"为契机，统筹各类教育项目并向农村薄弱学校倾斜，加大小规模学校(含教学点)公用经费保障水平，对不足100人的学校(教学点)按100人核定公用经费。

4.加快农村教育信息化建设进程。

加快农村教育信息化步伐，建立城乡优质教育资源共享机制，促进农村教育跨越式发展。为我市3个教学点配备18台教学一体机，实现农村中小学、教学点"班班通"全覆盖。为三镇各配备一间录播教室，同时实现"网络空间人人通"，使农村家庭子女享受到优质数字教育资源。充分利用现有条件积极为在校贫困家庭子女使用计算机软硬件创造便利条件。

5.加大职业教育扶持力度。

统筹职业教育和普通高中招生工作，增加职业教育资源总量，职业教育资源向农村贫困家庭倾斜，让没有升入普通高中的农村贫困家庭学生全部进入中职学校，将其安排到人才紧缺、就业率高的专业学习。2015年起，中职在校生全部免学费，提高农村贫困中职学生助学金标准，由原来每人每年1500元提高到每人每年2000元。面向就读中职的农村贫困家庭学生，加大“3+2”、单独招生和注册入学的比例，到2020年，优先实现中等职业学校农村贫困家庭学生接受专科层次职业教育比例不低于40%。以农村“两后生”为对象，开展新能源、装备制造、电子信息、有色冶金、物流配送、酒店及餐饮服务等培训，以及就业创业培训，培养持有毕业考试和资格证书的“双证书”技能人才，提高“两后生”就业创业能力。

（二）精确对接贫困家庭脱贫需要，开展“菜单式”扶贫

1.建立精准扶贫学生档案。

联合民政、社区对目前正在接受教育（含学前教育、义务教育、高中教育、职业教育、高等教育）的困难、低保学生全面登记造册，建立详细档案，为教育精准扶贫提供可靠依据。对扶贫对象享受资助情况进行全程跟踪，确保其获得有效资助，完成学业。对建档学生实行动态管理，对已实现脱贫致富且经民主评议和公示无异议后的困难家庭停止其上学子女的相关扶持政策；对因灾、因病、因学返贫的非在册贫困户子女就学，经申请审批可纳入扶贫补助范围。

2.积极开展招生扶贫工作。

积极争取国家部委所属高校和外省省属重点高校面向贫困地区专项招生计划、地方高校农村生源专项计划，同等条件下优先录取贫困农村家庭子女。市招生办积极联系市扶贫办和各高中，对我省建档立卡农村贫困户家庭中在我市参加普通高考报名的考生，开展信息调查摸底工作，会同有关部门进行户籍、学籍资格审核，并为考生提供报名咨询及指导，确保符合精准扶贫条件并建档立卡的农村贫困户家庭和考生知晓信息采集的工作，及时在教育部阳光高考平台提交报名申请。

3.大力实施教育资助政策。

（1）贫困户子女在校就读期间，优先享受国家普惠性资助政策和国家济困助学政策。做好当年录取全日制大专以上院校的贫困家庭大学生办理国家生源地信用助学贷款工作。

（2）加大贫困生资助力度。按每生每年600元的标准，免除在我市接受学前教育并符合条件的贫困家庭幼儿保教费用；落实好义务教育阶段“两免一补”政策；为贫困家庭考入高职（专科）、本科院校的学生每生每学年办理不超过8000元的生源地信用助学贷款，积极争取国家政策倾斜支持，引导社会各界捐资助学。

（三）加强对农村学校教师队伍培养的政策支持

1.落实农村教师优待政策。

（1）统一城乡教师编制。农村学校按师生比和班师比相结合配备教师，满足实际教学需要。按标准配足配齐农村幼儿园、幼儿班专任教师和保育员，配齐中小学幼儿园体育与美育教师。

（2）职称评聘、评优选先向农村学校倾斜。评选特级教师、市级以上综合性表彰奖励、申报高一级教师专业技术资格的专任教师，原则上应具备异校任教交流或农村学校任教1年以上的经历。园丁奖评选、职称评审分配指标向农村学校倾斜。

（3）提高农村教师待遇。从2014年起，将农村学校教师绩效工资总量水平在现有基础上提高15%，并随工资调整逐步提高。研究制定农村学校教师职称评聘、提高班主任待遇等倾斜政策措施。

2.推动教师城乡间有序流动。

深化教师城乡交流，双向流动，每年选派10名教师到农村学校开展不少于1年的支教；选派10名农村中小学、幼儿园教师到城区初中学校、金色教苑培训基地、省级示范性幼儿园顶岗培训，培训时间不少于1年。每年招录一定数量的大学毕业生补充到农村学校任教，定期开展农村学校教师向城区学校关系随转交流，激发教师队伍活力。

3.扶助农村幼儿园青年教师成长。

建立城乡幼儿园青年教师结对帮扶机制，发挥好“131名师”、青年教学能手、省级骨干教师、专家的作用，从市区6所公办幼儿园选派、推荐优秀教师与农村幼儿园青年教师建立师徒对子，签订培养合同书，明确双方的权利和义务，对培养成果由市教育局进行考核和鉴定。以五年为期，使农

村所有青年教师得到培训和指导。

4.丰富村镇教师及民办教师培训模式。

发挥好“金钥匙导师团队”导师的作用。每年组织两期导师团队的下乡调研、献课、教研、论文撰写、课题研究等活动,帮助三镇中小学及幼儿园教师解决问题、提升能力。健全国培、省培、市培、镇培、园培五级培训体系,培训指标适当向农村学校及幼儿园倾斜。通过网上“晒课”,“优课”评选等活动形式,实现精品课例教育资源共享,促进信息技术与课堂教学快速融合。

5.加强职教师资队伍建设。

健全职业院校教师准入、培养、聘用机制,给予职业院校教师聘用自主权。建立一批职业教育教师企业实践基地,实行新任教师先实践、后上岗和教师定期实践制度,专业教师专业实践时间每2年累计不少于2个月,实行五年一周期教师全员培训制度。建立知名专家、技师、技术能手等定期到学校授课制度,支持有专业经验的高级工程、技术、技能人才到学校从教,提高“双师型”教师比例。

三、责任分工

(一)市教育局根据我市教育发展实际和贫困家庭学生受教育情况,负责制定学前教育、义务教育和职业教育等方面精准扶贫工作方案,科学制定扶贫和资助政策,统筹各方教育资源,着力改善办学条件,努力提升办学质量。

市发改委加大我市学前教育、义务教育、职业教育投入力度,积极争取中央及省上支持贫困地区教育发展的各类政策和资金投入。

市财政局建立健全经费保障机制,协调落实中央及省上专项资金,统筹财政资金,调整支出结构,努力加大学前教育、义务教育和职业教育财政投入。

市编办、市人社局负责我市幼儿园、中小学师资配备工作,逐年增加招聘教师人数,按编配齐配足教职工,落实好教师职称晋升和待遇保障政策。

(二)根据“省负总责、市级推进、县抓落实、扶持到校、资助到生”的教育扶贫工作要求,把精准教育扶贫纳入经济社会发展战略和总体规划,建立任务台账,细化工作职责,挂图精准作业,根据各级各类教育特点,规划落实好项目、资金。具体实施过程中将进一步细化方案,定期召开会议,加大沟通协调,倾力解决难题,确保我市教育扶贫工作范围精准,对象精准,任务精准,目标精准,措施精准,责任精准。

(三)坚持“节俭、安全、实用、够用”的原则,逐校摸清办学条件现状,核实办学条件缺口,并一一列表造册。按项目规划和政策要求落实各类教育扶贫建设资金的使用主体责任,确保各类教育扶贫资金及时、足额到位,把好项目建设质量和资金使用关,避免重复建设、超标建设。

四、完成时限

学前教育:2015年—2020年,每年结成6个城乡幼儿园教师帮扶对子,签订一对一帮扶协议;2020年底,基本建成城乡覆盖、布局合理的学前教育公共服务网络。

义务教育:到2017年,基本教学设施达到教学需要,基本生活条件满足需求;到2018年基本消除城市大班额现象;到2020年,全面完成“改薄”任务。

特殊教育:2015年,在特教学校开设特殊教育学前部(班);2016年,在特教学校成立培智教育初中部,并逐步解决学生食宿。

职业教育:到2017年,贫困家庭子女接受中职、高职(专科)教育全部免费;到2020年全市职业学校“双师型”教师比例达到65%,毕业生就业率保持在90%以上;市职教中心职业技能培训能力适应我市技能型人才培训需求。

五、保障措施

(一)强化领导,落实责任。教育精准扶贫工作由教育、扶贫、财政部门共同组织实施。作为工作主体和主要受益者,教育系统务必高度重视。市教育局成立由局长为组长、分管领导为副组长、相关科室负责人为成员的教育精准扶贫领导小组,办公室设在教育局办公室。各中小学校、幼儿园要把精准扶贫列入重要议事日程,成立相应组织,做到校长亲自抓,确保扶贫到位。

(二)整合资源,整体推进。把教育精准扶贫工作与学生资助工作、全面改薄工程、教育均衡发展、标准化学校建设、党员帮扶、志愿者行动等有效衔接有机结合,充分发挥各自优势形成合力,着力提高教育扶贫富民、资助惠民整体能力。

(三)密切配合,强化协作。开展教育精准扶贫是一项创新工作,是对实现教育公平的新要求,涉及面广、工作量大。市教育局要加强与市扶贫办、市财政局、市文广新局、市科技局、市人社局沟通，做到优势互补、信息共享。

（四）完善制度，健全机制。建立定期检查制度，联合市财政局每半年检查项目实施情况；建立责任追究制度，对教育奖补资金进行专账管理、专款专用，专项资金实行"谁使用、谁负责"的责任追究机制；建立信息公开制度，按财政预算公开的总体要求做好信息公开工作，并通过多种方式向社会公示资金安排、工作进展等情况；建立绩效评价制度，聘请具备资质的第三方机构对项目进展、资金实用、财务管理、资源配置使用效率等进行绩效评价。

（五）加强宣传，浓厚氛围。教育精准扶贫是一项惠及贫困家庭和学生的民心工程，市教育局、各学校要采取有力措施做好宣传工作，弘扬关爱文化，关心贫困人口，让广大人民群众了解政策内容，熟悉资助办理程序并顺利获得资助，把党和政府的温暖送到千家万户，使该项政策的执行能够得到广大人民群众和社会各界的支持和监督。

关于加快推进城乡一体化率先实现全面小康卫生计生扶贫计划的实施方案

为深入贯彻落实市委、市政府《关于加快推进城乡一体化率先实现全面小康的实施意见》，进一步加强统筹协调，强化部门联动，推动我市卫生计生精准扶贫工作，努力提高全市人民的健康水平。特制定本方案。

一、目标任务

实现标准化村卫生室全覆盖；提高乡村医生待遇，从2016年起，对在实施基本药物制度服务人口在1000人以下的村卫生室执业的乡村医生，适当提高定额补助标准；强化乡村医生培养培训，到2017年村医全部具备乡村医生执业资格以上标准；做好农村订单定向免费医学生毕业后的聘用及培训工作；充实农村卫生院医务人员，到2020年，实现平均每个镇卫生院、社区卫生服务中心（站）配备全科医生2名的目标；提高新农合住院费用和大病保险报销比例，从2016年起，对全市参合农村人员政策内住院费用报销比例提高5个百分点。从2016年起，将大病保险报销起付线由5000元降至3000元，使农村大病保险实际报销比提高3个百分点以上；发挥"疾病应急救助基金"作用，积极开展多点执业，建立引导医疗卫生人员到农村工作的政策机制；规范医疗机构收费和医疗行为，提升农村居民农合政策的受益感；做好村级卫生三件事健康文化墙每百人不少于4平方米，每个镇卫生院和村卫生室组织健康沙龙每月不少于1次，健康工具包发放和使用培训以户为单位全覆盖；发展中医药产业，加强药膳推广应用，推动药本植物标准化种植研究、示范、推广，支持发展中医药生态保健旅游；促进计划生育关注工作任务落实，从2015年起将计划生育特别扶助金提高到独生子女伤残家庭夫妻每人每月300元和死亡家庭夫妻每人每月500元，计划生育家庭在失去独生子女时，给予一次性2万元的补助；借助多部门力量促进我市全民健康，有效解决因病致贫和因贫致病问题。

二、主要措施

（一）加强镇、村医疗保障能力建设

1.实现标准化村卫生室全覆盖。加大村卫生室的内涵建设，到2018年，市财政资金支持为每个村卫生室配备基本医疗设备。

牵头单位：市卫计委

协调单位：市发改委、市财政局

2.提高乡村医生待遇。对于乡村医生提供的基本医疗服务，按照省发改委、省财政厅、省人社厅、省卫生厅《关于调整基层医疗机构医疗服务项目和收费标准及医保支付政策的通知》，收取一般诊疗费。从2016年起，对在实施基本药物制度服务人口在1000人以下的村卫生室执业的乡村医生，适当提高定额补助标准，所需经费由市级财政列入预算。

牵头单位：市卫计委

协调单位：市发改委、市财政局、市人社局

3.强化乡村医生培养培训。根据我市三镇各村已经建成了标准化村卫生室的实际，当前重点提升村卫生室服务能力，加强村医基本公共卫生项目实施、中医适宜技术应用等方面的培训。提高村医待遇，合理解决村医养老问题。进一步加大全科医生转岗培训工作力度。加强后备人才培养，重点加强订单定向医学生免费培养计划,医学生毕业后重点安排到镇卫生院、村卫生室工作。加强在岗村医培训,分批安排乡村医生进修,进修时间为6个月,进修完毕并考试合格后,给予定额的学杂费及生活补助。到2017年村医全部具备乡村医生执业资格以上标准。落实乡村医生每周到镇卫生院上一天班或每月上一周班制度,不断提高乡村医生的服务能力和水平。

牵头单位:市卫计委

协调单位:市财政局、市人社局

4.认真做好农村订单定向免费医学生毕业后的聘用及培训工作。市人社局、市财政局积极协调省人社厅、省财政厅落实政策,制定实施办法,采取有力措施,鼓励和引导毕业生到基层医疗卫生机构服务,为农村基层提供全科医疗卫生人才保障。

牵头单位为:市人社局、市财政局

协调单位:市卫计委

5.充实镇村卫生院卫生技术人员。2016年至2020年,依托国家、省级、市级有关项目,每年为镇卫生院配备卫生专业技术人员。通过多种方式,为镇卫生院和社区卫生服务中心配备全科医生,到2020年,实现平均每个镇卫生院、社区卫生服务中心(站)配备全科医生2名的目标。

牵头单位:市卫计委

协调单位:市财政局、市人社局

6.提高新农合住院费用报销比例。从2016年起,对全市参合农村人员政策内住院费用报销比例提高5个百分点,所需资金从当年新农合基金中支付,年终统一核算,次年纳入市级财政预算。

牵头单位:市卫计委

协调单位:市财政局

7.为群众提供基本公共卫生服务。对农村群众进行健康档案管理,为农村白内障患者实施复明手术,为农村适龄妇女进行宫颈癌筛查,为15岁以下人群补种乙肝疫苗,为农村孕产妇进行住院分娩补助。全面落实计划生育基本技术服务项目。大力推进出生缺陷综合防治,继续实施国家孕前优生健康检查、农村妇女增补叶酸预防神经管缺陷项目等。

牵头单位:市卫计委

协调单位:市财政局

8.全面推进大病保险。优先将50种重大疾病纳入大病保险范围,提高镇、村居民的实际补偿比例。在镇、村推广使用疗效确切的藏药、中医药适宜技术,对镇、村推广使用藏药、中医药治疗的参合农民,按现行相关文件执行。进一步完善重大疾病保障工作,使广大镇、村居民看得起病。从2016年起,将大病保险报销起付线由5000元降至3000元,使农村大病保险实际报销比提高3个百分点以上。所需资金根据实际执行结果,由市级财政通过调整新增缴费补助的方式解决。

牵头单位:市卫计委

协调单位:市保险行业协会、市财政局、市人社局、市民政局

9.发挥"疾病应急救助基金"作用。对农村低保、特困户等无力支付医药费的患者拖欠费用进行补助,确保急救患者得到及时抢救治疗。

牵头单位:市卫计委

协调单位:市民政局

10.建立引导医疗卫生人员到基层工作的政策机制。从2016年起,每年从全市卫生计生系统选派符合条件的优秀干部到镇卫生院挂职副院长一年,提高镇卫生院和村卫生室业务水平和服务能力建设。继续实施万名医生支援农村卫生工程,提高受援单位人员的专业能力和管理水平。2015年起,市第一人民医院、酒钢医院、市中医医院中级职称医师到三镇卫生院实行多点执业,每人每季度到基层医疗机构开展多点执业服务不少于6天,完成诊疗、带教指导及健康教育等任务,帮扶指导基层进行专科建设、人才培养和学科管理能力提升,使镇卫生院相应专业的科室一年内能开展日常工作,确保50种以上的常见病能够在基层医疗机构得到常规诊治,方便农村居民就医。牵头单位:市卫计委,协调单位:市发改委、市财政局、市人社局。

11.提升农村居民农合政策的受益感。2016年3月底前制定出台《嘉峪关市医疗机构乱收费、重复计费和过度医疗新农合资金扣减办法》,规范医疗机构收费和医疗行为,建立对违规单位新农合资金扣减的制度,集中解决医疗机构乱收费、重复计费、药品价格虚高和过度医疗等问题,坚决遏

制医疗费用过快增长,提升农村居民农合政策的受益感。

牵头单位:市卫计委

协调单位:市财政局

(二)关注镇、村居民健康问题,着力提高人民健康素养

推进农村改水改厕工作,落实大病防治干预措施。继续做好村级卫生三件事健康文化墙每百人不少于4平方米,每个镇卫生院和村卫生室组织健康沙龙每月不少于1次,健康工具包发放和使用培训以户为单位全覆盖。牵头单位:市卫计委。

(三)优化资源配置,开展"绿色"种植养殖

1.大力扶持"绿色"种植和养殖业。根据《甘肃省药用蔬菜目录》和《甘肃省常见药用价值野菜目录》,组织引导农民群众搞好药用价值蔬菜种植,推动药菜两用蔬菜种植业、加工业、批发业的发展,并把具有药用价值的蔬菜种植纳入当地蔬菜产业发展规划,给予政策和资金支持。

牵头单位:市农林局

协调单位:市财政局、市卫计委

2.防治农户大棚职业病。建设温室大棚缓冲间,预防农民关节炎,并指导种植户每户种植一片艾叶,培训种植户使用艾灸等中医适宜技术预防关节炎发生。

牵头单位:市农林局

协调单位:市卫计委

3.开展绿色养殖。采取切实有效的措施,制订畜类、牛奶安全草等产业和饲料规划,教育和引导养殖户(企业)科学养殖、绿色养殖。向养殖人员推广中草药防病治病知识和技能,确保各类畜产品安全。

牵头单位:市农林局

协调单位:市卫计委

(四)发挥传统优势,支持中医药相关产业发展

1.发展中医药产业。根据《甘肃省中药材分布区域与生产指导目录》和《甘肃道地大宗中药材优势区域布局目录》,精心谋划,指导群众开展中药材种植工作,进一步扩大中药材生产规模,增加群众收入。落实原省卫生厅、省农牧厅《关于进一步强化中药材种植工作的通知》(甘卫中发〔2012〕41号),推动中草药规范化种植。落实《关于加强蔬菜养生保健知识推广应用和药用蔬菜种植工作的通知》(甘卫中发〔2012〕243号),加快药菜两用蔬菜产业发展。落实《关于在温室大棚蔬菜种植户中推广中医药适宜技术的通知》(甘卫中发〔2012〕339号),有效防治温室大棚诱发的关节炎等疾病。

牵头单位:市农林局

协调单位:市卫计委

2.加强药膳推广应用。落实原省卫生厅、省商务厅、省食药监局《关于加强药膳推广应用工作的通知》(甘卫中发〔2012〕107号)文件,积极支持药膳产业发展。通过药膳的推广应用,在预防疾病、养生健体的同时带动餐饮服务业及相关产业发展。

牵头单位:市卫计委

协调单位:市商务局、市市场监管局、市旅游局

3. 推动药本植物标准化种植研究、示范、推广。落实省林业厅、原省卫生厅《关于加强药用木本植物种植工作的通知》(甘林发〔2011〕248号),推动药本植物标准化种植研究、示范、推广。

牵头单位:市农林局

协调单位:市卫计委

4.支持发展中医药生态保健旅游。落实原省卫生厅、省旅游局、省商务局等六部门印发《甘肃省中医药养生旅游工作实施方案》(甘卫中发〔2011〕537号),依托我市旅游优势,打造中医生态保健旅游目的地,开发相关中医药生态保健旅游特色商品,支持发展中医药生态保健旅游。

牵头单位:市卫计委

协调单位:市商务局、市旅游局、市农林局、市园林局

(五)突出计生扶贫工作,促进计划生育工作任务落实

落实省卫计委、省财政厅《关于2015年提高计划生育特殊困难家庭扶助标准实施方案的通知》(甘卫发〔2015〕106号)文件。从2015年起将计划生育特别扶助金提高到独生子女伤残家庭夫妻每人每月300元和死亡家庭夫妻每人每月500元。计划生育家庭在失去独生子女时,给予一次性2万元的补助,其中生活补助费和精神慰藉费各1万元。特别扶助对象为女方年满49周岁以上的独生子女伤残(三级以上)或死亡家庭未再生育或收养子女的夫妻。对自愿生育一个子女并已办理独

生子女父母光荣证的家庭，在失去独生子女时给予一次性补助。

牵头单位：市卫计委

（六）多部门协调，有效促进全民健康

调动多部门力量，倡导运用健康融入所有政策，在下发规范性文件和政府立法时，进行健康影响因素评估，为促进居民健康创造良好的政策环境；着力治理影响群众健康的危害因素，防止水、空气、土壤污染，不断改善农村环境，有效促进全民健康；认真落实精准扶贫任务，有效解决因病致贫和因贫致病问题。

三、保障措施

（一）各单位要明确职责分工，密切配合，统筹推进，全力落实好各方面的工作。

（二）市财政在充分运用好国家专项资金的基础上，对涉及全民健康问题时给予适当扶持和倾斜。

（三）实行目标管理，靠实工作责任，建立健全各项管理制度，确保各项任务全面完成。

关于加快推进城乡一体化率先实现全面小康乡村文化场所建设支持计划实施方案

为深入贯彻落实市委、市政府《关于加快推进城乡一体化率先实现全面小康的实施意见》，进一步加快推进我市乡村文化场所建设，促进农村文化事业繁荣发展，结合"乡村舞台"建设，特制定本方案。

一、目标任务

切实巩固我市"乡村舞台"建设成果，把已建的17个"乡村舞台"行政村，建成开展思想道德教育、文化知识传播、文体娱乐活动、民俗文化传承、法治科普宣传、致富技能培训的"大舞台"，提高农村公共文化服务体系建设整体水平。加强基层综合文化站建设，把建成的3个镇综合文化站评估定级达到三级以上标准，站舍建筑面积300平方米以上，三镇综合文化站每年举办综合性大型文化活动不少于1次，单项性文体活动不少于2次。在三镇分别建成一个综合性文化活动中心（有文体广场、篮球场、农家书屋、村史或民俗文化展览室、多功能活动(教育、培训、会议)室、电影放映场(室)、10米以上文化宣传科普长廊或宣传窗，以及具有地方特色的其他文化设施)，每个行政村组建一支相对稳定、10人以上的民间自办文化社团，并配备乐器、服装等设备。

二、主要措施

（一）整合各类资源，抓好协同共建。切实整合现有的宣传文化、党员教育、农家书屋、电影放映、体育健身、科学普及的项目、资金、人才、设施等资源，充实"乡村舞台"建设内容，丰富群众文化生活。各成员单位之间加强协调，集中力量完善已有的文化阵地，积极为村民组织文化活动提供便利服务，实现共建共享。

（二）多方筹措资金，加大扶持力度。按照"政府主导、多方筹措"的原则，拓展重大文化惠民项目服务"三农"内容，加大财政对乡村文化场所建设的资金扶持力度，并采取镇村级自筹、帮扶部门支持、社会各方赞助的办法，拓宽投资渠道，凝聚各方力量，为农村文化场所建设提供强有力的经费保障。

（三）明确责任分工，强化工作督查。各相关部门要按照本实施方案和《嘉峪关市"乡村舞台"建设方案》的总体要求，各负其责，各司其职，层层建立工作责任制，制定具体措施，明确职能分工。各区、镇、行政村要结合各自实际，制定工作计划，将任务进行细化、量化，明确完成时间、步骤和责任人。同时，"乡村舞台"建设领导小组办公室要加强督促检查，及时研究解决问题，确保镇村综合文化站评估定级、"乡村舞台"建设任务落到实处。

（四）建管用并举，发挥最大效益。"乡村舞台"建设领导小组各成员单位要建立协调联动机制，按照"乡村舞台"建设的基本要求，各自对口做好设施、队伍、保障、服务等工作，做好活动内容安排实施，依托"千台大戏送农村"、文化科技卫生"三下乡"等活动平台，开展政策咨询、科技培训、文艺展演、电影放映、卫生保健、农民运动会、全民阅读等文化惠民服务活动。建立一套完整的管理、工作制度，确保"乡村舞台"正常运转，发挥作用。

关于加快推进城乡一体化率先实现全面小康社会救助项目的实施方案

2015年,省委、省政府将"提高城镇低保标准和补助水平及农村五保供养省级补助标准"列为为民办实事的一项重要工作。根据省民政厅、省财政厅《关于做好2015年度提高城镇低保标准和补助水平及农村五保供养省级补助标准工作的紧急通知》(甘民电〔2015〕11号)精神,结合我市低保资金使用情况,为深入贯彻落实市委、市政府《关于加快推进城乡一体化率先实现全面小康的实施意见》,制定本实施方案。

一、工作目标

(一)提高低保标准和补助水平。紧紧围绕"解决民生、保障民生、改善民生"的工作要求,坚持"以民为本、为民解困、为民服务"的宗旨,以"应保尽保、应退尽退"为目标,全面提高我市城镇低保标准,使符合低保条件的城镇困难群众基本生活得到有效保障和改善,使我市城镇低保标准与社会经济发展和居民收入水平保持同步发展。

(二)提高医疗救助水平,完善医疗救助政策。根据《甘肃省民政厅关于进一步规范医疗救助工作的通知》要求,救助对象因诊疗发生的医疗费用,按照"基本医保+大病保险+医疗救助"的程序进行结算,进一步减轻困难群众因诊疗所自付费用。重新修订《嘉峪关市医疗救助实施办法》。

二、实施原则

(一)坚持保障困难群众基本生活的原则。

(二)坚持公开、公平、公正和民主评议的原则。

(三)坚持突出重点,照顾一般的原则。

(四)坚持保户不保人的原则。

(五)坚持应保尽保、应退尽退和差额补助的原则。

三、具体标准

(一)低保

市政府第92次常务会议决定,城镇低保标准从425元/月调整为510元/月。农村五保供养、城市三无人员标准从原标准7200元/年提高到8204元/年。新的城镇低保、农村五保供养、城市三无人员标准从2015年1月1日起执行。

(二)医疗救助

1.对最低生活保障对象、特困供养人员、60年代精简退职职工及重点优抚对象参加城镇居民基本医疗保险或新型农村合作医疗的个人缴费部分进行全额资助。

2.取消最低生活保障对象医疗救助起付线,救助比例为80%。

3.最低生活保障对象、60年代精简退职职工因患严重慢性病长期门诊治疗产生高额门诊费用时,在个人自付累计超过2000元时,按60%的比例予以救助,最高救助5000元。

四、实施步骤

1.6月5日前,对全市民政专干进行提标业务培训。

2.6月5日–6月10日,各社区、镇按要求完成表格填写。

3.6月11日–6月20日,集中组织各社区、各镇对所报资料进行互审。

4.6月21日–6月25日,市民政局对三区低保户资料进行审查,发现错误,及时反馈各相关单位修改数据。

5.6月26日–6月28日,市民政局对审核后的数据统计汇总,完成提标任务。

6.7月1日起,按新标准发放低保金,补发1–6月低保金。

五、保障措施

(一)切实加强组织领导。城镇低保提标工作时间紧、任务重,涉及人数多。市民政局抽调专门工作人员,集中时间、全力以赴抓好提标工作。

(二)做好部门协调配合。市民政局与市财政局密切配合,形成工作合力,及时足额落实低保配套资金,加强资金使用管理和监督。

(三)加强信息化建设。以城镇低保信息系统录入采集为依托,进一步加强低保信息化建设。完善低保对象基础信息,及时更新低保对象家庭档案,提标完成后及时将新的低保数据全部录入全国最低生活保障信息系统。

关于加快推进城乡一体化率先实现全面小康小额信贷支持计划的实施方案

为深入贯彻落实市委、市政府《关于加快推进城乡一体化率先实现全面小康的实施意见》，进一步破解贫困群众贷款难、贷款贵问题，加快我市精准扶贫建设进程，特制定本实施方案。

一、目标任务

从2015年开始，以全市三镇相对贫困农户为扶持对象，通过建立农户贷款风险补偿基金，完善农户贷款贴息政策等措施，大力实施精准扶贫小额贷款工程，力争到2017年底，使三镇相对贫困户都能够得到免抵押、免担保、5万元以下、3年以内的小额信用贷款，解决贫困群众贷款难、贷款贵问题。

二、主要措施

（一）争取货币信贷政策支持。积极争取增加贷款规划，落实差别存款准备金率政策，允许扶贫贡献大、农户受益多的农村法人金融机构适当突破贷款规划，增加贷款投放。积极争取再贴现支持，提高再贴现办理频度，发挥好引导信贷投向和贷款利率下行的作用，加大涉农扶贫领域信贷投入，减轻涉农经营主体负担。引导和鼓励使用支农再贷款、再贴现的农村法人金融机构优先向农户发放小额信用贷款，让农户充分享受利率优惠政策。

（二）建立农户风险补偿基金。从2015年开始，按照贷款数量的3%左右，由政府和金融机构按7:3的比例逐年建立农户贷款风险补偿基金。其中，政府承担部分由市级财政筹措，建立财政风险补偿基金的长效补充机制。发生贷款损失时，由政府和金融机构按7:3的比例分别承担。

（三）规范农户贷款贴息政策。整合各类财政到户贴息政策，对农户扶贫小额信用贷款按基准利率由政府全额贴息。对农户贷款按年结息和贴息。对贷款户未按期偿还贷款及其他违约行为而产生的逾期贷款利息、罚息，不予贴息。

（四）支持推广扶贫小额贷款保险。开展扶贫小额贷款保证保险试点，通过保证保险为农户增信，探索建立“政府+银行+保险”的风险分担机制，鼓励贷款农户积极购买，政府给予适当保费补助。积极推广贷款农户人身意外保险，政府给予适当保费补助，化解贷款风险。

三、实施程序

（一）摸清农户贷款需求。2015年10月底前，由市政府组织，开展入户调查，逐村逐户摸清贫困户贷款意愿、用途、数量、期限等情况，列出贷款需求清单，并筛选排队，制定本年度贷款计划。

（二）确定银政合作模式。2015年11月底前，按照竞争性、引导性原则，鼓励各类金融机构按照本实施方案确定的原则和要求，以多种模式积极参与扶贫小额信贷工作，最终由贷款成本低、手续简便、服务便捷的金融机构承担农户贷款。经政府与金融机构协商一致后，签署精准扶贫小额信贷合作协议。可由市政府统一与一家或多家金融机构签署合作协议，也可由一家金融机构统一与市政府签署合作协议。

（三）筹措风险补偿资金。2015年12月底前，按照合作协议和建立农户风险补偿基金的来源和比例，市财政和确定的承贷金融机构，依据2015年贷款需求，落实风险补偿资金。从2016年开始，根据当年新增的贷款需求和实际补偿情况，按比例增加风险补偿资金。

（四）启动贷款申请和发放工作。2016年1月底前，由列入当年贷款计划的农户提出贷款申请，经村委会审核、村内张榜公示无异议后，区（镇）政府审核、市扶贫办汇总，市财政审定并向承贷金融机构提供贷款户花名册。贷款户持有效身份证件，向承贷金融机构自愿提出申请，承贷金融机构依据贷款户花名册，审核贷款申请，与贷款户面签贷款协议并发放贷款。

（五）贷款贴息。2016年4月底前，按照先收后贴的原则，由承贷金融机构向贷款户正常收取利息，并汇总上年全部贷款本息明细，代贷款户向扶贫、财政部门统一申请贴息补助，扶贫部门初审、财政部门审定后将上年贴息资金拨付到农户惠农补贴“一折通”账户。

四、保障措施

（一）加强领导，明确职责。全市精准扶贫小额信贷工作在市扶贫开发领导小组的领导下开展，纳入扶贫业绩考核范围之中。市扶贫办主要确保对象精准、需求精准；市财政局做好风险补偿资金、贷款贴息资金的筹措、拨付和监管等工作；市政府金融办加强对扶贫小额信贷工作的协调指导，做好半年和年终实施情况分析、汇总通报等工作；人行嘉峪关中心支行加大支农再贷款对承贷金融机构的倾斜，督促承贷金融机构落实利率优惠政策，完善金融服务；嘉峪关银监分局督促指导辖区银行业金融机构对农户提供信贷支持，完善落实金融机构差异化扶贫监管政策，适度放宽扶贫小额信贷不良贷款风险考核监管的容忍度，加强对各承贷金融机构在实施扶贫小额信贷过程中违规操作、侵害贷款农户利益行为的监督检查。各区、各部门、各单位要把推动精准扶贫小额信贷作为重要工作任务，积极配合做好政策宣传、金融培训、需求摸底、贷款审核、项目实施、诚信教育、本息催收等各项工作。

（二）优化服务，简化程序。精准扶贫小额信贷是为农户量身定做的特惠金融产品，具有对象的精准性、政策的特殊性、措施的针对性。各承贷金融机构都要把此项工作作为精准扶贫的重要手段，积极履行社会扶贫责任，认真研究制定有别于普通客户、一般信贷产品的政策措施和发放程序，简化贷款程序、减少贷款环节、优化贷款环境、优惠贷款利率，在防范金融风险的同时，严格按照政府相关部门提供的贷款农户花名册发放贷款。不能随意抬高贷款门槛，不能让农户提供反担保，不能提前扣除利息和提前结息，严禁各种形式的不合理收费。

（三）加强监管，堵塞漏洞。扶贫、财政、金融办、人行、银监等部门要各司其职，加强对精准扶贫小额信贷政策执行情况的监督检查，对虚列、虚报、冒领、套取、挪用农户贷款和风险补偿资金、财政贴息资金的单位和个人，依法依规严肃处理。各部门、各单位和各承贷金融机构都要采取切实可行的措施，严格识别贷款对象，严格界定贷款用途。银政保三方要信息共享、加强沟通、层层把关，防止冒贷、转贷，防止虚报户数、虚报需求或以农户名义骗贷，问题突出的要严肃追究责任。要监督贷款户将贷款用于发展富民增收产业，不得用于结婚、建房等非生产性方面，不得闲置资金和坐收利息，一经发现，承贷金融机构要及时收回贷款并列入诚信记录，各部门、各单位不得给予贴息补助，停止扶贫小额信贷支持。对确无经营能力但又有贷款需求的农户，鼓励按照“量化到户、股份合作、入股分红、滚动发展”的方式，与扶贫龙头企业、农民专业合作社建立利益联结，用获得的小额信贷资金参与扶贫特色优势产业建设，集中使用。

（四）宣传引导，培育诚信。各区、各部门、各单位要会同金融机构，通过多途径、多形式、多渠道，大力开展精准扶贫小额信贷政策知识的宣传培训，努力提高乡镇干部和农户对精准扶贫小额信贷目的意义、政策措施、对象用途、方法步骤和具体要求的理解和掌握，充分调动广大群众参与精准扶贫小额信贷工作的积极性和主动性。要善于培养典型、发现典型、宣传典型，用典型引路推动精准扶贫小额信贷工作。要通过制定完善村规民约、加强普法教育等形式途径，引导农户树立诚信意识、信用意识，用诚实守信规范农户的贷款行为，努力营造贫困群众靠金融谋发展促增收、早日脱贫致富奔小康的良好氛围。

关于加快推进城乡一体化率先实现全面小康劳动力培训支持计划实施方案

为深入贯彻落实市委、市政府《关于加快推进城乡一体化率先实现全面小康的实施意见》，进一步加强我市农村劳动力职业技能培训工作，帮助农村劳动者提升技能水平和就业创业能力，实现农民收入稳定增长，生活质量逐步提高，农村总体小康进程稳步加快的目标，制定本方案。

一、目标任务

（一）劳动力培训工作目标

2015年—2020年，每年在全市开展农民职业技能培训2000人，岗位技能提升培训1000人，创业培训100人，劳务品牌培训300人以上，农村“两后生”职业技能学历教育培训800人。到2020年末，农村适龄劳动力家庭普遍接受至少一次实用技术或就业技能培训，至少一人取得职业资格证书，保证农村有培训需求的劳动力职业技能培训全覆盖。

（二）劳务输转工作目标

每年实现三镇劳务输转7000人以上，完成省上下达我市劳务输转和劳务收入任务。到2015年底,在三镇进一步完善公共就业服务平台建设,争取在各行政村建立服务平台联系点，每村至少有一人从事劳务工作。到2016年底,在三镇全面建立劳务信息系统，进一步加强劳务输转实名制统计工作。

(三)农村妇女小额担保贷款工作目标

三镇所有从事种植、养殖产业,有贷款意愿且符合农村妇女小额担保贷款条件的农村妇女都能够得到每次发放不超过8万元，最多可享受三次的小额担保贴息贷款,帮助农村妇女创业增收,提高经济和社会地位。

二、工作原则

坚持精准发力。仔细摸排帮扶对象,准确把握完成时间,创新工作思路,优化工作方式,严格考评管理,做到对象精准、目标精准、内容精准、方式精准、考评精准、保障精准“六个精准”。

坚持需求导向。紧贴丝绸之路经济带、新型城镇化建设以及重大工程项目建设需要，围绕我市钢铁和旅游等优势产业、现代服务业、生态旅游业等产业发展,确定合理的项目和规模,根据服务对象的需求和就业愿意,展开培训,提供帮助。

坚持资源整合。以政府为主导,整合各部门优势资源,最大限度发挥现有人力物力财力作用,增强帮扶的精准性和有效性。

三、主要措施

(一)加强劳动力职业技能培训

1.开展就业技能培训。主要是利用闲暇时间,针对农村劳动力不同技能水平开展种植、养殖、机械维修、服装加工、建筑、家政服务、旅游服务、电焊等就业技能培训,开展培训上门服务,使农村劳动者务农和技能培训“两不误”,实现技能和收入“两提高”。

责任部门:市人社局

参加单位:市属各职业技能培训学校

培训任务:每年培训2000人次以上,累计培训12000人次

培训时间:15天-3个月

资金来源:就业专项资金

2.“两后生”职业技能学历教育培训。主要是以农村“两后生”为对象,开展新能源、驾驶与维修、装备制造、电子信息、有色冶金、物流配送、酒店及餐饮服务等培训，通过2-3年的中等职业教育和技工院校学制教育，培养持有毕业考试和职业资格证书的“双证”技能人才。

责任部门:市人社局、市扶贫办、市教育局

培训任务:每年培训800人次以上,累计培训4800人次

培训机构:甘肃省高级冶金技术学院、市电大

培训时间:2-3年

资金来源:就业专项资金和扶贫资金

3.劳务品牌培训。主要是以我市特色劳务品牌为重点,采取“滚动教学、适时鉴定”的方式,组织开展计算机应用与维修、机械设备维修、家政服务等培训。

责任部门:市人社局

参加单位:市属培训机构

培训任务：每年300人次以上，累计培训1800人次

培训时间:集中培训3个月

资金来源:就业专项资金

4.岗位技能提升培训。主要是采取技术比武、名师带徒、离岗学习等灵活有效的培训形式,结合企业技术进步和产业升级，对与企业签订6个月以上期限劳动合同的在岗农民工开展技能提升培训。

责任部门:市人社局

参加单位:市属各职业技能培训学校

培训任务:每年培训1000人次以上、累计培训6000人次

培训时间:80个学时以上

资金来源:就业专项资金

5.创业培训。主要是对有创业愿望和具备一定创业条件的农村劳动力，以企业注册、税务登记、人员管理、资金管理、市场营销等创业知识培训为主要内容,采取模拟企业生产、交易、宣传、管理、财务等业务操作过程形式，根据培训对象需求,分别开展SYB(创办你的企业)、SIYB(创办和改善你的企业)培训。

责任部门:市人社局

参加单位:市职教中心

培训任务:每年100人次以上、累计培训600人次

培训时间:集中培训10天

资金来源：就业专项资金

（二）发展劳务经济，健全劳务输转管理

1.加强劳务输转服务平台建设。依托三镇便民服务中心，在三镇进一步加强劳动力就业社会保障服务中心平台建设，力争2015年底前，做到专人专职从事劳务输转工作。

责任部门：市人社局

配合部门：市财政局、雄关区、长城区、镜铁区

2.开展好“春风行动”、“就业援助月”等专项就业服务活动。按照省人社厅统一部署每年认真组织开展“春风行动”“就业援助月”等公共就业和人才服务专项活动，集中为农村转移劳动者提供就业政策咨询、职业介绍、就业指导、岗位信息发布、劳动维权等公共就业服务。

责任部门：市人社局

3.加强劳务输转信息系统建设，建立完善的劳务供求信息网络。加快推进我市劳务输转信息系统建设，逐步建立市、镇、村级劳务信息服务网络。通过市人力资源市场和乡镇、社区劳动保障服务平台及时准确地发布劳务信息，为广大农村劳动者搭建供求平台，引导农民有目的、有秩序地输出就业，避免农村劳动力转移的盲目性。

责任部门：市人社局

配合部门：雄关区、长城区、镜铁区

4.加强劳动保障管理，维护好农村劳动者合法权益。加大劳动保障政策法规宣传和监察执法力度，指导企业规范劳动合同签订行为，明确劳动关系，缴纳社会保险，依法保障劳动者的劳动时间和劳动条件，预防和制止拖欠农民工工资行为，及时妥善处理劳资纠纷、劳动争议、突发事件等，确保农民工合法权益不受损害。

责任部门：市人社局

配合部门：市建设局、市财政局

（三）扶持农村妇女就业创业

1.市妇联会同银行、区、镇、村相关工作人员，深入农户，实地调查了解农村妇女从事种植、养殖情况，指导帮助贷款人提交资料填写报表，审核审查。人社部门审核并承诺担保，银行及时放款，财政部门审核贴补利息。

责任部门：市妇联、市人社局

配合部门：市财政局、雄关区、长城区、镜铁区、嘉峪关农商银行

2. 建立详细准确的小额担保贷款人员台账，实行动态管理。做好政策咨询、跟踪了解、贷后回访、监督管理等后续服务，对两年期快满的贷款人员提醒其按时还款。

责任部门：市人社局

四、组织保障

（一）定期监督检查。人社部门定期对各培训机构建立基本台账、培训计划落实情况进行抽查。财政部门要对专项资金的使用实行专户管理，专款专用，强化预算管理、审计监督。

（二）严格责任落实。建立并实施责任倒查制，对在扶贫攻坚中认识不到位、精力不集中、措施不聚焦、作风不扎实、效果不明显的部门进行问责，对完不成阶段性扶贫任务、在精准扶贫工作中弄虚作假的领导干部给予严肃处理，形成良性的责任导向。

（三）转变工作作风。巩固和拓展党的群众路线教育实践活动成果，践行“三严三实”要求，以钉钉子的精神狠抓扶贫攻坚任务落实。大胆改革创新，破解体制机制障碍，建立精准扶贫长效机制。加强宣传引导，持续不断地挖掘、总结、推广精准扶贫的成功经验和做法，营造开拓创新、攻坚克难、凝心聚力、共奔小康的浓厚氛围。

关于加快推进城乡一体化率先实现全面小康干部人才支持计划的实施方案

为深入贯彻落实市委、市政府《关于加快推进城乡一体化率先实现全面小康的实施意见》，更好地为推进我市精准扶贫提供组织保证和人才支撑，根据《省委组织部、省扶贫办〈关于精准扶贫干部人才支持计划的实施方案〉》，结合实际，特制定本方案。

一、目标任务

聚焦我市农村发展、农民增收、农业增效迫切需要解决的问题，精准选好干部、培养开发人才，力争经过5年的努力，使我市拥有一支思想解放、奋发有为、能力强、作风实，真正能够带领群众脱贫致富的干部队伍；拥有一支熟悉现代农业技术、善于经营管理、开展技能服务，能够示范指导和带

动地方特色产业发展的农村实用人才队伍，为我市农村经济社会发展提供坚强的组织保证和人才支撑。

二、主要措施

1.选优配强各区、镇党政领导班子。按照好干部的“五条标准”，结合2016年市县乡换届工作，把那些政治坚定、能力突出、作风过硬、群众信任、熟悉三农工作的好干部，选拔到各区、镇领导岗位上来，努力把区、镇党政领导班子建设成为坚决贯彻执行党的路线方针政策、求真务实、开拓创新、勤政廉洁、结构合理、坚强团结的领导集体，为加快推动我市城乡一体化工作提供可靠的组织保证。

2.加强村“两委”班子建设。高度重视村党组织书记队伍建设，扎实开展以党员评议村“两委”班子、党员评议党员、党员评议干部，进一步理清整改措施和发展思路为主要内容的“三评一理”工作，促进村“两委”班子有效运行。开展“能人引领”工程，加强村干部队伍和后备干部队伍建设，将农村致富带头人、复转军人、专业合作组织负责人和大学生村官中的优秀分子，培养成新农村建设骨干力量、党政干部队伍后备人才和各行各业优秀人才，更好地促进农民增收致富。

3.加强农村实用人才队伍建设。加快新型基层农技推广体系建设，充分发挥农技推广人员作用，培养多元化农技推广队伍。引导各类人才到农村创业服务，鼓励和引导城市教育、科技、文化和卫生等各方面人才通过技术服务、成果转化、贸易合作等方式到农村创业兴业，为开发农村人力资源、发展农村经济服务。抓好乡土人才队伍建设，制定乡土人才推荐评选方案，组建一批致富能力强、辐射带动能力强的“土专家”“田秀才”。

4.实施干部挂职推动农村经济发展行动。推进干部“逢提必下”制度与推动农村经济发展工作深度融合，严格落实《关于干部“逢提必下”的实施意见(试行)》，对基层工作经历不满两年或者岗位经历单一的市直机关干部，在提拔或拟提拔为领导干部前，安排到镇、村挂职锻炼一年，补足经历，增长才干。按照《关于选派第一书记到村任职的通知》要求，从市管副处级后备干部中选派17名政治素质好，热爱农村工作，善于做群众工作，事业心和责任感强，作风扎实，不怕吃苦，甘于奉献的优秀干部，到各村任村党组织第一书记。加强对2014年选派到村任职的常务副书记的日常管理，给他们交任务、压担子，使其更好地为农村发展、农民增收致富做贡献。

5.实施干部能力素质锻造行动。依托市委党校、市行政学院、省委组织部人才培训基地等培训机构，对镇、村干部开展推动农村经济发展能力培训，加强农业技术能力专题培训，采取集中教学、现场观摩和操作实习等全过程培养模式，每年组织培训100余人次，使每个镇、村都有一批能够示范指导和带动特色产业发展的“技术型”干部。继续开展村党组织书记集中轮训工作。采取专题辅导、经验介绍、实地观摩、案例剖析、讨论交流、菜单选学等方式，对村党组织书记开展现代科学知识、信息技术知识、各类实用技术、富民主导产业等新知识新技能的培训，增强轮训工作针对性和时效性。

6.实施干部“双联”工作与扶贫工作对接行动。进一步落实单位联系村组、干部联系农户工作，各单位和广大党员干部要发挥优势、主动参与，为农民群众解决一批实实在在的困难。深化农业专业技术人员支持“双联”行动。按照《关于开展优秀农业技术人才“支联行动”的通知》要求，发挥优秀农业技术人才的资源优势，举办农业实用技术培训班，组织开展“送政策、送科技”活动，实施农业人才“走出去”培训计划。

7.做好挂职人才服务行动。积极主动为挂职干部解决挂职期间工作生活的困难，为他们创造良好的工作生活环境，增强挂职人才的归属感，让各类挂职人才潜心干事创业、发挥作用。建立与各挂职干部联系的长效机制，进一步发挥挂职干部的社会资源，助推我市经济社会发展。

8. 实施农村致富项目开发行动。从2015年起，采取“人才+项目”“人才+基地”“人才+产业”等形式，加强农村实用人才培养，积极争取省级人才经费，用于支持农村开展人才项目开发。到2020年，在农村建成3–5个紧贴产业、各具特色、管理规范的农村实用人才实训基地。落实人才支持计划资金保障。积极申请市级人才工作专项经费，调整人才专项资金的使用方向，将人才培养开发项目资金重点投向特色产业村。加强资金使用监管力度，实行绩效考核评估，提高资金使用效益。

9.实施大学生村官带动农民增收、农业增效行动。继续将每年选聘的大学生村官分配到农村担任村党组织书记助理、村主任助理。加强在岗大学生村官的教育管理，促其在推动农村经济发展的主战场发挥应有的作用。强化大学生村官电商培训，帮助掌握网上交易、网络广告、在线服务、网上促销、网上订购等基本知识和技能，支持他们在带动农民增收、农业增效中建功立业。

10. 建立推动农村经济发展的干部激励约束机制。将领导干部推动农村经济发展、农民增收工作成效纳入政绩考核评价体系，优先提拔一批对抓农村经济发展成绩突出的区、镇挂职干部，使用一批在推动农村经济发展中发挥作用充分、“双联”与带动农民致富深度融合、表现优秀的市直部门干部，调整一批在推动农村经济发展中工作不力、作风不实的干部，问责一批在推动农村经济发展上认识不到位、精力不集中、措施不聚焦、效果不明显的干部，处理一批弄虚作假、完不成农村经济发展阶段性任务的干部。

三、组织领导

干部人才支持计划的组织实施，在市委、市政府的领导下，由市委组织部牵头负责，市委农办、各区、市人社局、市发改委、市财政局、市农林局等单位协调配合、共同推进。

四、完成时限

本方案涉及的10项主要措施，由市委组织部和相关部门按照总体目标，结合各自职责，分别制定总体路线图和年度工作推进时间表，明确阶段目标、重点工作、保障措施、牵头领导、责任科室、完成时限等，建立干部人才支持计划推进台账和各类数据库，确保按计划、高质量全面完成各项目标任务。

五、检查验收

市委组织部每半年开展一次督查调研活动，由部领导带队、相关部门参加，深入到镇村，对各项任务落实情况进行督查，及时发现问题，督促整改落实；督查调研结束后，召开一次专题会议，通报工作进展情况，总结推广经验做法，研究解决存在的困难和问题，明确推进落实的具体措施和要求。各相关部门每年年底前总结年度任务完成情况，研究提出下一年度的工作思路和打算，向市委组织部汇报。市委组织部分2017年和2020年两个时间节点，对各项任务完成情况进行总结验收，向市委、市政府提交专题报告。

嘉峪关市驻村帮扶工作队力量整合和加强管理实施办法

第一章 总 则

第一条 为进一步加快我市建设更高水平小康社会步伐，加强全市各类驻村帮扶工作力量的整合和管理，根据《中共甘肃省委办公厅、甘肃省人民政府办公厅转发〈省水利厅、省扶贫办关于精准扶贫饮水安全支持计划的实施方案〉等十七个精准扶贫配套文件的通知》(甘办发〔2015〕28号)精神，结合本市实际，制定本办法。

第二条 本办法适用于全市驻村帮扶工作力量的整合和管理。

第二章 工作队组成和干部选派

第三条 每个驻村帮扶工作队由3-4人组成，其中队长由该村双联单位的1名科级领导干部担任，队员由该村常务副书记(市委组织部选派到村任职干部)和大学生村官组成。

工作队队长名单由该村双联行动牵头单位提出后报市委双联办，由市委双联办报市委组织部统一审核编队，任命工作队长，明确队员组成，督促到村开展工作。

工作队员要从对群众有深厚感情，熟悉农村工作、善于做群众工作，协调推动能力强，作风扎实、不怕吃苦、甘于奉献的干部中选派。

第四条 落实干部“逢提必下”制度，驻村工作满1年以上的驻村干部，其帮扶经历作为基层工作经历。

第五条 驻村帮扶工作队的日常管理协调工作由市委双联办牵头负责，市委组织部、市扶贫办、各区、各镇等部门配合做好业务指导、督促检查和年度考核等工作。

第六条 实行驻村帮扶工作队年度培训制度。由市委双联办牵头，市委组织部、市扶贫办、各区、各镇配合，组织对驻村干部每年培训1—2次，培训时间累计不少于5天。培训经费从财政扶贫专项资金中安排。

第七条 做好驻村帮扶工作队蹲点工作和双联干部进村入户工作的有效衔接，不能以驻村工作队代替双联单位和干部进村入户工作。各双联单位要严格落实双联干部每年进村入户不少于4次，时间不少于15天的规定要求。

第三章　职责任务

第八条 驻村帮扶工作队要围绕城乡一体化建设，按照帮扶工作对象精准、内容精准、目标精准、措施精准、考核精准、保障精准"六个精准"的要求，分类施策，集中发力。重点抓好双联行动、基层党组织建设、美丽乡村建设、产业发展、民生服务等各项重点工作。

1.帮扶对象精准聚焦。摸清相对困难户基本信息，建立数据库；准确掌握相对困难户需求，分析困难原因，列出需求清单，制定到户帮扶措施，实行"一户一策"，做到底数清楚、扶持精准，动态管理、有进有出。

2.目标任务精准对接。严格对照全面建设小康社会标准，省委、省政府《关于扎实推进精准扶贫工作的意见》和市委、市政府《关于加快推进城乡一体化率先实现全面小康的实施意见》，找差距、找不足，着力建设更高水平、更高层次的小康社会。

3.帮扶内容精准落实。加快城乡一体化建设进程，切实改善农村人居环境，实施"一村一品"产业培育工程，发展农村二、三产业，推进农村电子商务、乡村旅游发展，开展技能培训和劳务输转，协调落实惠农贷款等各类帮扶贷款，实现村有致富主业、户有致富门路、劳动者有增收技能。

4.帮扶措施精准到位。推进帮扶机制的改革创新，用足用好各项惠农政策，帮助联系村集中资金用于重点帮扶项目和相对困难户、困难人口；主动参与到村到户到人资金项目的衔接立项、组织实施、监督管理；引导群众转变思想观念、激发内生动力，增强"造血"功能。协调双联单位和干部围绕年度重点任务开展帮扶工作。做好社会帮扶的争取和对接工作，动员社会力量开展多种形式的帮扶工作。

5.夯实基础强化治理。协助抓好村"两委"班子建设，指导村党组织落实"三会一课"制度，严肃党内生活，建设和完善村级组织活动场所、服务设施等，帮助村级班子提高工作创新能力、领导发展能力、凝聚群众能力和依法办事能力，发挥农村党员致富带富能力和先锋模范作用。落实"四议两公开"，引导村民参与村级事务管理，指导完善村规民约，弘扬文明新风，配合开展矛盾纠纷排查调处工作，促进邻里和谐、村组和谐。

6.培育典型示范引领。及时总结双联单位帮扶、联系村发展、相对困难户致富的好经验、好做法，注重发现、培育、总结先进典型，发挥示范带动作用。

第九条　驻村帮扶工作队队长负责队员的思想政治工作和日常管理，牵头制定年度计划，组织推进落实，做好上下衔接，配合村"两委"班子开展工作，完成上级交办的其他任务。加强与双联单位的沟通协调，严格执行"月报告、季小结、年总结"制度（每月5日前上报上月工作小结，季度末月25日报本季度工作总结，年底上报年度工作总结），及时向市委双联办、区、镇及派出单位报告工作进展情况。

第四章　工作保障

第十条 各镇要为驻村帮扶工作队安排和提供必要的工作、生活条件。在各村确定专门的办公场所，挂牌开展工作。

第十一条 驻村干部要集中时间精力开展帮扶工作，严禁"走读"现象，确保每年达到220个工作日以上(含因公出差、开会和培训)，其中驻村时间达到160天以上。

合理安排休假休息时间。由队长负责制定年度休假计划，采取轮休、调休等方式集中休假，确保工作队每天有人驻村值守。

严格落实请销假制度。队长请假由镇党委书记审批，报区双联办备案。队员请假由队长审批，报镇党委备案。

建立驻村干部工作日志、驻村时间和工作情况档案，由村党组织报镇党委审核，区委双联办汇总，每季度向市委双联办报送工作开展和考勤情况。市委双联办对驻村干部到村开展工作时间报市委组织部备案。

第五章　考核和奖惩

第十二条 驻村帮扶工作队实行一年一评估

制度，由市委双联办、市扶贫办和区、镇每年对驻村干部驻村帮扶工作进行考核评价，做出工作鉴定，及时反馈派出单位，将驻村工作考评结果纳入干部年度考核，作为组织部门干部使用、公务员考核的重要依据。对工作实绩突出、群众满意、年度考核为优秀等次的队长和队员，给予表彰奖励，作为干部提拔使用的重要依据；对工作不力、作风不实、考核为不称职等次的，不得提拔，不得平职转任重要岗位。

第十三条 驻村帮扶工作队队长驻村时间满1年的，由双联牵头单位视情做出留任、轮换或调整的决定。对工作成绩突出、本人自愿的可继续留任；对群众不满意、工作不称职的予以调整。派出单位不得随意抽调或中途更换，确保驻村帮扶工作的连续性。

第十四条 设立先进驻村帮扶工作队、优秀工作队长和优秀工作队员奖，在每年全市双联行动大会上予以表彰；对没有如期完成年度帮扶计划的工作队、驻村时间没有达到要求的干部，不得评先树优，年度考核直接评定为较差等次，并视情予以通报批评。

第十五条 严格遵守中央八项规定、省委“双十条”规定和市委七项规定，按照“三严三实”和双联行动“三个防止、八个不准”的要求开展工作。对违反工作纪律造成不良影响的，不仅要追究当事人的责任，还要追究派出单位领导责任。驻村帮扶工作队名单和工作任务在联系村内公示，接受群众监督。

第六章 附 则

第十六条 本办法由市委双联办、市委组织部、市扶贫办负责解释。

嘉峪关市加强社会治安防控体系建设的实施意见

嘉办发〔2015〕27号

（2015年8月24日）

为认真贯彻落实省委、省政府关于深化平安建设、创新立体化社会治安防控体系的决策部署，着力提升全市社会治安防控总体效能，依法严密防范和惩治各类违法犯罪活动，深入推进平安嘉峪关建设，根据中央、省委关于加强社会治安防控体系建设意见精神，特制定如下实施意见。

一、指导思想

全面贯彻落实党的十八大和十八届三中、四中全会精神，以邓小平理论、“三个代表”重要思想、科学发展观为指导，深入贯彻习近平总书记系列重要讲话精神，紧紧围绕完善和发展中国特色社会主义制度、推进国家治理体系和治理能力现代化的总目标，牢牢把握全面推进依法治国的总要求，突出社会治安防控体系的基础性地位，加强基础建设，创新体制机制，着力构建点线面结合、人防物防技防结合、打防管控结合的立体化社会治安防控体系，提升社会治安防控工作法治化、社会化、信息化水平，提升动态化、信息化条件下驾驭社会治安局势的能力，提升人民群众的安全感和满意度，确保人民安居乐业、社会安定有序。

二、目标任务

形成党委领导、政府主导、综治协调、各部门齐抓共管、社会力量积极参与的工作格局，人防、物防、技防建设全面加强，制度法规不断完善，运行机制不断健全，社会治安防控体系法治化、社会化、信息化水平不断提升，社会治安整体防控能力明显提高，各类案件和公共安全事件得到有效防范遏制，人民群众安全感、满意度明显提升。

三、建强立体化防控网络

（一）强化社会面治安防控网建设

1.加强社会面防控工作。完善社会面巡逻机制，坚持点、线、面相结合，优化力量布局，建强专职化巡逻队伍，提高社会面巡防和见警率。完善勤务机制，加大重要节日、敏感时期、重点时段及大型办公场所、火车站、汽车站、机场、学校、医院、金融机构、大型商场、广场、景区等人员密集场所、易发案地段等重点部位的力量投入和巡防密度。强化视频监控巡查等技术防控措施，实现街面驻防、实兵巡逻、视频巡查、技术侦查的有效对接，提升社会面动态防控能力。

2.构建公共交通安保防控体系。严格落实属地管理责任、主管部门的监管责任和运营单位的主体责任，强化人防、物防、技防建设和日常管理，严格落实人员物品安检、长途客运实名售票等制度，加强市内各类公共交通站场以及公交车、出租车的巡查防控工作，配齐配强公交车、出租车安防、消防设施，加强站场、公共交通工具视频监控系统建设。政府购买服务，在重点线路、重点时段的公交车上配备乘务管理人员，严防针对公共交通工具的暴力恐怖袭击和个人极端案事件。

3.着力解决突出治安问题。强化打击整治力度，形成常态化工作机制，深入开展突出治安问题和治安复杂区域、行业场所综合整治工作以及“零命案区”、“零发案社区”创建活动，及时发现和处置引发命案和个人极端案事件的苗头性问题，预防和减少重特大案事件特别是命案的发生。深入推进治安复杂区域的综合整治改造，到2020年基本完成我市城乡接合部、棚户区、流动人口聚居区的综合整治改造任务。

（二）强化四个重点治安防控网建设

1.加强重点人员管理服务。严格落实《嘉峪关市特殊人群服务管理重点推进地区工作实施方案》，加强社区服刑人员、易肇事肇祸等严重精神障碍患者、刑满释放人员、涉邪教人员、吸毒人员、易感染艾滋病病毒人群、危险行为人群等特殊人群的服务管理工作，严防发生重大恶性刑事案件和个人极端暴力犯罪案件。加强预青工作，落实对有不良行为青少年的教育、帮扶、矫治、管理措施，有效预防青少年违法犯罪。落实流浪儿童、乞讨人员救助服务与管理。按照“四个到位”要求做好缠访闹访人员稳控化解工作，加强对可能影响国家安全和社会稳定重点人员的排摸管控。加强流动人口服务管理，持续推进流动人口服务均等化改革，全面实施居住证和房屋租赁登记备案制度，落实“以房管人、以业管人”，强化业主及用工单位的安全管理责任。加强与新疆的警务协作，落实涉恐涉暴人员双向侦控监管措施，有效化解处置涉疆案事件和矛盾纠纷。

2.加强重点物品安全监管。严格落实枪支弹药、民爆物品、烟花爆竹、剧毒化学品、精神麻醉药品、易制爆化学品、易制毒物品、放射性物品等重点物品的管理责任，落实源头控制、定点销售、流向管控、实名登记等措施，严密购、销、运、贮环节治安管理，并督促相关行业建立重点物品从业人员信息档案，强化动态管理。持续开展治爆缉枪、管制刀具治理等整治行动，严防危爆物品流散社会。加强枪支弹药、危爆物品信息采集工作，全面、准确、动态掌握枪支弹药流向，掌握涉危重点人员活动轨迹。加大散装汽油、可燃气体以及硫黄、硝酸铵等易制爆危险品管理，建立实名登记、实时监控、寄递验视、异常报告等制度，严防被不法分子利用。

3.加强重点行业场所治安管控。对旅馆业、旧货业、废品收购业、刻字印刷业、机动车修理业、典当、开锁、娱乐服务等重点行业、场所，严格落实法人责任和从业人员责任，推动实名制登记措施。加强行业场所治安管理信息系统建设及联网应用，提高管理效能。加强物流、托运、邮件、快件寄递行业安全管理工作，进一步明确部门监管职能，落实监管责任，完善禁寄物品名录，落实收寄验视、实名寄递、实名托运等安全管理制度，有效防范打击利用寄递物流渠道实施的违法犯罪活动。

4.加强重点领域安全监管。完善安全生产监管机制，严格做到“机构、人员、责任”三落实。加强对矿山、冶金、建筑施工、交通运输、消防等重点领域的监管措施，深化专项治理，有效消除隐患、预防事故。加强供水、供电、供气、供热、供油、通信、网络、金融等关系国计民生基础设施的安全防范，加强大型活动安全保卫工作，确保安全。推进公路交通安全防控体系建设，落实道路交通管理部门的监管责任和运输企业交通安全主体责任，在高速公路和国、省道建设交通安全执法服务站点，完善卡口和视频监控等技术设施，着力构建市辖区内公路交通安全防控网络，大力整治交通违法行为，遏制重特大交通事故。推进农村道路安全管理机构建设，建立完善“主体在市、管理在镇、延伸到村”的农村道路交通安全管理机制，落实日常管理制度，提高农村道路交通管理水平。

（三）加强单位内部安全防控网建设

1.加强机关、企事业单位内部治安防范。严格执行《企业事业单位内部治安保卫条例》，严格落实单位主要负责人治安保卫责任制，建强治安保卫机构和队伍，健全落实巡逻检查、守卫防护、要害保卫、隐患排查、矛盾化解、重点人员管控等治安保卫制度，强化技防设施建设，实现视频监控等技防系统全覆盖。全面实施校园安全保护区建设，完善幼儿园、学校、医院等重点单位安全防范机制。到2015年底，全市各级各类学校、幼儿园按照有关规定全部配齐专兼职安保人员。

2.加强宗教团体、宗教活动场所管理。依法加强对宗教团体、教职人员、宗教活动场所、宗教活动的管理，建立重大宗教活动社会稳定风险评估制度。妥善化解各类涉宗教纠纷，依法查处非法宗教活动，查缴非法宗教宣传品，排摸管控非法宗教活动人员，切断非法宗教网络传播渠道，坚决抵制境内外敌对势力、宗教极端势力、民族分裂势力、暴力恐怖势力、邪教组织对宗教领域的渗透破坏。推进"和谐寺观教堂"创建进程，到2020年全市宗教活动场所全部达到"和谐寺观教堂"创建标准。

3.加强社会组织管理。完善落实社会组织监管制度，引导社会组织强化自我管理、履行社会责任、参与社会治理，推动社会组织健康有序发展。重点加强对政治类、法律类、宗教类社会组织及有境外复杂背景的社会组织的监管，依法查处社会组织的违法违规活动，依法取缔各类非法组织。依法加强对来嘉境外非政府组织及其在我市的代表机构、合作活动的管理，保护其正当交往与合作，查处其违法违规活动。对敌对势力利用境外非政府组织进行渗透破坏活动的，依法打击处理。

（四）加强基层社区治安防控网建设

1.加快标准化社区服务中心建设，强化网格化管理和社区警务战略。健全完善社区服务中心服务管理制度，深化网格化服务管理，将基层社区治安防控要素全部纳入网格管理范畴，充实网格力量，落实定人、定岗、定责网格化管控责任，综合承担基础信息采集、矛盾纠纷化解、安全隐患巡查、公共服务代办、基层平安创建、政策法规宣传等任务。推进派出所、社区警务室警务运行机制改革，深化社区警务战略，将各项警务工作更多地向城乡社区延伸，推动警力下沉、警务前移，着力强化派出所、社区警务室治安防范管理职能。到2017年，实现标准化社区服务中心全覆盖，网格化管理更加规范；区、社区综合服务管理平台全面建成，运行机制更加健全；专职化社区（驻村）民警、辅警、流动人口协管员等力量配备到位。

2.强化楼院安全防范。积极推进住宅小区安保工作物业化，监督指导物业服务企业提升秩序维护和安全防范工作专业化水平，到2017年底专职安保力量、技防设施建设覆盖率达到100%；机关、企事业单位、社会团体负责管理的办公及综合性楼宇，靠实单位防范管理责任，全面落实门卫看护制度，完善技防设施建设，到2017年底技防设施覆盖率达到100%；将老旧居民院落、棚户区、出租房屋集中区等纳入民生项目实施综合整治改造，完善人防、物防和技防设施，推行封闭或半封闭式管理。

（五）加强信息网络防控网建设

1.完善信息网络管理体系。加强网络安全保护，落实电信运营企业、接入服务企业、域名注册管理服务机构、信息服务企业和信息发布者等相关主体的法律责任。完善互联网新技术应用信息安全评估制度，研究实行网络区域性、差别化管控措施，落实手机和网络用户实名制。健全市、区、社区三级联动的信息安全等级保护制度，完善网络安全风险监测预警、通报处置机制，加强公民个人信息网络保护，推进政府机关、金融机构、民航铁路等重点领域信息系统安全防护设施建设，及时处置网络安全重大威胁和风险。

2.加强网管队伍建设。公安、国家安全、通信管理、网信、工信等部门分工负责、协作配合，着力建设政治忠诚、技术精湛、服务实战的网安专业队伍。公安、国家安全部门要创新网络执法警务模式，强化网侦技术、攻防手段建设和技能培训，开辟网上阵地和公开巡查执法平台，加强对网上信息、网上重点人员、网络重点阵地的动态管控，提高维护网络安全、打击网络违法犯罪能力。

3.落实网络管理措施。坚持分级分类管理和适度管理相结合的原则，严格实行网上24小时巡查管理，及时发现、封堵、删除有害信息。对利用网络散布暴力恐怖、宗教极端思想和邪教言论、鼓动串联聚集闹事等煽动性信息以及制造传播谣言、散布虚假信息造成严重后果的，坚决落地查人、依法处理。深入开展专项整治行动，坚决整治利用互联网和互联网移动终端实施枪爆交易、诈骗、赌博、贩毒、黑客攻击、非法网络公关、传播暴力色情信息等违法犯罪活动。落实及时准确、公开透明、正确引导、有效管理的要求，完善宣传、引导、控制、反制相结合的网络舆情导控机制，加强对网上热点问题特别是突发事件、群体性事件的应对和引导，掌握网上舆论引导主动权。

四、健全五项运行机制

（一）信息研判机制。充分利用综治信息平台，健全覆盖全市各级各部门和各行业的情报信息收集网络，落实情报信息分析研判机制，对影响社会和谐稳定的各种因素实时分析研判并及时通报反馈。市公安局、市国安局要充分发挥主力军作用，着力构建综合性情报搜集网络，推进大情报信息平台建设，提高情报信息工作水平。市综治委各成员单位要落实治安形势月分析通报制度，建立健全治安形势播报预警机制，增强群众自我防范意识。市综治办、区(社区)综治机构要加强对社会治安整体形势的综合研判和动态监测，针对突出问题提出督办、整改要求。

(二)实战指挥机制。市公安局要加强实战型指挥中心建设，建立完善、统一、权威、高效的指挥调度体系和运行机制，加强通信保障系统、视频指挥系统建设，完善一般警情、突发事件、反恐防暴、防灾救灾等处置预案，细化不同情景的现场指挥流程和处置方法，将公安指挥中心打造成集110处警、警情分析研判、治安事件指挥处置、紧急警务活动统筹协调等功能于一体的实战型、合成式指挥平台。把警情舆情社情监测分析、情报研判预警和实战指挥调度紧密结合起来，着力提高实战指挥效能。全面推行社会面等级防控制度，根据警情变化科学确定防控等级，及时调整用警方向和强度，指导公安分局、派出所加强巡逻防控和打击整治工作，做到警力随着警情走。推行扁平化勤务指挥模式，减少指挥层级，畅通指挥关系，紧急状态下实行“点对点”直接指挥，确保就近调度、快速反应、及时妥善处置。

(三)部门联动机制。健全落实治安形势分析研判联席会议制度、情报信息定期反馈通报制度、社会治安重点地区排查整治工作协调会议和月报制度、防控资源统筹调配制度等，有效整合各部门资源力量，形成协调指挥、联勤联动的工作格局，实现多部门联动一体化、打防管控一体化。制定完善各类突发事件应急预案，明确各有关部门、单位的职责任务和措施要求，定期开展应急处突合成实战演练，推进应急处突反应一体化，确保一旦发生社会治安案事件，能够快速统筹各方面资源力量有效处置。

(四)区域协作机制。加强与省内其他市州及外省市之间的工作协作，积极搭建区域协作平台，健全重大群体性事件联合处置、突出治安问题联合整治、重大案事件和重点人员联查联控、大型活动安保联动配合、紧急警情联动指挥处置、公安检查站联合执勤等协作机制，在预警预防、矛盾化解、打击犯罪、维稳处突、反恐防暴等方面互援互助、协调联动，共同应对跨区域治安突出问题。分类推进与其他市、县交界地区公安检查站、道路卡口视频监控系统及出租车出城登记站建设，逐步建成视频监控、人像比对、远端识别、信息查询比对、移动通信核查等信息系统，健全协查协控机制。

(五)绩效考评机制。严格落实综治领导责任制，把社会治安防控体系建设纳入综治工作(平安建设)考核评价指标体系，将考核评价结果作为对市管处级领导班子和领导干部考核评价的重要内容，突出重要职能部门、重点行业的考核力度，通过定期通报、约谈、挂牌督办等措施，形成正确的激励导向，推进防控体系建设工作落到实处。从2015年起，通过综治工作(平安建设)考核，每年核定一个治安问题相对突出的区或社区（镇)，上报省综治委挂牌督办整治。对组织领导不力、防控工作不落实，导致违法犯罪现象严重、治安秩序严重混乱或者发生重特大案事件的区和部门，严格实行一票否决制，并追究有关领导干部的责任。

五、强化五项保障措施

(一)强化科技信息保障

1.谋划建好综治信息平台。2015年底，市综治信息平台完成网格化管理、人口信息、特殊人群、事项传输处理等数据库和功能模块的建设，实现各区、各镇和全市47个社区计算机终端、综治人员手持终端的配备、开通和使用。

2.管好用好公共信息资源。在确保信息安全、保护公民合法权益的前提下，提高相关部门、行业之间的系统互联、信息互通和资源共享程度，强化信息资源深度整合应用，提升预警、打击和防控水平。将社会治安防控体系建设纳入智慧城市建设总体规划，进一步提升公共安全管理数字化、网络化、智能化水平，逐步完善社会治理和综治信息两个平台，加快征信平台建设，努力打造信息融合示范工程。

3.持续建好视频监控系统。到2020年底，建成覆盖城乡社区的公共安全视频监控网络，实现城镇道路交叉口无死角、主要道路关键节点无盲区、人员密集区域无遗漏，要害部位、案件高发区域、治安复杂场所主要出入口全覆盖。建立健全视频图像信息共享应用机制和安全使用审批制度，提高视频图像信息综合应用水平。实施“技防入户”工程和物联网安防小区试点工作，推进技防新装备向农村延伸。

（二）强化法治保障

1.运用法律手段解决突出问题。修订、出台信息网络管理、社会组织管理、特殊人群管理、医疗纠纷化解、保安服务业管理、物业企业管理、寄递及物流行业管理、公共交通安全管理、治理非正常上访等社会治理领域的地方性法规、政府规章或政策性文件，从法治层面推动解决社会管理领域的重点难点问题。

2.以严格执法、公正司法促进治安防范。结合司法体制改革，加快建设公正高效权威的社会主义司法制度。坚持依法行政，加强食品药品、安全生产、环境保护、文化市场等重点领域的执法工作，强化行政执法与刑事司法的有效衔接，着力解决群众反映强烈的突出问题，有效维护群众权益。

3.增强全社会法治意识。加强和改进法制宣传和平安建设宣传教育工作，着力增强宣传教育的感染力和实效性，引导干部群众把法律作为指导和规范自身活动的基本行为准则，促进全民守法，在全社会形成办事依法、遇事找法、解决问题用法、化解矛盾靠法的良好法治环境。

（三）强化制度保障

1.建立完善社会信用制度。建立以公民身份号码为唯一代码、统一共享的国家人口基础信息库，建立健全相关方面的实名登记制度。依托社会信用平台，建立公民统一社会信用代码制度、法人和其他组织统一社会信用代码制度，加强社会信用管理，促进信息共享，鼓励守信者，惩戒失信者。探索建立公民所有信息一卡通、严重违法犯罪行为“黑名单”等制度。

2. 健全落实重大事项社会稳定风险评估机制。到 2017 年，全面实现社会稳定风险评估工作在市、区、社区（镇）“三级”和重大决策、重大政策、重大改革、重大活动、重大项目“两个全覆盖”，决策前风险评估、实施中风险管控和实施后效果评价、反馈纠偏、决策过错责任追究等操作程序制度化、规范化。

3.落实矛盾纠纷排查调处制度。完善落实矛盾纠纷排查调处工作协调会议纪要月报制度，完善人民调解、行政调解、司法调解联动工作体系，充分发挥市社会矛盾大调解中心、社区调解室等调解机构作用，在拆迁、医疗、交通、物业、环保、劳资、旅游消费等重点领域、重点行业全面建立专业性、行业性调解组织。

4.健全落实社会规范体系。推进体现社会主义核心价值观要求的行业规范、社会组织章程、村规民约、社区公约建设，通过自律、他律、互律使公民、法人和其他组织的行为符合社会共同行为准则。

（四）强化基础工作保障

1.建强基层综治组织。配齐配强基层社区综治力量，完善工作机制，细化职责任务，强化实战功能，实现矛盾纠纷联调、社会治安联防、重点工作联动、治安问题联治、服务管理联抓、基层平安联创，做到信息掌握到位、矛盾化解到位、治安防控到位、平安创建活动落实到位。

2.加强治安防控力量建设。2015 年起，逐步配齐配强派出所民警、社区民警、驻村民警，通过三年努力，使全市派出所警力在原有基础上增长 150%；采取政府购买服务的方式，加强巡逻队伍建设，城市社区全部建立以民警为主、保安等其他巡逻辅助力量参加的专职化巡逻队伍；积极提供公益岗位，发展壮大平安志愿者、社区工作者、群防群治等专业化、职业化、社会化力量，力争到 2020 年使社区志愿者注册人数占居民人口的比例大幅增加，志愿者活动常态化、规范化。加大对警辅等专兼职治安防控力量的教育培训力度，切实提高其政治业务素质。

（五）强化项目支撑保障

市委、市政府把社会治安防控体系建设纳入全市国民经济和社会发展总体规划，与城乡规划、旧城改造、社区建设等工作统筹推进。各职能部门根据职责，对综合服务管理平台、综治信息化平台、视频监控系统、公安检查站、社区警务室、易肇事肇祸精神病人收治场所、不良行为青少年教育矫治专门学校等基础设施建设，专业化巡逻防范、专职社区民警、视频监看、群防群治、平安建设志愿者等队伍建设，以及巡逻执勤、反恐防暴、紧急救援等装备建设，制定专项规划，以项目建设、政府购买服务等方式予以保障。

六、发挥五个方面的作用

(一)充分发挥组织领导作用。各有关部门要将社会治安防控体系建设列入重要议事日程,认真研究解决警力配置、经费投入、警察等职业保障、基础设施和技防设施建设、考核奖惩等重要问题。把社会治安防控体系建设列入发展规划,做到与城乡规划、旧城改造、社区建设、基层综合服务管理平台建设等工作统筹推进。将社会治安防控经费列入年度财政预算,从人力、物力、财力上保证社会治安防控体系建设顺利实施。把社会治安防控体系建设纳入重要工作督查范围,适时组织开展专项督查。各区、各社区党组织进一步发挥领导核心作用,切实保障推进社会治安防控体系建设的各项部署要求通畅到底,走完“最后一公里”。

(二)充分发挥综合协调作用。综治部门要认真履行组织协调、督促指导、检查考评职能,推动各成员单位参与防控工作,加强调查研究,及时研判通报治安形势,协调解决突出问题,总结推广典型经验,统筹推进社会治安防控体系建设。

(三)充分发挥部门职能作用。市级政法机关要充分发挥主力军作用,公安机关要发挥好骨干作用,调整工作重点、警力部署和勤务制度,加强基层基础工作。法院、检察院要结合批捕、起诉和审判工作,分析发现防控漏洞,及时发出司法建议和检察建议,督促有关单位建章立制,完善防范机制。国家安全机关要着力推动国家安全人民防线建设,提升预警预防能力。司法行政机关要做好监所管理、刑释人员安置帮教、社区矫正、人民调解、法制宣传、法律服务、法律援助等工作。其他各有关部门要按照“谁主管、谁负责”的原则,结合自身职能,抓好本部门、本系统参与社会治安防控体系建设的任务,扎实推进系统行业平安创建活动,切实做到与部门工作同规划、同部署、同检查、同落实。

(四)充分发挥社会各方协同作用。坚持党委领导下的多方参与、共同治理,发挥政府、市场、社会等主体在社会治安防控体系建设中的协同协作、互动互补、相辅相成作用,有效激发社会各方面参与社会治安防控体系建设的积极性、主动性、创造性。加强城乡社区群众自治组织建设,大力支持工会、共青团、妇联等人民团体和群众组织参与社会治安防控体系建设,加大对行业协会商会类、科技类、公益慈善类、城乡社区服务类社会组织的培育扶持力度,引导企业在经营活动中履行治安防控责任。鼓励发展责任保险以及治安保险、社区综合保险等新兴业务,支持保险机构运用股权投资、战略合作等方式参与保安服务产业链整合。

(五)充分发挥人民群众的主体作用。坚持人民主体地位,改进社会动员方式,拓宽群众参与社会治安防控的渠道,依法保障人民群众的知情权、参与权、建议权、监督权。完善见义勇为人员认定机制、补偿救济机制,壮大见义勇为基金,加大表彰力度,落实抚恤待遇。畅通全社会提供情报信息、举报违法犯罪线索的渠道,注重在重点行业、重点领域、重点人群和广大群众中建立信息员,全方位获取信息,并完善情报信息奖励机制,鼓励群众积极反映情况,参与治安防范。提升新媒体时代社会沟通能力,采取群众喜闻乐见的方式增强宣传教育效果,提高群众安全防范意识,发动群众支持、参与社会治安防控体系建设。

嘉峪关市党政机关主要领导干部离任经济责任事项交接办法(试行)

嘉发〔2015〕31号

(2015年10月21日)

第一条 为进一步健全和完善经济责任审计制度,创新审计方法,提高审计效率,切实加强对党政机关主要领导干部经济行为和经济活动的管理监督,努力实现对主要领导干部经济责任离任审计和交接全覆盖,根据《中华人民共和国审计法》《党政主要领导干部和国有企业领导人员经济责任审计规定》《甘肃省规范和监督党政领导干部用权行为暂行规定》(省委办发〔2008〕76号)和《甘肃省党政机关主要领导干部离任经济责任事项交接办法(试行)》(甘办发〔2014〕50号),结合全市实际,制定本办法。

第二条 本办法主要适用于资金量相对较少、经济活动相对单一、单位运转比较正常、离任审计短期内无法覆盖的全市各级党政机关工作部门、事业单位、人民团体主要领导干部。离任经济责任交接对象由市委组织部商市审计局具体确定。

第三条 离任经济责任交接事项主要包括:

(一)任期内集体讨论决定尚未实施和未完成的重大经济工作事项;

(二)尚未归档仍由个人保管的承包、租赁、合作、抵押、担保等事项的合同、协议及其变更的书面材料;

(三)尚未归档仍由个人保管的下级部门、单位及相关部门、单位呈报的各种文件资料;

(四)任职期间重大经济决策、工程项目建设情况,包括会议纪要、可行性研究报告、相关批复、招投标文件、工程概(决)算、项目的调整和变更、工程竣工验收、工程款结算等相关资料;

(五)任职期末本单位及其下属单位的财政、财务收支状况和资产、资金运行情况,包括资金(基金)结余、债权、固定资产、基建工程、对外投资情况等;

(六)任职期末本单位负债情况,包括银行借贷、应付税费等;

(七)任职期末本单位对外担保、抵押、承诺情况;

(八)任期内已经发生、尚未收支的费用或尚未处理完毕的经济纠纷和诉讼事项;

(九)任期内节能减排目标完成、土地及水资源等自然资源资产的管理和开发利用、资源环保专项资金使用和效益情况;

(十)任期内本单位及下属单位机构设置、编制管理和领导职数配备等情况;

(十一)个人保管和使用的公物,包括交通工具、单位信用卡等应移交的贵重物品,如另有规定遵其执行;

(十二)其他有必要交接或说明的经济工作和相关的经济事项。

第四条 市审计局应当按照市委组织部的委托,及时完成领导干部离任经济责任事项交接工作;交接工作具体由市审计局经济责任审计科负责协调组织实施,在各部门(单位)党政主要领导接到任免通知之日起1个月内完成。

第五条 经济责任事项的具体交接工作在离任领导干部和接任领导干部之间进行,经济责任审计工作联席会议成员单位各负其责,对交接工作进行督促和监督。

第六条 离任领导干部在任免通知下发后应当及时与接任领导沟通协调,并按照市审计局的安排及时成立本单位内部审计交接领导小组 (可临时组建,如办公室、财务、监察、人事、后勤、内审等),集中进行单位交接事项的内部审计并出具内部审计报告。

第七条 内部审计结束后,交接单位应当及时与市审计局联系,并确定交接时间。由市审计局负责通知市纪委(监察局)、市委组织部、市编办、市财政局(国资委)、市人社局等单位参与监交活动,并汇总和反馈有关情况。交接资料经移交、接交、监督三方确认后作为划分离任领导与接任领导经济责任界限的依据。

第八条 离任领导与接任领导在正式履行交接事项前,其所在单位原则上应当召集中层以上干部大会,邀请经济责任审计联席会议成员单位参加。会上,由离任领导作任职期间经济责任履行情况的述职报告;交接单位内部审计交接领导小组组长通报内部审计结果;交接单位参加会议人员就离任领导任职期间经济责任履行情况进行测评。

第九条 交接单位应当在规定的时间内,整理完成交接的主要经济责任事项合同、协议、决算、预算、会议纪要、文件等资料,根据交接事项编制表册和说明,基建工程事项要说明工程进度和资金支付结算情况;对外投资、担保、债权、债务(包括集资)要列出单位名称或个人姓名,注明发生的时间,并说明具体清理催收情况和结果;经济纠纷或诉讼事项要说明具体情况,提出具体处理意见,并由离任领导干部核实认定。

第十条 离任领导干部个人保管和使用的公共财物,应列出清单,注明财物名称、数量、金额、物品型号等,移交原单位;离任领导干部个人借款,应当一并归还原单位。

第十一条 需要交接的有关事项应当进行分类整理,按分类编号、登记、造册,填写《领导干部经济责任事项交接表》,移交、接交、监交方核实确认交接事项并在交接表上签字盖章。交接表一式五份,移交、接交、监交方各持一份,交接单位存档一份,抄送市审计局一份。

第十二条 离任领导干部和交接单位应对移交的经济责任事项及有关资料的真实性、完整性承担相应责任。

第十三条 离任领导干部移交的未了结的经济责任事项,接任领导干部应当负责继续办理,并承担后续经济责任。

第十四条　离任领导干部应当及时做好移交工作,做到移交资料真实、全面、完整、事实清楚。监交部门应当遵守职业道德，客观公正，实事求是,认真负责地做好监交工作。

第十五条　离任领导干部未经市委组织部委托和市审计局具体安排,不得自行办理交接手续;对移交不清或存在遗漏经济责任事项的，由市委组织部按照干部管理权限督促落实;对故意拖延、未在规定时间内办理交接的，由市委组织部提请市委、市政府,先予以停职或按相关规定办理,经交接清楚、手续完备后再重新建议任职或离职。

第十六条　在交接过程中，如发现有严重违纪违规问题或因交接不清等确需进行离任审计的,按离任审计程序,进行离任审计。离任审计查证属实的,移交市纪委、市委组织部、市人社局等部门依据有关规定办理。

第十七条　依照本办法办理交接手续后有实名举报重大问题线索的,按有关规定办理,查实后一并追究有关参与内部审计人员的失职渎职责任。

第十八条　党政机关主要领导干部在任期内调任、转任、轮岗、辞职、退休,或者被免职、辞退和开除等原因离开所任职岗位之前未安排进行离任审计的,应当按照本办法规定,办理离任经济责任事项交接手续。

第十九条　党政部门下属独立核算单位主要领导干部离任经济责任事项交接工作，应当发挥内部审计机构的职能作用，由各部门参照本办法组织实施。

第二十条　本办法自印发之日起施行。

嘉峪关市管党政主要领导干部和市属国有企业领导人员经济责任审计实施办法

第一章　总　则

第一条　为健全和完善经济责任审计制度，加强对市管党政主要领导干部和国有企业领导人员(以下简称领导干部)的管理监督,推进党风廉政建设,根据《中华人民共和国审计法》《党政主要领导干部和国有企业领导人员经济责任审计规定》《党政主要领导干部和国有企业领导人员经济责任审计规定实施细则》和《甘肃省党政主要领导干部和国有企业领导人员经济责任审计实施办法》(甘办发〔2011〕117 号)及其他有关法律法规,以及干部管理监督的有关规定,结合我市实际,制定本办法。

第二条　市管党政主要领导干部经济责任审计的对象包括:

(一)市属各党政机关、事业单位、人民团体和市政府派驻外地的办事机构的党政正职领导干部或者主持工作一年以上的副职领导干部;

(二)上级领导干部兼任部门、单位的正职领导干部且不实际履行经济责任时，实际负责本部门、本单位常务工作的副职领导干部;

(三)区、镇党政正职领导干部或者主持工作一年以上的副职领导干部;

(四)党委、政府设立的超过一年以上有独立经济活动的临时机构的主要领导干部。

第三条　市管国有企业领导人员经济责任审计的对象包括市属国有及国有资本占控股地位或者主导地位的企业的法定代表人。

根据市委、市政府和市委组织部的要求,市审计局可对上述企业中不担任法定代表人但实际行使相应职权的董事长、总经理、党委书记等企业主要领导人员进行经济责任审计。

第四条　本办法所称经济责任，是指领导干部在任职期间因其所任职务，依法对本部门（系统)、本单位的财政收支、财务收支以及有关经济活动应当履行的职责、义务。

本办法所称经济责任审计，是指市审计局依法依规对党政主要领导干部和国有企业领导人员经济责任履行情况进行监督、评价和鉴证的行为。

第五条　领导干部履行经济责任的情况,应当依法接受审计监督。根据干部管理监督的需要,可以在领导干部任职期间进行任中经济责任审计，也可以在领导干部不再担任所任职务时进行离任经济责任审计和离任经济责任事项交接。应当坚持任中审计与离任审计和离任经济责任事项交接相结合,对重点部门、单位关键岗位的领导干部任期内至少审计一次。

第六条　领导干部的经济责任审计依照干部管理权限确定。属市委、市政府管理的干部,由市审计局负责实施审计；必要时，市审计局也可指定或委托社会审计机构实施对部分事业、企业单位的领导干部、领导人员的经济责任审计。

市审计局主要领导干部的经济责任审计，由市委组织部与省审计厅协商后，由省审计厅组织实施。

第七条 单位(含垂直管理系统)内部管理领导干部的经济责任审计，由部门、单位负责组织实施。

第八条 市审计局依法独立实施经济责任审计，任何组织和个人不得拒绝、阻碍、干涉，不得打击报复审计人员。

市审计局和审计人员对经济责任审计工作中知悉的国家秘密、商业秘密，负有保密义务。

第九条 市委、市政府应当定期听取经济责任审计工作汇报，研究重要事项，并保证市审计局履行经济责任审计职责所必需的机构、人员和经费。经济责任审计工作所需的经费应当列入市审计局的部门预算。

第二章 组织管理

第十条 市委、市政府应加强对经济责任审计工作的组织领导，建立经济责任审计工作联席会议(以下简称联席会议)制度。联席会议由市纪委(监察局)、市委组织部、市编办、市审计局、市人社局和市财政局(国资委)等部门组成。

联席会议下设办公室，与市审计局经济责任审计科合署办公，负责落实联席会议各项决定及其他日常工作。办公室主任由市审计局副职领导担任。

第十一条 联席会议的主要职责是研究制定有关经济责任审计的政策和制度，监督检查、交流通报经济责任审计工作开展情况，协调解决工作中出现的问题。

联席会议办公室的主要职责是研究起草有关经济责任审计的法规、制度和文件，研究提出年度经济责任审计计划草案，总结推广经济责任审计工作经验，督促落实联席会议决定的有关事项。

第十二条 联席会议应当建立健全议事规则和工作规则，各成员单位应当加强协作配合，形成制度健全、管理规范、运转有序、工作高效的运行机制。

第十三条 根据干部管理监督的需要和市审计局的实际情况，按照领导干部工作岗位性质、经济责任的重要程度等因素，对审计对象实行分类管理，科学合理地制定经济责任审计年度计划和中长期计划。

第十四条 经济责任审计要有计划地进行。市审计局应当向市委组织部等提出下一年度经济责任审计计划的初步建议。市委组织部根据市审计局的初步建议，提出下一年度的委托审计建议。

第十五条 联席会议办公室对委托审计建议进行研究讨论，共同议定并提出经济责任审计计划草案，由市审计局报市政府主管领导批准后，纳入市审计局年度审计工作计划并组织实施。

第十六条 经济责任审计计划一经市政府主管领导批准不得随意变更。确需调整的，应当按照本办法第十四条、第十五条规定的程序进行调整。

第十七条 突出对关键岗位领导干部的经济责任审计。市委组织部在委托经济责任审计项目时，应选择掌握大量资金(资产、资源)的重点部门和单位的领导干部，以及掌握重要经济决策权、执行权、管理权和监督权等关键岗位的领导干部开展经济责任审计。建立重要岗位领导干部任期内轮审制度，力争在一届政府任期内对市政府组成部门的领导干部轮审一遍。

对同一部门（单位）的党政主要领导干部和区、镇党政主要领导干部，企业法定代表人与不担任法定代表人的董事长、总经理、党委书记等企业主要负责人的经济责任审计，可以同步组织实施，分别认定责任，分别出具审计报告和审计结果报告。

对资金量相对较少、经济活动相对单一、单位运转比较正常、离任审计短期内无法覆盖的全市各级党政机关工作部门、事业单位、人民团体主要领导干部实行离任经济责任事项交接，离任经济责任交接对象由市委组织部商市审计局具体确定。

对离职一年以上的领导干部以及承担经济责任不多、管理资金量不大等非重点审计单位或接受财政财务审计、经济责任审计时间不满一年的部门和单位的领导干部，原则上不再安排或短期内不再安排经济责任审计。

第十八条 在经济责任审计项目实施过程

中，遇有被审计领导干部被有关部门依法依规采取强制措施、立案调查或者死亡等特殊情况，以及不宜再继续进行经济责任审计的其他情形的，市审计局报市政府主管领导批准，或者根据市委、市政府、市委组织部的要求，可以中止或者终止审计项目。

第十九条 实行领导干部任前经济责任告知制度。市委组织部在与新任领导干部进行任职谈话时，应当告知其经济责任的具体内容和经济责任审计有关要求。

领导干部履行经济责任情况应当作为领导干部年度总结报告的重要内容。报告情况列入领导班子和领导干部年度考核。

第二十条 市审计局实施经济责任审计时，可以提请公安、监察、财政、税务、物价等有关部门和单位协助，有关部门和单位应当予以支持，并及时提供有关资料和信息。

市审计局提请联席会议成员单位协助时，应当由联席会议办公室统一负责联系和协调。

第三章 审计内容

第二十一条 经济责任审计应当以促进领导干部推动本部门(系统)、单位科学发展为目标，以领导干部守法、守纪、守规、尽责情况为重点，以领导干部任职期间本部门(系统)、单位财政收支、财务收支以及有关经济活动的真实、合法和效益为基础，严格依法界定审计内容。

第二十二条 市委、市政府直属党政机关、事业单位和人民团体等单位党政主要领导干部经济责任审计的主要内容：

(一)贯彻执行党和国家、省委和省政府、市委和市政府有关经济方针政策和决策部署，履行本部门(系统)、单位有关职责，推动本部门(系统)、单位事业科学发展情况；

(二)遵守有关法律法规和财经纪律情况；

(三)有关目标责任制完成情况；

(四)重大经济决策情况；

(五)本部门(系统)、单位预算执行和其他财政收支、财务收支的真实、合法和效益情况；

(六)国有资产的采购、管理、使用和处置情况；

(七)重要项目的投资、建设和管理情况；

(八)有关财务管理、业务管理、内部审计等内部管理制度的制定和执行情况，以及厉行节约反对浪费情况；

(九)机构设置、编制使用以及有关规定的执行情况；

(十)对下属单位有关经济活动的管理和监督情况；

(十一)履行有关党风廉政建设第一责任人职责情况，以及本人遵守有关廉洁从政规定情况；

(十二)对以往审计中发现问题的整改情况；

(十三)其他需要审计的内容。

第二十三条 区、镇党政主要领导干部经济责任审计的内容：

(一)贯彻执行党和国家、上级党委和政府、本级党委重大经济方针政策及决策部署情况；

(二)遵守有关法律法规和财经纪律情况；

(三)区、镇经济社会发展战略、规划的制定执行情况，以及重大经济和社会发展事项的推动和管理情况及其效果；

(四)有关目标责任制完成情况；

(五)重大经济决策情况；

(六)区、镇财政管理，以及财政收支的真实、合法、效益情况；

(七)区、镇资产、债务增减情况及国有资产的采购、管理、使用和处置情况；

(八)自然资源资产的开发利用和保护、生态环境保护以及民生改善等情况；

(九)政府投资和以政府投资为主的重大项目的研究、决策及建设管理等情况；

(十)对直接分管部门预算执行和其他财政收支、财务收支及有关经济活动的管理和监督情况，厉行节约反对浪费情况；

(十一)机构设置、编制使用以及有关规定的执行情况；

(十二)履行党风廉政建设第一责任人职责情况，以及本人遵守有关廉洁从政规定情况；

(十三)对以往审计中发现问题的整改情况；

(十四)其他需要审计的内容。

第二十四条 市属国有企业领导人员经济责任审计的主要内容：

(一)贯彻执行党和国家有关经济方针政策和决策部署，推动企业可持续发展情况；

(二)遵守有关法律法规和财经纪律情况;

(三)企业发展战略的制定和执行情况及其效果;

(四)有关目标责任制完成情况;

(五)重大经济决策情况;

(六)企业财务收支的真实、合法和效益情况,以及资产负债损益情况;

(七)国有资本保值增值和收益上缴情况;

(八)重要项目的投资、建设、管理及效益情况;

(九)企业法人治理结构的健全和运转情况,以及财务管理、业务管理、风险管理、内部审计等内部管理制度的制定和执行情况,厉行节约反对浪费和职务消费等情况,对所属单位的监管情况;

(十)履行党风廉政建设第一责任人职责情况,以及本人遵守有关廉洁从业规定情况;

(十一)对以往审计中发现问题的整改情况;

(十二)其他需要审计的内容。

第二十五条 部门、单位的主要领导干部由上级领导干部兼任且实际履行经济责任的,经济责任审计内容仅限于该领导干部所兼任职务应当履行的经济责任。

市委、市政府以及联席会议成员单位等提出的要求或提供的情况,应当作为审计关注的重点。

第四章　审计程序

第二十六条 市审计局应当根据年度经济责任审计计划,组成审计组并实施审计。

第二十七条 市审计局应当在实施经济责任审计3日前,向被审计单位和被审计领导干部送达审计通知书。审计通知书主送被审计单位,抄送被审计领导干部。遇有特殊情况,报经市政府批准,市审计局可以直接持审计通知书实施经济责任审计。

第二十八条 市审计局实施经济责任审计前,对被审计的领导干部任职期间的经济责任及个人遵守廉政规定的情况,应征求市纪委和市委组织部的意见。

第二十九条 市审计局进驻审计现场实施审计时,应当召开审计进点会,安排审计工作有关事项。审计进点时,应采取市纪委、市委组织部、市审计局三家联合进点,在被审计单位召开中层以上干部参加的座谈会,广泛听取各方面的意见。联席会议其他成员单位也可根据工作需要派人参加。

市审计局实施经济责任审计,应当就审计范围、审计内容以及群众反映情况渠道和联系方式等进行审计公示。

第三十条 被审计领导干部和被审计单位应当提供以下资料:

(一)财政收支、财务收支相关资料;

(二)工作计划、工作总结、会议记录、会议纪要、经济合同、考核检查结果、业务档案、三定方案等资料;

(三)被审计领导干部履行经济责任情况的述职报告;

(四)其他有关资料。

第三十一条 被审计领导干部及其所在单位应当对所提供资料的真实性、完整性负责,并作出书面承诺。

第三十二条 市审计局在经济责任审计过程中,应当听取市委、市政府和被审计领导干部所在单位有关领导以及联席会议有关成员单位的意见。

第三十三条 审计组实施审计后,应当将审计组的审计报告书面征求被审计领导干部及其所在单位的意见。

被审计领导干部及其所在单位应当自接到审计组的审计报告之日起10日内提出书面意见;10日内未提出书面意见的,视同无异议。审计报告中涉及的重大经济案件调查等特殊事项,经市审计局主要负责人批准,可以不征求被审计领导干部及其所在单位的意见。

第三十四条 市审计局按照《中华人民共和国审计法》及相关法律法规规定的程序,对审计组的审计报告进行审议,出具经济责任审计报告和经济责任审计结果报告。经济责任审计报告主送被审计单位,抄送被审计单位主管部门和被审计领导干部。经济责任审计结果报告主送委托或交办经济责任审计事项的部门,抄送市委、市政府及联席会议有关成员单位。

第三十五条 被审计单位存在违反国家规定的财政收支、财务收支行为,依法应当给予处理、处罚的,由市审计局在法定职权范围内作出审计决定。审计决定主送被审计单位,抄送有关部门。

市审计局在经济责任审计中发现的应当由其

他部门处理的问题,依法移送有关部门处理。

第三十六条 被审计领导干部对市审计局出具的经济责任审计报告有异议的，可自收到审计报告之日起30日内向市审计局申诉,市审计局应当自收到申诉之日起30日内做出复查决定;被审计领导干部对复查决定仍有异议的，可自收到复查决定之日起30日内向上一级审计机关申请复核。

上一级审计机关的复核决定为市审计局的最终决定。

第五章 审计评价与结果运用

第三十七条 市审计局应当根据审计查证或者认定的事实，依照法律法规、国家有关政策规定,以及责任制考核目标和行业标准等,在法定职权范围内，对被审计领导干部履行经济责任情况做出客观公正、实事求是的评价。

审计评价应当与审计内容相统一，评价结论应当有充分的审计证据支持。

第三十八条 经济责任审计评价应当遵循以下原则：

(一)客观评价原则。根据审计查证或认定的事实,依据相关标准,发表独立、客观和公正的评价意见。

(二)重点评价原则。围绕被审计领导干部履责主要工作业绩和存在的突出问题以及应当承担的责任,抓住主要方面进行评价。

(三)谨慎评价原则。评价内容应与审计内容一致,评价结论有充分的证据支持。对审计中未涉及、审计证据不适当或者不充分的事项不作评价。

第三十九条 经济责任审计评价的依据主要包括：

(一)法律、法规、规章和其他规范性文件,中国共产党党内法规和规范性文件；

(二)市人民代表大会审议通过的政府工作报告、年度国民经济和社会发展计划报告、年度财政预算报告等；

(三)中共中央、国务院和省委、省政府及市委、市政府有关经济方针政策和决策部署；

(四)有关发展规划、年度计划和责任制考核目标；

(五)领导干部所在单位的“三定”规定和有关领导的职责分工文件,有关会议记录、纪要、决议和决定,有关预算、决算和合同,有关内部管理制度和绩效目标；

(六)国家统一的财政财务管理制度；

(七)国家和行业的有关标准；

(八)有关职能部门、主管部门发布或者认可的统计数据、考核结果和评价意见；

(九)被审计单位的历史数据和历史业绩；

(十)公认的业务惯例或者良好实务；

(十一)专业机构的意见；

(十二)其他标准。

部门、单位的制度规定与国家法律法规不符的,不能作为经济责任审计评价的依据。

第四十条 市审计局对被审计领导干部履行经济责任过程中存在问题所应当承担的直接责任、主管责任、领导责任,应当区别不同情况做出界定。

第四十一条 本办法所称的直接责任，是指领导干部对履行经济责任过程中的下列行为应当承担的责任：

(一)本人或者与他人共同违反法律法规、国家有关规定和单位内部管理规定的行为；

(二)授意、指使、强令、纵容、包庇下属人员违反法律法规、国家有关规定和单位内部管理规定的行为；

(三)未经民主决策、相关会议讨论或者文件传签等规定的程序,直接决定、批准、组织实施重大经济事项,并造成国家利益重大损失、公共资金或国有资产(资源)严重损失浪费、生态环境严重破坏以及严重损害公共利益等后果的；

(四)主持相关会议讨论或者以文件传签等其他方式研究，在多数人不同意的情况下，直接决定、批准、组织实施重大经济事项,由于决策不当或者决策失误造成国家利益重大损失、公共资金或国有资产(资源)严重损失浪费、生态环境严重破坏以及严重损害公共利益等后果的；

(五)对有关法律法规和文件制度规定的被审计领导干部作为第一责任人(负总责)的事项、签订的有关目标责任事项或者应当履行的其他重要职责,由于授权(委托)其他领导干部决策且决策不当或者决策失误造成国家利益重大损失、公共资金或国有资产(资源)严重损失浪费、生态环境严重破坏以及严重损害公共利益等后果的；

(六)其他失职、渎职或者应当承担直接责任的。

第四十二条 本办法所称的主管责任，是指领导干部对履行经济责任过程中的下列行为应当承担的责任：

(一)除直接责任外，领导干部对其直接分管或者主管的工作，不履行或者不正确履行经济责任的；

(二)除直接责任外，主持相关会议讨论或者以文件传签等其他方式研究，并且在多数人同意的情况下，决定、批准、组织实施重大经济事项，由于决策不当或者决策失误造成国家利益损失、公共资金或国有资产(资源)损失浪费、生态环境破坏以及损害公共利益等后果的；

(三)疏于监管，致使所管辖地区、分管部门和单位发生重大违纪违法问题或者造成重大损失浪费等后果的；

(四)其他应当承担主管责任的情形。

第四十三条 本办法所称的领导责任，是指除直接责任和主管责任外，被审计领导干部对其职责范围内不履行或者不正确履行经济责任的其他行为应当承担的责任。

第四十四条 市纪委(监察局)、市委组织部、市编办和市人社局应当根据市审计局对经济责任审计发现的问题依法做出的责任区分和界定，视责任轻重，按照职责分工依法依规进行责任追究和处理。责任追究按照《甘肃省党政领导干部和企事业单位领导人员任期经济责任审计责任追究办法》(甘纪发〔2008〕12 号)执行。

被审计领导干部以外的其他人员对有关问题应当承担的责任，市审计局可以以适当方式向市委组织部等提供相关情况。

第四十五条 实行被审计单位对审计发现问题的整改报告制度，整改报告主送市审计局。

第四十六条 市审计局应当会同联席会议有关成员单位加强对审计发现问题和审计建议整改落实情况的监督检查，建立健全经济责任审计情况通报、审计整改以及责任追究等结果运用制度，逐步探索和推行经济责任审计结果公告制度。

第四十七条 市审计局在经济责任审计中发现的应当由其他部门处理的问题依法移送有关部门后，有关部门应当根据审计移送的情况，在各自职权范围内及时处理，并将处理结果及时反馈市审计局。

第四十八条 市委组织部、市编办、市纪委(监察局)应当根据干部管理监督的相关要求运用经济责任审计结果，将其作为考核、任免、奖惩被审计领导干部的重要依据，并以适当方式将经济责任审计结果运用情况反馈市审计局。

经济责任审计结果报告应当归入被审计领导干部本人档案。

第六章 附 则

第四十九条 市审计局和审计人员、被审计领导干部和被审计单位，以及其他有关单位和个人在经济责任审计中的职责、权限、法律责任等，本办法未作规定的，依照《中华人民共和国审计法》《中华人民共和国审计法实施条例》《党政主要领导干部和国有企业领导人员经济责任审计规定》《党政主要领导干部和国有企业领导人员经济责任审计规定实施细则》《甘肃省党政主要领导干部和国有企业领导人员经济责任审计实施办法》和其他法律法规的有关规定执行。

第五十条 市审计局开展领导干部经济责任审计适用本办法。其他部门和单位可以根据本办法，制定内部管理领导干部经济责任审计的规定。

第五十一条 本办法自发布之日起施行。

嘉峪关市经济责任审计工作联席会议制度

第一条 为加强对经济责任审计工作的领导，研究解决经济责任审计工作中出现的问题，进一步规范经济责任审计工作，根据《党政主要领导干部和国有企业领导人员经济责任审计规定》《党政主要领导干部和国有企业领导人员经济责任审计规定实施细则》和《甘肃省经济责任审计工作联席会议工作规则》，结合我市实际，制定本制度。

第二条 经济责任审计工作联席会议（以下简称联席会议)为议事机构，承担全市经济责任审计日常工作。

第三条 联席会议由市纪委和市委组织部负

责牵头,市审计局负责联络协调相关工作。市纪委(监察局)、市委组织部、市人社局、市审计局和市财政局(国资委)为联席会议成员单位。根据工作需要,经联席会议批准可以调整联席会议成员单位。

第四条 联席会议设立成员组。成员组组长(联席会议召集人,下同)由市纪委主要领导担任,成员为联席会议成员单位的主要负责人和相关负责人。联席会议设联络人一名,由市审计局局长担任。

第五条 联席会议下设办公室,办公室设在市审计局,具体承办有关会议事项和领导交办工作。市审计局副局长兼任联席会议办公室主任。

第六条 联席会议成员组成员因工作变动等原因需要调整的,由所在单位向联席会议办公室提出,报联席会议变更。

第七条 联席会议的主要职责是:

(一)贯彻落实上级有关经济责任审计工作的指示和意见,结合本市实际,指导全市经济责任审计工作;

(二)研究制定全市经济责任审计工作的政策、规章制度和重要文件,规划全市经济责任审计工作;

(三)听取市审计局关于全市经济责任审计工作开展情况及经济责任审计结果的汇报;

(四)根据工作需要,组织召开全市经济责任审计工作会议;

(五)指导和管理市管党政主要领导干部和国有企业领导人员(以下简称领导干部)经济责任审计;

(六)协调解决工作中出现的问题。

第八条 联席会议办公室的主要任务:

(一)开展经济责任审计工作调查研究,及时掌握工作情况,提出解决工作中出现问题的意见和建议;

(二)研究起草全市经济责任审计工作的文件、规定和制度;

(三)研究提出经济责任审计计划草案,提请联席会议或联席会议有关领导研究通过后,报市政府批准纳入市审计局年度工作计划;

(四)负责联席会议会务,督促落实联席会议决定事项和有关领导交办的工作任务;

(五)负责协调组织实施党政机关主要领导干部离任经济责任事项交接工作;

(六)办理其他有关事项。

第九条 市纪委(监察局)的主要职责是:

(一)根据党风廉政建设和反腐败工作的总体要求,把经济责任审计纳入惩治和预防腐败体系建设,并作出具体安排;

(二)参与研究领导干部年度经济责任审计计划草案;

(三)向市审计局介绍已列入年度审计计划的被审计领导干部在履行经济责任过程中的有关情况;

(四)参与监交党政机关主要领导干部离任经济责任事项交接工作;

(五)根据工作需要,参加领导干部经济责任审计进点会和经济责任审计结果通报会;

(六)对市审计局在经济责任审计中依法提请予以协助的事项,给予支持配合;

(七)根据市审计局在经济责任审计中发现的应当由市纪委(监察局)处理的问题,按照有关程序依纪依法予以处理;以适当方式将审计结果运用情况反馈市审计局;

(八)办理联席会议研究决定的有关事项。

第十条 市委组织部的主要职责是:

(一)根据干部管理监督工作的有关规定,将经济责任审计纳入干部管理监督机制建设,并作出具体安排;

(二)负责提出领导干部年度经济责任审计计划草案,办理领导干部经济责任审计委托事项;

(三)向市审计局介绍已列入年度审计计划的被审计领导干部在履行经济责任过程中的有关情况;

(四)参与监交党政机关主要领导干部离任经济责任事项交接工作;

(五)根据工作需要,参加领导干部经济责任审计进点会和经济责任审计结果通报会;

(六)对市审计局在经济责任审计中依法提请予以协助的事项,给予支持配合;

(七)根据有关规定,将经济责任审计结果作为考核、任免、奖惩被审计领导干部的重要依据;将经济责任审计结果报告归入被审计领导干部本人档案;运用经济责任审计典型案例对领导干部开展经常性教育；研究分析经济责任审计中反映的苗头性、倾向性和普遍性问题，提出加强干部管理监督的意见和措施；以适当方式将审计结果运用情况反馈市审计局；

(八)办理联席会议研究决定的有关事项。

第十一条 市人社局的主要职责是:

(一)根据工作需要，参加领导干部经济责任审计进点会和经济责任审计结果通报会；

(二)参与研究领导干部年度经济责任审计计划草案；

(三)参与监交党政机关主要领导干部离任经济责任事项交接工作；

(四)对市审计局在经济责任审计中依法提请予以协助的事项，给予支持配合；

(五)根据有关规定，将经济责任审计结果作为奖惩被审计领导干部的重要依据；以适当方式将审计结果运用情况反馈市审计局；

(六)办理联席会议研究决定的有关事项。

第十二条 市审计局的主要职责是:

(一)承担联席会议办公室日常工作；

(二)研究制定经济责任审计业务规章制度；

(三)向市委组织部等部门提出下一年度经济责任审计计划的初步建议；

(四)具体组织实施领导干部经济责任审计；

(五)负责将经济责任审计结果报告等结论性文书提交市委组织部，报送市委、市政府，抄送联席会议有关成员单位；

(六)将经济责任审计中发现的应当由市审计局处理的问题，在法定职权范围内做出处理；应当由其他部门处理的问题，依法移送有关部门处理；

(七)分析研究领导干部经济责任审计情况，从体制、机制和制度层面，向市委、市政府和有关部门提出完善制度、加强管理的意见和建议；

(八)对市属行政机关和企事业单位开展内部管理领导干部经济责任审计工作进行指导、监督和检查；

(九)办理联席会议研究决定的有关事项。

第十三条 市财政局(国资委)的主要职责是:

(一)向市审计局介绍已列入年度审计计划的被审计市管企业领导人员在履行经济责任过程中的有关情况、所在单位或者原任职单位有关经营管理等情况；

(二)参与研究领导干部年度经济责任审计计划草案；

(三)根据工作需要，参加市管国有企业领导人员经济责任审计进点会和经济责任审计结果通报会；

(四)参与监交党政机关主要领导干部离任经济责任事项交接活动；

(五)对市审计局在经济责任审计中依法提请予以协助的事项，给予支持配合；

(六)将市管企业领导人员经济责任审计结果作为市属企业绩效评价，以及加强市属企业领导人员管理监督、健全完善国有资产监督管理制度的重要依据；以适当方式将审计结果运用情况反馈市审计局；

(七)办理联席会议研究决定的有关事项。

第十四条 联席会议应当建立健全协作配合工作机制。各成员单位要各司其职，各尽其责，相互协调，密切配合，提高工作质量和效率。

第十五条 联席会议原则上每年召开一次全体会议，也可以根据工作需要临时召开。召开全体会议由联席会议成员组组长确定，联席会议成员组成员可以向联席会议成员组组长提出召开全体会议的建议。

第十六条 全体会议召开的时间、议题由联席会议办公室报请联席会议成员组组长确定。

第十七条 召开全体会议前，联席会议办公室负责将会议通知、议题、提交研究讨论的相关材料送联席会议成员组成员，并通知需要列席会议的其他人员，做好会议准备工作。

第十八条 全体会议由联席会议成员组组长主持，联席会议成员组成员参加。根据工作需要，联席会议办公室成员可以列席会议，也可以邀请有关部门的人员列席。

第十九条 全体会议的主要任务是:

(一) 研究制定关于经济责任审计的重大决策，讨论决定有关重大事项;

(二)研究审议经济责任审计规章制度;

(三)听取市审计局关于经济责任审计工作情况的汇报，安排部署经济责任审计工作。

第二十条 全体会议做出决定时，应当遵循民主集中制原则，充分酝酿，集体讨论，协商确定。

第二十一条 对于情况清楚、意见明确的一般事项,联席会议可以采用传批的形式决定。

第二十二条 联席会议因工作需要正式行文时,可由联席会议有关成员单位联合行文,也可以市审计局名义行文。

第二十三条 联席会议有关成员单位联合行文,适用于联席会议制定、印发有关经济责任审计的规章制度等文件,向全市通报涉及经济责任审计发展全局的重要情况,以及其他需要联合行文的重大事项。

第二十四条 以市审计局名义行文的,适用于联席会议向各成员单位传达中共中央、国务院和省委、省政府以及市委、市政府关于经济责任审计工作的重要方针政策、重要工作部署、有关领导同志的重要讲话,通报联席会议全体会议精神、年度经济责任审计计划等事项。

第二十五条 联席会议成员应当遵守相关保密规定。

第二十六条 本制度由联席会议办公室负责解释,自印发之日起执行。

嘉峪关市推进非公有制经济发展实施意见

嘉发〔2015〕32号

(2015年9月17日)

为全面落实《甘肃省人民政府关于进一步促进非公有制经济发展的意见》,进一步激发非公有制经济活力和创造力,全力推动非公有制经济加快发展,努力实现非公有制经济成为全市国民经济重要增长极,结合我市实际,制定本办法。

一、指导思想

推进非公有制经济跨越发展,核心是处理好政府和市场的关系,使市场在资源配置中起决定性作用,同时更好发挥政府作用。前提是进一步激活市场主体,大力倡导大众创业、万众创新的社会风尚。基础是不断优化发展环境,努力提升政府服务效能。重点是破解要素制约,提高资源配置效率和公平性。关键是抓好各项政策落实,尽快让改革的红利转化为非公有制经济发展的活力。

二、扶持政策

1.加强非公有制经济产业投资的引导和服务。鼓励民间资本进入法律法规未明确禁止准入的行业和领域,重点引导支持非公有资本进入交通、能源、矿产资源开发、市政基础设施、文化旅游、医疗教育、养老、信息中介、物流服务、金融保险等领域。允许民间资本以控股形式参与教育、文化艺术、卫生医疗、体育等事业单位的改制经营。国有资本投资项目允许非国有资本参股,鼓励引导民间资本参与重大项目对外合作项目的投资、建设和运营,对交通、能源、城建、医疗、教育、养老等涉及公共资源领域的项目实行竞争性配置,建立健全民间资本参与重大项目投资招标的长效机制,制定和落实非公有制企业进入特许经营领域的具体办法。

责任部门:市发改委、市工信委、市政府法制办、市财政局、市公共资源交易中心。

2.建立小微企业互助贷款制度和设立创业创新基金。

充分发挥工信委担保中心、市农林局担保中心职能,用财政补助+企业互助担保贷款的方式,撬动金融机构加大信贷投放力度,重点支持工业、涉农非公有制经济、商业系统非公有制经济的发展。研究、制定设立创业创新基金具体政策措施,扶持创新创业发展。在确保公平竞争前提下,对众创空间等孵化机构的办公用房、用水、用能、网络等软硬件设施给予适当优惠,减轻创业者负担。

责任部门:市工信委、市财政局、市农林局。

3.支持中小微企业上市和发行票据融资。大力推进企业上市培育工作,加强我市重点后备企业培育资源库建设,加大企业上市培训力度,在全市特色经济和优势产业中,择优筛选一批有上市意愿和具备上市条件的非公有制企业,通过购买服务的方式,加强有针对性的辅导培育,鼓励和引导符合条件的中小微企业在"新三板"和区域性股权交易市场挂牌融资,对挂牌成功的企业,给予每户一定的资金补助。开辟股权登记绿色通道,支持股权质押融资。投资担保中心可以试点发行小微企业增信集合债券,用于支持和缓解小微企业的资金需求。

责任部门:市政府金融办、市工信委、市财政局、市市场监督管理局、人行嘉峪关中心支行。

4.推出适合特色产业发展的金融产品。鼓励和引导金融机构针对中小微企业特点创新研发金融产品，结合文化旅游、不锈钢产品加工、新城洋葱、野麻湾西瓜等优势产业发展实际，开展专利权质押融资业务。

责任部门：市政府金融办、市科技局、市旅游局。

5.改革完善金融及融资体系建设。充分发挥金融机构服务中小微企业的优势，推动机构网点向镇延伸。拓宽各类资本进入金融服务渠道，支持发展村镇银行等新型金融机构，规范发展小额贷款公司和担保公司。支持发展政府性融资担保机构，充分发挥面向中小微企业的融资担保作用。鼓励银行业金融机构向创业企业提供结算、融资、理财、咨询等一站式系统化金融服务。支持互联网金融发展，引导和鼓励众筹融资平台规范发展，开展公开、小额股权众筹融资试点。丰富完善创业担保贷款政策。支持保险资金参与创新创业，发展相互保险等新业务。完善知识产权估值、质押和流转体系，依法合规推动专利权质押融资、专利许可费收益权证券化、专利保险等服务常态化、规模化发展，支持知识产权金融发展。对首次在资本市场发行企业债券直接融资的非公有制企业，国内外创业投资公司、私募股权投资基金入股我市非公有制企业，按照额度给予适当奖励。

责任部门：市政府金融办、市工信委、市科技局、人行嘉峪关中心支行、市银监局。

6.不断深化商事制度改革。继续推进注册登记便利化，进一步简政放权，在全面推行“三证合一”的基础上，实现“一照一码”。深入开展“先照后证”改革，推进全程电子化登记和电子营业执照应用。结合实际放宽新注册企业场所登记条件限制，分行业、分业态释放住所资源，推动“一址多照”“一照多址”集群注册等住所登记改革，为创新创业提供便利的注册登记服务。

责任部门：市市场监督管理局。

7. 清理和废除阻碍非公有制经济发展的规定。实行统一市场准入制度，在制定负面清单基础上，各类市场主体可依法进入清单之外领域。加强公共资源交易管理，建立健全招投标、拍卖、挂牌出让等市场化配置机制，凡可以采取招投标方式选择项目经营者，都需按照“公开、公平、公正”的原则，实行项目招投标。非公有制企业在注册登记、申请立项、投融资、税收信贷、土地使用、财政贴息、政府采购、资格认定、人才引进、证照办理、收费标准和经济技术合作等方面，享受与其他所有制企业同等的政策待遇。全面推进公共资源配置信息公开，建立涉及非公有制经济市场准入行政审批事项公开制度。

责任部门：市发改委、市财政局、市市场监督管理局、市公共资源交易中心。

8.抓好非公有制经济人才队伍建设。

培育高素质企业家队伍。把培养非公有制经济企业家作为全市人才发展规划的重点内容，纳入全市人力资源培训计划。引导非公有制企业家掌握现代企业管理知识，提升管理水平，增强企业家社会责任感和依法经营意识，不断做大做强。加强对非公有制经济科技创新的咨询、引导和培训。鼓励非公有制企业吸纳高校毕业生就业，对非公有制企业招收就业困难的普通高校毕业生、签订劳动合同并缴纳社会保险费的，按规定给予社会保险补贴。鼓励非公有制企业实施在岗技能培训和职业技能鉴定，对在岗学习中取得国家相关部门认可的中级、高级执业证书、职称证书、技能证书、技工证书的人员，给予适当奖励。

深入实施大学生创业引领计划，整合发展高校毕业生就业创业基金，引导和鼓励高校统筹资源，加强校企合作，采用联合办学及3+1等模式，落实大学生创业指导服务机构、人员、场地、经费等，切实营造良好的创新创业环境。制定高校毕业生到非公有制企业工作享受大学生村官同等待遇政策。

每年招聘一批具有硕士或中高级职称以上的专业人才到非公有制企业就业，并保障引进的各类人才及高校毕业生，在家属就业、子女入学、户口迁移、享受经适房、职称评定等方面，享有与国有企业引进人才同等待遇。凡在非公有制企业进行二次创业的嘉峪关市领军人才及高端专业技术人员，继续享受相关待遇。

责任部门：市委组织部、市人社局、市教育局、市公安局、市建设局。

9.支持科技创新。大力支持非公有制企业建立企业技术中心、工程技术研发中心、重点实验室等技术创新平台，整合科技资源，推进新技术、新产品、新工艺、新装备开发，扶持提高产品附加值，降低资源消耗、减少环境污染等技术改造项目,提高经济增长质量和效益。加大非公有制企业研发和技改资金扶持力度。对管理方式和技术创新的非公有制企业实行奖励。对通过国家级、省级和市级验收的非公有制企业工程技术研究中心和企业技术中心,给予一次性奖励。继续开展高新技术企业认定工作,使更多科技型非公有制企业享受税收优惠政策。允许企业科技保险费计入高新技术企业研究与开发费用核算范围,享受国家规定的税收优惠政策。建立和发挥科技创新服务平台的作用,为非公有制企业提供一站式、便捷化的信息服务,使其成为推进企业技术创新、加速成果转化的平台和载体。开展面向科技型非公有制企业的专项服务行动,为其提供设计、信息、试验、检测、新技术推广、技术培训、技术转让等服务。

责任部门:市工信委、市科技局、市财政局、市国税局、市地税局。

10.加强知识产权运用和保护。推进知识产权交易,加快建立知识产权运营公共服务平台。积极推荐为经济社会发展做出突出贡献、产生显著效益的非公有制经济市场主体,参加国家和省级专利奖、科学技术进步奖评奖。完善知识产权快速维权与维权援助机制,缩短确权审查、侵权处理周期。加大知识产权违法案件的查处力度和反复侵权、恶意侵权等行为的处罚力度,支持开展民事索赔诉讼。加强对非公有制经济市场主体的知识产权专题培训,在知识产权信息查询、分析、专利申请与保护等方面提供与国企同样的专业化服务。

责任部门:市科技局。

11.发挥科技园区和基地的集聚作用。积极组织非公有制企业开展国家、省级、市级各类科技计划项目的申报,优先支持科技型非公有制企业开展科技成果转化和技术创新。

责任部门:市科技局。

12. 加快推进非公有制经济参与混合所有制改革。着力打破国有经济和非公有制经济体制机制壁垒,根据《省属企业引进非公资本招商引资项目名录》(第一批、第二批),积极创造条件,探索非公有制经济通过参股、控股或并购等多种形式,依法参与国有企业的改制重组,推动国有企业股权多元化或股权社会化。结合市属国有企业产业结构调整、改制重组、股权投资、上市融资等具体项目,通过公共资源交易市场、媒体和互联网等渠道,不定期面向社会广泛发布信息,保障非公有制经济的知情权和参与权。支持非公有制经济主体通过出资入股、收购股权、认购可转债、融资租赁、收购闲置资产等多种形式参与国有企业重组上市或国有控股上市公司增发股票。支持非公有制经济主体与国有资本共同出资设立股权投资基金。积极引入股权投资基金参与国有企业改制上市、重组整合、企业并购,共同投资战略新兴产业、创新性和孵化期等高收益、高风险业务。支持混合所有制经济实行企业员工持股,形成资本所有者和劳动者利益共同体。允许关键岗位的经营管理者、核心技术人员和业务骨干以现金、技术等出资参与企业改制。支持符合条件的非公有制经济项目按规定申请各类财政专项建设资金、政府补助性资金。

责任部门:市发改委、市财政局。

13.搭建支持大众创业万众创新的服务平台。实现中小微企业窗口服务平台网络与省枢纽平台互联互通、资源共享、服务协同,支持和引导公共服务平台为中小微企业提供信息、投融资、创业、人才培训、技术创新、质量管理、市场开拓、法律咨询等方面服务,为中小微型企业提供找得着、用得起、有保障、能见效的一站式服务。发挥财政资金对平台网络建设项目的支持作用,以服务补助的方式,支持服务平台完善软硬件设施,加大培训力度,增强服务能力,提高服务水平。

责任部门:市工信委、市财政局、市商务局。

14.支持非公有制经济做大做强。

积极促进非公有制经济市场主体转型升级。加强对非公有制经济市场主体的分类指导和服务,通过培育扶持、改造升级、引导促进等方式,提升小微企业发展质量和效益。力争非公有制企业“小升规”“个转企”每年分别增长10%、20%以上。

责任部门:市工信委、市市场监督管理局。

鼓励非公有制企业提升资质等级,每提升一个国家相关部门认可的资质等级,根据取得的难易程度给予奖励。

责任部门:市非公有制经济发展协调推进领导小组办公室、相关行业主管部门。

实施品牌战略。鼓励、支持和引导非公有制企业建立健全质量管理体系,实行质量体系、环境体系、安全体系等国家标准认证，凡获得体系认证的，给予适当奖励。引导支持行业协会商会申请注册集体商标，鼓励个体工商户及私营企业注册商标，积极开展创名牌商标活动，对获得驰名商标、著名商标和获得国家级、省级、市级名牌商品产品的，给予适当奖励。

责任部门：市工信委、市市场监督管理局。

15.实施电子商务，提升非公服务业的专业化水平。引导中小微企业采用云计算、物联网、移动互联等新技术，加强企业管理，开拓电子商务市场。重点依托中小企业公共服务平台网络体系，建设集商品贸易、平台建设、物流配送、融资支持等多功能、多业态为一体的电子商务服务平台，实现超市、商贸、餐饮等行业营销电子化，鼓励投资建设电商物流企业，为中小微企业提供高效储存、配送等物流服务，促进中小微企业快速发展。

责任部门：市工信委、市商务局。

16.加大招商引资工作力度。每季度市政府主要领导带队开展一次招商引资活动。定期发布鼓励民间投资的项目信息，采取定向招商、项目招商、以商招商、商会招商、企业招商、产业链招商等系列方式，增强招商引资的质量和效益，提升择商选资工作的专业化水平。鼓励市外境外企业家、战略投资者、技术和管理人才来我市投资兴业，加强与在外陇商的联系和服务，加大异地商会建设力度。对投资大型非公有制龙头企业、总部或研发中心迁至我市的非公有制企业，按一事一议原则实行优惠政策。落实项目激励机制，对招商引资有功的非公有制企业给予奖励。严格落实招商引资目标责任，对重点投资商和项目及时跟进、跟踪服务，积极协调解决项目用地、环评、基础设施配套等方面的问题，全力抓好项目建设和落地工作。

责任部门：市发改委、市招商局。

17.鼓励非公资本参与养老及医疗服务。制定具体可行扶持政策，鼓励非公资本在城镇社区举办或营运老年人日间照料中心、老年人活动中心等养老服务设施，为空巢、独居等有需求的老年人提供生活照料、康复护理、文化娱乐、精神慰藉、膳食供应等服务；鼓励非公资本参与养老机构建设和管理营运。采取股份制、股份合作制、ppp等模式，建设一批以非公资本投入为主，政府投入为引导的示范性养老机构和民营医院。

责任部门：市民政局、市卫计委。

三、保障措施

18.建立非公有制经济投诉举报平台。加强对非公有制经济发展的组织协调和服务指导，完善联席会议、调度会议、联系点和综合考核等制度，对重点企业、重点项目实行领导责任制，由专人负责跟踪服务。市政府定期邀请市人大代表、政协委员和非公有制企业代表，对有关部门服务非公有制企业的情况进行民主评议，并通过新闻媒体向社会公布评议结果。非公有制经济投诉中心设在市效能风暴行动协调推进领导小组办公室，负责监督发展非公有制经济各项政策措施的落实，受理投诉举报，督促有关部门处理。

责任部门：市效能风暴行动协调推进领导小组办公室、市非公有制经济发展协调推进领导小组办公室。

19.严格管理涉企收费项目，提高收费政策透明度。按照省财政厅、省发改委《关于公布中央行政事业性收费政府性基金目录清单和省级涉企行政事业性收费目录清单的通知》(甘财综〔2014〕74号)要求，加强涉企收费管理，对不符合现行政策的涉企经营服务性收费项目一律取消，对利用垄断地位强制服务并收费、只收费不服务或重复收费的，一律取消收费。制定涉企收费目录清单，并向社会公布。

责任部门：市发改委、市财政局、市工信委。

20.建立商会协同机制和领导干部帮扶机制。重点培育、优先发展行业协会商会，鼓励、支持和引导行业协会商会自愿加入工商联组织，充分发挥工商联在行业协会商会改革发展中的促进作用和民间商会职能，发挥工商联作为非公有制经济领域联系政府的桥梁纽带作用。建立市级领导干部联系行业协会商会制度，完善市级领导干部联系帮扶非公有制企业制度，市级领导干部深入行业协会商会或企业调研，每季度不得少于一次。

责任部门：市民政局、市工商联。

21.健全党建引领机制。探索完善党委统一领导、市委组织部牵头抓总、市委非公有制企业工委统筹负责、有关部门协同配合的非公有制经济组织党建工作领导体制和工作机制。统筹协调指导全市非公有制经济组织党建工作，宣传和贯彻党的路线、方针、政策，促进中央、省委和市委各项决策部署在非公有制经济组织的贯彻落实。完善向非公有制企业派驻指导员机制，鼓励支持非公有制经济组织党建工作的探索创新。

责任部门：市委组织部、市委非公有制企业工委。

22.切实落实协调推进工作责任。强化目标责任管理机制，严格目标责任考核，把主要指标完成情况作为相关部门年度考核的重要内容，加强对各有关部门促进非公有制经济发展重点工作任务完成情况的督促检查，确保各项政策措施落到实处、见到实效。每两年召开一次全市非公有制经济发展表彰大会。

责任部门：市政府督查室、市非公有制经济发展协调推进领导小组办公室。

23. 原有扶持非公有制经济发展政策与本实施意见不一致的，以本实施意见为准。本实施意见由市非公有制经济发展协调推进领导小组负责解释。

嘉峪关市城乡环境综合整治工作实施方案

嘉发〔2015〕33号

（2015年10月27日）

为扎实做好全国文明城市和全省文明程度指数测评各项工作，积极营造更加整洁优美的城乡环境，进一步提高文明城市创建工作水平，巩固创建成果，特制定本实施方案。

一、工作目标

以创建全国文明城市、争当文明市民、优化人居环境为主题，以打造平安宜居、幸福文明的生活环境为目标，通过开展城乡环境综合整治，进一步提升城市管理水平，完善基础设施建设，为本市创建全国文明城市打下坚实基础。

二、时间安排

11月5日–12月30日。

三、具体任务及责任分工

根据《全国文明城市测评体系(2015)实地考察部分》任务分工，结合各行业、各单位工作职能，分为市政设施、文明施工、市容市貌、环境卫生、美化绿化、旅游环境、交通秩序、市场环境、餐饮环境、“门前三包”、校园环境、窗口行业等12个整治组。各组具体任务如下：

（一）市政设施整治组

责任单位：市建设局

配合单位：市交通局、市文广新局、国网嘉峪关供电公司、中国电信嘉峪关分公司、中国移动嘉峪关分公司、中国联通嘉峪关分公司

具体任务：1.加强对城市街道路面的修整，确保路面平整无明显坑洼积水，盲道、缘石坡等无障碍设施完好。2.及时清理路面附属设施上的小广告。3.保障主次干道装灯率达到100%，亮灯率达到99%。4.确保公交车的准点发车、到站，保持车内整洁，站名牌、公交线路指引牌完好，公交车内有老、弱、病、残、孕专座及标识，引导乘客为老、弱、病、残、孕乘客让座。5.按照规范要求设置交通、电力、邮政、电信设施。6.清除建筑垃圾、渣土等废弃物。

（二）文明施工整治组

责任单位:市建设局

具体任务：1.按照《嘉峪关市建设工程安全文明施工标准化施工指南》的要求，实行统一围挡作业；道路施工处有临时隔离设施和施工提示牌；规范渣土垃圾运输，严禁抛洒遗漏、施工废水外溢；强化工地外部的日常保洁机制，施工沙土、材料堆放整齐，避免施工扬尘污染，工地出入口整洁有序，无建筑垃圾堆积现象。2.工地围挡用公益广告进行美化。3.工地办公场所、员工宿舍、食堂卫生良好、人员安全措施到位、内部实施标准化管理，施工物品堆放规范。4.务工人员的居住条件符合要求，宿舍内净高不得小于2.4米，走道宽度不得小于0.9米，每间居住人员不得超过16人；床铺不得超过两层，严禁使用通铺；施工现场宿舍必须设置可开启式窗户；宿舍内设置生活用品专柜。

（三）市容市貌整治组

责任单位:市综合执法局

配合单位：雄关区、长城区、镜铁区、市环卫局、市园林局、市市场监管局、市交通局、市房管局、酒钢公司公共服务中心

具体任务:及时对乱贴乱画、市场内外环境、门头牌匾广告标识、乱倒渣土、公共场所不符合国家文明标准规定等问题进行整治。1.擅自挖掘城

市道路及在道路两侧、公共场所和设施用地堆放物料、私搭乱建等行为。2.在道路或其他公共场所清洗机动车辆、进行屠宰加工和摆摊设点等行为。3.在城市各主次干道路面、临街墙体、公交站点、电线杆和其他公共设施上涂写刻画、粘贴宣传品和广告标语等行为。4.未经批准悬挂横幅、广告宣传等行为。5.未经批准擅自拉运渣土砂石、建筑垃圾、泥浆流体及废弃物的车辆,未采取密闭或覆盖措施,造成泄露、遗撒、飞扬等行为。

(四)环境卫生整治组

责任单位:市环卫局、雄关区、长城区、镜铁区、市房管局、酒钢公司公共服务中心、四〇四和诚物业公司、武威房建段嘉峪关维修物业车间

配合单位:市建设局、市综合执法局

具体任务:1.社区环境干净整洁,卫生状况保持良好,无乱扔垃圾、随地吐痰现象;楼门内干净整洁,楼道无堵塞,墙面、玻璃无污秽破损,照明灯完好;在居民小区出入口张贴公布社区居民公约,倡导邻里和睦,守望相助。2.加强环境卫生的清扫保洁及垃圾清运工作力度,做到卫生整洁有序,生活垃圾定点投放、分类收集、及时清运;及时维修、更换各类环卫设施;做好垃圾斗(坑)、果皮箱和旱厕的消杀灭蝇工作,生活垃圾无害化处理工作及时。3.保持公厕、旱厕周边环境干净、整洁;公厕指引标识、标牌齐全,制度规范、统一;水电通畅,设施维修及时,公厕化粪池不满溢,周边干净整洁。4.做好城区果皮箱的维修、更新、清掏工作,确保果皮箱无歪斜、污损现象。5.树沟(坑)干净整洁,无纸屑、果皮、烟头、塑料袋等杂物。6.主次干道、商业街区、公园景区、公共广场和公交车站等环境卫生干净整洁,无脏乱差现象。7.协调物业公司做好居民小区内的环境卫生。8.对城乡接合部、城中村等部位出现的卫生死角,开展集中清理整治。

(五)美化绿化整治组

责任单位:市园林局、市文物局、雄关区、长城区、镜铁区、酒钢公司公共服务中心、四〇四和诚物业公司、水文化集团、嘉峪关车务段、武威房建段嘉峪关维修物业车间

具体任务:1.负责城区所有园林、绿地、街头花园的环境卫生清理,做好绿地浇水、修剪、病虫害防治等工作,保障园林、绿地、街头花园环境整洁,及时修剪行道树枝,加强对行道树沟杂草、垃圾的清除和树木的养护工作,无乱扔杂物、随地吐痰和损坏花草树木的现象。2.在园林、绿地、街头花园设置与环境相融合的“遵德守礼”提示牌。

(六)旅游环境整治组

责任单位:市旅游局

配合单位:市商务局、市文物局、嘉峪关机场公司、嘉峪关车务段、各宾馆

具体任务:1.景区环境整洁,卫生状况良好,无乱张贴、涂写、乱设广告牌的现象,标牌广告用字规范;治理规范旅游市场秩序,旅行社带团要佩戴胸卡,服务承诺制度公示,服务规范,不索取小费,不误导游客消费。2.强化宾馆酒店各项安全措施的落实,有方便残疾人、老年人、儿童等特殊群体通行和使用的无障碍设施,客房干净,无异味,室内公共场所和工作场所设有禁烟标识,无吸烟现象。3.机场、车站、旅游集散中心出入口停车规范,秩序良好,服务标识清晰明确,设施完备,功能良好,设有便民利民志愿服务站(岗),有文明引导志愿服务人员;在醒目位置设置咨询、投诉窗口和投诉电话,有高效的投诉处理机制。

(七)交通秩序整治组

责任单位:市公安局

配合单位:市交通局、市建设局

具体任务:1.对交通安全基础设施进行巡查,及时维护、保养城市道路交通管理设施和安全设施,确保设施完好、正常运行;合理施划市区主次干道交通标线,科学规划调整十字路口交通指示灯;及时完善、设置城市出入口、重点单位、重点道路交叉口、旅游景点主干道路的指路标识。2.规范交通秩序,车辆行人各行其道,无闯红灯、乱穿马路现象;严肃查处行人横穿机动车道、翻越隔离栏等交通违法行为。3.规范车辆运营,公交车、出租车车况良好、车容整洁,驾驶员仪表整洁、用语文明、行车时系安全带、不打手机、不吸烟、不吃零食,无拒载、超载、超速、不按点停靠、违法停车、随意掉头、不按计价器收费、不主动出示票据、不按规定使用灯光等现象,出租车计价器完好。4.规范停车管理,合理规划停车区域、科学施划停车泊位,健全限时免费停车场管理制度,全力治理车辆乱停乱放现象。

(八)市场环境整治组

责任单位:市综合执法局、市市场监管局(市

市场建设开发服务中心)

配合单位:市建设局、市公安局、市环卫局

具体任务:1. 做好马路市场的疏导、清理工作,针对马路市场的分布特点,就近选择有条件的市场、居民小区,划定经营区域,合理安排摊位,将占道经营的个体经营户安排到指定区域经营。2.加强市场内环境卫生管理,清除垃圾死角和杂物,无乱倒垃圾、乱倒污水和乱张贴现象。3.强化市场内公共设施的维护与管理,整治市场经营秩序,柜台、摊位摆放整齐,车辆停放有序,无假冒伪劣商品销售,欺诈宰客和强买强卖现象;重点整治以街为市、占道经营、出店经营等行为,确保市场环境干净整洁,经营秩序规范井然。4.消除消防安全隐患,确保安全通道畅通。

(九)餐饮环境整治组

责任单位:市市场监管局

具体任务:1.餐饮场所环境卫生整洁,无乱扔杂物、随地吐痰现象,店内外随时保洁,达到卫生标准。2.餐饮场所《营业执照》、《餐饮服务许可证》或《食品经营许可证》齐全,有"五病"调离的相关制度、调离记录和投诉处理机制;餐饮从业人员持有《健康证》,做到持证亮证上岗。3.餐饮场所严格落实公共用品、用具消毒等制度,有消毒设备、措施和记录,无出售过期、变质、伪劣食品等现象。4.积极开展"文明餐桌"行动,张贴文明餐桌宣传画、摆放文明餐桌提示桌签。

(十)"门前三包"整治组

责任单位:雄关区、长城区、镜铁区

配合单位:市环卫局、市房管局

具体任务:1.各区积极做好"门前三包"巡查工作,按照《嘉峪关市"门前三包"责任制管理办法》的规定,切实做好包卫生、包绿化、包秩序工作,及时规范餐饮门点前乱扔乱倒废弃物等行为,车辆摆放整齐有序。2.组织开展大清扫活动,单位庭院环境卫生干净整洁,屋顶、阳台的垃圾和杂物清理及时。

(十一)校园环境整治组

责任单位:市教育局、市公安局、市文广新局、市卫计委、市市场监管局、市商务局、市民政局、市体育局、烟草公司

具体任务:1.校园环境整洁,卫生状况良好,无乱扔杂物、随地吐痰和损坏花草树木等现象;校园设有心理咨询室,并配有专兼职教师和相应的器材。2.校园周边无非法经营流动摊点,无"三无食品"、无恐怖、迷信低俗和色情玩具(饰品)及出版物销售,无非法行医或以成人病治疗业务为主的诊所。3.中小学校周边200米内无互联网营业、电子游戏、歌舞台球等娱乐场所。4.中小学、幼儿园附近的交通标识和安全设施完备,上下学时段,有公安干警或协管员在校园周边维护交通秩序。5.烟酒销售点经营者在显著位置设置不向未成年人出售烟酒的标识,无向未成年人出售烟酒的现象。

(十二)窗口行业整治组

责任单位:全市窗口单位

具体任务:1.政务大厅、各单位便民服务大厅、商场超市、营业网点等公共场所环境整洁,服务设施(座椅、无障碍设施等)齐全,管理使用情况良好,有符合标准的物防、技防、人防、消防设施,无占有、堵塞、封闭消防通道的现象;工作人员着装统一,服务规范,用语文明,礼貌诚信,有高效的投诉处理机制,无庸懒散拖现象。2.图书馆、博物馆、群艺馆等公共文化场所健全基本服务项目,免费向公众开放,做到入场有序,无大声喧哗吵闹、乱扔垃圾和随地吐痰等不文明现象。3.景区(景点)综合运用多种形式开展文明告知、文明提醒和文明规劝活动,文化名胜、文物古迹保护完好,无人为损坏或疏于管理现象。4.公路铁路、民航机场等公共交通场地的设施(果皮箱、厕所、标示牌、广播、座椅等)完备、功能良好,无乱丢杂物、随地吐痰现象;设有便民利民志愿服务站(岗),有文明引导员,在醒目位置设置咨询、投诉窗口和投诉电话。5.超市、集贸市场无过期、变质、伪劣食品销售,饭店无露天烧烤、乱排油烟等现象。6.电子政务中心要设置信息互联互通、交换共享平台,并运用多种形式开展诚信宣传教育活动。7.城市二类及二类以上避难场所设有避难标识牌,且功能完备,设备维护及时;文体广场设备维护及时,设施运行正常,各社区晨晚练体育活动点无被挪用或侵占现象。

四、工作要求

(一)加强组织领导。各相关单位要充分认识创建全国文明城市的重要性和紧迫性,尽快成立整治工作领导小组,精心组织,周密安排,形成"一

把手”牵头抓总，班子成员各负其责，共同推进文明城市创建的工作格局。

(二)靠实工作责任。各相关单位要不等不靠、不推不让，认真对照《全国文明城市测评体系(2015)实地考察部分》中所承担的各项责任，细化方案、强化举措，完善制度、健全台账，层层分解目标，逐项靠实责任，确保工作有方向、标准有提升、推进有步骤。

(三)形成工作合力。各区、各部门、各单位要继续开展卫生清洁行动，认真对照责任路段分配表指定的区域，每周开展一次责任路段的卫生大清洁活动。整治工作责任单位要牢固树立创建“一盘棋”的思想，紧紧围绕创城总目标，各司其职、密切配合，切实加大环境综合整治力度，形成部门分工协作、各方协调联动的整治合力。新闻媒体要大力宣传创城及整治工作成效，运用正反典型的激励警示作用，在全市上下形成齐抓共创、文明共建的良好氛围。

(四)强化监督检查。市创城指挥部办公室、各创建工作督查组要充分发挥督促检查指导作用，进一步加大实地督查力度，特别是针对各窗口单位、服务行业在文明礼仪、便民利民、提升效能等方面，积极开展明察暗访和专项督查。对各责任单位整治任务完成情况及时进行督促检查，对履职不尽责、整治不到位的部门单位给予通报批评，并严肃追究班子及主要领导责任。

附件

全市主要道路责任路段分配表

道路	路 段	责任单位
新华路	高速公路出入路口—404机关大楼	东:工业园区管委会 西:市人社局
	404机关大楼—国泰大酒店路口	东:市体育局 西:市检察院
	人行—联通公司路口	东:市四中 西:移动公司
	联通公司路口—工人文化宫转盘	东:市委老干局 西:联通公司
	工人文化宫转盘—河口路	东:市房管局 西:人寿保险
	河口路—雄关路口	东:工商银行 西:人保财险
	雄关路口—粮食局	东:市科协、市地震局 西:建设银行
	粮食局—五一商场	东:市公积金中心 西:市粮食局
	人民商城—嘉峪关银监分局	东:电信公司 西:嘉峪关银监分局
	嘉峪关宾馆—富强市场路口	东:兰州银行 西:市文广新局
	富强市场路口—三中路口	东:国网嘉峪关供电公司 西:大友公司
五一路	东湖北门—酒钢2号门路口	东:酒钢公司 西:酒钢公司
胜利路	观礼公寓—人社局路口	东:市委农办 西:市编办
	人社局路口—公交公司路口	东:市农林局 西:市旅游局

道路	路 段	责任单位
体育大道	国泰大酒店路口—公安局路口	南:市公安局 北:市公安局
	公安局路口—钢城路路口	市直机关工委牵头组织市级机关干部落实
站前广场	站前广场	市第二人民医院
迎宾路	铁道宾馆—水务局转盘	南:市二中 北:市交通局
	水务局转盘—法院路口	南:市水务局 北:市法院
	法院路口—建设局路口	南:市财政局 北:市建设局
	建设局路口—人行	南:市实验中学 北:市残联
	绿景苑—易都摩尔路口	南:市妇联 北:市规划局
	易都摩尔—天东宾馆路口	南:中心血站 北:邮储银行
	天东宾馆—党校路口	南:市委党校 北:市国土局
建设路	棉纺厂路口—工人文化宫转盘	南:市疾控中心 北:嘉峪关日报社、市文联
	钢峰楼—酒钢10号门	南:市综合执法局 北:嘉峪关公路管理局
兰新路	嘉峪关大剧院路口—汽车站路口	南:市民政局 北:市文物局
	汽车站路口—雄关路口	南:市科技局 北:市第一人民医院
	雄关路口—酒钢酒楼路口	南:市供销合作社 北:中国银行

(续表)

道路	路　段	责任单位	道路	路　段	责任单位
胜利路	公交公司路口— 西部公司昌盛店	东:文旅集团 西:供热公司	兰新路	酒钢酒楼— 双洞桥	南:嘉峪关公路管理局镜铁公路段 北:嘉峪关公路管理局雄关公路段
	建设局路口— 运管局路口	东:市发改委 西:市审计局	和诚路	五中路口— 404 机关大楼	南:市五中 北:市民宗委、市气象局
	运管局路口— 长城宾馆路口	东:市国税局 西:市运管局		404 机关大楼— 国土局	南:市市场监管局 北:市卫计委
	八一宾馆— 教育局路口	东:市一中 西:市司法局	雄关路	烟草公司— 夕阳红公寓路口	南:烟草公司 北:烟草公司
	教育局路口— 汽车站路口	东:市环保局 西:市教育局		夕阳红公寓路口— 嘉峪关宾馆路口	南:市六中 北:农业银行
	金叶宾馆— 大世界路口	东:农商银行 西:兰州银行		电信公司— 诚信广场路口	南:长城区 北:长城区
	大世界路口— 长城路小学路口	东:雄关区 西:雄关区 明	明珠路	高速公路雄关大队— 高速公路出口转盘	南:市统计局 北:嘉峪关国调队
体育大道	404 医院转盘— 公交公司	南:团市委 北:市总工会		高速公路出口转盘— 东湖南门	南:市商务局 北:市地税局
	公交公司— 国泰大酒店路口	南:市工信委 北:市安监局		东湖南门— 明珠山水郡路口	南:镜铁区 北:镜铁区

1.时间:2015 年 11 月 5 日——2015 年 12 月 30 日,每周星期五下午 3:00——5:00;

2.职责:(1)保障责任路段的人行道、树沟、绿地等处卫生清洁;
(2)维护责任路段公共秩序,机动车、非机动车在指定位置有序停放,无乱停乱放、占盲道停车、占道经营等现象。

嘉峪关市推进领导干部能上能下实施细则(试行)

嘉发〔2015〕39 号
(2015 年 12 月 1 日)

第一章　总　则

第一条　为贯彻落实党中央关于全面从严治党要求,严明党的政治纪律和政治规矩,完善从严管理干部队伍制度体系,形成能上能下的选人用人机制,建设信念坚定、为民服务、勤政务实、敢于担当、清正廉洁的高素质干部队伍,根据《中华人民共和国公务员法》《党政领导干部选拔任用工作条例》《推进领导干部能上能下若干规定(试行)》《关于实行党政领导干部问责的暂行规定》《甘肃省推进领导干部能上能下实施细则(试行)》等法律法规,制定本实施细则。

第二条　推进领导干部能上能下,重点是解决干部能下问题。必须坚持党要管党、从严治党,坚持实事求是、公道正派,坚持人岗相适、人尽其才,坚持依法依规、积极稳妥,紧紧围绕市委提出的实现“两个率先”奋斗目标,着力解决为官不正、为官不为、为官乱为等问题,促使领导干部自觉践行“三严三实”要求,推动形成能者上、庸者下、劣者汰的用人导向和从政环境。

第三条　本实施细则适用于市属各部门、各单位的处、科级干部。

本实施细则主要规范对有关领导干部的组织调整。涉及违纪违法行为的,按照党的纪律规定和有关法律法规办理。

第四条　推进领导干部能上能下,要严格执行干部到龄免职(退休)、任期届满离任等制度规定,加大问责追究、调整不适宜担任现职干部等工作力度,及时对不能正常履职的干部进行调整、对违纪违法应当免职的干部予以免职。

第二章　到龄免职(退休)

第五条 严格执行干部退休制度，干部达到退休年龄界限的，应当按照有关规定程序办理免职(退休)手续。

第六条 处级女干部可在年满55周岁时选择自愿退休,也可在年满60周岁前根据公务员法有关规定申请提前退休。

第七条 确因工作需要延迟免职(退休)的,应当按照干部管理权限,由单位党委(党组)研究提出意见,报组织人事部门按程序办理。

第三章　任期届满离任

第八条 严格执行领导干部职务任期制度,任期年限、届数和最高任职年限,一般不得延长。

第九条 党政领导干部在同一职位上任职达到两个任期,不再推荐、提名或者任命担任同一职务。根据干部个人情况和岗位需要对其工作予以另行安排。

第十条 市直部门中从事执纪执法、干部人事、项目审批、资金管理等管钱、管人、管物的重点部门主要领导，在同一职位任职5年以上的必须交流。上述部门所属的其他领导干部和所属部门关键岗位负责人,有计划地进行交流。

第十一条 纪检监察、组织部门、人民法院、人民检察院、公安部门的副职任职5年以上的,有计划地进行交流。

第十二条 加强任期内考核和管理，经考核认定不适宜继续任职的，应当中止任期、免去现职,不得以任期未满为由继续留任。干部任期内免职按照有关规定程序办理。

第四章　问责追究

第十三条 加大领导干部问责力度。按照《关于实行党政领导干部问责的暂行规定》,具有下列情形之一的,应当对有关领导干部实行问责：

(一)决策严重失误,造成重大损失或者恶劣影响的；

(二)因工作失职,致使本部门、本系统或者本单位发生特别重大事故、事件、案件,造成重大损失或者恶劣影响的；

(三)政府职能部门管理、监督不力,在其职责范围内发生特别重大事故、事件、案件,造成重大损失或者恶劣影响的；

(四)在行政活动中滥用职权,强令、授意实施违法行政行为,或者不作为,引发群体性事件或者其他重大事件的；

(五)对群体性、突发性事件不主动、不作为或者处置失当,导致事态恶化,造成恶劣影响的；

(六)违反《党政领导干部选拔任用工作条例》和干部选拔任用工作有关规定,导致用人失察、失误,造成恶劣影响的；

(七)其他给国家利益、人民生命财产、公共财产造成重大损失或者恶劣影响等失职行为的。

第十四条 具有下列情形之一的，也应当对有关领导干部实行问责：

(一)落实从严治党责任不力,贯彻党风廉政建设责任制、履行党风廉政建设第一责任人职责不到位，本部门本单位在较短时间内连续出现违纪违法问题的;发生窝案串案的;重复发生严重违反廉洁从政和作风建设有关规定问题的；对上级党委、纪委交办的党风廉政建设责任范围内的事项不传达贯彻、不安排部署、不督促落实,或拒不办理的;反腐倡廉制度存在明显漏洞,执纪执法机关提出整改建议仍不进行有效整改的；对领导班子成员或者直接管辖下属失教失管失察导致发生严重违纪违法问题的；对下级党组织不履行或不正确履行党风廉政建设主体责任的问题，不及时纠正、处理或责任追究不力的。

(二)法治观念淡薄,不依法办事,不按法定程序决策,或者依法应当及时做出决策但久拖不决,造成不良影响和后果的；对严重违纪违法行为放任纵容、袒护包庇、压案不查或阻挠调查的;对审计发现的问题不及时整改或者整改不认真的。

(三)抓作风建设不力,对职责范围内明令禁止的不正之风未有效治理，本部门本单位或者分管领域形式主义、官僚主义、享乐主义和奢靡之风比较突出的；对落实民生政策过程中严重损害群众切身利益、社会反响强烈的问题治理不力的。

(四)在干部选拔任用工作中任人唯亲、营私舞弊，本部门本单位或者分管领域用人上不正之风比较突出的。

(五)对配偶、子女及其配偶和身边工作人员教育管理不严、约束不力,甚至默许其利用自身职权或者职务上的影响谋取不正当利益的。

（六）有信谣传谣、妄议中央，拉帮结派、团团伙伙，以权谋私、腐化堕落，滥用职权、失职渎职，为官不为、得过且过，纪律涣散、我行我素，盲目决策、好大喜功，脱离群众、高高在上等不严不实表现的。

（七）违反规定程序和议事规则，个人或者少数人决定重大事项，或者擅自改变集体做出的重大决定的。

（八）履行抓党建第一责任人职责不力，按照《嘉峪关市基层党建工作目标责任考核办法（试行）》规定，基层党建考核结果连续两年评定为“较差”等次的。

（九）在教育、卫生、安全生产、食品药品安全、社会保障、社会治安综合治理、供水供热、地质灾害防治等涉及民生问题和人民群众生命财产安全的工作中，不服从或不执行市委、市政府统一领导及决策，指挥部署不当或履职不到位，造成群体性事件，社会负面影响较大的。

（十）违背科学发展要求，造成生态环境和资源严重破坏，属于《党政领导干部生态环境损害责任追究办法(试行)》所列应追责情形的。

（十一）行政管理过程中不履行或不正确履行职责，属于《甘肃省行政过错责任追究办法》和《嘉峪关市行政过错责任追究办法（试行）》中所列应问责追究情形的。

（十二）除不可抗因素影响外，未完成市委、市政府确定的年度目标任务和重点工作任务的。

（十三）年度考核领导班子被评为“较差”等次的，领导干部被评为“不称职”的。

第十五条 按照省委关于推进精准扶贫工作、开展“双联”行动的意见以及市委关于加快推进城乡一体化的意见和有关考核办法，有下列情形之一的，应当对有关领导干部实行问责：

（一）对统筹推进精准扶贫、精准帮扶、开展“双联”行动、加快城乡一体化建设认识不到位、精力不集中、措施不聚焦、作风不扎实、效果不明显的；

（二）单位主要领导、分管领导重视不够，年度考核中“双联”行动考核结果为“较差”的；

（三）在“双联”行动和推进城乡一体化工作中弄虚作假的。

第十六条 发生上述情形的，对有关领导干部实行问责追究的方式，包括通报批评、责令公开道歉、停职检查、引咎辞职、责令辞职、免职。问责程序按照《甘肃省党政领导干部问责实施办法(试行)》执行。

第十七条 引咎辞职、责令辞职和因问责被免职的党政领导干部，一年内不安排职务，满一年经考察表现突出的可安排适当职务，两年内不得担任高于原任职务层次的职务。

第五章 不适宜担任现职调整

第十八条 对不适宜担任现职的干部应当进行调整。不适宜担任现职，主要指干部的德、能、勤、绩、廉与所任职务要求不符，不宜在现岗位继续任职。

干部不严格遵守党的政治纪律、组织纪律、廉洁纪律、群众纪律、工作纪律和生活纪律，具有下列情形之一，经组织提醒、教育或者函询、诫勉没有改正，被认定为不适宜担任现职的，必须及时予以调整：

（一）不严格遵守党的政治纪律和政治规矩，不坚决执行党的基本路线和各项方针政策，不能在思想上政治上行动上同党中央保持高度一致的；

（二）理想信念动摇，在重大原则问题上立场不坚定，关键时刻经不住考验的；

（三）违背党的民主集中制原则，独断专行或者软弱涣散，拒不执行或者擅自改变党组织做出的决定，在领导班子中闹无原则纠纷的；

（四）组织观念淡薄，不执行重要情况请示报告制度，或者个人有关事项不如实填报甚至隐瞒不报的；

（五）违背中央八项规定、省委“双十条”规定和市委七项规定精神，不严格遵守廉洁从政有关规定的；

（六）不敢担当、不负责任，为官不为、庸懒散拖，干部群众意见较大的；

（七）不能有效履行职责、按要求完成工作任务，单位工作或者分管工作长期处于落后状态，或者出现较大失误的；

（八）品行不端，在社会公德、职业道德、家庭美德、个人品德等方面存在突出问题，造成不良影响的；

(九)配偶已移居国(境)外,或者没有配偶但子女均已移居国(境)外,不适宜担任其所任职务的;

(十)按照《党政领导干部任职试用期暂行规定》的要求,领导干部试用期满经考核不合格的;

(十一)在上级巡视机构巡视中发现有不适宜担任现职情况,提出调整建议的;

(十二)其他不适宜担任现职的情形。

第十九条 调整不适宜担任现职干部,一般按照以下程序进行:

(一)考察核实。对年度考核、平时考核、任职考察、巡视、审计、个人有关事项报告抽查核实、民主评议、信访举报核实等情况进行综合分析研判,有针对性地考察核实,做出客观公正评价和准确认定。要注重听取群众反映、了解群众口碑,特别是听取工作对象、服务对象等相关人员的意见。

(二)提出调整建议。市委组织部或单位党委(党组)根据考察核实结果,对不适宜担任现职干部提出调整建议。调整建议包括调整原因、调整方式等内容。提出调整建议前,应当与干部本人谈话,说明调整理由,听取其陈述意见。

(三)组织决定。科级干部由市委组织部部务会议研究,做出调整决定。处级干部经市委组织部部务会讨论后,按程序提请市委常委会研究,做出调整决定。做出决定前,应当听取有关方面意见。

(四)谈话。由市委主要领导或组织部门负责同志及单位党委(党组)负责人与调整对象进行谈话,宣布组织决定,认真细致做好思想工作。

(五)按照有关规定履行任免程序。对选举和依法任免的干部,按照有关法律法规规定的程序进行。

干部本人对调整决定不服的,可以按照有关规定申请复核或者提出申诉。复核、申诉期间不停止调整决定的执行。从干部调整岗位的次月起,调整其级别和工资待遇。

第二十条 对不适宜担任现职干部,应当根据其一贯表现和工作需要,区分不同情形,采取调离岗位、改任非领导职务、免职、降职等方式予以调整。对非个人原因不能胜任现职岗位的,应当予以妥善安排。

第二十一条 因不适宜担任现职调离岗位、改任非领导职务、免职的,一年内不得提拔;降职的,两年内不得提拔。影响期满后,对德才表现和工作实绩突出,因工作需要且经考察符合任职条件的,可以提拔任职。

第六章 不能正常履职调整

第二十二条 干部因健康原因,无法正常履行工作职责一年以上的,应当对其工作岗位进行调整。职务调整后,工资、医疗等待遇不变。恢复健康后,参照原任职务层次做出安排。

第二十三条 干部非组织选派,离职学习期限超过一年的,一般应当免去现职。

第二十四条 干部个人认为自己不能适应岗位,主动要求转任非领导职务,或者降低职务的,以及要求提前退休且符合有关规定的,应予调整职务或办理提前退休。

第二十五条 其他原因不能正常履职的,应当免职。

第七章 违纪违法免职

第二十六条 干部因违纪违法应当免职的,按照规定程序及时予以免职。

第八章 落实机制

第二十七条 在推进领导干部能上能下工作中,严明工作纪律,不得搞好人主义,不得避重就轻、以纪律处分规避组织调整或者以组织调整代替纪律处分,不得借机打击报复。

第二十八条 建立健全推进领导干部能上能下工作责任制。党委(党组)承担主体责任,党委(党组)书记是第一责任人,确保《实施细则》落到实处。强化纪律和规矩意识,把推进领导干部能上能下作为全面从严治党、从严管理干部的重要内容,坚持原则、敢于负责,做到真管真严、敢管敢严、长管长严。

第二十九条 建立干部情况研判机制。加强对干部的日常了解,通过综合分析研判、年度考核、参加民主生活会、干部考察、谈心谈话、专项教育活动等途径,了解掌握干部的思想、工作、生活等情况。按照《嘉峪关市市管领导班子和领导干部综合分析研判办法》,定期不定期地分析研判领导班子和干部队伍情况,为提出干部调整意见提供依据。正确把握政策界限,注意保护干部干事创业、改革创新的积极性,宽容改革探索中的失误。

第三十条 建立调整处置机制。根据分析研判情况,及时向市委提出干部调整的建议。对问责追究、不适宜担任现职、因健康原因不能正常履职调整暂未安排的干部,组织部门应加强跟踪了解,向市委汇报有关情况,提出新的任免建议。

第三十一条 建立教育管理机制。坚持从严管理与关心爱护相结合,按照《嘉峪关市市管领导干部日常管理办法》和《嘉峪关市市管干部谈话办法》的有关要求,及时与调整下来的干部进行谈话,指出问题,提出改进意见,给予关心帮助。要采取有效措施,有针对性地加强教育管理。

第三十二条 建立督查反馈和责任追究机制。要加强对推进领导干部能上能下工作的督促检查,及时了解掌握相关工作情况,并对督促检查情况进行通报。对不重视、不掌握情况、不及时研究处理,管理监督失之于宽失之于软、放任自流等工作不力的,应当根据具体情况,严格追究党委(党组)主要负责人和相关人员的责任。

第九章 附 则

第三十三条 本实施细则由中共嘉峪关市委组织部负责解释。

第三十四条 本实施细则自印发之日起施行。

关于嘉峪关市安全生产“党政同责、一岗双责”制度实施细则

嘉发〔2015〕41号

(2015年12月4日)

第一章 总 则

第一条 为切实落实安全生产“党政同责、一岗双责”责任制,根据《甘肃省安全生产“党政同责、一岗双责”制度实施细则》和《中共嘉峪关市委嘉峪关市人民政府关于进一步加强安全生产工作的实施意见》等安全生产法律、法规和有关规定,结合全市实际,制定本实施细则。

第二条 全市各级党委(党组),三区,市属各部门,在嘉各单位,各类生产经营单位适用本实施细则。

第三条 本实施细则所称安全生产“党政同责”,是指三区、市属各部门,在嘉各单位,各类生产经营单位党委(党组)在安全生产工作方面与行政领导负有共同的责任,党委(党组)、行政主要负责人同为安全生产第一责任人,其班子成员按照职责分工分别承担相应的安全生产工作责任;“一岗双责”是指党委(党组)、行政领导按照“管行业必须管安全、管业务必须管安全、管生产经营必须管安全”的原则,既要负责分管范围内的业务工作,又要负责分管范围内的安全生产工作。

第二章 各单位党政部门安全生产工作职责

第四条 各单位党委(党组)应当在职责范围内,大力支持安全生产工作,履行安全生产工作职责。将安全生产工作纳入党委、党组重要议事日程,定期听取安全生产工作汇报,党委会、党组会要专门研究安全生产工作,研判形势,解决安全生产工作中的重大问题。

第五条 各单位行政部门应当按照《甘肃省安全生产条例》、《甘肃省政府安全生产监督管理责任规定》(甘肃省人民政府令第60号)等有关规定要求,认真履行安全生产监管职责,确保本行业、本部门安全生产。

第六条 各单位党委(党组)、行政主要负责人主要职责:

(一)对本行业、本部门安全生产监管工作负总责,负责安全生产法律法规、政策规定及党委、政府安全生产决策部署在本行业、本部门的贯彻落实;

(二)担任分管领域安全生产工作领导小组副组长,负责日常工作;定期向党委联系、政府分管领导汇报本行业、本部门的安全生产工作;定期召开安全生产专题会议,分析安全生产形势、研究安全生产工作、解决安全生产问题;

(三)建立健全本行业、本部门安全生产监管机构,负责完善本行业、本部门安全生产工作制度;

(四)安排本行业、本部门安全生产重大行动和重要活动,并将安全生产工作与业务工作同时安排部署;

(五)每月至少组织一次安全生产检查活动,督促整改本行业、本部门安全隐患;督促下级部门和本行业生产经营单位抓好工作落实;

(六)组织本行业、本部门开展生产安全事故应急演练、应急救援;依法开展生产安全事故调查处理工作;

(七)负责本行业、本部门安全生产工作考核和责任追究。

第七条 各单位党委(党组)、行政部门分管安全生产负责人主要职责:

(一)协助主要负责人履行本行业、本部门安全生产工作职责,及时汇报安全生产工作,并对分管领域安全监管工作负责;

(二)组织制定本行业、本部门安全生产工作计划、管理制度,定期召开安全生产会议,分析安全生产形势、研究安全生产工作,解决安全生产问题;

(三)接受安全生产综合监督管理,做好本行业、本部门的安全生产监督管理工作;

(四)组织实施本行业、本部门的安全生产重大行动和重要活动;每半年至少组织一次本行业、本部门的安全生产应急演练,提升安全生产应急处置能力;组织生产安全事故应急救援;参与、配合生产安全事故调查处理;

(五)每月至少组织一次安全生产检查活动,督促整治本行业、本部门重大安全隐患,督促安全生产工作落实;

(六)组织开展安全生产工作考核。

第八条 各单位党委(党组)、行政部门其他负责人主要职责:

(一)贯彻落实安全生产法律法规和工作要求,协助、配合部门主要负责人和分管安全生产负责人做好安全生产工作,部署业务工作的同时部署安全生产工作;

(二)参加部门安全生产工作会议,定期向部门主要负责人汇报分管领域安全生产情况,并对分管领域安全生产监管工作负责;

(三)每月至少组织一次安全生产检查,协调解决本行业、本部门安全隐患,督促落实安全隐患排查整改工作。

第三章 生产经营单位安全生产工作职责

第九条 生产经营单位严格落实《国务院关于进一步加强企业安全生产工作的通知》(国发〔2010〕23号)、《甘肃省安全生产条例》、《甘肃省生产经营单位安全生产主体责任规定》(甘肃省人民政府令第61号),认真履行生产经营单位安全生产主体责任,确保安全生产。

第十条 生产经营单位主要负责人主要职责:

(一)对本单位安全生产主体责任负总责,贯彻执行安全生产法律法规和相关政策规定;建立健全本单位安全生产责任制;认真落实全市安全生产安排部署;

(二)组织制定并督促落实安全生产规章制度、安全生产技术标准和操作规程;带头落实企业主要负责人和领导班子成员轮流现场带班制度;

(三)按规定设立安全生产管理机构,配备分管安全负责人、安全管理人员和技术负责人,并赋予其安全生产指挥管理和技术决策权;

(四)督促落实在年度财务预算中确定必要的安全投入,并保证各项安全生产投入的有效实施;淘汰不符合有关安全标准、安全性能低下、职业危害严重、危及安全生产的落后技术、工艺和装备;

(五)建立安全隐患排查整治台账,确保整改措施、责任、资金、时限和预案"五到位",及时消除生产安全事故隐患;

(六)定期组织召开安全生产会议,分析安全生产形势,研究解决问题;安排部署安全生产督查检查活动;

(七)强化企业对安全文化建设、宣传教育、安全培训、法律法规执行工作的监督指导;严格落实主要负责人和安全生产管理人员安全生产知识和管理能力考核制度、特种作业人员持特种作业操作证上岗制度;

(八)督促落实企业负责人安全生产技术管理负责制,强化企业主要技术负责人技术决策和指挥权;组织开展以岗位达标、专业达标和企业达标为内容的安全生产(质量)标准化建设;

(九)建立完善安全生产动态监控及预警预报体系,每月进行一次安全生产风险分析。组织实施职业病防治工作,保障从业人员的职业健康;

(十)组织制定生产安全事故应急救援预案,并与政府应急预案保持衔接。加强应急管理工作,落实应急物资储备并定期进行演练。赋予生产现场带班人员、班组长和调度人员在遇到险情时第一时间下达停产撤人命令的直接决策权和指挥权;

(十一)按规定及时、如实报告生产安全事故，组织生产安全事故救援；协助、配合做好事故调查处理工作；

(十二)每年向职工代表大会、职工大会、股东大会报告安全生产情况，接受工会、从业人员、股东的监督。

第十一条 生产经营单位分管安全生产负责人主要职责：

(一)协助主要负责人具体抓好安全生产工作，负责落实安全生产会议的决策部署；组织制定安全生产工作计划，建立健全安全管理制度、岗位责任制及安全操作规程，承担分管业务范围内的安全生产责任；

(二)督促安全生产责任制落实，督促员工落实安全管理制度、安全操作规程；

(三)检查违章指挥、违章作业和违反劳动纪律的行为，并依法依规进行处理；

(四)对设施设备、工艺流程和作业场所职业卫生状况定期组织检查和检测评价；

(五)对重大危险源进行登记建档监控，排查整治安全隐患；建立完善隐患排查台账；

(六)编制、修订生产安全事故应急预案，加强应急管理，定期组织开展应急演练；

(七)发生生产安全事故时，组织开展应急救援，协助、配合开展生产安全事故调查处理工作。

第十二条 生产经营单位其他分管负责人主要职责：

(一)贯彻执行安全生产法律法规及政策规定，部署业务工作的同时部署安全生产工作；

(二)承担分管业务范围内的安全生产工作责任；参加安全生产工作会议，对本单位安全生产工作提出合理建议；

(三)定期向主要负责人汇报分管业务范围内的安全生产情况；

(四)参加安全生产检查和隐患排查，在检查业务工作时要把安全生产列入检查内容，并负责落实整改生产安全事故隐患；

(五)对员工进行教育培训活动时，要加入安全教育内容。

第四章 保障措施

第十三条 各部门、各单位、各生产经营单位的安全生产“党政同责、一岗双责”落实情况，作为安全生产目标责任考核的一项重要内容，细化考核标准，严格奖惩措施；在考核考察领导班子和领导干部、评选表彰先进时，将履行安全生产工作职责情况作为重要依据。

第十四条 各部门、各单位、各生产经营单位领导班子和班子成员在年度述职报告中，应当按照“党政同责、一岗双责”要求，对职责范围内的安全生产工作进行述职。

第十五条 坚持失职追责、尽职免责的安全生产激励约束机制。加强对安全隐患、生产安全事故的查处，对年度内发生重大及以上安全责任事故、连续发生2起及以上一般安全责任事故的单位，除严肃追究相关责任外，相关部门要在年内项目审核、用地、证券融资和信贷等方面予以严格审查。对安全生产目标管理先进的监管部门、生产经营单位及业绩突出的个人进行年度表彰。

第十六条 严格执行安全生产考核机制。各单位安全生产目标责任考核参照《嘉峪关市市管领导班子和领导干部安全生产目标责任考核办法》(嘉办发〔2014〕117号)执行。

第十七条 本实施细则自印发之日起实施。

关于加快构建现代公共文化服务体系的实施方案

嘉发〔2015〕44号

(2015年9月16日)

为深入贯彻落实《中共中央办公厅、国务院办公厅印发<关于加快构建现代公共文化服务体系的意见>的通知》(中办发[2015]2号)、《中共甘肃省委办公厅、甘肃省人民政府办公厅印发<关于加快构建现代公共文化服务体系的实施意见>的通知》(甘办发[2015]37号)精神，切实推进我市公共文化服务标准化、均等化建设，加快构建具有嘉峪关特色的现代公共文化服务体系，扎实推进基层公共文化服务工作，不断满足人民群众基本文化需求，结合本市实际，制定本实施方案。

一、总体要求

(一)指导思想。以邓小平理论、“三个代表”重要思想、科学发展观为指导,全面贯彻落实党的十八大和十八届三中、四中、五中全会和习近平总书记系列讲话精神,牢牢把握嘉峪关市战略定位,培育和践行社会主义核心价值观,以改革创新为动力,以法治建设为保障,以基层为重点,以华夏文明传承创新区为战略平台,统一基层公共文化设施建设和服务标准,加快构建覆盖全市的现代公共文化服务体系,着力改善城乡基层公共文化服务条件,提高基层公共文化服务供给能力,确保人民群众共享文化发展成果,为建设特色文化强市提供强大精神动力和文化支撑。

(二)基本原则。坚持正确导向、服务人民。牢固树立为人民服务的工作导向,以社会主义核心价值观为引领,发展先进文化,创新传统文化,扶持通俗文化,引导流行文化,改造落后文化,抑制有害文化,巩固基层文化阵地,促进在全社会形成积极向上的精神追求和健康文明的生活方式。

坚持政府主导、社会参与。立足本市实际,因地制宜,科学规划,分类指导,加快构建满足群众基本文化需求的公共文化服务体系,切实保障人民群众基本文化权益,促进实现社会公平。持续推进简政放权,减少行政审批项目,引入市场机制,激发社会主体参与公共文化建设的积极性,提供多样化的文化产品和服务,增强发展活力。

坚持统筹兼顾、均衡发展。抢抓国家实施"一带一路"战略的政策机遇,将公共文化服务体系建设作为推进特色文化强市建设的重要内容,统筹推进华夏文明传承创新区建设以及城乡基本公共文化服务体系建设,加强公共文化设施建设,提升管理和服务水平。

坚持精准扶贫、保障基本。围绕深入实施"1236"扶贫攻坚和"双联"行动,扎实推进精准扶贫、精准脱贫,大力开展文化扶贫攻坚,持续推进文化惠民、文化民生工程,优先满足人民群众基本文化需求,充分保障其基本文化权益。

坚持改革创新、共建共享。深化文化体制改革,加快转变政府职能,完善管理体制机制,建立协同机制,强化统筹管理,优化资源配置,进一步创新公共文化服务内容和形式,促进文化与科技深度融合,充分发挥整体优势,不断提升综合效益,推动文化事业和文化产业协调发展。

(三)工作目标。到2017年,实现所有行政村综合文化服务中心("乡村舞台")、广播电视全覆盖,人民群众读书看报、收听广播、观看电视电影、观赏文艺演出、参观展览、参加文体活动等基本文化权益得到更好保障。到2020年,村农民体育健身工程基本覆盖,农村有线广播入户率达到80%以上,"五馆一站一中心"(公共图书馆、少儿图书馆、文化馆、美术馆、博物馆、镇综合文化站、社区文化服务中心)覆盖率达到100%,实现市、区、镇、村(社区)四级公共文化设施标准化,城乡和区域公共文化服务项目均等化,各级文化服务机构编制规范化,基本建成覆盖城乡、便捷高效、保基本、促公平,与全面小康社会要求相适应的现代公共文化服务体系。公共文化设施网络全面覆盖、互联互通,公共文化服务的内容和手段更加丰富,服务质量显著提升,公共文化管理、运行和保障机制进一步完善,政府、市场、社会共同参与公共文化服务体系建设的格局逐步形成,人民群众基本文化权益得到更好保障,公民道德素质和社会文明程度明显提升。

二、加快城乡公共文化基础设施标准化建设

(四)积极推进公共文化服务设施重点项目建设。按照国家文化馆、美术馆等建设标准,加快筹建集文化馆、美术馆(画院)非遗中心、博物馆(展览馆)、剧场等功能为一体的嘉峪关市文化艺术活动中心。深入推进文化遗产"历史再现"工程,筹建民间博物馆区。新建工人文化宫、青少年宫和符合国家规定的纪念馆,建立和完善四〇四核工业军工展览馆和酒钢展览馆。改造升级集演艺、录播为一体的嘉峪关广播电视台大演播室,提升嘉峪关市宣传能力。

(五)全面加强农村基层文化设施建设。创新推进"乡村舞台"建设,统筹农村现有项目、资金,建设集宣传思想教育、文化知识传播、文体娱乐活动、民俗文化传承创新、法制科教普及为一体的村综合文化服务中心("乡村舞台")。实施体育健身工程行政村全覆盖。完善组文化活动室采暖设施和文化活动设备。完善乡镇综合文化站建设,对不达标乡镇综合文化站进行新建或改扩建。"乡村记忆"博物馆达到60%以上。加快农村电影固定放映场所建设和农村文化大院建设。推进"乡村舞台"与"农家乐"等村级旅游示范点融合建设,加大文化扶贫力度,促进贫困群众脱贫致富。

（六）统筹推进城市社区公共文化设施建设。加快推进社区文化活动场所规划建设，合理均衡布局公共文化设施。保障城市街道、社区公共文化建设用地，统筹项目和资金，建设集宣传文化、党员教育、精神文明、科技普及、普法教育、体育健身等多功能于一体的社区综合文化服务中心。整合厂矿企业、社会团体、学校等设施场所，推进社区综合文化服务中心和体育健身中心、全民健身路径、笼式足球场建设，实施城市社区10-15分钟"文化娱乐圈""体育健身圈"工程。

三、促进公共文化服务均等化

（七）推动城乡公共文化服务一体化。合理配置公共文化服务资源，促进城乡基层公共文化服务均等化。推动城乡之间公共文化服务资源整合，逐步将镇综合文化站、社区（村）综合文化服务中心纳入全市管理与服务体系，实现公共文化服务体系一体化配送与运营，打通基层公共文化服务"最后一公里"。加强城市对农村文化建设的帮扶，支持农村文化艺术创作，加大对民间文化艺术的扶持力度，形成城乡文化交流常态化工作机制。

（八）保障特殊群体基本文化权益。坚持普惠与特惠相结合，发挥文化馆、图书馆、少儿馆、美术馆、镇综合文化站、社区（村）综合文化服务中心（"乡村舞台"）的基层服务功能，面向老年人、未成年人、残疾人、农民工、农村"三留守"、生活困难群众等特殊群体，积极组织开展公益性文化辅导培训、展览展示、科技普及、体育健身等公共文化服务工作。公共文化服务机构要为残疾人提供无障碍设施，图书馆应配备盲文书籍，为盲人阅读提供服务。宣传、引导农民工积极参与驻地文化活动，在农民工等流动人口集聚地开展流动图书借阅、流动电影放映和数字文化服务等活动。

（九）优化基层公共文化设施布局。在按照行政区划设置基层公共文化设施的基础上，综合考虑人口、交通等因素，以一刻钟文化服务圈为半径，编制城乡基层公共文化设施规划，完善现代公共文化服务设施网络。在嘉北、嘉东工业园区分别建设一个集文化活动、读书看报、体育健身于一体的农民工文体活动中心，消除城镇社区特别是城乡接合部公共文化服务"盲区"。

（十）推进公益文化普及。充分发挥市、镇、社区（村）三级公共文化设施的作用，市文化馆每年定期为群众组织较大规模文化活动，免费举办各类培训和展览，同时，建立群众文化辅导员进社区（农村）辅导制度。市图书馆和少儿馆每年新购图书6000种，平均每册藏书年流通率0.5次以上。三镇综合文化站、社区（村）综合文化活动中心（乡村舞台）每月开展一次文体活动，活动内容包括文艺演出、展览、培训、趣味运动会等。博物馆每周开放时间不少于42小时，每年举办较大规模讲座、培训、巡展等活动不低于12项。

（十一）实施公共文化流动服务。市图书馆、市文化馆分别配备1辆流动服务车，深入社区、乡村开展图书借阅、演出、展览、培训等公共文化服务活动，确保图书馆和文化馆每年下基层服务次数均不低于50次。根据全市人口布局，逐年在人流密集的路段、公共场所安装智能图书借阅机，满足市民就近、便利、快捷的图书借阅需求。

四、促进公共文化产品供给社会化

（十二）加大政府购买服务力度。建立"自上而下，以需定供"的互动式、菜单式服务方式，不断创新政府向社会力量购买面向基层的公共文化服务模式。结合实际情况，不断丰富、调整政府购买公共文化服务指导性目录，建立健全方式灵活、程序规范、标准明确、结果评价、动态调整的购买机制，逐步加大财政资金向社会力量购买面向基层的公共文化服务的投入力度。

（十三）提高公共文化设施使用率。深入推进图书馆、文化馆、少儿图书馆、博物馆、美术馆、纪念馆、乡镇综合文化站免费开放工作。按照国家统一部署，逐步将民办博物馆、行业博物馆纳入免费开放范围。鼓励学校、党政机关、企事业单位文体设施向社会开放。提高嘉峪关大剧院、影剧院、数字电影城等文化场馆使用率。扶持壮大行业联盟，搭建整合服务平台，开展文化服务"一卡通"，实现区域文化设施资源共建共享。建立广播电视村村通、户户通长效运维机制，保障广播电视长通、久通、优质通。

（十四）鼓励社会化运营方式。支持社会力量兴办具有公益性和准公益性特点的民俗博物馆、文化大院、群众文艺团队、社区文化服务组织，面向社会公众提供文化服务。创新基层公共文化设施管理模式，吸引有实力的社会组织和企业开展社会化、专业化运营，促进公共文化服务提供主体和提供方式多元化。引入竞争机制,鼓励和支持社会力量通过兴办实体、资助项目、赞助活动、提供产品和服务等多种方式参与公共文化服务体系建设。加快文化集市建设,引导和支持各类文化企业开发公共文化产品和服务,满足人民群众多层次的文化需求。

(十五)培育和规范文化类社会组织。加强对文化类社会组织的引导、扶持和管理,促进其规范有序发展。鼓励基层公共文化服务机构成立行业协会,发挥其在行业自律、行业管理、行业交流等方面的重要作用,加快推进文化行业协会与行政机关脱钩。文化类社会组织在获取政策支持、人员培训、职称评定和资格认证等方面,享有与公益性文化事业单位同等的待遇。严格执行社会组织年检制度和信息公开制度,开展运营绩效评估和社会信用评估,实现依法管理、依法运营。

(十六)加强文化志愿服务工作。探索具有嘉峪关特色、体现专业水准的文化志愿服务管理模式,完善文化志愿者注册招募、服务管理和激励保障机制,建立文化志愿者与村(社区)"结对子、种文化"工作机制。动员组织专家学者、艺术家、优秀运动员等社会知名人士到基层教、学、帮、带,提高文化志愿服务的社会影响力。加强对文化志愿队伍的培训,提升文化志愿者的服务意识、服务能力和服务水平。

(十七)推进文化交流活动。以建设纪录片大省为契机,打造电影短片创作基地。支持鼓励群众文艺创作,完善雄关文化艺术评选和评奖机制。为关城景区量身创排驻场演出节目,提升文化消费。加强优秀文化艺术普及推广,广泛开展优秀文化遗产、高雅艺术进社区、进校园、进军营、进厂矿等公益性展演,推进送戏、送书、送电影下乡和优秀出版物推荐、展销活动。以"千台大戏送农村""文化惠民月""全民阅读""文化下乡"为载体,开展文化惠民活动。支持引导各类群众文化活动,特别是广场文化活动健康、规范、有序开展,推动群众性文化活动国际交流,支持群众文化走出去。

(十八)打造群众文化活动品牌。建立政府引导、企业参与、市场运作的文化艺术和体育赛事组织模式,深入开展全民阅读、全民艺术普及、全民健身、全民科普活动,培育一批影响力大、参与面广、延续性强的文体活动品牌。创新推讲"雄关大讲堂""雄关大舞台""雄关大展台"等文化品牌活动。利用节会、集市和农闲时节,组织开展政策咨询、科技培训、文艺展演、电影放映、卫生保健讲座、法制教育等形式多样的群众性文化活动。

(十九)加强非物质文化遗产保护传承。大力发展民俗文化,加大培训非物质文化遗产传承人,提高传统工艺品的设计制作水平和实用程度。提炼嘉峪关文化遗产典型元素,扩大历史文化遗产衍生品的开发、设计、创意,形成有特色的文化旅游产品。传承和发展民族民间传统体育。采取政府扶持,社会参与的模式,建立非物质文化遗产传习所。

五、加强公共文化服务数字化建设

(二十)推进公共文化服务数字化建设。加快推进嘉峪关广播电视台技术改造升级,实现设备的数字化、网络化、高清化和超高清化。统筹实施全市文化信息资源共享工程及公共电子阅览室、数字图书馆、数字文化馆、数字博物馆、数字纪念馆、直播卫星广播电视、农村数字电影放映、数字农家书屋、城乡电子阅报屏、数字文化社区、广播电视"村村通户户通"、农村电影放映等建设项目,推进基层公共文化服务云系统建设。加强公共文化大数据采集、存储和分析处理,加快推进数字文化资源在智能社区中的应用,实现"一站式"服务。

(二十一)提升信息化服务水平。灵活运用宽带互联网、移动互联网、广播电视网、有线电视双向网、卫星网络等手段,拓宽公共文化资源传输渠道。大力推进"三网融合"、网络电视、手机电视等新业务发展,积极推广数字智能终端、移动终端等新型载体,加快有线电视网络建设和数字化双向化改造、地面数字电视、应急广播体系建设,构建标准统一、互联互通的公共数字文化服务网络,确保实现国家、市、区县三级文化信息资源的共建共享。

六、创新公共文化管理体制和运行机制

(二十二)创新公共文化管理机制。建立自下而上的群众文化需求反馈机制,按需制定公共文化服务供给目录,开展"菜单式"、"订单式"服务。推进总分馆制建设,建立以图书馆、文化馆为总馆,镇综合文化站为分馆,城市及农村社区综合文化服务中心为基层服务点的运行模式。对基层公共文化服务岗位人员实行文化部门和区、镇双重管理,并建立考核评价制度。推广本市在基层公共文化建设中涌现出来的新经验、新举措,引导社会力量和城乡居民积极参与公共文化服务项目规划、建设、管理、服务和监督。调动驻村(社区)单位、企业和社会组织等多方面力量,共同参与基层文化管理和服务,形成多元联动格局。

(二十三)加大公益性文化事业单位改革力度。以强化功能为重点,深化公益性文化事业单位改革,探索在基层公共图书馆、博物馆、美术馆、文化馆等建立现代法人治理结构,吸纳有关方面代表、专业人士和各界群众组建理事会,共同参与管理,健全决策、执行和监督机制。完善年度报告和信息披露、公众监督等基本制度,依法依规加强管理。加强和改进公益性文化事业单位党组织建设,充分发挥基层党组织的战斗堡垒作用和共产党员的先锋模范作用。

(二十四)完善公共文化服务评价机制。建立公共文化机构服务水平绩效考评制度,考评结果作为确定预算、收入分配及负责人奖罚的重要依据。加强对重大文化项目资金使用、实施效果、服务效能等方面的监督和评估。完善公共文化服务质量监测体系,研究制定公众满意度指标,建立群众评价和反馈机制。制定嘉峪关市基本公共文化服务实施标准,适时进行动态调整。探索建立公共文化服务第三方评价机制,增强公共文化服务评价的客观性和科学性。

七、加大基层公共文化服务保障力度

(二十五)建立健全组织领导机制。成立由市委、市政府主要负责同志任组长,发改、财政、文广新、教育、科技、规划、体育和三区等部门为成员的公共文化服务体系建设领导小组,负责研究制定相关配套政策,统筹推进重点工作。领导小组下设办公室,办公室设在市文广新局,主要负责公共文化服务体系建设日常工作。各成员单位按照职责分工做好规划设计、业务指导、协调推进等专项工作。

(二十六)强化考核督查。将公共文化服务体系建设纳入科学发展、精准扶贫考核体系,作为考核评价各级党委、政府及各部门、各单位领导班子和领导干部政绩的重要内容,以规划、投入、建设、管理、服务效能为基本要素设定考核指标和权重。将公共文化服务体系建设任务完成情况作为重点督查内容之一,进一步健全完善督查机制,加大督促检查力度,确保各项目标任务落到实处、见到实效。强化宣传和舆论引导,努力营造全社会支持和参与现代公共文化服务体系建设的良好氛围。

(二十七)强化财税保障。按照基本公共文化服务实施标准,落实提供基本公共文化服务项目所必需的资金。逐年加大财政投入力度,到2020年,全市人均公共文化服务财政支出不低于200元。按照财政部《中央补助地方农村文化建设专项资金管理暂行办法》(财教[2003]25号),及时落实农家书屋出版物更新、文化设施维护和文化体育活动开展等补助经费。按照政府购买公共文化服务项目清单,加大对政府购买公共文化服务的支持力度。严格按照《中央补助地方美术馆、公共图书馆、文化馆(站)免费开放专项资金管理暂行办法》中规定的支出范围使用免费开放资金。进一步拓展资金来源渠道,加大政府性资金与一般公共预算的统筹力度。落实现行鼓励社会组织、机构和个人捐赠公益性文化事业所得税税前扣除政策规定。创新公共文化服务投入方式,通过政府购买、项目补贴、定向资助、贷款贴息等形式,不断提高财政资金投入的针对性和有效性。加强对公共文化服务资金管理使用情况的监督和审计,开展绩效评价。

(二十八)强化人才保障。加强全市各级公共文化服务人才队伍建设,按照控制总量、盘活存量、优化结构、有增有减的要求,参照省上相关部门制定的公共文化服务机构人员编制标准,根据业务发展实际进行动态调整。采取政府购买公益服务等多种方式,为市图书馆、少儿馆、文化馆、24小时自助图书馆配备保洁人员。在区、城市和农村社区设立城乡基层公共文化服务岗位,配备1至2名由市级公共财政补贴的工作人员,负责综合文化服务中心的管理服务工作。建立培训上岗和资格认定制度,全面提高从业人员素质。完善基层公共文化服务专业人才职业教育体系,加强基层文化工作骨干培训工作,不断提高其专业化水平。乡镇综合文化站从业人员应熟悉广播电视技术,具备组织群众文化活动等多方面的服务能力。探索实行乡镇综合文化站从业人员准入机制。加强基层乡土文化人才队伍建设,扶持培养乡土文化能人、民族民间文化传承人、非物质文化遗产项目代表性传承人,发展壮大社会体育指导员队伍,鼓励和扶持基层群众中的各类文化人才、文化活动骨干积极发挥作用。

(二十九)强化政策执行。把构建现代公共文化服务体系纳入国民经济和社会发展总体规划,加强领导,统筹推进。在与全面建设小康社会目标任务相衔接的基础上,科学编制全市公共文化服务体系"十三五"规划。强化公共文化服务制度建设,认真贯彻执行全省以"1+2+10"为基础的,总分结合、上下衔接的制度体系(1即本《实施意见》,2即《甘肃省基本公共文化服务实施标准》和《甘肃省加快构建现代公共文化服务体系百项重点任务推进计划》,10即《全省"乡村舞台"建设方案》《甘肃省精准扶贫贫困乡村文化场所建设支持计划实施方案》《甘肃省公共文化服务体系建设协调机制工作方案》《关于做好政府向社会力量购买公共文化服务工作的实施意见》《甘肃省文化集市建设方案》《甘肃省文化遗产"历史再现"工程意见》《甘肃省戏剧大省建设五年计划》《甘肃省纪录片大省建设五年规划》《文化志愿者招募管理办法》《鼓励和支持社会力量捐赠公共文化建设服务办法》等专项方案和办法)。严格执行《甘肃省公共文化服务保障条例》,提高公共文化服务领域法治化水平。加强公共文化地方立法与文化体制改革重大政策的衔接,提高公共文化服务领域法治化水平。

二、标准实施

(一)本标准是全市公共文化服务实施基本标准,从2015年起开始实施。各相关部门根据职能职责和任务分工,制定具体落实措施、工作步骤和时间安排,确保标准实施工作科学、规范、有序开展。

(二)市财政按照标准科学测算所需经费,将基本公共文化服务保障资金纳入财政预算,落实保障常住人口享有基本公共文化服务所需资金和面向社会力量购买公共文化服务资金。

(三)文化部门会同有关部门建立标准实施情况的动态监测机制和绩效评价机制,加强督促检查。积极引入社会第三方开展公众满意度测评,对公众满意度较差的要进行通报批评,对好的做法和经验及时总结、推广。

市政府
重要决定

嘉峪关市行政审批事项目录管理办法

嘉政发[2015]1号
(2015年1月4日)

第一条 为严格控制行政审批事项,规范行政审批行为,加强行政审批事项的管理,根据《中华人民共和国行政许可法》《中华人民共和国政府信息公开条例》《甘肃省行政审批事项目录管理办法》等规定,结合我市实际,制定本办法。

第二条 本市各行政机关和法律、法规授权的具有管理公共事务职能的组织(以下统称行政机关)实施行政审批,适用本办法。

第三条 本办法所称行政审批事项,是指本市各行政机关依法实施的行政审批事项、上级部门委托、下放实施的行政审批事项。

第四条 行政机关实施行政审批,应当遵循合法与合理兼顾、精简与效能统筹、及时与规范同步、监督与问责并举的原则,提供优质服务,提高行政效率。

第五条 市政府各行政机关实施的行政审批事项应当纳入市政府行政审批事项目录(以下简称《目录》)进行统一管理。未纳入《目录》的行政审批事项不得实施。

在嘉各单位的行政审批事项应当纳入市政府的《目录》。

第六条 市政府行政审批制度改革工作领导小组办公室(以下简称市审改办)是《目录》管理机构,负责行政审批事项的组织清理、规范实施、动态管理以及《目录》的编制、更新、考核评估等工作,并经市政府授权公布《目录》。

机构编制管理部门负责《目录》所列行政审批事项实施机关的职能审查工作,并结合政府职能转变和机构改革对行政审批事项提出调整意见。

政府法制机构负责《目录》所列行政审批事项的合法性审查工作。

监察机关负责对行政机关实施行政审批行为进行专项监督。

第七条 纳入《目录》的行政审批事项，应当由法律、法规、规章或者国务院、省政府决定设定，其他规范性文件不得设定。

法律、法规或者规章只作出原则性管理要求的，不得通过制定“红头文件”等方式擅自增加行政审批事项或具有审批性质的管理事项。

第八条 纳入《目录》的行政审批事项，应当明确事项名称、法律依据、实施机关、审批程序、审批条件、申请材料、审批期限等要素和内容。

行政审批事项涉及收费的，应当明确收费依据和标准，涉及前置审批的，应当明确前置审批事项和审批机关。

第九条 《目录》实行动态管理。市审改办应当根据审批事项的调整情况，及时更新和公布。

第十条 法律、法规新设立的行政审批事项，实施机关应当在法律、法规公布后，及时向市审改办提出纳入《目录》的意见，并明确审批事项要素和内容。市审改办经审核确认后纳入《目录》管理。

第十一条 纳入《目录》的行政审批事项有下列情形之一的，应当予以调整或者取消：

（一）设定行政审批事项的相关法律依据被废止或修订的，或者上级人民政府及其有关部门已经调整或者取消行政审批的；

（二）法定设定依据与现实管理要求不相适应，难以达到管理目的的，或原属程序性日常管理工作以批代管的；

（三）除法律、法规另有规定外，有额度和指标限制或者涉及公共资源配置、有限自然资源开发利用等事项，可以利用公开招标、拍卖、挂牌、专营权转让、租赁、承包等市场机制和其他方式进行管理的；

（四）通过制定标准、质量认证、事后监管等其他管理方式可以达到管理目的的；

（五）涉及多部门、多环节审批且相同或者相近的职能可以由一个部门承担，或者同一部门内行政审批事项的调剂和要求相近可以有效整合的；

（六）公民、法人或者其他组织能够自主决定，市场竞争机制能够有效调剂，行业组织或者中介机构能够自律管理的；

（七）其他应当予以调整或者取消的情形。

第十二条 行政机关拟调整或者变更《目录》中的行政审批事项，应当向市审改办提出调整或者变更的意见，并明确审批事项要素和内容，市审改办应当会同机构编制、法制等部门进行审核并提出意见，提交市政府行政审批制度改革工作领导小组研究，报市政府决定后，做出相应调整或者变更，并及时向社会公布。

对国务院、省政府公布取消、调整和下放的行政审批事项，行政机关应当及时提出取消、调整和承接行政审批事项的意见，由市审改办按照上述工作程序相应调整或者变更《目录》。

第十三条 对纳入《目录》的行政审批事项，行政机关应当制定实施办法，优化审批流程、规范审批行为。不得擅自增加、减少或者更改法律、法规、规章规定的行政审批事项要素和内容，不得将行政审批事项或者审批环节、步骤等拆分实施。

实施办法应当报市审改办、市监察局和市法制办备案。

第十四条 市审改办应当逐步建立健全行政审批事项目录管理系统，实现目录信息和审批信息资源跨部门、跨系统共享，确保行政审批项目网上公开透明，规范运行。

第十五条 市审改办应当会同机构编制、监察、法制等部门定期对行政审批事项进行评估，根据评估结果，需要调整或者取消行政审批事项的，按照相关规定办理。

第十六条 公民、法人或者其他组织可以就行政审批事项的增加、调整或者取消等提出意见、建议，或者进行投诉、举报。

市审改办和行政机关应当向社会公布举报电话、通信地址、电子邮箱等信息，畅通投诉举报渠道。对意见、建议和投诉、举报事项，属于本部门职责的应当受理，并及时依法进行核实、处理、答复；不属于本部门职责的，应当移交有权处理的部门，并及时告知投诉人、举报人。

第十七条 行政机关工作人员违反本办法，滥用职权、玩忽职守、徇私舞弊的，由所在单位或者监察机关对责任部门及责任人依法依纪追究责任。情节严重构成犯罪的，依法追究刑事责任。

第十八条 本办法自印发之日起施行。

嘉峪关市行政审批监督管理办法

第一条 为进一步规范行政审批行为，加强行政审批监督和管理，保护公民、法人和其他组织的合法权益，保障和监督行政机关依法实施行政审批，提高行政效能，改善经济和社会发展环境，根据《中华人民共和国行政许可法》和《甘肃省行政审批监督管理办法(试行)》，结合我市实际，制定本办法。

第二条 本办法适用于本市行政审批的设定、实施和监督活动。

本办法所称行政审批，是指具有行政审批职能的行政机关或者其他组织(以下统称行政机关)根据公民、法人和其他组织的申请，经依法审查，准予其从事特定活动的行为。

第三条 行政审批的监督管理，应当遵循公开、公平、公正和职权一致、权责相当、便民高效的原则。

第四条 市政府应当加强对行政审批的监督管理工作。

行政机关负责对其组织实施的行政审批事项进行日常管理，对准予公民、法人或者其他组织从事的特定活动实施监督检查。

市政府行政审批制度改革工作领导小组办公室(以下简称市审改办)负责行政审批事项管理的协调和推进工作。

第五条 行政审批事项应当纳入行政审批事项目录进行统一管理。未纳入目录管理的行政审批事项不得实施。

第六条 行政审批事项目录实行动态管理。应当根据行政审批事项的增加、调整和变更等变化情况，及时更新和重新公布目录。

第七条 行政机关应当根据行政审批地方标准制定行政审批事项办事指南和业务规范，明确审批依据、审批条件、审批期限、审批流程、裁量准则和申请办法、申请书格式文本等事项。将行政审批事项办事指南和业务规范报市审改办备案，并在本单位门户网站或办公场所公示。

第八条 行政审批事项应当纳入市公共资源交易中心(市政务服务中心)或分中心集中办理，并推进网上审批，实现行政审批信息资源共享。因特殊情况不能纳入市公共资源交易中心（市政务服务中心)或分中心办理的，行政机关必须提出书面申请，经市公共资源交易中心（市政务服务中心)或分中心审查后提出意见，报市政府决定。

市公共资源交易中心(市政务服务中心)应当做好管理、协调、服务和监督工作。

第九条 行政机关受理的行政审批事项涉及几个内设机构的，应建立牵头办理制度，指定一个内设机构统一对外受理、统一回复、送达审批决定。

行政机关不得将同一行政审批事项或者审批环节、审批步骤拆分实施。

第十条 同一申请人提出的、在一定时间内需由两个以上行政机关分别办理的两个以上具有关联性的行政审批事项，相关行政机关应当协商确定（或相关部门指定）由一个行政机关统一接收、向其他行政机关转送申请材料，各相关行政机关应当同步审批，按照审批时限要求分别做出行政审批决定，并向申请人统一送达行政审批决定。

第十一条 公民、法人和其他组织依法需要办理行政审批事项的，应当按照有关规定向行政机关提出申请。申请人的行政审批事项申请符合有关规定且材料齐全的，行政机关应当予以受理；材料不齐全的，行政机关应当一次性告知申请人补充材料后受理；不符合有关规定的，行政机关不予受理并向申请人说明理由。

第十二条 行政机关对受理的行政审批事项申请，应当确定行政审批审查人。审查人应当根据申请材料，提出审查意见。

对经济社会发展或者公民、法人和其他组织的权益有重大影响的行政审批事项申请，行政机关应当通过调查、论证、听证、咨询或者专家评审等方式听取意见，并通过集体审查的方式提出审查意见。

依法需要对申请材料的实质内容进行核实的，行政机关应当指派两名以上工作人员进行核查，并将核查结果书面告知申请人。

第十三条 行政机关对行政审批事项申请进行审查时，发现直接关系他人重大利益的，应当向社会公示，并在做出行政审批决定前以书面形式告知有关利害关系人享有陈述和申辩的权利。

行政机关应当听取申请人、利害关系人的陈述和申辩意见，并就结果做出书面反馈。

第十四条 行政机关对受理的行政审批事项申请，应当确定行政审批决定人。决定人应当根据审查人的意见或者集体审查的意见，做出行政审批决定。

申请人提交的申请材料齐全、符合法定形式，行政机关能够当场做出行政审批决定的，应当当场做出书面决定；不能当场做出行政审批决定的，应当在法定期限内按照规定程序做出书面决定，并将书面决定颁发、送达申请人。

行政机关对符合法定条件的申请，应当依法做出批准的决定。

行政机关对不符合法定条件的申请，应当依法做出不予批准的决定，同时列明不予批准的理由、依据；并告知申请人享有依法申请行政复议或者提起行政诉讼的权利。

第十五条 行政机关实施行政审批事项，要在市政府统一公布的行政审批事项规定时限内办结，并以书面形式将结果告知申请人。

第十六条 行政机关实施行政审批和对行政审批事项进行监督检查，不得收取任何费用。法律、法规另有规定的，依照其规定。

第十七条 依照法律、行政法规规定收取费用的，行政机关应当按照公布的法定项目和标准执行。

第十八条 除涉及国家秘密、商业秘密或个人隐私外，所有行政审批的实施和结果都必须由行政机关向社会公开，向社会公开的信息应当及时、全面、真实、准确。

第十九条 市审改办负责政府部门的行政审批监督管理工作。

市监察局应当健全和完善行政审批电子监察系统，对在行政审批监督工作中发现的违法违规行为，应及时责令纠正并追究责任。

市法制办负责审查政府有关部门起草的规范性文件，发现以备案事项、日常管理事项、服务事项或者其他事项的名义变相设定行政审批的，应当提出相关审查意见并退回起草部门。

第二十条 行政机关应当规范行政审批工作程序，建立健全内部管理监督制度，明确内部审批职责权限，加强对行政审批实施行为的监督。

第二十一条 行政机关应加强对行政审批决定执行情况的检查和监督，及时纠正和处理执行过程中出现的问题。

第二十二条 行政机关及其工作人员应当依法履行职责，按照权责一致的原则，就做出的行政审批决定及行政审批过程中的行为，依据各自的行政审批职责，承担相应的行政及法律责任。

第二十三条 委托行政机关对受委托行政机关实施行政审批行为的后果承担行政及法律责任；受委托行政机关及其工作人员，就其行政审批行为承担相应的责任。依法被授权的组织及其工作人员，就其行政审批行为承担相应的行政及法律责任。

第二十四条 行政机关及其工作人员违反规定，由其上级行政机关、监察机关等部门责令改正，并对有关责任人员依法给予行政处分；构成犯罪的，依法追究刑事责任。

第二十五条 法律、行政法规及国务院或者省政府决定对行政审批监督管理另有规定的，从其规定。

第二十六条 本办法自印发之日起施行。

嘉峪关市政府重点投资项目全程跟踪审计监督办法(试行)

嘉政发〔2015〕5号

(2015年1月7日)

第一章 总 则

第一条 为进一步加强全市政府重点投资项目审计监督工作，规范政府投资项目建设管理行为，提升项目资金安全、工程质量和投资效益，根据《中华人民共和国审计法》《中华人民共和国审计法实施条例》《中华人民共和国国家审计准则》《审计署关于印发政府投资项目审计规定的通知》和《甘肃省国家建设项目审计办法》等有关法律法规规定，制定本办法。

第二条 本办法所称全市政府重点投资项目(以下简称项目)是指涉及公共利益和关系民生的城市基础设施、保障性住房、学校、医院等项目。包括：

(一)全部使用预算内投资资金、专项建设基金、政府举借债务筹措的资金等财政资金的;

(二)未全部使用财政资金,财政资金占项目总投资的比例超过50%,或者占项目总投资的比例在50%以下,但政府拥有项目建设、运营实际控制权的。

本办法所称全程跟踪审计是指对项目可行性研究至竣工财务决算全过程进行跟踪审计。

第三条 项目跟踪审计实行计划管理。审计机关应当按照年度政府重点投资项目计划,根据现有审计资源并结合项目特点和要求,科学合理地确定跟踪审计项目计划。

第四条 审计机关对政府年度计划内的项目进行跟踪审计,依法出具跟踪审计报告。

发改、财政、国土、规划、建设等相关部门及单位应当在各自职责权限范围内,协同配合做好项目跟踪审计工作。

对直接有关的勘察、设计、施工、监理、咨询、供应等单位取得项目资金的真实性、合法性进行审计调查。

第五条 审计机关对建设项目进行审计,可根据工作所需,聘用具有相关专业技能的人员或社会中介机构参与审计,参与审计的聘用人员和社会中介机构应严格遵守审计工作相关规定。

审计机关做好聘用人员和社会中介机构的监督和管理工作。

第六条 审计机关依照法律、法规、规章规定的职权和程序,对项目独立行使审计监督权。

项目跟踪审计,应当遵循全面覆盖、突出重点、实事求是、客观公正、廉洁奉公、保守秘密、文明审计的原则。

第二章 项目前期准备阶段跟踪审计

第七条 项目前期准备阶段审计是指对项目立项至开工前的建设程序合法合规、投资概(预)算的真实、有效、合规性进行的审计,包括:

(一)项目建议书、可行性研究报告、初步设计、概算批复、环境影响评估报告、地震安全性评价报告、建设用地规划许可、环保及消防批准文件、地质勘察、设计及设计图审核文件等相关审批情况;

(二)项目可研和初设概算编制的建设规模和建设标准的审查批复情况;

(三)项目可行性研究、初步设计及概算、环境影响评估等单位资质情况;

(四)项目地质勘察、设计招投标管理,勘察设计单位资质情况;

(五)项目前期发生建设费用计取标准和支付情况;

(六)涉及项目前期准备阶段的其他情况。

针对此阶段的跟踪审计,可以出具阶段性审计报告。

第三章 项目实施阶段跟踪审计

第八条 项目实施阶段审计是指对项目实施期间建设管理等相关事项进行审计,包括:

(一)项目概(预)算的执行情况;

(二)项目法人责任制、招标投标制及备案、项目监理制、合同管理制及备案、施工安全许可审批及备案的落实情况;

(三)项目设计变更、现场签证制度建立和执行情况;

(四)项目所需设备、材料的采购及管理情况;

(五)项目工程质量管理体系建立和执行情况;

(六)项目工程初步验收程序执行和工程资料备案情况;

(七)项目工程价款的支付情况;

(八)涉及项目实施阶段的其他情况。

针对此阶段的跟踪审计,可以出具阶段性审计报告。

第四章 项目竣工决算阶段审计

第九条 项目竣工决算阶段审计主要内容包括:

(一)项目工程价款结算情况:

1.项目工程价款结算备案制管理情况;

2.项目价款结算的真实性、合规性;

3.设计变更、施工现场签证、隐蔽项目签证程序执行情况;

4.项目工程价款结算制度的落实和程序执行情况。

(二)项目资金的筹集、管理、使用情况;

(三)项目待摊投资的真实性、合法性;

(四)项目竣工财务决算报表编制和管理情况。

针对此阶段的跟踪审计,可以出具阶段性审

计报告。

第五章 审计监督方式

第十条 审计机关对项目进行跟踪审计，应按照年度审计计划成立项目审计组，审计组根据项目特点组织开展跟踪审计工作。

第十一条 建立跟踪审计联系制度。审计机关派出的审计组应当与被审计单位建立有效的沟通机制，及时掌握、收集、整理项目的进展等相关情况。

第十二条 建立审计重大问题处理整改机制。对跟踪审计监督中发现的重大违纪违规问题，审计机关应及时下达审计处理及整改意见，督促相关单位加强项目管理，有效防范风险，本着节约资金，控制预算的原则，确保建设资金规范、高效、安全使用。

第十三条 审计组应建立跟踪审计项目台账，及时登记审计时间、审计事项、审计发现问题、审计意见和建议及被审计单位的整改落实情况，汇总审计成果。

第六章 审计程序

第十四条 审计组在项目实施跟踪审计3日前，向被审计单位送达审计通知书，审计通知书应当列明跟踪审计的具体方式和要求。

被审计单位应当根据审计通知书的要求及时提供与项目相关的资料，并对资料的真实性、完整性做出书面承诺。

第十五条 审计组审计人员必须接受被审计单位监督和社会监督。

第十六条 跟踪审计的项目重大变更事项和对项目造价有重大影响事项，建设单位应在施工前及时告知审计机关，并提供相关资料。

第十七条 审计组根据项目进度和跟踪审计实施情况，及时向审计机关提交跟踪审计报告。在提交审计机关审议前应书面征求被审计单位的意见，被审计单位应当自接到审计组的报告之日起10日内提出书面意见，逾期未提出的，视同无异议，并由审计人员予以注明。审计机关对审计组的审计报告进行审议后，出具审计机关的审计报告。

第十八条 针对跟踪审计过程中发现的问题，应出具跟踪审计建议函、跟踪审计情况通报等，并提出审计建议，督促建设单位进行整改；跟踪审计项目审计结束，应当依据法定程序及时出具审计报告。

第十九条 审计机关对被审计单位违反国家规定的财政收支、财务收支行为，应当依据有关法律、法规在法定职权范围内做出处理、处罚的审计决定；审计决定自送达之日起生效，应于60日内执行完毕，并将整改结果书面报告审计机关。

第七章 法律责任

第二十条 被审计单位有下列行为之一的，由审计机关责令限期改正，并可视情节予以通报批评，给予警告；逾期不改正的，处以5千元以上3万元以下的罚款，向其主管部门或上级机关提出书面建议；构成犯罪的提请司法机关依法追究刑事责任：

（一）拒绝或者拖延提供与项目审计事项有关的资料的；

（二）拒绝或者阻碍审计人员依法履行项目审计职责的；

（三）转移、隐匿、篡改、毁弃与项目审计事项有关的资料，或者提供虚假资料的；

（四）有其他滥用职权、徇私舞弊、玩忽职守，造成项目超规模、超投资及超建设内容等行为的。

第二十一条 社会中介组织在建设项目审计中违反审计法律、法规、规章的相关规定或者国家有关社会中介组织管理的相关规定，审计活动显失客观、公正或者出具虚假审计报告的，审计机关应当暂停其审计工作，并提请有关部门依法予以处理；构成犯罪的，提请司法机关依法追究刑事责任。

第二十二条 审计机关审计工作人员违反本办法规定，有下列行为之一的，由审计机关或者上级机关依法给予行政处分；情节严重构成犯罪的，提请司法机关依法追究刑事责任：

（一）明知与被审计单位或者审计事项有利害关系而有意隐瞒，不主动申请回避的；

（二）有意隐瞒被审计单位财务方面违法或者违纪、违规行为的；

（三）泄露国家秘密或者被审计单位商业秘密的；

（四）有其他滥用职权、徇私舞弊、玩忽职守行为的。

第二十三条 在项目审计中发现的违法或者违纪、违规行为，依法移交，由纪委、监察、财政、税务、物价、工商、建设等行政主管部门在各自法定职权范围内,依照有关法律、法规和规章的相关规定予以处理。

第二十四条 受罚当事人对审计机关依照本办法规定做出的行政处罚不服,或者被审计单位认为审计机关的其他行政行为侵犯其合法权益的,可依法申请行政复议或者提请行政诉讼。

第八章 附 则

第二十五条 项目管理单位及其他有关单位应做好其职责范围内的管理工作。不能因跟踪审计的介入而减少、弱化其应履行的职责及应承担的责任。

第二十六条 审计人员在跟踪审计监督过程中不得参与项目管理,不得影响或干扰项目建设的正常运行。

第二十七条 本办法只适用于全市政府重点投资项目跟踪审计。

第二十八条 本办法试行三年,自发布之日起施行。法律法规另有规定的,从其规定。

嘉峪关市人民政府工作规则

(2013 年 3 月 12 日市政府第 39 次常务会议通过,2015 年 1 月 6 日市政府第 84 次常务会议修订)

嘉政发〔2015〕8 号
(2015 年 1 月 9 日)

第一章 总 则

一、第九届嘉峪关市人民代表大会第一次会议选举产生的新一届政府,根据《中华人民共和国宪法》《中华人民共和国地方各级人民代表大会和地方各级人民政府组织法》和《甘肃省人民政府工作规则》,按照党的十八大和十八届三中、四中全会精神及中央、省委和市委改进工作作风密切联系群众的一系列规定,制定本规则。

二、市政府工作的指导思想是,高举中国特色社会主义伟大旗帜,以马克思列宁主义、毛泽东思想、邓小平理论、"三个代表"重要思想、科学发展观为指导,深入贯彻习近平总书记系列重要讲话和党的十八大精神,按照市第十次党代会决策部署,,解放思想,改革开放,凝聚力量,攻坚克难,全面正确履行政府职能,建设职能科学、结构优化、廉洁高效、人民满意的服务型政府,推动经济社会率先实现转型跨越发展,加快现代化区域中心城市的建设进程。

三、市政府工作的准则是,执政为民,依法行政,实事求是,民主公开,务实清廉。

第二章 组成人员职责

四、市政府由下列人员组成:市长、副市长、秘书长,市政府工作部门主要负责同志。

五、市政府组成人员要模范遵守宪法和法律,认真履行职责,为民务实,严守纪律,勤勉廉洁。

六、市政府实行市长负责制,市长领导市政府的工作。副市长协助市长工作。

七、市长(市政府党组书记)召集和主持市政府全体会议、市政府党组会议、市政府常务会议、市长办公会议和市政府专题会议。市政府工作中的重大事项,必须经会议讨论决定。

八、副市长按分工负责处理分管工作。受市长委托,负责其他方面的工作或专项任务,并可代表市政府进行外事活动。

九、秘书长在市长领导下,负责处理市政府的日常工作。

十、市长外出期间,由负责常务工作的副市长主持政府工作。

十一、市政府工作部门主要负责同志领导本部门的工作。

市政府各部门根据法律、法规和市政府的决定、命令,在本部门的职权范围内履行职责。

市审计局在市长和上一级审计机关领导下,依照法律规定独立行使审计监督职能,对市政府和上一级审计机关负责,不受其他行政机关、社会团体和个人的干涉。

第三章 全面履行政府职能

十二、市政府要全面履行经济调节、市场监管、社会管理和公共服务职能,形成权界清晰、分工合理、权责一致、运转高效、法治保障的机构职能体系,创造良好发展环境、提供基本均等公共服务、维护社会公平正义。

十三、加强经济发展趋势研判,充分运用经济、法律手段和必要的行政手段引导和调控经济运行,转变经济发展方式,调整优化经济结构,注重开放开发,推动经济转型跨越发展、社会和谐稳定发展、生态绿色持续发展。

十四、依法严格市场监管,推进公平准入,完善监管体系,规范市场执法,建立健全社会信用体系,形成统一开放、公平诚信、竞争有序的现代市场体系。

十五、加强社会管理制度和能力建设,完善基层社会管理服务,形成源头治理、动态管理、应急处置相结合的社会管理机制,维护社会公平正义与和谐稳定。

十六、更加注重公共服务,完善公共政策,健全政府主导、社会参与、覆盖城乡、可持续的基本公共服务体系,增强基本公共服务能力,促进基本公共服务均等化。

第四章 坚持依法行政

十七、市政府及各部门要带头维护宪法和法律权威,创新执法体制,完善执法程序,推进综合执法,严格执法责任,建立权责统一、权威高效的依法行政体制,加快建设职能科学、权责法定、执法严明、公开公正、廉洁高效、守法诚信的法治政府。

十八、市政府根据经济社会发展的需要,在法定职权范围内制定、修改或废止规范性文件。

提请市政府讨论的规范性文件草案由市政府法制机构审查或组织起草,解释工作由市政府法制机构承办。

十九、健全规范性文件草案公开征求意见和公众意见采纳情况反馈机制,起草规范性文件草案,要坚持从市情实际出发,准确反映经济社会发展要求,充分反映人民意愿,使所确立的制度能够切实解决问题,简明易行。

政府规范性文件实施后要进行后评估,发现问题,及时完善。

二十、市政府各部门制定规范性文件,必须符合宪法、法律、行政法规、地方性法规和政府规章,并征求相关部门的意见,报市政府法制机构审查备案。其中,涉及群众切身利益、社会关注度高的事项,应当事先请示市政府;部门联合制定的重要规范性文件发布前须经市政府批准。

市政府法制机构要严格合法性审查,规范性文件不得设定行政许可、行政处罚、行政强制等事项,不得违法增加公民、法人和其他组织的义务。

二十一、市政府各部门要完善执法程序,明确具体操作流程,重点规范行政许可、行政处罚、行政强制、行政征收、行政收费、行政检查等执法行为,坚持严格规范公正文明执法,依法惩处各类违法行为,做到有法必依、执法必严、违法必究,维护公共利益、人民权益和社会秩序。

严格执行重大执法决定法制审核制度。推行行政执法公示制度。建立健全行政裁量权基准制度,细化、量化行政裁量标准,规范裁量范围、种类、幅度。

全面落实行政执法责任制,严格确定不同部门及机构、岗位执法人员执法责任和责任追究机制,加强执法监督,坚决排除对执法活动的干预,防止和克服部门保护主义,惩治执法腐败现象。

第五章 科学民主决策

二十二、市政府及各部门要健全依法决策机制,把公众参与、专家论证、风险评估、合法性审查和集体讨论决定作为重大行政决策的法定程序,确保决策制度科学、程序正当、过程公开、责任明确。建立重大决策市政府法制机构合法性审查机制,未经合法性审查或经审查不合法的,不得提交讨论。

积极推行政府法律专家咨询委员或法律顾问制度,充分发挥其在制定重大行政决策、推进依法行政中的积极作用。

二十三、制定贯彻落实党中央、国务院及省委、省政府和市委重要决议、决定和工作部署的实施意见,国民经济和社会发展中长期规划和年度计划、财政预算、经济调控和改革开放的重大政策措施、社会管理重要事务、规范性文件草案等涉及全局性工作,由市政府全体会议或市政府党组会议、市政府常务会议讨论决定。

二十四、市政府各部门提请市政府研究决定的重大事项,都必须经过深入调查研究,并经研究、咨询机构等进行合法性、必要性、科学性、可行性和可控性评估论证;涉及相关部门的,应当充分协商;涉及重大公共利益和公众权益、容易引发社会稳定问题的,要委托第三方或联合第三方进行社会稳定风险评估,并采取听证会等多种形式听取各方面意见。

在重大决策执行过程中,要跟踪决策的实施

情况，了解利益相关方和社会公众对决策实施的意见和建议，全面评估决策执行效果，及时调整完善。

二十五、市政府在做出重大决策前，根据需要通过多种形式，直接听取民主党派、社会团体、专家学者、社会公众等方面的意见和建议。

二十六、市政府在事关全面建成小康社会的经济建设、政治建设、文化建设、社会建设、生态文明建设方面的重大决策部署，须先提出意见，报经市委同意后部署实施。

二十七、市政府各部门必须坚决贯彻市委、市政府的决定，及时跟踪和反馈执行情况。市政府办公室要加强督促检查，确保政令畅通。

第六章 推进政务公开

二十八、市政府及各部门要把公开透明作为政府工作的基本制度，坚持以公开为常态、不公开为例外原则，推进决策公开、执行公开、管理公开、服务公开、结果公开。

深化政务公开，向社会全面公开政府职能、法律依据、实施主体、职责权限、管理流程、监督方式等事项。重点推进财政预算、公共资源配置、重大建设项目批准和实施、社会公益事业建设等领域的政府信息公开。

二十九、市政府全体会议、市政府党组会议和市政府常务会议讨论决定的事项，市政府及各部门制定的政策，除依法需要保密的外，应按照政府信息公开要求和程序予以公布。

三十、凡涉及公共利益、公众利益、需要广泛知晓的事项和社会关切的事项以及法律规定需要公开的事项，均应通过政府网站、政府公报、新闻发布会以及报刊、广播、电视、网络等方式，依法、及时、全面、准确、具体地向社会公开。

第七章 健全监督制度

三十一、市政府要自觉接受市人大及其常务委员会的监督，认真负责地报告工作，接受询问和质询，依法备案规范性文件；自觉接受市政协的民主监督，虚心听取意见和建议；接受社会各界的监督，不断改进工作。

对财政资金分配使用、国有资产监管、政府投资、政府采购、公共资源转让、公共工程建设等权力集中的部门和岗位实行分事行权、分岗设权、分级授权，定期轮岗，强化内部流程控制，防止权力滥用。完善政府内部层级监督和专门监督，改进上级机关对下级机关的监督，建立常态化监督制度。

三十二、市政府各部门要按照有关法律的规定接受人民法院依法实施的监督，做好出庭应诉工作，支持法院受理行政案件，尊重并自觉履行人民法院的生效判决、裁定，同时要自觉接受监察、审计等部门的监督。对监督中发现的问题，要认真整改并向市政府报告。

三十三、市政府及各部门要严格执行行政复议法；市政府法制机构要加强行政复议指导监督，纠正违法或不当的行政行为，依法及时化解行政争议。

三十四、市政府及各部门要接受社会公众和新闻舆论的监督，认真调查核实有关情况，及时依法处理和改进工作。重大问题要向社会公布处理结果。

三十五、市政府及各部门要重视信访工作，进一步完善信访制度，强化法律在维护群众权益、化解社会矛盾中的权威地位，建立健全社会矛盾预警机制、利益表达机制、协商沟通机制、救济救助机制，畅通群众利益协调、权益保障法律渠道，引导和支持人们理性表达诉求、依法维护权益，解决好群众最关心最直接最现实的利益问题。

市政府领导同志及各部门负责同志要亲自阅批重要的群众来信，督促解决重大信访问题，保障合理合法诉求依照法律规定和程序得到合理合法的结果。

三十六、市政府及各部门要推行绩效管理制度和行政问责制度，加强对重大决策部署落实、部门职责履行、重点工作推进以及自身建设等方面的考核评估。

完善纠错问责机制，健全责令公开道歉、停职检查、引咎辞职、责令辞职、罢免等问责方式和程序。建立重大决策终身责任追究制度及责任倒查机制，对决策严重失误或者依法应该及时做出决策但久拖不决造成重大损失、恶劣影响的，严格追究负有责任的领导人员和相关责任人员的法律责任。

第八章 会议制度

三十七、市政府实行市政府全体会议、市政府党组会议、市政府常务会议、市长办公会议和市政府专题会议制度。

三十八、市政府全体会议由市长、副市长、秘书长，市政府工作部门主要负责同志组成，由市长召集和主持。市政府全体会议的主要任务是：

（一）传达贯彻党中央、国务院、省委、省政府和市委的重要指示、决定；

（二）通报重要工作情况；

（三）部署市政府的重要工作；

（四）讨论其他需要全体会议讨论的重大事项。

市政府全体会议根据需要可安排有关部门、单位主要负责同志及市政府副秘书长、办公室副主任列席会议。

三十九、市政府党组会议由市政府党组成员参加，由市政府党组书记召集和主持。市政府党组会议的主要任务是：

（一）传达贯彻党中央、国务院、省委、省政府和市委的重要指示、决定，研究贯彻落实的措施；

（二）研究市政府加强自身建设的措施；

（三）研究需要报请市委审定的事项；

（四）研究其他需要党组会议讨论决定的事项。

市政府党组会议根据需要可安排非党员副市长、市政府副秘书长、办公室副主任列席会议。

四十、市政府常务会议由市长、副市长、秘书长组成，由市长召集和主持。市政府常务会议的主要任务是：

（一）研究贯彻落实省政府重大决策部署的措施；

（二）讨论决定市政府工作中的重要事项；

（三）讨论审议由政府发布的规范性文件草案；

（四）听取市政府部门和有关单位重要工作汇报；

（五）决定人事任免；

（六）通报和讨论其他重要事项。

市政府常务会议组成人员提出的议题要着眼改革发展稳定大局，立足解决突出问题，不涉及全局、没有实质内容、没有明确意见的议题一律不上会；对涉及多部门工作且意见不一致的议题，要在提交会议讨论前，先行召开专题会议进行协调，形成一致意见后再提交会议审议，切实提高议事的针对性和决策质量。

市政府常务会议原则上每月安排3次。根据需要安排有关部门、单位主要负责同志及市政府副秘书长、办公室副主任列席会议。

四十一、市长办公会议由市长或市长委托副市长召集和主持，秘书长或相关副秘书长、办公室副主任，相关部门、单位主要负责同志参加。市长办公会议的主要任务是：

（一）研究不需要提请市政府常务会议研究讨论的专项事宜或分管工作范围内的重大事项；

（二）研究其他需要市长办公会议讨论的事项。

四十二、市政府专题会议由市长或副市长召集和主持，相关副市长、秘书长、副秘书长、部门和单位主要负责同志参加，主要研究专项工作事宜。

四十三、市政府全体会议、市政府常务会议的议题由市长确定，市政府党组会议的议题由市政府党组书记确定，市长办公会议的议题由市长或市长委托的副市长确定，市政府专题会议的议题由市长或副市长确定。

市政府全体会议、市政府党组会议、市政府常务会议、市长办公会议和市政府专题会议的组织工作由市政府办公室负责，文件和议题于会前送达与会人员。

四十四、市政府领导同志不能出席市政府全体会议、市政府党组会议、市政府常务会议和市长主持的市长办公会议、市政府专题会议，向会议主持人请假。市政府全体会议其他组成人员和市政府常务会议、市长办公会议、市政府专题会议列席人员不能参加会议，向会议主持人请假。

参加市政府常务会议，除议题汇报单位主要负责人可带1名助手外，其他单位与会人员不带随员。

四十五、市政府全体会议、市政府党组会议、市政府常务会议、市长办公会议和市政府专题会议形成的纪要，由会议主持人签发。

四十六、对市政府及各部门召开的工作会议，要严格审批，减少数量，控制规模。全市性会议由市政府办公室初审后，提请市政府常务会议讨论决定，或经分管副市长审核同意，报市长批准。应由各部门召开的会议，不以市政府或市政府办公室名义召开。市政府领导同志一般不出席部门的工作会议。各类会议都要充分准备，提高效率和质量,重在解决问题。

第九章 公文审批

四十七、各区、各部门报送市政府的公文,应当符合《党政机关公文处理工作条例》的规定。除市政府领导同志交办事项和必须直接报送的绝密事项外,一般不得直接向市政府领导同志个人报送公文。各部门报送市政府的请示性公文,凡涉及其他部门职权的,必须主动与相关部门充分协商,由主办部门主要负责同志与相关部门负责同志会签或联合报市政府审批。部门之间如有分歧意见,主办部门的主要负责同志要主动协商;协商后仍不能取得一致意见的,主办部门应列明各方理据,提出办理建议,与相关部门负责同志会签后报市政府决定。

四十八、各部门涉及申请解决建设投资和财政资金的事宜,原则上应直接向市财政局行文,由市财政局在职权范围内处理,并向市政府提出具体意见报市政府研究。

四十九、各区、各部门报送市政府审批的公文,由市政府办公室负责审核,对符合要求的公文,按照市政府领导分工呈批,重大事项报市长审批。不符合要求的公文退回报文单位,并说明退文理由。

五十、市政府向市人民代表大会或市人民代表大会常务委员会提出的议案,发布的决定、命令,人事任免,由市长签署。

五十一、以市政府名义制发的上行文,经秘书长、分管副市长审核后,由市长签发;以市政府名义制发的平行文和下行文,由分管副市长签发,如有必要,报市长签发;市委、市政府联合发文,根据内容由市长或分管副市长会签。

以市政府办公室名义发文,根据内容由秘书长或副秘书长签发;如确有必要,可由分管副市长签发或报市长签发。市委办公室、市政府办公室联合发文,根据内容由秘书长或办公室主任会签;如有必要,可由市长或分管副市长会签。

控制减少发文数量。能通过电话、面谈或小范围会议等方式协调、安排部署工作的,市政府或市政府办公室不发文件;工作要求涉及个别部门的,市政府办公室通过《抄告通知》"一对一"解决问题,不发普发性文件。

属部门职权范围内事务、应由部门自行发文或联合发文的,不再由市政府批转或市政府办公室转发。

凡国家法律法规已做出明确规定的,一律不再制发文件。没有实质内容、可发可不发的文件简报,一律不发。

五十二、市政府及各部门要建立健全电子公文传输制度,有序推进电子公文传输,逐步减少纸质公文数量。

第十章 工作纪律

五十三、市政府组成人员要坚决贯彻执行党和国家的路线方针政策及省委、省政府和市委的工作部署,严格遵守纪律,有令必行,有禁必止。

五十四、市政府组成人员必须坚决执行市政府的决定。如有不同意见可在市政府会议上提出,在没有重新做出决定前,不得有任何与市政府决定相违背的言论和行为;代表市政府发表讲话或文章,个人发表涉及未经市政府研究决定的重大问题及事项的讲话或文章,事先须经市政府同意。

五十五、市政府组成人员要严格执行请销假制度。市长出差、出访,离开本市休假、学习,按省委要求报备。副市长、秘书长出差、出访,离开本市休假、学习,须提前3天向市长、市委书面报告。市政府各部门主要负责同志出差、出访,离岗休假、学习,请假报告须提前3天送市政府办公室,由市政府办公室向市政府领导同志报告,经市政府领导同志同意后报市委。

五十六、市政府各部门发布涉及政府重要工作部署、经济社会发展重要问题的信息,要经过严格审定,重大情况要及时向市政府报告。

五十七、市政府组成人员要严格遵守保密纪律和外事纪律,严禁泄露国家秘密、工作秘密或者因履行职责掌握的商业秘密等,坚决维护国家的安全、荣誉和利益。

第十一章 廉政和作风建设

五十八、市政府及各部门要严格执行改进工作作风、密切联系群众和廉洁从政的各项规定,依纪依法反对和克服形式主义、官僚主义、享乐主义和奢靡之风,形成严密的长效机制,切实加强廉政建设和作风建设。

五十九、市政府及各部门要从严治政。对职权范围内的事项要按程序和时限积极负责地办理,对不符合规定的事项要坚持原则不得办理,对因推诿、拖延等官僚作风及失职、渎职造成影响和损失的，要追究责任；对越权办事、以权谋私等违规、违纪、违法行为，要严肃查处。

六十、市政府及各部门要严格执行财经纪律，艰苦奋斗、勤俭节约，坚决制止奢侈浪费，严格执行住房、办公用房、车辆配备等方面规定，严格控制差旅、会议经费等一般性支出，切实降低行政成本，建设节约型机关。

严格控制因公出国(境)团组数量和规模。改革和规范公务接待工作，不得违反规定用公款送礼和宴请。严格控制和规范会议、论坛、庆典、节会等活动。各类会议活动经费要全部纳入预算管理。

六十一、市政府组成人员要廉洁从政，严格执行领导干部重大事项报告制度，不得利用职权和职务影响为本人或特定关系人谋取不正当利益；不得违反规定干预或插手市场经济活动；加强对亲属和身边工作人员的教育约束，绝不允许搞特权。

六十二、市政府组成人员要做学习的表率，市政府及各部门要建设学习型机关。

六十三、市政府领导同志要深入基层，调查研究，指导工作，注重研究和解决实际问题。

到基层考察调研，要轻车简从、减少陪同，简化接待。

六十四、市政府领导公务活动由市政府办公室统一安排。出席会议活动、到基层调研的新闻报道和外事活动安排，按有关规定办理。

六十五、市政府直属机构、派出机构、直属事业单位适用本规则。

嘉峪关市科学技术奖励办法

嘉政发〔2015〕35号
(2015年3月16日)

第一章　总　则

第一条　为了奖励在科学技术进步活动中做出突出贡献的公民、组织，调动科学技术工作者的积极性和创造性，提高科学技术创新能力，发挥科技在全市经济社会发展中的重要作用，根据《甘肃省科学技术奖励办法》，制定本办法。

第二条　市人民政府设立以下三类科学技术奖：

(一)嘉峪关市科技功臣奖；

(二)嘉峪关市技术发明奖；

(三)嘉峪关市科技进步奖。

第三条　市科学技术奖励按照“尊重劳动、尊重知识、尊重人才、尊重创造”的方针，坚持创新驱动，鼓励自主创新、协同创新，促进科学技术成果转化，推动经济社会可持续发展。

第四条　市科学技术奖的推荐、评审和授予遵循公开、公平、公正原则，实行科学、民主的评审制度。

第五条　市人民政府设立市科学技术奖励委员会，下设市科学技术奖励委员会办公室，办公室设在市科学技术行政部门，负责科学技术奖励日常工作。市科学技术奖励委员会由专家、学者和政府职能部门有关人员组成，主任委员由市主管科学技术行政部门主要领导担任。

市科学技术奖励委员会根据奖励类别分别聘请专家、学者组成评审委员会完成评审。其中市科技进步奖评审委员会中来自一线的专家不少于50%。

市科学技术奖励委员会聘请专家、学者、管理人员等3人组成监督委员会，负责市科学技术奖评审和异议处理的监督工作。

市科学技术奖励委员会的组成人员人选由市科学技术行政部门提出，报市人民政府批准。

第二章　奖励范围

第六条　市科技功臣奖授予下列科学技术工作者：

(一)在科学技术创新、科学技术成果转化及高新技术产业化中做出突出贡献，创造重大经济效益和社会效益的；

(二)在某一学科领域取得重大突破或者在科学技术发展中卓有建树的。

第七条　市技术发明奖授予在技术发明、技术创造活动中运用科学技术知识做出产品、工艺、材料及其系统并在本市得到实施的重要技术发明的公民。

前款所称重要技术发明，应当具备下列条件：

(一)前人尚未发明或者尚未公开；

(二)具有先进性和创造性；

(三)具有自主知识产权；

(四)经实施应用三年以上,创造显著经济效益或者社会效益。

第八条 市科技进步奖授予在下列科技活动中做出突出贡献的公民和组织，重点奖励企业自主创新和以企业为主体的产学研合作项目：

(一)在基础研究和应用基础研究中阐明自然现象、特征和规律,做出重要科学发现的；

前款所称重要科学发现是指：前人尚未发现或者尚未阐明;具有重要科学价值;得到国内外自然科学界公认。

(二)在实施技术开发项目中,研发出具有自主知识产权的新技术、新产品、新工艺,经实施应用,明显优于同类技术产品和经济指标的；

(三)在转化、推广科学技术成果并使之产业化的项目中，对本市的经济社会发展做出突出贡献的；

(四)在实施社会公益项目中,长期从事科学技术基础性工作和社会公益性科学技术事业做出重要贡献的；

(五)在科学技术普及活动中,对提高全民科学素养、营造创新环境、弘扬创新精神产生重要作用,做出突出贡献的；

(六)在决策科学化、管理现代化科学研究项目中,研究结论被采纳,用于决策和管理实践取得显著成效的；

(七)经实施应用三年以上,创造显著经济效益或者社会效益的。

第三章 推荐、评审和授予

第九条 市科学技术奖每年评选一次。市科技功臣奖奖金为20万元,每次授予人数不超过1名，可以空缺。市技术发明奖和市科技进步奖设一、二、三等奖,授奖比例为1:4:5,奖金分别为8万元、4万元、2万元。

市科学技术奖的奖励和评审经费由市财政列支。市科学技术奖奖金免征个人所得税。

第十条 市科学技术奖采取逐级推荐的方法,各推荐人应当对被推荐人、被推荐项目择优推荐。单位推荐的应当在推荐单位和被推荐人所在单位分别公示；个人推荐的由被推荐人所在单位公示。推荐人应当提供真实、准确、完整的评价材料。

一项科学技术成果只能推荐一种奖励类别；同一完成人在同一年度只能作为一个推荐项目的前三完成人，同一完成人每年参加推荐项目不得超过2项;未直接参与科学研究、技术开发的人员不能作为项目完成人推荐。

第十一条 科学技术项目有下列情形之一的,不得推荐：

(一)涉及国防、国家安全和已经确定密级的；

(二)存在知识产权争议的；

(三)不利于人体健康、社会安全和有损公共利益的；

(四)依法应当取得行政审批但未获批准的；

(五)主要技术内容已获得国家、省部级或者军队科学技术奖励的；

(六)其他法律法规禁止申报的项目。

第十二条 市科学技术行政部门对被推荐人、被推荐项目进行形式审查,审查合格后,提交相应的评审委员会。

各评审委员会按照奖励范围和评审标准进行评审。

市科学技术奖励委员会根据评审委员会的评审结果,实名投票产生授奖建议。

第十三条 市科学技术奖的授奖建议向社会公示,公示期10日。在公示期内,任何单位或者个人对公示事项有异议的，以书面形式实名向市科学技术行政部门提出。市科学技术行政部门会同有关部门对异议及时处理，由监督委员会负责监督。

市科学技术行政部门对公示后的授奖建议报市人民政府批准。

第十四条 市科技功臣奖获得者,授予“嘉峪关市科技功臣”荣誉称号,市人民政府颁发荣誉证书和奖金。

市技术发明奖和市科学技术进步奖由市人民政府颁发证书和奖金。

第四章 法律责任

第十五条 剽窃、侵夺他人的科学发现、技术发明及其他科学技术成果的，或者以其他不正当手段骗取市科学技术奖的,经查明属实,由市科学技术行政部门报市人民政府后撤销其奖励，追回奖金和证书。有过错的完成人在五年内不得申报市科学技术奖。

第十六条 推荐单位和个人提供虚假数据、材料，协助他人骗取市科学技术奖的，由市科学技术行政部门给予通报批评。

第十七条 参与评审活动的市科学技术奖励委员会和市科学技术奖评审委员会的委员在评审活动中弄虚作假、徇私舞弊，情节严重的，取消其参加评审工作的资格，由市科学技术行政部门给予通报批评，建议其所在单位或者主管部门依法予以处理。

参与评审活动的其他有关人员在评审活动中弄虚作假、徇私舞弊、玩忽职守的，依法予以处理。

第五章 附 则

第十八条 本办法由嘉峪关市人民政府负责解释。

第十九条 本办法自2015年3月15日起施行，有效期5年。2006年4月5日市人民政府发布的《嘉峪关市科学技术进步奖励办法》(嘉政发〔2006〕21号)同时废止。

嘉峪关市关于进一步强化大气污染防治工作的意见

嘉政发〔2015〕54号

(2015年5月21日)

为认真落实《嘉峪关市大气污染防治工作实施方案(2014—2016年度)》，全面完成省政府下达我市的大气污染防治各项指标任务，切实改善我市大气环境质量，现就进一步加强大气污染防治工作提出如下意见。

一、工作目标

以工作落实年和“三严三实”专题教育为契机，认真借鉴兰州市大气污染防治工作经验，进一步强化主责意识、靠实部门责任，充分发挥联动作用，持续加大综合整治力度，加强环境执法监管和环境监测，深入开展工作督查，严格考核和责任追究，以更大的决心和力度，全面实现全市大气污染防治“一年打基础、两年见成效、三年促完善”的目标。2015年，按照《环境空气质量标准》(GB3905—2012)，优良天数达到260天。可吸入颗粒物年均浓度值≤108微克/立方米（较2014年下降18.8%），二氧化硫年均浓度值≤60微克/立方米，二氧化氮年均浓度值≤40微克/立方米。

二、重点任务

大气污染防治各成员单位在全面完成《嘉峪关市2015年度大气污染防治工作方案》和《嘉峪关市嘉北工业园区大气污染防治工作计划》中确定的重点工作任务的基础上，还应做好以下重点工作。

(一)加大工业企业污染治理

1.加快淘汰落后产能。按照省发改委等四部门联合下发的《关于2015年铁合金等八个高耗能行业调整执行差别电价的通知》(甘发改商价〔2014〕1695号)精神，对全市9台6300KVA铁合金矿热炉截至2015年6月30日暂按鼓励允许类电价执行，限期办理环评及监测验收等相关手续。自2015年7月1日起，对仍未完成相关手续的企业将调整执行限制类电价。自2015年5月29日开始，对2座容积为109.7立方米、2座140立方米、1座128立方米共5座化铁炉最终产品进行批次检验，对检验后不合格的产品按相关法律规定予以处理。对不按备案内容生产、销售半成品的上报省发改委执行差别电价。对限期整改不达标的企业，依法进行关停。

责任领导：王进平

责任单位：市工信委牵头，发改委、市场监管局配合

完成时限：12月31日前

2.严格实施污染物排放总量控制。将二氧化硫、氮氧化物、烟粉尘和挥发性有机物排放是否符合总量控制要求作为建设项目环境影响评价审批的前置条件。把环境影响评价作为所有新、改、扩建项目审批的前置条件，并严格执行环保“三同时”制度。对未通过能评、环评审查的项目，有关部门不得审批、核准、备案，不得提供土地，不得批准开工建设，不得发放生产许可证、安全生产许可证、排污许可证，有关单位不得供电、供水。违规建设的，要依法查处。

责任领导：葛建团

责任单位：市环保局牵头，发改、工信、国土、建设、市场监管、安监、电力、水务部门配合

完成时限：长期

3.全面清理工业企业料场、堆场。所有工业企

业必须制定料场、堆场抑尘整治计划，硬化料场地面和道路，规范物料分类堆放，落实考核制度，做到责任到人。粉末状、颗粒状的物料全部进入全封闭式料库或料仓。块状的物料全部采取防风抑尘网、覆盖、喷淋三项综合措施；防风抑尘网总体高度应比正常料堆高度高出10%以上，且高出部分不小于1米，底部须有1米以上的实心墙；采用防晒网进行100%覆盖，并及时更换破损防晒网；喷淋装置应根据堆场面积等距离安装射程不小于15米的旋转喷头，覆盖整个料堆，定时向料堆洒水。装卸作业应在无风或小风时间进行，风速超过5.5m/s(四级)时必须停止装卸作业；装车后除对原料表层喷水增加湿度外，还要加盖篷布，并控制装载量，严禁超载；运输车辆出厂时，要将车身、车轮冲洗干净，进出道路要有专人负责，及时清洁路面，防止遗撒造成污染。

责任领导：葛建团、程子建

责任单位：市环保局、酒钢集团公司(酒钢集团公司负责区域内及下属工业企业清理整改，重点为嘉东料场、嘉北料场、铝电料场、物资北库、嘉北渣场、工业垃圾场和断山口渣场。)

完成时限：6月30日前（酒钢集团公司6月30日前完成所有料场和渣场的覆盖和喷淋工作；10月31日前，完成抑尘网和部分料场、渣场的篷库建设)。

4.加大园区闲置土地清理。加快园区升级改造，推动产业结构优化，清理土地闲置和低效利用企业，对嘉北工业园区处于停产关门或半停产状态的企业，进行清理整顿。杜绝原料露天堆放，清理院内零散堆放的各类垃圾。

责任领导：常守远

责任单位：市国土局牵头，工业园区管委会、规划、市场监管、环保等部门配合。

完成时限：8月31日前

5.完成园区天然气管道铺设工作。加快对嘉北、嘉东工业园区天然气管道铺设工作，保障对广银铝业有限公司、中威斯铝业有限公司、澄宇金属材料有限责任公司、索通预焙阳极有限公司等4家企业的供气任务。

责任领导：王进平

责任单位：市工业园区管委会牵头，国土、规划部门配合

完成时限：8月31日前

6.加强对酒钢集团公司尾矿坝扬尘的综合整治。对尾矿坝坝体进行硬化或绿化，对坝基及周边区域100米范围内进行平整硬化，在枯水和无水期采取洒水或覆盖等措施对坝内进行抑尘。

责任领导：程子建

责任单位：酒钢集团公司

完成时限：8月31日前

7.加大酒钢集团公司排污口的整治。确保环保设施运行正常，运行记录、巡检记录、检修记录、校核记录健全，停、开产报告符合程序。对不能长期稳定达标的废气排放口进行限产整治，经限产仍不能达标的企业进行停产整改，确保达标排放，在线设施稳定运行。

整改范围：4台7.9万千瓦小火电机组、2座球团竖炉、26座选矿竖炉、6台焦炉和4台450立方米小高炉。

责任领导：程子建

责任单位：酒钢集团公司

完成时限：9月30日前

(二)加大煤炭经营市场综合整治

8.着力加大煤场扬尘整治。对全市所有煤炭经营场所进行登记清理，对没有工商登记执照、土地、环保等手续的予以取缔。对手续齐备的煤炭经营场所，必须采取堆场煤尘污染防治措施，设置围墙或防风抑尘网(墙)，建设嵌入式储煤场，同时配套苫盖篷布、喷淋设施；储煤场的场坪、路面必须进行硬化处理，并保持路面整洁。堆场四周安装高于煤堆3米以上的防风抑尘网(墙)，设置喷淋装置，根据堆场面积等距离安装射程不小于15米的旋转喷头，覆盖整个煤堆面积，定时向煤堆洒水。装卸作业应在无风或小风时间进行，风速超过5.5m/s(四级)时必须停止装卸作业；装车后除对煤车表层煤炭喷水增加湿度外，还要在煤车上加盖篷布，并控制装载量，严禁超载。运煤车辆出煤场时，要将车身、车轮上的煤渣冲洗干净，进出道路要有专人负责，及时清洁路面，防止遗洒造成污染；搬迁或取缔的原储煤场所要清除存煤，拆除相关设备、设施，作其他用途的，要符合相关规定。

责任领导：王进平

责任单位：市工信委牵头，发改、环保、国土、市场监管部门配合

完成时限:6月30日前

9.加快煤炭综合交易市场建设。5月31日前,完成煤炭综合交易市场选址;12月31日前,完成建设任务。

责任领导:王进平

责任单位:市工信委牵头,规划、园区、国土部门配合

(三)加大城市扬尘治理

10.强化建筑施工现场管理。各建设单位在各类工程开工之前要制定施工扬尘污染防治方案,并向市建设局报送备案,经审查合格后方可开工。施工现场必须规范设置围挡,严禁敞开作业;出入口道路必须硬化;出入口必须设置使用洗车设施,出工地车辆必须冲洗干净,不得带泥上路;运输车辆必须加盖密闭运输,严禁道路遗撒;现场材料及土方必须堆放整齐并遮盖,严禁裸露;必须办理建筑垃圾排放手续,取得建筑垃圾排放证;必须及时清运废弃物,严禁现场焚烧;对已动土暂时不能施工的建设用地,必须对裸露地面进行覆盖或采取抑尘措施。

责任领导:赵宝毅

责任单位:市建设局

完成时限:5月31日前

11.规范建筑物拆除施工管理。对建筑物拆除施工工地,采取周边硬质密闭围挡、物料堆放覆盖或密闭储存、出入车辆冲洗、施工现场地面硬化保洁、建筑土方(工程渣土、建筑垃圾)密闭堆存和及时清运、拆迁工地湿法作业等6个100%抑尘法,拆迁作业必须同步实施提前湿化和高空喷雾抑尘;对已动土暂时不能施工的建设用地,必须对裸露地面进行覆盖或采取抑尘措施。

责任领导:杨 伟

责任单位:市房管局

完成时限:5月31日前

12.加大道路保洁力度。对城区主道路实行机械化清扫,主、次干道实行全天候保洁;对城区所有交通干道每天6:00-23:00进行不间断洒水。扬尘天气、沙尘天气加大洒水频次。洒水坚持夏天无积水、冬天不结冰、常年保湿不起尘的原则。对城区范围内产生的生活垃圾实行日产日清,生活垃圾运往垃圾填埋场后,要及时覆盖,避免二次污染。

责任领导:葛建团

责任单位:市环卫局

完成时限:长期

13.加强物料运输车辆监督管理。在城区所有主要入口设置自动洗车装置,对进入城区的机动车实施车轮和车体清洗,杜绝车辆带泥带土进城;在城区主入口采取设卡管理,确保车辆采取密闭或者其他措施防止物料遗洒造成扬尘污染,强制性要求按照规定路线、规定时段、规定时速行驶。

责任领导:常守远

责任单位:市综合执法局牵头,公安、交通部门配合

完成时限:长期

14.加大工业园区道路扬尘防治。对嘉北工业园区和嘉东工业园区道路的保洁实行机械化清扫、精细化保洁、地毯式吸尘、定时段清洗、全方位洒水"五位一体"作业模式。洒水要按照夏天无积水、冬天不结冰、常年保湿不起尘的原则,科学规范园区道路洒水,对园区各主次干道实行全天候保洁,洒水频次不低于1次/小时。

责任领导:王进平

责任单位:市工业园区管委会

完成时限:长期

15.完成工业园区道路硬化工程建设。对嘉北工业园区和嘉东工业园区裸露道路实施硬化,在道路未硬化之前,通过采取铺砂石等办法增加道路硬度,不断加大洒水频次有效减少扬尘污染。完成嘉东工业园新城大道、嘉东工业园中小企业创业园道路、嘉东工业园新鹏路、嘉东拓展区简易道路、嘉北不锈钢产业园拆迁安置区道路、嘉北工业园区西苑路、嘉北酒钢新区1号门进厂道路北侧分支道路等7条道路,共计21776米的铺设任务。

责任领导:王进平

责任单位:市工业园区管委会

完成时限:8月31日前

16.强化居民小区环境整治。对居民小区裸露土地、土渣堆进行覆盖或者绿化,对垃圾堆及时清运处理。对居民小区改造和建设中的施工场地进行监管,防止扬尘污染。

责任领导:杨 伟

责任单位:雄关区、长城区、镜铁区牵头,房管局配合

完成时限:长期

(四)加大机动车尾气污染治理

17.加快黄标车的淘汰,建立完善的机动车联网数据传输平台,规范环检机构审核认证,落实好未淘汰黄标车区域限行规定,对尾气排放量大、污染物浓度高、排放稳定性差的车辆,在主城区内实施区域和时段限制行驶的管理措施。

责任领导:常守远

责任单位:市公安局牵头,发改、环保部门配合

完成时限:长期

(五)加大生活污染防治工作力度

18.全面排查燃煤锅炉。全面排查城市建成区范围内的燃煤锅炉烟尘排放情况,完成市区内所有10蒸吨/小时及以下燃煤小锅炉"煤改气"、"煤改电"工程。对超标排放单位下达限期治理决定,督促落实达标排放,对未能按期完成限期治理任务的,一律实行停产整治。

责任领导:葛建团

责任单位:市环保局

完成时限:11月30日前

19.对露天烧烤、垃圾、秸秆焚烧等影响空气质量的违法违规行为进行集中整治。清理整顿占道经营的饮食摊点、烧烤点,要求炉具全部入室操作,推广使用燃气和电作为燃料。在市区重点区域餐饮企业和大型餐饮企业配套安装高效油烟净化设备或采用专用烟道高空排放。对市区及周边区域焚烧秸秆、垃圾杂物进行管控,重点强化对垃圾收集站点、城乡接合部周边区域的监管,及时查处焚烧垃圾和杂物等行为。

责任领导:常守远

责任单位:市综合执法局牵头,三区配合

完成时限:长期

三、保障措施

20.进一步明确职责强化任务落实。市大气污染防治各工作组要进一步梳理各自工作计划,明确工作职责,靠实工作责任,细化工作措施,完善工作机制。市大气污染防治工作指挥部每月听取各组工作进展汇报,对工作不力的单位和部门进行通报和问责。

责任单位:大气污染防治各工作组。

责任领导:各工作组组长

21.实施大气污染防治的网格化管理。按照市、三区、社区、镇的管辖区域,实行大气污染防治的网格化管理。全市为一级网格,主要负责工作督察、推动问题整改、研究解决突出问题;三区为二级网格,负责研究完善工作措施,及时掌握工作进展情况;社区、镇为三级网格,负责巡视检查、告知劝阻、反馈上报、配合处理、跟踪落实所在网格大气污染防治工作任务。进一步制定网格化管理实施方案,明确管理任务,细化管理责任,进一步加大社区及三镇的环境监管力度。各级网格要选配好网格长,配齐环保员,确保有人管理。各级网格要定期组织相关人员进行现场检查,对检查过程中存在的问题及时会同相关责任部门予以解决,努力形成部门联动配合的良好局面。

责任领导:葛建团

责任单位:市环保局牵头,雄关区、长城区、镜铁区、综合执法局配合。

完成时限:6月30日前完成网格化管理实施方案和各网格工作计划的制定,网格长、环保员的确定,并开展工作。

22.严厉查处环境违法行为。充分应用在线监控、视频摄像头和移动执法车辆设施设备,采取明查与暗查相结合、日常巡查与突击检查相结合、昼查与夜查相结合、工作日查与节假日查相结合、大风天查与静风天查相结合的方式对全市开展24小时不间断巡查和检查。对于间断性违法排污企业实施限期整改和行政处罚;对于持续性违法排污企业实施按日连续处罚、查封扣押、停产整改、限期治理和关停;对于屡教不改、暴力抗法、拒不整改和造成严重环境污染的企业移交公安机关查处。完善部门联合执法工作机制,通过部门联动、严格执法、重拳出击,依法严厉查处环境违法行为。

责任领导:葛建团

责任单位:市环保局

完成时限:长期

23.严格督查考核。制定出台严格的督查考核问责办法,明确大气污染防治督查、考核、问责的具体内容,体现针对性和可操作性。市大气污染防治工作指挥部总指挥和副总指挥每月就负责领域防治工作开展一次督查,市政府督查室、市监察局牵头,每半月对大气污染整治工作进展情况进行

一次现场检查，对工作中问题突出或任务完成有困难的单位要及时发出预警通知；对预警后工作进展仍不明显的，要采取约谈单位主要负责人等方式做出进一步处理，并向社会公开曝光，以达到切实推进工作的效果；对大气污染整治不力、落实不到位的单位进行严格追责。严格按照年度目标责任书要求，结合工作推进过程、任务完成情况对相关责任单位进行严格考核和评价。被追责的单位，年底考核不得评为优秀班子，单位主要领导和分管领导、责任人员不得评定为优秀干部。

责任领导：杨 伟

责任单位：市监察局牵头，市委组织部、市检察院、市政府督查室配合

24.拓宽公众参与渠道，接受社会监督。实行有奖举报，充分发挥12369、12345、网络和来信来访等举报平台作用，宣传、引导和鼓励公众举报、监督企业违法排污等行为，动员全市各界共同参与大气污染防治，形成强大合力。

责任领导：葛建团

责任单位：市环保局

完成时限：长期

25.强化舆论监督。定期在媒体公布环境空气质量监测信息。在电视台、《嘉峪关日报》开辟专栏，对新《环保法》进行宣传和解读，对违规排放的经营单位和主管部门进行曝光，同时公开处理结果和执法过程，对大气污染防治工作措施得力、成效明显的单位进行广泛宣传。

责任领导：陈新长

责任单位：市委宣传部、市环保局

完成时限：长期

26.强化资金保障。市财政部门要做好大气污染防治资金保障工作，加大对工业企业污染治理、能源结构调整、“黄标车”淘汰等治理项目的财政补助支持力度。大气污染防治各相关部门所需工作经费，由环保局统一汇总后按程序报批。

牵头领导：杨 伟

责任单位：市财政局、市环保局

嘉峪关市关于进一步推进户籍制度改革的实施意见

嘉政发〔2015〕68号

（2015年6月18日）

一、总体要求

（一）指导思想。以邓小平理论、“三个代表”重要思想、科学发展观为指导，深入贯彻落实习近平总书记系列重要讲话和党的十八大及十八届三中、四中全会精神，适应推进新型城镇化需要，在前期城乡一体化工作的基础上，进一步推进我市户籍制度改革，落实放宽户口迁移政策。统筹推进工业化、信息化、城镇化和农业现代化同步发展，推动产业和城镇融合发展。统筹户籍制度改革和相关经济社会领域改革，合理引导农业人口有序向城镇转移，有序推进农业转移人口市民化。

（二）基本原则。

1.坚持积极稳妥、规范有序。立足基本市情，积极稳妥推进，优先解决存量。有序引导增量，合理引导农业转移人口落户城镇的预期和选择。

2.坚持以人为本、尊重群众意愿。尊重城乡居民自主定居意愿，依法保障农业转移人口及其他常住人口合法权益，不得采取强迫做法办理落户。

3.坚持因地制宜、区别对待。充分考虑全市经济社会发展水平、城市综合承载能力和提供基本公共服务的能力，实施差别一化落户政策。

4.坚持统筹配套、提供基本保障。统筹推进户籍制度改革和基本公共服务均等化，不断扩大教育、就业、医疗、养老、住房保障等城镇基本公共服务覆盖面。

（三）发展目标。进一步调整户口迁移政策，统一城乡户口登记制度，全面实施居住证制度，加快建设和共享国家人口基础信息库，稳步推进义务教育、就业服务、基本养老、基本医疗卫生、住房保障等城镇基本公共服务覆盖全部常住人口。到2020年，基本建立与全面建成小康社会相适应，有效支撑社会管理和公共服务，依法保障公民权利，以人为本、科学高效、规范有序的新型户籍制度。

二、进一步调整户口迁移政策

(一)全面放开建制镇落户限制。在建制镇有合法稳定住所(含租赁)的人员,本人及其共同居住生活的配偶、未成年子女、父母等,可以在当地申请登记常住户口。

(二)放宽大中专毕业生在我市落户条件。省内生源应届大中专毕业生、省外生源应届本科以上毕业生在我市就业的,可实行先落户后就业政策,允许本人在固定住所、单位集体户、直系亲属或人才交流中心集体户口落户。

(三)放宽引进人才在我市落户条件。经组织、人事部门批准的国家机关、社会团体、企事业单位调入本市的工作人员,凭调动手续和任命文件,本人及其共同居住生活的配偶、未婚子女、父母,可在我市申请登记城镇户口,不受住房和居住时限的限制;国家机关、社会团体、企事业单位(包括民营企业)引进的各类人才(要求中专文凭或初级技术职称以上),凭劳动合同、聘任协议、任命文件,本人及其共同居住生活的配偶、未婚子女、父母,可在本市申请登记城镇户口,不受住房和居住时限的限制。没有购、租住房的,在用人单位集体户口或单位所在地社区、派出所集体户落户

(四)鼓励失地农村居民就地登记为城镇居民。对失去耕地的"城中村"和"城郊村"农业人口,以及在本地城镇规划区域范围内因城镇建设需要,集体土地已被征用的农村居民,可就地登记为城镇居民,在统计时按城镇人口统计。

(五)放宽退役士兵和转业士官落户条件。应征入伍前户口登记为农村户口的退役士兵、转业士官,复员、退役后自愿申请户口迁往城镇的,凭退役军人相关证明材料,在入伍前户口所在地登记为城镇居民。

(六)有效解决户口迁移中的重点问题。认真落实优先解决存量的要求,重点解决进城时间长、就业能力强、可以适应城镇产业转型升级和市场竞争环境的人员落户问题。不断提高高校毕业生、技术工人、职业院校毕业生、留学回国人员等常住人口的城镇落户率。

三、创新户籍管理制度

(一)实行城乡统一的户口登记制度。取消农业户口与非农业户口性质区分,统一登记为居民户口,体现户籍制度的人口登记管理功能。建立与统一城乡户口登记制度相适应的教育、卫生、就业、社保、住房、土地及人口统计制度。

(二)实行居住证制度。对暂不具备落户城镇条件的流动人口实行居住证管理制度,建立户籍管理制度和流动人口居住证制度有效衔接的人口管理机制,凡在我市境内居住而户籍不在居住地,从事务工、经商等活动的流动人口(含省内省外),公安机关要按照、公开、公正、简便的办理原则,为在实际居住地城镇工作生活30日以上的公民办理居住证,居住证实行全省"一证通"。居住证持有人享有以下权益和公共服务:

1.依法参加社会保险,享受相关待遇的权利;

2.依法享有接受义务教育的权利;

3.实行计划生育的育龄夫妻依法享有国家规定的免费计划生育基本技术服务;

4.依照法规政策规定享有国家基本公共卫生服务;

5.按照规定享有参加职业技能培训和公共就业服务的权利;

6. 按照规定享有就地申领机动车驾驶证、办理机动车注册登记手续的权利;

7.按照规定享有参加居住地专业技术职务的任职资格评定或者考试、职业(执业)资格考试、职业(执业)资格登记的权利;

8.持《居住证》在居住地居住6个月(含)以上的:60周岁(含)以上老人,可在居住地申办普通护照、《大陆居民往来台湾通行证》;非户籍地人员可在居住地换发、补发普通护照和《大陆居民往来台湾通行证》以及申请再次赴台同类签注;

9.符合条件的居住证持有人可申请公共租赁住房,享受相关住房保障政策;

10.居住证持有人在本市连续居住3年以上,本人及其共同居住生活的配偶、子女,可在当地申请落户;

11. 国家和居住地人民政府规定的其他权利和义务。

(三)健全人口信息管理制度。建立健全实际居住人口登记制度,加强和完善人口统计调查,全面、准确掌握人口规模、人员结构、地区分布等情况。建设和完善覆盖全国人口、以公民身份号码为唯一标识、以人口基础信息为基准的国家人口基础信息库,分类完善劳动就业、教育、收入、社保、

房产、信用、卫生计生、税务、婚姻、民族等信息系统,逐步实现跨部门、跨地区信息整合和共享,为制定人口发展战略和政策提供信息支持,为人口服务和管理提供支撑。

四、建立健全相关配套设施

(一)建立健全承包土地处置机制。农业转移人口整户迁入城镇,登记为城镇居民户口,农业转移人口自愿将土地交回村委会的,应获合理补偿。现阶段,不得以退出土地承包经营权、集体收益分配权作为农民进城落户的条件。

(二)建立健全宅基地处置机制。农业转移人口落户城镇后继续享有农村宅基地、地上房屋的使用权和受益权。对符合条件的农村宅基地,颁发集体土地使用证。允许农村宅基地、地上房屋在本集体经济组织内部合理流转,但必须经村民会议三分之二以上成员或者三分之二以上村民代表的同意,并报乡(镇)人民政府批准。自愿退出的宅基地、集中安置后退出的宅基地和地上房屋的,由所在村集体收回,并给予合理补偿。现阶段,不得以退出宅基地使用权作为农民进城落户的条件。

(三)建立健全林地处置机制。农业转移人口落户城镇后,依法享有其林地承包经营权和集体统一经营林地收益分配权;坚持依法、自愿、有偿原则,引导落户城镇的农业转移人口规范有序流转林地承包权;对自愿退出承包林地和林木资产的,给以适当的经济补偿。现阶段,不得以退出林地承包经营权作为农民进城落户的条件。

(四)建立健全计划生育权益保障政策。农业转移人口落户城镇后,在5年内继续享受农村生育政策、计划生育奖励优待政策和计划生育技术服务,由现户籍地卫生计生部门负责落实。5年期满后,执行城镇计划生育各项政策和计划生育技术服务。

(五)建立健全养老保险制度。农业转移人口落户城镇后,其新农保接续并入城镇居民养老保险。在城镇就业的,可参加城镇企业职工基本养老保险,未就业的可以自由职业者身份参加城镇企业职工基本养老保险,同时按规定终止新农保关系,已参保资金按相关规定办理。实现新农保与城镇居民社会养老、城镇职工基本养老保险的“三险”融合。

(六)建立健全医疗保障制度。农业转移人口落户城镇后,在转户前已参加新型农村合作医疗的,继续在原农村户口所在地享受医疗保障直到年度期满,实行医疗保障的异地报销制度;转户后与用人单位签订劳动合同并建立稳定劳动关系的,参加城镇职工基本医疗保险,其他人员参加城镇居民基本医疗保险;纳入城镇低保对象的,同时纳入城镇医疗救助范围,享受医疗救助待遇。

(七)建立健全教育保障机制。农业转移人口落户城镇后,农业转移人口的子女接受义务教育,按照就近入学的原则就读,享受与现有城市(镇)学生同等接受义务教育的权利和待遇;教育部门要提请政府及时将农业转移人口子女的学前教育、义务教育和高中等各阶段教育纳入城市(镇)教育发展规划,合理配置教育资源,调整优化学校布局,使其有学可上。

(八)建立健全住房保障机制。把农业转移人口进城住房问题纳入城镇住房保障体系统筹解决,按照属地化管理的原则。符合住房保障条件的农业转移人口,享受住房保障政策,给予公共租赁住房、经济适用住房、限价商品住房等住房保障。

(九)建立健全就业保障制度。进城农业转移人口有劳动能力和就业愿望的,应纳入城镇失业登记服务范围,与城镇居民享有同等的就业扶助政策。市人社局要以提升国民素质和扩大就业为目标,对劳动年龄段人口进行多形式、多层次、多途径的技能培训和创业培训,促进农业转移人口向非农产业转移。

(十)建立健全社会救助和福利服务保障制度。农业转移人口中符合我市城市最低生活保障救助政策的,按照属地管理原则,纳入城市最低生活保障范围;原农村孤寡老人和集中供养对象中符合五保供养条件的人员,继续享受五保供养待遇,对日常生活确有困难、需要集中供养且符合特困人员供养规定的人员纳入福利机构实行集中供养。

(十一)建立健全优抚保障制度。农业转移人口子女在转户前应征入伍的,服役期间和服役期满后享受城镇入伍义务兵的优待和安置政策;农业转移人口中的烈属、因公牺牲军人遗属、病故军人遗属享受城镇烈属、因公牺牲军人遗属、病故军人遗属的定期抚恤金标准。市农林局等相关部门要搭建土地(草场)流转服务平台,负责办理农民土地、草场、林地、林木以及宅基地、农房的处置和补偿事宜,切实防止农业转移人口权益受损,防止土地、林地闲置和撂荒。具体办法和补偿标准由市农林局负责牵头制定,提交市政府审核下发。市商务局要研究出台农业转移人口附着在原集体经济组织上的各类权益保障办法,鼓励以股权等形式予以确认和延续。市人社局要研究出台农业转移人口特别是失地农业转移人口的养老保障办法,尽可能在征地拆迁补偿时一并考虑。市规划局、建设局要超前规划,财政部门加大投入,加快全市道路交通、给水排水、供热供气、邮政通信、环境保护、文教卫生等基础设施建设步伐,加快保障性住房建设进度,提高全市人口承载能力。

五、工作要求

(一)加强组织领导。成立市户籍制度改革协调小组,组长由市政府分管副市长担任,发改委、公安局、财政局、建设局、房管局、农林局、国土局、人社局、民政局、教育局、市卫计委等部门负责人为成员,负责组织、指导、协调全市户籍制度改革工作。各相关部门要根据职责分工,提出推进户籍改革实施方案和实施细则,组织实施农村居民转为城镇居民的具体工作,配套推进城镇基础设施和公共服务设施建设,大力提高城市(镇)人口承载能力。

(二)明确部门责任。发展改革部门负责户籍制度改革相关政策措施的统筹协调和平衡;公安部门负责落实户籍管理各项政策规定,制定相应的配套措施,做好具体实施工作;财政部门负责资金筹措工作,支持改革顺利推进;房管、城建部门根据城市(镇)发展需要加强基础设施建设,做好住房保障工作;农林、国土资源等部门负责制定土地、草场、林地、林木的承包经营和农村宅基地、农房处置的相关配套政策,引导和服务依法流转;人力资源和社会保障部门负责落实就业和养老保险、医疗保险相关政策,做好社保关系转移接续,促进新落户人员就业;民政部门负责健全社会救助、社会福利、优抚安置等政策.确保不因转户而影响基本生活;教育部门负责教育资源布局调整优化,做好城市(镇)新落户人员子女接受学前教育、义务教育和高中阶段教育工作;卫生和计划生育部门负责加强城市(镇)社区卫生和计划生育服务体系建设,积极落实新型农村合作医疗制度和农业转移人口过渡期生育政策和计划生育奖励优惠的衔接认定。

各有关部门要按照各自职责,密切配合,加强协作,认真照本实施意见,对前期城乡一体化工作中制定的相关配套政策抓紧细化、完善相关配套政策,确保各项改革措施落到实处。

(三)积极做好宣传引导。户籍制度改革是事关广大人民群众切身利益和社会稳定的一项重大举措,各有关部门要采取多种形式、通过多种渠道广泛宣传户籍制度改革的重大意义,深入解读户籍制度改革的相关政策措施,充分尊重群众意愿,主动回应群众关切,不搞一刀切,不定任务指标,引导群众积极支持和主动参与改革,为进一步推进户籍制度改革营造良好的社会环境。

嘉峪关市人民政府重大行政决策程序规则

嘉政发〔2015〕101 号

(2015 年 9 月 14 日)

第一章 总 则

第一条 为了深入贯彻落实全面依法治国战略,健全依法决策机制,规范政府重大决策行为,确保决策制度科学、程序正当、责任明确,根据《中华人民共和国地方各级人民代表大会和地方各级人民政府组织法》《中共中央关于全面推进依法治国若干重大问题的决定》《甘肃省人民政府工作规则》和《甘肃省人民政府重大行政决策暂行规定》等有关规定,结合我市实际,制定本规则。

第二条 市政府重大行政决策的做出、执行和监督等活动,适用本规则。

第三条 市政府重大行政决策信息的公开、新闻发布或者新闻媒体宣介,按照有关法律、法规规定执行。

第二章 决策范围

第四条 本规则所称重大行政决策,是指由市政府依照法定职权,对关系本行政区域经济社会发展全局、社会涉及面广、与人民群众利益密切相关的重大事项所作出的决定。主要包括:?

(一)提出地方性法规草案、制定政府规章和规范性文件;

(二)制定贯彻落实党中央、国务院、省委、省政府和市委的重要决议、决定和工作部署的实施意见；

(三)编制或调整各类总体规划、重要的区域规划和专项规划；

(四)政府重大投资和建设项目、国有资产处置方面的重大事项；

(五)制定宏观调控和涉及全市经济发展、改革开放和社会稳定等方面的重大措施；

(六)编制财政预决算、重大财政资金安排；

(七)重要的公用事业价格、公益性服务价格、自然垄断经营的商品和服务价格的制定或调整；

(八)与公共安全直接相关的重大行政措施的制定与调整；

(九)研究审定市政府工作报告；

(十)研究需要报告省政府或者提请市委、市人民代表大会及其常务委员会审议的重大事项；

(十一)讨论市政府重要的奖惩决定；

(十二)其他需由政府决策的关系基础性、战略性、全局性重大事项。

第三章　决策准备

第五条　决策应当兼顾国家利益、社会公共利益和公民个人利益，做到决策目标科学、明确、务实和完整。

第六条　市长提出的重大行政决策事项，由市长交承办单位承办，启动决策程序。

副市长、秘书长可以按照职责分工提出市政府重大行政决策事项建议，由市长决定是否进入决策程序。启动决策程序的，交市政府相关部门承办。

市政府工作部门、法律法规授权履行行政管理职能的机构及其他有关单位(以下简称“决策提出单位”)可以提出相关政府重大行政决策事项建议，并经分管副市长或秘书长同意后，由市长确定是否进入决策程序。

公民、法人和其他组织认为某些重大事项需要提请市政府决策的，可以通过市政府有关部门提出建议。

第七条　为保证决策质量，提高行政效率，市政府实行重大行政决策事项沟通协调会议制度。

第八条　重大行政决策承办单位依照法定行政管理职能确定或由市长指定。

重大行政决策涉及多个政府部门的，确定一个部门为牵头主办单位，其他部门为协助办理单位。

第九条　决策提出单位或承办单位根据决策事项的性质和特点，具体组织调研论证、方案起草等前期工作，为决策提供科学、全面、可行的备选方案。

对需要进行多方案比较研究和存在争议经协商仍达不成一致意见的事项，应当综合各类情况拟定两个以上的决策备选方案。

第十条　决策提出单位或承办单位要深入开展决策调研工作，全面、准确掌握决策所需的有关情况，对决策备选方案的必要性、可行性、科学性进行充分论证，对决策风险做出科学预测、对决策成本做出效益分析，其结果可以量化的应当量化，并在决策备选方案中详细记载。

第十一条　市政府重大行政决策应当把公众参与、专家论证、风险评估、合法性审查、集体讨论决定作为法定程序，并坚持以下原则：

(一)科学决策原则。坚持从实际出发，运用科学方法，尊重客观规律，保证决策符合经济社会发展的客观实际和需要；

(二)民主决策原则。坚持民主集中制与行政首长负责制相结合，贯彻群众路线，保障人民群众通过多种途径参与决策，保证决策符合最大多数人的利益；

(三)依法决策原则。坚持各项决策严格遵守宪法和法律规定，保证决策权限合法、程序合法、实体合法。

第四章　公众参与

第十二条　重大行政决策除涉及国家秘密、商业秘密外，均应当以适当方式引导公众参与，接受社会监督。

第十三条　重大行政决策事项承办单位应根据该决策对公众影响的范围和程度，采取公示、调查、座谈、论证、听证等形式，充分听取公众提出的合理化意见和建议。

征求公众意见，应当综合考虑地域、民族、职业、专业、受影响程度等因素，合理选择被征求意见的公民、法人或者其他组织。

第十四条　重大行政决策事项可以通过报纸、广播、电视、政府门户网站等媒体进行公示。公示内容应包括：决策事项名称及主要内容、基本情况说明、决策依据和理由、反馈意见方式和时间以及应当公示的其他内容。公示的期限一般不少于

7个工作日。

第十五条 在公众参与的过程中，重大行政决策事项承办单位应当全面、客观地听取各方面的意见，特别是对重大行政决策事项的反对意见和修改意见，严禁只听取赞成的意见，严禁漏报、瞒报反对意见和修改意见。

第十六条 重大行政决策事项承办单位应将公众参与的情况进行归纳整理，形成书面报告，连同决策事项一并提交市政府审议。报告应当提出明确的结论性建议意见。

公众参与的结果作为市政府行政决策的重要依据之一，对公众提出的合理意见应予采纳。

第十七条 重大行政决策事项承办单位对条件不成熟或其他原因未能吸纳的公众意见，视情况以适当方式说明理由或做出解释。

第五章 专家论证

第十八条 市政府建立重大行政决策咨询专家库，入库专家的职责主要是对市政府重大行政决策事项进行咨询论证。专家实行动态管理和相关利益回避制度。

第十九条 遴选参与重大行政决策论证的专家应具备以下基本条件：

（一）政治素质高，有坚定的理想信念和较高的政策理论水平；

（二）学术造诣深，在相关专业领域具有较大的影响力和知名度；

（三）具有较丰富的实践经验，熟悉有关法律法规、技术规范和标准；

（四）责任心强，在时间和精力上能够保证参加委托的论证工作；

（五）具有较高的社会公认度，公正诚信，能够客观、独立、公正、负责地提出论证意见。

第二十条 重大行政决策应当从以下方面进行论证：

（一）必要性研究；

（二）科学性研究；

（三）可行性研究；

（四）经济社会效益研究；

（五）执行条件研究；

（六）对环境保护、居民健康及生产安全、社会稳定等方面的影响研究；

（七）负面影响可控性研究；

（八）其他必要的相关因素研究。

第二十一条 重大行政决策专家论证工作按照以下程序进行：

（一）决策事项承办单位从市重大行政决策咨询专家库中选择咨询论证专家，提出专家组长建议人选报市政府确定；

（二）决策事项承办单位根据重大行政决策事项的性质、内容、复杂程度、时间要求等实际情况，给予专家组比较充分的研究时间，一般不少于7个工作日，并提供论证所需的资料；

（三）参加决策论证的专家在充分了解政策背景、决策目标等信息的基础上，在指定时间内对重大行政决策事项进行相关研究，出具书面论证意见；

（四）决策事项承办单位将专家组书面意见连同决策事项一并提交市政府审议。

第二十二条 参加重大行政决策论证的专家，具有查阅相关档案资料、列席相关会议、参加相关调研活动等权利，对提出的论证意见署名负责，并服从监督管理，承担应尽的保密等义务。

第二十三条 参加决策论证的专家一般不少于5人。涉及面较广、争议较大或内容特别复杂、敏感的重大行政决策，参加决策论证的专家一般不少于9人。

第六章 风险评估

第二十四条 凡是直接关系人民群众切身利益且涉及面广、容易引发社会稳定问题的重大决策事项，包括涉及征地拆迁、农民负担、国有企业改制、环境生态、社会保障、公益事业等方面的重大工程项目建设、重大政策制定以及其他对社会稳定有较大影响的重大决策事项，做出决策前应进行风险评估。

第二十五条 重大行政决策风险评估按照以下程序进行：

（一）除市政府指定的评估主体外，重大行政决策事项承办单位为评估主体；

（二）重大行政决策事项承办单位根据工作需要，可以组织由市政府各部门，有关社会组织、专业机构、专家学者，以及决策所涉及群众代表等参加的评估小组进行评估；

（三）重大行政决策事项承办单位制定评估工作方案，明确评估目的、评估对象与内容、评估标准、调查对象、评估步骤与方法等，并提供评估所需的基本保障；

（四）评估小组根据实际情况，可以采取公示、问卷调查、实地走访和召开座谈会、听证会等多种方式，就决策事项听取各方面意见。对受决策影响较大的企事业单位、群体、有特殊困难的家庭和个人要重点走访，当面听取意见，并讲清决策的法律和政策依据、决策方案、决策可能产生的影响，以便群众了解真实情况、表达真实意见；

（五）评估小组分门别类梳理各方意见和情况，对决策方案的合理性、可行性和风险可控性进行全面深入研究，查找社会稳定风险点，参考相同或者类似决策引发的社会稳定风险情况，预测研判风险发生概率，可能引发矛盾纠纷的激烈程度和持续时间、涉及人员数量，可能产生的各种负面影响，以及相关风险的可控程度；

（六）评估小组根据分析论证情况，按照高风险、中风险、低风险三个类别，确定决策实施后可能造成的风险等级，做出评估报告；

（七）重大行政决策事项承办单位将评估报告，连同决策事项一并提交市政府审议。

第二十六条 风险评估报告应当包括以下内容：

（一）评估事项和评估过程；

（二）各方意见及其采纳情况；

（三）决策可能引发的社会稳定风险；

（四）风险评估结论和对策建议；

（五）风险防范和化解措施以及应急处置预案。

第二十七条 对评估报告认为重大行政决策事项存在高风险的，应当区别情况做出不实施的决策，或者调整决策方案、降低风险等级后再行决策；对存在中风险的，待采取有效的防范、化解风险措施后，再做出实施的决策；对存在低风险的，可以做出实施的决策，并做好解释说服工作，妥善处理相关群众的合理诉求。

第七章 合法性审查

第二十八条 法制办负责市政府重大行政决策的合法性审查工作，重大行政决策事项承办单位等相关单位配合做好合法性审查工作。

第二十九条 重大行政决策事项承办单位向法制办报送重大行政决策方案，应当一并提供下列材料：

（一）决策方案说明；

（二）与该决策有关的法律政策依据；

（三）与该决策有关的统计数据、调查分析、可行性研究和风险评估报告等；

（四）与该决策有关征求意见的报告；

（五）进行合法性审查时需要的其他材料。

重大行政决策事项承办单位对上述材料的真实性、可靠性负责。

第三十条 法制办收到重大行政决策事项承办单位提交的决策方案和相关材料后，应当组织有关人员和市政府相关法律专家咨询委员进行合法性审查。

第三十一条 合法性审查的主要内容：

（一）决策事项是否于法有据；

（二）决策程序是否依法履行；

（三）决策内容是否依法合规。

第三十二条 重大行政决策合法性审查，可以根据实际需要进行调查研究或通过召开座谈会、听证会、论证会等形式进行。

第三十三条 重大行政决策合法性审查时限为10个工作日；情况复杂的可适当延长，原则上不超过20个工作日；有特殊要求的按照相关规定办理。

第三十四条 法制办重大行政决策合法性审查结束后，按照以下类别出具书面审查意见：

（一）不属于市政府法定职权范围的，建议决策提请单位依法向有审批权限的机关报批；

（二）未履行法定程序或者履行程序不符合规定的，建议补正或者重新履行相关程序；

（三）决策方案或风险防范化解处置措施等不符合有关法律、法规、规章及国家政策规定的，建议进行修改。

未经合法性审查或者经审查不合法的，不得提交会议讨论。

第三十五条 重大行政决策合法性审查意见，只供内部使用，有关单位或者个人应当严格遵守保密纪律，不得向外泄露。

第八章 决策审定

第三十六条 重大行政决策集体讨论决定，按以下程序进行：

（一）市政府全体会议或常务会议审议的重大

行政决策方案及相关材料，市政府办公室至少于会前1天送达与会人员。与会人员要认真熟悉材料，酝酿意见，做好发言准备；

（二）重大行政决策事项承办单位主要领导在市政府全体会议或常务会议上，汇报决策方案及其法律法规政策依据、履行决策法定程序的有关情况、各方面提出的不同意见及研究处理情况等；

（三）会议组成人员充分发表意见；

（四）会议主持人根据会议讨论情况，对讨论的重大行政决策事项做出同意、不同意、修改及再次讨论的决定；

（五）市政府办公室如实记录会议主持人和其他会议组成人员的意见、会议讨论情况和决定，形成会议纪要，由会议主持人签发。

第三十七条　市政府重大决策应当按照《嘉峪关市人民政府工作规则》的规定，由市长根据决策事项的需要，主持召开市政府全体会议、政府常务会议审议，在审议的基础上集体做出决定。

第三十八条　列入市政府全体会议或常务会议讨论决定的重大行政决策事项，应当按规定的时间和要求将以下资料报送政府办公室：

（一）决策方案及说明、决策所依据的法律法规规章；

（二）征求公众意见及吸纳情况；

（三）专家论证意见；

（四）风险评估意见；

（五）合法性审查意见；

（六）其他有关材料。

第三十九条　市长或受市长委托主持会议的常务副市长根据会议讨论情况，应当对审议的事项做出通过、不予通过、修改、搁置及再次审议的决定。

做出通过决定的，由市长或其授权的副市长签发；

做出修改决定的，属一般性修改的，修改后由市长或其授权的分管副市长签发；属重大原则或实质内容修改的，应按程序重新审议；

做出搁置决定的，超过一年期限，审议方案自动废止；做出再次审议决定的，应按程序重新审议。

市政府重大决策除涉及国家秘密、商业秘密和个人隐私的事项外，通过新闻媒体向社会公开。

第四十条　市政府通过的重大行政决策事项，需经省政府、市委批准或市人民代表大会及其常务委员会审议决定的，按程序报请审议决定。

第四十一条　市政府办公室负责政府常务会议和政府全体会议的记录、纪要起草和材料归档，记录中应当记明重大行政决策方案的讨论情况及决定意见，对不同意见应当特别载明。

第九章　决策执行

第四十二条　市政府办公室对政府重大决策进行工作任务和责任分解，明确执行单位和工作要求。

第四十三条　有关执行单位应当根据各自职责，全面、及时、正确地贯彻执行政府重大决策，不得拒不执行、不完全执行、变相执行、推诿执行、拖延执行。

第四十四条　决策执行单位应当及时向市政府报告重大决策执行情况。

决策执行单位在执行过程中，发现市政府重大决策所依据的客观条件发生变化或因不可抗力原因导致决策目标全部或部分不能实现的，应及时向市政府提出停止执行、暂缓执行或修正决策的建议。

市政府可以根据执行单位提出的建议，依照规定的程序做出继续执行、停止执行、暂缓执行或修正决策方案的决定。出现紧急情况的，市长可以直接做出决定。

第四十五条　市政府做出停止执行、暂缓执行或修正政府重大决策决定的，决策执行单位应当采取有效措施，避免或减少损失。

第十章　决策监督

第四十六条　市政府建立决策监督机制，加强政府内部对决策执行情况的层级监督。市政府办公室负责政府重大决策执行的检查、督办、考核等工作，根据决策方案和市政府工作部署，采取跟踪检查、督促催办等措施，确保决策方案的正确施行，并及时向市政府报告督查情况。

第四十七条　监察部门应当加强决策职责履行和行政效能的监督，对超越决策权限、违反决策程序以及对决策事项执行不力、偏离决策目标和内容等行为，应当依法追究有关人员的行政责任。审计部门应当将政府重大投资专项资金使用等决策的执行情况纳入跟踪审计或者效益审计范围，加强经济责任审计,提出处理意见,并将审计报告呈报市政府,依法依纪做出处理。

第四十八条 市政府重大决策及其执行行为应当自觉接受市人民代表大会及其常务委员会的依法监督,接受市政协的民主监督,接受各民主党派、人民团体、无党派人士和新闻舆论及社会公众监督。

第四十九条 公民、法人和其他组织认为市政府有关决策应当停止执行或者修改的,可以向市政府提出建议。市政府认为有关决策确需重新研究评估的,经研究做出停止执行、修改或者继续执行的意见,并及时向提出建议的公民、法人和其他组织反馈。

第十一章 责任追究

第五十条 决策提出单位或承办单位违反本规则,导致重大决策失误的,依法依纪追究相关人员责任。

第五十一条 决策执行单位违反本规则,导致市政府重大决策不能全面、及时、正确实施的,依法依纪追究相关人员责任。

第五十二条 受委托的专家、专业服务机构或组织,在市政府重大决策过程中违反法律、法规、规章和国家有关规定,造成严重后果的,依法追究法律责任。

第五十三条 泄露市政府重大决策事项秘密的,按照《中华人民共和国保守国家秘密法》的有关规定追究责任;违反市政府重大决策档案管理规定的,按照《中华人民共和国档案法》的有关规定追究责任。

第十二章 附 则

第五十四条 本规则由市政府负责解释并组织实施。

第五十五条 本规则自发布之日起施行。

嘉峪关市关于加强嘉峪关市教育系统教师职称评聘工作的实施意见

嘉政发〔2015〕113号

(2015年10月15日)

为切实解决我市教育系统中职称评聘问题,进一步激发教师队伍的工作活力,鼓励专业技术人员争创业绩,建立和创新优秀专业技术人员使用机制,借鉴周边地区经验,结合我市实际,现就解决我市教育系统职称评聘矛盾,实行岗位职数限额外聘任制定本实施意见:

一、指导思想

认真贯彻落实党的十八大和十八届二中、三中、四中全会精神,以科学发展观为指导,结合党的群众路线教育实践活动,不断深化教育体制机制改革,加强教师队伍建设,努力促进教育公平,办好人民满意的教育。

二、工作目标

在教育系统内,通过实行专业技术岗位职数限额外聘任,充分发挥改革导向和价值引领作用,引导激励教师争创业绩,优化教师队伍配置,实现优质教育资源的全覆盖。

三、主要内容

1.对临近退休人员实行岗位职数限额外聘任

对于具有中、高级专业技术职务任职资格,距法定退休年龄不足3年的未聘专业技术人员,通过使用限额外岗位予以聘任;鼓励在聘期内,距法定退休年龄不足3年的专业技术人员,不占本单位岗位职数,兑现现任等级岗位待遇。空缺出来的岗位,重点聘用在"一线"工作的优秀中、青年专业技术人员。

对通过评审已获得高、中级专业技术职务任职资格,受单位岗位职数限制未能聘任,近三年已经退休的专业技术人员,自退休之日起,按已取得资格相应岗位等级,重新核定退休费。

2.对业绩突出的优秀专业技术人员实行破格评聘

对业务素质高,工作能力强的优秀专业技术人员,可不受学历和资历的限制,破格评审,聘任时不受单位岗位职数限制,使用限额外岗位予以聘任。对于年龄符合规定要求,且学历和资历均已达到正常晋升的人员,若业绩符合破格条件中的业绩规定,在职称评聘时亦按破格人员对待。

对已经获得中、高级专业技术职务任职资格的在职一线教师,尚未聘任的,若业绩符合破格条件的,按破格人员对待;对已取得中级专业技术职务任职资格未聘的教师,教龄时间超过25年的,如果业绩条件达到中级破格条件中的一项,也可按破格人员对待，聘任时不受单位岗位职数限制，使用限额外岗位予以聘任。

3.对高层次人才和紧缺人才实行岗位职数限额外聘任

(1)重视使用高层次专业技术人才

对取得中、高级专业技术职务任职资格后，被评为国家有突出贡献的专家、享受政府特殊津贴专家、省优专家及省级学术技术带头人的人员；获得省、市级“领军人才”称号的人员；获得国家部委、省委、省政府、省直厅局(不含各类行业学会、协会)授予的专业技术工作先进个人称号的人员，目前尚未聘任的，可不受单位岗位职数限制，实行限额外岗位聘任。

(2)鼓励专业技术人员多出成果

对取得中、高级专业技术职务任职资格后，作为定额内人员，获得国家级科技进步奖及其他相当层级奖项，省部级科技进步一、二等奖及其他相当层级奖项，市厅级科技进步一等奖及其他相当层级奖项；或作为主要完成人，获得省部级科技进步三等奖，市厅级科技进步二、三等奖及其他相当层级奖项，可不受单位岗位职数限制，实行限额外岗位聘任。对取得中级专业技术职务任职资格的人员适当放宽条件。

(3)积极使用急需紧缺和高学历人才

从市外引进的具有高级专业技术职务任职资格的人员，和通过引进、公开招聘的具有全日制硕士以上学位的，可不受单位岗位职数限制，使用限额外岗位予以聘任。

四、有关要求

(一)规范限额外岗位聘任程序和人员管理

1. 实行限额外岗位聘任的优秀专业技术人员，经个人申请，单位申报，主管部门审查后报市人社局审批并办理聘任手续。

2.限额外岗位，只能用于本人专业技术岗位的聘用，当聘用人员因岗位变动、退休、调出等原因不能继续聘用在该岗位时，该岗位终止使用。由于本人不再从事本专业技术工作，或不能履行岗位职责等原因，年度考核不合格的，单位认为不宜聘用相应岗位时，可以不聘用或终止聘用。

(二)明确责任，狠抓落实

使用限额外岗位聘用，是为了解决我市专业技术人员职称评聘矛盾，调动专业技术人员工作积极性，鼓励专业技术人员多创业绩，多出成果。各责任部门要在具体实施过程中，明确责任，狠抓落实，形成争先创优的良好氛围，为我市经济社会发展提供优质的智力资源支撑。

生 活 便 览

嘉峪关机场2015年夏秋季航班时刻表

进 港 航 程	航班号	班 期	起飞时间	到站时间	航空公司
嘉峪关—北京	MU2417	1234567	16：45	21：05	东方航空
嘉峪关—南苑	KN5656	1 3 5 7	13：45	17：25	联合航空
嘉峪关—上海虹桥	MU2161	1234567	13：00	18：15	东方航空
嘉峪关—广州	MU2323	1234567	18：55	00：45	东方航空
嘉峪关—西安	MU2161	1234567	13：00	15：00	东方航空
	MU2323	1234567	18：55	21：00	东方航空
嘉峪关—成都	3U8772	2 4 6	11：30	15：20	四川航空
嘉峪关—重庆	G52690	1234567	20：25	00：20	华夏航空
嘉峪关—兰州	MU2417	1234567	16：45	18：05	东方航空
	3U8772	2 4 6	11：30	12：55	四川航空
	G52690	1234567	20：25	21：45	华夏航空
	MU9654	1 3 5 7	1 0 :1 5	11：40	东方航空
嘉峪关—金昌	KN5656	1 3 5 7	13：45	14：40	联合航空
嘉峪关—敦煌	G52689	1234567	17：35	18：20	华夏航空
	MU9653	1 3 5 7	08：25	09：15	东方航空

出 港 航 程	航班号	班 期	起飞时间	到站时间	航空公司
北京—嘉峪关	MU2412	1234567	11：20	16：00	东方航空
南苑—嘉峪关	KN5655	1 3 5 7	09：10	13：10	联合航空
上海浦东—嘉峪关	MU2154	1234567	12 ：15	18：05	东方航空
广州—嘉峪关	MU2324	1234567	06：40	12：20	东方航空
西安—嘉峪关	MU2154	1234567	15：55	18：05	东方航空
	MU2324	1234567	10：10	12：20	东方航空
成都—嘉峪关	3U8771	2 4 6	06：50	10：50	四川航空
重庆—嘉峪关	G52689	1234567	12：55	16：55	华夏航空
兰州—嘉峪关	MU2412	1234567	14：35	16：00	东方航空
	3U8771	2 4 6	09：20	10：50	四川航空
	G52689	1234567	15：30	16：55	华夏航空
	MU9653	1 3 5 7	06：15	07：40	东方航空
金昌—嘉峪关	KN5655	1 3 5 7	12：10	13：10	联合航空
敦煌—嘉峪关	G52690	1234567	19：00	19：45	华夏航空
	MU9654	1 3 5 7	08：35	09：25	东方航空

嘉峪关汽车站始发客车班次时刻表

嘉峪关——酒泉

班次	时间	票价	车型
710	7:00	3.00 元	普通
711	7:06	3.00 元	普通
712	7:12	3.00 元	普通
713	7:18	3.00 元	普通
714	7:24	3.00 元	普通
715	7:30	3.00 元	普通
每间隔 6 分钟发一班,至 20:00 结束			

嘉峪关——张掖

班次	时间	票价	车型
010	6:40	53.0 元	高一级
036	7:00	53.0 元	高一级
031	8:00	53.0 元	高一级
030	9:00	53.0 元	高一级
032	9:20	53.0 元	高一级
033	9:50	53.0 元	高一级
034	10:40	53.0 元	高一级
035	15:00	53.0 元	高一级
037	16:30	53.0 元	高一级

嘉峪关——永昌

班次	时间	票价	车型
022	8:20	86.0 元	中级
021	10:00	81.0 元	高一级

嘉峪关——武威

班次	时间	票价	车型
18	8:20	97.0 元	高一级
006	10:00	95.0 元	高一级
008	18:30	125 元	卧铺

嘉峪关——民勤

班次	时间	票价	车型
018	8:20	120 元	高一级

嘉峪关——兰州

班次	时间	票价	车型
008	18:30	160 元	高一级

嘉峪关——敦煌

班次	时间	票价	车型
083	9:00	85.0 元	高一级
085	10:30	85.0 元	高一级
086	11:30	85.0 元	高一级
088	14:30	85.0 元	高一级

嘉峪关——西峰

班次	时间	票价	车型
057	8:00	300 元	卧铺

嘉峪关——瓜州

班次	时间	票价	车型
076	15:30	60.0 元	高一级

嘉峪关——金塔

班次	时间	票价	车型
058	8:50	14.0 元	高一级
059	9:30	14.0 元	高一级
060	10:50	14.0 元	高一级
061	12:00	14.0 元	高一级
062	14:30	14.0 元	高一级
063	16:50	14.0 元	高一级

嘉峪关——祁丰区

班次	时间	票价	车型
111	7:40	4.00 元	普通
112	9:00	4.00 元	普通
113	10:30	4.00 元	普通
114	12:00	4.00 元	普通
115	13:30	4.00 元	普通
116	15:00	4.00 元	普通
间隔 1 个半小时发一班,至 18:00 结束			

嘉峪关——高台

班次	时间	票价	车型
025	8:40	36.0 元	高一级
026	10:10	36.0 元	高一级
027	12:15	36.0 元	高一级
028	13:30	36.0 元	高一级
029	14:30	36.0 元	高一级

嘉峪关汽车站过路客车班次时刻表

嘉峪关——民乐

班次	时间	票价	车型
024	9:50	55.0 元	高一级
023	11:10	55.0 元	高一级

嘉峪关——玉门镇

班次	时间	票价	车型
062	8:00	30.0 元	高一级
083	9:00	30.0 元	高一级
084	9:40	30.0 元	高一级
085	10:30	30.0 元	高一级
086	11:30	30.0 元	高一级
087	12:10	30.0 元	高一级
088	12:50	30.0 元	高一级

过路车酒泉——玉门镇

班次	时间	票价	车型
072	13:30	30.0 元	高一级
064	14:30	30.0 元	高一级
054	14:40	30.0 元	高一级
065	15:00	30.0 元	高一级
071	15:30	30.0 元	高一级
061	15:50	30.0 元	高一级
066	16:10	30.0 元	高一级
063	16:30	30.0 元	高一级
069	16:50	30.0 元	高一级
068	17:10	30.0 元	高一级
067	17:30	30.0 元	高一级
073	17:50	30.0 元	高一级
074	18:20	30.0 元	高一级

过路车酒泉——瓜州

班次	时间	票价	车型
105	12:50	60.0 元	高一级
110	15:30	60.0 元	高一级

过路车酒泉——赤金镇

班次	时间	票价	车型
201	14:50	22.0 元	高一级
202	17:00	22.0 元	高一级

过路车酒泉——黄花农场

班次	时间	票价	车型
047	15:30	32.0 元	高一级

过路车酒泉——饮马农场

班次	时间	票价	车型
048	16:10	12.0 元	高一级

过路车酒泉——清泉

班次	时间	票价	车型
159	16:50	17.0 元	高一级

过路车酒泉——昌马

班次	时间	票价	车型
173	15:05	38.0 元	高一级

过路车酒泉——哈密

班次	时间	票价	车型
077	8:00	160 元	高一级

过路车酒泉——三道沟

班次	时间	票价	车型
151	16:10	35.0 元	
152	16:25	35.0 元	
153	16:55	35.0 元	

过路车酒泉——双塔村

班次	时间	票价	车型
056	15:50	45.0 元	高一级

过路车酒泉——阿克塞

班次	时间	票价	车型
079	11:40	86.0 元	高一级

过路车酒泉——河东乡

班次	时间	票价	车型
050	16:30	36.0 元	高一级

过路车酒泉——腰站子

班次	时间	票价	车型
052	17:10	36.0 元	高一级

过路车酒泉——花海

班次	时间	票价	车型
041	9:30	30.0 元	高一级
042	10:30	30.0 元	高一级
046	11:50	30.0 元	高一级
043	15:00	30.0 元	高一级
044	16:00	30.0 元	高一级
045	17:00	30.0 元	高一级
046	18:00	30.0 元	高一级

过路车西峰——乌鲁木齐

班次	时间	票价	车型
054	8:30	330 元	高一级

过路车玉门——张掖

班次	时间	票价	车型
039	12:50	53.0 元	高一级
038	16:00	53.0 元	高一级
040	16:30	53.0 元	高一级

嘉峪关南站高铁列车时刻表

车次	列车类型	始发站	始发时间	经过站	经过站 到达时间	经过站 发车时间	终点站	到达时间
D2701	动车组	兰州西	08:12	嘉峪关南	当天 12:33	12:40	乌鲁木齐	19:21
D2703	动车组	兰州西	08:30	嘉峪关南	当天 13:05	13:11	乌鲁木齐	19:53
D2704	动车组	乌鲁木齐	08:57	嘉峪关南	当天 15:40	15:46	兰州西	20:53
D2705	动车组	兰州西	09:00	嘉峪关南	当天 13:14	13:20	乌鲁木齐	20:00
D2706	动车组	乌鲁木齐	09:25	嘉峪关南	当天 16:09	16:15	兰州西	21:02
D2707	动车组	兰州西	09:38	嘉峪关南	当天 14:14	14:20	乌鲁木齐	21:01
D2708	动车组	乌鲁木齐	10:18	嘉峪关南	当天 17:05	17:11	兰州西	21:51
D2711	动车组	兰州西	10:45	嘉峪关南	当天 15:23	15:29	乌鲁木齐	22:09
D2712	动车组	乌鲁木齐	11:00	嘉峪关南	当天 17:43	17:49	兰州西	22:28
D2714	动车组	乌鲁木齐	11:43	嘉峪关南	当天 18:26	18:32	兰州西	22:58
D2719	动车组	西宁	11:20	嘉峪关南	当天 14:53	14:59	乌鲁木齐	21:47
D2720	动车组	乌鲁木齐	11:19	嘉峪关南	当天 17:58	18:04	西宁	21:36
D2741	动车组	兰州西	07:40	嘉峪关南	当天 11:52	11:52	嘉峪关南	11:52
D2742	动车组	嘉峪关南	07:15	嘉峪关南	当天 07:15	07:15	兰州西	11:35
D2743	动车组	兰州	07:55	嘉峪关南	当天 12:00	12:00	嘉峪关南	12:00
D2744	动车组	嘉峪关南	08:40	嘉峪关南	当天 08:40	08:40	兰州西	13:05
D2745	动车组	兰州	09:20	嘉峪关南	当天 13:25	13:25	嘉峪关南	13:25
D2746	动车组	玉门	08:10	嘉峪关南	当天 08:54	09:01	兰州西	13:29
D2747	动车组	兰州西	12:10	嘉峪关南	当天 16:06	16:06	嘉峪关南	16:06
D2748	动车组	嘉峪关南	12:35	嘉峪关南	当天 12:35	12:35	兰州	16:48
D2749	动车组	兰州西	13:49	嘉峪关南	当天 18:20	18:20	嘉峪关南	18:20
D2750	动车组	嘉峪关南	12:56	嘉峪关南	当天 12:56	12:56	兰州西	17:21
D2751	动车组	兰州西	14:10	嘉峪关南	当天 18:37	18:37	嘉峪关南	18:37
D2752	动车组	嘉峪关南	13:45	嘉峪关南	当天 13:45	13:45	兰州	17:46
D2753	动车组	兰州	17:09	嘉峪关南	当天 21:31	21:31	嘉峪关南	21:31
D2754	动车组	嘉峪关南	16:55	嘉峪关南	当天 16:55	16:55	兰州西	21:14
D2755	动车组	兰州西	17:46	嘉峪关南	当天 22:10	22:10	嘉峪关南	22:10
D2756	动车组	嘉峪关南	18:50	嘉峪关南	当天 18:50	18:50	兰州西	23:07
D2757	动车组	兰州	18:13	嘉峪关南	当天 22:52	23:00	玉门	23:44
D2758	动车组	嘉峪关南	18:59	嘉峪关南	当天 18:59	18:59	兰州西	23:15
D2781	动车组	西宁	08:01	嘉峪关南	当天 11:36	11:36	嘉峪关南	11:36
D2782	动车组	嘉峪关南	12:04	嘉峪关南	当天 12:04	12:04	兰州西	17:03
D4719	动车组	西宁	08:40	嘉峪关南	当天 12:21	12:27	乌鲁木齐南	19:20
D4813	动车组	兰州西	11:53	嘉峪关南	当天 18:38	18:38	嘉峪关南	18:38
D4814	动车组	嘉峪关南	11:25	嘉峪关南	当天 11:25	11:25	兰州西	18:11
D4815	动车组	兰州西	13:33	嘉峪关南	当天 20:18	20:18	嘉峪关南	20:18
D4816	动车组	嘉峪关南	13:15	嘉峪关南	当天 13:15	13:15	兰州西	20:19
D4817	动车组	兰州西	12:00	嘉峪关南	当天 17:34	17:40	乌鲁木齐南	00:25

嘉峪关火车站列车时刻表

始发终到	车次	到达	出发	始发终到	车次	到达	出发
乌鲁木齐–北京西	Z70	0:19	0:32	乌鲁木齐—济南	K1338	9:15	9:23
上海–乌鲁木齐	Z41	0:20	0:30	嘉峪关—武威南	7508	始发	11:05
济南–乌鲁木齐	Z105	0:39	0:49	乌鲁木齐–西安	K2630	11:44	11:52
兰州–乌鲁木齐	T295	0:44	0:56	乌鲁木齐–连云港	K1352	12:00	12:14
连云港–乌鲁木齐	K1351	0:59	1:07	乌鲁木齐–南京	K1538	12:00	12:14
南京–乌鲁木齐	K1537	0:59	1:07	敦煌–北京	K42	12:23	12:36
乌鲁木齐–福州	T308	1:04	1:12	乌鲁木齐–成都	K2060	12:41	12:57
乌鲁木齐—杭州	K596	1:20	1:28	乌鲁木齐—商丘	K176	13:03	13:16
兰州–敦煌	Y667	1:52	2:11	嘉峪关–敦煌	T4601	始发	13:30
乌鲁木齐—兰州	T296	2:08	2:18	乌鲁木齐–齐齐哈尔	K1082	13:42	13:56
银川–敦煌	Y675	2:45	3:00	张掖–敦煌	K4611	13:36	13:45
敦煌–银川	Y676	3:20	3:35	敦煌—西安	K368	13:50	14:05
兰州–敦煌	K9667	3:34	3:49	宝鸡–喀什	K1661	14:13	14:28
成都–乌鲁木齐	K453	3:58	4:13	奎屯–西安	K680	14:06	14:14
敦煌–张掖	K4612	4:05	4:20	西安–奎屯	K679	15:01	15:13
天水–敦煌	Y671	4:05	4:20	兰州–嘉峪关	Z6205	15:17	终到
福州–乌鲁木齐	T307	4:32	4:40	嘉峪关–兰州	Z6206	始发	15:55
乌鲁木齐–济南	Z106	4:35	4:53	低窝铺–四〇四	8922	17:53	通过
乌鲁木齐–深圳	Z232	4:51	5:06	乌鲁木齐–北京	Z179	17:53	18:01
杭州–乌鲁木齐	K595	4:52	5:00	重庆–乌鲁木齐	K1583	18:16	18:36
乌鲁木齐–成都	K454	5:05	5:13	成都–乌鲁木齐	K2059	18:25	18:43
西安–敦煌	K367	5:09	5:24	敦煌–嘉峪关	K9698	19:21	终到
齐齐哈尔–乌鲁木齐	K1081	5:21	5:31	南宁–乌鲁木齐	T283	19:21	19:29
北京–乌鲁木齐	Z180	5:25	5:34	郑州–乌鲁木齐	T197	19:38	19:48
乌鲁木齐–上海	Z42	5:59	6:09	镜铁山–嘉峪关	7530	19:39	终到
兰州–嘉峪关	T6601	6:20	终到	重庆北–乌鲁木齐	K543	20:07	20:22
镜铁山–嘉峪关	7529	始发	6:25	汉口–乌鲁木齐	T193	20:35	20:43
乌鲁木齐–汉口	T194	6:37	6:46	上海–伊宁	T205	20:46	20:54
北京西–乌鲁木齐	Z69	6:41	6:50	嘉峪关–兰州	K9662	始发	20:55
嘉峪关–武威	T6606	始发	7:01	广州–乌鲁木齐	Z135	21:07	21:22
北京–敦煌	K41	6:56	7:11	乌鲁木齐–长春	T304	21:20	21:32
乌鲁木齐–广州	Z136	7:00	7:15	武威–嘉峪关	T6605	21:30	终到
乌鲁木齐–重庆北	K544	7:13	7:28	敦煌–嘉峪关	7536	21:39	终到
长春–乌鲁木齐	T303	7:19	7:28	昆明–乌鲁木齐	K1503	21:44	21:59
乌鲁木齐–南宁	T284	7:27	7:35	嘉峪关–兰州	T6602	始发	22:30
乌鲁木齐–郑州	T198	7:35	7:43	喀什–宝鸡	K1662	22:35	22:43
伊宁–上海	T206	7:43	7:51	武威南–嘉峪关	7507	23:04	终到
四〇四–低窝铺	8921	通过	8:00	敦煌–天水	Y672	23:05	23:21
乌鲁木齐–重庆	K1584	8:08	8:18	深圳–乌鲁木齐	Z231	23:32	23:47
兰州–嘉峪关	K9661	8:10	终到	敦煌–兰州	K9668	23:36	23:51
嘉峪关–敦煌	7535	8:10	始发	敦煌–兰州	Y668	23:57	0:12
乌鲁木齐–昆明	K1504	8:34	8:44	敦煌–嘉峪关	T4602	23:52	终到
库尔勒–西安	K170	8:55	9:03				